村野藤吾の建築
昭和・戦前

長谷川 堯

鹿島出版会

渡辺節建築事務所時代の「海洋気象台」コンペ案(担当　村野藤吾、1919年頃)

「ドイツ文化研究所」の銘板を前にした村野藤吾

「森五商店東京支店」 貸オフィス部分の玄関ホール

「そごう百貨店」 竣工時の外壁面

「渡辺翁記念会館」 1階ロビーの円柱

「中山悦治邸」 大階段とホール

「中山半邸」 廻り階段とホール

「村野自邸」 暖炉と太梁と飾柱

村野藤吾の建築

昭和・戦前

目次

本書は、独立行政法人日本学術振興会 平成二二年度科学研究費補助金（研究成果公開促進費）の交付を受けた出版である。

はじめに

「時流に乗るな、多数派になるな、多数派に巻き込まれたら脱皮して必ず少数派になれ、少数派とは孤独に耐えて自分をまもる努力がなければ純潔は保てぬだろうし、そのようにしなければ芸と名のつく仕事はできないのではないか。」

（「受賞有感」『建築雑誌』一九七二年八月号）

日本建築学会は、一九七二(昭和四七)年、村野藤吾に対して、すでにその前に彼が三度受けていた「建築作品賞」とは別に、「日本建築学会大賞」(昭和四六年度)を贈り、長年にわたる彼の設計活動全体を顕彰した。村野はその賞を受けたことについて、建築学会の機関誌『建築雑誌』に「受賞有感」と題した一文を寄せて、「賞をいただくということは、幾歳になってもうれしいものである。ましてや私ごときに学会の名において大賞を贈られるということだけでも冥加のいたりである」と書き出して、「齢まさに八十路に入っていただくのは一段の光栄」であると、率直にさまざまな関係者への感謝の気持を述べている。これに続けて、「もともと凡庸にしてほかにとりえのない男だから、ひとつのことを長く続けるより他に芸がないし、これも芸と名のつく仕事にたずさわる者の道ではないか」と、地道に努力してきたことがここに至ってようやく認められたことが嬉しいとした後で、「ときには時流にも乗り人をあっと言わせるようなこともやってやれぬことはない」と自分も考えないわけではなかったが、「やっているうちは華やかでもやがて落ち目が来たら最後である」と自分をいつも戒めていたとし、これに続けて冒頭に引用したような、「受賞」への一般的な謝辞としても、また村野が普段に書いている文章などと比べても、異様に激しく、また断定的な言葉使いで自分の考えを述べているのを読んで、少なからず驚かされたものである。言葉通りに「時流に乗るな、多数派になるな」、つまり建築界における大勢に与《くみ》してそれに流されることなく、そこから離れて設計者として「少数派」であることを一貫して守れ、という主に若い世代の建築設計者たちへの助言、警告と思えるこの言葉は、自分自身の長い経歴の中で摑んだ一つの〈信念〉の、「受賞」に際しての改めての披瀝であったにちがいないが、しかしそれらの強い語調と語句からは、読む人が読めば、村野藤吾が長い間自分の胸の奥に溜めてきた、彼を取り囲んでいた日本の建築界への積もり積もった不満や怒りが爆発して発せられたものであったことはすぐに解ったにちがいない。

　というのもこの村野の言葉の中には、自分が長く設計活動を繰り広げてきた日本の建築界において、まさに「多数派」に属してその世界を動かしてきた建築家たち、つまり《モダニズム》と呼ばれるような、近代工業化社会との同調を目指しながら、《合理主義》の建築論や《工業主義》的設計手法を確立して広めることに成功した建築家や歴史家や批評家たちへの、非常に激しい批判と、彼らと決別しようとする意志の表明がそこにあることを、すぐに読み取ることができたからである。村野が「多数派」と間接的に呼んでいるそれら〈モダニスト〉グループは、第二次世界大戦の前の〈昭和戦前期〉において、ヨーロッパからの直接的な影響下で国際的な広がりを見せるル・コルビュジエなどの《モダニズム》を日本にも広めるために、つまり「多数派」たらんとして運動を開始したが、当時の《国粋主義》色の強い建築界の圧力を受けて最初は「少数派」であることを余儀なくされていた。しかしやがて〈昭和戦後期〉の入るに及んで、そうした《国粋主義》の重しが取れると同時に一気に勢力を拡大し、こうして高度成長経済へと突き進んで行く日本の社会に歩調を合わせ、戦前の《国粋主義》の場合と同じように、建築界におけるまさしく「多数派」となって、彼らが戦後建築界のほとんどすべてを牛耳るようになって行ったのだ。

　ところで戦後の一九五〇年代から六〇年代にかけてのその時期において、「多数派」となった《モダニズム》側の建築家や建築史家や評論家たちから、村野はしばしばその設計手法や、そこから生み出される彼の建築作品に対して激しい攻撃や批判を受けて、かなり執拗に苛められていたという事実があり、七〇年代に入ってそうした建築思潮にようやく変化の兆しが見られるようになった局面での村野のこの発言があったという背景を忘れてはならない。その辺りについて村野は冒頭に引用した文章のもう少し先でこうも書いている。「戦前の森五商店や宇部市民館は別として、私の仕事は六十過ぎてからのものが、量において圧倒的である。その多く[の自分の作品]にたいする建築界の世評を詮ずれば、大体二様のようである。構造的でなく、装飾的である。アーバンデザイン的でない」。つまりは《モダニズム》の側から、村野の建築には、《合理主義》の建築論が基本とする、構造の〈真実性〉や〈即物性《ザッハリヒトカイト》〉の表現が曖昧で、そのため〈虚偽構造《シャム・コンストラクション》〉に堕しているとか、近代建築が全面的に否定したはずの非合理的な〈装飾〉が、未だに彼の建築の中から完全には払拭されておらず、むしろ装飾を奨励している節さえあるとか、さらにはル・コルビュジエが一九二〇年代に描いて見せたような革新的な都市デザインへ、自分が設計する建築を合致させようとする努力が村野にはなく、依然として個別の建築の芸術性や歴史性の表現を目指して、近代的な都市景観への統一を目指す側にあるような全体的な調和への努力をむしろ乱そうとしている・・・といった批判が、「多数派」の側から寄せられていたことを、村野はここに率直に書き留めているのである。

　「多数派」からの、村野藤吾の戦後の一連の建築に対するこうした批判には、村野藤吾という建築家は、戦前戦後を通じて、近代建築家としてはいわば不徹底な、動《やや》もすれば背後に近代以前の建築観や美学を依然として引き摺ったまま近代建築の設計を行ってきた、有り体に言えば〈旧時代〉の建築家の名残ではないかという疑いが掛けられていたのであり、その烙印を、「戦前の森五商店や宇部市民館は別として」、村野のその他の全作品に捺そうとする明らかな意図があったと思われる。村野自身としてはこうした烙印は、はなはだ心外だというより、むしろ腹立たしい誤った判断だとして時には反論し、決して受け容れるつもりのないものではあったが、「多数派」の声は大きく、彼としてはそれに耐えつつ、我慢に我慢を重ねていなければならない時期が長かったのである。

村野からすれば、その「多数派」の人たちの考えの中にこそ、建築設計と建築の歴史に対する大きな過誤と、自分たちの建築理念への過信と増長があると考えていたのであり、だからこそ将来の建築界を担っていくような若い建築家たちは、そうした誤謬に満ちた《モダニズム》の柵《しがらみ》から自分の身を引きはがして、つまり「少数派」となって、他人のものではない自分自身の価値判断に基づいて創造の道を歩んでもらいたいと、「多数派に巻き込まれたら脱皮して必ず少数派になれ」と、思わず叫んだのだ。村野がなぜ《モダニズム》の側にこそ誤謬や錯誤があると確信していたかについては、本論の全編を通じて具体的に検証して行くことになるが、その解明の中での〈要石《キーストーン》〉となるものは、村野が、戦前戦後を通じて、自分自身の外にある何らかの価値、たとえば《主義》や、それに伴う〈主張〉に自らを同調させて行動し、そうした集団的で示威的な動きの中で設計活動を行ったことは一度としてなかったし、常に「少数派」の極限的状況としての、たった一人の「自己」の身体を基点として、自らの力のみを恃《たの》んで行動し、結果として驚くほどの数に及ぶ彼の作品のすべてを創出してきたという事実の中に潜んでいる。

村野藤吾は、彼が大学を卒業してある建築設計事務所に就職した一年後の、一九一九(大正八年)年、二八歳の時に自分の設計者としての将来の見事な「見取図」とも言えるような優れた長編の論文を、「様式の上にあれ」と題して大阪の建築雑誌上に発表しているが、彼はその中で、自分は設計者として《現在主義》を目指す者だと最初に定義し、建築史のなかに存在するような過去の建築の中の美の完璧性に耽溺しようとする《過去主義者》でも自分はなく、またたとえば《モダニズム》といった将来に圧倒的に生起すると思われる新しい建築理念を追い求めて行くような《未来主義者》でもない、自分自身の〈現在〉に生きつつ、まさしく一人の実存者として設計を行っていく者であることを若者らしく高らかに宣言し、その後、その論文の末尾で約束した、「科学をヒューマナイズする」ことを目指して建築設計を行っていくという根本的な主題を着実に実践して行った。それからすれば、村野の前記のような「少数派」宣言の源泉は、はるか半世紀前に彼が書いたこの文章の中にすでにあったといえるし、それ以後彼は、一九八四年、九三歳での自らの死を受け入れる瞬間まで、戦前戦後の設計活動を一貫して、その《現在主義者》としての立場、つまり「少数派」としての立脚点に立ちそれを離れたり、その立場を放棄するようなことは一度もなかったのである。とすれば《モダニズム》の側の建築家や建築批評家たちと、村野藤吾との間の戦後の軋轢は、「日本に於ける折衷主義建築の功禍」(一九三三年)と題して村野が戦前に行った講演において、彼が《モダニズム》の側へ向けた発言あたりにすでに始まっていたとも考えられ、建築設計を巡っての《未来主義》を奉じる者たちと、村野のような《現在主義》を自負する者との間の、埋めることのできないほどに深く暗い亀裂を前にしての、真摯ではあってもしかしあまり実りの期待できない戦いが三十年間も続いたということになるかもしれない。その意味では、村野のこのような《現在主義》の立場とそれに基づく設計手法は、戦前から戦後に一貫して変わらず連続していたし、その「戦前の森五商店や宇部市民館は別にして」戦前の村野作品を論じる、つまり村野の《モダニズム》寄りの例外的な作品として「森五商店」や「宇部市民館」をわざわざ別途にして語る必要などはなく、これらのモダンな相貌を持つ作品もまた、他の戦前の作品と同じように、《現在主義》が生みだした作品として捉え直して再検証しなければならないのである。

本論は、村野藤吾が、彼が就職したある建築家の設計事務所で一九二〇年代初頭から具体的な建築設計の仕事をはじめ、その後独立して一九三〇年代初めから自分自身で設計活動を開始して作品を送り出し、第二次世界大戦における日米両国間の開戦によってやむなく設計活動を中断することになるまでの間の、村野が設計に関わった建築作品のほとんどを、できるだけ個々に詳細に取り上げ、村野藤吾に特有の、《モダニズム》とは対比的な建築手法や建築観を、具体的に浮かび上がらせて考察し論じようとするものである。したがって、これまで《モダニズム》の側からはあまり取り上げて論じられることのなかった戦前の彼の作品群の中にも、独自の設計手法や理念の源泉を示すものが隠されているのではないかと考え、それぞれの作品の内容を詳細に分析し検証することをここでは特に心掛けた。それと同時に、本論に続く論文として構想中の、第二次世界大戦後の村野藤吾の設計活動が生んだ建築作品の中に、本論の中で明らかにしたような、彼が戦前に獲得し蓄積した建築的な意想や技術やディテールが、どのように活かされ展開されて行ったかを追跡するための研究の、基礎に当たる部分の構築を目指したものでもある。

村野藤吾は冒頭に引用した「受賞有感」の末尾に、次のような短い言葉を書いてその文を締めくくっている。

「所詮人間のための建築であることには異論の余地はあるまいし、だとすれば構造も装飾もアーバンデザインも含めて、手段ではないかと思う。」

ここで重要なのは村野が、建築家は「人間のための建築」を設計する者であることには「多数派」の側にも「異論の余地はあるまい」として、その本来の〈目的〉に向かって努力する以上は、〈構造〉も〈装飾〉も〈都市デザイン〉も、あるいは〈イデオロギー〉さえもが単なる〈手段〉であるとして、建物を使う人間が、そのものに過ぎない建物に、何らかの心を通わせる場面を創出することによって、それを建てられたもの以上の何かにする、つまり建築にするための単なる〈手段〉であるに過ぎないと言っているのだ。純粋な構造体表現や、徹底した非装飾の手法や、新しい都市景観への協調といったことは、建築設計者が本来の〈目的〉とするようなことでは決してない、〈目的〉は唯一地球上における一生物に過ぎない存在であることを前提にした「人間のための建築」を創ることだと、彼は断言しているのである。建物を建築にすることが、まさに建築家村野藤吾の最終的な、また唯一の〈目的〉であったのであり、《モダニズム》の理念や美学の実現を唯一の〈目的〉として結局は硬直化し形骸化してしまったように見える「多数派」の側の建築家たちとは異なり、本論の中でくり返し明らかにするように、村野は彼のこの基本的な〈目的〉に向かって、実に自在にしなやかに、さまざまな〈手段〉をくり出して、その〈目的〉を着実に実現して行くことに成功したのである。以下、戦前期における村野藤吾の設計者としての精力的な行動の航跡を早速たどって行くことにする。

第一章

渡辺節建築事務所への就職と村野の修業時代

大学卒業までの足跡の粗描

村野藤吾は、一八九一(明治二四)年五月十五日、佐賀県東松浦郡満島村(現・佐賀県唐津市東唐津町)に、父、村野文吉、母、広永チヨの間の長男として誕生した。この時届け出た戸籍上の本名は、村野藤吉であり、後の「藤吾」の名前は、彼の大学卒業前後に、一種の筆名《ペンネーム》のようなものとして使いはじめたものであった。たとえば彼の卒業設計が、その年の各大学、高等工業学校の建築科卒業生の優秀作品の一つとして雑誌『建築画報』一九一八(大正七)年九月号に発表されているが、そのキャプションには、「マシーン　ショップ設計図　早稲田大学建築科卒業計画　設計製図　村野藤吾氏」とあり、ここではすでに「藤吾」が使われている。村野自身は生前認めていなかったが、同じ唐津藩の下級武士の子として生まれ、後に明治建築界の中心的な建築家となった辰野金吾の、「吾」から来たものではないかとの推測もある。

村野の生誕地である満島村は、佐賀県の北西部を流域とする松浦川が、唐津湾から玄界灘に流れ込む直前の河口東岸にあり、「虹の松原」で知られる文字通りの白砂青松の砂洲の西の先端部に位置し、河口の西の対岸には、唐津城が取り毀された後の満島山の緑塊も望まれる場所にあった。しかも満島は単なる風光明媚の地であるだけでなく、産業も盛んな地域であり、松浦川の上流には、幕末から明治初頭にかけて、国内最大の産炭地として知られた「唐津炭田」の大小の炭鉱群が散在しており、満島は松浦川を下ってくるこれらの石炭の集積地であると同時に、国の内外へのその積出港として栄え、村野藤吉が生まれる頃にもまだそうした活気に包まれた場所でもあったし、村野家がこの地にやって来たのも、その経済的活力を目ざしてのことであったと思われる。

村野は生まれると同時になぜか実母の下から離されて、同じ満島村にいた乳母の下に預けられ、漁師を生業《なりわい》としていたその家で、実に尋常小学校三年生(十二歳)の頃まで実子同然に育てられたという。村野が十歳前後の頃に、両親一家はなぜか村野を置いたまま満島村を離れ、新設の官営製鉄所として、一九〇一年以降本格的な操業を開始していた隣県の福岡県八幡村の「八幡製鉄所」の近くへ移り住み、親子が離ればなれになったため、やがて八幡の実父母に引き取られ、ようやくそこで初めて両親とともに生活をすることになった。村野は晩年になってから、この十年余り実父母から離れて暮らした時間が、その後の自分の人生、特に建築家としての行動に、少なからず影響があったかもしれないとも述べている。

村野は一九〇五(明治三九)年、八幡製鉄所に代表されるような近代的な工場で働く若い技術者の養成を目的に、一九〇二年に開校したばかりの「福岡県立小倉工業学校」に入学し、一九一〇(明治四三)年、十九歳の時にこの学校を卒業した。村野は「小倉工業」を卒業すると同時に、両親の希望通りに八幡製鉄所に入社し、最初は鉄道レールを固定するための犬釘、つまりスパイクの生産現場での勤務に就き、やがて鉄道用レールなどの大型鋼材の生産現場に立って働くようになっていくが、一九一一(明治四四)年、二十歳の時に志願して陸軍に入隊して対馬の砲兵隊に入営し、二年間軍務に服し、一九一三(大正二)年に除隊した。軍隊にいた時に、東京帝国大学(独法専攻)を出ていた直属の上官から大学に行ってさらに高等教育を受ける道を勧められ、村野は父親を説得してまもなく東京に出てきた。一九一四(大正三)年、彼の父親が言う、「同じ佐賀の大隈さんの学校」である、「早稲田大学」の高等予科(理工科)に入学する。この年、ヨーロッパでは歴史上未曾有と言われるような大戦乱が勃発し、後にいう「第一次世界大戦」が、欧州から見てはるか東にあった日本の明治政府の大陸侵攻の野望をも引き起こして極東にも戦いが広がっていった。

　村野藤吉は予科で最初は電気を専攻しようと考えていたが、まさにその大正三年に完成した辰野金吾の「東京駅」などが象徴していたような、東京中にその頃次々と建てられていく、明治期の建築のやや堅苦しい意匠とはかなり異なった姿を見せる、大正期に特有の、より自由で、新しい西洋風建築を直接見たり触れたりするうちに、建築科に移りたいと強く望むようになったという。当時の予科長であり、日本における先駆的な社会主義者の一人としても広く知られていた安部磯雄教授にも直接相談し、「一年間デッサンを真剣に練習すれば転科を許してもよい」という約束を取りつけてそれに励み、また同じ福岡県人で「小倉工業」の先輩であるというだけで面識のなかった、早稲田大学理工科大学建築科の一九一三(大正二)年の第一回卒業生で、当時辰野葛西建築事務所に勤めていた徳永庸(後に早大教授)に手紙を書き、建築家を目指すためにどんな勉強をすればよいかという助言を求めたら、すぐに「数学と文学とを共に学ばねばならない」といった趣旨の返事がきた。村野は、数学については電気科を目指していたほどであったからある程度得意としていたため、この後は文学に関心を集中させるようになり、特に大正初期の文学界で目覚しい活躍を続けていた有島武郎《たけお》の作品に共感し、彼のほとんどの作品を渉猟して読んだという。こうして村野は、一九一五(大正四)年、念願の早稲田大学理工科大学建築科に入学したが、この時村野はすでに二四歳になっており、ほとんどが二十歳前後の新入生の中に混ざって、三年間の大学生の生活をはじめることになった。

　当時の早稲田の建築科の主任教授は、東京帝国大学の建築科に続いて、日本で二番目の大学の建築教育課程として、一九一〇(明治四三)年に学科が創設されて以来、建築科の中軸となってそこでの教育を一から組み立ててきた、佐藤功一(一九〇三年、東京帝国大学建築科卒)であったが、彼はその時まだ三十歳代半ばの若さにあった。後年になって村野は自分の学生時代を振り返り、その佐藤功一が幅広く担当していた課目、たとえば「西洋建築史」、「日本建築史」、「建築製図」などの課目のうち、特に「西洋建築史」で佐藤が話す〈ルネサンス・イタリア〉の建築と、その時代の建築家についての講義はまさしく「名講義」であったとたびたび振り返って語っており、自分が単なる〈建築技術者〉としてではなく、まさに〈建築家〉として、一生を送る決意を固めたのも、その講義から受けた影響によるものであったと話している。ただ村野の佐藤功一に関する別の回想では、学生時代の村野は、いわば「セセッション(Secession)かぶれ」の状態にあったため、同じ佐藤功一が担当していた「建築製図」の授業で、課題としてたとえば「銀行建築を《ルネッサンス様式》で設計せよ」という、二週間《フォートナイト》の提出期限付の課題が出された場合でも、村野は指定された《様式》はほとんど無視して使わず、すべてその当時最新の〈モダン〉なデザインであった「セセッション」、つまり世紀末から世紀初頭のウィーンを風靡したあの当時としては前衛的な「分離派」のデザインで描いていたために、佐藤教授はいつも村野の製図板の前は素通りで、何も言わなかったと回想している。

村野が入学した頃の建築科の専任教員としては、佐藤功一の他に、東京美術学校(現芸大)で教えていた建築家の岡田信一郎(教授 一九〇六年、東京帝大建築科卒)、新進の構造学者であった内藤多仲(教授 一九一〇年、東京帝大建築科卒)、上野の美校出身で、後に民家研究や「考現学」などで知られることになった今和次郎(講師 一九一二年、東京美術学校図按科卒)、材料学の吉田亨二(講師 一九一二年、東京帝大建築科卒)、などがおり、この他顧問として建築学者でまた建築家でもあった伊東忠太や、建築家の田辺淳吉などが非常勤で教え、また内藤多仲が構造学の研究のためにアメリカへ一年間留学した期間には、司法省にいた建築家、後藤慶二が代講で「構造学」を教えており、村野をはじめ学生たちを完成直後の「豊多摩監獄」の見学につれて行ったりしている。この中で村野が大学時代に最も身近に感じて師事した教師は、年齢がわずかに三歳しか違わなかった講師から助教授時代の今和次郎であり、今《こん》の自宅に毎週のように夜集まり、ゼミ風の勉強会を開いてもらって勉強したと語っている。

村野は、佐藤功一には製図板の前をいつも素通りされながらも、各学年ともに成績は非常に優秀だったらしく、特に設計課題の優秀作品として、彼の設計図などが教室の廊下の壁に張り出されることも多く、仲間から一目も二目も置かれるような存在であったと同級生や下級生たちが証言している。とすれば、佐藤功一が村野の図面をいつも通り過ぎていったのは、あるいは教師としてその図面に格別手や口を出す必要を感じなかったからだとも考えられる。村野は早稲田の建築科の当時の修業年限であった三年間の学業を終え、卒業論文として『都市建築論』を、卒業制作として「マシーン・ショップ」の設計図面を大学に提出して、一九一八(大正七)年七月、早稲田大学理工科大学建築科の第六回の卒業生として学生生活に終わりを告げたが、すでに彼はその時二七歳になっていた。

なお、卒業設計《ディプロマ》の「マシーン・ショップ」という、機械販売会社のオフィスビルというテーマ設定で彼が取りかかり、デザインとしてはまさしく「セセッション」風の、歴史的な《様式》とはほとんど無縁な村野の設計は、堀口捨己などの「分離派建築会」(一九二〇年設立)が登場する二年前の、ある意味で旧態依然の、《様式》を基本とした設計が大勢を占めていた当時のディプロマとしては、後で詳しく検証するように、ほとんど異例といってもよいほどに新鮮で、また〈モダン〉な内容を備えていた作品であった。しかもこの設計には、新奇さを狙うがために起こるような破綻がほとんどなく、先に触れたように当時の建築雑誌にその年の大学や工業高校の建築科卒業生の優秀作品が掲載されている中でも、村野の「マシーン・ショップ」は、群を抜く出来映えであったことは、誰の目にも明白であった。

村野はこのような学業の好成績もあって、卒業前のかなり早い段階で、大林組東京支店の設計部門への就職が内定していた。しかしその年の早稲田の卒業設計展を見学に訪れていた、関西を本拠として設計事務所を開設し、めざましく活躍

1-1　大学卒業時の記念写真
1918(大正7)年、早稲田大学建築科の卒業写真。中列、椅子に腰掛けているのが、教授陣で、中央の和服姿が総長大隈重信。大隈の左へ順に、内藤多仲、吉田享二、今和次郎、徳永庸。大隈の右へ、佐藤功一、岡田信一郎、後藤慶二、武石弘三郎、大沢一郎が並んでいる。村野藤吾は、後列の右から5人目にあたり、後藤慶二の真後ろの位置に立っている。

しはじめていた一人の若い建築家、渡辺節(一九〇八年、東京帝大建築科卒)が、展示されていた村野の「マシーン・ショップ」の図面を一目見て気に入り、自分の先輩である主任教授の佐藤功一に直談判する形で、自分が主宰する設計事務所の所員としてぜひ採用したいと頼みこみ、すでに就職が内定していた大林組と話をつけた後、一九一八(大正七)年の八月から、大阪で設計スタッフの一人として村野藤吾を雇うことになった。この時、村野のその後六六年にも及ぶ、長い設計者としての活動のスタートが切られたといえる。(1-1)

渡辺節の初期の経歴

村野は一九一八(大正七)年に早稲田大学の建築科を卒業すると同時に、すぐに大阪へ赴き、「渡辺節建築事務所」に入所した。同事務所の主宰者である渡辺節[1]は、村野が入所した七月という時点では、まだ三三歳という若さにあり、彼が自分の設計事務所を開設してちょうど二年が経ったばかりの頃であった。その経緯に直接触れる前に、渡辺節の簡単な経歴と、事務所開設以前の彼の設計者としての足跡の概略をしばらく見ておくことにしよう。

渡辺節は、一八八四(明治十七)年、陸軍軍人の長男として東京に生まれ、青森で育ち、一九〇四(明治三七)年、第二高等学校(仙台)から東京帝国大学工科大学へ進み、一九〇八(明治四一)年、同工科大学建築科を卒業している。渡辺は一年間留年したため、彼の卒業の一年前の一九〇七(明治四十)年に卒業していたかつての同級生の中には、昭和戦前期における東京帝大建築科の教育陣の中心的な存在となり、戦時中には東大総長も務めた内田祥三がいた。また一年後輩には同じ大阪を主要な舞台として活躍した住友総本店の営繕の中心的な存在であった長谷部鋭吉や、司法省に入り「豊多摩監獄」などを設計し、意匠にも構造にも格別の才能を発揮して《大正建築》の象徴的な存在になった後藤慶二などがいた。さらに二年後輩には、やはり同じ大阪に本拠を置いて多彩な設計活動を繰り広げた安井武雄や、早稲田大学で長く教鞭を取り、近代構造学の先駆的研究者として広く知られ、特にその耐震構造学の建物への初期の実際的応用について渡辺節に緊密に協力して成果を上げた内藤多仲などがいた。

大学卒業から、やがて渡辺節が自分の設計事務所を開設するに至る間の経歴についての彼の履歴書と、渡辺自身によるある回想談における彼の簡潔な言葉の行間を補訂しながらここで整理してみると、次のようになる。[2]

帝国大学《ユニヴァーシティ》の工科大学《カレッジ》、今でいう工学部建築科の教育の文字通りの大黒柱であった辰野金吾が、一九〇二(明治三五)年に退官した後の東大建築科は、その後を辰野から託された形の若き助教授、佐野利器《としかた》[3]などが、明治末から大正期にかけて、次第に指導的な位置を占めるようになっていく。彼のもとに構造学などの建築設計に関するいわゆる実学が東京帝大の建築教育の中心に据えられ、デザインや装飾などの、主に感性に関するような教育は副次的なものとして脇の方へ追いやろうとするような方向へ教育方針が徐々に変えられつつあった。そうした母校の建築教育の方向性に、卒業を間近にしていた渡辺の気持があまり沿わなかったのか、あるいは他の世俗的なことに気を取られて学業そのものに身が入らなかったためか、学科の教師たちの自分への評価も学業成績も芳しくなく、卒業時の成績は、先の回想談の中で渡辺自身が語っているところでは、「いちばんビリ」だったという。おそらく渡辺節という学生は、建築科の教官たちの眼からすれば、勤勉で従順な学生であったともいえず、むしろ反対に、かなり〝反抗的〟な学生として映っていたと思われる。

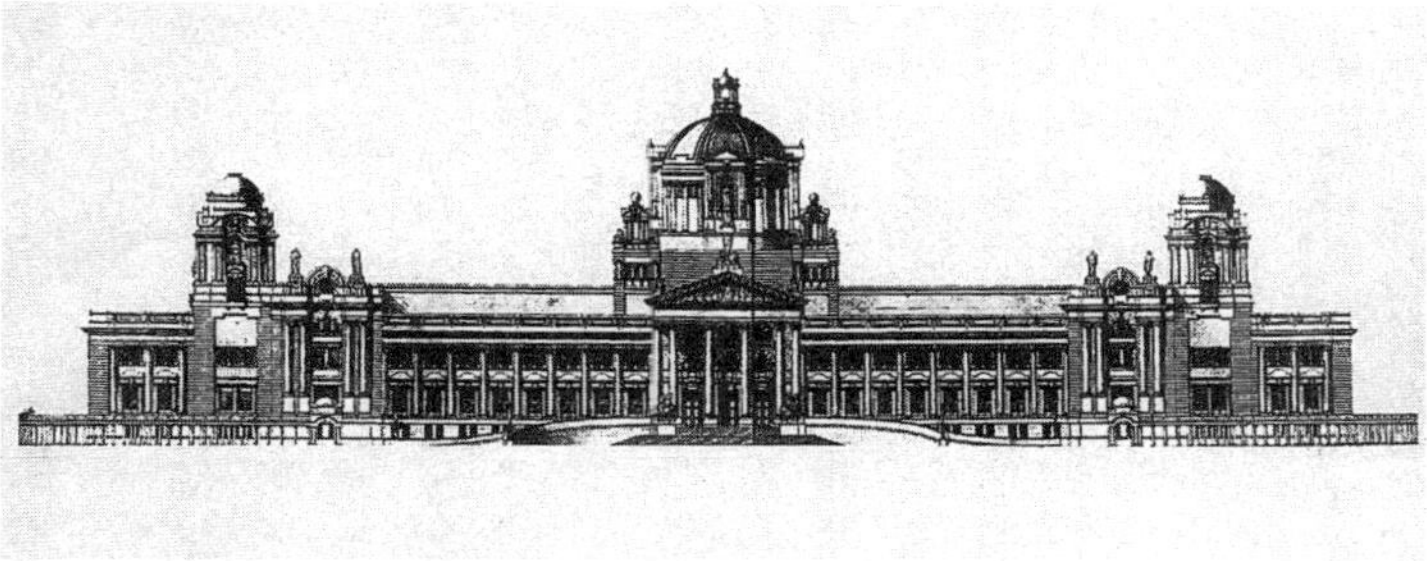

1-2　渡辺節の卒業設計　“The House of Parliament”

1-3　渡辺節

渡辺が一九〇八年に大学に提出したディプロマは、“The House of Parliament”(国会議事堂)と題した設計であったが、このテーマの選択などにも、渡辺の〝反抗的〟な姿勢が窺えなくもない、教官の眼からすれば、やや穏当を欠くテーマの選択として映っていたかもしれない。なぜなら、「国会議事堂」というテーマそのものが、当時の東京帝大建築科ではかなり危険な問題を抱えたテーマであったと思えるからである。この国会議事堂を巡っては、次に素描するような、政界、官界、学界を巻き込む大きな議論が捲き起ころうとしていた、まさにその矢先のことであったからである。(1―2、1―3)

二十世紀の初頭(明治四十年代)に入ると、当時の政界を中心に、それまでは長い間仮設的な木造建築でしのいできた「議院建築」、後にいう「国会議事堂」を、日清・日露戦争でともかく勝利を上げて、列強の一角を占めた国家にふさわしい、恒久的な材料と構造による「本建築」に建て替えようという機運が一気に高まっていた。これを受けた形で建築界では、その本格的な「議院建築」の設計を誰が責任を持って担当すべきか、という一点を巡って、〈官界〉に居た設計者たちと、〈学界〉の建築家たちとの間で主導権争いが顕在化し、その後この対立が激しい抗争に展開していくことになった。そのそれぞれの側には、明治の建築界を二分する形で大きな影響力を持っていた二人の建築家がいて、その二人の〝一騎打ち〟の様相を呈することになっていく。その一人は〈官界〉、具体的にいえば「大蔵省臨時建築部」と呼ばれた部署の責任者《トップ》であった妻木頼黄《よりなか》であり、彼は議事堂をはじめとする明治政府に関連したあらゆる種類の建造物の設計と監理を担当する部署の最高指揮官の立場にいた建築家であった。[4] これに対してもう一方の〈学界〉、具体的には「建築学会」と名付けられた団体――明治初年の「工部大学校造家学科」に始まる「東京帝国大学工科大学建築科」の出身者が中心となって構成された建築家および建築研究者団体――には、誰もが認めるボス的な存在として、「日本銀行本店」など優れた作品を数多く世に送り出していた建築家、辰野金吾がいた。

要するに渡辺節が彼の「卒業設計」を提出した一九〇八（明治四一）年という時点では、「議院建築」を本建築にする際に、その設計の実権を握るのは、〈官〉の妻木か、〈学〉の辰野かという、いわば建築界の〝戦争〟が、まさに勃発寸前の状態にあったのである。職務上の立場からすれば自分以外にこの大仕事をやれる者はいないと悠然と構えていた妻木頼黄に対して、辰野は、「建築学会」が中心になり設計競技《コンペ》を行い、自分の統括のもとに議事堂の設計を進めるべきだ、と果敢に戦いを挑んだ形でこの戦いはやがて火蓋が切られることになるが、こうして真っ向から対決する形で形成された両陣営の布陣の中で、かつて辰野が長い間主任教授として指導した帝大建築科は、当然辰野の陣営の最右翼に位置していたことは言うまでもないことであった。そうした微妙な対立の中で出された渡辺節の卒業制作が、はたしてどちらの陣営に向けて設計したものかは微妙なところがあり、今になっても判然としないが、帝大建築科の教官の立場からいえば、こうした折にいかがなものかと忌避されて、渡辺の学生としてのその穏当を欠くような行動を嫌って、結果的に「ビリ」に落とされてしまったとも考えられなくもないだろう。

ただそうした事情は別にして、渡辺節の卒業設計《ディプロマ》ははたして「ビリ」がふさわしいほど、本当に駄目な設計であったのだろうか。そうした先入観なしに冷静にこの渡辺のディプロマを改めて見直してみれば、「ビリ」以外に考えられないほど悪い出来の設計とは思えないものがあり、むしろ逆に、彼の優れた設計センスを窺わせるに十分な作品であったと言える出来映えを示した作品に仕上がっていたとも考えることができる。《ネオ・バロック》のスタイルを採ったこの渡辺の

「国会議事堂《ハウス・オブ・パーラメント》」のデザインは、当時の学生たちのディプロマのほとんどに見ることのできる、過剰に壮大で、また仰々しい《様式主義》の意匠に覆われた設計であったとはいえ、多くのその当時の学生たちのディプロマがそうであったといわれている、どこかの〝トラ〟をまる写しにし、それを寄せ集めただけの凡庸で愚鈍なデザインとはかなり異なり、随所に後の渡辺の作品(たとえば「京都駅」など)につながるような、独自の設計感覚が披露されている点などに、見どころは少なくない。全体的に見て〈プロポーション〉が非常に的確である。たとえばファサードでいえば、正面中央の車寄せ《ポルティコ》から、背後に立ちあがる中央ホール上の円蓋《ドーム》へ至る立面の組立てや、この主軸から左右の翼部《ウィング》へ展開している半円柱の付柱《ピラスター》が列柱状に連続する外壁面への展開など、水平方向への視覚的な流れと、垂直方向へのそれとのバランスが程よい比率《レシオ》で纏められていて、立面全体が鈍重にならず切れ味もあり、設計者のデザイン・センスの可能性を窺わせるに十分なディプロマになっている。大学内でのこの卒業制作についての評価は非常に低かったにもかかわらず、仮に見る人が見れば渡辺が、建築設計者として、特にデザイン面で、社会に出た後も十分にやっていけるだけの実力を持っていることを推測できるレヴェルの作品に仕上がっていたのである。彼のディプロマが「ビリ」になったのは、渡辺自身が以下に明らかにしているような、彼の卒業前後の〝政治的〟事情が絡んでいたからであったといえよう。

韓国へ渡り、やがて大阪へ

渡辺は、先の「渡辺節先生を囲んで」と題した、大阪建築士会の機関誌『ひろば』に掲載された座談会の中で、自分が大学を卒業し、社会に出ていった前後の経緯を簡略だが、含蓄の深い次のような言葉で語っている。

「その当時は[帝大の]辰野さんと宮内省の片山(東熊)さんと、[大蔵省の]妻木さん。その三人ににらまれたらまず適当な就職にはつけない。そういう時代でしたね。それでもうわたしは、大学のほうはダメだ、それで妻木さんのところへ行って、朝鮮へやってもらったんですよ。[5]」

この短い発言から浮かび上がってくるのは、渡辺は大学でのそうした教官たちとの間のある種の〝軋轢〟の結果として、当時の帝大建築科では恒例ともいえた、大学から、中央(地方)の官庁や、財閥系の有力な民間企業や、主要な建設会社などの就職先を指定されて、そこにそのまま職を得る――と同時にその職を断る自由も与えられなかった――といったことは自分には無理だと察して、どのような伝手《つて》を頼ったかは不明だが、前述のようなやり取りもあって辰野金吾といわば犬猿の仲にあった、大蔵官僚の妻木頼黄の所へ出向き、おそらく自分のディプロマなどを妻木に見せ、事情を話して就職先の紹介を頼み込んだというのである。妻木はこれを受けて、彼がこの年から委嘱されていた「工事顧問」に就任していた「大韓国度支《たくし》部」、つまり日本が強引に進めていた半島の植民地化政策下の韓国政府内にあった、国内でいえば(大蔵省)主計局建築課といった部署の「建築所技師」の一人として採用され、半島に赴任することが決まった。しかし妻木頼黄はなぜ、その年の建築科の〝落第生〟に近い一人の卒業生に対して、そこまで親切に紹介の労を取ったのかが、後年の渡辺の回想からは説明が抜け落ちているが、もしかしたらその時の妻木の心積りからすれば、彼が「議院建築」の設計統括者になった時に組織するはずのそのための大きな設計組織――妻木は自分の下のヘッド・デザイナーとして武田五一を考えていた(6)――の一員として、いずれは渡辺も参加させようと考え、いわばそのための布石として、渡辺を韓国へやって自分の配下に入れたのではなかったかと考えられる。妻木にそう思わせるほどの何かがそのディプロマの中にあったからだと考えられるが、こうした点を考え合わせて想像をさらに逞しくすれば、もしそれ以前の学生時代の渡辺と妻木の間に何らかの面識か交流があったとすれば、渡辺が「国会議事堂」をテーマとしたことに、妻木からの「やれ」という秘かな指示、つまり「議事堂」を主題にディプロマをやってみてはどうか、といった提案があったと考えられなくもない。もしそれが事実だとして、その妻木―渡辺の関係を建築科の教師たちも気付いていたとすれば、彼の成績が「ビリ」になったのも、ある意味では当然の結果であり、教師たちが最低点に示した意図がわかるように思われるが、はたして真実はどうだったかはわからない。

　ともかくこのような経緯によって、渡辺節は、依然として辰野の強力な支配《コントロール》下にあったと思われる帝大建築科から、その対立関係にあった大蔵省の妻木の下に走り、そこで就職先を得ることになった。このことは、ほとんどの教師が辰野の教え子や同僚に占められていた母校に、いわば〝弓を引いた〟形になったのも当然であり、これ以後の渡辺節の建築設計者としての長い活動に、基本的な〝枠組み〟を、いわばゆがんだ枠組みを与えることになった。反〈帝大建築科―→建築学会〉という立場、つまり建築学会という建築界における厳然とした〈主流派〉に対する〈非主流派〉という少数派の立場を、渡辺自身が好むと好まざるとにかかわらず、いつのまにか指定されてしまったのである。このことを逆に、帝大建築科の教授陣や建築学会の主導者たちの側からすれば、渡辺は東京帝大出身者で、またその同窓会ともいうべき建築学会会員であるにもかかわらず、いわば外へ出た人間、彼らの組織体系からは疎外した建築家として、はっきりと烙印を押したことになり、渡辺節と、彼の母校の建築科の教授陣との繋がりや、建築学会所属の多くの建築家たちとの交流は、この区別の後は、実際に極端に疎遠なものになっていくことになった。実はこうした渡辺と母校との間の冷ややかな関係が、後で詳しく触れるように、卒業生を世に送り出してからまだわずか六年しか経っていない、いかにも歴史の浅い早稲田大学の建築科と渡辺節との強い繋がりを醸成する素地となり、その初期の卒業生の中から、「村野藤吾」という一人の傑出した人材を結果として渡辺は〝掘り出して〟くることになったのだが、それについて詳しく述べる前に、大学卒業後の渡辺節の活動をもう少し辿っておくことにしよう。

このようにして朝鮮半島へ渡った渡辺は、主要な港湾都市である釜山と、仁川の、いずれも煉瓦造による「税関庁舎」や、鉄骨造の架構を持つ「釜山税関埠頭上屋」など、何棟かの新築の建物の設計に直接従事し、実際にそれらの建物を監理し完成させたが、こうした設計、監理の過程の中で、彼は設計の他に、材料の調達や施工方法や工事の進め方などといった、大学では習うことのできなかった建築の実務経験を、若くして積む貴重な機会を得た。渡辺は韓国に渡って四年後の、一九一二(明治四五)年、二七歳の時にその職を辞して本土に戻り、同じ年の七月に、おそらく同じ妻木(あるいは妻木系の人脈)の紹介で「鉄道院」に就職し、関西地区のいわゆる「院線」を統括する「西部鉄道管理局」に赴任して初めて大阪へやって来た。以後渡辺節にとって、大阪という都市は、終生そこで建築家としての活動を繰り広げる仕事上の〝舞台〟となったのと同時に、日本全国にその支配力を着実に広げつつあった帝大建築教育陣とその卒業生の「建築学会」という、建築界の〝枢軸〟に対して、秘かに戦いを挑むための〝砦〟として固めることになった都市ともなったのだ。

渡辺節は「鉄道院」に入ってすぐに「大阪駅」の増築工事に携わっていたが、まもなく明治天皇の崩御があり、元号が「明治」から「大正」に変わるという大きな社会的な出来事に彼は関西にいて遭遇する。翌一九一三(大正二)年になると、一九一五(大正四)年十二月に京都御所で大正天皇即位の「大礼」が行われることが決定し、それに間に合わせるべく、新「京都駅」の建設計画が「鉄道院」で進められ、渡辺節は二八歳という若さで設計担当者に抜擢され、その建築設計と工事監督の事実上の責任者の位置に就くことになる。ここで彼は再び、この時若い渡辺を設計責任者にする、おそらく後ろ盾となっていたと考えられる大蔵省へ出向き、妻木の後を継ぐ形で、後に現在の「国会議事堂」の設計総責任者の立場に立つことになる建築家、矢橋賢吉に頼み込み、当時営繕部が数多く抱えていた経験豊富な腕利きのドラフトマン四人をそこから譲り受けることに成功した。こうしてどうにか陣容を整えたその設計組織を指揮して新駅の設計を完了し、大正二年九月からはじめられた工事を監督しながら、一九一四(大正三)年七月、とりあえず「一般乗降客用駅舎」部分を無事完成させ、続く一九一五(大正四)年十月、「皇室専用駅舎」部分も含めて即位式の直前に、最終的に駅全体を竣工させた。それは渡辺がやっと満二九歳になったばかりの時であった。

ほぼ同時に新築された東京駅と京都駅

ところでこの「京都駅」が接続している東海道線の東端には、それまでの新橋(汐留)駅に替わって、東海道線の新しい終着駅《ターミナル》となった「東京駅」が、新しい京都駅より約一年早い、一九一四(大正三)年十一月に完成し使われはじめていた。これは辰野金吾が退官直後に東京で開設した「辰野葛西建築事務所」の設計による煉瓦造の大駅舎であり、大正天皇が即位式のために京都へ向かう時に使うことになる、その出発駅にふさわしいだけの威容を市民の前に見せていた。ただこの駅舎には、主に機能上の大きな難点があったことを、その駅舎の完成前から、建築界の一部では指摘されており、設計責任者である辰野自身も、そのことに内心気を揉んでいたとも言われている。というのも、東海道線の新しいターミナルとしてのこの駅を「丸の内」の今の場所に新設するという発想の原点に、当時の言葉でいう「皇城」、つまり皇居の前(東側)にこの駅を新設して、いわば神聖な「皇城」に直結した〈皇居駅〉とするという、隠れたというよりも、むしろあからさまな意図があり、この性格を顕著に持たせながら、東海道線の新終着駅《ターミナル》として開業しようと企画されたことから、さまざまな問題が起こっていたのである。

設計者の辰野金吾は、そのファサードを西側にある皇居に正対させ、駅舎を南北に長く翼部を展開して向かわせるという配置計画をまず立て、その基本的なオリエンテーションの中で、皇居から馬車でアプローチしてきた時の真正面にあたる、左右に伸びる駅舎の中央部に「皇室専用乗降口」を置くことから、すべての設計をはじめている。その結果として、南北に非常に横長になった鉄道駅舎の中央部が、一般の乗降客にとって一種のデッドスペースと化し、長く伸びた駅舎の連続性が完全に中央部で分断され、設計者が十分に配慮すべき日常的な利用者である一般市民の立場からすると、本来機能的であるべき平面計画が最初から台無しにされてしまっていたのである。さらに辰野は、南北ウイングの両端にそれぞれ同じ形のドームを載せたホールを設置し、駅前広場から建物に向かって左側(北)のドーム下が「降車専用出口」、反対の右側(南)が「乗車専用入口」とする平面計画《プランニング》を立てたために、一般の乗客が、仮に東京駅で乗り換える場合などに、その間の三〇〇メートルを超える距離を、重い旅行用荷物を提げて歩いて移動せねばならず、非常に大きな不便を彼らに強いることになった点などが問題にされていた。(1-4、1-5)

1-4　東京駅の西側正面の全景。中央には皇室専用乗降口、左側が降車専用口とホール、右側が乗車専用口とホール

1-5　京都駅への北側正面からの全景。時計塔の左側に一般乗降客用駅舎、右側に皇室専用駅舎

設計者としての経歴としては辰野に比べるべくもない若輩で経験不足の渡辺節であったとしても、東京駅のこのような機能上の欠陥をもちろん見逃すはずはなく、彼の新「京都駅」の計画の際には、規模の大きな木構造主体の「一般乗降客用駅舎」を、京都の中心街を南北に貫くメインストリートである「烏丸通り」に直接向けて配置することからはじめ、その西側に、これより小規模な平屋の建物だが、一部煉瓦造で中央にドームを頂き、またより手の込んだ内外の仕上げを予定した「皇室専用駅舎」を充て（さらにその西側には別棟の「手荷物扱所」も置く）、「一般用駅舎」と「皇室駅舎」をはっきりと機能的に区分しながら、プラン上では同じ梁間で、全体を長方形にまとめて東西にそれを連結している（1-6）。またその二階建と平屋の二つの棟の上に架ける屋根の形状を変え、それぞれが下の空間内容の違いを暗示するようにし、さらにその上に、この二つの駅舎を視覚的に区分するもう一つのシンボルとして、ひときわ高く鐘楼《ベル・タワー》風の「高塔」を立てた。またこの「一般用」駅舎部分と「皇室用」のそれには、それぞれ別の「車寄せ」と「エントランス・ホール」を用意してもいる。渡辺はこの設計方針を選定会議に提出したが、皇室乗降口の設定や、「三種の神器」を載せて運ぶ「御羽車」を、駅舎内のどこで通すかなどの点で宮内省側の抵抗にあい、かなり説得に難航した末にようやく承認され、これによって渡辺は、辰野が

「東京駅」で起こしたような問題点を、平面計画において確実に回避することに成功した。そのあたりの事情を渡辺自身は先の座談会で次のように回想している。

「大正四年の十二月に御大典をやると言う。それで、京都駅の中心を烏丸通りの中心におくことはすぐに決まったんだな。［しかし］京都駅の［駅舎の］中心はどこか、何が［駅舎の］中心かと、これが決まらない。そのとき、東京駅ができあがった。東京駅の［駅舎の］中心は皇室用の玄関なんだ。これが非常にモノを言ってね。京都駅も御大典のためにできる駅だから、御大典が主だと［宮内省側は］いうわけだ。そのときの宮内省の言分はえらい［厳しい］もんですわ。皇室の出入り口が中央でなければいけない。一般旅客なんてのは問題にならないんですね。横からはいっていけばいいと・・・(7)。（笑い）」

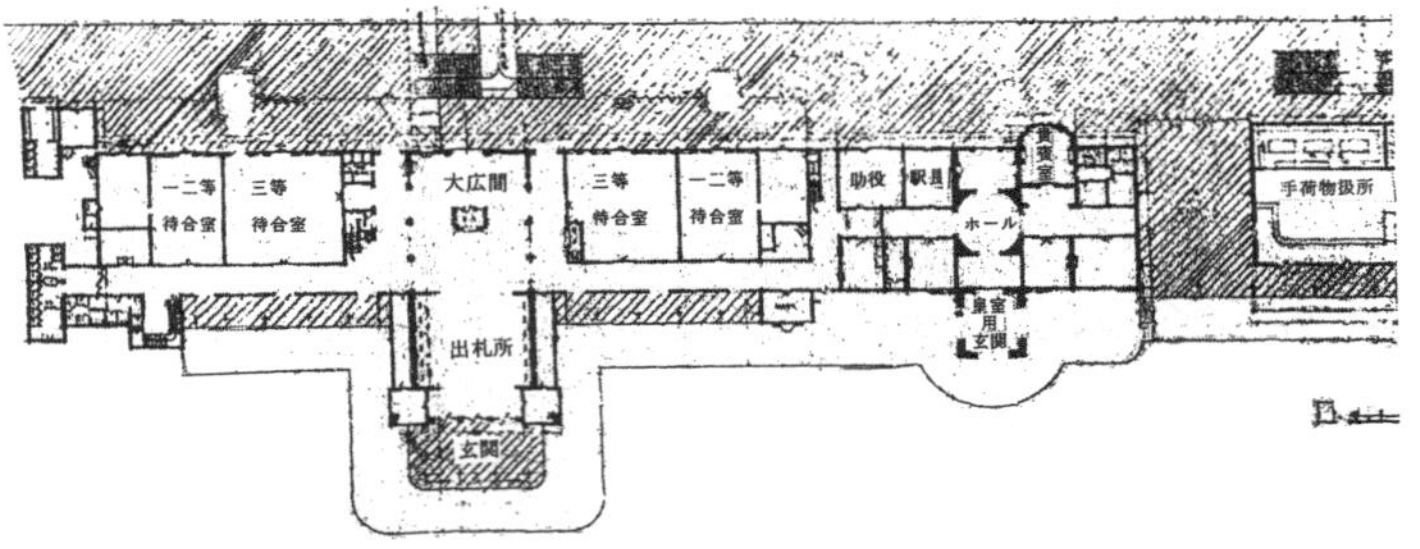

1-6　京都駅、1階の平面図

1-7　西北方向から見た京都駅外観

設計開始から「御大典」までの時間があまりにも短かったため、渡辺自身は自分が設計したこの駅舎のデザインには、必ずしも満足していなかった、と前記の座談会で回顧しているが、少なくとも「駅舎」の北側正面の外部デザインに限っていえば、当時の日本の鉄道駅舎のデザインとしては、格別に瀟洒で、モダンなデザインであったことは異論のないところだろう。車寄せの上にある内部ホールへ光を取るための大きな板ガラスを入れた、セグメンタル・アーチの開口部がある正面玄関や、空に向かって立ちあがる《セセッション》風の高塔や、反対の東側にあるキュービックな階段室の棟などに共通して認められる非常にグラフィックな立面処理。これらに見られるデザインは、たとえば、ウィーンの《分離派《セセッション》》の師ともいうべき、オットー・ワグナーのデザインをどこかに彷彿とさせるものがあり、特にファサード・デザインは、一九世紀的な駅舎に付き纏っていた、鉄道を経営する国家や会社の〈力〉や〈威厳〉を強引に誇示しようとするような、取り付き難いイメージを依然払拭しきれないままにデザインされた「東京駅」などに比べて、はるかに明るく軽快で、親しみやすいデザインに纏められている。確かに《様式》としては《ルネッサンス》を一応ベースにしてはいながらも、そうした《様式》の持つディテールを簡略化し、軽快化し、つまり〈近代化〉することに着実に成功しているのは注目すべきである。このどこか〈自由〉で清新な表情を漂わせたデザインには、やはり設計者である渡辺の若い世代感覚を反映していたと同時に、先に触れたような、〈東大—建築学会〉を主軸とした〝帝都東京〟の建築家たちの、どこかで常に格式ばっていて、またどこか気難しげなデザインへの、渡辺の批判と反発が、秘かに込められていた事実を見出すことができるだろう。（1-7）

駅舎の屋根とインテリア

　外部デザインでさらに興味深い点は、「一般客用駅舎」全体を覆っている屋根を、駅前にこの時造成された広場越しに眺めた時の形状である。そこにはメイン・ホール上と思《おぼ》しき位置で、一段高く架けられている頂塔付きの越屋根と、その左右の、やや低い翼部の上に架けた、明らかに〈和風〉の瓦葺の大屋根の傾斜を見ることができる。この屋根の形態には、単に〈和風〉の瓦屋根であるという理由だけからではなく、それを見る者の心をどことなく懐かしい気持にさせるようなシルエットがあるように感じられるが、これはおそらくその屋根の形の中にある〈民家〉のイメージ、特に京都市南郊から奈良県大和地方などに多く分布する、俗にいう〈大和棟《やまとむね》〉の形を思い起こさせるような形状があったからではないかと思われる。近代的駅舎の《分離派》風の〈顔面《ファサード》〉に、古都京都に建つ駅舎として、歴史的で郷土的《ローカル》な背景を考慮したシルエットを持つ〈帽子《ルーフ》〉を被せるという、〈古今東西〉の建築から大胆に寄せ集めたまさに〈折衷〉的なデザイン手法には、明治から大正にかけて、正統的な《様式建築》を常に真面目に追求してきた辰野金吾などを主軸とする〈帝都派〉のデザインでは、それこそ妻木頼黄以外には、なかなか見られない闊達さと大胆さがあるように思える。それと同時に、後章でいずれ触れることになる、渡辺節のもとから昭和の初めに独立した後の村野藤吾の〈大和棟〉好みの屋根のデザインとの類似と連繫についても、考えさせるものがあるように思える。

　インテリアについてもここで概観しておく必要があるだろう。烏丸通から駅前広場を直進した位置に建てられた二階建の「一般客用駅舎」の、正面中央にある屋根にガラスの入った

1-8　京都駅、メイン・ホール

車寄せの下に入り、そこから駅舎本体の内部に足を踏み入れると、切符売場《チケットホール》がある。このチケット・ホールを挟んで切符を買うための「出札口」が、同じような形式で左右(東西)に並んでいる、この一見奇妙に思える配置は、実は上り方面に向かう乗客と、下り方面の乗客とが、それぞれ自分が行く方向、つまり東行きの乗客は東側の切符売場で、西行きは西側で切符を買うように配慮したためであったという。切符を買い、チケット・ホールからさらに奥に進むと、高い吹抜けになった四角い大きな駅の中央広間《メイン・ホール》へと入って行く(1-8)。ホール中央にはキオスク風のカウンターを備えた乗客の「手荷物扱所」があって乗客の手荷物を預かってくれる。ホールに立ち、吹抜けの空間を見上げると、二階床レヴェルに、《セセッション》風の鉄製装飾を細かく施したバルコニーがあり、手摺りがホール空間の四囲を取り囲んで巡っており、さらにその上の天井には、半円筒形穹窿《バレル・ヴォールト》の形になって円弧を描いて立ち上がり、その天井下にI形鋼の横断アーチ梁が渡されているのが見える。鉄骨横断梁の間におそらくこれも《セセッション》風と言えるステンドグラス入りの開口部があり、トップライトから落ちる昼間の明るい光を透過させながらホールを明るく照らしている。このホールの東西の柱列《コロネード》の奥に側廊があり、ここを南に向かって歩くと、これも東西それぞれの方向へ行く列車に合せた、東西別々のホーム側にある改札口に出るゲートに連絡している。

またメイン・ホールから駅舎の東西両翼《ウイング》の北側に廊下が伸びていて、一階ではどちらのウイングにも「三等待合室」と「一・二等待合室」が置かれ、これもまた切符売場の場合と同じく、上りの乗客は東側翼部の待合室で、逆の下りの客は西翼部の待合室へと分けられて、ホール脇にあるそれぞれのゲートから改札口へ向かうように計画されている。さらに東翼部の階段を上がって二階の中廊下を進むと、廊下の左右(南北)に三等と一・二等に分けた大小の「食堂」が用意されている。これと反対側の西翼の二階には「車掌室」、「通信室」、「会議室」などの鉄道業務用の部屋が置かれている。ちなみに駅長・助役室は「皇室用駅舎」の一階に置かれていた。

「皇室用」の駅舎部分では、「車寄せ」から入って、比較的小振りなドームの下の「円形ホール」へまっすぐ誘導するという、皇室等の貴顕のための明確な動線が設定され、これが奥の西側の「貴賓待合室」へと続いていたが(この棟の内装は「高島屋」

による）、その空間の展開には、西洋の伝統的な建築《様式》に則った十分に重厚感のある構成が取られており、「一般客用駅舎」部分にはない、ある種の格式の高さを見せていたと思われる。それに比べて「一般客用駅舎」の内部は、一転して明るく、また当時はまだわずかであった鉄道利用者の、旅に出る浮き浮きした気分に合わせた伸びやかな空間構成が見られ、渡辺が二つの空間に付けた設計上のメリハリは、外観以上に内部空間においてはっきり出ていたということができる。

渡辺節建築事務所が開設された前後

先述したように、一九一六（大正五）年五月、渡辺は、五年ほど在籍したその「鉄道院」も辞し、翌月、三一歳という若さで建築設計者として独立し、大阪で「渡辺節建築事務所」を開設し、〈官〉から降りて、〈民〉間での仕事を開始した。奇妙な符合だが、この年の十月十日、「議院建築」の本建築の計画が大正の初めにさまざまな事情の中でいったん頓挫した後、落胆の内に病に伏すことになった妻木頼黄が、五六歳で他界している。これもまたあるいは、といった推測の域を出るものではないが、妻木の病気（や死去）といったことによって、かつて渡辺があるいは目されていたかもしれない、「議院建築」の設計要員に、といった妻木の側が掛けていた縛りが自然に解けていったことになり、そうした妻木の消息がどこかで、渡辺の官界から民間へと〝下野〟したことと、また彼が東京ではなく大阪を本拠として独立したということの間に、因果関係があったと考えられなくもない。

それはともかく、渡辺節が独立し、またまもなく村野藤吾が大学を終えて東京からやってくる、大正前半期の大阪の建築界は、実際にはどのような勢力図によって構成されていたのだろうか。この都市には大阪経済界の中心の一つとして、江戸時代から明治大正期を通じて商工業に手広く展開していた「住友家」の存在があったことはよく知られているが、その「住友家」には多角的な事業の中で発生する種々の建築の設計監督業務を統括して行う「住友総本店臨時建築部」があった。明治中頃からその組織の中心に建築家、野口孫市（一八九四年、帝国大学造家学科卒）がいて、優れたデザイン能力に基づく注目すべき作品を大阪をはじめ関西各地に数多く残したが、野口は渡辺節が開業する前年の一九一五（大正四）年、惜しくも四七歳で病死している。野口の後は、野口と同じ東京帝大建築科出身で、日本における《アール・ヌーヴォー》の建築デザインの創始者の一人と考えられる日高胖《ゆたか》（一九〇〇年、東京帝大建築科卒）が継ぎ、さらに日高の後を継いで、後段において村野藤吾との緊密な繋がりについて詳しく触れることになる長谷部鋭吉（一九〇九年、東京帝大卒）が大正後半から昭和戦前期の住友コンツェルンの建築部門を取り仕切るようになっていく。いずれにせよ、住友の「臨時建築部」は、大阪にあってあたかも東京の帝大建築科のいわば〝出店〟といった様相を呈していたともいえよう。

この他には、大阪を本拠とした「竹中工務店」や「大林組」や「鴻池組」などの請負大手が抱えていた設計部門があり、特に「竹中」の設計陣は後に京大教授となった藤井厚二を中心にして強力な設計スタッフを抱えていたが、それらを別にすれば、当時大阪にあった主だった民間の設計事務所は、さほど数多くはなかった。一八九五(明治二八)年に大阪で草分けとして建築設計事務所を開設して活躍していた茂《しげ》庄五郎(一八九一年、帝大建築卒)の設計事務所は、一九一三(大正二)年に茂が没していた。他には、辰野金吾が東大を退官した後、東京で葛西萬司と共同で設立した設計事務所と同じように、大阪でやはり教え子の片岡安(一八九七年、帝大卒)と組んで一九〇五(明治三八)年に設立した、「辰野片岡建築事務所」の片岡安が明治末年から最もめざましい活躍を繰り広げていた。この他では、やはり辰野の教え子で、辰野と同じ工部大学校第一回生であった片山東熊が主宰していた宮内省へ就職し、「帝室奈良博物館」(設計　片山東熊)の現場監督を務めたことから関西に縁ができ、やがて藤田組に入って大阪にやって来た宗兵蔵(一八九〇年、帝大卒)が、一九一三(大正二)年に開いた「宗兵蔵建築事務所」があった。宗と同じ一九一三(大正二)年、大阪に設計事務所を開設して、昭和戦前期において大活躍したもう一人の建築家は、木子七郎(一九一一年、帝大卒)であり、彼は、大阪に本社を置く大林組の後に社長となる大林賢四郎と帝大建築科で同期生の関係にあった。

この他に、かつて明治中期に大阪でほとんど最初に設計事務所を開設し、注目すべき官民のオフィス建築を何棟か建てたが、惜しくも一九〇〇年、「兵庫県庁舎」を遺作として早逝した、フランスで建築の専門教育を受けて帰国した山口半六の事務所のチーフであった設楽《したら》貞雄(工手学校、一八八九年卒)が神戸にいた。彼は一九〇七(明治四十)年、最初は「神戸建築事務所」と名付けた設計事務所を開き、その後大正期から昭和戦前期の関西圏で「設楽建築事務所」として大活躍し、最もよく知られた大阪の「通天閣」など、数多くの作品を残している。また辰野と工部大学校で三年後輩の、河合浩蔵(工部大学校、一八八二年卒)は、大蔵省の臨時建築局に入り、妻木頼黄らとドイツへ留学し、明治中ごろの東京の首都整備の建築設計の仕事でドイツ人建築家の下に就き、その後司法省に入り、「神戸地方裁判所」(1900)を設計した関係から、一九〇五(明治三八)年、同じ神戸に「河合浩蔵建築事務所」を開設して、関西圏で独自の建築の設計活動を行っている。この他で関西圏の民間の建築事務所として急速に大正期に頭角を現してきたのが、アメリカからキリスト教の布教者として来日し、近江八幡に本拠を置き、布教の傍ら建築の設計活動をはじめていたW・M・ヴォーリズであった。彼はちょうど渡辺が独立した頃から、大阪を含めた関西圏の大都市での、キリスト教関係以外の一般の建物の設計をはじめていたが、彼の大正末から昭和初期にかけての驚くべき仕事量の増大期に比べれば、大正初期のこの時期にはまだそれほど目立った活躍を見せていたわけではなかった。

村野が入った前後の渡辺節事務所の多忙さ

村野は、早稲田大学理工科大学建築科を卒業し、渡辺が建築事務所を開設して約二年後の一八一八(大正七)年八月、同事務所で働くために大阪へやってきたが、その頃の大阪の建築界のことをかなり後になってから回想して、次のように語っている。

「大阪を選んだもう一つの理由は、大阪はその頃から[東京に比べて]多少[デザイン面で]自由でした。東京はどうしても様式的な建築が支配していました。大阪は、その頃から自由な建築が、二、三建っていました。私はそれらに非常にひかれ、建築的には、大阪の方がいいなぁという気になって、大阪に来たのが直接の動機です。その大阪に[実際に]住んでみると、[大学時代の]友人などが船場あたりに[住んで]おった関係もありますが、大阪の良さがわかってきます。(中略)

大阪の庶民性に私は非常に興味を持ちました。後から気が付いたのですが、東京にはいろんな格式とか、何か勲章がついていないと重く見られない傾向があります。つまり形式的です。ところが大阪では、実力があれば、本当に力があれば、独立ができる。あるいはもっと大きく言えば、財をなすことが出来るというような気風がありました。・・・こういう風に自分が苦労して自分の道を開いていく、そういう機運[気風]が大阪に残っています。つまり実力主義といいますか、腕があれば、腕とその人に誠実さがあれば、とにかくなんとかやって行ける。これが私が大阪にひかれた最大の理由でしょうね。それに大阪というものが、つまり、大阪・京都を含めての[関西圏の]文化的な問題[への関心]も、私が大阪に根をおろした理由と申し上げて、よろしいかと思います。[8]」

村野はこの話の続きとして、自分が就職するために初めて大阪に来た時に、建築デザインの面で東京に比べて「自由」さがあるのを、強烈に感じた作品の一つとして、先の設楽貞雄が設計した北浜の「有沢眼科病院」(1914)を例に挙げている。(1−9)

ところで、村野が入所した一九一八年の夏の時点での、渡辺節の設計事務所はどのような様子であったかを、村野や所

1-9 「有沢眼科病院」（設計：設楽建築事務所、1914年）

長であった渡辺自身による当時の回想をもとにしてここで整理してみれば、以下のような状態であったことがわかる。
　中之島の北側を流れている堂島川の上に架かる田蓑橋と、その西の玉江橋という二本の橋の間の北岸に「浪華倉庫」（設計 片岡安）と呼ばれた建物があり、この建物の二階に渡辺節が主宰する「渡辺節建築事務所」は置かれていた。事務所には、村野が入る以前には、「京都駅」の仕事以来、渡辺に付き従ってきた、主に工手学校や職工学校出身の六、七人の所員たちが居り、渡辺は彼ら有能なドラフトマンたちを鼓舞しながら、デザイン面についてはほとんど一人で、精力的に設計活動を行っていたらしい。設計の依頼は、事務所開設当初から順調に入ってきており、村野の入所時には、所長も所員も製図作業や工事監理等の仕事などに誰もが忙殺されていた状態であったという。[9] 村野が入った一九一八（大正七）年という年には、同事務所の設立直後に設計を受注したと思われる「日本綿花株式会社」に関連した「支店」や「倉庫」など、小規模ながら何軒かの建物が、いわば事務所の〝処女作品〟の形で世に送り出されはじめていた。さらにその翌年（大正八年）に完成した建物は前年に比して数倍あり、渡辺節の「年譜」[10]によって数えてみると、オフィスビル、工場、研究所、倶楽部建築、寄宿舎、住宅など、実に二一棟という驚くべき数の建物が完成している。おそらく村野が大阪へ到着した時には、これらの作品は建築工事の真最中であったか、もしくは工事の着手寸前の状態で設計作業中であったと思われ、いずれにせよ、所長と六、七人の所員で処理するには、すでに手に余る仕事量であったことは間違いない。
　このように村野が就職した時には、建築の規模はまだ比較的小規模なものが多かったとしても、渡辺節一人が設計者としてデザイン面に責任を持って線を引いていく限界をほとんど超えるほどの仕事量であったと思われ、このことを逆に考えれば、渡辺節にとっては、増大する仕事量に応じることができるように、自分の設計事務所の組織の体制を早急に整えることと、その中でも特に、単なる有能な〈図面引き《ドラフトマン》〉では終わらない、渡辺を助けて建築の意匠《デザイン》面を熟《こな》すことのできる、高度の建築教育を受けた頭脳明晰な若い人材を補強しなければならないという差し迫った課題があったのである。

ところが渡辺自身の回想によれば、彼の出身大学である東京帝大の教師たちとの前述のようなぎくしゃくした状態が、彼の卒業後も長く尾を引いて続いたと語っており、当時官立大学における建築教育の唯一の学科であった東京帝国大学工科大学建築科の卒業生たちを、自分の設計事務所に所員としてもらい受けることは、全く不可能な状況にあったとも語っている。仕方なく渡辺は、私立大学で唯一建築科を明治末に開設していた早稲田大学の理工科大学(後の理工学部)や、その他各地にあった高等工業学校、高等工芸学校、美術学校などの建築科や図按科などの卒業制作展や学科展覧会などを自分の足で精力的に見て回り、若い人材を必死に探し回らざるを得ない状況に追い込まれていたのである。そうした人材発掘の行脚の末に、東京帝大での卒業年次が渡辺の五年先輩で、母校に残って教師になった佐野利器とは同級生の間柄でもあった佐藤功一が主任教授を務めていた早稲田にも自ら直接出向いて行き、そこで出会ったのが、村野藤吾のディプロマ、あの「マシーン・ショップ」と題した作品であったことは、今ではかなり広く知られたエピソードである。

渡辺節が村野藤吾を雇い入れた前後の事情

渡辺節が最晩年に、彼の建築界における業績を回顧する雑誌の「特集号」に掲載するために集まった後輩の建築家たちを交えた「座談会」において、出席者の一人であった村野藤吾本人を前にして、自分が村野を事務所に雇い入れた前後の経緯について、手短に次のように語っているのは大変興味深く、また貴重な証言である。


「渡辺　あの時分にわたしはね、大学へ自分で行ってね、その人の卒業制作を全部みて、そのなかからこの人をくれといってもらってきた。いちいち見にいったんですよ。

浦辺(鎮太郎)　[いろんな]学校にお出かけになってね。

渡辺　[早稲田へ行った]その時は、今井[兼次]君とどちらかをくれと頼んだ。そうしたら今井君は学校へ残りたい、村野君は外に出たいというので、それでまあ村野君をもらってきたわけなんだ。その当時は卒業生を、みなそうしてほうぼうで[頼んで]もらいましたよ。しかしやはり、[東京]帝大だけは[卒業生を]くれなかったな。帝大のときのわたしの卒業成績が非常にわるいので、あんなところへやったら大変だ、というんでしょう。[11]」


この回想の中で特に注目すべきところは、もちろん「帝大だけはくれなかった」という一言の中に示されているような、両者間の深い軋轢《あつれき》であることはいうまでもないが、それとともに、渡辺が一九一八年の春の早稲田の建築科の卒業制作展で、村野の作品だけに格別の注意を払い、自分の事務所に彼を「もらってきた」のではなく、後に早稲田の建築教育においてその重要な役割を果たし、また日本のみならず世界的に見ても、アントニ・ガウディの建築の価値の先駆的な評価者としても知られることになった「今井兼次」の名前を、なぜか一緒に挙げて話している点である。実際には、今井兼次の早稲田の卒業年次は、村野の一年後、つまり一九一九(大正八)年七月であり、村野の「マシーン・ショップ」と題したディプロマが提出されていた大正七年の卒業制作展に、今井兼次のディプロマが展示されていたはずはないので、渡辺の記憶になんらかの混乱があったことは間違いないが、これは結局渡辺の頭の中で、次のように時間的な前後関係が錯綜した結果の発言ではなかったかと推測される。渡辺が同じ座談会の中の別のところで、「早稲田へ行くのには随分と苦労をした。交通の不便なところでね。」とも漏らしているが、その不便な早稲田の地には、村野が卒業する年に、たった一度だけ足を運んだわけではもちろんなく、渡辺は何年にもわたってそこへ通い、卒業制作展なども各年次についてつぶさに見て、その年々で、自分が欲しいと思う卒業生を探していたと思われる。そうした毎年の〝早稲田詣〟のなかで、特に建築のデザインの面で渡辺の〝お眼鏡〟に適ったのが、大正七年の村野藤吾と、大正八年の今井兼次の二人であった、というのが本来の話の趣旨ではなかったか。大正八年卒の今井は、おそらく在学中から大学に残って早稲田での教育活動に携わりたいという希望を教師たちに表明していたはずであり、おそらく大学側からも彼の希望を受け入れる意向が内々に示されていたはずだから、渡辺は結果的に今井を自分の事務所に誘うことはできず、結局、一番最初に「もらって」これたのが、大学を卒業後、すぐに社会に出て設計者として働き、経済的に自立することを希望していた、大正七年卒の村野藤吾であったという記憶を、やや時間の前後を錯綜させながら説明したのが、前記のような談話になったものと考えられる。あるいは村野が卒業する大正七年の卒業制作展の時に、卒業生ではないが、在学生の中で特別に光るものが感じられる、今井による提出作品が展示されているのを偶然に見て、渡辺が眼を付け、そこから今井の名前を記憶したのかもしれない。いずれにせよ、渡辺としてはそうした談話を通して、デザインができる若者を見抜く眼力を自分が備えていたことをあえて同席者たちに言いたかったのかもしれないし、いささか伝説化しつつあった渡辺と村野の出会いとその後の交流を少し〈相対化〉し、〈散文〉的なものにしておきたいという思いもどこかに働いていたのかもしれない。

村野が、当時を回想して述べているように、渡辺からオファーがあった時には、すでに彼は大林組の東京支店への就職が「内定」していた。当時の早稲田の建築科の卒業生たちの就職状況は、帝大建築科などに比べて決して芳しいものではなかったはずであり、帝大建築科の卒業生たちと比べて、実際に就職した後の初任給の額なども、六、七割の報酬と、かなり低く抑えられているのが実情であったし、中央官庁のよい就職口などもほとんど望めない状態であった。したがって村野が卒業のかなり前に、すでにその頃請負の大手であった大林組に就職が決まっていたのは、学生時代の彼の成績が優秀であったことの他に、主任教授の佐藤功一が、村野がいつも話していたほどには彼を低く評価しておらず、むしろ逆に非常に高く買っていたと思われることと、その他の早稲田の教師たちの懸命の就職先探しの努力の結果であったと考えられる。[12]

村野の側からの入所前後の回想

渡辺節の事務所へ入所する際の、スカウトされた側である村野藤吾本人の証言も、ここで聞いてみる必要があるだろう。
「私は早稲田を卒業するころ、いったんは東京大林組に就職が決まっていたのですが、福岡の親父が［この就職話が気に入らず］大変な見幕だったのです。私は、長男だったものですから、もともと兵隊［役］が終われば［福岡の］在郷軍人にでもなって家を継いでくれるのが父の望みだった。なるたけ［自分の］手もとにおきたいのに、ようやく学校［早稲田］を出るとまた東京にとどまる・・・ということで怒ったわけです。そうしたときにたまたま渡辺［節］先生が学校にこられ、［同じ福岡出身の］徳永［庸三］先生から私の［父の］ことを聞いて、それはぜひおれのところへ来てくれということになりました。大阪だと［九州と］いくらかでも近いから、親父もやれやれということで［許しが出て］大阪行きが決まった。それから足かけ十五年ほど渡辺事務所にいることになります。あの［渡辺］先生のこと、私はあんなに本当の近代建築の行き方を実際の現実的なことについて考えた人は、あの当時のあの年配の人［建築家］ではほかにいないだろうと思うのです。大きく言えば、今日の新しい建築の実際の仕事の仕方、ものの考え方、そして金の問題、経営の問題の開拓者だといってもいいと思います。」[13]
この村野の回想の中の後半部分における、渡辺節という一人の建築家について述べた、日本の近代建築の先駆的な「開拓者」であったと・・・いう評価は、いわば〝直弟子〟の立場からの、贔屓《ひいき》目の強い発言として簡単に聞き流すことのできないものが含まれている。というのもこの発言は、単に渡辺が若い頃の自分の雇主であり、自分を育て上げてくれた恩顧を被った人物であるために、その時の〝恩〟に報いるために、やや大仰に賞讃している、と言って済ますわけにはいかない、いくつかの重要な内容を教えている発言だと考えられるからである。というのも、渡辺節は、〈政治〉が常に中心であった東京ではなく、大阪という〈経済〉の街――〝金の坩堝《るつぼ》〟のような都市――にあえて腰を据え、〈官〉を常に背景とし、主に〈官〉の金――税金――を重要な糧として仕事をしている東京の中心的な建築家たちとは異なる、それとは別の建築の設計や監理についての考え方を具体的に実践していた。またその時代においては、おそらく大阪でしか実現し得なかったような〈建築設計の手法〉や、〈施工方法〉や、〈施主と請負との契約方法〉などを文字通り模索し、「開拓」してきた先駆的な建築家であったことは、村野の発言を別にしても、まぎれもない事実であったことを示す数々の証言があるからである。

いい換えれば、建築設計者の立場のみならず、建築の発注者(施主)や、工事受注者(施工者)との三者の関係のすべてにおいて、経済的、技術的な《合理主義》を徹底させようとした、日本で最初の建築家が、渡辺節、その人であったと村野は断言しているのであり、その指摘はかなり正鵠《せいこく》を得た指摘でもあったのだ。しかし渡辺節が、大正期中頃以降の大阪の経済界や建築界において提示しようとしていた近代的な《合理主義》は、これとは別に、一九二〇年代後半にヨーロッパから日本に流入してきた、理論的で、美学的、また革新的でもあることを主張していた、その意味でやや青臭い建築設計における《合理主義》の提案とは、はっきりと一線を画す内容のものであったことも忘れてはならない。

たとえば村野が回想している、渡辺の《合理主義》者としての側面に関して言えば、それは単に設計上や施工上の〈合理性〉の追求に終わっただけではなく、実は建物を一定の資金を投じて建てようとしている施主である個人や法人の投資者たちの、経済上の〈合理性〉への配慮、具体的にいえば、たとえば投入資金とでき上がった後の建物が上げることのできる収益との関係、つまり今でいう費用対効果の実際的な〈比率(ratio)〉の計算を施主に対してあらかじめ数字で提示していた、などという渡辺の設計を巡る話の中に、彼の合理性(rationality)を徹底させようとする性格が端的に表れていたのだ。それについて村野は次のように話している。

「たとえばビルディングの設計をしますと、その設計に対して費用[建設費]と、同時に[完成後の]利潤はどれだけ出る、この利潤に対して[借りた金の]利回りがこれだけだからこういう風[な結果]になります、という経済的な根拠を設計書につけてクライアントに出す。・・・[渡辺]先生はそれをおやりになっていた。これが、私が最初に建築の経

済のことについて考えるもと［契機］になりました。」(14)

そのことから村野は、渡辺事務所を辞める前後の昭和のはじめ頃になると、〈建築経済学〉に関する個人的な研究を深めていき、今ではよく知られているように、やがて戦時中から戦後にかけて、「齧ると歯を折る」とまでいわれるほどに難解を極めると言われた、カール・マルクスの『資本論』を懸命に読解していき、これを《イデオロギー》に関する〝聖書〟としてではなく、建築設計という行為を、経済学の側面から解析し、村野自身の言葉を借りれば、〈形而上《メタフィジカル》〉的にではなく、土地と建築と設計行為を〈現実的《フィジカル》〉に定位しようとする時の、いわば〝聖書〟として読むまでになったのである。

仕事には非常に厳しかった人

前述したように、村野は一九一八(大正七)年七月の早稲田大学卒業時には、すでに満二七歳という年齢に達していたが、誕生日(十一月三日)前でまだ満三三歳の若さであった渡辺節が所長を務めていた大阪の設計事務所に入った時には、年齢差はわずか六歳と、所長と新入社員の一般的な間柄ほどには離れていなかったが、建築家としての経験、実績とも、村野と渡辺の間には、かけ離れた差があったこともまた確かであった。

一九六七年に渡辺節が八二歳で他界した折に、渡辺の事務所に自分が入ったばかりの頃を回想しながら話した追悼談話の冒頭部分で、村野は次のように語っている。

「私が渡辺事務所に入ったのは［渡辺］先生が［設計］事務所をはじめられて二年くらい経った頃・・・先生は非常に緊張しておられた。先生が仕事に厳しかったというのは、やはり仕事を知っておられるから［で］、ことに寸法の達人だし、図面をみる名人です。［私が］どんなにはしょって図面を描いていても、ちゃんとそれが［何か］わかる。だからちょっとごまかしてもすぐにばれてしまうというわけで、図面はわかるし、いろんなディテールがわかるし、［施工の］仕事がわかるんですから自然に厳しくなるということでしょう。私が不思議に思うのは［まだ若かった］先生が一体どこでいつの間に［その種の］仕事を覚えられたのかということですが、やはり京都駅の設計の時だったと思います。そこで［たとえば］寸法に関して非常に正確な観念［感覚］を修練された。渡辺先生は私が入った前後から、早く施工するためにアメリカから新しい各種の材料を導入された。先生はそういうことに［良く］気がつく。また実費清算［方式］をやるのには［工事］期間の問題と、クライアントにたいして［建設］コストをできるだけ安く［あげるように］しておかなければならない。こういう点を考えてみると、どうしてもすべてをアメリカ風に合理化しなければものにならない。

先生はそういう点に実に気がつく、そこが天才だ、一種の合理主義の天才だと思います。とりも直さずそこに先生の近代建築［家］としての素質がそなわっている。そういう性格があるからこそ、あの［京都駅工事の間の］短期間に、ご自分の立場は［鉄道院の］高等官であっても［現場を］非常に勉強された。その［修業の］試験台が京都駅［の工事］だったように思います。

私の渡辺先生へのイメージはやはり近代建築家としての最初の典型的な、つまり日本における office architect としての最初の人だ［った］ということです。ということはわれわれはいまこうしてオフィス［設計事務所］で仕事をしている［が］、建築家として先生は、そういういまの型を持った第一［番目］の人だ［った］と思う。それより前に中條［精一郎］さんとか長野［宇平治］さんとかがいますが、そういう人はイギリス風の建築家で、それは権威はあるでしょうが、民間に入ってクライアントの意向をよくのみ込んで、それを実現していく商業性というか、そういう先生のいき方は、イギリス風の architect［の立場］からすれば、反駁［批判］があったのも当然です。渡辺先生の立場はそういう［イギリス流の］人たちとはまったく違うんです。民間にあって民間の建築家として、クライアントの意向をくみ、しかもクライアント［の要求］に溺れるというのではなしに、それを説きふせて architect としての見識を世の中に出そうとする本当の典型としての architect です。渡辺先生のその型を今日われわれが踏襲しているわけです。(15)」

上から目線の建築家たち

辰野金吾に代表され、また彼を頂点とした、ピラミッドの最頂部から下へと、彼が育て上げた優秀な人材たちが、建築界の指導的な立場をいわば〝占拠〟していた感のあった〝帝都〟東京の建築界においては、〈建築家《アーキテクト》〉の故里、つまり〈建築家〉像の原点はどこにあったかといえば、辰野の恩師、J・コンドルの故郷イギリスか、広くとってもフランスやドイツなどのヨーロッパ諸国にあったことはたしかである。村野がここで、これら〈帝都〉系の建築家たちのことにわざわざ言及しているには理由があり、彼や渡辺節のような、関西に本拠を置いて仕事をしてきた建築家たちの立場からすると、これら東京の建築家たちが、何かしらの権威や権力を背負って設計の仕事をしていることに、少なからぬ違和感、はっきり言えば日頃反感を抱いて設計に取り組んでいた事実があったからに他ならない。つまり関東では、建築家は建築を設計し、それを必要とする者たちに与えてやる・・・、といったような、今風の言葉でいえば、〝上から目線〟の、どことなく押しつけがましく、また不気味な建築家の視線が常に感じられる。村野たちの立場からすると、はたして日本における建築家という存在が、〈西洋〉という〝虎〟の威を借りた〝狐〟のごとく、そんなにも居丈高で威圧的でいいのかという思いがあり、また建築の施主や施工者や、またでき上がった建物の利用者に対して、そこまで権威主義的な存在であっていいのか、という根本的な疑問が、村野によってここで提起されているのである。こうした〈東〉と〈西〉の建築家の間にある視座の決定的な高低差は、明治から大正・昭和戦前にかけて、つまり第二次世界大戦前の建築界において、非常に顕著に見受けられた差異であったことは、当時の関東と関西の建築家たちの仕事ぶりや、でき上がった建築を頭に思い浮かべてみれば自ずと明らかであるように思われる。その後、第二次世界大戦によって、「大日本帝国」が脆くも連合軍によって壊滅させられた後、戦後社会で民主化が声高に叫ばれるようになっていくと、それにつれて建築家もまたそうした新たな世界の一員として、社会に奉仕する者である、などとジャーナリズムなどを通して叫ばれるようになり、戦前のような〝上から目線〟は、一見解消されていったかのように見えた。しかしそれにもかかわらず、その一方で、建築家は、〈医師〉や〈弁護士〉などと同じく、社会において公正中立的な存在であり、またその立場が保証された〈職能《プロフェッション》〉として存在しなければならないという、これもまた多分に〈西洋〉起源の建築家論などに姿を変えて、いつのまにか再び〝上から目線〟が復活し、おそらく村野が亡くなる頃まで(否、二一世紀の今日にいたるまでも)、その種の視角や態度が、東京主導の建築界に根強く生き延び、それが一極集中の波のひろがりによってそのまま全国に広まっていったのも事実である。渡辺や、その影響を一身に受けた形の村野は、そうした〝上から目線〟に対して、戦前戦後を通じて鋭く反発し、そうした建築家たちとは異なる視座のもとに、設計活動を繰り広げていったのだが、その原点に、「第一」番目の人として渡辺節がいた、と村野は強く主張するのである。

　村野は同じ渡辺への追悼談話のなかでこうも語っている。「東京の建築家はペダンティックで形式主義であったのに対し、[渡辺]先生は合理主義と形式抜きで実力でのして行かれた」と。辰野金吾の流れをくむような〈帝大建築科〉流の形式主義や衒学主義を疎《うと》む建築家渡辺節にとって、したがって〈アーキテクト〉の原像は、イギリスやフランスやドイツといった地域には当然ながら無く、これらの十九世紀の先進国にかなり遅れた状態で社会の近代化、工業化を出発させながら、ようやく第一次世界大戦が終熄したあたりの時点から、欧州と同じ先進的工業国群に仲間入りを果そうとしていたアメリカ合衆国の中に生きた〈アーキテクト〉像が鮮明に描かれていたのである。ヨーロッパ流の個人主義的な思想や美学や手法に基づいて建築を建て上げるやり方とは対照的に、彼ら

1-10　設計室で、机を前にした渡辺節と、傍らに立つ村野藤吾

アメリカの建築家たちは、世界に前例のない超高層などのビル建築を、資本主義の経済的要請と制約を強く受けながらも実用主義的《プラグマティック》に解決していくために、組織的で合理的な設計組織を整えて展開させようとしていたのである。そして彼らの行動のなかに、自分たちが目指すべき方向性をはっきりと見出すべきだと、渡辺は日本の建築界に向けてはっきりと告げていたと村野はいう。つまりアメリカにこそ、日本で近代建築の設計に携わる者の模範型《モデル》があると、渡辺は村野に、まさに現場で、体で教え込んでいたことになる。

事実村野は、渡辺の事務所から独立した後も、この渡辺が設定した民間の「オフィス・アーキテクト」としての路線を忠実に実行していき、後章で明らかにするように、東京の建築家たちの場合のように前衛的で先鋭的なヨーロッパの動向にのみ目を奪われてしまうようなことはせず、その当時の日本の建築界でもまだあまり話題にされることのなかったアメリカの建築界の動きへの注視を続けた。九三歳の死の数年前になってようやく、「もういまとなればアメリカへ行って学ぶものはない[16]」と呟くところに至るまで、決してそれへの注視を怠ることはなかったのだ。したがって渡辺節が、「民間にあって民間の建築家として、クライアントの意向をくみ、しかもクライアントに溺れるのではなしに、それを説き伏せて」、建築家としての見識、つまり主体性と社会的責任を示そうとした、と村野が語っているのは、それは渡辺節のことであると同時に、まさにそのまま、その後の村野藤吾の設計者としての姿勢でもあったのだ。同じ大阪に本拠を置いて独立し、半世紀を超える長い時間に亙って、クライアントからの要求が比較的緩い〈公共建築〉といった公的な資金(税金)が絡む建築などとはほとんど無縁な状態のままに、「民間にあって民間の建築家として、クライアントの意向をくみ」ながら、それに揉みくちゃにされるような状態の中で行ってきた設計活動の内容と、そこで設計者として保ってきた矜持とを、村野は問わず語りにここで表明していたのである。(1-10)

渡辺の実費精算方式

村野が生前、渡辺節の事務所の所員時代に、所長のいくつかの際立った手法の中で、最も感銘を受けたものとして繰り返し挙げていたのが、渡辺節の設計事務所の場合では一九二三(大正十二)年完成の、「日本興業銀行本店」の工事契約の時から採用されはじめたとされる、いわゆる「実費精算方式」という、施主と施工者との間の、一般的な〈請負契約〉によるものとはかなり異なる形式の工事契約の方法であった。先の渡辺を囲む座談会の中で、工事の当事者としてこの契約形式を、推進しようと積極的に動いていた、当時の大林組の白杉嘉明三の回想によれば、「実費精算」の工事契約が日本で生まれるには、次のような経緯があった。それによれば、「丸ビル」、「郵船ビル」などの施工で、大正後半期に日本へ進出していたアメリカの施工会社「フーラー社」が日本で最初に実施した契約方式を参考例としながら、その時の中心的な施工者であった大林組が率先してこの新しい方式を推進したいと考え、新築工事の計画を抱えていた施主に働きかけた結果、渡辺節が設計していた東京丸の内の「日本興業銀行本店」(1923)の工事の時に、三菱直系以外で最初にその方式が採用されることになり、続いて同じ渡辺節建築事務所が設計監理を担当することになった、大阪中之島の「大阪ビルディング(大ビル)」(1925)がこれに続いたという。(17)

　日本では、官公庁の土木工事などの契約を別にすれば、明治以来、建築の工事契約は〈請負契約〉が一般的であり、この契約では、施工者が建物の完成を約束して工事を行い、発注者(施主)はその仕事の結果に対して報酬を払うという、民法上の契約関係によって成り立っている。これに対して〈実費精算契約〉の場合は、建物の発注者が施工者に工事を委任するが、その施工のために必要なすべての経費を工事発注者が施工者に対して直接支払い、それと共に、工事手数料として、両者で予め決めておいた方式で一定の報酬を施工者に支払うという〈委任契約〉であった。〈請負契約〉と最も異なるところは、施工者が契約とともに必ずしも建物の〈完成〉を約束するものではない、という点にあった。この〈実費精算契約〉の場合には、〈請負契約〉の場合と異なり、施主の側の発注業務が構造、設備、内装、外装などと、かなり多岐に分かれて煩雑になることもあり、その部分の実務が設計者に委託された場合には、設計組織の側の作業が相当に煩雑になり、かなり大きな負担がかかる恐れがあったことも確かであったが、同時に設計者が施主のために動くことによって、実質的な工事費を節約して、目的とする建物を予定よりは安い建設費で実現することができるといった施主の側のメリットもあった。

　たとえばこうした点については、渡辺節の事務所の設備工事に、一九一九(大正九)年以来多くの取引があったという「須賀商会」の内田成之が次のように書いて証言しているのは興味深い。「私どもの目からしますと、[渡辺]先生はオーナー[施主]の利益代表として、すべてを任されておられたように思います。ですから［業者への］指名の通知に始まり、図面説明、現場説明、見積りの徴収から、値段の交渉に及び、契約の手続きとか、前渡金の支払い、工事中の支払い、竣工後の支払いなどのような金銭的なことに至るまで、先生の事務所で面倒を見ておられました[18]」。やはりこの「実費精算」のシステムは、間に入った渡辺の設計事務所の仕事に、新しい負担を持ち込んでいたことは確かであり、設計者の側の利益には必ずしも直結するものではなかったようにも見えるが、設計者はそれで施主の信用を得て、次の仕事に繋げることができたと思われるし、実際には施主から設計者への特別な褒賞(金)などもあったと考えられる。

いずれにせよ渡辺をこの方式に拘《こだわ》らせたのは、日本の建築生産のシステムを、それまでの多分に〝どんぶり勘定〞的で、不透明であった〈請負契約〉から脱出させ、施工者の受注システムを近代的で合理的なものに造り変え、施主に無駄な金をできるだけ使わせまいとする経済的な意識が、体の奥で渡辺を駆り立てていたからであったと思われる。それと同時に、一つの建物が完成に至るまでの過程で、実費精算方式では、設計・監理者である建築家が発揮する指導力と存在感を格段に高めるというメリットを、その煩雑な作業の半面として、持っていたこともたしかである。つまり渡辺としては、自分が設計した建築を、施主のために施工者を統括して自分の手で造っていると思えるような、ものつくりに特有の感覚が、何物にも代えがたい快感として感じられていたのではなかったか。渡辺のすぐ傍らにいて、こうした建築の造り方、いい換えれば建物を設計し終えた段階で、その後のほとんどすべてを施工者に丸投げして建物を作り上げ、監理者の立場にありながら建設過程の具体的作業から事実上離れてしまうのではなく、材料の手配、工事の進行、そして最後のディテールの仕上げに至るまで、設計者として手放さずに現場で見届ける、といったものの造り方を村野は渡辺の傍らにいて常に凝視していたのである、当然それは、渡辺のもとから独立した後の村野の建築の造り方に引き継がれていき、九三歳の死のほとんど直前まで、作業服を身に着けてヘルメットを被り、工事現場に立って細かな指示を出していたあの村野の姿に、そのままオーヴァーラップしていくことになったのだ。

図面の縮尺の変更や、新しい材料の輸入

村野の回想によれば、渡辺節が、民間の建築工事ではあまり採用されることがなかった「実費精算方式」を、あえて施主に勧めて契約を結ばせたのは、施主にとっても、また施工者にとっても、その方式がきわめて経済的であると同時に「合理的である」と判断したからであり、同時にそれを両方に説得して納得させることのできる実務的な、村野に言わせれ

ば「天才的」な、説得力が渡辺節に備っていたからでもあった。そのことによって、最盛期を迎えて「当時［の］渡辺事務所は二十人くらいのスタッフでしたが、今日［一九六九年の時点］でいえば一〇〇億になんなんとする建築、規模でいえば［延床］三千坪から一万坪ぐらいの、当時としては大建築を次々とやっていったのは、この実費清算方式[19]」の賜物であった、とも村野は後に語っている。

同じ談話の中で村野は、渡辺節が間に入って、大規模なオフィスビルなどが、「実費精算方式」で大正後期から昭和の初めにかけて、村野を含めてわずか二十数人のスタッフによって、続々と設計していくことができたもう一つ別な大きな理由として、設計図面の制作に関して渡辺が断行した、ある重要な変更（合理化）が関係していたとも語っている。

「渡辺事務所の得意な実費精算方式というのは、general design に detail を一枚加える。あとは文句［文章］で要点を書く。それだけで請負［会社］に出し、説明を加える。これで見積りができるはずだと。そして請負が概算見積りをやっている間に時間を稼いで、次の［別の設計の］仕事にとりかかるという具合です[20]。」ここで“general design”と言われているのは、一般にいう〈基本設計〉のことだと思われるが、渡辺は、それまでの設計事務所が「二〇分の一」のスケールで描いていた基本図面を、いつ頃からか「五〇分の一」に変え、そのスケールの基本設計で、施工業者は十分に概算見積書を出すことができるはずだとし、それができないならば業者としては失格だから「勉強し直してこい」、と撥ねつけ、施工者たちを鼓舞した。しばらくして、この五〇分の一の図面をもとに各業者が概算見積書を持ってくると、設計事務所の方でも数字をあらかじめ計算して出しておき、その数値に「プラスマイナス五パーセント幅を見込んでおき、［それを］上回れば罰金、下回れば褒美を出す」といったやり方で、「請負のだす見積りに対して、建築家がコストの検討をし、干渉する」ようなことを行っていたという。こうしたことを大きな建設会社の見積りのベテランの社員を向こうに回してやり取りできるのは、当時の日本の建築界で渡辺節以外には考えられなかった、とも村野は回想している。また施工会社がそれぞれ見積りを立てている間に、設計事務所側は、一件の建物の設計にかかる時間を短縮した分を、他の設計に回すことができるようになり、自分たちの設計業務も合理化できたというのである。

この他に村野が渡辺事務所の設計面での合理化の例として挙げているのは、それまでの「煉瓦何段」といった、組積造の寸法を基本的なモデュールとする慣例を改め、「［渡辺］先生は新しいモデュール」を立てた。たとえば便所の「扉は、［高さ］七尺と［幅］二尺七寸といったスタンダードをつくく」って、建具関係の規格化を図ったし、同じように窓や戸口まわりの額縁なども、あらかじめ同じ寸法、同じ刳《く》り型で、工場で「何種類かのいいスタンダードを先に機械的に拵《こしら》えて」おいて、それを「現場でくっつけ」嵌め込んで、一気に納まるようにし、初期的なプレファブ化をはじめてもいた。それと同時に、左官工事などが先に順調に進んで終わっているように、工事過程のシステム化も計っていた。いい換えれば、見積用の設計図が五〇分の一に簡略化されていても、業者がそれだけで十分見積計算ができたのは、そうしたディテールの「標準化」、モデュール化が、ある程度設計事務所側で進められていたからこそできたのだ、とも話している。

さらに渡辺の指示は、工期の短縮という大きな課題を前にして、材料面にも当然及んでゆき、これもアメリカのビル工事の実例を参考にしながら、「石膏プラスター」や、「テラコッタ」、あるいは「テラゾー」などを、施工技術と共に輸入して、それをどこよりも早く自分が関係した建物に大量に使って成果を収めている。たとえば従来の「漆喰」の技術に代わるものとして「石膏プラスター」の技術の日本への取り入れに渡辺は尽力したが、これにははっきりとした理由があり、目的があった。それまでの「漆喰」の壁や天井が、それを完全に乾かすためには塗ってから四十日間ほどの時間が必要であったために、次にその上にペンキを塗って仕上げる作業にその間掛かることができなかったが、それに代わるものとして、渡辺がアメリカから「石膏プラスター」を見つけてきて、日本で最初に神戸の「大阪商船神戸支店」のビル工事の時に大量に使った結果、大幅な工期短縮が実現できたといわれている。渡辺はさらに後に、こうした輸入材料を国産化するために、生産会社を国内で立ち上げたり、そうした業者に資金的な助力をしたりしてもいる。また「テラゾー」という言葉を日本ではじめて使ったのは渡辺事務所」であり、昭和戦前期に大流行するいわゆる〝ジントギ(人造石研ぎ出し仕上げ)〟を、石や煉瓦に代わる新しい床材、腰壁材などとして持ち込んで使いはじめたが、これの「最初の日本での[使用]例」となった大阪の「大ビル」では、初めての施工で、特に磨き上げる作業には業者が大変苦労したという逸話も残っている。

構造的躯体の工事の進行過程についても渡辺は建設業者に積極的に口を出し、渡辺節事務所が大規模な近代的高層オフィスビル設計に進出するまさにその嚆矢となった「大阪商船神戸支店」では、鉄骨にコンクリートを打設する工事の進捗を図るために、「コンクリートの途中打ち」を実行したという。村野は「そういう曲芸を[渡辺先生は]やられた。当時としては全く破天荒のこと」だったと語るだけで、「途中打ち」が具体的にどんな工法であったか、その詳細についてはそれ以上の説明を加えていない。これとは別に、「大ビル」の現場を担当した大林組の岩崎甚太郎による回想では、次のような工事促進の方法が取られていたという。「このビルディング[大ビル]は、鉄筋コンクリート造地下一階、地上八階建であったが、上階の[鉄骨組立などの]躯体工事を進めつつ、下階は型枠の撤去を終わり、片付けをすまし、すぐ墨出しの上、床下地モルタル塗を施工した。また側窓サッシの取付けや外部の石貼などを始めて、仕上げ工事の促進に努めた」(21)と。

これは鉄骨工事をともかく最上階まで終えた後、下から順次コンクリートの打設を上階まで続けていき、それが全部終わった後で、外装、内装工事にとりかかる・・・といった一般的な工事手順に捉われずに、ビル全体を何層分かに分け、鉄骨を組んでコンクリートを打ち、内外装をすぐに追いかけさせるのと並行して、その上部では次の鉄骨を組んでコンクリートを打つ・・・、といったことを繰り返すことで工事をスピードアップした、という意味だと思われる。この他にも、外壁などの石貼の際に、当時の石工は「合端切《あいばぎり》」、つまり石と石を並べた時の目地部分についての加工は、輸送途中にその部分が欠けたりする恐れがあるという理由で、工事現場でやるのが慣例であったのを渡辺は職方に言って止めさせ、「工場で三方を切って[梱包を丁寧にして]持ち込み、現場では一方だけを切ること」で職人と折り合いを付けて、現場工事の短縮化を進め、渡辺自身によれば、「これで一ヶ月以上工期」を短縮できたと自慢したりしている。(22)

村野の意匠面への参加と貢献

以上のような渡辺節の、主に事務所の経営面と設計した作品の施工面で挙げた実績についての、村野や、その他の工事関係者の証言でわかるように、渡辺は、〈建築家〉を名乗る人たちが一般的に強い関心と意欲を見せる〈建築表現〉の分野にはあまり特別な関心とか野心といったものは、少なくとも村野が在籍していた時代には、ほとんど示すようなことはなかったらしく、どちらかといえば、建築経済や建築計画や建築工法《ビルコン》などの側面に、より強い関心を抱いて動いていたように思われる。結局、一九二〇(大正九)年以降の十年余の同事務所では、渡辺があまり強く拘《こだわ》らなくなったその〈建築表現〉や〈意匠〉などの側面は、一九一八(大正七)年に入ってきた村野藤吾が、渡辺のまさしく〝右腕〟として、一手に引き受けてデザインし、非常にすぐれたオフィスビルの内外、なかでも格別にすばらしい一連のインテリア空間を実現させていくことになったのである。

しかし村野の回想によれば、そうした完成度の高いビルを生み出す体制として、〈意匠〉の面はある段階から確かに村野に大部分を任せることが多くなっていたが、しかし〈平面計画《プラニング》〉と〈構造〉と〈設備〉といった、建物《ビル》の建設において最も肝心で実際的な部分については、基本的に所長である渡辺節の明確な指示のもとに決定が行われるのが鉄則で、その後で初めてすべてが動き出したという。[23] 特にプラニングにおいては、「方眼紙のように四角くます目を画いて、それに柱を乗せていくやり方」で、軸組の構造柱を一定間隔にまず置いていき、その構造的な柱位置を基点にして、各階のプラニングを練りレイアウトしていく、その「グリッド・メソッド」は、渡辺独自の《合理主義》が反映された、当時としては非常に先進的な設計手法であったと、村野から直接聞かされた記憶がある。

渡辺事務所に入所して数年後には、同事務所のデザイン面をほとんど全面的に担う〈主軸〉所員として、事務所の内外に認められることになった村野であったが、そこに至るまでの数年間は、彼にとってきわめて過酷な「試練」と「苦闘」の時期であった、と村野は晩年になって繰り返し語っている。彼によれば、入所前にあった「十六貫」の体重が、「十三貫八百」になった、つまり六〇キロあった体重が八キロ余も痩せ細って五〇キロそこそこになってしまったほどであった、という。おそらく大部分は過度のストレスによるものであったと思われるが、村野がげっそりと痩せてしまったという最大の原因は、大学出たてで建築の実務経験が全くなく、現場が理解できるような図面などほとんど一枚も書いたことがない状態で渡辺の事務所に入り、案の定、入所したとたんにそのことをヴェテランの先輩所員たちから思い知らされたことと、もう一つは所長である渡辺節が所員に常に叩き込んでいたらしい、次のような設計上の方針に村野がなかなか対応できずに悩んでいたことに起因していたと考えられる。

渡辺は村野たち所員に、「『ツー・マッチ・モダン』はいかん」、つまりあまり極端にモダンで斬新なデザインは駄目だ、と口癖のように言い続け、とにかく、顧客に対して「売れる図面を書いてくれ[24]」、つまり設計の発注者である施主が納得し喜ぶようなデザインの図面を書いてくれと、所員たちを常に叱咤激励し、その方針は、村野が十余年経って事務所を辞める段になってもほとんど変わらなかった。そうした明確な方針を打ち出す中で渡辺は、当時のアメリカの超高層建築などの建物の内外を飾る意匠として盛んに採用されていた、ある程度近代化され簡略化されたものではあっても、基本的に過去の建築の《様式》を基礎としたデザインの採用を要求し、それ以外の「ツー・マッチ・モダン」は、事務所のデザインとして世に出すことは一切まかりならぬ、としたのである。おそらく入所して初めてこのような所長の強硬な方針を知った村野は、大学時代に《セセッション》一辺倒といった形で、当時最新であった〈モダン〉なデザインに打ち込み、佐藤功一教授の授業で行われていたような《様式》的な設計のトレーニングにはあまり身が入らず、そうした偏向の自然な結果として、

《様式》が絡むようなその種のデザインにほとんど無知であり、したがって図面も全く引けない自分を村野は思い知らされることになったのである。そうした焦りからか、逆に渡辺に反抗的な態度を取ったりして自己嫌悪に陥り、「いつ辞めようか」と毎日真剣に悩んで、食事も喉を通らず、心労で痩せ細ってしまったという経緯があったのである。

ある設計事務所間の指名コンペ

村野は、渡辺事務所に入ったばかりの頃のことを回想して、建築家浦辺鎮太郎を相手に、ある雑誌で具体的に次のように語っている。

「[入ったばかりのころ、事務所は]ちょうど朝鮮の紡績会社[朝鮮綿花株式会社(1920)]の仕事をしている時で、いきなり原寸を書かされ、これにはへこたれました。[渡辺]先生の鉄道[院]時代の人が二、三人いましたが、この人たちがうまい。学校[大学]時代は、ただ上調子の絵[近代的なデザイン]ばかりやっていたので、[彼らに]とても太刀打ちできませんでした。官吏上がりの熊沢さん・・・この人には驚きました。薄美濃紙の上に5Bの鉛筆で、その[朝鮮の]紡績会社の[小屋組の]木造トラスをいきなり二〇分の一で書く。クイーン[ポストと]か、キング[ポスト]。丸太を使って[小屋組を書く]。——技手《ぎて》の古手は偉いものだと思いました。学校出の人が見積りとか図面には慣れている。学校出の私はがっかりしました。[25]」

これは「事務所[で仕事]を始めて一、二年目位」の頃のことだというが、工手学校などの出身で〝たたき上げ〟の古株の所員たちに比べて、村野のあまりにもぎこちない製図力と、〈様式的〉なものはやりたくない、といったある意味で〝反抗的〟で生意気な態度に、渡辺もかなり内心あきれてもいたらしく、その後に早稲田の建築科へ出向いた折に、「とんでもないものを雇った」と教師たちを前にぼやいていた・・・といった話が、ある時村野の耳にも届いて、余計に凹《へこ》んだこともあったという。しかしそのうち渡辺が、大学を出たての若者に、詳細図《ディテール》や現寸図《フルサイズ》をすぐにうまく書かせようとしても、それにはやはり無理があると自然に悟るようになっていき、いくつかの設計事務所に出された、(今でいう)指名設計競技《コンペ》の渡辺節事務所の応募案を、村野一人にとにかく任せて、「デザインめいたものに関係させ」てみたところ、その応募案が見事に当選し、さっそく実施設計から建設工事へと進むことになって、村野は一気に渡辺に対して面目を施し、それなりの信用を得るに至ったのである。(口絵-i頁参照)

これで村野は「芽が出」、「運が開けてきた」と感じ、後年いろいろな場所でその頃のことを話す時には、このコンペの当選が、いかに自分の設計者としてのスタートを飾る決定的な出来事であったか、また渡辺に、はじめて自分のデザイン的な才能を認められ、いかにそれが嬉しかったか、などといったことについて繰り返し語って、往時のことを懐かしんでいたものであった。村野がこのコンペの結果に感謝したのは当然であり、渡辺節は、村野藤吾という一人の新入りの所員についての扱い方を、これを契機として、明らかに変えていった。渡辺は、一人前のドラフトマンとなるように、村野を一から技術的に教えて鍛え上げていく、といった方針にここで見切りを付け、それまでほとんどの建物で自分が一手に引き受けてきた〈意匠〉関係の作業、つまり事務所の仕事の中でのデザイン面における自分の後継者として彼を育てることをはっきりと決めたと、その時村野は、直感的に感じ取ったのだ。

神戸の山手に建つ白い「海洋気象台」

村野に決定的な幸運をもたらしたこのコンペとは、他でもない神戸の中山手の丘の上に建てられることになった「海洋気象台」(後に「神戸海洋気象台」)の設計競技《コンペ》であった。一九二〇(大正九)年夏に竣工し、八月二五日から実際の予報業務を開始したこの気象台の建物は、『近代建築画譜』[26]という、一九三〇年代半ば頃までに関西地区に建てられた建築をほぼ網羅した形の大型の書籍の中にもちろん掲載されているが、その記事によれば、構造は煉瓦造、地下一階、地上二階建、建坪一〇九坪、延坪三七一坪のさほど大きくはない組積造建築で、大正八年四月に起工し、竣工は翌年五月と記されている。「様式名」欄には、「ゴシック式の手法に依りたる近世式」。こうした記述でもある程度の輪郭がわかるように、非常に急勾配の屋根面や、玄関入口の上で二階の軒先を破ってさらに高く、地上二〇mほどの高さで立ち上がった中世城砦を思わせるような高塔や、軒線のジグザグした胸壁狭間《バトルメント》のデザインなどに、たしかにネオ・ゴシックの気配を漂わせてはいる。しかし全体的な輪郭は、同じゴシック・リヴァイヴァルの中から登場する二十世紀初頭の英国の《アーツ・アンド・クラフツ》運動の中の邸館系建築、たとえばベイリー・スコットのカントリー・コテージとか、あるいは村野が早稲田時代に熱中していたという《セセッション》の、たとえばヨーゼフ・オルブリッヒなどの大規模な邸館建築などに近い、多分にピクチャレスクなシルエットを持つ、近代的(ここでいう「近世式」)なデザインの建物であったということができる。(1−11)

凹凸のない整然とした長方形の輪郭を持つ平面《プラン》を見ると、中央玄関に続いてその奥にホールがあり、さらにその奥に、ホールの空間に連続した階段室が置かれている。この構成は、十九世紀の英国の邸館建築《カントリー・ハウス》の定型的なプランを思い出させるものがあり、この中央のホールから左右(東西)に中廊下が伸び、片方では「図書室」と「海洋気象観測課」、反対側には「測器課」と「時辰儀課」などの諸室が廊下を挟んで南北に配置されているが、プランそのものには、格別に目新しさといったものは見出せない。やはりこの気象台のデザインの見どころは外観にあり、特にファサード・デザインで、釉煉瓦壁の白い外壁の上に乗った、ゴシック風の急傾斜の寄棟屋根の本体に、そのコーニスを破って立ち上がるファサード上部の、非対称に配置された塔屋《タワー》と切妻面《ゲーブル》などのグラフィックな構成は、確かに瀟洒で軽快な感じがあり、それまでの渡辺節の事務所のデザインに比べても、どこか垢ぬけた新鮮さが感じられる。村野からすれば、この応募案によって頑固な渡辺節を、特にデザインの面で鼻を明かすことができ、「やった」と思ったと同時に、さぞかし「ほっ」としたことでもあっただろう。神戸港を直接見おろすような緑の丘の中腹に建設された、日本で最初の「海洋」気象台の姿を、長い航海を終えて神戸港に帰ってきた船の上から眺めた人々は、海外に開いた当時の神戸の街のいわば〝ハイカラ〟さをそこに見る思いがして、さぞかし印象的な建物として見えただろうと想像させる。つまりは、村野にしか出せないような、ピクチャレスクな立面の魅力がこのファサードには実現されていたといえよう。この建築は小品だが、村野藤吾の設計者としての人生の〝風向き〟や〝天気〟を変える、彼を広々とした〝海洋〟に船出させる、まさに記念すべき仕事であったのは確かである。

1-11　六甲の山並みを背景に電波塔の横に建つ「海洋気象台」の遠景

「海洋気象台」に続く〈渡辺→村野〉が連繋した仕事

この気象台は、第一次大戦後に世界の海へ進出した、日本の海運業界の要望によって開設されたという経緯からも自ずとわかるように、その頃横浜と並んで諸外国に向けた日本の〝顔〟となりつつあった神戸という港湾都市の、その貿易産業界との深い結びつきの中で誕生した建物であった。渡辺節の事務所としては、この「海洋気象台」の設計から、後で見ることになる「大阪商船神戸支店」(1922)という大規模なオフィスビルの仕事へと繋がる、重要な機縁になった作品であったともいうことができよう。この「気象台」は、一九二二(大正十一)年からは、世界中の海上にある「商船」などの船舶への気象情報の無線送信を開始し、順調に観測予報業務を展開し

1-12　爆撃を受け、戦後改修された後の「海洋気象台」旧庁舎1階外観（右側の建物）

ていったが、建物は第二次世界大戦中の空爆によって二階から上の部分が破壊された。戦後、残った二階床スラブが一階部分の陸屋根として改修され、一九三〇年代中ごろに完成していたRC造の気象台本館（設計堀口捨己）の別館として、その地下室と一階の半分ほどが使われてきた。しかし、一九九五年の阪神地方を大地震が襲った後、気象台が別の場所に移転した際に取り壊され、いまは往時の面影を偲ばすものは、その敷地の上には何も残されていない。（1-12）

晩年の村野は、最初の〝苦難〟を遂に乗り越えて事務所に不可欠なスタッフとして認められるまでに、「三年」ほどの時間が必要だった、といつも話していたが、しかし実際には、村野の精神的苦痛が「海洋気象台」のコンペで、ともかくある程度でも癒されたと考えるならば、本当に彼が大変だったのは、せいぜい一年間ほどのことであったといえるかもしれない。というのも「海洋気象台」が業務を開始したのが、大正九年八月末であり、建設工事が始まったのが『画譜』にあるように大正八年四月だったとすれば、設計コンペが行われたのは、遅くともその年の初めであり、これはちょうど村野が早稲田を卒業して入所後、半年ほど後の計算になるからである。この大正八年という年は、実は村野にとってはもう一つ忘れることのできない年であり、建築家としての生涯の軌跡をいわば予告するかのような、非常に優れた彼の長編の論文が、当時は『日本建築協会雑誌』と呼ばれていたが、後に『建築と社会』と雑誌名が変わる、主に関西の建築家たちの組織の機関誌に、五月号から八月号にかけて、「様式の上にあれ」と題して連載された年でもあったからである。[27]

そういったことを考え合わせると村野が、渡辺の期待に反した形になってしまって自分では非常に心苦しかった、と語っていた期間は、それほど長い時間ではなかったかもしれないし、また村野の方からではなく、所長渡辺節の視点から、その前後のことを考え直してみると、村野が私たちに遺し伝えたものとは、やや異なった師弟関係が見えてくるような気がしないではない。というのも、おそらく所長である渡辺節としては、新入社員とはいいながらも実際には自分のわずか六歳年下で、私立大学の建築科出身とはいえディプロマにも大変見所があった優等生であり、自分から望んで採用した新入社員村野藤吾に対して、入所当初は所長としての厳しく〝怖い顔〟をとりあえずは見せつつも、他方ではデザイナーとしての彼の資質については十分に見抜いていて、いわば一年間ほどを〝研修期間〟といったものとして、ヴェテランの所員たちに適当に〝可愛いがる〟ように命じていた様子が窺えるからである。それによって、鼻柱が強く反抗的に映る村野がはたしてどのような反応を見せるか、自分についてくる〝根性〟といったものがあるかどうかを渡辺は見極めようとしていたのではないか。こうして村野を適当にいなしながら、渡辺は、その旺盛なデザイン力と、それとともに、かなり難解だがしかし筋の通った「論文」も書いてのけることができるほどの、村野の明敏な思考力とを、どううまく自分のために引き出して来ることができるかと模索しつつ、村野にデザイナーとしての腕を揮わせる適当な機会が来るのを、秘かに計っていたのである。その結果、村野にとってはもちろん、渡辺にとっても、おそらくその最初の絶好のチャンスと思えたのが「海洋気象台」のコンペであったのではないか。

「海洋気象台」から「大阪商船神戸支店」へ

さらにこれに続くすぐ後で、渡辺↓村野という組み合わせの設計対象となったのは、世界の海洋気象の観測と予報を行う「気象台」と、そうした海洋に商船や貨物船を数多く送り出し、海洋気象情報が常に不可欠な「船会社」という関係で線を引くことができる「大阪商船神戸支店」というオフィスビルの設計であった。村野の回想によれば、「海洋気象台」から「大阪商船神戸支店」へと続く設計は、次に示されているような、渡辺と村野のやり取りの中で進められたという。

「ところが一つのチャンスと言いますか、神戸に海洋気象台というのが［あり］、これ［今の建物］は私が関係したのとは違う［建物になっている］のですが、［私が設計を担当して］初めにできた［も］のは、塔があってややゴシック風の［デザインの］ものでしたが・・・その最初の設計は面白かった。その時［渡辺所長は］私に、『お前、すぐやれ』と言われましてね。それでわたし、パースで出したわけですよ。色をつけて出した。人間の運命というのはおかしなものですね。それで渡辺先生の気分がすっかり変わってきた。村野には、［つまり］学校［大学］を出たものには、そうすぐにディテールを［描かせても］ドラフトマンの仕事をやっ［てき］た連中と同じようには［描くことは］できないこと、いわんやフルサイズ［原寸図］をやらしたが、これがまちがいで、もっと時間をかけなければ［駄目だ］ということを、渡辺先生ほどの人でも初めて知られたわけです(笑い)。それで、これ［村野］にはやっぱりゼネラル・デザイン［一般図］をやらそうと。そういうふうに変わりましてね。

そのうちに大阪商船の神戸支店のコンペティションがあったのでね、東京のえらい建築事務所と指名［コンペ］で。

幸いにして私が関係して描いたパースペクティブが、まあいろんな工夫をして描いたんです。私にいい助手がいましたが、それと一緒になって描いてそれが当選したわけです。それで渡辺先生、すっかり気分が変わって、そこで［それ以後いろいろな］チャンスに恵まれてくるわけですよ。そして今度は、あれをやれこれをやれということで仕事をする機会が非常に多くなってきたということですね。

その間に三年かかるわけです。・・・だから最初の三年間は苦しいので渡辺さんのところを辞めようかと思ったことが一再ならずあったわけですよ。

それはねえ、学校出たばかりで、長年修業した人と一緒になって、ディテールを描いたり、フルサイズを描けといったって、出来っこありませんよ、［渡辺］先生もちょっと認識不足だったんですよ（笑い）(28)」

村野はこのように回顧しているが、しかしここで改めて考えてみると、渡辺の方としては、自分が早稲田から引っさらうような形で「貰ってきた」村野を、自分の事務所にいる手練《てだれ》の工手学校辺りの出身の所員たちと同じように、単なるドラフトマンとして経験を積ませて厳しく育てて時間を浪費するようなことは、もしかしたら最初から考えていなかったのではないかと思えてくる。おそらく渡辺は早稲田から無理矢理もらい受けてきた形の村野を、単なる〈設計技術者《エンジニア》〉として育てるのではなく、妻木頼黄が自分（渡辺）をまさにそう扱ってくれたのと同じように、一人の〈建築家《アーキテクト》〉として育てようと最初から考えていたのではなかったか。また内心では、できることなら将来自分の事務所の後継者、もしくはパートナーとなるまでに育って欲しいと、かなり早い段階から考えていたかもしれない。

その点で注目される渡辺の行動の一つは、一九二〇年に「海洋気象台」を無事に完成させ、その後、一九二三（大正十二）年四月完成予定の「大阪商船神戸支店」の設計を担当していた村野を、その工事もまだ半ばの一九二一（大正十）年夏の段階で、他の多くの先輩所員たちを差し置くような形で指名して、九月から十一月までの二ヵ月余、アメリカ出張を命じたことである。(29)この時の村野の旅の表向きの目的は、渡辺の設計事務所で設計が始まっており、すでに基礎等の工事の一部が進んでいた、一九二三（大正十二）年六月完成予定の、東京丸の内の「日本興業銀行本店」の「金庫扉と外装用のテラコッタ」の研究というものであったが、実際の旅の目的はいうまでもなく、その当時の最新の〈アメリカ現代建築〉の「見学と研究」にあったことは間違いない。

初めての海外旅行として米国へ

渡辺節自身も、村野が出発する一年ほど前の一九二〇（大正九)年九月から翌二一(大正十)年二月にかけて、約五ヵ月間のアメリカとヨーロッパへの初めての海外視察旅行に出かけていた。村野がその出張を命じられたのは、渡辺自身が旅から帰ってまだ間もない頃であり、旅行中の印象がよほど強烈なものであったためか、自分の事務所のデザイン面を全面的に任せることを内心決めていた村野に、新しい構造や設備を持つ近代的なビル設計の分野での、世界の建築界の最前線の動きを、「興銀本店」の設計の前にどうしても直に触れさせておきたいと考えて、村野に海外出張を命じたものと思われる。渡辺は、当時はまだ珍しかった海外旅行の〝先輩〟として、アメリカ旅行中の細かな心得や、それぞれの地で宿泊すべきホテルや、食事のためのレストランなどの場所、さらにはそうした場所で、客として心得ておくべき立居振舞などといったものへの、非常に細々《こまごま》とした指示を、村野が出かける前に与えたと、村野は後に述懐している。村野は戦後、毎日新聞紙上に「建築家十話」と題した、洒脱軽妙だが内容に深みと味のあるエッセイを発表しているが、その中の「修業」と題した、新聞連載の第四回目に当たる文章を読むと、渡辺は、本来の目的である建築見学については、村野の好きに任せてほとんど何も指示を出さずに、代わりに「遊んだり、食べたりすることだけ」について、下記のような細かな指示や教示を自分に与えたと書いている。

「まず太平洋[横断の客船]は外国船たること、[カナダの]バンクーバーに着いたら、ホテル・バンクーバーに泊って最初に散髪をして、散髪をしながら靴をみがかせ、マッサージをすること。終わってからマニキュアをしてもらうこと。もっともマニキュアをしながら女に冗談をいったりすることは君にはちょっとできまいから、それはニューヨークに着いて言葉ができるようになって[から]ぜひやりたまえ。・・・シカゴの宿は、ブラックストーン。夜はモリソンホテルの地下でアイスショーを見ながら食事をすること。まず[は]こんな調子である。(中略)・・・やっとシカゴについてブラックストーンに泊まった。ホテルの食堂は美しく、タキシードでないと入れないと[渡辺から]聞いていたが、私[村野]は黒服で通した。その翌日は夜のモリソンホテルに行った。さすがにアイスショーは美しく、舞台は暗い客席と見事なコントラストで飾られていた。ロウソクの光でほの暗く照らされた客のざわめき、衣擦れの音、ボーイの笑顔や盆の手さばき、[舞台に向かって下がる]段形の客席の中は、何が行われているか暗くてよくわからなかったが、感じでたいていのことはわかった。まったく、ここでなければ見られない光景であった。絢爛たるブラックストーンの食堂。モリソンの薄暗い食堂の美しさ。この対照的な、その[二つの食堂の]なかで、私は興奮したり全神経を針のように働かせたりしているうちに、孤独も旅愁も感じなくなってしまった。
いよいよニューヨークに着き、予定のとおりホテル・ペンシルバニアに泊ることにした。それからしばらくの間は、ここを中心として昔のウォードーフ・アストリア、コモドア、ボルチモアなどいろいろのホテルを転々として泊まり歩いた。そのころになるとアメリカの生活に不自由はしなくなったが、[最高級の]リッツ・カールトンに泊まることだけは気が引けた。結局在米十年の友人を無理に誘って泊るには泊ったものの、ホテルの気品とコロニアル風の渋い好み、部屋の装飾、すべてヨーロッパ的なところに圧倒されてしまった。(中略)
このようにして、仕事の余暇を、食い、かつ遊ぶことに費やした。[アメリカにいた]友人たちは、一見、遊興三昧とも見える私の日課を羨望したが、私はそれどころではなかった。重労働にも等しいような体験は、やがて血肉となり、心の奥に深くしみわたって、たとえば子供が耳から英語を教わるように、[本や写真などから]知識や目で学びとるのとは違ったものがあった。この[時の]訓練が後年の私にどれほど役に立ったか、いまもって先生の意図をありがたいと思っている。[30]」

アメリカの建築への視線

要するに渡辺が、村野をアメリカに派遣した時の心積もりとしては、欧州の同時代の建築に負けないだけの建物を現に造っている〈アメリカ現代建築界〉を実際に見学するというよりも、建築家渡辺節の目には、すでに近代的な構造や工法や設備などといった面と、それが実際に実施された時のスケールといった面で、ヨーロッパをもはや確実に超えたと思われるアメリカの現代建築を、村野に直接見せてそれを肌で感じさせ、詳細に学ばせることに一つの目的があった。その上で、渡辺が日本でそのアメリカに一歩も引けを取らないレヴェルの建物(特にオフィスビル)を設計し、実際に建てていく際に、欠かせない〝右腕〟となるように村野を育てる・・・、というはっきりとした見取り図がすでに渡辺の胸中にあったのだ。村野の先の回想では、「その頃の文部省の留学生[の年間給費額が]が一、〇〇〇円ぐらいなのとは格段の相違」があったほどの、たっぷりとした旅費を宛がわれた旅だったとも書いているが、それほどの高額の渡行費をかけてでも、いわば英才教育のつもりで、村野をアメリカへ送り出したいと考えるほどに、渡辺は村野のデザイン力の大きな可能性を、一九二一年という、村野が入所して三年目という時点ではっきりと認識していたのである。

この時の村野の旅についてもう一つ注目しておきたい点がある。渡辺は、村野をアメリカへは派遣したが、自分の一年前の旅行のように、なぜかついでにヨーロッパをも周らせようとはしなかった点である。渡辺が村野を、この旅で欧州へは行かせなかった直接的な理由として考えられるのは、設計についてはおそらくある程度目処がついていたとはいえ、「大阪商船神戸支店」はまだ工事中であり、また「日本興業銀行本店」の工事はすでに基礎部分の一部が始まっているような段階で、事務所のチーフ・デザイナーの立場を与えようとしていた村野を、それほど長く海外に滞在させ遊ばせておくわけにはいかないという事情があったのと、欧州を回ることで掛かるさらなる旅費等の経済的な問題などがあったと思われるが、しかしほんとうはそうした現実的な理由からだけではなかったと考えられる。

というのは、第一次世界大戦直後の、かなり荒廃し疲弊した感のあったヨーロッパ世界を、渡辺が自分の足で歩きながら自然に持つようになったに違いないある種の感慨、はっきり言えば、ヨーロッパにはすでに学ぶべきものも、見るべきものも少ない、といった現状認識が、少なからずこの村野の欧州抜きの出張に関係していたのではなかったか。むしろ今の欧州は村野に見せない方が良いという判断が渡辺にはあったのだ。

その頃の日本、特に〈帝都〉東京を中心とする建築界には、あまり見られなかったこの種の感覚は、〈経済都市〉大阪にいて社会的な状況認識に鋭い感覚を働かせていた建築家、渡辺節に独特のものであったといえよう。一九二〇年前後のアメリカ(とその資本主義社会)は、第一次世界大戦で新興工業国ドイツの台頭にその立場を危うくされていた英仏を救った、という軍事的、経済的立場を確立していた。そうした情勢の中でアメリカ合衆国は、ヨーロッパからさまざまな文化的遺産を受け継ぎながらも、その遺産を自分たちのものへとすでに新しく創り直している、もしくは現に創り変えつつあると、渡辺の目には曇りなく鮮明に見て取れたのである。渡辺のきわめて明晰で、プラグマティックな思惟からしても、また村野が「様式の上にあれ」と題した論文の中で主唱し、建築家渡辺節の考え方の中にも確実にあったはずの《現在主義》の立場からしても、日本の近代建築の将来の〝お手本〟となるべき建築は、東の〈帝都〉の建築家たちの多くが、老いも若きも格別疑うこともなく考えていたように、いまだに古色蒼然としたヨーロッパ文化圏の中にあるのではなく、太平洋をはさんで日本の東の隣国であるアメリカ合衆国の、同時代の社会や文化の中に紛れもなく存在していると、おそらく渡辺と村野は確信していたのである。

村野は、渡辺節の事務所から独立して間もない一九三〇年、今度は自分の身銭を切る形で、初めてヨーロッパへ渡り、その帰り道にアメリカを再び訪れて帰ってきたが、本論のすぐ後の章で詳述するように、村野はこの二度目の海外旅行の結果、ヨーロッパについては渡辺節とほぼ同じ結論を得て日本へ帰って来ることになる。つまり村野もまた、ヨーロッパの現代には、あまり参考にすべきものは無いと考えたのとは対照的に、世界的な大恐慌の震源地となった直後という不安定な社会経済情勢の只中にあったにもかかわらず、アメリカには、欧州にはない活気と現実性《リアリティ》があると考えて、そのことを、雑誌などを通じて、広く建築界に報告したりしたのである(このことについては後章で詳述する)。

アメリカ旅行での大きな成果

村野は、アメリカ旅行を通して渡辺からこのような大局的なものの見方や、世界情勢への視点を学んだだけでなく、先に引用した文章の末尾に彼が書いているように、「やがて血肉となり、心の奥に深くしみ渡っていく」ことになる具体的で個別的経験をすることができた。つまりヨーロッパとはまた一味も二味も異なる、新しい社会や文化を着々と築き上げつつあったアメリカ合衆国の、建築や都市の実情を、活字や写真や映画といった情報媒体を通して間接的に知るのではなく、そこに自分の《現在》を、自分の《身体》を曝して体験するという、海外旅行そのものが未だ特別な人たちだけのものであった時代に、非常に貴重な数々の経験をする機会を渡辺節から贈られたことにも、大きな意義と意味があったのである。このことは彼にとって、言葉に表しきれないほどに、「ありがたい」経験であったはずであり、四十年以上も経った後での回想の中でさえも、「この訓練が後年の私にどれほど役に立ったか、いまもって先生の意図をありがたいと思っている」と書かずにはいられなかったのである。ちなみに村野がこの文章を新聞紙上に発表した時、渡辺節はちょうど八十歳になったばかりの時であり、なお設計事務所を大阪に持ち設計業務を続けていて健在であり、また一九五二年に大阪府建築士会の会長に就任して以来、一九六六年までの十数年間の長きに亙って会長職を務め、関西の建築士の団体の長老として、多くの建築家たちから敬意を表される立場にあった。渡辺は、先に触れたように、大学卒業時から、やがて大阪で独立して設計事務所を開くに至る間での、例の〈東京帝大建築科――建築学会〉という人脈との軋轢を、彼が成功をおさめた後の戦前期においても根強く引きずっていた様子であり、やはり建築学会系の設計者たちが中核を占めていた「日本建築協会」などの建築家組織に積極的に参加することはせずむしろ敬遠し、建築学会とも意識的に疎遠のままできたが、戦後はその代わりに「建築士会」の組織に力を入れて、会長として幅広い活動を繰り広げている。

話を村野のアメリカ出張に戻せば、村野は、オフィスビルや、工場といった、産業系の設計を中心としていた渡辺節建築事務所にいた時代にはその種の設計機会はほとんどなかったが、独立して自分の設計事務所を開いた後では、戦前、戦後を通じて、ホテル建築をはじめとする非常に多くの〈商業建築〉と呼ばれるようなジャンルの設計を手掛けることになった。たとえば渡辺に派遣された一九二一(大正十)年の米国旅行と、独立後の一九三〇(昭和五)年の欧米旅行で村野が宿泊した、欧米各都市の一流、あるいは超一流と呼ばれるようなホテルの客室やロビーなどはもとより、その内外のレストランや酒場などの、特にそのインテリア・デザインを直に見て学ぶチャンスを与えられたことが、建築家としての村野の「やがて血肉となり、心の奥に深くしみ渡って」ゆき、その感動や驚きが彼のデザインの中に自然に注ぎ込まれていったことは、容易に想像できるところである。

しかしそれ以上に、一九二一(大正十)年、三十歳の時のアメリカ研修旅行で、村野が得た最大の〝旅行土産〟と呼べるのは、「海洋気象台」の設計によって、渡辺にデザイナーとしての資質を認められるところまではとりあえず漕ぎ着けてはいたものの、渡辺が口癖のように言っていた、「売れる図面を書け」、つまり「ツー・マッチ・モダンは駄目」で「スタイリッシュ［様式的］でなければ事務所として困る」という厳しい要求に、おそらくこの旅行を契機として、積極的に対応することができるようになり、同時に村野の心の内に以前にはあったはずのある種のうしろめたさといったものもあまり抱かずに、こうした課題に正面から立ち向かえるようになった点にあった。つまり渡辺が、設計者村野に期待していた、村野の言葉でいえば「折衷主義」のデザイン、つまり近代が生み出した〈平面と構造と設備〉等を備えた建物の上に、近代的にモディファイし、またかなり簡略化したものであったが、〈過去の様式的意匠〉を、その建物の内外に被せて覆い切る、という、まさしく「売る」ためになり振りかまわぬ方策、手法を、自分自身で納得し、逆に自覚を持ってそれを熟《こな》すことができるように変ってきたのだ。

渡辺の設計事務所へ入所した時から、村野が後に言っていた「三年」がちょうど経過したこの時点で、ようやく自分が向かう図面の上に、そうした要求を〈線〉として的確に落し込んでいくことができることを彼は自覚するようになっていたし、むしろそれが快感に思えるようになっていたのである。なぜなら、村野がこの旅の中で見たアメリカの現代建築の内外が、まさにそうした新旧の有機的な組み合わせの中で組み立てられており、また村野の目には間違いなくそれらが、単なる〈懐古趣味〉といったものとは無関係に、生き生きとした姿でデザインされ、しかもそれが単純に〝売らんかな〟の商業主義一辺倒でもなく、そこに被せたものが、確実に何かを建築の利用者に対して訴えていることを確認できたのである。同時に、そうした建築を所有したり利用したりする側の人たちも、設計者が提示した《表現》内容を確実に受け止めていることを、自分の目で見、体で感じ取り、そちらの方のリアリティと有効性をも確認することができたのだ。

いい換えれば、建築の歴史において最新の《セセッション》が最高のデザインだ、それ以前のデザインは〈過去〉の遺物であり、すぐにも脱ぎ捨てよ、といったような、学生時代以来の村野の意識のどこかに憑き纏っていた、少し早目の《近代主義《モダニズム》》の呪縛から、当時流行っていたディキシーランド・ジャズのリズムに乗るようにして、体を軽く振《スイング》りながら、するりと抜け出すことができたのである。

最初の三年間とその後

そのような経緯からすれば、村野がよく、渡辺節の事務所に入って「最初の三年間というものは、本当に苦労しました」と繰り返し述べている、その「三年間」とは、入所から「海洋気象台」のデザインで渡辺に認められるまでの時間を指していたのではなく、上記のように、〈近代的な建築機構〉と〈過去の様式的意匠〉とを統合する手法——村野の言葉でいえば「折衷主義」の手法——を真に理解し、それを彼の《現在主義》に欠かせぬ手法として着実にマスターするに至る、一九一八(大正七)年から一九二一(大正十)年までの「三年間」であったことが自ずと明らかになってくるだろう。逆にいえば、村野が過去の《様式》的意匠を、自分がデザインすることを任された〝建築の上に着せる〟作業に、何らの内的な苦悩も痛痒も感じなくなる〝境地〟に達するのに、「三年間」の時間がどうしても不可欠であった、ということでもあった。つまりその種の悩みを一気に解決する最後の〝特効薬〟として、彼を種々の悩みから解放するために渡辺が〝処方〟したのが、他でもない一九二一年の米国旅行であり、その意味では村野は渡辺に感謝してもしきれないものがあったのは当然であったのだ。村野がその時目撃したアメリカの現代建築が、《様式》を身にまといながらも、黴臭《かびくさ》い陰鬱さはなくむしろ逆に快活で、ある意味であっけらかんとした風情ながら、現代社会のなかでしなやかに着実に生きている姿は、村野にとって日本にいる時には、ある程度想像することはできても、自分自身の肌で実感することは容易にはできないものであったに違いない。

ヨーロッパに比べれば歴史も浅いアメリカの大都市の中で村野は、《様式》がすでに〈過去〉のものになった状態ではなく、〈現在〉のものとして扱われ、また〈未来〉へも繋がるものとして理解され利用されていることを発見し、その有効性を自分の体の奥で確認したのだ。いい換えれば建築の中の《様式》的表現には、村野が「様式の上にあれ」の中で書いていたように、単に〈過去〉への憧憬や賛美によって持ち込まれる《過去主義》の産物として造られる場合だけではなく、〈過去〉を、〈現在〉の状況の中に引っぱり込んでその〝顔〟を水面に露出させ、文字通りそれを現前化《プレゼント》するやり方があることを、アメリカの現代建築において改めて知ったのである。この認識を得ると同時に、村野の《様式》的な意匠に対する姿勢は、学生時代のような、できるだけそれを回避し、あるいは自分の廻りからそれを排除しようとするような頑な姿勢とは逆の、むしろそれに積極的に立ち向かっていく姿勢に変わり、たとえば《様式》の中で常に重要な部分を占める《装飾》といった問題に対しても、むしろ正面から取り組んでいくようになった。つまり渡辺の事務所で自分がほとんど全責任を負わされるようになってきた意匠活動の中で、それらに〈現在〉の息吹をいかにして吹き込んでいくかを、真剣に思考する方向へと転換していったのだ。同時にこの《様式》に対する新たな彼の姿勢は、村野が渡辺の下を辞し、独立していった後も、彼の生涯を通じて変わることはなかった。

この時の明確な思惟の転換によって村野は、一八九一年生まれの彼よりも十年ほど後の、一九〇〇年代以後、つまり二十世紀に入ってから日本に生まれ、やがて長じて、時代が〈昭和〉に入った直後辺りから活動を開始することになる、前衛的な〈モダニスト〉たちが、あれほど声高に叫び、潔く捨て去り、脱ぎ捨てるべきだとしたもの、つまり《様式》や《装飾》といった、太古からのほとんどの建築に深く関わってきたきわめて豊かな表現的世界を切り捨てようとする運動には参加せずに、自分の建築的な創造活動の中において重要な一郭を占める手法として、それを改めて握り直して引き寄せる機会を得たという、当時としても稀な幸運に巡り合うことができたのである。村野が、自分自身のこのような大きな思惟の転換は、渡辺節の存在と彼の的確な示唆があったからこそ可能であったと、後にいろいろな機会を捉えて感謝の念を述べているのも、当然といえばたしかに当然なことであったといえよう。

渡辺節の指揮下での設計が始まる

村野が初めて渡辺事務所でデザインを担当した「海洋気象台」が、神戸中山手に竣工したのは、一九二〇(大正九)年五月であった。同じ神戸ではあったが、こちらは山手ではなく、港のある市中心部の「海岸通」に面して建つことになる大きなオフィスビル、「大阪商船神戸支店」の工事が始まったのが、「海洋気象台」完成の二ヵ月後、一九二〇(大正九)年七月であった。したがってその設計は、「海洋気象台」が工事中で

1-13 村野のディプロマ「マシーン・ショップ」の全景を示すパース

あった前年の、一九一九(大正八)年後半にはすでに始まっていたと推測される。「海洋気象台」のデザインによって、ようやくデザイナーとしての能力を認知された村野藤吾は、渡辺節建築事務所の開設以来初めての大規模な仕事として受注した「大阪商船神戸支店」(地上七階、一部地下室付、延面積、一二、〇二九㎡)の設計のために、渡辺節が所内に組織した設計チームの中で、建物内外の意匠《デザイン》面の担当者として指名され、

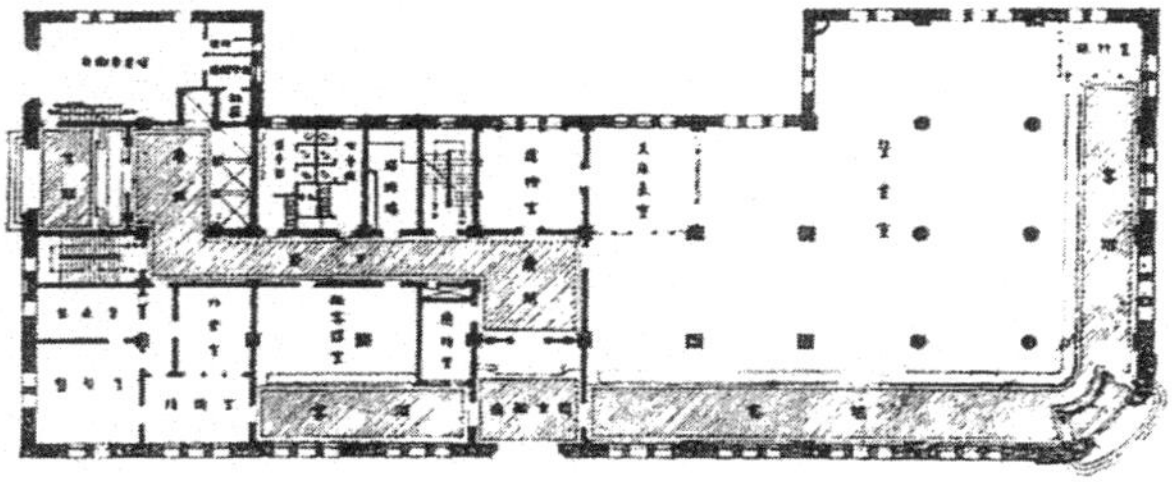

1-14 「大阪商船神戸支店」、1階平面図

その部門の中心として製図板に向かうことになったのである。渡辺節が村野のディプロマを早稲田の卒業制作展で〝発見〟してから、まだわずか一年半ほどしか経っていない、村野が二八歳の時のことであった。

「大阪商船神戸支店」の設計時に、所長として、平面、構造、設備等の基本的な方向を指示する渡辺の下で、それに具体的な形態と空間と細部を与えていく作業に、村野は想像以上に大きな役割を果たしていたと考えられるが、その最も大きな理由は、「大阪商船神戸支店」のデザインの中に、特にそのイクステリア・デザインの中に、村野が一九一八(大正七)年の卒業時に大学に提出した、例の「マシーン・ショップ」と題したディプロマに、酷似しているとまでは言えないとしても、非常によく似たシルエットや、エレメントの構成や、装飾的ディテールを見出すことができるように思われるからである。(1-13、1-14、1-15)

1-15　「大阪商船神戸支店」、南西方向にある「メリケン波止場」に面して主要エントランスを構えた外観

山の手と港を南北に結ぶトア・ロードに南側で続く明石町通りが、東西に走る海岸通り(現国道二号線)に出会うその角地に、大きな街区《ブロック》の西半分を占めて今も建っている「大阪商船神戸支店」(現在のビル名は合併によって「商船三井ビル」)。このビルは、先年の阪神大震災の際にも、港に近いこの周辺に戦前、戦後を通じて建てられていた多くの建物が、大地の激震の中で、無残に倒壊したり、再生のできないほどに大きな損傷を被って結果的に取り壊されたりした中で、地震直後であっても、少なくとも外から眺める限りでは、壁の装飾用のテラコッタなどが一部割れ落ちたりはしていたものの、建物自体にあまり大きな損傷を見受けられず躯体も無事であるように見えたのはほとんど〝奇蹟〟といえた。周囲の惨状の中

で、辺りを払う戦場の古武士のような威厳を見せて立ち続ける姿は、今も鮮やかな記憶として残っている。

コーナーに置かれた中央玄関

「大阪商船神戸支店」は、主要玄関《メイン・エントランス》を、敷地の南西の角地に置き、竣工時に外から訪れた顧客たちは、このコーナーから、階段を数段上がり、左右どちらかのドアを押して建物内部に入るというアプローチが用意されていた。この正面玄関から館内に入ると、そこには二階分を吹抜けにした天井の高い営業室が、建物の一階平面の南側半分ほどを占めて広がっている。客溜と社員の執務空間の間をL字形に仕切っているカウンターの向こう側に、十本の独立した角柱が立ち、この柱の廻りで、多くの社員たちが机を並べて忙しく仕事に励んでいる。

このオフィスビルの場合のように、二本の街路が交差する角地のブロックに建物を計画する場合、その出隅部分《コーナー》に主要玄関を置いて、そこから客に出入りさせるという平面計画《プランニング》は、ゆったりしたスピードの馬車などの往来が中心で、自動車による路面上の交通がさほど激しくなかった時代の手法であった。街路のコーナーに置かれたこの主要玄関に最短距離となる交差点の角に車を止め、建物を訪れようとする顧客がそこで乗り降りしたとしても、さほど交通渋滞を引き起こしたり、また乗降客を危険に曝すような心配が無かった時代のアプローチであった。しかし日本でも一九二〇年代に入るころになると、大都市の場合には道路上に次第に自動車の往来が増えていき、ビルのプランもそれを念頭に車寄せの位置決定が行われるようになり、敷地の角にメイン・エントランスを配置するプランは次第に回避される方向に向かうようになっていく。こうした時代の流れは十分に承知していたはずにもかかわらず、「大阪商船神戸支店」のメイン・エントランスを、ある意味では十九世紀的ともいえる、敷地の出隅部に置くプランを採用したもっとも大きな理由は、敷地のそのコーナー部分が、建主である船会社が密接な関係を持っている「メリケン波止場」と呼ばれる「神戸港」への明確な指向性《オリエンテーション》を持っていたからに他ならなかったが、その他にも、村野の例のディプロマからの、直接、間接の影響があったのではないかとも考える。

これはあくまでも想像の域を出るものではないが、渡辺が村野に、「このビルの意匠は、君のディプロマをもとにしてデザインして見給え」と最初に指示を出したか、あるいは逆に、意匠はすべて任されたと考えた村野が、自分の学生時代のデザインを念頭に思い描きながらこの建物のファサード・デザインを行い、それが渡辺に受け入れられたか、正確なところはもちろん今となっては知る由もないが、後で詳しく見るように、この二つの建物のデザイン(特にイクステリア)に

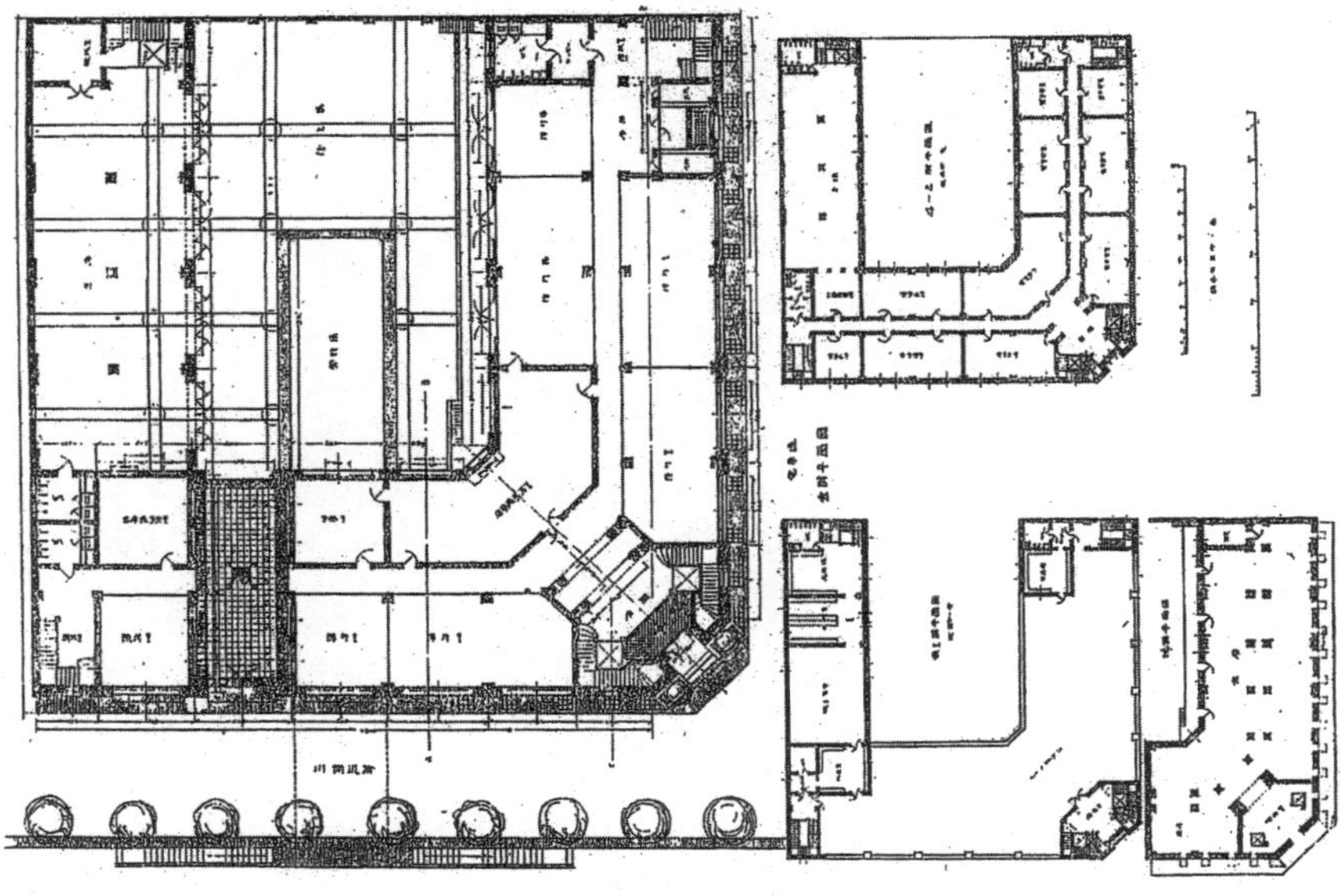

1-16　村野のディプロマ、1階（左）、および各階（右）平面図

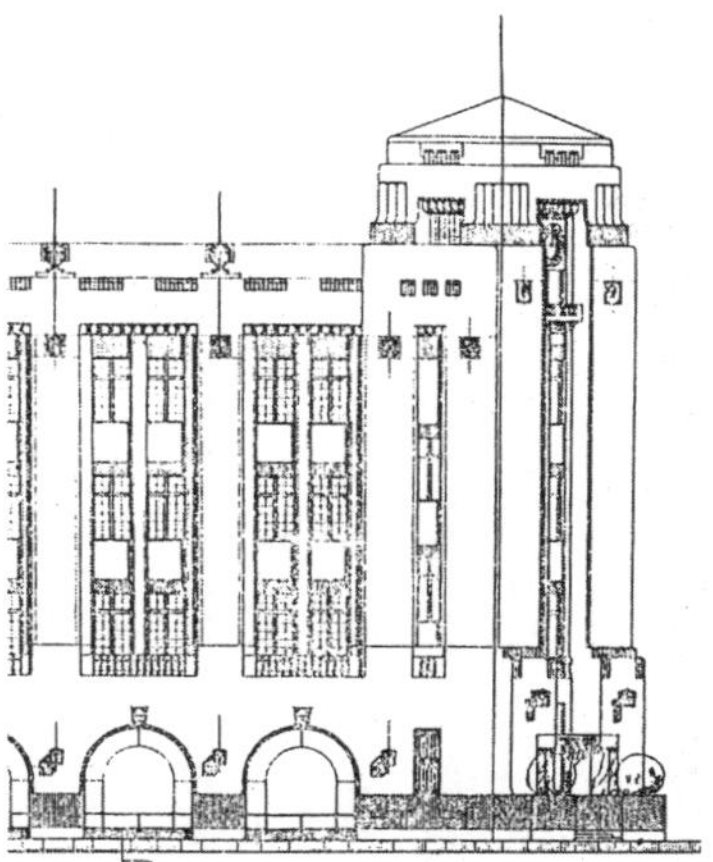

1-17　村野のディプロマ、コーナー部分の立面図（部分）

は、そうした推測に人を誘うような、いくつかの顕著な類似点、もしくは因果関係を見出すことができるように思われる。

村野の「ディプロマ」を改めて見てみると、この「正面玄関」がある建物の出隅部は、コーナーの先端部を垂直に切り落とした形になっており、その壁の真下にある玄関から上階に続く「塔状階段室」が、南と西の両面のファサードを取り纏める、いわば〝要〟となっていることがわかる。この「正面玄関↓階段室」部分は各階の角を上昇し、屋上階から先端部がさらに高く空に突き抜けており、その最頂部には小さな方形屋根が載せられている。このようにして「マシーン・ショップ」のこの出隅部が、イクステリア・デザイン全体の〝目玉〟となっていることを、村野はデザインを通して鮮明に強調している。（1−16、1−17）

1-18　屋上部分の中空に突出したゲーブル

1-19　中央玄関（現在は閉鎖されている）

これに対して、「大阪商船神戸支店」のコーナー部分はといえば、村野の卒業計画の場合のように、左右の壁面からわずかに突出した塔状形を取らず、ドイツのE・メンデルゾーンの作品からの影響とも考えられるが、逆に南面の「海岸通り」と西面の「明石町通り」の壁面を、滑らかな円弧を描いて回り込んで連続させている。この点では、「マシーン・ショップ」と「大阪商船神戸支店」のファサードは明らかに違っているが、しかし「大阪商船神戸支店」の場合でも、このコーナーがビルの立面の中でも特別な意味を帯びた重要な部分であることを示している点ではなんら変わりがなく、それを示すために、前述した通り、あえて角に正面玄関を置き、さらにその真上の屋上部分にも、他とは異なる意匠的な工夫を凝らして、ビルを見上げる人の視線を引き付けている。

まず一階の出入口まわりには、二階分の高さの石貼の額縁が回され、主玄関の周囲にそれにふさわしい格式と仕切りを与え、その下には、石に見事な薄彫り《レリーフ》で連続的装飾《ランニング・オーナメント》を施したチューダー風のバスケット・ハンドル型のアーチが架けられ、奥にある玄関扉前の空間をさりげなく飾り立てている。またこのメイン・エントランスの真上の六階では、その外壁と屋上《アティック》(七)階との間に、比較的深い軒蛇腹《パラペット》の水平線が、ビルの南面と西面に、あたかも箍《たが》を嵌めるような形で巡らされている。この軒蛇腹の上のアティック階の曲面を描くコーナー部の壁面が上方へ、半円アーチ状の輪郭で一段高く立ち上げられていて、その外郭を浅い蛇腹の線で縁取り、下部にヴェネチアンの開口部を入れている。これは見方によっては大きな船舶の〝舳先《へさき》飾り〟か何かのようにも見え、いかにも船会社のビルらしく港に向けた指向性と象徴性をこのコーナー部の立面に持たせている。（1―18、1―19）

ピラスターの並ぶ外壁の意匠

しかしなんといっても「大阪商船神戸支店」への村野のデザイン上の関与を、彼のディプロマとの類似を通して決定的に教えているると思われるのは、二つの街路に面した「マシーン・ショップ」の南面と西面のエレヴェーションの、その〈構成〉と〈表現〉である。村野の卒業計画では、躯体を鉄筋コンクリート造の軸組構造に設定しているが、残されている平面図や立面図などから判断すると、街路に面した建物の中央（出隅）部に階段室を取り、さらにその両翼の先端部に同じように各階を繋いでいる階段室を配置して、その三つの〈コア〉風の壁量の多い階段室で、ビルの街路側を構造的に固めようとしているように見える。

「マシーン・ショップ」の街路に接した一階部分に目をやれば、一定間隔に頂部が半円アーチの輪郭を持つ、大きなプレートガラスを嵌殺しにした開口部が、アーケード状に連続している。この開口部がショー・ウインドウになっていて、その窓のむこうに商品である機械類が、今の自動車などのショー・ルームと同じく、広々した「展示室」に並べられ、街路を行く人々が自由に覗きこむことができるようにデザインされている。このショー・ウインドウの周囲の外壁面は、低い石貼の腰壁の他は全くフラットな磨いた石貼仕上げが想定されていたと思われ、軽快で滑らかな街路側の外壁面を形造っている。この街路側の一階部分の立面の構成は、内部の大きなショー・ルームの街路側からの見せ方などを含めて、大正期のビルの一階部分のデザインというよりも、むしろ昭和戦前期から、さらに戦災から戦後再建された銀座あたりの街の雰囲気を感じさせるほどに、明るく透明で〈モダン〉な雰囲気を見出すことができ、村野のデザイン・センスの先進性といったものを感じさせずにはいないものがある。（1−20）

1-20　「マシーン・ショップ」の1階ショー・ウインドウ部分のパースと立面

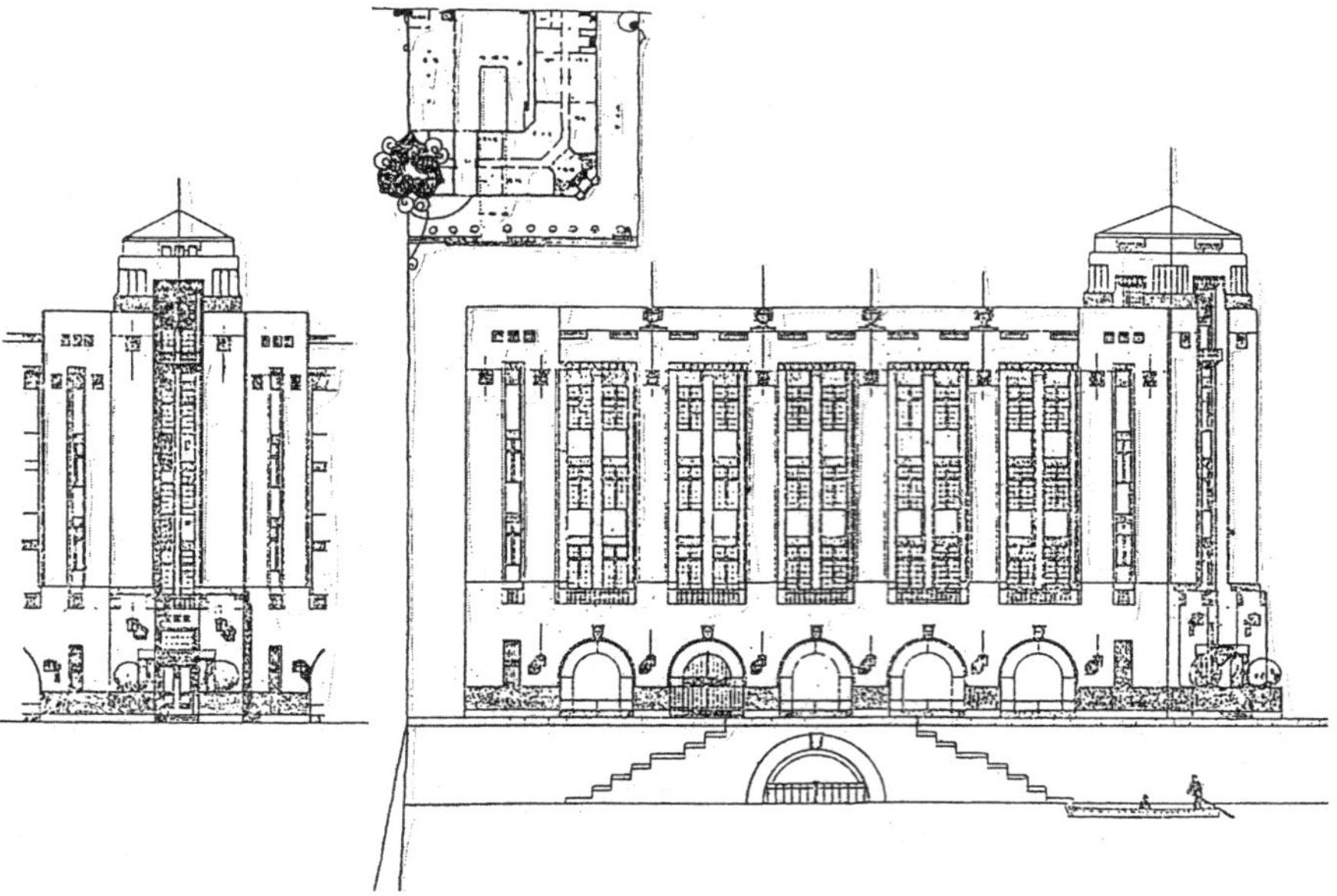

1-21　「マシーン・ショップ」、立面図

村野のディプロマの立面でさらに注目される点は、そのフラットな一階部分の外壁の上にこれと連続して広がっている、二階から四階に至る外壁面と、その中に開けられている開口部の構成である。この部分の壁面には、三階分の高さの「壁状付柱《ピラスター》」が、一定の間隔を置いて立ち並んで外壁面を埋めている。さらにこのピラスターの最上階の窓のある高さで、円形の浮彫装飾、いわゆる〈メダリオン〉装飾が付けられ、さらにその最上端である屋上部分では、それぞれのピラスターの頭頂部に花飾用鉢《フラワーポット》が一個ずつ乗せられていて、建物のスカイラインを華やいだものにしている。（1-21）

他方でこのピラスター（付柱）の二階から屋上階に至る垂直な列は、それぞれの付柱の間に縦に、二、三、四階分の窓を一纏めにしており、各階の窓を一つの長方形の〈面〉として区画する役目も果たしている。このピラスターの列に挟まれた開口の部分には、並行する細い間柱《マリオン》が二階から四階へ縦に一本通して立てられ、これにより各階の一スパンに二個の縦長窓が造り出されている。これらのピラスター（付柱）と、その間のマリオン（間柱）が外壁面上に生みだす垂直線の列が、壁面の上昇感を強調しているのと同時に、この垂直の流れを水平方向に横切る各階の腰壁が交錯して、結果として外壁面に繊細で心地よい〈格子模様〉が創り出されている。独立後の村野が強く拘《こだわ》って実現しようと繰り返し試みることになる、外壁面に、フラットでグラフィックな、いわば〝皮膜〟状の広がりを実現し、しかもその〝皮膜〟をガラス壁のような冷たく無表情な面としてではなく、ここで見られる格子模様のような、微細な陰影を湛えた壁面として仕上げていくという、その後彼がはっきりと意図して展開させていくファサード・デザインの方向性が、すでにこの時点でも、まださほど鮮明ではないにしても、現れはじめていたことに注目すべきであろう。

〝胴〟の部分のデザインの類似

村野の「マシーン・ショップ」と「大阪商船神戸支店」のデザインの関係を探る作業をしばらく中断することになるが、村野が回想して述べてしている、渡辺節のファサード・デザインに関する興味深い考え方を、ここでぜひ紹介しておかなければならない。

「さて様式的な手法［については］、その頃アメリカでやっているように、渡辺先生の言葉を借りると、［ビルの］外観を上下三つに分けるというんです。外観も上と真ん中と下とに分かれ、それで伸び縮みを考えればいいわけでしょう。そこでバランスを考えたりする。またその中に持ってくるディテールというものが重要な要素になってくる。いわゆるスタイリッシュ［様式的］なものがディテールの中へ入ってくるわけです。ですから、そのディテールを良く練り上げて全体をまとめる。それにはリファインメントということがどうしてもついて回る。そのリファインメントというのが問題になってくるわけでしょう。ですからその修業が私は問題だと思っておりますけれどね。一般にはこのことを古典的なものを含めてクラシックと申しているようですが、このディテールの問題が非常に重要であると思います。」[31]

村野が所員であった時代に、渡辺節から言われていたことの一つとして、オフィスビルなどの立面のデザインを行う際の考え方《アイディア》として、前記のようなことを渡辺は所員に対して常々話していたという。渡辺は自分がアメリカの現代建築を見て歩くなかで見つけたこととして、中・高層のビルのエレヴェーションをデザインする時は、それを「上と真ん中と下」の三つの部分に分けて考えて、それにしたがってデザインすれば的確に設計することができるとした。その(1)は、ビルが街路に接する一階の外壁部分と出入口などの、ビルのいわゆる〝足元〟の部分のデザイン。続く(2)は、ビルの最上階の軒蛇腹《パラペット》の部分や、当時多くのビルの最上階として造られていたいわゆる〈屋上階《アティック》〉などの〝頭〟の部分の構成。そして三番目が、(1)と(2)に挟まれた建物の〝胴〟に当たる、外壁部分の構成であった。渡辺によれば、この〈上、中、下〉、村野流の〝翻訳〟でいえば〝足、胴、頭〟という、この三つの部分をはっきりと分割して考えて、それぞれのデザインをきちんと押さえることさえできれば、たとえば数階という低層のビルであろうと、数十階に及ぶような超高層ビルのデザインであったとしても、特に〝胴〟の「伸び縮み」を考えれば、デザインを楽々と熟《こな》すことができるというわけである。デザインが同質であって、同じような構成で処理できる〈要素《エレメント》〉を一つに纏めて考え、そのように整理されたいくつかの〈要素〉を、機能的に、また論理的に組み立て、同時にそれぞれの間を明確に区割分節して構成し、それぞれの〈要素〉間に、機能的であると同時に視覚的に程良き〈比率《レシオ》〉を造り出すこと。このような手法や《美学》は、いかなる時代であってもまさしく《合理主義》と呼ぶにふさわしい手法、《美学》であり、建築形態の〈割付け法《レイアウト》〉であったといえるだろう。そうした考えが渡辺の口から日頃述べられていたとすれば、それはいかにも先駆的な〈合理主義者〉としての彼の言葉らしく、大変に興味深いものがこの単純な言葉の中に含まれていたといえよう。

　この渡辺の言葉と村野のデザインとの関連についていえば、後章で詳述するように、渡辺の所から独立する前後から、自分がビルを設計するときには、渡辺が設計者としてほとんど考えなかったような、また村野がすでにディプロマにおいて、そうしたデザインの萌芽といった試みを示していたような、〝頭〟と〝足元〟を、できるだけ滑らかで軽快で目立たないものとして構成し、同時にグラフィックに平面的に纏めた〝胴〟の部分をそれに連結して、全体をどれだけ一体的に、また皮膜的に纏め上げ、その結果として、建築に向かう者に対して、建物の立面がどれだけ圧迫感を与えないものにできるかという点を、集中的に追求していくことになったのである。

　こうした渡辺が村野たちに示した手法を頭に入れておいた上で、さてここから再び話を「大阪商船神戸支店」のファサード・デザインの検討に戻り、それを具体的に検証する作業を進めなければならない。

「大阪商船神戸支店」の〝足元〟、〝頭〟、〝胴〟

「大阪商船神戸支店」のファサードの〝足元〟の部分は、《様式建築》によく見られた石貼の仕上げであり、それも平坦な仕上げの壁ではなく、固い花崗岩の表面を粗く割り、一種の瘤出し仕上げにした、目地をほとんど見せないで一続きに見える整層切石積の壁面が造りだされている。西洋の《様式建築》をモデルとした明治期から大正期にかけての日本の、たとえば銀行建築などのビルの〝足元〟にあったような、重い石を積み上げ、粗い凹凸のある表面仕上げにした外壁は、その横を往来する人たちに、石壁の表面が異様にゴツゴツしているせいで、建物に関係なくただ街路を歩くだけといった人たちにとって、建物自体がなんとなく排他的で、厳しく取り付き難いものを感じさせていたが、しかしこの厳しさや険しさの表情は、その建物の所有者の側からすれば、銀行強盗などが仮に不意に襲ってきたとしても容易には破られないぞといった直接的な意志や、自分たちの企業や組織は永遠に持続し安泰であるといったことを示す、重要な建築的な表現でもあった。近代の建築的な表現は、こうした《様式建築》の持つような〝足元〟のデザインを、やや大時代な、古臭い壁の表現として少しずつ排除するようになり、壁を薄く滑らかな、またガラス張りのような透明なものに代えていく方向に次第に変化させていく。

　そうした方向を先取りした形であったのが、先に触れた村野のディプロマの、壁の面が平滑な石貼の仕上げと、アーチのある開口部も大きく透明で、防御的というよりも、むしろ逆に開放的な感じのする一階の外壁面のデザインであったが、これに対して「大阪商船神戸支店」ビルの一階の、切石の表面を槌で割って荒々しく瘤出し、しかも目地をほとんど見せずに積んだ凹凸の激しい壁のデザインはかなり対照的な表情をみせている。おそらくこの辺りは、「ツー・マッチ・モダン」は駄目だとする所長渡辺節の〝足元〟についての趣味が、若い所員村野が引く線に、強く投影された結果であったにちがいない。

　また第二の部分、つまり〝頭〟である最上階部分は、村野の「マシーン・ショップ」には、アティックに当たる特別に区画された最上階はなく、またその下に水平に引かれる軒蛇腹《コーニス》の線も省略されており、そのアティックの代わりに、屋上テラスへ出るためのペントハウスが正面玄関の真上に伸びてスカイラインを破っているだけで、屋上部分の壁として下の外壁がそのまま垂直に連続して上昇し、落下を防ぐ腰高壁《パラペット》となって終わっている。これに対して「大阪商船神戸支店」の場合は、古典的な手法を採用するそれまでのオフィスビルの通例通りに、屋上階としてアティックを持ち、さらに下階との間に深い軒蛇腹《コーニス》を廻してはっきりと下階の〝胴〟の部分との連続性を切って分節し、〝頭〟の部分のデザインの独立性を際立たせ、あたかもビルの上部に〝重石《おもし》〟を載せたかのような形で、ファサード・デザイン全体を上から抑えて安定させようとしている。ここにもアメリカの同時代の建築の、特に《ルネッサンス・リヴァイヴァル》のスタイルを特に好んでいたといわれる渡辺節の意向が強く反映しているし、村野としては、《様式》に基づくようなビルのスカイラインの納め方を、渡辺から教えられ、〝勉強〟させられた部分でもあったに違いない。ただ村野としてはこの〝重石《アティック》〟の部分が、近代的なビルの設計にはたしていつまで必要なものとされるかを、すでにこの時心の中で計り、かなり疑問に思っていたと思われる。

　最後になったが、「大阪商船神戸支店」の立面が、村野の

1-22　南側壁面の見上げ

1-23　西側壁面の見上げ

ディプロマの内容を、ほとんど直接的に投影していると誰でもすぐに思い当たるのは、その三つのパートの内の第三の〝胴〟にあたる部分、つまり二階から四階にかけての外壁のデザインとそのディテールであろう。「大阪商船神戸支店」の壁面を構成しているエレメントでいえば、平らな列柱状に立ち並んでいる整層のテラコッタ貼の壁柱《ピラスター》と、その間の細い二本の間柱《マリオン》の存在であり、これらの縦のエレメントに挟まれた横のエレメントである各階のタイル貼の腰壁の上に開けられた開口部という、エレメント構成の類似である。鉄骨(S)造や、鉄骨コンクリート(SRC)造、あるいは鉄筋コンクリート(RC)造などの軸組構造《フレーム・コンストラクション》によるオフィスビルのファサードを、外壁部分の構造柱の位置に合わせて、これを石やタイルやテラコッタなどで包んで片蓋柱《ピラスター》とし、外壁面をその列で飾るという手法は、日本では大正期から昭和戦前期に建てられた多くのビルの外壁の、ある意味では常套的なデザインとして流行したものである。その大規模な成功例として最初に挙げることができるのは、一九一八年、東京丸の内に、曾禰中條建築事務所の設計によって完成した「東京海上ビルディング」のファサードだと思われる。この「大阪商船神戸支店」のデザインは、「東京海上」ほどには、《様式》離れは進んでいなかったにしても、ほぼ同じ時期に丸の内に完成した同じ曾禰中條による「日本郵船ビルディング」(1923)や、同じ神戸のすぐ近所の明石町に完成していた竹中工務店(設計 藤井厚二担当)による「明海ビルディング」(1921)などの同時代の他の類似のデザインと比較してみると明らかだが、渡辺節の下にいた村野藤吾というデザイナーが、ピラスターと開口部とのプロポーションの取り方や、装飾的なディテールの納め方等々といった面において、きわめて卓越した才能を持っていた設計者であったことをやはり示している。その結果として「大阪商船神戸支店」は、一般的なビルのファサード・デザインとはどこか趣きの異なる、独自の表現性を帯びた〝顔〟を見せて、都市空間の一郭を占めることになったのだ。(1-22、1-23、1-24)

「大阪商船神戸支店」の場合は、ピラスターとその間の窓の関係が、村野のディプロマの中で見せたような、平滑性、つまり壁柱の面と窓面との関係（特に窓の見込み）が、比較的浅く平坦《フラット》であったのとはやや異なり、柱型は平らに押しつぶした凸形断面で、間柱は先端を丸め、腰壁は石貼といった具合に、それぞれの部分が独立して自分の量塊性と自立性を主張しており、各要素が連続せずに分離しているように見えるところに特徴がある。したがって壁と窓は、村野が独立後に理想とした〈皮膜〉のような面的な広がりとして一体化して建物の躯体を包むというような関係とはやや異なるものになっている。しかし細かな凹凸を繰り返し、陰影のある彫りの深い、まさしく渡辺節好みの壁面のディテールにはなっており、この時期の同じようなビルの外壁には見出すことのできない密度の高い表情をファサードに実現している。しかしいずれにせよ、建物外壁の全体的な構成の中でのこのピラスターの役割は、最上部に付けられた装飾〈メダリオン〉の場所が、常套的な位置付けであったとはいえよく似ている点なども含めて、明らかに村野のディプロマの外壁の柱型の装飾的役割を踏襲しているように思われる。ただ「商船」のピラスターやマリオンは、おそらく渡辺の指示によって、《様式》の衣裳を着せられて、村野の言葉でいう「リファインメント（洗練）」を受けており、そこに《様式建築》に特有の微妙な陰影が付加されて、その本来の〝素生《すじょう》〟が隠されているが、内容的にも構成的にも、村野の「マシーン・ショップ」の外壁に由来するデザインであったことは、ここで改めて念押しするまでもないだろう。こうして「大阪商船神戸支店」は、その当時、日本の各地の大都市の中に盛んに建てられはじめていた、他の多くのオフィスビルとはかなり異なった、きりりと引き締まった、表情に奥行きのある上品なエレヴェーションを実現することになったのである。

1-24 「大阪商船神戸支店」、1階外壁の石貼

内藤多仲の耐震構造の先見性

なお、この「大阪商船神戸支店」の構造は、鉄骨鉄筋コンクリート構造を採用していたが、この構造設計を担当したのが、渡辺節の二年後輩として、東京帝大建築科を一九一〇

(明治四三)年に卒業した後大学院へ入り、やがて創設間もない早稲田大学の建築科に行き、草創期の専任教員の一人として教鞭を取っていた内藤多仲(32)であった。村野が学生時代に建築構造学を習っていた若い教師でもあった内藤多仲は、村野が在学中であった一九一六(大正五)年から翌年にかけて、耐震構造学の研究のためにアメリカへ留学している。その旅行の折に内藤が目撃したある光景が、彼に一つの新しい耐震構造法を編み出させる、重大なヒントを齎したというエピソードが内藤によって語られている。その光景とは、荷物運び人《ポーター》たちによって、船や列車の貨物室から投げ出されたり、逆にホームから荷物室に投げ込まれたりして、非常に手荒く扱われている重い「旅行用鞄《スーツケース》」のほとんどが旅の終わり頃になると形を崩してボロボロになって壊れてしまう中で、そうした過酷な扱いを受けながらもほとんど壊れないで元の形をしっかりと保っている箱型の鞄があることに内藤は気付き、壊れない秘密は何かと考えて、そこから大きなヒントを得た、という逸話。彼は、鞄の中を細かく仕分けている中仕切りの有無が、鞄の強弱に大きく関係している事実を突き留め、それを建築に応用して、近代的な軸組構造の柱梁の骨組の中の一部に、彼が使った言葉でいう「ブレーシング・ウォール」、つまり〈耐震耐力壁〉を入れて、地震の揺れに対して軸組構造の剛性をより強化するアイディアを得たというのである(33)。

朝鮮半島にいた頃から、新しい構造技術、特に「トランスヴァースベント」、おそらく今の言葉でいえば剛接合《ラーメン》軸組構造に対して、強い関心を持って設計していたという渡辺節に内藤は乞われて、教え子の一人である村野藤吾が所員として勤めていた渡辺節の設計チームに協力し、SRC造の「大阪商船神戸支店」の構造設計において、大規模なオフィスビルの構造としてはおそらく史上初めて、耐震性を強く意識して建物の安全性に余裕を持たせた計算を行って、これをその工事で実施した。先に触れた「耐震耐力壁《ブレーシング・ウォール》」を用いた構造的な補強法は、「大阪商船神戸支店」においてどれだけの量で採用されていたかは不明だが、これに続いて渡辺節と内藤多仲との間の構造面での密接な協力関係を保つ中で設計された、「日本興業銀行本店」(1923)においてそれはより本格的に応用され、やがてすぐにその構造法の有効性が証明されることになった話はあまりにも有名である。「興銀本店」の建物は、東京丸の内に一九二三(大正十二)年六月に無事完成したが、その完成からわずか二ヵ月余後の、九月一日、あの関東大震災が突如関東圏一帯を襲い、特に地盤の悪い東京の中心部や下町では、木造や煉瓦造に限らず、多くの新しい鉄骨造の高層建築、たとえば完成したばかりであった「丸ビル」を含めて、ほとんど例外なく大きな損傷を受け、一部のビルなどはあえなく倒壊の憂き目に遭っていた中で、「興銀本店」は奇跡的にほとんど無傷の状態で、震災直後の都心部の惨状の中で立っていた。このことから、内藤の耐震構造の計算と、それに従った施工法が正しいものであったことが現実に証明されたことになり、構造学者内藤多仲の名を、一躍日本中に知らしめることになったのである。

そしてこの関東大震災から実に七二年後の一九九五年、阪神淡路地方一帯を襲った大震災が、神戸の中心部も直撃し、かつての丸の内の惨状そのままに、戦前から戦後にかけて建設された神戸の中心街、元町、三宮周辺のビルの多くが倒壊し、あるいは再び使えないほどの深い損傷を被る中で、「商船三井ビル」(旧「大阪商船神戸支店」)は、ここでもまた奇跡的に、大きな構造的なダメージを受けることもなく以前と同じ姿で立っているのを、多くの市民が目撃することになった。コンピューターなどまだなかった時代に、内藤が計算尺片手に編み出した、当時のかなり原始的で、原理的な〈耐震構造学〉が、七十余年経った後の巨大地震に対しても未だ有効であったことが、幸か不幸か、その時この建物の上で、「興銀本店」にはるか遅れて見事証明されたのである。今はかつての中央玄関は、エントランスとしては閉じられてショー・ウインドーになり、上の壁の表示も会社の合併によって「商船三井ビルディング」と名称を変えて掲示されているが、阪神大震災後の改修を終え、往時の垢ぬけたファサードを海岸通に向けて建っているこのかつての「大阪商船神戸支店」の、背筋をシャンと伸ばした元気な高齢者のような姿を眺めていると、そこに「渡辺—内藤—村野」という三人の、日本の近代建築史を飾る、非常に優れた設計者たちの、「こうした事態を、自分たちははるか昔に予見していたのだ」といわんばかりの〝得意顔〟を見る思いがして、思わず頭を下げずにはいられない気持になってくる。丸の内の「興銀本店」が戦後、村野の新しい設計による旧ビルとはまた異なった内容の素晴らしい建築として建て替えられ、今また大阪の「大ビル」が、取壊しという悲しい事態に到ったことなどから考え合せると、戦争や大震災を生き抜いて今も三宮の街に立っている「商船三井ビル」は、渡辺・内藤・村野という希有な組み合わせのトリオの、唯一残った〈記念碑〉と呼ぶべき、貴重な作品であったことに改めて思い至るのである。

［註］

1 渡辺節(一八八四—一九六七)。渡辺節の履歴と作品については、『建築家　渡辺節』大阪府建築士会編刊、一九六九年、による。

2 「座談会　渡辺先生を囲んで」(出席者／渡辺節、置塩章、白杉嘉明三、内藤多仲、村野藤吾、小河吉之助、徳永正三、〈司会〉浦辺鎮太郎)『ひろば』、一九六六年五月号、「渡辺節特集」所収。渡辺節が大阪府建築士会の会長職を退くにあたって、当時編集責任者だった浦辺の下に機関誌『ひろば』で特集号として編まれた。

3 佐野利器（一八八〇―一九五六）。一九〇三（明治三六）年、東京帝大建築科卒業。大学院に残り講師から母校の教育をはじめて助教授の時にドイツ留学、帰国後教授に昇任。明治末から昭和初めにかけて、建築構造学を主軸としていた東京帝大の建築教育を整備し確立した。そのため東京帝大では建築デザイン面の教育は比較的軽視される傾向を生み、後にそれを不満として、建築の表現芸術としての可能性を認めよ、と訴える堀口捨己などの《分離派建築会》に代表される〈建築芸術派〉の建築家たちから、〈建築構造派〉の象徴的な存在として鋭く糾弾される存在にもなった。内田祥三（一八八五―一九七二）は、渡辺節の一年前、一九〇七（明治四十）年東京帝大建築科卒。大学に残り、佐野がはじめた耐震構造学を引き継いだ、佐野の懐刀的な後輩教官であり、一九二九年に佐野が東大を中途退官した後を継ぎ、佐野の敷いた東大の建築教育の基本的な方向性を守った。一九四三年、東京帝大総長となる。

なお、佐野が大学を卒業する一年前（一九〇二年）に東京帝大教授を退官した辰野金吾（一八五四―一九一九）は、佐賀県唐津生まれ。東京帝大建築学科の前身である工部大学校造家学科の第一回生として一八七九（明治十二）年卒業。大学に残り、英国留学を経て、主任教授格の恩師J・コンドルの下で教鞭を取りはじめる。その後、建築学会を創設し、明治期の建築教育と建築家組織の要として、建築界に強力な実権を握る。そうした力を背景に、大蔵省の妻木頼黄とのあいだで、国会議事堂の本建築の設計責任者の地位をめぐって激しい権力闘争があったことはよく知られている。辰野は東京帝大教授としての後半期に、建築意匠の教育以上に、建築構造方面への教育に力を注ぐようになり、そうした方針の中から最後の教え子の一人であった佐野利器に白羽の矢を当て、自らの後継者に指名し、佐野もその期待に応えて、大正期の東京帝大を牽引した。

4 妻木頼黄（一八五九―一九一六）。妻木頼黄は、一八七八年、工部大学校造家学科に入ったが、中途退学してアメリカのコーネル大学建築学科に編入し、一八八四年に卒業した。帰国後、東京府、内務省を経て大蔵省に入って大きな勢力を官界に形づくっていき、設計者としても「横浜正金銀行本店」など優れた作品を数多く残した。明治建築界で、東大・建築学会を主宰する辰野金吾と、明治の後半期に入って次第に対立関係を鮮明にしていき、特に明治末年に、本建築の建設が目前となっていた議院建築（国会議事堂）の設計の主導権をめぐって、両者の激突はピークに達した観があった。辰野→佐野といった後に〈構造派〉と呼ばれたような勢力が大勢を仕切っていた東京帝大からの就職先の紹介を諦めて、渡辺節が註2の座談会で、「わたしは、大学のほうはダメだ、それで妻木さんのとこへ行って、朝鮮へやってもらったんですよ。」と語っているのは、こうした対立関係を前提にして読むと、非常に興味深いものがあるが、渡辺がどのような関係から妻木の所へ出入りするようになったかは不明。前掲「座談会」『ひろば』、三四頁参照。

5 註2に同じ。

6 妻木と武田五一の関係については、『日本の建築［明治大正昭和］』三省堂、一九七九年、第四巻、長谷川堯「議事堂への系譜」参照。

7 註2に同じ。

8 村野藤吾『建築をつくる者の心』（聞き手・長谷川堯）なにわ塾叢書、大阪府「なにわ塾」、一九八一年、二四―二五頁。

9 前掲註2、「座談会」『ひろば』、一九六六年五月号、三四頁、参照。また、村野入所時に所員が「六〜七人」であったという発言は、座談会の補遺として述べた、村野藤吾「渡辺事務所時代　その二」の中にある。前掲『ひろば』、七九頁。

10 「年譜」、前掲『建築家　渡辺節』による。

11 註2に同じ。

12 「ともかく早稲田の私は［卒業年次で］六回目ですが、まだ世間に［建築科が］よく知られない、景気もあんまりよくないころですから、職を求めることはなかなか・・・（中略）・・・佐藤功一先生が奔走して『大林組の設計部に君、行ってくれたまえ』といわれてきましてね。東京駐在ということで、東京支店詰めということになりましてね。で割合に月給もくれるし、それじゃそこにきめようかなと。」（村野藤吾談）。「村野藤吾先生を囲んで」（聞き手・福田晴虔）『建築と社

会』、一九七三年八月号。『村野藤吾著作集』鹿島出版会、二〇〇八年、六一二頁。

13 村野藤吾「わたくしの建築感」『建築年鑑』美術出版社、一九六五年十二月刊。前掲『著作集』、五五五—五五六頁所収。なお、村野が渡辺事務所に在籍したのは、正確には一九一八(大正七)年から一九二九(昭和四)年までの十一年間だと思われるが、退所した後も、たとえば「日本綿業会館」(一九三一年完成)の場合のように、建物の最終的な完成までを見届けるという、渡辺との約束があったりしたため、村野は渡辺節事務所に一九三二(昭和七)年頃までの「足かけ十五年」いた、と語ることが多かったと思われる。

14 村野藤吾「現在に生きる」『建築をめぐる回想と思索』新建築社、一九七六年、七三頁。

15 村野藤吾「渡辺事務所における修業時代」前掲『建築家　渡辺節』。前掲『著作集』、四四八—四四九頁。

16 村野藤吾「社会的芸術としての建築をつくるために」『新建築』、一九八〇年一月号。前掲『著作集』、三二七頁。

17 前掲「座談会」『ひろば』、一九六六年五月号、三九頁。これによれば、白杉は施工業者の立場から、積極的に設計事務所や施主の側に、この方式での契約の「合理性」を説いてアプローチし、主導していたことがわる。なおこの方式の具体的な取りまとめに、当時ニューヨークで活躍していた建築家、松井保雄がフーラー社側の代表としていて、この方式の日本での普及に重要な役割を演じていたとも話している。

18 内田成之「渡辺先生と衛生設備」『ひろば』、一九六六年五月号、八四頁。

19 村野藤吾「渡辺事務所における修業時代」前掲『建築家　渡辺節』所収。前掲『著作集』、四五一頁。

20 前掲「渡辺事務所における修行時代」、『著作集』、四五〇頁。

21 岩崎甚太郎、「新しい施工法の導入」『ひろば』、一九六六年五月号、九一頁。

22 渡辺節「石」『ひろば』、一九六六年五月号、七二頁。

23 渡辺事務所の設備設計については、渡辺も強い関心を持ち、専門のコンサルタントの他に、事務所のスタッフにも専門の所員が数名いたという。註11の内田成之の記事による。

24 これについては、村野はさまざまな場所で触れているが、たとえば、前掲『建築をつくる者の心』、大阪府「なにわ塾」、六五頁参照。

25 前掲、村野藤吾「渡辺事務所時代　その二」、『ひろば』、一九六六年五月号、七九頁。

26 『近代建築画譜』近代建築画譜刊行会刊、一九三六年、三三頁。

27 村野藤吾、「様式の上にあれ」(上・中・下・結)『日本建築協会雑誌』(直後に『建築と社会』に改名)、一九一九年五月号—八月号。前掲『著作集』、八—三一頁。

28 「村野先生を囲んで」『建築と社会』、一九七三年八月号。同じものが「建築家への道」と改題して、前掲『著作集』、六一〇頁に所収。

29 村野藤吾「修業」、「建築家十話」の中の第四話、『毎日新聞』(大阪)、一九六四年三月二六日掲載。前掲『著作集』、五三八—五四〇頁所収。

30 註29に同じ。

31 村野藤吾「建築家への道」『建築と社会』、一九七三年八月号。前掲『著作集』、六一七—六一八頁所収。

32 内藤多仲(一八八六—一九七〇)。

33 註2「座談会 渡辺先生を囲んで」に出席した内藤多仲が、渡辺節に促されて、その時のことを自ら改めて回顧して語っている。

第二章

渡辺節作品の中の村野藤吾

様式的意匠の習熟度

村野藤吾は、渡辺節の下で、建築の《様式》、たとえば西欧〈近世〉の、《ルネッサンス》、《バロック》、《ロココ》などといった、あるいはもっと古く西欧〈中世〉の、《ビザンチン》、《ロマネスク》、《ゴシック》などの、それぞれの時代や社会が生みだした、それぞれの《様式》に固有の、各部分《エレメント》の決まった構成《オーダー》や、装飾《オーナメント》などの細部《ディテール》の組立等に配慮した一連の建築デザインを、先の「大阪商船神戸支店」をまず皮切りとしはじめた。その後、彼が渡辺事務所に正式に所属していた一九二九(昭和四)年までの十一年間と、さらにその独立後のいわば〝お礼奉公〟といった形の二、三年間を加えて数多く手掛け、しかも結果としてはその種のデザインに深くのめり込んだ形で積極的に設計していくようになった。その当時を回顧して、村野は、「はじめ嫌で仕方のなかったスタイリッシュ[様式]建築というものが、私に非常に興味のある、やっても、やっても尽くせないという感じ」(1)のものに替わってきた、と戦後になってから語っている。そうした時間の流れのなかで村野は、周囲も驚くほど、《様式》に関連した種々の意匠に熟達し、大正末から昭和初めにかけて、一連の銀行の本支店や貸事務所等の大規模な(当時の書き方でいう)「ビルヂング」を、東京や大阪などの大都市を中心に数多く実現し、渡辺節建築事務所のまさしく〝黄金期〟の形成に、「チーフ・ドラフトマン」として大いに貢献した。

ところで《様式主義》——村野はこれについて多くの場合「折衷主義」という言葉を用いている——の手法による設計において、村野が一番初めにはっきりとした手応えを感じ、そのデザインの出来映えに自分なりに相当の自信を持つことができた設計は、はたして渡辺節のどの作品であったのだろうか。言いかえれば、村野が学生時代から馴染んでいた《セセッション》のような〈未来〉志向型のデザインではなく、〈過去〉に深い関わりを持つ《様式主義》のデザインも、〝やればできる〟、と初めて彼が確信した作品は、はたしてどの仕事であったかということだが、その作品こそまさに、彼が先のアメリカ旅行から帰国して一年半余り経った後の、一九二三(大正十二)年六月に竣工した、東京丸の内の「日本興業銀行本店」であったと思われる。

しかしこの建物が、日本の〈近代建築史〉の中で取り上げられて語られる時には、先にも少し触れたように、耐震壁の有効性を説いた内藤多仲の「耐震構造学」の勝利のドラマの〝主役〟として語られるケースがほとんどで、そのデザインについて言及されることはこれまでもあまり多くはなかったように思われる。同じ丸の内の、東京駅の広い駅前広場に面して大震災の直前に、華々しくお目見えしていた、「三菱地所部」設計で、超高層建築の先進国であるアメリカから招かれた「フラー建築社」が、アメリカ流の最新の技術と工法を駆使して施工した鉄骨軸組構造によるオフィスビル、「丸の内ビルディング」(通称丸ビル)(1923)が、関東大震災に遭遇して、外壁のカーテン・ウォール等の工事をほとんど最初からやり直さねばならなかったほどの大きな損傷を蒙っていた。これに対して、渡辺建築事務所が設計し、大林組が中心となって施工した「日本興業銀行本店」が、奇跡的に全くの無傷のままに、同じ丸の内のオフィス街のすぐ近くの街区で建っていたことが比較されて、いかに内藤多仲のアイディアが、地震国日本の建築構造法として有効、かつ合理的な設計であったかが、くり返し言及され、絶賛されることになったのだ。

しかしそのことを逆にいえば、内藤多仲の計算の正しさに対する賞讃に掻き消されてしまった形で、「興銀本店」の設計におけるその他の建築史的な評価として、その内外が持つ空間や、さらにはデザイン的な細部の持つ特に美学的な評価について論議されることはほとんどなく、仮にあったとしても、構造の先進性に対するデザインの後進性といった形で、そのデザインを否定的に捉える論説が大勢を占める結果をまねいたといえるかもしれない。とくに昭和初期になって、西欧から直輸入されて日本に入ってきた《合理主義》の建築論が次第に勢力を強めていく中で、「興銀本店」は、一言でいえば、構造は新しく見どころがあったかもしれないが、逆にデザインは擬古的でやや古臭く、新しい時代への対応として過渡的な段階を示す、はっきりいえば中途半端なデザインに止まっていた、といった評価が次第に定まって行ったように思える。

しかしここで改めて、「興銀本店」を注意深く観察してみると、内藤多仲の構造論ほどの普遍的で衝撃的な建築界への影響力を持つことは最初から望んでいなかったとしても、しかし実はこの建物のデザインには、《様式主義》の相貌に色濃く彩られながらも、近代的なオフィスビルの空間として注目すべきいくつかの内容を備えた建築であったことが明らかになってくるはずである。つまりこの建築は、内藤の構造上の新しいアイディアや、地下水を利用した冷風による一種の冷房装置のオフィスビル建築への最初の採用といった設備上の試みや、先に触れた「実費精算方式」の渡辺事務所としては最初の実施例といった話題の他にも、一階の平面計画に明確に見ることのできるような、渡辺節のきわめて合理的なオフィス・レイアウトの設定や、また意匠的な側面においても、イクステリアやインテリア・デザインに非常に大胆で独創的なデザインを実現していた点などでも、歴史に足跡をのこす建築として記憶すべき作品としての側面も持っていたのだ。同時に、渡辺節の指揮下で、意匠面を担当するチームの中心となって設計していた村野藤吾個人にとっても、この「興銀本店」で行ったデザインは、渡辺、内藤とはまた違った意味で忘れられない仕事となっていたはずであり、《様式》に絡むデザインに真正面から取り組み、自分が現に設計している建築の中にその魅力を存分に伝えるという、彼の長い設計活動における一つの段階《フェーズ》の出発点を成す建築としても、記念すべき仕事であったのである。

いいかえれば、〈過去〉に存在した建築のさまざまな《様式》を、現代建築の空間表現において積極的に応用し、それに新たな息吹を与えて蘇生させていくという、渡辺節が村野に課題として提示し、早急に身につけることを求めていた問題を、村野はこの「興銀本店」の設計を通して解き明かし、まだ「大阪商船神戸支店」の段階では、渡辺に「言われたから」といった感じでやっていた面もあったそうしたデザイン手法を、ここで彼はやっと自分のものにすることができ、その結果、渡辺の期待に十分過ぎるほどに応えることができるまでになったのだ。村野が渡辺の事務所に一九一八(大正七)年に入所して以来、体重を一〇キロ近く減らしてしまったほどに、彼の心と体に掛っていた重圧《プレッシャー》や緊張《ストレス》が、この時点でようやく村野の身体から離れて、彼の内面は戒めを解かれて解放された形で腕を動かせるようになったともいえるかもしれない。

村野がその種のストレスからなぜこの時点で脱することができたかといえば、《様式》をもとにしたデザインが、彼が生きている現代においても、いまだ有効な建築の表現方法であることをこの時点で初めて納得し、さらには《様式》から出発する建築表現の奥深さ、可能性といったものに、ここでようやく彼が目覚めたからに他ならない。《様式》を自在に処理し演出することの奥行きの深さや楽しさといったものには、「やっても、やっても尽くせない」ほどの魅力があると彼は言い、同時にそうした彼の意識転換をそのまま反映する、優れた出来映えの設計を、渡辺に対して具体的に示すことができるようにもなっていたのである。村野はまだ〝使用人〟の身ではあったが、大勢の中の単なる一人のドラフトマンではなく、一人の建築家へと脱皮する契機を与えたのが、まさしくこの作品に他ならなかったのだ。

「興銀本店」の〝足元〟を見る

皇居前を南北に走っている現在の「日比谷通」に面して、一九一六(大正五)年にはすでに完成して建っていた赤い煉瓦造の「銀行集会所」(横河工務所設計、担当・松井貴太郎。現在は、その外壁の一部を復元した「東京銀行協会ビル」)の正面玄関前の白く軽快な鉄骨の車寄を左手(北側)に見ながら東京駅の方向へ進んでいくと、「銀行集会所」と同じブロックの東隣の角地になった敷地に、「銀行集会所」から七年ほど遅れて竣工した「日本興業銀行本店」(1923)の建物の裏(西)側にあたる立面の一部が屏風のように立って姿を現してくる。戦後これを建て替えた村野藤吾が設計した新しい「日本興業銀行本店」(1974)(現在は「みずほコーポレート銀行本店」)が現在占めている南北に細長い敷地の、南側の約半分ほどの広さの土地を最初の敷地として建てられた、渡辺節建築事務所設計による「日本興業銀行本店」の建物は、南側と東側の二つの表側壁面《ファサード》を道路に面して見せて建っている(2-1、2-2)。この「興銀本店」の建物全体を一望に収めることのできる、この二本の道路が交差する、南東の角辺りの位置に立ち、頭を擡《もた》げるようにしてこのビルを見上げる。「興銀本店」の南北に通る道路に面した東側のファサードが、南側のそれよりやや長く、建物自体の輪郭は《様式》系のデザインにもかかわらず、表面にほとんど大きな凹凸を持たず、端正な長方形のボックス型の輪郭に纏め上げられているのが、その位置から一目瞭然に理解できる。虚仮威《こけおど》しのような強烈な相貌《ファサード》を持つ銀行建築は少なくないが、「興銀本店」の場合にはそういった顔や姿の特徴はなく、どちらかといえば、サラリーマンがネクタイを締め背広をきちんと着た姿で立っている、といった趣きに近いこざっぱりしたデザインである。

「興銀本店」の場合はまさしく、ニューヨークに本拠を置き当時アメリカでめざましい活躍をしていた設計事務所の『作

2-1 「銀行集会所」、後方に「興銀本店」が見える

2-2 「日本興業銀行本店」、南東角から見た外観

品集』で、この時期の渡辺事務所で村野たちが設計する場合の、いわば〝お手本〟、俗に言う〝虎《トラ》〟であったという、「マッキム、ミード&ホワイト建築設計事務所[2]」が好んで用いたのと同じ、《ルネサンス・リヴァイヴァル》をその基調として採用したといわれており、この建築の街路に接した二つのファサード・デザインの場合でも、先の〝足〟、〝胴〟、〝頭〟という三部に分節した立面構成は、忠実に、また的確に守られ実行されている。

まず人の目が最も直接に触れることになる「興銀本店」の〝足元〟から見ていくことにしよう。この部分は本来、大企業向け融資銀行として発足した経緯を持つ「興銀」が顧客に訴えるべき、金融機関としての〈恒常性〉とか資産の〈安定性〉などを表すべき場所であったはずであり、明治期以来の洋風のデザインによる銀行建築の場合には、切妻屋根を見せる車寄せ《ポーチ》を支える重厚な石の列柱などを立て、その中央に正面玄関を置くような形でそうした意志を表現したりした。また大正期に入っても、この「興銀本店」の完成の少し前に、三菱の建築家、桜井小太郎[3]が中心になって設計を担当した同じ丸の内の「三菱銀行本店」(1922)などがこの種のデザインの典型としてあり、そのアイオニックの列柱のデザインに見られるように、街路に面したファサードのほとんど全面に、古典的なオーダーを持つ独立したり付柱になった列柱を立ててその重厚性を誇っている。(2-3)

しかし「興銀本店」の場合は、前の道幅も比較的狭く、また限られた敷地にほとんどいっぱいに建物が建てられていたために、ファサードにそうした思い切った演出を行う余裕がなかったためもあってか、その種の常套的な古典的意匠を見出すことはできず、それとは異なる方向でのデザイン的な工夫が凝らされ、同じような目的を果たそうとしている。具体的にいえば、「興銀本店」の〝足元〟の場合では、デザインが集中的に行われ強調されたのは、〈中央玄関〉やその周囲のデザインではなく、建物が街路に直接に接している一・二階の外壁部分であった。ここに《様式》に基づく列柱などの要素が集約的に提示されており、街路に接したビルの〝足元〟の壁面に、あたかも〝帯〟を巻くように、その種のメッセージが表現されていた。

具体的に見ていけば、「興銀本店」では、街路から見えない北西側を省く建物の三つの出隅部に、開口部を一つだけ小さく開けたマッシヴな切石整層積の隅壁が立てられており、これが建物の各コーナーを視覚的に固める役割を果たしているのと同時に、その石の壁面をそのまま三階から七階へと、角部のテラコッタ貼の壁面に連続させて立ち上げて、例の〝足〟〝胴〟〝頭〟の部分を両側から挟む、ファサードの視覚的な〈枠組〉としても使っている。つまりこの出隅部の壁面と反対側の出隅部の壁面が建物の両端を押さえ、特に〝足元〟の部分では、その隅壁の間に挟んで渡した形で、柱上の水平部材《エンタブラチュア》が、二階の天井の高さで連続して渡されており、これに通常の〈オーダー〉通りに、その下にイオニア式《アイオニック》の例の渦巻き形の柱頭《キャピタル》を載せた二本組円柱《カプルド・コラム》が立ち、それらが外壁面の〝足元〟に一列に並んで壁面を飾り立て、銀行建築の外壁に、それらしい〝威厳〟と〝格式〟といったものを滲ませることに成功している。しかしこの二本組《カップル》の円柱は独立柱に一見見えるがそうではなく、付柱状にごくわずかな部分を背後の壁体に密着させ固定されている。（なお、このアイオニックのカプルド・コラムのデザインは、「興銀本店」の六年前に、東京日本橋に完成していた同じ大阪の「住友」にいた日高胖[4]による設計の「住友銀行東京支店」(1917)のファサードを飾る列柱が、何らかのヒントになっていたかもしれない。）

2-3　「三菱銀行本店」

　このそれぞれの二本組円柱が付着させられた壁面の間には、上部に半円形のファン・ライトがある板ガラス入の大きな窓が入っており、窓の下部には手摺飾《バルコネット》を付けて飾り、さらにその下に四角い小窓がひとつ開けられている。この開口部下の壁の前には地下室の通気用に、幅の狭いドライエリアが用意されている。前述したように、《様式建築》の場合には、特に中央玄関周りは表現上の重要な要点とされることが多く、設計者もそこを格別に力を注いで設計し、その部分だけが特別に注目を集めるようにデザインされることが多いが、南側の街路に面した「興銀本店」のファサードの中央部に置かれた主要玄関《メイン・エントランス》には、非常に興味深いことに特別にそれを主要玄関として強調するようなそぶりはどこにも見せず、開口部を持つ五つの柱間《ベイ》の内の、玄関は中央には位置しているが、単なる一つの開口部に過ぎないとでも言わんばかりの、さりげない、いわば散文的な扱いで処理されている。その結果中央玄関は、その左右のアイオニックのオーダーによって構成された《様式》的な壁面の中にむしろ沈み込んだ暗部、〝洞穴〟といった感じにさえ見えている。

　この点を少し大きい視角で考えると、本来はファサード・デザインを主導すべき建物の〝足元〟部分が、建物全体のプライマリーな輪郭《シルエット》の中に組み込まれて制御され、少し大げさにいえば、押し込められているような感さえあり、視覚的にも物理的にも、その部分がむしろできるだけ突出しないようにと、設計者が心掛けていた結果であったようにも思えてくる。つまりその部分の壁や柱が、あまり強い陰影や彫刻的なヴォリューム感を出さずに、ファサード全体の中に静かに溶け込んでいるようにデザイン的な配慮がされていたことを示しているともいえる。すでに神戸の「大阪商船神戸支店」の立面で見たように、ファサードをできるだけ平坦に、またグラフィックに構成しようとする、所長の渡辺節の好みというよりは、後に触れるような担当者の村野藤吾に固有の《建築美学》の投影として、まだかなり遠慮がちにではあるが、すでにここにも見出すことができるように思われる。それと同時に飾り気のない玄関について言えば、後に村野が、主に住宅建築のデザインを行う時に心掛けたと語っている、これも後で詳しく触れる、「門戸を張るな」、「玄関を大きくするな」、といった独特の手法(5)が、オフィスビルといった住宅とは一見かけ離れた設計においても、実験的に応用されているのを見る思いがして、非常に興味深いものがある。

「興銀」の〝頭〟と〝胴〟

さてもう一つの、建物最頂部のいわゆる〝頭〟の部分はどうかといえば、「大阪商船神戸支店」の場合のように、下から見上げた時にも見えるような屋上階《アティック》はここでは置かれておらず、建物のスカイラインにかなりくっきりと張り出した軒蛇腹《コーニス》を回すだけにし、下からはコーニスの歯型飾《デンティル》の連続が見えるようにして、《様式型建築》には珍しく、非常にすっきりしたシルエットに納めている。アティックに代わる建物の最上部を抑えるための〝頭〟の部分の意匠として、ここで用意されたのは、下の一、二階の壁面の二本組柱《カプルド・コラム》が並んだ壁と同じ横幅で、両サイドを例の脇壁で挟まれた七階の外壁部分に、同じアイオニック・オーダーだが、こちらは一階分の高さの細い小列柱《コロネット》を密に並べ立て、そのすぐ下方の一般事務室階の格子状の外壁と、はっきりと区別している。建物のこうした〝頭部〟は、陰影は細やかだが、しかし少し離れた真下の方から見上げると、アティックの場合のように重ったるい感じにならないように配慮されているのは明らかで、そのシンプルでグラフィックな壁面処理によって、正当的《ルネッサンス建築》のシルエットの端正な輪郭に倣ったと一応は見せかけながら、キュービックでプライマリーな建築形態へと次第に収斂していく二十世紀建築の《形態美学》の特徴的な方向性に、さりげなく同調させていたとも読み取れる。

さらに〝胴〟の部分、つまり三階から六階の外壁に目をやると、鉄骨コンクリート造の軸組構造の柱を、街路に面した位置に立つ柱だけ、テラコッタや石で包んで壁柱《ピラスター》として立面に並べ立て、これに各階の腰壁部分《スパンドレル》を水平に交錯させ、このグリッドの中の横長の空隙を細い方立で分割し、スチール・サッシュで留めた透明ガラス入りの上げ下げ窓《サッシュ・ウィンドウ》にしている。

ここでは「大阪商船神戸支店」にあったような、ピラスター間に目立っていた石貼のマリオンが省略され、垂直性の表現はその分だけ減じたかわりに、「大阪商船神戸支店」のファサードでもすでにわずかに垣間見えていたような、近代的な軸組構造が本来持っている〈柱・梁の交差する格子《グリッド》〉状の平面的《フラット》な立面構成という、アメリカでいえばシカゴ派以来の近代的な《合理主義》好みの外壁表現に、一歩近づいたファサード・デザインとなっている。「興銀」の〝胴部〟の格子状の柱・壁と開口部の関係は、窓が壁の中に深く穿たれたような状態を示す従来の《様式主義》の建築のファサードとは様相を一変したものであり、壁面と窓面の関係では〈見込み〉が浅く、全体的に両者の関係ができるだけフラットに見えるように工夫されている。

　こうした〝胴〟周りのデザイン、特に開口部とその周りの柱や壁の関係の取り方などには、同じ時代のアメリカの現代建築、特にニューヨークなどの高層あるいは超高層ビルの外壁デザインからの影響があったことは明らかであり、村野自身も後に当時を振り返り、そうした関係を採用した理由を次のように詳しく語っている。

　「わたしは渡辺先生のところにいる時、アメリカへ一度行っています。当時はイタリア・ルネサンスの全盛期で、マッキム・ミード・アンド・ホワイトの事務所・・・でやった建物をいろいろ見てきました。すると主だった建物がほとんどそうなのですが、何十階という高い建物、そして石を使った様式建築でありながら窓は深くないのです。それをみて、ああ窓を深くするということはいかんな、と思いました。なぜかというと、わりあい大きな建物で単純な形のものが窓を深くすると、パースにして［建物を見たときに］エレベーションをこわす。ことに何十階もある建物が、狭い通りにたいして窓を深くするとこれはもう圧倒的で、非常にわるいと思ったのです。で、そのころから窓は浅くということを考えていました。

（中略）そんなことで私は、窓には非常に気をつかいます。ただ窓というより、窓と壁との境界ですね。それから壁。条件にもよりますが、私は壁と窓に注意したら、それはアーキテクチュア［つまり建築］だといえるように思っています。

（中略）ですから私は、全体の格好というのはたいして気にしていません。プロポーションをとったり何かするということは、学生でもやれる。しかし本当に自分が建物全体をつねに感じるということは、簡単ではないと［若い人たちに］よくいっています。つまり、壁面のテクスチュアとか窓と壁の関係、ディテールといったもの。われわれが建物に近づいてみるところ、実際に感触するところはそこだ。

これは簡単にはできない、ということです。[6]」（傍点引用者）

いずれ後章で詳述することになるが、村野がここで「何十階もある建物が、狭い通りにたいして窓を深くするとこれはもう圧倒的で、非常にわるいと思った」と発言していることは、渡辺節のもとを離れた後での村野藤吾の建築家としての生涯を考える上で、非常に重要なポイントを示していたということができる。というのも村野は常々、彼がまだ渡辺節の所にいた時から独立する前後の頃にかけて、「窓を浅く」した壁面の表現をしたいと強く思っていたと述べ、独立後に出したその答えの一つが他でもない「森五商店」(1931)であったと話していたが、彼が「窓を浅く」見せたいと考えた本当の理由が、ここで問わず語りに語られていると思われるからである。

村野は、当時の一般的な建築家たちが考えていたのとはおそらく真逆に、設計され建てられた建築が、それを眺めたり、それを利用したり、あるいはそれを所有したりする人たちに対して、強い存在感を発揮し、その上で彼らを圧倒するようにしたり、時には脅かして畏怖させたりするようなものになることを、決して望んでいなかったと思われる。自分が設計に関係した建築には、そんな姿を決して与えるべきではない、と一種の信念に近いものとして、かなり早い段階から持っていたことが明らかになってくる。したがって壁に穿たれたかのような〈深い窓〉を持つ建物は、エレヴェーションのバランスを壊してしまうと彼が憂え、さらにはそうしたデザインを、はっきりと「非常にわるい」デザインだと彼が決めつけたのもほぼ同じ理由からである。〈深い窓〉は同時に〈厚い壁〉を表現することであり、その結果その壁の厚さが人の気持を圧迫する・・・。そうした観点から改めて「興銀本店」のエレヴェーションを眺めると、そのビルの持つ当時としてはかなり大きなスケールや、本来ならどこかに厳しいものが漂うはずの《ネオ・ルネサンス》のスタイルが採用されていたにもかかわらず、でき上がった建物は明るく軽快であり、このビル全体を包む雰囲気には、人の心を脅かすような険しいものはほとんど感じられず、おだやかで中立的な表情によって全体が占められていることがわかってくる。

「興銀本店」一階の平面計画

これまで中央玄関がある南側の立面を中心にして、村野が中心になってまとめたと思われる「興銀本店」のファサード・デザインの内容を考察してきたが、今度は平面計画《プランニング》のおおよその内容を知るために、ビルの南側の街路を東に歩いて、四つ辻で建物のコーナーを回り込み、建物の東面へ出て、北の方に向かって進んでいく。人が歩く街路に面した〝足元〟には、南側と同じように、二本組円柱の列が並んで一、二階の外壁部分を埋めている。その中に、南の角から建物の三分の一ほど中に寄った位置に、営業室に入るためのもうひとつの外からの出入口である顧客用脇玄関が置かれている。この回転扉を押して中に入ると、「営業ホール」の東北隅の位置に出るはずだが、ここでは入らずに脇玄関の前を通り過ぎて、そのまま東側の外壁面に沿って北へ歩いていくと、建物の外壁の北端から南へ三分の一ほど戻った位置に、主にこのビルで働く銀行員の出入り用に設けられた通用玄関口がある。

　行員と一緒にこの玄関を入るとすぐに、昇降機が三台、やや右手の眼前に並んでいるエレヴェーター・ホールがあり、従業員を上階に運んでいる。ホールの斜め左手には上階への階段室があり、またホールの正面には、奥に向かってまっすぐに伸びる中廊下がある。その廊下を奥へ進んで行けば、右手に「文書課」と呼ばれる大きな事務室がある。この「文書室」とは廊下を挟んだ反対(南)側に、ビルの中央部を七階の天窓の高さにまで吹抜け、晴れた日の昼間にはそこから落ちて来る明るい外光が周囲の部屋に供される、正方形平面の大きな「光庭《ライト・コート》」がある。この廊下の突き当たりの応接室の前を左へ鉤型に折れてそのまま進めば、先の一階平面の南側約半分を占めている大きな営業ホールの北西の隅部に出ることになる。この営業ホールの空間は目を見張るものがあるが、それについて触れるのはもう少し後に回そう。(2-4)

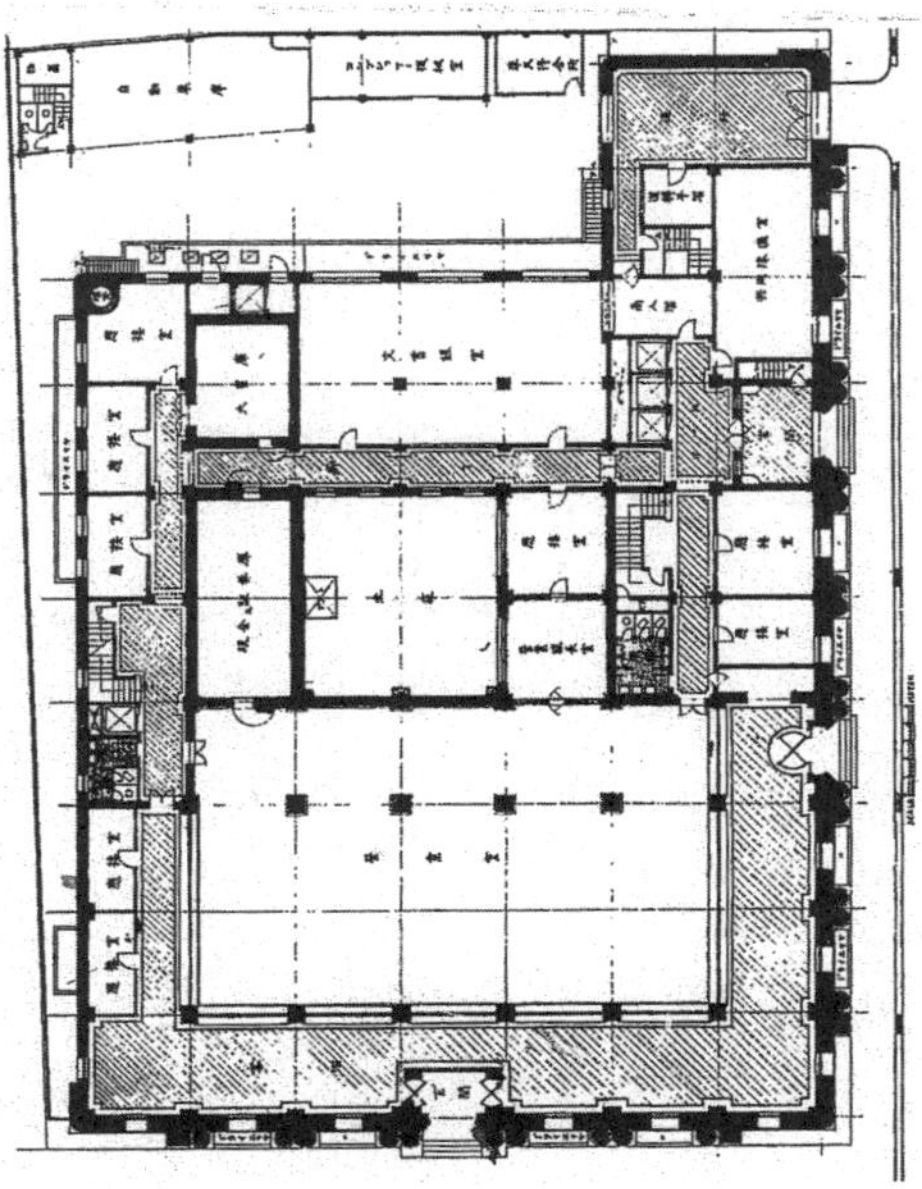

2-4　「興銀本店」の１階平面図

　いずれにせよ、「興銀本店」の一階のプランを眺めていると、設計事務所の主宰者である渡辺節という建築家が、その時代としては珍しくオフィスビルの空間を、無駄の少ない、整然としたまさしく合理的なプランに纏めることのできる設計者であったことを示している。村野も、こうした面での渡辺の能力は非常に優れたものがあったと言い、特にプラニングの点では有無を言わせないほどの決定力を持っていたと回顧しているが、たしかに「興銀本店」の設計の時点では、村野の方にも渡辺の考えに口を挟むだけの力はまだ備わっていなかったに違いない。再び東側の道路に戻り、行員用の内玄関の前から、ビルの東側の舗道をさらに北へ進む。ビルの北端に、大きな両開きの鉄扉があり、日頃は固く閉ざされているが、現金などを搬出入するためにトラックなどが出入する時や、頭取や重役などの乗用車が奥の中庭に車を駐車させたりする時にだけ開かれる車両用の通用門が置かれている。

さてここから元に戻り、この南側道路に面して、左右のバルコネットに合わせた形の簡潔な玄関庇を上に頂き、その前面に「日本興業銀行本店」と書かれている中央玄関《メイン・エントランス》のアーチの下を潜り、両脇に設置された二台の回転扉のどちらかを押して、「興銀本店」の内部へと足を踏み入れる。

一九〇二(明治三五)年の銀行創設時から、重工業向けの長期資金の提供を主な業務としてきたこの銀行を訪れた客は、ドアを開けて内部に入ると、二階分の高さで吹抜けになった巨大な営業用業務室《バンキング・ホール》の空間に包み込まれることになる。こうして客溜に立つ顧客が、まず最初に眼前にするのは、左右(東西)の方向に長く伸びている、大理石で仕上げた「営業用カウンター」の列であり、さらにそのカウンター上に、机の幅と同じ幅で立ち上がっている、同じ大理石貼の四角柱の列と、その四角柱と四角柱の間のカウンターの上に立てた、客溜と執務室との間を隔て仕切るための間仕切り用の木製の格子柵である。数多くの銀行員たちが忙しく仕事をしている広大な業務空間を、〈コ〉の字形にカウンターが取り囲んでおり、その外側は客たちがそれぞれ動き回って自分の求める窓口を探すための客溜の空間になっている。

平面図上でビルの一階の南側約半分を占めて広がっているこの大きなバンキング・ホールは、営業室と図面上に書かれている行員の執務用空間と、その周りの客溜の空間がカウンターと防護柵で仕切られてはいるが一つに連続し、一体化した大空間となっており、銀行建築が、明治期のように煉瓦や石を積み上げて建設する組積造や木造の時代には決して実現することのできなかった、鉄骨造や鉄骨鉄筋コンクリート造といった近代的な軸組構造がようやく実現可能にした空間であることを示している。広く、高い吹抜けのある営業ホールを、銀行の一階平面を大きく割いて造り出すやり方は、関東大震災後に東京で新築された昭和初期の銀行建築——たとえば東京では日本橋の「三井本館」(1929)や丸の内の「第一銀行本店」(1930)など——にはしばしば実現していくことになるが、「興銀本店」より前の大正期では、わずかに「三菱銀行本店」のホールが前例としてあるくらいのものであった。

たくさんの窓口が並んでいるこの長いカウンター上には、戦前の銀行の場合には通例である、強盗などの突然の侵入者たちから、行員と預金を護るための防護柵《グリル》が立てられているが、ここ「興銀本店」の柵をよく見ると、この間仕切り部分は木製で家具風の額縁に仕立てられ、しかもその木製グリルを、例の街路に面した一、二階の外壁のデザインと同じアイ

2-5 「興銀本店」の営業ホール

オニックの二本組円柱《カプルド・コラム》が、その上にあるエンタブラチュア風の化粧梁を支持するという、どことなくピクチャレスクな構成が与えられている。その額縁の間に入れられた鉄のグリルなども低く形式的なもので、クラシカルではあるが、実際には客に対してあまり厳しい顔を向けたものではない点などで、外の〝足元〟のデザインと同じような柔らかな表情を持つものになっている。つまりこのカウンター周りのデザインは、かつての銀行のほとんどがそうであったように、基本的に客を疑わしく危険な存在として考え、銀行側は常に彼らへの警戒を怠らない、といった防御的で排他的な感じを与えないように、グリル・フェンスとしては比較的開放的な、また多分に象徴的な意匠を装って執務空間をガードするようにしている。こうした表情がそこに与えられたのは、「興銀」が大企業関係の取引先がほとんどで、一般の預金者はあまり利用者として出入りすることのない特殊な銀行であったという理由の他に、先に村野が建物の外観のあり方について述べているような、建物が利用者を排除したり圧倒したりすることがないように、という独自の《美学》がここでも反映された結果であったと考える必要があるだろう。(2-5)

営業室の内部

訪れた客の視線は、やがてカウンターとその上の窓口用の木製の仕切柵を超えて上方に転じ、営業ホール《バンキング》全体の上部を、あたかも張り巡らした〝天幕〟の内側に居るかのように訪れた人々を覆っている、規則正しい格子模様を表面に刻んだ巨大な天井面の方へ移っていく。たとえば来店者が、先ほどの正面玄関から中に入った位置に立って、行員が働いている事務室の奥の方を見渡したとすれば、上方や前方を横切っている〈半円筒型穹窿《バレル・ヴォールト》〉、俗に〈かまぼこ形天井〉とか〈幌馬車形《ワゴン》ヴォールト〉といった形容で呼ぶような〈筒〉を半分に割った型の天井が、客溜りの上から奥へと波打っており、営業ホール全体を小↓大↓小と梁間《スパン》に変化を付けながら、三つ並んで架けられているのが見て取れるはずである。この大小三つを並行に並べた〈かまぼこ天井〉は、柱間を一対二対一という比率で、南端の客溜から、窓口カウンターの奥に二スパン分を飛ばした一般行員たちの執務空間の上へと続き、さらにその奥の、おそらく中間管理職たちが座っていたと思われる最奥の一スパン分の事務空間の上へと穹窿《ヴォールト》を並べている。最奥部の壁には、半円形のファン・ライトを持つ高窓を取り、また天井にもガラス・ブロックを入れたトップライトがあり、これらを通して、背後に隠れている建物中央部の方形の光庭《ライト・コート》から、昼間の明るい光が入ってくるように工夫されている。ただ少し不思議に思えるのは、この大きな営業ホールには、竣工時の写真で見る限り天井から吊り降ろしたシャンデリアのようなペンダント型照明はどこにも見えない点で、室内が暗くなった夕方以降の人工的な照明具としては室内にたくさん立っている構造的な角柱の柱頭下に取り付けた、渦巻型《アンコン》持送りに底部を支持された鋳物による貝殻型の直付照明具から天井面に向けて出る光源を隠した間接照明だけであるから、おそらく行員は各机のデスク・スタンドの光を頼りに仕事をしていたかもしれない。

　二階分の高さを持つこの営業ホール上のヴォールト形天井を、三面の外壁と北側の内壁の内側に立つ、東西に六本ずつ二列、合計十二本の独立した角柱が支持して並んでおり、それぞれの柱間をアーチで結んでいる。この二列の柱列の南側の列を構成している六本の柱は、その下部に、先に見たように、カウンターが入れられており、訪れた顧客の客溜と行員の執務空間の間を仕切っている。見方によっては、このカウンターから磨き上げた白い大理石貼の角柱が、上へと立ち上がり、柱頭部で四方から降りてくるアーチを一手に引き受けて、凛々しく立っているようにも見えるし、あるいはまた、大きな樹木の幹(柱)が上昇し、四方に太い枝をアーチ状に差し出して樹下の空間を作り出している姿にも思える。もしそうだとすれば、この営業ホールの空間全体が一種の〝森〟となり、顧客や行員たちは、木漏れ陽の見える豊かな樹林の中で取引や事務を執り行っていたようにも思えなくもない、いずれにせよこの空間は営業ホールへ足を踏み入れた人たちを、その空間の驚くほどのヴォリューム感と変化によって捉えて離さないものがあったはずだが、しかしこの空間も人を圧倒するといった性格のものでは決してなく、むしろ胎児が持つ母胎内の広がりといった、親しげでどこか懐かしいものを感じさせる性格が与えられている。

　ところでこの営業ホールの空間は、「マッキム、ミード&ホワイト」経由のものであったと同時に《様式》上の原典は、おそらくヨーロッパの《バロック》期の、たとえばキリスト教の教会堂の内部空間にあったのではないかと思われる(2-6)。横に並ぶ三つの半円筒ヴォールトのうち、中央の大スパンの営業室部分は、教会堂でいえば〈身廊〉部分にあたり、その左右に並ぶ柱をアーケードで連結させた部分の外側の〈側廊〉部分が、「興銀本店」では客溜や奥の執務室になっている。ただし注意しなければならないが、近世の教会堂の内部と、現代の銀行建築の内部空間の間には、表面的な類似にも関わらず非常に大きな、また根本的な違いがあったことにやはりここで触れておかなければならないだろう。教会と銀行という両者の機能的な違いはもちろんだが、それを別にして二つの建築にあるその最大の違いは、構造と空間の関係にあったということができるだろう。《バロック》期の教会堂建築は、鉄筋コンクリート(RC)造も鉄骨鉄筋コンクリート(SRC)造も当然ながら無かったから、レンガや石を積み上げて築いた〈組積造《メーソンリー》〉の建築として、基礎から天井へと積んで行き、最終的にヴォールトを形成し、その下に内部空間を大きくダイナミックに捕獲した。これとは異なり、「興銀本店」の営業ホールの天井は、目に見えるヴォールト自体は、〈構造体〉として建物の荷重を受けて自立しているとはいいがたい。わかりやすくいえば、そのヴォールトは一種の〝内装〟として造られたものであり、ビル本体の構造であるSRC造の立体格子の内側に、鉄骨や鋼索等で、梁やスラブから、いわば吊り下げられたあたかも天幕《テント》のような、非構造的な、装飾的な〝皮膜〟に過ぎないのである。

2-6　ギッブス設計、ロンドンの「セント・マーチン・イン・フィールズ教会堂」の天井

〈虚偽構造〉としての天井

　RC造やSRC造などの近代的な構造的躯体とは別に、「興銀本店」の場合のように、建物の中に繰型を付けた天井を、

あたかもヴォールトを掛けたかのように見せようとする場合には、現在ならばおそらく軽くて可塑性の高いFRPなどのプラスチック材料などが用いられるだろうが、当時はそんな軽量で便利な材料がなかったため、それに代わるものとして、ほとんどの場合〈石膏〉が用いられた。天井全体の形状が決まると、それをいくつかの基本形態に細かく割って行き、型抜きした石膏板を、構造的な梁や桁や床スラブに直付けするか、あるいはワイヤー等で吊り下げるなどして並べて連結して固定し、最終的にヴォールト状の天井曲面を造り出す・・・といった方法が、この種のデザインのインテリアを実現しようとする場合の常套的な方法になっていく。新しい構造体が、オフィスビルなどにおいて、明治末から大正期にかけて次第に使われていくようになったことに並行して、躯体とは別にそれを隠し、内部空間を包む〝皮膜〟といったものとして、そうした手法が盛んに使われるようになったのである。

実際には躯体を包み、奥に隠す〝皮〟のような存在でありながら、一見構造上の構築物であるかのように見せかけるこうしたやり方は、その当時の日本の建築界で次第に広く使われ始めていた用語でいえば、まさしく〈虚偽構造《シャム・コンストラクション》〉つまり〈真実の構造〉を背後に隠しながら〈真実〉を装う、〈見せかけの構造物〉であるとし、同時にそこに実現した空間もまた、〈偽りの空間〉ではないかとして、建築設計者の間で徐々に問題にされるようになっていたのである。

ところで村野にとって、この「興銀本店」の設計を担当させられたことが、きわめて重要な意味を持っていたと考えられる一つの大きな理由は、仮に〈虚偽《シャム》〉と指摘されたら、弁解したり反論したりしにくいような意匠に、直接にそれに携わり、実際にその種の線を引いたことにあった。彼自身が学生であったほんの数年前の頃には、最新の《セセッション》に傾倒して止まない血気盛んな若者らしく、また例の彼のディプロマからも十分に判断できるように、構造的な〈真実〉を隠さずに表現することを心掛けた設計を目指していたと考えられ、構造体を《様式》的意匠や装飾で覆い隠すようなデザインをできるだけ避けたいという気持が強く働いていたことは十分に推測することができる。しかし村野は、幸か不幸か渡辺節の事務所に就職し、渡辺の「売れる図面を描け」という言葉に自分の背を強く押される形で、最初はおそらくいやいやで、文字通り身が細る思いをしながらも、たとえばあの「大阪商船神戸支店」を手始めとして、その種の〝衣装〟を近代的な構造体の上に着せる作業にまず手を染めて、続いてこの「興銀本店」のデザインをすることになったのだ。

大変興味深いのは、その時に村野に訪れた心理的な展開の方向性であり、最初は渡辺の要求に対して躊躇し戸惑っていた村野が、やがて近代的な構造躯体にその種の《様式》の意匠を被せた時に建物が獲得する、社会的、経済的、あるいは心理的な現実感《リアリティ》といったものや、その種の建築デザインが建築の利用者や施主に対して発揮する独自の〈説得力〉や〈魅力〉といったものを知らず知らずのうちに察知して、そうした〈虚偽〉と非難される意匠が上げる種々の力や効果の意味を素直に認知するようになったと思われる点なのだ。またそうした点を考慮しながら図面を引く作業の中で、《様式》に基づくデザインの中に潜んでいる面白さや奥深さといったものを、村野は自分の身体にはっきりと受け止め、蓄積し始めてもいたのである。いい換えれば〈構造の真実性〉を声高に叫ぶ、建築デザインにおける《ピュリタニズム》を厳しく要求するような人たちから見れば、明らかに〈虚偽《シャム》〉であるはずのデザインが、村野にとっては、必ずしも建築設計上の〝悪〟であると、単純に決めつけて断罪することはできないのではないか、という考えに次第に変わっていったのである。実はこの時に初めて、後に詳しく解明していくことになる建築家村野藤吾の、いわばものづくりの〈原点〉というべきものが定められはじめていた。その〈原点〉に立ち、地中深く、彼の強靭な建築的想像力によって深い〝井戸〟を掘り下げ、そこから湧き出てくる豊かな《様式》という〝水源〟を、いつも何らかの形で汲み上げて利用するようになっていった。「興銀本店」のこのヴォールト天井は、そうした〝井戸〟の奥から汲み上げてきたものを、村野の建築的想像力によって、建築空間として一気に射出して実現した、記念すべき最初のインテリア空間でもあったといえるだろう。

「興銀本店」の奥に見えるもの

《モダニズム》が〝善〟もしくは〝美〟として主張するような、〝真実〟を現すものとしての〝裸〟の状態の近代的な構造躯体が、建築の利用者や所有者に与える現実的な問題点についての、村野の論鋒鋭い言及と建築界に向けての批判は、やがて彼が渡辺節のもとを去り、独立して自分の事務所を構えた直後の、一九三三(昭和八)年に行われた。それこそが大阪朝日会館の講堂で、「日本に於ける折衷主義建築の功禍」と題して行ったあの有名な講演[7]であり、その中に集約的に示されているが、そうした村野の、《折衷主義》の建築を擁護しようとする立場の萌芽を「興銀本店」のデザインの中に見出すことができる。もう少し厳密にその点を明らかにするとすれば、〈未来〉的な新しい構造や設備を備えた建物を、〈過去〉が蓄積した《様式》に基づく意匠で覆い被せた、という意味で〈未来〉と〈過去〉とをいわば〈折衷〉した、その建築を擁護する側の設計者が立つべき確固とした理論的な基盤といったものは、おそらくこの「興銀本店」の設計にかかわった辺りから次第に彼の心の中で構築されていったと思われる。そしてそれと共に、第二次世

2-7　「日生劇場」の天井デザイン

界大戦後、《モダニズム》の理念を確信し信奉する側の建築家たちから村野が受けることになった、彼の建築作品や言動についてのさまざまな角度からの激しい批判や攻撃と、村野自身によるそうした批判に対する、言葉ではなく主に自らの作品を通しての逆批判、というやり取りにも、実は戦前の場合とほぼ同じような、〈構造の真実性〉についての、延々と続く論戦が関係していたのであり、いわばその論争の最終端部における攻防であったということがわかってくるはずである。

そのような視点から考えれば、渡辺節の下で若き村野藤吾が、「興銀本店」の営業ホールの、無数の石膏板を組み合わせて作り出した、風をはらんだ帆船の帆の内側を思わせるような、格天井模様を刻印した張りのある天井の図面を引いていたことを頭のどこかに記憶してさえいれば、たとえばその約四十年後という長い時間の経過の後で、これも同じような〈モダニスト〉たちからの強烈な批判を浴びる中で実現したといえる、アコヤ貝とこれまでいわれてきたが、実はインド産のマド貝を石膏板に張り付けて造られたという、あの「日生劇場」(1963)の天井が、一九六三年という時点でなぜ登場することになったかもすぐに了解できるに違いない。ガウディの建築の複雑にうねったインテリアの曲面にも似た、それを見上げる者が、自分は深海を漂っているのではないかと考えるほどの、あの不定形の非常に美しい天井を村野が実現させたことにも、さほど驚かずに済むのではないだろうか。村野の頭の中では、「興銀本店」と「日生劇場」の間には、いかなる断裂もなく、一直線に太い線が引かれていたに違いない。さらに付け加えるとすれば「興銀本店」と「日生劇場」との間の関連性は、インテリアの意匠や手法に止まらず、それぞれのファサード・デザインが、《様式》あるいは《脱様式》という設計手法の差を超えて、どこかで共通した佇まいとシルエットを感じさせて大変興味深いが、これについてはいずれまた別の場での考証に譲ることにしよう。(2-7、2-8)

後章でくり返し触れてそれを明らかにすることになるはずだが、村野藤吾は、設計者としての自分の生涯において、建築が、それを利用したり所有したりする人々に、どのような立ち現れ方をし、どのような使われ方をした時に、最も理想的な〈人間と建築〉とそれに〈環境〉を加えた三者の関係が形成できるかを問断なく思惟し続けてきた建築家であった、と約言することができると思う。村野のこの立場からすれば、構造体はできるだけ〝裸〟に近い状態で建築空間を造り出すことが〝善〟でもあり〝美〟でもある、といった《モダニズム》の側が提示したピューリタン風の《理念》などは、到底受け入れることのできない、柔軟性を欠いた、押しつけがましい無謀な論理であると思えたに違いない。この一見〈禁欲的〉に見えるが故に〈倫理的〉にも思え、同時に〈経済的〉であると共に〈美学的〉であるといった、《モダニズム》の側が発した非常にわかりやすい、しかし大雑把な論理が、村野にとっては多分に独断的で、強制的な、〝上から目線〟のコンセプトの提示だと感じられて、受け入れられないものだった。村野の身体の中では、むしろそうした考えに対しては断固戦うべきであるということが、すでにある程度明確に意識され始めていたといえ、やがて彼はそうした自分の立脚点を、「日本における折衷主義建築の功禍」と題した講演などを通して、広く建築界に表明することになったのである。

2-8　「興銀本店」(上)と「日生劇場」の外観

渡辺節のいう、「売れる図面を描け」という、そのまま聞けばいささか軽薄で、またどこか皮肉にも聞こえるあの〈箴言〉は、資本主義社会におけるものの〈売り買い〉という原理的な商的行為に建築の設計行為をも同調させ、それと一体化させようという意図から直接的に発せられた発言であったことは間違いのない事実だが、いうまでもなくただそれだけで終わる言葉でも決してなかった。渡辺はそれと同時に、資本主義体制下での、ものが「売れる」か「売れないか」という、つまりものが商品として社会に認知されて流通し、販売され購入されるようになるかどうか、という切羽詰った商的判断が、大阪のような商業都市ではあらゆる場面で不可欠だと考えられているのと同じように、〈売る〉ために設計された建物が、その建物の発注者(施主)や完成後の利用者(消費者)によって、積極的に買われるか否かに、設計の問題が集約されている、という点を指摘した言葉と解釈すべきだろう。言葉を換えれば、単に建てられたものに過ぎない〈建物〉が、所有者や利用者の心に何かしら〈訴える力〉を備えて〈表現体〉となること、つまり〈建物〉を〈建築〉にすることができるかどうかを、常に心して設計せよ、という意味の〈箴言〉であったと理解することもできるのである。

つまり建物が、利用者や所有者の前に無言で建ったままの単なるものの段階に止まるのではなく、そのものが何かしらものを言うように仕向ける、そのことこそが建築家が行う設計行為の要《かなめ》であり、それを可能にするのが他でもない「売れる図面」だ、と彼が言っていたと解釈することもできよう。建物を発注した人や法人、あるいはその建設工事を担当した人々や、こうして完成した建物を受け取りさまざまな形で利用することになった人々や、さらにはまた、単に街路上を歩いていて建物を眺めるだけの通りすがりの人たちをも含めて、建築がさまざまな人々のこころの奥に関わりを持つと同時に、逆に見れば、その建てられたものの中に、彼ら所有者や利用者たちの内的なものが浸み込んでいき、それによって〈建物〉が〈建築〉に変貌する、つまり単なるものが物質(もの)以上の何か、つまり〈表現体〉になるという、重大な局面に関係した行為が、設計(図面を書くこと)であることを諭《さと》そうとして発した言葉であった、と言い換えることもできるかもしれない。若く明敏な村野の頭脳は、すでにこの頃になると、何の曇りもなくこの渡辺の言葉の真意を理解し、そうした助言を自分が命じられた設計の中で積極的に実践しはじめていたのである。ここまでくれば、《様式》は村野にとってもちろん〝敵〟などではなく、明らかに彼の〝味方〟となり、彼の建築家としての長い生命の継続を保証する〝約束の井戸水〟となった。

その後の渡辺節事務所での仕事

渡辺節は「興銀本店」の仕事の後、設計事務所のリーダーとしての彼の強力な指揮力の下に、村野を使って次々と、銀行、取引所、会社、貸事務所など、さまざまな規模や形態のオフィスビルのデザインを展開していった。その時に、西欧近世の《ルネッサンス》、《バロック》、《ロココ》、あるいはさらに古く中世の、《ビザンチン》、《ロマネスク》、《ゴシック》といった歴史の中に存在する《様式》を、十九世紀から二十世紀にかけての欧米でさまざまな形で〈リヴァイヴァル〉させて蘇った意匠をいわば〝衣装〟として用い、それを近代的な性能を持つ建物の内外に装着し、大正末から昭和初めの、つまり一九二〇年代後半から三〇年代前半にかけての日本の、主要な大都市に送り込んだ。これらの建築は、主な発注者である経済界の指導者たちから、高い評価と支持を次第に獲得していくことになり、この時期に渡辺節建築事務所の仕事量を飛躍的に増大させ、また渡辺節の建築家としての経歴の最も華やかな時期を形成した。それは渡辺節建築事務所のまさしく〝黄金期〟と呼ぶにふさわしいほど輝かしい時期であり、関西はもとより東京など、日本中の建築事務所を探しても、量とともに質においても、オフィスビルの設計という分野に限って言えば、右に出る設計者や設計事務所はほとんど無い状態であったといっても過言ではなかった。

こうした成功は、設計事務所の主宰者であった渡辺節のきわめて堅実な建築計画や、新しい設備への素早い理解と、建築経済に対する的確な予測と判断といった実務的な能力への経済界からの絶大な信用があってこそ実現したものであったし、その信用に常に十分に応えてきた自分の実績を背景にした、彼の営業力の賜物でもあった。しかしそれと同じ位に、そうした渡辺の考えを具体的に着実に建築空間に実現していくことができた、村野藤吾の意匠《デザイン》力に与《あずか》るところが多かったこともまた否定できない事実である。村野は、後で触れるようなさまざまな事情から、一九二九年、渡辺節の下から離れて独立することになるが、彼が事務所を辞めた後の、一九三〇年代中頃から四〇年代、さらには戦後にかけての渡辺節建築事務所の作品は、仕事の受注量はある程度の期間維持することができていたとしても、意匠面での質的な低下は、誰の目にも覆い隠せないものがあったし、そのことが逆に、それまでの渡辺の多くの作品における村野のデザイン面での貢献度の大きさと、関西財界における、設計者としての村野の個人的な能力への関心や期待、つまり秘かな〝村野人気〟もあったことを教えている。要するに村野を渡辺の下から引き離して独立させ、直接彼に設計を依頼したいという一部の施主の動きがやがて顕在化してくるようになっていくのである。たとえば村野の建築家としての事実上の処女作と目されている「南大阪教会堂」(1928)なども、そうした状況下で彼が個人的に引き受けてできた〝隠し子〟的な作品であった。(2-9)

2-9 「南大阪教会堂」

自分が辞めることによって、渡辺が主宰している設計事務所のデザインのレヴェルに大きな落差を生み出すような事態を已むなく引き起こしてしまったことについて、村野は晩年になってもなお、「渡辺先生にはまことに申し訳ないことをした」と悔やみ、消えない胸の内の心苦しさを問わず語りに周囲に漏らしていたが、たしかに渡辺節の設計事務所が受けた打撃は、渡辺自身や村野が予測していた以上に大きなものがあったのは確かであった。そのことはともかくここでは措くことにして「興銀本店」が一九二三年に完成した後、村野が完全に渡辺の事務所の設計業務から離れる一九三〇年前後までの間の、渡辺節の設計事務所のまさしく〝黄金期《ゴールデン・エイジ》〟と呼ぶべき期間に造られた、主要な「ビルヂング」、つまり「オフィスビル」をここに整理し、それぞれの建築的内容と、それについての村野の関わりについて触れていくことにする。

「大阪ビルディング本館」の内容

「大阪商船神戸支店」が竣工し、「興銀本店」の工事が半ばに差し掛っていた一九二二(大正十一)年の三月、渡辺節は同じ「大阪商船」という会社組織との間で、大阪の堂島川に架かる田蓑橋の南橋詰、北区宗是町一番地に新築予定の「大阪商船」の本社ビルの設計契約を同社との間に結んだ。残されているその最初の覚書の中の記録では、設計料は十万円、工事監督料が五万円という「報酬」額が書かれている[8]。この建物は最初、「大阪商船」の本社屋と貸ビルを兼ねたものとして計画が始まったが、間もなく「大阪商船」の経営陣と、人的な繋がりが多かった「宇治川電気」と「日本電力」の二社が共同出資者となって新会社を組織して立ち上げ、新しく建設するビルの運営会社として業務に当たることになり、一九二三(大正十二)年十月、株式会社「大阪ビルヂング」が発足した。建物の完成後、それぞれが本社を移転してそこに入ると同時に、残りのスペースを貸オフィスとして広く一般企業にリースするという基本方針が決まり、当初渡辺節建築事務所が「大阪商船本社」として設計した図面をそのまま名称を変更して提出して建設が決定した。後にその設立会社名から名称を取って「大阪ビルヂング」(以下すべて「ビルディング」と表記する)と名付けられたこのビルの工事は、一九二四(大正十三)年四月から始められ、約一年半の工事期間の後、一九二五(大正十四)年九月には竣工し、同年十月一日に開業した。地下一階、地上八階建、軒高三〇m(一〇〇尺)、建築面積三、八九一㎡(一、一七九坪)、延床面積三三、四三九㎡(一〇、一三三坪)という、当時の大阪では、前年の七月に、堂島川を挟んですぐ近くの向こう岸である北区堂島浜通りに完工していた「堂島ビルディング」(設計竹中工務店、延床面積一九、四五〇㎡)をはるかに超える、大阪で最大の床面積と近代的な設備を備えた貸オフィスビルとなった。構造は鉄筋コンクリート造で、この建物にも当然ながら内藤多仲が構造面のエンジニアとして名を連ね、関東大震災直後のことでもあったのでなおさらに耐震性に万全を期したという。施工の中心は「大阪商船神戸支店」と同じ大林組で、「興銀本店」に続いて、大林組が日本の建築業界に当時普及させるために率先して動いていた「実費精算方式」を一部に採用し、渡辺節としてはその方式の二番

2-10　田蓑橋上から見た「大ビル」(竣工時)　北側の中央玄関のほかに、ビルの北西出隅部にも出入口が見える

目の作品となったが、実際には渡辺が提案して、一般的な請負方式との折衷式が採用されていた。(9)

「大阪ビルディング」は、大阪や東京で後に「大ビル」の呼称で親しまれることになる一連の「貸ビル」のいわば嚆矢となったという意味でも象徴的な建物であり、戦後村野藤吾の設計によってすぐ近くの堂島川北岸に「新大阪ビルディング」(1958)が完成する以前は、「大ビル」シリーズの中では最も大きく、「本館」として広く知られ、また親しまれた建築であった。(2-10)

とりあえず完成したばかりの「大阪ビルディング」を、堂島川の上に架けられている田蓑橋の橋上から南東方向にじっくりと眺めてみることにしよう。川と道路がある北側に向かって主要なファサードを向けているこの建物は、この北面のほぼ真中に置かれた「中央玄関」と、さらにその東端にある「通用玄関」の二つの出入口があるのが橋の上から遠くに見える。この他に、田蓑橋筋に面した西面にも、建物内部を東西に貫通している二本の中廊下に直結している二つの「脇玄関」がある。この北側の正面と西側の側面は、通常のビルのように直角に交わっているのではなく、プランを見るとよくわかるが、北側の壁面線に向かって西側のそれが南東方向から鋭角的に入って来てコーナー部を造っている(2-20 参照)。さらに両壁面が出会う先端部を、円弧を描く曲面にして連続さ

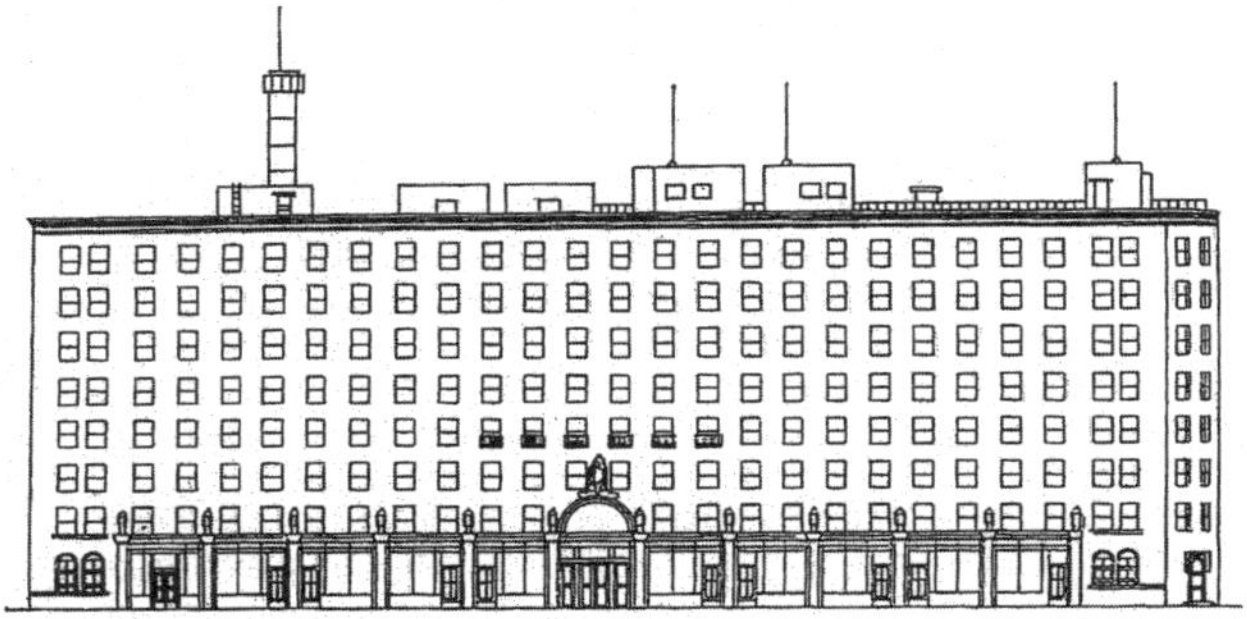

2-11　「大ビル」、北側立面図

せたために、建物の先が尖った鋭い感じはほとんど感じられない。

　そのコーナーの鼻先が向いた先にある田蓑橋と、その下を流れる堂島川と、その堂島川が流れ込む大阪湾へと向かう建物の指向性は、いかにも「大阪商船」という会社が大テナントのビルらしいオリエンテーションを持っているといえる。見方によっては巨大な船舶の舳先を思わせるようなコーナー部分の一階には貸店舗があり、直接そこに入るための出入口が出隅部の先端に設けられ(戦後これは閉じられた)、またその北側壁面には、どこか船舶の舫い綱を掛けるリングかと思わせるような大きな鉄製金輪が、アカンサスの葉の鉄装飾の下にぶら下げられている。こうした「大ビル」の外観が持つ全体的な構成は、ビルへのメイン・エントランスの主従が逆になっていたとはいえ、「大ビル」の三年前に完成していた「大阪商船神戸支店」の構成にどことなく似たところがあり、特に港方向に建物を向かわせるオリエンテーションの取り方などを考えると、なおさらその感を深くする。それと同時に、こうしたイクステリア・デザインを通して、「大阪商船神戸支店」の仕事で初めて、渡辺の下でデザイナーの役を務め始めた村野藤吾が、わずかその三年ほどの間に、どれだけ設計者として腕を上げ、その意匠面での仕事に自在さと清新さを獲得していたかを知ることもできるだろう。

　村野が中心になっていたチームが担当していたこのビルの外観のデザインでは、後で考察するビルの〝足元〟部分の意匠を別にすると、「大阪商船神戸支店」や東京の「興銀本店」などとは大きく異なっており、特にビルの〝胴〟や、〝頭〟の部分などには、《様式》が絡んでいると思わせるような意匠が、ほとんど表だって現れてはいないように見える。特にオフィス・スペースが占めている二階から七階に至る、建物のまさに〝胴体部〟にあたる部分と、その上の最上階で、テナントが共同で使う「談話室(社交室)」や、大小各種の「食堂」や、「球技室《ビリヤード》」などが置かれていた八階の床スラブのある位置で、この階が特別の階であることを表示するために回した胴蛇腹《ストリング・コース》と、軒先に小さなマチコレーション風のアーチ装飾が下から見える軒蛇腹《パラペット》の間の、このビルの〝頭部〟に当たる部分の外壁に関しては、ほとんど一続きの壁面として連続して一体化してしまっている。その結果、二階から八階までの外壁面が、非常にシンプルで、きわめてフラットな広がりを実現しており、堂島川に面したその北側の立面が、曲面を描く出隅部で連結されて、田蓑橋筋に面している西側の壁面へと非常に滑らかに巡っているのもデザインとして鮮やかである。(2-11)

この建物の外壁は、鉄筋コンクリート造の構造的な躯体を構成している構造柱と、それに剛接された梁・桁と、さらに梁・桁に一体化して打たれた各階の床スラブが構成する骨組の間の外壁部分を、一階から五階までは同じ鉄筋コンクリートで上下のスラブ間を埋めるように、開口部を残してRC壁として立ち上げて箱として閉じているが、六階から八階までの外壁部は、中空煉瓦を充填材の形で積み上げたカーテン・ウォールとしている。しかしビルの外観としてはこうした構造的な違いは外からは一切見せず、当時流行し始めていた引掻痕《スクラッチ》を表面に掛けた化粧煉瓦を連続して全面に外装として積み上げている。またこの広大な外壁面の中に開けられた、縦長で同じ大きさの上げ下げ窓《サッシュ・ウインドウ》が各階に規則的に連続して並べられており、窓には輸入されたスチール・サッシュを入れ、しかもこの標準化された窓廻りや壁などには、装飾的なディテールなどどこにもなく、文字どおり〈モダン〉でシンプルな窓と窓廻りにまとめ上げられている。

「大ビル」のこうした単純明快な外壁処理は、神戸の「大阪商船神戸支店」や、東京の「興銀本店」の外壁などのそれともかなり異なった表情を持つものであり、またこの後に渡辺節の事務所が設計した作品群の中にも、ほとんど見ることのできない、ある意味で特殊なエレヴェーション・デザインとして注目されたものである。渡辺が、この種の〈モダン〉な印象を強く訴えるデザインをこのビルの外壁に採用した、最も直接的な理由としてよく言われているのは、渡辺が「興銀本店」の工事のために大阪から、足繁く通っていた頃の東京駅前で、「興銀」とほぼ並行する形で工事が進められていた、「丸の内ビルディング(通称「丸ビル」)」(三菱地所設計、米国フラー社施工)のファサード・デザインに、「大ビル」の外壁デザインの基本的な着想を得ていたのではないかという推測である。「丸ビル」の、ほぼ同じ規格の開口部を整然と並べて開けたカーテン・ウォールの、フラットで広大な外壁面の広がりは、確かに

2-12 「丸ビル」

「大ビル」のファサード・デザインに似ているものがあることは否定できない。(2-12)

しかし「大ビル」の二階から八階までの、こうした外壁面に垣間見ることのできる、日本の一九三〇年代以降に顕著になってくる、《合理主義》に基づくいわゆる〈新建築〉の立面の出現を、あたかも予告するかのような建物の表情は、実は渡辺節にとってはさほど重要な意味を持つものではなかったのかもしれない。というのも、その後、村野が渡辺事務所に在籍している間の作品としては、「日本綿花株式会社 横浜支店」(1928)や、「鴻池銀行 東京支店」(1929)などの、比較的小さな規模のオフィスビルのデザインにその種のデザインは使われただけであり、その後も大きくこれが展開させられることなく終わっている。むしろこうしたデザインの方向性は、渡辺の下を去った後の、村野藤吾の建築の中に色濃く引き継がれていくことになったといえよう。

《ネオ・ジョージアン》風の外壁

引掻痕《スクラッチ》を入れた柔らかな肌目をみせる化粧煉瓦を使って実現した「大ビル」の外壁面と、その窓周りの簡潔で非装飾的な処理法は、大正末から昭和はじめにかけての、《表現主義》建築の一部や、これに続いて西欧から入ってくる《合理主義》の考え《コンセプト》を具体化した建築のイクステリア・デザインを知っている者の目からすれば、日本の建築界における建築表現の〈近代化〉への歩みとか、〈合理化〉への方向性を示す、貴重な先例としてそれを考えたくなる内容があるが、しかしよく考えてみると、渡辺節がそうした建築デザインの動向を先読みして、村野にその種のシンプルで合理的なデザインを「大ビル」の外壁として採用するように命じたかどうかという点になると、やや覚束ないところがあるのもたしかである。

というのも、すでに何度も触れているように、渡辺の建築設計に対する基本的なスタンスは、近代的な平面計画を立案し、それを基に新しい構造・設備・材料等によって建物を組み立て、この躯体と設備の上に《様式》の意匠を被せる形で建物の内外をデザインすることが大原則——それこそが村野の言う意味での《折衷主義》の手法——であり、渡辺がその原則的手法を、この「大ビル」の場合では一時棚上げして、少なくとも外壁部分だけでも〈近代〉に近づけようと、一歩を踏み出した結果として「大ビル」が生まれた、とは考え難いものがあるからである。なぜならすぐこの後で詳しく見ることになるが、「大ビル」以降の渡辺節の〝黄金期〟を代表するような、ほとんどの作品のイクステリア・デザインには、《モダニズム》の側が、「自由なファサード」[10]といった形で後に提案していた、〈未来〉の建築の立面のさまざまな可能性を探ろうとするような姿勢も意欲もほとんど見出すことができず、依然として建物の内外に、〈過去〉の《様式》の衣装を着せかけることに、デザイン上の精力のほとんどを費やしているように見えるからである。

　結論としていえば、渡辺は、「大ビル」の二階から八階への外壁部分に、建築の〈未来〉を予告したいなどと考えていたのではなく、そうしたシンプルなデザインの部分もまた、実は彼にとっては《様式》に深い関わりを持つデザインであったのだ。では渡辺（や彼の下にいた村野）がここで考えていた《様式》とは、はたしてどんなものであったか。これについて、渡辺や村野の具体的な証言が残されていないので以下は推測の域を出ないが、英国近世の、一般に《ジョージアン・スタイル》[11]と呼ばれる、十八世紀後半から十九世紀初めにかけての、主に集合住宅などのデザインに用いられて特徴的であった《様式》からきた意匠ではなかったかと考える。この《ジョージアン》は、特に都市デザインの面で効果を上げたスタイルであり、建物の煉瓦積の肌理を、漆喰などで隠さずに、そのまま表に現した、シンプルで平坦な三、四階建の建物の外壁をまず造り出し、この煉瓦壁に、あまり過剰な装飾を施さずに、機能的に開けた縦長の窓を入れ、そこに木製の上げ下げ窓《サッシュ・ウインドウ》を木枠に白いペンキを塗って嵌め込んでいる。こうして生まれた各階の清楚な窓の列が、広場の周囲や道路の両側に、幾何学的な立面を見せながら立ち並び、それがグラフィックな街路景観を造りだしている様子は、ある意味で現代的な都市景観に通じるものがあるともいえ、残されたその種の街並は今日見ても非常に印象的である。（2-13）

2-13
ロンドン市内のジョージアンの集合住宅

　これに対して、《ジョージアン》に続いて登場する十九世紀中頃以降の《ヴィクトリアン》[12]の時代のファサード・デザインはこれとさまざまな点で対照的な内容を持ち、壁面を埋めているエレメントも多種多様で、装飾はほとんど過剰といえるほどに多く、《ジョージアン》では比較的平滑《フラット》であった外壁の表面も、起伏が激しく陰影も豊かで、《ジョージアン》の静謐さと直截性を好む人の目からは、一言でいえば、にぎやか過ぎるようにさえ見える点に特徴があった。やがてこれも二十世紀に入ってヴィクトリア朝が女王の死によって終わるころになると、多分に理性的《ラショナル》な《ジョージアン》のスタイルへの郷愁からか、リヴァイヴァルの動きが起こり、二十世紀初頭に、《ネオ・ジョージアン》のデザインが、イギリスだけでなく、アメリカを始め世界各国で起こってくる。おそらく渡辺節も、彼が見て歩いたアメリカの「マッキム、ミード＆ホワイト」の作品をはじめとする一連の現代建築のデザインの記憶や共感を通して、こうした《ネオ・ジョージアン》の同時代的な動きに無関心ではいられなかったのであり、そこから「大ビル」の外壁を、煉瓦造の《ジョージアン》の建築をどこかで彷彿とさせるような、引掻《スクラッチ》表面仕上げの化粧煉瓦を積んだ壁面で覆い尽くすことを決心したのではなかったか。したがって完成した「大ビル」の外壁は、あたかも一階から八階まで積み上げた組積造《メーソンリー》建築の壁を思わせるものとなり、「興銀本店」の室内のヴォールト空間と同じように、一種の〈虚偽構造《シャム・コンストラクション》〉の表現になったが、しかしこれもまた、建物を建築へ、という渡辺の信念に基づいての化粧であり、いかなる後ろめたさや、疚しさも彼の心の中には無かったのは、改めて言うまでもないことである。

村野の内なる気持

ところで他方で、渡辺節の下で実際に「大ビル」の図面に線を引いていた村野藤吾が、この「大ビル」の二階から上の外壁面を、はたしてどう考え、そこに何を表現しようとしていたか、という点についても、ここでぜひ考えておく必要があるだろう。村野が製図板に向かいながら考えていたのは、渡辺が強く好み、その下で働いていた村野も決して嫌いではなかったはずの《ネオ・ジョージアン》のスタイルか、あるいは彼が渡辺に命じられて見てきた当時のアメリカの高層ビルの外壁面の特質だったのか、さらにはまた若い村野は、渡辺とは別に《モダニズム》の到来をそこに予告しようとして秘かに考えて線をひいていたのだろうか。渡辺の直属の部下である村野の立場からすれば、前の二つの特質を、その部分のデザインに盛り込もうと考えていたのは間違いないところだが、最後の一つ、当時の日本へも情報としてかなり顕著に入って来つつあった《モダニズム》の建築論の中で強く主張されていた〈合理性〉へ〝目配り〟するという傾向は、所長である渡辺にあからさまに逆らうような意図はなかったとしても、少なからず彼の心の内のどこかにあったのではないかと思われる。もう少し正確にいえば、村野は《ジョージアン》風の大きな無装飾に近い外壁面を図面に起こしながら、かつて先鋭的な《セセッション》ファンの一学生として図面に線を引いていた数年前のことを思い出しつつ、近代建築が指向し始めている明らかな方向性といったものを、一人のドラフトマンとして線を引く作業を通じて、かなり明確に把握していたように思えるからである。つまり彼は、「大ビル」の外壁をデザインしながら、「大ビル」の竣工のわずか六年後に、自分の独立後の第一作として世に問うことになる「森五商店」のイクステリア・デザインを、まだ明確なイメージとしては結像させてはいいなかったにせよ、おぼろげながらにその輪郭を予感していた、ということは十分に推測できるからである。

　後章で詳しく述べるように、「森五商店」という、東京日本橋に建つことになった、「大ビル」のスケールからすればはるかに小規模な一棟のビルのイクステリア・デザインにおいて、村野自身が考えた最も肝心な〝売りどころ《セールス・ポイント》〟こそが、村野がアメリカの高層ビルで見てきたという、外壁面と窓面の間の、当時としては驚くほどの〈見込み〉の浅さ、つまり窓のガラス面が壁面より奥にわずかしか後退していない、その平坦さの表出にあったが、その意味では、「大ビル」の場合の壁と開口部の関係も、「森五商店」が到達した地点に、あとわずか数歩、というところにまで近づいていたからである。いい換えれば「大ビル」の後の渡辺節の作品を通観してみると明らかなように、窓と壁面の間を浅く平坦にし、その平たい〝膜面〟で、建物の構造体の外側を、包装紙のように包み込みたい、といった強い欲求は、渡辺節が持っていたデザイン観の中には、おそらく無かったと考えられ、その種の指向性はあくまでも村野藤吾自身に固有の思想、もしくは《美学》に基づくものだったのである。日本の美術工芸からの影響——ジャポニスム——を強く受けて始まったウィーンの《セセッション》が、きわめてグラフィックな〈平面性〉のデザインを特徴としていたことと、それとどこかで通じる〈平面性〉への自分の個人的な拘りをここで改めて比べ直しながら、村野はおそらくこの時に初めて、渡辺節が求めるデザインに従順に応じた後で自分が一本立ちした時の、自立した建築家としてのデザインを、どのような方向で進めていけば活路が開けるかを、渡辺事務所を辞める、辞めないといった最終的な決断を思案するかなり以前のこの時点で、考え始めていたように思われる。

「大ビル」の〝足〟まわり

　しかし村野のそのような個人的な思案は別にして、「大ビル」の内外のデザインは、先に見た〝頭〟と〝胴〟の部分を別にすれば、〝足元〟のデザインも、それらのデザインに誘導される形で入って行く〝胎内〟、つまりインテリア・デザインも、さまざまな《様式》から出てくる意匠や装飾に溢れていたし、特に建物の内外を飾る〈装飾〉的な細部には、見るべきものが数多く用意されていた点を忘れてはならないだろう。

　田蓑橋の上から、「大ビル」の建築的形態の持つ、一九二五年の竣工とは思えないほど〈モダン〉ですっきりしたシルエットを十分に楽しんだ後は、橋を南へ渡り切り、ビルの

2-14　中央玄関とその周囲の装飾群

2-15　中央玄関上の彫刻と装飾

北西角にある住友銀行（田蓑橋出張所）への出入口の扉上の四角い上縁《スクエア・ヘッド》の下に、アーキヴォルトとタンパンの見事な装飾的なレリーフがあるのを左前方に見ながら橋の袂《たもと》を左に折れ、川沿いの歩道を東にしばらく歩いて行き、その堂島川を背にした川岸の位置から、「大ビル」の北側のエレヴェーションを、その中でも特に〝足元〟の部分を注意深く観察することにする。前面道路に沿って東西に長く伸びた一階部分の歩道の、ちょうど真中あたりに、ビル全体の「中央玄関《メイン・エントランス》」が置かれている。中心となるこの玄関の位置を、ビルに近づく人々に明確に知らせる目的で、左右に二つの重厚な回転扉が入っている玄関の真上の二階から三階の外壁部分に、大きな径で石を半円形に迫り上げたアーキヴォルトを架け渡し、その装飾的な迫石の内側の半円部《テュンパノン》に、大きなガラス窓を開けて、玄関内にあるホールに外光を取り入れている。この半円形アーチの下でその円弧を補強する形で大窓の左右に対称形に、レリーフのある装飾的な間柱が二本立てられており、この二本の柱の外側に、これも装飾的な添柱が、両端を渦巻きにして緩く身を曲げ、柱に寄りかかるようにして立っている。さらにこの装飾的な石のアーキヴォルトの頂部には、羽を広げて今にもそこから中空へ羽ばたこうとしている石の丸彫の大きな三羽の鷲が止まっており、さらにその上方には、壁龕《ニッチ》風に壁面に付けた尖頭三葉型《ポインテド・トレフォイル》アーチの額縁の中に、着衣の女神像が立っていて、右腕を空に向けて掲げながらその方向へ視線を向けている。これらの石彫は、いずれも彫刻家、大国貞蔵[13]の手になる彫刻作品である。この彫像が立っているのは三階の外壁部分だが、さらにその上の四階部分の六個の窓には、鉄製の窓台装飾《バルコネット》があり、はるか後の村野作品、たとえば京都の「新

都ホテル」(1975)の飾り窓台などの手法との繋がりを想起させている。(2–14、2–15)

視線を再び下へ降ろして、玄関入口周りを観察すると、そこにも正面玄関上の二、三階部分の装飾的な充実に負けないほどの、石の表面に豊かな浮彫を施した装飾的な玄関構えを見出すことができる。玄関口の両側には、薄彫のある石板で被覆された構造柱が、一スパン分を玄関口として開けて両側に立って出迎えており、柱の内(入口)側に片蓋柱《ピラスター》が付けられているだけでこの面はいたってシンプルに仕上げられている。これとは対照的に、装飾が非常に多彩にくり広げられていて目を見張るのは、同じ構造的な角柱の街路(北)側のレリーフと、その脇に続いている半円柱と、さらにその角柱と円柱の間に嵌め込まれた壁龕風の装飾部分の、あまり明確に分節されていない連続面である。まず構造上の角柱の北側の表面に施された柱型装飾から細かく見ていけば、いくつかの

2-16　玄関脇の装飾柱

装飾的エレメントが浅い浮彫《バス・レリーフ》で彫り出されており、内側のピラスター装飾に比べて複雑で陰影が深い装飾がされている。柱の上の装飾的エレメントを下から順に見ていくと、小さな円柱で支えられたアーチが作りだす小壁龕風のレリーフ部分が一番下の部分にあり、龕内に小さな立像らしきものが置かれている。その上には丸い盾とか銅鏡などを思わせる円盤装飾《ロゼッタ》があり、このロゼッタの上に再びアーチと円柱のある小壁龕が乗り、さらにその上に再び円盤装飾《ロゼッタ》が現れ、それに上から覆い被さるようにして貝殻装飾《コキャージュ》が浮彫にされて終わっている。これに何らかの図像学的な解釈が可能かどうかはよくわからない。(2–16)

この柱型装飾の外側には、後で詳しく触れる、一階外壁部分に並ぶ〈半円柱の付柱の列〉に呼応する形で、その列の一番内側の位置に、先の角柱の位置からさらに少し街路側に迫り出した位置で、同じ径で同じ半円柱が立っており、半円柱の列柱の表面と同じような組紐模様の中に、種々の図像を入れた複雑なレリーフが施されている。円柱の中ほどの最も人目につきやすい位置には、柔らかな曲線でどくろを巻いた形の、どちらかといえば愛嬌があって可愛げな蛇が彫られていて、前を通る人の目を引いている。さらに興味深いのはこの角柱と円柱が接している部分に設置されている、主に玄関両サイドの照明を目的としていたと思われる縦長の壁龕が作ら

れている部分で、ここには、周りと同じように石を刻んだ基台と天蓋があり、なかでも天蓋部分には石を彫った吊束風の小円柱の間に、誰の顔か、三面にわたって人面《マスク》のレリーフが入れられている。いずれにせよこうした《アルカイック》とでもいうべき石彫の古拙な表現は、《ロマネスク》の教会堂の玄関周りにある彫像や装飾群のような身近で親しげな表情に満ちており、十九世紀の中頃に英国の中世主義者ジョン・ラスキン(14)がいみじくも言ったように、建築装飾は、建築を作った人(工人)たちの気持と、それを見たり使ったりする人(利用者・鑑賞者)たちの心を結びつけ、その両者を、時間を超えて〈対話〉させる重要な契機となるものだから、建築にとっての装飾は単なる〝付け足し〟の副次的な飾りものではなくて、建築にとってあくまでも〝主要なる部分《プリンシパル・パート》〟である、と逆説的に断言したことなどが、この玄関周りの装飾を見ていると強く思い出されてくる。

大きなガラスのショー・ウインドウと装飾柱の関係

さて中央玄関からビルの中に入ってインテリア・デザインを見るその前に、このビルの〝胴体部〟の素っ気ないほどシンプルな扱いに対比して、もう少し装飾的意匠を凝らしている〝足元〟の部分の観察を続けるために、今度は玄関の左右(東西)に続く一階の外壁部に沿って歩いてみることにする。玄関の左右に続くビルの軸組の五柱間《スパン》分が、それまでの多くのビルの一階部分の場合のように厚い壁で塞ぐのではなく、柱と柱の間を、大きく透明な全面ガラス張りにして明るい「飾窓《ショー・ウインドウ》」としているが、ただ東端の一スパン分だけは「脇玄関」となって奥の貸事務室への出入口になっている。反対の西側の先端には、先に橋上から見えた出隅部の壁の鼻先に出入口のある銀行出張所があって煉瓦タイル積の壁面になっているが、その手前(東側)まで店舗のショー・ウインドウは伸びている。このビルはRC造による近代的な軸組構造であり、組積造の場合のように、一階外壁部分を量塊的《マッシヴ》な厚い壁で固める構造上の必要がないのはいうまでもないことであり、一階の柱・梁が作る構造的な枠組の中を、透明で薄い板ガラスのような、荷重を受ける力を持たないような素材で埋めても何の問題もないという、〈近代〉的な特性を「大ビル」は一階部分でデザイン的に強調したのである。村野は彼のディプロマを見てもわかるように、渡辺と違って、建物の〝足元〟をできるだけ平坦な壁にして〝軽く〟仕上げるのが近代的なビルの本来の〝足元〟だとかなり早い段階から考えていたらしく、そうした基本的な指向性が、処女作「森五商店」のデザインに結晶したと彼は後に語っている。しかしその方向での処理が、「大阪商船神戸支店」や「興銀本店」では、SRCの構造を持つ近代的なビルであったにもかかわらず、渡辺節に押し切られた形でやはり表には出すことができず、かなり表現が〝重く〟なってしまっていたが、三年後の「大ビル」では逆に、他業種のための店舗部分も含まれるという条件を利用して、村野の思惑通りに、この部分を明るく透明、軽快なものにするところへ漕ぎ着けたのである。

ショー・ウインドウの奥には、店舗用の空間が、東西で合計五区画用意され、内部にある北側の中廊下を両側から挟む形式をとり、東京の「丸ビル」に続いて、おそらく大阪では初めて、「ビル内の商店街《ショッピング・アーケード》」を形成している。これらの店舗には、屋内の廊下から入るのと同時に、外部の舗道から、顧客が直接にそれぞれの店舗内に入って行くことができるように、一柱間に一個ずつ、ウインドウ脇の斜めのガラス壁の奥に立つ、外から押して入る同じガラス入りのドアが用意されている。ショップのウインドウが並んでいる一階各店舗ゾーンの北側の街路に接して、一定間隔で立っている鉄筋コンクリートの構造的なRC造の角柱は、先述のようにすべての面を石板で被覆されているが、その街路に面した柱の側面に、薄茶色《ベージュ》にやや青みがかったような色合いの明るい石の半円筒形付柱《ハーフ・コラム》の装飾柱が、文字通り付着させられている。ただこの中で東西両端の付柱だけは半円柱ではなく、いわば〝締め〟の形で角柱にして、ここでも道路側に向けた面にゆたかな装飾が施されている。(2-17)

2-17　竣工当時のショー・ウインドウと装飾半円柱

先の「興銀本店」の場合がそうであったように、ビルの〝足元〟に、建物の所有者である法人(もしくは個人)の企業組織としての意欲や、その資産の安定性といったものを、できるだけ的確に、しかしあまり大げさではなくそれとなく表現しておきたいという、渡辺節には建築家としての基本的な美学的スタンスがあったのだが、「大ビル」の場合では、貸オフィスビルという性格もあって、それまでの彼の通常のデザイン手法とはかなり異なったものになった。つまり渡辺にとって非常に重要だと考えていた一階の〝足元〟部分のデザインを、銀行建築などの場合とは反対に、開放的で近代的な店舗空間とすることによって、従来の感覚からすれば、どこか不安定で不用心な壁面にしてしまったが、渡辺の指揮下でデザイナーとして働いていた村野としては、その種のデザインを渡辺と違ってむしろ積極的に進めながらも、渡辺が懐くだろう不安感を考えて、いわばそれへの補填物として、こうした《様式》的なハーフ・コラムの列を各角柱に付け、その表面を装飾的に飾ったとも考えることができよう。それと同時にこうした柱の存在は、渡辺の《美学》のためだけではなく、村野自身の《美学》のためにも、不可欠なものであったといえる。後で詳しく解説するのでここでは触れておくだけだが、村野は近代的なガラスという材料と、それを大量に使ったガラス壁による建築表現については、若い頃からなぜか非常に神経質なところが窺われ、強い警戒感を抱いていたからである。近代の軸組構造が可能にしたいわゆる「自由なファサード」において、最も近代的な量産材料の一つとして急速に普及し始めた〈プレート・ガラス〉が、間もなく登場してくる《モダニズム》建築の中で、〈全面ガラスのカーテン・ウォール〉などとなって現れてきた。村野は、この種のこれ見よがしのアクロバティックな姿のガラス壁が人の心に威嚇的な働きかけをしたり、勝手なわがままを言ったりさせせないための〝枠組み〟として、こうした《様式》な付柱群とエンタブラチャーによる〝額縁〟が必要でもあったのだ。

《ロマネスク》風装飾の秀作

なおこの半円柱に使われているのは、先の中央玄関周りと同じように、このビルの〝足元〟周りを全体的に装う基本的な素材とされた「竜山石」と呼ばれる石であった。このビルに使われる以前には建築材料として使われることはほとんどなく、それまでは道路の縁石などに主に使われていた材料であったという。この石を初めて大々的に使うことを考えた渡辺節の回想によれば、彼が東京日比谷に完成したばかりのライト[15]の「帝国ホテル」を見たときに、その主要な構築材であった煉瓦と、ライトが日本で見つけた「大谷石」との組み合わせが見せる、色のバランスが絶妙の味を出していることに刺激を受け、自分が設計する「大ビル」の化粧煉瓦の色合いに調和するような色彩と肌理を持つ石材を、石材店を通じて全国に探し求めたという。それまで多くの場合に使われていた固く加工に時間がかかる御影石とは違って、柔らかくて工作がしやすく、しかも煉瓦の色合いとも良く調和すると思った石材にようやく出会ったと納得して、「大ビル」に使用したのが、播州産、現在の兵庫県高砂市の「竜山石」であった。[16]（2–18、2–19）

ところで新しいビルの〝足元〟を飾っているこの半円筒形付柱《ハーフ・コラム》に近づいてその表面を観察すると、あたかも円柱を縛っているかのような形状で、何本かの縄を束にして〈縦菱形〉に編んでピンと引っ張った、ケルト風の組紐模様がその表面に薄彫にされている。その菱形に組んだ編紐が視覚的な枠組となり、その枠の中に動物でいえば蛇、羊、鳥などといった素朴だが味のある浮彫像が入ったり、あるいは他にも植物や人像などが石に刻まれている。なかでも両サイドの〝締め〟の位置に立つ二本の角柱の柱型正面《ピラスター・フェース》は、北側道路が西に向かって緩く上っているために、柱自体の高さが違うこともあって図像も一部異なるが、どちらも緩やかな曲線が組紐状に交錯しているのを図像の枠組みにしながら、その中に西側の柱では、下から上へ、鳥、天使、羊といった順にレリーフが入った柱面《フェース》が、RC柱の表面を包む形で貼られている。この角柱の部分の、中世の聖書の細密画《ミニアチュール》の縁取枠《ボーダー》を拡大したような石彫仕事は、ハーフ・コラムの表面装飾以上にストーンワークが冴えている。村野が後に、建築のデザインはどんなものであれ、端々《はしばし》こそが大事だ、とくり返し言っていたことをここでふと思い出す。

2-18　角柱装飾

2-19　1階部分の半円柱のレリーフ装飾

　図像は明らかに《ロマネスク》の浮彫を復元した装飾だが、中世の地中海《ラテン》系の装飾というよりも、むしろ中世イギリスあたりに残る北欧風の図像に近く、この島を征服したノルマン系の民族が、その地に建てた教会堂建築などに見掛けるような装飾模様で埋められている。日本では、《古典主義《クラシシズム》》系の石彫装飾は、明治期以来の西洋《様式》建築の学習の中でいろいろな試みが行われ、成果をあげたものも少なくないが、日本の《中世主義《ミディヴァリズム》》系の建築装飾、特に《ロマネスク》装飾のリヴァイヴァル・デザインとしては、この「大ビル」以外の建築装飾では、これほど密度の高い装飾の実例を思い浮かべることは難しい。いい換えれば村野は、《様式》に関わりを持ちつつ近代的な建築をデザインする若い一人の設計者として、「興銀本店」における〈近世〉の発掘に成功したのに続いて、ここ「大ビル」においては、〈中世〉も自分の掌中に収めたのだ。その顕著な証拠が、ここに見たような一連の装飾的な細部にあり、この成功がやがて、この「大ビル」竣工前後にはすでに設計が始まっていたはずの、東京日比谷に完成する「大阪ビルディング東京店(一号館)」(1927)の、充実した《ロマネスク様式》の装飾と、続く「二号館」の《ネオ・ゴシック》のデザインへと直結して展開していったのである。ちなみに渡辺の下で村野が手掛けた《ゴシック》系の意匠を内外に持つオフィスビルとしては、「大ビル東京二号館」の前に、一九二七(昭和二)年に竣工した「日本興業銀行神戸支店」があった。つまりデザイナーとしての村野の《様式》に基づく仕事は、大きく分けてこの種の〈西欧中世〉系の系譜と、他方では〈西欧近世〉系の、二本の太い〈リヴァイヴァル〉の〝縄〟を綯り上げることによって形造られていたということができるだろう。

さて「大ビル」の中央玄関の両脇に並んだ、非常に素晴らしい装飾的な内容を見せている左右四本ずつ計八本の半円柱と、その両端に立つ二本の角柱との、合計十本の柱型には、柱身の上にノルマン型の複雑怪奇な柱頭《キャピタル》が載っており、さらその上には、動物の頭部を石で象《かたど》ったややグロテスクな、雨落とし《ガーゴイル》風の小彫刻が取付けられている。「興銀本店」の場合と同じように、一階部分の各柱の上には、蛇腹状にした水平横架帯、いわゆる〈エンタブラチャー〉が載せられており、下で支える半円柱や角柱と直角に交わって、大きな開口部を形成する各店舗の飾窓や入口の周りのガラス壁を取り囲んで、重厚な石製の〝額縁〟(枠)を形づくっている。さらにこれと共に、各柱の垂直性はさらにそのエンタブラチャーの上部にも伸び、二階外壁の下方に取り付けた、伏せた籠状の頭部を持つ灯籠《ランタン》型の大きな石製の屋外照明具となっている。ここも同じ竜山石を透かし彫りにして〈ランタン〉形にしており、堂島川の河畔が暗くなっていく夕方から夜間にかけては、石製の笠の隙間から柔らかな灯が、透かし彫りの影絵模様を現出しながら漏れ出てくるように、微妙な石細工が側面に施されていた。

いずれにせよこの一階店舗部分の外壁の、竜山石を建築装飾材料として実に効果的に使ったデザインは、新しいタイプのビルの〝足元〟のデザインとして出色の出来映えを示している。ここでは「大阪商船神戸支店」の石を粗く割って積み上げた、一階の街路に面した外壁部分の、村野にはおそらくやや時代遅れに感じられたような重さと不透明さやとげとげしさに比較してみると、ここでも村野が《様式》をデザインの原点としながらも、その枠にあまり手足を制約されないで自分のものとしてデザインするという方向へ、わずかな時間の内に踏み出して、意匠にも格段の進歩と熟達が見え始めている事実を知ることができる。

ビルの中に入っていく

正面玄関両脇にある、例のレリーフ装飾のある柱に出迎えられて、キャノピーの下を通って建物の中に入り、奥まった位置にある玄関扉に近づいていく。中央の風除室付きの両開きのガラス扉がある通路と、その両脇に置かれている入館者用と退館者用に分けた回転扉を使ってビルの内部に入ると、二階分の高さで吹抜けになり、左右の石貼りの平坦な壁に沿って木製の長椅子を置いただけの「エントランス・ホール」に出る。玄関ドアの方を見返ると、外にあるものと同じような装飾を付けた四本のキャピタル付の柱型が立ち出入口の周りを固めている。奥(南)の方に細長く伸びているホールの、四角く味のある色調の窯変タイルを一面に敷き詰めた床の上を少し前へ進むと、ホールの中ほどの位置から、左右(東西)に中廊下が出ており、その中廊下への入口の上に渡した石の楣《リンテル》にも、装飾的なレリーフが施されている。このゲートの奥には、ホールの床タイルと同じものを敷き詰めた廊下が細長く奥へと続いており、ところどころで装飾的な浮彫を付けた飾梁が横に飛んでいる。この廊下を両側から挟むようにして、その左右が明るいガラス張りの「ビル内商店街」となっている。(2-20)

ホールを横切り東西に貫いているこの商店街通路が、ホールに交わっている場所の真上には、同じように二階レヴェルで東西にあるオフィス空間を連絡するために、吹抜けの空間の中を繋いでいるブリッジが掛けられている。この〝橋〟に合わせて、〝橋〟から奥半分のホールの吹抜けには、四方にぐる

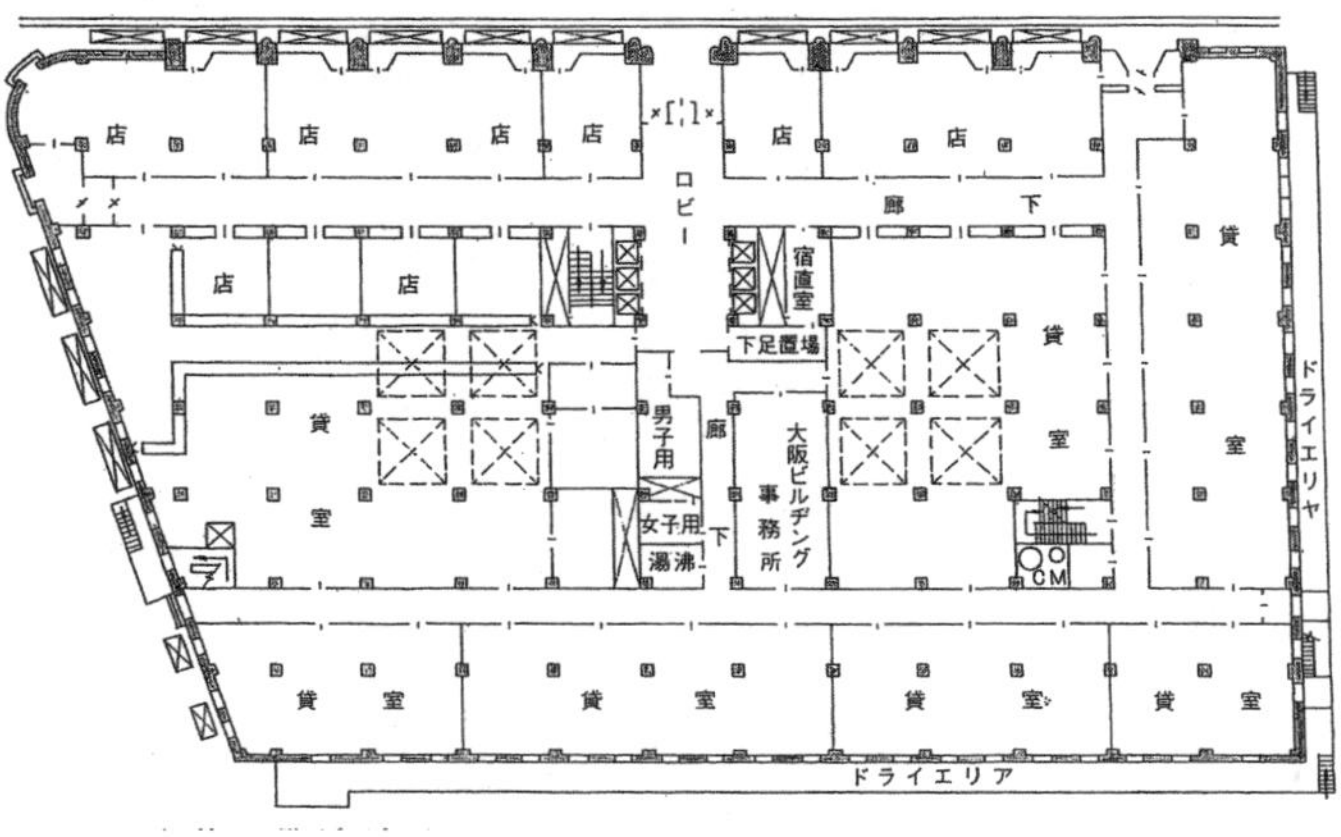

2-20 「大ビル」の1階平面図。北側(上)中央に中央玄関ホール(ロビー)と東西に店舗群が占める

2-21 「大ビル」、1階中央玄関ホール

2-22 アルミ鋳物の唐草模様の手摺子と天井装飾

2-23 玄関ホール2階バルコニー

りとバルコニーが巡らされ、手摺下の部分に、当時としてはおそらく前例がなかったといえる、アルミを鋳物にして作らせた唐草模様の手摺子が入れられているのが下からも見える。このバルコニー・スラブの成《せい》には、外部のパラペットと同じ、小さな跳出し狭間《マチコレーション》の装飾模様が刳型で付けられている。(2-21、2-22、2-23)

このバルコニーのあるホールの吹抜け部分の一階には、東西の壁に、片側に三台ずつ、計六台のエレヴェーターが向かい合わせで設置されていて、八階までの各フロアに連絡している。東側のエレヴェーターの右手に「下足置場」と書かれた小部屋があるのは、下駄草履《ぞうり》をはいた和装の男女の来館者などがここで上履きに履き替えて、上階に上がって行ったことを教えている。階段室は西側のエレヴェーターの背後にあるが、中廊下に面しているため、ホールからは直接見えず、近代的な設備を備えた高層ビル内での、「エレヴェーター・ホール」と「階段室」の立場と力関係の逆転現象を如実に示している。ホールの一番奥の壁には、一見暖炉を思わせるような「私設郵便函」と書かれた箱が壁に密着して置かれ、各階から、ダストシュート風に、郵便物をこの箱の中に落とすためのダクトとつながっている。この郵便箱の横の位置にドアがあり、それを開け奥に続く廊下に出ると、左手に「大ビル」全体の「管理事務室」と、右手には一階ではこの場所にしかない「男子便所」、その奥に「女子便所」、さらに「湯沸室」が続いている。これらの部屋の間の廊下をもっと南へ進むと、やがて前を横切る廊下と出会うが、この通路はビルの南側を東西に貫いているもう一本の中廊下で、その両側はすべて細かく

割った「貸オフィス」になっている。この南と北の二本の東西に通る中廊下を、中央玄関と東側の通用脇玄関から入って南へ向かう廊下が直交するという基本的な平面計画になっている。（2-24）

玄関ホールに戻ってその空間と、装飾的な細部を詳しく見回すと、やはりこの部屋で最も目に付くのは天井のデザインであり、石膏によって作られた彫塑的とも言えるほどの厚い断面を持つこの格天井の広がりは、このビルの利用者や来訪者を出迎えて、強いインパクトを与えていたにちがいない。吹抜けの空間の中に吊り下ろされたシャンデリア風の照明具の他に、各格間《ごうま》にも照明具があり、それらの光源が刳型《モールディング》になおさら深い陰影を生みだしている。二階のバルコニーに上がって、頭上近くにこの天井を眺めた時には、刳型が圧倒的なヴォリューム感を発揮しているが、しかし一階のエレヴェーター・ホールで昇降機が来るのを待って上を見上げた時には、二階の床スラブを張り出したバルコニーにかなりの部分の視界を遮られているために、さほどの重量感や圧迫感は感じさせない。その後、渡辺事務所は、東京日比谷の「大ビル一号館」、「同二号館」へと、「大ビル」シリーズの設計が続くなかで、それぞれのビルの玄関ホールは、いずれも印象的な天井デザインを実現して、来館者をそれぞれのスタイルで出迎えているが、この「大ビル本館」の天井ほどの強烈な装飾性は感じられず、モールディングも日比谷の「一号館」ではネオ・ジョージアン調でより平坦な清潔感のある天井モールディングになり、さらには「二号館」では刳型装飾などは完全に消え去り、代わりに連続するヴォールトの下面にガラスモザイクの抽象模様が広がっているだけの簡潔さに変わってきている（2-54参照）。「東京大ビル二号館」のガラスモザイクが、村野の「森五商店」のエントランス・ホールのそれに関連したものであったことなどから推測すれば、「大ビル本館」の玄関ホールの天井装飾は、「興銀本店」の「営業ホール」の天井や、同じ銀行の「特別応接室」の天井刳型に直結しているものであることがわかり、これが村野というより、所長渡辺節の強い好みが反映された意匠であったことが、自ずとわかるようにも思われる。

2-24　投下管付の郵便函

二階から八階のインテリア

二階から七階までは、このビルの貸室専用部分であり、竣工当時の主要テナントがしめていた階数は、次のような配置になっていた。二階と三階の全フロアが、このビルの建設を主導した「大阪商船株式会社」の本社が入り、同じ共同出資者であった「宇治川電気株式会社」が四階の全てを占めて本社を移し、他に「日本電力株式会社」が七階全体のフロアを占めて最初の計画通りにキーテナントとなった。これ以外の五、六階には、前記三社の関連会社の他に、さまざまな業種の企業が入り、「渡辺節建築事務所」も五階フロアに、一七七㎡（五四坪）の広さの部屋を借り、今橋から設計事務所を移転している。ちなみに開業した一九二五年十月から半年後の、翌一九二六年三月において、このビル全体のテナント数は、合計四二社、入室率八四パーセントと、日本経済がまさしく不況に喘《あえ》いでいた時代であったから、この八四パーセントの入室率は決して悪い数字ではなかったし、貸室業のスタートとしてはきわめて堅調な船出であったといえる。(17)

一階ホールからエレヴェーターに乗り、事務室用の貸室がほとんどの二階から七階までのどこかの階で降りて、そのフロアの様子を歩き回って見てから、その後で最上階の八階の、各種「レストラン」や「倶楽部」などの、ビルの入居者たちのための共用スペースがその大半を占めているフロアに上がってみることにしよう。このビルの断面図《セクション》と、「基準階」の平面図《プラン》を見ると、「大ビル」のような一つの街区《ブロック》を占めるほどの規模の平面を持つ建物には不可欠な「光庭《ライト・コート》」が二つ、建物の二階レヴェルから八階にかけて垂直に穿つように開けられ、一階の一部の部屋のトップ・ライトにもなっている。（2–25、2–26、2–27）

この光庭の目的はいうまでもなく、建物の奥に位置する貸室群や渡り廊下に、昼間の外光を取り入れるためのものだが、これによって、ビルの内側で光庭を囲む形で並ぶ貸室群と、窓を通して常に外の市街の光景や陽光に接することのできるビルの外壁周辺に位置する貸室群との二つのグループができることになり、「大ビル」の場合も、この両者の間に〈日〉の字形に中廊下を通して内と外の各オフィス群を結び付け、各階のエレヴェーター・ホールや階段室に連結する動線を作り出している。こうした標準的な貸フロアの廊下の床は現場でテラゾー塗にして仕上げたが、磨き上げる作業に慣れないため業者が苦労したという逸話が残っている。渡辺節によれば日本のオフィスビルで、テラゾーを大規模に施工した最初がこのビルであったという。テラゾーの床仕上げは、独立後の村野が自分の作品の中でもしばしば用いて成功しているが、その種のデザインの起源がここにあったのである。なお、貸室内のすべての床は国産のリノリューム・タイルであった。

エレヴェーターを下りてホールに出ると、向かい合うエレヴェーターの間から南へ、二つの光庭の中間の位置を南北

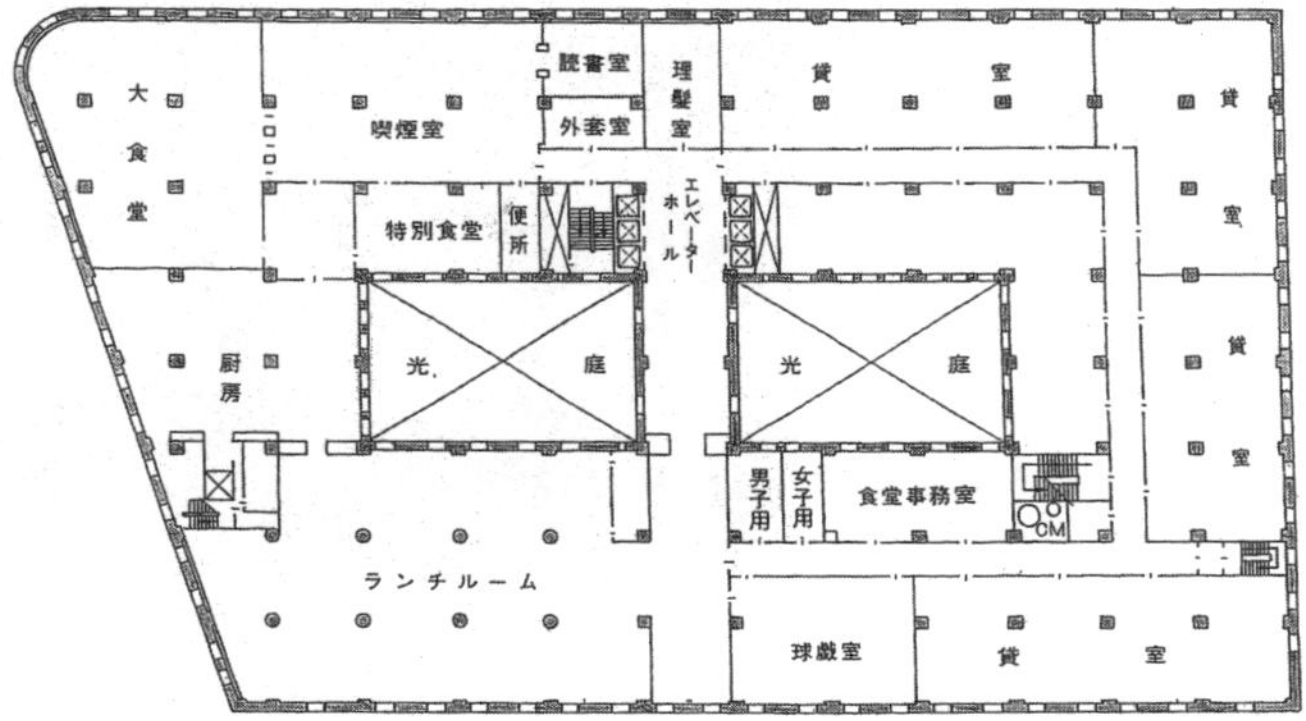

2-25 「大ビル」、8階プラン

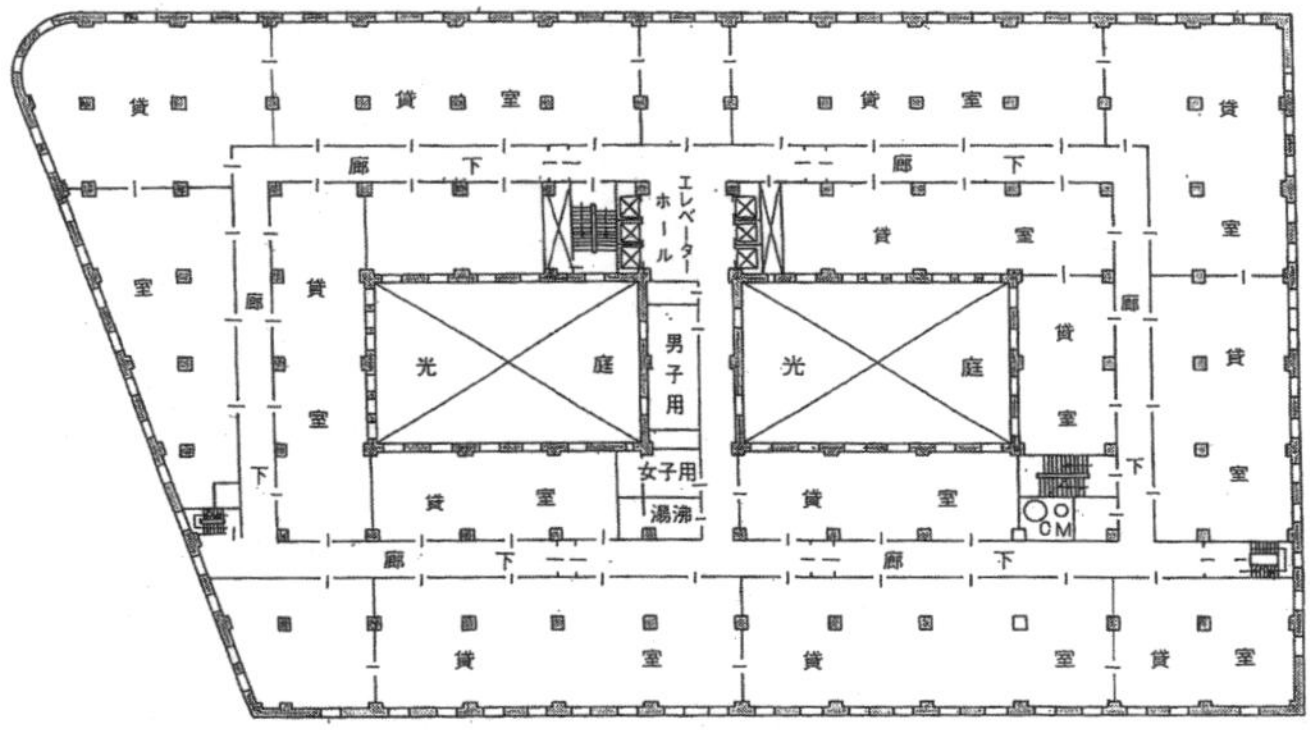

2-26 基準階のプラン

2-27 断面図

2-28 「大ビル」、8階にあった神本理髪店

に通り抜けている「渡り廊下」と呼ばれていた通路が伸びている。この通路の西側に男女のトイレや湯沸室などが並んでいるのは一階の平面と位置的には同じで、したがって西側の光庭は塞がれており渡り廊下からは見えないが、反対の東側の光庭からは二つの縦長窓を通して、午前中には明るい陽光を直接取り込めるようになっている。

続いて二つの非常階段の他に二箇所にある階段を上るか、あるいはエレヴェーターを使って七階から八階に上がる。八階は先述のようにビル・テナントに向けたサーヴィス用空間が大半を占めているが、しかし他にオフィスのレンタル・スペースが全くなかったわけではなく、ユニークな入居者には事欠かなかった。その一つは創建当初から入っていた「英国領事館」(後に総領事館に昇格)であり、続いて「アルゼンチン領事館」(後に総領事館)が入り、昭和五年からは、「ドイツ領事館」(後に総領事館)のオフィスが開設されて、一時〝外国公館フロア〟といった感さえもあった。これらのテナントはいずれもビルの平面上で東側の部分に位置していて、西側の光庭を囲む、「倶楽部」、「食堂」「厨房」などの部分とは空間的、機能的に切り離されていた。(2-25参照)

最上階のエレヴェーター・ホールに降り立つと、すぐ目の前の北側正面に、「神本理髪店」があることに、どうしても目がいってしまう。ガラス扉を開けて店内に入ると、壁面は清潔な白いプラスター仕上げでほとんど装飾はなく、わずかに装飾的なディテールとして、大きな鏡を一続きに横に長く並べて固定するために直線的で非常にすっきりした縁取りの額縁が目に付くぐらいで、シンプルで〈モダン〉な室内である。日本の〈近代建築史〉に詳しい人なら、「神本理髪店」という名前ですぐに思い出すのは、「住友」の営繕にいた建築家、日高胖が、一九〇三(明治三六)年、北浜二丁目にいわばアルバイトで設計した日本で最も早い時期の《アール・ヌーヴォー》のショップ・デザインだが、「大ビル」開業と同時に、その八階に新しくオープンした「神本理髪店」は、おそらく渡辺節の事務所の設計と思われ、《アール・デコ》、もしくは《モダニズム》のデザインに近い、やはりここでも、その時代の最先端のデザインによってこの理髪店は設えられている。(2-28)

次章で詳しく触れることになるが、村野が渡辺事務所を辞した直後の一九三〇年、欧米を回る二度目の海外旅行から帰った時、その旅の報告を、「動きつつ見る」と題して、『建築と社会』誌に発表したが、村野はその冒頭の部分で、ベルリンのヘルマン広場にある「カルシュタット百貨店」の「アメリカ風の理髪店」に入った時に、なぜかそこに「『日本』を感じ」たと書き、すぐそれに続けて「日本の理髪店が、すべてアメリカ風だつたのだな、といふことが分つた」[18]と報告している。これは日本にアメリカ(のデザイン)が知らず知らずのうちに浸透してきていて、そのアメリカ流のデザインをむしろ『日本』的とさえ勘違いしてしまっている自分がどこかおかしい、と村野は言いたかったのだと思うが、そのことの他にも、もしかしたら村野は、自分が勤めている設計事務所があるビルの八階のおしゃれな、彼が日頃そこで髪や顔を整えてもらっており、それよりも何よりも、その店のインテリアに彼が直接間接に関わっていたはずの「神本理髪店」を頭の隅に思い出しながら、そこに「日本」を、あるいは「アメリカ」を、想起して書いた文章の一節ではなかったろうか、などと考えさせる。

談話室を奥へ歩く

「神本理髪店」の前の廊下を左(西)へ折れて、廊下の上に架けられたアーチ形ゲートの下を通り、寒い冬場だったら厚いオーバーコートや、フェルトの中折帽、重い皮鞄などを、すぐ右手にある「外套室《クローク》」に預けて身軽になり、構造上の大梁の下部に持送り《コンソール》を付けて渡した、おそらく漆を塗った後に拭った黒い木製の飾り梁の下を潜って、会員登録している人たちは「大ビル倶楽部」の中に入っていく。部屋の中へ足を踏み入れると、伝統のあるホテルのロビーが持つような静かで落ち着いた雰囲気が漂うかなり大きな場所へと出るが、この部屋が、完成当初は「喫煙室《スモーキング・ルーム》」、後に「談話室」(もしくは「社交室」)といわれていた大きな部屋である。

とりあえず、ここから「談話室」の西側、つまり部屋の一番奥まった位置に隣接している、倶楽部の会員専用の「大食堂《レストラン》」に向かって行くことにしよう。すぐ左手の部屋の南側の壁には、外壁の場合と同じようなスクラッチ・タイル貼の壁面が三m余の高さで奥に長く続いており、タイルの間に詰めた白い目地の線が水平に通っていて、心地よい細縞模様を壁の上に作り出し、厚い間仕切壁を軽くグラフィックな表情に変えることに成功している。

クロークルームの正面にある「階段室」への扉が左手にある通路南側の壁面に導かれてすこし進むと会員専用の洗面所への扉があり、さらにその奥には、炉床の上に明るく白い石を全面に貼った、英国十九世紀後半の建築家ノーマン・ショー[19]風の大きな台形のフードを天井に届くまでの高さで乗せている、大型で見映えのする暖炉が設置され、入室者たちを出迎えている。冬期にはガスで炉床に火を燃やすこの大暖炉の前を通り過ぎてさらに奥へ歩を進めると、左手に小規模な宴会のための小食堂にもなる「特別室」という表示がある部屋の扉の前に出る。厚い間仕切壁を切って開けたような、出入口用の開口部の上には、下端に簡潔な波形の彫物が施されている魅力的な太い角材の化粧楣《まぐさ》が渡されており、やや奥まった位置に木製の重厚な扉が立てられている。この楣の下を通って扉を開け、部屋の中へ入ってみると、部屋の天井は、《オールド・イングリッシュ様式《スタイル》》[20]であり、暗く塗られた木製の化粧梁と、その上の何本もの根太が交錯しながら天井面全体を占め、民家風に鄙びた化粧屋根裏天井の仕上げで、《ヴァナキュラー》な雰囲気をこの小さな部屋に醸し出している。梁下に二個の円形シェード付きのペンダント型照明が降り、その下に横に長い一続きの角型テーブルが置かれ、この机を前に両側から向かい合わせて計二十脚ほどの肘掛椅子が並べられている。なんといっても、この小食堂内の圧巻のデザインは、横長の部屋の北側の壁の中央に設えられた、大きな暖炉の装飾的な上覆い《フード》である。このフードは、その両脇の下で、可愛らしい羊を象った石彫の持送り《ブラケット》に支えられており、壁から五〇cmほど前に張り出している。この彫刻的なブラケットの真上には円柱の形をした筒状の形態が乗り、その円柱の間にある垂直なフード面を、巻紙を両側からぴんと張った状態を思わせる、引き締まった〈画面〉にしている。その表面には《ルネサンス》風の幾何学模様がモールディングで割り付けられ、さらにはその刳型の枠の間にもいくつかの文様装飾が入っている。このフードの表面は非常に平坦で、装飾模様《パターン》もグラフィックな平面性を特徴としているため、おそらく渡辺や村野がデザインの面で常に参考にしていたといわれる、英国のノーマン・ショーの、大胆な暖炉構成《チムニー・ピース》がしばしば見せる、非常に彫刻的で劇的なフードのデザインなどに比べて、すっきりした、どこか〈モダン〉な感じさえ漂うデザインに纏められている。（2-29、2-30）

特別食堂から再び元の広い談話室の空間に戻り、同じ南側の壁を左手に見ながら、さらに奥へ進んでいくと、先の特別食堂の隣室にあたる「配膳室《パントリー》」の扉がある。四方を壁に囲まれたこの部屋に入ると東側の壁に、先の特別食堂に給仕が料理や飲物を直接運び込むためのドアがあり、反対(西)側の壁には、会員用大食堂に通じるドアがある。もう一つ南側にある、おそらくいつも開いたままの扉口を出ていくと、このビルの八階にある飲食に関係のある各施設から注文があった料理のすべてを集中的に調理する「調理場《キッチン》」の東端に出る。厨房は、八階の西側中央部のかなりの広さを占めており、その中で多くのコックや下働きたちが、たがいに声を掛け合

2-29　「大ビル」、8階の特別食堂のインテリア

2-30　特別食堂で開かれた、渡辺建築事務所の創立10周年の宴会の記念写真。前列、着席者の右から3人目が渡辺節、後列で立っている左から4人目が村野藤吾

い、鍋や皿があたる音を喧しく立てながら忙しく働いているが、西南隅には、食品材料などを地下室から直接上げて運びこむための専用エレヴェーター一台と、その背後に非常階段もあって、当然のことながら客との動線が重ならないように配慮されている。

料理人たちの動きを邪魔しないように、この厨房を南へそのまま通り抜けて行くと、最初期には「ランチルーム」と名

2-31　竣工当時の会員用大食堂のインテリア

付けられ、その後、「大ビル食堂」と呼称が変わった、主にビルの中で働く勤め人《サラリーマン》たちが昼食時などに使い、夜間や休日には、貸切にしてパーティや結婚披露宴の会場として貸し出されもした、非常に広々とした、一見〈百貨店の大食堂〉といった雰囲気をもつ「食堂」の中へ、正式なエントランスからではなく、ボーイなどが使うサーヴィス動線に従って裏から入ることになる。もちろんこのレストランの通常の利用者たちの「出入口」はここではなく、先のエレヴェーター・ホールから南へ、光庭の間の「渡り廊下」を渡り切った先の右(西)側にエントランスが置かれている。食堂の入口前に立って大食堂の内側を見ると、間仕切壁を刳りぬく形で、渡辺・村野のコンビが好んで使う三芯アーチが一スパン分の幅で飛んで開口部を作っており、その向こうの間仕切りのない大きな部屋の中に、左右三本ずつ計六本の、《トスカナ様式》《タスカン・スタイル》のオーダーを持つ、円柱に化粧された構造柱が、パースペクティヴな深まりを見せて奥の外壁の方にまで並んでいる。この円柱の間を埋めるように置かれたテーブルを囲んで、昼食時などには、ビル内で働く人たちがにぎやかに談笑しつつ食事をしているのに出会えたはずである。(2-31)

大食堂のインテリア

にぎやかな談笑に包まれて明るく、どこか〝大衆的〟なところも感じられるようなこの「大ビル食堂」から、再び「倶楽部」の談話室に戻り、先ほどのパントリーの奥にあった入口を通って、八階の西最奥の位置で、先に外から見上げた時に、船の舳先に見えるといった、急角度で曲折する外壁部分の内側に位置する、会員専用の「大食堂《ダイニング・ルーム》」の中に入っていく。「大ビル倶楽部」という組織は、建物が開業した約一年後の一九二六(大正十五)年の九月に発足しているが、英国にあるような一部の上流階級の、非常に閉鎖的な〝Club〟の場合とはかなり異なり、ビルを利用する企業家や、同社関係の経営者たちを中心とした人たちのために、主に経済的な情報交流の場を供する目的で、このビルを建設した「大ビル」の側から提唱されて組織されたものであった。それはともかく渡辺と村野は、この「倶楽部」の空間を倶楽部に入会した会員たちの多くが、一流企業のトップかそれに近い地位にいるという状況を考えて、彼らの社会的なステータスにふさわしいものにしたいとする意図は当初から考慮されていた。このダイニング・ルームでも、「大ビル食堂」の中に満ちていた、若く明るい活気とは自ずと異なった、熟年層の利用者にふさわしい静粛さや気品や威厳を湛えた空間としようと心がけている。(2-32)

　食事を摂っている人たちの足元は、市松模様に仕立てたリノリューム・タイルを敷き詰め、こぼれた食事や飲物で汚れやすい敷物類などは一切見あたらず清潔感が床に広がっている。北西の角の急角度に弧を描いて内側に曲がっている壁の部分も含めて、大食堂の周囲を囲む壁面はほとんど、平格縁に鏡板《パネル》を入れ、暗褐色に塗装した木製の腰羽目《ダド》だが、ここの腰羽目は腰の高さでは終わらずに、格縁の羽目板壁が天井面に接する高さまで立ち上がっており、開口部をほとんど持たないクラシカルなレストラン空間の濃密性を側面から強調している。またレストランの中には、装飾的な浮彫が各面に施された石で化粧された、一階の街路にあった角柱とはまた違った風格を持つ、非常に魅力的な独立した四本の角柱が立っている。しかしこの柱とともに、あるいは柱以上に、部屋に入った客の目をすぐに引き付け、また彼らの心を惹き付けて離さないように思えるのが、食堂全体の空間を平坦な広がりの下に覆っている、明るい色のペンキで塗って仕上げられた〈天井面〉の存在であろう。この天井の仕上げは、型で取った石膏パネルを、スラブ下に用意しておいた下地に直接貼りつけるか、あるいはスラブから吊束を下ろして石膏板を連続面に並べたものではなかったかと考えられる。

　この天井面を余すところなく使って繰り広げられている〈天井装飾模様《セイリング・デコレーション》〉は、十六世紀後半のエリザベス女王(I世)治下の英国の建築様式、

2-32　大ビル食堂の入口から内部を見る

《エリザビサン》の装飾模様《パターン》の二十世紀的なリヴァイヴァルである。(21)このあまり陰影がつかないフラットな〈幾何学模様〉に特徴を持つモールディングの、あたかも刺繍模様を思わせるような繊細な面の広がりには、床の市松模様とは違った清楚感、あるいは清潔感があり、おそらくこのインテリアの設計者村野には、グラフィックなこの天井模様を、そこで食事をしている人たちがふと見上げた時に、そこに美しい抽象的な絵画を視るかのように見せたい、という隠れた思いが働いていたように思われる。おそらくそうした理由があったためだろうが、このレストランの完成時の写真には、天井から降りているペンダント型照明具《ライト》などは一切見あたらない。その代わりに周囲の羽目板の壁に取り付けられた数多くのブラケットや、二本の角柱の上部の、柱の四面に取り付けられた花弁形の壁付照明が設備されたと考えられ、その結果レストランの内部は、柔らかな、ややぼんやりした明るさの中で、天井だけは明るく輝いていたはずである。

この装飾的な天井を支えている形の二本の角柱のそれぞれの周囲には、一つの円卓を囲む三、四脚の椅子という組み合わせが大部分を占める中に、一部に六〜八脚の椅子に大型の角テーブルという組み合わせを混ぜ、それぞれのテーブルには、洗いざらしの白い卓布が掛けられている。これらのテーブルに座り会員たちは物静かに会話しながら、経済の都市大阪に日頃溢れている喧騒から離れて、別世界のような静謐さに包まれ、食事を摂っていたのだろうか。食事をしつつ歓談する彼らの回りには、黒服に身を固めた執事風の給仕長や白い制服姿の若いボーイたちが客に目を配って控えており、先に見た調理場の横にあったパントリーから料理を運んだり、皿を下げたり、飲み物の追加の注文を聞いたりしていただろう。おそらく時には渡辺節や、さまざまな施主たちと共にここで客として訪れていたはずの村野藤吾は、自分が実際に線を引き、実現させたインテリア・デザインの空間の中にいて、いずれ自分が独立したときに具体化すべき、住宅やホテルなどの食堂やレストランのあり方などを、あれこれ思案しながら食事をしていたのかもしれない。いずれにせよ彼はこの大ビルの八階で、他では得難い、この種のサーヴィス業務に伴う種々の光景を目撃し、客たちがこの種の場所に求めているものははたしてどんなものかを理解しようとしていたにちがいない。

図書室と談話室のインテリアを見る

レストランを後にして、今度は談話室の中を東の方へ横切って行き、出入口脇にあるクロークルームの隣に設えられている小部屋、「読書室」へと向かう。部屋の前に立つと、正面にスクリーン風の透けた間仕切壁が立っており、談話室と読書室との二つの空間の間を仕切っている。その間仕切り壁を構成している主要なエレメントである、表面にかなり過剰に浮彫を施した、縦長の瓶が持つような膨らみが上部にある木の角柱が、《ジャコビアン》[22]風の、ややグロテスクな姿を見せて立っている。この横に並んだ柱の上を、同じような造作で三個のバスケット・ハンドル形のアーチが飛んでアーケードを作っており、中央に立つ二本の柱の左右の足元には、手摺台《バラストレード》が入れられていて、中央の一スパン分が、読書室へのエントランスになっている。つまり大邸宅《カントリー・ハウス》などでいえば、主要広間《メイン・ホール》から入っていく、図書室《ライブラリー》とか書斎《スタディ》などと呼ばれるような部屋への〈入口〉であることをこのゲートは暗示している。早速このゲート状のアーチの下を潜ってアルコーヴの中に入ると、周囲の壁は先の会員用レストランの壁と同じく、天井面まで届く格縁模様を浅く浮き立たせた羽目板の壁で、この仕上げの壁を部屋の東面から南面へと連続させて巡らし、そこに絵画やピンナップ・ボードや、壁付照明具などが付けられている。この部屋にもスタンドはあるが、天井から吊り下げる照明具の用意はない。北側の壁には、外からも見えたあの縦長の上げ下げ窓が二つ開いており、薄いレースカーテンの上に、厚い織物のカーテンが掛けられていて、どこか住宅の応接間風の設えになっている。天井は化粧梁が何本も渡され、その梁の成をほとんど見せないように、間に白いプラスターが塗られており、先の民家風の特別食堂の天井とは違って、天井面を意外にフラットで軽快なものに見せている。(2-33)

2-33 「大ビル」、8階の読書室

　部屋の中央には談話室と同じような低い肘掛椅子が数脚とテーブルが置かれ、会員たちがその日の新聞を広げて読むなり、内外の最新の雑誌などに目を通したりすることができるようになっている。壁に沿って、それらの新聞、雑誌をおくための台が置かれているのと同時に、おそらく辞書や地図の他に、各社の社史等の常備用の書籍を入れていたと思われるガラス扉入りの本箱《ブックケース》なども置かれている。英国のカントリー・ハウスなどにある、本の背表紙が書棚一杯に並んで占めているライブラリーなどとは違って、どちらかといえば応接間《ドローイング・ルーム》に似た、親しみやすく居心地のよさそうな室内デザインになっている。ここで見られるようなある意味で住居的《ドメスティック》な空間特性は、渡辺事務所が引き受けた高級住宅のインテリアにやがて応用されることになっていったし、それよりも何よりも直結して、「日本綿業会館」(1931)のインテリア・デザインに展開していくことになったのだ。

さて、読書室を後にして再び談話室に戻り、椅子のどれかを選んで座り、ホテルのロビーにいるようなつもりで飲物か何かを給仕《ボーイ》に注文し、先ほどから通りすがりに見てきた談話室のインテリアを、改めてもう一度よく観察することにする。床スラブの上には、方形の大型の陶製タイルが敷き詰められているが、このタイル貼りの床面は、通路などのごくわずかの部分でしか見ることができない。というのも大型のペルシャ絨毯と思われるカーペットが何枚も敷かれてタイル面を隠しており、この敷物の上に長椅子《ソファー》や種々の肘掛椅子《アームチェア》や、また飲物などを置くための大小のテーブル等がその上に載っている。所々に低いサイドボード風の家具などもあり、上には美術工芸品や照明スタンドや、あるいはまた生花なども活けられており、間仕切壁が一切ない一続きの大きなこの部屋での、隣席の会員たちからの視線を適当に遮り仕切っている。また談話室の最も西側の大食堂に近い位置には、碁盤や将棋盤などを数台置いたテーブルがあり、これに向かう椅子なども、会員の中の愛好者たちのために用意されていた(この他にも、八階平面の渡り廊下の先の南東側、つまり「大ビル食堂」の反対(東)側には、これも会員専用の「球戯室」と呼ばれるビリヤード台が二台設置された部屋があった)。

談話室の大胆な天井装飾

大きな部屋の中央部には二本の独立した構造的な角柱が立っているが、この柱の表面は食堂のそれほど細かくはないが、それでも装飾用の石版で被覆されて立っており、見方によっては談話室の空間全体を、あたかもこの二本の角柱が統率し引き締めているかのように見える。この角柱が、談話室の空間を仕切っているような、特殊な役割を帯びて立っているように見えるには、はっきりした理由があり、談話室の天井全体に施されている、先の食堂のそれをさらに大胆にし、また複雑にした刳型を付けた、同じく石膏板によるものと考えられる見事な天井装飾《セイリング・デコレーション》を、この二本の柱がいわばその〝起点〟となって統括しているように見えるからである。この天井面のパターンについては、いろいろな見方ができるだろうが、例えていえば、水中に潜っていて、魚のように下から池の水面に落ちた雨滴が起こす波紋だとか、水面に顔を出している杭などの回りに風が当たって起こす風紋といったものを見上げているかのような、そんな幻視に人を誘うような模様が描き出されていた、とでもとりあえずいえばいいのだろ

2-34　吊下げ照明具が取り付けられた後の談話室のインテリア

2-35　竣工時、吊下げ照明具が取り付けられる前の談話室の室内

うか。

この天井装飾の実際の模様《パターン》は、四角い独立柱の周囲に巡らせた四角形のモールディングから始まっているように思え、それを起点にして、周囲に大小の成の高い円輪形の刳型が、輪繋ぎ状に連鎖して、広い天井のあらゆる面を厚い刳型で埋めている。そのモールディングを天井面から下に高く盛り上げてくっきりと浮かび上がらせた円輪形や四角形の刳型の間

2-36　戦後まで残っていた、天井刳型装飾と天井蛇腹装飾のディテール。手前の開口部は旧特別食堂への入口で、奥に旧倶楽部の入口部分

の空間に、《様式》上の装飾に特有の〈薔薇飾《ロゼット》〉や〈懸垂飾《ペンダント》〉や〈ゆり形紋飾《フルール・ド・リス》〉などが入って、その空白を埋めている。またこうした定番の装飾の他にも、天井隅の部分に、動物、たとえば鹿だとか兎などの頭部の装飾が施されて、入隅部の空きを押さえている。この刳型の形やそのパターンなどから判断すれば、これらの天井装飾もまた大食堂の場合と同じく、十六世紀後半の《エリザビサン・スタイル》の、十九世紀、もしくは二十世紀初頭のアメリカあたりでのリヴァイヴァル・デザインからの〈引用〉といった印象が強い。この広い談話室の場合も、インテリアが完成した当初は、先にレストランの照明計画について触れた場合とおそらく同じ理由で、吊下げ型照明具は一本も取り付けられていなかったが、高齢の会員などからの「暗い」という苦情が出たためだろうか、その何年か後に撮影された談話室の写真には何基かのペンダント・ライトのまぶしいほどの光が映っているのが見える。(2-34、2-35)

　この他にも、この大胆で見映えのする天井の周囲の壁の上部に、これも型抜きの石膏板を貼って並べて塗装したと思われる天井縁直下の蛇腹装飾帯《コーニス》があり、厚く盛り上げたレリーフ状の板が、天井面を囲む額縁のような姿で、天井下の壁の四囲を固めている(2-36)。この蛇腹装飾帯は五〇cmほどの高さがあり、帯状ではあるが画面が連続する〈フリーズ〉ではなく、帯が縦に吊束でいくつもの区画に分割されているところからすれば〈メトープ〉状の帯形装飾である。それぞれの横長の画面枠《パネル》の中の装飾板には、さまざまな動物が二匹ずつ向かい合う形で模《かたど》ったレリーフが入れられている。

　渡辺と村野の二人が、この「大ビル倶楽部」の談話室や大食堂で実現した鮮やかな天井面の装飾的構成は、いうまでもなくその二年ほど前に同じコンビが完成させた、あの「興銀本店」のインテリア・デザイン、特に石膏板を繋げて立体的に組み立て、《様式建築》の内部空間にしか出せないような、ダイナミックな膨らみや、微妙な陰影を湛えた空間を実現した、あの広大なスケールの「営業ホール」の天井面の成功が関

連していたことはあきらかである。こうした作業を通して、彼らが掌中にした種々の手法や技法を、ここでは銀行などの営業目的で使う実務的な空間の作成に使うのではなく、仕事から離れてくだけた、社交的な「倶楽部」の、どちらかといえば〝癒し〟を目的にした空間に必要とされる天井へとシフトすることから生み出されたものであったといえるだろう。

渡辺と村野にとって大ビル八階が持つ特別な意味

この「談話室」の天井面を制作する時には、天井面全体の模様を細かく分割し、それぞれに分割された模様を、おそらく粘土をこねて、一定の大きさで〈原型〉となる板《パネル》を作り、それから鋳型を取った後、でき上がった鋳型に石膏を流し込んで目的とする装飾板を製作し、このパネルを現場に運び込んで内装工事を行ったのではないかと思われる。この石膏装飾板を、コンクリートの梁下やスラブ下に取付けていくことになるが、そのやり方も、曲面が主体であった「興銀本店」の場合よりも、「大ビル」の場合は、技術的にはかなり容易であったはずだが、しかし村野は、渡辺の下でその半面、「興銀」の場合とは、デザインの目的の面ではやや違う難しさに直面していたかもしれない。というのも「大ビル倶楽部」の空間は、下階のオフィス・スペースとは異なり、ほとんどの倶楽部の会員が、仕事が終わった後で集まるか、あるいは仕事の合間の昼休みなどの休憩時間にやって来て、しばし仕事を離れて息抜きをするという、どちらかといえば余暇時間のための空間を作り出す作業であったからである。つまり大学卒業後、渡辺が命ずるままに〝お固い〟オフィスビルの設計にだけ打ち込んできた感のあった村野にとっては、その種の〝柔らかい〟インテリア・デザインに関する知識も乏しく、あるいは戸惑いのようなものがあったのではないかと推測されるからである。

その意味からすれば、こうした〝柔かい〟というか、仕事を離れて息抜きをする空間をデザインする場面に、いずれ若い村野が出会うに違いないとあらかじめ先読みし、渡辺節は、そうした場面に備えるために、一九二一（大正十）年、入所してまだ三年という村野を、多額の旅費をかけてわざわざアメリカ旅行に送り出していたことは、先にふれた通りだが、こうした渡辺の先を読む力にはさすがという以外には言葉がない。渡辺はホテルやレストラン、あるいはクラブやバーなどの特定の訪問先をわざわざ指定することまでして、その地の最新で最上級の余暇空間、特に人々をもてなし楽しませるために造られた空間を、村野に実体験させて来た、その読みの深さ、言葉は適当ではないかもしれないが、〝深慮遠謀〟に、村野ならずとも、脱帽せざるを得ないものがあったのは確かである。渡辺はこのように慎重に手配して準備した後、実務的な仕事をこなすための執務空間のデザインとは全く異なる空間をデザインする作業を、「大ビル」八階のインテリアにおいて、村野に任せ監督した。逆に見れば、仕事を離れた時の会員たちが求める、仕事の上だけでない互いの人間的な交流のための大きな応接室のような談笑の場だとか、顧客をもてなしたり、時には家族を喜ばせたりするためのレストランなどの飲食のための場だとか、また彼らの仕事で疲れた心を癒すような、囲碁や撞球などの趣味的な遊戯のための空間などをデザインすることができるだけの想像力と、それを具体化するためのデザイン力を、配下の村野から引き出すことに渡辺が最初に成功したのが、この「大ビル」八階の「倶楽部」の空間だったのである。こうした備えによって、後に彼のところへ設計の依頼がやって来ることになるこの種の〝交流〟や〝癒し〟の機能を主体とする建築、たとえば渡辺の設計事務所の黄金期の中でも、一つの頂点を形成する作品として誰もが認知する、あの「日本綿業会館」などの、「倶楽部」建築の仕事を無事にやり遂げていく体制を、段階を踏んで着々と整えていたのである。

　このように「大ビル」八階の、「大ビル倶楽部」のインテリア・デザインは、その後の渡辺節にとって、一つの試金石となる重要な仕事であったと同時に、実は他方でまだ一所員にすぎなかった村野藤吾にとっても、ここでの中途半端なものではなく質の高い本格的な《様式的インテリア空間》の設計を、三十歳代半ばの年齢で実際に自分の手で行うことができたことはきわめて有意義な経験であったのだ。というのも、彼がやがて渡辺のもとを離れ、自分が長い期間に亙って展開していくことになる設計活動の中でも、戦前、戦後を通じて非常に数多く手掛けることになる、一連のホテルなどの「宿泊宴会施設」や、百貨店等の各種の「商業用施設」、あるいは「邸館」と呼ばれたりするような「大規模住宅」のインテリアをデザインする時に、この「大ビル」八階での経験が、少なからず役立つことになったからである。それらの建築の空間は、基本的に人々が〈はたらく〉ための機能を主としたものではなく、明確には摑みづらい心理的な側面としての〈くつろぎ〉や〈いやし〉といったものに関係した空間を、建物の利用者に齎そうとするものであったが、後で詳述するように、村野はやがて設計者として、その種の心理的側面に直接的な関わりを持つ、特に商業上の建築空間を実現する作業に非常に深い関わりを持つようになっていったのである。もう少し正確にいえば村野は、こうした人々の内面《こころ》の複雑な動きに対して、自分の建築設計上のコンセプトや想像力を直線的にむき出しにしてその微妙な心理的動向に逆らうようなことは決してせず、むしろそうした心の動きに自分の想像力を沿わせ従わせるような方向で、建築やインテリアを設計し具体的にデザインしていくという、彼独特の設計手法を構築していくことになるのだが、そうした彼一流のものの創り方を進めていく上で、「大ビル倶楽部」のインテリアは、その方向へ踏み出すための貴重な第一歩《ステップ》となったのである。

改めて考えてみると興味深いことであるが、銀行や会社、取引所などの〝お固い〟「ビル建築」を手掛けていた渡辺節は、ここにある〈もてなし〉や〈いやし〉といったことに関わる建築を設計したケースとしては、いくつかの「倶楽部」の建築や、その他の一部の富豪たちのための「住宅建築」などの設計を別にすれば、戦前の彼の主要な作品譜を調べてみても、非常に数少なかったことがわかる。たとえば小売業者のための商業用建築と呼べるような建物では、わずかに京都の「丸物百貨店」(1937)の設計を挙げることができるくらいのもので、〈はたらく〉人たちのための事務所や工場などの設計に費やさほとんど無かったといってもよく、残りのほとんどの精力はれている。これはあくまでも推測にすぎないが、やはり渡辺としては、自分が曲がりなりにも東京帝国大学建築科の出身者である、という矜持《プライド》のようなものがあり、それが商都大阪を本拠にして仕事をしていても、心の中に常に消えずに続き、江戸時代のヒエラルヒーでいえば〈士農工商〉の最も下に位置する小売業のような、悪く言えば〝日銭稼ぎ〟の、あるいは人の〝ご機嫌〟を窺って金を得るような、細々《こまごま》とした〈商取引〉に関わる建築の設計などは、本当のところはあまりやりたくなかったのかもしれないのだ。だから「百貨店」や「商店」や「ホテル」などといったどこか軟弱で不確かな、つまり〈不合理〉なものが付きまとう余地の多い建物の設計には、できるだけ手を染めたくないという気持が、彼の胸の内のどこかで無意識のうちに働くようになっていたのである。おそらく仮に彼の所へその種の仕事の設計依頼が舞い込んで来ることがあったとしても、彼は何かと理由を付けてそれを断ったケースがあったことも十分に考えられ、もしかしたらそうした渡辺の方針や態度が、その種の建物の設計を依頼したいと強く願っている施主たちの反発を招き、渡辺の下で実際に線を引いていた村野に対して、渡辺のもとからできるだけ早く独立して、自分たちの設計に取り組むように彼を促すことになり、最後はそのようにして溜っていた発注者たちの不満と、その潜在的な仕事量が目に見えぬ力となって働いて、村野を次第に設計者としての独立へと導いていったのではないかとも考えられるのだ。

村野は、独立した直後に渡辺に倣《なら》って、規模はずっと小さかったが「オフィスビル」や「銀行建築」の設計を手掛けて——たとえば、東京の「森五商店」や金沢の「加能合同銀行」など——注目されたのと同時に、他方で村野は、渡辺の立場からすれば、どこか〝いかがわしい〟と感じたかもしれないような数々の商業建築の設計を、気にすることもなく引き受けている。村野はその種の設計に真剣に取り組み、あえてそれらの建物に〈近代〉的手法を駆使して設計し、結果として「そごう百貨店」や「大阪パンション」、さらには「キャバレー赤玉」などといった注目すべき作品を完成させて、新進の建築家としての確固とした地歩を築くことに成功した。村野が、渡辺のように東京帝国大学建築科の卒業生ではなく、私立大学建築科の出身者であり、〈官〉特有の沽券《こけん》とか立場《ステータス》といったものとは無縁な〈民〉の身軽さを持っていたからこそ、何の迷いもなく引き受けることができたその種の建物の設計を通して、村野は戦前に数多くの素晴らしい建築を自分の作品として世に問うことができたのだ。

彼の「商業建築」の設計を中心とした実績はそのまま、戦後になって、建築家として村野に特有の活躍分野を大きく拓いて行くことになるのだが、そうした彼の設計者としての軌跡を繰り広げていく隠れた出発点《ターミナル》が、「大ビル」八階のインテリアにあったとすれば、渡辺の下での〈一ドラフトマン〉であった村野にとっても、この設計が渡辺以上に、特別な意味を持つ仕事であったことは改めて言うまでもないことだろう。また別な意味では、この「大ビル倶楽部」の仕事は、渡辺と村野との間の、将来のそれぞれ独立した建築家として扱う設計領域の〈分水嶺〉となる仕事であったことも確かであり、いわば互いに自分の設計領域の縄張りを形作ってうまく棲み分けをしていくための、最初の〝仕分け場〟であったといえるかもしれない。村野はこの仕事の四年後に渡辺のもとを離れていくことになるが、「倶楽部」建築を一つの境界点として、渡辺は〈オフィスビル〉を中心とした設計領域にとどまってコマーシャルな建築にはほとんど手を出さず、反対に村野はもう少し柔らかな当たりを必要とする「商業建築」の領域から、少なくとも戦前という時点では、あまり外に食み出すことがないように自分の〝縄張り〟を守って設計を行って、渡辺の領域を侵さないようにしていたのである。ただし戦後は、この〝縄張り〟は完全に崩れ去ることになったが。

渡辺節と「勧銀」と妻木頼黄

ところで村野が所員としてまだ在籍していた頃の渡辺事務所への仕事依頼、特に銀行建築の設計依頼は、「興銀本店」の後、続々と渡辺のところへやって来るようになった。まず日本勧業銀行が、渡辺に最終的に「本店」の設計を依頼する前のいわば小手調べといった感じで、「高松支店」(1924)、「福岡支店」(1924)、「秋田支店」(1925)などの主だった地方の支店建築の設計を渡辺のところに出しはじめる。渡辺はそれらを無事に竣工させた後、「大正」の最後の年である一九二六(大正十五)年、大阪に「勧銀大阪支店」を完成させ、さらに続いて「勧銀京都支店」(1927)、および「勧銀神戸支店」(1927)と、立て続けに関西の主要都市の「支店」シリーズを成功裏に完成させた。そして最後のそれらの設計を総括すべく、大震災後の東京の同じ場所に再建されることになった日比谷の「日本勧業銀行本店」の設計を受注する。

　これまであまり気付かれてこなかったかもしれないが、渡辺が「勧銀」の本支店を、いわばシリーズとして設計する機会を得たことを、改めてここで考えてみると、そこにきわめて興味深い、一種の〈因果関係〉というか、人的関係性といったものが浮かび上がってくるように思われる。日本勧業銀行は、一八九六(明治二九)年に成立した「日本勧業銀行法」に基づいて、翌年株式会社として設立された、農工業の育成促進を目的とする長期融資の銀行として発足し、創立の二年後に、東京日比谷に「日本勧業銀行本店」(1899)の建築を完成させ、そこでの本店業務を開始している。この「本店」の建築は、当時の政府系銀行の本店建築としては極めて異色といえる、構造は木構造を採用し、真壁風の壁面の上に寺院建築を思わせるような和風の大屋根を乗せた建築として、あの「条約改正」を目指し洋館として建てられたことで知られる「鹿鳴館」に隣接して完成したが、この本店の設計を委嘱されていた建築家こそ誰あろう、渡辺節が大学卒業時に、困った末に就職先を紹介してもらった恩人だと自ら話していた(前章参照)、当時官庁営繕の仕事をすでに取り仕切っていた実力派、妻木頼黄《よりなか》であった。このことは渡辺節が、大正後半から昭和初めにかけて、日本勧業銀行の各地の支店や東京の本店の設計を独占的に依頼されていたことにまったく無関係であったなどとは考えづらいものがある。渡辺と勧銀の結びつきが始まった時には、妻木が他界してすでに十年近くも経っていたが、妻木の後を受けて国会議事堂の建設に向けてその力を温存、継承していたはずの妻木のかつての部下たちを通じて、渡辺がこの仕事を受注する時に、何らかの支援があったことは十分に考えられることである。(2-37、2-38)

　もっと穿った見方をすれば、かつて妻木がまだ元気であった頃の、東京駅の辰野金吾と、京都駅の渡辺節という対立的な図式に似たものが、妻木の死の十年後の大震災後の東京を舞台にして、また激しく繰り広げられていたかも知れず、妻木とかつて激しく対立した辰野金吾が築いた東京帝国大学建築科系の建築家たち、たとえば日本銀行本支店の仕事を引き継いだ長野宇平治[23]や、第一銀行の本支店を手掛け始めていた西村好時[24]などが設計する、東京の主要銀行の本支店の設計に対して、渡辺節をいわば〝対抗馬〟に仕立てて競わせようとするような隠れた図式が、〈大蔵省営繕系〉と言うべきか、〈反帝大—反建築学会系〉の建築家たちの側にあったのかもしれない。仮にもしそうだとすれば、それ以前に「銀行建築」とい

2-37　妻木頼黄設計、「日本勧業銀行本店」

2-38　妻木頼黄設計、「横浜正金銀行本店」

う主題にさほど設計実績があったわけでもない渡辺節の所へ突然に、「日本興業銀行本店」のような大きな仕事が舞い込んできた、その隠れていた本当の理由がわかってくるようにも思えてくる。渡辺が担当することになった〈興銀本支店―↓勧銀本支店〉の設計という、大正末から昭和初めにかけての仕事の流れは、もしそうだと仮定すれば、明らかに妻木の明治期における動きをそのまま継承した、妻木の遺志を継ぐ〈反辰野＝反帝大建築科〉系の人脈が秘かに構えた戦線構築の一環であったことが、自ずとわかってくるからである。

　銀行建築の設計を通しての妻木頼黄と渡辺節の二人の、これまであまり指摘されてこなかった強力な繋がりという点で、もう一つ見逃すことのできないのは、「昭和」に入った最初の年に、渡辺節の事務所の設計によって同じ大阪に竣工した、「横浜正金銀行大阪支店」(1927)のことである。言うまでもなく日本で唯一の外国為替銀行であった「横浜正金銀行」の「本店」(1904)は、妻木頼黄の、設計者として関わった数多くの建築の中で考えてみても白眉と呼ぶべき秀作であった。この建築は今も横浜馬車道に往時の外観だけは完全に残して建っているが(現・神奈川県立博物館)、その銀行の全国の支店の位置付けでもトップにある「正金大阪支店」の新築の設計を、渡辺節が受注し、完成させたことの中にも、妻木と、彼が育てた大蔵省臨時建築部系の人脈と渡辺との繋がりの深さを感じないではいられない。(2-39、2-40、2-41)

　この「横浜正金銀行大阪支店」では、十九世紀初頭のフランスの《第二帝政期様式《アンピール・スタイル》》の建築を思い起こさせるスタイルが採用されており、正層切石貼による花崗岩《みかげいし》の外壁が、圧倒的な重厚感と異様なほどの静謐感のあるファサードを生みだしている。その一方で、内部に入ってすぐの客溜には、柱頭に《コリント式《コリンシャン》》の装飾模様を頂いている四角柱が、四面を明るいトラバーチンの横縞模様で化粧されてまさしく林立しており、その柱が支持する天井は、深い刳型の格縁が直線・直角で交差した〈格天井〉で構成され、格間には一個ずつロゼットが入れられている。《様式》をベースにしたデザインでありながらも、室内全体が、〈直線〉と〈直角〉によって支配されていることを特色としているために、古典的な美学での望ましい〈レシオ〉、つまり良い〈プロポーション〉を隠さずに示しており、その〈合理性〉が営業ホールのインテリアを、非常に清々しい、すっきりした空間に感じさせている。他に、たとえば客溜の入口に立てられている鉄製扉に示されているような、密度の高い装飾的な細部の、しかし決して〝出しゃばらない〟納まりの良さとともに、この《様式建築》を、不思議な〈透明性〉で包んでいる。同時にこの建築は近代の《合理主義》建築との、合理的《ラショナル》であることを共に目標にするという意味での、歴史的な類縁性、つまり二つの間の隠れた〝血脈〟を明らかにしている。

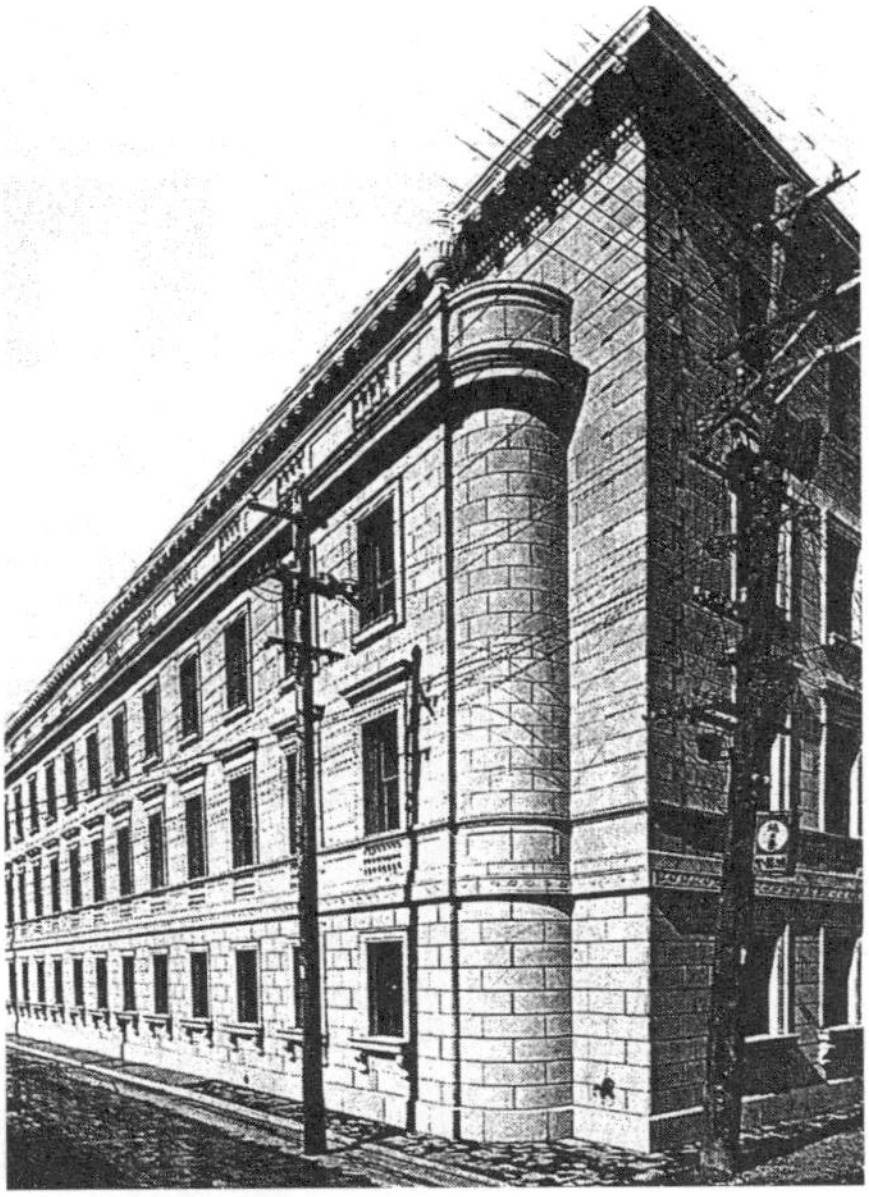
2-39 「横浜正金銀行大阪支店」

2-41 金属扉の装飾

2-40 客溜のインテリア　カウンターの右側に客溜

ちなみに東京の日本橋の辰野金吾設計による「日本銀行本店」の正面に、大阪と同じ一九二七(昭和二)年に完成した「横浜正金銀行東京支店」が建ったが、こちらの方は、大変興味深いことに、辰野金吾の直弟子であり、渡辺節より十七歳も年齢が上の建築家、長野宇平治が設計者として選ばれている。施主である「横浜正金銀行」側としては、両陣営にほぼ同じ比重をもつ支店建築を按配して、双方共に顔を立てた、といった経緯があったのかどうかは不明だが、もしそうだとすれば日銀技師長、長野宇平治は、この後辰野金吾の代表作である「日銀本館」(1894)の横に直接に接する翼部《ウィング》の形で、「日本銀行新館」(1932)を竣工させ、この三つの建物によって、〈辰野陣営〉の、まさしく堅固な〝牙城〟をこの場所に築き上げたことになる。

昭和初期の震災復興期の中での《古典主義》の流行

大震災の後、東京に本拠を置いて全国展開する主要な金融機関はこぞって、耐震耐火性に特別に配慮した構造・設備を備えた「本店」の新築計画を立て、その結果、一九二〇年代の終わりから一九三〇年代にかけて、さまざまな建築家の設計によって、続々と東京の中心部にそれらの建物が姿を現すことになった。それらの銀行や生命保険会社などの新しい本店建築に共通していたイクステリア・デザインの特徴は、ファサードの中心部に、特定の柱構成《オーダー》に従った〈列柱〉が立ち並んでいる、いわゆる《古典主義》の意匠が例外なく採用されていた点にあったといえる。具体的に例を挙げて見ていけば、先の「日本銀行本店」の東隣に建ち、「三井銀行本店」が入った「三井本館」(設計　トロウブリッジ・リヴィングストン、一九二九年)と、これのすぐ近くの日本橋兜町に完成した横河工務所設計の「東京株式取引所」(1927)にはじまり、このすぐ後には丸の内の「第一銀行本店」(設計　西村好時、一九三〇年)や、「不動貯金銀行本店」(設計　佐藤功一、一九三一年)などが続き、いわばそうした《古典主義》の流れの集大成のような形で、皇居前の濠端に、建築家岡田信一郎[25]の遺作であり、日本の《クラシシズム》建築の〈リヴァイヴァル〉の最高レヴェルを示す仕事として一部で非常に高く評価されている「明治生命館」(1934)が登場している。こうした近代的な構造・設備を《古典様式》の意匠によって包み込む作業に真摯に取り組むという方向でのデザイン的な努力は、この「明治生命館」を一つのピークとして、とりあえず終結した観があり、やがてこれに代わって、建築のデザインを〈過去〉の《様式》の直接的な模写や引用から、少し引き離してデザインするという方向での新しい動きが顕著になってくる。こうした時代的な傾向の中で、渡辺仁[26]が設計した「第一生命館」(1937)が登場し、岡田の「明治生命館」に御濠端で軒を並べて建ったことによって、建築のデザインが、

《様式》の持つ複雑な定式的構成《オーダー》を直写したり、その装飾を間違えずに細部に採用するような作業から遂に離れて、古典主義建築の一つの根幹としてあった〈比率的《ラショナル》〉な手法、つまりはその〈合理性《ラショナリティ》〉を、《様式》性を背後に隠した形で、より抽象的で、近代的な幾何学的シルエットとして建築に刻印して行く方向へと、転換していくことになったのである。

ところで、アメリカの設計事務所が設計した日本橋の「三井本館」は、長野宇平治が設計した「横浜正金銀行東京支店」と、彼がその頃すでに設計に着手していた「日本銀行新館」に敷地を接し、日本橋「三越本店」の北隣に建っているが、あたかも辰野→長野の先述のようなデザイン的系譜に呼応する形で、建物の内外に、まさしく《古典主義》の精神そのものを表す豪快な列柱表現をデザインの軸として実現し、長野が目論んでいたように思える、日本橋における《古典主義》の〝城郭〟形成を、結果的に、さらに強固にするために応援した形になった。

これに対して、〈辰野→長野〉ほど系列として明確には見えなかったにせよ、確かにあった〈反辰野＝反建築学会〉系の陣営が、渡辺節という勇猛果敢な〝戦士〟を秘かに後押しし、「興銀本店」に続く、陣営の次なる段階の〝橋頭堡〟とすべき建築として実現させたのが、日比谷の「日本勧業銀行本店」(1924)であった、といえるかもしれない。この「勧銀本店」の建築デザインも、先の震災復興による多くの金融機関の本店のデザインの場合と同じように、《古典主義様式》を採用していたが、そのデザインの内容を慎重に検討してみると、長野や、その後で登場する西村好時や岡田信一郎あるいは渡辺仁などの、《古典主義》またはその系譜にいて設計していた建築家たちが、自分の作品を通して表現しようとしていたものとは、いささか異なる内容を持っていたように思われてならない。渡辺節が、「日本興業銀行本店」でスタートを切り、「横浜正金銀行大阪支店」を間に置き、自分の設計事務所の《古典主義》の系の建築的意匠の一つの到達点として考えていたと思われる「日本勧業銀行本店」のデザインは、はたしてどこにそのような特徴を備えていたかを考えるためにこの建築の概要をここで見ることからはじめよう。

「勧銀本店」のファサードの特色

「勧銀本店」は、日比谷通りと、その道の向こう側の日比谷公園の緑地と、その公園南端に同じ年に完成した、早稲田大学時代の村野の恩師、佐藤功一設計による「日比谷公会堂」(1929)にその正面《ファサード》を向けて建っていた。この鉄骨鉄筋コンクリート造の五階建の建物は、地上階の平面《プラン》は、正面である日比谷通りに面した建物の間口が約七〇mと広く、さらに同じ渡辺が道一つを隔てた場所にすでに完成させていた「大ビル東京店一号館」に面した南西側の立面も、正面に負けずに奥行きが約六〇mもあった。正面のエレヴェーションは、七〇mの間口に対してパラペットまでの軒高が約二三mあり、高さと間口が、ほぼ一対三という比率で纏められている。仮にこの建物を上空から鳥瞰したとすれば、建物全体が扁平な箱状の輪郭を持ち、その中に、中央のホール上に開けた一つの〈光庭〉を抱えているのが見えるはずである。建物の外壁には、一般的な《古典主義建築》に見られるような、主に建物のヴォリューム感を強調するためのあまり大きな凹凸は与えられておらず、各壁面がフラットな広がりを見せて建物を包んでいるのは、先の「興銀本店」以来の渡辺の事務所の特徴的な手法であった。公園側に面したファサード・デザインは、同時代の「マッキム、ミード&ホワイト」などの、現代アメリカ建築からの影響下でデザインされたものであり、十九世紀初頭の《ネオ・クラシシズム》の中でも、ギリシャではなく古代ローマの《様式》を引用したデザインで纏め上げられている。またこの「勧銀本店」のファサード・デザインは、約一年前に京都に完成していた、同じ渡辺節の事務所によって設計された「日本勧業銀行京都支店」(1928)の立面構成を色濃く引き継いだ内容を持つものでもあった。(2-42、2-43、2-44)

　この建物の日比谷公園側のファサード・デザインは、日比谷通り側からの「勧銀本店」の内部への唯一のエントランスとして設定された「正面玄関《メイン・エントランス》」をその軸線状に置く完璧な左右対称《シンメトリー》で構成されている。公園側の主要なファサードは大きく三つの部分に分けられ、左右のオフィス部分の外壁が、背の高い円柱が立ち並ぶ正面中央のやや後退した外壁を両側で固めているという構成を持ち、この壁の幅も一対二対一という、明確な比率《レシオ》が与えられている。

　正面中央部の玄関周辺の壁面には、イオニア《アイオニック》式の二本組円柱《カプルド・コラム》が、〈ジャイアント・オーダー〉で立ち、五階の床レヴェルにある水平帯《アーキトレーヴ》の下まで、実に一八mの高さで立っている。高い基台の上に乗り、柱の最下部の直径が実に一・八m(六尺)もある柱身《シャフト》の全てが縦溝《フルート》で覆われた、古代ローマ風の巨大円柱は一見独立柱に見えるが、実は柱の根元の径の四分の一ほどを壁面に接した壁付円柱《エンゲージド・コラム》である。この二本組《カップル》になった円柱のさらにその両側の壁面には、こちらはカップルではなくシングル(単身)の同じスタイルとスケールを持つ壁付円柱が立っており、左右合計六本のこの円柱は、その列柱の間に三つの開口部を挟んでいる。この開口部は、四階部分にあるバルコニーの外壁側に、扇形窓《ファン・ライト》風の半円窓を開け、その下の一階から三階までの窓と共に、石製の窓枠でひと纏めにして、上端にアーチを持つ縦長窓に見えるようにデザインされている。

　このような円柱と半円《ラウンド》アーチのある開口部を組み合わせ

る手法は、すでに「興銀本店」の一階〝足元〟の外壁部でお馴染の構成であったが、ここではその構成をさらに拡大し、特に間口が四・五mもある各階の開口部には、二本の方立を入れ、その間に透明な大型板ガラスを入れている。この結果いかにもソリッドで重い巨大円柱の周囲を、ヴォイドな明るさと軽さで包み込み、クラシカルな列柱に特有の重ったるい陰鬱さからファサードを救っている点は、渡辺―村野デザインの見どころの一つだと言っても過言ではない。なおこの縦長の開口部の二階から四階の窓下の腰にあたる部分の上部に、〈バルコネット〉風に複雑な装飾帯が付けられており、「大ビル」の正面上や、このすぐ後に完成する「日本綿業会館」の外壁部に取り付けられた〈バルコネット〉の場合と同じような装飾的な視覚効果をここでも着実に上げている。

また壁付円柱が立つ間口が三五m弱ほどの外壁は、円柱

2-42　東京日比谷、「日本勧業銀行本店」

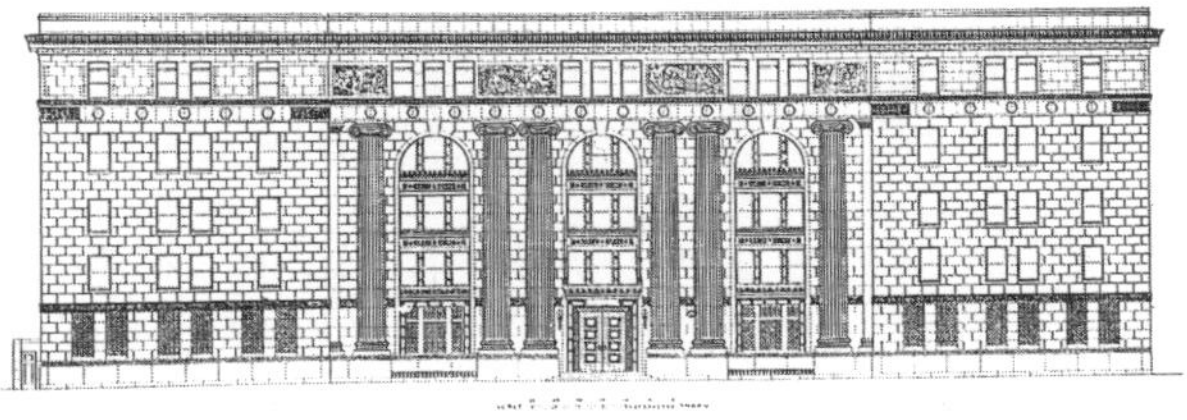

2-43　正面立面図

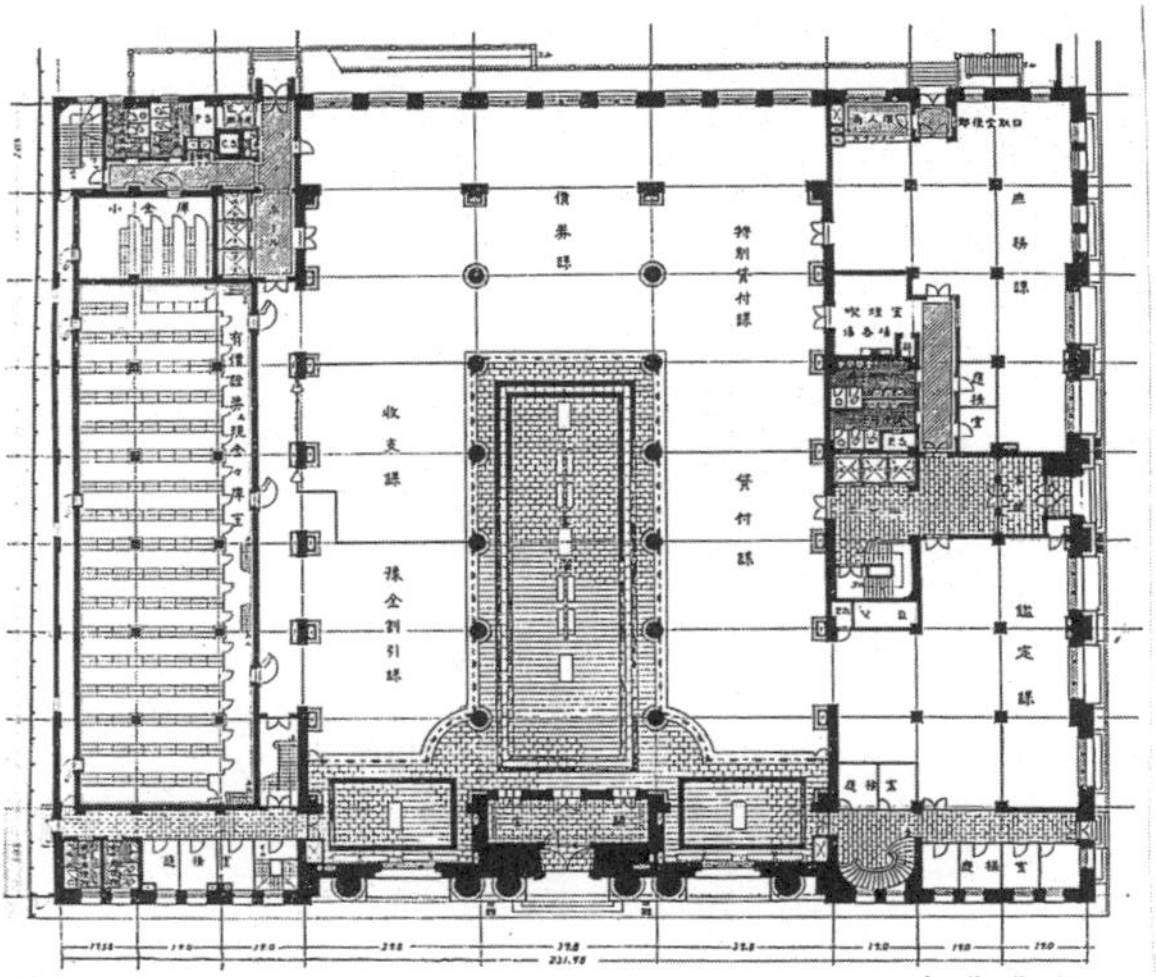

2-44　1階平面図

の直径分である一・五mほど壁面線から後退させて立ち、したがってその列柱部の両サイドにある一八m弱の間口の、その奥のオフィス・スペースを包んでいる石とセメントを混ぜて固めて作った〈模造石〉貼の外壁が、わずかに手前へ張り出して列柱の両側を護り固めているかのような姿になっている。しかし円柱の基壇部の先端と両脇の壁面線は横一線に揃えられており、これによって中央列柱部に淡い陰影を齎しはするが、しかし壁面の後退《リセス》が極端に強調されて、ヴォリューム感を出し過ぎないように配慮されている。したがって一般的な《古典主義》系建築の、列柱周辺に漂っているような、暗い翳りの中に柱が浮き出てくるような量塊《ヴォリューム》感はほとんど感じられない。列柱周辺にあまり強い量塊感を出さずに、それを壁面のフラットな広がりの中にできるだけ収め、ファサード全体に彫刻的なヴォリューム感を滲ませることを慎重に避け、逆にそこがグラフィックな軽快さに包まれているように見せるやり方をデザイナーとしての村野は、ここでも心掛けている。

例の、建物の立面を、〃足元〃、〃胴体〃、〃頭部〃に三分割して考える渡辺流の方法をここでもまた応用して観察してみよう。「勧銀本店」の〃足元〃、つまり一階の外壁部分は、切石の基壇の上に上階と同じ模造石を貼った壁面が舗道に面して一様に続いており、この壁の間に防犯用の鉄製グリルを奥の方に嵌め込んだ縦長窓の規則的な列が続き、その開口部の上端の窓楣がある位置に、水平に連続するフリーズ状の胴蛇腹《ストリング・コース》が巡っていて、二階以上の〃胴〃にあたる壁面と一階の壁とを明確に線引きし区画している。「大阪商船神戸支店」の〃足元〃の場合での、石の粗い肌理をむき出しにした壁面や、「興銀本店」の二本組円柱《カプルド・コラム》とアーチの開口部との組み合わせによる舗道の外壁部分に比べれば、人によっては素っ気ないと感じるかもしれないほどに簡略化され、ある意味で村野のディプロマの「マシーン・ショップ」の〃足元〃を想起させるほどフラットなものに変化している。ただ銀行建築である以上は、ここにはショー・ウインドウ風の無防備で開放的な開口部はもちろん作るわけにはいかず、代わりにその開口部の空隙を鉄製の強固な防護柵で埋めて、強盗などの襲来に備えている。

〃胴体〃に当たる壁面部分は、下と同じ模造石貼の壁面が大きく広がっており、この壁の中に、上げ下げ窓《サッシュ・ウインドウ》が入った、あの「大ビル」の外壁で先に見たのと同じような、窓廻りに装飾的な扱いが一切ない《ジョージアン》風の縦長窓が開けられている。各階の左右のブロックには四個ずつ、計八個の窓がある。

最上階である五階の床スラブがある位置の外壁には、列柱の柱頭がその上で支えている水平帯部《アーキトレーヴ》があり、平たく幅広の胴蛇腹状に建物を横に切って巡っている。またさらにその上でスカイラインを形成している最上階の軒蛇腹の水平に続く装飾帯との間に、この建築の〝頭部〟に当たる壁面が区画されている。この五階の〝頭〟の部分には、開口部の間に石板に浮彫を施したものと思える四枚の装飾板《メトープ》が嵌め込まれ、このビルのエンタブラチャー部分を活気付ける効果的な装飾となっている。

〝足元〟、つまり基台から一階窓の上端（楣下）までを〈モデュール〉とすれば、〝胴部〟〝頭部〟との比率は、一対三対一という構成で纏められている。

ややおっとりした顔

全国的な支店網の展開を誇る大銀行の本店建築をデザインする機会を得た以上は、設計者は《古典主義》の語彙の中から、古代神殿建築以来の〈列柱〉が集約的に象徴しているような建築言語を探し出し、金融機関としてのその組織の巨大性や安定した持続性や将来の発展性といったものを、銀行を経営する人たちや、さらには銀行を利用する側の人たちに対して建築表現を通して保証し、また彼らを納得させようとするのは当然の務めである。「勧銀本店」を設計する時の渡辺節も当然そのことを念頭に置いて設計を指揮していたはずだし、彼らの先輩である辰野金吾も長野宇平治などにしても、あるいは渡辺節とほぼ同世代に属する岡田信一郎も、やや後輩にあたる渡辺仁などといった、《古典主義》リヴァイヴァルの名手たちの場合でもその気持は同じであったにちがいない。

しかしこの「勧銀本店」のデザインの非常に興味深い点は、確かにその外観は《アイオニック》の円柱のスケールが示すような巨大性や、構成秩序《オーダー》に従った厳格な表情を見せているだけでなく、古典系の銀行建築のファサードにはやや珍しいが、どこか寛いだ、あえていえばおっとりした表情を備えているように見える点である。

ここで、おっとりした表情というのは、《古典主義》系の銀行建築を正面に見据えた時にしばしば感じるような、一言でいえば建築から受ける威圧感とか、さらに言えば建築から受ける威嚇するような迫力といったものとは正反対のもの、という意味である。その種の威圧感や威嚇性を漂わせた銀行建築を前にすると、堂々とした列柱の下を潜って、建物の中に入って行っていいものかどうか、時には躊躇《ためら》わされるような気持に襲われることがあるが、「勧銀本店」のファサードには、その種の畏怖感はほとんど感じられず、むしろ逆にそうした心理的な圧迫に襲われそうな人たちを、どこかで励まし、やさしく受け容れようとするかのような表現がそこにはある。上下に引き延ばしたようにも見える、四階分の高さの巨大な円柱の持つ、柱断面と柱組成《オーダー》の間のプロポーションや、その円柱の一部が取付けられた背後の壁体の間に開けた、大きな開口部の存在が、太いコラムを軽く見せていることによって、ファサードそのものが、《クラシシズム》系建築の一般的な表情とは少し異なり、重厚さや陰鬱さなどからはかなり離れた、どこか軽快で明るさを感じさせるようなファサード・デザインになっている。しかしこのような性格の建物正面は、動かしがたいほど完璧で厳格な《古典主義》特有のプロポーションを要求する、いわば〈擬古的〉な傾向を好む設計者や建築史研究者たちの目には、どこか中途半端で不完全な、〈マニエリスティック〉なデザインとして、強い不満を抱かせるような内容に見えたとしてもそれはまた当然の結果であったといえるだろう。

つまり村野藤吾が、渡辺節の指揮下でデザインした建築のファサード・デザインは、軽快で明るい表情を持っている代わりに、厳格で動かし難い構成や釣合の中にこそ《古典主義》の建築デザインの神髄がある、と信じて止まない美学者や建築史家などの冷徹な目からすれば、ファサード・デザインが「動かし難い」と言い切れるほど決定的なものでもなく、したがってどこか〝ゆるい〟印象、つまり構成のどこかに〝破綻〟があるように感じられたとしても無理のないことであったのだ。実は、このようなファサード・デザインのやや〝ゆるい〟性向にこそ、渡辺事務所時代の村野はむろんのこと、渡辺節のもとを離れ独立した後の村野が、多くの自分の作品の外観の基本的な特性として、あえて与えていた特徴でもあった。詳しい具体的な説明は後章でのそれぞれの作品論に譲ることにするが、仮にここで村野がその種の特性を自分の作品の外観に与えた理由を一言で要約しておくとすれば、彼は自分が設計に携わって完成させた建築が、いかなる《理念》、《美学》あるいは《主義》に基づいて設計されたものであったとしても、その建物の所有者や、あるいはその建物の利用者として近づいて来る人たちを、結果として圧倒したり、あるいは彼らをその形態や空間によって、畏怖させたり萎縮させたりする結果を生むような形態や空間を持つものとしてデザインしてはならないという、渡辺節というよりは、その下にいた村野藤吾に固有のものといえる《思想》や《美学》が、早くもそこに埋め込まれ、その結果として意図された〝ゆるさ〟が出ることになったからである。村野のその後の長い設計活動の中でも決して崩すことのなかったそうした決意や姿勢が、渡辺の強い指示のもとで着せた《様式》的な表現であるために、本来ならば重々しくまた仰々しくも見えるはずの《古典主義》に由来する建築的な〝鎧兜姿〟の中にさえも、早くも表明されようとしているのが垣間見えるという点で、「勧銀本店」のファサード・デザインは、非常に興味深いものを持っているのだが、それが十分に理解されないまま、勧銀が第一銀行と合併した折に破壊され建て替えられてしまったのはやはり残念である。

「勧銀本店」のインテリア空間

二本組円柱《カプルド・コラム》に挟まれたメイン・エントランスの、出入口を分けている入口用の玄関扉を押して玄関間《ヴェスティビュール》に入り、さらにその内扉を開いて、「勧銀本店」の内部へ足を踏み入れる。そこは晴天の日ならば、上の光庭から落ちてくる陽光によってまさしく光溢れる空間であったに違いない。地上五階建の建物の一階から三階天井面までの約一三mの高さを吹抜にした、間口三六m×奥行五〇m、一、八〇〇㎡ほどの広さを持つ広大な銀行の「営業ホール《バンキング》」の中に足を踏み入れたのだ。外からも見えた左右(南北)両サイドの通常のオフィススペースに挟まれた形のこのホールの中央には、玄関間に続く、艶やかに磨ぎ出された大理石を一面に床に敷きつめた来客用の「客溜」の空間がある。客溜は、間口一二m×奥行三一mの長方形の空間であり、その南北を、外部と同じ《アイオニック》のスタイルを持ちジャイアント・オーダーの独立円柱の列が、片側五本計十本で柱列《コロネード》を造って客溜の空間を挟み、入ってきた顧客たちを整列して出迎えている。トラバーチンに縦溝《フルート》を入れた柱身は、柱礎上の直径で一・二mもの太さがあるが、その高さのせいかむしろスレンダーに映る。独立して立ち、構造的にも実際に荷重を受けているこの円柱は、渦巻形《ヴォリュート》の柱頭《キャピタル》の上でSRC造の大梁を支持しているが、その水平材は刳型で化粧されてエンタブラチャーとなり、その上の天井面は、不透明な網入板ガラスを入れた〈光天井〉となって、さらにその上に大きく開けられている〈光庭〉から落ちてくる昼間光を受けており、同時にその裏側には電気照明も設備されている。(2-45)

「興銀本店」の場合には、客溜前の出納カウンターが行員の執務室を〈コ〉の字形に囲む形式であったが、「勧銀本店」ではそれとは逆に、十本の円柱の間を繋ぐように、営業用カウンターとその上に防犯用スクリーンを入れて、ホール中央にある客溜を〈コ〉の字形に、行員たちの執務空間が取り囲んでいる。この列柱に囲まれた客溜の光景は、銀行側が顧客を見事

2-45 「勧業銀行本店」の営業ホール

に掌握して閉じ込めている図とも見えなくはないが、逆にいえば、あたかもギリシャ神殿内の聖所、内陣《ナオス》に顧客を置く形と見ることもできる。この客溜の周囲の営業ホールの大部分の天井面が、上の光庭《ライト・コート》から落ちてくる昼間光を受けており、「興銀」に比べるとホールの内部はかなり明るく、また伸び伸びとした開放的な空間になっている。

バンキング・ホール上にあたかも天幕を張り巡らしたような「興銀本店」のヴォールト天井に対して、《バロック》系の柱梁の軸組を空間構成の骨格とする「勧銀本店」の場合は、柱などのそれぞれの構成要素《エレメント》の巨大さもあって、たしかに重量感やスケール感を誇示する内部空間になっているが、しかしその割には建物の中に入ってきた顧客たちを怖気づかせたり、怯えさせたりせずに済むような、どこか爽快感のある空間に纏められているように感じられるのはなぜであろうか。その種の効果が得られている最大の理由がどこにあるかといえば、先にファサード・デザインに関して触れたこととおそらく同じデザイン上の処理があったためだと思われる。つまりこの室内は確かに古典的《クラシカル》で、伝統的《トラディショナル》な表情に溢れているが、それにもかかわらず、〝中身〟、つまり〈構造《ストラクチャー》〉や〈構成《プロポーション》〉は、かつての石や煉瓦を用いた組積造によるそれではなく、SRC造やRC造等の、〈現代建築〉で初めて実現することができた構造が生みだしたスケールの空間であったからである。

渡辺の下のチーフ・デザイナーであった村野は、この一見擬古的にみえるインテリアにおいても、当然のこととして〈過去〉そのものを目指すのではなく、彼がまさに生きている〈現在〉をそこに表現しようと工夫していた、と言い換えるべきかもしれない。その結果として、古代神殿の内陣《ナオス》を思わせるような室内は、下手をすれば重々しく暗い、客溜の客を脅かすような空間になりかねないにもかかわらず、逆に後に《モダニズム》が別な形で実現してみせたような、今でいう「アトリュウム」の空間が備えている明るくて〈合理〉的な表情を持つ伸びやかな空間を実現し、天井面から降りてくる大量の光に包まれている客溜の客たちに、従来の《様式》からくる建築言語に囲まれているにもかかわらず、明るく爽快な空間としてそれを経験させることに成功したのである。渡辺と村野が「勧銀本店」のバンキング・ホールで具体化したこの近代的な内容は、「勧銀本店」の竣工の翌年に丸の内に完成した、巨大な鉄骨ドームを架けた、西村好時の「第一銀行本店」

2-46　西村好時設計、「第一銀行本店」の営業ホール

(1930)のホールの、あたかも古代ローマの浴場空間を模したかのような営業ホールが見せる、大きな鳥籠をホール全体に被せて、その下に顧客や行員たちを一気に捕獲したかのような、クラシカルな重厚性と完結性に溢れた空間と比較してみれば、「勧銀本店」の〈現在〉性は、おそらく一目瞭然となるであろう。(2-46)

佐藤功一の「日比谷公会堂」の工事を前にして

先にも少し触れたが、興味深い偶然というべきか、村野が渡辺の下でそのデザインに深く関わっていた「勧業銀行本店」の工事が行われていた目と鼻の先では、これもまた震災復興事業の一環として、大きな公共建築の新築工事がほぼ時を同じくして進行中であった。俗に言う「日比谷公会堂」がそれである(2-47)。正式名称では「東京市政会館・日比谷公会堂」と呼ばれるこの建築の設計者は、村野がわずか十年ほど前、彼が早稲田の建築科の学生であった時に、《様式》に関わるさまざまな設計課題を出題して困惑させたあの主任教授、佐藤功一であった。教師としての立場の他に設計者としても大正後半から昭和初期にかけて大活躍した佐藤は、《チューダー・ゴシック様式》による外観を持つ「早稲田大学大隈講堂」(1927)をはじめ、さらに《クラシシズム様式》による丸の内の「東京府農工銀行」(1928)などの《様式主義》を基本とする設計を得意としてきたが、この建築では打って変わって、それまでの《様式》的意匠を何の躊躇もなく脱ぎ捨てて、新しい同時代的な表現に突進する姿勢を内外に表明して、「勧銀」と同じ一九二九(昭和四)年にそれを完成させた。今も都民に親しまれ使われているこの「日比谷公会堂」のデザインは、ドイツの建築家、F・ヘーゲル[27]などが当時ヨーロッパで盛んに試みていたような一連の垂直性を立面に強調した建築デザインに似た外観を持っており、建物の外壁全体に上昇性を強調した細い付柱や間柱で覆われ、また外壁全面に当時流行していた艶のないスクラッチ・タイルを貼られて仕上げられている。基本的にはドイツの一九一〇年代から二〇年代初めに流行した《表現主義》の建築からの強い影響下で設計された建築であったが、いずれにせよ建築デザインが《様式》から次第に離れて、新しい時代の表現を取り入れはじめていることを具体的に示していた建築であることには変わりがなかった。恩師佐藤のその最新作は、《様式》の制約から離れたすっきりとした姿で「勧銀本店」の面前にいわば対峙するように立っていたから、「村野君、学生時代に〈セセッショニスト〉として鳴らしていた君が、なぜこの期に及んでも、《クラシシズム》などという堅苦しい《様式》デザインで苦労してるのかね」と、佐藤功一が揶揄しているかのように村野には思えてしかたなかったかもしれない。同時にその時の村野は渡辺の設計

2-47 「東京市政会館・日比谷公会堂」

事務所の所員である自分自身の立場について、改めて考えずにはいられなかったのも想像に難くない。村野は「勧銀本店」の現場を訪れるたびにほぼ並行して進められている「日比谷公会堂」の工事中の姿を目撃して、心穏やかにはいられないものがあったのだ。渡辺の事務所へ村野が入所した当初から渡辺が言い続けてきた、「ツー・マッチ・モダン」は駄目だという言葉の意味とその言葉が与えた決定的な影響力を思い返し、村野はこの言葉に素直に従い、近代的な構造や設備の上に《様式》の衣装を素直に着せ続けてきたこの十年間の自分を改めて省みると同時に、大学で渡辺節の五年先輩に当たる佐藤功一のデザインが、《様式》からの自由を謳歌しているのを、「日比谷公会堂」を通して目の当たりにして、長年彼を捉えていたトラウマから解放されるべき時、まさしく辞める〝潮時〟が近付いて来ているのを心の奥で強く感じ始めていたにちがいない。このようにして村野は、渡辺に、事務所を辞めたいという意思を実際に告げ、以前から自分が設計に深く関わっていて、まだ工事に入っていないような数棟の建物の竣工までを、いわば〝お礼奉公〟の形で見届けることという渡辺の条件を受け入れて、一九二九年ようやく一人の建築家としての独立を認められ、その後大阪阿倍野の地にささやかな設計事務所を構えることになったのである。渡辺節事務所に彼が入って、十一年目、村野が三八歳の時であった。

〝セツ・ワタナベ・ストリート〟の成立

なお先に触れておいたように、「日本勧業銀行本店」(1929)の完成より二年ほど早く、「勧銀本店」の横(南側)の道路一本を挟んだ反対(北)側の敷地である内幸町一番地に、大阪の「大ビル本館」(1925)に続く、同社の東京進出の第一弾として、「大阪ビルディング東京支店(後に同一号館)」(1927)が、同じ渡辺節建築事務所の設計によって完成した。さらにその左(東)隣の敷地には、村野の一九二九年の退所の約二年後の竣工ではあったが、デザインの概要は彼の在籍時におそらくおおよそが決定されていたと考えられる「大阪ビルディング東京支店第二号館」(1931)が、隣の「一号館」に一部を連絡通路などで連結して竣工している。一九二七(昭和二)年完成の

「一号館」と、一九三一(昭和六)年完成の「二号館」の二棟の貸オフィスビルのデザイン上の共通した特色は、道を挟んで隣接する「勧銀本店」が《古典主義《クラシシズム》》のデザインを採用していたのとは対照的に、二棟共に《中世主義《ミディヴァリズム》》をデザインの基調としていた点にあったといえよう。いうまでもなくそのデザインは、装飾的細部で《ロマネスク》を基調とした大阪の「大ビル本店」の《様式》上の系譜を継承したものであり、「一号館」は同じ《ロマネスク》を踏襲し、「二号館」は《ゴシック》をデザインのベースに採用していた。「一号館」は鉄筋コンクリート造、地下一階、地上八階建、延床面積、一一、〇四一㎡。「二号館」も構造は、鉄筋コンクリート造、地下一階、地上八階建、延床面積、一〇、八〇五㎡で、ほぼ同じ規模、同じ高さで、一つの道路沿いに〈中世〉風の街並を構成し、同じ道を挟んで、公園側の正面と同じく〈近世〉風の列柱のある立面を道路側に見せる「勧銀本店」と対面することになった。この結果この通りは、いわば「セツ・ワタナベ・ストリート」といった様相を呈し、先に見た日銀、正金銀、三井銀などで構成された、日本橋本石町界隈の仮称「タツノ・ナガノ・スクエア」に対峙する、〈反辰野〉の東京における〝橋頭堡〟として固められたといえるかもしれない。(2-48)

「一号館」のイクステリア・デザインから見ていくと、道路に面した北側立面は、間口三〇m(一〇〇尺)、高さ三〇mという、正方形の箱型のビルであり、そのファサードの一階中央部に「メイン・エントランス」を置いて左右対称の構成を保っている。ビルの東西両端に平屋の下屋部分を各々間口四mずつ外側に突きだし、その部分にそれぞれの「玄関」を置き、玄関に向かって左(東)側の「住友銀行支店」と、右(西)側の「大阪商船東京支店」の、一階貸フロアを二分している両社の「営業室」へ入る顧客用エントランスとしている。このビルの〝足元〟にあたる一階舗道側の外壁面は、東西の付属屋部分も含めて、二階の床レヴェルで回された簡素な胴蛇腹の下側を、「古間石」を切石整層積にして貼った比較的平坦な壁面で明

2-48 「大ビル東京一号館」

るく覆われており、それまでの渡辺節が造るオフィスビルに見られたような、円柱や付柱などといった《様式》的で彫刻的な陰影を湛えた装飾は一部を除いてここではほとんど見られない。またオフィスの主玄関の左右にある出入口や窓まわりも、魅力的な装飾が施されていてもきわめて控えめで格別人目をひくことのないようにさりげなく扱われている。

　街路側の立面の真中に置かれた、上階のオフィスで働く人たちの主要なアプローチとなる〈中央玄関《メイン・エントランス》〉には、玄関扉の上部に〈中世〉のヨーロッパの教会堂のエントランスを思わせるような、石の薄彫装飾を施した半円弧帯《アーキヴォルト》が架けられており、このアーキヴォルトの両端に、実に見事な邪鬼風《グロテスク》の動物の、

2-49　「一号館」の中央玄関とその周囲の装飾

石彫の持送《ブラケット》を見出すことができる。またアーキヴォルトの内側の扇形開口部《ファン・ライト》には、ガラス面の前に防犯を兼ねて菱井桁模様に石で包んだ鉄製グリルが入れられている。いうまでもなくこれらの装飾的手法は、大阪の「大ビル本館」の〝足元〟周りに見た石彫レリーフを中心とした装飾術を、さらに簡潔化させていく中で得られたものである。そのほかこの大阪と東京の二つのビルの強い繋がりは、ビルの左右両端の外壁に造られた浅い壁龕を背にした、大国貞蔵作の男女像の、ややアルカイックに硬直させた感じの立像によって、より強く印象付けられている。（2－49、2－50、2－51）

2-50　中央玄関脇の彫刻

2-51　大国貞蔵作の壁龕彫刻

「大ビル東京一号館」の〝頭〟と〝胴〟

今度は、ビルの〝足元〟から視線を上昇させ、ビルの上部の壁に目を移していくと、七階と八階部分の外壁が、その下の二階↓六階部分のシンプルな〝胴部〟の外壁の処理とはかなり異なる、凹凸の多い《様式》的な細部デザインになっているのが目に入り、まさしくこの部分がこのビルの重要な〝頭部〟を形成していることがわかる。特に最上階(八階)の一階下の七階部分の外壁が、西欧〈中世〉の城砦建築でおなじみの〈跳出し狭間《マチコレーション》〉の形態にデザインされており、建物の全体的な輪郭を含めて、このビルがたとえばフィレンツェの市役所「パラッツォ・ヴェッキオ」などに似ている理由となっている。〈マチコレーション〉とはその昔、城壁に近づきそれをよじ登って城内へ攻め込もうとする敵に向って真上から、重い石塊などを、床に開けた穴から落として殲滅《せんめつ》する目的で造られた〈張出し廊〉のことであり、その形態を模して《中世主義》建築にしばしば好んで用いられた建築言語だが、ここでも壁面より前に六〇cmほどオーヴァーハングさせてその形態を模している。下からこれを見上げると、その跳ね出し部分をたくさんの持送り《コーベル》が並んで先端を半円アーチで連続させてコーベル・テーブルを作っており、上方の小壁にテラコッタで作ったさまざまな種類の、怪奇ではあるがしかし魅力的な動物の頭部などが横一列に並んで壁に固定されている、このグロテスクというよりもユーモラスな装飾帯のその下のコーベルの根元にも、上よりやや小ぶりな同様の装飾も加わって、にぎやかにこのビルの〝頭部〟の外壁を飾り立てており、周囲のビルとの差別化が計られている。この七階の跳ね出し部分の上の八階の壁は、再び下の一般階の壁面線にまで後退させてあるため、下から見ると八階部分が、一見〈アティック〉階の形に見えて、ビルのスカイラインの下を押さえているが、この部分の外壁を構成している柱型の上部にある装飾的なアーチが作る小壁龕と、その間の小壁に施された同じような小半円アーチを並べた鱗模様の壁面装飾が、華麗でしかも細かな陰影を持つ軒蛇腹を演出している。(2-52、2-53)

〝頭部〟としてのこの張出し部分の下に広がるビルの〝胴〟に当たる壁面は、先に見たように〝足元〟と〝頭部〟の部分が〈中世〉の《ロマネスク》の建築の、素朴で古拙《アルカイック》だが、しかしそれと共に複雑で多彩な装飾に覆われていた状態とは逆に、無装飾に、また無表情に、スクラッチされた化粧煉瓦の壁がただ広がっているだけに収められている。このきわめて簡潔《シンプル》で装飾のない平坦な広がりの中に、縦長の上げ下げ窓《サッシュ・ウインドー》が、各階ごとに規則正しく整列させられている外壁の表情は、明らかに、先に詳しく見た大阪の「大ビル」の外壁の、《ジョージアン》の仕様を踏襲したものである。

2-53　パラペット部分を見上げる

2-52　「大ビル東京一号館」のパラペット部分の詳細

実は大阪→東京のそれぞれの「大ビル」へと続く、こうした〝胴体〟の部分のシンプルな壁面と開口部の組み合わせは、これまでも指摘しておいたように村野の独立後の外壁デザインの方向性を考える上で非常に重要なものであり、これらの建物での経験がやがて、村野の第一作としてあまりにも名高い、東京日本橋に建てられたあの「森五商店」(1931)の外壁へと展開して行き、「大ビル」を一段乗り越えた外壁デザインとして結実することになったのである。村野が独立後に発表した一連の建築の外壁に著しい特徴として言えるのは、SRC造やRC造といった近代的な構造的躯体を壁体によって包みこむときに、表現として外壁面に〈皮膜的伸張性〉を与える、という注目すべき傾向であり、村野は独立した直後から、渡辺事務所時代にすでに考えていたと思われる、外壁の〈皮膜的伸張性〉をさらに決定的に強調するために、〈窓面〉と〈壁面〉をできるだけ平坦に、つまり窓の抱きとか見込みといわれる部分をできるだけ浅く(平坦に)見せるという、当時の建築界ではあまり一般的とはいえなかった、きわめて斬新な手法を展開して行くことになった。

大正末から昭和初期の日本の建築界のビルの外壁デザインの傾向は、むしろこうした村野の意向とは逆に、近代的構造体の外壁に、いかに深く窓を穿って壁面に重厚感を持たせるかに苦心していた節があり、実際に村野が渡辺の直接の指揮下で担当していたと思われる「大ビル本館」(及び「大ビル東京支店一号館」)では、まだ外壁からの窓面の見込みがかなりあり、窓は壁に四角い穴を穿って開けたかのような影を窓廻りに湛えていたが、それでもほぼ同じ時期に完成した長谷部鋭吉指揮下の住友営繕が総力を挙げた作品、「住友ビルディング」(1926)の窓を外から眺めた時の深さに比べると、はるかに浅く面的な連続性が強かったことが一目瞭然である。(2-54)

独立後の「森五商店」においてそれを一気に浅くして、〈壁〉と〈窓〉の関係が〈量塊《ソリッド》〉と〈空隙《ヴォイド》〉という対立的な関係ではなく、一続きの〈面〉の中にほぼ同じ性格のものとして連続しているかのような、文字通りの〈皮膜性〉の表現へと展開させることに成功し、村野藤吾という新進の建築家の作品の持つ、組積造《メーソンリー》時代には決して実現できなかった建築表現の、格別の〈近代性〉を印象づけたのだが、これらの村野の〝脱皮〟の詳細については、後章にまわすことにしよう。

2-54　大阪「住友ビル」の外壁と窓

「大ビル東京一号館」の一階部分の平面計画と地階施設の人気

「大ビル東京一号館」一階の内部を見るために、ビルの中央部にある主玄関の、例のロマネスク教会堂のエントランス風の石のアーキヴォルトの下の両開きのガラス扉を開けて、「玄関ホール」へと足を踏み入れる。ホールの広さは、間口六m×奥行一二m、七二㎡ほどだが、同じ間口でそのままエレヴェーター・ホールへと五m近く奥に室内空間が伸張しているので、狭苦しさはあまり感じないですむ(2-55)。この玄関ホールで目に付くのは、大阪の「大ビル」の場合と同じくやはり天井面の意匠である。ここでは大阪の場合のように二階分を吹抜けにすることはできず、ホールとしては低い天井高からくる圧迫感を来訪者に与えないようにするために、大阪のような立体的で彫刻的なモールディングは施されず、代わりに緩やかな円弧状《セグメンタル》アーチを架け、このヴォールトの表面に、ここでもロバート・アダム[28]などの《ジョージアン》風のモールディングで魅力的な天井装飾を施し、さらにこの天井面からペンダント型照明具などを吊り下ろして変化を付けている。ホールを取り囲んで三つの小店舗と、オープン・カウンター式の煙草屋があり、この煙草屋には美人で評判の売り子がいて、周辺の他のビルからも煙草を買いに来る客が少なくなかった、などといった逸話もある。(2-56、2-57)

玄関ホールを通り、エレヴェーターに乗って上階のオフィスに出勤し、また逆に退社するといった具合に、このビルに出入りする人々の多くは、二階から八階にかけてのフロアにテナントとして入っていた会社や事務所で働いくサラリーマンたちであったが、時には当時売れっ子の文学者や映画界の女優や、演劇界の俳優などが入って来て、その場所を普通のビルのエントランスと違う華やいだ雰囲気にすることもしばしばであったという。実はこれには理由があり、「一号館」が完成した当初から、第二次大戦後、このビルが占領軍に接収

2-55 「大ビル東京一号館」、玄関ホール

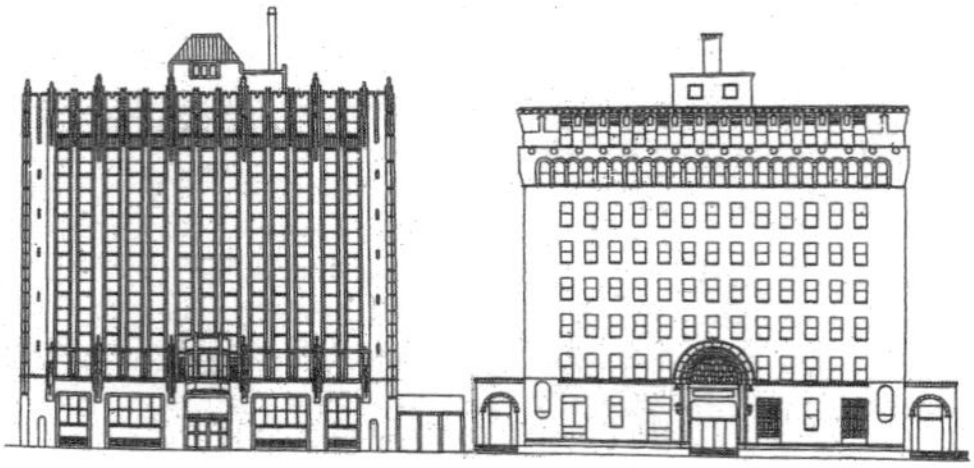

2-56 「大ビル東京一号館」(右)と「二号館」(左)の立面図

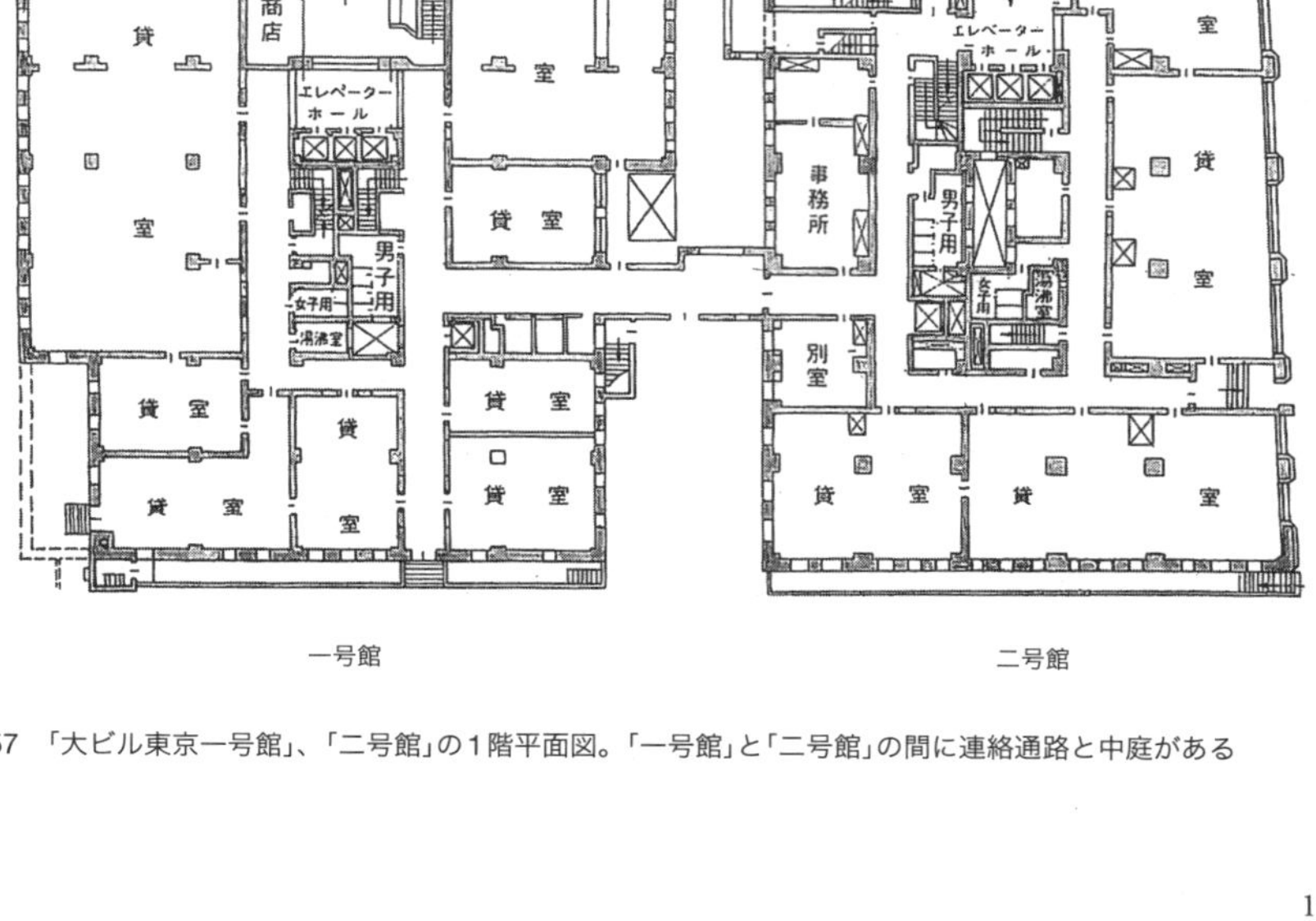

2-57 「大ビル東京一号館」、「二号館」の1階平面図。「一号館」と「二号館」の間に連絡通路と中庭がある

されるまでの間、あの菊池寛が一九二三年に個人で主宰してはじめた「文藝春秋社」が一テナントとして入っていたためであり、一九二七年の開館当初には、菊池寛の社長室が三階にあり、四階に一〇八㎡ほどのスペースを借りて編集業務などを行っており、そのため菊池寛を慕い、また彼の物心両面での支援を求める多くの文学者や映画演劇人たちがここを訪ねてきて、「大ビル東京」を一般的なオフィスビルの雰囲気と違ったものにしていたという。[29] この「文春」への訪問客たちが決まって訪れたといわれる場所がこのビルの地下にあった。それは「レインボーグリル」という名前の、和洋大小の「レストラン」と、ホテルのロビーといった機能を兼ねた大小の「サロン」などを備えた複合的な商業空間であった。一号館の開館当初から、六五七㎡（約二〇〇坪）もの広さのスペースを借りて、単なる飲食施設としてだけでなく、「文春」と「大ビル」を中心にして交流の場として使われていたという。ここでは「倶楽部」という形式は採っていなかったが、そのスペースが事実上大阪の「大ビル」八階の「大ビル倶楽部」の空間に近い性格の場所であったことがわかる。

一九三〇年六月十六日付の「日刊丸の内」という今でいえばタウン紙の中の、丸の内日比谷界隈の「推奨食堂紹介」の記事に、「モダンな設備と各室に異るカラー」というタイトルで、「内幸町の一角に現代美術の粋を集めたるモダンビルディング、大阪ビルの地階にあるレインボーグリルを我が丸の内に持つといふことは丸の内人の喜びであり誇りでもある」という書き出しで、そのレストランの料理の味を賞賛する前に、地階のインテリア空間について次のように書いている。

「ビルの正面入口を入り、左手煙草売店［の裏側］について階段を下りること五、六歩、ふんわりとした気分に心も和らぐ。進んで正面にパーラー［談話室］がある［その］右手に、うち絹張の硝子戸を通じて大食堂を見る左を奥に進めば、実によく落着いた感じの酒場［バー］で、その脇を通つて［行くと］主に和食用としての清楚なる食堂へ出る。さて元のパーラーへ戻つてまつすぐ通じる［廊下正面の］部屋がスペシャルルーム［大談話室］で、そこに居る者をして宛《あたか》も我家に憩ふ心地を与へる。（中略）ここレインボーグリルの誇りの一つとして、前に述べた様にたとえばパーラーにしろ、大食堂、スペシャルルーム、酒場、和食堂等の各室が、その室々により全然室内の装飾及椅子テーブルに至るまで異つてゐることである。バーにはバーの気分横溢し、パーラーではパーラーの気分をいかんなく現はしてゐる。[30]」

この探訪記事を書いた記者は、「レインボーグリル」が客に提供する料理の素晴らしさについて書くという、彼のもともとの仕事の前に、「大ビル東京一号館」の地階の〈インテリア〉の〝おいしさ〟に対して賞讃を惜しまなかったようにみえる。実はこのインテリア・デザインが、渡辺節事務所が直接設計を手掛けた結果実現したものか、あるいは百貨店の室内装飾部のようなインテリア専門の組織や個人に依頼して設計されたものであったか詳細は不明だが、渡辺節の東京の設計事務所が、開館と同時に大阪の場合と同じく、「文藝春秋」が入っていたのと同じ四階に、「文春」より広い一五二㎡を借りて入っていたことなどから考えても、渡辺事務所の〝息〟が掛ったデザインであったことはおそらく間違いのないところだろう。とすれば、先の記者の記事などから逆に考えると、オフィスビル設計の基本計画を立てる渡辺節と、その建物内外の空間や装飾などの具体的な決定に責任を持っていた所員の村野藤吾との連携が、本来のオフィス・スペースのデザインは言うまでもなく、この種の〈癒し〉の時間のための空間形成においても、大阪の「大ビル倶楽部」などでの経験を通してますます熟練度を増し、一人の記者だけでなくその多くの利用者の心を捉えて離さないところにまで近づいていたことが窺える気がする。その結果というべきか、たとえば「文藝春秋社」の創立三十五年を記念した社史の中にも、「レインボーグリル」についての特別な言及があり、「［このビルでの］事務が始まると間もなく、地下室にレインボーグリルが開店した。大きなサロンとグリル、宴会場も酒場もゆとりのある造りだつたが、ことにサロンに備えられた革張りのソファと椅子は、それから永らく、文藝春秋社に関連して集まる多数の文筆人の愛用する処となつた。（中略）ある意味では、［レインボーグリルは］昭和の日本文学史上にも遺される名であるかもしれない。」とさえ記されている[31]。

「レインボーグリル」の「大きなサロンとグリル」や「酒場」、つまり大きな談話室やレストランやバーなどが、どの部屋に入ってもそれぞれの用途（機能）にふさわしい見事な内装が施され、たとえば大きな談話室に置かれた革張りのソファや肘掛椅子に腰をおろした文士や編集者たちの、先の記者の言葉を借りれば、「そこに居る者をして宛も我家に憩ふ心地を与へる」かのような寛いだ空間を実現していた事実を教えられると、後にホテルなどの商業施設で、さまざまなロビーやレストランやバーをデザインする中で、一途《いちず》に利用者にとっての〈居心地のいい空間〉を追い求めていくことになる村野藤吾の、若き日の努力の跡や、種々の試みがそこにもあったのではないかと推測されるのだが、それを詳細に検証するための残された資料が残念ながら今手元にほとんどない。

また「大ビル東京一号館」および「二号館」を通じて、〈計画〉、あるいは〈構造〉の側面できわめて注目すべき試みが行われていたことについて、ここでやはり触れておく必要があるだろう。「一号館」、「二号館」ともに構造は、RC造による軸組構造を採用しているが、長方形の平面を持つ立方体形のビルのプランの中央部分に設備系の諸施設を集中し、エレヴェーター室、階段室、トイレ、湯沸室、パイプ・スペース、換気用光庭などの壁体の多い部屋を一箇所に集めて長方形の平面にまとめ、これらの壁群にリジッドな耐震上の力を与えて固め、戦後の日本の建築界のオフィスビルの「コア型プラン」に近い平面計画上のシステムが先駆的に試みられていると一部研究者は指摘している。おそらくこのアイディアは、「大阪商船神戸支店」以来、渡辺と構造計画の面で強力なタッグを組んでいた内藤多仲と、建築計画の面で特別な才能を持っていたように思われる渡辺節の二人のやりとりの中で自然に生まれた手法であったのではないかと思われる。

「大ビル東京二号館」の外壁における〈ゴシック〉

「一号館」に続いて、村野が渡辺の所から独立して自分自身の作品を発表し始めた一九三一年に完成した「大ビル東京二号館」は、地下一階部分では、共有する一枚の構造壁によって隔てられてはいるが、二本の廊下によって「一号館」と計画的に一体化している。しかし地上の一階から八階までの部分は、九mほどの間隔を置いて二棟に分離して建てられている。両棟は一階では中央部にある連絡通路のみで繋がり、外観上はそれぞれ異なるデザインを与えられて独立している。その独立性を強調しようとした結果、後から建てられることになった「二号館」の外壁面は、「一号館」と同じスタイルの外壁面を用いて連続させることはせずに、「二号館」の立面には、街路に面した北側と東側の立面に、付柱《ピラスター》や間柱《マリオン》などを密に並べ立てて上昇させ、その付柱やマリオンがパラペットを越えて、さらに上に小尖塔《ピナクル》状に突き抜けるような形に纏められている。（2-58）

この「二号館」の外壁を例の如く、建物の〝足〟と〝胴〟と〝頭〟の三つの部分に分けて見ると、まず〝足元〟に関しては、一階部分の壁は「一号館」に合わせ古間石を構造柱に平坦に貼付けており、一階の柱間のやや奥まった位置に、腰壁付きの広いガラス窓がある障壁を入れて、非常にシンプルで軽快な仕上げが成されている。興味深いのはその上の二階部分の外壁のデザインで、北側の街路に面した一階中央部に位置する「正面玄関」の真上に、一見望楼風にも見える跳出し窓《オリエル・ウィンドー》をアクセントとして乗せ、その左右の柱や間柱の上に、明るい石を巻いた矢羽根状に縦長の格子装飾が取り付けられている。これが底部となって、付柱や間柱が上階に向かって垂直に上っていくが、その一本一本がいわば〝矢〟のような形になって外壁に貼り付けられている、と見ることもできる。ビルの〝胴部〟は、この大小の〝矢〟が並んだ、スクラッチタイル貼の柱列の縦縞模様の広がりによって構成されており、それを下から見上げる時の視線の角度によって密度も陰影も異なって見える

2-58　竣工当時の「二号館」とその向こう側の「一号館」。ビルの影しか写っていないが、道路の右手には「勧業銀行本店」があった

という、この種の外壁面に特有の効果を創り出している。この縦に上昇するピラスターやマリオンを追って視線を上方に転じると、〝矢〟の先の鏃《やじり》のような形で、それぞれの先端部が再び石で覆われ、パラペット周りの〝頭部〟を帯状に装飾しているのが見え、なかでも付柱の先端は、軒線を超えて天空に突き刺さるようにして、垂直方向への上昇性を強調している。

いうまでもなくこの種の垂直性を強調したエレヴェーション・デザインは、ドイツでP・ボナッツが行っていたデザインの影響を受けたものであったが、こうした意匠は大阪の「大ビル」や、隣の「大ビル東京一号館」が《様式》上の基調とした《ロマネスク》ではなく、渡辺事務所の作品系列でいえば、「二号館」の竣工の三年ほど前に神戸に完成していた「日本興業銀行神戸支店」(1928)に始まる、《ネオ・ゴシック》系のファサードを引き継いだデザインである。こうして、日比谷の「大ビル東京一号館」と「二号館」は二棟並んで街路に面して立つことによって、同じ《中世》の建築様式から採った《ロマネスク》と《ゴシック》という、西欧〈中世〉を代表する二つのスタイルの鮮やかなリヴァイヴァルによる街並が形成されることになったのだ。それと同時に、その斜め前に建っていた、まさしく西欧〈近世〉における《古典主義》の近代的リヴァイヴァルとしての「勧銀本店」と共に、〈ワタナベ・ストリート〉を、《様式》の歴史的「混在併存」の街並とすることに見事成功したのである。

また「二号館」の外壁の、全体に垂直性を強調したファサード・デザインは、「一号館」の外壁〝胴部〟が「森五商店」の外壁の出現に少なからぬ関連をもっていたのと同じように、村野の独立直後の代表作であり、また最大の話題作でもあった大阪心斎橋の「そごう百貨店」の、縦繁の〈ルーバー〉の連続体の表現に無関係であったとは思えない。近代的な百貨店の構造

2-59 「二号館」、ホールの天井

的躯体を〝鳥籠〟のように包み込んでいるそのルーバーは、鉄筋コンクリートの芯をトラバーチンで被覆したものであり、それが造り出す、脱《様式》の、近代的な〈抽象性〉を横溢させた格子模様には、幾何学的な直截性はあっても決して冷たい感じはなく、逆に非常に華やかで、見方によれば《ネオ・ゴシック》とも、あるいは《表現主義》の表現とも見える。いずれにせよ印象的なあの外壁面の佇《たたず》まいは、あるいはこの「二号館」を原点としてそこに展開していったものであったといえるかもしれない。また「二号館」の玄関を入ってすぐの、玄関ホールの天井のガラスモザイクによる装飾は、これと同じ一九三一年に完成した村野の処女作「森五商店」の玄関ホールの天井モザイクと明らかに〝姉妹〟といった関係にある表現内容を持つものだと言っていいだろう。いずれにせよ村野は渡辺の下で働きながら、独立後の自分を見据えていて、自分自身の独自なデザインを打ち出すその下準備に抜かりはなかったのだ。(2−59)

様式は虚構、フィクションである

村野は晩年になってから、若い建築家などと話す機会があるときに、彼が渡辺節の事務所のチーフ・ドラフトマンであった時代に、彼の言葉でいえば「スタイリッシュな建築」、つまり一般に《様式建築》と呼ばれているような建築の設計に携わることができたのは、自分にとって大変な「幸運」であったとくり返し語っていたことはすでに前にふれた通りである。しかし村野が独立した一九三〇年代以降の戦前の日本でも、《モダニズム》を喧伝する声が次第に高くなるにつれて、その種の《様式》に基づくような設計活動は表舞台から次第に姿を消していくようになり、戦後に入ってからは全く顧みられることがなくなった。そうした過去の《様式》が関係する一連の建築のデザインに、村野は大学教育を終えたばかりの段階で積極的に取り組むように渡辺節に命じられ、しかも単に線を引いて製図するだけの作業で終わるのではなく、実際にそれをどのように製作し、またどのように現場で取り付けていくかといった具体的な点を現場で学びつつ的確に指示が出せる所まで経験を積み、その結果、その種のデザインがどのような結果を建築という〈表現芸術〉に齎《もたら》すかを、奥深い所まで知ることができたのは、建築家としてまさしく「幸運」と呼ぶにふさわしい出来事であったと、そうした機会を持つことが皆無であった戦後にスタートした建築家たちに向かって話していた。

講演会の席などで、フロアからの若い質問者が、村野が受けたような修練を積むには、自分たちは今どう勉強すればよいか、といったことを訊ねられた時の村野の答えは、ほとんどいつも同じであったように記憶する。まず彼は、《様式》というものは、歴史的事実だと考えてそれを勉強しようとする前に、むしろ「様式はフィクション」であると考えたらどうかと前置きし、そこから《様式》の持つ歴史的範型の構成やその装飾的な細部のあれこれについて克明に学び、覚え、それを設計に応用しようなどと考えることは、むしろ避けた方がいいのではないかと忠告し、次のような言葉で彼のほんとうの胸の内を明かしていた。

「村野　・・・私、様式というのはあまり興味がないんですよ。・・・なるほど私は渡辺先生のところで様式建築を習いましたね。しかし、そこから得たものは、要するに自分を肥やしただけの話で、線とか影、テクニックとかいうものを身につけただけの話で、様式という現実に見るかたちは、私は虚構だと思います。そして自分が身につけた影だとか線だとか、それからテクニックだとかが本当の私の現実である。これだけで、あとは私流にいえば様式はないと思いますね。様式というのはフィクションだと思います。」[32]（傍点引用者）

「様式建築というのは形ではなくて、いつも私が言ったり書いたりするんですが、線とか、面とか、影とか、それからマテリアルの組み合わせ、それが様式建築［の面白さ］で、その微妙さに［大事な点が］あります。それを知る事が私は様式建築に対する一番大切な問題だと思います。・・・それだから様式にとらわれずに、私は自分で［設計］事務所を持つようになっても、［様式から］まったく自由な作品［を設計するように］になって来ている。それはそこ［渡辺節事務所］で学んだことが、私には非常な影響力をもってきていると思います。・・・あえて様式を言わなくても、それは様式の上にある問題だと私は思う。[33]」

こうした村野の晩年の発言からわかってくるのは、渡辺節の指示の下で村野が設計する建築を「売れる」デザインにするために、さまざまな《様式》に基づく建築設計を、俗な言葉でいえば〝しゃかりき〟になって数多く手がけていく過程において、彼の眼に次第にはっきりと見えてきたのは、次のような事実であったのではないだろうか。つまり《様式建築》というのは、建築の歴史の中に、いわば〈遺跡〉のようなものとして、時間の砂の奥深く埋もれた状態で実際に存在していると考え、〈学習〉という形で〈過去〉に向かってそれらの痕跡を探しに出かけて行き、積もり積もった時間の砂を払って、それらの《様式》の真髄を最後には発見して自分のものにする、などといったものではないこと、そういったことを夢想するのは、無意味で無駄なことだと彼は考えて行動していた節があるのである。《様式》というものは、設計者が〈過去〉へと旅をして、何らかの《様式》に出会ってそれに感激し、やがてそれを冷静に研究して見極めた後で、初めてそれを自在に設計することができる、などといったものでは決してないと村野は言おうとしていたのだ。そうではなくて現に今生きている建築家が、ほかならぬ彼の〈現在〉、彼の〈生〉、の上にしっかりと立ち、歴史へつまり〈過去〉へと向けて自分の強力な想像力を照射し、その結果として想像力が構築した一種の「虚構《フィクション》」こそが《様式》であり、建築史家のように《様式》を実在するものとして安易に理解して、自らの〈現在〉を放擲すべきではないと村野は考えたのである。建築家は、彼の想像力が〈過去〉という海底から摑んできたものを、彼の〈現在〉という水面にまで引き上げてきて、具体的な建築として構築し、それを蘇生させる作業に取り組むべきだし、その中でこそ初めて、現代の設計者に《様式》は意義あるものとして存在することができるし、また自在にそれを設計することもできる・・・と村野は指摘していたのだ。その〈過去〉の《様式》を設計者が蘇らせる重要な〝鍵〟となるのは、《様式》の「形ではなくて・・・、線とか、面とか、影とか、マテリアルの組み合わせ」などといった、《様式》の中から建築家が〈抽象化〉の作業を通して抽出してきたさまざまな〈要素〉を通してであって、一般に考えられているように、「形」、つまり「コリント様式」の持つオーダーの柱頭の「形」や、「ロマネスク様式」の半円アーチの開口部の「形式」などといったものでは決してないのだ、とも言っているのである。ここにこそ村野が「様式の上にあれ」という論文[34]を書いたときに述べた、《現在主義》の立場の真骨頂があったといわなければならないが、これについての詳細は、後章に譲ろう。

「抽象化」という言葉の意味

村野は、《様式建築》に関連したデザインは、最初は厭であったが、やればやるほど面白くなってきた、という話に続けて、次のようにも語っている。

「村野　何千年の歴史を持って、洗練に洗練を重ねたものを、私がわずかな年月のうちに、マスターしようなんて、とうてい出来ないことで、いくら勉強しても追いつかないわけです。ということは、やればやるほど努力のかいがある[し面白くなる]というものを、持っていると思います。

　そこで発見するのは、やはり美です。だから形というものは、それ自体を考えないで、もっと抽象化して考えれば本当の美というものは、ずっと[明確に]浮かんでくると思います。[様式を]即物的に考えると、そこにそれなりの限度があるので、普通のことにはとらわれないということが、新しい次の段階に到達する要素を持っていると思います。努力をすればするほど美しいものが見えてくるし、千年、二千年の歴史[時間]を加えたものを短時間の内にやろうとすることは、それ自体が、大それたことだけれど、努力をすればその中のものをいくらか身につけることができるということだと思います[35]。」

くり返すが、こうした村野の発言の中で、キーワードとなるのは「抽象化」という言葉である。村野は《様式》を、「形《フォルム》」や「構成形式《オーダー》」としてではなく、《様式建築》を「抽象化」して、〈線や面の繊細な交錯や重なり具合の中で生まれる複雑な表情を見せる表面の魅力〉や、あるいは〈絡み合う装飾などが齎す細部の微妙な陰影の味〉とか、〈異なる素材の組み合わせが造り出す意外な触感的効果〉などといった、先に触れておいた、〈建物〉を単なるもののレヴェルから、人の心を呼び込み、滲み通らせ、その結果として〈建てられた物質《もの》〉を〈建築〉へと確実に昇華させるような要素を、歴史の中から掴み取ってこようとする意識がなければ、即物的に《様式》を勉強しても意味がない、無意味な行為だと結論づけるのである。要するに村野としては、渡辺の下を離れた後も自分はそのようにして、和洋さまざまな《様式建築》の中から、さまざまな〝滋味〟を摂取してきたが、そうした吸収は、単に〈過去〉の《様式》を直接的に模写したり、引用したりするだけで達成できたわけではなかったし、そこには自分の《現存在》を、つまり自分の創造的感性をフルに回転させ、自分自身の〈身体〉でそれを掴んできたものであったからこそ、彼の設計にそれらは役立ったのだというのである。

もっとも村野も、渡辺節の事務所に入った最初から、「抽象化」といった、知的でありながらも感覚的な認識方法を明確に持って《様式》に臨んでいたわけではなかった。おそらく彼が事務所に入ったばかりの頃は、必死になって歴史上のさまざまな《様式》を直接模写するとか、あるいはまた、先に紹介した「マッキム、ミード&ホワイト」などのアメリカの指導的な設計事務所が採用している、いわばリヴァイヴァルの《建築様式》を、その頃出版された書物の中から写すといった単純な作業に没頭して過ごしていた。しかしやがてその種の経験を積み重ねるうちに会得した、村野が言う、「抽象化」の作業を通して、やはり彼の言葉でいう、「様式の上」にある、何かしら歴史とか時間の経過を超えて生き続けてきたもの、つまり「線」とか「面」とか「陰影」とか「肌理」などといったものを通して見えてくる、建築に固有の〈美〉といったものを、つまりは古来、〈建物〉を〈建築〉に昇華させてきた何ものかに、村野は自然と気づくようになっていったのだ。こうした段階に至れば、彼の《様式》についての思索は、汲めど尽きせぬといった、ますます奥行きの深いものに思われ、それを考えることが苦痛ではなくなり、むしろ快楽に転じていったのは当然であったといえるだろう。

「日本綿業会館」での様式的な試み

一九二九(昭和四)年、村野は独立を目指して渡辺節の設計事務所を退所することになるが、彼が辞める少し前の一九二八年の初め頃、渡辺節が得意とした銀行、会社などのオフィスビルの設計とはやや異なる内容を持つ特殊な建築の設計依頼が渡辺のもとに舞い込んできた。それこそが後に「日本綿業会館」と名付けられたビルで、大正期に糸偏景気に街中が沸いていた頃の大阪の、綿糸業や織物業を中心とした企業のオーナーや経営者たちの交流機関として造られることになった「綿業倶楽部」が入る専用ビルであった。事実このビルはそれまでの渡辺節が引き受けてきた比較的単純な業務機能を持つ一般的なオフィスビルの設計からすればやや毛色の変わった仕事といってよかった。商売上の情報交換の場としてのシビアな機能はともかくとして、どちらかといえば親睦交歓を目的とした社交的な施設として、サーヴィス業的な空間内容を必要とする建物の設計が渡辺のもとにやってきたのである。

この設計の担当者は当然の成り行きとして、先述のように、大阪の「大ビル」八階の「大ビル倶楽部」や、東京の「大ビル東京」の地下階の「レインボー・クラブ」などの設計を通じて、仕事を離れた時のビジネスマンたちのための、飲食などを介した交歓の場を設計するという具体的な経験を、渡辺の下で積み重ねてきた村野が中心になって作業が進められることになったが、その建物の基本的な輪郭が決まり、設計が一段落したちょうどその頃に、村野はかねがね自分の胸の内で独り思案していた自らの独立に向けての意向を、渡辺に打ち明けたのである。そうした村野の意向は以前から薄々にせよある程度は察知していたはずの渡辺は、村野が独立することはあっさり認めたが、それにはいくつか条件を付けた。その一つが、村野が渡辺の事務所でやりかけていた仕事、たとえば先の「大ビル東京」の「二号館」などについては、辞めた後も引き続いて面倒を見ることであり、特に「日本綿業会館」については、まだ設計段階ではあったが、辞めてもこの仕事から離れずに、やがて始まる工事を直接監理して、最終的な完成までを見届けることを約束させた。この辞めた後の時間は村野の渡辺に対する、俗にいう〝御礼奉公〟──店で長年奉公していた者が、奉公の年季が明けた後、独立する前のしばら

2-60 「日本綿業会館」、西南側からの全景(街路上からは最上階は見えない)

くの間を、無給で店に奉公して感謝を表す商慣習——に当たる期間であり、村野は、正式な所員として過ごした一九一八年から二九年までの十一年間と合せて、渡辺事務所にかれこれ「十五年ほど」お世話になった、と後にいつも話していたのは、そうした時間を加えてのことであったと推測される。

　このような渡辺と村野の間の経緯《いきさつ》の中で、一九三一年の末、大阪の北浜に竣工した「日本綿業会館」は、同じ年に村野藤吾が独立後の第一作として発表していた「森五商店」や、「大丸舎監の家」、「近江帆布三瓶工場」などの非《様式》的な、〈二十世紀〉的なデザインによって設計された建築とは違って、ある意味では〈十九世紀〉的ともいえる《様式》的なデザインを各所にふんだんに採用した建築であったが、しかしこの建築もまた、渡辺節の指揮下で村野藤吾が、決していやいややったというわけではなく、むしろ彼は積極的に線を引き、精緻なデザインを行って成功した建築作品であることには変わりがなく、しかも結果的には、その種の《様式》デザインに付きまとう、重苦しさとか、仰々しさといったものをほとんど感じさせない、魅力にあふれた空間や細部を内外に備えたすばらしい建築として結実したのである。（2-60）

　後で詳しく触れるように、村野が独立後、東京日本橋に建てた七階建の「森五商店」のビルが持っていた、当時としては極めて近代的な建築の相貌の中に、実は《様式建築》に見られるような種々のディテールを色濃く残しているのが注目されたのと対照的に、「綿業会館」のケースでは、明らかに《様式》をベースとするビルの相貌の中に、逆に近代の建築を思わせるような輪郭や細部を各所に見出すことができるのが興味深い点である。いい換えれば、「綿業会館」では、村野が先に指摘していたような、「線」とか「面」、あるいは「陰影」や「肌理」などといった、いわば非具象的な建築言語が、具象的で具体的な《様式》の相貌の上にいわば滲み出ているところに、《様式建築》という範疇を超えたこの建築の新しさが感じられるのだ。「綿業会館」はたしかにいまだに《様式》の衣装を身に纏って立ってはいるけれども、しかしそうした建物の持つ姿は、《様式建築》そのものを忠実になぞった結果として出現したわけでは決してなく、村野の言葉でいう「様式の上に」ある立場、つまり〈現在〉する建築へと昇華させようとする設計者の努力の中で得られた姿でもあったのである。

コロニアル風を加味した近世復興式

先にも何度か紹介したことがある『近代建築画譜』と題した、戦前の関西の近代建築を網羅した大部の「建築作品録」の中には、この「日本綿業会館」が見開き二頁にわたって写真と図面によって紹介されており、その建物のデータ欄には、地下一階、地上六階建、鉄骨鉄筋コンクリート造の建物で、一九三〇(昭和五)年三月に起工され、翌一九三一(昭和六)年十二月に竣工したことなどが記されている。敷地一一〇七㎡、建築面積九二六㎡、延床面積五九八二㎡というスケールで竣工した建物は、かつての大阪の活気に満ちた繊維問屋街として知られた丼池《どぶいけ》筋の一本東を並行して走る「三休橋筋」と、これに直交する「備後町通」との交差点の、北東側の角地に今も変わることなく立っている。この会館は「日本綿業倶楽部」が所有し運営したが、「倶楽部」と「会館」の設立は、ある繊維会社の重役が、遺言によって一〇〇万円を遺贈したことを契機に残りの資金を募金することから始まったものであった。(36)

『画譜』のデータ欄の末尾の方には、当時の一般的な習慣として建物の「様式」名を載せる場所があり、この「会館」の場合は、「コロニアル風を加味したる近世復興式」、と記されている。ここで《コロニアル》と言われているものは、《アメリカン・コロニアル・スタイル》のことであり、アメリカが未だ植民地であった時代から始まり十九世紀に至る、英国由来の《エリザビサン》や《ジョージアン》などといったスタイルをアメリカの土地に土着させようとした、いわゆる《植民地様式》を指すのが普通だが、ここで使われている《コロニアル》は、おそらく十九世紀末から二十世紀初めにかけてのアメリカで、銀行建築やオフィスビルなどの《様式》として盛んに採用されて流行した、《クイーン・アン》あるいは《ジョージアン》を中心とした《コロニアル・リヴァイヴァル》のスタイルを指したものと思われる。したがって「コロニアル風を加味したる近世復興式」の意とは、「コロニアル・リヴァイヴァルを基調としたルネサンス系の様式をもつ建築」、といった意味であったと考えられる。(37)事実この建築の内外のデザインは、《ジョージアン》を中心としたその前後の《リヴァイヴァル様式》によって色濃く染め上げられているのがやがて明らかになるはずである。

六階建のビルの外観は、〝頭〟に当たる最上階(六階)の、講堂が入った〈アティック〉の部分は、下部の外壁面よりかな

2-61　「日本綿業会館」、2、3階の外壁

2-62　1階外壁部分

り後方にセットバックして壁面を立ち上げているために、前面の街路から見上げた場合には、隠れてほとんど見えない。したがって下からは一見して五階建のビルに見える形でファサード・デザインは構成されている。その結果、一般的な《様式》的建築とは異なって、アティックを見せないために建物の〝頭部〟を軽く見せることができるようになり、五階の軒蛇腹《パラペット》と、四、五階の間に入れた胴蛇腹《ストリング・コース》との、二本の並行する水平線で切り取られた壁の部分が事実上の〝頭部〟となって、すっきりとした軽快なスカイラインを造り出している。そうしたビルの〝頭部〟の軽快化に対応するように、建物の〝足元〟に当たる舗道に面した一階の外壁面も、従来の日本近代の《様式建築》の地上階によく見られたような、粗面《ルスティカ》仕上風の壁体の、たとえば「大阪商船神戸支店」などでみたような、異様なといえるほどの荒々しい表情などは影を潜めた。街路に面した南と西側の一階部分の外壁は、地階に光と風を通すためのドライエリアと舗道の間を仕切る鍛鉄製のフェンスに護られた形で、白い「ヒシヤ石」の整層切石貼のきわめて平坦で簡潔な表面で仕上げられていて、こちらも〝頭部〟に劣らず軽快感と平滑性を街往く人たちの目に強調している。（2-61、2-62）

　一階南側の食堂がその内側にある辺りの窓は、窓上部の扇形窓《ファン・ライト》に合わせて半円形《ラウンド》アーチとし、この周りだけは迫石状に放射形の目地を入れて開口部を簡素に飾り、さらにその下の整層切の目地と共に、一階部分の壁全体に流れるような水平線でグラフィックな模様を付けている。建物の一階外壁の石貼の壁の上部には、上下から円弧を重ねて両端に菱型を作って一種の〈輪繋ぎ《チェイン》模様〉にした刳型を入れた帯状の胴仕切《ストリング・コース》が通されており、外壁材もその帯の上は、石から夕

イルに変えられている。

外装タイルの味のある肌理

そのタイル貼の壁面は、遠くから眺めると赤茶けた艶のない肌理の普通の煉瓦積の壁面のように見えるが、近づいてそれをよく見ると、煉瓦の大きさとは違う小型方形の無釉タイル(テラコッタ)を一面に貼ったものであることがわかり、しかも表面をさざ波状に起伏させ、これでできた味のある縞状の模様を、〈市松〉風に、隣の縞の向きを一枚ずつ逆に貼って、光が当たった時の壁の色調やテクスチャーを微妙に変化させて、非常に魅力的な美しい壁面を創出している。このタイルは、二階から五階に至るまで、道路に面した南側と西側の全壁面に貼られており、その赤茶けた煉瓦色の落ち着いた色調と肌理で建物全体を包んで、古い町家がまだ多く残っていた「船場」の伝統的な街並の中に、抜きんでた高さと大きさがあったにもかかわらず、このビルをうまく街の〈文脈〉に溶け込ませているように見える。(2-63)

2-63 南側の外壁のタイルのディテール

ところで渡辺は装飾的なディテールの決定は基本的には村野に任せていたように見えるが、〈石材〉などの内外装の材料の選択は所員に任せずいつも自分で行っていた節があり、後でこの「綿業会館」のインテリアについて触れる時に明らかにするように、そうした材料の中でも、〈焼物〉、つまりタイルなどの陶磁器製の、装飾性を強く兼ね備えた建築材料の選択には、自分の確かな〈趣味〉に基づいて、彼自身が的確に判断して決めている。そうした渡辺の趣味の良さの一端が、「会館」のこうしたテラコッタによる外壁の仕上げにも如実に表れているといえるし、そうした選択の確かさは、先の大阪の「大ビル」本館のインテリアの、床や壁などのタイルの選び方などにすでにはっきりと表れていたということができる。村野はこうした渡辺の建築素材に対する眼の確かさを脇から観察し学ぶうちに、彼が独立した後、自分の作品の内外装に用いる、タイルをはじめとするさまざまな建築素材を選ぶ時に披露することになる、絶妙な発想と選択力を、自然に自分のものとして身に付けて行くことができたのだ。ここにもまた村野が渡辺に「感謝してもしきれないほどの何か」の一つがあったと言えるだろう。

さて、二階から五階へ至るこのタイル貼の壁の中に開けられている〈窓〉の方に視線を移すと、ビルの〝胴体〟にあたる二階と三階の開口部廻りのデザインは、下の〝足元〟に比べると、やや複雑で装飾的な輪郭と細部が与えられているのがわかる。二、三階の壁面に開けられた窓は、それぞれ大きさも形も装飾も異なっているが、しかしそれぞれの階の窓を水平方向に帯状に並んで見えるようにはデザインされていない。この「綿業会館」の場合は逆に、二階と三階の開口部を、上下一組のものとして見るようにデザインされているところに特徴がある。二階の窓は、窓台の下に手摺子柵《バラストレード》が入れられ、その上の開口部の周囲をやや厚めの石で縁取って囲み、窓楣の上部には短く突出した石の窓庇を乗せた、間口も広く背も高いサッシュ窓である。このように窓廻りを石の額縁で囲むディテールは、この「綿業会館」と同じ年に完成した、村野の独立後第一作として名高い「森五商店」(1931)の、一階店舗部分の窓廻りの処理に通じるものを感じるがそれについては後述する。

この上にある三階の開口部は、二階のやや重い感じのバラストレードに替わって、窓の最下部に後期《ジョージアン》のテラスハウスなどにしばしば見られる、繊細な感じのする浅く小さな装飾的鉄製露台《バルコネット》を装着していた。このバルコネットは、「綿業会館」のファサードの装飾的点景として欠かせないエレメントであったが、戦時中に砲弾用の金属の供出が強制された際に、一階舗道部分にあったフェンスと共に、このバルコネットも供出され、残念ながら今はない(舗道フェンスは戦後復元された)。バルコニーや、装飾的なバルコネットを、窓などの開口部の外に壁から突出させて取付け、建物の壁面に独特の陰影を与えるという、ファサード・デザイン上の一つの重要な手法は、渡辺節時代の村野の仕事の中では、すでに大阪の「大ビル」の正面四階部分に現れていたものであったが、同じような手法が、はるかな時間を超えて村野の最晩年のホテル建築などの作品に及び、たとえば「箱根プリンスホテル」(1978)のそれに始まって、東京品川の「新高輪プリンスホテル」(1982)の、千室の客室数に合わせた実に千個のバルコニーだとか、あるいはまた「村野・森建築事務所」(1970)に始まって、京都駅前の「新都ホテル」(1975)の、各客室の窓下の無数のバルコネットなどに採用されて継承されているのは、まことに興味深いものがある。また三階の窓の窓楣の水平迫持《フラット・アーチ》に、テラコッタによる切れ味鋭い耳形装飾《クロセット》が取り付けられている。そして最後に、こうした二、三階の窓が、縦に一組にしてデザインされていることを明確に示すために、二、三階の開口部の周りの壁を、全体の外壁の面からわずかに後方に凹ませて下げ、三階の窓の上端部も半円形のブラインド・アーチで納めるなどして、外壁面と開口部周りの壁面を分節し、これによって程よい陰影とヴォリューム感を開口部まわりに生みだしているのは、《ジョージアン》のテラスハウスのファサードにしばしば見られる窓廻りのデザインを、巧みにリヴァイヴァルさせて造られたものである。

さらに四階の壁面の上部には胴蛇腹が通されており、その上でわずかに壁面を後退させて立ち上がっている五階部分の外壁は、それぞれに同じような《ジョージアン》風のシンプルな縦長窓を持っているが、窓の大きさや開口部廻りの処理はやや異なっており、四階では縦長窓の中にスチール・サッシュの上げ下げ窓《サッシュ・ウインドウ》を入れ、窓廻りに額縁状に三階よりは薄い石板を廻しているが、五階部分の窓にはこの石の額縁は省略されている。

以上少し細かく見てきたのは、「綿業会館」のイクステリア・デザインが、中之島の「大ビル本館」や、日比谷の「大ビル東京一号館」などの場合に見たように、外壁の〝胴〟の部分の壁面構成が規格的な窓の列を持つ比較的平坦な広がりであったのとは違い、「綿業会館」の〝胴体〟の部分は、各階に固有のディテール処理と、それが作り出す細やかな陰影に包まれていたからである。結果的に「倶楽部」用の建築らしい変化や〝遊び〟が随所にふんだんに見られて観察者の目を飽きさせない。〈さまざまな素材による線や面が織りなす陰影の効果〉という、村野がいう《様式建築》から彼が学んだという諸要素の巧みな構成と味のある表現手法を、二十世紀初頭のアメリカを中心に流行した《ネオ・ジョージアン様式》からの引用を通して、ここにも見出すことができるのだ。ただこのようなデザイン上の工夫が凝らされていたとしても、先にも触れておいたように、村野藤吾が渡辺の下でデザインに関わった作品に共通した特徴となっている、建築の外観、特にファサードが、強く存在を主張して人を脅かすような、そんな攻撃的な姿は建築に与えたくないという、渡辺というよりも村野に特有というべき独得の美意識は、この「綿業会館」のデザインの場合にも、律儀に順守されている。その結果として都市空間の中でのこの建物の持つ全体的な印象が、控目《モデスト》で謙虚な奥ゆかしさに包まれることになったと言えるだろう。しかし、別の見方をする人にとっては、そうした「会館」の姿は、どこか切れ味に乏しく、もっさりとして目立たない姿として見えたはずで、新しい構造や設備をそなえた近代建築が持つべき迫力や進取性がない、いわば〝自己韜晦《とうかい》〟の建築といった風評も聞かなくはなかったが、しかし実はそこにこそこの建築の尽きない魅力が隠れていたことも、決して見逃してはならない点だろう。

玄関を通り、ホールに入る

「綿業会館」の主要な玄関《メイン・エントランス》は、南北に走る三休橋筋に面した西正面の一階にあり、西側ファサードの中央部に位置している。この玄関の上の二階と三階の窓の中間の腰壁部分に、下に「正面玄関」があることを教えようとするような花綱飾り《フェスツーン》が三個さりげなく取り付けられている。フェスツーンの真下に、鉄の装飾的持送り《キャンチレヴァー》が軒下で支える、ほとんどフラットな屋根に見えるやや上向きで簡潔な玄関軒庇《キャノピー》があり、この玄関庇の下に、中央とその左右の、合計三つのスパンを開けて造ったエントランスがある。中央と両脇の三つの出入口の上のキャノピー下に、それぞれに明り取り用の鉄製グリルを嵌め込んだガラス入欄間があり、その下には透明な板ガラスを入れた頑丈な両開きの鉄製扉があり、その扉の周囲に同じ鉄で作られた額縁が取りつけられている。これらの扉や額縁、あるいは欄間には、ガラスを割って外から侵入しようとする賊から内部を護るための防護柵《グリル》が入れられているが、ここには様式的な唐草《アラベスク》や格子《グリッド》や縦菱《クオレル》などの形を組み合わせた、鍛鉄製の素晴らしい装飾的なディテールが見出せる。この種の質の高い仕切り用のグリル装飾は、すでに「横浜正金銀行大阪支店」(1927)の客溜入口などでも見られたものであったが、しかしいずれにしてもグリルを構成する部材が、防御目的にしてはやや細く繊細で、本来の〝ごっつい〟感じはどこにもみえず、どちらかといえば清楚で上品な趣を漂わせている。ここでもデザイナーとしての村野は、建物が排他的で威嚇的な表情を持つことを避けようとしていたことは明らかであり、来館者を視覚的に歓迎し、心を和ませるなかで、彼らが知らぬ間に〈建物〉を〈建築〉として把握するという、装飾の本来の役割を、グリルの防犯的な機能以上に重視した結果であったとも考えられる。(2-64、2-65)

　重い鉄扉を押して建物の中に入るとすぐに玄関の間《ヴェスティビュール》があり、石段を数段上がり、二階バルコニーの下を潜るようにしてさらに前へ進むと、太く豪快な格縁が直交している格天井の下で、二階分の高さの空間を吹抜けにした、「ホール」——ロビーを兼ねた中央広間——の中に入っていく。高い天井から降りている大きなシャンデリアの光がホールの隅々にまで放たれており、これに加えて、二階の壁に直付けしたブラケット型照明からの光が、さらにこれを補って、広間を明るく華やかな場所にしている。今は数少ないが、竣工時の写真を見ると、このホールには長椅子《ソファ》や肘掛椅子《アームチェア》などが床面いっぱいに置かれていて、ここがあたかもホテルのロビーのような使われ方をしていたことがわかる。広間の東側奥の正面中央に、「倶楽部」会館開設のきっかけとなった基金を遺贈した人物の、肘掛椅子に腰かけた、ほぼ等身大のブロンズ

2-64　玄関扉とそのディテール

2-65　西側正面の玄関周り

像が基台の上に高く置かれている。そのブロンズ像の背後で、ホールの南と北の両側にある廊下から階段が、彫像の真後にあたる位置にある踊場に向かって、左右対称に昇っていることが、彫像の背後の壁（階段の側壁）が斜めに上昇し、中間の踊場の位置で水平になって、〈山型〉を成していることから推測することができる。白いトラヴァーチンを貼ったこの階段の側壁は、背後に屏風を立てたような形で、ブロンズ像の格好の背景《バック》になっている。（2–66、2–67）

　この正面階段は、わかりやすくいえば、二つの〈折れ階段〉を左右から突き合わせて左右対称にした形式で、中央の中二階レヴェルにいわば共通の踊場を置いた、〈合せ折れ階段〉である。舞台装置めいた、どこか晴れがましい気分にさせ、その意味で文字通りやや〝芝居〟がかった階段であり、これに合わせるようにホールの空間そのものも、館外のファサード・デザインに見たさりげない、気取らない表情とは打って変わって、その中に立った時に、どこか劇的な空間の中にいるかのように感じられるデザインが目指されてる。吹抜けの内部空間で、階段をドラマティックな効果を上げる手段として活用するという手法は、後章のいろいろな作品の中で詳述するように、村野が独立した後で非常に好んで使った手法の一つであるが、そうしたデザインのいわば〝芽生え〟のようなものを示すものとして、この階段を眺めるとすれば、これもまた一興である。

　先の正面階段を、二階分の高さで〈コ〉の字状に取り囲んでいるホールの内壁に目をやると、ホールの一階部分の南

2-66　玄関からホール内部を見る

2-67　ホール1階のアーケードと2階のバルコニー

北で、その奥にある廊下との間を仕切っている、半円形のアーチの連続体《アーケード》がある。このアーチの列は〈中世〉の教会堂の中にあるような形式ではなく、〈古代ローマ〉起源のローマン・アーチであり、アーチ間に立つ柱脚《ピア》の側壁に、付柱《ピラスター》が貼り付けられ、また〈トスカナ〉風の柱頭《キャピタル》が、二階の腰壁下に回した水平帯状飾《エンタブラチャー》に接しているのを見ても、この空間が、他でもない《新古典主義》系の中でも、《ネオ・ジョージアン》の構成で形成された空間であったことがわかるだろう。アーケードの上の二階部分では、一階と同じように廊下がホールを〈コ〉の字状に囲んでいて、各部屋のドアがその廊下に向けて直結している。吹抜けになったホール側の廊下の壁には、ここでもやはり《ジョージアン》風の飾りのない縦長の開口部が開けられていて、この位置からホールを見下ろす図は、例えて言えば、テラスハウスの二階住人が、窓から下の広場や街路の様子を、見下ろしている図に似ている。つまりホールに集まり、談笑する人々を、他の会員たちが時に上から様子を窺うことができるようになっており、この二階からの視点にもまた、どこか〝芝居〟がかったところがあって面白い。

インテリアをさらに奥へ

渡辺節の厳しいさまざまな指示のもとに、村野や彼の部下たちがこの「日本綿業会館」の基本的な設計を任された時、おそらくそれまでの多くのビルの設計を手掛けた時と同じように、彼(等)は「マッキム、ミード&ホワイト」の作品集などの海外の同時代建築に関する本や資料を渉猟しながら、「綿業会館」の建築デザインのスタイルとして、「コロニアル風」をごく自然に選び出したのだと考えられる。この場合の《コロニアル》とは、先にも触れたように、十八世紀後半から十九世紀前半にかけての英国で確立された《ジョージ王朝期様式《ジョージアン・スタイル》》を念頭に置きながら、十九世紀末から二十世紀初頭にかけてのアメリカと一部は英国で、近代社会のニーズに応えることができるように、その《様式》を〈復興《リヴァイヴァル》〉させる形で改良し、同時代化させようとする一群の建築家たちの間で盛んに試みられたスタイルであり、そうした中で銀行建築やオフィスビルなどの都市内の大建築だけではなく、田園地帯や都市郊外に建てられる〈カントリー・ハウス〉などの大きな邸宅建築なども、その《様式》を応用して設計されるようになっていった。

おそらく「綿業会館」の図面に線を引き入れながら、村野は、《コロニアル》の一連の作品のデザイン的な傾向に魅かれる中で、同じ「倶楽部」建築の先例だけではなく特に規模のかなり大きな〈住宅建築〉の平面計画と空間構成を「綿業会館」の設計のベースとして据えることに考え付き、そこから、これらの邸館建築の、〈住まい〉としての空間が持っている本来の落ち着きとか、親しみやすさ、あるいはまた居心地のよさといったものが、自分がデザインしようとしている「倶楽部」建築の、特にインテリア・デザインの成功の重要な〝鍵〟となることに気付いていったのではないだろうか。〈住まい〉にあるような居心地の良さを持つビルの創造。本来は異質で対立的なものである、住居とビルディングの〝結婚〟。村野はその上で設計者としての当然の目配りとして、多くの著名で有能な建築家たちによって十九世紀〜二十世紀初頭の欧米の大都市で設計された、会員たちの独自の地位や会員同士の交流や活動を、きわめて閉鎖的で伝統的な組織の中で守り、受け継いでいる種々の〈Ｃｌｕｂ〉用の建築のプランや空間をそれに重ね合せながら、「綿業会館」の平面や形態や空間や細部を具体化していったと考えられる。実際にこの「綿業会館」のエントランス・ホールに立っていると、貴族などの地方領主の邸館である〈カントリー・ハウス〉の、〈玄関間《ヴェスティビュール》〉に続く〈ホール〉とか〈サロン〉と呼ばれている吹抜けの部屋にあるような、例のかなり〝芝居〟がかった空間に似たものを感じ取ることができる。一方ではこれとは逆に、ここではホールの空間のスケールが小型にぐっと圧縮されているために、住宅建築が元々持っている、建物への親しみやすさや、一種の住み心地の良さといったものに通じるような、日本語でいう「アット・ホーム」な雰囲気を、そこから感じとることもできるはずである。村野にとってもこの種の空間を作り出すここでの経験は、彼が独立した後で大小のインテリア・デザインを手掛ける時に参考になったにちがいないし、そういうことでいえば、たとえば一九三〇年代中頃以後、彼が数多く手掛けることになった外国航路用の豪華な「旅客用船舶」の艤装の仕事において、本来無機的な構築物でありいわば〝海上のビル〟というべき船舶の内部を、航海中も居心地の良い場所に変え、それを〝海上のホテル〟とする作業を行ったときなどに、ここでの経験が大いに役立ったと考えられる。

レストランの天井

竣工時の「綿業会館」の一階プランを見ると、ホールを挟んだ南側に比較的大きな「食堂《レストラン》」があり、その東隣には「配膳室《パントリー》」が置かれており、客に出す料理は、地下に造られた「厨房《キッチン》」からリフトで上げて、このパントリーから客に出す方式が採られていたことがわかる。このレストランに入るには、ホールの南側にある廊下の、東端の階段脇にあるエレヴェーター・ホールの少し手前の入口から入っていく。入るとすぐ右手に、下に降りていく食堂の主な床レヴェルより、少し高い床レヴェルを持つ〈バルコニー席〉が、食卓を一列に並べて西に向かって伸びており、このテーブルに座った客は、上から下の客席全体を見降せるようになっている。このバルコニー席があることで、天井高も広さも十分に取ったレストランの空間が、単なる変化のない四角い〝箱〟になってしまわないように、天井高に巧みに変化が付けられたことになり、空間に深みと奥行きが生み出されているが、このような客席の設定の仕方は、村野がアメリカで同種の商業施設で見たものの記憶がここで蘇った結果であったかもしれない。受付とバ

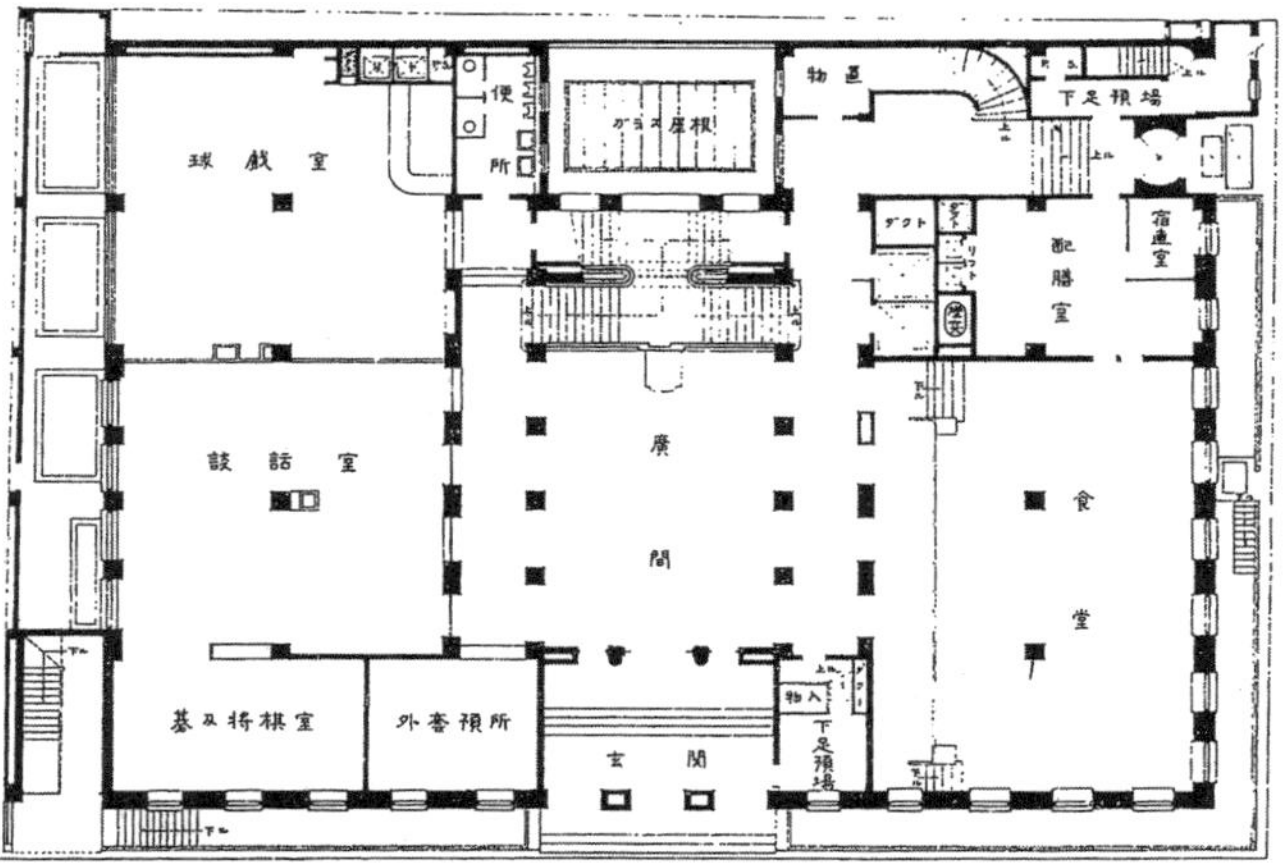

2-68　「綿業会館」、1階平面図（竣工時）

2-69　食堂内部

2-70　食堂の天井装飾のディテール

ルコニー席があるレヴェルから階段を数段降りると、食堂の大部分を占める主要なフロア・レヴェルに達するが、備後町通に面した南側と、三休橋筋の方の西側の壁面に、外の街路からも見えた「会館」一階の南西出隅部の石貼壁の中に開けた、上端に扇形欄間《ファン・ライト》がある縦長窓が並んで食堂を取り囲んでいるのが見える。窓には小型の板ガラスが鉄枠に止められており、窓の内側には薄いレースのカーテンとその内側に厚い織物のカーテンも架けられ、厚地のカーテンは、半円アーチの縦長窓の枠の内側に収めた形で、両サイドに振り分けて留められている。その結果トラバーチンを貼った室内の壁の平面的な広がりが強調され、また窓からは、周りにビルの少なかった時代には、会員が集う昼食時などに、南からの陽光が降り注いで白い薄物のカーテンに当たり、部屋全体をかなり明るく晴れ晴れとした場所にしていたと思われる。（2-68、2-69）

　この食堂の中には、簡潔な装飾的なレリーフで額縁状に枠取りした石を角柱の四面に貼り付けた構造柱が、二面にブラケット型の照明具を差し出して部屋の中に二本独立して立って室内の点景となり、この柱を囲むように白い大きな卓布を掛けたテーブルが配置されている。しかしなんといってもこの食堂の最大の見処といえば、この二本の角柱が支えている形の天井面の一部に施された、《様式建築》に特有の装飾的な細部の出来映えであろう。客席に入ったレストランの客たちは、全体が淡い青色に塗り上げられた天井の下に座って、たとえば英国の十八世紀の終わりから十九世紀初めのまさしく《ジョージアン》期に活躍した建築家、ジェームス・ワイヤット[38]がデザインした邸館の天井といった雰囲気を漂わせながら、《ルネサンス》系の装飾的ディテールを天井一面に繰り広げている様子を眺め上げて、そのメリハリの利いた意匠と色彩豊かな仕上げに思わず目を奪われたにちがいない。

　先の二本の独立柱を交点として置き、鉄骨鉄筋コンクリートの構造的な梁と桁がこの柱と壁の間を飛んで格子状に交差

2-71 「日生劇場」の1階入口ホールの天井装飾

し、天井面全体を六分割しているが、この構造的な太い梁と桁の下端を覆って隠そうとするかのように、《ジョージアン》に独特のグラフィックな感じのする鮮やかな刳型《モールディング》装飾が施されている。直線、直角、円、円弧などの大小さまざまな形態のエレメントを、幾何学模様になるように組み合わせて連続させた刳型模様は、先のJ・ワイアットや同時代の建築家ロバート・アダムといった建築家たちの、色鮮やかで華麗な、また平面的でグラフィックな室内装飾を思い起こさせるものがあり、まさしくこれは《ジョージアン・リヴァイヴァル》の室内意匠である。天井全体に塗った淡いブルーの色面をバックに、石膏を貼り付けて白く塗って作った唐草模様や、幾何学模様の中に茶色の木板を嵌め込み、さらにその縁取りとして金色に塗るなどして、複雑ではあるが、しかし規則正しく、また華麗だが、よく制御された《新古典主義》系の格天井模様が描き出されている。この種の徹底した装飾意欲が時に齎すような、ある種のしつこさ、といったものが出ていても不思議ではないが、〈線〉や〈面〉や〈色〉の入り組み具合は確かに錯綜していても、実際にはさほどそうしたあくどさをその下で食事をしている人たちに感じさせていないのはなぜだろうか。(2-70)

　その理由の一つは、天井に塗られている淡いブルーのさわやかな青空を思わせるパステルカラーの色合いの大きな面のもつ効果と、装飾自体も、細かな彫刻的な陰影や起伏を持ちながらも、格子状の梁・桁の格子の枠組みの中にすべてのモールディングがきっちりと嵌め込まれ、天井面の全体としては平坦でグラフィックな印象を強めているからだろう。さらにこの大きな格縁の間の格間(鏡板)にあたる部分が、装飾なしにフラットで空虚な青い大きな四角い面のままに残されて、わずかにその中央部から、中心飾も付けずに、吊下げ型《ペンダント》の、シェード付きの小型スタンドを数多く立てたシャンデリア風の照明具が降りているだけといった、村野がいう「陰影」や「肌理」の処理が的確に行われていて、《様式》が見事に〈現在化〉されている結果であったと思われる。

　こうした天井面の構成において発揮された村野のデザイナーとしての才能の萌芽は、すでに「大ビル本館」のエントランス・ホールの吹抜けの天井や、八階の「大ビル倶楽部」の談話室の天井などに顕著に示されていた。その後の村野の天井デザインの成長ぶりを知るためには、彼の戦後作品の代表作の一つである「日生劇場」の、一階のエントランス・ホール上の、あのアルミの引抜材を組み合わせた幾何抽象的な模様が繰り広げられているすばらしい天井面のデザインなどを考えればいいが、しかしこうした例は他にも枚挙に暇《いとま》がないほど多い。そうした彼のデザイナーとしての才能の片鱗を、この「綿業会館」のレストランの天井にも確実に見出すことができるのだ。(2-71)

二階の応接談話室

一階ホールを挟んだ食堂とは反対側(北側)の部屋は、入口の北側にある「クロークルーム」に隣接した形で、ビル一階の西北隅にまず、小振りな「囲碁・将棋室」があり、その隣の中央部にはアーケードを潜って入っていく広い「談話室」が廊下に向かって開放的な形で置かれている。さらにその隣の東端の隅部には、談話室とほぼ同じ広さがある「球戯室」、つまりビリヤード・ルームがあって、この三つの部屋が会員たちの日常的な親睦交歓用の場所として供されている。

続いて二階の部屋を見るために、ホール東奥にある先の中央階段を上って行く。ブロンズの座像の頭上後方にある踊場まで上ってそこに立ち、あたかも高い舞台の上からホールを見回すような視線でその空間と周囲の壁やアーケードなどを見回していると、舞台上の役者が持つようなどこか晴れがましい気分を実際に味わうことができる。この踊場の後方には、折返して二階へ上がる階段のための踊場の床が、前方と同じ広さでそのまま続いているが、(現在は戦後建てられた東側の「新館」への廊下が続いている)竣工時はその奥に壁と窓が立ち、その向こう(東)側には、地下室の調理場などへのトップライトとするために〈光庭〉が取られていた。

二階へ向かう階段を上がり切ると、ホールの吹抜けの三辺と中央階段とを繋いだ回廊になっている〈コ〉の字形の二階北側の廊下の東端に出る。この北廊下の北側にもアーケードがあり、その柱脚の列の向こう側には、二階平面の三分の一ほどを占めている、主に会員用で、また特別な賓客などの来訪時のための応接室としても設えられた、高い吹抜け天井を持つ、「大談話室《ドローイング・ルーム》」が置かれている。廊下の西端の辺りからこの大談話室へ半円アーチの下を潜って入って行く。二階分の高さを持つ部屋の、天井まで立ちあがっている壁面の半分ほどの高さまで、艶はあるが暗い色調に塗りあげられたチークの格子縁の羽目板の腰壁《ダド》が、大談話室のほとんどの壁を覆って取り囲み、その壁の上端には同じ木製の蛇腹を載せている。その上部の壁にはかなり大型のタイルが一面に貼られており、全体的な印象としてはいかにも古風なインテリアだが、しかし落ち着いた格式の感じられる部屋の設えになっている。先に見た中央ホールの室内の〈南欧〉風に明るく影の浅い明快な壁面構成とは対照的な、喩えていえばアルプス山脈の北側の

2-72　大談話室の暖炉廻りのインテリア

2-73　竣工当時の談話室から3階への鉄製階段

いわば〈西欧〉風の、深く細やかな影を帯びた壁面が演出する落ち着きのある独特の室内空間が創り出されている。

大談話室の入口のすぐ左(西)横を、斜めに、三階の諸室へと連絡するオープンな鉄製階段が、片側を壁に固定され、間に一つ踊場を置いて上っており、非常に強い彫刻的な刳型が施されている持送り《コンソール》に支えられた三階バルコニーへと達している。鉄製の手摺と、その下の手摺子部分の《様式》による鉄の蔓草模様に、アール・ヌーヴォーを思わせる曲線が絡みつくようにし、手摺を側桁に固定する扶助金具が大胆に階段の外側へはみ出した形で付けられていたりして、階段特有の動きが感じられるデザインである。(2–72、2–73)

階段から離れて部屋全体に目を転じると、眼前に角柱が三本、このビルの軸組構造の一部を構成する構造柱として独立して立っている。柱の四面を壁と同じチークの格縁パネルで包まれて鈍く黒光りするこの角柱の柱頭上に、柱の場合と同じように、暗褐色に塗られた木製の梁型で覆われた構造的な梁と桁が、柱に直交しており、それぞれの反対側の端で廻縁の位置の壁面の中の見えない柱にハンチと共に剛接している。この梁・桁と連結した二階分の高さの三本の独立柱を結んで東西に渡されている桁が部屋の東端の壁内の柱に向かって飛んでいるが、その構造柱を背後に隠すかのような形で、その壁前に「暖炉」と、その上に立体的に組立てた木製の非常に目立つ暖炉飾《チムニーピース》が立て込まれている。暖炉の焚口周り《マントル》には、前面をシンプルにトラバーチンでバスケット・ハンドル型のアーチに貼り、炉床の奥には耐熱タイルを矢筈貼にした炉壁が見えるが、この暖炉は薪などを実際に燃やすものとしてではなく、最初から都市ガス用の暖炉であったと思われる。

暖炉上の飾棚とタイル・タピスリー

しかしこの暖炉で非常に興味深いのは、簡潔なマントルピースの方ではなく、その炉棚の真上に、造作として据え付けられている、濃い褐色に塗られた家具を思わせる、木製の〈暖炉上装飾壁〉の存在であろう。美しい無数の〝箱〟の集積として見ることもできるような装飾棚。普通なら炉床の煙を煙突に導く火気覆い《フード》が置かれる位置にあるこの縦長の前面部をよく観察して見ると、一見オルガンの管列にも見える木製の円筒の表面に、竹を模して節を付けた垂直材が縦に一定間隔で並んで立っている。この縦の柱列に対して、横に水平材が交差し、その格子の間の彫刻的な深みを持っている格間部分にアーチが付いた、中に彫像や花活や酒壜などを飾ったりできそうな、沢山の小さな壁龕が作り出されている。この暖炉の火口の上を装飾壁とする手法は、十九世紀英国のカントリー・ハウスなどの邸館の大きな応接間《ドローイング・ルーム》などで、暖炉の間口と広い炉棚《マントルシェルフ》に合わせて、その幅のままに垂直に石や煉瓦で立ち上げて、その前面に複雑な浮彫的な装飾《モールディング》を施して、部屋の視角上の集約点とした、ノーマン・ショーなどのデザインに倣ったものだと思われる。渡辺節が、戦後この建物の中のこの「二階談話室」について自ら回顧し解説したエッセイ[39]によれば、この談話室は《ジャコビアン・スタイル》[40]を採用してデザインした、と書いているので、その種のスタイルの欧米でのリヴァイヴァルに、この暖炉のデザインに似たなんらかの〈原型〉が実際にはあったのかもしれない。

いずれにせよ村野が直接デザインしたと思われるこの応接談話室のチムニーピースは、古く大きなオルガンのパイプの列を連想させるような見事な工芸的な木工作となっている。こうして出現した壁龕部の深い陰影の中から、オーラのように不思議な魅力を周囲に放射しており、初めて部屋に入って来た人の目をしばらくは引き付けて離さないだけの力がそこには蓄えられている。

しかしこの部屋の中で、〝人の目を引き付けて離さない〟という意味では、この暖炉上のデザイン以上に、強い訴求力を見せる場所がそのすぐ横にもう一箇所あることは、今では多くの人たちが知っている。それは暖炉に向かってすぐ左手(北側)の壁にあり、一スパン分の壁面全体を覆っている、京都の窯で焼かれた陶製タイルによる壁画である。壁に掛けた鮮やかな色彩に彩られた「〝タピストリー〟のようだ」、といった意味で、〈タイル・タピスリー〉という形容がしばしば用いられる装飾タイルの壁面の、雅《みやび》で、闇の中で底光りするような輝きに満ちた装飾的な一区画。天井からあたかもキャンドル・スタンドを吊り下ろしたような照明具(創建時)や、その壁に直付けされたブラケット型ランプや、上方向きのシェードで光源を隠したスタンドなどのわずかな電気光が照らし出しているだけの、全体に薄暗さが支配している部屋の中で、宝石が時に光を受けてきらりと輝くように、薄闇の中で浮かび上がってくるさまざまな窯変タイルの色彩や肌理の美しさには言葉に表わしにくいほどの格別の奥深さがある。彩度や明暗などさまざまに入り組んだこれらの色彩は、あたかも印象派の点描法のように、少し離れて見る人の眼の中で重なり混ざりあって艶のある色調を印象づける。いわゆる京焼の窯場の中では新しい方の泉涌寺地区の窯場で焼かれたという、数多くの陶製タイルを使って構成されたこの〈装飾壁〉は、具象的なイメージは一切排除され、抽象絵画を思わせるような壁面である。最終的に炎が焼き上げたいわば偶然の結果としての色や肌理によって着物の柄のように〝織り上げた〟抽象的パターンであるところに、「様式の上」にある、ある種の〈現代性〉が潜んでいたともいえよう。この部分の装飾的な壁面の演出を実際に手掛けたのは、すでに渡辺のもとを実質的に離れ、脱《様式》の建築家として渡辺とは別な道を着実に歩み始めていた村野藤吾ではなく、所長の渡辺節自ら、タイルを焼かせる窯元の選定から、焼き上がった陶板《タイル》の具体的な壁面での組み合わせまでも指揮した結果であったと伝えられるが、しかし独特の魅力を放つこの壁面も、それを包んでいるこの応接談話室の、《様式》を超えたところで得られるような濃密な〈空間性〉がその背景としてあったからこそその効果が得られたものであることを見逃してほしくないという気持が、村野の内心には実はあったのかもしれない。(2-74、2-75)

「綿業会館」には、この他にこれとは別の《様式》からくる構成法や装飾によって設えた、さまざまな部屋が造られているが、渡辺節の先のエッセイでの説明によれば、そうした《様式》的な錯綜や折衷は次のような理由から行われたという。「紡績関係の人たちはイギリスへ行った方が多いので」と彼は前置きした上で、そうした「会員の好みに応じて好きな部屋で楽しんでもら」えるように、部屋ごとに、近世以降の英国の建築史上の種々の《様式》を集めて内装したと語っている。その結果、「二階談話室はイギリスルネッサンスの初期のジャコビャンスタイル、貴賓室はクィーンアンスタイル、会議室はアンピールスタイル、また最上階の大会場は近代アダムスタイル」などの《様式》を当ててデザインしたという。(41) ここに登場するさまざまな《様式》のほとんどは、二十世紀の一九二〇年代から三〇年代にかけての北米を中心とした《ネオ・コロニアル》と呼ばれるような《ジョージアン・リヴァイヴァル》を中心とした《折衷主義《エクレクティシズム》》的なデザインの中に含まれていたものであり、まさしく「綿業会館」そのもののデザイン

2-74　装飾タイルと照明具

2-75　大談話室の装飾タイル壁

が、同時代のその種のデザイン的志向に基づいて行われていたことを改めて確認することができる。これらの部屋の装飾的なディテールは、今もそれぞれの部屋の中に比較的よく残されている。なおこの「日本綿業会館」の建築は、数年前、渡辺節の建築作品としては初めて国の重要文化財に指定された。

ある対談の中での村野の発言

一九七四年、初めて公開の席で村野藤吾にインタビューする機会を筆者が得た時に、村野は「日本綿業会館」の設計に関連して、一九七〇年頃に、彼の作品を見学したいと欧州から訪ねてきた一人の外国人の建築家が見せたある反応について、どこかそれを面白がっているとも見える様子で、左のように語っている。

「村野　・・・・・、二〜三年前にオーストリアから建築家が見えて、私はそのとき、渡辺先生の［事務所時代の］最後の仕事であったと思いますが、大阪にある『日本綿業倶楽部』で［お昼の］御飯を出して、それからそごう百貨店を見たいと言うからそごうへ行って、私が『綿業倶楽部は私が関係した［設計の］仕事で、そごうより二年前の仕事だ』［と］こう申しましたところが、その建築家は『それは考えられん、同じ人がやったと思えない』というのです。しかし私

[として]はなにも不思議はない。綿業倶楽部をやろうがそごうをやろうが、私にとってはおんなじだと思っているし、今もなお私はそう思っております。思想[や理論]的には私は[新しい動きに]非常に敏感です。しかしそれは取っておくだけの話で、私はただ自分の持っているもので勝負しよう、これだけであって、ほかのあとの現象的なものはすべてフィクションだと私には映るのですが、いかがでしょうか、先生」([会場]笑い)。

長谷川　おそらくそれがあるからこそ、最近の話になりますが、[赤坂の]迎賓館のお仕事、あれを修復されることも[抵抗なく]できたかと思いますが・・・。」

村野　ええ、あれだって近代建築としてやったと自分では思っている。私が手をつけて興味を持ってやれたということは、あれが近代建築だ[と思えた]からやれた。つまり私流にいえば、あのバロックのスタイルは一つのフィクションであって、私に映るものはただ近代建築[としての赤坂離宮]が自分[の眼]に映っているんだ、だからやれたのだと私は思っておりますが、そういうものの考え方です。あれは様式だとか何とか[言って]、過去に遡ってものを考えるということ自体が間違いであると、私は思いますがね。

それだから迎賓館の仕事が自分にはやれたという風に映るんですが、いかがでしょうか[42]。」

断っておかなければならないのは、村野がこの対談の中で「近代建築」と呼んでいるものは、私たちがしばしばその意味として使っている《近代主義《モダニズム》の建築》という意味での「近代建築」とはやや異なる内容のものだという点である。村野が言う「近代建築」とは、「今〈現在〉の建築」という意味に近いと思われ、いい換えれば「現代建築」とか、あるいは自分が生きているその「同時代《コンテンポラリー》の建築」といった意味で使われていると理解することができる。したがって村野が「旧赤坂離宮」を改修して、日本という国家の公式の「迎賓館」(1974)へと変身させるために行った設計もまた、彼がいう「過去に遡ってものを考える」ことから始めた作業では決してなく、〈現在に生きる〉建築としてそれを蘇らせるために、〈過去〉から〈現在〉へと逆に引き寄せる作業として行われたのだ。そうである以上、最初に「赤坂離宮」を、明治期を代表する建築家、片山東熊が設計した《ネオ・バロック様式》による歴史的な建造物として捉え、その建築が持つ固有の《様式》――《ネオ・バロック》――を、かつて歴史上に実在した〈一定の動かしがたい形式を持つ建築構成法〉として尊重して、その《様式》性を、学術的にも理解しながら修復する、といった、歴史的建造物の保存修復を行う一般的な建築史家や保存技術者たちと同じような態度で村野はそれに接したわけでは決してない、と彼は私たちにまず念押しをしているのである。

村野は、《様式》に基づくそうしたデザインのすべてを、「フィクション」、つまり建築家や、その建築家が生きていた時代の〈表現〉として理解し、明治の建築家片山東熊も、かつてその「離宮」を設計した時には、彼自身の選択として《バロック様式》を選び出し、「赤坂離宮」という建築的「フィクション」をそれによって立ち上げた、つまり建築的な〈表現〉をそこに展開した、と村野は正確に事実関係を把握し理解していたのである。したがって村野が「離宮」を「迎賓館」に造り変える時にも、「離宮」の空間性といういわば所与の条件を前にして、それを村野が生きている現代社会において、新しい機能を備えた建築として甦らせるために、村野自身の「フィクション」を、彼自身の〈表現〉としてその上に投げかけて、そこから設計を展開させていったと彼はいうのだ。だからこそ「迎賓館」は、かつての「赤坂離宮」が保存修復作業によって復活したのではなく、村野の言葉でいう「近代建築」、いい換えれば村野が現に呼吸している時代の、まさしく〈現在に生きる〉現代建築として蘇ることができたのである。

フィクションとしての様式

「様式はフィクションだ」と村野がいう時、彼は決して《様式》という歴史的概念を軽んじていたわけではなかった。ただ建築史研究者ではない、また〝引退〟したわけでもない一人の〝現役〟の設計者が〈過去〉の《様式》に出会う時には、彼は、歴史的な事実としての〈過去〉の《様式》に「遡ってものを考える」ような、いわば過去詣でをするような研究者的、退役者的な態度はあまり役に立たず、そうした態度は実際の設計行為にはほとんど無意味だ、と彼は言っているのだと理解すべきであろう。逆にそうした〈過去〉の《様式》が、設計者としての彼の〈現在〉に意味あるものとして、真の意味で再生《ルネサンス》するためには、深い〈時間〉の海の底に沈んで埋もれているかに見える《様式》を、強靭な想像力によって〈現在〉という海面上へと引き上げてきて、その〝顔〟を〈現在〉の空気に曝さねばならず、想像力というその引き上げるための力を使って、「フィクション」を仕掛けることが必要なのだと言っているようにも受け取れる。したがって村野にとっての《様式》は、簡単に〈模写〉したり、また〈再現〉したりするだけの形で、定型的に建築史書の中に百科事典的に存在しているようなものでは決してなく、常に〈現在〉という彼の身体の中において組立て直され、新たな想像力の下に創出され、投企されるべきもの、として常に考えられてきたのである。（こう考えてくれば、彼が「卒業設計」の中で、アイオニック・オーダーの柱頭を、九〇度ひねって壁面に直角に描いたわけも、彼が《様式》

に無知であった結果でも、また主任教授佐藤功一への子供っぽい抗議の意思表明でもなく、上記のような《様式》に対して自分なりの「フィクション」を仕掛けていくという大学生村野の、明らかに無謀だが、しかし意気盛んな意思表明であったと読むこともできるだろう）

実は村野自身は、この対談の中では、こうした独自の論理をそれ以上に展開させ、具体的で明確な発言としてそれを表明していたわけではなかったが、仮にこの彼の論理を、さらにそのまま敷衍させていくと、村野が設計する建築の内で、《様式》とは直接の関係を持たない、村野の言う純粋な「近代建築」の設計を彼が行う場合も決して例外とはならず、設計された建築は、「近代建築」という一つの「フィクション」の結果である、という当然といえば当然の結論を彼は引き受けざるを得なくなっていたはずである。とすれば、先に「興銀本店」のインテリアについて触れた部分で見た《様式建築》の意匠の場合と同じように、「近代建築」もまたそれが「フィクション」である限りは、時には、あるいはしばしば〈虚偽構造〉と呼ばれるような、真の〈構造体〉から離れた表層を持つようなデザインを生み出していくことは避けられないことにもなっていったのである。その結果として、村野藤吾が建築設計者としての長い活動中で行った建築デザインに対して、日本の近代建築の推進者、つまり《モダニズム》の申し子を自負していた後の世代の多くの設計者たちが、村野の建築には、その場その場で彼が不用意に用いるその種の〈虚偽〉のデザインに溢れており、近代建築家として示すべき建築の〈到達点〉、つまり建築や都市の理想的な状態も、あるいは建築家としての〈建築の真実性〉への倫理的な誠実さも示されないまま、曖昧なままに放置された状態でデザインが行われているという、厳しい批判や非難を彼は浴びせられることになったのである。

村野は、彼が渡辺節の事務所に入ったばかりの、一九一九（大正八）年に書いた長編論文（「様式の上にあれ」）の中で、現代は「目的に真」があるか「過程に真」があるかを自らに問いかけた後、自分も含めて現代に生きる人間は、真の「目的」点、《神》といった絶対的な〈価値〉の存在をすでにどこにも見出せなくなっている、といういわば《実存》的な認識を示し、したがって建築家も「目的」を探し求めるのではなく、自分が生きているその「過程」にこそ「真実」を見出しながら設計していかなければならないと結論付けていた。彼はそう公言した以上、自分自身の近代建築の設計もまた、建築家の〈現在〉が「念々刹那」（瞬間々々）に繰り広げる「フィクション」であるという事実をも引き受けざるを得なかったのは当然である。実は、村野のこうした認識は、二十世紀哲学でいう《ニヒリズム》から発した世界認識に同調した考えであり、これに伴う身体の奥深い所での、村野のある種の〝覚悟〟、もしくは〝開き直り〟

は、彼より若い世代の建築家たち、とくに二十世紀に入って以降にこの世に生を享けた世代の建築家たちの多くにはほとんど理解されない状況認識であったのだ。村野は特に戦後になって、こうした若い世代の建築家たちとの間でしばしば軋轢を起こし、彼らの理解の無さを憤ると同時に、深く傷つき悩んだりする、後章で詳しく触れるような、さまざまな出来事に繋がっていったのである。

こうした軋轢がなぜ起きたかといえば、二十世紀に入ってからこの世に生を受け、一九三〇年代以降に初めて設計の仕事を開始する、村野より若い世代の建築家たちが、村野が一九二〇年代以前に早くも提示していたこの《ニヒリズム》の受け入れを回避したことに由来していると断言できるだろう。村野の後の世代の日本の《近代主義《モダニズム》》の建築家であることを自任する若者たちは、新たな《神》、新たな「目的の真」を見出したと信じて、自分たちの過酷な実存的な状況を、ともかく忘れようとしたのだ。彼らは、《近代科学》、あるいは《イデオロギー》という新たな仮想的な《神》を立ち上げ、ル・コルビュジエなどのヨーロッパの前衛的な建築家たちを戦闘的な〝神官〟に仕立て上げることによって、再び進むべき確たる「目的」を見出したと信じ込もうとした。つまり《モダニズム》を新しい絶対的な教理として信奉する建築家たちは、村野が彼の二十歳代後半の時点において引き受けて背に負い、九十歳代の前半において自らの死を受け入れるその瞬間まで、肩からその〝荷〟をどうしても下ろせなかった、まさに彼の《実存》、彼の《ニヒリズム》という重荷を、〈モダニスト〉たちは《科学》という新たな《神》を幻視することによって、その根源的な重さを《機械》に背負わせるなどして回避しようとし、そこからするりと抜け出したとともに、オプティミスティックに〈未来〉を信じようとしてしまったのだ。その結果、村野の《ニヒリズム》に由来するさまざまな行動が、そうした苦衷を知らない〈モダニスト〉たちには理解され難いものとなり、特に第二次大戦後、村野はしばしば彼らの激しい攻撃の矢面に曝されることになったのだが、その具体的な攻撃の内容と、それへの村野の果敢な対応については、別に詳述することにして、ここではこれ以上触れないことにする。

外国人建築家の驚きの意味

また村野は、先に引用した対話の中で、《様式》は「フィクション」である、という衝撃的な発言に関連して、もう一つ、次のような重要な問題についても触れようとしている。村野によれば、渡辺節が「売れる」と判断して彼に描かせた多様な《様式》に基づくデザインも、村野が独立後に積極的に手がけた「近代建築」のデザインも、村野の身体の中では同じく「フィクション」であり、〈現在〉という断面に併置される形で〝顔〟

を出しているというのだが、そこでは《様式》に基づく意匠も、《非様式》もしくは《脱様式》と主張されるような近代的なデザインも、村野にとっては、デザインとしては全く同じ基盤――村野の〈現在〉――の上で、同じ手法で処理されるものとなった、と言明しようとしていたように考えられる。たとえば、村野の話の中に出てくる、遥々《はるばる》海外から訪ねてきたある外国人の建築家が、村野が告げる、渡辺事務所時代の「綿業会館」と、独立後の「そごう百貨店」の二棟の建物が、「そごう」の第一期工事が完成した一九三三(昭和八)年から計算して、竣工年がわずか二年違いという時間差にありながら、ともに同じ設計者の身体から出てきたデザインであるということが、とても不思議で「信じられない」ことだ、と驚いたというが、おそらくモダニズム教育を受けて育ってきたはずのその建築家からすれば、この反応はある意味で自然な、また当然な反応であったといえるだろう。

彼がその話を村野から聞いた時の驚きは、単に村野が新旧のデザインをほぼ同時に処理することができるというその〝器用さ〟に驚いたからというよりも、彼がそれまで疑うことなく持っていたと思われる信念、つまり近代建築をデザインする建築家は、同時に過去の遺物とでも言うべき《様式》絡みのデザインなどはもはや手掛けない、もしくは手掛けるべきでないと考えていたはずだ、という自分の信念を、ある意味で危うくされた思いがその時したからではなかったか。というのも、一般的な《モダニズム》の考えによれば、「そごう」のような近代的な理念に基づいて設計された建築は、旧い《様式》に囚われたような建築を、はっきりと拒絶する設計者の強い意志の中から生まれてくるはずであり、したがって〈近代建築〉はそうした〈旧い建築〉の理念や手法を打ち破ってこそ初めて実現される、という近代建築の〝勝利〟説が常に前提にされていたからである。《旧様式》の全否定なくしては《新様式》の創造はないという図式が、頭の中にいつの間にか摺り込まれている状態に対して、村野藤吾という日本の建築家は、わずか二年間、つまりほとんど〈同時〉といえるような時間差の中で、一方で「そごう」のような新しく斬新な建築をデザインして世に問い、他方で、拒絶とか嫌悪といった強靭な意志とはほとんど無関係に思えるような自在さ、別の言い方をすれば優柔不断さの中で、嫌悪どころかむしろ愛着さえ示してそれをデザインしているのではないかというような「綿業会館」の、深く《様式》が絡むデザインもほぼ同時に手がけている・・・。これは一体どうしたわけだ!と驚きを隠せなかった、というのがおそらくそのオーストリアから来た建築家の本音だったのではないだろうか。

村野は、こうした外国人の建築家の反応を見て、自分の無節操さを非難されたことを恥じ入るどころか、逆にそうした反応を自分の胸の内のどこかで面白がっていたように思えるのは、その建築家や、他の多くの日本人の若い建築家たちが知らず知らずのうちに刷り込まれていたはずの、旧弊な《様式》を克服したところに、《モダニズム》の建築は成立するという考え自体が、おそらく《モダニズム》の側が故意に撒き散らした〝伝説〟、虚妄に過ぎないと十分にわかっていたからに他ならなかったのだ。一言でいえば、その海外からの来訪者である建築家と、村野藤吾の建築観(特に建築史観)が大きく根本的なところで異なっていたのであり、村野からすれば《モダニズム》が前提としていたその種の歴史観では、自分の仕事を理解するのは難しいだろう、と本当は言いたかったと思われる。

《絶対的な価値》の不在

村野の建築史観が、戦後の《モダニズム》最盛期に育った多くの建築家たちの建築史観と大きくかけ離れてしまった根本的な原因はどこにあったのだろうか。その理由は《モダニズム》や、その他の種々の建築的《イデオロギー》を掲げる建築家たちが、村野が建築家としての身体の奥底に抱えていた、先に見たような、醒めた状況認識――《ニヒリズム》――を避け、何らかの〈未来〉や〈過去〉を信じてそれに奉じ、不安定な〈現在〉からできるだけ遠ざかりたいという思いに駆られたままに育ってしまったことにおそらく起因していたのである。村野は「様式の上にあれ」と題した、彼が一九一九(大正八)年に雑誌発表した論文の中で、自分が生きている現代は、先に見たように〈絶対的な価値〉や〈究極の倫理〉、といった絶対的で永遠なものを見出すことができない状況にあり、建築家もまた建築の〈究極の理想〉や〈永遠の美〉といった動かないものを、〈未来〉や〈過去〉の中に透視し捕捉したと信じて、理論的に構築されたこうした理想の〈究極点〉に向かって設計を推し進めていけば、建築家としての本来の使命を果たすことができる、つまり〝免罪符〟が与えられる・・・、などと期待するのは無意味な妄想に過ぎず、所詮無駄な努力だと喝破している。こうしたニヒリスティックな認識を村野が自分の設計の前提にしている以上は、戦後の多くの日本の建築家たちが闇雲に信じ込み、それに向かって突進しようとしていた《モダニズム》が生みだす建築を、長い建築の歴史におけるいわば〈究極の建築〉、いわば建築史の「最終章」として設定することを最初からできなかったのは当然であった。それ以前の封建的で手工業的な《様式建築》が建築アカデミズムなどを通じて行う種々の妨害を撃破し、それを完全に駆逐し克服して出現するのが、純粋無垢な〈新生の建築〉、つまり《新建築》だ、などと考えることは、村野にとっては最初からできない相談であった。したがって《モダニズム》が提唱する建築デザインに比較的近いデザイン性を感じさせるたとえば「そごう百貨店」のような建築と、どこか古めかしい《様式主義》に基づいた「綿業会館」が、一人の建築家の身体から、ほぼ同時に建築作品として体外に投企《プロジェクト》されることには、何の不自然さも奇矯さもないはずだと、彼の設計者としての不統一な軌跡に驚いている方の側に、むしろ村野は驚いて見せたのである。

このように《モダニズム》が、一九二〇年代以降、世界中の近代建築家たちに提供し、多くの人たちがそれにすがるようにして信じた〈建築史観〉の中には、工業化社会を目指す非常に直線的で一元的な歴史の展開が説かれており、その果てに、近代的な機械工業社会に呼応した、空間の〈大量生産―大量消費〉を原則とする《新建築》が登場することによって歴史は大団円を迎えるという、単純で底の浅い筋書きの〝勝利伝説〟に彩られていた。具体的に西欧の《様式建築》の流れでいえば、まずヨーロッパ世界が成立した中世の《ロマネスク》や《ゴシック》などの《様式》に始まり、続いて近世に入って、古代地中海世界のギリシャやローマの《古典様式》を復興させた近世の《ルネサンス》から、十七世紀の《バロック》を経て、十八世紀の《ロココ》に至り、十九世紀から二十世紀初めにかけてのさまざまな《様式再興主義《リヴァイヴァリズム》》の建築が隆盛を極めた後、二十世紀の前衛的な《アール・ヌーヴォー》、《表現主義》、《構成主義》といった試行錯誤が行われた果てに、一九二〇年代後半から三〇年代初めにかけて、近代工業社会における《合理主義》を軸にした、いわゆる《モダニズム》の建築が出現するに至って大団円を迎えた、つまり建築史の〈究極の到達点〉と呼べるものが遂に見出された・・・という史的〝筋書《スケッチ》〟が示され、すべての心ある建築家たちはその最後の仕上げに参加せよ、と鼓舞されたのだ。

こうした史観はまさに、前時代を支配した一つの《様式》の徹底した否定の中から、新しい《様式》が勝利者として登場する、さらに同じことが次の時代にも起こる・・・、といった政権交代のくり返しの跡を示しており、敗者の真上に勝者がどっかと乗り、敗者の存在を全否定するということの反復による、何層にもわたる積み重ねによって〈歴史〉は形成されるという歴史観に最終的に帰結する。このような《様式》の積層によって構成された歴史のダイアグラムは、ある意味で非常にわかりやすい図式であったことも手伝って、多くの建築史家や建築家たちに、ほとんど抵抗なく受け入れられていったのである。それを例えて言えば、地質学が、それぞれの時代の土砂や堆積岩の層は自然に過去から現在への時間の積み重ねを表していると説明するように、建築史学の〈地層〉もまた、それぞれの時代が生みだした《様式》を積み重ねた層によって〈現在〉から〈過去〉へと遡ることもできるし、〈過去〉から〈現在〉への時間の流れと《様式》変遷をはっきりした区画のもとに辿ることもできるというのに似ている。《モダニズム》はといえば、こうした地層の最上層を構成するものだと説かれ、なぜかその上にさらに積み重なるようなものはほとんど想定されておらず、人間の建築の歴史の最終的な〈到達点〉として、それ以前の地層を構成するさまざまな《様式建築》とは根本的に異なる、あえて言えば《超様式》とでも呼ぶべき〈地表〉を形成しているとさえ、真面目に主張されたりもしたのである。

非常に興味深いことだが、村野藤吾という建築家が、建築の歴史に懐くイメージには、先の「様式はフィクションである」という彼の箴言によくその内容の一端が表れているように、こうした地層に似た《様式》の積層状態のような、時間の経過を、あたかも大根を輪切りにして、《様式》を一個ずつ、下(過去)から上(未来)へ、積み上げて行くような、あえて名付けるとすれば〝様式積木型〟あるいは〝様式地層型〟の歴史観とは、設計者としてのスタート時点から、なぜか無縁の状態でその建築家としての生涯を終えたように思われる。特に渡辺節の下にいた頃の村野は、古今東西のあらゆる《様式》を、いかなる発展史観も関係なしに手当たり次第に扱っていたように見えたから、彼の頭の中には《様式》の〝積木〟は、きちんと積み上げられた状態ではなく、同じ例えでいえば幼児が遊ぶ時のような、ばらばらに散乱した状態にあったということができるだろう。

では村野の建築史観を、〝様式積木型〟に対比して図式化するとしたら、一体どのようなものになるだろうか。村野自身が実際にそうした図式を生前に提示したことは一度もなかったので、あくまでも彼の言説から推測して、勝手に描いたものに過ぎないが、次のような内容を持つものであったと推測することは、おそらくそれほど的はずれではなかったのではないかと考える。

切れ目なく続く《様式》の糸の束

村野藤吾が思い描いていたと思われる建築史モデルは、先の〝様式積木型〟の場合のように、過去から今日に至る間のその時々に〝発明〟された《様式》が、その〝発明〟された時代と共にやがて古い地層として〈過去〉に埋められ捨て去られてしまう形のものとは、かなりかけ離れた内容を持っていたと思う。その《様式》は、何本もの別々の水脈かなにかのような形で、すべて〈現在〉という地表に何らかの形で〝顔〟を出し、地面の上に浸み出し、時に湧き出している・・・、といったモデルとして纏めることができるのではないか。たとえば《ゴシック》という《様式》を例に取って考えてみれば、たしかにそれはヨーロッパ中世社会においてまさに〝発明〟され、一種の国際様式としてたちまちヨーロッパ中に広まって行ったものだが、しかし〝積木型〟の歴史観が言うように《ゴシック》は、《ルネサンス様式》の登場によって、中世の暗闇の中に永遠に葬り去られてしまったわけではなく、《ルネサンス》と呼ばれるような時代になっても、以前ほどの大きな存在感は示さなかったにしても、まだ確実に《様式》として生き延びており、その後十九世紀中頃の《ゴシック・リヴァイヴァル》といった激しい復興運動の中で、再びその〝顔〟を歴史の表舞台に姿を現して大きく見せ、二十世紀になって再び細々とした流れに戻っても、しかしそれでも途切れずに着実に続いて流れ、〈現在〉という時制の断面に厳然としてその存在を主張している、といった具合に、一つの《様式》が途絶えることなく連綿と続いて今に至っている、と考えることを、最も基本的な前提として置くのである。

もちろんこれは《ゴシック》に限ったことではなく、《バロック》でも、《ロココ》でも、十九世紀の《ネオ・クラシシズム》でも、比較的最近の二十世紀の《アール・ヌーヴォー》や《アール・デコ》であっても同じことであり、さらには当然のこととして、一九二〇年代後半に〝発明〟されたいわゆる《モダニズム》も、同じ〈現在〉の断面に、最初は多分に遠慮がちに、すぐ後に声高に、その新しい発明品としての〝顔〟を鋭く差し出して登場し成長したのである。こうして〝発明〟された——村野の言葉に直せば「フィクション」として構築された——《モダニズム》は、やがて半世紀後の〈現在〉の断面では、非常に大きな〝顔〟に拡大して、他の多くの先輩《様式》たちの〝顔〟を、脇へ隅へと追いやるほどの勢いでのさばっていったのだ。ただこうした図式の中で留意すべき重要な点は、一つの新たに発明され、勢力を拡大した《様式》が、いかに大きくその支配力を伸ばしていったとしても、〝積木型の〟歴史観の場合と違って、一つの時代がその新たな一つだけの《様式》によって支配され、完全に占拠されてしまうような状態は絶対に想定されておらず、またそうした独占状態は不健全な状態として許されないという点である。どんなに大きな勢力を新しい《様式》が誇ろうとも、その新しい《様式》は、それ以前の建築の歴史の中で生みだされた、さまざまな《様式》の内の一つの《様式》に過ぎないという歴史認識は、決して揺らぐことのないものとして確立されているのである。したがってさまざまな〈現在〉という断面において、常に《様式》は多元的に存在し、新旧さまざまな《様式》の選択は、依然として設計者に委ねられており、いかなる時代も、設計者に一つの《様式》を強制的に押し付けることはできない、という選択の自由が保障されているのである。

ここまで考えてくれば、村野がわずか二年ほどの時間差の中で、一見《脱様式》風に見える「そごう」と、明らかに《様式》に基づく「綿業会館」を、ほぼ並行するような形で何の苦もなく設計することができた理由が、自ずと明らかになってくるだろう。《様式》に基づくデザインも、それに基づかない（という新《様式》の）デザインも、自分にとっては基本的に同じ次元における設計作業といえる、と村野が断言する理由もここで明らかになってくる。つまり村野藤吾という一人の建築家の身体――彼の〈現在〉――の断面において、《モダニズム》も《ジョージアン》も《ジャコビアン》も、同じように併置された多くの《様式》の中の一つとして見えていたのであり、村野が自分自身の「フィクション」――建築的表現――を投企する時に、その多くの《様式》の水脈の中から、どれに自らの想像力を接続して、ある時点での自分自身のデザインを構築していく作業にそれを応用するかは、彼の自由と責任にすべて委ねられていたのだ。この時の村野の判断として注目すべきは、たとえば彼が《モダニズム》が提唱するような建築デザインを、自分の作品に命を吹き込む基本的な水源として採用した場合でも、彼は、その《モダニズム》だけが特別のものだとか、将来、例の〝積木型〟歴史観での最高位を占め、結果的にそれが絶対的な〈価値〉を持つ《様式》を超えた《超様式》になるだろう、などといった怪しげな歴史観にそそのかされて、それを選択したことは一度もなかったという点である。村野としては、こうした《モダニズム様式》の建築もまた、歴史の中に多数存在してきて、今でも〈現在化〉している、無数の過去の《様式》群の場合と同じ、一つの新顔の《様式》に過ぎないものであり、《超様式》などでは決してあり得ないという、まさにニヒリスティックな認識の下での選択の結果に過ぎなかったのだ。くり返すが、《モダニズム》を新たな《神》として崇める多くの信奉者たちが、ある時期無理矢理に信じ込もうとしていたような、《モダニズム》がすべての他の《様式》を打ち砕き、それらを駆逐して、「国際建築《インターナショナル・アーキテクチャー》」[43]といった美名を帯びた建築によって、地球の〈未来〉をやがて埋めつくすだろう、などというような、今にして思えばいささか狂気じみた専制的《ファッショ》な認識は、村野の身体の中のどこを探してもなかったし、そうした認識は、彼が九三歳という高齢で没する最後の時に至るまで、一度も彼の心を占めることはなかったように思われる。彼の心の中では《モダニズム》は、新顔であるとともに相対的な一つの《様式》に過ぎなかったし、それ以上のものでもそれ以下のものでもなかったのである。力あふれる《モダニズム》という青年も、リヴァイヴァルされた《ジョージアン》という甦生老人も、どちらも《様式》という大きな〈建築史家族《ファミリー》〉の一員であることに変わりはないと彼は考えていたのではなかったか。

〈チューブの束〉という建築史モデル

一つの《様式》の〈過去〉から〈現在〉へ、さらには〈未来〉へと向かうリニアな時間の中の流れを、時には太くなりまた時には細くなって続く川の流れのような一本の〈管状体《チューブ》〉として捉え、建築の歴史というものを、どこかの時代によって〝発明〟、考案された一つの《様式》、たとえば《バロック様式》といったスタイルが、その後のそれぞれの時代を通過しつつ、時代によってその〈チューブ〉の径を、時々のリヴァイヴァルや再評価によって太くしたり、また逆に批判を受けて細くもしながら、しかし途切れることなくそれぞれの時代を超えて、延々と続いて生き延びている・・・と考え、このような姿で歴史展開しているたくさんの〈チューブ〉を一つに束ねたものこそが、《建築(様式)》の歴史のモデルだとする立場に、無意識のうちに村野は立っていたように考えられる。歴史のそれぞれの時点——つまり〈現在〉——において、そのチューブの束を横に切ってその断面を覗いて見るとすれば、そこには大動脈のようにひときわ大きな径に拡大した〈様式《チューブ》〉や、毛細管のように細い〈チューブ〉など、さまざまな断面を見せている沢山の管の束の切口が見えるはずである。村野藤吾という一人の建築家は、すでに一九一九(大正八)年に彼が「様式の上にあれ」を書いた時点において、その束の中のどれか一つ、あるいは複数の〈チューブ〉を選択してその中に入り込み、それに全身でコミットして我を忘れる、つまり「様式の中にある」ような行動は決して取らずに、まさしく「様式の上にあれ」という観点で、それらの〈チューブ〉の束の断面を、複眼《コンパウンド・アイ》的に、また多元的《プルラリスティク》に、「様式の上」から見下ろすように凝視しつつ、その〈現在〉をまさしく〈実存〉していたのだということができよう。いい換えれば、〈過去〉の所産にせよ、あるいは〈未来〉を感じさせるものであるにせよ、自分が惚れ込んだ一つの《様式》に自分自身の身体を擲《なげう》ち、その《様式》の将来の実現や復興に貢献する・・・といった態度とはおよそ正反対のものであったということである、こうした複眼的な醒めた視界が設計者村野の身体に備わっていたからこそ、彼はほぼ同じ時期に、「そごう百貨店」も「日本綿業会館」もともに何の苦もなく、当たり前のように設計し、それぞれを同じように素晴らしい建築に仕上げることができたのである。

　これらの建築の設計に村野が携わっていたこの時期は、ちょうど村野が渡辺節建築事務所を離れていよいよ独立しようとしていた一九三〇年前後の数年間のことである。学生時代は一端《いっぱし》の〈セセッショニスト〉として先駆的な〈モダニスト〉であったはずの村野は、〝積木型〟歴史観であれば最上層に載るべきブロックはどのようなデザインであるかを探し求める、新しい《様式》の追跡者であったかもしれないが、こうした〝積木型〟から、後の彼の〝複眼的〟な建築(様式)史観への転換に大きな影響を与えていたと考えられる渡辺節のもとから、なぜ村野が離れて独立しようと考えたかをここで考えておく必要があるだろう。やはり一番単純な、また最も強い動機となったのは、村野が、「渡辺節の作品」としてではなく、「村野藤吾」の名前を設計者として掲げた建築を世に問いたいという気持を抑えきれないところにきていたからであったのは容易に推測できることである。村野が渡辺に退所を正式に申し出て許された一九二九年において、すでに三八歳であった彼の周囲には、渡辺節にではなく村野藤吾に、直接設計を発注したいと待ち構えていた施主たちがすでにかなりの数に上っていたとも伝えられている。[44] そうした村野側、施主側の差し迫った事情が村野を独立へと向かわせたことは確かだが、自分の後継者として、あるいは自分の設計事務所の近い将来の共同経営者としておそらく予定し、深い信頼を寄せていたと思われる渡辺節の意向にあえて逆らうようにして、設計事務所を離れようとする村野の心の奥には、おそらくそれだけでは十分に語りつくせない気持が隠されていたと思われる。その隠れた胸の内とは、〝師〟と仰いできた渡辺節が持っていた、建築に対する感覚や哲学と、自分が育んできたそれとの間に、微妙なズレや行き違いを感じ始めていたからではなかったかと考えられる。

村野が渡辺節のもとを辞した理由

一番先に考えられるのは、例の渡辺の「売れる図面を描け」という厳しい注文が、すでに事務所歴十年を超えていた村野にとって、鬱陶《うっとう》しいものに感じられ始めていたという理由だが、村野自身も、独立後の戦前、戦後を通じての設計活動自体が、この「売れる」ことを一つの原動力として据えて繰り広げていたことを考えれば、村野が渡辺のそうした考えに敬意を払い、それに同感していたとしても、それを忌避したり嫌悪したりする理由は、村野の場合に限っていえばあまり見当たらないように思える。次に考えられるのは、渡辺のいう「売れる図面」を作るための方向性が、村野が在籍していた間はほぼ一貫して、先に見たように近代的な構造・設備体の上に、《様式》からくる形態や装飾をいわば〝衣裳〟として着せて覆うことを主眼にして進められており、村野がそうしたやり方に、一言でいえば次第に厭きてきていた、という事実は大いにあり得ることであったかもしれない。ただ前述したような理由で、村野が《モダニズム》の建築を、〈未来〉の建築の方向を指し示す必然的な建築理念などとは考えていなかったはずであったから、一般に考えられているように、《様式主義》を捨てて、《近代主義》に専念するために、《様式主義》を捨てようとしない渡辺節のもとを辞して独立したという、これまで多くの人たちが考えたような動機付けは、受け入れ難いものがあるのも確かである。なぜなら村野は《モダニズム》を自分の設計に取り入れても、代わりに《様式主義》を捨て去るようなつもりはなかったし、その意味では彼は九三歳で他界するまであえて〈様式主義者〉であることをやめようとはしなかった、ともいえるからである。

村野は後年になって、渡辺のもとから去ることになる前後の経緯を説明して、次のように回想している。

「その渡辺事務所を［私が］やめたのはどうしてかというと、これは別に［私に］野心があったわけでもなんでもなく、結局は時代の変化の［生んだ］自然な結果なのです。十五年もいますといろいろな社会情勢がだんだんに変わり、それにつれて建築にたいする世の中の要請も変わってきます。様式的なものではこなせない条件が出てくる。そこで私は長いあいだいるうちに［事務所の］上の人が次第に辞めて［自分が］責任ある立場にいただけに、非常に困った立場になってきた。先生の方針と世の中の要請とにはさまれて、ジレンマを感じはじめたわけですね。

と同時にもう一九二二年頃になってくると、こちら［村野］もそろそろ世界的な［建築界の］影響を受けてきます。バウハウスとかコルビュジエが盛んにいわれ出した頃ですからね。それにもともと自分も、学生時代は［セセッションなど］それに近いことをやっていたわけですから。

その二つで、おれはもうこのあたりで、ここの［事務所での］生命は終わりだな、このままでは先生にもいけない、自分にもマイナスになる。おれはもうここにはいないほうがよい・・・と悩んだ挙句、非常に恩顧を受けた先生ですが、どうしても事務所を出ることになったのです。[45]」

村野のこの回想の前段の部分の意味は、言葉を換えて言えば、一九二〇年前後において渡辺節が考えた「売れる図面」と、一九三〇年前後の日本の建築界や経済界における「売れる図面」との間に微妙な齟齬《ズレ》があったことを村野は指摘していたと読むことができる。三〇年代の施主たち、特に時代の動きに直ちに即応していかなければ生き延びてはいけないような〈商業ビル〉などの一部の施主たちが、近代的な構造・設備の上に古風な《様式》を被せることだけではもはや満足しなくなっていることを村野が鋭く見抜いていたことを語っている。村野はそうした世の中の変化をいち早く観取して、それに対応する設計を考えていたと思われるが、そうした変化にさほど敏感に反応しようとはしないように見える所長である渡辺節と、〝モボ・モガ〟の時代の新たな大阪の商業主義の只中に生きていて、自分たちの商品を売らんがために新しいスタイルにも積極的な関心を寄せ始めていた一部の資本家や経営者たちの間に立って、ある種の「ジレンマ」からくる内心の苛立ちを隠せずに、遂に独立を決意せざるを得なかったというのである。

この回想談の後段部分は、一九三〇年前後の村野藤吾の設計者としてのスタンスと、年齢が村野より七歳年上であった渡辺節との間での建築界の動向への認識に大きな開きがあったことも教えている。その当時の日本の建築界で急速に勢力を伸ばしていた「新興建築」とか、「新建築」、あるいは「国際建築」などといったさまざまな呼称で呼ばれていた《モダニズム》の建築についての認識と、それへの対応の仕方において、渡辺と村野の間に決定的な違いがあったことがここで明らかになってくる。一九二〇年代初めにおける渡辺の、「売れる図面を描け」という言葉に対応していたもう一つの言葉、「ツー・マッチ・モダンはいかん」という宣言は、社会的な情勢を反映した言葉として、当時は十分にリアリティを持ち、渡辺の設計事務所はそのポリシーによって見事に成功を収めて、事業を拡大することができたのだが、しかしそれも時代が一九三〇年前後に差しかかると、「ツー・マッチ」とまでは言わないまでも、「モダン」なデザインを社会が端《はな》から受け入れない、とは一概にはいえないような状況が次第に現れてきていたのである。渡辺はそうした「モダン」なデザインを、自分が村野に命じて長年蓄積してきた《様式》の花束の中に頑に取り入れようとはせずに、依然としてこれに懐疑的な目を向けていたことが、村野を少なからず苛らつかせていたのではなかったか。

　村野は、日本における昭和初期の《モダニズム》の建築運動には、ほとんど関心を示さなかったし、そうした運動に参加しようとはしなかったが、代わりに彼は、自分が渡辺節の事務所に居る間に太らせてきた、多くの〈チューブ〉で構成された《様式》の〈束〉の中に、最も新しい〈未来〉を感じさせる《様式》として、《モダニズム》をいち早く取りこんでいき、場合によってはほとんど生に近い状態で自分が設計する作品に接続していくほど、「ツー・マッチ・モダン」なスタイルにも意欲を示し始めていた。こうした意気込みの中で、やがて「大阪パンション」(1932)や、「キャバレー赤玉」(1933)や「宇部渡辺翁記念会館」(1937)といった、村野の〈モダン〉の香り高い優れた建築がやがて世に送り出されていくことになったが、それらを設計した村野としては、前衛的な《モダニズム》建築の日本における普及のために、そうしたスタイルを選択して、水先案内人のように先駆的に設計して見せたというわけでは決してなく、前述のように、〈多くの様式中の一つ《ワン・オブ・ゾーズ・スタイルズ》〉として、それを選び、〈未来〉を〈現在〉へと引き寄せた形でデザインしたに過ぎなかったことを忘れてはならない。というのも村野としては、それらのモダンな作品を一方で設計するのと同じように、渡辺節の下にいた時に行ったのと同じように、過去の建築のさまざまなスタイルを基に近代建築を設計することもできるという複眼的で多元的な設計手法を、独立後も放棄するようなことは決してなく、したがって《モダニズム》の建築が〈建築の歴史〉の最終的な到達点だなどと妄想することは、ついぞなかったからである。その結果として、後章で詳しく触れるように、例の短絡的な〝積木型〟歴史観に基づいて考え、その種の作品を通して村野を、日本の《モダニズム》運動の旗振り《リーダー》となるべき先駆的な建築家として、一九三〇年代初めに彼を担ぎ上げようと画策した人たちは、かなり手厳しいしっぺ返しを、彼から受ける羽目に陥ったのである。(46)

[註]

1 村野藤吾、浦辺鎮太郎、西澤文隆・鼎談「村野藤吾の設計態度」『近代建築』一九六四年一月号。『村野藤吾著作集』鹿島出版会、二〇〇八年、五一七頁所収。

2 「マッキム、ミード&ホワイト建築設計事務所」は、十九世紀末から二十世紀初頭のニューヨークを中心に全米で活躍した、Charles F. McKim (1847–1909)、William R. Mead (1846–1928)、Stanford White (1853–1906) の三人の設計者による共同設計事務所。この事務所の作品集であった、*A Monograph of the works of McKim, Mead & White, 1879–1915* は日本に限らず、当時のヨーロッパをはじめ世界中の建築家の間で人気があり、様式に関連した形で設計される多くの近代建築のデザインをする場合の絶好の参考書とされた感があった。

3 桜井小太郎(一八七〇―一九五三)。一八九〇年、ロンドン大学ユニヴァーシティ・カレッジ卒。一八九三年帰国。海軍技師から転じて一九一三年、三菱合資会社に入り、「三菱銀行本店」の竣工後、一九二三年退社し、独立して設計事務所を開設した。

4 日高胖(一八七五―一九五二)。旗本であった父のもとに東京に生まれ、二高から、一九〇〇年、東京帝大工科大学建築科卒。卒業と同時に住友本店臨時建築部に入り、一八九四年帝大造家科卒の建築家、野口孫市の下に就く。それ以後住友の建築関係の設計者として活躍し、一九一五年の野口の他界後、営繕の中心となり、「住友本店ビル」を一九三〇年に設計責任者として完成させた後、翌一九三一年に定年退職するまで、その立場にあった。「住友銀行東京支店」は、彼のデザイン的な傾向が良く表れた作品の一つである。

5 村野藤吾「あとがき」『村野藤吾和風建築集』新建築社、一九七八年、二一三頁。

6 村野藤吾「わたくしの建築観」『建築年鑑』美術出版社、一九六五年。前掲『著作集』、五五八頁所収。

7 村野藤吾(講演)「日本における折衷主義建築の功禍」『建築と社会』、一九三三年六月号。前掲『著作集』、一七三頁。
ブルーノ・タウトの来日を記念して、開催された講演会の、いわば〝前座〟として村野が行った講演。「新興建築」、いわゆる《モダニズム》建築へ、若い建築家たちが単純に傾斜していき、彼らの先輩たちが残した「折衷主義」の建築を否定しようとしたことに対する逆批判として、注目を集めた。

8 一九二二年三月に渡辺節が大阪商船と交わした「新築設計監督覚書」によれば、「一、乙[渡辺節]ガ甲[大阪商船]ヨリ受クル報酬ハ左ノ通リトス　設計料　金拾萬圓也、監督料　金五萬圓也」となっている。実際の工事完了後の建築費は「主体工事費　二、五五八、〇〇〇円、付帯工事費　七二六、〇〇〇円、設計監督料　一七三、〇〇〇円」が大ビル側から払われているから、総工事費で設計監督料を単純に割ってみると、設計監督料は五・二六八％であったことがわかる。『大阪建物株式会社五十年史』大阪建物、一九七七年、七頁。及び十四頁参照。

9 前掲『五十年史』によれば、その契約方式は「その骨子は、(一)原則として必要資材は発注者で買い求め、施工者には諸経費の手間賃のみを支払うこと、(二)請負者は工期を保証し、工期延滞の場合は一定の保証金を支払うこと、(三)契約の当初に工事総額を予定し、これを超過したとき、または余剰を生じたときは、その金額の何割かを工事予定額に増減することにより、工費を確実にならしめること」、というものであった。前掲『大阪建物株式会社五十年史』、十二頁。

10 「自由なファサード」。ル・コルビュジエが一九二七年にシュットガルトで開かれる近代住宅博覧会のために、その前年に作った「新建築の五つの要点」と題した提案のうちの一つの項目。近代構造の外壁デザインは、組積造の場合と異なり「自由(livre)」な処理ができることを明らかにした項目。

11 「ジョージ王朝様式」(Georgian style)とも訳される。ジョージ王朝(一七一四—一八三〇)、最初の四代の時代の建築様式。

12 「ヴィクトリア王朝様式」(Victorian style)。ヴィクトリア女王の治世(一八三七—一九〇一)の時代の建築の総称。

13 大国貞蔵。大国は東京美術学校卒の彫刻家。渡辺節の建築では、「東京大ビル一号館」の玄関両脇にあった二体の彫像も彼の作品である。

14 ラスキン(John Ruskin, 1819–1900)。一九世紀英国の《中世主義》建築論の主唱者の一人。

15 ライト(Frank Lloyd Wright, 1867–1959)。アメリカの近代建築史を代表する建築家。東京日比谷に一九二三年、関東大震災の時にオープンした「帝国ホテル新館」の設計者としても知られた。

16 渡辺節「〝石積工法のいろいろ〟草分けの話」『ひろば』、一九六六年五月号、七二頁。

17 前掲『大阪建物株式会社五十年史』、一一七頁。

18 村野藤吾「動きつつ見る」『建築と社会』、一九三一年一月号、十三頁。前掲『著作集』、一三四頁所収。

19 ノーマン・ショー(Richard Norman Shaw, 1831–1912)英国の十九世紀後半期を代表する建築家の一人。

20 Old English Style「オールド・イングリッシュ様式」。十九世紀後半〜二十世紀初めなどの「アーツ・アンド・クラフツ運動」などに関連した、英国「ヴァナキュラー」、地域土着的な建築のリヴァイヴァル様式。それぞれの地域に特有のいわゆる〈民家〉風の建築デザインを、建物の内外に取り入れることを特徴とする。

21 Elizabethan Style「エリザベス王朝様式」。英国女王、エリザベスI世(一五三三—一六〇三)の治世期十六世紀中頃から十七世紀初頭の建築様式。あるいはまたその様式の、十九世紀および二十世紀初頭のリヴァイヴァル様式。

22 Jacobean Style「ジャコビアン様式」。英国ジェイムズI世(一六〇三—一六二五)の治下、十七世紀前半の建築様式。「エルザベス王朝様式」に続く英国の後期ルネサンス・スタイルだが、これが十九世紀後半や、一九二〇〜三〇年代の、米英の住宅等のデザインにリヴァイヴァルされて使われた。詳しくは註40参照。

23 長野宇平治(一八六七—一九三七)。一八九三年、帝国大学造家学科卒。一八九七年から日銀技師となり、その後各地の日銀支店の建築を多く手掛けた。一九一三年、長野建築事務所を開設。昭和二年日銀技師長となって返り咲いた。

24 西村好時(一八八六—一九六一)。一九一二年、東京帝大建築科卒。一九一四年清水組嘱託となり、同社が受注した建築の設計の一部を担当した。その中に第一銀行の仕事があり、それが縁で一九二〇年、第一銀行技師に就任した。彼の代表作の一つとして一九三〇年竣工の「第一銀行本店」があり、一九三一年に同銀行を退職した。他に新京(現長春)の「満州中央銀行総行」(1938)などの新古典主義系の銀行建築に優れた作品が多い。

25 岡田信一郎(一八八三—一九三二)。一九〇六年、東京帝大建築科卒。

26 渡辺仁(一八八七—一九七三)。一九一二年、東京帝大建築科卒。

27 F・ヘーゲル(Fritz Höger, 1877–1949)。一九二〇年代から三〇年代前半のドイツ建築界を代表する建築家の一人で、主に表現主義のデザインを得意とした。代表作にハンブルクの「チーレハウス」(1923)、ハノーファーの「アンツァイガー・ビル」(1927)など。

28 ロバート・アダム(Robert Adam, 1728–1792)。ジョージ王朝様式を代表する英国の建築家。非常に平面的でグラフィックな装飾を華麗に繰り広げる大邸宅などのインテリア・デザインの素晴らしさで知られる。

29 前掲『大阪建物株式会社五十年史』、一五八頁。

30 前掲『大阪建物株式会社五十年史』、一六〇頁。

31 「文藝春秋三十五年史稿」、前掲『大阪建物株式会社五十年史』、一五八頁所収。

32 『建築を巡る回想と思索』新建築社、一九七六年、七九頁。

33 前掲「建築をつくる者の心」、二八頁。

34 「様式の上にあれ」。前掲『著作集』八頁所収。

35 前掲『建築を巡る回想と思索』、六七—六八頁。

36 「日本綿業倶楽部」が所有する「日本綿業会館」は、一九二八(昭和三)年、東洋紡績の専務であった岡常夫から遺贈された一〇〇万円をもとに、ほかに五十万円の寄付を募り、大阪合同紡績会長谷口房蔵が中心となり、「倶楽部」設立のための委員会を組織し、会館建設に向かって動き出した。同一九二八年末、商工省の認可を受けて会館建設が本決まりになり、設計を渡辺節建築事務所に依頼した。一九三一年末に建物が完成し、一九三二年一月に開館。谷口が初代同倶楽部会長に就いた。

37 「アメリカ植民地様式」(American Colonial Style)とは、英国本土におけるエリザベス女王朝(Elizabethan)様式やジョージ王朝(Georgian)様式などを基とした英国ルネサンス建築系スタイルの、新大陸での応用的な様式を一般に指す。「日本綿業会館」の場合は、コロニアル・リヴァイヴァル(Coronial Revival)と呼ばれる、北米の十九世紀末から二十世紀初頭におけるリヴァイヴァル様式がベースとなったデザインで、村野が参考にしたという「マッキム、ミード&ホワイト建築設計事務所」の諸作品において多くこの様式が採用されていたという関連もあった。他に、Dutch CoronialやSpanish Coronial等の「コロニアル様式」もあるが、前者は南アフリカ、後者は中南米を中心とする、かつての植民地に特有の様式として名付けられたものである。

38 ジェームス・ワイヤット(James Wyatt, 1746–1813)。十八世紀末から十九世紀初めにかけて活躍した英国の代表的な建築家の一人。

39 渡辺節「綿業会館の設計と私」『日本綿業倶楽部月報』、一九六九年。山口廣「都市の精華」『日本の建築「明治大正昭和」VI』、一二一頁に引用がある。

40 註22で前出の「ジャコビアン様式」(Jacobean Style)はエリザベス一世の死後英国王位を継ぎ、スチュアート朝を創始したジェームズ一世(一六〇三—二五)および、これに続くチャールズ一世(一六二五—四九)の時代の頃の建築様式を指す。Jamesが、聖書のJacobの英語名であることから「ジャコビアン」というその様式名が付けられた。英国ルネサンス様式の内容を示す建築様式だが、ここで渡辺がいう「ジャコビャン」様式は、十七世紀のオリジナル・デザインを参照したというより、十九世紀後半期の英国での、たとえばノーマン・ショー(Norman Shaw)の建築に見られるジャコビアン・リヴァイヴァルや、さらにそれを参照した二十世紀の一九二〇年代~三〇年代のアメリカなどの、再リヴァイヴァルのスタイルを参考にしたことを指したものと推測される。

41 註39に同じ。

42 村野藤吾「現在に生きる」『建築をめぐる回想と思索』、七九—八〇頁。

43 W・グロピウス『国際建築』(一九二五年)、バウハウス叢書。**Walter Gropius, *Internationale Architektur*, München, 1925.** グロピュウスはこの中で、建築家は、「個人/民族/人類」という三つの同心円の中で、最も大きな「人類」という円を重視し、そのための「国際建築」を目指すべきだとし、この考えが後に「国際様式」(International Style)といった言葉を生み、世界中の建築家は近代建築としてこの〈国際様式〉を目指すべきだと主張された。

44 石原季夫「村野事務所草創の頃」『追悼文集　村野先生と私』村野森建築事務所、一九八六年、九—十五頁。

45 村野藤吾「わたくしの建築観」『建築年鑑』美術出版社、一九六五年。前掲『著作集』、五五七頁。

46 註7に同じ。

第三章

「動きつつ見る」、欧米への独立直後の旅で見たもの

ロシアへ行くこと

一九二九(昭和四)年、前記のような条件の下で、渡辺節の事務所を辞した村野藤吾は、その翌年の一九三〇年、早春三月末の大阪を発ち、玄界灘を船で朝鮮半島に渡り、そこから列車や船を乗り継いで、地球の北半球を一周する、近代建築の動向を探る長い旅に出かけた。まず村野は朝鮮半島を列車で北上して奉天(瀋陽)に着き、さらにハルピン(哈爾浜)から満州里《マンチュリ》に出てさらにチタに向かい、そこで「シベリア鉄道」に乗り替えてモスクワへ入った。モスクワに数日間滞在した後、〈北欧〉のフィンランドへ入り、そこから〈西欧〉へと南下してドイツ、フランス、イタリアなどの欧州の主要な国々を巡り、最後にイギリスに渡った。続いてサウザンプトンの港から、当時最新鋭で最速の豪華旅客船と謳われた「ブレーメン号」の船客となり、大西洋をわずか五日弱で横断してアメリカのニューヨークに到着する。

一九三〇年のアメリカ合衆国といえば、前年の一九二九年十月末にニューヨークの株式市場で発生し、瞬く間に全世界に波及した、まさしく経済の歴史に未曾有の〈大恐慌〉が起こっていまだ一年も経たない〝底の割れた〟状態の不況下にあり、村野は、一九二一年の前回の訪米時の、第一次大戦後の明るく威勢のいい状態とは一転した、暗く元気のないアメリカの社会や経済の状況下に足を踏み入れることになった。村野はニューヨークを中心に東海岸を回って多くの建築を見学し、その後アメリカ大陸を鉄道で横断し、西海岸から太平洋を航海して日本に帰国した時には、すでに梅雨も明け、まさに真夏を迎えようとする七月末になっていた。彼のこの旅の目的は、自立した一人の建築家としての船出の前に、当時の欧米のあらゆる先進的な建築を見学して回ることにあり、その中でも特に渡辺節の設計事務所を退所する前後に、彼個人に対してすでに設計依頼が出されていたといわれる大阪の「そごう百貨店」や、「神戸大丸百貨店」等の、間近に迫っていた仕事の参考とするために、欧米の新しい百貨店の建築を中心にして実地に調査することが直接的な動機としてあったといわれている。

村野は、彼が八十歳代の中頃を迎えていた一九七〇年代の中頃に、ある公開の席で、彼にとって、渡辺節に命じられて出かけた、先に詳しく見た一九二一年のアメリカ旅行に続く、自費によるこの二度目の海外旅行のことを回顧して、こうした欧米の「百貨店建築」の視察という表向きの旅行目的の背後に、実は自分がかねがね強い関心を抱き、自分の目で見て確かめたいと考えていた特別な対象があり、それを秘かに目指して実はこの旅に出たのだと語っている。その隠れた目的とは、欧米の先進工業国の《資本主義》社会に激しく対峙する形で、一九一七年の〈十月革命〉以後、共産党による一党独裁によって《社会主義》の国づくりを進め、新しい経済原理を社会に具体化しはじめて十年余りの、当時のロシアの様子を観察することであり、「いわゆる唯物論的な建築は何か、これを見ようと思って、ロシアへ行くことが第一の目的[1]」であったと述べている。

村野は自分の胸の内ではこれを第一の旅の目的として立てて出発したが、そうした目的を公に言うことが憚られるような、いわゆる左翼系建築運動をあからさまに弾圧しようとする情勢が当時は次第に強化されつつあったため、こうした目的を秘かに自分の心積もりの中に隠してロシアに入り、《構成主義》などの建築的〈アヴァンギャルド〉たちのデザインが、歴史上全く新しい社会主義政権下でどのように構想されて実現され、あるいはまた何らかの理由でその実現が阻害されたりしていないかを、自分の目で確かめ判断することに意を注いだ、というのである。村野自身は決してそういう言い方はしていなかったが、こうした彼の行動から推測すれば、恐慌直後の大きな破綻を示した《資本主義》社会と、そうした破綻を正確に予測しながら、それを乗り越えたところに成立したと主張するスターリンがすでに実権を握っていた《社会主義》政権下の社会との、そのどちらにより将来の可能性を見出すことができるかを、一人の建築家として、自分の目で確かめて判断しようとして出かけた旅であったとも考えることができるだろう。

タトリンの言葉

村野はモスクワでは、《構成主義》の〈アヴァンギャルド〉たちが設計した、社会主義政権下で少しずつ造られはじめていた一連の建築を通訳を伴って案内してもらい、それらを詳細に見学すると同時に、おそらくその四年ほど前にロシアを訪れて、「訪問記」などを日本の建築雑誌上に書いていた早稲田の一年後輩の建築家、今井兼次[2]の紹介もあってか、幾人かの建築家たちを直接訪ねて面談を試みたりもしている。中でもあの壮大な「第三インターナショナル記念塔」(1920)の計画案で当時の日本の建築界にもその名を知られていた建築家、V・タトリン[3]や、「ナルコムフィン共同住宅」(1929)を完成させたばかりの、M・ギンスブルグ[4]などの建築家たちを、直接自宅や設計事務所に訪ね、彼らの作品やロシアの現代建築の状況などについて話を聞いたり質問したりしている。特にタトリンの家を訪問した時に彼から聞いたという、後々まで忘れられない言葉だとして、次のような話を村野は後に披露している。(3-1)

「モスクワ大学を訪問しての帰りにタトリンの家に行ったんです。・・・例の革命記念塔を設計した人です。私は今

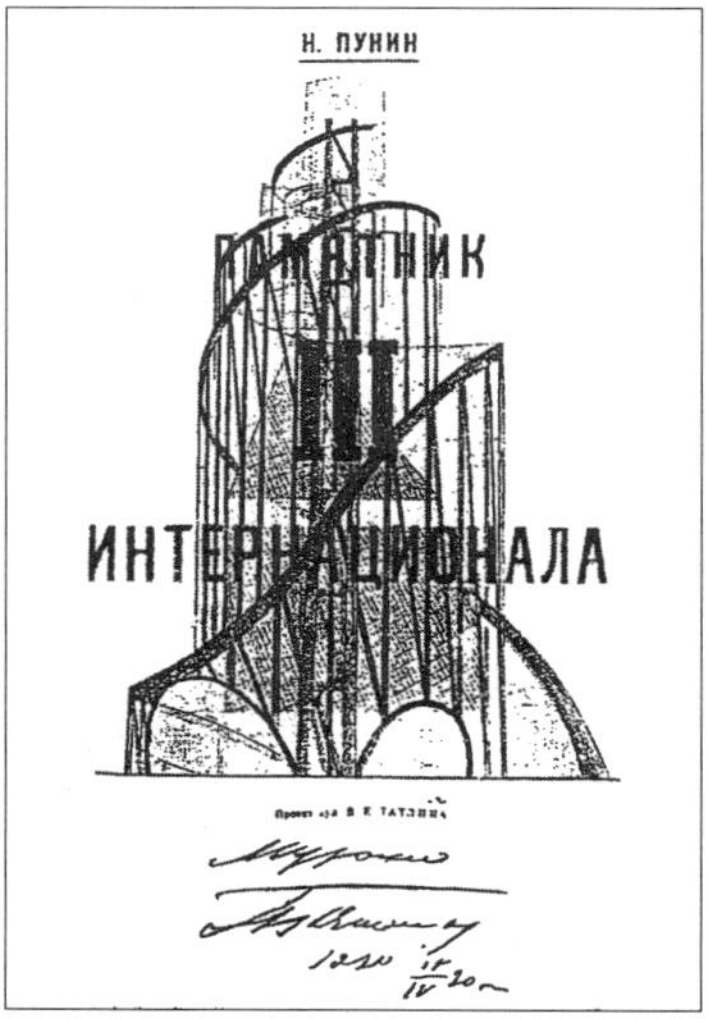

3-1 『建築と社会』誌に掲載された、村野がタトリンからサイン入りで贈られたという「第三インターナショナル記念塔」の版画

でも書斎にそれ［タトリン直筆サイン入りの「第三インターナショナル記念塔」の版画］を飾っておりますけれども、そのタトリンに［直接］あったのです。彼のいったことばを私はいまだに忘れません。［自分たちは］『アメリカニズムを追い越す』と［彼は］いっておりました。ほんとに興奮して私にその話をして、今日のロシアを考えると思い半ばに過ぎる［感無量の］ものがありますが、その当時から［彼は］そういっておりました」(5)

その言葉が自分の耳の底に非常に力強い響きとして残って、今もその時のタトリンの様子が脳裏に焼き付いていて離れないほどだと村野はいつも語っていたが、このタトリンの言葉が、なぜ村野の耳の奥に長い残響のようなものとして響いて残ったかという点についての、村野自身による詳しい説明は残念ながら残されていない。おそらくその理由は、タトリンの発言内容そのものに含まれていた鋭い意気込みの表明の中にあったと同時に、他方でそれを聞いた村野自身の側にも、特別に反応するような心理的な受容体があったからではなかったかと推測される。つまり「アメリカニズムを［いつか］追い越す」というタトリンの宣言は、たがいに住んでいる国の社会体制も主要なイデオロギーも異なりながら、村野藤吾自身が自分の心の内に持っていた一種の〝決意〟のようなものに共通する何かがあり、それがそのまま同調して激しく共振したのではなかったか。いい換えれば、なにはともあれ、アメリカを無視しては今は何事も進まないという認識で、村野はタトリンとは完全に考えが一致した、とその時確信したため、その短い言葉がいつまでも彼の耳の底に突き刺さって残って響いたのではなかったか。

村野はモスクワでの滞在中、この他にも忘れられない経験をしたと常々話しており、そのことの経緯を後に彼は次のように書いて説明した。

「一九三〇年、晩春とは云へ、まだモスコーの近郊は黒土の上にかすかな緑色がただよつてゐるに過ぎなかつた。私は此処に欧州［へ］の第一歩を降ろし、［当局に］許されて数日間を新興建築の見学に費した。或る日タトリン及びギンスブルグの両氏を訪問の帰途、或る書店でふと手にしたのがこの本〔邦訳、チェルニホフ著『現代建築学の基礎』〕である。一見何が書かれてあるか、私は、言葉〔の壁〕を越へてその中に蔵された思想を感得するに困難でなかった。多数の挿画と、エタイも知れぬ曲〔線〕形〔態〕が何を表はしてゐるか、私はその瞬間、曾《かつ》て覚えぬ大きな衝動を感じたのである。(6)」

市内でふと立ち寄った本屋で偶然に、ヤコブ・チェルニホフ(7)が出した、原題が簡潔に『現代建築の基礎』と題された一冊の本を見つけ、その本のページを捲《めく》るうちに、ロシア語をもちろん村野は読めなかったが、しかし本の中に収められている数多くの図版が示している〈視覚的形象〉の新鮮さには非常に強く惹きつけられ、言語の理解なしに、その本の著者がそこで何を示そうとしているかを、一気に理解することができた、と村野はいうのである。彼はその本をすぐさま購入して日本に持ち帰って翻訳に出し、二年後の一九三二(昭和七)年、『現代建築学の基礎――ソウエートロシヤ新興建築学のイデオロギー的原理』という邦題を付けて、ロシア構成派のデザイン理論と手法を日本に直接伝達する目的で、出版にこぎつけることに成功した。出版までのおおよその経緯を、「序文」として同書に寄せた文章の冒頭が、先に引用した部分だが、モスクワでは読めなかった同書の内容を、翻訳出版に際して初めて通して読んで理解した後の感想として、先の文章の後段に続けて書いた部分には、独立直後の村野藤吾自身が、設計者として持っていた〈建築観〉を知る上で重要だと思われるので、少し長いがここで引用しておくことにする。(3-2、3-3)

3-2　チェルニホフ著『現代建築学の基礎』の表紙

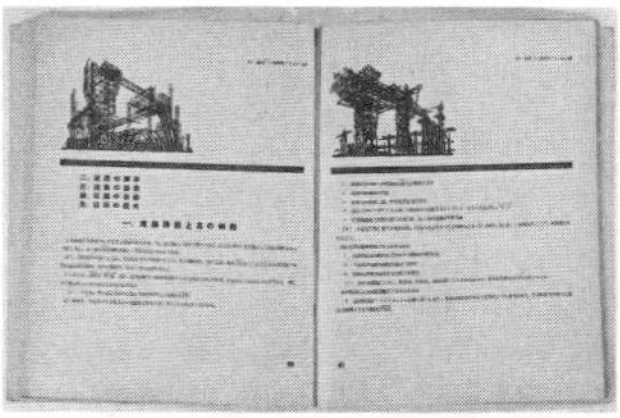

3-3　チェルニホフ著『現代建築学の基礎』の中の図版

《様式》や《美》の拒絶か継承か

「今私は一渉り本書の内容について読了した。依然として

［この本の］価値は多数の優秀なるカット［挿図］が負ふ可きであると云ふ感じがある。［文中に］述べられた意味［内容］については、敢へて新規とせぬ。寧ろ或る種の問題については、吾々はもつと高度の理論を把握してゐると云ふ感じがある。・・・併しながら、近代建築の精神をかくも要領良く、而も極めて系統的に述べることは決して容易［なこと］でない。一貫するところの思想が唯理的であるのは言を俟たない。而もそれは、金属的な［お硬い］唯理思想でなく、あくまでもファンタスチックであり、而も多分に芸術的でさえもあり得る。（中略）

『人生の全テンポと組織とが新たな建築構想の形式化を要求しつつある今日、全文化領域の進化を伴ひながらも建築の領域のみ古き昔に復帰せんとする企ては愚の骨頂である。併しながら、それと同時に過去の様式の有つた「確実な長所」を否定し去つて、それを全く無益のものと考へるのは誤りである』とチェルニホフ氏は書いてゐるのみか、更に語を進めて「美」については、人間本来の具《そな》つた此の感覚を人間から取り去る事は、恰《あたか》も或る物に対して当然向けられた注意を、強いて他へ転ぜんとする牽強《けんきょう》付会《ふかい》の愚説であり、機能、合理、構成、等々、近代建築の目標を強調するのあまり、厳として存する歴史の事実が吾々に訴ふる美を排斥する事は「美」の欠格者だと喝破してゐる。公式的新型病者の三省する［深く考える］可き点であろう。これは併し一面の主張であるとしても、至るところ旧態破壊の暴風に吹き荒されて、寺院も宮殿も次第に取り壊はされつつあるモスコーの町を想起し、而して［その都市での］幾多の先鋭的な理論を考えると、［これとは異なる］チェルニホフ氏の所論に一種の興味を感じる。而も、同氏が新興ロシア内にあつて、いくらか古典的であり、ブルヂョア的であり、アカデミックの香りを有するレーニングラードに在る［住む］ことは、更に幾分の興味を増さぬとは云へない。[8]」

村野が、ここでチェルニホフの言説の一部を紹介し、その本の中での彼の見解に対して強い賛意を表しているのだが、その理由として彼は、チェルニホフの視角が、《構成主義》の中の最も先鋭な〈前衛〉的な考えを表明しているという理由からではなく、その〈運動〉の中では、むしろ〈後衛〉的、どちらかといえば〈保守〉的、もしくは伝統的な立脚点から発せられた意見であったことに由来していたというのは、その後の村野の設計者としての行動を考える上で非常に興味深い点である。たとえばモスクワは、長年にわたる〈革命〉運動のいわば核心地であり、そこでは建物を含めて、なんらかの〈過去〉を示すような全てのものに対して極めて攻撃的であり破壊的であったが、これとは逆にチェルニホフが住んでいたレニングラード(旧サンクト・ペテルブルグ)は、かの「エルミタージュ美術館」が象徴するように〈歴史〉の町であり、「古典的であり、ブルヂョア的であり、アカデミックの香りを有する」、つまり革命後も〈過去〉を全て一概に悪いとは切り捨ててしまわないような歴史的都市であったといえる。そのレニングラードに住むチェルニホフの、ある意味で伝統的であり、また保守的な傾向も見える《美》意識に対して、村野は個人的に非常に魅かれるものがあるとここで正直に告白しているのである。

　おそらく村野の、チェルニホフの所説に対するこうした共感は、村野の渡辺節の下での十余年にわたる《様式》をはじめとする設計に関する〝修業〟の間に自然に培われたものであったはずであり、激烈な〈ロシア・アヴァンギャルド〉たちが主張したような、「過去の様式の有った『確実な長所』を否定」するような、たとえそれが革命的であったとしてもどこか無謀な考えは、チェルニホフ同様、村野にとっても耐えられない、受け入れることのできないものであったからである。長い時間の中で継承されてきた伝統的な「美」の理念の近代への適用を、造形上の構成から排除しようとするような〈前衛〉側の一種の暴挙に対して、チェルニホフが、その本の中で厳しい批判の矢を差し向けていることに、村野は快哉を叫んでいたのである。

　村野の渡辺節の事務所から独立直後の仕事ぶりや実際のデザインから判断しても、二十世紀の第1四半期のロシアを始めとするヨーロッパ全域での、近代的で、非《様式》的な、つまり《抽象》的な建築の《美》の創造という新しい歴史的展開は、非常に魅力的なものに映り、独立後に彼もそうした手法を、早速自分の一部の作品のデザインに取り入れたりしたことは確かだが、先にも繰り返し観てきたように、その種の非《様式》的デザインが、〈過去〉の《様式》や《美》を、全面的に否定し廃棄した後に形成されたり、純粋無垢な〈処女懐胎〉によって誕生したりするものではないと彼は確信していたのだ。先の図式に戻れば新しいデザインは、長い歴史の中で時に膨らんだり細くなったりして続いてきたさまざまな《様式》や《美》の集束の中からまさに生まれ出てきて、新たにその束の中に参加する新参の一つの《様式》や《美》の理念に過ぎない、という考えを、村野はチェルニホフの言葉の中に見出し、それまでの自分の考えに繋がるものだとして喜んでいたのである。事実、村野は独立後の初期作品の基本的な構成法として、後章で詳しく触れる通り、《ロシア構成主義》の〈コンポジション〉や〈エレメンタリズム〉に基づく手法をしばしば活用しているが、村野は常にそうしたデザインを、究極の模範解答として提出することはしなかったし、それによって〈過去〉の建築を全否定しようなどとは決して考えてはいなかった。

ヨーロッパとアメリカ

村野は、いろいろな面できわめて刺激的であったこの旅行から帰国して約半年後に、彼がその建築行脚のなかで見聞した欧米各国の近代建築の現況についての詳細な報告の形で、彼が渡辺節の事務所に入ったばかりの頃に、例の「様式の上にあれ」と題した長い論文を寄せた建築雑誌『建築と社会』誌の、一九三一(昭和六)年一月号に、「動きつつ見る」という、どこかモダンでまた映像的なタイトルを付した長文の旅行記を寄稿している。(9) その文章の中で村野が最も強く読者に伝えたいと考えていたと思われる論点には、一九三〇年前後の日本の建築界ではかなり異端的な見解として読まれかねないような内容が多く含まれていたのは注目される点である。村野が表明したその最も奇異な意見としては、社会主義政権下にあった東ヨーロッパのロシアは別にして、当時の西ヨーロッパと、大西洋を間に挟んでその対岸にあるアメリカ合衆国の建築界とに対する、村野独自の非常に特異な評価の仕方にあったということができよう。

克明な分析を行ったこのリポートでの彼の一つの結論は、一九三〇年の時点において、新興ロシアは一応別にするとしても、すでにそれ以外のヨーロッパの建築界からは、ほとんど学ぶべきものはない、というものであった。こうした見解は、ヨーロッパの建築界の動きに常に熱烈な眼差しを向け続けてきた当時の日本の建築界の一般的な理解とはまさに〝真逆〟の結論といえるものであり、村野は憶することもなく彼らの常識に対して疑問を呈し、まさしく〝爆弾〟を投げ込んだ形になったのだ。村野は、ヨーロッパに対するこうした軽視とは逆に、アメリカの建築や文化を高く評価し、そちらの方にこそ日本の建築界が学ぶべき数多くの建築設計上の蓄積が隠されているとし、あるいは日本人は無意識のうちにすでにそのような視線をアメリカに向け、さまざまなものをそこから取り入れる作業を進めているのではないか、と問題提起したのである。いうまでもないが、こうした村野の基本的な視座は、明らかに〝師〟である渡辺節からの強い影響の下に、一九二〇年代の初め頃、つまり彼が設計活動を開始した頃から次第に構築され固められていた信念であったと思われるが、一九三〇年に村野は、初めて西欧に足を踏み入れ、その地を実際に視て歩くことによって、なおさら自分の考えへの確信を深めていったのだ。

「動きつつ見る」旅を続けた村野によれば、建築をはじめとして、日本の社会における〈近代化〉といわれるような動きには、特に大正中期以降は、ヨーロッパからの影響というよりも、どちらかといえばアメリカから大きな影響を受けて実質的に進展してきた形跡があり、そのためにヨーロッパの新しい「百貨店」や、「工場」や、あるいは「商店建築」などのアメリカ的に運営されている近代的な建築や施設を目撃すると、なぜか逆説的にそこに、アメリカを通りこして『日本』を感じる」とそのリポートの冒頭に書いている。つまり無意識のうちに取り入れていたアメリカの製品や手法が生みだした結果に対して他ならぬ〈近代日本〉を感じてしまうのだという。つまり「アメリカニズム」、もしくは「アメリカナイズ」されてしまった生活といった面で、守旧的なヨーロッパなどより日本はずっと先を行っており、逆に見れば、ヨーロッパは全体としてかなり遅れていて、その分どこか古臭く、また回顧的であり、社会の〈工業化〉の方向にもさほど熱心とは思えない、と村野は指摘する。

そういった視点から村野は、今や出遅れ感さえあるヨーロッパにはあまり目を向けず、その分をアメリカにこそ向けて注目すべきであり、日本の建築界はこれまで以上にその方向性を進展させていくべきだ、といったメッセージを、「動きつつ見る」の文章のそこかしこに散り嵌めて強調している。たとえば彼は「動きつつ見る」の冒頭部分を、「これはある人の[書いた]ベルリン手記だが、大体に於いて私にも同じ感じを有てる」などと、実はすべて自分自身の感想、記述であるにもかかわらず、それを架空の他人の客観的な目を装った意見に仕立て、これを自分の文章に引用する形式で、次のように書き出している。ちなみにこの旅行記の筆者名は、なぜか「村野藤吾」ではなく、ペンネーム風に「武羅野淘語」となっている。

「我々がドイツに来て見ると、ドイツ人よりもわれわれ[日本人]の方が、ずつとアメリカ人に近いと感ぜざるを得ないのだ。アメリカ風の事物の中に、『故国』を感じる始末だ。殊に智識的にのみならず、最も深い感情や感覚の領域に於てまで、アメリカニズムの濃い浸潤をふりかへつて認めざるを得ない事実は今さらながら、驚くべきほどなのである。・・・ベルリンの労働者区域のノイケルンの中央、ヘルマン広場に、百貨店『カルシタツト』のアメリカ風の巨大な新建築がある。これを見ると我々は、やはり『日本』を感じる。又その『カルシタツト』の中に、やはりアメリカ風の理髪店がある。そこへ行くとまた、日本の理髪店が、すべてアメリカ風だつたのだな、といふことが分かつたりもする。

我々はすべて、実務的で、明快で、高速度的で、簡素で、衛生的なものの上に、感情の奥、感覚の隅々からして、現在の日本を、特に『東京』を感じる。——むろん、建築などに於けるこれらの『アメリカニズム』は、もとはと云へば、オーストリアやドイツ自身が発祥の地でもあつたために、今ではドイツ人でさへ、それをアメリカ風のものとして感じたり、理解したりしているのだ(10)。」

先にも述べたが、こうした村野の見解は、当時の日本の建築界の一般的な認識とは、かなりかけ離れたものであり、むしろ正反対の見解が大勢を占めていたとさえいうことができるかもしれない。たとえば村野が旅をした一九三〇年前後の日本の建築界について考えてみても、たとえば一九二九(昭和四)年には、ル・コルビュジエが一九二三年にフランスで出版して、瞬く間に各国で翻訳されて世界的に知られることになった著作において、《モダニズム》の建築、あるいは〈工業化〉へと向かう近代社会にふさわしい近代的な《合理主義》に基づいてデザインされる建築についての、〝宣言書〟と呼ぶべきあの、〝Vers une Architecture〟の翻訳本が、『建築芸術へ』(宮崎謙三訳)という邦題をつけて遂に日本でも出版された。この本は建築界のみならず美術界や思想界などでも評判となり、ほぼ同時に出版された彼の作品集などと共に一種のブームに近い現象を生み、《モダニズム》もしくは《工業生産主義》、あるいは《機械美学《マシーン・エセティク》》、といった理念やデザインに対する関心が日本でも一気に高まっていったのである(11)。

他方で、グロピュウスやE・メンデルゾーンやB・タウトなどの建築家たちが《表現主義》から《合理主義》に次第に転換しつつあった当時のドイツ建築界における目覚ましい成果については、さまざまな建築雑誌などを通じてほとんど時間差無しの状態で日本に伝達されており、若い建築家たちはそれらに熱い視線を送り、欧州の建築家たちの作品が発表されると、こぞってそれを称揚したり模倣したりしていたのである。

さらには一九三〇(昭和五)年には、ル・コルビュジエの下で直接二年間学んできた若き建築家、前川國男が帰国して、建築界の注目を一身に浴びていたし、また関西には一九二七(昭和二)年に結成された「日本インターナショナル建築会」が盛んに活動を繰り広げ、またW・グロピュウスやB・タウトなどを外国会員として迎え、いわゆる「国際建築」の普及に努めていた。さらに新進の建築家として知られはじめていた岡村(山口)蚊象(文象)も、ドイツのバウハウスの校長を長く務めた後辞めてベルリンで設計活動を再開していた建築家、W・グロピュウスのもとで研修するために、一九三〇年に日本を出発し、やがて帰国してドイツの近代建築の情報と手法を直接日本に齎《もたら》した。前川や山口に代表されるように、大正後期から昭和初年にかけて海外へ留学するか、あるいは短期に海外旅行を計画した数多くの建築家やデザイナー、あるいは評論家などが目指した先は圧倒的にヨーロッパが多く、彼らが帰国して伝える最新情報は、西欧はすべての新しい建築やデザインの発祥地でありまたその醸成地で、その種の技術や理念の成長発展のための貴重な場として必見であることを盛んに強調していたのである。

そうした情報を植えつけられていた多くの日本の建築家たちの目からすると、欧州に比べるとアメリカはいかにも〝田舎〟であり、ヨーロッパの動きに常に一拍か二拍も遅れながら追随する、いわばデザインや建築技術の〝後進国〟だと考えられていた節があり、両者のレヴェルを同じ程度のものとして考えることさえ少なかったのは事実である。しかしこうした日本の建築界の常識には、先述したように村野藤吾や渡辺節の立場からは大いに不満があった。たとえば村野は、一九三〇年の時点に於いて、アメリカはすでに十分にデザインや技術の面で〝先進国〟であり、ヨーロッパ上位論は、むしろでっち上げに近いものだとさえ言おうとしていた形跡がある。村野の言葉を借りて言えば、アメリカには、ヨーロッパの独・仏にあったような「実験室的建築論」、つまり《モダニズム》と一般に呼ばれる一緒の〈観念論〉は存在しなかったかもしれないが、それ以上に実践的で実利的な近代建築の〈経験論〉が、はるかに充実していることを見逃してはならない、というのである。すでにここらの発言にも、ヨーロッパ起源であるいわゆる《モダニズム》の建築への、村野の厳しい批判の眼差しが向けられていた事実が明らかになってくる。

バウハウス校舎の批判

一般的な認識に対して、あたかも真正面から立ち向かい、攻撃をしかけようとするかのように、村野藤吾は、当時の日本の建築界が称揚して止まなかったドイツの近代建築などについても、「アメリカ的合理主義、唯物主義がどんな形でドイツの建築に影響して居るか、どんな形でドイツの建築家達はアメリカの建築を讃同したかを想像すると、吾々のドイツ讃美は一応考へなほす必要」[12]があると書き、日本での認識も改めるように求めている。さらに彼は、各地を歩いていて自分が強く感じたのは、ヨーロッパには〝進取の気〟といったものが希薄で、むしろ全体として見た時には、停滞的な気分さえ横溢していると断じた後、仮にヨーロッパに新しい提案や試みが一部にあったとしても、「私に謂わせると、実験室的建築論であると思われた」と手厳しい。つまりはその理念や手法の、実利性《ユティリティ》や現実性《リアリティ》に深い疑問を彼は呈していたのである。なかでも非常に興味深いのは、「バウ

3-4　グロピュウス設計、「バウハウス・デッサウ新校舎」群の全景

3-5　フリッツ・ヘーゲル設計、「チリー・ハウス」

ハウス」という新しい建築・デザイン・造形教育機関を、ワイマールからデッサウにかけての十年間、初代校長として主宰してきたW・グロピュウス[13]が設計して実現した建築の中で、とくに村野が実際にその地を訪問して細かく見学した「バウハウス・デッサウ新校舎」(1926)に対する彼の批評である。後にグロピュウスの代表作の一つとなり、近代建築史の中での重要な里程標《メルクマール》と考えられるようになったこの建築を、村野は名指しして、まさしく「実験室的建築論」の域を出ることのない、その意味で出来の悪い建築の好例だと酷評しているのである。(3－4)

「その証拠として、私はバウハウスの建築を挙げる。[フリッツ・]フエーゲル氏[14]は、ハンブルグの彼の[設計]事務所で、その過大な、何の意味だかわからない様な[バウハウスの]硝子窓を嘲笑して居たが、デッソウの郊外に何の必要があつてあんな建物を建てたか、多少共実際の建築をやつたことがある者なら直ぐ気付であらうところの欠点が至るところにあるが、就中あの硝子[のカーテン・ウォール]――何の意味だかわからない様なあの窓硝子こそ、様式建築が往々にして侵すところの欠陥とは将に反対の現象ではないか[15]」(3－5)

ここで「何の意味だかわからない様なあの硝子窓」と言われているのは、「バウハウス・デッサウ」の校舎の西側のファサードのほとんど全面を占めている、一九二六年当時としては画期的に広大な全面ガラスのカーテン・ウォールを指しているのは明らかである。このバウハウスの新校舎のカーテン・ウォールこそが、設計者のグロピュウスが最も力を入れてデザインした部分であり、彼がおそらく全世界に向かって、「これを見よ！」とばかりに提示したデザインであった。《モダニズム》の建築は、鉄筋コンクリート構造という新しい構造法の採用によって、それまでのヨーロッパの組積造主体の建築に欠かせない、荷重を受けた厚い壁体の存在を一切排除した後に、カーテン状の全面ガラス壁を立てることによって、内外空間の〈相互貫入〉を建築に実現した、このデッサウのガラス壁こそがその種の表現の可能性を先駆的に指し示したものだと、グロピュウスは主張しようとしていたわけだが、村野はグロピュウスが近代建築家としてまさに〝見えを切った〟その部分を取り上げて論ずることによって、《モダニズム》建築の《表現》の核心を衝く批判をここで繰り広げようとしてい

るのである。(3-6、3-7)

村野は、彼がハンブルクに訪ねた《表現主義》建築を代表する建築家の一人、フリッツ・ヘーゲル(「フエーゲル」)が彼に語った、グロピュウスのこのカーテン・ウォールへの「嘲笑」を、ここではとりあえず借りた形で、《モダニズム》の〈宣言〉や〈理念〉が用意した建築的表現の中に潜む見逃すことのできないある種の〈形式主義〉、つまり建築本来の機能性や使用者

3-6 「バウハウス」校舎のカーテン・ウォール

3-7 ガラス壁を教室内から見る

への親近性などがたとえ損なわれ失われたとしても、ともかく遂行すべきだとするような、〈形式〉または〈形態〉優先のデザインが生みだす根源的な欠陥への、同じ設計者として抱く危惧を大胆に指摘しようとしていたとも言える。さらに村野はこれに加えて、「様式建築が往々にして侵すところの欠陥とは将に反対の現象ではないか」と書いているのはさすがであり、ガラスの開放性に関わる〈形式主義〉が齎《もたら》す主に機能面での弊害と、《様式主義》の建築の、《様式》の持つ定型を頑《かたくな》に守ろうとするあまり生ずる融通性のなさが生む〈形式主義〉の弊害とが、全く逆の相貌を持ちながらも、設計上の過失という点では、まさに〈未来〉と〈過去〉という関係で左右対称を成すものではないか、と明確に把握していたからである。

実際この大きな連続的なガラス壁面は、その透明な壁の内側にある、教室を中心とした諸室の教育的機能を混乱させ、教師や学生たちなど、この校舎の利用者たちを悩ませていたのは本当のことであったらしい。たとえば春から秋にかけて午後は西日が広大なガラス壁から教室内に入ってくるが、カーテンなどがあっても遮光性の不備が造形的な授業に影響を与えていたと思われ、また冬季の厳しい外気温の低下に対する広大なガラス壁の断熱性の低さなどもあって、完成当初からバウハウスの教育関係者たちを少なからず困惑させていたといわれている。実際村野がデッサウを訪れた時、案

3-8　ハンネス・マイヤー設計、「ドイツ労組組合同盟学校」、ベルナオ

内してもらった一人の若い教師にそうした点を質《ただ》してみたら、「バウハウスの一教授は私［村野］に弁解して言った。吾々も、此の建物が世間で問題［評判］になった程「のもの」でなく、かなりの欠点を認める」と正直に認め、さらにその教師は「これが今日のバウハウスの思想でないことを極言して」、もしグロピュウスが辞任した後の今現在のバウハウスの〈理念〉を、建築を通して知りたいと思うなら、グロピュウスの後を継いで二代目の校長に就任し、村野がデッサウを訪れた頃にほぼ前後して、その《社会主義》色の強い教育方針を市議会などから激しく糾弾されてその職を追われた、ハンネス・マイヤーの近作の学校建築を見学してはどうか、と村野に勧めたと書いている。（3-8）

　村野はその教師の勧めに早速従って、その直後にベルリン郊外のベルナオにある、完成したばかりのH・マイヤーの作品「ドイツ労働組合同盟学校」[16]を訪問したが、デッサウでの経験とは正反対に、全体の配置計画や各校舎・宿舎のプランや空間のスケールや色彩計画などにすっかり魅入られて強い感銘を味わい、この時にこの作品から受けた近代建築の設計の方向性が、後章で詳述するように、村野の「大阪パンション」などの初期作品のデザインに、きわめて大きな影響を及ぼすことになったのである。それと同時に、村野の独立後からその死にいたるまでの間のほとんどの作品に、グロピュウスが

「バウハウス・デッサウ」の校舎の外壁で試みたような、無意味でただ大きく広いだけの全面ガラスのカーテン・ウォールを、村野は自分の作品の上でそのまま曝すようなことは絶対にしまいという決意をこの時に固め、それを彼の九三歳の最期の時を迎えるまで、忠実に守ったのである。

一方でル・コルビュジエへ不思議な共感

ロシアから下って北欧へ、さらに西欧へと、北から南へ各国を順次訪ねて回る、まさに「動きつつ見る」旅の展開に従って読み進んでいくと、村野はたしかに総論的にはヨーロッパの近代建築を、「実験室的建築」、つまり社会的な現実性もしくは即効性にどこか欠けたところのある〈観念的〉な建築デザインだと決めつけてはいながらも、しかし細かくその記述を検証していくと、それぞれの国や地域によって、村野の批判にも強弱、硬軟の差が少なからず見られ、時には欧州の何人かの建築家の仕事への素直な共感や賞讃も述べられていて、その独特な筆の匙加減には、興味をそそられるものがある。先に見たように、グロピュウスなどのドイツの近代建築に対して概して手厳しかった村野は、これと競いあっていた隣国のフランスの近代建築、とくにその運動の強力な推進者の一人として知られた、あのル・コルビュジエの仕事については、意外にも、どちらかといえば好意的と読めるような発言を寄せている。村野が一九三〇年の旅で実際に見たと思われるル・コルビュジエの作品の全てを特定できているわけではいないが、彼が一九二〇年代の後半に発表したシュツットガルトと、パリとその近郊の、《近代合理主義》に基づく〈宣言《マニフェスト》〉性の強い住宅などの一連の作品は実際に見ていたと考えられる。これらに対する村野の筆は、グロピュウスの場合と同じような「実験室」的問題がありそうに思われるにもかかわらず、ル・コルビュジエに対してさほど強い批判を下すことはせず、むしろ逆に次のような好意的な言辞を残しているのには、正直なところ驚かずにはいられない。

「私は、ワイゼンホフ[ジードルンク]でも、亦、パリに於ける彼のいくつかの作品を見ても、彼の有つところの優秀なる作風を認めずには居られない。凡そ吾々の建築批評の基準として、其の批評が単に発生学的のものであるならば、資本主義圏内に於いては問題になる余地は多くあるまい。夫故自然《それゆえ》、イデオロギー的批評だけが問題となるのである。おそらくコルの作風についての幾多の批評は凡て此の意味に於ての論議がなされるのであつて、単に建築として見たるコルの作風は、今尚吾々の胸を打つものがあると云つても差支へない。」[17]（3-9、3-10）

村野によれば、「ル・コルビジエは一頃《ひところ》日本の建築家と云ふ建築家の頭を占領してしまつて居た」と同時に、「我がコ・

3-9　ル・コルビュジエ設計、ワイセンホーフ・ジードルンクの2棟3戸の住宅

3-10　ル・コルビュジエ設計、パリの「ラ・ロシュ邸」の室内

ルこそ建築の王者であると祭り挙げたもの」もいたが、しばらくすると、今度は、「其の王者に対して無礼者が出だした。『ル・コルビジエ検討』などとやりだすものが出た」。そうした種々の動きの中で、村野としてはどちらにも与《くみ》することなく、冷静に、幾多の「イデオロギー的批評」をまず除けたところで、資本主義体制下の一人の建築家としてのル・コルビュジエを考えてみると、「単に建築として見たるコルの作風は、今尚吾々の胸を打つものがある」と思わずにはいられない、と自分の正直な感想を表明して憚らない。ル・コルビュジエの建築が、左翼性の強い論者たちが指摘したような、資本主義社会における建築に特有の、商品的性格やあるいは宣伝臭を少なからず身につけている点にたとえ〝難〟があったとしても、「建築として見たるコルの作風」は、村野の「胸を打つものがある」と、彼の作品そのものが持っている建築固有の力を率直に認めている。そういったイデオロギー上の批判を越えて、コルのデザインが備えている計画性や造形力、つまりコル特有の〈プラニング〉や、〈プロポーション〉や、〈ディテール〉へのセンスといったものが、同じ建築家としての自分を感動させる何かを持っていることがわかるからだ、と村野は言うのである。このことを逆にいえば、建築家としてのコルは認めるが、グロピュウスは建築家としては高く評価しない、という判断の表明にも繋がっていったのだ。

　実はこの〈ル・コルビュジエ好み〉と、逆の〈グロピュウス嫌い〉といった傾向は、村野がほとんど終生変わることなく持ち続けた一つの判断、嗜好であったということができる。たとえば村野は、戦後間もないころ、南フランスの地中海沿岸の港湾都市マルセイユにル・コルビュジエが、巨大な鉄筋コンクリート造の「ユニテ・ダビタシオン」[18](1953)と名付けられた集合住宅を完成させた時も、日本からの海外旅行が容易ではなかった戦後の時期であったにもかかわらず、建物の竣工の数年後にわざわざその地に足を運んで自分の目でそれを見学している。帰国後、ある建築雑誌での旧友の建築美学者

3-13 「西宮トラピスチヌ修道院」

3-12 ル・コルビュジエ設計、「ロンシャンの教会堂」

3-11 ル・コルビュジエ設計、「ユニテ・ダビタシオン」

3-14 「宝塚カソリック教会堂」

との対談の中で、次のように発言して、それを賞讃している言葉が残されている。

「[ユニテを]日本流に難癖をつけようと思ったら、いくらでもつけられます。・・・いえばいくらでも[難点が]あるけれども、全体として非常にいい[作品]と思います。あれだけのものを出すということは、たいしたことだと思います[19]」。(3-11、3-12)

さらに「ロンシャンの教会堂」(1955)や「ラ・トゥーレットの修道院」(1959)などの最晩年のル・コルビュジエの、あたかも彼の建築家としての生涯における《バロック》期への到達といえるような、一連の大胆で奔放な作品を前にして、村野のコルの作品への評価と礼賛はさらに高まりをみせ、その感動の強い余韻を引き摺るような形で、一九六〇年代の後半に完成させた、「宝塚カソリック教会堂」(1966)や、「西宮トラピスチヌ修道院」(1969)などの戦後作品の上に、かつて《様式建築》の場合に行ったと同じように、その印象をかなり直接的に投影させ、建物のアウトラインやディテールの発想の重要な契機として使い、またそれらを昇華させながら優れた自分の建築作品として仕上げることに見事成功している。この他の村野の戦前から戦後にかけての作品の中にも、さまざまな形でル・コルビュジエの建築からの影響が見受けられる例を見出すことができるが、それについては後章に譲ることにする。(3-13、3-14)

その他の西欧の近代建築について

「動きつつ見る」の中での、他のヨーロッパ諸国の新建築についての村野の印象としては、唯一、オランダのロッテルダム郊外に位置するブリンクマン&ファン・デル・フルフトが設計した、「ファン・ネレ煙草工場」[20](1930)を、「それこそ真の鉄と硝子とベトンの詩であると云ってもよく、此の建築を見た丈で私は、期待をはづした欧州の建築旅行に満足した位である」[21]と絶賛している。この他では当時の日本ではあまり高く評価されておらず、やや古風で鄙びたものに見える独特の建築の魅力にも言及している。たとえばまだ眼を向ける人がそれほど多くはいなかったといえる北欧諸国の建築について、やはりここでも今井兼次からの教示があったためか、西欧先進諸国の〈新建築〉よりも比較的高い評価を与えている。村野は具体的にデンマーク、スウェーデン、フィンランドなどの諸国のデザインのうちの、たとえばスウェーデンの巨匠エストベリー[22]の「ストックホルム市庁舎」(1923)や、アスプルンド[23]の「ストックホルム市立図書館」(1928)や、フィンランドからアメリカへ渡ったエリエル・サーリネン[24]等のチームが設計した、土着的《ヴァナキュラー》でその地域の自然や伝統の面影を色濃く漂わせた、いわゆる《ナショナル・ロマンティシズム》の中での近代建築の表現に関心を示して高く評価している。その一方でイタリアとイギリスについては、たった一日をそれらの国の見学のために割いたとしても、時間がもったいないと思うほどに見るべきものがないと、次のように酷評している。(3-15、3-16、3-17、3-18)

「概して、欧州の建築は淋しく感ぜられた。只、北欧諸国の、地に[足の]着いた様な諸建築、例へば、ストックホルムの市庁舎なり、音楽堂なり、図書館なり、又フィンランドに於ける、サーリネンの作風なりが、独仏の建築と同じ程度に[日本に]紹介せられてないことは残念に思った。そこに理由があるにしても、これはたしかに吾々の損失である。或いは之れを紹介するにはあまりに芸術的であるかも知れないからでもあらう。北欧の旅をするものの一度は此の町［ストックホルム］を訪れて、市役所の高雅な建物を見ることは悦びであらうが、感銘の極、只々頭が下がると云ふ外、表はすべき言葉もない。近代の建築的傾向を云為するなら或は多くの欠点を持って居るであらうところの此の建築［ストックホルム市庁舎］は、芸術的香気に於て一切の

3-15　ブリンクマン＆ファン・デル・フルフト設計、「ファン・ネレ煙草工場」

3-17　アスプルンド設計、「ストックホルム市立図書館」

3-18　サーリネン他設計、「ヘルシンキ中央駅」

3-16　エストベリー設計、「ストックホルム市庁舎」

理由を超越していた。

ストックホルムにも、コペンハーゲンにも、所謂新興の合理［主義］的、国際［主義］的な建築が台頭して居ることは注意するに足ると思うが、フィンランドではまだ、サーリネンの残した特異な新建築と、平和なネオ古典趣味の新しいものがある外、概して静かであった。伊太利、イギリスなど、一日で見物しても時間が惜しい様な気持ちで過ぎてしまったと云いたい。㉕」

後章で詳しく具体的に見ることになるはずだが、村野がこの旅で目撃し感動した《モダニズム》の所産とは言い難い〈系列〉に属するこれらの近代建築は、第二次世界大戦後の激しい熱のような《モダニズム》への追跡がやや収まった頃、つまり村野のかなり晩年になってから、涸れることない深い〝憧憬〟の泉からの間歇泉的な噴出といった形で、彼のデザインのイメージ・ソースとして、その作品の中にたびたび顔を出してきたことに注目しておく必要があるだろう。たとえば、エストベリーの「ストックホルム市庁舎」への想いは、「宝塚市庁舎」(1980)のデザインに、あるいはアスプルンドの「ストックホルム市立図書館」の記憶は、「甲南女子大学阿部記念図書館」(1976)などに、直接あるいは間接的に投影しており、いずれも村野特有の、一種の〝写し〟の作業と、さらにそれを自在に展開させることの中から、晩年の質の高い村野作品が生み出されていったのである。同じような意味では、戦前の村野の独立後すぐの作品である「大丸舎監の家」なども、一般にはアムステルダム派のデザインからの影響といわれているが、あるいは村野の胸の内では、エリエル・サーリネンと彼の仲間たちが、住まいとアトリエを兼ねて二十世紀初頭に共同で作った「ヴィトレスク」(1902)のイメージが、実はその中に幾分かはあったかもしれない、とも考えられてくる。

マンハッタンの「偉観」

「サザンプトンを出帆してから僅か四日と二十時間でブレーメン号は吾々をして平和の女神を見せてくれた。恐ろしいスピード化ではないか。今更ドイツの新興振りを、一人だつて誉めないものはなかつた。この新しい船の形を見て居る丈でも大船に乗つた気分だつた。イギリスの船会社は之れが為に伝統的な横柄振りを改め出したそうである。

船がハドソンの河口に近づくと、特有の霞を透して吾々の眼前を塞いで居るものに気付く頃は、船はずつとマンハツタンの諸建築を指顧するところに来るのである。折り重なつた森林の様な高層建築群の盛観は、足掛け五日の間、茫洋たる海原を見つめて来た人達の頭に調和ある像を造り出すことは出来ない位である。将に此の、近代建築のローマの都は名状す可からざる偉観であつて、吾々は此の光景を幾度見ても、科学と建築との芸術に対し、嘆賞の言葉を禁じ得ない。建築の高さと、そそり立った大群の建築で、岸壁は海面とすれすれに見え、マンハツタンは今にも沈みそうである。銀波が斜陽にきらめいて居て、背光を帯びた建物の群塊が淡黒く海から立ち上がって居る様にも見える。私は幾度となく、アメリカを見ずして近代建築を語る資格がない、と思い返してみたのである。」[26]（傍点引用者）

村野の「動きつつ見る」一人旅の報告記の最後の四分の一は、上記のような書き出しで、時のアメリカ建築、とくに大恐慌に襲われた年の翌年の一九三〇年という時点で観察したニューヨークの現代建築に対する非常にユニークで鋭利な分析と展望が綴られている。ちなみに村野のこの記述は、ル・コルビュジエが初めてニューヨークを訪れ、村野と同じようにマンハッタンの超高層ビルが林立している光景を船上から目撃して、その後出した自分の著作、『伽藍が白かった時』[27]の中にあの印象的な感想文を書くことになる、その約五年前のことである。またこのマンハッタンの光景への感嘆は、村野がまだアメリカを一度も訪れていない時に書いた論文である「様式の上にあれ」(1919)の中で、アメリカの「スカイスクレーパー」を、「時代の奇型」と呼び、「其の存在と発生の理由を許さない」とし、「そんなものは半分から折つちまえ！」[28]と叫んで否定した立場に反しているように思える。実際に半世紀を越える彼の設計活動の中で、一度も超高層ビルの設計を手掛けるようなことはしなかったが、こうした建築家としての胸の奥のこだわりは、この時だけはなぜか影をひそめ、現実の光景の凄さに彼は心を奪われていたように思える。

村野は、「アメリカの建築が欧州の後塵をなめて居るものだと云ふ見解は、最早今から十年前の事に属すると云つてもよく、新興アメリカの建築の傾向が、すでに一個のアメリカ特有のものとなつたことは、而しながら極めて最近のことに属する」[29]と前置きした後、特に一九二二年に行われた有名な「シカゴ・トリビューン新聞社」の「世界的懸賞を転機として、地域制、所謂ゾーニング・ローの実施と、欧州建築家達の移住によって、アメリカの新興建築は遂に自身の［独自の］傾向を持つ様に変わつて行った」、とアメリカ建築の歴史的な変遷をまず客観的に説明している。このような流れに「アメリカニズムの善悪二つの」側面が複雑に絡んで、非常に注目すべき建築を生み出してきているとも彼はいう。村野が指摘する「アメリカニズムの善悪二つの」側面とは、「一つは・・・、実務性、スピード、マツスプロダクション、ファンクショナリズムなどの一面と、他［の一面］は、消費を主題とする映画的、弗箱的マーカンチリズム、と、コーネーアイランド的ナンセンスの方面であろうと思はれる」と続ける。一方は実直誠実な〈実利性〉、他方はあこぎな〈商業性〉といったことにな

3-19　ヴァン・アレン設計、「クライスラー・ビル」

るのだろうか。そうした二つの側面が良くも悪くも一体化して一つの建築の上に同時に現われているところがアメリカ建築のアメリカ建築たるところだと分析し、そうした観点から一九三〇年のニューヨークにおいて、自分の目で見た最新の建築として特に注目したのは、「バンク・マンハッタン・ビルヂング、クライスラー・ビルヂング、ニュウス・ビルヂング」の三本の超高層ビルであったとそれらを特別に取り上げ、続けてその理由を次のように論じている。（3-19）

「バンク・マンハッタン・ビル」(1930)と「クライスラー・ビル」(1930)の二棟の超高層ビルは、ほぼ同じ時期に〈世界一〉の高さを激しく競いあったビルとしてよく知られている。村野の早稲田大学建築科の同級生であった松ノ井覚治[30]がマンハッタン銀行の設計チームの中心的な立場にいて、主に同銀行のインテリア・デザインに参加していた関係から、この「バンク・マンハッタン・ビル」は、村野も松ノ井の案内で具《つぶさ》に見学していたはずである。ビルは六六階建、九二七フィートの高さで「クライスラー・ビル」より先に竣工し、〈世界一〉の高さのビルであることを高らかに宣言した。これに対して最初はビルの高さを、「バンク・マンハッタン・ビル」より二メートル低い、九二五フィートになると発表していた「クライスラー・ビル」側が、前者の高さを凌駕する一種の〝隠し玉〟として、ビル本体の上にさらに高く塔状の構造物を建ち上げ、結局ビルの高さを完成時に、一、〇三〇フィートと発表して、「マンハッタン」側をいわば出し抜く形で、〈世界一〉の座を主張するといった、当事者同士は真剣そのものの競争であったはずだが、今にすればやや滑稽味さえ感じられる、まさしく〈資本主義〉的な虚栄の競争があったことでも知られている(しかしこの〈世界一〉競争は、その翌年の一九三一年、「エンパイアステート・ビル」の一〇二階建、一、二五〇フィートの高さの登場によってあっけなく決着を見て、その後長く「エンパイアステート」が王座を守ることになった)。村野がニューヨークを訪れた時にはまだ工事中で完成前であった「エンパイアステート・ビル」は別にして、彼は先に挙げた三本の超高層ビルを比較しながら、その頃から熱心に彼が勉強していた〈建築経済学〉の知識をもとに、「[ビルの高さの]経済上採算の限度を七、八十階とすれば、夫れ以上は全く広告塔と同じ」だとし、その異常な高さ競争は、商業的〈広告〉効果を目指した結果だと分析している。そうした点から村野は、日本の建築界ではおそらく戦前戦後を通じて誰よりも早く「クライスラー・ビル」の歴史的な価値を認め、後に（一九七〇年代以降）アメリカの《アール・デコ》を代表するデザインとして世界的に認められることになる、あの半円アーチがセット・バックして上昇し、その中に開けた三角窓が放射状に弧を描いて並ぶという、いかにも鋭角の奇抜なビルの頂部のデザインに早くも注目して、次のような分析を行っているのには、驚かずにはいられない。ここには独立後の設計者、村野が目指すべきデザインの方向性が問わず語りに語られており、また彼の一部の作品を解き明かすための重大な〝鍵〟となるような言葉をその中に見出すこともできる。（3-20）

3-20 「クライスラー・ビル」の最頂部

「何かしら、高らかに歌ひ、且つおどる」姿

「斯様な建築的傾向が何故に生じ、何故に必要であるかと云ふ疑問を理解するには、根本からアメリカの新興文化を勉強しなければならぬが、そのうちから吾々は極めて最近の建築的傾向として、クライスラー・ビルヂングの表現の意味を一考したい。この建築の野蛮な事について吾々は単に普通の考へを以て批評してはならない。無論、欧州的理論とは此の場合恐ろしくかけ離れたものであらうし、又、常識的に判断することのできない位馬鹿化たような建築でもある。私は此の建築について一の仮想を懐く。ナンセンス的、恐らく、行詰つた唯理思想の窮屈さを蹴飛ばして、何かしら、高らかに歌ひ、且つおどるところの闊達にして、秩序を無視する者の姿ではないか。世間はあまり[にも]窮屈であり、きよぎであり、時代の新しい自然主義が、モダーニズムの形を採って現われた姿を、クライスラーの白銀の塔に見るのである」(31)

二十世紀における近代建築の歴史の中で、この「クライスラー・ビル」が、注目すべき重要な建築作品として、世界的に認知され評価されるようになったのは、おそらく第二次世界大戦後のことではなかろうか。それも一九七〇年代以降、つまり二十世紀も第4四半期に入った後の、《ポスト・モダニズム》といった新しい建築観が登場し、同時に「アール・デコ」と呼ばれた一九二〇年代に流行したデザインの再評価が行われはじめるようになってからであったように記憶する。村野が「動きつつ見る」の中でいみじくも指摘していたように、ヨーロッパ起源の《モダニズム》建築に熱いまなざしを向け続けてきた一九二〇年代から三〇年代前半の日本の建築界においては、ウィリアム・ヴァン・アレン[32]が設計したこの「クライスラー・ビル」が持っている近代建築史上の価値や、デザインのまさしく破天荒な独創性に着目し、これに対して的確に言及し評価した人を、たとえば当時の日本の建築家や建築評論家の中から探そうとしても、おそらく村野以外にそのような人物が見出せるようには思えない。とすればここでの村野の評価は、半世紀近くも時代に先駆けた、まさしく先見的な〈建築批評〉であったともいうことができるし、同時に、世界に先駆けたという意味では、今井兼次がアントニ・ガウディを早々と評価していたのと同様に、このビルの〈史的位置付け〉の最初期における鮮やかな試みであったともいうこともできるだろう。

この時の村野が、欧米の新しい建築を「動きつつ見る」というルポルタージュ的な旅の中で携えていた、ものを見る目の視界の広さと、そこで結んだ像の鮮鋭さは、もはや繰り返すまでもなく、彼の近代建築に関する理解が、他の多くの若い日本の建築家たちのように「欧州的理論」に引き寄せられた、単眼的な「実験室」的な視界から、すんなりと自分自身を引き剥がしていたからこそ得られたものであったのだ。村野のこうしたスタンスを通して得られた広くバランスのとれた視界が結ぶ像の鮮鋭さが、「常識的に判断することのできない位馬鹿化たような建築」に見えると、大多数の日本の生真面目な建築家や建築論者の目に見えたはずのアメリカ現代建築が、実はその「ナンセンス」な表情のなかに、「行詰つた唯理思想の窮屈さを蹴飛ばして、何かしら、高らかに歌ひ、且つおどるところの闊達にして、秩序を無視する者の姿」があったことをうっかり見逃さずにすんだのだ。これは今読んでも、あるいは逆に今読むからこそ理解できる、きわめて正当な評価であったのであり、今もほとんどそのまま受け入れることのできる解析であったのだ。しかし当時の日本の建築界の、いわゆる右翼も左翼も、つまり《ナショナリズム》を主張する派も、逆に《インターナショナリズム》を主張するグループも、そのどちらの派にとっても、こうした村野のアメリカ建築に対する賞讃は、どこか奇異な、また異端的な意見として聞こえたとしても無理のないところであった。

おそらく大学を出た後大阪で設計者としての活動を続けてきた村野にとって、東京の多くの建築家や知識人たちが信奉するような、ヨーロッパ〈近世〉に起源を持つ建築観や価値観は、どこかであまりにも〝四角四面《スクエア》〟で、またいかにも窮屈で、人を無理矢理そのスクエアな〝箱〟の中に押し込め、縮こませているように見え、またそのぎこちない頑な姿勢そのものの中に、「虚偽」や「欺瞞」といったものが見え隠れしている、と村野は言いたかったに違いない。そうした状況を勇ましく打破しようとしているように見える「アメリカニズム」の試みの中に、「クライスラー・ビル」のデザインもまた出現することになったのである。つまりはプラグマティックで、「量産主義」的で、「機能主義」的であると同時に、別の側面で、「コーネーアイランド」的(今でいえば「ディズニーランド」的とでもいえばいいか)な「ナンセンス」の軽快さがあり、また映画のスラップスティックのような破壊的な切れ味を持ち、さらには「商業主義」的で、「消費主義」的な、といったアメリカに特有の精神が、先の真面目で実直な側面と絡まり、渾然一体となって、世の中の「窮屈」さや「虚偽」を、一気にぶっ飛ばしてくれる・・・、そんな強力な活力が、この「クライスラー・ビル」の、特にその〈広告宣伝〉を思わせるような天辺にも感じられる、と村野は喝破していたのである。

「唯理思想」を蹴っ飛ばせ

村野が「クライスラー・ビル」について、なぜこれほどまでも熱い共感を表明したか、という問題について考えることは、大変興味深くむずかしいが、それをあえて一言にここで要約するとすれば、彼が自分もいつかこういう建築を創りだしたいという内的な欲求を、そうしたデザインを見たことによって、強烈に刺激され、触発されたからであったに違いない。つまりは、人々を「窮屈」なところへと押し込め動けなくしてしまうような「唯理思想」(つまり「実験室」的《合理主義思想》)がつくる建築の〝殻〟を突き破って、「何かしら、高らかに歌ひ、且つおどるところの、闊達にして、秩序を無視する」建築を、自分も建築家として創り出したい、それをこれから目指していくのだ、という堅い決意を、まさにクライスラー・ビルの〝頭部〟のデザインから自分の胸の奥で固め、自分の想像力という〝油〟を、自分が見出したそうした〝火〟の中へ注ぎ込もうと心を決めたのである。

事実村野はその数年後、大阪の道頓堀に「キャバレー赤玉」(1933)のような、いってしまえば「ナンセンス的」商業建築を、ロシア構成主義のイメージを借りた夜間のネオンサインのファサードと、ムーラン・ルージュ風の風車が回る塔をシンボルとする建築として、この点が重要だが、大真面目に、しかし決して「唯理」的ではない態度で設計し、鮮やかに〈広告宣伝〉効果をあげて成功した。さらにその三年後の「都ホテル新館」(1936)の設計では、「クライスラーの白銀の塔」に匹敵させようとするかのような意気込みの中で、建物の奇抜なスカイラインを実現して人の目をこの一点に集めようとしたりもしている。RC造による桃山風瓦屋根が新築のホテルの宿泊棟の天辺で「歌い、且つおどる」と同時に、今まさに飛翔せんとするかのような、不思議なエレヴェーター・シャフトの上のペントハウスの屋根を完成させている。その和風の塔屋は、ニューヨークのビルの場合のように自動車という最新の機械を〈広告〉するのではなく、ほかでもない〈京都〉という古い伝統的な街並を残した町の中に誕生した、近代的な設備を備えた〃モダンなホテル〃という的確な〈広告宣伝〉となっている。

さらに戦後になっても、村野のこうした傾向を持つ設計は続き、その最たるものとして第一番に挙げるべき建築は、大阪の表通り「御堂筋」に面したミナミの地に、一九五八年に完成した「新歌舞伎座」と名付けられた劇場建築である。《合理主義》建築論がまさに燃え盛っているといった感さえあった、一九五〇年代後半の日本の建築界に向けて、あたかも〃手榴弾〃か何かのような〃爆発物〃として村野が投げ込んだこの作品は、先の村野の文章で言う「常識的に判断することの出来ない位馬鹿化た様な建築」デザインをそのファサードに見せており、そのあまりの野放図さに、多くの生真面目な建築家を自負する人たちの視線を、〃見てはいけないもの〃、つまり汚いものであるかのように、思わず目を逸らさせることになったのだ。まず西欧流の「唯理思想」つまり《モダニズム》を信奉する建築界の大多数の人たちは、八個の連続した唐破風が上下四列(四階分)に水平に並んで重なった歌舞伎劇場らしい華麗なファサードに仰天させられた。さらに陸屋根ではなく、ビルの屋上に巨大な千鳥破風の屋根を載せ、これに棟飾りとして鬼瓦風彫刻(彫刻家辻晉堂作)を頂に置いた〈和〉のスカイラインを演出したデザインを、多くのモダニストたちは単なるキッチュな懐古趣味の商業ビルとして、極端にいえば唾棄せんばかりの思いでそれを眺めたのだ。しかし完成してから十年たち二十年、三十年と歳月を重ねた後で「新歌舞伎座」のファサード・デザインをあらためて今見上げると、ニューヨークの「クライスラー・ビル」が、今もマンハッタンのスカイラインのある部分を決定的に特徴づけて屹立しているのと同じように、この建築が大阪ミナミの繁華街の都市景観に欠くことのできないシンボルとなったことがわかるはずである。またそのファサード・デザインが、単にキッチュな、その場限りの伝統に媚びた意匠では決して無かったことを私たちに思い知らせるはずである。ミナミの都市景観の中にこの建築が放射している、周辺のビルには決して見ることのできない重量感や存在感の凄み。ここでもまた、「行詰つた唯理思想の窮屈さを蹴飛ばして、何かしら高らかに歌ひ、且つおど」るデザインが、実は見かけほど野放図な企てとしてではなく、設計者の慎重な計算と熟慮のもとに実現されていたのである。村野はそこに、二八年前に彼がニューヨークで見た「クライスラー・ビル」の〝頭部〟を思い出しながら、「新歌舞伎座」の〝胴部〟と〝頭部〟をデザインしていたのである。（3-21、3-22）

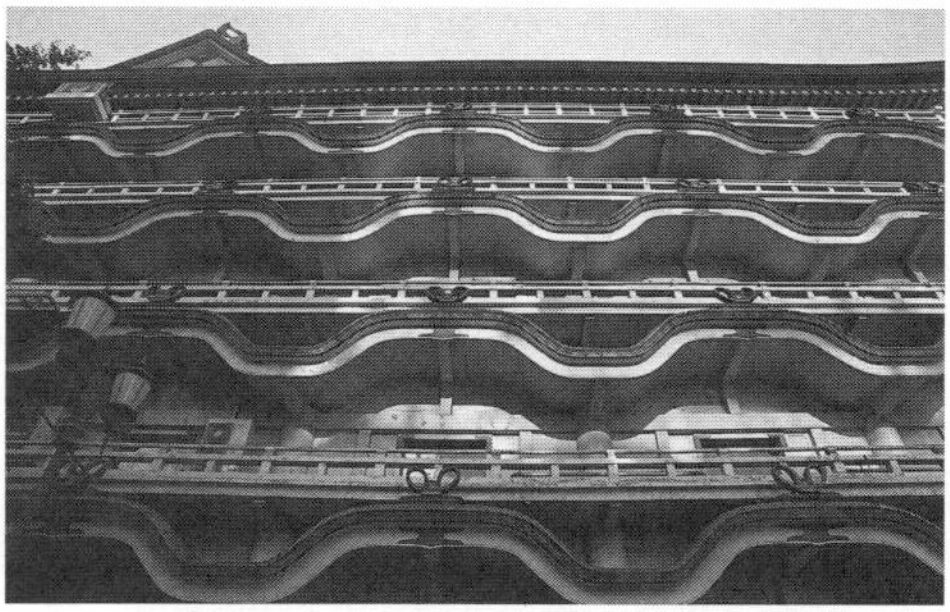

3-21 「新歌舞伎座」の唐破風の連続するファサード

3-22 「新歌舞伎座」の辻晉堂制作の鬼瓦風装飾

最後になったが、村野は「動きつつ見る」の中で挙げた三つの超高層建築のうちの最後の建物、レーモンド・フッド(33)が設計した「ザ・デイリー・ニューズ・ビル」について、次のような的確な評価を下していることも最後に紹介して置かなければならないだろう。

「最近のアメリカ[の建築]雑誌は、愈々ニユウス・ビルヂング、詳しく云へばデリー・ニユウスの新聞社[社屋]の竣工を報じて居るが、作者[設計者]が青年建築家レーモンド・フード氏である事を知れば、この建築家がシカゴ・トリビューンの一等当選以来一躍有名となり、相次いでアメリカン・ラジエーター会社の黒と金との建築を設計して、世間をあっと云わせたことを知らるゝであらう。此の作者の作風が、一作ごとに更《ふか》まつて、茲《ここ》にニユウス・ビルヂングを作り上げたのである。私は高層建築としての範をなした建築として、過去に、[ニューヨーク]市庁舎、シカゴ・トリビューン二等当選案[E・サーリネン設計]を挙げるとして、さらに今後の[建築の]傾向として今一つニユウス・ビルヂングを挙げたい。簡潔にして、著しくドイツ的(此の言葉は適当でないかもしれない)な此の作風は、アメリカの如き高層建築に採りて如何に効果的であるか、[それを]理論的に批評するならば、数頁に渉って論ず可きであると思ふ。純白と濃きセピアの対照はあたりを払ふ趣があり、パラマウントの屋上から眺めるなら、クライスラーと相並んで、実にすばらしいモダーン振りを発揮しているのである。」[34]

ある建築家の経歴

村野藤吾によるこの「ザ・デイリー・ニューズ・ビル」評は、二つの点への読者の注意を促している。その一つは、「レーモンド・フード」の建築家としての経歴と変貌についてであり、もう一つはヨーロッパ起源の《モダニズム》からのアメリカ現代建築への影響についてである。村野は「青年建築家レーモンド・フード氏」と書いていたが、一九三〇年の時点で、R・フッドはすでにその時四九歳になっており、村野のちょうど十歳年上であったが、おそらく村野にはこの「ニューズ・ビル」が、いかにも若々しく、その意味でまさしく「青年建築家」の作品として見えていたのかもしれない。あるいはまた一九二二年における、ジョン・M・ハウエルズとの協同設計によるあのシカゴの「トリビューン・タワー」(1925)と後に呼ばれることになった新聞社の社屋の国際コンペでの鮮烈な一等当選者としての設計者としてのデビューが、後々まで村野の脳裏に残っていたためであったかもしれない。いずれにせよ村野はここで、建築家レーモンド・フッドの経歴、つまり《ネオ・ゴシック》というスタイルを採用した「トリビューン・タワー」から、アール・デコの装飾を細部に持ちつつ、インターナショナルな《合理主義》建築の相貌をも内外に見せはじめている「ニューズ・ビル」への、一人の設計者の身体の上でのデザインの変貌と新たな展開への、若々しく力強い変身ぶりに対して、どこかで自分自身を重ねながらひそかに拍手を送っていたのだ。つまり村野は、自分が鳴らす強い賞讃を表す拍手が立てるその音の中に、渡辺節の設計事務所で十年以上にもわたって行ってきた《様式》に基づく一連の建築の意匠を、まさしく〝衣裳〟として近代的な構造や設備の上に着せていった自分の設計作業を、つまらない〝回り道〟だったとして否定するようなことはせずに、それを非常に貴重な、また役に立つ経験であったとして、大切に自分の体の内側に仕舞いながら、自分が独立した暁には、かつて《様式》に深く関わって設計を行ってきたR・フッドが、「ニューズ・ビル」で決定的な変身を見せたのと同じように、自分もまた変身し、さらに一歩進めたところで設計を行うのだ、という決意をそこに表明しようとしていたのではなかったか。(3-23、3-24)

他方で村野が、当時のアメリカ建築界の中で注目していた動きとしては、ヨーロッパで一九二〇年代後半に次第に盛り上がりを見せはじめていた《モダニズム》の建築思想が、大量な書籍や雑誌などを通して、情報としてアメリカへ入ってきたことと、少なからぬ数の西欧や北欧の建築家たちが、主にナチスの脅威を逃れてアメリカに亡命して来たことにって、村野がいう〈アメリカニズム〉の中の「コーネーアイランド的ナンセンス」が次第に影をひそめていくことになるのではないか、と予測している点である。彼は同じこの紀行文の中で「クライスラーの傾向は而《しか》し、クライスラー丈《だけ》で終ると

3-23　レーモンド・フッド設計、「トリビューン・タワー」

3-24　レーモンド・フッド設計、「ザ・デイリー・ニューズ・ビル」

は思へない」とも書き、他方ではこうしたアメリカ特有のデザインの暴走を警戒しており、そうした広告主義、商業主義が、危険な崖っ淵に向かってアメリカの近代建築を押しやって、ついには競争主義の地獄へと突き落としてしまうのではないかと危惧する中で、前記のようなヨーロッパの《合理主義》建築論や、村野のいう「実験室的理論」は、おそらく貴重な歯止め、ブレーキとなって、アメリカ建築に新しい展開を可能にするに違いないとも予測しているのである。

　村野は「ニューズ・ビル」の詳細については、この旅行記ではそれほど詳しく言及しているわけではないが、この建築はセット・バックを義務付けた「ニューヨーク・ゾーニング条例」(一九一六年施行)を守り、壁面を他のビルと同じように街路からわずかに後退させながらも、その超高層ビルの広大な立面を、以前のように《様式》的な細部で隠すのではなく、直線的に垂直に高く立ちあがる白タイル貼のピラスターの規則的な列と、その柱型の幅と同じ間隔の開口部と、その上下にある装飾が施された黒褐色のスパンドレルの帯の、垂直水平の線の交叉で壁面全体を覆うことで、超高層ビルの〝胴〟にあたる部分をデザインしている。ビルの〝足元〟である玄関周りの壁面は、非常に平滑な石の表面に具象的な人像などが彫られた魅力的なレリーフが施されており、逆にビル最頂部(〝頭部〟)の輪郭は柱型の列をフラットに切りそろえてお

り、ビル全体のシルエットを幾何学的な簡潔性のある姿に纏めるように設計者が心掛けていた点に特に注目しているように見える。このビルがその後の村野の作品へ与えたあまり直接的とはいえない影響という点でいえば、戦前の作品群の中では、やはり大阪「そごう百貨店」(1935)の、ファサードを構成していたトラヴァーチン貼の縦繁のルーバーが形づくる独特の〈垂直性〉の表現への応用や、戦後でいえば建築学会賞を受けた名古屋の「丸栄百貨店」(1953)のルーバーや、「日本興業銀行本店」(1974)の外壁面の連続的な赤御影貼の美しい柱型の列柱のデザインなどへ、はるか遠い彼の記憶が投影されていたとも考えることができるだろう。(3−25、3−26、3−27)

3-25　竣工時の「そごう百貨店」の外壁

3-26　「丸栄百貨店」の外壁

3-27　「日本興業銀行本店」の外壁

近代資本主義経済への確信

最後に、村野の建築デザインには直接的な関係は無かったとしても、彼のいう「アメリカニズム」が、間接的にせよ建築家としての社会認識に決定的な影響を齎した次の点だけは、ここで一度確認しておく必要があるだろう。この章の冒頭部分で、村野が「ロシアへ行くことが第一の目的」[35]だった、と話していたことは先に触れた通りだが、彼が「ロシア」で見ようとしていたものは、《ロシア・アヴァンギャルド》の建築を見ることだけではなく、その他に、革命後十年のその地へ実際に自分の足を踏み入れることを通して、ソ連の政治や経済や社会の現状を具《つぶさ》に見て、《社会主義》体制そのものの将来における可能性を探ることが、実はもう一つの彼の隠れた旅行目的としてあったのである。村野が旅に出た年である一九三〇年といえば、日本では《国粋主義》の思想を背景とした政治勢力の台頭と、彼らのあからさまな権力の誇示と行使という事実が一方にはあり、他方では、大正期後半から昭和期初めにかけて、知識層を中心にして大きな勢力に成長しつつあった《社会主義》を主軸とした国際《インターナショナル》的な連繫を探る動きが、たび重なる弾圧にもかかわらず根強く試みられていて、〈革命〉の可能性や現実性について密かに論ぜられ、若者たちを行動に駆り立ててもいた。

村野自身はそうした動きや思想についての自分の立場を生前に明確に語っていたわけではないが、たとえばロシアでタトリンが、興奮もあらわに、われわれはやがて「アメリカニズムを追い越す」のだ、と彼に話しながら、ソ連とは対照的な異なる政治経済体制下にある現実のアメリカの実力に対して、敬意に近いものを表明していたことを回想していた点や、ヨーロッパには活力がないと決めつけ、逆に「アメリカを見ずして近代建築を語る資格がない」と繰り返し話していたことなどから判断しても、村野がこの旅を終えた時点で、胸の内で次のように考えていたとしても不思議ではなかっただろう。

村野が考えたのは、アメリカ合衆国という国の《資本主義》の体制は、〈自由主義〉的なその経済が時には大きな破綻を生みだして、世界的な恐慌という大混乱を招くことが周期的にあったとしても、しかし結論としていえば、アメリカの《資本主義》の〈体制〉は揺るぎそうにもないし、今のロシアにはそれにとって替わるだけの底力はまだ見えない。自分の目で見て来た《社会主義》の世界は、きわめて魅力的なものを内部に備えているとしても、しかし現状ではやはり未熟であり未知数である。これに比して、《資本主義》経済は、周期的な破綻(恐慌)を運命付けられてローリングしながらも、しかもなお依然としてその〝船体〟を復元させながら健全に機能して運航されているように見えるし、未曾有の不況下にあるといっても、それを跳ね返すだけの活力を、たとえば「クライスラー・ビル」の天辺に表現されているような活力をどこかに蓄えている・・・。こうした結論をこの旅の中で掴んで、村野は再び日本の土を踏んだのだ。村野が旅行中に把握したこうした認識がここでの論考の中で重要なのは、アメリカ経済への彼の確信は同時に、日本の、というよりは村野が設計活動の本拠地としていた、当時の経済のまさに中心地であった大阪の経済体制への確信でもあったのだ。古くは江戸時代の米相場以来の伝統を持つ大阪の経済や社会もまた、〈社会主義者〉の側からの激しい非難や攻撃にも関わらず、おそらく当分は決して揺るがないだろうという彼の信頼と、その大阪の底力が、村野の設計活動を推進させる原動力となるだろう、という彼の〝読み〟にも連繫していたと考えられる。そのような世界認識を持ち帰った村野は、帰国後早速、彼が海外旅行に出かける前から一部はすでにデザインを構想しはじめていたいくつかの仕事を含めて設計を精力的に進めていき、その一年後、あるいは二年後に、彼の独立後の最初期を飾る一連の作品群を、次々と連射するように発表していくことになった。こうして発表された建築のデザインは、《モダニズム》を背負って戦っていた日本の若い建築家たちの、多分に「実験室的」なデザインとは一線を引いた形で生みだされた作品であった。それらの作品は、彼を取り囲んでいる経済・社会的な背景への強い信頼を滲ませたものとなり、なかでも特に〈商業建築〉と呼ばれたような、《資本主義》の最前線における建築設計に、彼が積極的に取り組み、掴み取った成果であったことは自ずと明らかである。そうした意気込みと自信の中で、戦前期の村野藤吾の、数多くの佳作、秀作が生み出されていくことになったが、それらの数多い作品群の中から、主要な作品をこれからいくつか取り上げ、順次、具体的に論じていくことにしよう。

［註］

1 村野藤吾「現在に生きる」(対談)、『建築をめぐる回想と思索』、七六—七七頁。

2 今井兼次(一八九五—一九八七)。早稲田大学理工科大学建築科を、村野の一学年後の一九一九年に卒業。卒業と同時に大学に残り、一九六五年に定年退職するまで半世紀近くにわたって早稲田大学で教え、数多くの建築家たちを育てたと同時に、自身も建築家として多くの作品を残した。一九二六—二七年の最初の欧州旅行で、ル・コルビュジエ、グロピュウス、エストベリーなどをはじめ、各国の近代建築家や近代建築を訪ね、帰国後、その時の旅の模様や、近代建築家たちとの面談の様子を詳細に報告した、『海外における近代建築の趨勢(其二)』(建築学会パンフレット、建築学会、一九二八年)は、昭和初期の日本の建築界に欧州の近代建築の動向を幅広く客観的に伝えていて貴重である。この中でA・ガウディの建築についても初めて日本にまとまった形で紹介している。

3 ウラジミール・E・タトリン(Vladimir E.Tatlin, 1885–1953)。ロシア構成主義運動の中で指導的な役割を果たした建築家の一人。

4 モイセイ・Y・ギンスブルグ(Moisei Y. Ginsburg, 1892–1946)。ロシア構成主義の建築家。

5 前掲「現在に生きる」(対談)、『建築をめぐる回想と思索』、七七頁。

6 村野藤吾「本著の翻訳出版に就いて」。チェルニホフ『現代建築学の基礎——ソヴエートロシア新興建築学のイデオロギー的原理』(玉村春夫訳)、一九三二年、所収。同じ文章が『村野藤吾著作集』鹿島出版会、二〇〇八年、一六三頁にある。

7 ヤコブ・チェルニホフ(Yakov G.Tchernikow, 1890–1951)。

8 前掲「本著の翻訳出版に就いて」『現代建築学の基礎』、所収。

9 村野藤吾「動きつつ見る」『建築と社会』、一九三一年一月号、十三—二六頁。前掲『著作集』、一二四頁所収。

10 前掲「動きつつ見る」『建築と社会』、十三頁。

11 ル・コルビュジエ、宮崎謙三訳『建築芸術へ』構成社、一九二九年。ル・コルビュジエ(Le Corbusier, 1887–1965)。スイス生まれのフランスの建築家。一九二〇年代の初めから近代合理主義建築を世界的に広める運動に着手し、いわゆる〈モダニズム〉の建築の世界的な指導者の一人として活躍した。

12 前掲「動きつつ見る」『建築と社会』、十四頁。

13 グロピュウス(Walter Gropius, 1883–1969)。

14 ヘーゲル(Fritz Höger, 1877–1949)。ドイツ表現主義建築の中で、ハンブルクを中心にしてめざましい活躍をした建築家。ハンブルクの港湾地区にある、「チリー・ハウス」を中心としたオフィスビル街の計画と建築のデザインは彼の代表作として今もそのまま残っている。

15 前掲「動きつつ見る」『建築と社会』、十四頁。

16 マイヤー (Hannes Meyer, 1889–1954)。ベルナウの「ドイツ労働組合同盟学校」(Bundesschule des Deutschen Gewerkschaftsbundes, Bernau)、一九三〇年。村野は「動きつつ見る」の中で、マイヤーのベルナウの学校にも、グロピウスのバウハウスと同じような「ドイツ的理論建築、理屈張つた建築的傾向」をやはり感じるが、と前置きして、それをさらに「徹底して居る点は非常に見ごたへのあるもの」になっているとも書いている。

17 前掲「動きつつ見る」『建築と社会』、二二頁。

18 「ユニテ・ダビタシオン」(居住ユニット)(Unité d'habitation, 1952) フランス、マルセイユの郊外に建つ、多数の集合住宅が入ったビルの中に、商店、医院、郵便局など、生活に必要な諸施設を一まとめ(ユニテ、単位)にして、一つの「町」に近い生活単位(ユニテ)となるようにビル内を纏めたことから、ル・コルビュジエが名付けた建築。マルセイユの他に、ナントや、ベルリンなどに同様の集合住宅が彼の設計で建てられた。

19 初出、村野藤吾・板垣鷹穂対談「建築美を探る八章」『国際建築』、一九五五年四月号。前掲『著作集』、二四一頁。

20 ブリンクマン&ファン・デル・フルフト(Johannes A.Brinkman, 1902–1949. Leendert C. van der Vlugt, 1894–1936) の協働による、ロッテルダム郊外の「ファン・ネレ煙草工場」(1921)。

21 前掲「動きつつ見る」『建築と社会』、二六頁。

22 エストベリー (Ragnar Øestberg, 1866–1945)。ストックホルム生まれの二十世紀前半期のスウェーデン建築界を代表する建築家。代表作の「ストックホルム市庁舎」(1911–1923) は、十九世紀の中世主義系の様式をベースにした、二十世紀北欧におけるナショナル・ロマンティシズムの代表作。

23 アスプルンド (Erik Gunnar Asplund, 1885–1940)。エストベリーの後に続く世代のスウェーデンの指導的建築家。彼の中期の代表作である「ストックホルム市立図書館」の後、晩年の秀作、ストックホルム郊外の「森の葬祭場」などがある。

24 エリエル・サーリネン (Eliel Saarinen, 1873–1950)。フィンランドの二十世紀初頭の指導的な建築家。サーリネンは一九二二年の「シカゴ・トリビューン新聞社」新社屋についての国際設計競技で佳作に入選したことから米国シカゴに移住。「クランブルック校」のキャンパス計画と校舎を設計して高い評価を受け、アメリカ各地に教会堂などの建築作品を数多く残した。息子のエーロ・サーリネンは、イエール大学で建築を学び最初は父親の下で設計活動をはじめ、独立後は二十世紀中期のアメリカの建築界だけでなく、広く世界的に知られ、注目された建築家となった。

25 前掲「動きつつ見る」『建築と社会』、二三―二四頁。

26 前掲「動きつつ見る」『建築と社会』、二四頁。

27 ル・コルビュジエ『伽藍が白かった時』(Le Corbusier, *Quand les cathedrals étaient blanches*, 1937)、生田勉、樋口清訳、岩波文庫、二〇〇七年。

28 村野藤吾「様式の上にあれ」(中)、『建築と社会』、一九一九年六月号、二三頁。前掲『著作集』、八頁所収。

29 前掲「動きつつ見る」『建築と社会』、二五頁。

30 松ノ井覚治(一八九六―一九八二)山形県生まれ。一九一八年、早稲田大学理工科大学建築科卒。渡米後、ニューヨークの建築事務所で働きながら、一九一九年から二三年にかけてコロンビア大学の夜間研修コースで建築意匠を学ぶ。一九二三年から三二年まで、モレル・スミス建築事務所で働き、「バンク・マンハッタン・ビル」などのインテリア・デザインを担当した。一九三二年、帰国。帰国後はヴォーリズ建築事務所の東京出張所の責任者を一九四三年まで務め、戦後松ノ井建築事務所を設立した。一九一八年の早稲田の卒業生の中には、村野の他、「シカゴ・トリビューン新聞社」の国際コンペの応募案を契機に、アメリカへ渡り、シカゴで建築家としてその生涯を送った峰好次郎もいた。

31 前掲「動きつつ見る」『建築と社会』、二五―二六頁。

32 ヴァン・アレン (William van Allen, 1883–1954)。ニューヨーク市ブ

ルックリン生まれの建築家。一九〇八年奨学金を得てフランスに渡り、パリのエコール・デ・ボーザールでヴィクトル・ラルーに師事し、一九一一年帰国。以後ニューヨークで共同の設計事務所を開き、超高層の商業ビルの設計を中心に実績を上げた。一九二五年独立して自分の設計事務所を持ち、「チャイルズ・レストラン・ビル」や「レイノルズ・ビル」などを設計した後、「クライスラー・ビル」を手掛けて、その名を広く知られることになった。

33 フッド(Raymond Hood, 1881-1934)。国際的には、一九二二年に行われた「シカゴ・トリビューン新聞社」の国際コンペにネオ・ゴシック系の垂直性を強調したデザインで一等当選したことで広く知られた(ジョン・ミード・ハウエルズ協同)。続いて「アメリカン・ラジエーター・ビル」(1925)など、ニューヨークの一連の建物を手掛けて次第に様式的表現から離れ、一九三〇年の「ザ・デイリー・ニューズ・ビル」において、様式的な意匠からほぼ脱却し、さらに「マックグローヒル・ビル」(1931)などの作品によって、《合理主義》建築への国際的な動きに、自らのデザインを同調させ、最初期の《様式主義》デザインの枠から完全に脱した。

34 前掲「動きつつ見る」『建築と社会』、二六頁。

35 前掲『建築をめぐる回想と思索』、七六頁。

第四章

「森五商店」と、その他の最初期作品

独立直後の諸作品

欧米の近代建築行脚から帰った村野藤吾は、翌一九三一(昭和六)年から一九三三(昭和八)年にかけて、その旅の鮮烈な印象と記憶を色濃く図面の中に塗り込めたかのような佳作、力作を次々と発表し、日本の建築界、その中でも近代建築を目指そうとする若い世代の建築家や建築学生たちの熱い視線を引き寄せることになった。村野の独立直後の三年ほどの間で彼が発表した主な作品を、整理して列記すると次のようになる。

一九三一年　「森五商店東京支店」(東京)
「大丸神戸店員寄宿舎・同舎監の家」(神戸)
「近江帆布三瓶工場」(愛媛)(4-1)
一九三二年　「大阪パンション」(大阪)
「加能合同銀行本店」(金沢)
「中島商店」(金沢)
一九三三年　「キャバレー赤玉」(大阪)
「そごう百貨店・第一期完成」(大阪)[1]

これらの最初期作品を改めて個別にではなく全体として眺めると、設計される建物が新しい構造や設備を備えたものであっても、その上に《様式》的な〝衣裳〟(意匠)を着せなければならないという制約を常に負っていた渡辺節の所員時代とはうって変わって、すべての建築表現が、一見して非常に現代的な切れ味鋭いものに変化していた。村野が自分の名前を設計者として発表したこれらの作品では、その種の〈十九世紀〉的な意匠があっさりと脱ぎ捨てられ、代わりに〈二十世紀〉の建築デザインの、あまり《様式》の拘束を受けない、自由で新鮮な〝衣裳〟によってそれらの建築の内外が包まれていたことがわかる。その〝脱ぎっぷり〟の良さと、その後で建物に装《よそ》わせた意匠の斬新さによって、村野のこれらの一連の作品は、昭和初期の日本の建築界へ〝新風〟を吹き込む動きとして建築ジャーナリズムなどでも話題になり、また当時の建築界の指導的な立場にあった建築家たちからは、建築の近代化への望ましい道筋を示す仕事振りとして同じように歓迎された。それと同時に、一九二〇年代のヨーロッパに起源を持つ、新しいラディカルな建築論を掲げて旧勢力と戦おうとしていた《モダニズム》の側の設計者たちからも、その種の新建築の導入の先駆けとなる作品と目され、村野藤吾という建築家自体も、新建築運動のリーダーとなるべき設計者ではないかと、いつとはなしに目されはじめていたようにみえる。

たしかにこの時期の村野が設計し実際に完成させて発表した一連の作品は、いずれも十九世紀に一般的であったような

《復興主義《リヴァイヴァリズム》》からは脱却した相貌を特徴としており、その意味では〈モボ〉〈モガ〉がもてはやされた昭和初期の日本の社会の新しい傾向にふさわしい、〈モダン〉で清新な雰囲気を周囲に撒き散らしていたことは確かであった。しかし村野自身としては、「動きつつ見る」、先の旅の中で示していた独特の感覚や視点からも当然予測できるように、必ずしも国際的な《新建築》運動、いわゆる《モダニズム》の追求と、その中にある基本理念としての《合理主義》や《工業(化)主義》に対して、全面的な賛意を持って臨んで、自分の作品を設計していたわけでは決してなかったことに注意を払う必要があるように思われる。十年近く設計事務所に勤めた後、独立した村野としては、前述したような、所長である渡辺節からの指示やさまざまな制約を脱した後であっても、それだからといって、《モダニズム》に代表されるような、特定の《主義》や《理念》を前提にし、その種の主張に素直に沿った形で、自分の設計活動を展開していこうと考えていたわけでは必ずしもなかったからである。一部の彼の初期作品の中には、結果的に《モダニズム》を目指していた設計者たちがデザインしようとしていたものに近い形態や空間を具体化したような作品が実際にないわけではなかったが、しかし彼のデザインはそうした方向だけではなく、その他にもかなり多様な方向性をもって展開しており、それぞれに異なる内容を実現しながら、それぞれにおいて着実な成果を上げていたことを忘れるわけにはいかないのである。

4-1　愛媛県三瓶町にあった「近江帆布三瓶工場」の全景

一八九一年生まれの村野藤吾は、生年としては、一八八七年生まれのル・コルビュジエのわずか四歳下、一八八六年生まれのミース・v・d・ローエの五歳下、あるいは一八八三年生まれのW・グロピュウスとでも八歳といった年齢差にあり、《モダニズム》のリーダーとなって世界の建築界を引っ張ったこれら一八八〇年代生まれの建築家たちと、ほぼ同じ世代に属した建築家であったともいえなくはないだろう。しかしこれらのヨーロッパの新進の、まさしく〝前衛〟的であろうとした建築家たちが、一九二〇年代初めから建築界にデビューし、作品や計画案を矢継ぎ早に放って注目された時のように、過去の全ての《様式》を超絶した、全く新しい《新建築》を創出するのだと声高に宣言したりは、村野は決してしなかった。そうした方向性の中で構築された《理念》や《美学》に基づき、すべてがそれらによって統一された戦闘的な新〈スタイル〉で自分の作品を固め、それを発表して建築界の耳目を集める、といったパフォーマンスを試みようとしたことは、村野は実は一度もなかったのである。つまり村野は、日本の建築界における先駆的〈モダニスト〉たらんと自ら宣言し、《モダニズム》の運動の先頭に立って、設計活動を行おうとしたことは一度もなかったのだ。いい換えれば、「このスタイルこそ、ル・コルビュジエである」とか、あるいは「これこそは、ミースだ」といった、それぞれの作品を通して提示される、それぞれの設計者のデザインの独創性や志向性の明確な表明といったものは、村野の場合には、彼の独立当初から、なぜか全くといっていいほど行われることはなかったのである。

　むしろ逆に村野は、自分のスタイルやデザインを一定の方向に統一し、一つの新奇な〈スタイル〉に収斂させていくことを心掛けるような建築家たちを、心のどこかで警戒もしくは嫌悪、軽蔑していたところさえ窺《うかが》え、自分自身を、その種の首尾一貫性を目指すやり方からあえて引きはがそうとした節さえ見られた。逆に彼は自分の前に多様な〈スタイル〉という〝手本〟を並べて置いて、それを一見恣意的に選択して設計しようとするかのような、ある意味で前近代的ともとれる態度を貫き通しており、その意味では、十九世紀以来の、いわゆる《様式主義》の時代の建築家たちと同じような手法で、あえて設計活動を続けていたともいえなくはない。

　村野の初期作品を冷静に観察していくと、独立した一九三〇年代の初め以降の昭和戦前期はもとより、第二次世界大戦後から彼が亡くなる一九八〇年代に至るまで、村野は自分が設計した建築の、《モダニズム》に限定しない〈スタイル〉の多様さを、むしろ前面に押し出す形で設計活動を行っていたことが自ずと見えてくる。しかしそれにもかかわらず、戦前から戦後にかけての日本の〈近代建築史〉を組み立てようとした建築史家や評論家たちの多くは、村野の戦前期の作品の中からは、たとえば東京日本橋に建てられた「森五商店東京支店」や、大阪西成の「大阪パンション」や、同じ大阪御堂筋の「そごう百貨店」などといった作品を中心に取り上げて論じようとし、村野が独立と同時に、従来の設計手法や理念を打ち捨て、《近代主義《モダニズム》》のデザインに意識を集中して設計を展開しはじめていた、といった性急な結論にいたるような記述をすることが多かった。たしかにそれらの作品が、日本において本格的な《モダニズム》の建築を展開させていく中で、重要な先駆的な作品と目される仕事であったのは確かであったが、しかし彼らはそれと同時に、それらの《モダニズム》系の作品以外の設計は、村野が明確に《モダニズム》の〝水脈〟を見出す以前の、いわばまだ近代的な設計者として未熟で過渡的段階で設計した作品であると考えて、それらの設計を積極的に評価しようとはしなかったのである。

「大丸舎監の家」

すでに前章において詳しく見たように、二十世紀が第2四半期に入ったばかりの頃の、主にドイツやフランスにおいて、すでに顕在化しはじめていた〈機械工業時代《マシーン・エイジ》〉の到来という事実を前提として、これに同調させる形での、建築設計をも含めた〈建築生産方法の工業化〉を目指す、若い意欲的な建築家たちが登場してくる。彼らはそうした目標を目指した、近代の《合理主義》に基づくデザインのあり方を自らの作品を通して先駆的に示しつつ、世界的な広がりを持つ組織を結成して、いわゆる《近代主義》建築の普及のための運動への、積極的参加をアピールするようになっていく。彼らのこうしたアピールに対して、日本の建築界の同じように先鋭的な考えを持つ一部の若い世代の建築家たちは、昭和期に入ると同時に、積極的にそうした運動に参加する意志をさまざまな形で表明するようになっていったが、しかしこうした若手建築家たちの間の熱烈な歓迎ぶりにあたかも水を差そうとするかのように、独立直後の村野藤吾は非常に冷静であったように思える。

たとえば村野は、先に見た「動きつつ見る」と題した長い旅行記の中で、それらの一連のデザインは、社会的な現実から切り離された、「実験室的」な試みだと一刀両断に切り捨てて、その種の主張から生み出された建築デザインには受け入れがたい過誤もしくは過信が見出されるとして、たとえばW・グロピュウスの「バウハウス・デッサウ校舎」の、世界中から注目され賞讃されたあのカーテンウォールのガラス壁などを具体的な例に挙げて、鋭く批判したことについてはすでに前章で詳しく述べた通りである。したがって村野としては、自分が設計した「森五商店」や「大阪パンション」などのデザインが、ヨーロッパでのその種の「実験室的」な建築理論を、同じような「実験室的」に応用した結果として創り出された建物だ、と単純に解釈されてしまうのは、決して本意とはいえなかった。村野の本当の気持としては、自分のそれらの建築はいずれも、「実験室的」な〝純粋培養〟の状態の中で世に送り出されたものではなく、幾何学的な単純形態や、装飾のない平坦な壁面などといった《モダニズム》の《美学》的側面には少なからぬ関心と敬意を表しながらも、あくまでも社会経済的な現実性《リアリティ》に基づいて設計され、常にそうしたリアルな必要性と必然性に導かれ、〝地に足を着けた〟状態で生み出された作品であることを理解して欲しい、と訴えたい気持が強かったと思われる。

独立直後の一九三〇年代初めに村野が完成させた「森五商

店」や、「大阪パンション」などの、《モダニズム》の側の建築家や評論家たちにも非常に好評であった一連の作品の他に、それとはやや系列の違う独立直後の作品としては、たとえばオランダの《アムステルダム派》や、あるいは北欧の《ナショナル・ロマンティシズム》などからの影響を思わせる外観を持つ「大丸舎監の家」(1931)をまずここで取り上げておかねばならないだろう。今日まで残され伝えられている図面には、「株式会社大丸神戸支店　店員寄宿舎舎監住宅」と記されているこの「大丸舎監の家」と呼ばれる住宅作品は、同じ時に「大丸神戸店」の主に独身社員寮として建てられた、食堂などの共用部分がＲＣ造で、宿舎部分は木造の二階建の「店員寄宿舎」の同じ敷地内に、寄宿舎の監督者用の「家族住宅」として造られたものであった。この住宅は神戸市近郊の葺合町籠池通にあり、かなり勾配のある坂道に面して建てられた独立住宅である。居住部分には、道路に面した間口約一一m×奥行き八mほどの平面を持つ、鉄筋コンクリート造の地階部分があり、このシャッターを備えた地下車庫《ガレージ》の上に木造建築として居住部分が建てられている。間口九mほどの広い開口部を持つ車庫の鉄筋コンクリートの天井スラブがいわば〈人工地盤〉となって、その上に屋根裏部屋付きの木造住宅を乗せた形が取られている。(4-2、4-3、4-4)

この住宅への主に来客用のアプローチとしては、店員寄宿舎の前庭が広がる北側の庭から、コンクリート製の階段を数段上って玄関に近づいていく。玄関ドアを開けて中へ入ると、玄関のすぐ右手(西側)に来客用の八畳ほどの広さの「応接室」があり、その反対の東側には「台所」と、この台所の奥(南)に四畳程の「食堂」がある。これらの部屋はいずれも「板張」の洋間風の仕上げがされているが、この住宅の平面で不思議なの

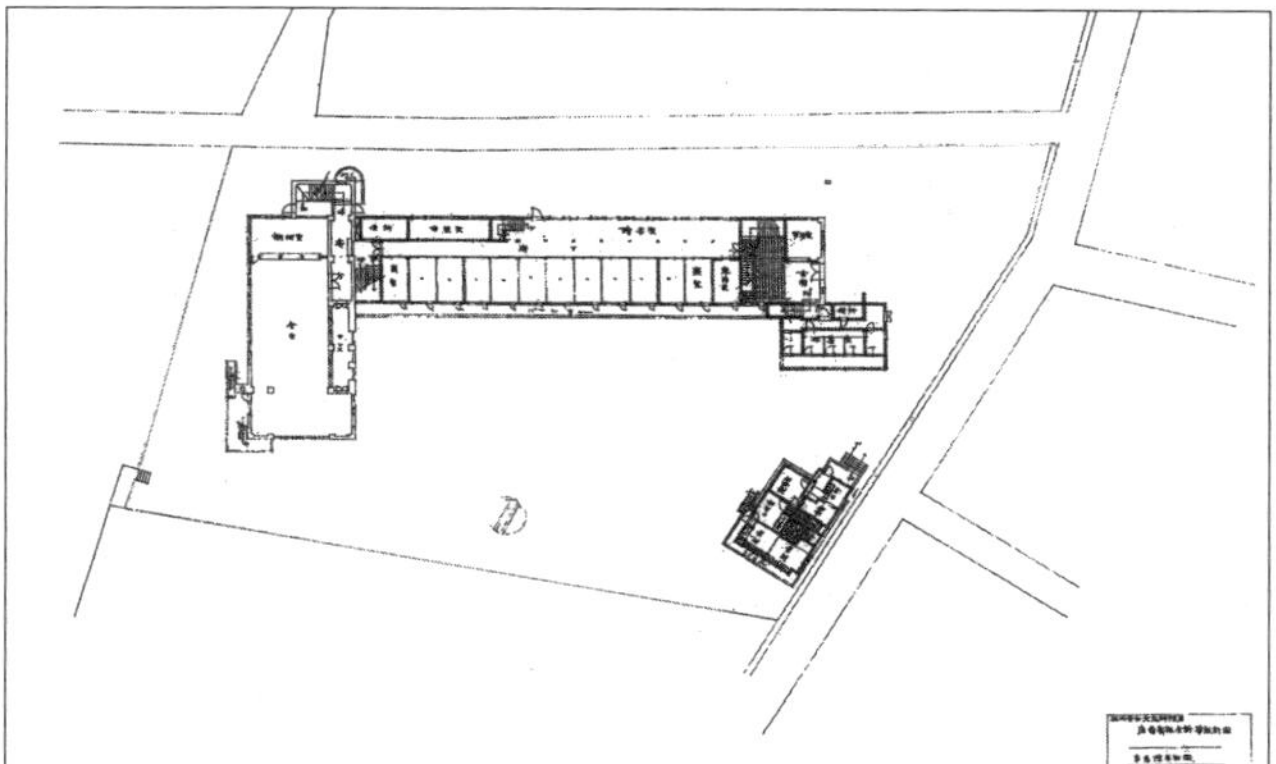

4-2 「大丸神戸店員寄宿舎」と「大丸舎監の家」配置図

4-3 「大丸神戸店員寄宿舎」

4-4 「大丸舎監の家」、坂道側の外観とガレージ

は、東西に並んでいる「応接間」と「食堂」の間が壁と戸棚で完全に仕切られており、一般的な住宅にあるような、玄関から真っすぐに奥にある部屋へ向かうための「中廊下」がなぜかない点である。このため、この住宅の平面の南側半分を占めている「居間」や「子供部屋」などへ、玄関から入っていくためには、応接間か台所の中を通り抜けていかなければならないが、このような〈合理〉的とも、〈機能〉的ともいえないようなプランは、おそらく居住者が「舎監」という立場上、「応接間」を家族の空間とできるだけ切り離して独立させておきたかったためと思われる。(4-5)

この不便さを補うために、家族用には西側の庭から上がるもう一つのコンクリートの階段が設けられており、そこを上ると、バルコニーから家族の内向きの空間へ直接入る「内玄関」が取られている。一階平面の南側には、家族専用の各室が設けられ、東寄りには、一間の床の間付きの六畳の和室の「居間」があり、その西側に、襖に仕切られた四畳半の「次の間」がある。この次の間の北側に四畳半の「子供室」があり、この二つの部屋の間にある内玄関から外階段を通って外に出ることができる。この南面した和室部分のほとんど全面に、硝子戸を入れた広い開口部が取られ、その外側に、一階床スラブを張り出して作ったバルコニーが、建物の南側から西側へまわり込んで先の通用階段に連絡している。さらに一階平面の中央部にある階段を上ると、急勾配の屋根の下に開けられた屋根窓がある屋根裏部屋が二部屋、和室として造られており、図面では「物置」となっているが、ここは子供たちの勉強部屋か、住込みの女中などが寝起きする部屋であったと思われる。(4-6)

この住宅のプランは、大正期から昭和初期にかけての日本

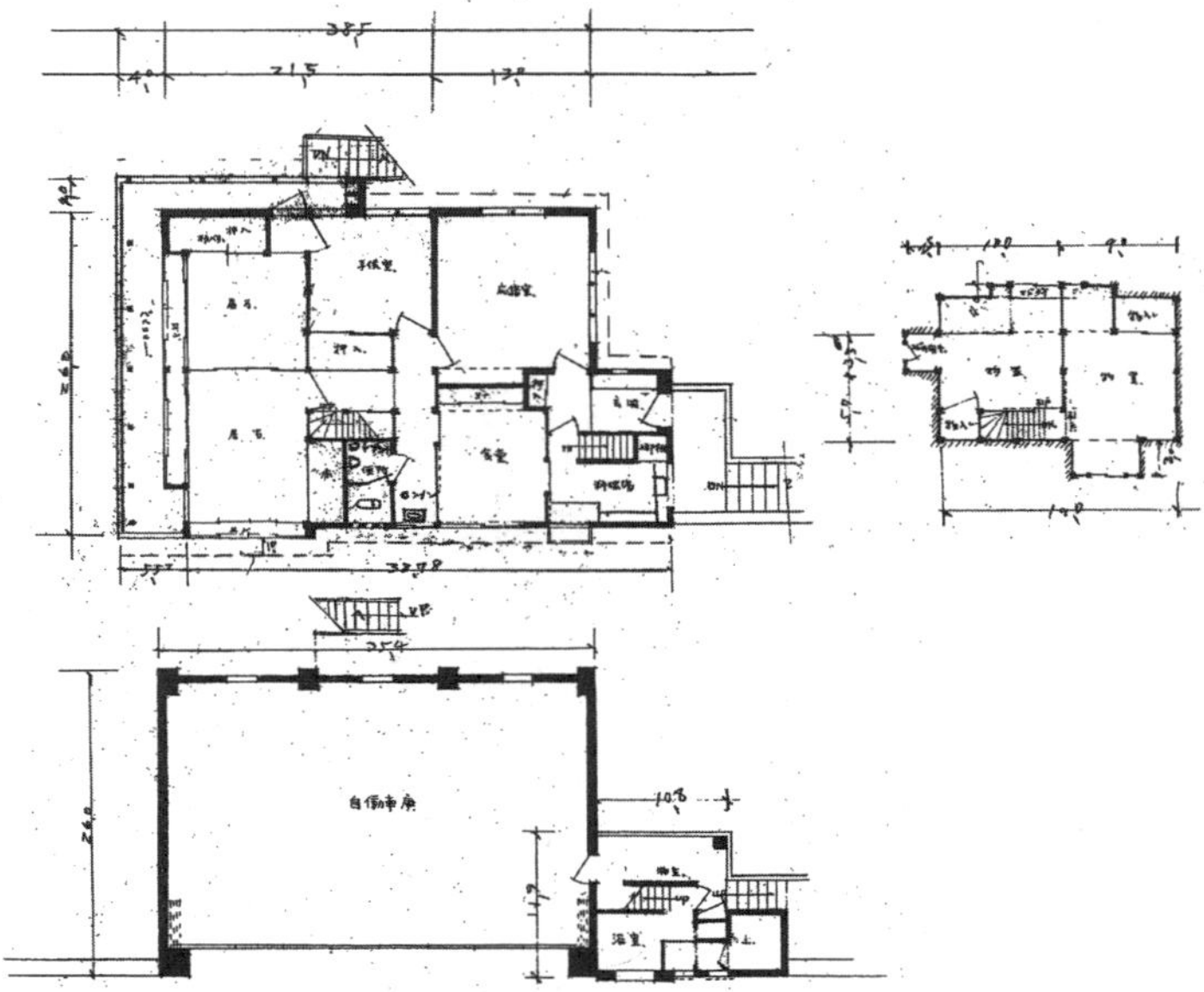

4-5　「大丸舎監の家」、平面図

の住宅に一般的になりはじめた和洋折衷の、いわゆる「文化住宅」型のプランを持っているが、全体として見ても、平面計画には必ずしも〈合理〉的、もしくは〈機能〉的なプラニングと呼ぶだけの格別の革新性が感じ取れるというわけでもない。やはりこの住宅で、村野のデザインとして最も注目される部分はエクステリア・デザインであり、その急勾配の瓦屋根を持つまさしく〈田舎家《コテージ》〉風のそのデザインは、《表現主義》や《ナショナル・ロマンティシズム》の歴史的起源《ルート》ともいうべき英国の《アーツ・アンド・クラフツ》の、特にその〈コテージ〉風の住宅建築を色濃く貫いていた《ヴァナキュラリズム》に遡ることができるといえるだろう。北側正面の屋根は、軒周りの一部に浅く和瓦を葺いた下屋根を西側に向かって回し、上に急勾配で昇っていく屋根面には、天然スレートが葺かれて味わいのある陰影を付け、各降棟にはのし瓦を載せて各屋根面を分節している。また東・南・西の屋根面には、それぞれ一つずつ形の違う屋根窓を開けて部屋に外光を取り、同時に単調な屋根面に変化と表情を与えることに成功している。またガレージの上のファサードの壁面は、ラス・モルタルの上にタイル貼だが、タイルの表裏をわざと逆貼にして、より鄙びたコテージ風の趣を外壁に与えようとしている。こうした屋根や壁の形状は、《アーツ・アンド・クラフツ》運動が《中世主義》を標榜し、基本的に《反近代主義》の動きの中で執拗

4-6 「大丸舎監の家」、立面図

に運動が繰り広げられてきた事実からもわかるように、独立初期の〈村野=モダニスト〉といった、一部で流布されてきた、あまりにも短絡的で単純化しすぎた図式にはそぐわないデザインであったことはいうまでもない。

金沢の「加能合同銀行本店」など

「大丸舎監の家」の翌年に完成した、金沢の「加能合同銀行本店」(1932)の場合では、建物全体の平面や立面をシンプルな方形にし、全体を比較的凹凸の少ない〝箱《ボックス》〟形に纏め、さらにその内部空間の中心となる「営業室《バンキング・ホール》」には、高い天井を持つ吹抜の空間を創りだして、初期のル・コルビュジエの住宅作品に見られるような、初原的《プライマリー》な外観とその内側の開放的で自由な空間を持つ建築が実現されている。しかしその一方で、今では「武蔵ヶ辻」の交差点の、いわばランドマークのようにもなっていて市民に親しまれている、変形の四辻に面したそのファサードは、《ゴシック・リヴァイヴァル様式》もしくは《表現主義》の建築に見られるような開口部をすぐに想起させるデザインになっている。ここでは分厚い鉄筋コンクリートの外壁に薄い迫石板を回して深い奥行きで開けられた〈尖頭《ランセット》アーチ〉もしくは〈放物線《パラボリック》アーチ〉の頂部をもち、その開口部に装飾的な鉄製グリルを嵌め込んだ、非常に特徴的な三つの縦長窓がデザインされていた。〝ボックス〟型を採用した近代的なビルディングが本来示すべきはずの、モダンでシンプルなファサード・デザインという一般的な方向性はここでは無視されており、同じ銀行の北東側のエレヴェーションでは、非常に的確に直截的に示されているような本来の近代的な性格を、この正面《ファサード》のデザインが、結果として背後に押し隠すようにしているようにも見えなくもない。（4-7、4-8）

村野は、この「加能合同銀行本店」のファサード・デザインについての、興味深いいくつかのエスキースを残しているが、その中にはアーチ形ではなく、楣《リンテル》状に水平なフラット・アーチの頂部を持つ縦長長方形の開口部のデザインも試みている。そうしたいくつかの試案を残した中で、彼が最終的に決定した、今日見ることのできるような〈パラボリック・アーチ〉形の開口部は、すでにこれまでも指摘されてきたように、村野が尊敬してやまなかった大阪の建築界の先輩であり、当時の関西を代表するデザイナーとして広く知られていた長谷部鋭吉が、「住友工作部」で設計した船場の「住友ビル」(1930)の、《ネオ・ゴシック》系のランセット・アーチの縦長の開口部と、その上に三個の方形の窓を持つファサード・デザイン

4-7 「加能合同銀行本店」、正面

4-8 北東側立面

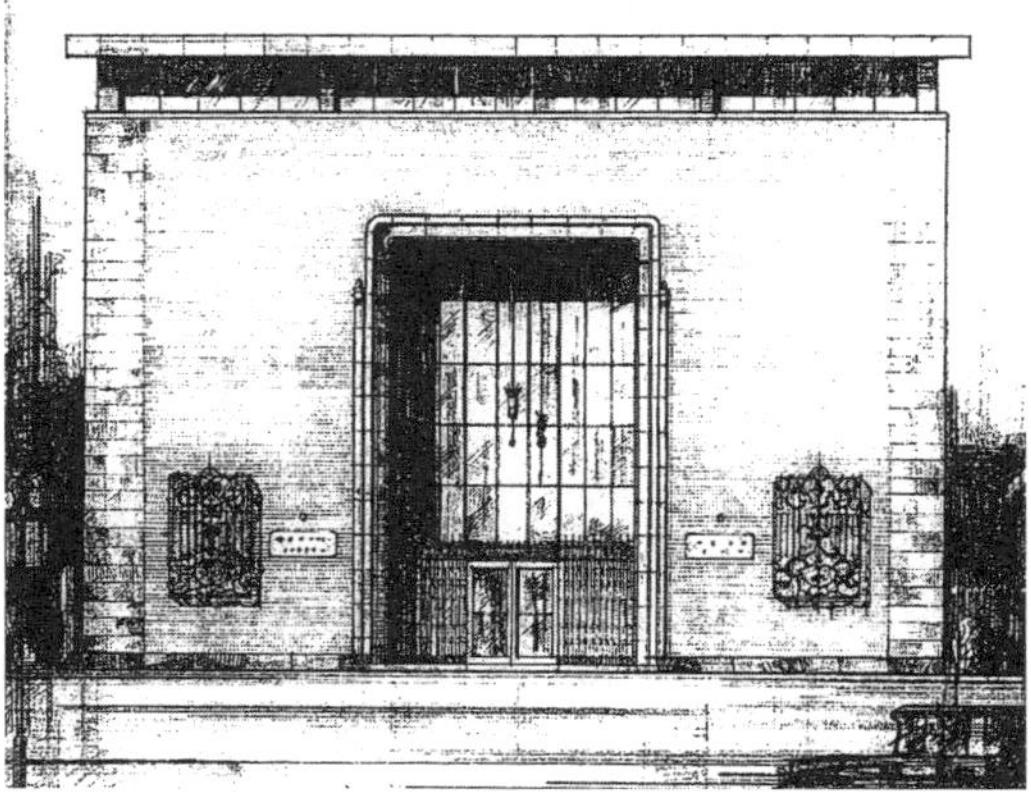

4-9 「加能合同銀行本店」、ファサードのエスキース中の一案

に酷似している。村野自身は、この結果的なデザインの類似について、生前には格別釈明を加えていなかったので、ここまで似てしまった本当の理由はわからないが、同じ設計者としての長谷部への、建築意匠を通しての熱烈な〈オマージュ〉の結果としてそうした類似が生まれたと考えるのが妥当なところではないだろうか。いずれにせよ村野は、渡辺節の下で、《様式建築》の中から必要な〈スタイル〉を取りだしてきて、自分に与えられたさまざまな設計上の課題を闊達《かったつ》に解決してきたように、この場合の村野もまた、《ネオ・ゴシック》の何らかの先例からそのデザインを取りだしてきたと思われる長谷部鋭吉の意匠を、参考にすべき絶好の〈スタイル〉として研究し、そこから借りて自分自身の設計を実現していったものと考えられ、村野にはそうした行為自体に〝真似〟とか〝剽窃〟といった意識はあまりなかったと考えられる。いい換えれば、《様式》を完全に離れて、全く新しい、今まで誰も考えたことのない、どこにも存在しなかったような独創的なデザインを目指して設計を行わなければ、近代的な建築家と認めることはできない、などといった、《モダニズム》に特有の偏狭な〝創造神話〟や、デザイン上の潔癖性の意識などとは、村野がおよそ無縁な領域で設計していたことを、つまり村野が、厳密な意味での〈モダニスト〉ではなかったことを、こうした作例が図らずも示していたのである。（4－9、4－10）

4-10　住友工作部、長谷部鋭吉設計、「住友ビル」

また大阪心斎橋の新しい顔として、隣のW・ヴォーリズ[2]設計による「大丸百貨店」(1934)にわずか一年ほど遅れて本格的にオープンし、まさに軒を並べて競い合おうとするかのようにして登場した、村野藤吾設計の「そごう百貨店」(第一期完工・一九三三年、第二期・一九三五年)は、大阪市民の間で大評判になり、また昭和初期の日本の建築界でも大きな話題になった建築であったことはよく知られているとおりである。しかしこれまで行われてきたような、《様式主義》的な意匠に身を包んだ「大丸」に対して、どこまでもモダンな「そごう」という、単純な新旧のデザイン的対比という図式を両者に当て嵌めて論ずるやり方は、そろそろ考え直すべき時期にきているようにも思われる。《ネオ・ゴシック》の外観に《アール・デコ》のインテリアといった組み合わせで、やや装飾過多かと思われるほどのディテール・デザインを施したヴォーリズの「大丸」の建築に対して、特に御堂筋側のファサードなどに典型的に表われている脱《様式》的なモダンなデザインを特徴とする「そごう」という図式は、竣工当時から今日にいたるまで一貫して保たれている。

ところで、これまでの日本の〈近代建築史〉のほとんどが例外なく謳いあげてきたように、「そごう百貨店」の建築は、ヨーロッパ起源の《モダニズム》建築の中に示されていた《合理主義》の理念やデザインの、日本で初めての大規模で本格的な実現例であるといういまだに一般に流布している定説は、現在の時点ではたして正しいものであったかどうかは、もう少し慎重に考え直してみる必要があるように思われてならない。たとえばよく知られたあの縦繁《たてしげ》のルーバーが一面に垂直に並んでいる御堂筋側のファサード・デザインは、ヨーロッパ起源の《モダニズム》に由来するデザインであったというよりも、むしろアメリカで発達した超高層ビルの立面デザインからの影響の方が強かったのではないかという点については前章でも触れた通りである。二十世紀に入った後のアメリカで、それまで有力であった《新古典主義》系のファサード・デザインに代わって、まさに一世を風靡した観のあった、垂直上昇性を極端に強調した《ネオ・ゴシック》系の超高層ビルなどの意匠に起源を持ち、それを近代的なものへと洗練し転化させていく中で自然に現れてきた新しい外壁のスタイル。たとえば村野が一九三〇年にニューヨークで見て強い印象を受けた、R・フッドの「ザ・デイリー・ニューズ・ビル」などに示されたデザインの強い影響があったことを「そごう百貨店」のファサードは感じさせている。

仮にヨーロッパにこのファサードの起源を探すとすれば、《モダニズム》の建築の中ではなく、たとえばドイツの《表現主義》系の建築家、F・ヘーゲル(3)やP・ボナッツなどの、近代性と同じ程度に歴史性を強く漂わせた《ネオ・ゴシック》風の垂直性を強調したデザインに、より近い内容を持っていたデザインであったと言える気もする。さらに加えて、後章で詳述するように、「そごう百貨店」のインテリア・デザインは、単に《モダニズム》の《合理主義》一辺倒といったデザインとはむしろ正反対の内容を各所に示しており、そこには欧米起源の《様式》的な意匠だけではなく、日本の過去の伝統的な《様式》から取り出してきた意匠の、多彩なアレンジメントによる〈和風〉の意匠の宝庫といった観もあった。村野藤吾という新進の設計者は、彼の言葉で言う〈未来主義〉、つまり《モダニズム》のことだが、それに基づいてこの百貨店を設計したわけではなく、またそれを同時に単なる昔の《様式》を賛美し続ける〈過去主義〉一辺倒であったわけでもなく、まさしく彼の言う〈現在主義〉に脚を踏まえて、設計を展開させていたことがこれらの初期作品においてもわかってくるのである。

（4-11、4-12、4-13）

さらには同じ金沢で、「加能合同銀行本店」と同じ年に完成した、紙卸商のための、小規模だがデザインに独特の切れ味が随所に見られる「中島商店」や、大阪道頓堀に建ち、川面に

4-11 「そごう百貨店」の御堂筋側外観

上、4-12 パウル・ボナッツ設計、デュッセルドルフのオフィスビル
下、4-13 フリッツ・ヘーゲル設計、ハノーファーの新聞社屋

夜な夜な映る鮮やかなネオン・サインのきらめきでも広く知られた「キャバレー赤玉」などの作品の、特にエクステリア・デザインは、それが〈機能〉的あるいは〈合理〉的な配慮に由来するデザインであったということの前に、ロシアの《構成主義》に特有の極めて強い〈造形〉的性格の投影や、同時代のアメリカに顕在化しつつあった、《商業主義》に基づくデザインからの影響が顕著に現れた設計であり、純粋に《合理主義》の追求の中から生まれた、村野の言葉を借りれば「実験室的」な性格の建築などとは、かなり遠く隔たった位置で設計された建築であったことも、いずれ後章で詳しく触れるはずだが、ここでも一応考慮しておくべき点といえるだろう。

複眼的な視界の中で

ル・コルビュジエは、古代地中海の歴史が育んできた建築設計上の《美学》への強い憧憬と賛歌を自ら謳い上げつつも、ともかく彼がスイスからパリへやって来たばかりの一九二〇年代の初め頃には、それが彼自身の〝本心〟あるいは〝本音〟であったか否かはともかくとして、少なくとも表立っては、〈過去〉の建築の歴史が蓄えてきたさまざまな《様式》や、〈過去〉のさまざまな《様式》に殉じようとする《様式主義》などからの完全な離脱を近代建築家たちに求めた。さらにそうした内容を示す激烈で刺激的な文章を、彼が一九二〇年代初頭に

纏めたある衝撃的な著作などを通して声高に〈宣言〉した。あらゆる《様式》に関する思索や、設計のために《様式》を〈過去〉に遡って参照するような行為を建築家が取ることは、すでに〈過去〉に毒された行為であると彼は断罪し、彼がいわば呪文のように反復句《ルフラン》として唱えた《新しい精神《レスプリ・ヌーヴォー》》という〈精神《エスプリ》〉を吹き込まれた〈新しい建築〉は、そうした束縛から完全に脱した建築家たちの、自由な境地を示現したものになるだろう、とも主張した。彼がそうした主張の中で提唱した建築デザインの特徴を、ここで具体的に示しておくとすれば、白く平坦な表面《シュルファス》を持つ、初原的《プリメール》、つまりプライマリーな形態、なかでも〝箱〟型の建築形態の中にこそ、将来のあるべき建築の姿が見える、と彼は予言する。その種の禁欲的で硬派な《美学》の下に、彼は自分自身のデザインを厳しく統一して、一九二〇年代後半の世界の建築界に、新進の個性的で独創的な設計者として、鮮烈なデビューを果たし、《モダニズム》運動のリーダーとしての立場を、いち早く確立したのだ。

　これに対して、渡辺節の下から離れて大阪で独立し、コルのパリでの設計者としての活動開始に十年ほど遅れて自分自身の設計活動を展開しながら、日本の建築界で、同じように鮮烈なデビューを果たした村野藤吾には、先にも触れたように、自分の建築家としての出発を、コルが一九二〇年代初頭に鮮やかに描いてみせたような、建築の〈未来〉を逸らさずに的確に射止める雄々しき〝射手〟のごとき存在として位置付けようとするつもりはほとんどなかったのである。前述したように村野は、建築に纏《まつ》わる〈経済〉の面においてはどこまでも現実的であり〈合理〉的であろうとしたといえたが、デザイン的にはきわめて多元的で、選択肢の多い方法の中で、実際的に設計活動を繰り広げようとしていた。その結果としては、ル・コルビュジエの場合のような斬新で統一的な指向性と手法を世に問い、それを通して社会から注目を浴びようとするような野心は村野の念頭にはなく、彼はそうした企てそのものにむしろ批判的でさえあったのである。

　ただ一つだけ注意しておきたいのは、先の「動きつつ見る」の中で、村野が率直に書いていたように、村野は、ル・コルビュジエの一九二〇年代における鮮烈で鋭利な〈主義・主張〉に心を動かされることはあまりなかったとしても、実際に村野がフランスで自分の目で見たいくつかのコルの初期作品には、おそらく心を奪われるかのような強い刺激を受け魅了されたのは間違いのない事実であった。〝単眼〟ではなく、常に〝複眼〟的な村野の眼は、彼がその時のヨーロッパの旅行中に気に入った他の建築家、たとえばフィンランドのエリエル・サーリネン、スウェーデンのR・エストベリーやG・アスプルンド、ドイツのF・ヘーゲル、フランスのA・リュルサなどの作品に心を動かされたのと同じような多元的な価値判断の中で、決して絶対的で唯一のものとはいえないが、しかし新しい一つの《様式》のあり方を示すものとしてのル・コルビュジエの作品の魅力に、ほぼ同じ世代に属する設計者として、素直にまた的確に反応していたことがわかる。そうしたコルの初期作品に現れていた、特別に強靭な建築的造形力への一九三〇年という時点における村野の評価は、その後、ル・コルビュジエという設計者が、一九二〇年代に自分が立てて世界に向かって喧伝した、その強力さのためにやや窮屈で偏狭なところもあった《モダニズム》の理論的枠組から、自らの意志でやがて抜け出して、単純な《合理主義》を離脱したところで設計をはじめ、最終的にはあの「ロンシャンの教会堂」(1955)などに見られるような、彼の自由奔放な造形力を示す脱〈幾何学〉的な一連の作品へと到達するという、いわば彼の設計者としての〝行く末〟といったものを、一九三〇年という時点で村野はすでに予感していたのかもしれない。

　それはともかく置くとして、一九二〇年代におけるル・コルビュジエが推奨した近代建築の外観についての、〈プライマリー〉な形態にできるだけ近づけねばならない、といったかなり強硬で頑な主張は、実は正統的な《古典主義》が常に唱えてきたものであったことも忘れてはならない。それは、長い建築の歴史の中を二千年以上にもわたって貫通し、脈々として流れてきた《美学》に発したものであったが、村野はこうしたコルの主張には直接的に反応しようとはほとんどしなかったし、さらにはル・コルビュジエが一九二六年に提示した、例の「新建築の五つの要点《ポイント》」[4]のなかで、《モダニズム》の建築が備えているべき最も重要な要件として掲げたポイント——たとえばピロティや、屋上庭園や、自由なプランや、連窓や、自由なファサードの五点——にも、あるものにはそれなりの関心を示しながらも、格別その全ての点にこだわって村野が設計を行った形跡はほとんど窺《うかが》えなかった。あるいはまた村野は、前章で触れたように、グロピュウスやミース・v・d・ローエの初期作品が誇示していたような、建物の外壁に大きく透明な連続的ガラス壁を採用して、この薄く透明なカーテンウォールが可能にした、内外空間の〈相互貫入〉といった、《モダニズム》建築の一つの〝見せ場〟を、自分が設計する建築の中に積極的に演出する考えは、基本的に自分の個人的な《美学》にそぐわないものとして、ほとんど取り入れようとはしなかったのである。[5]

選択可能な《様式》の一つとしての《モダニズム》

　言葉を換えていえば、日本の建築界において《モダニズム》を実現しようと果敢な活動を展開していた若い建築家たちの多くが支持した村野の一部の作品——先に上げた「森五商店」や「大阪パンション」等——についても、村野自身の胸の内では、それらの作品を日本の《モダニズム》建築の嚆矢とすべく自分はデザインした、などとはおそらく考えてもいなかったと思われる。村野はここでも、「自分が考える〈未来〉の建築はこれだ」、といった予測と強い確信に駆られてこれらの作品を設計したというよりも、彼がすでに「様式の上にあれ」の中で明らかにしていた通り、彼自身の〈現(存)在〉が、その存在を懸けて掴み取る企ての中で、〈過去〉の多様な《様式》の中から何かを掴み取ってくるのと同様に、〈未来〉の方に見える新たな《様式》としての、《モダニズム》のスタイルを採用していたのである。村野は自分の眼前にあるこうした〈新〉〈旧〉を問わぬ多くの《様式》の中で、ある建物の設計の時に、その未知な新しさを気に入って、〈未来〉からそれを採用しただけのことであった。村野にとってそれらの新しい建築のデザインが、建築の〈未来〉において、この地球上のすべてを覆い尽くすべきデザインとしての特性を示しているから、それを先取りして自分もデザインした、などといった、粗忽な判断や野心からそれを選んでデザインしたわけではなかったのである。〈ニヒリスト〉、つまり絶対的な到達点などを無理に見出そうなどとは考えない〈現在主義者〉村野としては、〈モダニスト〉たちが声高に叫んでいたように、《モダニズム》が、建築の長い歴史を止揚する究極の絶対的な〈到達点〉、もしくはすべてを解決する最終的な解法などといったものとは到底思えなかったと考えられ、あくまでも村野藤吾自身の「念々刹那」――〈現(存)在〉――という断面において、自分が選択可能な種々の《様式》のうちの一つとして見ていたに過ぎなかったのだ。それは《様式》の束の中に新たに登場し、今後一時期は勢力を拡大しそうに見える一つの〈管体《チューブ》〉として、つまりあくまでも〈相対的〉な存在として、《モダニズム》をも把握していたのである。こうした考え方や手法は、彼が渡辺節の下にいて図面を引いていた時と、基本的には何ら変わるところはなかった。

しかしそうはいってもこの《新様式》が、それ以前の他の《様式》に比較して、二十世紀の第2四半期に入って新しく展開しはじめていた〈工業化〉というある意味では動かしがたい経済と社会の方向性と、その中での建築空間の〈大量生産↓大量消費〉という経済的なサイクルを目指す動きに適応する、若々しく活力に溢れたスタイルであることは、建築界の新しい動きに対して決して鈍感ではなかった村野藤吾には、かなり早い段階からわかっていたにちがいない。そうした新しいデザインを設計に取り入れるか、入れないか、「ツー・マッチ・モダン」を時には認めるか、あるいは後に彼がいう「サムシング・ニュー」を認めるか認めないかという点にこそ、村野が渡辺節のもとを去ることになる最大の理由があったことはすでに述べた通りである。だが、繰り返しになるが、だからといって村野は、《モダニズム》が、他のすべての〈過去〉の《様式》を駆逐する完璧なデザインだとか、二十世紀あるいはそれ以後にも続く〈未来〉の建築デザインについての、〝完全解答〟であるなどとは、毛頭考えてはいなかったことは忘れてはならない点であろう。だからこそ村野の最初期の建築作品の中には、ある時には《表現主義》が垣間見えるかと思えば、時には《構成主義》があり、あるいはまた、十九世紀の《新古典主義》や《中世主義》の系譜を引くスタイルなどが混在していた。さらにそれだけには終わらずに、《数寄屋》といった、日本の伝統的な《様式》を参照したデザインなども、斬新な《モダニズム》系の作品と並置される形で現れたりすることがあったのである。いうまでもないことだが、これらの建築は、村野が〈モダニスト〉として未熟もしくは未徹底であったがために生み落とされたデザインであったというわけでは、決してなかったのだ。

村野が主張する独特の〈現在主義〉の立場は、彼が九三歳で自分の〈死〉を遂に受け入れるその瞬間まで、一人の設計者として決して手放すことなく保ち続けた創作者としての研ぎ澄まされた〝構え《スタンス》〟、姿勢であったが、村野とは逆に、《モダニズム》を絶対的《価値》として信じて疑おうとはしなかった日本の多くの建築家たちや、彼らの周りを固めていた建築批評家や建築史家たちからは、しばしば村野のそうした手法や態度が、彼にとって宿命的とも呼べる〈前近代的〉な姿勢だ、と執拗に攻撃され、彼の作品が戦後建築界で激しい非難に曝される原因となった。戦前から戦後にかけてのさまざまな場面で、村野と彼ら〈モダニスト〉を任ずる人たちとの間には、深刻なやりとりではあったが、しかしある意味では実りのない対立と抗争が繰り返し引き起こされていたが、激しい両者の対立関係は、今の時点で冷静に考えて見ると、実はすべてこの近代建築をめぐる〈歴史観〉の根本的な差違、という一点に由来していたことが明らかになってくるはずである。そしてその〈歴史観〉のどちらに妥当性があったかを、これから村野の作品を順次詳細に見ていく作業を通して、少しずつ明確にしていくはずである。

独立後の第一歩を標《しる》す記念碑としての「森五商店」

先に辰野金吾系の建築家たちの牙城として述べた、「三越百貨店」や「三井銀行本店」や「横浜銀行東京支店」などの高層ビル群が、低層の日本銀行本店を取り囲むようにしながら一塊になって高く建ち並んでいる一郭は別にして、まだ二、三階建の木造の町家などが多く立て混んでいた日本橋室町界隈の全体的な街並の中に、関西を本拠とする呉服卸商、森五郎兵衛が、一九三一(昭和六)年に完成させた「森五商店東京支店」のビルは、周りの低い家並みの中での七階建の高さと、

4-14 「森五商店東京支店」 竣工当時は７階建であった

その切れ味鋭い幾何学的な容姿によって、完成した時から目立ち、評判になった建物であった。このビルのその際立った姿は、かなり離れた位置からも望むことができたが、なかでもビルが建っている場所のすぐ西側を、東京駅から隣の神田駅へと通っている高架橋上を走る山手線の車窓からは、この建物の抜きん出た姿がはっきりと見えてきわめて印象的だったという証言も少なくない。関東大震災後に急速な復興を遂げて面目を一新した、〈モダン昭和〉の東京の建築のデザインが進むべき方向を的確に示している建築として、その頃、近代建築のデザインを本格的に手掛けようとしていた若い世代の建築家たちや、大学などで希望に満ちて設計を学んでいた学生たちの注目の的となった・・・などといった、今は高齢になった建築関係者たちの「森五商店」をめぐる回顧談を聞くことは少なくない。後に詳しく触れるように、一九三三（昭和八）年、来日したばかりのブルーノ・タウトが、東京の〈新建築〉を自動車に乗って見て廻り、その感想を雑誌に載せるために日本橋辺りを走っていた時に、ふとこのビルを車窓の向こうに目撃し、案内者の見学予定には入っていなかったが、わざわざ車をそこまで走らせてビルの前で降り、具《つぶさ》に見学した後、この建築の内外のデザインと細部の仕上げに絶賛を惜しまなかったという逸話は、その当時は一部の建築家たちの間でしばしば話題にされた話であったともいわれている。（4-14）

「森五商店東京支店」の建築は、「東京市日本橋区本石町二-一三」（現在の中央区日本橋室町四-一-二一）に位置しており、日本橋から神田駅を過ぎて上野に至る現在の「中央通り」と、それに直交する「江戸通り」の交差点から、西へ一ブロック程歩いた角地に、現在ももとの姿をやや変えながらも端然とした姿を見せて立っている。敷地は、東西に通っている広い道幅を持つ「江戸通り」に面した南側を〈正面〉とし、この広い通りに北側から直交している東の側道との、南と東の二面で道路に接した角地である。南側間口二五・八二m×

東側奥行き三六・五四mの、九四三・四六㎡（約二八六坪）の面積を持つ土地。建物は、一九三〇（昭和五）年六月に起工し、翌一九三一年七月に竣工したが、起工式が執り行われた一九三〇（昭和五）年六月といえば、村野はまだ例の「動きつつ見る」と後に題した、欧米の近代建築行脚の最中であった。村野は工事が始まる前に、プラン、構造、設備等の基本的な計画を纏め、関連の図面を仕上げた後でその旅に出たことは、生前における彼の回顧や、残されている図面の日付などからもおおよそ推測することができるが、ただこの建築のさまざまなディテールの処理を指示する詳細図等に関しては、欧米旅行の中で村野が直接調達して日本に送らせた各種の材料などが、彼の帰国を後から追うように到着し、それが建物の各所に実際に取り付けられたりしているので、彼の帰国後に最終的に現場での彼の判断で決まって施工された部分も少なくなかったと推測される。[6]（4-15）

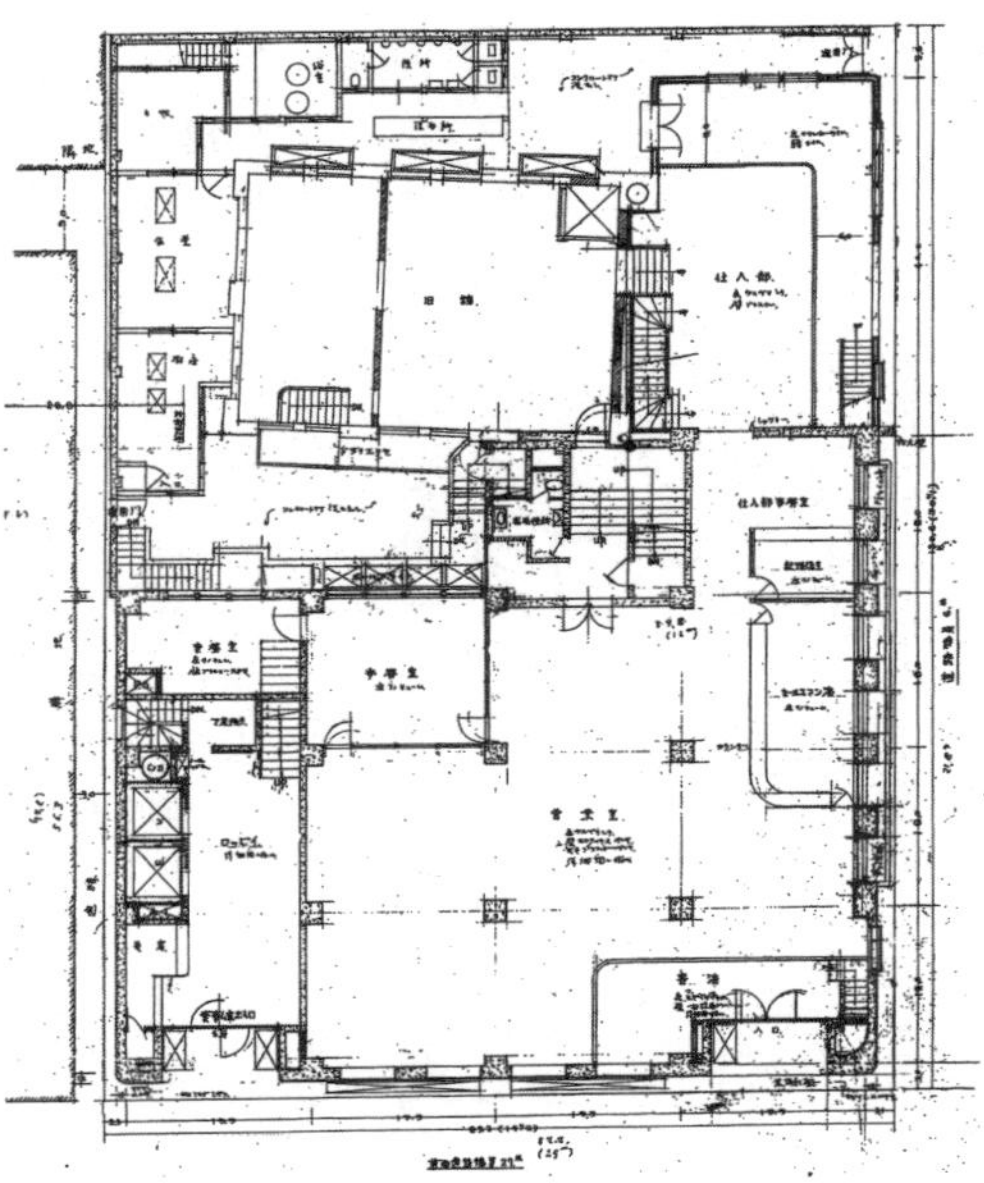

4-15　1階平面図。南側（平面図下部）が高層棟部分

村野の設計によって、一九三一年に完成した新しい建物は、敷地の北側の奥まった位置にあった煉瓦造四階建の既存の蔵と思われる建物を残し、その南側と東側に道路に面して建てられており、結果として煉瓦造の蔵の部分は奥に隠されている。「本館」である地下一階、地上七階の主屋部分の他に、東側道路に面した敷地の北端で、本館に接して、三階建の下屋である「付属屋」部分があり、この「付属屋」は、さらに西側既存の煉瓦造の建物に直接接して出入りできるようになっている。構造は、地上七階、地下一階の主屋棟である「本館」部が、鉄筋コンクリートの軸組構造である。北側の三階建の「付属屋」は、道に面した二階までの外壁をタイル貼にして、主屋棟の外壁に切れ目なく連続させてはいるが、この部分の構造はRC造ではなく、二階部分にいかにも呉服問屋の施設らしく、本格的な数寄屋の和室などが取られていた関係もあってか、木造建築として造られていた。[7]

本館の七層分のフロアのうち、一階から三階までと、背後の付属屋の三階までが、銘仙などを中心に商う卸商「森五商店東京支店」が使うスペースであった。その上の本館四階から七階までは、すべて賃貸用に小間割された貸室フロアとされ、このビルが「森五商店」の自社ビルとして使われると同時に、レンタルのオフィスビルというもう一つの側面も備えていたことがわかる。鉄筋コンクリート造の本館部分の建築平面は、建物の南側の大通りに面した間口が、壁の心々で二四・一二m、これに東側の側道に面した奥行きが、二一・八mあり、この中を構造柱が、南側で、六・〇三m（一九・九尺）の柱間で四スパン、東側では、五・四五m（十八尺）の柱間で四スパンという構造柱の位置で、グリッドが組まれている。ただこのうち、東側道路に面した北側の一スパン分だけは、道路から東へ二スパン分だけの奥行きで終わっており、この一二m×五・五mの広さの中に階段室などが収められている部分だけが、二四・八二m×一六・三六mという方形で北側に突出した形状の平面になっている。本館部分の一階平面を見ていくと、南側間口の四スパンのうちの東側三スパン分が、「森五商店」の「営業室」として使われ、残りの西側一スパン分が、上階にある貸オフィスで働く人たちのための玄関と、それに続くエレヴェーター・ホールとなっている。RC造の一階部分での「森五商店」の使用面積は、エレヴェーター・ホールの背後にある事務室も合せて、約三九一㎡あり、これに北側の木造による付属屋部分の約六九㎡が加わって、合計四六〇㎡が使われていた。なお玄関とエレヴェーター・ホールは約七〇㎡の広さがあった。

「森五商店」のファサードに込めたもの

村野は、「森五商店」の完成から三十数年の時間が経過し、まだ戦後日本の建築界が《モダニズム》一色に塗り潰されていた観のあった一九六〇年代中頃に、ある全国紙の大阪本社の新聞記者のインタビューに答える形で、この建築について詳しく回顧している。その談話の中で村野は、「あの建物は、いわば渡辺[節]先生のところで薫陶を受けた様式建築のエッセンスを注ぎこんだようなものですよ。」と、それまで長く日本の《モダニズム》のいわば嚆矢《こうし》となった建築であると目され語られてきた「森五商店」に対する建築界の一般的な評価に、自ら一石を投じるような発言を行っているのは注目される。村野によれば、「森五商店」のビルの中には、《様式》に由来するような建築デザインの〝血〟もしくは今風にいえば〝DNA〟が「エッセンス」として注ぎ込まれているとそこで打ち明け、《モダニズム》を喧伝する側の設計者たちが常々強調していた、「《様式》のしがらみを断ち切ったところに近代建築は登場する」という考えとは、異なる考えの下で設計された近代建築であったことを彼としてはおそらく初めて公言している。村野はその中で、渡辺節の設計事務所にいた頃に自分が辛酸をなめた、近代的な〈構造〉や〈設備〉の上に〈過去〉の《様式》からくる"衣裳"(意匠)を着せていた頃の経験を振り返って、そうした修練の賜物として自分が身に付けた「様式建築のエッセンス」が、他ならぬ自分の処女作である「森五商店」の建築設計の中に脈々と流れていたと、記者に語っているのである。さらに村野は続けて、こうも話している。

「あの建物の一番の特徴といいますか、意を用いた個所は実は窓なのです。(中略)まあそんなわけで、森五商店には渡辺[節]時代の修業の成果を窓に集中したとも言えますね[8]」。

この「窓」のディテールへの特別な拘《こだわ》りについては、同じインタビューの中で村野は、帰国した直後に、早稲田大学に恩師の佐藤功一教授を訪ねたが、その時佐藤から、何を主題《テーマ》にして欧米の建築を見て回ってきたのかと尋《たず》ねられ、村野が即座に「窓を見てきました」と答えたところ、「窓ねえ、なるほど、窓はいいところに気がついたね」と褒められたことが、自分としては大変嬉しかったと、当時を懐かしく、また誇らしげに振り返って語ってもいる。村野が特別の拘《こだわ》りを持って見て来た「窓」のデザインというのは、いい換えるとすれば、建物の壁面がそれを見る人に与える種々の表情と、その壁面に開けられている窓などの〈開口部〉が、そうした壁の表情にどのような影響を与えているか、という点に集中して具《つぶさ》に見てきたということであった。村野のその時の関心事をもう少し絞って示すとすれば、一般的には壁面から少し後退した位置に立てられる窓面と外壁面までの距離、俗に窓の「見込み」とか「抱き」といったいい方をして示す奥行きの寸法について特に注意を払って見てきたということであったのだ。「あれ[森五]ができるまで[の]日本のビル建築の窓は、だいたいに窓を[壁面の奥へ]深くするのが一般的だったのです。私はこの傾向に反して、窓をいかに薄く仕上げるかに苦心を払ったのです[9]」。(4-16)

4-16　窓廻りのディテール。下方の窓は1階飾窓の上部、上方は基準階の窓廻り

外壁面と窓面の間の見込みをできるだけ浅くし、極端にいえば壁と窓とがほとんど平坦《フラット》に、「面一《つらいち》」に近い状態に見えるように、建物の立面《エレヴェーション》をデザインしたいという強い意欲が、独立前後の村野藤吾の胸の内に宿っており、欧米の近代

建築がその辺りの処理を、どのようなディテールで納めているか、という点に意識を集中させて見てきたと彼はいう。同時に窓の見込み、つまり外から見た時の奥行きを浅くすることよって、結果としてどのような建築デザイン上の視覚的空間的効果が期待できるかを確認することが村野にとって重要であったし、逆に当時「一般的」だったと村野が言う、窓面を壁面の奥の方に置き、深い抱きを取った場合とどのような表現上の違いがあるかを、具体的に摑むことも重要であったという。〈壁面と窓面の位置の平坦化〉という、今日多くのビルディングの外壁の処理としてはほとんど日常化し一般化している問題に、まだそうした問題点に全くといっていいほど設計者たちの注意が払われることのなかった一九三〇年代初めの昭和初期の時点で、村野がなぜそれほどまでに特別な拘《こだわ》りを見せ、いかに窓を「薄く仕上げるかに苦心」したか、という点についてはすでにこれまでも触れてきたし、いずれまた後章においてさまざまな角度から具体的に解明していくことになるが、やはりここでもごく簡潔に、その理由《わけ》をまとめておく必要があるだろう。

「窓を、薄く仕上げる」こと

その時の村野の気持を勘案すれば、「窓を・・・薄く仕上げる」ことによって、建物が、その外壁面全体を前にし、それを視る者にとって、それができるだけ軽快な、親しみのあるものとして感じられるようにしたい、という彼独特の建築家としての狙い、もしくは願いがそこに込められていたからに他ならなかった。こうした考えを村野が持つようになったのにはいろいろな原因が考えられるが、いずれにせよ直接的には、彼が渡辺節の下で所員としてデザインを行っていた時の種々の経験が関係していたと思われる。その一つは、村野が渡辺に命じられて最初のアメリカ旅行の時に彼が見たという、窓を深くした高層ビルを前にした時に感じた、壁面が発する独特の重量感に圧倒されそうになったという実体験があり、渡辺節の場合は別にしても、日本で設計されてきた明治・大正期の《様式建築》のエクステリア・デザインが、あまりにもその重量感を強調し過ぎていて、建築を近寄りがたいものにしているのではないか、という若い世代の設計者としての切実な反省があってのことであったと思われる。この時の村野の気持を、ごくわかりやすくいうとすれば、建築を利用する人たちや、それを観察したり鑑賞したりする人たちに対して、単に圧倒したり、威圧したりするだけでなく、もっと軽快で親しみやすい姿や表情を与えるための努力を建築家たちは心掛けるべきではないか、と彼は常々考えてきたのであり、そうした効果を得るための最も直截的な第一歩が、若い村野の場合には、〈窓の見込みを浅くする〉ことであったのだ。実際に村野の前には、彼以前の建築家たちがたとえそうしたいと考えても、それを実現するために使うことができなかった、カーテン・ウォールといった新しい近代的な工法やそのための材料があり、そうした材料やディテールを駆使すれば、彼の狙いは比較的容易に達成できるのではないか、という〝読み〟も村野には当然あったはずである。

　前記のような言葉を話している時の村野の脳裏にはいつも、もしかしたら大阪にあった一棟の大規模な近代建築が想起されていたのではないかと考えずにはいられない。村野が日頃同じ大阪で仕事をしている中で、次々と組織的に完成させていく建築の緻密な性能や、それを可能にする設計の内容の高さといった点はもとより、単に先輩設計者に対して尊敬を払うというよりも、その人柄に対して、その人間性に対して、敬意を表してやまなかったと、村野自身が生前に繰り返し話していた、当時の関西建築界のリーダーの一人であり、住友本店が抱えていた大きな設計チームの長《おさ》であった長谷部鋭吉。その長谷部が設計チームのリーダーとして、大正末期から昭和初期にかけて発表した、彼の代表作となるべきある建築作品における、「壁」と「窓」の処理のことを、村野はおそらく頭に思い描いていたのである。長谷部が中心になり、「住友財閥」のすべての関連企業を統括する〝総本山〟とすべく総力を挙げて設計した、「住友ビルディング」。中之島の南側を流れる土佐堀川に架かる淀屋橋の南西岸に、村野が渡辺節の下を辞して独立したのとほぼ時を同じくして完成した「住友ビルディング」の、非常に印象的な外壁面とその開口部の構成を、この時村野は、言葉はあまり適当ではないかもしれないが、〝反面教師〟といったものとして、強く意識していたのではないかと推測される。(4-17)

4-17　「住友ビルディング」の外壁と玄関周辺

　北浜の一角に建ち、一九二六(大正十五)年に土佐堀川側の第一期工事を終え、さらに一九三〇(昭和五)年に南側の第二期工事を完了して、最終的な完成に漕ぎつけたこの「住友ビルディング」は、村野が渡辺節の下で「大阪ビルディング」(1926)を完成させた直後に第一期工事が完了しており、あの土佐堀通に面した特徴のあるファサードを披露している。このビル全体の正面を構成するこの北側立面は、正面玄関の左右に立つイオニア式の二本の円柱を取り囲む広大な外壁と、その中に開けられた無数の窓が壁面に与える独特の陰影感と、壁自体の重厚感に特徴があったといえる。この「住友ビル」全体を包んでいる、あたかも石や煉瓦を積み上げて造った大規模な〈組積造建築〉を思わせるような壁面の中に見出すことのできる、壁の中に鋭い刃物で切り込んで開けたかのような、窓ガラス面までの見込みが驚くほど深く奥行きのある窓。この陰影を湛えた無数の縦長窓が強調する、迫力のある建築の実在感。この建築の窓は、まさしく壁に穿たれた無数の小さな〝洞穴〟のごときものとして人の眼に訴えており、この〝穴〟の深さを人は確認することを通して、いい換えればその壁の厚さの表示を通して、建物の構造的な堅固さといった物理的側面だけでなく、その中に入っている企業や、それらが属している企業連合体《コンツェルン》の安定性や半永久的な持続性といったものを人々に確実に観取させようとするのである。おそらく村野は、こうした非常にシンプルな形状によって、同時代のイタリア・ラショナリズムに似た重厚な壁の効果を実現してみせた長谷部鋭吉に少なからぬ敬意を抱きつつも、同時に自分が設計に取りかかろうとしている「森五商店」ビルの〈窓と壁の関係〉を、その対極にあるものとしてデザインしようと考え、そのためにこのビルを常に脳裏に浮かべイメージしながら設計を行っていたのではなかったか。はっきりいえば、村野は長谷部の人間性といったものへの深い尊敬の念はそのままに、あえて長谷部が行うような建築表現の方向性を、自分が設計しようとする「森五商店」の建築の上から完全に払拭《ふっしょく》しようと考えていたのだ。そのため「住友ビル」の周囲に漂う、視る者を圧倒するような安定感も、説得力に満ちた重厚感も、一切を廃棄して、あえてそれらを自分の設計の中からできるだけ抜き取って、建築をより軽快でフレンドリーなものへと変身させようと考えていたのである。

「森五商店」の外壁の詳細

「森五商店」の建物は、戦後の一九五六年に行われた大規模な増改築によって、上に一階分を付け足されて八階建になり、完成時の外観が持っていた絶妙なプロポーションをやや変化させたが、それでも一九三一年の竣工時の建物の基本的な躯体やディテールをそのまま残して建っていた。しかし完成後半世紀を超える時の経過の中で、村野が設計時に特に心を砕いてデザインしたと繰り返し話していた例のファサードの、その壁面を覆っていたタイルの剥落を、たび重なる補修工事にも関わらず、完全には止められなかったこともあり、村野が他界した後の一九九二年、外壁部分のタイルを全面的に貼り替え、それと一緒に老朽化していたサッシュ・ウインドウもすべて取り替える工事が行われた。この時の外壁部分の全面的な改修の結果、一階店舗部分の飾窓の周囲の黒御影による額縁《ケースメント》などが、わずかにもとの状態のままに残された他は、このビルの重要な〝見せ場〟ともいえた、二階から上の標準階の窓にはエルミン・サッシュが入り、村野がデザインしたオリジナルの外壁周りのディテールの原形は、残念ながら今はほとんど留めていない状態になっているが、しかし建物自体の持つ毅然とした風貌は今もよく保たれている。

一九三一年の竣工時の七階建の「本館」には、ビルの南側（江戸通側）の一階の東端、つまりビルに向かって右端に、「森五商店」の顧客専用の玄関が、一スパン分の間口で設けられており、反対の西端には、上階にある貸事務所の利用者や訪問者専用の出入口《エントランス》が置かれ、いずれの出入口もRCの隅柱の上に、磨いた黒い御影石が角を大きく面を取って巻かれ客を出迎えている。ビルの一階の両端に同じように置かれたこの二つの出入口の中間のRCの壁面には、高さ三・四四m×幅一・六九mの寸法の、上階の窓よりかなり大きめの縦長で、ここでも磨いた黒御影の窓縁《ケースメント》を取り付けた窓が四つ、間に一mほどの幅の小壁を置き、窓の下端がGLから一mほどの高さで並んでいる。「森五商店」の本館の構造はラーメンだが、外壁はカーテン・ウォールではなく、構造柱の間の壁面全体に、柱と一体化させて鉄筋コンクリートが打ちこまれ、ビルそのものをRC造の〝箱〟として固めて構造的に強化している。したがって上の、三・四八mの階高を持つ二階から七階までの各階の開口部はすべて、このRC壁に〝穴〟を開けるようにして造られており、今の江戸通側に面したファサードでは、高さ一・八九m×幅一・一二mの、やや縦長の窓が、構造柱の心々で約六mの各スパンごとに三個ずつ、窓と窓の間に八六cm幅の小壁を置いて開けられている。窓は横に合計十二個ずつ整列し、この窓列が上下にも通され、各階の窓の上端と下端の間に一七四cmの高さの帯壁を置いて、六層に並んで、外壁面を整然と埋めている。（4-18）

村野が、「森五商店」の南側のファサード・デザインとして実現した、暗褐色《セピア》のタイルを一面に貼って非常に平坦に化粧した外壁面と、その中に開けられた水平、垂直に整列させた窓の列が創り出す格子模様は、実際に立ち上がった竣工時の写真からだけでなく、設計段階で描かれた〈立面図〉などを見ても、動かしがたいとさえいえる程の、見事な立面構成として創り出されている。とはいっても村野が設計する場合には、たとえばル・コルビュジエが自分の作品の立面を構成する時に必ず用いたと公言している、「調整線《トラーセ・レギュラトーレ》」などの、古典的な〈黄金比《セクシオン・ドール》〉から引き出されたと思われる特別な〈構成法〉といったものを用いて設計した、などといった話は残されてはいないので、この見事な壁と窓の〈コンポジション〉は、村野自身の個人的な感性から直接組立てられたものであったと思

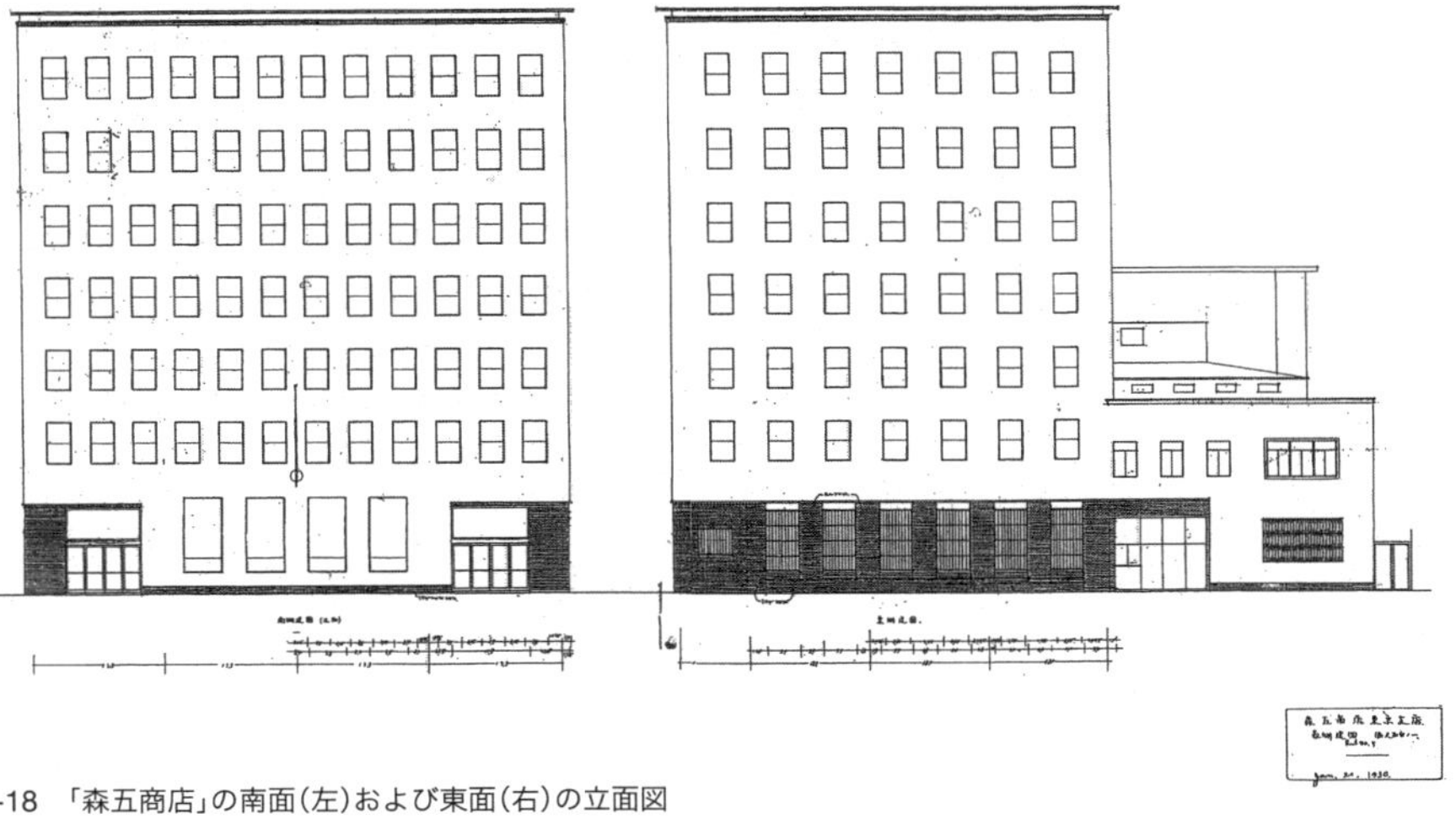

4-18 「森五商店」の南面(左)および東面(右)の立面図

われるが、そうした彼が持って生まれた類い稀なデザイン的な資質の他に、渡辺節の下での数多くの大規模なオフィスビルの設計、たとえば大阪の「大ビル」などのオフィスビルでの多彩なファサード・デザインの経験もそこに生かされていたと考えることもできる。

「森五商店」の街路側の外壁面の東西両端の出隅部を、直角ではなくアールを取って丸め、幾何学的構築体が持つ、極端にいえば〝手が切れそう〟に思われるほどの鋭い稜線《エッジ》を、ほどよく和らげている点も村野らしい配慮が見られるディテールである。次はビルの南東の出隅部を廻り込み、表通りよりは道幅が狭い東側の側道へ入る。ビルの東側の立面は、二階から上の階の、窓の大きさは南側の場合と同じだが、窓と窓の間の小壁の幅が、南側よりやや広く、一m五二cmの間隔で空けられており、これによって東側の壁面には、柱間が五・四五mある一スパンの中に二個の窓を開け、一層に合計八個の窓を並べて、上へと六層に積み重ねている。窓の間隔を空けたのは、東側にある道路の幅が狭いため、南側と違って、外壁面を真正面から眺めるだけの引きがほとんどなく、外壁を見る場合、斜めの位置から壁を上方に見上げるケースが多いことを考慮したためであったと考えられる。この東側立面のうちで、一階部分の外壁には、玄関脇の出隅部から連続させた暗色の濃い磨き御影石が一面に貼られ、上階のタイル壁と材質を変えており、また一階の外壁下には、地階に風と光を通すための幅の狭いドライエリアが設けられている。東側の道路をさらに北の方に進むと、軒高が二階分、八m余の高さしかない下屋(付属屋)の同じタイル貼の壁面が続き、実はその二階分の壁の奥に後退させた三階部分が隠れている。この三階建木造の付属屋部分の一階左端部に、店員の他に商品の納入業者などが中の「仕入部」へ出入りするための、間口が三mほどの「通用口」が取られている。

さて再び大通りに面した南側の外壁に話を戻すと、まず二階から七階までの個々の窓周りの詳細を見てみよう。サッシュ・ウインドウの周囲を額縁状に、角の部分を曲面《アール》に取った小型の役物タイルが貼られて開口部の周りを囲んでいる。またその役物タイルの先端は外壁面からわずかに外に突き出しており、雨水などの水切りに配慮されると同時に視覚的にも壁と窓との間の分節帯になって平坦な外壁面に微妙な陰影を与えて効果を上げている。その窓枠の内側には上げ下げ窓《サッシュ・ウインドウ》が入れられているが、創建時のこのサッシュは、鋼板をジュラルミンで被覆して腐食に備えたとも伝えられている。このようなディテールもまた、渡辺節時代の経験に基づいて発案されたものであったかもしれない。全体的に見て、一般階の窓廻りのディテールは、それがカーテン・ウォールの中の開口部ではないこともあって、《様式》を持つような伝統的な建築の窓廻りの雰囲気をどこかに漂わせている。しかし、この開口部の、上げ下げ窓のサッシュで固定されているガラス面と、外壁のタイル面との間に嵌め込まれた先の額縁型のタイルは、その先端から窓面までが、おそらく五寸(一五㎝)ほどの奥行きしかなく、長谷部の「住友ビル」とは対照的に、奥行きを浅くして、壁面に対してフラットな関係で窓面を収めている点に、いわば村野の〝秘かな見せ場〟が用意されていたことは、先の彼の談話からも明らかである。

かくして「森五商店」の外壁において実現した、まさしく後の〈近代建築〉に特有の窓まわりのディテールとして一般化していくようなフラットな壁と窓の関係は、先の北浜の「住友ビル」の場合に典型的に示されていた、窓が、組積造建築でお馴染みの、壁に穿たれた〝穴〟といった関係ではもはや捉えにくくなり、「森五商店」の場合には、実際には構造躯体に連結した壁体に開けた〝穴〟として造られながらも、その浅い見込みの効果で、ほとんど〝面一〟に見えるほどに平坦に、いわば建築を包み込む〝皮膜〟の中の一部分としての窓、といったものに変身したのである。いい換えれば、窓と壁は、それまでの〈虚〉と〈実〉の関係、つまり不透明な厚い物体と透明な空虚体といった対比的な関係ではなくなり、窓は壁に一体化し、ある意味で同質化して連続するような存在に一歩近づいていったのである。ただ村野は窓が外壁面の広がりの中に埋没して消え去るような事態は決して望んでいなかった。このため村野は開口部の廻りに色付タイルによる額縁を回し、同時にタイルの丸めた先端部を外壁面からわずかに外側に突き出すことによって窓と壁を分節し、窓そのものの存在と自立性をこれによって保証した。このような見事なディテールには、長い間《様式》を修練してきた村野の持つ厚い蓄積が思わず滲み出ているように思われてならない。

ではなぜ村野藤吾はこうした近代的な窓の様相の実現に深い拘《こだわ》りをもち、欧米の新しい建築を具《つぶさ》に見て回り、そうした見聞を通して帰国後最初に、その種の意図を「森五商店」の外壁において具体的なデザインとして示そうとしたのだろうか。理由は先に「住友ビル」の外壁について触れた時にもすでに概略を示しておいたように、村野にとって、たとえば「住友ビル」の外壁は、それを前にする人に、あまりにも建物の存在感や堅牢性を強く訴え過ぎているように思えたのであり、その重々しく、ほとんど鈍重にさえ見えるほどの建築の姿がある種の〈権威主義〉を表現するものに感じられ、同業者である設計者村野個人としては、耐えられないもの、一言でいえば、鬱陶しい、自分の建築には忌避すべき表現として彼の眼に映っていたからではなかったかと推測される。ここには明らかに、「住友財閥」という、関西では他に並ぶもののない強大な経済的組織を、自分の背後に背負って組織的に設計を行っていた長谷部鋭吉という建築家と、そうした確固とした権力や経済力の背景をほとんど持たずに、いわば〝丸腰〟の状態で設計者として独立して出発した村野藤吾という若い建築家の間に横たわる埋めることのできない溝渠《こうきょ》があり、そのギャップがそれぞれの建築設計上の《美学》に、そのまま投影していたことは確かである。

同時に村野自身としては、自分が設計者として、その種の権力や金力の拘束から、好む、好まないは別にして解き放たれていていわば〈自由〉である事実を、近代建築が獲得した材料や技術の力を借りることによって、建築的に表現しようと努めていたともいえるだろう。新進の設計者として、そうした方向性をはっきりと打ち出すために、まず何よりも先にすべきことは、自分が設計して完成させた建築が、それを前にしたその建築の利用者や所有者たちを、ただ新奇な形態や表情によって驚かせたり、あるいはまた人の心をそのスケール感のために萎縮させたり、怯えさせたりするようなことは、決してしないように心掛けることであったのだ。こうした点が設計者としての村野の最大の関心事となり、建物を見上げる者の眼前に、自分の設計した建築が度の過ぎた重厚さや堅牢さなどを誇示しないようにするためにこそ、欧米の近代建築におけるさまざまなデザイン上の試みが、彼にとって貴重な参考となったというわけである。

この辺の取捨選択が、ヨーロッパで一九二〇年代にその基礎が固められた《モダニズム》の建築論を、そのまま鵜呑みにするように受け入れた村野より若い世代の日本の〈モダニスト〉たちとは根本的に異なる点であったといえ、《モダニズム》の中に潜んでいた、これまでとはやや違う形の〈権威主義〉からも、終生、村野が自由でいようとした理由であった。

少なくとも自分が設計する建築は、できるだけ打ち解けた《ファミリア》ものとして人に見せたい、そのためには建築をあまり重厚な〈彫刻〉的ではなく、軽快で〈グラフィック〉な表情を持つものにし、結果的に、作品がどこか身近なものとして感じられるように常にデザインを工夫する方向へと、迷わず向かっていったのである。そうした村野特有の性向がまず最初に結実した作品こそが「森五商店」であり、構造的な壁体でありながらも〝皮膜〟化して見えるように村野が苦心した、壁と窓がフラットに連続した「森五商店」の外壁は、その軽快でリズミカルなファサードによって建物に向かう人々を撥ね返すことなく、逆に建築の方へと引き寄せ、魅了することに成功したのである。ただ注意しておかなければならないのは、特に戦後の日本の建築界における、建築生産の〈工業化〉と、建築空間の〈大量生産化〉の中で、膨大な量で出現したビルの外壁を〝包装紙〟のように包み込んだガラスをはじめとする種々の素材による一見〝皮膜〟風のカーテン・ウォールに対して、村野が非常に強い違和感、あるいは反感を持っていた事実についてである。その点については、いずれ戦後の村野作品について触れる時に詳述するはずだが、ここではなぜ村野がそうした立面に対して違和感を持ったかという点について簡単に触れておくことにする。結論を先にすれば、村野はその種の〈工業化〉された壁面に、「住友ビル」の外壁とはまた違ったある種の〈権威主義〉、もしくは〈工業主義〉の押し付けがましい技術性の誇示と同時にアクロバティックな表現を看取して、そこに示された冷ややかな排他性をはっきりと嫌悪していたからに他ならなかった。

端々《はしばし》のデザイン

渡辺節が、〝足元〟↓〝胴体〟↓〝頭部〟の三つの層に分類して高層ビルのファサード・デザインを考える方式を指示していたことについてはすでに触れた通りだが、渡辺から離れて独立した後の村野は、「森五商店」の立面を設計する時には、そのことを頭の隅に置きつつも、〝足、胴、頭〟の各部をあまり明確に性格分けすることはせずに、それらがむしろ一続きの〈面〉として滑らかに連続するデザインの方向を選び、その結果として東京日本橋の都市景観を、というよりは、昭和日本の大都市のスカイラインを、それまでにないような鮮やかなシルエットで、文字通り〝切り拓く〟ことに成功したのである。

こうした視点からこのビルの外観を詳しく観察する時に、もう一つ見落としてはならないポイントは、「森五商店」ビルのファサードの〝頭頂〟部、つまり天辺《てっぺん》の部分である、七階の屋上に立ちあげたパラペットに村野が施した、巧みなディテール・デザインである。壁面と窓の平坦でグラフィックな展開を、壁の最上部でしっかりと受け止め、その「端《はし》」の部分で建物の輪郭をきっちりと明確に表示するために、その部分を水平線で鋭く真っ直ぐ横に切るという目的で、村野は、このビルのパラペットと、その下の、〈蛇腹〉の部分を、非常にうまく処理している。

一階から七階まで立ち上がっている街路側の外壁の上端に、〈U〉字形の切り込みを入れて中に照明具を入れるようにした厚いコンクリート・ブロック製の笠石を乗せて、下の街路から見える面には、鉄板を巻き上に白いペンキを塗って仕上げている。さらにその笠石の上に、〈T〉字の横線部分の一方を、街路上に深く差し出した形の断面を持つ小壁を立ち上げて、屋上の床から合計で一・二mの高さを持つ屋上の擁護壁を立てている。その上に幅七〇cmの手摺を兼ねたRC版の小屋根を載せて、手摺の上部にはタイルを貼るとともに、突き出した先端部の鼻先には鉄板を巻いて白いペンキ塗仕上げとしている。手摺の部分の上裏《あげうら》には、モザイク・タイルを貼り、〈U〉字形に溝の中に仕込まれている照明具が、夜間に光源を隠した状態で発する電気光を、その面で反射して街路からその反射面が見えるように工夫している。(4-19)

このようなディテールが考案された結果、昼間このビルを見上げる人々は、最上部のパラペットの手摺の先端部のペンキを塗った白い水平線と、すぐその下で並行して横に走る、笠木の側面の鉄板にペンキを塗った水平線の、上下二本のくっきりとした輪郭線を目撃することができた。陽が落ちてビルの周りが暗くなる夕方から夜にかけては、今度は点灯されたネオン管が発する電気光が、上裏の白いタイルに反射して、鮮やかな色に彩られた光は、同じような水平線を描きだしたのである。このように建物のファサードやスカイラインに水平線の〝流れ〟を強調する手法は、ドイツの近代建築家たち、特にエーリッヒ・メンデルゾーン[10]が当時設計していた建

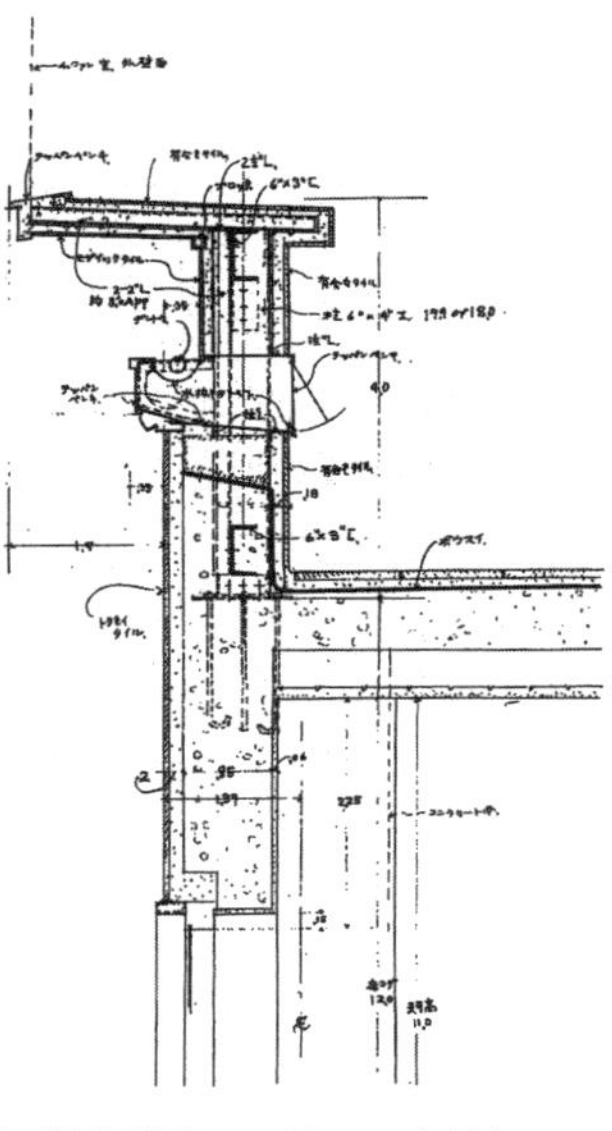

4-19 「森五商店」、パラペット廻りのディテール

物で盛んに試みていた、建築内外に〝流線形《ストリーム・ライン》〟を強調する手法の影響を思い起こさせる。「森五商店」での村野のこうした手法に、メンデルゾーンの影響の一端を認めるとすれば、先の窓の見込みをできるだけ浅くするという、「森五商店」で村野が特別にこだわったというディテールに関しても、村野自身はアムステルダムで見た「デュドックの新聞社」からの直接的な影響だと回顧しているが[11]、しかし実際にはむしろ、ベルリンでその頃完成したばかりの状態で見たにちがいない、「ユニヴェルスム[ユニヴァーサル]映画館」(1929)などをはじめとする、一九二〇年代後半のメンデルゾーンの一連の作品における壁と窓の、文字通り面一《つらいち》に見えるディテールからの影響もあったように思えてくる。

　村野は後に、以上みてきたようなファサード・デザインをはじめとする設計の各場面における、さまざまなディテールの処理法について、次のような的確な言葉によって、きわめて重要な彼の考えを、例のごとくさりげなく披瀝しているので、次に引用する。「森五商店」に限っての発言ではないが、その中で村野は「スカイライン」の重要性にも言及している。

「私は[自分の設計]事務所でよく[所員たちに]、始まりと終わりに気をつけろ、といっています。たとえば壁面の一番終わりと窓の始まり、それが境界ということですが、それに気をつけろ、と。それからスカイラインに気をつけろ、と。そういうハシバシ[端々]に気をつければ、途中は放っておいてもできるということです。

　ですから私は、全体の格好というのはたいして気にしません。プロポーションを取ったり何《なん》かすると云う事は、学生でもやれる。しかし本当に自分が建物全体をつねに[自分の身体で]感じるということは、簡単ではないとよくいっています。つまり、壁面のテクスチャーとか窓と壁の関係、ディテールといったもの。われわれが建物に近づいてみるところ、実際に感触するところはそこだ。これは[学生では]簡単にはできない[わからない]、ということです。

　大体われわれが建物を近くで見る範囲というものは、眼の角度というものがあるわけで、全体の格好などは大した問題ではない[の]ではないか。(中略)ですから自分としては人間のスケールで感触する範囲というものを大体設定して、それからぐっと近づいたり、遠ざかったりした場合の感触も[いつも]考えに入れて発想します。それに材料の選択とか組み立て方、これは[所員に]やかましくいう。それから色、色も任せません。そうすると結局造形の関係というものは、できあがるまで[決して]気を許す[抜く]ことはできないということになります[12]。」

　村野は最後に、なぜそのような細かい所、彼の言葉を使えば「ハシバシ」に気を配るかという点を自問した後、「結局、私は人間の心にちゃんと通うようなものが、建築には欲しいと思うからなのです」ときわめて端的にその意図を纏め、その言葉の奥にある最も根源的な理由を説明している。「人間の心にちゃんと通うようなものが、建築には欲しい」、つまり単なる建てられたもの、つまり〈建物〉ではなく、そこに何かしら人の心に働きかけるものがあり、他方でそれに出会った人の側からも、それに応える心の動きがあってこそ、初めて〈建物〉は、〈建築〉になることができるのだ、そうした変身の契機となる部分として、本来ものを扱う建築家は、「ハシバシ（端々）」、つまり先に窓廻りの額縁に見たような端々のディテールに日々心を砕いているのだ、と村野は言いたかったのだと判ってくる。

近代的ビルの中の和風

　続いてビル一階の大部分を占めている「森五商店」の商いの場に、足を踏み入れてみる。ビルの最右端に位置している店舗専用の玄関は、外壁線から奥へ一・八mほど入った位置に、間口約三・六m×高さ約二・一mに、四枚の玄関扉枠を立て、鴨居の上に、大きな一枚の透明な板ガラスを入れた欄間を載せている。玄関扉はブロンズ製の戸枠の中に、透明な厚いプレート・ガラスが入れられており、中央の二枚の両開きのドアを向こうに押して館内に入ると、広さ五坪ほどの「客溜」の、足下をモザイクで舗装した土間の上に出る。この客溜の右手（東側）には、地下へ降りる階段があり、地下一階にある小さな「応接室」に通じている。玄関から中に入り客溜に立った顧客の前方には、この部屋の中に四本の独立（構造）柱が立っているのが見えるが、視界を遮るような壁や間仕切等はほとんどなく、間口（東西）一八m×奥行き（南北）一六mのほぼ正方形に近い、二八八㎡（九七坪）ほどの広さの「営業室」の空間が広がっているのが見える。ただこの大きな部屋の北東隅に、柱間の一スパン分を方形に囲んでいる壁があり、その内側にある現金などを扱うための「事務室」が、大きな部屋に唯一飛び出した形で占めており、さらにその奥に、「店主室」と思われる小部屋が続いているはずだが、もちろん玄関からその部屋が見えるわけではない。

　玄関の土間に立った顧客は土間で下駄や草履、あるいは靴などの履物を脱いで、呉服商「森五」の商売の〝舞台〟ともいうべき、板敷きの床面の上に、一面に薄縁《うすべり》を敷いた営業室に上がることになる。顧客はその薄縁の上に置いた座布団に座り、さまざまな反物などを広げて取引をする。客が来ない時の売り子たちが待機するために、営業室の東側奥の壁沿いに、隅を円弧にしたL字形カウンターが設置され、その向こう側に「セールスマン溜」が用意されているが、ここにはおそらく着物を制服として身に着けた店員たちが正座して客の到来を待ち受けていたと思われる。この営業室に座って、上方に目を向けると、そこには鉄筋コンクリート構造の太い角柱の上、二階の床スラブ下に天井が張られているが、渡辺節の下に村野がいた時のような複雑で微妙な装飾的な凹凸はここの天井面にはなく、どこまでも平坦な面に、例の如くプラスターを塗り、その上にペンキを塗って仕上げられている。ただこの平坦な天井面も、ペンダント・ライトが吊り下げられている周囲だけは、半径二mほどもある円形に大きく抉《えぐ》られており、天井面がそこだけ五〇cmほど高くなっており、その天井面の凹みが、水面に描かれた波紋のように、天井面にポカリ、ポカリと穴を開けているかのように見せ、天井になぜかゆったりとした表情を与えて空間を和ませている。部屋の周囲の壁と天井とが接している蛇腹の部分には、アール・デコ風の模様のある石膏の紐状帯《ベルト・コース》が付けられているが、これも端々《はしばし》を締める効果はみせながらも格別目立つほどでもなく、全体としてシンプルで清潔な感じの空間が演出されている。ここでも村野の創り出す室内空間は、ヨーロッパの同時代の《合理主義》美学によるインテリアにつき纏って離れないような、どこか病院の消毒薬の匂いに似た、清潔で禁欲的なデザインの持つ独特の切れ味や、それに伴うある種の冷たさや堅苦しさなどといったものとは、ほとんど無縁である点に特徴があった。(4-20)

4-20　営業室内部を玄関客溜から見る

「森五商店」の営業室の空間が、どことなく柔らかい和風の印象を与えている大きな理由は、すでに触れたように、営業室全体の床面に、一階の鉄筋コンクリートの床スラブから少し高くした板張りの床面が造られ、近代的な柱梁の軸組構造の内部にもかかわらず、畳敷きの和室風の部屋仕立てになっている点も関係していただろう。呉服地や帯地などを買付けにやってきた百貨店や、商店用の仲買人や、大小の小売商たちはすべて、玄関の客溜から履物を脱いで足袋や靴下を履いた足でここに上がり、こうして何組もの客と店員が、奥の倉庫から店員が運んできた反物などを、その薄縁の上に思い思いに延べ広げて、顧客はそれらを取捨選択し、その上で算盤片手の店員を相手に値段の交渉などを、昔の呉服屋の店先でやっていたのと同じようにその広間で行っていたと思われる。建物の外観は、モダンな、まさしく〝舶来〟の洋風の印象を強く訴えていたのに対して、一歩中に入った時にそこで繰り広げられていたこうした遣り取りの光景は、昔から続く日本の伝統的な商取引の形式であった。日本の〈前衛〉的であることを目指して《モダニズム》を信奉していた村野より若い同時代の建築家の場合にはあるいはやりかねないような、外観を近代的なデザインとした以上は、内部も徹底して統一して〈近代化〉、つまり洋風にすべきだと発注者に提言し、たとえば畳や薄縁を廃して、営業室を土足のままで入れる洋室にして、そこに椅子とテーブルを置いた形式で営業室を作ろう、などと村野は、間違っても施主たちに自分の方から提案しようとは考えなかったのである。

すでに独立時から〈和風表現〉は得意だった

村野からすれば、外観に〈洋〉、内部に〈和〉、あるいは、外部に〈未来〉、内部に〈過去〉といった対比的に見えるものが、一つの建物の中に並置されていて、一体どこが悪いのだ、と逆に言い返したかったはずである。後章で見るように、村野には、日本の伝統的な商慣習と、それに付随して長い時間をかけて少しずつ固められてきた建築的なスタイルを、建築の《国際主義》や《合理主義》をすみやかに導入せよ、といった新しい主張や理念を理由にして、古い慣習に毒されたものとして決め付けたり、〈前近代〉的なものとして否定するようなことは、むしろ恐るべき暴論に聞こえたはずであり、事実彼の長い設計者としての活動を通じて、一度もその種の主張に同調する素振りを見せるようなことはなかったのである。村野は、それらの伝統的な形式や意匠をも選択可能な一つのスタイルとして捉え、近代的なスタイルと同じテーブルの上に載せて吟味し、時にはそれらを同時に、自分が〈現(存)在〉として行うデザインの中に取り込んで、十分に咀嚼し体内で消化した後で、自分の想像力に基づく一つのデザインとして社会へと投企《プロジェクト》したのである。

この「森五商店」の建物の他の場所、たとえば三階にあった「応接室」の、竣工当時に撮影されたと思われる室内写真などを改めて見ると、興味深い光景を目にすることができる。部屋の壁面の一部に、奥行きの浅い「床の間」を設えて、部屋を畳(ここも薄縁か)敷きにした上に、小さな円テーブルを置き、それを囲む肘掛椅子が三脚置かれているのが写っている。天井から角型のガラス製の笠を持つ照明具が吊り下げられ、ガラスのシェード面に日本的な文様が、アクセントとして入れられている。この応接間の様子は、明治から大正にかけての、木造の日本家屋の中での、あの〈洋間仕立てのインテリア〉をどうしても思い出させるものがある。床の間や付書院が構えられた伝統的な和室の、その畳の上に厚い絨毯を敷き、さらに椅子とテーブルをその上に持ち込み、急ごしらえの〈洋間仕立て〉の設えをして来客などをそこに迎え応接するといった、おなじみの〈和魂洋才〉のインテリア・デザインのケースに似たものを感じさせる。ただしこの場合はまさしくそれとは逆の応用例であるのが面白く、こちらは本来は〈洋〉の組立てが予想されるインテリアに、わざわざ〈和〉を設えて客を迎えるという、いわば〈洋魂和才〉の、〈折衷〉的精神の発露というべき室内意匠になっており、純粋な《モダニズム》の精神に拘《こだわ》りを持つ設計者は、決して手掛けたいと思うようなデザインではなかったことは明らかである。（4－21）

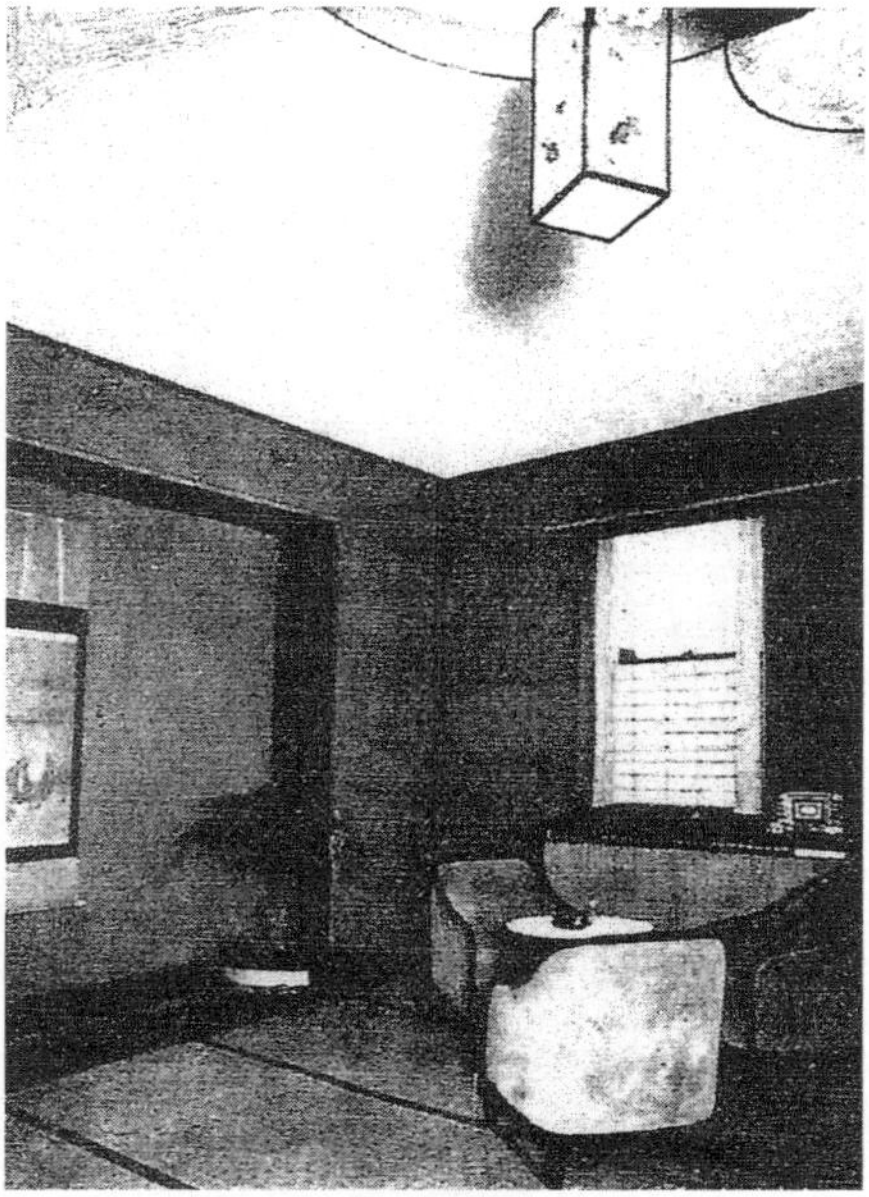

4-21　3階の和風の設えをした応接室

一方、「森五商店」本館の北側にある下屋として、木造三階建で建てられていた「付属屋」の二階部分では、二十坪ほどの平面のほとんどすべてを使って、前記の場合のような〈折衷〉的和風ではなく、〈純粋和風〉と言うべきか、かなり本格的な〈数寄屋〉の構成を持つ「座敷」の設計を行っているのも注目されるところである。三畳の「次の間」を真中に置いて、その南北両側の主室から共用できるようにした上で、それぞれに「床の間」付きの十畳と十二畳の「座敷」二室を配し、間にある「次の間」の襖を取り払えば、合計二五畳の広さを持つ、一続きの部屋となるようにプラニングされている。この和風空間は、おそらく施主が特別な顧客をそこに迎え入れて、そこで反物をみせたり、あるいは宴会を開いたりする、文字通りの「客間」として使われていたと思われるが、時には内向きに、家族や社員たちの祝い事などのために使われた部屋でもあったかもしれない。図面から推測する限り、村野藤吾という設計者が、この設計をプランからはじめて、最終的に本格的な、多分京風の〈和空間〉を創り出していった、その一連の過程で示したはずのさまざまな手法は、駆け出しの〈モダニスト〉たちが、間に合わせに日本建築をにわか勉強した結果としてデザインしたような生硬な平面計画などとは違って、手慣れたというか、どこか余裕さえ感じられるプランになっている。（4－22）

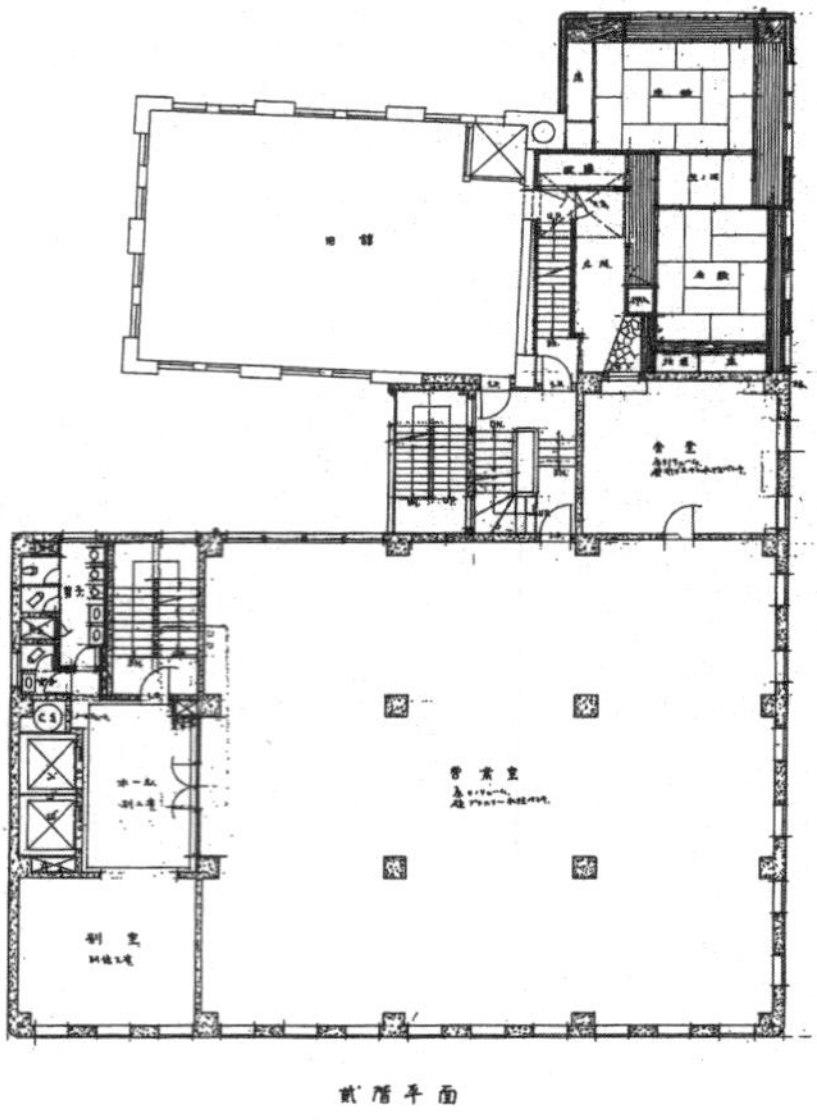

4-22　2階平面図。道路に面した北側に和室部分がある

こうした村野の余裕も、渡辺節の建築事務所にいた頃に、そのほとんどのケースで本格的な和室や和館の設計が要求されていた、京阪神間の富豪たちのための大規模な住宅建築での設計経験の賜物《たまもの》であったに違いない。村野は確かに渡辺節の下で、大きなビル建築のデザインを経験しただけでなく、その他にもこうした大邸宅の設計の機会を渡辺からかなり与えられており、そこから村野は、西洋建築に特有の《様式》に基づくさまざまな意匠を最終的には自家薬籠中のものとして自在にこなすことができたのと同じように、伝統的な日本建築の《様式》のデザインも、「書院造」にせよ、「数寄屋」にせよ、いわば日本建築の《リヴァイヴァル様式》として処理して見せるだけの、十分な技術力と意匠力を身に付けていたのである。つまり伝統的な日本建築もまた、村野にとっては、彼の《現在》という断面《テーブル》の上に乗せることのできる、たくさんの《様式》の中の一つであり、それを選んでデザインするという行為は、彼がまだ独立して間もない時点でさえ、必ずしも不得意な選択というわけでは決してなかったのである。

貸オフィス用の玄関部分とそのエントランス・ホール

建物の完成時の内外のデザインを、その後の増築や改修工事の中でかなり変えてしまった「森五商店東京支店」の中で、竣工当初の面影を部分的にせよ最もよく残したインテリア空間に出会うためには、先の「森五商店」側のエントランスとは反対側にあるビルの西南の隅に設けられている、四階から上の貸オフィス用フロアで働く人々専用に作られた、図面には「貸事務室出入口」と書き込まれている、もう一方の「出入口《エントランス》」からその「エントランス・ホール」へ入って行くとよいだろう。ビル一階の東側の出入口とほぼ同じ仕様で、西端にも、出隅部の鉄筋コンクリートの柱・壁の上に研ぎ出した黒御影を巻いた太い「隅柱」が立っており、その柱の四・六m程の高さの上辺から、エントランス上を横に切る刃物のように、軒の出がごく短い「玄関庇」が水平に飛び、玄関の東側のタイル貼の側壁にまで届いてそこで止まっている。ビルの最頂部にあるパラペットの水平線に呼応するものとして、タイル貼の外壁の最下部を、村野の言う「端《はし》」として押さえているこの「庇」。間口三・八mほどのエントランスを通り、「森五商店」側と同じ大型ガラス入りの欄間下にある出入口用の玄関扉を押して内に入ると、床面を真鍮で格子目地に切った、図面では「マーブル」と指定されている石が一面に敷かれた「玄関ホール」（図面では「ロッビィ」）へ出る。創建当初のこのホールは、間口一スパン分、奥行き二スパン分のスペースの中に、エレヴェーター・シャフトが北西隅で突き出す形で占めており、ホールとしての広さは、玄関扉から奥の下足室の前壁までの奥行きが九・四m、受付部分の間口が五・七m、エレヴェーター前で三・六八m幅の、四二㎡程の細長い広がりを持っていた。

　ドアを開けて中に入るとすぐ左手に、守衛などが詰める「受付カウンター」と、その奥には「売店」が図面には置かれている。さらにその受付コーナーのすぐ北側に、二基のエレヴェーターが並ぶ「エレヴェーター・ホール」があり、さらにその奥には、地下一階へ降りるための専用階段と、その前室の形で「下足預り」の小部屋がある。一方反対の東側の壁面には、西側の壁と同じように、気泡状の小さな穴を表面に付けた独特の肌理を持つ淡褐色《ベージュ》の縞模様のイタリア産トラヴァーチンが貼られ、開口部がない大きな壁面全体を埋めて、石材には珍しい柔らかな表情を浮かべて広がっている。多孔質の柔らかい肌理を見せるこのトラヴァーチンという材料は、村野が渡辺節事務所にいた頃から特に好んでいた内装材料であり、独立後もいろいろな作品の中で使っていたが、やがて「そごう百貨店」の外壁のルーバーを化粧するために大々的に使用して、広く知られることになった建材でもあった。

　玄関を入って来た人々を、エレヴェーターの前になめらかに誘導しようとしているようなこの東側の大きな石貼の壁面の、北端の位置から、「森五商店」のオフィスがあった二階のフロアへ直接上がることのできる、洒落た階段の上り口がある。階段の三段目の踏板の真上の位置に、ゲート風なラウンド・アーチが装飾的に架けられていて、階段の上部をさりげなく隠しながら、貸オフィスのエレヴェーター・ホールに、どことなく《様式》建築の持つような雰囲気をただよわせている。

　さてホールの上を見上げると、頭の上を、テントのように膜面状に軽く覆っている曲面天井があり、艶がある小さな破片をモザイク模様に天井面いっぱいに配した、美しい天井画が描かれている。天井は二面に分かれており、いずれもごく浅い弓形《セグメンタル》断面の〈穹窿《ヴォールト》〉状に天井面を覆っている。玄関を入ってすぐの、受付や売店がある辺り（エントランス・ホール）までの空間の上では、弓形断面の天井は、人が奥へ進む方向に

4-24　玄関ホール天井のガラスモザイクによる装飾

4-23　「森五商店」、玄関ホール。写真は戦後改修された以後に撮影したもので、奥に拡張された

対して左右方向を(つまり東西方向)軸にして架けられ、さらに奥へ進んだエレヴェーター・ホールの位置では逆に、弓形天井は南北の進行方向に向けて架けられているが、エレヴェーター前の天井高を少し押さえて空間を分節しようとしたためか、エントランス側のそれよりも円弧の曲面を一段低い位置で飛ばしている。この方向の違う二つのヴォールトの下面には、いずれもモザイクによって複雑で細かな装飾が施されている。使われているモザイク片の素材は、一般的な大理石や陶片などではなく、村野が一九三〇年の旅行中にドイツで見つけてすぐさま発注し、この工事に間に合うように日本へ取り寄せたといわれる「グラスモザイック」と図面に書かれている、「ガラス・モザイク」であった。小さな色ガラス片の中に、独特の光沢と美しい色調を秘めているこの特殊な材料の輝きによって、パウル・クレーの油彩画の中に描かれているイメージなどを、ふと思い出させるその図像は、玄関ホールの天井画として今も訪れる人を魅了している。(4-23、4-24)

素晴らしい天井画のデザイナーは誰か

この天井画の図像は、玄関ホール側とエレヴェーター・ホール側の天井とともに、ほぼ同じようなパターンと色調で描かれているが、全体としては《アール・デコ》のデザインに

通ずる装飾パターンといえるだろう。赤のモザイク片を並べて描き出した、何本もの区画線《ボーダー》で広い天井面を区切って一種の縞模様を作り出し、これによってできた縞と縞の間の帯状の枠内を、今度は横に区切ってさらに細かく枠取り、あたかもフィルムの画面のように連続させている。こうしてできたたくさんの小区画を画面にして、樹木や建物や町などを象った、抽象化されながらも具象性も残した、多分に記号的で象徴的な〈図像《フィギュア》〉を配し、その周りを〈背景《バックグラウンド》〉となる美しい色調と肌理をもつモザイク片で埋めており、天井面全体を、絵本の頁を開いた時に感じるような牧歌的で童話的な画像《イメージ》で豊かに楽しげに覆っている。どこかで和装の〈帯〉の柄などにも似た模様を持つグラフィックなこの天井画は、緻密で滲むような美しい色調と、それに負けない簡潔で的確な形態とが、〈背景《バックグラウンド》〉と〈図像《フィギュア》〉の関係として微妙に織り成して、単なる装飾物としての広がり以上の、美術作品にあるような造形的な表現性とか訴求力を視る者に感じさせる。

このように充実した天井装飾がこの場所に実現したことには、当然ながら、この建物の設計者であった建築家村野藤吾の意向が強く働いていたことは当然だが、しかし村野が備えていた個人的な〈造形力〉だけでは、これほどの高い質を誇る図像表現がここに実現できたとは考えられず、村野が制作を依頼した、図像表現の専門家である画家とか装飾家などが別にいて、彼らが作画した原画をもとにして、モザイク技術に長けた職人や美術家によって、この天井画が最終的に仕上げられたと考えるのがやはり自然ではないだろうか。そうした作業に携わった造形家やデザイナーの名前は、はっきりした形で摑めないまま現在に至っているが、一九三〇年前後の時点の日本で、装飾界だけでなく画壇などを見渡しても、これほど完成度の高い画像を制作できる、構成力や配色力を備えたアーティストに容易には思い当らない。

したがって以下に述べるこの作家探しに関する私見は、あくまでも個人的な〝推測〟の域を出ないものであり、今の所明確な証拠がなく、いわば〝状況証拠〟しかない状態であるため間違っている可能性も少なくないが、そりあえずその仮説を披露すれば次のようなものである。

村野藤吾の早稲田大学建築科卒業の四年後輩に、上野伊三郎という一人の建築家がいる。[13] 上野は、〈国際的《インターナショナル》〉な《モダニズム》を推進する建築運動を日本でも繰り広げることを決意し、関西における運動拠点とするために、昭和の初頭、一九二七年に「日本インターナショナル建築会」と名付けた建築家たちの集団を設立した。上野が京都出身であったことから、京都に本拠を置き、主に関西圏で活動を行い、その活動の一環として彼らのグループから招待された形で、一九三三年に日本へやって来たブルーノ・タウトの、日本における案内役を兼ねた助力者としても知られている。上野は、早稲田大学を一九二二(大正十一)年に卒業、その直後にヨーロッパへ外遊し、最初はドイツで、続いてオーストリアへ移ってヨーゼフ・ホフマン[14]という著名な建築家で優れたデザイナーでもあった人の下で学び、そこでホフマンの下で働いていた一人の若い女性デザイナーに出会って結婚し、一九二六(大正十五)年、彼女を伴って日本へ帰ってきた。この二人は京都に住み、上野伊三郎は建築家として設計活動をはじめ、またウィーンからはるばるやって来た〝リチ〟という愛称で呼ばれることになったその夫人は、主にテキスタイル関係のパターン・デザインを中心に日本でデザイナーとして活動をはじめている。

上野伊三郎夫人となったデザイナー、リチ上野、旧姓フェリース・リックス[15](Felice-rix)は、ヨーゼフ・ホフマンがウィーンで主宰していたデザイン組織「ウィーン工房」のメンバーの一人としてそこで働いていた女性デザイナーであり、アール・ヌーヴォーから、特にアール・デコにかけての装飾的なパターン・デザインを得意としていた。村野と上野伊三郎は、同じ大学の建築科の出身であったことの他に、同じ関西圏を地盤として設計活動を行ってきたこともあり、さほど緊密な交流関係ではなかったとしても、知己の間柄ではあった。村野は、上野の夫人であるリチに対しては、彼女の持つデザイナーとしての装飾力に、かなり早くから注目していた節があった。

後章(第九章)で触れるように、戦前期の代表作「そごう百貨店」をはじめとする彼が設計した建築の中で使うために、リチ上野にさまざまな装飾デザインを実際に依頼していたことはほぼ明らかになっており、戦後の村野の代表作である「日生劇場」では、地階にあるレストラン「アクトレス」の草花模様の大きな壁面装飾の仕事を、最晩年のリチが率いる制作チームに依頼して完成させたことはよく知られている。そうした戦前から戦後にかけての二人の繋がりから考えても、渡辺節の下を離れて独立したばかりの村野が、上野伊三郎夫人であるリチ上野に、まさに彼女がヨーロッパで手掛けていた《アール・デコ》のデザインで「森五商店」の天井を装飾することを相談し、その原図の制作を依頼したことは十分に考えられることだし、またその後の村野とリチの建築家と装飾家としての関係から考えれば、さほど的外れの推理とはいえないようにも思われる。リチ上野のデザイン力ならば、この天井画のパターンを創り出すことは十分可能であったに違いないが、しかし先述のように、こうした〝状況証拠〟があるだけで、この天井デザインのためのリチの原図やスケッチなどの確たる証拠は、残念ながら今のところ見つかっていない。

タウトの東京「新建築小探検行」

「森五商店」の完成の二年後、一九三三(昭和八)年の春、故国ドイツでナチス政権が成立したために、自分の身の危険を察知した建築家、ブルーノ・タウト[16]は、上野伊三郎などが主宰していた先の「日本インターナショナル建築会」の予《かね》てよりの招きを承諾する形で、三月初めにドイツを後にし、地中海各国を東に移動しながら、イスタンブールから、黒海北岸の都市オデッサに四月初めに至り、そこから北上してモスクワへ出た。モスクワから、村野とは逆に、シベリア鉄道に乗って東へ向かい、十日ほどの日数をかけて、その終点である日本海に面した港町ウラジオストックにまで来て、四月三十日そこから「天草丸」という船で日本へ向かい、朝鮮半島のいくつかの港に寄りながら舞鶴へ到着したのが、同年五月三日のことであった。タウトは早速その日のうちに大丸百貨店社長であった下村正太郎の京都の自邸(設計 ヴォーリズ)に入って泊り、翌四日に、上野伊三郎夫妻など数人の案内で、彼らが準備し、見学許可も宮内省から取っておいた「桂離宮」を訪れて見学した。京都郊外桂村の桂川河畔に、江戸初期に宮家が構えた、タウトに言わせれば「宮殿《パラスト》」の、皐月の新緑に囲まれた古い建物と、その周りの庭園との絶妙な空間的組み合わせに、彼が深い感動と、そこから日本建築についてのある種の啓示を受けたことは、今では広く知られているとおりである[17]。

タウトは、「桂離宮」見学からわずか六日後の、五月十日、上野伊三郎たちの「日本インターナショナル建築会」などの主催で、大阪の朝日講堂において開催された、彼の来日を記念する歓迎講演会において、「日本建築と西洋建築との関係に就ての第一印象」と題して、数日前に見学した桂離宮の経験なども念頭において、歴史と社会の中での近代建築のあり方についてのスライドを交えた講演を行った[18]。先にも少し触れておいたように、実はこの時タウトが主たる講演者として演壇に立つ前に、いわば当夜の講演会の〝前座〟といった立場で、欧米の近代建築についての最新の情報を数年前に持ち帰り、同時に彼もそうした近代建築の先端的なデザインを手掛けている設計者であるという主催者側の観点から、講演を依頼されていたのが村野藤吾であった。村野はその席で、後に〈昭和建築史〉が語られる時には必ず言及されることになるほど広く知られることになった、「日本に於ける折衷主義建築の功禍」と題した講演を行ったが、その内容はある意味で主催者たち、つまり「新興建築家」たちの神経を逆なでするかのような、非常に挑発的な内容を持つ講演であったことでも知られている[19]。この講演会を主催した「新興建築家」たち、つまり国際的な建築運動としての《モダニズム》を、日本において遍《あまね》く普及させようとする、上野伊三郎などの若い建築家たちの意向には、明らかに相反すると思われるような講演内容であった。この時の村野藤吾の講演の内容と、村野の発言の真意については、後章(第六章)で詳しく触れることにするが、ここで取り上げようとしているのはそのことではなく、大阪におけるその講演会の後、東京でタウトが偶然に見つけて見に行った「森五商店」ビルについて、彼が行った評価内容についてここで触れておきたい。

先の講演会の約三ヵ月後の七月の末、タウトが二度目に関東地方を訪れて、暑い日本の夏を葉山の民家で過ごしたが、その後、秋に入った九月二十三日、タウトは東京で、用意された自動車に乗って走り廻り、東京市内にあるいわゆる「新建築」を逐一見て、それを批評するという目的で企画された見学会に参加している。実はこの企画を立て、その日一日タウトを連れ出したのは、「自由学園」の羽仁もと子が創刊した雑誌『婦人の友』の一人の女性編集者であり、タウトは彼女が立てた雑誌の企画に応じる形で車に乗り込んだのであった。編集者やカメラマンの他に、案内役として数人の日本人の建築家たちがこの一行に加わり、午前中から夕方まで精力的に見て回ったが、その時の様子が後に、同年十一月号の『婦人の友』の、「新建築小探検行／ブルノ・タウト氏と東京を歩く」[20]と題された特集記事に纏められた。タウトがその時に自分の愛用のコダック・カメラに収めた写真は雑誌には掲載されなかったが、「森五」の内外を写した写真は今も数枚残っている。

その見学会の一行が、丸の内から、銀座に出て、日本橋を経てお茶の水方向へ移動していた時、案内者が予《あらかじ》め作っていたその日の見学リストの中にはなぜか入れられていなかったが、竣工後ちょうど満二年が経過していた「森五商店」を、タウトが車窓から通りがかりに目ざとく見付け、本石町のその建物をすぐに訪ねて見学した。その時タウトが「森五商店」の建築のデザインやディテールの完成度を誉めたたえたという、建築界の一部では伝説的に語り継がれてきたエピソードが示す意味を、その時のタウトの「森五商店」についてのごく短い文章をもとに、ここでしばらく検証してみることにしたい。ただ『婦人の友』の中の、そのページを開く前に、当事者であるタウトが、日本滞在中に克明に付けていた「日記」(後に『日本―タウトの日記』[21]として出版された)の中で、この時の取材の様子を、一九三三年「九月二十三日(土)」の項を参照して、どのように記述されているかをまず見ておくことにしよう。

「遠藤[正子]女史、二人の建築家[蔵田周忠、吉田鉄郎]及び斎藤[寅男]氏と、建築の写真をとりながら東京中をドライヴする。女史の編纂している雑誌[「婦人の友」]へ写真入りで『新建築小探検行』という一文を寄稿するためである。こうして[私が]発見した建築がいくつかある、――

亡くなった中年の建築家の手になる好ましい住宅(十五〜二十年前の建築)、大阪の村野[藤吾]氏の設計した非常に端正なビルヂング、佐藤[武夫]氏の手になるモダンな住宅。これ[ら]は日本[の伝統]と現代的なものとの美しい結合だ。実に沢山の建築を見たし、私もまた写真に撮った。」

この『日記』の文中で、「亡くなった中年の建築家」とされているのが誰かは、タウトははっきりとは書いていないが、一九三三年の「十五〜二十年前」といえば、一九一三(大正二)年から一九一八(大正七)年の間に建てられた住宅ということであり、またそれが建っていた場所が「本郷」であったことなどから推測して、この「好ましい住宅」を設計した「亡くなった中年の建築家」は、他でもない、一九一九(大正八)年に三六歳の若さで他界し、生前には司法省技師としてあの「豊多摩監獄」などを設計した建築家、後藤慶二[22]であったことはほぼ間違いないと思われる。彼が生前に設計した住宅をタウトは本郷で実際に見て、その「好ましい」内容を評価して「発見した」と書いたのだ。また同じように「佐藤の手になるモダンな住宅」とは、当時早稲田大学建築科の新進の教授であった佐藤武夫[23]が設計した、彼の戦前期における代表的な住宅作品、「鳴喃《しなん》荘」のことを指していたと思われる。前記のようなタウトの文章を読むと、タウトの建築家としての〝眼〟は、日本の近代建築(史)についてのほとんど予備知識も持たない状態であったにもかかわらず、注目すべき建築を的確に見出し、彼の言葉で言えば「発見」していたことがわかるが、村野や佐藤などの同時代の設計者はともかく、亡くなってすでに十四年もたち、日本の建築界の中でもその存在を忘れ去られはじめていた後藤慶二の作家としての優れた才能を、通りすがりに見て評価した眼力には、正直なところ驚くしかない。

タウトが「森五商店」に見出したもの

ここで再び、『婦人の友』十一月号の、わずかな頁数であったとはいえ非常に密度の高い、タウトの建築リポートを載せた記事へ話を戻さねばならない。「新興日本のよき新建築を発見して歩くための小探検旅行だ」とタウト自身が同行者たちに話したことから、編集部が最終的に付けたというタイトル、「新建築小探検行/ブルノ・タウト氏と東京を歩く」というこのルポ記事には、かなりの枚数の建物の写真が載せられており、「一〜十六」番までの番号が打たれた各作品の写真についての、タウトが自分で書いたという〈短評〉が、わずか一、二行のごく短いものだが、必ず添えられており、その内容には今改めて読んでも非常に興味深いものがある。また、タウトが編集者へ提案して決まった構成ではないかと思われるが、全体が六頁分で、三つの見開きのレイアウトで興味深いのは、「一」番目の作品として丸の内の「日本倶楽部」という建築を置いてから「探検行」をはじめ、そして最後の見開き二頁に、一つの建物に一頁を割当てるという破格の扱いで、村野藤吾設計の「森五商店」と、逓信省の若き技師、吉田鉄郎[24]設計の丸の内の「中央郵便局」の二つの建物をクローズアップして紹介している点である。

特集の最終頁に載せられた、東京駅前の「中央郵便局」を取り上げた頁には、正面中央にある玄関部分と玄関上方にある時計が写っている外観写真と、一階の営業室内部との「十五」、「十六」番の二枚の写真が掲載されており、それらの写真に添えて、タウトが付けたコメントは、まずイクステリア・デザインについて、「十五　中央郵便局は、事務所建築の日本的解決に対する最初の大きな進捗である。明快で、大量で、しかも日本的単純さ。材料の扱い方——ここに新東京の高揚がある。」という文章が添えられている。もう一枚のインテリアの写真には、「十六　最後に単純と節制。日本の流儀に加ふるに現代的方法、そしてそれ等を以てする力の表現。」とあり、タウトが「中央郵便局」については、比較的冷静に、オフィスビルの将来を暗示する作品だと認めて、自分が気付いた注目点を列記する形で述べていたことがわかる。

さてこの最後の見開き頁の反対側には、「中央郵便局」と対比させる形で、村野藤吾の「森五商店」の写真が三枚レイアウトされており、その「十二」番から「十五」番までの写真は、建物の外観全景(十二)と、内部の営業室(十三)と、一階外観のディテール(十四)を写したものであった。三枚の写真に付けたタウトのコメントは非常に興味深い内容を持っている。現在の「江戸通」である表通りに面して立った「森五商店」の建物に対して、タウトは道路を挟んだ反対側の歩道に立ち、ビルの南西方向からプラタナスらしい街路樹越しにその外観を撮影している。この「森五商店」の外観写真に対して、タウトは、「十二　永久の価値を残した優秀な正面を持つ商店の事務所建築(設計者村野)」と添えている。「永久の価値を残した優秀な正面」というタウトの言葉は、先に見たような、村野がこの建物の外壁部分のデザインに込めたさまざまな試みに対する全面的な評価として、これ以上の賛辞は望めないような言葉であったといえる。(4-25、4-26)

4-25　タウトが撮影した「森五商店」

4-26　タウトが撮影した営業室内部

この「十二」の写真の下には、「十三」の写真が割り付けられ

4-27　「新建築小探検行」最後の見開き頁(『婦人の友』1933年)、吉田鉄郎(左)の「中央郵便局」と村野の「森五商店」(右)の頁立て

ているが、この写真は「森五商店」一階の、例の板の間に薄縁《うすべり》を敷いて商売をしていたと先に紹介したあの「営業室」の写真であり、しかも床面の写真ではなく営業室の天井部分の写真が掲載されている。吊下げの照明具の周りの天井を円形に切り、天井面をそこだけ上に突き上げて、〝波紋〟を描いているように見える天井面を写した画像。これに付けられたタウトのコメントには、「十三　同じ商店の販売室。日本の伝統と現代的理解との驚くべき融合。」と書かれている。さらに一番下に置かれた「十四」の写真は、ビル一階東端にある、貸事務室へ上がるための専用玄関の外部が手前に大きく写し出された写真で、この玄関の反対側にある東側の「森五商店」の入口も一番奥に見え、その二つの出入口の間の、タイル貼の壁面と、石の窓縁に四方を囲まれた縦長の一階の窓と、その上階の、見込みの非常に浅い窓列など、ビルの足元部分のディテールが写し出された写真がレイアウトされている。この写真には、「十四　建築的細部に於ける材料の注意深き熟達。それが最上の日本である。」と、ここでは建築家村野の細部処理に関する仕事振りに、タウトが深い敬意を表していたようにも読める。(4-27)

ちなみに村野の「森五商店」への表現と比較するために、他の建築家たちの「新建築」を写した写真に添えたタウトの各コメントをここに書きだしておけば、次のようになる。「三」番

4-28　田辺淳吉設計、丸の内「日本倶楽部」(1921)

目に取り上げられている、神田川の上に架かる山田守の「聖橋」と、その横の鉄道省の伊藤滋の「御茶ノ水駅」を、お茶の水橋の方向から一緒に写した写真には、「三　運河と交通[道]路と鉄道と、そして風景との協力[的]構成。併し[聖]橋の形態が、停車場の建築家と[相]反目する。」と書かれている。同じ山田守が設計した小伝馬町の「郵便局」には、「七　小郵便局(設計者 山田)単純で力強い表現」と端的に誉め、九段下にあった蔵田周忠設計の「不動銀行支店」については、「八　銀行(設計者 蔵田)よき比例による現代性。併し[モダニズムの]流行を追ふたのではない。それは希臘・羅馬の列柱[による]前面の常套よりも、優れた銀行建築の意味を表現する。」と指摘。佐藤武夫の「鳴喃《しなん》荘」には「十　現代的要素と伝統[的]日本の住宅に於ける雅味豊かな結合」、そして山口文象(岡村蚊象)が設計した「数寄屋橋」については、「非常に豊かな特性を示す橋梁建築」などと書いている。

“寸鉄人を刺す”といった、やや古風な言葉を思わず思い出させるような、短いが要点を鋭く衝いたタウトのこうしたコメントを読んでいると、前にも述べたように、タウトは「まさに見るべきところを見逃さず、それぞれの建築の核心部をきちんと見抜いて論じていた」、という感想へと駆られずにはいられないが、しかしそれにしても村野の作品の〈質〉に対するタウトの評価は、他の建築家たちの作品に比べて不思議に思えるほど積極的で、その短い言葉の中にも、タウトが「森五商店」の出来映えに、感嘆を隠さなかった事実が、自然に伝わってくる気がする。

ではなぜタウトは「森五商店」と、そこでの村野の設計者としての仕事振りに、他の多くの同時代の設計者以上に強い共感を持ったのであろうか。その理由を知るためには、この「探検行」記の中で、第[25]「一」番目の建築として取り上げられている、清水組の田辺淳吉の設計による「日本倶楽部」(1921)についての、タウトのコメントを紹介すればいいかもしれない。時代が「昭和」から少し遡った「大正」時代の建築でありながら、唯一この「新建築」を探る「探検行」の対象として冒頭に取り上げられているこの建物は、丸の内の「帝劇」の裏側で、仲通りに面して建っていた田辺の代表作の一つであったことは確かだが、「新建築探検行」の冒頭部分を飾る作品としてその作品をタウトが取り上げたのには、実ははっきりとしたある意図があってのことであったのだ。この建築の外観を写した写真には、それが最初に取り上げた作品であったこともあり、他に比べてやや長い、タウトによる文章が付けられている。「一　『銀座一帯の建物は博覧会の建築のやうに見える』と、或る知名の日本画家が私に言つてゐた。若しそれ等［の建築］が永い間、人に快感を与へるべきものなら、静かにまた入念に設計し、工作されなくてはなるまい。建築家の仕事は忽忙《そうぼう》の事務であつてはならない。図［日本倶楽部］の建築は、一九一五年頃の作ださうだが、さういつた［設計や建設上の］懇切さを示すものであり、趣味の変化した今日も、なほその質を保つてゐる。」

面白いのは、この「日本倶楽部」の次に「二」の図版として小さく、すぐ近くの有楽町にあった佐藤功一設計の「電気倶楽部」(1927)の写真が載せられており、これに「二　全くペルツィヒ風でゐて、印度・シャム・支邦を加味した博覧会的特性」を持つ建築として挙げ、「日本倶楽部」が、決してこうした「博覧会的」な建築でなく、優れた建築的内容を持つ建築だと、「電気倶楽部」との違いを際立たせようとしている点が注目される。(4―28)

タウトの建築観の核心

「建築家の仕事は忽忙《そうぼう》の事務であつてはならない」、いい換えれば、建築設計は「博覧会の建築」の多くに見られるような、一時しのぎのやっつけ仕事、であってはならないこと、つまり建築はいつでも「静かに入念に設計し工作」されるべきものだと、タウトは〈建築〉というものを見る時や、その設計に携わる時の、自分自身の心構えと建築観の核心をここで披瀝していたのだ。田辺淳吉の「日本倶楽部」のデザインが、大正という以前の「時代」を反映して、依然として《様式》からの影響を受けながらデザインされた建物であり、全体にどこか古臭い感じを漂わせているとしても、しかしそれは「さういつた懇切さを示す」建築であり、「静かに入念に設計」され、また注意深く建設されたものであり、その結果として「趣味の変化した今日もなほ、その質を保つて」十分な説得力を持って生き延びている〈建築〉だとタウトは強調しているのだ。ということは建築デザインの方向性が新しいものに変わってしまった現代においても、「日本倶楽部」の建築は「その質」の高さによって、建築としての輝きを少しも失っていないと、タウトは正しく見抜き、そのことを指摘することを通して、自分(タウト)は必ずしもただ〝新しい〟、前衛的な、《モダニズム》の建築のみを〝良い建築〟だとみなし、設計者として自分もそれを追い求め、その〝眼鏡〟にかなうような模範となるべき建築を求めて、東京中を歩き廻ったわけではない、とここで言おうとしていたのである。

このごく限られた語句の中に、彼自身の〈建築〉というものへの確固とした〈評価〉の基準といったものが、読者に向けてまず提示されたのである。タウトが驚くほどの炯眼によって鮮やかに見抜いていたように、田辺淳吉が、一九〇三(明治三六)年、東京帝大建築科を卒業してすぐに「清水組」に入り、以来、建築請負業の設計部の中心的な立場にいて設計した建築のほとんどは、それが新奇な表現を目指す「新建築」とは決して呼べないものであったとしても、「静かに入念に設計され工作」された建築であったことは、紛《まご》うことなき事実である。したがってこの建築をわざわざ冒頭に取り上げてコメントしたタウトが〈建築〉を見つめる時の視野が、《モダニズム》がしばしば陥りがちな視界の狭さや歪みや、底の浅い独断的な理解などとは全く異なる、深い見識と美意識に基づいたものであったことを、はからずも読者はここで知らされるのである。そのような公正でしかも鋭敏なタウトの〝眼〟が、村野の「森五商店」のファサードを、「永久の価値を残した優秀な正面」と認め、またそのインテリア空間を、「日本の伝統と現代的理解との驚くべき融合」と感嘆し、さらにそのディテールについて、「建築的細部に於ける材料の注意深き熟達。それが最上の日本である。」と絶賛したことは、やはり村野にとってだけでなく、日本の近代建築の歴史にとっても、きわめて重要な評言であったといわなければならないだろう。この日東京市内で見て回っていたタウトが、他の「新建築」のほとんどに対して、その作品を前にしての気持の昂ぶりといったものを示していなかったことが、彼のほとんどのコメントを通して伝わってくるが、それはまだそれらの建築が自分のレヴェルに達していない、といった余裕の現れであったともいえるかもしれない。それから判断すれば、タウトは「森五商店」の建築の内外だけには、ある種の〝興奮〟を隠せなかったのは、自分の設計に匹敵する何かを、彼がそこに見出していたからではなかったか、とさえ考えさせる。

タウトの『日記』には、そうした内面的な機微の詳細については一切触れられてはいないが、タウトが「森五商店」を「発見」したと思った前後の彼の様子については、タウトに同行していた建築家であり編集者でもあった、斎藤寅男が、後で直接話して聞かせた話として、早稲田大学教授であった今井兼次が、その時から四年ほど後の、一九三七年のある雑誌の中で、次のように書き留めているのは貴重である。

「タウト氏一行が見学のプログラムに従つて、[日本橋]本石町方面を通過した時、タウト氏は突然前方の建物に視線を奪はれ、あれは何と佳い建築だらう、誰の設計だと云つて、しばらく動こうともしなかつた、と云ふことであります。勿論この建築は予期しない[状態]でタウト氏の眼前に現はれたもので、案内者の見学プログラムにも無関係の建物であつたと云ふことです。・・・その建築は軽く白線を曳く軒先、黒褐色の大まかなマッスの森五であつたのです。[26]」

タウトと村野の考えは意外に近かった

想像を逞しくすれば、この時タウトは心の内で、彼の〝師〟に当たるテオドール・フィッシャー[27]の下での修業時代のことを、もしかしたら思い起こしていたのかもしれない。というのもタウトと、彼の師匠であったフィッシャーは、ちょうど村野と渡辺節との間と同じような師弟関係にあり、タウトは独立前の一時期、シュトゥットガルトにいた師の下に就き、そこで多分に《様式主義》的なデザインやディテールを学んだ時期があった。そうした修業時代のことをタウトは思い出しながら、「森五商店」の建築の、特にそのディテールを前にして感じるものが多々あったのではなかったかと考える。渡辺節と村野の関係がまさしくそうであったように、タウトも十九世紀以来の《様式主義》の中で設計を行ってきたフィッシャーの下に就いて、先述したように〈建築〉というものの本質もしくは核心といったものを学び取ろうとしていたはずであり、タウトも村野も、その種の《様式》修業の中から、いわばその延長線上において、自然に〈近代〉の建築のあり方を見出し、そこから自分たちのデザインを捏ねあげてきた、と考えられるからである。タウトも村野も、十九世紀から二十世紀に至る時代の激しい歴史的変化の中で、その流れを断ち切って全く新たなものを創出しようとしたのではなく、その流れの中から、自分自身の〈建築〉を創り出そうと必死にもがいていたのである。〈過去〉を断ち切るという名目の中で、そうした歴史的な流れを切り捨てて、一切の拘束を離れて唯々《ただただ》《近代主義《モダニズム》》の建築だけを目指す中で、自分たちの建築をも創造しようとしていたわけではタウトも村野もなかったのだ。

いい換えれば、タウトはこの「森五商店」の建築に、単純に、日本における《モダニズム建築》の〝模範解答〟を見出して昂奮していたわけではなかったのであり、さらに言葉を付け加えるとするならば、村野と同じように、タウトは彼自身の〈現(存)在〉に立脚点をおいて、東京の「新建築」を見て回り、《モダニズム》の中に潜む〈未来主義〉とは関係なく、つまり将来の建築や都市はこうなっていくべきだ、といった〈未来〉予測型の思考とは全く無縁の立場で、逆に強い自己主張もなくひっそりと建っていた、たとえば田辺の「日本倶楽部」や、後藤慶二の「住宅」のような、やや古風な、時代遅れのようにも思えるデザインの建築を、その時々の流行などから超越して毅然としてその存在感を発揮する、まさしくこれこそが〈建築〉なのだとして、正当に評価することができたのだ。それとは反対に、近代的なデザインを追い求めながらも、単なる

《モダニズム》指向の作品として見た場合には、少なからず不整合で、また未熟な点を残していた吉田鉄郎の「中央郵便局」を、多くの人たちが誤解していたように、タウトは〈未来〉を単純に予告する建築として評価していたわけではなく、やはり同じく〈現在〉に根をしっかりと生やした、現実的な「事務所建築《オフィス・ビル》」として評価し、「日本倶楽部」の場合と同じように、ここでもまた〈建築〉になった建物として推奨していたと理解すべきなのである。

　タウトを日本へ呼んだ「新興建築家」たちの多くが敢えて曲解しようとしていたように、タウトは《モダニズム》を信奉する〈未来主義〉を目指していた建築家では本来なかったし、日本へそうした運動を伝えたいと考えて、わざわざ東の果ての国にまでヨーロッパから足を運んだわけでもなかったのだ。したがってタウトが〝発見〟したと自負する「桂離宮」にしても、そのシンプルで〈合理〉的、あるいは〈機能的〉な構成の素晴らしさを、日本人に伝えて、《モダニズム》への理解を引き出したいと、彼は考えたのでもなかった。その意味では、村野とタウトは、建築の創り方や方向性にはそれぞれ独自なものがあって異なっていたとしても、実は〈建築〉というものへの基本的な考え方においては、離れた遠い立場にいたわけではなかったし、だからこそタウトは、「日本倶楽部」を見るのと同じ目で、見逃すことなく、村野の「森五商店」の「静かに入念に設計し工作され」[28]た、まさしく〈建築〉としての価値を見出すことができたともいえるのである。

　ところで今日の時点から客観的に考えてみると、そのように建築家としての近い立場に立っていたタウトと村野ではあったが、その後の約三年間にわたるタウトの滞日中にも、この二人の間にはほとんど交流がなかったことが、タウトの日記や、村野の生前の談話などからも窺える。この二人の間の〝疎遠〟な関係の最大の原因は、タウトが来日したばかりの時の講演会にゲストに呼ばれた村野が、「日本における折衷主義の功禍」と題した講演を行って、そこで《モダニズム》批判を行い、タウトに対してというよりも、タウトを招いて利用しようとするような日本の「新興建築家」たちを痛烈に批判したことに起因していたように思える。その時の村野の講演の真意については、後章で詳しく分析するのでここでは触れないが、その結果、タウトの滞日中に彼を取り囲み、彼の生活の手立てを世話をしたり、日本各地を案内したりした建築家たちの多くは、この講演会以後、村野をタウトに近づけないようにしていたようにも思われ、そうした結果として、タウトの東京での「新建築小探検行」の際に見学対象の建築をリストアップする際にも、あえて、村野の「森五商店」を除外するというような、おかしな事態が起こってしまったと、容易に推測することができる。こうした村野と「新興建築家」たちとの間の〝ギクシャクした関係〟を、タウトもそのうちに察知するようになったはずであり、やがてタウトも村野を警戒するようになり、そこから彼は「森五商店」以後、彼が滞日中に見ることができたはずの、それ以降の村野の作品についてコメントすることは、一切なくなってしまった状態のまま、一九三六年、日本を離れてトルコへと去り、再び戻ることもなくそこで他界した。

［註］

1 これらの作品の中で、大阪心斎橋の「そごう百貨店」の一応の完成年は一九三五(昭和十)年だが、一九三三(昭和八)年、御堂筋に面した北側約半分が完成し、その部分だけを新館として仮オープンしている。二年後の全工事の竣工によって、一応の完結を見たが、さらに増床工事はその後も心斎橋筋側で続いた。「そごう百貨店」の隣地には、「大丸百貨店」が、ヴォーリズ設計で一九三四年五月、第三期目の工事を終えて全館をオープンさせている。

2 ヴォーリズ(William Merrell Vories, 1880–1964)。アメリカ、カンザス州生まれ。一九〇五年近江八幡の滋賀商業学校の英語教師として来日し、キリスト教の伝道に従事。同時に建築設計もはじめ、大正後半期から昭和戦前期に掛けて、関西を中心にビル、教会堂、住宅など幅広く手掛けて設計者として大活躍した。

3 フリッツ・ヘーゲル(Fritz Höger, 1877–1949)。ドイツ表現派の巨匠。

4 ル・コルビュジエ&ピエール・ジャンヌレ「新建築の五つの要点《ポイント》」(Les 5 Points d'une Architecture Nouvelle, 1926)。ル・コルビュジエが、一九二七年に開かれるドイツ工作連盟主催のダルムシュタット住宅博覧会を前にして、一九二六年、近代建築のデザインの要点《ポイント》として挙げた、「一 ピロティ、二 屋上庭園、三 自由なプラン、四 横長の窓、五 自由なファサード」の五つの要点。

5 村野藤吾「『グラス』に語る」『建築と社会』、一九二九年九月号。『村野藤吾著作集』鹿島出版会、二〇〇八年、一〇五頁所収。

6 完成時に七階建であった本館は、戦後、一九五六年に、村野の設計によって上に一階分が増築されて八階建となり、また本館後方の付属屋があった部分も同じ高さで増築されて、増床された。

7 『村野藤吾建築図面集』第一巻、六―四九頁、所収の図面等を参照。

8 村野藤吾「建築いまむかし」『毎日新聞』、一九六七年十一月十一日〜二十日連載。前掲『著作集』、五六九頁所収。

9 註8に同じ。

10 メンデルゾーン(Erich Mendelsohn, 1887–1953)。「アインシュタイン塔」の設計などで広く知られたドイツ《表現主義》建築運動の中心となった建築家の一人。一九二〇年代後半から、機械の速度感のある動きを建築に取り入れたいわゆる〈流線形〉の建築表現でめざましい活躍を見せた。一九三三年ナチスに追われるようにドイツを離れ英国を経由してアメリカへ。第二次大戦後も、サンフランシスコを中心とした西海岸で設計活動を続けた。

11 窓を浅く見せる手法については、村野は「デュドックの新聞社が印象的でした。タイルの色、窓の美しさ」から特に感銘を受けたと回顧している(佐々木宏編『近代建築の目撃者』の中の村野藤吾との対談部分。新建築社、一九七七年、二四七頁)。デュドック(Willem M. Dudok, 1884–1974)は、ヒルヴェルスム市を中心に活躍したオランダの建築家で、「ヒルヴェルスム市役所庁舎」など秀作が多いが、この「新聞社」のことは不明。おそらくこれは村野の記憶違いで、「新聞社」はデュドック設計ではなく、村野が旅行していた一九三〇年にアムステルダムに完成した、スタール(J. F. Staal)設計による「テレグラフ新聞社(De Telegraaf)」の窓と壁面の非常にフラットな関係を指したものだと考えられる。

12 村野藤吾「わたくしの建築観」『建築年鑑』美術出版社、一九六五年。前掲『著作集』、五五二頁所収。

13 上野伊三郎(一八九二―一九七二)。

14 ホフマン(Josef Hoffmann, 1870–1956)。ウィーンにおける〈分離派(Secession)〉の中心的なメンバーであった建築家で、自らは英国のアーツ・アンド・クラフツ運動に倣って総合的なデザイン組織「ウィーン工房(Wiener Werkstätte)」を組織して、さまざまなデザインと制作を行った。

15 リチ上野(Felice "lissi" Ueno-Rix, 1893–1984)。リチは、戦後になって彼女の最晩年に、村野藤吾が設計した「日生劇場」の地下にある食堂「アクトレス」で、村野からレストランの壁面装飾を全面的に依嘱され、その一部を自分のオリジナル・デザインとして描くと同時に、彼女の教え子たちとの密接な協力関係のもとに全体を完成させた。

16 ブルーノ・タウト(Bruno Taut, 1880–1938)。ドイツ二十世紀前半期を代表する近代建築家の一人。第一次世界大戦直後に《表現主義》建築の設計者として華々しくデビューし、世界中からその仕事や発言を注目された。一九二〇年代以後《表現主義》色をうすめ、機能的な近代建築のデザインに移行。集合住宅の設計などですぐれた成果を残した。ナチスドイツの台頭で母国を追われて、一九三三年、日本へ。一九三六年まで滞日した後、トルコのアンカラ大学に職を得て離日。タウトは「桂離宮」の建築的価値の「発見者」と自認し、著作や講演の中でその魅力について精力的に分析し解説した。

17 篠田英雄訳『日本　タウトの日記』I、岩波書店、一九五〇年、六―一一頁。

18 ブルーノ・タウト「日本建築と西洋建築との関係に就ての第一印象」(講演会速記録)、『建築と社会』、一九三三年六月号
なお日本におけるタウトの発言と設計者としての行動については、拙著『雌の視角』(相模書房、一九七三年)の中の「眼の悦楽の追跡者」、「田園と都市の目撃」などを参照されたい。

19 村野藤吾「日本に於ける折衷主義建築の功禍」(講演会速記録)、『建築と社会』一九三三年六月号所収。前掲『著作集』、一七三頁。

20 「新建築小探検行・ブルノ・タウト氏と東京を歩く」『婦人の友』、一九三三年十一月号
この号の編集後記には、同行した編集部の遠藤正子が「ブルノ・タウト氏のお伴をして、丸の内中央郵便局を振り出しに、銀座・日本橋・本郷・お茶の水・九段と市内の新建築を見て廻る。予定の道順に自動車を走らせる途中、『おおあれは素晴らしい』と指さされるタウト氏に、急いで車を止めたことも一度や二度ではなかった。見れば［案内者が］予定に漏らした建物を、良い建築だと小さいコダックで撮して居られるタウト氏。（後略）」と書いていて、この記事にタウトが「森五商店」前の街路樹の横に立ってカメラを構えている写真などが添えられている。その日の日本人の建築関係の案内者は、最初、蔵田周忠だけの予定だったが、これに吉田鉄郎と斎藤寅郎が参加して三人で案内役を務めた。なお、特集中のタウトによる原文の翻訳担当者は、多くの翻訳を手掛けた篠田英雄でないとすれば、この時の案内者の一人、吉田鉄郎であったかもしれない。

21 前掲『日本　タウトの日記』、二〇二頁。

22 後藤慶二(一八八三―一九一九)。後藤慶二は、いわゆる《大正建築》と呼ぶべき建築的エポックの象徴的な建築家であったことについては、拙著『神殿か獄舎か』(SD選書)鹿島出版会、二〇〇七年に詳しく書いた。

23 佐藤武夫(一八九九―一九七二)。

24 吉田鉄郎(一八九四―一九五六)。

25 田辺淳吉(一八七九―一九二六)。

26 今井兼次「村野さんの作品を想ふて」『建築知識』、一九三七年十月号。

27 フィッシャー(Theodor Fischer, 1862–1938)。

28 註20、「新建築小探検行」に同じ。

第五章

「大阪パンション」をめぐる思惟の周辺

「大阪パンション」という新型の宿泊施設

村野は、東京の「森五商店」、神戸の「大丸舎監の家」、さらに愛媛県の「近江帆布三瓶工場」などの大小さまざまな規模と機能を帯びた処女作群を発表した一九三一（昭和六）年に続き、翌一九三二年にも、前年に劣らぬほど多彩で質の高い建築作品を立て続けに発表して、一層の注目を建築界から集めることになった。この年完成した建物としては、金沢市の中心街、武蔵ヶ辻の近江町市場に隣接して建った「加能合同銀行本店」や、そのすぐ南の十間町の紙卸問屋「中島商店」などの商業建築の他にも、日本の建築界において西欧に発した先鋭的な《モダニズム》建築の導入を強く主張していた人たちから、前年の東京の「森五商店」以上に注目され話題にされた作品として、「大阪パンション」と名付けられた中規模のホテル建築が発表されている。

大阪の繁華街である通称〝ミナミ〟の難波《なんば》から出ている南海電車に乗り、各駅で五つ目の玉出駅（今の「岸里玉出」駅）を降りて南へ少し下っていった辺り、大阪市西成区玉出町に、その当時の日本では例外的に「モダン」な外観を持つホテルが出現した。ただこのホテルは、内容的には本格的なシティ・ホテルとはやや異なるペンション（pension　フランス語でパンション）形式の宿泊施設として出発し、一般のホテルと比べれば宿泊料金も低く、宿泊形態も少し異なっていた。おそらく今でいえばビジネスホテル・クラスの宿泊料金で泊め、かなりの数の長期滞在客のための部屋を備えた〝洋風下宿《パンショネール》〟としての性格もあったと考えられる。(1) 当時のこの地域は、現在の町の雰囲気とはやや異なり比較的閑静な住宅街であったと思われるが、敷地はホテル用地としては狭く、九〇〇㎡（二七二坪）ほどの広さしかなく、しかも〈L〉字形の、かなり変形の輪郭を持つ、設計者にとってはかなり難しい条件の土地であった。敷地の〈L〉字形の頂部が南側にあたり、ここで主要道路に接し、したがって〈L〉字の底の部分が北側で、こちらは路地風のやや道幅の狭い道路に面していた。また道路の形状に合わせて、敷地の北辺は東から西に斜めに切れ、西

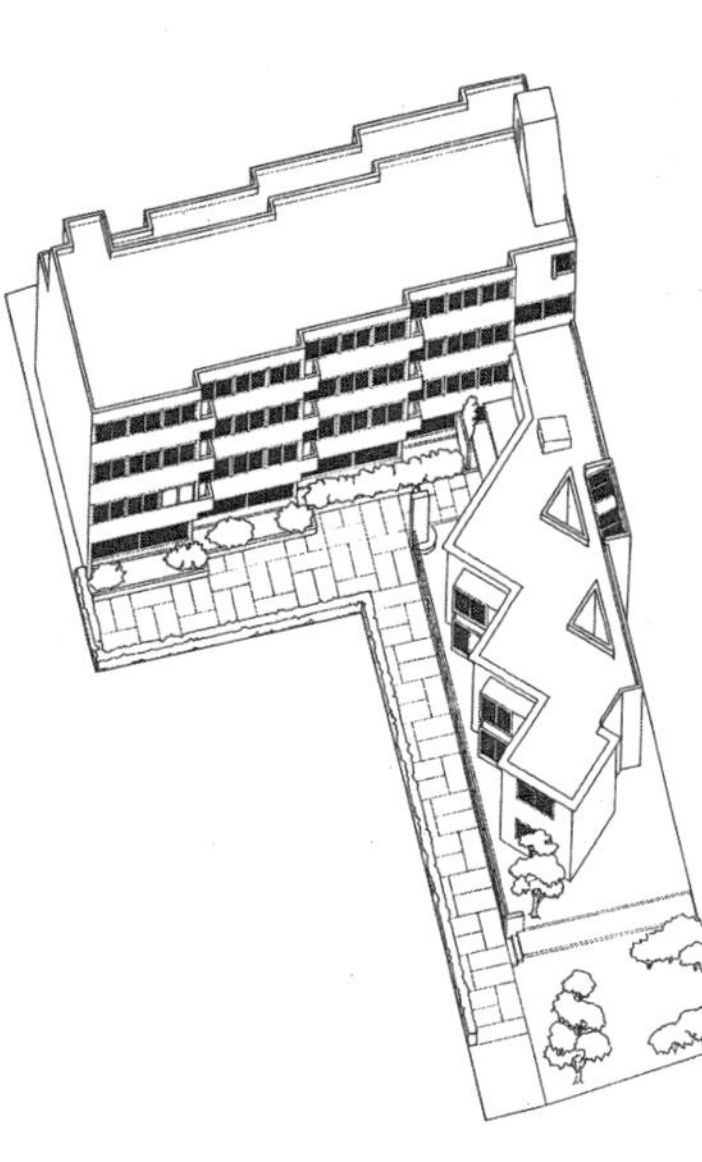

5-1　「大阪パンション」、図の上方が北側道路、下方が南側道路に面している

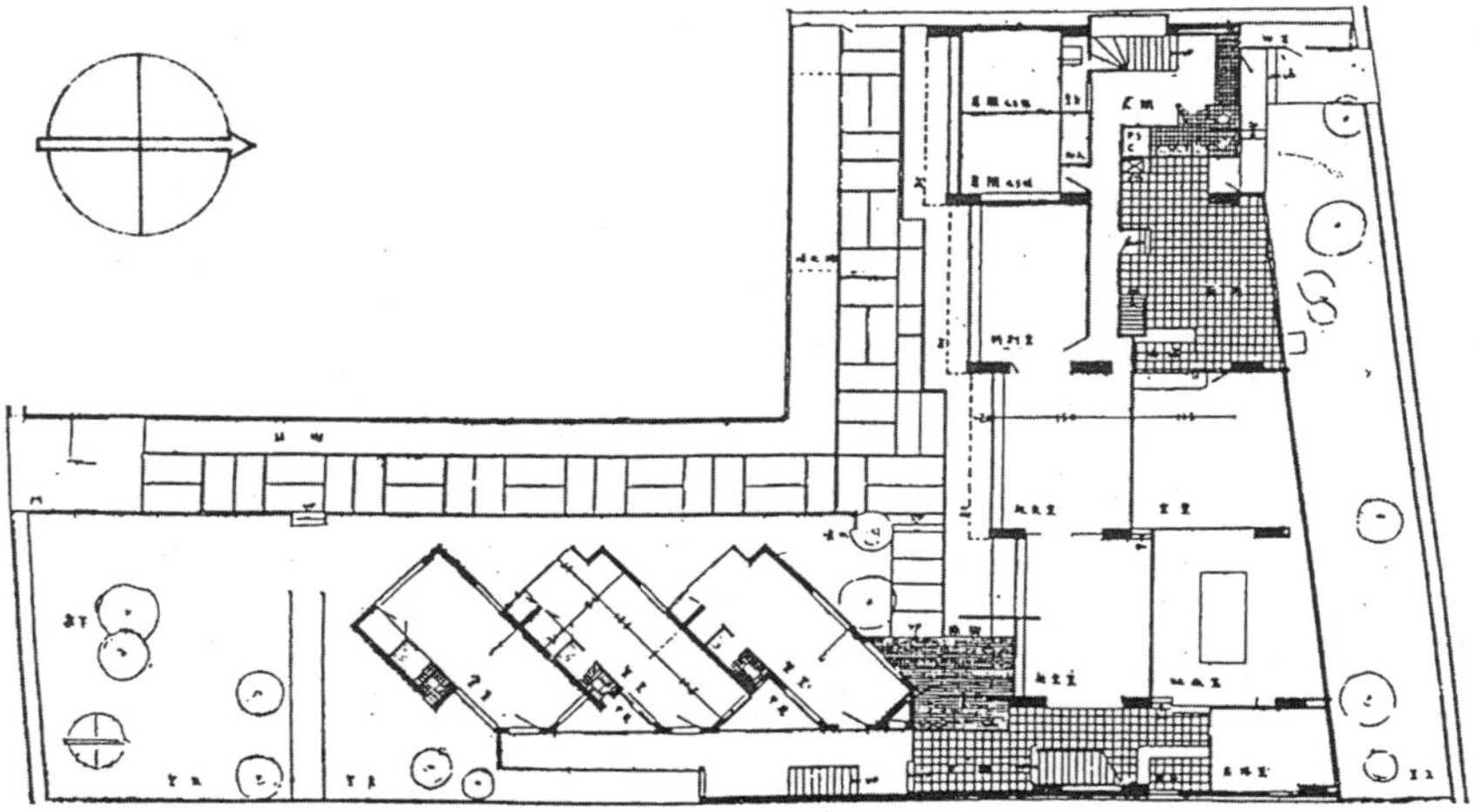

5-2　1階平面図

で敷地が少し窄《せば》まっていた。この敷地の窄まりが、「大阪パンション」のプランの全体的な輪郭に影響を与えることになるが、それについては後述する。今となっては、ほとんど〝幻のホテル〟ともいえるような、当時建築界で評判の割にはそれほどよくその建築的内容について把握されていない、竣工時の「大阪パンション」の内外を、七十年余の歳月を越えて具《つぶさ》に歩き、村野がこの中に込めていた設計意図や空間の特質を細かく検証してみることにする。（5−1、5−2）

アプローチを歩き、ホテルの外壁を視る

村野は住宅街の中のこの限られた広さの〈L〉字形の敷地の中に、その敷地の形状に添わせるようにして、東側（〈L〉字の縦に立っている部分の側）に二階建の低層の宿泊棟を置くと同時に、その西側にアプローチを取り、さらに北側の敷地の奥の部分（〈L〉字の底の横線部分）に、四階建の高さを持つ多層の宿泊棟を置き、この基本的な二棟に宿泊棟を振り分けて配置した。そしてその高低二つの宿泊棟が鉤型に接する部分に玄関とエントランス・ホールを置いて両者を繋ぐという、きわめて機能的な平面計画《プランニング》を立てて、変形の敷地形態の中に四十室余の客室を持つホテルを的確に実現している。村野は、わずか一三mほどの間口で主要道路に接している敷地の南端部分から入ってくるホテルの利用客が、鉤型の敷地の角、北

東隅部に置くことにした玄関へ歩いて接近して来る際のその導入路を、幅約四m、奥行き三〇mほどの長さを持つ路地状の引込路として設定し、その導入空間を、後に見るように、客たちを飽きさせないように巧みに演出している。

　隣家に接する敷地の西南隅部にある正門は、いかにもモダンな感じする背の低い両開きのフラッシュの門扉と、その脇に夜間の出入用の通用門を立て、街路と敷地内の間を決して閉鎖的にしないように、門前を歩く町の人の視線を遮らないように低く開放的に仕切っている。門を過ぎて敷地内に入ったホテル利用客の眼前にひろがっているのは、右手に建っている低層の宿泊棟の白い清楚な妻側の外壁面である。その壁面には、客室の窓が一、二階に一個ずつ、大きく簡潔な輪郭を見せて開けられている。この低層棟の外壁面はモダンな無表情を装って平坦に仕上げられているが、しかしそのフラットな壁の上部、パラペットの上端には、構造的には陸屋根《フラット・ルーフ》にもかかわらず、細かな軒棰で化粧された浅い付庇が廻されており、これによって軒下の壁に浅い陰影が生じ、がぜん〈和風〉というか〈数寄屋〉風の印象が生まれることになり、平屋や二階建が多い周辺の家並に、二階建という高さも手伝って、近代的で洋風の建物をさほど違和感なく溶け込ませている。（5-3、5-4、5-5）

　玄関の方に向かってコンクリートの現場打ちで大きな幾何学模様を描く幅四m弱の舗石路が奥へと真っすぐに伸び、その側面には鉄網が張られた低いフェンスが並行して続いているのが見える。美しい直線と直角の目地模様を見せているこのコンクリート板のアプローチ路を、正門から一〇mほど奥に歩いた所で右手(東側)に現れてくる二階建の建物の外壁は、導入路《アプローチ》に並行して平滑に奥へと伸びているわけではなく、上下階の客室二室を一単位とし、これが三段に妻壁を三mずつ後退させ、いわゆる〈雁行形〉に配置されている。そのため客が導入路の上を玄関に向かって進むにつれて、右手で凹凸する壁面が、客の歩行と彼らの視界をリズミカルに刻んで、歩く行為が単調なものにならないように適当に変化をつけ、そのリズムに乗っていつのまにか玄関まで誘われるようにしている。

5-3　正門からアプローチを見る

5-4　アプローチから玄関へ

5-5　アプローチとモニュメントを上から見下ろす

一方、玄関へ向かう客の真正面には、東西に横に伸びている四階建ての高層棟の壁面が視界に入ってくるが、ここでもまた村野はその壁面に独特の変化を与えて、本来なら立ちはだかる壁のような形で客に対峙し、威嚇しかねないような、高く幅広いホテルの南側壁面に、巧みに変化と陰影を与えて、客をやさしく楽しげに送迎するデザインにまとめている。というのも、高層棟の外壁面は、東から西に向かうにしたがって、壁が四段になって手前(南)にわずかずつ迫り出しており、さらにこのジグザグに屈折する外壁の折れ目部分の東端には、小さな方形のバルコニーが各階に設置され、宿泊客が、そのわずか一㎡ほどの広さのテラスに部屋から出て、外の空気を吸い、星空を眺めたりすることができるようにしている。また、二階から四階にかけての外壁面に、ほとんど〝面一《つらいち》〟といってもいいほどの窓の〈見込み〉が浅く、透明ガラス入りの連窓が、各階の壁面を太い棒縞状に水平に切って連続している。(5－6)

このような北側客室棟の外壁面は、太陽が一日のうちで、東から西に移動していくその位置によって、壁に鋭い影を落として表情にさまざまな変化を生みだしている。近代建築の立面がしばしばシンプルで、合理的な壁面構成を強調するあまり、外壁面が大きくなったりした時には、その代償として時にそこがのっぺらぼうに、つまり単調になりすぎる嫌いが

5-6　高層棟の南外壁面

5-7　高層棟の北側外壁面

5-8　高層棟の北側外観と西側妻壁

あるのを、長い間渡辺節の下で《様式》に基づく建築設計を修練してきた村野は十分に承知しており、ここでもそうした問題点を巧妙に回避しているように見える。その意味ではこの壁面は、渡辺事務所時代から、戦後の設計活動の後半期へと一貫して、ファサードの無表情さが建物に向かう人々を、無《む》暗《やみ》に不安がらせたり、あるいは脅かすような事態を危惧して、そこにさまざまな手法を繰り出して種々の表情や陰影を与えようと常に心がけてきた村野の、独立後の最初期におけるみごとな作例として、この「大阪パンション」の立面を考えることもできるだろう。ところでこの正面側のジグザグと浅く屈折した表情が生まれた本当の理由は実はこの高層棟の裏側、つまり北側の敷地の輪郭が関係していた。先に触れたように敷地が接している北側道路が、東から西へ南側に斜めに切れており、台形の一辺のように西側で敷地が窄《せば》まっていたことが関係していたのだ。そのことは後で詳しく触れるが、このため細い路地に面した北側の立面では、ジグザグの壁面と外壁面の連窓の構成は南側と同じだが、バルコニーの形状と大きさは、南側とはかなり異なったものになっている。北側では、各部屋の出隅部を回り込ませる形で、キャンチレヴァーで差し出されたフラットな軒庇の下に、低い腰壁を廻したバルコニーが各部屋ごとに設置されており、バルコニー面積も南側のそれに比べると倍近く広く、北側の壁面より中空に突き出されて生まれるこの部分の、飛行機の胴体と翼をふと連想させるような軽快感もより増大している。なおこの高層棟の西端の妻壁には、タイル貼の広い外壁面の中央部に、二階から三階までの高さで、縦長の大きな連続的なガラスのカーテン・ウォールが、壁面から外にわずかに付き出して出窓風に付けられている。さらにその下の、敷地の西北隅に、先の北側道路に面した通用門と、その奥の建物に内玄関が置かれ、主にホテルの従業員や納入業者たちが使う重要なサービス動線が形成されている。（5-7、5-8）

玄関からホテル内部に入る

南側道路からの導入路を一番奥まで進んで衝き当たると、路地は左（西）へ鉤型に折れ、四階建の本館棟の前をまっすぐ敷地の西端まで伸びている。路面はこれまでと同じ模様の舗装で、その両脇のカイヅカイブキらしい植込みの列とともに、本館の前庭のような扱いを受けている。さてそちらには向かわず、客用玄関へ向かうために、南から来た路地を右に折れようとするその右手の角に、客に玄関のある方向へ転換させるための標識板が一枚立っている。その形はこの近代的なホテルの外観にふさわしく、村野が好んでいたロシアの現代彫刻、たとえばＡ・ペヴスナー[2]がつくる構成主義の彫刻などを連想させる姿で立っている。この標識板は、その基部を円形のコンクリート製の基台によって固定されており、その円形基台の中には、輪違い形の輪郭を持つ一見手水鉢風の小さな池が設けられている。

このモダンなモニュメントを目印にして折れて客は玄関に向かい、二段ほど段を上ると、いよいよ玄関ポーチ下のテラスに出る。このテラスの上に差し出されたさりげない玄関軒庇《キャノピー》の、さらにその上に目をやると、敷地の東端に立っている短い軒庇をパラペット部分に回している雁行型の二階建宿泊棟と、敷地の北側に伸びた四階建の本館棟を、玄関上の二階部分で直接繋いでいる渡り廊下が見え、その廊下の連窓と本館棟の連窓とその上下の垂壁と腰壁が、折れ曲がりながらも、ガラス窓面や壁面を西へ途切れさせないで続いている。こうしたところに、従来の建築の立面に現れていた〈荷

5-9　ホテル玄関前の空間と標識板

重〉の厳然とした上下関係といったものを忘れた、近代建築にしか見出せないような独特の水平感覚の表現があり、その窓や壁の独特の連続感や屈折感を通して、それを目撃する者に、近代建築特有の軽快性を明確に実感させている。一言でいえば、壁面が従来の伝統的な〈ヒエラルキー〉を解消すること、つまり上部の重さを下部が支えて大地に伝えるという序列《オーダー》が近代建築の場合では崩壊し、立面に自由が実現したことを、このホテルの立面全体が宣言しているのだ。ここでは村野は、ル・コルビュジエが一九二六年に宣言した、「新建築の五つの要点《ポイント》」として挙げたうちの、「横長窓(連窓)」とともに、「自由なファサード」という二つの要点を図らずも実現していたことになる。(5−9)

　玄関周りがやや奥まった位置で落ち着いた空間の雰囲気に包まれているのは、晩年の村野が繰り返し述べていたような、「玄関を大きくするな」、つまり客が訪れる玄関に、彼らに虚《こ》仮《け》威《おど》しをかけるような不必要な強い表現は極力避けるべきだという、関東の武家の玄関などとは対照的な、関西の商家などに特有の拘《こだわ》りや《美学》が、すでにこの時点の近代的な作品の中にも少しずつ現れはじめていたことを図らずも教えている。それと同時にこれまで見てきたような、門から玄関に至るアプローチの設定に見出される、町家が構成する街路周辺やそれに続く奥の空間に特有なものといえる、〈路地〉が内蔵する親密な都市的裏空間の、村野の近代建築家としての感性による〈再生〉の試みについても、やはりここで一応は記憶しておくべきであろう。というのもこのアプローチから玄関に至る空間的なシークエンスには、どこまでも明るくて晴れがましいといった接近路の表情は乏しく、〈オモテ〉ではなく〈ウラ〉、〈ハレ〉なら〈ケ〉のものと言えるような落ち着きと奥ゆかしさが、「大阪パンション」のアプローチ空間の中には感じ取れるからである。

5-10　玄関ホールと2階への階段

　玄関扉を押し開けて、建物内部に足を踏み入れるとそこは玄関間《ヴェスティビュール》で、体を左へ回して、段をいくつか上がると、床一面にリノリューム・タイルが市松模様に貼られた、玄関受付《レセプション》ホールへと出る。ホールといっても空間はかなり狭く、幅三m、奥行き七m弱の、構造的なRC壁やRC壁柱に囲まれて細長く南北に伸びた、「小部屋」と思わず言いたくなるほど

5-11　玄関ホール南側より階段を見る

5-12　階段裏にある受付カウンター

の大きさの空間である。右手に、上階の客室へ宿泊客を導く幅一m余の階段が、東端の構造壁と階段側壁との間に、後の村野の階段デザインの傾向からすると、やや生硬で直線的な表情を見せて上階に向かってストレートに上っている。しかし白くプラスターで塗りまわした階段脇の構造壁に合わせる形で、階段の側面と特にその裏面のプラスター仕上げの清潔な白い表面が、近代的なデザインに特有の清涼感と軽快な印象を周りに漂わせていて、後の村野の階段のデザインとの繋がりを、ここでもわずかに予感させてもいる。ホール全体の空間が狭小なためであろう、この階段の真下にできたわずかな空間に、玄関間の位置から見ると半分押し込んで隠したような形で、訪れた宿泊客を受け付けるための簡素な、いかにも「パンション」らしい受付け《レセプション》カウンターが造り付けられており、カウンターの背後の壁に沿って、客室のキー・ボックスが設置されていることで初めて、その場所の機能を知ることができる(5-10、5-11、5-12)。カウンターの西側奥には、外からやって来た同業者や不意の訪問客を迎え入れる応接室やホテル従業員が事務を取る事務室などを兼ねた小部屋があり、そことホールの間をカーテンが仕切っており、ホールからその奥の部屋の様子が見えないようにしている。

一方、階段の登り口の反対(南)側には、先ほどアプローチを歩いて来る時、右側に南西側の外壁とバルコニーが見えていた、二階建の東側宿泊棟の内の一階部分にある三室の客室への通路に通じる廊下の入口があり、二段ほどの段を上がるとすぐ、同じく三室ある上階の客室へのもう一つの階段が壁に沿って上っているのが見える。

ロビー周りの空間

さて本館である北側宿泊棟の一階部分の平面だが、先の玄関、受付ホール、事務室等がその中に入った、構造壁に取り囲まれた、東西三m×南北一四mの区画をその東端として置き、そこから西へ、東西方向の一柱間《スパン》が、心々で五・七六m(十九尺)に対して、南北方向に二柱間《スパン》の八・六四m(二八・五尺)という区画単位を決め、その区画を六本の構造的壁柱(RC柱断面、〇・三m×一・三m)で囲み、それが四区画にわたって、柱位置で〇・九一m(三尺)ずつ南側に雁行形にずらしていくプラニングが採られている。本館棟にこの雁行形平面が採用されているのは、村野が考えたデザインに発した結果であっただけではなく、先にも触れておいたように、北側の敷地境界線が西に向かって南へ斜めに少し窄《すぼ》まっていたことに、建物の平面上の輪郭を同調させてずらした結果でもあった。(5-13)

受付のある小ホールの部屋から、この一階部分を西方向の各部屋へ入って行くための出入口として左右二つが用意されており、向かって左(南)側の大きく開けたドアのない出入口から、その向こうにある南側の広い部屋に入っていくことができる。そこはホテルの宿泊客の利用の他に、外から一時的に訪れた利用客などが、喫茶などのために自由に使うことのできる、ホテルのパブリック・スペースとなっている。この部屋について、建築雑誌の発表時には、「社交室」という言葉が充てられているが、外からの利用客や宿泊客たちがここで会話したり、新聞雑誌に目を通したり、珈琲や紅茶を喫したりするスペースだとすれば、この場所は今のホテルで一般的に使われている言葉でいう「ロビー」にあたるスペースであったと考えられる。この本館一階南側にある社交室《ロビー》の空間は、

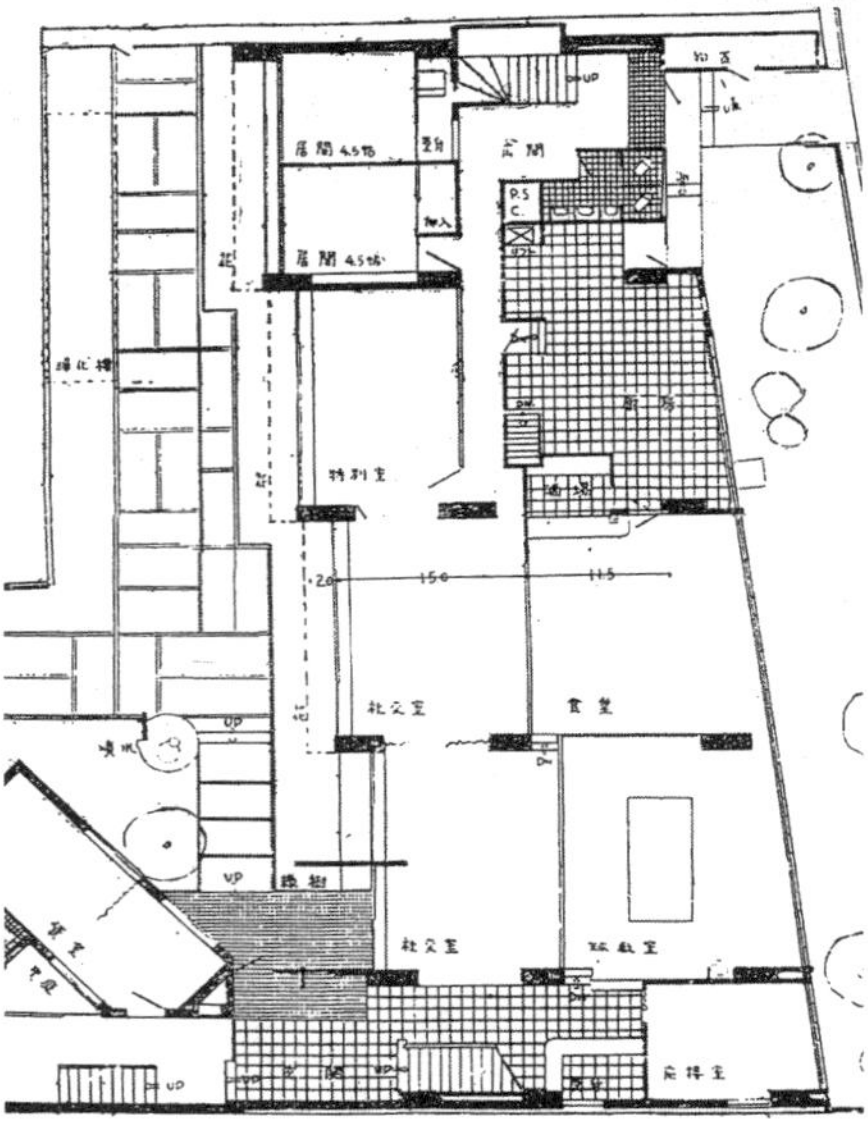

5-13　北側高層棟の1階平面図(部分)

板状の壁柱四本で区画されている一単位の空間が、東西に二スパン分繋がった一続きの部屋である。さらにその奥にある小宴会や小食堂などとして使われる「特別室」と呼ばれたもう一スパン分の部屋までの合計三スパン分が、各区画の間に壁柱以外の固定した仕切壁はなく、かわりにそれぞれにカーテン等の可動間仕切りが用意されていた。つまりこの三室は空間的には完全に連続させることができ、種々のパーティ、披露宴など、いわゆる〝プチ・ホテル〟らしく小規模ではあっても、ワン・ルームとしてさまざまな使い方ができる続き部屋になっている。一区画分の広さは、東西の柱間が五・七六m(十九尺)、南北の部屋幅が四・五五m(一五尺)で、二六㎡の面積があるが、わずかに雁行している談話室二区画+特別室一区画の一続きの三区画分の奥行きは一七m余になり、その床面積は約七〇㎡弱の広さを持つ空間になる。さらにこの奥(西側)の残りの一スパン分のスペースは、コンクリートの構造壁と柱で囲んだ独立した部屋で、簡略化した「床の間」がある六畳の本間と四畳半の次の間からなる、このホテル唯一の純和風の客室として用意されている。(5−14、5−15)

5-14　社交室の室内

5-15　和室仕様の宿泊室

　受付ホールの西側に伸びている本館棟の一階平面の南側半分は、以上の四柱間の区画で組み立てられているが、これらの諸室はいずれも、先に見た建物のすぐ南に沿って帯状に伸びた舗装路と、両脇に植込みのある路地風のテラスに面して東西一列に並べられている。社交室《ロビー》、特別室の庭に面した側は、壁柱の間に大きな透明なプレート・ガラスを入れた二枚の木製サッシュの引違戸が立てられ、その上の同じガラス入りの欄間からも昼間は陽光が差し込んで、晴れた日には、ロビー、特別室ともに、明るい雰囲気に包まれていたはずである。ロビーの家具はどことなく北欧家具を思わせるようなシンプルな木製のテーブルを椅子が囲んで配置されているが、後の村野の建築の多くがそうであったように、それらの家具の意匠《デザイン》が村野自身の手になったものか否かは明らかでないし、それにしてはやや硬い感じもする。それはともかく、一九三〇年代前半の日本の近代建築のインテリア・デザインとしては、例外的に明るく澄んだ空間を湛えたインテリアであり、その新しい時代の息吹を感じさせるに十分な清新さに溢れた仕上がりは、村野にこれから仕事を依頼しようとする将来の施主たちにとっても魅力的な空間に見えていたにちがいない。事実、ホテル建築の設計という分野では、この「大阪パンション」の完成後まもなく、後章で詳しく触れることになる、京都の「都ホテル」の新館の設計依頼が村野のもとに入ってくることになったのである。

ル・コルビュジエが提示した例の「新建築の五つの要点」のうちの一つとして挙げられている、近代的なRC造やS造による軸組構造が初めて可能にした「自由なプラン」、つまり室内空間の連続性の確保と、その中でのレイアウト上の「自由さ《リーブル》」の証明が、ここでの談話室や特別室の連続した空間にも見られるが、ただ、さきほど触れておいた通り、壁柱の位置が一スパンで半間分、南北方向に雁行形にずれていき、一番奥(西)の和室部分が最も南側に迫り出しているというような独特の平面は、後でまた触れるように、ル・コルビュジエが他方で主唱していたような、「建築形態をプライマリーなキューブへと還元せよ」、という《古典主義》に特有な《美学》とは、いささか異なる方向のなかでのデザインであり、村野の《美学》は最初から、必ずしも「プライマリーな幾何学形態」に拘《こだわ》るつもりはなかったかもしれない。そうした村野の《古典主義》的な《美学》に必ずしも常に拘束されるわけではない、と言わんばかりのデザイン傾向は、たとえばこの「大阪パンション」の本館棟のプランを、たとえ敷地の北端の輪郭に呼応させた結果であったとはいえ、やろうとすれば十分にできた、簡潔な長方形平面の輪郭に纏めることをあえてせずに、プランに先述のようなずらしを入れて、方形の纏まりの良さをわざわざ突き崩そうとするかのような試みに中にも窺うことができるだろう。

談話室などの背後にある、もう一続きの空間

これまで見てきたのは北棟一階の南側に位置する各室の構成であったが、もう一度受付《レセプション》ホールの位置に戻り、今度は先ほど玄関ホールから西に向かって立った時に、談話室の右手に見えたもう一つ別の開口部を通って、本館の北側半分の各部屋に入っていくことにする。低い腰壁と壁柱の間にある短い階段を三段下りていくと、そこは大きなビリヤード台が一台、部屋の中央に据えられている、「遊戯室」と図面には書き込まれている部屋である。立っている床面は、南側の談話室などのレヴェルより、約五〇㎝ほど低い位置にある。テレ

ビはおろか、ラジオ放送もまだ始まったばかりの昭和戦前のビジネス・クラスのホテルの宿泊客が、夕食後の就寝前の時間を「遊戯」に興じるとすれば、たとえば碁、将棋、麻雀、カードなどの小規模なゲームを別にすれば、旅館における卓球《ピンポン》の場合と同じように、ホテルでのビリヤード台の設置は、ある意味で〝定番〟といえる遊戯設備であったといえる。ビリヤード台を部屋の真中に置いて客たちはプレーを楽しみ、その周りに自分の順番を座って待つための椅子を壁に沿って配したただけのこのビリヤード室には、北側から採光するための大きなガラス壁が立てられていた。このガラス壁は例の壁柱のずれの外(庭)側に、敷地の北辺に従って斜めに一直線に通した床スラブの先端に入れられており、スティール・サッシュによって嵌殺にした、床から上階の床スラブ下までの全面型板ガラスのカーテン・ウォールである。その外側には、南側の庭よりはすこし奥行きに余裕のある、所々に樹木が植え込まれ、苔などで覆われた和風の感じが強い裏庭が設けられているのが、薄く白いレースのカーテン越しに感じられる。(5-16)

5-16　ビリヤード室と奥に食堂がある

　この部屋の西側には、撞球室《ビリヤード》と同じレヴェルで、レストランが奥に続いている。この二つの部屋の間は、上部を吹抜けにした間仕切が一応固定されていて、窓際の柱とガラス壁の間にある、給仕たちが主に使うサービス用の通路の外には、撞球室から食堂へは直接に入っていけるようにはなっていない。ただ立っている人の視線は遮られておらず、高さ一m余ほどの低い間仕切壁の上から、食堂で食事をとる人たちや、奥の壁をくり抜いた形の酒場《バー》の中で働く人の動きなども見ることができ、撞球室と食堂は、動線は別にして、空間としてはほとんど繋がっていたことがわかる。さらにまた撞球室の南側にある談話室の空間との間を遮る壁の方も、撞球室の床からわずかに一・二mほどの高さがあるだけで、その上部は食堂と同様に吹抜けになっており、さらにその西側にある食堂と談話室の奥の方の空間も同じように南北に繋がっているため、談話室、撞球室、食堂の四区画は、互いに空間を一続きの天井下で共有し、談話室の方からは撞球室で遊んでいる人たちを見下ろしたり声を掛けたりすることもできるし、撞球室からは談話室にいる人の動きを見ることができるようになっている。

この四区階の空間には、壁柱以外には、それを四分割するような天井面まで届く間仕切壁は立てられていないし、また二階の床スラブや梁下に板などを貼って天井面として特別に化粧したりもしていないので、四区画の上方には、梁や桁が壁柱に支えられた状態で駆け巡っている様子を、どの位置からも見ることができる(5-17)。ここでも村野が企てた、先に見たような直線・直角のグリッドが齎す幾何学形態の〈整合性〉を、デザインとしてあえて崩して見せようとする意図が見事に実現されている。たとえばこの天井部分では、柱位置と、本来はその柱が真上で受けているはずの梁と桁が作る格子の十字形の交点が一致せず、そこに生ずるわずかなずれやぶれを、室内にいる客の眼にもはっきりとわかるようにあえて曝して見せている。その骨組のずれが、一階の奥の方へと深まっていく室内空間を、ル・コルビュジエが強く推奨したような、シンプルな〈箱〉の内側が持つ静的な完結性と安全性を強調する方向には向かわせず、この種の平面上や構造上の微妙なずれやぶれに導かれて、室内空間に動きとかゆらぎといったものをつくり出し、後で述べるような、なぜか心地よい〈横滑り〉の空間感覚といった体験を、その部屋の中にいる者たちに感じさせているのである。

5-17　本館棟１階の天井を見上げる

レストランと厨房

さて、ビリヤード室の隣室のレストランへ入っていくためには、もう一度玄関ホールへ戻り、それから談話室に入って、北側のビリヤード室との間を仕切る高さ半間ほどの低い側壁に導かれて前に進み、その先端にある階段を再び降りて食堂の中に歩み入らなければならない。レストラン内部の北側の壁面は、事務室、ビリヤード室から連続しているが、こちらは透明ガラスのカーテン・ウォールで壁面全体が占められており、客は整えられた北側の庭園を眺めながら食事を楽しむことができる。談話室の場合と同じように、花柄を織り込んだ絨毯を敷きつめた板床の上に、真っ白な木綿のテーブルクロスをかけた食卓が四、五卓並べられ、アール・デコ風の幾何学的なシルエットに特徴のある電気スタンドが、すべてのテーブル上に一個ずつ置かれている。その食卓を囲んで、鉄製の鋳物の肘掛付きの奇妙な形の猫足を持つ回転椅子が並べられている。部屋の西側の壁の中央には、隣室の「厨房」から料理を給仕たちが運び込むためのドアと、その扉の横には短いカウンターのある「バー」が設えられていて、客からの種々の飲み物の注文に厨房側の位置で応じることができるようにしている。(5−18)

食堂の奥で直結している厨房《キッチン》は、タイル敷きの三三㎡前後の広さを持つ部屋で、北側は隣室群の場合と同じく全面ガラス壁で占められていて明るい。このガラス壁が終わった後に続く構造的なＲＣ壁の先のキッチンの北西隅には、ホテルの敷地北側を通る道路に出るための出入口があり、そこを出るとそのまま、庭園の西端にあるホテルの裏木戸に直接通じている。また地下の一部を占めるボイラー室や貯蔵室への階段が、南東側の隅のバーの後方にあり、直接そこから調理材料を地下室へ収納して貯蔵したり、逆に必要な時には、材料をすぐにそこから運び上げてくることができるようになっている。この厨房の南側の壁の中央部にあるドアを開け、談話室から西へ、特別室とキッチンの間を真っすぐに通した中廊下に出て、そこを和室の客室を左手に見てさらに奥へ進むと、北側棟の一番西の端の位置にある階段ホールへと出る。ここには他にホテル一階の利用客が使うためのトイレが設置されているが、男女用の区分けのない共用トイレである。この階段ホールから裏玄関を通り、裏門から直接北側道路に出ることができ、ここを出て北西側の道路に立って、北側本館棟の西側妻面を見上げると、小型タイルを一面に貼った大きな壁面の中を、前述したように、一階から三階のテラスの高さまで、浅い縦長のガラス面を連続させた出窓《オリエルウインドー》(幅二m×高さ

5-18　レストラン

七・五m×厚さ〇・二七m）が目に付く（5-8参照）。さてもとに戻って、裏木戸から裏玄関を開けて屋内に入り、この階段ホールに立って、上階に向かう階段を見上げると、階段の上り端の右手にある縦長の連続ガラス壁を持つ先の出窓から、階段室に昼間の明るい光が落ちてきているのがわかる。主にサービス動線として使われる裏階段とはいえ、この光の中を上階の客室の方へ昇り降りする時に頼りにする鉄製の手摺や手摺子の線の流れはシンプルでありながら流麗で、戦後建築界において階段デザインの〝名手〟としてそのデザインの素晴らしさを自他ともに許すことになる村野藤吾の、その《階段美学》の、初々しい第一歩をそこに目撃することができる気がする。（5-19）

5-19　本館棟の西側の通用階段（1階）

客室棟のインテリアについて

再び正面玄関ホールに戻り、玄関ホールの南端にある階段を二段上がり、先ほど玄関へと歩いてアプローチしていた時に右手に屈折して凹凸する外壁を見た、RC造二階建の東側客室棟の内部へ入り、その客室を覗いてみることにしよう。この東棟は、一階に三室、二階に三室、合計六部屋の宿泊室があり、客室も後で見る四階建の本館棟の標準的な客室の構成とはやや異なった内容を持っている。村野がこのホテルの計画を進めていたほとんど最終段階にいたるまで、低層棟の各室にはキッチンやバス、トイレなどが備えられており、主として長期滞在客用の客室として設計が進められていたことを、残された図面などを通して知ることができる。[3] 設計途中での発注者側の方針転換があったためか、あるいは建設費が不足したためか、竣工後に雑誌等で発表された平面図を見ると、完成段階では、各部屋に洗面所と便所を残すのみで、台所、風呂等は室内からすべて消え、わずかにそうした計画があったことの痕跡として、二階北端に共用の小さな浴室を一つ残すだけに終わっている。しかしそうした経緯は別にして、図面上では「家族室」棟と書かれているこの二階建の部分は、特に平面構成の面で、昭和初期としては非常に新鮮で魅力的

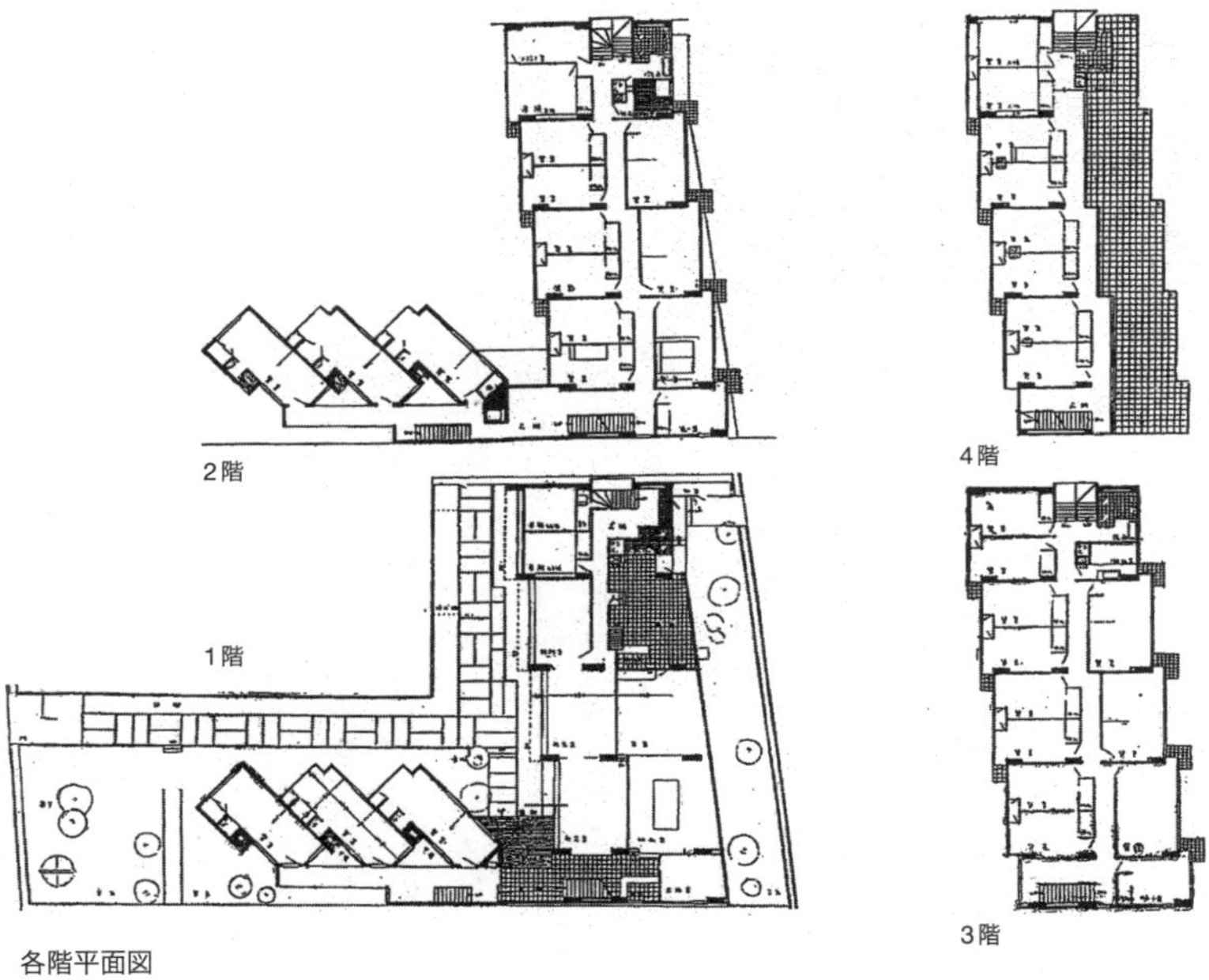

5-20　各階平面図

な、また独創的な空間の組み立てが行われている。ここでのプラン上の独自性を生みだしている最大の理由は、先刻外部からも観察した通りに、三棟に分かれた客室棟を、いわゆる〈雁行型〉に配置して、一部の壁を共有させながら連結し構成したことからきている。（5−20）

RC造二階建の「家族室」棟、ここでいう東側宿泊棟は、玄関ホールから客室群の東側を南に真直ぐに続く廊下があり、これに対して三〇㎡（約九坪）ほどの広さを持つ各客室が、四五度の角度で接して並んでいる。客室の東隅を切って廊下との接触面とし、ここを部屋への出入口としてドアが立てられている。斜めに雁行しながら配置された三室の客室と廊下の間にできた、二つの二等辺三角形の空間は中庭とされ、廊下や各客室の開口部が向けられて、そこから採光、換気が取られている。客室内部は、ほぼ八畳分の広さの主室に、六畳分の次の間があり、その間をカーテンなどの間仕切りで仕切っている他に、雁行する北側の二棟には、部屋の南西にある小庭と導入路に面して、二mの間口、一mの奥行きで縁側風の小屋根のある付出部がつくられている。隣室と壁の接する部分には、半間幅で、トイレ、洗面所、押入れ等を、帯状に並べてまとめた空間が置かれており、隣室の話声等の遮音上の効果が期待されていた。

一階に続いて、東側二階建棟の上の階へ上がるための専用階段を使って二階の廊下へ出ると、下階と同じ形式の平面を持ち、同じように廊下に斜めに部屋の角を接している三室のドアが廊下に向かって並んでいるのが見える。ここは下階と同じなので、そのまま廊下を北に進んで、後からつけ足されたためか廊下に飛び出した形になっている共用浴室の角を回って、二棟を繋ぐ短い渡り廊下を過ぎると、そこは本館棟の二階の階段ホールである。ホールの北西隅から西側の各室に向かう廊下が始まっているのでその前に立つが、このホテルに初めて投宿する客は、廊下の入口から自分が泊るはずの部屋へ向かおうとする時に、自分の眼前で奥へと向かって延びているこの廊下の光景を見て、かなり奇異な感じに捉われたのではないかと想像する(5-21、5-22)。というのも、この本館宿泊棟の二階から四階の各階の中央部に通されている廊下は、一般的な旅館やホテルの客室棟で見かけるように、真直ぐに奥へ伸びていて、透視図法的な深まりの中で向こうの端まで見通すことができるような、視界がストレートに抜けた廊下ではなかったからだ。この廊下は、前述のように、建物全体をずらした平面計画とともに出現した構造的な柱位置などを反映して、雁行形に屈折している平面の、ほぼ中央部に通した中廊下であるため、利用客はそれこそ廊下の端の片方の壁に自分の体を押しつけるようにして奥を見通そうとでもしない限り、その屏風のように屈折している両側の壁面の凹凸に視界を邪魔されて、廊下の奥の方まで見通せず、すぐ先で廊下が行き止まっているかのように錯覚しかねなかったからである。

　しかしこのことを逆にして考えれば、こうした屈折する廊下のメリットも少なくはなかった。一般的なホテルや旅館の、見通しのいい直線的な通路で客同士がしばしば経験するように、部

5-21　本館棟、2階客室の廊下

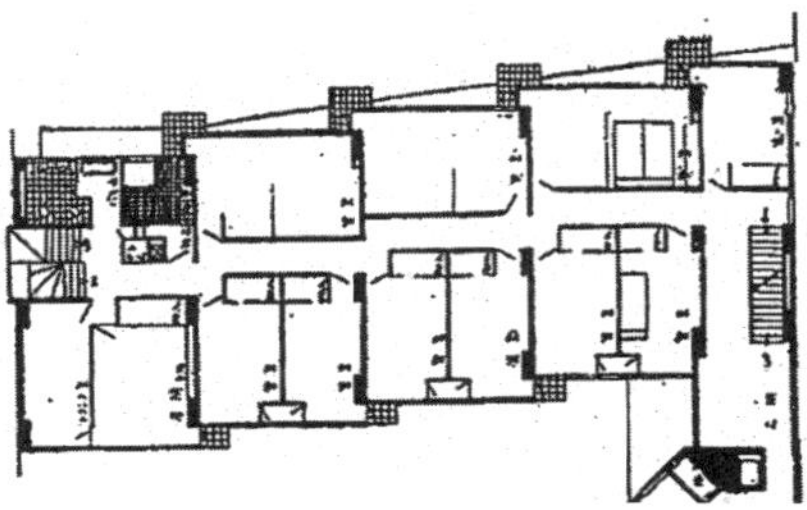

5-22　本館棟2階平面図

屋を出入りする時に、同じ廊下続きの他の部屋の泊り客と、自分のドアの前に立ってお互いに視線を合せて気まずい思いをすることがあるが、こうした経験をここではあまりしなくても済むメリットがある。考えてみると村野のホテルの設計では、通路と客室ドアの関係については常に気が配られていて、たとえば彼の最晩年の大作である「新高輪プリンスホテル」(1982)においては、ドアの位置を廊下の直線的な流れからかなり後退させて、廊下と客室扉の間に、アルキャスト製の「枝折戸《しおりど》」を取り付けて小さな緩衝的な空間を用意し、ドア前の動きを他の宿泊客の目に曝さないようにしていた。このことなどからもわかる通り、中廊下に対するドア位置を常に配慮することや、廊下の空間にさまざまな凹凸や陰影を用意することに、設計者として一貫して非常に熱心であったことを想起すれば、そうした客室廊下周辺のデザインへの特別な試みの最も初期の設計例として「大阪パンション」の中廊下を見出すことができるかもしれない。ただ現在の《合理主義》もしくは〈安全性〉一辺倒の計画学や消防法等の法体系の中では、こうした屈折する廊下の設計は、決して歓迎されるものではないこともたしかである。

洗面所がなく、浴室、トイレもない客室設備

二、三階の本館客室階のプランは、周囲を構造的な壁体で固めた東端にある階段ホールが置かれた部分から西へ、例の六本の壁柱に囲まれた平面を一区画《ベイ》とし、その区画を四つ、雁行形にわずかにずらしながら連結してその平面の全体的な輪郭としている。その壁柱が囲む一区画《ベイ》を、中央通路を挟んで、南側をシングル・ベッド用の一室約一九㎡の広さの客室として二室に分割し、さらにこの南外壁面の内側の一部を、二室を時に続き部屋《スイート》として使うために通路を作って連絡するようにしている。反対側の、中央通路(中廊下)の北側は、シングルの倍の広さのツイン・ベッド用客室が一室(約二八㎡)あり、一区画《ベイ》の中を合計三室に分割して構成する形式を基本として展開させている(ただし宿泊棟の西端部の一

5-23　シングル・ベッド型の客室内部

5-24　ツイン・ベッド型の客室内部

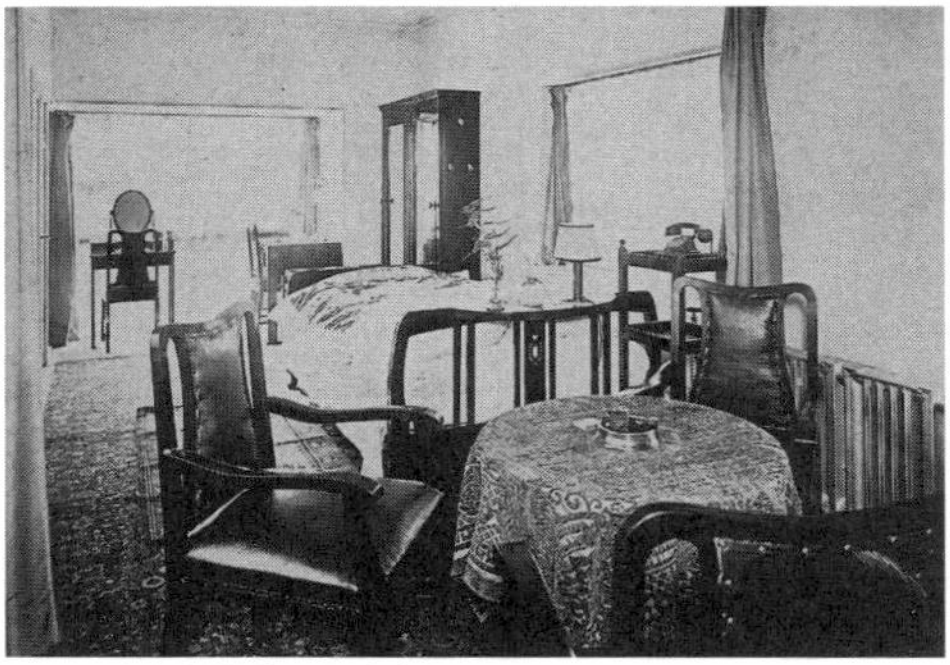

5-25　東側低層棟の客室内部

区画の北側半分だけは、階段、共用トイレ、作業室、トランク室などのサービス用スペースとして主に使われている）。また最上階である四階フロアは、例のジグザグ型の通路の南側に、シングル・ベッド用の客室が並ぶのは下の二、三階と同じだが、しかし廊下の北側には客室はなく、そこには三階北側の客室の屋根スラブが屋上テラスとなって広がっている。この屋上テラスは廊下の連窓から眺めることができるが、そこへ出るためのドアがわずか一つしか用意されていないところから判断しても、このテラスへ客が出て屋上庭園としてその空間を楽しむ、といったことを設計者は想定していなかったようにみえる。

なお宿泊客が泊る二〜三階の客室の内部《インテリア》は、畳敷の一部のおそらく従業員用と考えられる和室仕様の部屋以外は、すべてが洋室仕様で、フローリングの床の上にカーペットを敷き、その上にベッドと、テーブル・椅子のセットを配置し、窓際に書き物用机《ライティングデスク》を設置するという組み合わせが採用されている。これらの家具は輸入ものなのか、部屋の大きさに対してベッド、椅子などいずれもやや大ぶりなものに見える。（5−23、5−24、5−25）

用意された施主側の工事費と工事見積額が合わなかったためだろうか、前述のように工費削減がかなり強く設計者に向けられていたものと思われ、特に客室関係の設備面は、ホテルではなくペンション(パンション)と名付けられた施設であったことでもわかるように、洋風仕様とはいえ、かなり簡略化されたものに代えられている。たとえば北棟本館の客室の場合では、初期の設計段階では考えられていた各室の洗面所の設置、つまり毎日の手洗い・洗顔用の給水設備を各部屋に設置する案も途中でなくなり、結局、上下水道の水回りに関する配管工事はほとんどが姿を消して、電気系を別にすれば唯一の配管として、温水暖房用の配管が各室に回され、放熱器に接続されただけで終わっている。ということは、当時の日本の旅館などの場合と同じく、便所、洗面所などはすべて各階の一ヵ所に集めて共同使用となり、浴室は、二階建の「家族棟」の上階の廊下に飛び出す形で最後になって設置された小さなバス・ルーム一室以外では、本館棟二階の西端部に、ただ一ヵ所設けられたのみであったが、しかしこれも宿泊者用ではなく、おそらくホテル従業員専用の浴室ではないかと思われるほど質素な造作であった。結局、どうしても毎日入浴したい滞在客などは、おそらく近くの銭湯へ出かけて行ったものと思われる。もっともヨーロッパのホテルでは、第二次大戦後のかなり経った一九七〇年代になっても、都市の中心部のある程度名の通った四ツ星クラスのホテルであっても、部屋の洗面所に給水はあっても、バス付きの部屋は限られた数しかなく、共同のシャワー室、共同のトイレという仕様は、まだかなり一般的な形式であったから、「大阪パンション」はそうした当時の欧米の一般的なホテルのスタイルに倣《なら》っていたということもできるかもしれない。

「森五商店」と「大阪パンション」の間にある違い

以上ここまでかなり細かく竣工直後の「大阪パンション」の内外を見て回ったが、次のような疑問が出てくるのではないかと思う。村野は一九二九年に独立して自分の設計事務所を開いた後、先の「森五商店」(1931)の場合ではっきりと見せたような、端正で幾何学的な〝箱〟型のシルエットを持つビルディングを設計し、ヨーロッパに始まった近代建築運動にいわば同調するような仕事を日本で展開しはじめて注目されていた。それにもかかわらず、その翌年に竣工したこの「大阪パンション」の場合には、同じ鉄筋コンクリート構造を骨組とした、きわめて近代的な内容を持つ建物として設計しながら、「森五商店」の場合で実現したような、プライマリーな、つまり幾何学的に単純明快な平面や形態や構造を採用せず、これまで詳しく見てきたように、外部形態や平面あるいは構造計画において、かなり複雑な凹凸やずれを特徴とするような建築を、なぜあえて村野が設計しようとしたか、という疑問である。「森五商店」と「大阪パンション」の間には、近代的な鉄筋コンクリート構造をともに採用し、またともに《様式》に基づくような装飾的な細部をほとんど見せない、シンプルでフラットな表情を特徴とする建築でありながら、しかし全体の計画学的な手法はかなり異なったものとなっており、同時に全体を纏《まと》め上げる時の建築的な《美学》にも、かなり対照的なものがあったように思えるからである。

たしかに「大阪パンション」と「森五商店」の物理的な建築条件を比較した時、誰でもすぐ気付くのは、敷地がある地域やその敷地の形状の違いである。「森五商店」は東京日本橋の大小二本の街路に面した角地の、ほぼ矩形に近い敷地形態を前提にして設計が行われたのに対して、「大阪パンション」の場合は、大阪玉出の住宅地の中で、南北にある大小二本の道路に挟まれた、やや奇形ともいうべき〈L〉字形の土地、つまり隣地の民家をその鉤型形態の敷地で内側に抱え込んでいる、といったかなり難しい敷地であった。そうした点が、この二つの村野の初期作品の建築形態を、結果的にかなり異なった形や空間にしたのは確かである。ただ、たとえ〈L〉形で、しかも非対称の敷地に建てる建物であったとしても、その敷地の形状に合わせて二棟もしくは三棟の、それぞれがシンプルな幾何学的な形態の輪郭を持ついわゆるプライマリーな形に纏《まと》め、それを立体的に、いわば《構成主義》の抽象彫刻ような形態で纏めることを目指して設計をすることも村野にはできたはずである。それにもかかわらず、「大阪パンション」のケースでは、なぜか設計者は、そうしたプライマリーな幾何学形態に収斂させようとする考えは、彼の設計過程を細かく辿ってみても、最初から一度もなかった。当時の日本の建築界でも評判であったが、ル・コルビュジエが自分の著作の中で声高に掲げていたような、「光の中ではっきりと見える形態は美しい」という、遡っていくと古代地中海の《古典主義美学》に由来する簡潔だが重厚な命題《テーゼ》に対して、ここでの村野は、むしろあえてそれに背こうとするかのような対立的立場に立って、「大阪パンション」の計画を進めていたようにさえ見受けられる。

同じような意味で、W・グロピュウスがデッサウのバウハウス校舎で提示していたような構成的手法に対しても、村野ははっきりと批判的立場に立って、このホテルの設計を行っていたように思える。デッサウでは、建物群をそれぞれの機能に従って敷地内で振り分けて独立させ、続いてその建物にできるだけ単純な幾何学的形態を与えた後にそれを自立させ、最後にそれらの各棟を連絡通路、渡り廊下、下屋等でたがいに直線的に連絡して結ぶというきわめて〈合理〉的で形態〈分節〉的な手法が採られていた。このような、全体をいくつかの建物のブロックに分節しながらも、最後にはそれらを理性的《ラショナル》に組立て、全体として抽象彫刻のように構成するといった、まさしく近代的な《合理主義》の構成手法にも、少なくとも「大阪パンション」の場合には、村野はあまり興味を示そうとはしなかったように見える。その種の意図は、これまで見てきた「大阪パンション」の平面計画において明らかなように、たとえば二階建の「家族室」棟の各戸の場合に、建物を構成する最小単位(棟)を、曲がりなりにも単純な〝箱〟型の幾何形態にしながらも、それをさらに集めて一つの大きなプライマリーな形態に纏《まと》めることはせずに、むしろ逆に、その〝箱〟状の建築単位(棟)間に微妙な〈ずらし〉を加えてできる、各単位をいわゆる〈雁行形〉にして展開させていくという手法が採られている。さらにこれに合せて北側に立つ本館棟の場合にも、近代構造が基本とする〈立体格子〉の力の均等的配分による構造体にも、何らかの〈くずし〉を加え、そこから空間に動きと変化をもたらそうとするような手法も試みられている。村野は、この「大阪パンション」の設計では、西欧から当時日本に入って来た《モダニズム》の建築運動に、一見すると積極的に加担しているかのように見せながら、実は彼は、《モダニズム》の《合理主義》的な手法に秘かに反旗を翻すような気持を込めて、このユニークなホテルの設計を行っていたのである。

「動きつつ見る」旅で、村野が訪れたある学校建築

村野が「大阪パンション」の設計を通して、直接あるいは間接的に表明している特異な立ち位置を考える時に、どうしても思い出さなければならないのは、例の「動きつつ見る」と題した、一九三〇年に彼が行った欧米の新建築行脚の報告記の中での、特に彼が熱心に取り上げて論じているように思える、あのハンネス・マイヤー設計の「ドイツ労働組合同盟学校」(1930)の校舎や寄宿舎棟の複合的《コンプレックス》な建物群の構成についてのコメントである。村野はこの欧米旅行の途中でドイツを訪ね、各地の建築を見学したり、建築家に直接会ってインタヴューを試みたりしている。その一環として彼は、その数年前にワイマールから本拠を移し、市立の新しい「バウハウス」が開校されていたデッサウ市へ赴き、竣工後すでに四年が経っていても、世界中の建築家たちからますます注目されて非常に高い評価を受け、また日本でも大評判になっていたW・グロピュウス設計の「バウハウス新校舎」を、その高い評価を自分の目で確かめようとして訪問している。実はその時、村野はデッサウの新校舎を案内されて具《つぶさ》に見学して、その校舎、寄宿舎群のデザインから、そうした世界的な評判ほどの感銘を受けなかったと書いていたことについてはすでに述べた。むしろ逆に彼はグロピュウスの設計に強い疑問を抱き、はっきり言えば反感さえ感じた、とでも言いたげな口調で、その建築は「実験室的建築論」の所産にすぎないと喝破《かっぱ》している。そのことについては、すでに「第三章」において、校舎の外壁を覆う広大なガラスのカーテン・ウォールの可否についての村野の論考を通して詳しく触れた通りである。その訪問時に、校舎内を案内してくれたバウハウスの教師に、その種の感想を村野が率直に伝えると、意外にも彼もその意見に賛同し、「この建物が世間で評判になったほどでなく、かなりの欠陥を認める」とし、「今日のバウハウスの思想」を体現した建築をあなたが見たいと思うならぜひ、ベルリン郊外のベルナウという場所にちょうどその年に完成したばかりの、ハンネス・マイヤー設計の、ある「学校」を見学するようにと勧めた、と村野は書いている。この助言に従ってベルリンへ帰った村野はベルナウを訪れ、彼はそこでデッサウのグロピュウス設計の校舎群では決して味わうことのなかったような共感と、ある種の感動を経験したという。

この「学校」は、労働運動の担い手となるべき人材を、各労働組合の組織系列を超えて協力し再教育し、そこで学んだ者

を有能な組合運動の活動家として育て上げる目的で開設された教育機関であったようだが、この目的のためのキャンパス全体の配置計画と、そこに建てられる一連の建物の設計が、初代校長を約十年間勤めたW・グロピュウスの後を継ぎ、二代目のバウハウスの校長となったスイス出身の建築家、ハンネス・マイヤーに委嘱されたのである。皮肉なことに、代表作の一つとなったこのベルナウの学校建築群が落成した一九三〇年にマイヤーは、彼の社会主義的な思想とその教育方針を議会から糾弾されて、デッサウ市からその校長職をすでに解任されており、村野がデッサウを訪ねた時には、マイヤーは辞めた後であったらしい。

村野が欧米旅行から帰国した直後あたりから本格的に設計を開始していたと思われる「大阪パンション」の計画には、これから徐々に明らかにしていくように、このマイヤーの「学校」からの、計画やさまざまな意匠の影響が顕著であり、同時にまた村野がそのキャンパスや建築群の中から学び取ってきたものが、単に「大阪パンション」という彼の最初期を飾る一作品への直接的影響だけではなく、村野の戦前から戦後にかけての長い期間にわたる設計活動に、さまざまな形で重要な影響を与えていくことになった。その影響関係については、これまであまり詳しく論じられたことがなかったように思われるので、以下、すでに戦時中に失われてベルナウには存在しないこの「学校」のユニークな建築空間と、これもまた戦後しばらくして壊されてしまった「大阪パンション」との間に、どのような影響関係や計画や意匠の類縁性が認められるかを比較検討するために、竣工時の雑誌等に発表されているわずかな資料などをもとに、少し長くなるがしばらく詳細な検証を試みることにする。

「ドイツ労働組合同盟学校」のキャンパスと建築内容

キャンパスは、ベルリン郊外の起伏のある林地を伐り開いてつくられた広大な敷地の中に建設されている。航空写真で見ると、敷地の中央部の、地形の一番低い場所に調整池を兼ねていると思われる大きな人工池と、その横に冬季用スケートリンクがつくられ、その東側の平坦な場所に大きな芝生敷きの運動場が設けられていて、陸上競技用のトラックが楕円形を描いている（3-8参照）。それらのスポーツ施設を、緩やかな斜面ですり鉢状に北西側から北側の方向に取り囲んでいる傾斜面があり、その斜面上方の、低い丘稜の稜線部分に当たる位置に、この学校の校舎や学生宿舎や教職員住宅などを含む一群の建物が、互いに棟を接するような形で、南から北へ、さらには東へとリニアに連続的に展開されている。それらの建物群全体は、大きく角度を開いた〈L〉字形、もしくはカタカナの「へ」の字形を形作って丘の稜線部に展開している

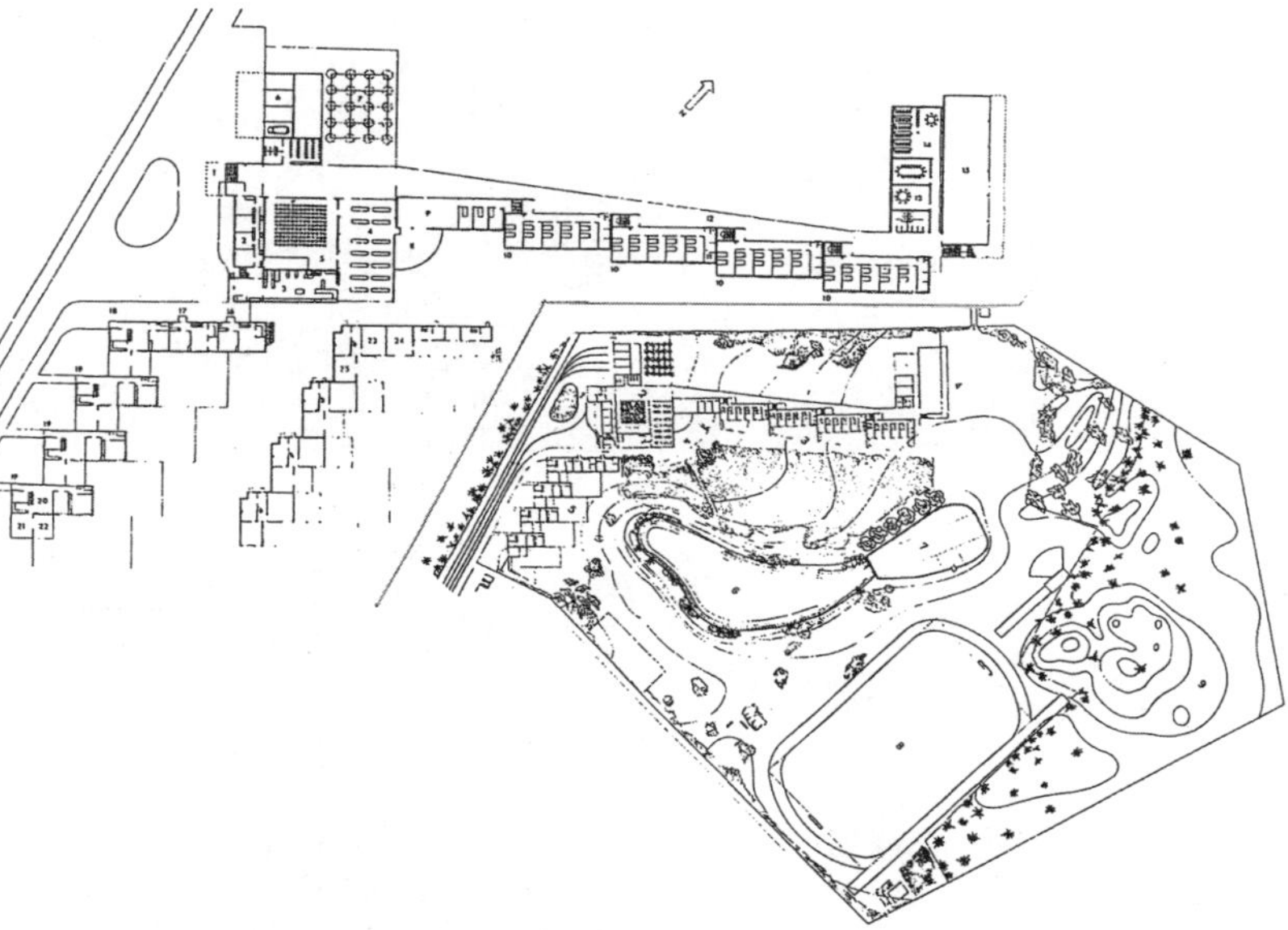

5-26 「ドイツ労働組合同盟学校」1階、地階平面図および敷地配置図

が、「へ」の字形に二つの方向へ伸びている建物群の中央の交(頂)点部に、学校の管理部門である「本部棟」が置かれている。この平屋の本館棟を基点として(北)東の方向へ、三階建で合計五棟の学生寄宿舎用のRC造で陸屋根の建物が、等高線《コンタ》の変化に合わせるようにして、わずかに南側に棟の位置をずらしつつ、同時に屋根面を階段状に落としながら繋がった状態で下っており、さらにその連結している寄宿舎棟の最先端部で、これに接続しつつ建物の棟の方向を北へ鋭角に転じている、教室、図書館などが下屋として付設されている「体育館棟」がある。他方で、「へ」の字の書出しの短い線の部分にあたる建物群は、南側から緩く上ってくるアプローチ道路に並行する形で、道路脇の東側の斜面に教職員用と思われる、これも連続する住居群が建てられている。それらの住居群は分棟式ではあるが、隣家との間の一部の壁を共有したいわゆる〈連続住宅〉の形式を持ち、それぞれの住戸に傾斜地を利用してつくり出された地下階が付属しており、階下につくられた各室のまわりを取り巻くように、上の一階部分の〈人工地盤〉である鉄筋コンクリートのスラブと、その上に乗った建物を支持する、たくさんのピロティが林立しているのが見える。(5―26、5―27、5―28)

マイヤーがここで実現して見せた敷地計画と各建物の平面計画は、たとえば平坦地に建てられたデッサウ・バウハウス

5-27　ハンネス・マイヤー設計、「ドイツ労働組合同盟学校」北側からの鳥瞰写真

5-28　教職員宿舎の東側の外観。ピロティ部分に地下室が造られている

の校舎群の場合に見られる、文字通り〈合理〉的な、つまり計画者の〈理性〉が直接投影させられてできたような配置とは対照的に、大都市郊外の山林地の起伏豊かな地形をほぼそのまま残した敷地でのキャンパス計画らしく、幾何学的な整合性を前面に押し出すことなく、残された自然の地形をすべての前提としてまず受け入れ、これに逆らわずにその高低を利用しつつ、さらに建物の棟と棟とを明確に分離せず、逆に棟と棟を連結し連鎖させながら、伸び伸びと非集中的に散開させている。ここでは、すべての前提として〈幾何学的整合性〉が置かれるのではなく、逆に幾何学は、地形といった形で表れる自然の表面の〈非幾何学性〉に従いつつ、その動きを追うように展開していくことになるのである。

　マイヤーがベルナウで実現して見せたような、〈自然先行―幾何学追随型〉というべきか、建物の地形に沿った〈連鎖―散開型〉の平面計画は、村野の長い設計活動の中では、戦前期には主に大きな住宅設計の平面計画などに応用されることが多かったが、戦後に入るとさまざまな建築の設計においてそれが重要なキーワードとなって、具体的な設計の中で展開されていくことになった。一九二〇年代のル・コルビュジエが明らかにその最初の〝杭〟を打ち込んだような、《合理主義》に特有の、つまりよき〈レシオ〉、よき〈比率〉を、明確に把握するために、建築の平面計画を、できるだけ単純形態へ〈集中・完結〉させるという手法も、村野は決して不得手とはしていなかったし、渡辺節からの薫陶《くんとう》もあってむしろ得意とさえしていた節《ふし》もあったが、しかし他方で村野は、その対極的なキーワードとしての〈機能〉を手がかりにして、すべてをシンプルな〝箱〟へと完結させていくやり方に自らメスを入れ、〝箱〟を解きほぐし、平面を自由に外側に展開させていくことに、設計者としての活動のかなり初期の段階から強い興味を示してもいたのだ。そうした彼の〈非集中型〉、もしくは《機能主義》型のプラニングへの強い関心と、村野にその手法の存在を確信させ、同時にそうした手法の近代における可能性を鮮明に予見させた作品こそが、まさしくこの「ドイツ労働組合同盟学校」の、当時としては珍しい独特の敷地計画と平面計画であったと考えることができる。このことについてはいずれ後段においてもう一度詳述するはずである。

ベルナウのアプローチと、大阪のアプローチ用路地

さて、ベルナウの学校の敷地の、その西端に沿って取り付けられている自動車路の脇に、それと並行してつくられている歩行者専用の舗道を歩いて、南の方から主玄関がある「本館棟」に向かってアプローチして行く。道が敷地のなかに入るとほぼ同時に、右手には、道路上からは平屋の連なりにしか見えない教職員用宿舎の地下階付きの連続住宅の列が見えてくる。建物が位置している道路の東側は、高さ数メートルほどの崖地になっているため、この教職員用の各住戸は、その傾斜地に鉄筋コンクリートのピロティを立て、その地階の一部を部屋として壁で囲んだ部分の他は柱脚のまま残し、それらのピロティの上にRC造の床スラブを打って一種の〈人工地盤〉としている。この上に、バルコニーとして残した部分以外の居住部分は、煉瓦積の壁構造で囲み、壁の上端に臥梁を廻した後で、瓦棒葺きの浅い勾配の片流れの鉄板屋根などを被せる、という建設方法が採られている。各住戸の集合形式は、〈L〉字形平面を持つ四棟の建物が、各住戸ごとに壁面を東へ後退させて雁行しながらも、隣家と一部の壁を共有して建っており、道路側から眺めると、道沿いにジグザグに壁面を折りながら、北へ進むにつれて東側に明確にずれていくという独特の配置が行われている。これらの雁行する連続住宅は、南側にある三棟が一棟一家族用の住家として並び、その先の一番北側の一棟だけが、三戸の連続住宅《テラス・ハウス》となっていて、合計六戸の住戸がこの連続した集合住宅を構成している。

学校の中央玄関がある本館棟の方へ歩をさらに進めていくと、歩道からそれぞれの家に入っていくための細い引込用の歩路があり、それが各家の玄関に直結している。この玄関の左手奥に見える隣家の道路(西)側の外壁はかなり後退して立っているため、その前にかなり広い前庭が各戸に付く形に

なっており、これによって玄関がある各住戸の西側の出隅部が突出して見え、それが連続住宅でありながらそれぞれの家の独立性を強調している。さらに前へ進んで学校の中央玄関脇に近づくまでの間に、玄関の出隅部のジグザグになった壁面の折り返しが四度繰り返されることになり、その出隅部と入隅部の壁面の繰り返す屈折が生みだす視覚的リズム感が、徒歩や自動車で学校の玄関を目指してその前を移動している人たちの胸に、次第に心弾ませていくようなある種の期待感の高まりのようなものを呼び起こす。

もはやここで改めて指摘すべきことでもないかもしれないが、こうした視覚的なリズム感から、その前を歩行する人たちの心に、期待感とか、ワクワク感といったものを引き出そうとするような手法は、先に「大阪パンション」の場合においても、ホテルの利用客が道路から玄関に至る路地風のアプローチ路上を歩く過程で、右手に直角に折れながら雁行する二階建の宿泊棟の外壁部分から感じ取っていたはずのリズム感と、実は同じような内容を持っていたのであり、村野がこの大阪のホテルのアプローチを考案した時の原像が、彼が数年前にベルリン郊外で目撃し、まだ鮮明に彼の脳裏に残っていたこの学校のアプローチ道路での経験にあったことをはっきりと教えている。

ベルナウの本館棟から寄宿舎棟へ

右側に、教職員用の宿舎の低層の家並が終わる辺りまで歩を進めていくと、全体の敷地の北西隅に当たる位置に、外からの来訪者や教職員や在学生たちを、車回し《ロータリー》を前にして迎える平屋の「本部棟」が姿を現し、それに向かって左(北)端部に、玄関前にフラットな屋根面を水平に突き出したシンプルな車寄が見えてくる。プランで見ると、この車寄に続いてその奥にある玄関ホールや、前庭側に面している事務室や、他にも厨房や、学生食堂などの平屋で構成された各室に取り巻かれるようにして、本館棟の中心部にあたる位置に、「大講堂」が置かれているのが、無窓の高い壁面が周りの下屋の上に二階分の高さでキューブ状に立ち上がっていることでわかる。この大講堂の西壁に一体化した形で固定されている、おそらく三つの異なる組合組織の「同盟」を象徴したものと考えられる、三本の記念碑的《モニュメンタル》な鉄筋コンクリートの打放しの柱列が立ち上がり、ほぼ三階分の高さに屹立しており、やや厳めしい表情を漂わせて外からやってきた来訪者を出迎え、またここで学ぶ学生たちを視覚的に鼓舞しようとしている(5-29)。この正面玄関上の列柱のデザインは、村野の戦前でもっともよく知られた作品の一つ、あの「宇部渡辺翁記念会館」(1937)の前庭広場の外縁に林立する、渡辺コンツェルンの六社を象徴させたという六本の打放しコンクリートの独立柱の、デザイン上の発想源となったものではないか、という意味でも注目されるものである。(4)

車寄からキャンパス全体のいわば中核施設としての本部棟の玄関間から、東方向に奥行きのある細長い平面を持つ「玄関ホール」の中に足を踏み入れる。フラットな天井の下に広がるホールは、右手にある講堂の壁の反対側にはクロークルームなどの部屋があり、それに続くホール奥の北側の壁は、固定したガラス・ブロック壁で仕切られていて、その不透明な厚いガラス壁から清々しい北からの外光が落ちてホールを明るくしている。このガラス・ブロック壁の左端のドアを開けて屋外に出ると、大きなテラスが続いていて、校舎群の北側に広がっている庭園や林を眺めることができるし、頭上には蔓草を這わせたパーゴラが格子状に組まれていて、夏などの強い日差しを遮るようにしている。このエントランス・ホールは、玄関広間としての機能だけではなく、映写ブースも備えた大講堂前のロビーとしての機能も兼ねている。また毎日の食事のために学生たちが集まってくる大食堂や、この食堂の東側に隣接している、四分円の平面で二階分の高さの透明なガラス壁に囲まれた吹抜けの空間がある談話室に入っていくための前室としての機能をも兼ね備えた、全体の要となる重要な空間である。

5-29　学校正面。左側に玄関車寄、その右側に高く大講堂の外壁と３本の柱列

さらにこの本部棟の東西に細長いホールを基点として、そこから東の方向へ学生たちが起居する寄宿舎棟《ドーミトリー》が、いくつも棟を連ね、それぞれの屋根を段状に重ねるようにして伸びている。仮に南側にある運動場あたりに立ってこの様子を眺めたとすれば、地形が緩く東の方へ下っているのに合わせ、五棟に分割されているRC造の寄宿舎棟が、妻壁の大部分を接しつつここでも〈雁行形〉に、わずかずつだが手前(南側)に迫り出しながら東へ下降している姿を、横に広くパノラマ状に見ることができるはずである。立てかけて並べた何枚もの衝立のような、この各棟南側のフラットな立面は、どの棟も外壁上の〈地(壁)〉と〈図(窓)〉が生みだす、縦横に細い帯を交差

5-30　キャンパス全景を南西側から見る。手前の教員住居の背後に本部棟と、それに続く寄宿舎棟が見える

させたような格子模様を見せているが、このエレヴェーションからは、たとえばモンドリアンが描く幾何学的抽象絵画を見る時に味わうような軽快でグラフィックな快感を目に受けることができるだろう。（5－30）

意表を突く廊下の空間

今度は逆に、大きな林地を背負っている北側の庭園の中に立って、先ほど南側から見た五棟の三階建の寄宿舎棟の東西に伸びた長い列を眺めると、はたしてどのように見えるであろうか。北の庭園側から見た寄宿舎棟のエレヴェーションは、南側ほどシンプルでも、また絵画的でもなく、どちらかといえば地味で実際的《プラクティカル》な表情を見せて伸張している（5－32参照）。北側立面で一番目につくのは、緩やかな勾配で架けた屋根の短い庇下の高さまで、一見バットレス風に外壁面に付着して立ち上がっている構造的なコンクリートの通柱の列である。各階の廊下に外光を取り込むために水平なスリット状に入れた帯状開口部を持つ壁面を、この柱が縦に一定の間隔で分割して律動と陰影を付けている。それと同時に、各棟の東端に、一階から三階までの各階を垂直に連絡している階段室があり、その周りを囲んでいる平坦で開口部の少ない縦長の壁面が、その柱列の流れを四箇所で分断して、各棟のわずかな南への雁行状態をその境目で強調している。しかし北側の立面全体の中で一番目を引くのは、各棟の一階部分を横に斜めに切るように走っている通路らしい部分であり、これは西端の玄関とそれに続くエントランス・ホールから、東端にある体育館棟の間を連絡している屋内通路である。フラットな薄い金属屋根を載せたこの通路の、北側の庭園に面した壁面は、床から屋根までの全面が透明なガラス壁であり、細い鉄製のサッシュで固定されている。

玄関のある本館棟のホールに戻り、そこから広々とした庭園に面したこの屋内の連絡通路の中を歩いて奥(東)に向かって進んでみよう。先ほど外からも見たようにこの通路は、五棟が雁行している寄宿舎の北側一階の足元部分を東の奥にある体育館棟(別に上階に三教室)とその西側の下屋(中に図書室・会議室など)の方へ向かっているが、初めてこの細長いチューブ状の通路空間を歩きはじめた人はすぐに、設計者であるハンネス・マイヤーがこの場所でかなりの冒険であったにもかかわらず、あえて実行し演出したと思われる、ある特殊なしかけに、意表を突かれる思いがして、たじろいだり、自分の歩く速度を緩めたり、思わず止めたりするかもしれない。というのも、この通路は、少しずつ雁行して鉤型に連結している五棟の寄宿舎の北側の各棟の連結部で、各棟が南側に少しずらしてあるために一棟分の桁行間隔での壁面の規則的な屈折が見られるが、マイヤーはなぜか、その壁の折れ曲がる動きに合わせて、反対側の外側の壁を立て、鉤型に並行する壁の廊下を設定してはいないからである。マイヤーは一般的な設計手法からすれば強引といえるほどの直截さで、通路の反対(庭)側の壁面線を、西の本館棟から東の体育館棟の南端まで、斜めに、一気にまっすぐに直線で引き、その部分に全面ガラスの連続壁を立て、北側の広い庭園を望み見ながら歩けるように設計している。(5-31)

5-31　寄宿舎棟の廊下。寄宿舎棟の外壁が北側ガラス壁方向へ迫り出している

こうしたプラニングが採られているため、仮にこの学校を初めて訪問した人が、奥にある体育館へ行こうとして、玄関ホールの南にある大講堂や食堂などの壁面を右手に見ながら東へ進んで長い廊下に足を踏み入れるとすると次のような経験をすることになるだろう。ホールの壁に直線的に続いて伸びている廊下の右手の壁、つまり最初の寄宿舎棟の北側の壁

をそのまま右手に見ながら、その連続した壁に導かれるようにして歩いていくと、左手に見える廊下の庭側のガラス壁がいつの間にか、目の前に斜めに迫り出して来て、前へ進もうとする人の視界が左側からそのガラス壁で少しずつ侵されていくかのように感じるに違いない。一般的な廊下は当然のことながら両サイドの壁は常に並行して両側に続いているはずだが、ここではガラス壁が迫ってきて、外の風景をガラス越しに見ながら、そのまま進もうとする人を廊下の外へ飛び出させてしまうのではないか、といった視覚的な不安に陥れるのである。プランでその空間を確かめてみると、庭側のガラス壁面が東西に斜めに直線で通されているために、雁行する各棟の北東の出隅部において、ガラス壁が最も建物に接近して、廊下そのものの空間が漏斗状に狭められ、平面上の廊下は、鋭角の頂点を持つ直角三角形の頂部を横に切ったような形で、西端と東端の間で、廊下幅が最初の約半分ほどに窄められているのがわかる。(5-32、5-33)

5-32　北側外観と1階通路および奥の体育館棟

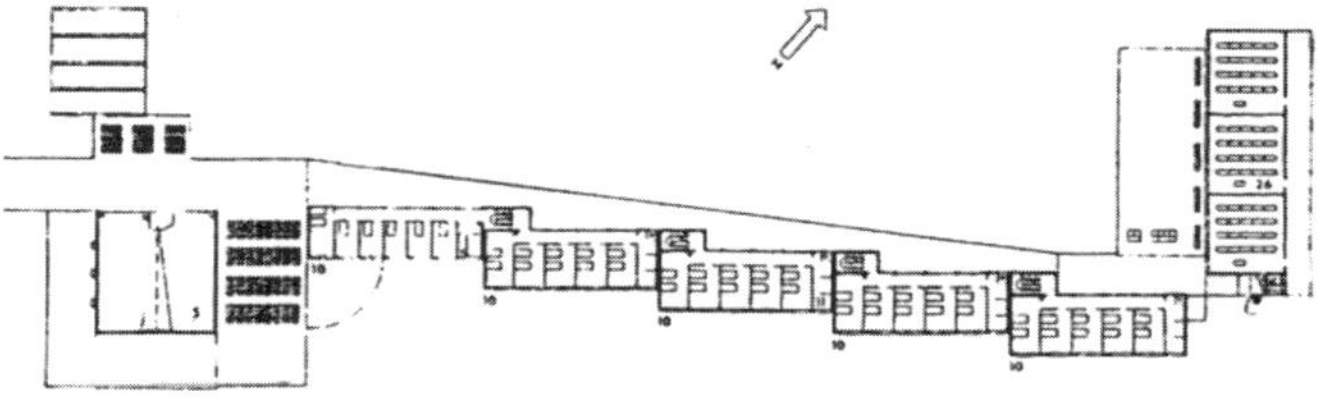

5-33　1階玄関ホールから寄宿舎棟へ続く1階廊下のプラン(部分)

　これとは別に、右手の寄宿舎棟側の壁を頼って東へ歩くのではなく、あくまでも一直線に廊下の一番奥の東端まで続き、この深まりを見通すことができる左手(庭側)のガラス壁面を頼りにして前へ進んだ場合は、先ほどの建物側の壁を頼りに進んだ場合とはまた異なった空間経験をすることができるだろう。この場合には、その人は自分が前へ向かって進んでいくにつれて、最初は右手にかなり離れた位置にあった建物側の柱付きの硬い壁体が、右手の方から目の前に斜めに大きく迫り出してきて、廊下の幅をどんどん細くし視界を狭めていくように感じるはずである。こちらの方の壁は、ガラス壁の場合とは違って厚い壁や柱に実在感があり、この不透明な壁が最後には右手から侵出して廊下の視界を絞り、水の流れを突然堰き止めたかのように、先へ進めなくしまうのではないかと人を怯《ひる》ませたり、逆に大丈夫だろうと、その先の展開に期待感を抱かせたりする。ここでは、両サイドの壁が同じ間隔で延々と続いている一般的な廊下を歩いている時に日頃感じる安心感や、逆に退屈さなどとは遠く、通路空間がそこだけ圧縮されて生まれる不思議な閉塞感と、つづく奇妙な解放感の繰り返しによる律動性と分節性が空間に演出されているのである。

つまりこの通路の、ガラス壁と建物の壁面の間で狭められた〝関門〟を歩行者がいったん抜け出せば、そこでは再び廊下は最初の広い幅を回復し、一時的な圧迫感から解放されてほっとするが、さらにそのまま進めば、再び眼前に次の寄宿舎棟の外壁が滑らかに忍び寄り、ガラス壁横の奥に見える目的点を凝視している歩行者の視界を再び右側から舞台の幕を閉めるように狭めてくる・・・という、何とも不思議な空間の伸縮がこの廊下内の進行に従って繰り返されるのだ。圧縮↓解放↓圧縮↓解放という反復のリズムが齎《もたら》す、〈合理〉的な配慮が尽された建築の内部ではほとんど体験することのできない、どこかに不安感も拭えないが、しかし逆に意外性があって刺激的でもあり、余所《よそ》では味わえないような魅力的な〝空間潜り〟がここには用意されていたといえよう。

さて今度は全く逆に、教室がある体育館棟や、その下屋の形の、図書館などが入っている平屋のほうで勉学を終えた学生たちが、この廊下を通って、本館の大食堂や談話室に向かおうとしたり、あるいは自分が寝起きしている寄宿舎棟の部屋に戻ろうとして、東の方から西の玄関のある方角へ、この長い廊下を戻ってくる場合を考えてみなければならないだろう。先に見たような、この廊下を玄関の方からやってくる人たちへの、数度にわたる斜めの壁の波状攻撃には、実は文字通りの〝裏話〟があったといえる。はっきり言えばその廊下に突き出した壁の裏側、つまりは五棟に分かれている各寄宿棟の北東の出隅部の壁の裏(東)側ということになるが、そこに学生たちがそれぞれの棟の何階かにある二人部屋の自分の部屋へ戻って行くための、背後の階段室に続いている各棟の「出入口」が置かれていたのである。玄関ホールの方から歩いて来た場合には、廊下の幅が狭まった、まさにその位置の裏側に出入口があることとは、学生にとっては非常にわかりやすい。それと同時に、逆に廊下を東から西に向かって戻ってくる学生たちには、寄宿舎の外壁の直線的な展開に従って進んで行くと、進行につれて廊下の右手に立っているガラス壁は斜めに外へと開いていくのと同時に、廊下幅が少しずつ扇形に先広がりになっていき、同時に、彼らが歩く廊下の幅が一番広がった位置に、それぞれの寄宿舎棟の「出入口」が、その奥にある階段室とともに、大きく口を開けた形ではっきりと真正面に見えてくることになる。この各棟への出入口と階段室は、廊下の幅のほとんど半分を占めて、彼らの行く手を塞《ふさ》いで直角に飛び出している上に、各棟別の標識《サイン》や彩色等で、それが何番目の寄宿舎棟の出入口であるかを明示していたはずだから、学生たちは自分が帰るべきドーミトリー棟を間違えることがなかったはずである。こうして一見無謀に見えるこのプラニングには、実は明確な〈機能〉上の配慮と利点があらかじめあったことが明らかになってくる。つまりこの奇妙で一見理不尽な渡り廊下の計画は、〈合理〉的な、つまり理性的で論理的なデザインを目指してはいなかったかもしれないが、しかし逆にきわめて〈機能〉的な、つまり人の〈身体〉の動きを十分に熟慮した上で空間が実現された結果であったことがわかるのだ。

　しかしこのような〈機能〉的な屋内通路のデザインは、〈合理《レシオ》(ratio)〉、すなわち〈理《ことわり》〉に合致すること、つまりは〈物事をしっかりと割り振ること〉を最も重要な原理とする考えをどこかで無視した、その意味で理不尽なものに見えることも確かである。というのも日常の通路空間に〈拡大↑↓狭窄〉をくり返すことは、《合理主義》を原則とする近代の建築設計の可能性を追求する立場からすれば、決して歓迎すべき手法ではなかったはずであり、明確な〈比率《レシオ》〉と〈均衡《バランス》〉という《合理主義》の大原則にこの廊下の空間はまさしく背いたものであったからである。当時ドイツの近代建築運動を代表する設計者の一人として、先進的な《合理主義者》の一人と目されていたはずのH・マイヤーが、このような特殊な空間を持つこの廊下において、なぜかその種の枠を破り、そうした思惟をあえて意図的に突き崩そうとしている点が注目されるところであり、この学校を具《つぶさ》に見学したはずの村野藤吾もまた、ハンネス・マイヤーのこのような反《合理主義》的な手法に気付いて、そこに特別な魅力を見出していたのではなかったか。明快であっても単調で、いかにも退屈な空間の連続になりかねない、たとえば昔の日本の小中学校の廊下でよく見られたような、見通しの良い、長く一続きの直線的な廊下。これに代えて、廊下の直っすぐな筒状の空間の流れを、意外に単純な手法でいくつかのポイントで機能的に分節し、歩行者に一種のストレスを課すと同時に、別の意味では彼らの内面を解放し、同時に明確な位置の確認をさせ、それとともに彼らの内面や肉体に生命的な律動感を体験させることにマイヤーが成功していることに、村野はおそらく驚きと感銘を受けずにはいなかったのだ。村野がグロピュウスのデッサウ・バウハウスの建築群からは決して感じ取ることのできなかった魅力がそこにはあった。マイヤーが揮うこうした特殊で独創的な手法に対して、大学を出てから後の十余年のほとんどを、

《様式建築》のいわば定型的な設計に明け暮れていた村野が、設計上の自由さや清新さを感じて反応しないわけがなかった。そこで村野自身の〝設計者魂〟にも火が付き、彼は直後に設計することになる「大阪パンション」を、マイヤーと彼の作品への、一種のオマージュとして設計して捧げようとひそかに心に決めたのではなかったか。

ベルナウの学校建築についての村野の記述

さて、村野は自分の作品、たとえば「大阪パンション」の中に、マイヤーがこの学校の設計に際して見せた手法や空間的表現をどのように取り込み、それを自分のものとしてどう表現しようとしていたかを、できるだけ具体的にここで考えて見ることにしよう。村野は先の旅行記の中で、この「ドイツ労働組合同盟」が実現したこのキャンパスについて、「私は今ベルナオにおける此の学校――寄宿舎を有する此の学校の新築を見るに及んで、種々の意味に於て、彼［H・マイヤー］が抱懐するところの思想を読むことができる様な気がしてならない」と書いた後、グロピュウスの時代に比べて、マイヤーが率いたバウハウスは、「次第にプロレタリアートの芸術運動に、その深度を加へつつあることを感ずるのは、この［ベルナウの］学校を見ただけでもよく分かる」とし、このベルナウの学校の具体的な内容について次のように綴って紹介している。

「此の建築の意味は勿論平面計画にある。そして、露出した鉄骨に赤、青、黄などの原色を塗るかと思へば、グラスブリックの壁を造り、［他方で］惜しげもなくプレートグラスを用ひるかと思へば、之れと接して鉄筋コンクリートの露出したはだを［突き］合せて［いたり］、天井には滑らかに塗ったプラスターの面に淡黄色のペンキを刷くと云ふ様な、例へ［ていえ］ば工場に花を挿し、清涼な空気と光線を［屋内に］送ったような［感じの］此の建物を、私は意味深く眺めた。[5]」というのである。この記述の中の「グラスブリックの壁」と村野が言っているのは、先に見た玄関ホールの東北側にあるガラス・ブロックの広大な壁面のことだと思われるが、これは、床スラブから積み上げたガラス・ブロックが天井間近まで上り、屋根スラブ下に開けた横長の換気用の欄間の下までを占めた固定壁であり、この分厚い不透視ガラスのスクリーンを抜けて北側からやって来る柔らかい透過光が、エントランス・ホールに何とも言えないすがすがしい輝きを与えていた様子を指した記述であったと思われる。ここで村野が、ガラス・ブロック面を透過した光が持つインテリア空間への独特の効果を目撃したその鮮烈な印象が、やがて戦前の彼の作品のさまざまな場面を彩った不透視のガラス・ブロック壁と、それが齎《もたら》す光の効果の演出として現れることになる。たとえばあの宇部の「渡辺翁記念会館」(1937)の階段室の光壁や、広場に面した二階ホワイエの窓の周囲をRC壁とともに固めていたガラス・ブロックから室内に落ちる光の効果などの例がすぐに思い起こされる。同じように先の記述の中にある、「惜しげもなくプレートグラス」を使っていた場所というのは、先に見た連絡通路の、ホールにあるガラス・ブロックの壁に連続して東に延々と伸びていた庭園側のガラス壁であったことはいうまでもないだろうし、その透明な壁に向かって、「鉄筋コンクリートの露出したはだを「突き」合せ」て、対立、対比させている壁というのは、打ち放しの構造柱が並び立っていた寄宿舎側の壁のことであったと思われる。やはり村野にとってもこの廊下のデザインはきわめて注目すべき、刺激的なものに見えていたことがわかる。

マイヤーの計画や意匠がその後の村野に与えた影響

　いずれにせよ、村野が最初に書いているように「この建築の意味」、つまりベルナウの建築の歴史的な意義がどこにあったといえば、一言でいえば、あの幾何学的単純形態への〈集中・集約〉を排した〈散開型〉のプラニングの実現にあったに違いない。しかも平面計画を、構成すべき各棟を独立させながらも分離しない、〈連鎖雁行型〉の独特の組立方にした点に特徴があったのであり、現地で実際に自分の目や体で、そこに実現していた建物の空間を体験することを通して、彼はその校舎の空間の不可視の〝核心〟といったものを、的確に見抜き把握していたのである。村野はその基礎的な認識を前提にしながら、やがて独立後に彼が手掛けることになる一連の作品において、繰り返しこのベルナウの学校における記憶を反芻《はんすう》しながら、単に平面計画に限らず、マイヤーが見せるいかにも切れ味のいい形態処理や、才気走ったディテールなどをどのように自分の設計に取り入れ、応用することができるかを真剣に考えるようになっていったのだ。

　したがって、村野がこの学校のキャンパスを見てからすぐに設計に取り掛かり、わずか二年余り後に玉出の地に完成させた「大阪パンション」は、まさにそうした村野の関心が最も早く、またきわめてストレートな形で現れた作品となっていったのは当然といえば当然であった。そうした影響を示すさまざまな痕跡をこれまで種々の場所で指摘してきたが、ここでもう一度まとめて整理しておくとすれば、最初に取り上げて論ずべきなのは、やはりベルナウと玉出の二つの建築の配置計画の非常にはっきりとした親縁性という点であろう。まず、「大阪パンション」が建設された〈L〉字形の敷地における、二階建の低層宿泊棟と四階建の高層宿泊棟との鉤型の組み合わせは、ベルナウのキャンパスでマイヤーが行った、教職員用の低層連続住宅と、高層の学生のための寄宿舎棟群との広角に開いた〈L〉字形（つまり〈へ〉の字形）の配置計画を、村野が意図的に〝写し〟応用したものであった。先に見たように、ベルナウの学校へアプローチしていく時に東（右）側に並んでいた教職員用連続住宅の雁行形の建物配置が、「大阪パンション」の、正門から玄関に至るまでの引込路《アプローチ》の東側に村野が配置していた、低層宿泊棟の雁行形の構成の発想の原型であったことは誰でもすぐにわかるだろう。さらに、四階建の本館棟の方では、六本の壁柱が囲む一区画《ベイ》を、四区画続けて並べ、区画ごとに西側へわずかにずらして繋げて配置して全体の平面を雁行形に形成するやり方は、もはやいうまでもなく、ベルナウの五棟の寄宿舎棟が東西方向に連なりつつ、地形に合わせて南の方に雁行しながら連結している、あのプラニングを村野は脳裏に描きつつ、その〝本歌〟を翻案してプランを画いた結果であったのも明らかである。

　先に詳しく見たように、村野もその旅行記の中で特筆していた、この労組学校の本館と体育館を結ぶ東西の連絡通路の空間に似たものは、はたして「大阪パンション」の中にも取り込まれていたのだろうか。結論を先にすれば、この部分の空間は、両者の全体の配置計画の場合ほどの明確で直截的な因果関係は見出せない。しかし村野にとってきわめて刺激的なものであったこの廊下での空間体験を、このホテルの中のどこかに刻印したいという思いはやはり捨て難いものがあったとみえ、かなり形と場面を変えた形で、あの斜めに連続するガラスのカーテン・ウォールを、玉出のホテルのある場所で具体的に実現してみせている。その場所とは、このホテルの本館棟一階の、北側の庭園に面してやはり同じカーテン・ウォールで立てられている外壁面のことである。ホテルの敷地の北端を斜めに切るような形で通っている北側道路に並行させる形で、庭に面したこのガラス壁は、玄関ホールの奥にある「事務兼応接室」から西へ、「ビリヤード室」、「レストラン」、さらに「キッチン」へと四つの部屋の北側を、斜めに連続して、上下のスラブにスティール・サッシュで固定されながら、中庭と室内の間を薄く鋭く仕切っている。この大部分をフィックスしたガラス壁面が、平面上を斜めに直線的に鋭く切っている様子は、両者の機能的内容は全く異なるとはいえ、あのベルナウの連絡通路の、庭園を見通す透明な嵌殺のガラス・ウォールへの村野の鮮明な記憶と憧憬がそこに蘇った結果であったという解釈は、両者が背負う機能的な内容は異なるとはいえ、さほど的外れな推測だとはいえないだろう。

「あやめ」効果への村野の関心の最初のきっかけ

　この他では、本館棟の二階から四階までの客室階部分で先に見た、一見して洞窟とか坑道などの空間を思いださせる、例の横にずれながら屈折する特徴的な中廊下の存在もあった。

この形式は雁行形に組立てるプランを練り、客室の列の間に中廊下を取るというプランの場合には、ある意味で〈合理〉的な廊下の形態であるとはいえ、やはりここにも、ベルナウのあの連絡通路での、寄宿舎棟の北壁が屈折して連続する壁・柱についての村野の残像が関係していたと見ることもできるかもしれない。

この他にも、「大阪パンション」以降の村野のさまざまな仕事の中での、ベルナウの労組学校での空間体験の種々の影響の一つという意味で、特に注意を促《うなが》しておきたいのは、あのガラス張りの渡り廊下の、先に詳しく触れた〈斜めに迫り出してくる壁〉が人の心に齎す、奇妙だが新鮮な、その意味できわめて効果的なある特殊な空間効果への、村野が抱いたと思われる強い関心についてである。これについては後章でいくつかの具体的な村野作品に即して改めて触れることになるが、ここでは簡潔にその内容の輪郭を紹介しておいて先に進むことにしよう。

村野は後に、廊下や通路などが、壁や床などに誘導されて斜めに横滑りするような形で移行していく時に起こる、ある特殊な空間的な転換効果に対して、「あやめ」という簡潔な言葉を充てて説明することがあった。この場合に村野がいう「あやめ」とは、伝統的な日本画の中などでよく描かれる、菖蒲の葉や花が水面の上に顔を出している「菖蒲池《あやめ》」の「あやめ」の意からきたものであったと考えられる。こうした池の中に水面にすれすれに木杭などで支えられ、板や石板などの短冊型の踏板を少しずらして次々と並べた小橋が描かれていることが多い。この小さな短冊形の板をずらして並べ、斜め向こうへ掛け渡すような橋《はし》の、その形状に似た平面上の部分を創ることを、村野は「あやめ」の手法と呼んで説明しようとしていたように記憶する。

建築の場合では、本来は直線的に通す廊下や通路を、その途中で、左右どちらかに斜めに少し振る形で別の空間と結ぶとか、あるいは池の中の小橋そのままに、二本の直線的な廊下を短冊状にずらして並行に並べ、二つの廊下が接した部分を、歩く人を斜め横に滑らせるような接続通路にする、などといった空間手法がそれである。こうした「あやめ」の空間を人が通過すると、一つの日常的な部屋の空間から、その向こうにある別の部屋の特別に設えた空間へ人を移行させる時に、そこが重要な〈転換点〉もしくは〈結界点〉とでも呼ぶべき場所になる。特にそこで〝横に滑る〟かのような経験から生じる独特の空間の切り替えは、ただまっすぐに通した廊下や、あるいは矩折《かねおり》に曲げた〈合理〉的通路では、決して期待することのできない空間効果として、特に伝統的な数寄屋建築の中などでは重宝された手法でもあったのだ。村野はやがてこの種の廊下や通路を、主に和風住宅の廊下や商業施設の通路などに巧みに組み込んで思いがけない効果を上げるようになっていくが、実際にそのことをこの場所で明確に意識していたか否か別にして、本来は日本の伝統的な建築空間に特有ともいえるようなその種の手法に対して眼を開かされたか、それを意識して見るようになったきっかけが、もしかしたら、あのベルナウの校舎の連絡通路に立って彼が見たはずの、廊下の空間の中央へ斜めに押し出したかのような、あの意外な壁の存在にあったかもしれないとも考えるのである。変形の「あやめ」ともいえるあの壁を眼の前にして受けた衝撃が、彼の脳裏のどこかにその後も残像として生き続け、やがて後にそれが、日本建築の中にある「あやめ」と呼ばれる仕掛けや空間効果への彼の感覚に磨きをかけたのかもしれない。いずれにせよ、その具体的な彼の手法についての詳細な検討は、後章に譲ることにする。

端々《はしばし》にまで心身が届くような感覚の会得

一九三〇年の旅で村野を魅了したベルナウの校舎とキャンパスでの記憶が、「大阪パンション」をはじめとして、その後の彼の設計手法に大きな影響を与えてきたのは間違いないが、一般に考えられている以上にその影響には大きさと多様さがあったように思えるので、それをもう少し具体的に明らかにするために、さらに奥に位置するベルナウの校舎の中を歩いてみる。寄宿舎下の北側廊下を東へ一番奥まで進むと、その東端の寄宿舎棟の先端部で廊下は終わり、今度はこの廊下に対して鉤型に北に向けて棟を配置された「体育館棟」とその西側の庭に面した、平屋の「下屋」があり、廊下に向けてそれぞれの部屋に入る入口が置かれている。地形のいちばん低い場所に三階分の軒高で建てられた体育館棟の一階部分を占める体育実習室は、ほぼ二階分の天井高を持ち、壁と天井を、打放しの柱と梁が露出した状態で空間を確保している。その大きな箱型の内部空間は、東側に大型の透明なガラス窓が開けられ、西側の壁の上部には、体育館に接して建っている下屋の陸屋根の上に高窓が取られて、午後の光が天井の下から入ってくるようになっている。

この高い天井の体育実習室の上に床スラブを打って造った二階部分には、合計三室の講義用の教室が並び、体育館内部に内階段を取れなかったために、学生をこの講義室へ上り降りさせるための、屋根付きの外部階段が、ＲＣの脚柱《ピロティ》に支えられながら、南側の妻壁に沿って壁に張り付いた形で上り、この階段がさらに二階教室の東側の屋根付きの廊下となり、やはりここでも下から脚柱で支持されて教室を繋いで巡っている。この階段から二階外廊下へと続く姿もまた、単純なキューブ状の体育館棟の外壁に〈チューブ〉を直截的に巻き付けたようなデザインとしてかなり大胆不敵な処理だとい

5-34　図書室内部から西側庭園と南側の寄宿舎棟を見る

え、その意味ではあまり〈合理〉的デザインとはいえず、むしろ〈機能〉的な建築形態の露出として興味深い部分になっている。ル・コルビュジエならそうした処理を、〈合理〉性のない〝無様《ぶざま》な形〟として避けようとしたはずのこうした階段や廊下の〈チューブ〉状の付加形態を、マイヤーは何の臆することもなく、やってのけているところがいかにも面白い。

一方体育館棟の西側には、それに接する形で下屋部分があり、その平屋の建物の中に、二部屋の会議室(もしくはゼミ室)と、その奥に図書室が入っている。この一階奥にある図書室の椅子に座って、広く開けられた西側のガラス窓から西の方向の窓外を見渡した写真を見ると、先ほど歩いてきた、寄宿舎棟の北側の一階部分を緩い勾配でこちらから向こうへ上っていく渡り廊下の様子や、その上でわずかに雁行しながら壁面を屈折させている寄宿舎棟の北側立面や、さらにその上の浅く軒庇を出した屋根の重なりが階段状に西に向かって昇っていく様子などが、周辺の林の広大な緑地を背景として、くっきりとした輪郭を取って眼に飛び込んでくる(5-34)。一般的な建物群が持っている凝結力を忘れたように、広い敷地に伸び伸びと展開しているキャンパスの空間が、古いモノクロ写真を通してでも十分に感じ取れるし、この図書室で本を読んでいる人たちが、ふと眼を窓の外に向けて、建物がこのように伸張していく姿を見ることから感じたと思われるような、この場所に身を置いて勉学に励むことの喜びとか、居心地のよさといったものさえもそこから読み取れる気がする。同じような感想はこの校舎群の中の、どの位置、どの角度から撮られた写真にも、同じよう見出せるように思うのはなぜだろうか。いい換えれば、村野がデッサウでは感じることができなかったが、ベルナウで感じ取ことができたという、「彼(マイヤー)が包懐するところの思想を読むこと」ができたといったのは、マイヤーの単なる〈左翼思想〉が読めたというだけでなく、彼が自分の設計した建築の中に用意していた、言葉にすれば〝一体感〟とか〝居心地の良さ〟などといったありきたりの形容をする他にない、しかしきわめて根源的な設計上の「思想」、思惟を村野がそこに読み取った、という意であったことがわかってくる。

建築を〈身体化〉させようとする試み

仮に各建物が幾何学的なシルエットを備え、無駄な凹凸がなく、建物の輪郭が鋭くくっきりと浮かび上がっている光景、たとえばバウハウス・デッサウの校舎群などからは村野がほとんど感じ取れなかったような、「労働組合」に関係する教育施設とは思えないような、どこかのんびりとした牧歌的な印象が、このベルナウのキャンパスとその校舎群からは感じられたとすれば、はたしてこのような差異は、どこから、どのようにして起こるものなのかを、村野もその時考えずにいられなかったに違いない。というのもその時の経験や思惟が、村野の「大阪パンション」をはじめとする、その後の多くの彼の作品群の中に見出すことのできる手法の獲得や、その手法が創りだした特殊な空間的特性の実現とに、少なからず関係があったように思われるからである。

たとえば先に触れたように、広く散開している建物群の中のある一点に位置して、そこから他の建物や周囲の自然を眺めている時にふと意識するような、言葉では直截に表しにくい、ある種の〈安心感〉、もしくは〈充足感〉といったものが、この学校には設計者によってさまざまな場面に用意されているが、そうした感覚は、一体どのようにして生起して来るものなのだろうか。この種の経験を理解するために、一つの喩えをここに用意してみよう。たとえば、たくさんの車両をつないで走る列車の最後尾に近い客車の窓際に座って、車窓から外を眺めているとしよう。レールの上を走る列車が、前に現れた川や山などを避けるために、レールが大きく湾曲している場所に差しかかると、後方の自分のいる車窓からはるか前の方に、一編成の列車を引っ張っている先頭の機関車や、その後ろに続く客車などがわずかな時間だがはっきりと見える時がある。それを見た乗客は、自分が乗っている列車はこういう編成で、自分はその中のどの辺りに乗っているか、また朝日の方に向かって走っているから今は東に進んでいる、などといったことを瞬時に確認して、ある種の〈充足感〉というか、動きの全体を見通せたことによる〈安心感〉といったものを感じて、なんとなくホッとしたり嬉しくなったりした経験を持ったことはないだろうか。その時の安心感は、列車という全体のなかでの〈自分の位置や立場〉を図らずも自分の目で確認できたといった感覚とともに、この列車に乗って旅している自分の〈身体〉が、先頭の機関車の所へまで届いていて、まさに自分自身が鉄路の上を疾駆している列車と一体化しているというような感覚がもたらす〈充足感〉がそこにあったからだと言えなくもない。機関車や先頭の車両を後から目撃する時や、逆に先頭車両から最後尾の客車の列を眺めたりする時の、不思議な〈身体〉の延長感と一体感がそこに実現《リアライズ》し実感していたのかもしれない。実は、こうした経験に近いものが、村野が見たマイヤーのキャンパスと建物群の中で経験できたのではないかと考えられるのだ。

つまり列車の乗客は、列車という物理的全体を、いつの間にか自分自身の〈身体〉に同化させ、はるか前方の機関車に至るまで、自分の身体的感覚、つまり意識を届かせているのだとすれば、おそらく建築や都市の場合にもそれと同じような一体化、つまりそうした物理的外延を自分のものとして〈身体化〉するような瞬間が、さまざまな場面で起こりうるのではないかと考えても、さほど突拍子もない考えともいえないような気がする。話を再びマイヤーの学校施設に戻せば、たとえば写真に写っている図書室の窓から外に見えるキャンパスの光景を視る者が感じ取る、ある種の長閑《のどか》さや安らぎといった感覚は、まさしくそうした〈身体化〉の経験に近いものか、もしくは〈身体化〉の光景そのものを示しているのではないか。図書館の椅子に腰かけて外の光景を見るともなく見ている人は、乗客が遠くに機関車を眺めるように、遠くに本部棟を眺め、それに連なる寄宿舎棟を見て、自分の居場所を知り、同時に自分自身がいるこの場所が、はるか遠くに見える本館棟や、さらにその先にあってここからは見えない教職員住宅棟にも、間違いなく繋がっているという、まさしく建築や環境の〈身体化〉がそこに生起しているのである。

〈建物〉を〈建築〉にする新たな手立て

H・マイヤーは彼の設計において、そうした可能性をめざして自分が設計する建築を計画し、着実にそれを実現していたように思われるし、独立直後の村野藤吾もまた、マイヤーのそうした意図(「思想」)を正確に読み取って日本へ帰り、それを自分が設計しようとする建築に反映させ、その一つの成果として「大阪パンション」が出現したのである。ここで再び「大阪パンション」のデザインに話を戻せば、たとえばこのホテルに宿泊した客が、ある時バルコニーに出て、自分が投宿しているホテルの、バルコニーを取り巻くようにしている周囲の外壁や窓や庭などを見回わした時に、彼は、建物全体の中での自分の部屋の位置を確認することができて、なんとなく安心するのと同時に、さらに、自分の周りのホテルの壁や窓や、あるいはバルコニーや庭などを、単なるものの羅列、連なりとして、自分の外にあるものとして眺めているに止《とど》まらず、そこに立っている自分が、それらのものの広がりの中にいつのまにか入り込んでいくような、不思議な感覚に襲われたかもしれない。いい換えれば、それらを眺めている自分自身の〈身体〉が、自分が宿泊している建物の隅々、端々にまでいつのまにか浸透していき、自分の意識と肉体がそうした物理的構築体、つまり〈建てられた物〉と一体化して、そのものを物質的構築体以上の何か、つまり自分の〈意識〉の一部であるかのような、身近な切り離すことのできない〈身体的外延〉として、つまり〈建築〉として認識しはじめていたともいえるだろう。

すでに取り壊されてしまって久しい「大阪パンション」で、はたしてそうした〈身体化〉の契機といったものを実際に見出すことができたかどうか、残念ながら今となっては確かめようがないが、それは別にして考えて見ると、村野藤吾という建築家が、〈建もの〉を身体化させて〈建築〉へと齎《もたら》すことに関しては、他の日本の近代建築家たちがとても及ばないほどの強い決意を抱き、またそうした目的のための設計上の手練手管、つまりは充実した設計手法を自分の中に備えつつ、こうした目的を着実に達成してきた人であったことは疑いもない事実である。まだ彼が渡辺節の下にいた時には、《装飾》が〈建物〉を〈建築〉へと齎すための欠かせぬ重要な手段であることをいち早く覚り、それを設計に盛んに活用したことについてはすでに詳しく見てきたとおりだが、一九二〇年代に入って新たに《合理主義》の建築論が喧《やかま》しくなり、装飾的な行為そのものが、建築生産の近代化の上で非〈合理〉的な、無用で無駄な作業だとして次第に否定されるようになってくると、それに代わる重要な一つの手立てとして、マイヤーがベルナウの学校建築において実行していたような、〈合理〉よりも〈機能〉を重視した、非〈集中型〉で〈散開型〉の独自の平面計画を採用することを通して、建ものを〈身体化〉させ、《装飾》などのいわば付加物なしで〈建築〉とする手法も自在に用いるようになっていったのである。

たとえば第二次世界大戦後の村野藤吾の数多い作品の中で、いまだ《モダニズム》一辺倒であった一九六〇年代の日本の建築界に対する一つの抗議となった作品として、建築史の〝転換点〟を形成した重要な作品と目されてもいる、東京三鷹の「日本ルーテル神学大学」(1969)は、その種の空間構成の有効さを、当時の日本の建築家たちに確実に思い出させた作品として記憶されるべき建築となっている。この大学のキャンパスと校舎は、村野が三十数年前のベルナウでの彼の記憶を明らかにベースにすると同時に、「ルーテル」の完成の数年前に実際に彼がアメリカで見学していた、エーロ・サーリネン設計の「ペンシルヴァニア大学学生宿舎」などの建築的意匠をその上にオーヴァーラップさせて設計されたものであったと考えられるが、「ルーテル」のキャンパスの中を歩いていたり、あるいはどれかの校舎の教室に腰を下ろし、そこにある開口部から、敷地内の他の棟の壁や窓やあるいは中庭を眺めたりすることなどを通して、人はいつのまにか建物と交流することができたような例の感覚、つまりここでいう建築を〈身体化〉したという感覚を経験することができる。一九六〇年代の日本の建築界は、《モダニズム》のデザイン論がいまだ根強く勢力を張っており、建物は常にその利用者に対して明確に〈他者〉であり、物質的現実性を明示して、利用者に対立し、対峙するところにこそ、〈建築〉となる契機を見出し得るのだと主張されていた。こういった《神殿建築》的建築論が大勢を占めていたために、そうした〈身体化〉の感覚を建築の中に見出すことは非常に稀なことであったのである。[6] その当時さまざまな建築家たちによって続々と建てられていった日本のキャンパス空間は、文字通りプライマリーな幾何形態へ平面や形態の輪郭を〈合理〉性を求めて整理し、そうしてできたシンプルなシルエットを持つ建物は、壁面もできるだけ陰影

5-35　「日本ルーテル神学大学」、玄関横の小路を2階廊下から見下ろす

5-37　チャペル脇の中庭

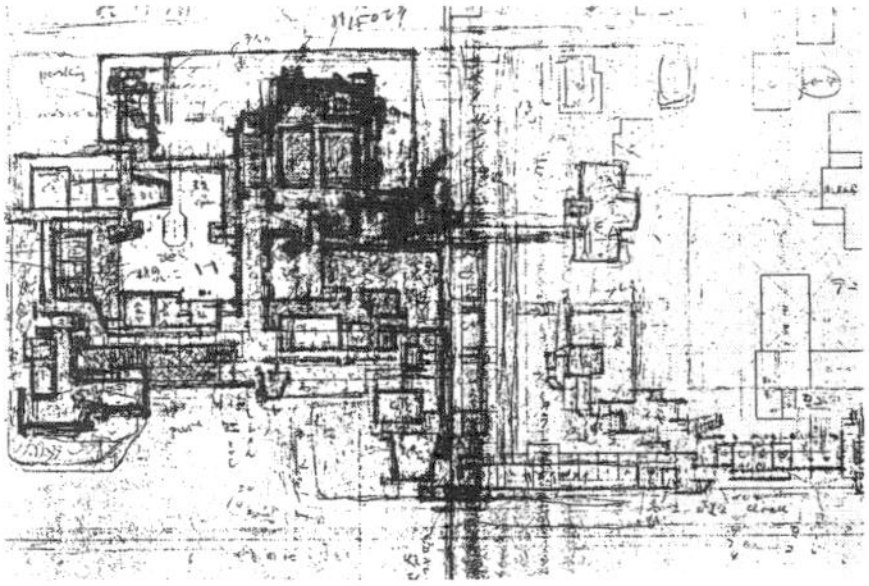

5-38　「日本ルーテル神学大学」を構想中の平面エスキース

5-36　寄宿舎の外壁

の少ない平滑なものに仕上げ、それらの建物をキャンパス内に点在させて構成されたものが多かった。結果として大学構内は、簡潔で清潔ではあったが、しかし表情に乏しい建物が点々と占めており、先に挙げた〈バウハウス・デッサウ型〉のブロック・プランに原型を持つような、無機的な空間の広がりがキャンパス全体をおおうのが一般的であった。これに対して、村野の「ルーテル」は、こうした設計手法の欠陥を一切疑ってこなかった設計者たちを驚かせるに十分なものがあったのである。別ないい方をすれば、建物の〈身体化〉といった感覚は、〈デッサウ型〉の建物の構成やデザインでは基本的に起こしにくいものであり、ベルナウの学校のキャンパスと建築群にあったような非〈集中〉型の、水平方向への雁行を含めた〈伸展型〉の配置計画《サイトプランニング》の中でこそ、経験できる特有の空間感覚であったともいえたのである。《モダニズム》の側の文字通りスクエアな建築論が極力推奨しようとしたような、幾何学的で単純《プライマリー》な形態や平面への徹底した〈集約〉や、そうして得られた各ブロックの《構成主義》的プラニングやデザインでは、味わうことができないような、特別な感覚がそこにはあったのだ。(5-35、5-36、5-37、5-38)

鳥瞰的あるいは虫瞰的な見方

これまでさまざまな角度から詳しく見てきたように、村野が特に注目したマイヤー独自の「平面計画」とは、例の雁行型のプランの中に潜勢的に暗示されているような、自然的な地勢に逆らわず、それに従いつつ建物を機能的に展開させていくという、〈散開・連鎖型〉にプラニングするやり方の中にあった。これは一九二〇年代においてル・コルビュジエやグロピュウスなどが声高に提唱した平面、立面、形態等を〈初原性形態《プライマリーフォーム》〉へ帰結させようとした、いわゆる《モダニズム》特有の《美学》に対するあきらかな反撥に発した手法であったし、むしろそれらの方向とは真逆の、頑な〈初原性〉を逆に溶きほぐしていこうとする方向で案出されたプラニングの手法であった。《モダニズム》の中に〈プライマリー〉指向といった傾向が濃厚に見られる歴史的背景としては、こうした考えを生み落とした〝母胎〟とも言うべき、ヨーロッパ世界に伝統的な《古典主義》の思想が深く関わっており、そうした伝統的な思惟の中に根強く潜む、良き〈比率(ratio)〉、つまり良き〈配分《プロポーション》〉といったものを追求する思想、つまり《合理主義(rationalism)》の思想が、近代の工業社会における新しい建築デザインの基本理念として、衣替えしつつ秘かに継承されていったからである。言葉を換えていえば、初原的《プライマリー》な形態とそれによる組み立て(構成)は、その形態が〈良きレシオ〉あるいは〈良きプロポーション〉を実現しているか否かを、視覚的に即座に人の眼で把握できるからこそ《美学》として有効だったのである。そのためにこそ、たとえばル・コルビュジエは二〇年代から三〇年代初めの一連の自分の作品の設計において、そうした点を曇りなく示す、厳正な〝箱型〟の建築にまとめ上げ、それこそが彼の言う「新精神《レスプリ・ヌーヴォー》」の結晶だとして、建築界に高々と掲げることによって世界中の建築家たちの注目の的となったのだ。

これに加えてル・コルビュジエは、その〈良き比率〉が自分の作品の中に実現していることを証明するために、自分の作品の図面の中に、その形態の上を〈黄金比〉などの一定のプロポーションを示して交錯する、〈調整線《レ・トラース・レギュラトゥール》〉を必ず書き込むことにしていた。村野藤吾は「動きつつ見る」という彼の旅の中で、こうしたコルの建築に直接に触れることを通して、村野が依頼された建築、特に近代経済に深い関わりを持つ、〈合理性〉をまず原則とする建築の設計を依頼された場合には、渡辺節時代の経験をもとにしながら、「森五商店」の場合で見たような、きっちりとした〈プロポーション〉(レシオ)を示す〝箱型〟の建築にまとめ上げ、産業界や建築界を問わず、幅広い共感を勝ち得たのである。ただ村野は、コルのように黄金分割に基づく〈調整線〉を書き込んでその〈比率〉の正統性を主張するような、普遍性を目指した作業にはもちろん関わろうとはしなかったし、コルが後に提示した〈モデュロール〉のような等比級数的な数値系列の完結性に頼るようなことも決してしなかった。村野の建築におけるプロポーションは、ル・コルビュジエの建築の場合のように歴史的な〈過去〉が最終的な決定権を発揮したのとは異なり、あくまでも村野自身の〈現在〉、つまり彼の〈実存〉に依存していたのである。

繰り返しになるが、村野は、ル・コルビュジエの建築家としての能力や一九二〇年代の彼の作品を、先に触れたように人一倍高く評価していたが、その一方でハンネス・マイヤーの建築の中に、一九二〇年代のル・コルビュジエの建築の《美学》や手法と対立する何かをはっきりと看取していたようにも思われる。マイヤーの設計が見せていたその対立的なものが具体的に何であったかを、一言でいうとすれば、建築設計における《機能主義》の手法、つまり《合理主義》とは異なる、むしろそれとは対立する、もう一方の思想であり手法であったといえるだろう。この《合理主義《ラショナリズム》》と《機能主義《ファンクショナリズム》》は、いずれも近代建築の基本的な性格を表すキーワードとして、なぜか今ではほとんど同じような意味に理解され、俗な言葉で言えば〝ごちゃ混ぜ〟に使われている場合が多いが、しかしこの二つの《ism》は、歴史的に遡って考えてみても、もともとは決して〝同根〟であったわけではなく、むしろ正反対の起源と内容を持っていたことがわかってくる。

今ここで、その差異について詳細な説明を加えている余裕はないが、ごくわかりやすく要約して説明するとすれば、

《合理主義》の立場は、この世界を〈上〉から、あるいは〈外〉から、つまり客観的な対象として前に置いてそれをあくまで鳥瞰的に把握し操作《コントロール》しようとする立場であり、この操作すべき対象（〈国家〉とか〈都市〉とか〈会社〉とか〈組織〉とか）を、そうした全体を展望できる視点から、理性的に統率し、客観的に管理するために不可欠な〈手法〉であったといえる。これに対して他方の《機能主義》は、この世界の只中《ただなか》に生きているものが、その生きている個体の〈身体〉をそのすべての原点としながら、自分を取り巻いている〈世界〉へと働きかけて動き出す、小田実の言葉を借りていえば〈虫瞰〉的で、主体（観）的な思考方法であったと要約することができるだろう。

二つの《イズム》の混淆の理由

さらにこれをわかりやすく砕いて言えば、この地球上に生命を持つものが、生きていくために備えているあらゆる〈生命的機能〉に関わる形態や空間についての思惟の総体が、まさに《機能主義》と呼ばれているものの本源であり、「形は機能に従う」という、《機能主義》の内容を示すためのあの広く知られ使われた金言も、本来はさまざまな生命機能を持つものが、この地球上で生息していくために、さまざまな有機的形態やそれをつつみ込む空間を形成する作業の中で、すべての生物の形状や行動空間が形成されていることを明示するための、いわば〝箴言〟であったのである。その結果、地球上に生きるあらゆる生き物が形づくる体や巣や環境といったものの中に、直線あるいは直角といったもの、つまり人間が考案した〈幾何学〉がほとんど存在しないことが如実に示しているように、《合理主義》が強力な武器とするような計画性が入り込む余地はどこにもなかった。

にもかかわらず二十世紀の、一九二〇年代以降の建築界において、単純な幾何学形態を言語として信奉する《合理主義》と、複雑な有機的形態を本来の様態とする《機能主義》が、なぜかいつの間にかお互いの立場と境界線を見失って、ほとんど同じもののように理解され解釈されるようになっていったが、これにははっきりとした原因、つまりこの混淆を生起させることになる明確な媒介物があった。そこには一九二〇年代になって世界中で顕著になってきた、近代社会への〈機械〉の急速な普及、浸透という事態が深く関わっていたのだ。それまで生命体の生理に直接関わるものとして単純に考えられていた〈機能〉の意味と働きが、この時期において社会に一気に普及し浸透していきはじめた〈機械〉の、その〈機械がもつ機能〉が、生き物の身体的〈機能〉の上にいわば覆いかぶさるように乗りかかっていき、〈生命的機能〉と〈機械的機能〉の〝結婚〟、混淆が近代社会において非常に顕著になってきたのである。ル・コルビュジエがちょうどこの頃、世界に向けて発信した、あまりにも有名なあの命題、つまり「家は住むための機械である」という言葉は、〈機械〉の歯車の組み合わせが示すような、一定の〈比率《レシオ》〉によって組み立てられて滑らかに運転されていく、まさしくその〈合理〉的な側面にだけ言及した格言ではなく、それとともに〈機械〉が演じて見せる目覚ましい働き、たとえばそれまでの人間が、一時間に四キロの距離を歩いて移動できるのを基本としていたのに対して、自動車は同じ時間に十倍の四〇キロを走破する、といった機械的〈機能〉の画期的な能力の拡大という側面をも含めて言われた言葉であったことを考えなければならないだろう。自動車は生産という側面では〈合理〉的であると同時に、運転して走行するという消費の側面では明らかに〈機能〉的である、といった基本認識から、〈合理〉と〈機能〉の境目が、〈機械〉という人間が発明した新しい道具を介して次第に曖昧にされはじめ、近代建築について語る時に、ほぼ同じような意味を持つ修飾語に同化し、また堕してしまったのである。

　しかし重要な点は、一九三〇年という時点において、〈機能〉と〈合理〉という、本来は異なるものを区別していた壁が、鮮明な境界線を少しずつ溶かしはじめていたまさにその時期において、村野藤吾がハンネス・マイヤーの「学校」にはっきりと見出し、高く評価しようとしていたのは、設計者が個的な生命体の一人として、自分が設計しようとする建築空間の中に自分自身の身体（的機能）をまず浸けて晒《さら》し、そうした〈虫瞰図〉的な視界と思惟のなかに深く入り込みながら、自分がデザインする線を慎重に引く作業を進めたその結果として、この学校建築とそのキャンパスが実現したのだ、ということを明確に認識していたという点にあったのだ。そうした設計者の身体と思惟の〈機能〉的な働きが投影したものとして、村野は「この建築の意味は勿論平面計画にある」と喝破すると同時に、伸び伸びと連続して展開していく、ベルナウの「学校」の空間と細部への称賛を惜しもうとはしなかったのである。

両極の間でのゆらぐしなやかさ

　その点では、ベルナウの学校の雁行する寄宿舎の壁面が、玄関から体育館棟に行く廊下というチューブに飛び出すようにして狭めているのは、《合理主義》が作り出す、真っ直ぐで障害物のない廊下に比較して、あまり〈機能〉に配慮した設計とはいえないように一見思われるかもしれないが、真実はむしろ逆であり、先に詳しく見た通り、そのジグザグした壁が邪魔しているような廊下を歩きながら、学生や教師・職員は、本来ならのっぺりとして摑みどころのない長い廊下の空間の中で、自分自身の〈身体〉をそれらの壁の〝出しゃばり〟を目撃することによって再確認し、自分の目的とする場所へ着実に到達するという機能的な行動を取ることができたともいえるのだ。同じことは村野の「大阪パンション」の屈折する廊下の場合についてもいえ、防犯防災といった面でのホテル管理上の〈合理性〉という面からすれば、いうまでもなくまっすぐに通された直線的な廊下が望ましいのは当然だが、村野はあえてその廊下をジグザグ状に屈折させ、ホテル利用客の身体的〈機能〉が、建物そのものをその外延上に捉えることができるようにデザインすることに成功したのである。

一九三一年に完成した「森五商店」と、一九三二年に竣工した「大阪パンション」という、村野藤吾の目覚ましい初期の仕事を代表する二つの作品は、この《合理主義》と《機能主義》という、近代建築家が設計活動上で関わりを持たざるを得ない対立的な両極、いわば北極と南極といった二つの極点を、それぞれに強く体現させながら、一九三〇年代の初めの日本の都市空間に出現した。実は村野のその後の半世紀余に及ぶ長い設計活動の軌跡は、その二つの極のうちの、その一つを正解として選択するために歩く、といった設計者としての軌跡ではなく、この二つの極の間で、ある時はそのどちらかの磁場により強く傾いてそれに近づき、また別な作品を設計する時には、その両極の磁場をバランスよく絡ませ調和させながら柔軟に対処する、といった柔軟でしなやかな対処方法のなかで、まさしく確信犯的に〝ゆらいで〟いたといえる。後章で見るように、村野の建築の真髄は、どちらかといえば《機能主義》的な配慮が強く働いた時の作品の中に精彩があるように思えないでもないが、しかし村野は設計活動のなかで、そのどちらかの極だけを選択し、他方の極を完全に排して設計しようとすることは、彼の建築家としての長い道程の中でほとんど一度もなかったと思われるし、逆にいえば彼の設計は、彼の建築家としての身体の中における、その二つの磁場のダイナミックな闘ぎ合いを原動力とすることによって、さまざまな魅力や変化に満ち、さまざまな光彩を放つ建築を創出し続けていくことができたともいうことができるのである。

［註］

1　たとえば、関西地区における、明治期から昭和初年までの建築を網羅した形で一九三六年に発行された、『近代建築画譜』（近代建築画譜刊行会刊）の目次では、「大阪パンション」は、「ホテル」の項目にはなく、「寄宿舎・アパート」の項目の中に整理されている。こうしたことからも、完成時のこのホテルの基本的な性格と内容が推測できるように思われる。

2　ペヴスナー（Antoine Pevsner, 1886–1963）。ロシアに生まれ、最初構成主義の先駆的彫刻家としてスタートしたが、一九二〇年代初めに故国を離れ、後にフランスに帰化し、抽象彫刻の分野で華々しく活躍した。同じ構成主義の彫刻家で後にアメリカで帰化したナウム・ガボ（Naum Gabo, 1890–1977）は彼の実弟。

3　『村野藤吾建築図面集』Ⅵ「ホテル」の巻中の「タマデ・パンシオン」（六―七頁）の平面図、参照。

4 本書第七章「宇部の『渡辺翁記念会館』に見る構成主義の手法」参照。

5 村野藤吾「動きつつ見る」『建築と社会』、一九三一年一月号、十四頁。

6 この種の戦後建築論の誤謬についての批判は、拙著『神殿か獄舎か』(相模書房、一九七二年)に詳しい。この本はほぼ同じ内容でその後復刻された。『神殿か獄舎か』(SD選書)鹿島出版会、二〇〇七年。

第六章

《ロシア構成主義》との結びつき
——「中島商店」と「キャバレー赤玉」

チェルニホフの著作との出会い

村野は、「大阪パンション」が完成したと同じ一九三二年、彼がその二年ほど前に、モスクワのとある書店で見つけたというチェルニホフの著作を、邦題として『現代建築学の基礎――ソウエートロシヤ新興建築学のイデオロギー的原理』(玉村春夫訳)と付けて出版するのに努めたことついては先に触れたとおりである。村野は原文を読めなかったため、主にその中に掲載されていたさまざまな挿図から強い刺激を受けて、その本の翻訳出版を決意し、出版社を見つけて翻訳を依頼し、帰国二年後にどうにか世に問うことに成功した。彼はそこに漕ぎつけるまでの経緯とともに、上梓前のゲラの段階で全体に目を通した感想も加えて訳書の冒頭に載せる短い文章を寄せ、そこにチェルニホフの言説の一部を引用しながら、次のような注目すべき指摘を行っている。

「『人生の全テンポと組織とが新たな建築構想の形式化を要求しつつある今日、全文化領域の進化に伴いながら建築の領域のみ古き昔に復帰せんとする企ては愚の骨頂である。併《しか》しながら、それと同時に過去の様式の有《も》つた「確実な長所」を否定し去って、それを全く無益のものと考へるのは誤りである』、とチェルニホフ氏は書いてゐるのみか、更に語を進めて『美』については、人間本来の具わつた此の感覚を人間から取り去る事は、恰《あたか》も或る物に対して当然向けられた注意を、強いて他へ転ぜんとする牽強《けんきょう》付会《ふかい》の愚説であり、機能、合理、構成、等々、近代建築の目標を強調するあまり、厳として存する歴史の事実が吾々に訴ふる美を排斥する事は『美』の欠格者だと[チェルニホフ氏は]喝破してゐる。[1]」

つまりここで村野は、チェルニホフの著作の中の、革新的で前衛的な構成理論だけに注目するのではなく、むしろ逆に、チェルニホフが、《様式》や、その中に提示されている《美》といったものについて述べる時の、どちらかといえば従来の西欧の伝統的な考え方に近い理解に対して、むしろ興味を持つと同時に強い共感を覚えたと述べているのだ。その理解からすれば、チェルニホフがここで展開しているデザイン理論は、社会主義、資本主義といった政治経済的な体制の差異を越えて有効なもののはずであり、自分たちが今現に生きている社会、つまり村野自身が大阪を拠点としながら自ら体現していた、資本主義社会の側にいる建築家にとっても、十分に参考にすべき内容や手法をそこから読み取ることができるのではないかと、村野は言おうとしているように読める。このような発言は、村野藤吾の〈建築史〉についての基本的な理解としてこれまでたびたび指摘してきたとおり、近代の産業社会が新たに生みだしてきた「新精神」に満たされた新しい建築は、ル・コルビュジエに代表されるような《近代主義者《モダニスト》》たちが異様に声高に喧伝してきたように、太古よりの長い〈建築史〉の流れに止めを刺す〈最終的結論〉だとか、あるいは歴史といった穢れた過去を知らない"処女懐胎"のごとき出来事の結果として生まれ出た建築である、などという強引な主張を受け入れないことを彼は表明しようとしていたのである。歴史は村野やル・コルビュジエたちが生きている一九三〇年前後の〈近代社会〉の真只中においても、脈々と流れ込んでその核心を貫いているとチェルニホフは信じていたと、村野はこうした引用や解釈を通して指摘し、だからこそ『過去の様式の有つた「確実な長所」を否定し去って、それを全く無益なものと考へるのは誤りである』という言葉をここに引用したのだ。

　しかしだからといっても、村野にせよ、チェルニホフにせよ、十九世紀までの固陋な《歴史主義《ヒストリシズ》》の信奉者、もしくは誠実な継承者であったというわけではもちろんなく、彼らもまたル・コルビュジエなどの近代の《合理主義者》たちに負けず劣らず、二十世紀でしか生み出すことのできない新しい〈表現〉や〈手法〉の探究にきわめて貪欲であったことに変わりはなかった。特に村野にとっては、ロシアで見聞した《構成主義》の表現手法は、その他のヨーロッパ各地で盛んに試みられていた種々の新しい表現手法の探究作業の中でも、格別に彼の心の琴線に触れる内容を持っていたことはたしかであり、事実村野は、この本が出版されたすぐ後の昭和戦前期において、以下でこれから詳しく考察していくことになる自分の諸作品の設計において、そこから直接間接に強い影響を受けたことを示す、明確な痕跡を残している。さらにこれだけではなく、第二次大戦後の、戦後の経済的混乱期が一応収まったように見えた一九六〇年前後になってからも、自分が設計する建築作品の上に、革命直後のロシアの《構成主義》の建築家たちの作品や構想図などから直接に、あるいは間接的に影響を受けたことを窺わせるデザインを持つ建築作品を発表して、建築界を驚かせたりもしている。たとえば一九五八年に、山

6-1　メルニコフ設計、「ルサコフ工場労働者倶楽部」

6-2　「米子市民会館」

陰の鳥取県の西端にある米子市に竣工した「米子市民会館」は、明らかに一九三〇年に彼が欧米旅行の途次ロシアを訪れた際に、モスクワで実際にその前に立ち、自分の目で見た、コンスタンチン・メルニコフ[2]設計の「ルサコフ工場労働者倶楽部」の外観の持つシルエットに似たものを感じさせる。中でも「米子市民会館」の特に空に向かって飛び立とうとするかのような特徴的な斜めに上昇する観客席をそのまま外部に表現した側壁面の形態やその断面は、メルニコフの作品に酷似したシルエットを見せており、「ルサコフ工場労働者倶楽部」の記憶が、三十年近い歳月を超えて村野の脳裏に蘇ったものではないかと、当時の建築界で話題になったことなどが思い出される。(6-1、6-2)

戦前の金沢における二つの村野作品

　村野がロシアの《構成主義》に発想の原点を置いたと考えられる最初期の作品としてまず最初に取り上げるべき作品は、一九三二(昭和七)年、金沢市の〝台所〟として親しまれている近江町市場がある武蔵ヶ辻から歩いて五、六分の十間町の一角に完成した、紙卸問屋「中島商店」であろう。この建築は、同じ「商店」と名付けられて前年に完成していた「森五商店」と同じく、個人事業主のために村野が設計したオフィスビルであった。ただしここには「森五商店」のような貸オフィス・スペース部分はなく全てのフロアは自社用スペースであり、延床面積でも「森五商店」の六分の一ほどの小規模なビルではあったが、このビル内外に村野が示した表現上の新鮮さという点では、「森五商店」に決して引けを取らない充実度を示した作品であったといえる。その詳細については後で詳しく触れるとして、《構成主義》の影響を持つ一連の作品の中でも、「中島商店」はまさしくその嚆矢《こうし》となった建築であり、中でも十間町の通りに面したそのファサード・デザインは、〈構成派〉風のデザインの魅力の一端を、日本の建築界にすばやく伝達した建築として特筆すべき作品であった。

　ちなみにこの「中島商店」が完成したのと同じ一九三二(昭和七)年に、その武蔵ヶ辻の交差点に面してもう一つの村野の重要な初期作品が完成していたことについてはすでに前章で概略ふれておいた通りである。その作品は、村野が独立後の最初期の段階において、欧米の最新のデザインを脳裏に置

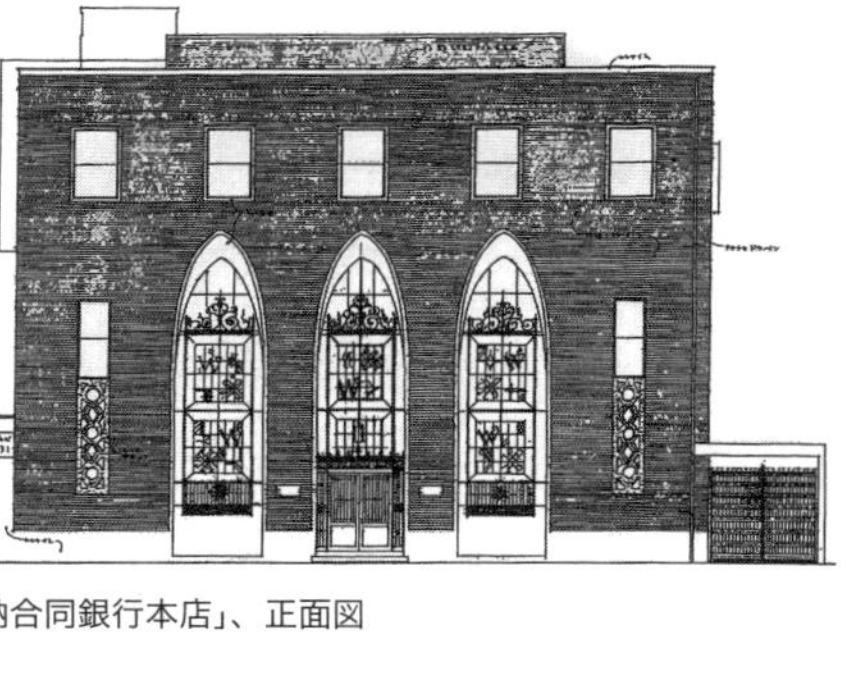

6-3　「加納合同銀行本店」、正面図

いて設計するだけではなく、彼が独立前に渡辺節事務所で十数年間学んできた《様式建築》の意匠や手法をどちらかといえば根底に据えながら、その延長線上で近代建築の表現を交錯させつつ設計したと考えられる、「加能合同銀行本店」(現「北国銀行武蔵ヶ辻支店」)であった。(3) つまり渡辺節事務所のオフィスビルが持っていたような表現の安定性や継承性を表に現しているこの建築は、近年街区の再開発に伴って、もとの位置から曳家で横に場所を少し移動させながらも昔のままに建っており、今も同じ銀行の支店業務に使われるとともに、新たな機能的な内容を加えつつ、そのユニークなファサード・デザインは創建時のままに残し、「武蔵ヶ辻」のというよりは、むしろ「金沢」という都市全体のまさしく〝顔〟となって、独自の存在感を周囲の都市空間に発揮して健在である。ただしこちらの外部デザイン、特に〈正面《ファサード》〉のデザインには、「中島商店」において見出すような《構成主義》を想起させるデザイン的要素は希薄であり、前面の外壁に大きなランセット・アーチを誇らしげに開けた三つの開口部のあるデザインなどは、長谷部鋭吉の銀行建築のデザインからの直接的影響を別にすれば、むしろドイツの《表現主義》のデザインに近い内容をその輪郭に窺わせている。(6-3)

さて武蔵ヶ辻の四辻に面したこの「加能合同銀行本店」の前の歩道を南、香林坊の方へ歩いて二本目の、下堤町へ入る通りの角を左へ折れると、二〇〇mほど先の道の右手(南側)に、両側をかためている低い伝統的な町家の家並の中に、上方に抜きん出たような姿で、「中島商店」の真新しいタイル貼のビルが現われ、周囲の鼠色の瓦屋根の連なりの中に浮かび上がって異彩を放って見えたはずである。ビルは、地下一階、地上三階の鉄筋コンクリート軸組造で、一九三一年六月に書かれた図面では、建築面積一六八㎡、地下一階(一二四㎡)と地上三階(屋階付)で、延床面積六三一㎡と記されている。新築された建物は、このビルが完成する以前に商いを行っていたと思われる、瓦葺で切妻屋根を持つ二階建の、壁を白漆喰で塗り込めたしっかりとした町家に、東側でほとんど軒を接するほどの近さで建てられており、これらの街路側の〈和館〉と〈洋館〉の建物の列は、その背後にある中島家のいく棟かの蔵や離れ家や庭園などがある広大な敷地を隠している。

「中島商店」の新ビルは、伝統的な姿を保つ町家である、以前営業してきた〈和館〉部分のほとんどはそのまま残し、その東端の一郭を削り取った形で建て替えられている。新築された〈洋館〉部を平面図で見ると、ビルは街路に面して東西に約一五mの間口を持ち、これに対して南北に約一三mの奥行きを持っている。この奥行きがある部分は、向かって東側の一一m弱ほどの間口であり、残りの西側部分は、奥行きが半分の六・五mしかない代わりに、ビルの背後に、既存の〈和

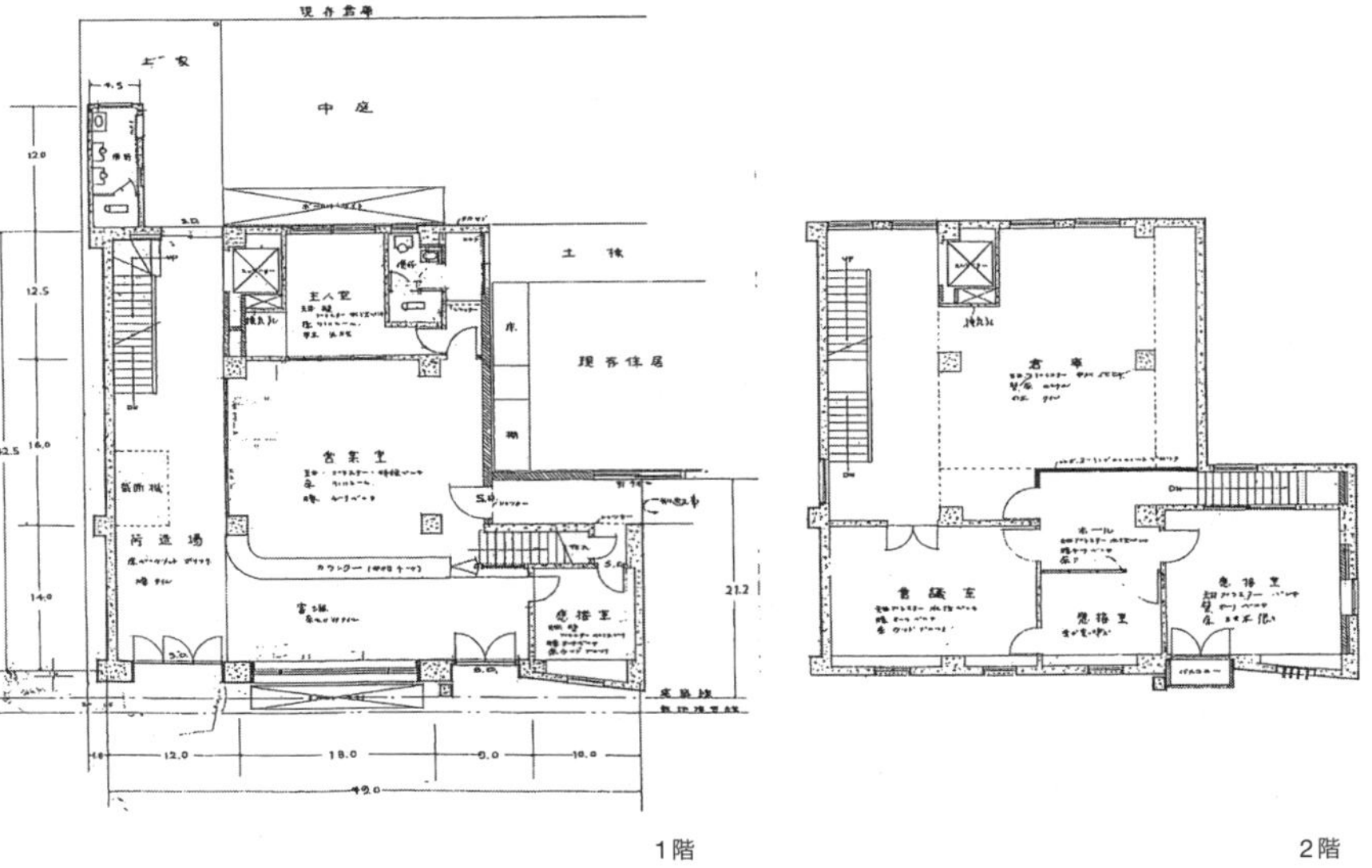

6-4　「中島商店」1階、2階平面図

館〉の「客間」の部分を、正式な床構えも含めてそのまま壊さずに残して接している。ビル全体の輪郭でいえば、ビルの本体を一一m(w)×一三m(d)×一三m(h)の立方体として纏めて置き、これに街路側の西北隅部、つまり道からビルに向かって右端のもとの町家の方に、四m(w)×六・五m(d)×一三m(h)の直方体を突出させてL字形に接続させ、これに旧店舗が逆L字形に応えて相互に喰い込んだ形になっている。(6-4)

平面で見ると、既存の〈和館〉と新規の〈洋館〉が、継手でいう〈合欠《あいがき》〉状に、相互に一部を欠いて嚙み合って密着し、内部廊下で直接〈新館〉と〈旧館〉の間を往来できるようになっている。西側の街路上からの外観では、焼物の笠木を乗せたパラペットまで一三mの高さを持つ三階建のビルが立ち上がり、この陸屋根の新館の西の妻側の一部が町家側に突出しており、他方で五mほどの棟高の平屋の町家の切妻屋根が、西の方角から突進して新館に衝突しているようにも見える。その姿にはいかにも村野らしい、〈新〉〈旧〉の建物の併存への独特の配慮を見出すことができて非常に興味深いものがあるが、それについては後述することにする。

中島商店のファサード・デザイン

この街路に面した新しいビルの北側の正面《ファサード》と、従来の店舗

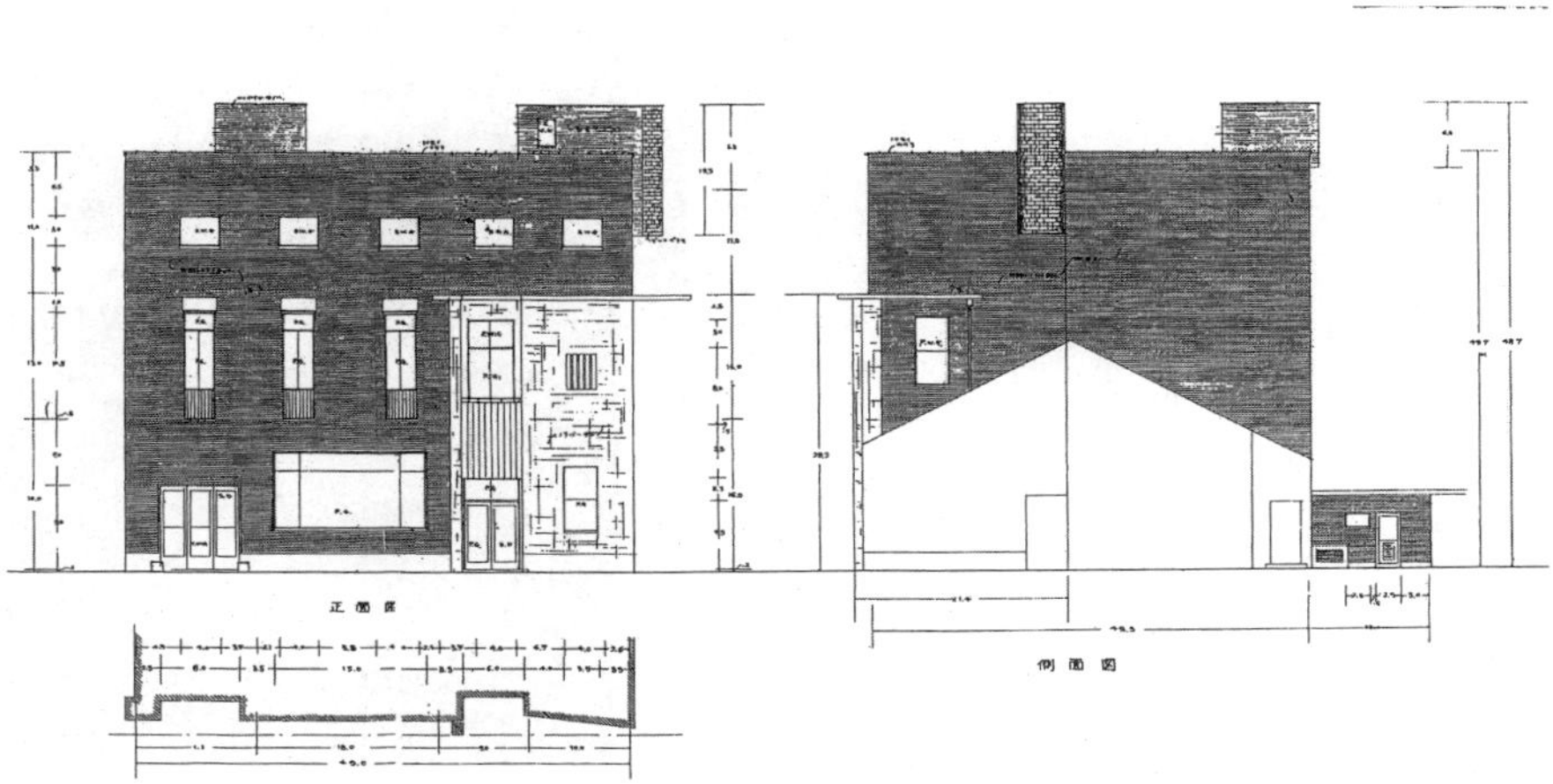

北側正面　　西側

6-5　北側正面立面図と西側立面図

であった古い二階建の町家の方に突出したビルの西側の立面との、北と西の二つの立面に、先に触れた《構成主義》、もしくは《デ・スティール》風とも呼べるような、特徴的な形態とその構成を見出すことができる。三階建の建物の道路側のエレヴェーションの、特注の赤茶色の無釉薬タイル《テラコッタ》で覆われた壁面にある開口部としては、一階レヴェルでは、道路上から建物に向かって左(東)端にある搬出入口がまず目につく。ここから一階の平面の大部分を占めている「営業室」横の「荷造場」と図面に書かれている作業場へ、商品としての「紙」を車などで直接運び込み、また逆にそこから配送する目的のために、間口二・四m×高さ二・七mの広さで、大きく開けられている。開口部の周囲には薄いトラヴァーチン石の額縁を廻し、荷を積んだ車などを出し入れするために、間口いっぱいに開けて折畳むことのできる三枚の戸が入れられている。この作業用の出入口から屋内に足を踏み入れると、そこは煉瓦敷きの土間の「荷造場」で、RC造の柱間一スパン(三・六m)分の間口に、南北方向に三スパン分(一二・九m)の奥行きが通り庭風に取られており、そこに四六㎡の床面が確保されている。土間の奥には階段と大型の業務用エレヴェーターが設置され、二階の南側半分の平面と三階フロアの全部を使った「商品収蔵庫」に直結している。またこの荷造り場のすぐ横には、ガラス張りのスクリーンで仕切られた向こうに、店員たちが事

6-6　主玄関周りの外壁と軒庇

務を取る執務室が置かれているが、これについては後で触れる。(6–5、6–6、6–7、6–8)

再び外からのファサード・デザインの探索行に戻る。東端にあるこの作業用搬出入口と、西端に近い位置にある来客用を主な目的とした「本玄関」との間に、一階から三階まで連続してタイル貼の平坦な壁面が広がっており、この壁の一階部分の中央部に、近代的なRC軸組構造の建築だからこそ可能な、間口四・六m×高さ二・四mという非常に大きくやや横長の開口部があり、広いガラス面の中央部を嵌殺し《フィックス》にして、その両サイドの縦長の区画が内に開くようにして換気等に備えた窓がある。さらにその上方に目を転じると、応接室や会議室などがある二階レヴェルでは、幅〇・九五m×高三・一七mの、最上部《トップ》に尖頭アーチを付ければそのまま《クイン・アン》の窓となるような、かなり縦長だがしかし魅力的な長方形の窓が、規則正しい間隔で三つ並んでいる。この縦長窓の下部の〈腰〉にあたる部分には、縦格子の鉄製グリルが入れられていて、その垂直性向をさらに強調し、逆の開口部の最上端には、図面には鋼薄板《ブリキ》を加工した、雨除け用のフードが外側に取り付けられている。

さらにその上の三階の、商品収納用に主に使われる部屋の外壁部分には、幅一・二一m×高さ〇・九一mの、二階の開口部よりやや幅広だが丈《たけ》はずっと低いガラス面を内倒しに開く窓が、二・三六m間隔で五個並んでいる。街路側立面《ファサード》の中の大部分を占めるテラコッタのタイルで被覆された広い壁は、釉薬を掛けないため艶がなくマットな肌理を特色としているが、こうした壁面の広がりの中には、村野が渡辺節の下で行った類似のタイル貼りのオフィスビルの場合のように、豊富な装飾的なディテールが一切なく、無表情に均質に広がっているだけである。しかしスクラッチ・タイルの細かな肌理と落ち着いた色合いのおかげで、一般的な《モダニズム》の建築の無機的で排他的な壁の印象はどこにも見られず、逆に柔らかく穏やかで親しげな雰囲気に壁面全体が包まれている。村野が「森五商店」のビルで特に心を配ったという窓の〈見込み〉は、「中島商店」の場合でも同じように注意深く設計されており、壁面と開口部の窓面との〈見込み〉の図面上の指定は、

6-8　北側正面ファサード

6-7　「中島商店」旧店舗と新ビルの対比と調和

二、三階ともに八cm（二寸五分）と、非常に浅く指示されている。

玄関周りのエレメントの構成

これに対してファサードの、中心からやや西寄りに設置されている、主に来客用のために用意された「主玄関《メイン・エントランス》」周辺のデザインは、ここまで見てきたタイル貼部分の、光沢を消してどちらかといえば目立たなくした壁面の雰囲気とは反対に、村野がこの部分の壁面に積極的《ポジティブ》な表情を与えるために特別の工夫を凝らしたデザインやディテールを見出すことができる。村野は、本玄関の周囲に、大小あるいは縦横いくつかの幾何学的な〈視覚的エレメント〉を配置して、各エレメントの独自性を際立たせつつ、それらのエレメントを抽象的に〈構成〉して、全体としてはクールな、しかし非常に魅力的な〈コンポジション〉に纏め上げている。主玄関の上に約一〇mの高さの位置に取り付けられた水平スラブの玄関庇《キャノピー》は、軒出が九一cm（三尺）とやや浅いが、玄関上から、そのまま流れてさらに西側の壁面に回り込み、既存の町家の上に、一間（一・八m）ほども深く片持梁で庇を伸ばし、空間を鋭く水平に切っており、玄関周りのいくつかの〈視覚的エレメント〉の内でもひときわ目立つ中心的なエレメントとなっている。

これに続く玄関周りの〈構成〉上のエレメントとしては、街路側の東端で、先のキャノピーを下から支持している形で、石を上に巻いた細いコンクリートの独立柱が、玄関脇に一本だけ立っており、これがキャノピーの〈水平エレメント〉に対して〈垂直エレメント〉として視覚的に対抗して、村野のコンポジションの両主軸となっている。この角柱の内側には玄関庇《キャノピー》で受けた雨水を落とすための縦樋が仕込まれている。

キャノピー下の主玄関周りと、北西の出隅部分の壁面を化粧するために、村野がこの時期好んで使ったイタリア産のトラヴァーチンが貼り巡らされ、エントランスまわりを、他の外壁部分と違って明るく浮き立たせている。非常に興味深いのは、主玄関に向かって右手の、ビルの西北出隅部の取り扱い方に村野が示した絶妙の手法である。平面で見るとすぐにわかるが、その出隅部を街路側の壁面線から角で四〇cmほど外側に飛び出させ、この街路側に飛び出している先端の鋭いエッジから、玄関扉のすぐ横まで壁を、キャノピーの下で、斜めに切れ込ませている手法である。この部分の壁面の折版的な表現によって、街路からやや奥の位置に設定されている「玄関入口《エントランス》」周辺に時に付き纏いがちな、大事な客を迎える玄関にもかかわらずどこか排他的で陰気な雰囲気から主玄関を見事に救いだし、玄関周りの空間を街路の方へ逆に押し出すようにして、開放的に明るく開いている。それと同時に、街路側に鋭角で突出している斜めの壁は、玄関の右手(西側)で、玄関の東側に位置して立っている細い角柱とともに、上で差しされているフラット・ルーフの軒出を下で支え、安定感を持たせる役割をも果たしている。

直線・直角が形成するスクエアな《合理主義》の構成の中に、直角ではない鋭角の出隅と、それが結果的に齎《もたら》す〈斜めの壁体〉を、もう一つの〈視覚的エレメント〉として持ち込み、これによって意外な空間的な変化を獲得する手法は、前章でハンネス・マイヤーが設計した、ある「学校」の廊下のデザインの中に具《つぶさ》に見たものとどこか似ているが、村野は、そこで目撃した効果の一端を、もしかしたら無意識のうちにここで応用して使ったのかもしれない。

玄関へ斜めに向かっているこのトラヴァーチン貼の誘導用の側壁の中には、一階と二階に一つずつ、形も大きさも異なる開口部が採用されている。一階には「森五商店」の外壁にあったような〈上げ下げ窓〉が使われ、二階の開口部には、村野がこの後くり返し好んで手掛けた、日本建築の語彙の中にある開口部の表現の一つである、あの〈武者窓〉もしくは〈虫《むし》籠《こ》窓〉の応用された窓がつくられ、その最初期の例となっている。そういえば以前の店舗であった隣の町家の二階には、横に非常に長い虫籠窓風の縦格子のある開口部があったから、村野がそれに刺激された結果のデザインであったかもしれない。この玄関脇のトラヴァーチン貼の壁は、上のキャノピーの場合と同じく、旧店舗である町家に接しているビルの西側立面に一・五mほどの幅で巻き込まれており、その街路側に鋭角で飛び出した幅の狭い石貼部分が、ビルの側壁面から西側へ深くキャンチで差しだされている玄関庇《キャノピー》を、あたかも下で支えている〈壁柱〉かなにかのように見せている。

ガラス・ブロックに包まれた半円筒形の"ランタン"

この深く差しだされている水平庇からさらに上へ視線を転じていくと、町家側に一部出ているビルの三階の、その側壁の南端隅部に、円筒形を半分に割って縦に立てた形態をその先端に持ち、くっきりとした半円筒形《かまぼこ》の輪郭を、壁の外側へ、さらには軒線から上空へ飛び出させつつ、ビルのスカイラインに取り付けられている部分が目に入ってくる。この横幅(直径)で一・六m、高さが六mほどの半円筒形の飛び出し部分を西側の先端に持つ、あたかも屋上に乗りかけた本の背のような形の直方体もまた、「中島商店」の新しいビルの立面において村野が試みたデザイン上の〈構成〉に関わる重要な〈エレメント〉の一つであったのはいうまでもない。西側の街路から見上げた時に、やや奇異な突起物として見えるこの先端が円筒形の突出部は、内部での機能としては、三階にある商品収蔵室から屋上へ出るためと、屋上の南隅にあるエレヴェーター機械室のメンテ用に利用する作業用階段の外壁であった。(6-9)

鉄製の梯子を壁に固定したこの階段は、三階南側の壁沿いに上りはじめ、三、四階の中間の高さで、コンクリート・スラブを半円形(半径〇・八m)に片持梁で中空に差し出した踊場へ出るが、この踊場で回り込んで折り返すと、さらに鉄製階段が屋上に向かって上がり、その先に陸屋根の屋上部分へ出るドアがある。踊場の半円形スラブの上部は、約六mの高さで吹抜けになっており、その円弧を描く半円筒形の壁に

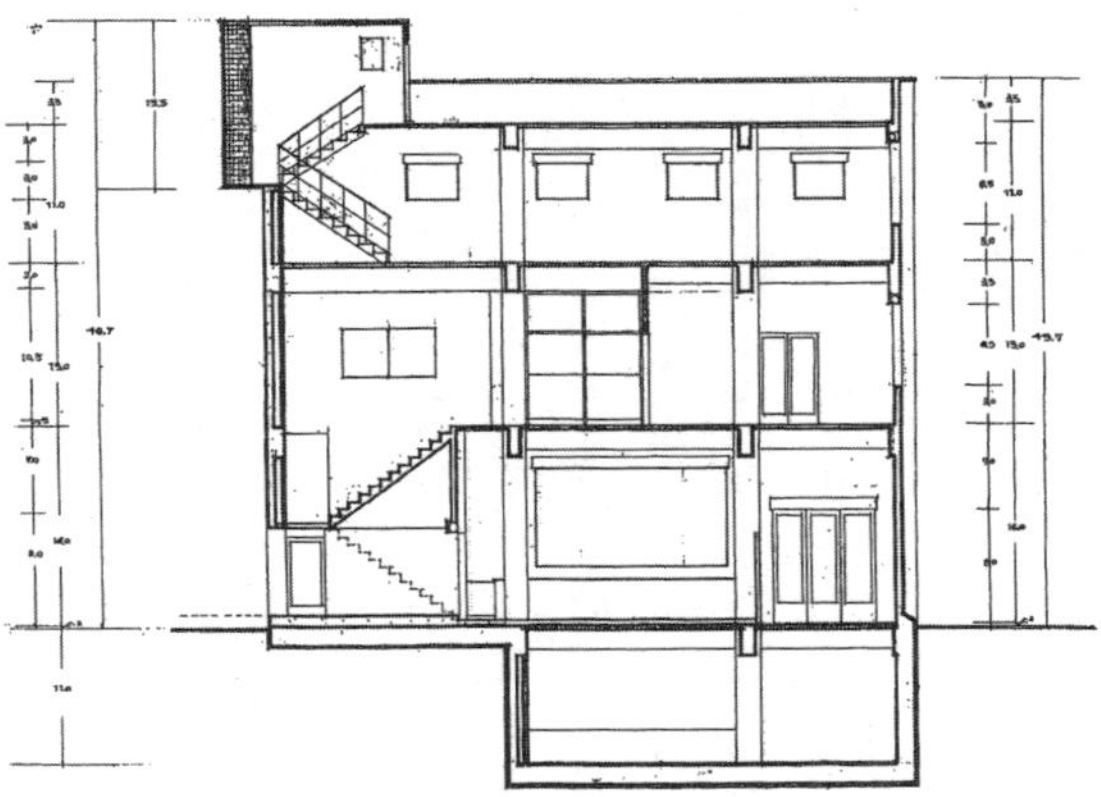

6-9 「中島商店」、断面図(西—東)

6-10　屋上への階段に設けられたガラス・ブロック壁

6-11　ガラス・ブロック壁と踊り場と手摺

〈ガラス・ブロック〉が全面に積まれている。明るく艶のある白色の光や、淡い紫色の澄んだ光を透す、ガラス・ブロックを視覚表現として組み立てて、そこに抽象的な幾何学模様を現出し、透過光が生み出す魅力的な造形世界が創出されている。ただこの階段まわりで毎日開示されている〈光の抽象芸術〉は、このビルへの外来の客たちが眼にすることは全く考えられてはいなかったはずで、そこを時たま通る社員のために村野が秘かに用意した、設計者の遊び心に溢れたデザインであったといえるだろう。（6-10、6-11）

村野がガラス・ブロックをここでかなり大胆に用いようと考える契機となったのは、おそらくあのマイヤーの学校の玄関ホールに設置されていた、大きなガラス・ブロック壁の北側からの透過光の印象が、彼の頭の隅に残っていたからではなかったか。それはともかくとして、この厚い〈透光不透視〉のガラス壁が昼間光を通した時の表現は、本来は狭く質素で実利的なだけの〝裏階段〟を、思わぬ遊び心のある視覚効果を楽しめる場所にしていたことは間違いないし、また夜間には、階段内部に灯された明かりが、ビルの外の西側から見ると、黒々とした外壁の中でそこだけから光が漏れ出してきて、いわば壁面に大きな〝ランタン〟を掲げたかのような予期せぬ効果を生んでいたに違いない。いずれにせよ、この跳ね出した半円筒形の階段や、玄関上から回り込んできた深いキャンチで差し出された陸庇などは、新しいビルの壁に直接接しているもとの店舗の町家の美しい瓦屋根の上に実際に迫り出して《オヴァーハング》いる。《構成主義》の絵画や彫刻の中に見られる〈構成〉的造形体の魅力といったものが、こうした西側に突出したエレメントの組立てから観取できるのと同時に、新しいビルが古い町家に、何事かを語り働きかけようとしているようにも見えて非常に興味深いが、その点についてはもう少し後で触れることにする。

玄関扉を押しビルの中へ

さて次にこのビルの中へ入っていく。取引やその他の目的で訪れる訪問客に対して、排他的にならない友好的な雰囲気の中で、知らず知らずのうちに建物の内側へと誘導しようとする隠れた意図が感じられる、例の〈斜めの誘導壁〉の奥にある主玄関は、左手を細く高い角柱に守られた形で位置している。その玄関扉とその上の欄間のすぐ上には、実際にそこへ出ることもできる同じ石貼の腰壁を見せているバルコニーが、キャンティレヴァーで街路側に張り出している。バルコニーの腰壁には、周囲の壁と同じトラヴァーチンが貼られているが表面は平坦ではなく、浅い凹凸を付けて縦縞模様を描くように細工が施されている。その模様がもともと縦長である腰壁のプロポーションをさらに強調し、それによって、〈水平〉なキャノピーと、〈垂直〉な角柱と、さらには斜めの〈面〉的な壁という、前述の三つの構成上の大きな〈エレメント〉に加えて、さらにもう一つの〈点〉的要素としてバルコニーが加わった形となっている。バルコニーはこれらと視覚的に協調しつつも、同時にそれらに対抗して、玄関周りの造形的な〈構成〉全体をその部分に引きつけ、引き締める役柄をも演じている。バルコニーの背後には、縦長のフランス窓があり、上部だけを街路側に見せている。他方でこのバルコニーは、本来の玄関庇《キャノピー》が地上一〇mというかなり高い位置にあり、しかも比較的浅い軒の出しか持たないこともあって、その真下にある主玄関の実質上のキャノピーの役割も果たしており、来客たちは雨や雪の日には、この下で傘を畳んで屋内に入っていくように考えられている。

玄関は、明かり取りを兼ねた透明ガラス入りの欄間の下に、重厚なブロンズ製の扉枠に、厚く透明なプレート・ガラスを入れた両開きのドアが建て込まれている。そのドアを押していよいよ建物の中に入ると、玄関間のすぐ右手には、来客を招き入れ、商談等に使うための六畳ほどの広さの「応接室」がある。その応接室の反対側である左手(東)には、長い営業用の「客溜」があり、先ほど街路からも見えた背の高い横長窓がある外壁の内側でカウンターが細長く伸びている。カウンターの奥には、これも先に外から見た搬出入口に続いて南に伸びている荷造場の空間に鉤型に連続しているのが、天井まで届くガラス間仕切《スクリーン》越しに確認することができる。比較的低い営業用カウンターの向こう側には、店員たちが事務を執っているオフィスがあり、四本の太い構造柱がその平面の四方を固めるような形で立ち、さらに二階床スラブ下で、梁・桁が剛接合されている様子などが直接目に入ってくる。プラスターにペンキ塗仕上げのむき出しのスラブや梁をそのまま露

6-12　営業室の内部

出させるやり方は、「大阪パンション」の一階の談話室や食堂などの天井面の処理をすぐに思い起こさせる。一階平面の中央部の南北三スパンのうち、北側と中央の二スパン分は、先の客溜と事務室で占められているが、一番奥の南側の一スパン分は、図面に「主人室」と書かれている店主のための、今でいえば「社長室」が占めており、村野がこの部屋の中の机や椅子のデザインを直接手掛けて設えていたことを、残された図面などから知ることができる。その他には西側にある「トイレ」と、東側の「エレヴェーター」があり、これらで、この南側一スパン分の平面のほとんどが占められている。（6-12）

営業室を、客溜と事務部門との二つの空間に二分しているカウンターの、その東端にある低い煽戸を開けて事務室の中に入ると、すぐ右手に、二階へ上がる階段の昇り口と、その階段と並んでその横に西に向かう廊下があり、この廊下は隣地に昔のままに残された日本家屋の中を貫通する中廊下へと直結している。右側の二階へ昇るための階段を上がり、踊場で折り返して両側のチークを練付けにした壁の間をさらに昇ると、二階フロアにある各室がそれぞれの扉を向けている小さな「ホール」に出る。階段を上り切った人の正面に見えるホール東側の壁面には二つのドアが並んでおり、左手（北側）のドアを開けると「会議室」へ入り、右手のドアは二階のフロアの約半分を占めている商品の「収納庫」へとそれぞれ通じている。今度は逆に後ろへ振り返って西向きに立つと、正面のチーク合板でまわりを巻かれた太い構造柱の横に、細かな霰《あられ》模様の型板ガラスの壁でホールとの間が仕切られた右手（街路側）の部屋へ入るドアがあり、その左の真正面の位置には、もう一つの二階西北隅の部屋へ入る同じような大きな型板ガラス入りのドアが見える。この二つのドアのうち、北側の部屋は、図面では「小応接室」と書かれている。そのドアのすぐ横で鉤型にあるドアからは、玄関の真上に位置する角部屋で、先の応接室よりやや広い「大応接室」に入っていくことができる。「大応接室」は、重要な来客を迎えた時などに招じ入れるためのこの会社のいわば「貴賓室」であり、その設えには村野は最も力を入れており、渡辺節事務所時代以来、設計者村野が着実に蓄えてきたと思われる、インテリア・デザインについての種々の技法と、その技法を近代的な表現として簡潔化していく手法の、一言でいえば〝冴え〟といったものを室内の各所に窺うことができる。

応接室のインテリアでのさまざまな工夫

「大応接室」とはいっても、さほど広いというわけではなく、せいぜい十二畳余(二一㎡)の広さの洋間である。二階ホールから大きなガラス入りのドアを開けて中に入ると、部屋の三・八mほどの高さの板貼の天井の中央から降りている、吊下げ型《ペンダント》で、電気コードの下端に曇ガラスの球形シェードを下げた照明具が、部屋全体を柔らかな光で包んでいる。このペンダント・ライトの真下には、ごく薄い箱型の直方形のテーブルが置かれ、その周りに六脚の、村野自身によるオリジナル・デザインである肘掛椅子が取り囲んでいる。部屋の北側の壁の東寄りには、玄関扉の真上にある、狭いバルコニーへ続く縦長(間口一・四m×高さ三m)で、内開きのフランス窓とその上に欄間を持つ開口部がある。その左手の壁の中には、太い縦格子を入れた例の武者窓(もしくは虫籠窓)風の窓があり、その窓廻りの壁に〈アール・デコ〉風の幾何学的な形を配したパターンを見出すことができ、さらにはその窓下に外の斜めの壁に合せて、鋭角三角形の棚板を乗せた飾棚が入れられている。床から天井下の位置までの一面に、チーク・ベニヤを縦貼にした一番奥の壁、つまり西側の壁面には、中央よりかなり右(北)寄りの位置の腰壁の上に、これも縦長で天井にまで届くほどの高さで上げ下げ窓が一つ開けられている。そこからは以前の店舗であった平屋の町家の瓦葺きの大きな切妻屋根の街路側の面を見渡すことができる。この西側の壁に向かって左下の位置に、やはり村野がデザインしたと思われる簡単な図面が残っているガラス箱状の軽快な「飾り戸棚《ドレッサー》」が置かれている。さらに階段室との間を仕切る南側の同じチーク貼の壁面には、中央に間口一間のガラス戸入りの引違いの窓が入れられているが、おそらくこれは冷房装置のない時代の夏季の通気に備えた開口であったと思われる。(6-13)

6-13　村野デザインの肘掛椅子が置かれた大応接室

6-15　応接室の弓形に膨らむチーク貼の壁と天井

6-14　応接室の壁とカウチ

この部屋の周囲を取り囲んでいる薄いチーク板を練付《ねりつけ》にした四面の壁の処理として、部屋に入った来客の興味を引かずにいられないのは、チークで化粧した合板を貼ったその壁が見せている独特の表情、特にその陰影ではないだろうか。そうした特徴が一番顕著にわかるのは、この部屋へ入ってすぐ右手にある、扉口の横の壁面、つまり隣の小応接室との間を仕切っている開口部が一切ない壁面の広がりである。縦に貼った合板の目地の間で壁がなぜか膨らんでいるようにみえる。壁に近付いて傍《そば》でよく見ると、縦に貼ったそれぞれの合板が、目地の部分から板の中心方向に向かって両側から強い力で押しつけられたように、板そのものが僅《わず》かに弓形に膨んでおり、そのやり方で壁面全体を張り巡らし、あたかも壁が縦に通した目地と目地の間で、緩く波打って続いているかのよう見えるのだ。合板の膨らみ自体はそれほど大きなものではないから、光の具合によっては、すぐには客も気付かないことがあるかもしれないが、北側の窓を通して外から入ってくる横からの強い光線がある時には、縦に通されている目地部分が一番濃い影を湛えている一方で、練付の板が膨らんで部屋の方に出っ張っている先端の部分は反対に明るく光っていて、その微妙な光と影のグラデーションによって、断面上の緩やかな山型の起伏を確認することができる。それと同時に、それを視る来客たちは、自分が対面している壁に、物理的な〈面〉

としての存在以上の何かを、つまりそこに何らかの表現を感じはじめるようになっていくのである。（6－14、6－15）

おそらく村野が、この種の微妙な陰影を持つ壁のディテールを、あえてここで採用した狙いとしては、平坦に広がる練付の壁の、俗な言い方をすればペタンとして平らな、その〝無表情〟さを嫌ったからだと思われる。たとえば近代的なオフィスビルの内部の間仕切用の壁面にしばしば見かけるような、素っ気なく不貞腐《ふてくさ》れたような表情しか与えられていない壁面を、大切な賓客を迎えるべきこの応接間の壁として造り出すわけにはいかない、という強い意向が村野の内側で働いた結果と考えられる。そのため通常はどこまでも平坦な練付の壁として職人が懸命に仕上げるところを、一般的には弱点とみなされている合板の、撓《たわ》みのつけやすい性格を逆に利用して、そこにわずかな膨らみを与えることによって、かすかな濃淡の陰影を壁に生じさせ、その部屋に入って椅子に腰かけた来客たちが前にすることになるはずの壁面に、単なる無表情ではない何らかのニュアンス、設計者の気持を込めた表情を与えようと村野は考えたのだ。一言でいえば、来客があまり広くない応接室の中で、単調な壁面に囲まれた状態で、圧迫感や閉塞感を抱かないように、壁が柔らかで優しい表情を持って客に接するように、とにかく村野はデザインしたかったのである。

《様式建築》の持つ陰影

いうまでもないことだが、村野が見せるこのような設計者としての発想や建築的細部への拘《こだわ》りは、建築の平面や立面などで、ともかく誰もやったことのないような形態や空間を構想して、その新奇さで人の眼を驚かしたいとだけ考えているような、アイディアだけが先走りする学生や大学出たての若い設計者たちの、村野の言葉を借りるなら、“student work”の段階では、彼らがとても思いもつかないような細かな手法が披露されていることがわかるだろう。村野は言外に、昭和初期の日本の《モダニズム》は、所詮《しょせん》〝スチューデント・ワーク〟の域を出るものではない、つまりいまだ十分に《建築》として熟していないものであったと言おうとしていたのだが、こうしたことをサラリと言ってのける村野には、渡辺節の下での十余年におよぶ、苦しい日々ではあったが、しかし多くのことを身につけることができた、そうした修業期間があったからこそであった。その結果として今の自分があり、こうした技法もさほどの苦労もせずに余裕を持って繰り出すことができる、という自負も内心ではあったはずである。村野は晩年になってから、《モダニズム》の建築教育しか受けてこなかった若い世代の設計者たちから、《様式建築》の設計から何を学べばいいか、と問われることが多かった。そうした時にはよく、その種の建築の中にある〈線〉や〈面〉の表情、特にそれらの装飾的ディテールが持つ〈陰影〉の効果を知り、その効果を近代建築に応用することを学びなさい、と答えていた。その効「中島商店」の二階の大きい方の応接室の、ごく目立たない場所にさりげなく付けられただけの、深い味わいのある〈陰影〉は、まさしく《様式建築》の中で彼が学び取ったものを、〈近代〉に通用する手法に整理し応用して投企した結果として生まれ出たものだったのだ。[4]

考えてみるとたしかに、村野は、その独立当初から最晩年に至るまで一貫して、建築の外部形態とともにインテリア空間においても、建物の壁や天井や床が利用者や所有者に対して、威圧的もしくは敵対的な立場を取るような結果を決して好まず、その種の攻撃的な室内空間が利用者や所有者を脅して、その迫力におもわず服従して建築空間に同調することに対して常にきわめて警戒的であり、内外を問わず建物がその種の〝神殿建築〟的な立ち現われ方をすることに対して最後まで否定的な立場を設計者として崩すことはなかった。その姿勢については、これまでの各章においても、断片的であったにせよしばしば触れてきたし、また後章でのさまざまな場面においてくり返し指摘し、改めて論証することになるはずだが、この応接室のわずかに膨らませただけの壁面は、まさしくそうした村野の考え方が、外部のみならず、インテリア・デザインにおいても反映させられはじめていた、いわばその〝萌芽〟を示すディテールとして、見逃せないものである。

村野は、わずかに膨らんで連続するこの壁を、「中島商店」のインテリアだけで終わらせたわけではなく、たとえば戦後になってから、先に《ロシア構成派》のメルニコフの作品の断面やシルエットからの著しい影響があったという点で触れた「米子市民会館」の設計の時に、再度この手法をより大きなスケールで使ってみせている。ここでのこの特徴的な壁は、小さな室内の壁ではなく、公会堂といった公共建築の外壁面において大々的に実現されている。「米子市民会館」のイクステリア・デザインに応用されたのは、あの中空に向かって斜めに上昇していく市民ホールの舞台から客席部分へと昇っていく内部空間を、そのまま外部に現したような意欲的なホールの両側面の、鉄筋コンクリート造の柱梁の構造的躯体の間を

6-16 「米子市民会館」の側壁面の膨らみ

埋めているタイル貼仕上げの壁面において、膨らんだ壁の連続的展開というあの形式が村野によって持ち込まれている。この結果、市民ホールを訪れるために、主に建物の側面からアプローチしてくることの多い米子の市民に対して、時に「ゴジラのようだ」とも揶揄《やゆ》されたような、威圧的にも、また虚仮威《こけおど》しの押しつけがましいものにもなりかねない、奇異で見慣れないマッシヴな側壁面に、意外な親しみやすさや、柔らかさを演出することに、村野はこの膨らんだ壁によって成功しているのである。（6−16）

最初期のオリジナル家具と照明具

「中島商店」の二階のこの貴賓室のインテリアにおいて、もう一つ注目しなければならないのは、竣工後八十年近い歳月が経った今も、竣工時のままにこの部屋の中に残されている、村野自身が直接デザインし特注で製作させたいくつかの家具や照明具等の存在である。具体的にいえば、前述したような、直方形の薄い箱型の「テーブル」、曲木を使った「肘掛椅子」、吊下げ《ペンダント》型の「照明具」などがあり、この他にも、低いクロームメッキした四本の短脚の長椅子型「カウチ」、さらには透明で華奢なガラス箱状の「飾り戸棚《ドレッサー》」などがある。これらは村野自身のスケッチなどによる指示のもとに、所員が一度図面を引き、その図面の上に村野自身が直接フリーハンドで修正の線を入れて手直しして実現した家具であったことが、残された図面やスケッチ類から確認することができる（6−17、6−18）。それらの中でも、後の村野のインテリア・デザインに欠かせないものの一つとして、特にここで取り上げて書きとめておきたいのは、彼がこの部屋で六脚設計している、背から肘掛の部分にかけて、曲線を使って曲木を巧みに組立てた肘掛椅子のデザインである。（6−19）

村野はこの応接間用に、(A)、(B)の二つのタイプの肘掛椅子をデザインしていたことが、当時書かれたスケッチや図面から推測されるが、(A)のタイプは、この後も村野がいろいろなインテリアで使うことになった一般的な肘掛椅子の形式で、ミースのあの「バルセロナ・チェア」に似た形を持つシンプル

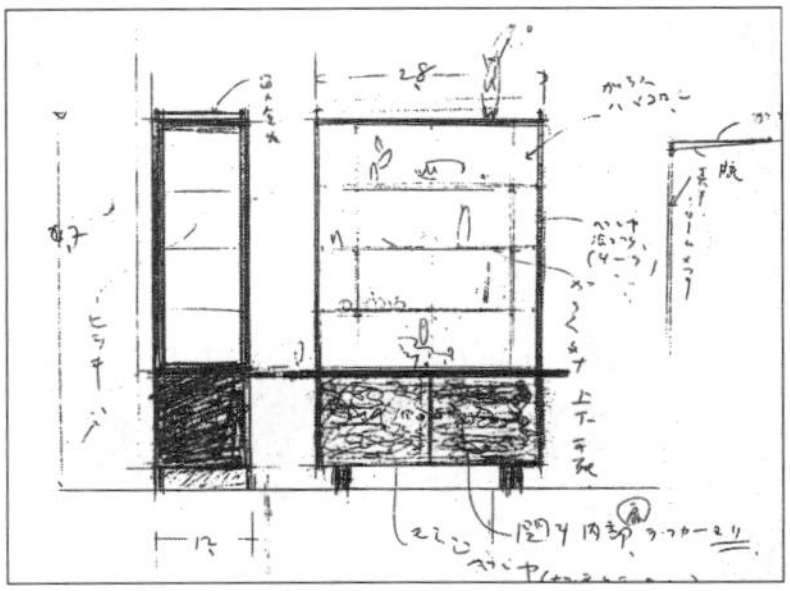

6-17　飾戸棚のスケッチ

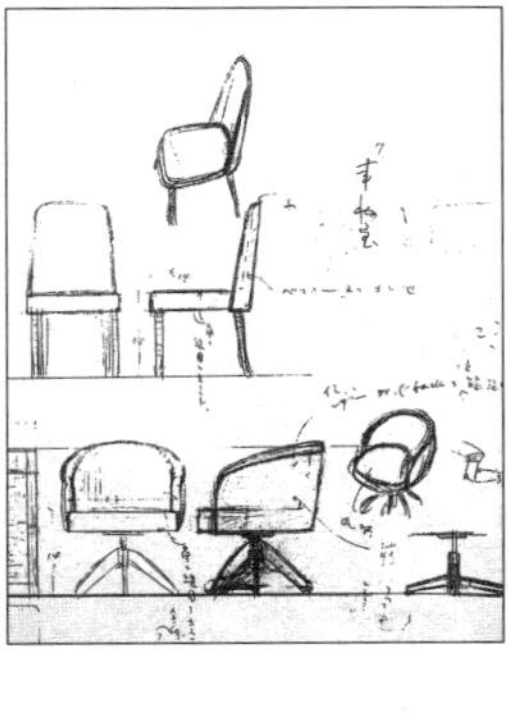

6-18 店主室用の椅子のスケッチ

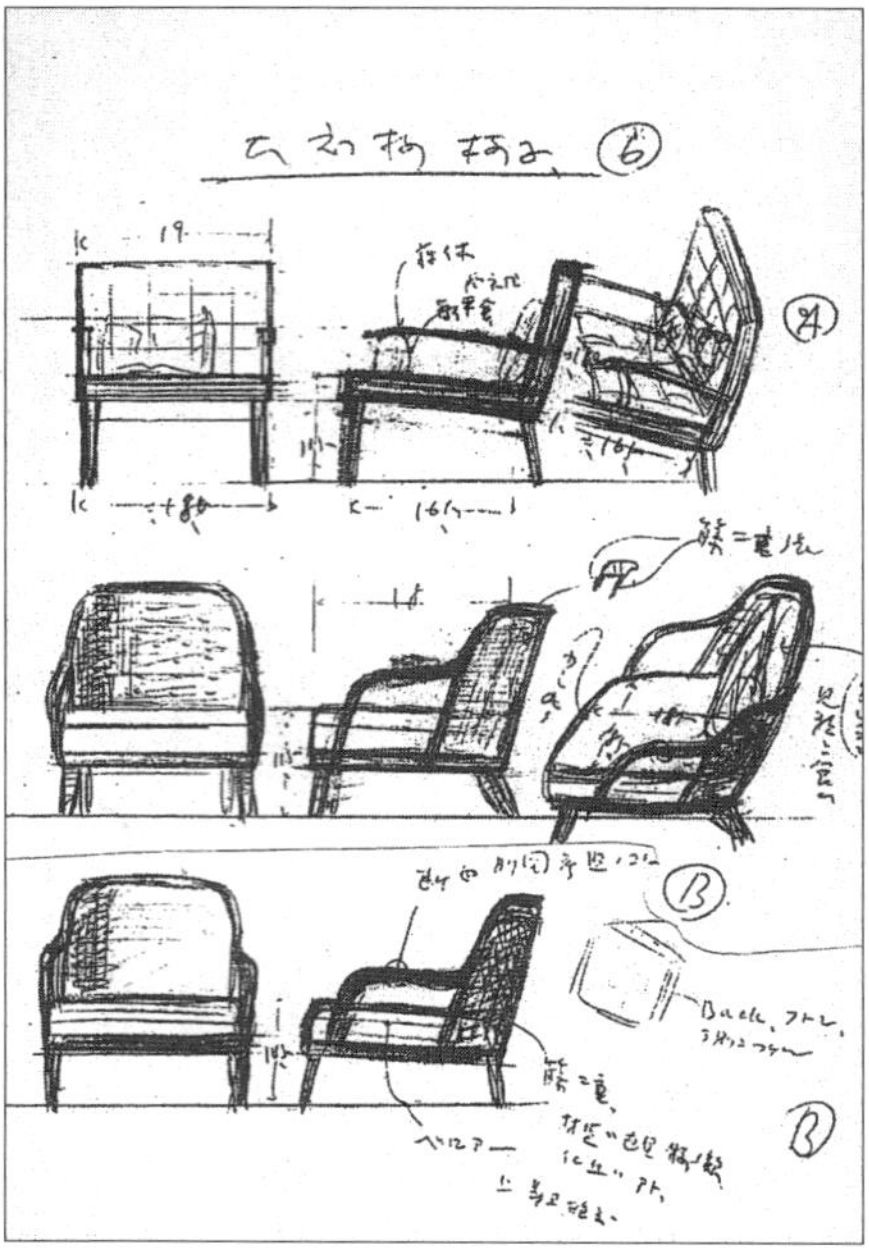

6-19　(A)(B) 2つのタイプの肘掛椅子のスケッチ

6-20　大応接室の肘掛椅子

な方形の座面と背面で構成した木製の椅子である。木製の肘掛《アーム》は、座った人の掌が握る肘掛材の先端部が、その下で支える肘木の位置の前方に〈片持梁《キャンチレヴァー》〉風に突き出ている形式——建築構造に喩えていいえば〈楣式〉風の肘掛——を持っている。

ここで注目したいのはこのタイプの方ではなく、村野がもう一つの(B)型案として提案している、肘掛部分の形に特に特徴のある肘掛椅子《アームチェア》のタイプである。結局この(B)タイプのアームチェアが「中島商店」の貴賓室用として最終的に採用され製作されている。(B)タイプの場合には、肘が乗る水平部材である肘掛と、それを支持する縦材である肘木の組み合わせが、(A)型のように縦横《たてよこ》に分離せず、肘掛(横材)部分と肘木(縦材)部分がそのまま一続きに連続する、あえていえば〈栱式《アーチ》〉構造型のアームチェアーとしてデザインされている点に基本的な特徴がある。こちらのタイプの肘掛椅子では、〈楣式〉型の場合のように、横に架けた肘掛の鼻先が、縦の肘木の位置のさらに先に突出して、キャンチがそこで止まったような形にはならずに、人の手が肘掛を握る部分が、滑らかな曲線を描いて連続的に下降し、椅子に座って肘掛に腕を乗せた人の指先も、自然な下向きの状態で肘木部分を摑むことができるように工夫されている。(6-20)

この後者(B)型の、肘掛と肘木が円弧を描くような状態で連続する肘掛椅子は、実はその後村野が非常に好んでくり返し使った椅子のデザイン形式の一つであり、彼が設計するインテリア・デザインにおいて、しばしば欠くことのできない重要な〝点景〟となったものである。この〈曲木風肘掛〉と仮にここでは名付けておく木製椅子のデザインが、「中島商店」の椅子では、どのようなディテールを持っていたかを、もう少し具体的に見ておくことにしよう。まず腰かけた人の背中が直接にあたる「背板」の周囲を縁取り、椅子の背面部分を固める〈枠組〉は、一般的な肘掛椅子の通例のように、二本の〈柱〉状の縦型部材(背柱)と、その間に渡した〈梁〉状の横臥材(笠木)といった、いわゆる〈楣式〉に接続されているわけではなく、村野のデザインでは、この部分も連続する曲線によって繋ぎ、その背柱と笠木を、曲材で円弧を描く状態に連続させている。この貴賓室の場合では、その木製の枠組の中に背板を入れず、表側と裏側の二面に編んだ籐編を張って入れ、肘木とともに座面の下にある座枠で固定している。またその籐張りの内側には、光沢があり滑らかで手触りもいいベロアの生地を縫製したクッションを入れて、また同じ布地で座上のクッション用の詰物を巻き、体が直接当たる部分を柔らかく護っている。

この村野の曲木風の肘掛椅子の構造的な骨組としては、背中が当たる場所にある笠木の両端から連続して下降する曲材の背柱が、そのまま下に流れて座枠に固定されて背面の部分を安定させているのと同時に、その背柱の途中から、あたかも背柱という〝本流〟から枝分かれする〝支流〟のような形で、やはり曲線を描きながら今度は水平方向に流れて肘掛の部分を形成している。この円く削った棒状の部材は、そのまま下方に流れ、この部分では縦材である肘木に変身するが、さらに力を伝える連続的な湾曲材として下方に降り、最終的に座枠に固定されて、トップの笠木から続く引っ張り力をそこで受け止めさせている。いうまでもないことだが、こうした曲材の構造的な枠組によって椅子をデザインし製作する方法を最初に発明し、これを普及させたのは、十九世紀ドイツの発明家、ミヒャエル・トーネット[5]と、彼が創業した家具会社であったことはよく知られているが、村野はそれらの椅子の構造を頭に置きながら、明らかに〝村野好み〟の萌芽の一つといえるある特色を、おそらく曲材ではなく削り出しで自分の設計した家具デザインの中に持ち込んでいる。

ここでいう村野の椅子についての〝好み〟の一つとは、座面や座枠の下に立てる椅子の脚をできるだけ短くして、椅子全体を非常に低く、床面からごく近い高さで着座面を支持させようとするデザインである。こうして村野は、欧米での、土足のまま屋内に踏みこんでいくために、床から立ち上がる塵埃が気になる室内ではあまり採用されないような、非常に低い位置に座面を持つ椅子を意識的にデザインしている。この低さは、たとえば日本映画において、いつも靴を脱ぎ、畳の上に座っている人の視線のレヴェルを前提にしていたといわれている小津安二郎監督の映画における、ロー・アングルのカメラ位置を思い起こさせるような、日本の伝統的な住空間に特有の〈視座〉から生まれ出た、ロー・アングルの椅子デザインであったということができるかもしれない。村野は、西欧の《様式建築》の場合のように天井高を十分に取るだけの余裕がない日本の洋室の室内設計の場合などでは特に、土足で入る洋間の場合でも家具の脚部を短くしてできるだけ低く構えさせ、その低い天井から受ける圧迫感から救うという手法をさかんに使っている。これは彼の生涯を通して、基本的に変えることなく続けた手法であり、たとえば村野の最晩年のホテル建築の集大成である、「新高輪プリンスホテル」の客室のベッドの、マットレスの上端までが、わずか三七cmしかないといったことが典型的に示す、一連の家具の驚くほどの低位置の設定にいたるまで、延々と展開していったのである。

村野の椅子デザインにおける《機能主義》

背後の笠木から背柱、背柱から分かれて肘掛へ、さらにこの肘掛が下降して肘木に繋がり、最後に座枠へとそのまま力を伝えていくように、椅子の構造を、曲木の一体化した骨組とするようにデザインするやり方は、明治期以来輸入され、日本でも広く使われ、親しまれていた〈トーネット〉の曲木椅子からの、直接的な影響があったということについては先にもふれた通りだが、しかしその他にも、村野にこの種の構造を採用させた、ヨーロッパでの最新の動きがあったことも見逃せない。それは村野が一九三〇年、初めてヨーロッパを旅した時に、各地で自分の眼で見たと思われる、M・ブロイヤー、ミース・v・d・ローエ、あるいはル・コルビュジエなどといった建築家やデザイナーたちが、当時自分たちの作品の中で続々と発表していた一連の近代的家具デザインからの間接的な影響である。その中でも特に、ミースとブロイヤーによって開発された、鋼鉄製のパイプ・チェアーに典型的に示された、一種のキャンティレヴァーを効果的に表現した椅子のデザインの中の、笠木から背柱、座枠からさらに脚部へと、途切れることなく〈S〉字状に流れて、細い鋼管《スティール・パイプ》がしなやかな構造的曲線を描く、その近代的な表情が村野の創作意欲を強く刺激していたことは容易に想像できるところである。

しかしここでもまた村野がデザインする家具は、彼の建築設計の場合と全く同じように、《モダニズム》の、近代的な工業生産方式に同調させるための、《合理主義》に基づく家具デザインとはかなり異なる内容を持っていた。《モダニズム》のデザインでは、機能によって家具を構成するいくつかのエレメントに分割し、そのエレメントの輪郭を明確に保ちながら、隠さずに表にはっきりと視覚化された構造体(たとえば曲げられて連続した靭性の強い鋼鉄管や集成材に熱を加えて曲げた曲木など)に、合理的《ラショナル》に、つまり良き比率《レシオ》で、分節的に取付けていく、といった方向でデザインされている。肘掛の先端部分のデザインにしても、肘掛が曲線を描いて肘木の部分に連続的に流れていくという、あのトーネット型の木製椅子を基本的に特徴づけていた特徴が、やがて一九三〇年前後になると、ブロイヤーやミースなどがデザインした草創期の鋼製のパイプ・チェアの特徴となって変身していった。

村野が、それらの意匠から刺激を受けながらも、その内容を翻案して自分の椅子をデザインする時には、その種の《合理主義》の椅子のデザインとは、かなり異なった発想と、独自の目標を目指していたと考えられる。村野は自分がデザインした家具を、いかに〈合理〉的に機械生産のシステムにのせるかと考えながらデザインする以前に、人がそこに腰かけるという行為そのものを何よりも先に考慮し、同時にそこに腰かける人にいかにその場に合った座り心地のよい椅子を実現して提供することができるかという、現実の身体的〈機能〉を最優先にしてデザインしようと考えていたのである。この場合の村野は、《合理主義者》としての側面よりは、彼の建築設計の場合と同じように、むしろ《機能主義者》として家具デザインに関わっていたということができるだろう。その意味では、村野のデザインは、十九世紀末のイギリスの《アーツ・アンド・クラフツ》運動と、そこからの強い影響を受けつつ、二十世紀初頭に展開していった《ナショナル・ロマンティシズム》の運動の中での、スウェーデンやフィンランドなどの北欧系の家具デザインに、より強い親近感を持っていたということができる。

6-21　「心斎橋プランタン」の椅子

6-22　「戎橋プランタン」の椅子

ただ彼は、家具の構造材としての木材に必ずしもいつまでも固執していたというわけでもなく、たとえば戦後間もなく、村野が大阪の中心街である心斎橋に設計した喫茶店である、「心斎橋プランタン」(1956)や、そのすぐ南にある「戎《えびす》橋プランタン」(1965)の椅子のデザインなどでは、肘掛の先端部の円弧の曲線や背面の籐編張りなどは、金沢の椅子の形式がそのまま引き継がれたものであったが、椅子を構成する構造材は、木ではなくより細くスレンダーなスティール・バーに変わり、金沢の肘掛椅子にはあまり感じられなかった都会的な軽快さや洒脱さが表現されるようになっており、戦後日本の社会における大衆文化を代表する、「喫茶店」という商業空間

の持つ、明るさや華やかさに呼応したデザインに変化している。(6-21、6-22)

椅子の〈身体化〉へ

ところで村野は、椅子に腰かけて肘掛に肘と腕を乗せた人が、自分の掌《てのひら》がちょうど触れるような部分を、水平方向に伸びた肘掛の上に置くのではなく、湾曲して下降する肘木の上に手を置けるようにした時に、それがどのような心理的な効果を人に齎すと考えていたのであろうか。いい換えれば、なぜ村野は、その種の連続的構成に強い興味を持ち、そうしたデザインを自分のインテリアに持ち込もうとするようになったのだろうか。村野は晩年しばしば、「椅子については、さわりが一番大事だ」、といった発言をくり返していた。「さわりの良い椅子」を造りたいという彼の真意をここで簡単に推し量るのは難しいが、ごく単純に解釈すれば、椅子に腰かけた時に、椅子そのものが何らかの抵抗感や違和感を人の心に起こさせることのないような、さわりの良い椅子、あるいは人当たりの柔らかい椅子が、少なくとも自分が設計する建築の中には欲しい、という意味での発言ではなかったかと思われる。もう少し別ないい方をするならば、その短い言葉で村野は、椅子の〈身体化〉の契機といったものについて語ろうとしていたのではなかったか。村野が自分でデザインしたり、選択したりする椅子の場合には、椅子が椅子そのものとしての〈存在感〉や、構造的な〈堅牢感〉等が、あまり強く表に主張されているものを選んだりデザインする場合《ケース》は少なく、むしろ椅子は建築空間の中で、あまり目立たない姿で存在するようにいつも仕向けられており、椅子に座った人の身体を、あくまでも控えめな姿で支えることが求められていたような気がする。人の身体の背後や下部に椅子は位置しながらも、それに対抗するような強い姿や構造を持ち、それによってそこに座った人以上に目立ち、あるいは人がいない状態でもその存在感を主張するといった性格は、村野の場合にはできるだけ避けられようとした形跡がある。椅子は逆に、人の身体に寄り添い、やがては椅子と身体が一体化する、つまり椅子そのものがそこに腰かける人の体の一部となってそれを包み込むような、一言でいえば人が椅子を〈身体化〉することができるような性格が求められた。村野のいうさわりの良さとは、まさしくそうした〈身体化〉の契機《きっかけ》となるような特別な感覚のことを指した言葉であったと思われ、先の肘掛椅子《アームチェア》の場合において、肘掛と肘木が連続している曲線部分に手や指が触れ、それを軽く握った時の、まさにさわりの良さに格別の関心を彼が寄せたのも、そういった瞬間の感覚に〈身体化〉を呼び起こす重要な契機といったものが隠されていると、彼が読んでいたからではなかったかと思われる。

だとすれば、同じような形状の肘掛と肘木の連続性を持つ、ブロイヤーやミースが設計した最初期のパイプ・チェアーなどの場合にも、村野の椅子のケースと同じような〈身体化〉への契機が見出せるかといえば、必ずしもそれは同じではなかった。おそらく彼らのデザインした椅子は、そうした配慮とはほとんど無縁のままにデザインされて生まれ出たものであったと思われるからである。というのも、ミースやコルなどの近代建築家たちの、近代の工業化社会にはっきりと呼応しようとする意志のもとで設計されたモダンな椅子のデザインには、彼らが設計した建築の場合と同じように、椅子はそこに腰かける人の身体と一体化しようとするのではなく、反対に、そこに腰かける人の身体の重さや動きをしっかりと受け止め、その身体に頑強で新奇な構造で張り合い、両者が互いに拮抗する状態で立ち向かい、その緊張感の中で生まれる新しい椅子の形態や輪郭を通して、椅子は自分の存在を身体の背後に隠すことなく強く主張する、という方向での表現が目指されていたと考えられるからだ。

村野の椅子で目指されているような、目立たない控えめな姿は、もちろんこれらの椅子のほとんどにはなく、逆に身体に対立し、自分の存在を明確に人の眼や体に刻印しようとしてさえいる。したがってこれらの椅子は、村野が目指す椅子のデザインとはかなり異質な、むしろそれとは正反対な性格を持つものであったといえ、この種の椅子のデザインは、村野にとっては、まさしくさわりの悪い、どちらかといえば忌避すべきデザインとされたのである。椅子のデザインの上にも投影された形の、村野のこうした特殊な好み、《美学》は、彼の建築設計の性向にそのまま合致するものであったが、村野は最晩年に至るまでその方向での家具デザインを変わることなく追い求め続け、自分の設計する建築空間の中で、家具にあまり強烈な自己主張をさせようとすることは決してしなかった。

そのような意味で、彼の半世紀を超える長い家具の設計作業の系譜の中で、最初期の段階での、俗にいう〝村野好み〟が最も早く、また鮮明に発露した場所としての「中島商店」のこの貴賓室の中で、今も完成時とほとんど変わらない状態で使われているこの椅子や、同時にデザインされたその他の家具類は、きわめて貴重な歴史資料として注目されるものといえる。他にこの貴賓室には、例の合板を膨らませて波打つように貼った、東側にある隣の小応接室との間を仕切るチーク貼の壁の前に、その壁に沿わせて、やはりこれも座面の高さを低く押さえた、ベロア地を椅子張りに使った寝椅子《カウチ》形式の美しい長椅子も見逃せないデザインである。このカウチは今も創建時と同じ位置に置かれており、残された図面によって、村野自身のオリジナル・デザインであったことを確認することができる。カウチのデザインとしては、「中島商店」からちょうど半世紀ほど経った後で、村野がインテリア・デザインを担当した「都ホテル東京」(1979)の特別室《スイートルーム》用に彼がデザインした「カウチ」のデザインにも、この金沢のカウチのデザインの〝遺伝子〟を、その低く流れるような姿の中に感取することができる。(6-23、6-24)

6-23　貴賓室のカウチと膨らみの連続する壁面

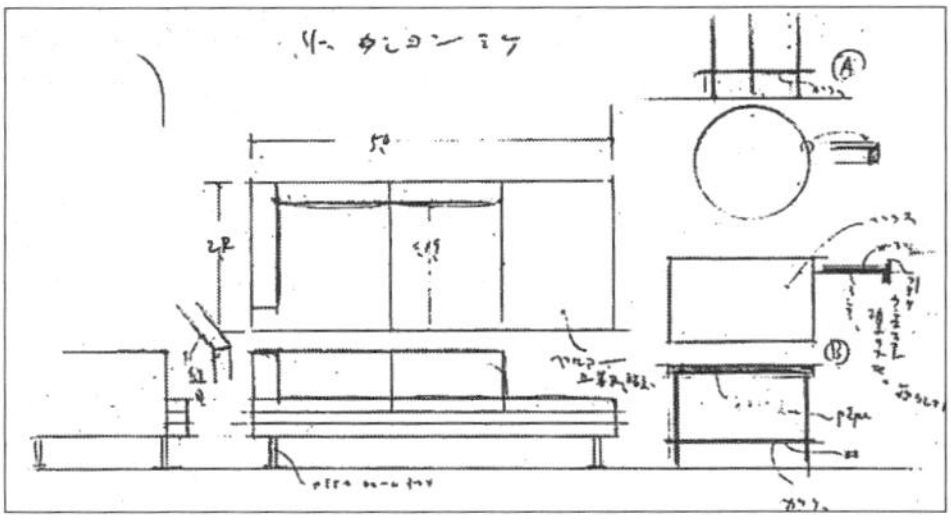

6-24　カウチのためのエスキース

また、部屋の中央に置かれた、一部に金属の脚部を持ち甲板に柘《つ》植《げ》材の化粧板を貼り、側板にくるみ材を張るように図面上で指定されている、木製の長方形のテーブル(一・六四m×〇・八五m)もまた彼のオリジナル・デザインである。そのテーブルの上には、天井面から電気コードを絡ませて下ろした鉄鎖の先端に、球形ガラスのランプ・シェードを取付けたペンダント・ライトが降りている。この不透明な球形の吹きガラスのシェードには、当時世界的に流行していた《アール・デコ》スタイルの、美しい草花模様が刻まれていて、電球が発する光を、カット・グラスのエッジで鋭く屈折して輝かせ、鮮やかなパターンを浮かび上がらせている。このガラス面にカットされた図像から判断すると、この模様仕事《パターン・デザイン》はおそらく、上野伊三郎夫人[6]であったリチ上野に依頼されて作られたものであったことが容易に推測できるが、そのことを明らかにする明確な資料は、残念ながら今のところ見つからない。また同じような意味で、この部屋の北側の武者窓の内側の飾棚上の壁面の、《アール・デコ》を思わせる幾何学模様を大胆に配したパターン・デザインも、おそらくはリチの原案による意匠であったと考えられる。(6-25)

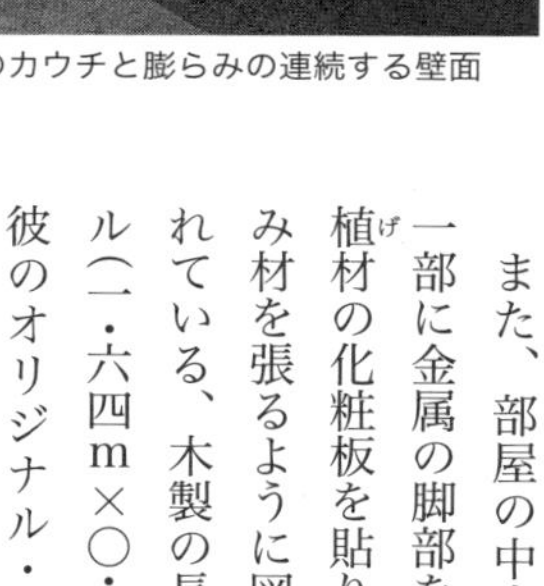

6-25　ガラス製球形シェード

ファサードに見る村野の建築史観

最後に再び建物の外に出て、前の街路の反対(北)側に立ち、村野が見事に整えた、〈アヴァンギャルド〉なファサード・デザインを、もう一度正面から全体的構成として観察する。街路側のエレヴェーションは、前述したように大きく二分されており、一つはビルの外壁の大部分を占める赤褐色のタイル貼の広い壁面部分であり、もう一つは、明るいが表面はマットなイタリア産トラヴァーチンを貼った主玄関周辺の二階分の高さを持つ壁面である。この異質な肌理や表現内容を持つ二つの壁の、鋭く対立的な表情を互いに見せながらも、しかしどこかできわめて親和的な関係を保つ組み合わせによって、「中島商店」のファサードは、ビルのほぼ正方形の端正な輪郭《アウトライン》と、平坦な外壁面の広がりも手伝って、良くできた一幅の〈抽象絵画〉といった趣きをも見せて、街路を往来する昭和初期の金沢の人たちの眼を引きつけたにちがいない。玄関周りの柔らかい明るさと、それ以外の外壁の、彩度明度の低い茶色の艶のない控えめさは、〈主景《フィギュア》〉と〈背景《バックグラウンド》〉という視覚心理的な関係にも見えると同時に、そのそれぞれの部分に表現された内容からすれば、歴史的な〈新〉と〈旧〉の対比とも見ることもできるようにも考えられる。

先にも少し触れておいたように、褐色のタイル貼りの部分の壁面デザインは、「森五商店」の外壁の場合と同じように、一見した時には非常にモダンでシンプルな表情を湛えて広がっているが、しばらくそれを凝視していると、そのモダンでシンプルと見えた壁面の奥に、いつのまにか意外に〝古風〟な表情が読み取れるように思われてくるから不思議である。「中島商店」の新しいビルの、装飾一つ見出すことのできないこのクールな佇まいを持つ外壁の、近代的な無表情を装う広がりの背後に潜むどことなく〝古風な顔〟とは、たとえば二階部分の非常に縦長のプロポーションで開けられた窓がその向こうに、ふと《クイン・アン》の縦長の上げ下げ窓の残像を感じさせたり、あるいは三階の方形の窓に《ジョージアン》のテラスハウスの窓の輪郭を見出したりすることの中から、知らず知らずのうちに浮かび上がってくるものである。いい換えれば「中島商店」のファサード・デザインには、かつて村野が渡辺節の下にいた頃に設計した、大阪の「大ビル本館」の《ネオ・ジョージアン》の〝顔〟や、同じ大阪の「日本綿業会館」の《コロニアル・リヴァイヴァル》のそれに似たというか、それらと途切れることなく連続した表情がそこにあることにいつの間にか気付かされるのだ。

この〈旧〉を秘かに隠し持つ無釉薬タイルを貼った外壁に対して、すぐ後で大阪の「そごう百貨店」のファサードで大量に使われることになるイタリア産のトラヴァーチンを貼り巡らした玄関周りの、高いキャノピーの庇下の壁面は、明らかに村野が革命後のロシアで実際に見聞してきた《構成主義》のデザインからの、直接的な影響の下での〈新〉、つまり二十世紀のデザインであったことは明らかである。特に《構成主義》の造形やデザインに特徴的な点としてよく知られている、〈構成〉の基本となる〈視覚的要素《ヴィジュアル・エレメント》〉にそれぞれ明確な輪郭を持たせて際立たせ、それらの〈エレメント〉間をはっきりと分節しながら、一つの造形的集成体として視覚的に組立てるという手法が、全体で三階分の高さを持つビルの壁面の約三割を占め、二階分の高さでファサードの右(西)隅の壁面に忠実に具体化されていたことは、先に詳しく見た通りである。

十九世紀初頭風の赤褐色タイルで覆われた〈旧〉建築の面影を残す壁面の広がりを〈背景《バックグラウンド》〉とし、二十世紀初頭の前衛的〈抽象造形〉を思わせるような〈新〉しさに装われたこの玄関部分が明るい〈図《フィギュア》〉となってその中に浮かび上がり、この〈図〉と〈背景〉は、互いの間に適度の視覚的緊張感を形成して歩行者の目を捉えて離さない。村野は二十世紀特有の鋭利な構成的表現を持ちこんだファサード・デザインにおいても、その全てのファサードをこうした〈新しさ〉によって埋め尽くそうとは考えてはいなかったのだ。その〈新〉は、〈旧〉という〈背景〉とともに、あるいは〈旧〉の真只中において誕生し、その背景、つまり歴史的連続性の中において開花してこそ、真の光輝を獲得することができる、という今から考えれば正統的な〈歴史観〉を、村野はこのファサードにおいても臆さずに表明していたのである。

西側からの眺めに見る〈新〉〈旧〉の家並

ビルの正面にも別れを告げ、先ほど歩いて来た道路を、「加能合同銀行」のある大通りの方に向かって戻っていく。少し歩いてから振り返り、建物からある程度距離を置いた斜めの角度で、かつて住居も兼ねた店舗であったらしい金沢に伝統的な姿を見せる町家の中で、意外に近代的ともいえる大きな屋根窓が目立つ切妻で鼠色の瓦屋根の向こう側に、村野が建てた「中島商店」の新店舗ビルの正面を斜めに見ると同時に、その側壁面を真正面にして眺める。この位置から見ると、今度は新しいビル自体が、抽象的な《構成主義》の彫刻作品が持つような迫力ある形態を持っていることがわかるし、しかもその建築形態とその輪郭に、たとえて言えば前進する船舶とか、列車を牽引する機関車などを思い浮かばせるような、ダイナミックな〈指向性〉が与えられていることにふと気付かされる。このビルが竣工した一九三二年といえば、ヨーロッパの建築界では、いわゆる〈流線形《ストリームライン》〉のデザインが大流行していた時期である。村野はこの時代のドイツの建築界をリードしていたエーリッヒ・メンデルゾーン[7]の作品などにおそらく刺激を受けながら、西側壁面から特に深く差しだされた陸庇や、さらにその斜め上の三階部分の外壁から突き出している半円筒形の階段室の形態などを使って、自分が設計したビルに、機械的な動力体が持つような、鋭いオリエンテーションを与えようと考えていたのではなかったかと思われてくる。村野は、自分が設計する建築を単に図面の上で検討するだけでなく、油土模型などを用いて、建築の全体的な形態や輪郭を、立体的に把握し検討することを、すでにこの頃から、自分の設計事務所の基本的な手法としはじめていたから、ここでもそうした形態模索のさまざまな試行錯誤の結果としてそのユニークな形が実現したものであったに違いない。

村野が設計した新しい「中島商店」の店舗ビルと、その西側に位置して妻壁を接し、街路に広大な間口を今も誇って建っている大きな町家との、〈新〉〈旧〉二つの建物を並べて横から眺めた時の印象としては、そのような新館ビルの町家の上に乗り掛かっていくような明確な〈指向性〉のために、新しいビルが完成した時点での両者は、必ずしも調和的な関係、もしくは協調的な関係を持っているようには見えなかったかもしれないとも考える。両者の関係をあえて卑俗な譬《たと》えでいうとすれば、すっかり成長して少し不良っぽい起居振舞いをする〈子〉の洋服姿に寄添う、生真面目な和服姿の熟年の〈親〉といった関係を思わせる。つまり〈親〉の側からすれば、〈子〉の行動に少なからずはらはらするものがあったはずだが、それと同時に、頼もしさもどこかで感じていたかもしれず、こうした〈親子〉が並んで立ち現われたこの十間町の街並には、ちょっとした緊迫関係はあっても、むしろそこにはなぜか微笑ましさを感じさせる光景も現出されていたようにも思われる。

実際に、この新奇な姿を持つビルと、落ち着いた伝統的な佇まいの中の町家との、対照的な二棟を、「中島商店」の〈新〉〈旧〉として、並べて眺めることになった昭和初期の金沢市民はどのような感想を持ってこれを眺めたのだろうかと考える。町の低い街並の中に、突如出現した〈新建築〉としての「中島商店」の新築ビルの、新鮮さが際立つファサード・デザインや、一見虚仮威《こけおど》しともとれる激しい動態表現を見せる西側外壁のデザインに、彼らは少なからず驚かされたことは間違いないが、しかしその半面、相互の建築形態の差違ほどには、彼らはこの二つの建物の関係に違和感とか断絶感、あるいは不調和といったものはさほどには感じなかったのではないだろうかと、すでに八十年近い歳月が経った後の今、改めて考える。

というのも、村野が設計した作品も、従来そこに建っていた町家も、それぞれが〈建築〉として本来備えているべき、良きプロポーションやディテールをそれぞれに自分自身のものとして備えた状態で対峙していたからであり、一方が他方を打倒して、やがてその勝負に圧倒的に勝利を収める、といった勝者と敗者関係で、両者が並んで写っている・・・、一見するとそう見えそうな画像は、実はここにはおそらく浮かんでいなかったのではないか。別の言い方をすれば、〈新〉〈旧〉いずれの建築も、互いに自らの存在に誇りや自信を持って堂々として今も建っており、新しいビルの誕生当時から、お互いのアイデンティティを尊重しながら、共存して建ち並んできた、という姿が今あらためて見てもそこに感じられるからであり、特に旧店舗の町家は、新しく登場したビルに決して怯《ひる》むことなく、きりりとした容姿を崩すことなく、新しいビルに立ち向かって少しも怯《ひる》んでないように見えるところがすばらしい。

ここで特に重要なのは、新館の設計者である村野藤吾が、自分が設計する〈新建築〉が、近い将来において、日本各地に昔からある伝統的な町家が構成するような街並を、古臭い時代遅れのものとして蹴散らし、それらを最終的には地上から駆逐して、抹消することになるだろう、といった考えをどこにも持っていなかったことである。一九二〇年代のル・コルビュジエなどが、将来の都市・建築像として具体的に、華々しく披露してみせたような、ある意味では暴力的ともいえる〈未来志向〉型の歴史観やデザイン観とは、最初から全く無縁のところにいて、村野はそれとはむしろ正反対の立場に身を置いて設計活動を進めようとしていた近代建築家であったのである。

たとえばW・グロピュウスは、一九二五年、いわゆる「バウハウス叢書」の一冊として、『国際建築』と題した彼の著作を出版し、その中で彼は、建築家は〈個人、民族、人類〉という三つの〈同心円〉のそれぞれに奉仕をする立場にあるが、その同心円のうちの最も大きな円である〈人類〉という円を最終的には念頭に置いて働くことが重要であり、建築家は常にその最も大きな円としての〈人類〉を目指して設計すべきであるとし、そこから《国際建築》という、近代の《合理主義》建築に特有の理念へと到達した。その結果として、地球上のあらゆる場所や民族が同じように使う、国際的な《建築様式》、《国際建築》という壮大な理念を提唱し、《モダニズム》の地理的背景を一気に拡大し、また均一化した。[8] このような動きが日本の建築界にも広まっていくのに対して、村野藤吾は、建築の〈民族〉性、あるいは〈個人〉性を軽視するかのような、いいかえれば、自然や風土や歴史の中で、それぞれの独自性を育んできた世界各地に固有の建築の存在を否定しようとするかのような理論(村野が書いて使った言葉をここで借りるとすれば、「実験室的理論」)には、彼は決して耳を貸そうとはしなかったし、そうした方向で設計活動を行うようなことは、彼の生涯を通じて決してなかったのである。

それと同時に村野にとっては、これまでもさまざまな場面でもくり返し確認してきたように(また後章でも詳しく触れるように)、古今東西のさまざまな時代の種々の《建築様式》は、一般に信じられているように、古い《様式》を新しい《様式》が圧倒し、新しく登場したものが古いものを完全に駆逐《くちく》した上で、完全な勝者としてその上に君臨する、といったことのくり返しの中で歴史的に積層されて行ったものでは決してなかったと信じていたのだ。設計者の〈現在〉という断面、つまり彼自身の〈実存〉という断面において見れば、それぞれの時点での、それぞれの《様式》の間に勢いの強弱、勢力の大小は常にあったとしても、最も強い《様式》がその他の多くの《様式》を完全に打ち倒し、ごくわずかな名作と呼ばれるような作品しか次の世には残らない、などといった事態は歴史の中では決して起こらないと確信していたのである。たしかに既存の《様式》の中に、新しい《様式》が登場してきた時には、必ずしもいつも平和的な状況下でその登場が迎えられるわけではなく、そこには多くの場合激しい抗争や葛藤が付きものであったかもしれないが、しかし時間の経過とともに、最終的には新しい《様式》は、既存の《様式》の存在を当然のことのように受入れてそれらに協調し、結果的に見ればすべての《様式》が、それぞれの時代における勢力に強弱があることを容認しつつ、互いに〈混在共存〉して歴史は展開し、その状態で今日に至り、さらにそれが〈未来〉へも続いていく・・・というのが、設計者村野の基本的な歴史認識であったのである。

したがってロシア構成派風の彩りの強いファサードを持つ「中島商店」の新ビルの場合も、隣接する旧店舗の町家を打倒し、実際に取り壊し、その敷地の上に新館と同じようなビルをやがて建てることを前提として設計し、その意欲を現すものとして、西側の激しい突出部を持つ立面を、村野はデザインしたわけでは決してなかった。と同時に村野は、既存の伝統的な街並や町家にあえて同調し同化して、それに〝媚び〟を売るようなデザイン、たとえば自分の設計する建物に、無理やりに和瓦の屋根を載せるといったデザインをここで採ろうと考えてもいなかった。あえていうとすれば、村野が「中島商店」で行った表現は、〈新〉と〈旧〉とが互いの存在を尊重しあい、互いの存在価値を高め合おうと試みるような、そうした次元で設計していたと考えるべきであり、その意味では、新しい「中島商店」の西側の特徴的な突出形態が見せる、強烈なオリエンテーションは、旧店舗の家屋に対する〝攻撃性〟を表現した結果であったのでは決してなく、むしろ逆に、かつて店舗であった家屋に対する積極的な働きかけ、つまり相互に濃密な会話を試みようとする、その種の意志表示の結晶化であったと考えるべきなのだ。

「キャバレー赤玉」、その夜の光輝

《ロシア構成主義》の建築デザインへの村野の強い関心と、それに刺激を受けた創造意欲は、「中島商店」に続いて、その翌年に大阪に誕生した「キャバレー赤玉」と呼ばれた商業建築において、さらに洗練された形で結実することになった。心斎橋筋の南端一帯の歓楽街ミナミに架けられた「戎橋《えびす》」の南詰めの東側の川岸に建った、一部鉄筋コンクリート造、一部木造の商業ビルがそれである。「赤い灯、青い灯、道頓堀の・・・」という、その当時大流行していた「道頓堀行進曲」[9]の中で歌われている「赤い灯、青い灯」は、この「キャバレー赤玉」の夜のネオンサインが川面に映る光景を唄ったものだと、たしか村野から直接聞いた記憶がある。ただ村野が他界してずっと経ってから調べてみると、「道頓堀行進曲」そのものは、「キャバレー赤玉」が竣工する一九三三(昭和八)年の五年前、一九二八(昭和三)年に、同じ戎橋の南詰にあった「松竹座」に出演していた岡田嘉子によって、映画上映の合間に出演していた幕間劇の中で最初に唄われて、やがて巷間に大流行した曲だとわかったので、結局村野の記憶違いだったのか、あるいは粗忽《そこつ》なこちらの聞き間違いであったのかもしれない。

ただ「キャバレー赤玉」の夜の電飾模様《イルミネーション》については、こうした流行《はや》り唄の中だけに限らず、この他にもいろいろな場面で取り上げられており、たとえば当時の日本の都市風景を描写して評判の高かった美術家の一人、徳力富吉郎の木版画の中や、あるいはその頃前衛的な写真家の一人として知られていた、ハナヤ勘兵衛が撮影した、道頓堀界隈のネオンサイン群をモンタージュした写真などの中にも取り入れられ、その独特のイメージが表現の上での要になっていた。なかでもパリの「ムーラン・ルージュ」の風車を真似てつけたという、広告塔の上部でくるくる回る羽根模様や、建物の輪郭を縁取るネオン光の線条などの画像や写像が、戎橋界隈の夜の賑わいをいわば象徴する存在としてそれらの中に必ず取り込まれていた。こうしたことからもわかかるように、ことの外、そのイルミネーションが大阪の人たちにとって印象的なものであり、

6-26　道頓堀の夜景

また彼らに親しまれていたのはたしかである。この建物の周りを飾るネオン管を主に使ったイルミネーションが、昭和のはじめの道頓堀の、特に夜の〈ランドマーク〉の一つになっていたことを、それらの視覚的表現物が証明しているわけだが、とすれば、「川面にあつまる恋の灯に／なんでカフェーが忘らりょか」の、「カフェー」つまり「キャバレー」が、まさしく「キャバレー赤玉」の灯に違いないと、人々が自然に思い込むようになっていったという事実を、村野は単に教えたかっただけの話であったかと、今になってようやくわかる気がする。(6-26、6-27、6-28)

「キャバレー赤玉」の建物の上のイルミネーションと、それが道頓堀川の川面に映ってゆらゆらと揺れてきらめく灯は、紡績産業を中心とした〝糸篇〟景気に沸いていた時期の大阪という都市の〈空間〉と、日本中から雇用機会を求めて集ってきていた人たちで道頓堀が賑わう一方で、気取った〝モガ〟や〝モボ〟が心斎橋を闊歩するといったような、昭和初期の大阪の〈時間〉を、まさしく表象する形象であったのだ。ともかく、昭和戦前期の大阪のミナミの繁華街、道頓堀の夜にとって、「キャバレー赤玉」の「赤い灯、青い灯」は、村野自身もいうように、欠くことのできない重要な点景として、大阪市民に受け入れられて愛されていたのである。設楽貞雄が設計し、一九一二(明治四五)年に新世界に完成した「通天閣」を別にすれば、大阪で、建築家が設計した、いわゆる「商業建築」の中で、これほどまでに広く市民に親しまれ記憶された建築はあまり例を見なかったかもしれない。その評判は、「キャバレー赤玉」の完成の二年後の一九三五年にできた、おなじ戎橋から見える、あの「一粒三百米」の「グリコの看板」などの比ではなかっただろう。

6-27　徳力富吉郎の心斎橋を描いた版画

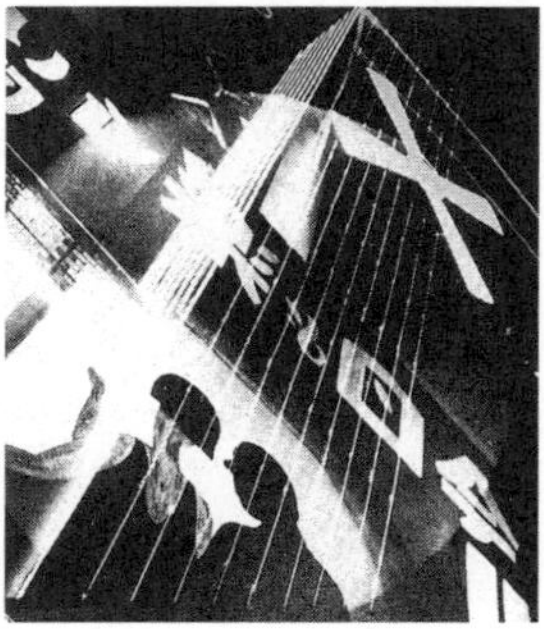
6-28　ハナヤ勘兵衛によるモンタージュ写真作品

建築家が手がける商業建築

以前本書の中で、村野藤吾がどのような経緯で、渡辺節のもとから離れ独立することを決断したかという点について考察した箇所(「第二章」)で、その理由の一つとして、村野が渡辺の下で仕事をする間に、大阪を中心に関西で活躍する多くの実業家たちの知己を得るようになったが、村野の抜群のデザイン力を知るこうした関西の経営者や資本家などの一部に、渡辺節建築事務所に設計を依頼し、村野が担当してデザインしてもらいたいにもかかわらず、なぜか渡辺節に仕事を引き受けてもらえない人たちが次第に現れはじめ、そうした不満を抱く実業家たちが中心になって、村野に対して、渡辺節のもとを離れて自立し、自分たちが仮に発注したとしても、渡辺節は引き受けてくれそうにないジャンルの設計の仕事を直接手掛けてもらいたいという要望が次第に高まっていたのではないか、と推測しておいた。そうした一部の有力な経済人たちの要望が村野の独立を後押しして、結局村野は渡辺節とやがて袂を分かつことになったのではなかったかと。それらの設計の発注者たちが、渡辺節に引き受けてもらえないと嘆いたジャンルの建築こそが、後に「商業建築」と建築界で呼ばれるようになった、日常的に使う商品やサーヴィスを売る類の、俗にいう〝商い〟や〝商売〟の分野の設計であった。

前にも触れたように、渡辺節は大阪で一九一六(大正五)年に自分の設計事務所を開設して以来、ほとんど一貫して、自分の事務所が受注する設計上の中心的主題として、大小の〈オフィスビルの設計〉という点にテーマを絞っていた感があり、これに加えて、その種の事務所《オフィス》ビルを発注する近代的な企業が要求する、工場等の産業施設の設計に設計分野をかなり厳しく特化していたように思われる。これに対して「商業建築」といった呼び方で後に包括されるようになった、細々《こまごま》と商品を消費者相手に売る市井の小売業や、ホテル、旅館、料亭、カフェなどのサーヴィス業や、食堂、酒場、喫茶店等の飲食業などに関連した諸施設の設計には、渡辺節は最初からほとんど手を出そうとは考えていなかったし、彼の経歴書の中の「作品リスト」などを参照しても、大正中期から昭和初期を通しての彼の全盛期には、ほとんどその種のジャンルの作品を見出すことはできない。これについては前にも詳しく書いたが、おそらく渡辺節としては、たとえ大学時代の成績が芳しくなかったとはいえ、曲がりなりにも「東京帝国大学」卒業の「工学士」という肩書を自分が持ち、また植民地に於いてではあっても、一度は「官」に奉職した経歴をもつ設計者としては、仮に「野」、つまり民間に下って仕事をする立場になったとしても、その種の雑多で、不確かで、どこか怪しげで、その意味で〈不合理〉な部分を多分に内蔵する建物の設計、いってしまえば〝卑俗〟な設計に自分は決して関わるべきではない、と考えたことは容易に想像できるところである。彼の正直な気持としては、そうした拒絶は建築家としての矜持《きょうじ》、一人前の高等専門教育を受けて建築家を名乗る者のプライドとか沽券《こけん》に係わる決断である、といった認識が彼の内でいつの間にか固まっていたと思われる。

そういった意味で改めて考えてみても、村野が独立直後に手掛けた建築、たとえば先に詳しく見た、東京日本橋の繊維問屋である「森五商店東京支店」、あるいは金沢の紙問屋である「中島商店」にしても、彼が設計したこれらのビルはいかにも近代的な相貌を備えて人々を魅了してはいたが、しかしいずれも基本的には日常的な〝商い〟をそこで繰り広げる個人商店向けの「商業建築」であったことに変わりはなく、昭和初期の渡辺節の設計事務所に、仮にこうしたビルの設計が持ち込まれたとしても、おそらく所長渡辺節としては、引受けるはずのない業種や規模の設計であったことがわかるだろう。また同じような意味で、「大阪パンション」のような〝洋風安宿〟といった趣の宿泊施設や、これとはやや異なるが独身者用の寄宿施設である「大丸百貨店神戸店員寄宿舎」(1931)や、その「舎監」用の住宅(1931)といった、人がそこに宿泊したり生活したりする、日常的で多分にプライヴェートな場所の設計などといった、いわばかなり面倒臭そうな設計には渡辺としては手を出したくない、という気持が強く働いていたと思われる。

いずれにせよ、渡辺節が主たる設計の発注者(社)として相手にしてきたような、関西の新興の、特に紡績繊維業などに代表されるような〈工業資本家〉たちや、彼らのために働く有能な経営者たちとは別に、他方で、大阪の活発な経済界のもう一方の側面を強力に支えていた人たちがいたこともたしかである。それは、江戸時代以来の大阪で、日々の「商い《トレード》」を通して着実に身を立て、やがて近代に入ってさらに充実した実力を蓄えていった関西の大小の主に〈商業資本家〉たちであり、彼らの間で、村野のデザイン力を存分に使って目覚ましい活躍をする渡辺節建築事務所の、〝商い〟を軽視するというよりも避けようするような方針に対する、目に見えないが確実に鬱積していた不満が少しずつ大きく押さえきれなくなっていき、昭和初頭にもなると、少し大げさに言えば、爆発寸前といった状態になっていたのではなかったか。

そうした状況下で、渡辺節の設計事務所のデザイン面の質を向上させ、前述のような一連の素晴らしい建築を、あくまでも〈渡辺節の作品〉として実現してきた村野藤吾に対して、早く渡辺のもとを離れ、〝商い〟に関する自分たちの分野の建築を、大小あるいは硬軟を問わず積極的に設計してもらいたいという要望が、時代が大正から昭和に入ったばかりの頃にはすでにかなり強く村野本人のもとに寄せられ、現実に設計依頼も舞い込んで来ていたのである。(10) 村野はその後、前記のような、渡辺節の目からすれば小規模で面倒臭く、また手のかかりそうな仕事を積極的に引受け、しかもそれらの仕事を、従来の《様式建築》の手法や制約からはかなり自由で〈モダン〉な、その意味で斬新なデザインで纏《まと》めることによって、彼らの要望に的確に応え、世の中の耳目を集めながら、独立直後から積極的に設計者としての活動の成果としての作品を発表していくようになっていたのである。

村野にとって、かえって都合がよかったと思われるのは、渡辺節の場合のような「帝国大学」卒業の「工学士」たち全体に付きまとって離れなかった、辰野金吾や佐野利器などが管理統率していた学閥集団が常に厳しく監視している堅苦しい「肩書」や、そうした集団が持つ「権威」をどこまでも死守しなければならないなどといった「使命感」などからは、早稲田を卒業すると同時に自由な大阪にやって来たこともあって、最初から解放されていたことであった。建築雑誌などの発表時に、早稲田出身の設計者の肩書として必ず付けられていた「早大工学士」という、帝大の「工学士」との比較の中での社会的な評価の低さに逆比例する、彼らにはない〈自由さ〉が村野の方にはあったのである。それと同時に、村野にはデザインなら、帝大出の「工学士」であろうと、自分は誰にも絶対に負けないという強い自信や自負も、卒業後十年も経った時には十分に備わっていたのである。たとえまだ歴史の浅い私学の建築科のOBであろうとも、曲がりなりにも大学で正規の建築教育を無事終えて卒業し、社会に出て設計の実務経験を十分に積んできた者が、「商業建築」を自分の重要な設計分野として正面に据えて取り組み、同時にその分野を、設計者にとって貴重な表現上の〈場〉と考えてデザインを行うことに、何の後ろめたさや、恥ずかしさを感じる必要があるものか、といわんばかりの村野の姿勢や行動に、大阪の商業資本家たちの間から、熱烈な視線と拍手が送られたのは当然の反応であった。

村野は詳しいことは生前にほとんど明かさなかったが、村野自身が育った九州の彼の実家の生業《なりわい》は、唐津でも八幡でも、父母は何らかの商業に関わって生活していたといわれている。そうした出自は別にしても、渡辺節の所から独立を決意する前後の村野自身にも、「商業建築」を積極的に手掛けてみたいと考える、重要な理由が彼自身の内面に高まっていたこともたしかである。というのも、近代の建築家たちは、設計上の新しい因子としての、村野自身の言葉を借りれば「大衆」、今の言葉でいえば建築の不特定な利用者としての〈消費者〉の存在に、どうしても直面せずにはいられなくなるはずだという予測があり、そうした存在に最も切迫した状態で接しながら行う設計こそが、他でもない「商業建築」と呼ばれるジャンルの設計活動であったからである。少なくとも発達した資本主義社会の中で設計を行う近代建築家は、この存在(消費者)に直面しないで設計活動を行うことはできないという確信のようなものが、この頃からの村野の胸の内にはすでに確固としたものとしてあったのだ。村野の、戦後日本の「大衆消費社会」の到来を、すでに戦前において早々と予見していたようなその種の先見的な思惟については、後章においてたびたび詳しく触れることになるが、こうした村野の意欲を、昭和初期の関西に於いていち早く感取した施主、発注者たちが、その期待をいやがうえにも高めていく中で、「村野建築事務所」はやがて、一九三五(昭和十)年をはさむ前後数年の間に、戦前期における「事務所」の隆盛のピークを形成していくことになる。それとは対照的に、「渡辺節建築事務所」は、村野がまだ所属していた頃にこの事務所が包まれていた栄光、他を圧倒するほどの光彩はいつのまにか衰えて収束していき、仕事の量と質が次第に低下していった事実はやはり覆いがたいものがあった。それはともかくとして、昭和戦前期における村野のさまざまな方面での多角的な設計活動の一つである「商業建築」というジャンルの設計の系譜において、文字通りの〝嚆矢《こうし》〟となって、昼間だけではなく、むしろ夜間の空に輝いたのが、戎橋の夜景を率いるように鮮やかに彩られた「キャバレー赤玉」のデザインであり、私大卒とはいえ、歴《れっき》とした「工学士」建築家が、初めて本格的に設計活動の分野として布陣することになった、「商業建築」界の最前線における〝橋頭堡〟、もしくは文字通りの〝不夜城砦〟となって、その建築は道頓堀の夜空と川面という二つの世界、つまり〈実(業)〉の世界と〈虚(色)〉の世界という二つの世界の間を行き来しながら揺らぎ、人々(「大衆」)を魅了し、あたかも闇に光る誘蛾灯のように、夜毎彼らの心を誘ったのだ。

「キャバレー赤玉」の建築の概要

こうした事情、つまり「商業建築」の設計は、まともな建築家が手掛けるべき仕事ではないといった、その種の建築を一段低いものとして見下すような風潮が、「工学士」たちが事実上仕切っていた当時の日本の建築界に非常に根強くあったためか、この「キャバレー赤玉」という建物の建築的な内容について、竣工時の建築雑誌などでの詳細な紹介や報告は、関西の地元建築誌であった『建築と社会』誌の中にも見出すことができず、当然のことながら関東の建築雑誌にも詳しい建築内容の紹介がされることはなかった。そのため今となっては、村野の他界後に編まれた『村野藤吾建築図面集』等の中に収録された図面及びデータ[11]や、例の『近代建築画譜』などの書籍の中に掲載されているわずかな写真や記事などを頼りに、その全貌を探るしか残された方法がない。

『近代建築画譜』に掲載されている建築概要を、取りあえずここに書き出しておこう。

「建主　榎本正
位置　大阪市南区道頓堀

設計　村野藤吾建築事務所
施工　結城組
起工　昭和八年九月
竣工　同年十二月
敷地　一七五坪
建坪　一三〇坪／延坪　三二〇坪／高サ　四五尺
階数　二階、地下一階・中地階、及塔屋付
構造　鉄筋コンクリート及木造[12]」

「キャバレー赤玉」が建っていた場所としてここに記されている、「大阪市南区道頓堀」のもう少し詳細な位置を、現在の住所表示で表すとすれば「大阪市中央区道頓堀一-六-一五」という所番地であり、その敷地には、第二次世界大戦後、同じ村野藤吾によって設計され、新たに地上七階建(地下一階)のビルに建て替えられたビルが今も建っている。そのビルは、南側の表道路に面した正面に、モザイク・タイルで遊び心に富んだ装飾模様をにぎやかに見せている商業テナント・ビル、「ドウトン」(1955)であり、したがって現在戎橋南詰の角地を占めている、動く脚を持つ大きな蟹の看板で有名な「かに道楽本店」のすぐ東隣の位置に、今でいう「道頓堀商店街」に面して建っていたことになる。

村野が設計する「キャバレー赤玉」が建つことになったこの敷地上には、もともとそこで「赤玉」が営業していたと思われるかなり規模の大きな既存の木造の商業用の建物(地下一階、地上二階)が建っていた。村野がこの仕事に取り掛かった一九三〇年代の初め頃に書かれたと思われる、ごく簡単な「配置図[13]」で見ると、東西に走る街路(道頓堀商店街通)に面した、三一・五一m×一二・七五mという広さの、横長の敷地が彼が設計を行う敷地であったことがわかる。その敷地の東側約四分の三弱が太い実線で囲まれ、中に「大修繕模様替(木造)」と書き込まれていることから推測すれば、その位置にその建築面積で既存の木造建築があったことがわかる。そして残りの約四分の一強の敷地上には、「増築(鉄筋コンクリート造)」と書き込まれているのが読める(6-29)。後に実際に建てられることになった時の「赤玉」の敷地は、この図の東側にさらに街路に面した間口一四mほどの土地が、増築用に川縁まで確保されており、その拡張された敷地(計五七八㎡)の上に、北東隅に立つ新規

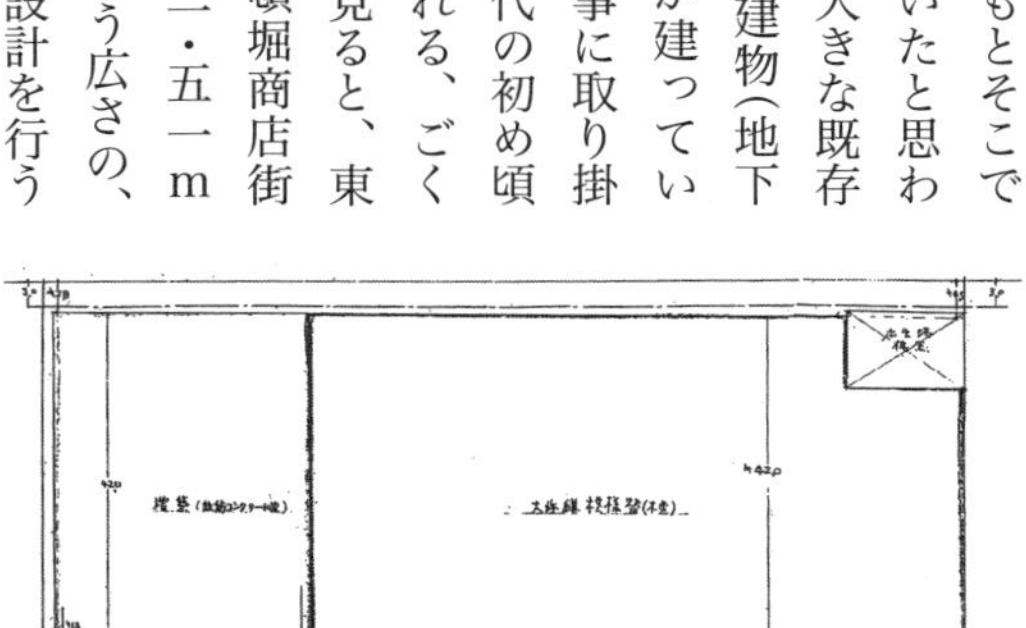

6-29　「キャバレー赤玉」、計画最初期の配置図

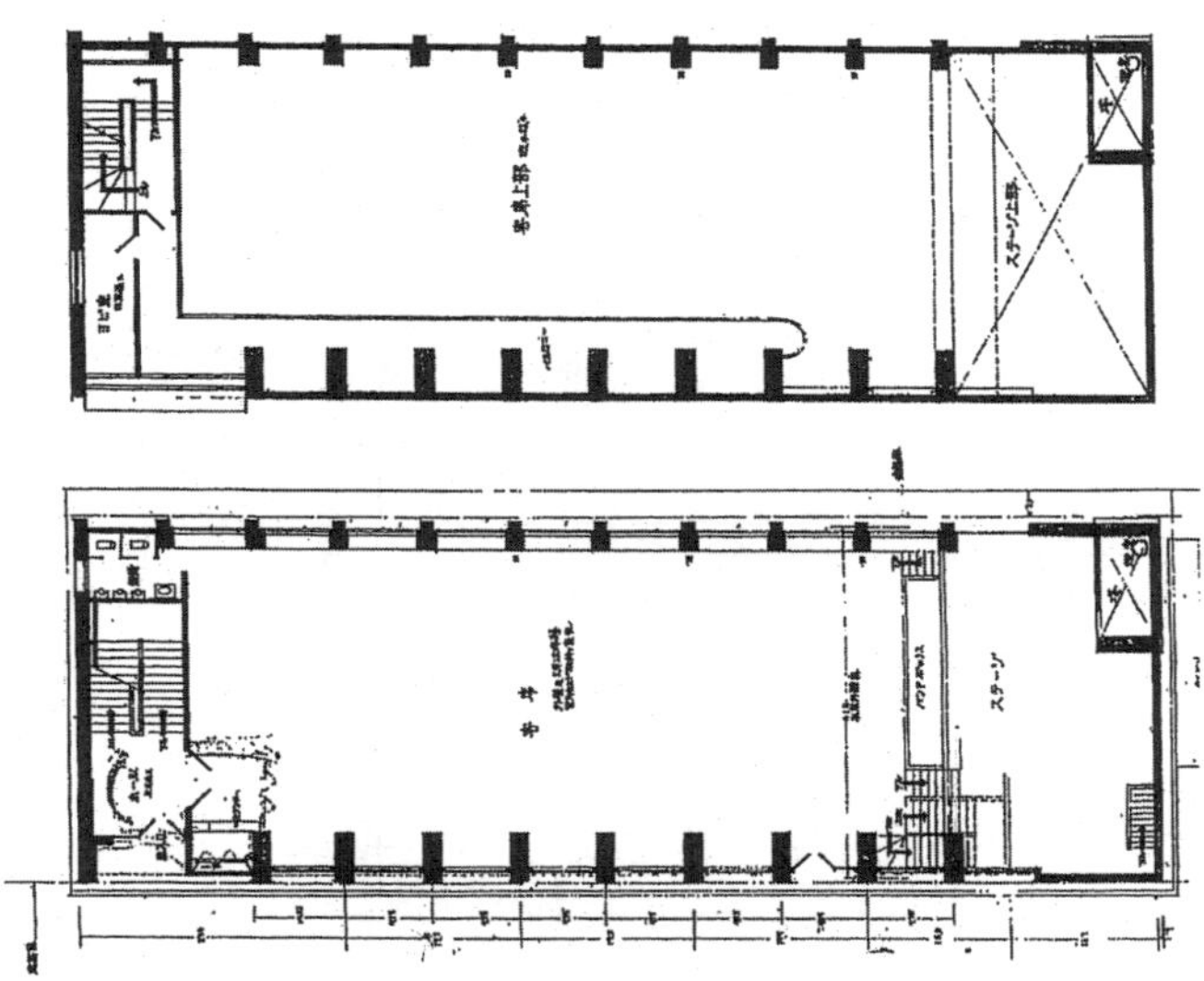

6-30　「キャバレー赤玉」、平面図。この平面図は竣工直前の工事中のもので、竣工図ではない

の「広告塔」を含めたステージ部分が建設されることになった。買収以前の敷地境界線を示していると思われるこの配置図から推測すれば、既存の木造の商業建築から新しい「キャバレー赤玉」に全体を衣替えするための核になる部分は、もちろん村野が最初から設計を手掛けることになった「増築(鉄筋コンクリート)」と書かれているRC造による新築部分であり、この設計をもとに、敷地西側の四分の一強の部分に、まず三階建のビルを、間口約九m、奥行き約一二m、高さ約一二mという建築面積とヴォリュームで建て、その新築のビル工事と並行して、東側にあった同じ面積の地下一階(この壁はRC造か)付きの木造二階建の既存建物の内外の改修工事を進めていき、最終的に新しいRC造の建物と既存の木造の部分が、少なくとも外観に関しては一体のものとして見える形に整えられて、新しい「キャバレー赤玉」は、一九三三年の暮にわずか三ヵ月の工期で完成したのである。[14] (6−30、6−31)

村野事務所で書かれた図面の、一九三二年、三三年における設計の展開を先の『建築図面集』の中で辿《たど》って見ていくと、既存の木造の建物があった部分も、増築部分と同じように、鉄筋コンクリート造の二階建の躯体が与えられたかのように、平面図上で柱や壁の断面が黒く塗りつぶされて書かれているが、他の詳細図を克明に調べていくと、たとえば一階プランの、「客席」部分の南側に立つ、非常に特徴的な九本の「壁柱」風の扁平な長方形断面の柱は、RC柱である西端の一本を除く、残り八本はすべて既存の建物の中に立っていたと思われる木造柱の何本かを纏めて、ベニヤ板で囲んでその上を化粧しただけの、まさしく木造「壁柱」、つまり仕切壁で

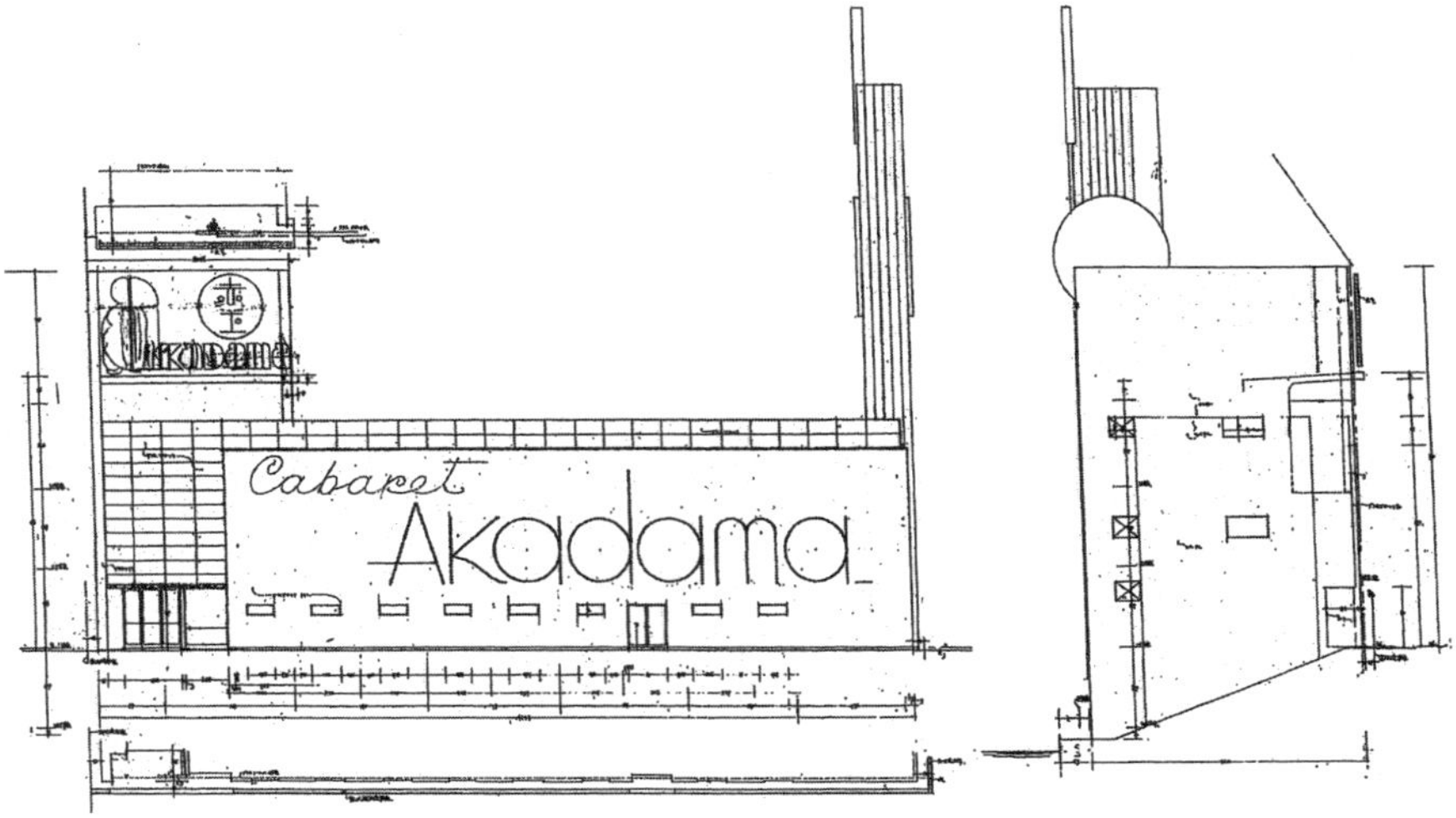

南側立面図　　西側立面図

6-31　南(街路側)立面図と西側立面図。開口部や塔屋部分など、完工時の形状とは異なっている

あったことが判明する。ということはプランの上で西端に位置する、新築されたRC造の三階建部分以外の、その東側にある部分は、最初の配置図にある通り、既存の木造建築部分の「大修繕模様替」であったことになる。したがって新しい「赤玉」の、敷地の西端部分の他に、鉄筋コンクリート構造によって建てられた部分がもしあったとしたら、既存の敷地東端に新たに土地を買い足して新築された部分(地下に厨房、一、二階にはステージとその上部、他に北東隅に塔)しかないし、ここをRC造で建てるよって古い木造部分の東西両端を新しいRC造の建物で押さえて、全体的な構造を安定させたのかもしれないが、鉄骨造であったことがわかっている広告塔は別にして、やはりこの部分も地下は別にして地上一、二階部分は同じ木造で造られていたかもしれず、残された平面図からはそのいずれかを判断しきれない。いずれにせよ、この大きな建築工事が、先の『画譜』によれば、一九三三年九月から十二月までの、わずか三ヵ月という非常に短期間の工事で終了したと記されているが、村野の斬新なデザインによる「キャバレー赤玉」がこれほど短い工事期間で完工した理由も、「赤玉」自体が営業をあまり長い期間休業できないという事情の他に、既存建物をできるだけ再利用して工事費を節減するという経緯があったからだと思われる。

「キャバレー赤玉」の外部デザイン

「キャバレー赤玉」は、南側道路面のレヴェルから、道頓堀川の川岸の方へ、四mほど下っている斜面を切り下ろして、川の堤防とほぼ同じレヴェルに地下一階部分を置き、GLである道路に面したレヴェルを一階としている。繁華な南側街路に面したビルの立面の、東西方向での建物の間口が約三七mあり、南北方向での側面の奥行きが一二mの建物であった。「キャバレー赤玉」の正式な「竣工図」に当たるものが見当たらないが、完工の前月初めの日付が書き込まれた、『図面集』の中に収められた「平面図」をもとに概略を計算してみると、広告塔も入れて、建築面積は四四二㎡(約一三四坪)となっている。(15)

このような建築面積の中で、新たに建てられたり、既存建物を改修したりして完成したばかりの「キャバレー赤玉」の建物を、人通りの激しい道頓堀の表通道の反対側に立ち、戎橋に近い南西の方向から、南側立面《ファサード》全体を眺めてみよう(6−32)。東西に長く伸びた建物の西端の、そこだけが新築されて三階建になっているはずの部分の一階に、「キャバレー」の内部へ客たちが出入りするための主要な「エントランス」が設けられているのがまず最初に眼に入ってくる。その主要玄関《メイン・エントランス》に向かって左手の、西側の隣地に建つ建物との境界に面している、防火壁としての機能を兼ねた鉄筋コンクリートによる外壁である垂直板が、街路に近い側の一部を、三階のパラペットよりさらに一段と高く、あたかも空に向かって突き付けた刃物か何かのような姿で、一六mほどの高さにまで立ち上っている。この屋上の上に飛び出している板状壁は、伝統的な日本の街並などで棟を寄せ合う町家同士が、お互いの間の敷地と建物の境界を示すとともに防火壁でもあったといわれる、あの〈卯立《うだつ》〉の現代版といった風情で高く聳えている。この隣家との境界壁を西端として、建物のパラペットの上端までが一〇m余の高さの新築部分の軒線と、旧木造家屋の部分(地上二階、地下一階)の軒飾《パラペット》とが、同じガラス・ブロックの壁面として一体のものとしてデザインされて連続し、道路に沿って東西方向にその平坦で細いリボンのような面を強調して展開している。

「キャバレー赤玉」のファサードの壁面は、それを形作る材

6-32 「キャバレー赤玉」、西南側から見た夜のファサード

料で分けて、大きく二つの部分の組み合わせで構成されている。その一つは、表面に「Cabaret Akadama」という店名の文字が、驚くほどの大きさで、壁いっぱいに描かれているモザイク・タイル貼の壁面であり、この不透明な壁は、高さ九m、東西の幅二八mほどの大きさで、ファサードの八割方の部分を不透明に覆って広がっている。この壁体は、表面に明るいモザイク・タイルを貼って仕上げた一見コンクリート造の壁面に見えるが、しかしこの壁の下地も背後の建物の木構造に合せて木摺下地の壁であったと考えられる。その壁面の一階部分には、八個の飾窓風の開口部が並んでいるが、その中の一つはおそらく緊急避難口である。この他にも玄関脇に、その日のショーの出演者などを告知するための展示窓が設けられている。

さてもう一方の材質の壁面は、このタイル貼の壁面の西側に位置し、玄関の真上の位置で、約五mの間口を保ち、一階玄関庇の上から、高さ一〇m余の位置にある三階の軒の位置までの壁面を埋めている、半透明で中空のガラス・ブロックの壁である。もののはっきりとした形は透視させないが、光線だけは複雑に屈折させながら透すという不透視で断熱性に優れたこのガラス・ブロック壁は、鉄骨と鉄筋によって強度を補強され、まさしくカーテン状の壁としていわば吊るされた形で立っている。三階パラペットの上端のコンクリート・スラブと、一階の玄関庇の先端部とに取り付けたH型鋼の間で、中空ブロックを積み上げた文字通りの「帳幕壁」である。このガラス・ブロック壁は、パラペットの上端部を東方向へ伸びていき、かつての木造二階建の「キャバレー赤玉」本体の軒線(高さ九m)上に、さらに一・四mの高さで立っている。これが同じガラス・ブロックを小壁状に積んで作ったパラペットと同じ高さで連続しており、その細い帯状の小壁は一気に伸びて、建物の東端にまで達している。その結果、ガラス・ブロックによって構成された軒上の小壁が、先のタイル貼の壁面のすぐ上を水平に縁取って区切ることになり、同じガラス・ブロックを積んで帳幕状に立てた、玄関上の同じ材質の壁面と直角に交差して、横に倒した〈L〉字形に、タイル貼の壁の縦横二辺を鉤型に取り囲んでいる。なお、この鉤型に一続きになっているガラス・ブロックの広がりのうちのパラペット部分は、背後にはいかなる構造物も内部空間もなく、単に屋上に自立している低い飾壁であり、建物の上に載せた〝冠〟とかヘアバンドのような、まさしく装飾的な壁に過ぎない。他方の玄関の真上にあるガラス・ブロック壁は、夜間の室内のあかりを街路に投げかける目的の他に、内部にある階段室などへ、昼間の陽光を直接取り入れるという機能的な役割も与えられており、それから推測すれば、ハンネス・マイヤーの例の「学校」の玄関ホールで村野が経験した、分厚い半透明のガラス・ブロック壁の透過光の持つ独特の効果の記憶がやはりここにも反映していたとも考えられなくはない。

この他に、RC造で新たに建設されたこの新築部分の三階のバルコニーには、二階までのガラス・ブロック壁がそのまま上に連続しているバルコニーの擁壁の上端から約二mの高さの位置に、鉄筋コンクリート製の大きな屋根庇がキャンチレヴァーで街路側に架けられており、さらにその上方に宣伝広告用の屋上突出物があるのを、下の街路上から見ることができる。特にこのRC造の屋根庇は上裏《あげうら》と軒先を下からの視線に見せているだけだが、しかしここは村野が「キャバレー赤玉」の新築部分のファサードの重要な要素として、特別に考案した部分であったと思われる。キャンチレヴァーの片流れの屋根として、斜めに中空へ突き出したような形が与えられているこのバルコニーの屋根庇の部分は、その先端の部分が外壁線から一m近くも道路側に飛び出してオヴァーハングしている(6-33)。この大きな屋根庇が、下の街路から見上げると、小屋根の先端部である軒先が、例の垂直に立つ〈卯立〉風の壁の途中から横に、くっきりとした水平線を描いて、九mほどの長さで、東へ伸びており、その垂直線と水平線の交錯の中に、設計者である村野の何らかの造形的な意志といったものを感じ取れたに違いない。

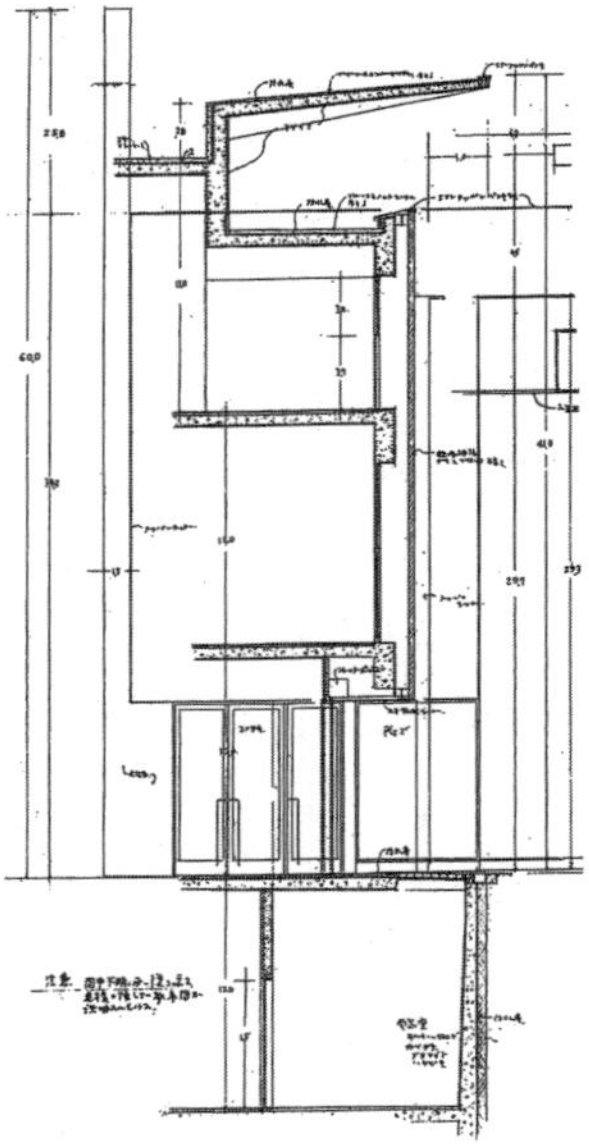

6-33　西端部断面詳細図

なぜなら、縦の卯立風の壁と、屋根庇の先端部が直角に接している「キャバレー赤玉」の屋上の形象は、村野がロシアで見てきた《構成派》の造形作品や建築が持つシルエットや、ドイツのE・メンデルゾーンの一連の水平に連続する窓の帯等で〈流線形〉を強調するデザインや、F・L・ライトの作品の中にある非常に深い軒庇の出が描く水平線《プレーリー・ライン》など、近代建築に特有のキャンチレヴァーが可能にした抽象的な構成美を、どこかで想起させるようなデザインになっているからである。それと同時に、この三階屋上部分に示された特別な意匠は、最初は渡辺節の下での、建築を〈足元〉〈胴部〉〈頭部〉の三つに分けて考えるという、あの独特のファサード・デザインの手法に始まりを持ち、やがてその後、村野が独立した後で、彼の建築の外部デザインを特徴づける考えの一つとなった、大きなビルの上の屋上部分のデザインにこそ、イクステリア・デザインの重要なポイントがあるというデザイン観の結果として生まれたのである。こうした彼独特の確信と執着を示す、最も初期の貴重な実例として「キャバレー赤玉」のこの部分を考えることができるだろう。こうした村野特有の建物の〝頭部〟についてのデザイン観への詳細な言及は、とりあえず後章に譲って先に進むことにしよう。

「キャバレー赤玉」の広告塔

道頓堀の街の表通に面している「キャバレー赤玉」の南側ファサードは、あちこちと視線を迷わせながら街をぶらつく人たちをあきらかに強く意識してデザインされたものといえ、特にガラス・ブロックを立てたパラペットが、道路と並行して展開する水平線などで建物の東西方向への伸張を強調し、当時流行していた〈ストリーム・ライン〉の速く流麗な〝流れ〟の中に、彼らのさまよう視線を最終的に引きずり込もうとしているようにも思える。この〝流れ〟はビルの東端である東南の出角部で終わらず、タイルの外壁面とガラス・ブロックのパラペットはともに、その出隅部をそのまま東側の立面へと回り込み、直角に折れて川端の方にむかって進んでいる。ただ折れ曲がった後は、表通側でタイル貼であった外壁の仕上げは、東側に回り込むとともにリソイド仕上げやモルタル仕上げの壁面に変わっているが、しかし遠くからも目に付く、パラペットのガラス・ブロックの小壁だけは、軒上に同じ形式でそのまま回り込んで続いている。東側の二つの材質の壁はいずれも最終的に、「キャバレー赤玉」の存在を日本中に知らせたともいえる、あの「広告塔」の手前でようやくその流れを止めている。(6−34、6−35)

竣工後しばらく経ってから付けられたと思われる(竣工直後の写真にはない)、「キャバレー赤玉」という、カタカナ混じりの漢字の文字が読み取れるこの「塔」には、パリのレヴュー小屋として、当時日本でもその名をよく知られていた「ムーラン・ルージュ」の、その名称のもとになった〝赤い風車《ムーラン・ルージュ》〟を模した、四枚の羽根形の赤いネオン灯が、塔の東西両側面に、羽根の一部を塔の外にはみ出した形で付けられている。単に宣伝用に店の所在を知らせる目的だけのために建てられたと考えられる、背は高いけれども見る角度によっては厚みがあまり感じられなく、一見〈壁柱〉を思わせるような形の「キャバレー赤玉」のこの広告塔は、結果として昭和戦前期の道頓堀のスカイラインをさまざまに飾っていた多数の電飾群を率いる形で、地域一帯の都市景観の〈ランドマーク〉となっていたように思える。「キャバレー赤玉」の敷地の北東隅で、表の通りから川端の遊歩道へ下りるための三mほどの幅の階段に接してそのすぐ脇に建っていたこの塔は、堤防の高さとほぼ同じ地下一階の床レヴェルから、そ

6-35　東南側路上から「キャバレー赤玉」を見る

6-34　広告塔とパラペット部分の構成

のまま約二九mの高さにまで立ち上がり、避雷針の先端が、ちょうど三〇m（九九尺）になるように設計されていた。四・五m（南北）×二・四m（東西）という、塔としてはやや扁平に見える長方形の平面をその輪郭として持つ広告塔は、「キャバレー赤玉」のビル本体の構造とは切り離して独立した鉄骨造で建てられている。しかし母屋の地下一階と地上一階部分には、塔の内部へ入り主に保守のために上へ昇る階段への出入口が、母屋との間に直接設けられている。塔の内部は、鉄骨トラスの骨組が組み上げられ、この鉄骨の周囲の外壁はモルタル塗の仕上げにし、そこに沢山のネオン管などを取りつけて固定している。さらにこの鉄骨フレーム内の一つの隅には、地階にあった厨房の調理台から出た煙や熱気を導いてきた煙突用ダクトが屋上にまで上っている。また主に電気関係のメンテナンスを目的とした鉄製階段を架けて塔の屋上へ出られるようにし、その塔の屋上よりさらに四m高く、避雷針を塔の側面に取付けて立てている。例の四枚羽根が回って見える〝赤い風車〟の中心までは、堤防から約一七mの高さがあったから、一部のビルを除き、大部分が二、三階建の木造家屋中心の道頓堀界隈の街並の中では、かなり遠くからでもこの塔の姿を望むことができたと思われるし、また道頓堀の上に架かる戎橋の上や、向岸の宗右衛門町あたりからは、遮るものは何もなく、この塔を含めた「キャバレー赤玉」の北面の全貌を眺めることができたはずである。

村野の長い設計活動の中では、自分が設計した建物に付属させた形で、このような広告塔や、あるいは教会堂の鐘塔を思わせるような、〈塔〉状の構築物を建物本体と合せて設計したケースはそれほど多くはないが、村野が独立以前に自分の

6-36 「南大阪教会」

6-37 「大庄村役場」

6-38 「広島平和記念聖堂」

恩人から懇願されて個人的に設計したといわれている、事実上の彼自身の〝処女作〟とされる「南大阪教会」(1928)の「鐘塔」に続いて、彼の設計に現れたこの「キャバレー赤玉」の広告塔は、やがて「大庄村役場」(1938)の事務棟のすぐ横に独立した形で立つ「階段室棟」のデザインなどへ展開していった。やがて第二次世界大戦後、村野の設計者としての〝復活劇〟となった仕事として知られる、「広島平和記念聖堂」(1953)の、鉄筋コンクリート造による、いかにも教会建築らしい上昇感を強調した、姿形の素晴らしいあの「鐘塔《ベル・タワー》」へと展開し、結実していくことになったのだ。(6–36、6–37、6–38)

川岸側の壁面での垂直性の表現

さて、「キャバレー赤玉」の外壁デザインをめぐる〝旅〟は、最後に〈川〉側のファサードである「北立面」を、川向うの宗右衛門町岸から観察して終えることにする。「キャバレー赤玉」の北側立面は、大阪湾に向かってゆっくりと東から西へと流れる道頓堀川の流れを前にしており、南側と同じように東西四〇mほどの間口で特徴的な外壁を展開させている。その壁面の構成としては、まず東端に先に見た広告塔が立ち上がっており、その反対の西端には、村野が新たに設計して建てた、表通側で玄関入口などが置かれていた、地下一階、地上三階の新築部分がスカイラインを一段高く押し上げながらそ

の背面をこちらに向けている。北側から見ると合計四階分の高さの新築部分は、間口が九m、高さ一六mあり、東西両脇をこの二つのブロックに挟まれた形で、地下一階から、地上二階の軒線まで、一三・二mの高さを持つ「キャバレー赤玉」本体の外壁面が、表の〝顔〟とはまた異なる、大阪という〝水都〟に向けた、もう一つの特徴的な表情を見せて建っている。(6−39、6−40)

この北側の立面が、南側のファサード・デザインとはまた異なった印象を市民に与えている理由の一つは、南(表通)側のデザインが、先述のように、パラペットとして使われたガラス・ブロックの帯が暗示していた〈水平〉方向への〝流れ〟を強調することをデザインの基本としたものであったのに対して、北(堀川)側の立面では、どちらかといえば〈垂直〉性を強

6-39　北(堀川)側外観

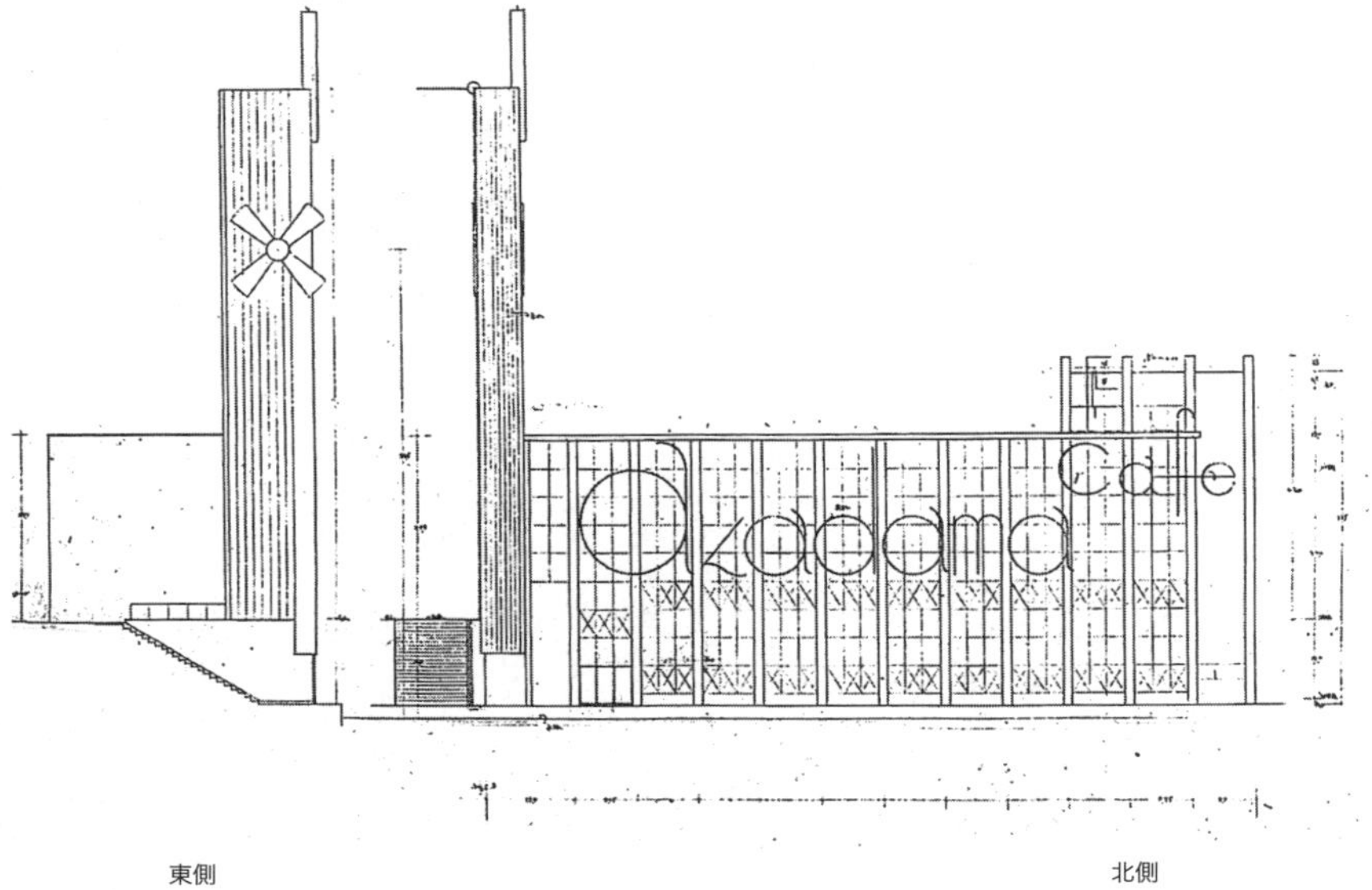

6-40　東側立面図と北側立面図

調したデザインであった点にあるだろう。そうした上昇性や垂直性を北側の立面に与えることになった最大の要因は、一般的なビルでいえば十階分ほどにも相当する高さと、しかも非常にスリムな形を持つあの広告塔の姿が、川側の立面の方向性を決める時の発端にあったからだということはいうまでもないが、この他にも、川端側の立面を決定的に特徴づけている、合計十二本に及ぶ〈付柱《ピラスター》〉風の列柱の存在があったことも関係している。

〈付柱〉という用語は、一般には構造的な壁や柱に付着するような形で「柱型」を表現する非構造的で装飾的な柱を指す言葉だが、ここで村野がデザインした付柱状の柱には、もちろん《様式》的な意匠は一切関係がなかったのと同時に、また構造的にはおそらく柱として、荷重の一部を負っていたと思われる。したがって厳密な意味での〈付柱〉というより〈マリオン〉に近いかもしれないが、その太さなどから見え方はやはり付柱風である。村野はここで、外壁の内側に立っている、木材による何本かの柱を合せ柱にして太い角柱に仕立てた構造柱の、その断面の一辺を〈凸〉型に建物の外側へ突出させ、北側の壁に沿ってその突出部を列柱状に連続させるようにデザインしている。表面を人造石でカヴァーされているこの付柱風の木造柱は、見付が四一cmもある太い柱に見せながらも、柱の高さがパラペットの下端まで一三m弱もあるためにあまり太く感じさせず、むしろスレンダーな印象さえ見る者に訴えている。この付柱風の柱は、心々で約三mのスパンで外壁面に一定間隔に並んでおり、さらにこの柱間のすべてには、地階の床スラブから二階のパラペットの下端までを、スティール・バーで固定して一続きに連続させたガラス壁を、嵌めころしのカーテン・ウォールとして入れている。

これらの〈ピラスター〉風の〈列柱〉が、その結果として、「キャバレー赤玉」の川岸側の外壁面に、上昇性が強調された独特の風貌を創りだしている。いうまでもないがこの場合の〈列柱〉は、一定の〈オーダー〉を与えられた《古典主義》系の建築の柱列が作り出すような、重厚さや厳格さを誇る柱の列というわけではなく、柱の間隔や高さ等のプロポーションから、むしろ逆に、当時のアメリカの超高層建築などで盛んに用いられていた《ネオ・ゴシック》系の意匠を、近代的なデザインへと洗練し、垂直性を強く打ち出したデザインに類似したデザインであったといえるだろう。村野がデザインした「キャバレー赤玉」北面のエレヴェーションは、考えてみると、彼が一九三〇年に行ったあの「動きつつ見る」旅の最後に、北アメリカを再び訪れた際に直接目撃し、強い感銘を受けたある場面に、どこかでオーヴァーラップするものがあったかもしれない。村野がその旅行記の中に書き記しているように、一九二二年の「シカゴ・トリビューン新聞社」の国際コンペの当選者であったレーモンド・M・フッドが、その時の彼の当選作が示していたような《ネオ・ゴシック》系の設計者として、自分の建築家の道を歩みはじめたにもかかわらず、その後十年も経たないうちに彼が完成させて発表した、ニューヨークの「ザ・デイリー・ニューズ・ビル」(1930)では、かつて彼のデザインを色濃く支配していた、《ゴシック》などの過去の《様式》に起源を持つようなデザインがいつのまにか一掃されていた。このビルの設計では、その代わりに非常に近代的な輪郭と、超高層ビルにふさわしいシンプルで幾何学的な直線性や垂直性を強調したエレヴェーションに到達していたことに、村野自身が強い印象と感銘を受けていたのである。村野はそのことを先の旅行記ではさらりと触れて筆を先に進めているが、この「キャバレー赤玉」の北側の立面には、かつて渡辺節事務所で《様式建築》の意匠に明け暮れていた村野藤吾が、レーモンド・フッドに負けず劣らずの見事な設計者としての〝脱皮〟を行い、近代建築家に〝変身〟したことを示そうとする意図もあったのではないかと思わずにはいられないものがある。つまり村野は自分自身を、レーモンド・フッドの設計者としての軌跡に重ね合わせて考えていたのである。なお、この川側の立面には、南側とはまた書体を少し変えてはいるが、しかし同じように驚くほど大きなロゴで、「Cafe akadama」という文字が、外壁面をほとんど一杯に使って書かれ、夜には色を変えた二本のネオン管に灯がともり、比較的暗い壁面を背景に文字が浮かび上がるように工夫している。

イルミネーション・デザイン

村野藤吾が「キャバレー赤玉」のイクステリア・デザインで行った、これまで見てきたような種々の工夫や手法について考える上で、最後に、どうしても触れておきたいのが、それ以前には建築の設計者たちがそれほど重要なこととは考えてこなかった、建築計画の中での、あえて名づけるとすれば〈電飾計画《イルミネーション・プラン》〉とでも呼ぶべき計画を、建築家として放擲《ほうてき》せずに逆に徹底して追求するという、設計活動上の新しい側面への村野の熱意についてである。冒頭に触れたように、「赤い灯、青い灯、道頓堀の・・・」と唄われた昭和初期のミナミの、多彩ではあっても、ある意味ではアナーキーな状態に陥っていた夜のイルミネーションの世界に忽然と登場し、結果的にそれらを統率しリードする形になった「キャバレー赤玉」のイルミネーションは、大量のネオン管の発光やガラス・ブロックの透過光といった、当時の日本では知られて間もなく、まだ新奇な効果であったものを、明確な設計意図の下にまさに計画的に〈構成〉した、おそらく日本で最初の建築であったとも考えられる。というのも、村野は、この「キャバレー赤玉」の設計に取り掛かり、その建物の〈形態〉や〈色彩〉

や〈空間〉を決定しようとする時に、一般的な建築設計者が無意識のうちに前提として作業している、明るい昼間の陽光のもとでの建築の姿を頭に描いて設計していくだけでなく、それと同時に村野は、それ以上の真剣さで、暗い夜間の闇を前提にして、自分の設計する建築の形や色や空間のあり方を考えていた節があったことが、完成後の「キャバレー赤玉」を視ることを通して、自ずとわかってくるからである。図面上からは、ほとんど読み取ることができないような、いわば〝陰画像《ネガティヴ》〟として計画されたこうした映像《イメージ》的世界は、設計者である村野藤吾の脳裏には明確にあらかじめ描きあげられていたとしても、熟練した彼の事務所のドラフトマンたちでさえも、おそらくその最終的な効果を容易に予測することは難しかったに違いない。しかし結果として完成した「キャバレー赤玉」の夜の光景を見れば、全ては一目瞭然として、その〝ネガ〟の画像の中に村野がどのような表現的世界を追い求めていたかを理解することになる。村野はその闇夜の空を背景として、彼がロシアで具《つぶさ》に見てきた《構成主義》の造形の持つコンポジションやシルエットを、自分が設計した「キャバレー赤玉」の外部形態の上に、夜空を背景として、くっきりと刻みつけることができるように設計し、見事それに成功したのである。

そこでここからしばらくは、昼間の明るい光の中で考えられている「キャバレー赤玉」の建築形態を、一度夜の闇の中に沈めて溶解させた後、その代わりに現れて来る、ネオンサインや、ガラス・ブロックを透過した光や、普通の電気光などを駆使して村野がデザインした、ネガティヴな影像に包まれた「キャバレー赤玉」の周りを歩き、そこに実現している非実体的な建築形象が描きだす表現的世界を彷徨《さまよ》ってみることにしよう。まず「キャバレー赤玉」の南側を通る表通りに立ち、昼間の光の中で見たファサードを、今度は陽がすっかり落ちますますにぎやかさを増した夜の人通りの向こうに、先に眺めたように西南の方角から「キャバレー赤玉」をパースペクティヴな視界に入れて見る。外が明るい時には、立面の大半を占めていた、白っぽいタイル貼の大きな壁面は、周りの明るい街の光を受けながらも薄暗く沈んで目立たなくなっており、その壁の広がりを背景に、上下二行に、違う書体で書き分けられた「Cabaret」と「Akadama」という大きなロゴマークが、ネオン管を折り曲げて描きだされて鮮やかに光っている。上に置かれている「Cabaret」という文字は連続書体で直接壁の上に柔らかに迂曲《うきょく》するネオン管で書き出されているが、他方その下で、文字の始まる位置を少し東側にずらした「Akadama」の方のロゴは、きっちりとした活字書体に変えられている。こちらの方のイルミネーションは、最初はネオン管をむき出しの状態では使わずに、ガラス管の上を〈コ〉の字形断面の箱型の鋼板で覆って光源を隠し、壁からわずかに浮かした状態で固定してあるその箱が、ギラギラと輝いて眩しいネオンの光源がすぐ傍《そば》の路上を歩く人々の目に直接差し込まないようにするとともに、隠されているネオン管が発した光が、建物の白いタイル貼りの外壁に当たって反射して、「Akadama」という文字の覆いをシルエットとしてネガティヴに壁面上に浮かび上がらせるという、巧みな工夫がそこには凝らされていた。この文字をシルエットで浮かび上がらせ、歩行者の目を護ると同時に、高圧のネオン管を酔っぱらいの悪戯心などによって起こる破壊から護るという、いかにも村野らしい一挙両得の心配りがこうしたデザインを採用させたのだ。ところがこの方式は、「キャバレー赤玉」の経営者の方からすると、道頓堀の光の〝洪水〟状態の中では、どうしても訴求力が弱いものとして映ったためか、竣工後に実際にキャバレーとして建物が使われるようになってから撮影された写真を見ると、「Akadama」の方も、文字を入れた箱の蓋が取り去られ、開けられた状態で、その箱の枠の中でネオン管が光る方式に手直しが加えられており、道を往来する人々の目にロゴがより直接的に届くように改められている。

ガラス・ブロック壁の夜の煌めき

夜の「キャバレー赤玉」の南側ファサードのもう一つの重要な視覚的エレメントは、このモダンな感覚にあふれたロゴを乗せて光彩を放つ暗いタイル貼壁面の回りを縁取るようにして、周囲の闇にはっきりと逆らって鉤型に明るく輝いて広がっているガラス・ブロックを積んだ壁面部分である。このガラス・ブロック壁は二つの指向性を持っており、一つは四〇mほどの長さでファサード上部に伸びている軒飾部《パラペット》分が作り出す水平方向へ人の視線を誘導する視覚的な動きであり、もう一つはこの動きを建物の西端で堰き止めようとするかのような、主要玄関《メイン・エントランス》のすぐ上で垂直に上昇しているガラス・ブロックの壁面の指向性である。客用のメイン・エントランスの真上に広がる後者の壁面は、間口約五m×高さ約七mほどの広がりを持っており、夜間には二、三階のガラス壁の内側の明るさが、街路の上まで漏れ出して道路面を明るくし、同時にそのすぐ横で、道路沿いに広がっている、店名のネオンサインの単なる背景として沈んでいるタイル貼壁との間に、〈明〉と〈暗〉の鋭い対比関係を夜間のファサードで形成している。「キャバレー赤玉」の営業時間の大半を占める夜の時間には、鉄製の枠に厚いプレート・ガラスを入れた扉のある玄関内部と、先の玄関上のガラス・ブロック壁の部分が特に明るく輝きを増し、館内の楽しげな音楽の演奏や、内部で時折動く男女の人影などが、半透明のガラス・ブロックの壁の中に映し出されて、街路を往来する人々を、若い女たちの嬌声に包まれていたはずの内部の享楽的な世界へと誘おうとする意図も、この部分の明るさの中には当然含まれていたと思われる。

なお前述のように街路から見上げた場合、このガラス壁の上昇は三階部分の軒線で止まり、それから二mほど離れた上に中空に浮かんでいるように架かる、三階上の例のバルコニーを覆っているコンクリート製の屋根の、キャンチレヴァーで差し出された飾り屋根庇が、その下のガラス・ブロック壁との間に一定の間隔を置いて並行して水平に伸びているのが見えるが、この屋根庇の先端部分にもネオン管が配管されており、夜間にはこの小屋根の持つ軒先の水平線が昼間以上にくっきりと引かれて、暗い夜空との境界線を描き出すと同時に、下の建物本体が東西方向へと伸張するスカイラインを、それと並行しながら、よりはっきりとその動きを助長している。さらにこの水平線に呼応させるために、一階のエントランス上にフラットに短く差し出されている玄関庇の端先にも光源が仕込まれており、この二本の水平線が「キャバレー赤玉」の西端の三階建部分の夜景を上下で横に切っている形になっている。

これに対して、「キャバレー赤玉」の最西端で隣地に接して立ち上がる例の〈卯立《うだつ》〉風の垂直板壁があるが、この壁の道路側の端部にも、同じように二本のネオン管が並べて設置されていて、その壁の一六mの高さにまで上っており、〈卯立〉の周りを廻って再び下降する光の線でその輪郭を夜空にくっきりと描いている。街路から見て、この垂直に高く上昇する光の線が、先に見た玄関庇や、屋上の屋根庇の水平線と直角に交錯して、特に屋上のペントハウス部分に、直線的な光の刃《やいば》を直交させたかのような、〈虚体〉的な構成体を生み出し、結果としてこの場所に、あたかも大きな客船の中で船を操縦する操舵手や船長などがいる〝船橋室《ブリッジ》〟が持つような象徴的な位置を与えているようにも見える。つまり下方に広がる「キャバレー赤玉」の夜のファサード全体をそれに統率させ、また引締めさせようとする設計者の意図が、そうしたイルミネーションによって、より鮮明に打ち出されているように思える。

玄関上のガラス・ブロックの外壁の東側で、「キャバレー赤玉」の建物本体の、高さが九mほどの位置にある二階建の軒上に、さらに一・四mの高さのガラス・ブロックの小壁が、軒飾りのような形で〈パラペット〉として単独で立てられ、その上に笠木として小さな鋼板の屋根が被せられていたことは先に見た通りだが、格別機能を帯びてもいないという意味で〈装飾〉的とも見えるこの背の低い壁体の帯が、わざわざここで付け加えられた理由は、昼間のファサード・デザインを、軒高を揃えることによって、良いプロポーションに整えて見せるだけの目的で立てられたわけではなかった。実はそのガラス壁の背後には、下の街路からは見えないが強い投光機が設置されており、夜になると後からその電気光をガラスブロック壁に当てて、透過光がパラペット全体を細い帯状に輝かせることを、村野は最初から目論んでいたと思われ、その目的のためにこの小壁は必要とされたのである。その結果この細帯状のパラペットは、夜間には建物の〝頭部〟に載せた〝王冠〟さながらに、ガラス・ブロック特有の屈折した光を発して煌《きら》めき、すぐその下にある不透明で暗いRC壁の上辺を鋭く際立たせつつ、それを透明な額縁のように縁取っている。さらにファサードの最西端の〝ブリッジ〟部から、〝王冠〟状の光輝くこのパラペットが、東を目指して流れていく水平方向への動きは、建物の東南角の出隅部で止まらず、そこを折れ曲がり、ここでもバックライトを受けて明るく輝きながら、そのまま東側外壁のパラペットに連続し、最終的に、岸辺に垂直に屹立《きつりつ》する広告塔に達して、その水平方向への流れをようやく止めているのである。

夜空を突き刺す広告塔の意味

昼間と同じように、というよりも、むしろ「キャバレー赤玉」の場合には、昼間以上の鋭さを見せる、夜間における〈構成〉力の力強さをより明確に実感したいと考えるなら、「キャバレー赤玉」前の街路を東に向かって歩き、「キャバレー赤玉」の東南の出角部を前にして、少し離れた街路上から見上げるのがやはり一番であろう(6-35参照)。この位置から眺めると、一番離れた奥の方の、つまりビルの西端で立ち上がるあの〈卯立〉壁の道路側の輪郭をなぞるネオン光が引く垂直線や、その途中から反対に水平に伸びているフラット・ルーフの庇の先を巡る光と、さらにその下に広がる大きなガラス・ブロック壁の輝きなどが明るくひと固まりとなり、いわばビル全体の〝頭部〟となって輝いているのが見える。そして陸屋根の庇下の三階建の外壁の上部から、笠木の先に小さな電球を線状に連ねて建物の輪郭を強調しているパラペットの細い光の帯が、こちら(東)に向かって一気に流れ出して近付き、やがてそれがビルの出隅の部分を直角に巡り、正面と同じようなバックライトを受けて輝いたまま、これもまたネオン管の縦の列が放つ光にその全身をつつまれた広告塔の脇腹に到達している。

この〝光の帯〟が生みだす〈ストリーム・ライン〉は、列車や客船といった新しい輸送機関が見せるような近代的な速度感を、本来動かないものである建築の上に感じさせ、村野は、爽快な夜景を演出することに成功している。同時にこの光るパラペットの細い帯は、夜は暗く沈んだ存在である南側のタイル壁面が、「Cabaret / Akadama」という大きなロゴが一部に取り付けられてそこだけは輝きながらも、全体として

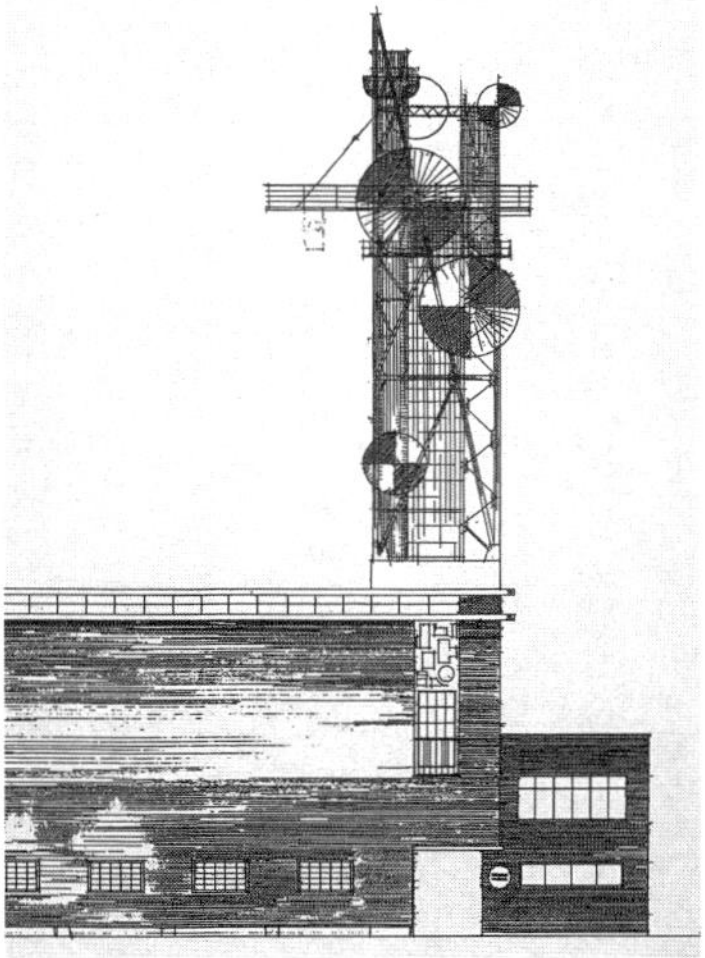

6-41 「赤玉」の計画初期の段階での広告塔案

ロゴの背景としてのネガティヴな姿を保ったまま、パラペットの場合と同じように、そのまま東側立面の外壁として、同じ九mほどの高さを保ちながら、出隅部で折れ込んで東面に流れて塔の所まで達していることを、いわばエスコートするかのような形で教えている。さらによく観察すると、その〈明〉〈暗〉の壁の組み合わせを、さらに一段と強調する役割を与えられているものがあり、それは二つの壁面のちょうど境目の上を、複数のネオン管を並べた状態で効果的に駆け巡っている、少し幅広に光る複数の線条である。この線が〈明〉と、〈暗〉の二つの壁のそれぞれの領域に、色彩鮮やかな区切りを付け、それぞれを独立した視覚的〈エレメント〉として際立たせつつ、はっきりと〈分節〉している。視覚的〈エレメント〉に鮮明な輪郭を与え、それを錯綜させることなく、それぞれの間を明確に〈分節〉し、幾何学的に〈構成〉するという、革命前後のロシアで開拓された造形的手法を、夜空をバックグラウンドとして建築へ応用したものこそが、夕方から夜中までの道頓堀に立っていた「キャバレー赤玉」の本来の姿であり、〝顔〟であったのだ。

〈明〉と〈暗〉に分かれて、水平性を強く打ち出して流動する大小二つの壁が、ともに最終的な到達点としていた「広告塔」は、夜の「キャバレー赤玉」のまさしく〝ハイライト〟と呼ぶにふさわしい重要な〈エレメント〉であった。建物自体のスカイラインから、一・四倍ほど高く抜きん出て空に突き刺さっているこの塔は、ビルの南側と東側の立面を支配してきた視覚的な〈水平流動性〉をそこでいったん堰き止め、流れをそこで終わらせながら、聳《そび》える塔自体の上に演出されている〈垂直上昇性〉の刻印を通して、その視覚的力動感を今度は〈水平〉から〈垂直〉に導いて転換し、夜の暗い天空へ向かって、その視覚的エネルギーを一気に噴射、爆発させる役割を果たして立っている。なお、村野がこの広告塔を、「キャバレー赤玉」の《構成主義》的表現の最も重要な〝焦点〟として考えていたことは、計画の最初期の段階に描かれたと思われる一つの図面の中の塔のデザインに非常によく現れている(6-41)。そこには《構成派》の立体彫刻とか、あるいはタトリンの有名な「第三インターナショナル記念塔計画」などを彷彿とさせるような文字通りアヴァンギャルドな鉄骨構築物が描かれていて、村野がこの計画に注入しようとしていた〈構成〉的意欲を、まだこの段階では非常に直接的にまた赤裸々に表現しており、表現のダダイスティックな激しさとは逆に、なぜか微笑ましいものがその図像を通して感じられる。

「キャバレー赤玉」の敷地の北東隅の一郭に位置し、構造的にも独立して建つこの宣伝用の塔は、実際の機能的内容としては、厨房から出てくる煙や熱気あるいは臭気などを上に逃がすための煙突が一本と、他にネオンなどの電気装置の保守点検用を目的とした階段がその中に設置されているだけで、展望台等に使う目的は最初から考えられていなかった。この背の高い鉄骨構造物は、大阪一の歓楽街である道頓堀へ昼夜を問わず集まってくる人々に戎橋の上や道頓堀の通りから見上げられ注目されること、つまり〈ランドマーク〉たるべきことを最初から役割づけられた、まさしく自己の存在を周囲に告げる「広告塔」に他ならなかったが、しかしこの塔が結果として、昼間の道頓堀のランドマークである以上に、夜間にこそ、その役割に一段と輝きを増す存在であったことは、すでにこの章の冒頭部分で触れておいた通りである。

北側の夜のイルミネーション

扁平で、視る角度によっては非常にスリムにみえるこの高塔の東西南北を向く全ての面には、壁幅の大小に関わりなく、それぞれに九本ずつのネオン管が縦繁に並べられて固定されている。この各側壁のネオン管に点灯され、細いチューブ状のガラス管が並行に並んで放つ光条が、塔の四面全てを覆い尽くして上昇する、その重さとか、歴史上の全ての「塔」が背負っていたはずの上から下へと流れる荷重の序列といったものを一切感じさせない、重力の締め付けから自由に見えるそのすっきりとした立ち姿や、各面が周囲に放つ光の明るさなどによって、歓楽街を訪れた人々の目に〈近代〉を感じさせ、同時に町の教会堂の脇に聳《そび》える鐘塔などとはまるで異なるやり方で、夜の巷《ちまた》で彷徨《さまよ》いつつ、それを見上げる人々の心を引きつけて救っていたかもしれない。ちなみにこの「キャバレー赤玉」の塔を中心とした夜景は、溝口健二の戦前の代表作の一本である、『浪華悲歌《なにわエレジー》』の冒頭のシーンにも登場し、若き山田五十鈴が演じる男社会の中で自立しようともがき続ける、意欲的な女の生きざまを、溝口がそこに象徴させようとしていたのでは、ともいわれている。なお、溝口はよほどこの時期の村野作品を気に入っていたと思え、この他にも「そごう百貨店」の二階の喫茶室で山田五十鈴がデートするシーンや、「ドイツ文化研究所」の玄関ポーチが、彼女の住むマンションの車寄として突然登場したりして驚かされる。

建物北東角に立つこの光塔から、今度は川岸に沿ってさら

6-42　戎橋上から見た「キャバレー赤玉」の夜景

に西へ続く壁面、つまり「キャバレー赤玉」の本体部分北側のエレヴェーションを、道頓堀の川越しに宗右衛門町あたりから眺めると、広告塔の脇腹の辺りから、横に二本のラインが水平に引かれて光っており、これは二階軒先部分に埋め込んだネオン管で、「キャバレー赤玉」の本体のスカイラインを夜間に示すためのものであった。この線の下に立っているはずの、明るい時にははっきりと見えた、一階からパラペット下まで届く、細く高い柱列や、その間を塞ぐガラス壁で構成された立面は、ほとんどが暗闇に隠れて見ることができない。この列柱とガラス面で構成されている大きな壁面をバックにして、南側ファサードと同じく大型のロゴで、「Cafe/akadama」のロゴ・マークが、上下二段に分けて、ネオンの線で浮かび上がらせられている。上段に置かれた「Café」の文字は、西端の新築された地上三階建部分の二階外壁に固定されて、ビルの西端からはみ出しそうにしており、下段の「akadama」の文字は、木造部分の一階の、ほとんど外壁全体を占めるほどの大きさで書かれているが、なぜかイニシアルとして使われている本来小文字の「a」の字体は、上端がパラペットの線に着くほどに大きく拡張されている。いずれの文字も、ネオン管は一本でなく、二本のネオン管をおそらく色も変えてわずかにずらした状態で重ねられており、離れてそれを見ると、文字の線が少し滲んで見えるような細かな工夫が凝らされている。（6―42）

〈虚体的イメージ〉が創りだす昼間と違う視覚世界

大阪の街に、明るい近代の産業社会が到来したことを、夜の帳《とばり》に逆らって広く告知することを目指しながらも、昭和初期にはまだまだ貴重で高価であった電力を夜毎に大量に費消しつつ眩しい衣裳を身に纏い、いかにも艶やかで派手だが、しかしどこかに〝気品〟を漂わせている「キャバレー赤玉」の容姿。欧州の最先端の造形芸術の表現法や、米国の大都市を彩る電飾的表現などに裏打《バックアップ》ちされた夜間の「キャバレー赤玉」の電飾デザインは、日本の建築設計の分野における視覚的表現世界の新たな可能性を提示するものであったことはたしかである。

だがここにある、『近代建築画譜』の中に収められている一枚の写真は、これまで見てきたような華麗な「キャバレー赤玉」の夜の相貌とは全く異なる姿を見せていることをやはり見逃せない。この写真は建物が実際に「キャバレー」として使われはじめてからしばらく経った後の状態で、昼間に撮影されたものだと思われるが、改めてそれを眺めてみると、夜間の「キャバレー赤玉」のイルミネーションの美しい画像を中心に、竣工直後に撮影された一連の写真が感じさせていた新鮮で颯爽とした姿や、あるいは村野の設計事務所で書かれた竣工直前の「南側立面図」等の図面の中にある、繁華街に面した非常に整った構成を示す〝顔《ファサード》〟の表情などとは、かなりかけ離れた感じのする、ほとんど別の〝顔〟といえるほど違う崩れた表情が写っており、商業建築に特有の雑多な付加物が、美しい素顔を持つファサードの上に、あたかも〝吹出物〟のようにいろいろと取り付けられ、引渡し後のこの建物が、実際には経営者や所有者の側からの要求によって、かなり手荒で過酷な扱いを受けていた形跡がはっきりと読み取れる。（6-43）

6-43 『近代建築画譜』に掲載されている昼間の外観

たとえばその写真には、「キャバレー赤玉」のファサードの一つの〝目玉〟といえた玄関の真上の、広さが二十畳分ほどもある大きなガラス・ブロックの壁面には、そのガラス面をほとんど埋め尽くすほどの大きさの楕円形の輪郭を持つ不透明な「看板」が取り付けられてしまっている。「桜文芸祭」という勘亭流の看板文字が見えるその上に、着物を着た一人の若い振り袖姿の踊子が舞っている姿のレリーフ状の人形が嵌め込まれていて、村野が狙っていたはずの、昼夜問わず内外を通過するガラス・ブロックの透過光の効果などは、あっさり台無しにされてしまっている。すぐ横の例のタイル貼壁の上の「Akadama」の文字が完成後なぜか変更されてしまったことはすでに書いたが、その他にも、この壁面の西端には、「春のおどり」という季節の催し物を表すための看板が取付けられ、また同じ壁下にあるいくつかの開口部には、それを目隠しして塞ぐように、大小さまざまな立看板が立て掛けられているといった調子で、見事に完結していた村野のファサード・デザインに、あちこちでかなり激しい改変が加えられているのがわかる。

　おそらく建築家村野としては、自分が設計した建築が、他でもない「商業建築」である以上は、このくらいの過酷さを建物が強いられ、またそうした惨憺《さんたん》たる状態を結果として受け入れるのは、仮に「商業建築家」を自認する身としては、ある意味で当たり前のことだという、現実的で冷静な醒めた認識、つまり覚悟に近いものを持っていたかもしれない。しかしそうはいっても彼も内心では、自分が精魂込めて設計した建物のファサードが、このような形で無闇に変更を加えられ、本来の纏《まと》まりが崩されていくのを目の当たりにするのは忍びないし悔しいという思いも、胸の奥のどこかにないわけがなかったと推察される。

　くり返すが、村野藤吾が設計した「キャバレー赤玉」の、建築デザインとしての光彩に満ちた姿が保たれていたのは、おそらく竣工後のごくわずかな間しかなかったかも知れず、やがてそのフレッシュな姿も、あるいは整った風貌も、急速に崩されて消え去っていったのだ。写真に写されているようなその後の「キャバレー赤玉」の昼間の表情には、こうした厳しい現実的な仕打ちの痕が生々しく加えられていったことを示している。しかしそうした事態が起こりうることを、実は村野はあらかじめ想定していた節もあり、そうした事態に前もって備えるために、先に触れたように、村野は「キャバレー赤玉」を、〈昼〉ではなく、〈夜〉の帳《とばり》を背景として設計していき、その闇の中にこそ、自分のデザインのいわば真髄《エッセンス》といったものが浮かび上がってくるように、おそらく最初から準備してはじめ、どうにかその目的を遂げていたといえるかもしれない。暗い闇夜に逆らって立つ〈虚像〉もしくは〈陰画像〉として、自分が設計する建築の本領を発揮させようという目論見の中でのひとつのパラダイムの転換。おそらく設計の初期段階から抱いていたはずの村野のこうしたしたたかな企ては、日本の明治以後の建築界において、村野藤吾以外に、それ以前には、建築家では誰もいなかった、といってもいいのではないか。

　このことは同時に、村野藤吾という建築設計者の日本の近代建築の世界への登場もまた、単に〈合理〉性を追求する、近代の工業生産を軸とした産業界のための建築、つまり社会の〈昼間〉《デイタイム》の建築の体現者として登場する、単純な《モダニズム》の建築家という範疇には、とても納まり切れない存在であったことも明らかにしている。〈論理〉や、〈理性〉や、〈比率〉がすべてを支配する《合理主義》の、眩いばかりの明快さが支配する〈昼〉の世界とは対照的な、社会の〈夜〉の世界を相手にする設計活動を、村野はためらうことなく引きうけ、展開させていこうとしていたのである。いうまでもなくそうした態度は、〈夜〉の〝闇〟を少なからず背景として成立するようなさまざまな業種、今の言葉でいえば「サーヴィス産業」を設計者として相手にすることにも通じており、村野はまさしくそうした業種の経営者を交渉相手として設計し、仕事の発注者の側からは、彼らの仕事のための現実的な形や空間の設計者であるのみでなく、彼らの仕事の内容の社会へ向けた〈表現者〉、代弁者として期待される存在となっていった、というきわめて重要な事実がここで明らかになるのだ。

　こうしたことから考えてみれば、村野は「キャバレー赤玉」を設計する際に、まさにこの〈夜〉を、このビルの設計の基本的背景として考え、その事実に秘かに自分の意識を集中させてデザインを練ったのだ。この目的のために、彼が設計者としてそれまで蓄えてきた、ある意味では稀有《けう》ともいえるほどの、造形上の能力や、的確な空間構築力を駆使し、まさに夜の帳《とばり》を画布《カンバス》にして商業建築を描き、道頓堀の電飾的な〝虚像〟の世界にその建築を投げ込んだ・・・、そのやり方にも頷《うなず》けるものがあるのではないかと思えてくる。道頓堀の夜空に描き出される、寝そべってその幾何学形態を誇る女体のような「キャバレー赤玉」の建物の輪郭や、あたかも青年の男根のように屹立するその広告塔の形態と、その間で踊るネオン・サインを主体としたイルミネーションの線条や文字の形が齎《もたら》す、流麗で蠱惑的な動きと静止。こうして怜悧《れいり》に組み立てられた全体的〈構成〉を生み出した切れ味鋭い輪郭や、各〈視覚単位《エレメント》〉の自立と、そのエレメント同士の対立と分節、等々の中で創出される、〈虚体的影像〉とでも呼ぶべき反形態的なイメージ表現の実現こそが、まさしく村野がここで主眼として目指していたデザインであったのだ。その意味で村野は電影的建築、つまり映画的建築を日本ではじめてここで創出したともいえ、その意味からすれば溝口健二がそれに注目したのも当然といえば当然であったといえるだろう。

量塊性の消去への手法

　こうした試みの中で、ロシア《構成主義》の造形が一つの特色としていた、造形表現における《キュビスム》流の〈量塊性《マッシブネス》〉の解体消去への意志と、その解体の後に示現させるべき、無数の幾何学的なエレメントによる、徹底して抽象的な再〈構成〉という手法を、村野はここで意識的に建築設計に応用し、この頃から彼の脳裏に収斂しつつあった、ある〈意想《アイディア》〉に向かって秘かに動き出していたのである。その〈意想〉とは、次章の、宇部の「渡辺翁記念会館」において、種々の手法を駆使して村野が実現してみせたものであったが、ここではその〈意想〉の内容を、前もってすこし整理して纏めておくとすれば、次のように要約することができるかもしれない。

《近代主義《モダニズム》》の建築的な《美学》には、常にそれが〈第一原理〉として提示してきた、建築を〈キューブ〉もしくは〈単純幾何学形態《プライマリー・フォーム》〉へと最終的に収斂させようとする傾向がある。そのプライマリーな〈立体形〉の魅力によって、建築に出会い、建築を利用し、所有し、あるいは鑑賞しようとする人たちを視覚的、空間的に捕捉し、それによって建築にさまざまな角度から向かう彼らを、ある意味で力尽《ちからずく》で説得しようとするような、基本的な性向がみられる。独立後の村野には、この種の〈神殿系建築〉が歴史的に備えてきたような建築的力を、設計する建物に植え付けようとするようなデザインの方向性への、明らかな反感、反発があったことはすでにこれまでも触れてきた。その中で生じるそれとは異なる思惟を、彼は建築家としての身体の中に次第に強く抱きはじめていくのである。村野は、《モダニズム》が何の躊躇もなく強引に振りかざす《古典主義》に源泉を持つといえるその種の強引な〈原理〉を、自分の建築設計の上で、どうすれば切崩していくことができるか、どうすればそうした論理から自由に自分の建築をデザインができるか、という困難な課題に関する、さまざまな〈意想〉の積み重ねが彼の脳裏にはあった、とここではとりあえずまとめておくことにする。

《モダニズム》が常に望ましいと考え、追い求めるべきものとして推奨して止まなかった、そうした単純な〈幾何形態〉の〝塊《マッス》〟が持っている、〈ヴォリューム〉や〈重量〉感、あるいは〈輪郭〉の鮮明性、などといった視覚的特性への依存を、村野藤吾は自分が設計する建築の上で、どのようにすれば回避することができるかを考え、そうした特性を反対に突き崩し、その虚仮威《こけおど》しの〈ヴォリューム感〉や〈重量感〉を建築から抜き去り、その種の建築が誇示した威圧感を一気に軽減しようと目論《もくろ》んだのである。またそうした建物の明確な〈輪郭〉を切り刻んで曖昧にし、いかにすればそれらの〈実体〉的な形象を、時には〈虚体〉化したりしながら、代わりに全く別の建築の立ち現れ方や空間化を作品の中に実現することができるかを、彼は自分の独立とほとんど同時にひとりで思案しはじめていたのである。

　この点については、たとえば「森五商店」の外壁と窓の関係などにおいてすでに具体的に考えてきたが、では村野が、なぜそうした試みを自分の脳裏に抱きはじめ、それを執拗に追いかけはじめたかという点についても、ここであらかじめ考えておかねばならないだろう。先に少し触れておいたように、建築が、その建物を利用したり、楽しんだり、あるいは建物を自分の所有物とする人たちを、その〈プライマリー〉な形態が持っている、文字通り〈四角四面《スターチー》〉で、動かし難い〈比率《レシオ》〉や〈輪郭《アウトライン》〉を持ち、異様に厳粛ともいえるほど硬質な幾何学的容姿を、建築家によって設計された建築が、人々の前に曝すことによって、彼らを脅《おびや》かしたり、圧倒したり、それによって彼らを萎縮させたり、時には屈服させてしまうようなことが起こらないようにするには、設計者はどうすればいいかという点を、村野が常に思案し、また悩んでいたからではなかったか。

村野藤吾という建築家の設計者としての道程の初期から晩年にいたるまで、常に付き纏《まと》って離れなかったように思われる、このような特徴的な感覚や思索の、最初期における最も斬新で尖鋭な試みとして設計されたのが、まさにこの「キャバレー赤玉」であったように思えてならない。日が暮れた後こそが最も経済的に活動的であったはずの道頓堀の、空の暗い闇の中に、「キャバレー赤玉」の建築そのものを投げ込むことを通して、村野は貴重な〝実験〟を行ったのである。いい換えれば、村野は自分が設計する「キャバレー赤玉」の、街路側と堀川側にそれぞれの〝顔〟を見せている、四〇・八m(w)×一〇m(h)×一三m(d)という建物本体のシンプルな〈キューブ〉が必然的に持つことになる〈マッス〉としての量感が、その前を歩いたり、川向こうから眺めたりする人たちに対して、できるだけ威圧感や存在感を示さないように、それぞれの立面を平面的にグラフィックに処理したのだが、しかしそれでもそのスケールの建物が持つヴォリューム感、重量感はやはり完全には拭い去りようはなく、その量塊の上にさらに、先に見たような商売上のさまざまの付加物、添加物が加えられたりして、良くも悪くも建物の現実感がいやがうえにも増していく事実を、ともかく設計者として受け入れながら、そうした状況を一気に逆転させる手段として、夜の闇を自分の設計行為そのものの中に引きこんで、その〝墨汁〟の中に、自分が設計した建物を投げ込んで沈め、その上で自分の考える〈虚体〉的デザインをイルミネーションとしてそこに施して、人々を決して圧倒するようなことなしに、輝かせ、彼の思いを、それを見る者の意識の奥に届けようとしたのではなかったか。

こうして彼は、昼間の光の中で、いわば残滓のようなものとしてどうしても消せなかった建物の〈量塊性〉を最終的に夜の暗がりの中に消去することに成功したのと同時に、ネオン管やガラス・ブロックや電気光といった、近代が初めて手にし、日本でも昭和初期になってようやく積極的に使われはじめるようになった材料や設備を、鋭利なナイフや剣のように揮って、自分の設計した建築の〈初原性〉を切り刻み、その鋭く鮮やか光跡を、人々の眼の中に射し込んで、彼らの日常性に固まった心を解放したのである。つまり彼はこの作品のなかに、「動きつつ見る」旅の途中で、モスクワの本屋で偶然に手に取った一冊の本の中に描かれていた新しい建築についての、村野自身がワクワクさせられた種々のイメージに似たものを、鉛筆を握る自分自身の手によって〈現在〉化し、一九三三年の大阪の夜空に結像させ、それを見る人たちをも一緒にワクワクさせることに成功したのだ。

さらに村野は、先に触れたようなつまり建築設計上の新しい視覚的表現の実現という純粋に造形的な課題の達成ということだけに止まらず、それとはまた別の標的が、「キャバレー赤玉」のデザインの中に含まれていたことも、やはり見逃してはならないだろう。その一つは彼が一九三〇年のアメリカ旅行中に強い感銘を受けたと書いている、ニューヨークの「コーニーアイランド」(今でいえば「ディズニーランド」といった存在か)のような、当時のヨーロッパにはなかった新奇で大掛かりなレジャー施設のなかに見たような、アメリカ文明において初めて一つの〈表現〉となった感のある、今風に言えば〈ポップ〉で〈キッチュ〉な、村野の言葉でいう「ナンセンス」の追求と、その中にある底抜けの明るい「ユーモア」の爆発といった課題が、他でもない「キャバレー赤玉」のデザインの中にも試みられた形跡がある。さらには、村野が、あの「クライスラー・ビル」の最頂部のデザインで確認したような、近代の《工業主義》の所産としての、空間の大量生産という近代建築に特有の内容を持つ、ニューヨークの超高層ビルなどに見られる表現性と、それに歩調を合わせた大量消費を促すための「広告宣伝」へと突き進む《商業主義》の表現が合体した時に生まれたと考えられる、「クライスラー・ビル」の最頂部のデザインに結実しているデザインの「ナンセンス」な振舞の中に爆発している、〈矛盾〉を矛盾としたまま止揚する、といった形の設計者としての意欲が、実は、夜の「キャバレー赤玉」の光の交錯のどこか、たとえば「広告塔」のデザインの中に、秘かに忍び込まされていたかもしれない、と考えられなくもないだろう。

「キャバレー赤玉」のインテリア

最後になったが、「キャバレー赤玉」のインテリア・デザインの内容について、触れて先へ進むことにしよう。しかし「キャバレー赤玉」のインテリアの詳細については、そのイクステリア以上に資料が乏しいこともあって、ここでそれについて事細かに言及をすることはかなり難しい。ただ「キャバレー赤玉」のインテリア・デザインには、村野としてはいろいろな思い入れがあったと考えられ、特に彼が一九二一年、渡辺節に命じられて、彼の初めての外遊として出かけたあのアメリカ旅行の中での、種々の商業建築のインテリアの記憶が彼の脳裏にフラッシュバックして、「キャバレー赤玉」のインテリア・デザインにそれが直接投げ込まれていたのではないかと推測される。最初のアメリカ旅行当時三十歳の若さであった村野は、渡辺からの細かな指示を受け、アメリカにある各都市の超一流のホテルや、レストラン、キャバレー、バーなどの接客用空間を、実際にそこに自分の身を置いて体験し、その室内空間のあり方を詳細に観察したことについてはすでに詳しく見た通りだし、その後に続く一九三〇年の、彼自身による欧米旅行で得たより冷静なさまざまな見分や経験も加えて、それらの視察の成果が、「キャバレー赤玉」のインテリア・デザインとして、随所に生かされていたことは容易に想像できるところである。「キャバレー赤玉」の工事は、すべてをRC造のビルとして新築するのではなく、もとの木造家屋の躯体はほとんど残して改装し、新旧合せて新装オープンした経緯からもある程度わかるように、工事費や工事期間等も、十分な余裕があったとは考えられない。そうした事情の中で、「キャバレー赤玉」へ遊びに来た客の目にいちばん触れる箇所という意味で、最も肝心と考えられた「内装工事」において、新進の「商業建築家」としての村野が、限られた予算の中で、設計者としてどのように腕を振るったか、どんな〝手練手管〟を繰り拡げて客の心を摑もうとしていたかといった点について、その内容を逐一詳細に検証してみたいのは山々だが、ほとんどそれについての資料が残されていないのは非常に残念である。

今残されている図面類のうちで、工事が真っ最中であった期間にそれと並行して書かれたと思われる、一九三三年十一月八日という日付のある最終段階での図面については前にも触れたが、さらにその後に見られる数枚の展開図や、いくつかの日付のない詳細図や、その他に数葉の竣工時の写真などを参考にして、「キャバレー赤玉」のインテリアの空間で村野が目指そうとしていた特徴的なデザインや仕上げ等について、図面のままに実現したかどうかは不確かでも、気付いた点をとりあえずここに書き出しておくことにする。「キャバレー赤玉」の平面は、街路に面して東西に長い長方形のプランに纏められ、その西端の位置に村野が最初から設計した三階建のRC造による新築部分があり、そこに客用の「メイン・エントランス」が置かれていたことについては、すでにくり返し述べた通りである。その新築部分の外壁の、例のガラス・ブロック壁の真下にある、短い軒出を持つ陸屋根のキャノピー下にあるエントランスの玄関扉は、鋼鉄製の戸枠に厚板ガラスを入れた縦長の扉が三枚割で建て込まれ、ドアの中間の高さに、押して中へ入るための把手である真鍮製のバーが一本ずつ渡されていた。その把手棒を押し、ガラス扉を開いて建物の中に入ると、そこには案外小さな「玄関ホール」の空間が出迎える。

人造石の模様敷の床の上に、内法寸法で、間口約三・三m×奥行三・七mという広さと、天井高が二・九mという小ぢんまりしたスケールの空間を持つこのホールは、一度に大勢の客が出入りする時などにはかなり混雑したかもしれないが、キャバレーに来る「団体客」など当時はおそらく考えられなかった時代であったはずだから、スペースはこれでも十分に足りていたかもしれない。いずれにせよ、村野が設計するどんな種類の建築であっても、玄関ホールが〝馬鹿でかく〟、そのスケールによって、人の心を捉えようとした例はほとんどないこともまたたしかである。このホールのすぐ奥(北側)には、ホール左(西)側の壁に沿って二階(予備室など)、三階(女給控室)へと昇る階段があり、反対(東側)の壁沿いに、地下の営業ホールやバーなどへ下りていく階段も始まっている。最初の頃の図面では、この壁面の材料は「大理石」貼という指定がしばらく続く期間があるが、その後のあるエスキース用の図面の中では、「ビトロライト」という、おそらくガラス質タイルのことと思われる材料に変更されている。壁材に「ビトロライト」を指定した図面には、ホールから二階への階段へ連続している西側の側壁部分に、タイル目地らしい格子が描かれているが、その上に、「黄」という漢字がフリーハンドで一字だけ書き込まれ、他方の地下へ向かう階段の壁面には、同じく「黒」と書き込まれているのが読める。この指定からすると、いかにも「キャバレー」のエントランス・ホールや階段室らしく、「黄」色や「黒」色といった、かなり強烈な対比的色彩を持つ、おそらくこれも輸入品のガラス質タイル貼仕上で壁面が出現していたことになるが、はたして図面の指定通りに、それが最終的に実現していたか否かはやはり定かではない。ただはっきりと判るのは、この時の村野の色彩の選定から、商業建築のインテリア・デザインを手掛ける時の彼のある種の大胆さとか、あるいは〝心意気〟といったものの存在である。それは商売を〝頭〟で考えて設計するのではなく、現場で〝体〟を張って考えようとするような、「工学士」としてはかなり思い切った、枠を破った態度がそこに垣間見える、といい換えてもいいかもしれない。なお、階段室の背後のRC壁の向こう側には、一階の営業用ホールの側から入る客用の「トイレ」が置かれているが、階段室側にはそこへの出入口はない。

接客用ホールの空間へ

玄関ホールに入った客たちは、そのままボーイに導かれて玄関扉の先のすぐ右手(東側)の壁にある両開きの扉を開けてもらって、専属バンドが生演奏する軽音楽や、若い女性たちが時折立てる甲高い笑声などが大きな部屋一杯に響きわたっている、華やいだ「接客用ホール」の中に足を踏み入れることになる。この接客用ホールは、もともとが同じような接客用空間として使われていたはずの旧館部分を躯体としており、玄関がある西端の新築部分と、ホールの東側一番奥にある、これもおそらく新築された「舞台《ステージ》」部分とに両端を挟まれた形で、一階フロアの大部分を占めて広がっている。一、二階が吹抜けになっていて天井も高く、二階レヴェルには、南西隅に小さなバルコニーが付けられているだけで、客席はない。「ホール」に入ってすぐ右手の最初の壁柱の手前には、間口二m余×奥行一m余のカウンターで仕切られたコーナーがあり、その小さなスペースの中にいる黒服に身を包んだ者が、やって来た客たちの受付や、遊んだ後で清算して帰ろうとする客の会計などを行っていたと思われる。

そのカウンターの奥の、キャバレーの〝本丸〟ともいうべき接客用のホールには、このカウンター周辺の狭苦しさとは対照的に、無柱の非常に広々とした大きなフロアが続いている。先の玄関ホールなどがある空間との境目を仕切っている部屋の西端の大きな壁面から、反対側の東端のステージ前面までの東西が、約二六mあり、これに南北にワン・スパンで渡した梁行が約一二m、床面積三〇六㎡、二〇〇畳弱の広さの部屋が接客用ホールの空間として設えられている。天井高は五・三m(折上天井の一番高い部分で六・二一m)が取られているが、この天井裏に隠れているはずの切妻屋根の小屋組の構造が、具体的にどのようになっていたかを示す図面が残されていないことから判断すると、従来の木造家屋の小屋組として架けられていた、おそらくキング・ポストの〈洋小屋〉が、そのまま再利用されて使われていたのではないかと思われる。

とりあえず、接客用ホールのウッド・ブロック貼だったと考えられるフロアの中央部に立って、ホールの四囲の壁面や柱を、工事が始まった段階で村野事務所で書かれた、先の三三年十一月三日付の図面を通して見て行くことにしよう。細長い部屋の正面に当たる東側最奥部の一段高い位置に、レヴュー、ショー、コントなどをそこで演じるための〈舞台空間〉があり、そのステージの手前、エプロン部分には、軽音楽を演奏する楽団用のオーケストラ・ボックスが床を沈めた形で設けられている。そのバンド用ボックスの囲いの両サイドには、ダンサーや女給たちがフロアからステージへ上がり下りするための階段と、さらにステージの真下の地階部分に置かれている「厨房《キッチン》」などへと通じる複数の階段がある。特に地下のキッチンとホールの間を、給仕《ボーイ》たちが飲物や料理を客席に運び込み、また逆に使用済みのコップや皿や酒瓶などを洗い場に下げたりする時に、その階段を使って忙しく行き来することのできる動線として備えられている。この他に、地下一階にもあった客席と、そこに付設されたバーなどへ下りていく比較的幅広の階段もあり、女給やダンサーだけでなく、時には客たちもそれを使って上がり下りしていたことがわかる。

ステージの〈額縁《プロセニアム》〉から東側への奥行きと広さは、北東隅に位置する「広告塔」の平面も含めて、間口一二m×奥行七mほどの、畳スケールで五十畳余の広さを持っている。ステージそのものの間口は一〇mほどで、シンプルでフラットなプロセニアムを備え、舞台上下《かみしも》両手の脇壁は、ある図面上の指定では、「米松イロツケ」仕上げと指定されている。同じように、舞台前面で、一階フロアから一・五mほどの高さに立上げられたオーケストラ・ボックスの前面の小壁には、同じく「米松」の「パネル」、米国産の松材の縦羽目貼に「色ツケ」、ニスあるいはペンキなどによる着色仕上という指定がされている。このシンプルなプロセニアム周りのデザイン、特に両袖の木材を使った額縁などは、後の村野の戦前の代表作として知られる、宇部の「渡辺翁記念会館」(1937)の舞台周りを予感させるデザインとなっている。なお、この「キャバレー赤玉」のステージの出し物として夜毎繰り広げられていたはずのショーやレヴューだが、「キャバレー赤玉」には、一九二七(昭和二)年に創設された専属のレヴュー・チームがあったことが知られている。「宝塚」や「浅草」などの大手の「少女歌劇団」の他にも、大正から昭和にかけて全国各地にあった同類の「少女歌劇」のうちの一つであったといわれる「赤玉少女歌劇団」と呼ばれるレヴュー・チームが、一九三六(昭和十一)年の解団まで、このステージ上で、若々しい歌声や華やかなダンスや寸劇などを披露して、酔客たちの好奇の視線を浴びながら、酒場特有の浮き浮きした雰囲気を盛り上げていたのだろう。[16]

展開図から読むインテリア・デザインの狙い

次に、ステージが対面している反対側の西側の壁面の表情に視線を遣れば、何枚もの縦長の鏡板と、それを押さえている額縁が作り出す、《様式建築》のインテリアによく見る格子模様の羽目板貼の広い壁面が、二階天井下までの高さで広がり、味わいのある微細な陰影をその上に漂わせているのが見える。その壁に存在感を与えているのは、開口部はごくわずかしかなく、羽目板貼の壁面が大きく広がっているためである。玄関ホールと連絡しているガラス扉が立てられた出入口と、階段室裏の化粧室への入口以外には、一階レヴェルに開口部はないし、その他の開口部としては、ホールの吹抜空間の中に、二階部分にキャンチレヴァーで差し出されている南西入隅部の〈バルコニー〉の背後の、奥の階段室に通じる開口部が一つあるだけである。大きな変化を見せないこの西側壁面の中では、客たちからの視線を特別に集めていたと思われるのが、先の一階受付カウンターの真上に、床スラブが片持状態《キャンチレヴァー》で中空に差し出されている二階の〈バルコニー〉であった。初期の計画案では、二階の南側壁面に沿って、七スパン、二〇m以上も西から東へ長く伸びたバルコニー席として計画されていたが、最終的にはわずか一柱間《スパン》分だけに短縮され、ここには客席としての役割は持たせず、単なる見晴ら

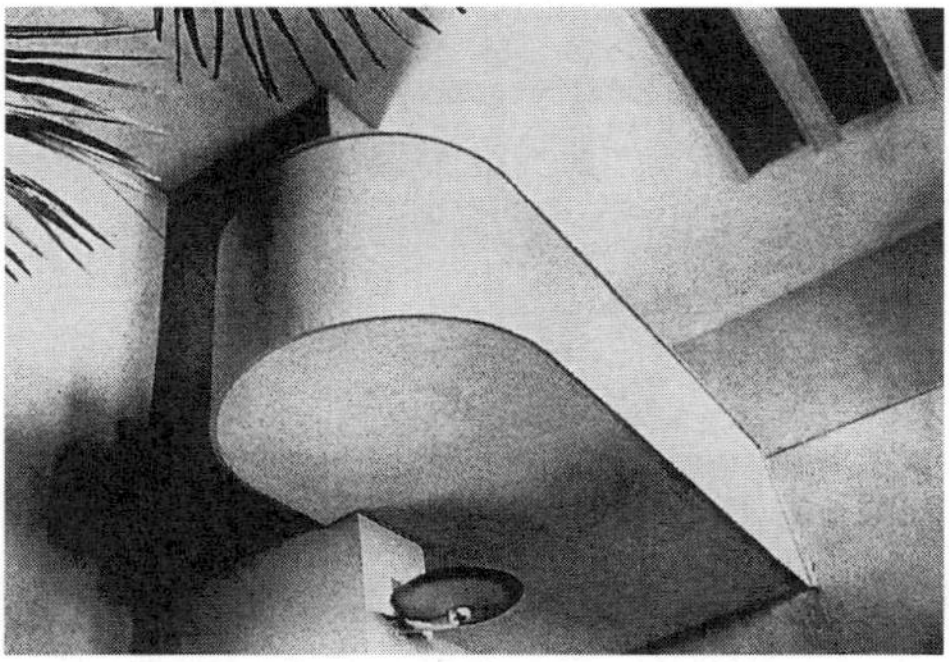
6-44　実際に完成した2階バルコニー

し用のバルコニーとなっている。経営側の誰かが時折ここに立ち、下のホールの様子を見て、客の入り具合や女給の仕事振りなどを確かめ、場合によってはそこから指示を出す、といった目的のために使われていたと考えられるが、ただこのバルコニーを付けることに村野が拘《こだわ》ったのは、別な理由もあったと考えられる。接客ホールの空間が基本的に〈靴箱型《シュー・ボックス》〉のスクエアな空間であるために、その吹抜け空間を取り囲む壁面が単調なものに陥りやすいことを心配してのデザインという側面もあったのだ。その意味ではこのバルコニーは、その単調さに鋭利な〝刃物〟を差し出して、ちょっとした視覚的な刺激と緊張感を生み出そうとするような意図があったと推測される。ドイツ《表現主義》建築の中心であったエーリッヒ・メンデルゾーンのデザインをどこかで連想させるような、先端部がフラットな壁で円弧形になった、美しい〈流線型〉の形態が、村野によってそのバルコニーに与えられたことで、西側の内壁面の、平べったい単調さがそこで破られ、客たちの彷徨《さまよ》う視線を一時的にそこに集めようとする、いうなればインテリアの一つの〈焦点〉とする役割が与えられていたと思われる。このバルコニーは歌手をそこに立たせて歌わせたりしたら、絶好の舞台《ステージ》となったかもしれないし、おそらくそうした使い方が現実に行われていたのではないだろうか。なお、吹抜の空間に、先端が円弧を描くスラブと小壁を持つバルコニーを中空に突きだすようにして、空間全体を刺激してその場を引締めようとする村野が好んだ手法は、「キャバレー赤玉」の翌年に芦屋に完成した「中山悦治邸」の大きなホールにも見出すことができるが、それについては後章に譲る。(6-44)

先の一九三三年十一月に書かれた「キャバレー赤玉」の図面の、接客ホール北側の「見付図」(展開図)には、先に川側の立面に触れた時に取り上げた凸型断面を持つ柱が、室内側では角柱として立っており、この柱の表面にはある段階までは縦溝彫《フルーティング》などの《様式》に基づくような化粧が施されていた。しかし村野は工事の最終段階でこの部分のデザインを変更し、そのことを現場に伝えるために書かれたと思われる追加の別の展開図では、それまで川側に列柱状に連続して立っていた柱は、展開図上からは姿を消してしまっている。というのもこの設計変更によって、九本の構造的な柱の列の前面(室内側〉に、それを覆い隠すようにして新たな壁体が一面に立てられたからである。このために、ホールを囲む北側の立面は、大きな凹凸がほとんど見られない、フラットな表面を見せて連続する、非常に大きな壁面が展開する形に変えられた。その壁面を構成する材料等を考えると、最終的な北側内壁面の構成は、以前の同じ部分のデザイン以上に、ある意味では衝撃的な内容を持つものになっている。この壁部分の詳細図が見つからないため、村野がそこで行おうとした壁面構成の詳しい内容がはっきりとはわからないが、しかしその「見付図」が示す北側壁面は、全体として上下に帯状に分かれている二つの部分によって構成されている。下方の〈帯〉状の壁面は、約一・九mの高さを持つ〈スクリーン〉状の壁で、直線的な木製の部材を細かく縦横に組み立てて構成した、いわゆる〈腰壁《ダド》〉である。この〈腰壁状スクリーン〉は、東西に約二六mの長さにわたって伸び、背後の壁を保護すると同時に、遊興客の視線が触れることの多い壁の部分に細やかな陰影を漂わせ、フラットで硬質な壁が広がる中に、そこだけは柔らか味のある表情を与えようとしている。(6-45)

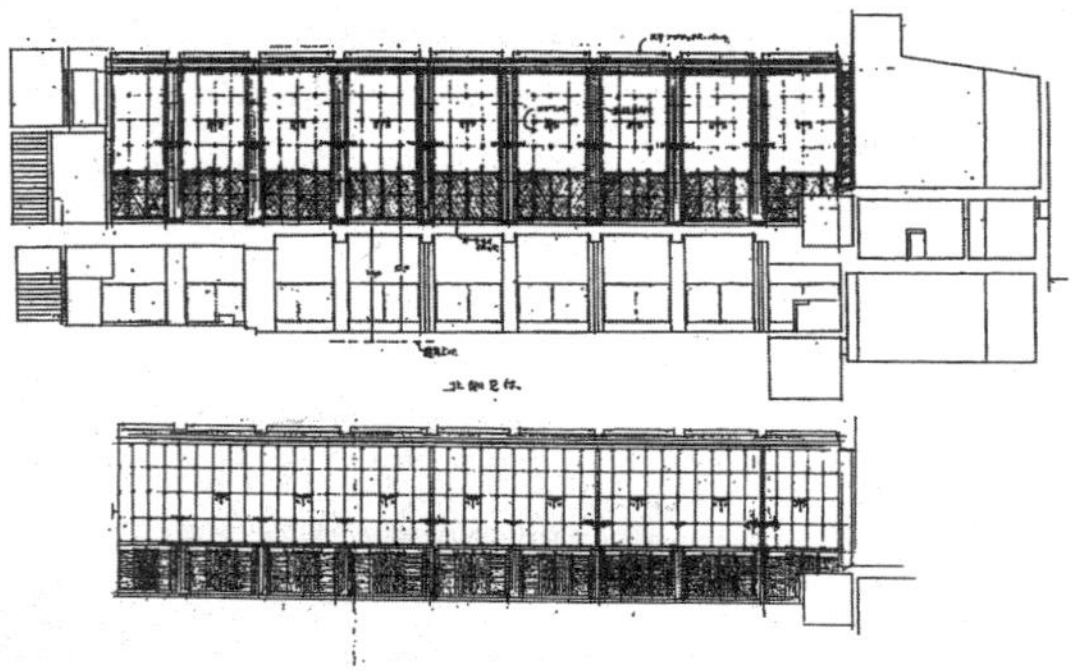

6-45　北側見付図。上段が最初の見付図、下段がその後のもの

ミラー・ガラスによる広大な壁面

しかしなんといっても、その展開図の中で驚かされるのは、この腰壁の〈帯〉の上に広がっている、北側壁面の残りの三分の二弱の部分を占めているもう一つの〈帯〉の中身である。この部分には、「鏡」にするために裏側に加工された長方形のプレート・ガラスが、上下四枚を繋げ、それが東西方向に四十四枚、合計一七六枚という大量の数で木製下地の壁に貼り付けられている。しかも鏡同士は枠なしの突付であるらしく、鏡の四隅だけを金物の止具で固定し、目地を縦横《たてよこ》にきちんと通して、北側の壁面全体がいわば一枚の大きな〈鏡面壁〉を形成するように図面には指定されている。実はその一つ前の段階での「北側見付図」にも、腰壁の上に「カガミバリ」とはっきりと記入された同じような鏡面壁がデザインされているが、その鏡面壁の場合は、室内の片側に九本ずつ立っていた柱の、その柱間に挟まれた小壁の状態で各ベイ毎に規則正しく区切られ、分断されており、目地を縦横に通し

て一続きの鏡面壁にすることなどは求められていない。柱間の壁を埋めるためにそこに鏡面を貼り付けるといった発想には、村野が一九三〇年の旅の時に、多分訪れたはずのパリ郊外の「ヴェルサイユ宮殿」のあの「鏡の間」のイメージがどこかで関係していたとも考えられるかもしれないが、実際にはアメリカの商業施設の中にヒントがあったかもしれない。その後に村野が提出した「最終案」と思われる、柱列を背後に隠して、ミラー・ガラスによるカーテン・ウォールを立てる案には、組積造建築の歴史的《様式》が持つ、特有の壁の表情や陰影などは一切拭い去られて、工場生産されたガラスを使用した近代建築の外壁で見かけるような、平坦でまたシンプルな、ある意味では捉えどころのない〝ツルッ〟とした表情が与えられ、逆にその鏡面上にさまざまな複雑なイメージを〈鏡像〉として映し出すことで、いわば虚像装飾として空間を修飾とすることが目指されている。

　はっきりした成否がわからないが、完成した「キャバレー赤玉」のホールの中に、実際にこの鏡面壁が実現していたとしたら、まさにこれはこの遊興施設のインテリアの〝目玉〟となっていたはずであり、先に見た村野が実現した外部の独創的なイルミネーションの近代性の表現とともに、「キャバレー赤玉」の商業建築としての光彩を、内部で一段と高めていたに違いない。つまりそこには、村野藤吾という、「商業建築家」という立場をある意味で自認していた一人の設計者が、《様式》というデザイン上の縛《いまし》めから自らを解き放った後で獲得した、想像力の強靭で奔放な飛翔ぶりが窺えるのと同時に、そこらで無闇に「モダン、モダン」と大声を上げて騒ぎまわっているような、ヨーロッパ発の《モダニズム》かぶれの、若く未熟な「新興建築家」たちにはとても真似ることのできない、大胆で、また時には向う見ずにさえ思えるほどの多彩な手法が披露されていたことを知るのである。

　この鏡面仕上げの壁の上には、ガラス・シェード付の二種類のブラケット型照明具が二段に分けて直付けするように図面には書き込まれている。ここの電燈に電気が入り、さまざまな色彩のガラス・シェードを通過した光が、鏡面に反射してフロアを照らし、いかにも「キャバレー」らしいその蠱惑的な光や影で、ホール内で遊ぶ人々の身体を包み込み、彼らの遊び心を掻き立てていたのだろうか。またさらにこの鏡で構成された大きな壁面は、当然のことながらその鏡面に、ホールの真上の広い天井面の折上天井の様子や、あるいは反対(南)側の壁面にある壁や柱の凹凸や、随所に配された建築装飾といったものを映して見せていたはずで、彼ら(客)の空間感覚を、鏡像といういわば虚像を通して、一気に拡大すると同時に、酔人たちのすでにやや混濁した意識をなおさら酔わせ幻惑していたのではなかろうか。またこの大きな鏡面が、仮に〈腰壁〉なしに床上のレヴェルにまで降りていた時のことを考えると、そこで遊ぶ客たちは、自分や女給たちの容姿が、そのまま目の前の鏡の中に映っているのに直面させられるわけで、自分や他人の酔態に興ざめする人も出たとも考えられ、その意味でこのウッド・スクリーン状の腰壁は、設計者が接客ホールに不可欠なエレメントとして考えた理由も自ずと理解されるだろう。

南側外壁の内側に立つ九本の〈壁柱〉の効用

村野が残した最終段階の図面に示されたデザインの通りに、「キャバレー赤玉」の北側の「見付図」の内容がそのまま実現したかどうかという点については、その部分についての竣工時の写真などが見つからないために、はっきりと断言することができないが、もしかしたら、こうした魅力的なデザインは実際には実現しないままに終わったかも知れない。ここからしばらく、この北側壁面の反対側に、これと対峙して立っている南側の室内壁について見ていくことにするが、珍しく残っているこの南側の壁面の一部を撮影した写真を見ると、そこに映っているインテリア・デザインは、村野が最終案として残した「南側見付図」のデザインやディテールとは、かなり異なった仕上げになっていたことが判かるし、さらにいえば、図面の中のデザインよりはるかに手軽で、同時にはるかにすっきりした室内に仕上げられていたことが判明する。正直なところ、南側壁面について書かれた展開図と、竣工写真の内装の違いを見せつけられると、北側の鏡面ガラス壁を含む展開図が、どの程度忠実に実現されていたかが、かなり疑わしく思われてくる。(6-46、6-47)

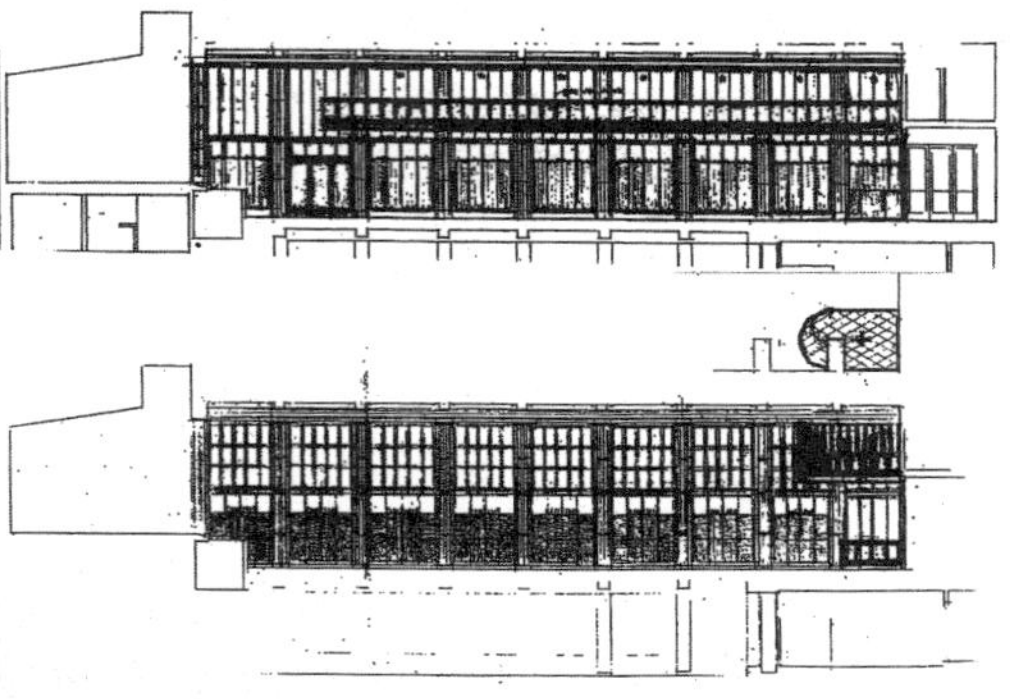
6-46　南側見付図。上段が先(バルコニーが長い)、下段がその後の見付図

その違いを明確にするために、南側の展開図の内容について調べることからまずはじめなければならない。最終的な「南側見付図」を特徴付けている最大のポイントは、すでに述べた二階バルコニー部分の短縮という変更と、短縮前のバルコニーを中間で支持し、吹抜けのホールの天井面に届く高さで立っている、九本の特徴的な〈壁柱〉のデザイン上の意味づけである。この九本の壁柱は、反対の北側の九本の柱とともに、天井裏に隠れている一二m強のスパンを飛んでいる小屋

組の陸梁を支持する構造的な力を受けている柱である。二階レヴェルのバルコニーの客席の計画については、すでに触れたように、一九三三年十一月の日付のある「平面図」や、「南側見付図」の中では、壁柱の六スパン分を、西から東へ伸ばした形で書かれていたが、続く最終の「見付図」では、わずか一スパン分ほどの長さに短縮され、一階受付カウンターの中から真上を見上げたようなアングルで、やはりそこだけはRC造であるコンクリート・スラブが、西端の壁柱の先を回り込むように、先端部を半円形の輪郭とし、キャンチレヴァーで差し出すようにするという方向で、その部分のプランや立面が新たに書き込まれている。

この短縮されたバルコニーには、格間の羽目板貼の腰壁がフリーハンドで描かれており、さらにその位置からホールを見下ろそうとバルコニーに人が立った時に、下の客席からその人影を窺わせないようにするために、その腰壁の上にさらにスクリーン状の小壁を立てて、あたかも鳥の巣箱か何かが中空に浮かんでいるような姿に纏《まと》められようとしている(6-48)。このバルコニーが完成した後に、それを一階フロアから撮影した写真が、幸いにも一葉残されているが、それを

6-47　ホール南側のボックス席を仕切る9本の壁柱の列

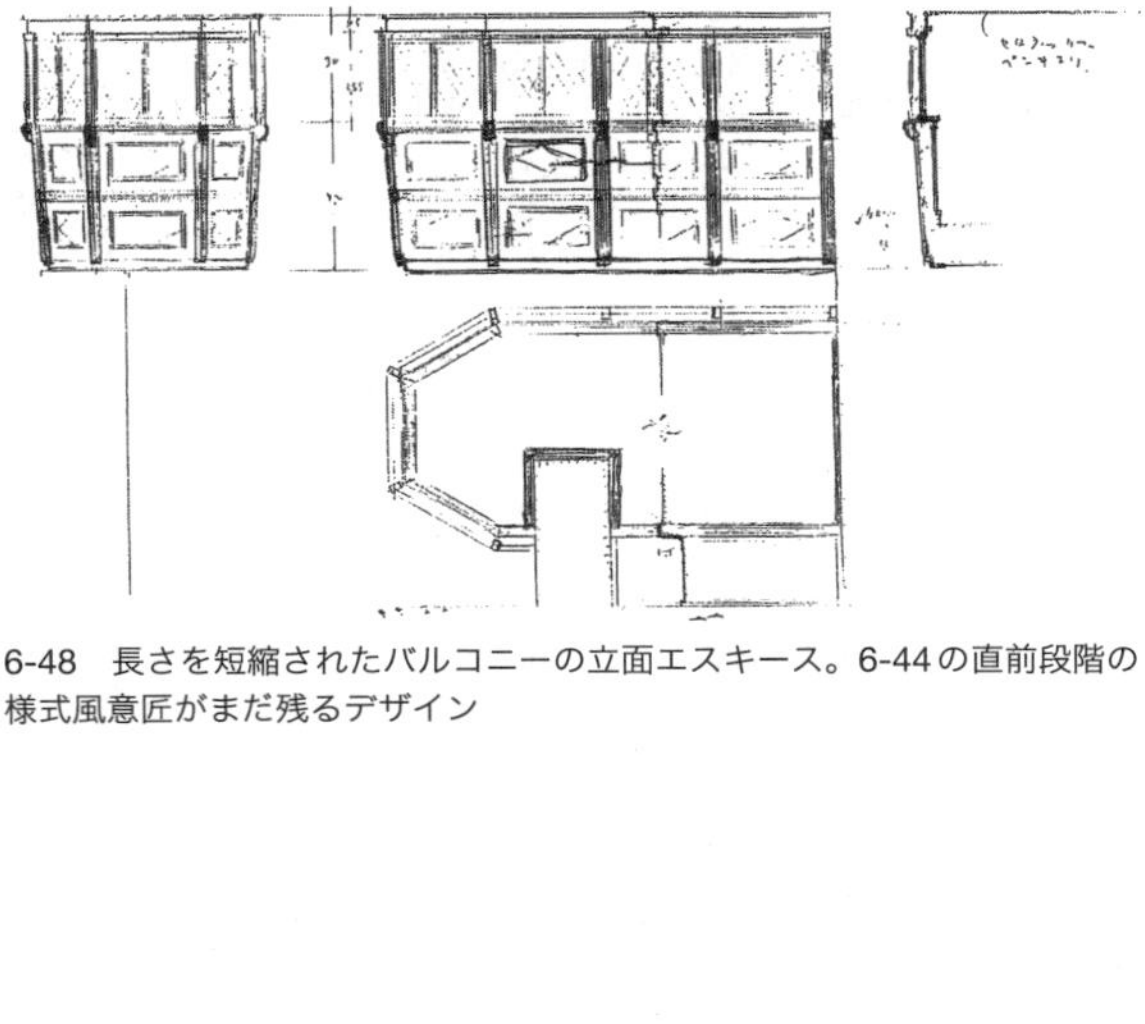

6-48　長さを短縮されたバルコニーの立面エスキース。6-44の直前段階の様式風意匠がまだ残るデザイン

見ると、図面にあった格間パネルはここではあっさり消えて、おそらくプラスターにペンキ塗という簡潔な塗壁仕上げに変わり、またこの腰壁の上に計画されていたスクリーン状の小壁も取れている。バルコニーと、それが取りついている壁柱と、周囲の壁面などすべてが、図面に描かれているような様式的な意匠をかなぐり捨てて、非常にすっきりしたモダンな形態と表面を持つものに変身していることがわかる。（6-44参照）

さてホールの南側の壁沿いに九本並んで立っている壁柱は、壁幅が一・三六mに対して、壁厚が〇・四五mという扁平な柱断面を成し、また床面から天井面までの高さが五・四五mで、ホールの空間に南側外壁から直角にその壁柱を突出させて列柱状に立ち並んでいる。前述のように、短くされた二階のバルコニーを支える一本のRC造の壁柱以外の、その東側の残り八本の壁柱は、木柱の合せ柱であり、二三cm角の二本の角柱の周囲に板を張り巡らして、壁柱状の形態に固定されている。この柱を囲っている板壁の表面には、最初の頃の図面では、〈縦溝彫《フルーティング》〉が施され、やや《様式》風の化粧がされ、さらにその縦貼りの装飾的な板を固定する錺《かざり》金物などが所々に打ち込まれて表面を飾っている。さらにこの壁柱と壁柱の間の奥にある壁面には、北側の鏡面壁の下の腰壁と同じような、木製スクリーン状の腰壁が二m近い高さで貼られており、さらにその腰壁の上には、こちらは鏡面壁ではなく、落ち着いた格子羽目板貼になっている。この壁柱の間の〈凹型空間《アルコーヴ》〉状の小囲いは、間口が内法で二・四m、奥行きが一・四mほどの、ちょうど一坪ほどの広さの狭い空間であり、そこには椅子と小卓子がセットで置かれ、二枚の背の高い壁柱に隣席との間を仕切られながらもホールの広い空間には開かれて繋がっている、居心地のよさそうな接客用小空間《ブース》に仕立て上げられている。

壁柱に挟まれたアルコーヴ状の小空間の魅力

村野の「キャバレー赤玉」の最初期の平面図には、この壁柱はまだ姿を現してないところから判断すると、南側の壁に沿わせるようにして壁柱を何本も並べるという独特の計画は、既存の木造建築の構造的な骨格を引き継いだ結果としてインテリアに登場したものというよりは、村野の脳裏で最初から発想され、デザインとしてそこに実現されて立ったものであったように思われる。村野はその種のインテリア空間を、アメリカやヨーロッパのどこかの建築の中で実際に見て、その記憶を温めておき、「キャバレー赤玉」のインテリア・デザインに応用したことも十分に考えられるが、確証はない。それはともかく、村野はこの時期以降、戦前から戦後にかけて、彼が手がけたさまざまな設計において、この〈壁柱〉を好んで自分の設計の中に取り入れくり返し使うことになったが、「キャバレー赤玉」の並立する壁柱が必然的に生み出した一種の〈アルコーヴ〉風の空間は、このキャバレーの利用客たちに特に好まれた人気の接客空間《コーナー》となったに違いない。というのもこのコーナーは、客たちは壁柱があることによって隣席の客の視線を格別気にする必要もなく女給たちと酒や会話を楽しみたわむれることができたし、舞台のショーをそこから見ることも、ステージ前のオーケストラ・ボックスで演奏されるダンス音楽に誘われてホールの中のダンス・フロアへ踊りに出ることもできるなど、ホール空間全体への開放性と、視覚的な遮断性との両方の性格を兼ね備えた客席であったからである。この〈アルコーヴ〉風の空間は、おそらくどことなく〈住宅建築〉の「応接間」や「居間」が持つような、遊興場の賑やかで雑然とした空間にしては落ち着いた、ある種の居心地の良さを実現していたようにも推測され、普通のカフェやキャバレーではあまり味わうことのできないような、寛いだ場所を客たちに提供していたはずである。建築家村野藤吾が終生抱いていたと考えられる一つの隠れた課題として、あらゆる種類の建築の中に、多くの場合住宅の中などに求められるような、一言で言えば〈居心地の良さ〉といったものを追求するという目標があったが、この種の酒場のデザインにさえも、そのようなターゲットが垣間見えて、柔らかな表情の「商業建築家」としての〝仮面《マスク》〟の下に隠れた、村野藤吾という設計者の粘り強い硬骨な〝素顔〟をふと見せつけられる気がしないでもない。

ところで先に少し触れておいたように、「キャバレー赤玉」のこのアルコーヴ部分を、建物が完成した直後に撮影したものと思われる一枚の写真があるが、それをよく見ると、村野の設計事務所でいく度もの手直しを潜り抜けて書かれていたような、簡潔化された形ではあったが、それでもなおどこかで《様式建築》の室内を思い出させる、壁に独特の〝襞《ひだ》〟を与えるような装飾的なディテールが、最後の段階になって、なぜかほとんど姿を消してしまっていることがわかる(6-47参照)。それまであった装飾的ディテールの代わりに、壁や柱や天井の表面には、木摺板の上におそらくプラスターかモルタルを塗った後、ペンキで仕上げた非常にシンプルな形になっており、建築的な装飾物としては、床上に敷かれた絨毯の幾何学的な模様や、シンプルで切れ味鋭い形態のランプ・シェードを装着したブラケット型電気照明具などが、わずかに目に付くぐらいのものである。無装飾でフラットな表面を持つこのようなインテリアの仕上げは、壁面だけでなく天井面にも広がっており、《様式》の残り香が漂う図面の中のディテールとは逆に、非常に清新なインテリアに仕上がっている。写真には、受付カウンターの真上の、壁に取付けたブラケット型照

6-50 「箱根プリンスホテル」のギャラリー

6-49 ギャラリーの詳細

明具の、上向きの浅いお椀形のガラス製のランプ・シェードの一部が写されており、さらにその上には、先に触れた、短縮され簡潔化されたバルコニーの円弧を描く床スラブの一部も写されている。さらにバルコニーの向こうに見える天井面は、ホール中央部の一段高く折上げた天井部分に向かって緩やかに湾曲しながら上昇しており、その天井面の中に、半球形の照明具が埋め込まれているが、いずれにせよ《様式》風のニュアンスのある〝襞〟といったものとはそれらのディテールは無関係に、室内空間を軽快に滑らかに包み込んでいる。高い壁柱の間のアルコーヴには、肘掛のあるソファーらしき長椅子が入れられており、そこが重要な接客コーナーとして使われていたことも画像は教えているが、そこに置かれた家具類が、村野のオリジナルであったかどうかは、写真からは確認できない。

「キャバレー赤玉」の南側壁面に林立している壁柱のまわりを写したこの写真を詳細に眺めているうちに、誰もが、村野が戦後になってから設計したある建築の中に、これと非常によく似た小空間が連続する構成を持つ作品があったことに気付かずにはいられないだろう。この作品では、背の高いRC造の芯の上に自然石を巻いたいく枚もの壁柱を、高い吹抜けの天井を持つ廊下の両側に並行して並べ立て、その壁柱と壁柱の間にアルコーヴ風の小空間を創り出し、そこに村野自身がデザインした椅子やテーブルなどを置いた〈通廊《ギャラリー》〉状の空間として実現している。「キャバレー赤玉」から実に半世紀近い時間が経った後の、一九七八年、八七歳の時の村野藤吾が設計し、箱根芦ノ湖畔に完成させた「箱根プリンスホテル」の、玄関ホールから、二棟の客室棟へ宿泊客などを案内するための、一種の渡り廊下として造られたギャラリーの空間。廊下の中央部の天井が、指を反らせた両掌で合掌するかのような形で高く吹抜けているこのギャラリーの、その両側面に作り出された沢山の小空間《アルコーヴ》は、一方が木造で、他方はRC造といった具合に、構造や仕上げ材などは全く異なっている し、また「キャバレー赤玉」と違って「箱根プリンスホテル」では、壁柱の間の外壁部分は、床から天井までの広い透明なガラス壁で覆われていて、アルコーヴに座ってガラス越しに庭園の緑を楽しめるところなど、両者の間の違いも決して少なくないが、しかし壁柱の間の小空間を、訪れた客に対する一つの〝目玉〟として提供するという独特の構成手法は、同じ遺伝子情報を引き継いで、まさしく兄弟、もしくは親子のように〝瓜二つ〟であることは、誰でも認めるところであろう。半世紀近い歳月の経過の中で、村野が磨き上げた感性と技法を自在に悠々と駆使した「箱根プリンスホテル」のギャラリーの、「キャバレー赤玉」より明るく、より繊細で洗練された小空間の中で感じる居心地の良さや寛いだ気分。そのような稀有な感覚のはるかに遠く遡る〝源泉〟が、酒気と嬌声に包まれた戦前の道頓堀の夜の、猥雑なキャバレーの空間の中にあったことを想う時、村野藤吾という建築家の、想像力の強靭な持続力と、飽くことなき変換力、といったものにやはり驚かずにはいられない。(6-49、6-50)

「キャバレー赤玉」のインテリアはなぜシンプルでモダンなものに行き着いたか

さて再び「キャバレー赤玉」のインテリア・デザインに話を戻すが、工事が最終段階を迎えようとしていた時に村野事務所で書かれた図面の中でさえもまだ克明に書き込まれていた、室内各所の多分に装飾的な〈ディテール〉が、写真に写っている南側壁面のアルコーヴ周辺から、なぜすっかり姿を消した状態で写っているか、という疑問である。その本当の理由は今となっては〝謎〟であるが、それをあえて推測して見ると、これまでもたびたび指摘してきたように、そうしたディテールを実際に実現するだけの経済的な余裕が施主の側になかったことが最大の理由ではなかったかと思われる。しかしそれと同時に、こうしたモダンなインテリアが「キャバレー赤玉」に最終的に実現していく過程には、設計者の側に立つ、建築家村野の方にも、ある種の〝目論見《もくろみ》〟とか〝読み〟、あるいは〝胸算用〟といったものもあったことにも注意を払う必要があるだろう。「キャバレー赤玉」の施主や経営者が、設計者である村野に、たとえば村野が渡辺節の命によって、事務所を辞めた後でも現場を管理して一九三一年に完成させた、あの「日本綿業倶楽部」のインテリアなどにふんだんに盛り込まれていた《様式建築》に特有の重厚さや豪華さを誇示するインテリアを、自分たちの「キャバレー赤玉」の接客空間にも実現して欲しい、といった希望を村野にあらかじめ告げていたと仮定してみよう。

それを受けた村野が、設計過程での図面の上ではそうした要求にできるだけ応えて制作し、施主や業者との打合わせの中で、先に見たように何度も設計変更をくり返して作業を進めながら、実際に工事も進行していく中で、施主に対して、そうしたデザインを実現するためには、予定された建設費では足りない、工事費が不足している、という厳しい現実を打ち明けた上で、「今の設計を基本としながら、そのような経済的難関を克服するためには、こうした最近の解決策も考えられますが・・・」といった形で提示し、それが施主に受け入れられて実現したのが、他でもない写真の中に写っているような、シンプルで平坦な表面と形態を持ち、内装工事費を極力合理化して節約し、同時に村野が設計したかなり前衛的なイクステリア・デザインともどうにか釣合がとれた、近代的《モダン》なインテリア・デザインであったのではなかろうか。

若い頃からの村野の特性とも言えるある種の思慮深さ、いい意味での〝老獪《ろうかい》さ〟などから推理すれば、彼がこれくらいの駆け引きを巧みにやってのけて、最終的に自分が内心やりたいと思っていたモダンなデザインに行き着いたとしても、さほど突拍子のないこととは思えない気がする。結果的に、こうして実現した道頓堀のキャバレーのインテリアは、他の同業種の空間にはない新鮮さに満ちた空間を見せて顧客に対する強い訴求力を発揮したことはたしかだから、施主や経営者たちは、開業後にこの結果を喜んだことは容易に想像がつく。

ただ、ここでぜひとも強調しておかねばならないのは、村野は最初から自分が実際にヨーロッパやアメリカで目撃してきた、当時最新のものであった尖端的な近代建築のインテリアを、「キャバレー赤玉」のインテリアにおいて、何が何でも実現したいと考えて、施主に対してその計画を無理強いするようにごり押しした結果として、このインテリアの実現に成功したわけでは決してなかった点である。逆に村野は、施主や請負業者とともに、さまざまなデザインを巡って試行錯誤をくり返していくうちに、施主にもその過程を十分に理解させ納得させながら、いわば一つの〝落とし所〟としてこの最終案（モダン案）を提案し、そうした手続きの中で、あまり大きな抵抗もなくすんなりと施主や施工業者に受け入れられたのである。この無理のない経緯と、その中に見出される、一人の若い設計者の驚くほど柔軟で粘り強い交渉態度には驚かされるが、同時に村野はこうした建築家としての姿勢を、その後も維持し続け、生涯崩すことはなかったのだ。このような村野の設計者としての姿勢は、彼が晩年になってよく語っていたように、建築家は、施主や建設関係者などからあらかじめ出されたすべての与条件を、謙虚に九九パーセントまで引き受けながら、村野に残った最後の一パーセントで、残りの九九パーセントをインサイド・アウトして一気に包み込み、他の誰のものでもない村野藤吾の作品を仕上げていくという、《モダニズム》に帰依していた設計者たちには、ほとんど念頭に無かった手法を戦後になっても提示して多くの建築家たちを驚愕させた、あの設計者としての根幹的な構え《スタンス》に、しっかりと繋がっていくことになったのだ。[17]

いい換えれば村野は、一九三〇年代初めの日本の論鋒鋭い「新興建築家」たち、いわゆる《モダニズム》の建築家たちの場合のように、〈未来〉を目指す建築家は、いかなる種類の建物を設計する場合であっても、常に《モダニズム》の理念や手法に基づいて、最初から脱《様式》の立場で設計を進めなければならない・・・・、といったいかにも教条的で、居丈高《いたけだか》で、硬直した〃上から目線〃の思想を抱いて、施主に対峙しようなどとは考えていなかったのだ。「赤い灯、青い灯」のイルミネーションの渦巻く大阪で、夜毎商いに精を出している人たちに向かって、ヨーロッパからの直輸入の理念やデザインを振りかざして、彼らの姑息な商業主義を打ち負かして啓蒙しよう、などといった無謀な行動を取ろうとする考えは、最初から村野の脳裏に宿ることは一度もなかったのだ。

同封されていた「建築一言」と題した寸劇脚本

村野藤吾から送られてきたハトロン紙で包装されたその封書が、六月三十日に記された後投函されたものであったことは、手紙の最後尾の日付によって確認することができるが、それが「何年」の六月であったかは、封筒がわりのその包装紙をうっかり捨ててしまったためにはっきりしない。たしか、一九八四年、村野藤吾が九三歳で天寿を全うした年の数年前のことであったと記憶するので、一九八〇年前後のことであったのは間違いない。その郵便物の中には、数枚の便箋に認《したた》めた、いつもよりは読みやすいと思える比較的はっきりした書体で書かれた村野の直筆の手紙と、それと一緒に、「建築一言」という本題に、「商業的一面」という副題が付けられた、村野藤吾が昭和初めに書いた、非常に興味深い文書が本から複写されて同封されていた。このコピーされた文章は、早大建築科が教科書として出していたらしい『早稲田建築講義録』(第八号)と題した、菊版ほどの大きさの書籍に掲載されていたものであったことが、五頁分のコピーの最初のページにあった、村野ではない別の誰かによる書き込みで知ることができた[18]。

村野の手紙の冒頭には、次のように書いてある。「いつか先生[長谷川]に御目にかけようと思いながら、記憶にありながらどうしても入手出来なかった原稿が[やっと]入手出来ましたので、御目にかけたいと思い[早速]御送り致します」と、いつもどおりに丁重な村野の筆調でまず記されており、さらに続けて、「一九三〇年、シベリア[鉄道]で渡欧の途中、満鉄の汽車中で書き、奉天から[日本へ]送ったもの[原稿]だと思います。早稲田建築講義録の巻頭言です。」とその文章を書いた背景への簡単な説明が加えられていた。コピーされた文書の文末部分に急いで目を通すと、「四月九日　奉天にて」と印刷された最後の一行があり、たしかにこの原稿が、一九三〇年四月九日、村野が日本から欧米の近代建築探査の旅に向かうその途次に立ち寄った「奉天」、今の中国の遼寧省の瀋陽から日本へ送られた原稿が後に印刷されたものであることがわかった。村野からの手紙によれば、彼は奉天に達するまでの何日間かの列車の旅の車中で書き継いでいた原稿をどうにか仕上げて、そこから日本に郵送して、先の本の「巻頭言」として印刷されたのだ。

村野が奉天に到着するまでの道筋は、三月末に大阪を発ち列車で下関に至り、そこから船で釜山に渡り、「朝鮮総督府鉄道」で朝鮮半島を北上し、京城《ソウル》、平壌《ピョンヤン》を過ぎて、四月初めに奉天に到着したものであったと思われる。村野は奉天からこの原稿を早稲田の建築科に送った後、今度は「南満州鉄道」(満鉄)に乗り換えて北上し、長春、哈爾浜《ハルピン》を経て、さらに次は「東清鉄道」で満州里《マンチュリー》(同市のロシア側の都市名・ザバイカリスク)まで到達した。ここで国境を超えてソ連領に入ってチタへ出て、モスクワ⇄ウラジオストックを結ぶシベリア鉄道に乗り替えて、モスクワ経由で西ヨーロッパに向かったものと思われる。日本を発ち、釜山→奉天→哈爾浜→満州里へ行き、チタでシベリア鉄道に乗るこのルートは、当時日本とヨーロッパを結ぶ最速の陸上ルートであり、客船によるインド洋→スエズ→マルセイユなどの西欧都市に向かう海上ルートによる渡欧が、約四十日前後かかったのに比べて、その半分以下の半月ほどの日数で到着することができ、その利便性によって、旅を急ぐ外交、商用、報道などの分野の人たちに、昭和戦前に好まれたコースであったといわれている。

ある酒場をめぐる対話劇

村野がその『早稲田建築講義録』の巻頭に寄稿するために、車中で書いて送ったという原稿は、読者の中心が早稲田の学生であったことを意識したためか、あるいは列車の車窓を流れ去る外地の風景を見ながら、論理的な組立をし難《がた》かったためか、彼が常々得意としていた硬質な〈論文〉調の文章ではなく、驚くことに、舞台のシナリオとか、あるいは当時登場しはじめて一部に人気のあったラジオ劇の台本といった、会話劇の脚本の体裁を借りた、かなり辛辣な〈建築評論〉であった。「商業的一面」と題されたこのドラマの設定では、この寸劇を書いた数年後に、彼自身が「キャバレー赤玉」を完成させることになった、大阪のあの「道頓堀」の歓楽街をその舞台としている。この寸劇の冒頭で、村野は次のような〝配役〟を書き、その舞台に登場させる二人の人物の「A」及び「C」という名前と役柄、さらに舞台装置の一部としてそこに登場する、一軒の店舗の名称「B」を掲げて、その性格や職業などを示している。（6-51）

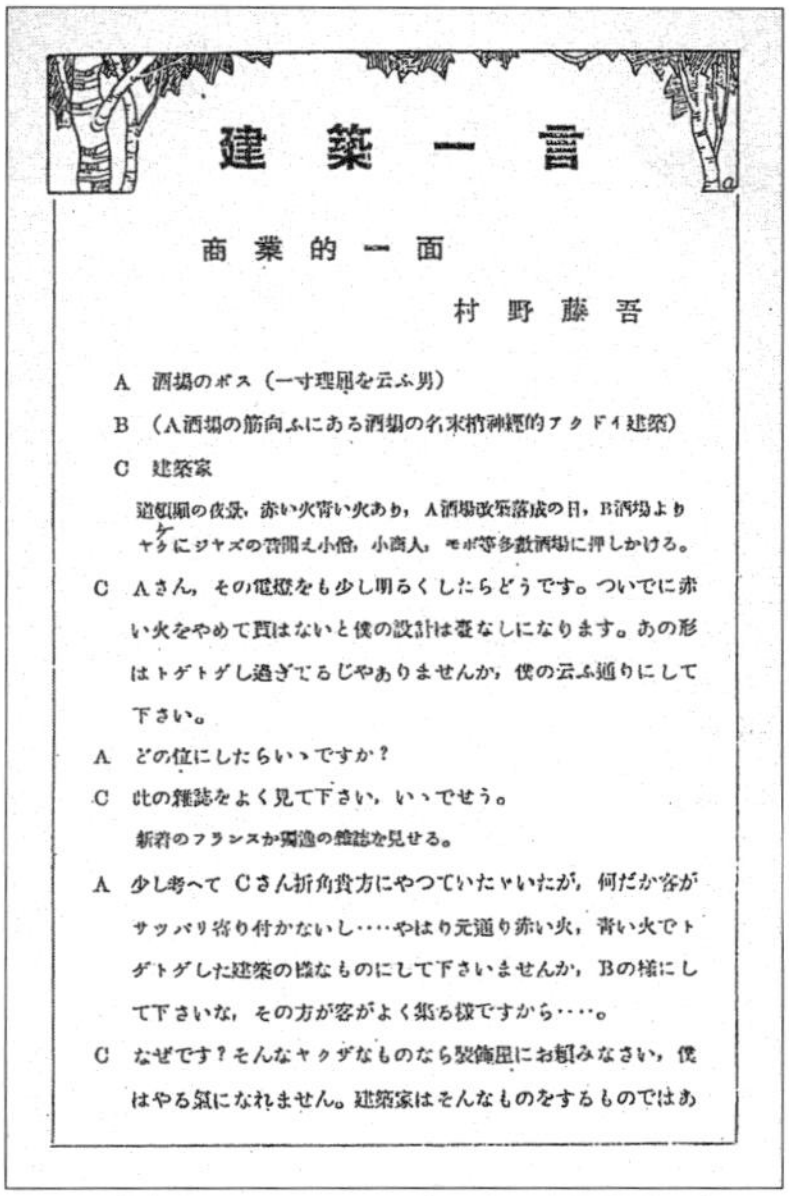
建築一言

商業的一面

村野藤吾

A　酒場のボス（一寸理屈を云ふ男）

B　（A酒場の筋向ふにある酒場の名末梢神經的アクドイ建築）

C　建築家

道頓堀の夜景，赤い火青い火あり，A酒場改築落成の日，B酒場よりヤクにジャズの音聞え小僧，小商人，モボ等多數酒場に押しかける。

C　Aさん，その電燈をも少し明るくしたらどうです。ついでに赤い火をやめて貰はないと僕の設計は臺なしになります。あの形はトゲトゲし過ぎてるじやありませんか，僕の云ふ通りにして下さい。

A　どの位にしたらいゝですか？

C　此の雜誌をよく見て下さい，いゝでせう。

新着のフランスか獨逸の雜誌を見せる。

A　少し考へて　Cさん折角貴方にやつていたゞいたが，何だか客がサッパリ寄り付かないし‥‥やはり元通り赤い火，青い火でトゲトゲした建築の樣なものにして下さいませんか，Bの樣にして下さいな，その方が客がよく集る樣ですから‥‥。

C　なぜです？そんなヤクザなものなら裝飾屋にお賴みなさい，僕はやる氣になれません。建築家はそんなものをするものではあ

6-51　「建築一言」の冒頭頁（早稲田建築講義録）

「A　酒場のボス（一寸理屈を云ふ男）
B　（A酒場の筋向ふにある酒場の名　末梢神経的アクドイ建築）
C　建築家」

ドラマは、酒場の「A」という主人と、「C」という近代建築家との間の、深刻で激しい問答《ダイアローグ》で進行していく。「A」は「酒場のボス」、つまりカフェの経営者として、道頓堀のど真ん中に店を出して勝負する根っからの大阪商人であり、他方の「C」という人物には、劇の中では「T町」［おそらく東京］を本拠として活躍している若く前衛的な建築家という設定がまず与えられている。カフェの経営者である「A」は、それまでの自分が経営してきた店の「改築」を、東京の建築家「C」に頼んで最近オープンさせたばかりだが、新しいデザインの店で一儲けしたいという彼の目論見は見事に外れて、建築家「C」に改築を依頼してできた自分が経営する斬新でモダンな店には、なぜか改築以来大阪の客は全く寄りつかないことにひどく苛立っている。店はまさしく閑古鳥が鳴いている状態なのだ。

　これに対して道路の反対側で同じような商売をやっている「B」という酒場は、「末梢神経的なアクドイ建築」、つまり店舗の壁を極彩色で塗ったり、店の周りをギザギザした形のとげとげしい色彩のネオンサインや電気照明などで飾って、客の「末梢神経」をとにかく刺激し、彼らを煽り立てて店に呼び

込んで酒や色気を売ろうとするような、一言でいえば俗悪で客に媚びた稚拙なデザインの店である。ところがそれにもかかわらず、その台本の〝ト書き〟によれば、「道頓堀の夜景、赤い灯青い灯あり、A酒場改築落成の日、B酒場より、やけにジャズの音聞こえ、小僧、小商人、モボ等、多数酒場に押し掛ける」といった繁盛振りに沸いている。設計を依頼された酒場を、自分の思い通りに設計して完成にこぎつけオープンさせて満足げな「C」という名の東京の「建築家」は、俗悪な店が繁盛し、自分がデザインした洗練された店が閑古鳥が鳴いているといった対照的な状況を前にしても、動じる様子など素振りにも見せず平然としている。自分のデザインした「A」の酒場で、「C」という建築家が、酒場の主人である「A」に対して、平然とこう語りかけるところからドラマは始まる。少し長いが、非常に興味深い内容の建築をめぐるダイアローグなので、ここに全文を引用する。

「C　A[酒場のオーナー]さん、その電燈をも少し明るくしたらどうです。ついでに赤い灯をやめて貰はないと、僕の設計は台なしになります。あの形はトゲトゲし過ぎているじやありませんか、僕の云ふ通りにしてください。

A　[明るさは]どの位にしたらいいですか?

C　この雑誌をよく見て下さい、[すごく]いいでしよう。(新着のフランスか独逸の[建築]雑誌を見せる。)

A　少し考えて[から]　C[建築家]さん、折角貴方にやつていただいたが、何だか客がサツパリ寄り付かない し・・・やはり元通り、赤い灯、青い灯で、トゲトゲした様なものにして下さいませんか、B［店］の様にして下さいな、その方が、客がよく集る様ですから・・・。

C　なぜです?そんなヤクザな物なら、装飾屋にお頼みなさい。僕はやる気になれません。建築家はそんなものをするものではありません。

A　さう云はないでやつていただけませんか?

C　出来ませんね。そんなにやり度いならどうです。・・・・一体なぜそんな事を云ふのですか。

A　客が来ないんです。普請をしてから・・・・。

C　なぜです?

A　なぜつて・・・来ないから仕方がありません。普請してからすつかり客足がにぶつたんです。Bカフエを見て下さい。

(C、一寸B［店］を見ていやな顔をする。又Aの顔を見る。)

A　やかましい程ジャズはあるし、電燈も装飾もなつてないんです。とてもデザインなんか[に]なつてゐないと貴方がクサされますから、貴方にお願いして、すつきりしたものにしましたが、普請してから私の方のお客はすつかりBに取られてしまつたんです。[ほんとに]困るなあ・・・。

C　そりや行く奴がなつていないんです。低級だからです。T町[東京]へ行つて御覧なさい。そんなカフエは一軒だつてありませんよ。

A　お説は何度も伺つてわかつて居ります。私だつてT町[東京]に行けばさうします。

C　O町[大阪]だつて行く行く[は]さうなりますよ、暫くお待ちなさい。

A　私の方は日歩《ひぶ》の付いたお金を使つてゐるんです。待てないんです。その時になれば又その時の[客の]気持に合う様にします。今、今が大切です。厭でせうか、あのあくどい元の通りのようなのに[デザインをやり直]していただけないでせうか？

C　まあお待ちなさい。僕のやつているのは尖端的な流行型です。フランス流を加味したんですが、国民性と時代と環境に合つた合理的の建築ですから・・・・・・・・。

A　私の方は何式でもいいんです。一番もうかるやつがいいんです。客の集まる様なのがいいんです。

C　低級な趣味は結局いけないんです。

A　私には低級がなんだかわかりません。多数の客が好いたもの、一番利益のあがるものがいいんです。又それが一番高級なものだと私は思つてるんです。
(少し語調が荒くなる。)

高級とは・・・高級とは一体どんなものが高級なんです。いくら高級だつて損をするような高級が今時何になります？

C　(買[い]言葉で)貴方は教養がありません。教養のない人にはわかりません。

A　高級や教養がなんです。自分勝手な高級や教養がなんです。役にも立たない教養や高級が何だ。言葉や技術にかくれた教養や高級が一体何の力があるんです。
(語気更に荒く)

此のカフエーは一体誰のものです。私のものじやありませんか、私の命と家族を養ふために必要なカフエーです。貴方の高級や教養は御自分の家を建てる時に使つたらいいだろう。私はあなたに設計料を払つてゐるんだ。金をやつた上に私の希望は達しられてゐないんです。貴方の御[手習]草紙になりたいために頼んだのではないんです。Bカフエーを御覧なさい。あの通り人だかりです。

C　(此［の］時、Aカフエーを圧倒するようなジャズの音聞［こ］ゆ)
Bカフエーなんか、アメリカ式のヤクザなものです。頽廃的な表現派風のいやらしいものです。僕はあんなものをどうしてもやれません。一体、建築は建築家の人格を表現するものです。
A　何ですつて・・・・、他人の建築を建てておいて、自分の人格を表現するんだと・・・・！！誰がそんな事を頼んだ・・・・！此［の］建築を一番よく知つてゐるものは私です。私は私の生活、私の魂を表はして貰ふために貴方に頼んだんだ。何んでもいいから、私の考へを表はしてくれませんか。
C　科学が進歩した今頃、あんな旧式はやれません。
A　馬鹿な事を云つちやいけない、学問が進んだからこそどんなものでもやれる様になつたんじやないか、学問が進んだから旧式のものはやれないと云ふ理屈はありません。一体Bカフエーがなぜ古いんです。私に云はせると一番使いどころがあるものが一番新しいんだ。いくら新しいものだつて、客が来ないもの［店］が何になる？貴方はペテン師だ、世間を知らない人だ、古いも新しいもあるものか。
C　僕は新進の建築家だ、僕の建築理論は建築界を指導してるんだ。
A　指導される奴が馬鹿だ。どうしても［店を］変へて［は］くれませんか。
C　御免蒙る。金の話を聞くと、反感が湧く。一体、貴方も資本家の様な搾取をやつてゐるんじやないか。大資本主義的なカフエーをやらうとしてゐるんじやないか。
A　若し私が悪い資本家としたら、貴方の高級な教養はそれ以上に私の生活を搾取し欺瞞し又翻弄してゐるんだ。設計料を返し給へ！！
C　頼んだ以上は返へさぬ、返へす理由がない・・・・
A　・・・・・・・・・・。
C　・・・・・・・・・・。
・・・・・・・・・・・・・・・・・・・・・・・・・・・・
読者諸君・・・・此の故に僕等はC及びC式建築家の意識を疑ふ。その尖端的旧式を笑ふ。C式新派は、はからずも僕等の祖父の時代と隣り合わせであることを知る。高級とは、教養とは一体何か。笑へ世間知らずの教壇的題目を・・・・

四月九日　　奉天にて」(19)

村野がこのドラマに託したこと

この対話劇の内容について検討する前に、おそらくラジオドラマを想定したこの台本の中には直接指定されてはいないが、酒場の店主と建築家の二人が互いに対峙し、その二人の他には登場人物がいない〈舞台〉として考えて、そのインテリアを大道具風に設定して示しておくのもあるいは必要かもしれない。このドラマの舞台装置は、店主の言う「すっきりした」デザインという言葉や、建築家の、もっと「電燈を明るく」せよとか、「赤い灯を止めて貰わないと僕の設計は台なし」だ、といった冒頭部分でのセリフにも暗示されているように、おそらく壁はW・グロピュウスやル・コルビュジエなどの、一九二〇年代の住宅の室内にあるような真っ白か淡いベージュ、もしくは明るい灰色《グレイ》といったモノトーンな色調で全体に塗りあげられており、もちろん〈装飾〉などはほとんどなく、壁の表面もあくまでフラットに無表情で、今風に言えば《ミニマル》な空間構成によってできた舞台が考えられる。

その明るくすっきりして、幾何学的な直線直角を強調した「A」酒場の室内が〈舞台〉一杯に広がっている中で、舞台の奥の壁の中には大きなガラス窓があり、そこから道を隔てた向かいにある、「B」酒場の外観と、道頓堀の夜間の極彩色のイルミネーションを見ることができる。「B」酒場の外観はといえば、大正期末から昭和初期の日本で大流行した、その当時は典型的な《表現派》風のデザイン形態と考えられていた、直線が鋭角に屈折してできる〝ギザギザ〟した星形や波形などのネオンサインが、外壁や軒や屋根の上などで慌ただしく点滅し、また外壁がどぎつい原色に近い色彩で塗られているのが、書割りとして描かれている。「B」酒場から、その俗悪さを余計に煽りたてるかのような、喧しいジャズ音楽が聴こえてくるし、同時に客たちがその店に大勢集まって立てる、ざわめきや叫びなども、風に乗って時折こちらに届いて来る。これに対して、建築家「C」がデザインした幾何学的な輪郭線を強調した「A」の店舗は、それとは反対に客が誰もおらず静まり返っている。そのインテリアは、「B」の店と対照的に、最先端の《モダニズム》の影響をダイレクトに受けてデザインされており、「僕は新進の建築家だ。僕の建築理論は建築界を指導」しているという「C」の強烈な自負、あるいは彼の言う、「建築家の人格を表現」しようとする意図が、そのままストレートに投影されて、「先端的」つまり〈前衛的〉な空間としての切れ味の良さを示すとともに、少なからず人当たり、あるいは居心地の悪さを露呈している。

今現在の日本の大都市の酒場の空間を思わせるような、無装飾でモダンなインテリアを見せる舞台上の光景だが、先の対話劇の内容から判断すれば、村野がこの短い対話劇の中で、読者に語りかけようとした〈批評〉の要点は、末尾のト書きにある「僕等はC及びC式建築家の意識を疑ふ」という言葉にすべてが語られている。一九三〇年という時点、つまりヨーロッパから日本の建築界に入って来た、グロピュウスやル・コルビュジエなどが強力に提唱していた《モダニズム》の建築論や、そういった建築論の中にある理念や手法を用いて、先端的な設計を展開しようとする若い建築家たちの、「建築界を指導」するだけにおさまらず、さらに日本の社会をその種の〈理想〉に向かって「指導」していこうとするような動きへの、当時の日本の新進気鋭の建築家たちとは一線を画した形の村野による、〈批評〉、あるいは〈批判〉がここで加えられようとしていたのである。

この村野の対話劇の構成で興味深いのは、建築家「C」のような、《モダニズム》の側の建築家たちが振りかざす強硬な近代的〈理念〉や〈手法〉に対して、それとは異なる考えを持つ別の建築家(ここではさしずめ村野だが)を立てて直接討論《ディベイト》させるのではなく、大阪のど真ん中、道頓堀の酒場の一経営者を一方の討論者としてわざわざ立てて、彼のどこまでも現実的な金銭感覚、つまりは「日歩のついたお金を使って」、それに追われながらあくせくと毎日の商いに励んでいる商人の口を借りる形で《モダニズム》批判を試みている点である。そこから劇中では、「客の来ない店」、いい換えれば「儲からない店」は、どれだけデザインが〈前衛的〉で、またその内容自体が優れたデザインであったとしても、決して認められることにはならないと、酒場の経営者に建築家を執拗に批判させることになり、そのため逆に酒場のオーナーは建築家の側から、これには「教養」のない「低級」な人間だと決めつけられることになったが、「言葉や技術にかくれた教養や高級が一体何の力があるんです」、と酒場の店主はすぐにやり返すのである。

村野は、ここに登場する道頓堀の経営者「A」に、何事もお上の御膝元である「T町」つまり東京では「いい」と言われて認められているかもしれないが、商人の「O町」、大阪ではそうはいかないのだと断言させることで、自分自身がその中で設計者として苦労して生きてきた関西圏の経済的風土と、そこで育まれた商人文化の特質を明らか擁護し、それとは逆に、国家の経済を動かす〝政・官〟に常に直結する形で、その権威と財力を頼りに常にビジネスを繰り広げて成長してきた、江戸から東京にかけての関東圏の経済的風土と、「武士は喰わねど高楊枝」といった実質を伴わない〝見え〟の文化への侮蔑をそれとはなしに浮かび上がらせようともしているのだ。

戦前から戦後にかけての建築家村野の苦悩

その意味では、村野はここに登場する大阪商人の発言を通して、単に《モダニズム》かぶれの「T町」東京の若い世代の建築家たちだけをここで取り上げ、批判の対象としようとしていただけではなったのかもしれない。大阪商人たちの「日歩」の付いた金に追われるような厳しい経済的環境の真《ま》っ只中《ただなか》で、建築の設計活動に携わってきた村野の立場から見た、東京をはじめとする関東圏の「工学士」たちが中軸となってピラミッド型に形成された体制の中にいる建築設計者が、知らず知らずの内に振りかざしている特有の権威主義や、そこに由来する例の〝上から目線〟の居丈高《いたけだか》な態度といったものの総体をも併せて痛烈に批判しようとしていたのである。いい換えれば、そうした東京の建築界の基本的な視角が、新たに登場した《モダニズム》を信奉する若い世代の建築家たちの中にもいつのまにか流れ込んでおり、建築家「C」の場合のように、旧世代の建築家たちとさほど変わらないような横柄《おうへい》な態度で施主を納得させようとするようなことになってしまっていることを、村野は厳しく指摘しようとしていたともいえるだろう。具体的にいえば、大阪のような「商都」で日々年を削るような経済活動を営む人たちにとっては、常に差し迫った問題である事業の採算性や持続性や発展性などといった面を軽視した状態で、能天気な〈モダニスト〉たちは、欧州からの借り物の怪しげな〈啓蒙〉的精神などに駆られて、ある意味では無謀だと知りつつ「先端的」な態度で施主たちを脅しつけ、結果として、建築の利用者(つまり消費者)に対する訴求力や信頼性に全く欠けた、いわゆる〈前衛的〉なデザインを、強引に押し付ける結果を招いていることを、村野はここで糾明しようとしていたのである。

その結果、村野が先のダイアローグ劇の最後のト書きの部分で、「C式新派は、はからずも僕等の祖父の時代と隣り合わせ」だと書いているのは、村野の祖父たちが生きていた時代、おそらく明治時代における、市民(商人)の立場からすればいかにも不自由で窮屈な、〈士農工商〉といったヒエラルヒーを引き継いでいた建築家たちの上意下達を旨とする武《ぶ》張《ば》った態度と、「C」のような若々しい近代建築家の前衛的姿勢が、ほとんど「隣り合わせである」、つまり瓜ふたつであると指摘するのである。そこから村野は、彼らの「先端的旧式を笑ふ」、つまり前衛的な素振りの中に潜む、旧弊な〝上から目線〟に対する侮蔑を露《あら》わにせずにはいられなかったのだ。さらにいえば、そうした「先端的」デザインは、まさに上面《うわつら》だけのものに過ぎず、社会に深く根を下ろしたものではない、という批評もそこには当然のこととして含まれていた。

村野が一九三〇年の時点で告発しようとしていたこうした傾向は、日本の歴史の進展の中で次第に改められていき、やがて第二次世界大戦後の民主化された日本の社会においては、建築家たちはその種の〝上から目線〟を完全に止めることになったのかどうかを私たちが改めて考えてみる必要がある。

残念ながら、村野がここで指摘していた「先端的旧式」の建築家は、敗戦という大きな変動と、民主主義化や自由主義経済化を目標とした戦後社会が次第に安定していく中で、徐々に姿を消していったわけではなく、むしろ逆に、戦後日本の建築界においても、しぶとく生き残り、さらにそうした傾向を強化していったように思われる。つまり、建築的デモクラシーを世界的《インターナショナル》に普及させるものとして考えられた《モダニズム》が完全な勝利を収めたといわれる戦後日本の建築界においても、実は相も変らず上意下達式の「先端的旧式」が、何の疑問も持たれずに〈モダニスト〉たちの活動に引き継がれていったのだ。一部の指導的建築家が創案した前衛的で新奇なデザインが、「これこそが近代建築なり」、といった古色蒼然とした上から下への伝達方式で、ジャーナリズムなどを通して、社会(施主や利用者)に対して多分に強制的に提示され、あの酒場の経営者「A」と建築家「C」とのやり取りそのままに、設計者たちと設計の発注者たちとの間で、大小さまざまな無数の軋轢《あつれき》を生みだしていった。その結果として「近代建築家に任せると何をしでかすかわかったものじゃない」という、多くの市民たちの間にぬぐいようのない不信感が生まれて危険視されるようになり、結果的に、日本における建築家の社会的な立場の確立を、今日に至るまで〝流産〟させ続けることになったのではないか。

たとえば「先端的旧式」の建築家たちは、戦後、欧米の建築家たちに倣《なら》い、建築家の「職能《プロフェッション》」を、日本においても「弁護士」や「医師」などのケースと同じように確立し、社会に対してどこまでも中立的であると同時に、強力な指導力を発揮していくべきだ、といった主張がくり返し行われてきたが、こうした戦後日本の多くの一般的な近代建築家たちの、つねに〈上から下へ〉という独特の視角からすると、社会の中の動き、特に経済活動に呼応しながら、粗忽《そこつ》な耳には、〈資本主義〉経済下の資本家や経営者たちの貪欲な〝金儲け主義〟に建築家は追随せよ、といってるようにも聞こえなくもない、村野の戦前から戦後にかけての、一貫した上記のような主張、つまり経済の動きに密着した設計者としての行動や発言は、次第に建築界の中で胡散臭《うさんくさ》がられ、また問題視されるようになり、その結果、彼ら〈モダニスト〉たちからの批判に、村野はたびたび曝されるようになっていった。戦後建築界における村野の建築家としての発言や行動、あるいは彼が設計した作品等を、《モダニズム》の側の建築家たちは、ことあるごとに槍玉に挙げ、それに対して激しい非難を浴びせかけるようになったのである。こうした村野に対する、ほとんどがいわれのない批判や非難は、一九五〇年代後半から一九六〇年代に至る間を一つのピークとして異様な高まりを見せ、七〇年代に入って、いわゆる《ポストモダニズム》などの、一連の《モダニズム》批判の動きが世界的に出はじめる状況の中で、この種の〝村野叩き〟は少し和らいだというものの、結局は一九八四年の彼の死の時に至るまで、あるいはその死後まで も、尾を引いて続いていくことになったのだ。

村野からの手紙の内容

村野が他界する数年前の一九八〇年頃、間もなく九十歳に手の届こうとするこの一人の老建築家から、かなり激しい文言を連ねた私信を同封して、この「建築一言」と題した対話劇の台本風の「建築評論」のコピーが、わざわざ筆者のもとに送られてきたことには、単に昔の懐かしい文章が偶然に見つかったから進呈したい、などといった気軽な、生やさしい理由からではなかったように、振り返って考えると思えてならない。実はこうした「先端的旧式」の建築家たちの横暴な態度やデザインが、まだまだ現代日本の建築界にはまかり通っているという厳然とした事実への、村野の深い心配が一方にあったと同時に、かつて彼に向けられていた《モダニズム》の側からのさまざまな攻撃の記憶が、依然として村野の心を悩ませていたことにそれは関係していたと考えずにはいられない。村野を巡るそうした誤解や批判に対して、何とか自分なりの決着を付けておきたいという強い想いとともに、自分の本当の気持をここから酌んで理解してもらいたい、といった切実な気持が、そこに強く働いていたように感じられたのだ。村野としては、自分が半世紀も前に書いた文章を掘り起こして、その時の自分の主張の真意をはっきりと伝えておかなければ気が済まないし、自分は今現在に至るまで、そうした考えを一度も変えたことはない、ということを誰かにはっきりと伝えておきたかったのである。そうした意気込みのようなものが、村野からのこの時の手紙の文面からはっきりと読み取れるので、以下、その文面の大部分をここに引用して記録しておくことにする。はっきり記憶していないが、村野からのこの時の便りは、村野に宛てて筆者(長谷川)が出したその前の手紙の中で質《ただ》していたと思われる、村野の、設計者として常に〈現実〉あるいは〈現在〉を重視する態度に関連して、そうした彼の姿勢がどこに由来するか、といった点について質問したことへの返事の形で、筆者のもとへ送られた手紙であったと記憶する。

「今日思へば[「建築一言」は]恥ずかしいところだらけで、[『著作集』にこれを入れるために]近く訂正加筆したい[と考えている]のですが、これも私にとっては、やがて[マルクスの]資本論を読むようになった動機でもあり、思ひ出の一文です。封入の原稿にて文意を御覧になれば、先生[長谷川]の[質問にある]、現実的な私の見解の一端が、可否はともあれ御了承いただけるかと思ひます。それでは私が現実的［な建築家］かといへば、実はここに書いてあるCのようなのが、真実の私ではないかと思ひますが、理論と、真実の私の心境とは異なります。

　この文章で私の申し上げたいことは、日本の近代建築は発生学的な考へ方からは、自然発生的なものでなく、発生自体の母体のない移入したものに過ぎないの［です］が、或は移入自体に［は］理由があるにしても、それ自体［の力］では日本の現代建築になったのではなく、『商業主義』の助け、当時の新興建築家（私も含めて）が最も排斥しました『商業主義』の助力、或はそれに便乗して発展したのであると思います。ここに新興建築家諸士が最もいやがった商業主義の意味と切用［要］があると思います。タウトの来朝の砌《みぎり》、朝日会館で私も［講演の］一席を与へられましたので述べましたが、『［日本に於ける］折衷主義建築の功禍』といふ論旨の意味は、商業的建築の様にも解せられていた折衷主義が、日本の建築近代化に果たした役割［が『功』として重要であった］と共に、やがて時代の進展と共に、自然にその［近代化への］役割を果たし得なくなっていく事情について、此れを『禍』と見て述べようと試みたものです。この［「建築一言」と題した］原稿もその一連のものでありまして、自分の立っている現実に真実を見出そうという私の考え方の一端であります。私は、最も理想的であり、又そうありたいと思い、思へば思ふ程現実を見つめたいという［自分の気持をもとにして］、その当時の所謂新興建築なるもののあり方に対する、［これは］私の苦言でもあると思います。その頃結成された『日本インターナショナル［建築会］』といふインターナショナリズムの『人工的』一団に対する私の反撃の言葉であります。リアリズムの建築を求めて革命後十年のロシアに行く途中、奉天から投稿［函］したものだと思ひます。

　只今此の原稿を入手して、当時、あらゆる新興建築運動なるもののあり方に疑問を持ち、それらの運動の浮いたあり方に背を向けていた私の心境がありありと思い出され、懐かしく、敢へて御高覧を煩わしたく、お送り致しました。御笑覧下されば光栄の至りです。

六月三十日　　村野藤吾[20]」

（傍線は原文のまま）

「商業主義の助け」

村野の手紙の中での注目すべき要点をいくつか取り上げるとすれば、一つは、「日本の近代建築」が、「発生学的な考へ方からは、自然発生的なものでなく」、ヨーロッパから直「移入」されたものであり、いわば〝切り花〟のように自力で生きる〝根〟を持たない状態で、《理論》や《原型》として持ち込まれたというのが現実であり、この種の《合理主義》的建築思想つまり《モダニズム》には、日本の社会において、自力で生長するだけの力は到底無かった、と村野は指摘している点である。「それ自体での日本の現代建築となったのではなく、『商業主義』の助け」があったからだ、と村野は強く念押ししている。村野がここで最も言いたかったことは、「新興建築家が最も排斥した商業主義の助力、或はそれに便乗して発展した」ものこそが、本当の「日本の近代建築」の推進力だったのだ、という点である。ここで村野が「商業主義」の建築といっているものは、彼自身の筆によれば、「商業的建築のようにも解せられていた折衷主義」の建築のことをも指していたが、東京のような政官界に常に密着していた経済界とは根本的に異なる、自立の気漲《みなぎ》る大阪の経済界の真っ只中で、設計者として長い間揉まれながら経験と実績を積み上げてきた村野藤吾の、それはまさに実感から掴み取ってきた理解であったに違いない。

たとえば「商業主義の助力」の中で「日本の近代建築」が成立したという村野が主張する過程を如実に示す例として、村野自身の作品である、先の「キャバレー赤玉」のケースを取り上げて論じるとすれば、このことを容易に理解することができるだろう。すでにその過程を詳しく追いかける中で見てきたように、たとえば「キャバレー赤玉」のインテリア・デザインは、結果としては、一九三三年の時点では、日本では他にあまり例を見ないほどに〈モダン〉で《合理主義》的なインテリアやイクステリアを実現した作品であったが、それにもかかわらず、設計の最初期段階から工事がかなり進んだ状態の段階に至るまで、村野の設計事務所で引かれていたほとんどの図面の内容は、特にインテリアはかなり「商業主義」色の強い「折衷主義」の建築、いわゆる《様式》に基づくデザインであったことを忘れるわけにはいかない。いい換えれば、村野は少なくともインテリア・デザインに関しては、施主に対して、最初の段階では、「新しい「キャバレー赤玉」の室内は絶対に〈モダン・デザイン〉で実現したい」、などといった申し出をする気持は、どこにも匂わせていなかったのだ。施主や経営者たちの、商売第一と考える「商業主義」に力を貸して、村野は《様式》色の強いデザインを推し進めていく中で、彼らの〝算盤〟も十分に納得するやり方の中で、最終的な段階で、〈モダン・デザイン〉のインテリアへとどうにか漕ぎ着けたのである。この場合の〈モダン〉は、先の「先端的旧式」の設計者が行ったように、まず何よりも最初に〈モダン〉ありき、といった形で演繹的に提示され、その実現を施主に強制的に迫った結果ではなく、逆に「商業主義の助力」の下に、その力に引かれ動かされるような形で、最終的に〈モダン・デザイン〉のインテリアとして帰納され結実したものであったのだ。村野の「先端的旧式」という言葉を仮にここで真似るとすれば、これこそ「後衛的新式」の設計者の神髄を示す手法と過程であったということができるだろう。

またこのような設計者の判断は、後章(第八章)において詳述するように、一九三三(昭和八)年に、ブルーノ・タウトが来日して数日後に開かれた「大阪朝日会館」での講演会に、最後に登場するタウトのいわば〝前座〟の形で村野が行った一つの講演、「日本に於ける折衷主義建築の功禍」における主張にそのまま直結していくことになったのである。この講演会の主催者でもあった、一九二七(昭和二)年結成の「日本インターナショナル建築会」[21]についての、この手紙のなかでの村野の論鋒は、珍しく鋭く鮮烈であり、「建築家一言」と題した先の寸劇が、「その頃結成された『日本インターナショナル』といふ、インターナショナリズムの『人工的』一団に対する、私の反撃の言葉」だという一節には、村野の半世紀を超える設計活動を自ら心の内で振り返えりながら、まさしく万感の想いを込めて述べられた「一言」であったと教えられる。彼のその胸の内は、「あらゆる新興建築運動なるもののあり方に疑問を持ち、それらの運動の浮いたあり方に背を向けていた私の心境がありありと思ひ出され、懐かしく」という末尾の件に至って、鮮烈に明かされているのである。すでにこの時点で、彼が晩年に叫んだ、「多数派になるな、少数派たれ」というあの熱い主張の、沸々と湧きあがる情熱の源泉がそこに見出される気がする。

［註］

1 村野藤吾「本著の翻訳出版に就いて」、ヤコブ・チェルニホフ『現代建築学の基礎』創生社、一九三二年。『村野藤吾著作集』鹿島出版会、二〇〇八年、一六三頁所収。

2 メルニコフ(Konstantin S. Melnikov, 1890–1974)。一九二七年完成の「ルサコフ工場労働者倶楽部」は、この前後にメルニコフが手掛けたいくつかの「工場労働者倶楽部」の建物の一つであり、その中でも構成主義の形態や空間を非常によく形象化した作品として、竣工当時から注目されていた。

3 「加能合同銀行本店」、戦後は長く「北国銀行武蔵ヶ辻支店」として使われてきたが、同地域の再開発事業に伴い曳家が行われ、新しい銀行ビルとして二〇〇九年に再オープン。現在、銀行業務の他にギャラリーなどを含め、地域活動等にも一部が活用されている。

4 たとえば村野は「様式建築というのは形ではなくて」と前置きして、「形そのものではなくて、線とか面とか、影とか、マテリアルの組み合わせとか[を学ぶこと]が、根本ではないかと私は思うのです」と語っている。『建築をつくる者の心』なにわ塾叢書、二八頁。

5 トーネット(Michael Thonet, 1796–1871)。曲木家具の発明者。

6 リチ上野、上野伊三郎夫人。

7　メンデルゾーン(Erich Mendelsohn, 1887–1953)。ドイツ表現主義建築の先駆的設計者の一人として第一次大戦後に設計活動を開始し、その後《モダニズム》の建築家へと次第に転身していくが、その過渡期において、列車、自動車などのダイナミックな動きに触発された《流線形》のデザインを取り入れた建築作品を一九二〇年代後半から三〇年代前半にかけて、次々と発表して世界的に注目された。

8　グロピュウス『国際建築』W.Gropius; *Internationale Architektur*, 1925.

9　「道頓堀行進曲」(作詞・日比繁次郎、作曲・塩尻精八)。

10　石原季夫「村野事務所草創の頃」『追悼文集　村野先生と私』村野・森建築事務所発行、一九八六年。石原は村野の紹介で渡辺節建築事務所に入所し、やがて村野の独立に伴い草創期からの村野事務所の所員となった設計者だが、彼によれば、村野が正式に渡辺節のもとを辞す前の一九二八年頃から、やがて独立直後に発表される「近江帆布、森五商店、大丸神戸店独身寮等の設計から工事現場まで既に始まっていた」と書いており、さらに「昭和四年の秋にそごう百貨店の指名コンペに入選」していたと証言している。石原によれば、村野が設計事務所を泉岡宗助からの借家であった自宅二階に開いたのは「昭和五年の九月」であったという。

11　ここでは、「仮象の世界」『村野藤吾建築図面集Ⅱ』(同朋舎出版)の中の、「キャバレー赤玉」七六―一三一頁を主に参照した。

12　『近代建築画譜』、四〇九頁。

13　前掲『建築図面集Ⅱ』、一〇六頁。

14　前掲『建築図面集Ⅱ』、九八頁。

15　前掲『建築図面集Ⅱ』、九八頁。

16　倉橋滋樹・辻則彦『少女歌劇の光芒――ひとときの夢』青弓社、二〇〇五年。

17　村野藤吾「社会的芸術としての建築をつくるために」(聞き手・長谷川堯)、『新建築』、一九八〇年一月号。前掲『著作集』三二七頁所収、などを参照。このインタヴュー以前にも「九九パーセント↑↓一パーセント」についての、同じような発言をすでに一九七〇年代に村野は行っている。

18　村野藤吾「建築一言／商業的一面」、『早稲田建築講義録』(第八号)、一九三〇年。同文は、前掲『著作集』、一一九頁所収。村野が探していたという、一九三〇年に彼が書いたこの文章を『早稲田建築講義録』の中から探し出して村野に渡したのは、当時『村野藤吾著作集』を編纂中であった神子久忠である。その結果として、村野の没後発刊された、『村野藤吾著作集』の、「第一章　建築を語る(一)」の中に、この文章は収録されることになったが、神子の「解題」によれば、この文に対しては「村野未確認」、つまり村野自身によるチェックは結局行われなかったという。

19　註18に同じ。

20　村野藤吾から一九八〇年ごろに送られた長谷川堯宛ての手紙。

21　「日本インターナショナル建築会」は、一九二七年七月に、本野精吾、上野伊三郎等、六名の建築家たちによって京都で結成された。会員は関西在住の若い建築家たちを中心とし、機関誌を発行していた。他にW・グロピュウス、B・タウトなど十名の外国会員がおり、タウトはこの会の招きで、一九三三年、来日した。この会名は、註8のグロピュウスが、自分の著作を通して提言した『国際建築』に由来する。

第七章

宇部の「渡辺翁記念会館」に見る構成主義の手法

ある実業家の業績の顕彰のために

村野の昭和戦前の作品の中で、主にイクステリア・デザインにおいて、《ロシア構成主義》のデザインの影響を強く感じさせる建築的系譜の集大成ともいうべき作品として、山口県宇部市に一九三七(昭和十二)年に完成した、「渡辺翁記念会館」を取り上げなければならない。建築界では長く「宇部市民館」と呼び習わされ、村野藤吾の戦前の設計活動の充実を最も如実に示す作例として多くの人々に知られ、また愛されて、今では国の「重要文化財」にも指定されている。開館以来宇部市が所有し運営するこの「公会堂」は、正式には「渡辺翁記念会館」と名付けられていることでもわかるように、宇部を本拠として明治の終わり頃から昭和戦前にかけて大活躍した実業家で、大正期には長く帝国議会議員も務めた、渡辺祐《すけ》策《さく》(号・素行　一八六四―一九三四)の、生前における業績を顕彰するために企画された建築であった。渡辺祐策が三七歳であった一八九七(明治三十)年、当時の宇部村の海岸に有望な石炭鉱脈を発見して彼は採炭事業をはじめた。最初に資本金四万五千円で匿名組合、「沖ノ山炭鉱組合」を設立し、実業家として後に成功するための第一歩を踏み出した。その後渡辺はこの「沖ノ山炭鉱」を核として、事業を多核的に展開させ、石炭の掘削機械の製作・修理のための「宇部(新川)鉄工所」(一九一四年)を手はじめに、「宇部紡績」(一九一七年)、「宇部セメント製造」(一九二三年)、「新沖ノ山炭鉱」(一九二五年)、「宇部電気鉄道」(一九二七年)、「宇部窒素工業」(一九三三年)などの関連企業を次々と設立していき、地域に根差す企業連合体を形成した。ちなみに太平洋戦争の只中の一九四二(昭和十七)年、政府の要請もあり、これらの会社のうちの基幹四社(「炭鉱」、「鉄工所」、「セメント」、「窒素」)が合併して設立された新会社が、現在に続く「宇部興産」であり、初代社長が俵田明であった。

渡辺祐策が一九三四年七月に七十歳で亡くなった直後から、彼の遺徳を偲び、その業績を顕彰するために「渡辺翁記念事業委員会」(委員長　高良宗七)が結成され、この委員会が中心になり、完成後に市への移譲を前提とした「市民会館」、つまり公会堂の建設が決定された。このため一九二七(昭和二)年、株式会社に改組していた「沖ノ山炭鉱」をはじめ、渡辺が設立した中の、先に上げた主要関連六社が、総工費として五十万円にも上る建設資金を分担して拠出することを決め、さらに同委員会は会館の設計者として村野藤吾を選定し、指名した。建設のための工事契約は半ば直営の方法をとり、主体工事(地元杉村組)、鉄骨工事(松尾鉄骨橋梁)、電気(電業社)、暖房設備(須賀商会)、装飾(高島屋)等々に分割発注して工事を進め、渡辺翁の死後わずか一年三ヵ月後の、一九三五年十月には起工し、工期約一年半の後、一九三七年四月に完工し、当初の予定通りに宇部市の公会堂として、「渡辺翁記念会館」と名付けて寄贈された。

その開館時の「新築要項」によれば、「敷地面積七五〇〇坪、建築面積六二八坪、総延床面積一一四八・六四坪。構造・鉄筋コンクリート造(但、会堂部分鉄骨鉄筋コンクリート造)。様式、近世式」と記されている。オーディトリアム(音楽、講演、映画等のための多目的ホール)は客席総数一、七〇〇席。この他の「小会堂」とあわせて、二、〇〇〇人収容予定となっていた。最終的な建築工事費は七十万円に上った。また「記念会館」前庭前の南側に隣接して建設された「渡辺翁記念公園」も、この時「会館」と一緒に市へ寄贈された。当時の地方都市の公会堂としては異例ともいえる、この建築の持つモダン(「近世式」)で斬新な外部形態のデザインと、重厚なロビー・ホワイエなどのインテリア・デザインや、すぐれた音響効果を誇るオーディトリアム、さらには公会堂と一体化した都市公園の整備などは、市民からの感謝の声につつまれ、また周辺都市からは羨望の的になった、と当時の新聞は伝えている。

新しい市民会館の設計者として村野が選ばれた経緯

村野藤吾が一九八四年に九三歳で他界する五年ほど前、あるPR誌の企画で筆者が直接インタヴューするかたちで、話題を「渡辺翁記念会館」の設計に限定して、設計者自身の口から詳しく話を聞くという、今思えば貴重な機会を持つことができた。[1] この中で村野は、彼がこの市民会館の設計者に選ばれた経緯を問う私の質問に答えて、その事情を次のように語っている。

「村野　あれはね、松尾さん、松尾鉄工の松尾［岩雄］さんを、仕事の関係から知っていました。大阪の『そごう』の鉄骨をやってもらったこともあってよく知るようになりました。その人が今の宇部興産の前身の沖ノ山炭鉱の社長の俵田明という方を紹介してくれたんです。俵田さんは非常に立派な方でした。宇部の産業の創始者であった渡辺翁のあとを継がれた。私も戦争中から戦後にかけて俵田さんには非常にお世話になりましたし、本当に忘れ難い恩人です。その俵田社長が、亡くなられた渡辺翁の記念館を作りたいと考えておられて、そこで『そごう』の工事中でしたから松尾さんが私を推薦された関係でご縁ができたわけですよ。[2]」

村野は、渡辺節建築事務所から独立する以前に、すでに大阪「そごう百貨店」の新築工事の設計者に決まっていたらしいことはすでに触れた通りだが、その第一期工事は一九三一(昭和六)年に起工され、一九三三年に竣工し、新築部分のみをとりあえず仮オープンした。続いて第二期工事がそのすぐ隣の敷地で一九三四年に始まり、一九三五(昭和十)年に竣工し、ようやく新築の建物の全容が御堂筋と心斎橋筋との間に姿を現している。この百貨店のトラバーチン貼の白い垂直ルーバーは評判を呼んだが、そのルーバーの奥に隠されている、建築そのものの構造には、後で触れるように、非常に近代的で大規模な鉄骨軸組を骨格とする、鉄骨鉄筋コンクリート構造が採用されていた。その大量の鉄骨工事を、請負元の「大倉土木株式会社」(現在の「大成建設」)の下で担当していたのが「松尾鉄骨橋梁株式会社」であり、その代表であった専務取締役が松尾岩雄、その人である。村野のこの時の回顧談によれば、その松尾岩雄が、当時「渡辺翁記念事業委員会」の副委員長で、委員会の実質的なリーダーであり、戦時下に設立された「宇部興産」の初代社長になった俵田明に近い間柄であったらしい。設計者としてまさに〝売出し中〟であった村野藤吾を、宇部の産業界の中心人物となりつつあった俵田に紹介することにより、俵田—村野という〈施主=設計者〉の新しい繋がりが生まれ、この時に築かれた緊密な関係は、第二次世界大戦中に俵田が「宇部興産」の社長となり、戦後にかけて経営者として活躍する中でも変わらず続いた。その間、宇部の工場建築やオフィス、研究所などの設計機会を、俵田は継続的に村野に齎《もたら》した。たとえば村野がこの時期に連続的に手掛けた設計として特筆できるのは、一九三九年竣工の「宇部銀行本店」をはじめ、一九四一(昭和十六)年以降、終戦直前までの間に、軍需に沿って建てられた「宇部油化工業」の大規模な工場棟群の設計監理などがあげられる。一九四二年には「宇部窒素工業」の、「記念会館」と同じ紫紺色の外壁タイルを貼り、玄関車寄《ポーチ》の上の二階バルコニーに列柱を持つ「事務所棟」(現存)、その他に「寄宿舎」(取り壊し)の設計が続いた。さらに戦後、一九五二年には、壁面と窓の水平線が、非常にフラットに連続するファサードと、玄関車寄のキャンチレヴァーのキャノピーが軽快で近代的な印象を与える「宇部興産中央研究所」等がそれらに続いている。他に実現せずに終わったが、明らかにアスプルンドの「ストックホルム市立図書館」に触発されたと思われる、非常に魅力的な円形平面を持つ「宇部市民図書館計画」(1949)もあった。これらの中でも特に現「協和発酵」の工場として最近まで一部が使われて残っていた「宇部油化」の工場群は、鉄筋コンクリートの柱梁の柱列の間に鉄骨トラス梁を大スパンで架け渡し、鋸《のこぎり》屋根を載せていた。これに工場内の「自然換気のための大型ルーバーを採用」し、動力を使わない労働環境の改善にも工夫を凝らした、とも村野は回想している。[3]

「宇部市民館設計図案、A案」での列柱の存在

村野は、自分が設計者として選ばれるように、おそらく

一九三四（昭和九）年の秋以降か、遅くとも一九三五（昭和十）年のかなり早い時期に、俵田たちの「記念事業委員会」に対して〈設計試案〉といった形の、ごく簡潔な図面を書いて委員会に提出していたと思われ、これをもとに委員会が村野を設計者として選定し、それ以後初めて、今の公会堂に近い形の基本設計が開始されたものと思われる。その〈試案〉の図面ではないかと推測させる、日付の記入もなく、ただ「宇部市市民館設計図案、A案、村野建築事務所」とだけ記された、百分の一スケールの設計図書が数枚、今日にまで伝えられている[4]。その図面は、「配置図、地階平面図、一階平面図、二階平面図、三階平面図、正面図、側面図」の合計七枚の図面であるが、村野はこの図面を描く時に、ル・コルビュジエが一九二八年に、最終審査の段階で惜しくも一等当選を逃した「国際連盟会館」の設計競技の応募案の、大会議場のプランを参照していたように思われる。大会議場の扇形に開いていく輪郭や、議場最後部の円弧状の壁面や、会議場の二階のバルコニー席の両側の壁面での議長席方向への迫り出し方、などにル・コルビュジエのそれと、村野の「A案」はよく似た平面処理がなされている。その点についての検討は取りあえずここでは置くとして、ここでは、その簡明な図面の中に描き出され、提案されている「宇部市市民館A案」のデザインの輪郭と、実際に完成した「渡辺翁記念会館」のデザインとの間にある違いを、概略、比較検討し、村野が最終的に目指していたデザインの核心といったものに到達するための糸口を探し求めることにする。

　最初の検証点は、完成した「渡辺翁記念会館」成立の由来を〈象徴〉して、広場の南端で会館正面を背景にして扇形に広がる、六本の独立柱の存在である（7-7参照）。この列柱は、渡辺祐策が宇部で最初に設立した「沖ノ山炭鉱」を別にして、「記念会館」建設のための資金を拠出した他の六社の貢献を記念した柱であったことは、今ではよく知られている。さらにこの三本ずつの柱列に左右を抑えられた状態で、中央に

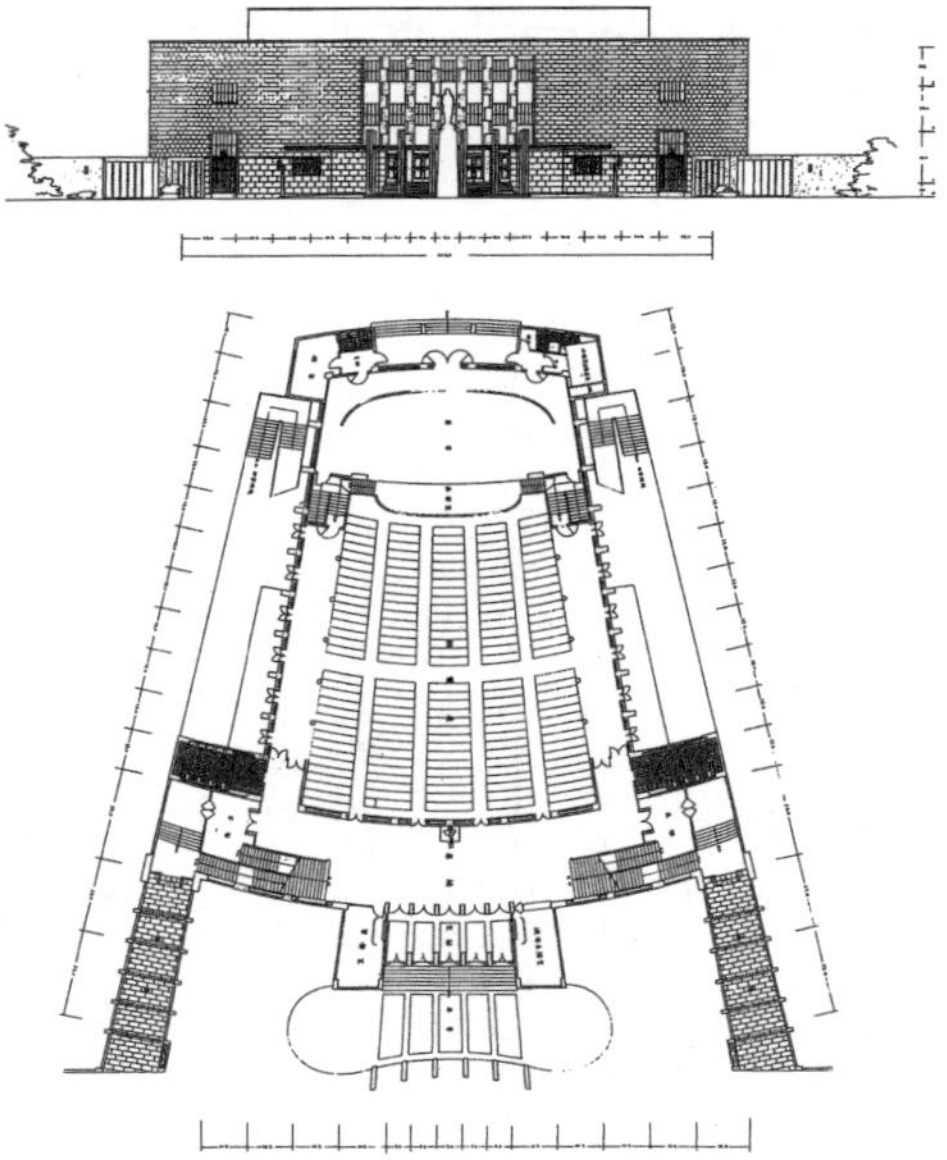

7-1　「渡辺翁記念会館」、最初の提案における平面図と立面図

位置するのが、大理石の石壇(上に彫刻を載せる予定であったが果たせなかったという)であり、おそらくこの基壇とその上の彫像が、コンツェルンの発端でその中核となった「沖ノ山炭鉱」という会社組織と、渡辺祐策という創業者を象徴するものになるはずであった。設計者の村野の証言では、この広場の外郭を構成する列柱と石壇という構成は、「委員会」からの希望や要求で実現したものではなく、村野自身の提案の結果であったという。(5) ところでこの六本の独立した柱列は、

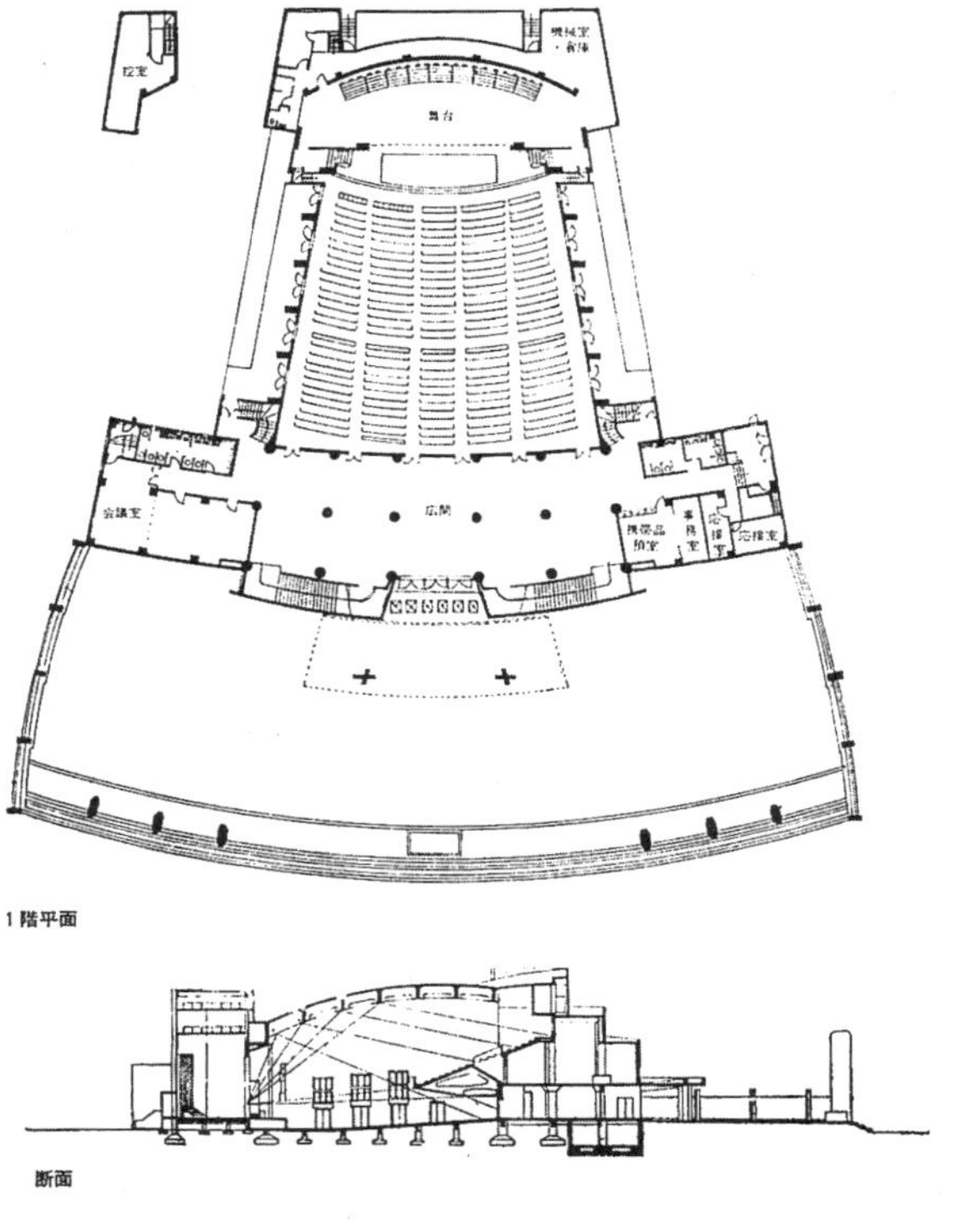

7-2 「渡辺翁記念会館」、1階平面図、断面図

「宇部市市民館A案」の中にはいまだ現れていないが、しかし非常に興味深いのは、それに近い性格の列柱が、正面玄関前の車寄の部分に見出される点である。事務室とクローク室に挟まれた正面玄関の南側に、緩い曲線の輪郭を描いて深く差し出された車寄があるが、そのポーチの屋根スラブの陸梁を受けつつ軒外に立ち、しかも屋根面よりもさらに上に突き抜けた、柱自体としては七mほどの高さを持つ六本の版状柱が、まさしく列柱となって前庭に向かって平行に並んで立っているのが、正面図や一階平面図の中に見いだせる。(7−1)

車寄部分におけるこのような列柱の設置は、伝統的な古典主義建築の車寄のデザインとしては、ある意味で常套的な手法であり、それを村野が近代的な意匠に変化させたものとして考えることができるが、しかしここでの村野の発想には、そうした伝統的手法とともに先に触れた、H・マイヤーのベルリン郊外の「ドイツ労働組合同盟学校」の玄関後方の本部棟の壁面に立てられていた三本の列柱の残像が、強く影響していたように思えてならない。いい換えれば、現在の「記念会館」の前庭の外郭を飾る六本の列柱は、最初は

車寄せと一体化していたものが、村野の頭の中でいつのまにか「会館」本体から分離して、前庭広場の端に向かって放射形に滑っていき、最終的に独立柱として整列して立つ、という過程をたどって今のような構成が出現したと考えられるのである。村野のそのようなデザイン上の試行錯誤の中に、一部で指摘されているように、一九三六年に完成したばかりであったヴェルナー・マルヒ設計のベルリンの「オリンピック・スタディアム」前の二本の独立柱のイメージがオーヴァーラップしていたとも考えられないわけではないが、マルヒの列柱の持つ国家主義に特有の、権力を誇示するための虚仮威《こけおど》しともいえる高さを持つ四角柱とは異なり、村野の宇部の柱の場合は、正面からの視点でスレンダーに見えるように、厚さを平たく潰した約二mの長さを持つ八角形の断面が与えられている。また約一〇mと比較的押さえた高さのRC打放し仕上げの柱として立っており、前庭広場を取り囲む視覚的エレメントとして、「記念会館」の計画全体の中に非常にうまく溶け込んでいる。(7-2、7-3、7-4、7-5)

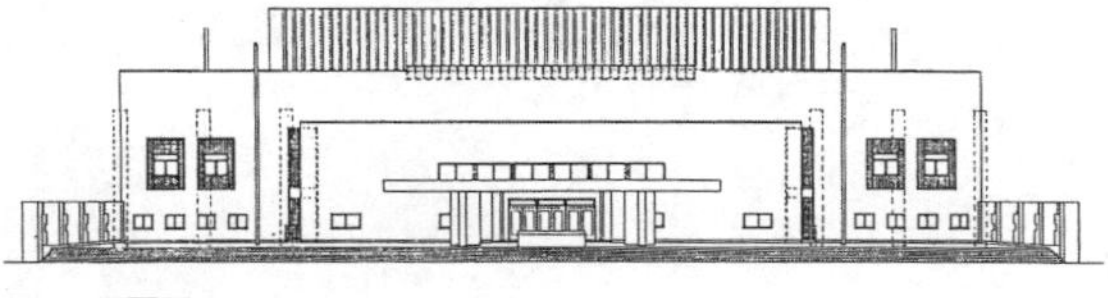
7-3　正面図

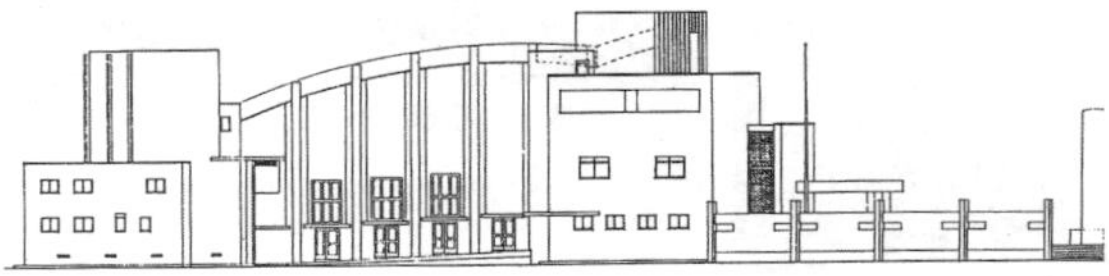
7-4　側面図

7-5　南東側の正面からみた「渡辺翁記念会館」。外壁の重なりに特色がある

グラフィックなファサードの印象

続いて、「渡辺翁記念会館」の正面を特徴づけ、そのファサード・デザインをきわめて独創的なものにしている内容について、少し詳細に見ていく。

「渡辺翁記念会館」の非常に切れ味のいい南東側ファサードを一望のもとに収めるためには、南東方向にある記念公園入口から入り、彫刻家朝倉文夫の手になるブロンズ製の渡辺祐策翁の大きな「記念立像」を右手に見て北西方向に進み、両側に立つ並木の間を通りぬけて、「渡辺翁記念会館」の敷地の前を横切っている道の上あたりで立ち止まり、その位置から「記念会館」を眺める。目の前で、高さはわずか一・五mほどだが、ゆるやかに円弧を描いて、間口八〇mほどの長さを持

7-6　花崗岩の石壇

7-7　広場前のコンクリートの柱列(現在)

つ、六段ほどの低い階段が左右に続いており、「記念会館」の建物そのものは、道路面をGLとして、この高さの基壇の上に建てられていることがわかる。この横幅の広い階段の最中央部、石段を上がったすぐの位置に、屋外の宗教行事に使う〈祭壇〉か何かをどこかで連想させる、高さ一mほどで、その上面が畳四畳分ほどもの広さがある、明るい花崗岩を積んで、水磨をかけて艶やかな肌を持たせた大きな〈石壇〉がある(7-6)。先にも触れたようにこの石壇は、この上に渡辺翁の銅像を立てるための台座として発想されたものであったようだが、結果として渡辺翁のすべての事業の出発点となった「沖ノ山炭鉱」を象徴する石塊となっている。この石壇を中心におき、その左右の少し離れた位置で、これを静かに護衛する衛兵のような姿で、階段の同じ上り端の位置で三本ずつ、先に触れたようにコンツェルン内の六社を象徴させたという、合計六本のコンクリート打放しの柱が列を成して立ち、会館前の広場の輪郭を示している(7-7)。この一基の石壇と六本の柱列が並ぶ大階段の向こう側にある、「記念会館」前で扇形に広がる空間が市民ホール本体の〈前庭広場〉となっており、一七〇〇㎡ほどの広さの広場は、左右両側面にコンクリート製の間柱を立てたRCの塀が造られて仕切っている。竣工時のこの広場には全面に方形のコンクリート板の舗石が敷き詰められ、板の間の目地が、建物の外壁の円弧と、広場の扇形の円弧とを同調させた弧曲線と、建物前面から放射する直線とが交錯して格子模様を形づくっていた。この広場の舗石には、舗装された道がまだ限られていた街中を歩いてやってくる当時の来場者たちの、靴や下駄や草履などの履物に付着した泥土を、この舗石の上で落とさせるという隠れた機能もあった、と竣工時の文書には書かれている。（7−8、7−9）

　この広場の奥に見える「渡辺翁記念会館」の建物を、この位置から眺めた時に最初に感じるのは、ファサードが意外にグラフィックで軽快な表情を持っている、という特色ではなかろうか。シンメトリカルな構成を持つ、本来は多分にモニュメンタルな建物でありながら、そのファサードは決して軽いというわけではないが、しかし重くはない。さらに最初は淡く、しかし歳月が経つにつれて色濃さを増していった濃い紫紺色のタイルが、建物前面に一面に貼られているこのファサードは、真正面のこの位置から見る限り、その建物が持っているはずの壁面が円弧を描く特徴はほとんど感じさせずに、驚くほど平坦に、抽象的エレメントとして左右に伸び広がっており、威圧感とか閉鎖性といったものはほとんど感じさせない。こうしたグラフィックで中立的な視覚効果は、鋭いエッジでその幾何学的な輪郭を際立たせている、幅と高さが異なりながらも、並行して立てられている二枚の横長の長方形の壁面が齎《もたら》したものと思われるが、こうした効果は、広場側に突出した一階の〈玄関車寄〉と、二階の屋上に、パラペットを破って上に飛び出している、これも横長の大きなペントハウスとが、二枚の壁体の上下、あるいは前後を固める形で、さらに強く印象づけている。

　正面から入るのではなく、広場へ向かう階段を少し回り込んで、例の鉄筋コンクリート製の柱列が立っている辺りから階段を昇って上の広場へ出ると、正面からはあまり意識しなかった会館の外壁の、心地よい緊張感を孕んだ曲面性をはっきりと認知することができる。そこには建物本体の正面を形作る高さ約一三m×間口約六二mという大きな外壁本体があ

7-8　改修後のグラフィックな軽快さが出たファサード・デザイン

7-9　中央の石壇と背後の車寄庇と外壁の構成

7-10　正面玄関前の車寄

り、その前方に、中心軸を同じくしたこれより小さな、高さ約九m×間口約三九mの障壁風のもう一枚の壁体がともにゆるやかに湾曲を見せながら並んで立っている。左右対称を取っている建物前面の中心線上に玄関の位置を暗示する「車寄」が置かれており、柱間《スパン》が一二m強の二本の、黒御影貼でX字形の柱断面を持つ独立柱が立ち、やはり扇形の車寄の陸屋根を軒下約四mの高さで受けている。スラブを外壁から七mほど水平に突き出しているこの屋根の先端は、円弧の長さが一六mあり、玄関周りの空間を風雨から護っていると同時に、屋根に入れたガラス・ブロック入りの天窓から光を玄関前に取り込んでいる(7-10)。その車寄の屋根の後方には、先の二枚の壁のうちの小さい方の壁面が広がっており、車寄と玄関周りを引き立てる背景、もしくは〈障壁〉のような役割を担っていることがわかる。この障壁風の壁は、背後の公会堂本体の外壁面の前で、それからは切り離され、この前面の

7-11　玄関横の二枚の壁の間のスリットとガラス・ブロックによる2面の開口部

壁と主屋の壁の間の幅一・六mほどのスリットには、ガラス・ブロック壁が二階の軒下の高さにまで充填され、先の二枚の外壁の間に収められている、一、二階を結ぶ屋内の大階段の階段室内に必要な外光を取り込んでいる。さらにこのスリットと鉤型に交わる主屋側の壁の一部が、ほぼ同じような幅と高さのスリット状のガラス・ブロック壁になっており、ロビーへも光を入れているが、このスリットが玄関周りの壁と後方の主屋の壁との分離・分節を、外観において視覚的に強化しているのはいうまでもない。(7-11)

　玄関周りに広がっている小さい方の壁面には、玄関庇のすぐ上の二階部分に、横に長い連窓が開けられており、キャノピーの幅の三分の二ほど、一六m近い長さで連続している。これは遠見にはル・コルビュジエの住宅の連窓をどこかで想起させるものであると同時に、前広場と記念公園を一望に収

めることのできる内部からは、あたかも大きな客船の船橋《ブリッジ》に立って海面を注視しているかのような独特の視界があるはずである。ここにも村野がこの記念会館を、船(特に客船)のアナロジーとしてデザインした痕跡を見出すことができるかもしれない。張りのある円弧を描く前面壁につくられている開口部としては、この他にはわずかに一階部分の東西に二つずつ、一対はポーチ下、もう一対は広場に面して、比較的小さな窓が開けられているだけである。開口部をできるだけ小さく抑えたこの玄関周りの壁面は、車寄と玄関を、ある種の〈背景〉として修飾する、建築的な〝衝立《ついたて》〟状の壁としての性格を強く示している。ところでほとんど装飾もなく、また開口部も目立たないにもかかわらず、この紫紺色のタイル貼の壁面の、言葉に表しにくいほどに味のある色調と肌理について、村野は先のインタヴューでの質問に答えて、次のように話っている。

「村野　これはね、最初からタイルは此の色だなあ、と決めていました。今度は土管の色だなあ、と・・・。

――土管？

村野　ええ、土管からきている。土管の色のうわぐすりをタイルの色にしたいな、という発想からきている。

――土管というのはああいう色をしておりましたかねえ

村野　あれはねえ、時間がたちますと、紫がかったとてもいい色に変ってくるんですよ。このくすりは鉄ですか、鉄釉ですかな。よくおぼえていませんが、今はね、たしかあのくすりは使えないはずですよ。公害問題で。とにかく発想のもとは土管なんですよ。土管の窯変のとてもいい色をしたのがあるんですよ。この色がいいなあ、ということでしたね。(7)」

設計者自身が語る、宇部で使われた「土管」と同じ釉《うわぐすり》を施した大量のタイルは、おそらく知多半島の常滑あたりで焼かれたものと考えられている。しかしそのタイルは、現在のような〈トンネル窯〉で焼成されたのではなく、おそらく伝統的な〈登窯〉に薪を燃やして焼かれたものであったと思われる。そうした過程で生まれる微妙な窯変の模様や色合いの変化が、言葉では表現しにくいような、深い紫紺の色調や、微妙な艶がある肌理や窯変特有の模様をもつ、あの独特の宇部の壁面を生み出したのである(残念ながら一九九四年の全面修理によって、現在の壁面にはこのオリジナルのタイルは、ホール側面のごく一部に残すのみで、ほとんど失われている)。壁の近くに寄って見ると、タイルは単調に同じ方向に貼られているのではなく、一定間隔を置いて、長方形のタイルを縦にして並べて貼って水平の帯状の線とされており、光の反射の具合によっては、壁面全体が何本もの横縞模様に区切られているのが、浮かんで見えてくる。さらにまたそうした光の中で、タイルはただ単に平坦に貼られているだけではなく、所々でランダムにタイルが壁面から凸型に突出した部分があり、それらが壁に微妙な陰影を生み出して壁の表情をさらに深めている。戦後の村野建築には、設計者が建物の壁面に多様な表情を与えようとして行ったさまざまな工夫の痕跡を見出すことができるが、そうした試みが戦前のこうした初期作品にもすでにあったことを、宇部のこの建築を通して確認することができる。村野の建築の壁面の表情を擬《なぞら》えて、絣《かすり》などの日本の着物の織や染の柄が作り出す微妙な〈色合い〉と、〈風合い〉といったものを思い出させるものがある、と指摘する人たちが少なくないが、その人たちが抱く感想に近いものを、戦前のこの「記念会館」の外壁にもやはり感じないではいられない。また村野は、先のインタヴューの中で、このような外壁に豊かな表情を与えようとする手法を、ドイツの建築家、フリッツ・ヘーゲルが設計して、一九二〇年代に完成させた「チリー・ハウス」(1924)などの一連のハンブルクの港湾地区の建築の上で展開されていたブリック・ワーク(煉瓦積法)を、自分の目で実際に見た時の記憶の影響があったかもしれない、と回想している。[8] そちらの方はタイル貼仕上げではなく、釉煉瓦の組積造による仕上げ、という違いはあっても、壁面の色調や陰影のつけ方などに、たしかに共通した点が多く見受けられるのも事実である。(7-12)

7-12　タイル貼壁面の美しい肌理(改修前)

外壁のディテール

この玄関周囲の障壁風の外壁の仕上げと、そのすぐ後方に控えているやはり円弧の外壁面を持つ公会堂本体の壁は、同じ色のタイル仕上げが施されているが、前後に位置する大小二枚の曲面壁は、同心円上の円弧ではなく、径の中心点が異なることからくる曲率の違いと、それぞれの壁を縁取るボーダー用のタイルが描く明るい直線によって輪郭を明確にされているために、小さな二階分の高さの壁と、さらに大きな幅と三階分の高さを持つ外壁との重なりが的確な視覚的分節を受け、ファサードを何枚かの壁面の積層状態として、はっきり認識することができるようにしている。会館本体の外壁である幅六二mにも及ぶ広大な壁面には、一階部分の壁に左右対称に、四個の四角い形の開口部がある。さらにその上の二階には、二階ホワイエを外の光で明るくするための、あまり他では見掛けないディテールの開口部が、左右二個ずつ大きく開けられているのが見える。その窓の独自さは、透明な板ガラスを入れた引違い戸の四囲を、全体の輪郭が縦長になるガラス・ブロック壁で取り囲み、〈半透明な壁の中の小さな透明な窓〉という組み合わせ形式で、不透明なタイル壁面とほとんど面一に見えるほどに平坦に連続させ、小さな開口部が持つ採光性能を、何倍かの明るさに高めるのと同時に、単調なものになりやすい大きな外壁面の広がりに材質的な変化をもたらしている。(7-13)

7-13　会館本体の外壁と開口部(改修前)

7-14　正面玄関と広場(改修前)

この二段に後退した壁面のさらにもう一段セット・バックした位置で、平たく楕円に押しつぶした円筒形の表面に、下と同じ色調のタイルをここでは逆に縦縞に見えるように貼った「ペントハウス(内部は映写室・ギャラリー等)」が、屋上屋根レヴェルから上に突き抜けるかのような形で立ちあがり、この建物のGLから一九mほどの軒高最頂部のスカイラインを形成している。ここだけは下方のように断片性を強調した円弧の壁でなく、後方にまで壁が回り込んでおり、楕円形の輪郭と形態の自立性を浮き彫りにしている。改めて正面に立ってこの「記念会館」のファサードを眺めた時には、車寄の軒先線を加えて、四段階にセット・バックしていく分節された軒や壁面の構成が、くっきりとした幾何学的輪郭と、異なる曲率の円弧面を描いて水平方向に広がっているのを見出せるはずである。大規模な公会堂建築に特有ともいえる、ファサードが持つ重厚な量塊性を、薄い刃物のような性格を付与された壁面が、文字通り〝切り刻んで〟おり、その結果本来は鈍重な建築形態を、軽快でグラフィックな平面性に転換して、そこに人々を迎え入れる、といった姿にファサードをまとめることに村野は見事に成功している。ここには従来の〈様式〉的なデザインを与えられた公会堂建築のファサードが持っていたような、来場する市民を、建築が持つ厳密な構成力やヴォリューム感で圧倒したり、威圧したりするようなことはなく、村野ははっきりとした設計者の意志として、そのような事態を自分の設計する建築から極力避ける方向に向けてデザインすることをここでも密かに狙っていたのである。(7-14)

セット・バックするファサードの原像

左右対称形を厳密に守る場合、本来のモニュメンタルな雰囲気をより強調して、厳粛で陰鬱なものになりがちな公会堂のファサード・デザインを、村野は《ロシア構成派》から借用したと思われる〈量塊分解的手法〉、つまり建築的かたまりを〈平面性〉という刃物で切り刻む手法を駆使することによって、モダンで、軽快なファサードに変身させることに成功した。この特徴的な壁面の〈並列型ファサード〉の手法は、先に触れた村野のプレゼンテーション用の〈設計試案〉の平面図や側面図には、まだ姿を全く見せていなかったものである。〈試案〉では、公会堂のファサードを構成する正面の外壁面は、平面の上で、緩やかだが張りのある円弧で描かれており、実際に完成した「会館」本体の外壁の曲壁面との共通点をそこに見出すことができるが、しかし仮にこのままそれが実現していたとしたら、先に見た車寄の列柱のデザインとともに、かなり権威主義的な、その意味で排他的な相貌を備えたファサード・デザインが出現したかもしれない。それにしても村野は、どのようにしてこのような特殊なファサード・デザインを実施設計に向かう段階で考えついたのだろうか。この問題への一つの答えは、「渡辺翁記念会館」を真正面から観察することをしばらくやめて、現在公会堂と道を隔てて、その北東側に立っているホテルの屋上あたりに登り、今度は「記念会館」を鳥瞰的な視野のもとで見下ろしてみると、何が村野をそのような構成に導いたか、すぐに了解できるだろう。

「渡辺翁記念会館」の東側の、それを見下ろすような少し高い位置から、公会堂の全体を眺め下ろすようにすると、角度としては逆の方向になるが、「会館」の完成時に制作された前

7-15　「渡辺翁記念会館」の完成時の模型

7-16　「記念会館」を東南のホテルから見下ろす

庭広場を含む「会館全体」の石膏模型を俯瞰で撮影した写真を見るのに似た、「会館」の全体像を視界に収めることができる。この位置から広場に面したファサード部分を見下ろすと、先の模型写真以上に、〈車寄軒線→前面壁→主屋壁→屋階壁〉へといたる、軒線と壁面の文字通りの〝階段状〟の後退と上昇を、きわめて立体的に把握することができる。このアングルから「会館」のファサード部分を初めて見下ろした時に、セット・バックしていく壁体の積層する様子を目撃して、「この光景は何かに似ている！」と考えて、何に似ているかわからずひどく苛立たしい思いに襲われたことを今も記憶している。その後再び同じ場所に足を運び、写真を撮っているうちにふと、この壁面の〝階段状〟の後退と上昇が似ているものといえば、

7-17 「あるぜんちな丸」のデッキ部分を示す模型

船舶の、それもこの「会館」竣工当時の、大西洋や太平洋を往復するような〈流線型〉の大型客船の、通常「デッキ・ハウス」と呼ばれるような部分、主に一等船客のための船室や、レストランや、さまざまな遊戯施設などが置かれている、主要甲板より上に建ちあげられた、見晴らしの良い多層階の鉄製の構築物に酷似していると思いあたった。（7－15、7－16、7－17）

村野は、「渡辺翁記念会館」の設計を受注する時期の少し前から、彼が渡辺節建築事務所にいたころに手掛けた「大阪商船神戸支店」（1922）の時にできた交流関係からと思われるが、彼の建築家としての評価の高まりとともに、大阪商船が造船会社に建造を発注した旅客船の船内の艤装、つまり大型客船のインテリア・デザインの仕事を、一九三〇年代前半頃から、依頼されるようになっていた。「高砂丸」（1937）あたりに始まり、「あるぜんちな丸」（1939）、「ぶらじる丸」（1939）といった当時の日本の最大級の豪華旅客船の、主として一等船客のための、客室やレストラン、遊戯室、喫煙室などのインテリア・デザインを、関東の建築家の中村順平[9]と担当部分を分担しながら、潤沢な工作費を背景に設計していた。「あるぜんちな丸」や「ぶらじる丸」などの豪華客船の船体自体のデザインは、著名な哲学者、和辻哲郎の従弟で、東京帝大造船科を卒業した後大阪商船に入り、当時の日本の船舶設計の第一人者であった和辻春樹[10]が設計した船体であり、ちょうどその頃、大西洋航路に就航しはじめその快速性に注目が集まっていた「ノルマンディ号」（1935）の「流線形」の船体などを参考にしながら、和辻はデザインしたといわれている。和辻は、「あるぜんちな丸」、「ぶらじる丸」の船体設計においては、その「流

線形」を表現する手段の一つとして、ハウスの内部を構成する各室、たとえば一階に貴賓室・一等船室、二階に一等社交室・一等食堂、三階に一等喫煙室・ボール・ルーム、そしてハウスの最上階には、客船をコントロールする操舵室、船長室などを置き、この各階の上甲板を一階ごとに少しずつ後方へセットバックさせ、そこにバルコニーを作り、これを曲面の鉄板で覆って、「流線形」の形態を作り出している。

「あるぜんちな丸」のストリーム・ラインのハウス・デッキを俯瞰して撮影した航空写真は、残念ながら残っておらず見られないが、縮尺して復元された精巧な展示模型などを参照してみても、この船のハウス部分の一階から最上階の船橋《ブリッジ》へ階段状にセット・バックしていく様子は、先ほどの位置から見下ろした時の「記念会館」の、車寄から最上階のペントハウスに至るまでの階段状のセット・バックに酷似しているのは誰も否定できないところだろう。改めて確認する必要もないことだが、村野はそのハウス・デッキのインテリア・デザインの一部(あるぜんちな丸では一等食堂、一等喫煙室、一等ベランダ)を設計者として担当する立場にいたから、「大阪商船」の和辻春樹の船体設計過程のかなり早い段階から、流線形のハウス部分を含めて、そのデザインの詳細について知る立場にいたはずであり、そのようにして得た知識が、ある時突然村野の脳裏に閃いて、それまでは円弧を描く一枚の壁体で構成しようとしていたファサード・デザインを、車寄からペントハウスへと後退する、まさに客船のハウス・デッキ風の構成に転じて行った・・・、という隠された変更があったとしても、村野にとってはさほど意外な展開ではなかったに違いない。またこのような自在な変更過程に、村野が若いころから設計過程において重宝していたといわれる油土模型による建築形態の検討という手法も、形態変化への自在さといった点で関連していたのかもしれないし、また近代建築における〈流線形〉デザインの名手である、エーリッヒ・メンデルゾーンのデザインに、村野が常に注目し続けていたこともどこかで関係していたかもしれない。しかしいずれにせよ、公会堂と船舶のデザインの類似という点に気づいたのが、設計者が他界した後であったために、村野自身にそのことを確かめることができなかったのは残念である。

会堂の側壁面に見る《構成主義》の手法

「記念会館」のファサード・デザインについての考察はとりあえずここで終えて、同じ隣接のビルの屋上から視る視点で、村野が提示した、この「会館」のデザインにおける、もう一つの〝目玉〟であった、オーディトリアムの空間を包みこむSRC造の構造的躯体の方に眼を向けることにしよう。先の私のインタヴューの中で村野は、その点について次のように答えている。

「――この模型写真によくあらわれていますが、記念館本体の構造は、所謂《いわゆる》逆スラブになって、オーディトリアムの天井を吊り下げた形になっておりますね。

村野　ああ(笑いながら)私はミースより先だなといっているんですがね。

――は、はあ、柱梁が屋根スラブを下に抱えるというのは、ミース・ファン・デル・ローエがIIT［イリノイ工科大学］の「クラウン・ホール」(1956)などでやっていますが、それよりずっと早いとおっしゃりたいわけですね(笑)。この画期的発想はどこから出てきたんですか。

村野　何ということもないですねえ(笑)(中略)偶然に生まれるのではなくて、しょっちゅう同じことをくりかえしくりかえしやっていると、そこではイマジネーションというのはポッと出てくるもんです。だからしょっちゅう何か、頭を働かせておかなければいけないということですね。この逆スラブの発想にしてもね、なんということなくポッと頭の中に出てきたもんですけど、それはやっぱりたえず何かやってますからねえ。何ということはない。(中略)もちろん模型をあつかいながら線が出てくることはわかりますね。そこでただ下側にスラブを出そうというのが、逆スラブの発想ですよ。とにかくしょっちゅうやっているなかで、イマジネーションとか着想とかは自然に出てくるものだと私は思いますね。何の理屈もないんですよ(笑)。[11]」

この「逆スラブ」の構造体とは、平面でやや扇形に開いた形のオーディトリアムを包みこむ側壁や天井を、内側に、もしくは下側に抱える、いわば漢字の〈門〉構え形に柱・梁が何本も並んだ構造形態のことを指している。この構造体の特徴的な点は、屋根スラブを梁の上に乗せるというごく一般的な形式を採用するのではなく、横断梁の下端に屋根スラブが取り

7-18　側壁と屋根の柱梁の構造の露出(竣工時)

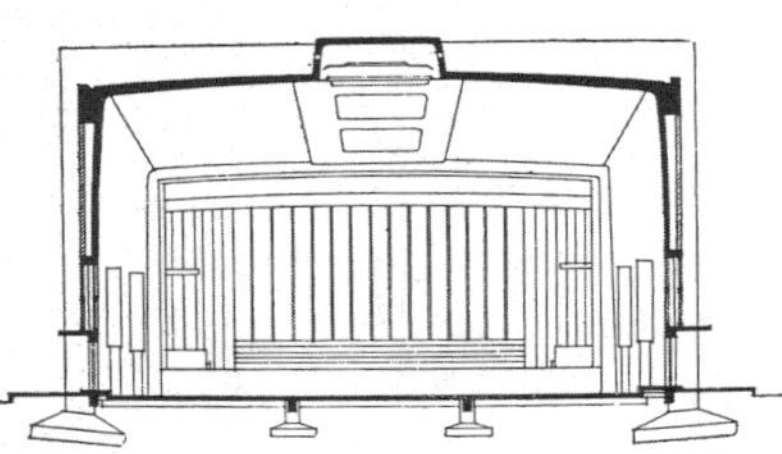
7-19　逆梁の断面図。柱梁の下に天井・壁がかかえ込まれている

7-20　戦後の改修で大梁の上に屋根が架けられた

付けられ、いわば抱え下ろされた形になる、いわゆる「逆スラブ」になっている点にあった。この「逆スラブ」のメリットは、インテリアからの視点で見た時に、天井面や壁面に梁形や柱形が現れず、平坦で平面的な連続面が表現できる点と、イクステリアにおいて、構造体と被支持体(壁・屋根)との関係を、明確に分節して現わすことが可能な点にあった。アメリカへ渡った後のミースが、《モダニズム》の究極的《ミニマル》な構造表現を自分の作品に実現するために、陸屋根を持つ大スパン架構体にこれを積極的に用いて、広く知られることになった手法であったが、村野は冗談交じりに、自分の試みはミースよりも二十年近く早かった、と笑い飛ばしたのだ。(7-18、7-19)

しかし逆スラブには大きな弱点があることもよく知られている。特に雨仕舞の難しさからくる屋根面からの漏水に設計者たちは常に悩まされてきた。事実「記念会館」の場合も、戦中から戦後にかけてこまめな維持管理が難しかった時代に、屋根スラブからの雨漏りには管理者たちも随分悩まされていたといわれ、戦後最初の、一九五九(昭和三四)年の大規模な補修工事の際には、村野自身の指示によって、露出している大梁の上に、それを覆う形で屋根が架けられ、この問題への最終的な解決が図られた。それ以後は、竣工時の模型写真で私たちが見慣れてきたような、オーディトリアムの上を水平に大胆に横断する、構成派風の逆梁の行列を直接目撃することは、残念ながらできなくなってしまった。(7-20)

〈逆スラブ〉の構想はどこから来たか

ちなみに一九五九年の改修工事では、会堂の両側面に下屋として新たに側廊も増築されて緊急時の避難用を兼ねた廊下が作られ、同時にステージ後方、湾曲するホリゾント壁の北側には、新しいピアノ保管庫や機械・電気室などが増築されている。今、北東側にあるホテルの屋上から「記念会館」を見下ろすと、この時以後、一九七四(昭和四九)年、一九九四(平成六)年と、ほぼ二十年間隔で行われてきた大規模な改修工事にもかかわらず、この公会堂が、竣工時に実現していたはずの表情の輝きといったものをいまだ失っておらず、竣工時の魅力を今も十分に感取することができる気がする。特に、戦後の修理工事以前の、本館から舞台方向に向かって緩やかに傾斜していく会堂の屋根面の上に一m余も高く突き抜けた鉄骨コンクリート造の壁柱が、そのまま直角に折れて水平梁としてホール上を横断し、中央部で、伏せたコの字形の断面で水平梁を鉤形に連結する大桁(梁間部分に照明等が仕込まれる)と直交し、さらに反対側の柱に達して、ホールの壁や天井を、文字通り抱え込んでいる。そうした構造的な表現が余すところなく目撃できた頃の「会館」の、側壁部分の初々しい姿を今も十分に想像させてくれるのである。ところで村野はこの〈冂〉形の柱梁の連続する形式の構造を採用したその発想の原点についての質問に、「何ということもないですねえ」と笑ってはぐらかしたが、はたしてそれがなぜ村野によって採用され、またそれがどこから引用されたものかについて、しばらくここで推理してみたい。

イメージ・ソースの一つとして、誰でもすぐに思いつくのは、一九三一年に行われた「ソヴィエト・パレス」をめぐる国際的な設計競技で、ル・コルビュジエが応募した計画案の構造である。ある意味で《ロシア構成主義》に対するル・コルビュジエらしいオマージュとも受け取れるそのデザインでは、構造的躯体とその他の建築的諸要素の徹底した〈分節と統合〉の手法が採用されており、こうした方向から彼がメインのホールの構造として提案している、主柱から片持梁が大きく鉤型に突き出した形の構造体が、その下に屋根を吊り下げながら放射形に並んで立つ、という特殊な構造的システムがそこで採用されていた。このデザインが、どこかで村野の〈冂〉形の柱梁の構成へ向かうヒントとしてあったかもしれないとは誰でも思いつくことだが、コルのそれがキャンチレヴァーの先で屋根を吊るという、かなりアクロバティックな構造であった点で、イメージ上のヒントになったとしても、直接的な引用関係はここではやはり考えにくいものがある。(7-21)

村野の、柱・梁構造体を露出したまま、建築の基本的な骨組としてそれを明示しようとする発想には、コルの計画案などよりもさらに直接的なイメージ源が、彼の周辺にあったことを、明確にしておく必要があるだろう。そのイメージ源と考えられるものは、実はこれもまた「船舶」、もしくはそれを建造する「造船」といった産業に関わる環境のなかで目撃される構築物であった。結論を先にすれば、村野が新しい客船の内部艤装の設計のために足繁く訪れていたに違いない、横浜や神戸や長崎などの造船所の、船台の上に建て上げられていた鉄骨トラスの柱梁をまさしく〈冂〉形に組み立てた、いわゆる「橋型クレーン」の連続する架構体が、村野の籠状の柱梁構造と、逆スラブの発

7-21 ル・コルビュジエ、「ソヴィエト・パレス」計画案

7-22　長崎造船所における橋形クレーンの架構体

7-23　「高砂丸」、船内装飾用スケッチ

想の原点ではなかったか、と考える。そのことで思い起こすのは、村野は、一九三七年に完成し就航した「高砂丸」の船内の艤装を担当していたが、この「高砂丸」船内の壁面装飾用に、彼は興味深い《構成派》風のスケッチをいく枚か残している。その中の一枚がまさしく〈冂〉形柱梁の連続体をラフなスケッチで描出したイメージ図であり、見方によっては宇部の「記念会館」の構造の素描とも見えるし、別の視点からは、造船所風景の抽象画風のスケッチとも見えなくはない。ちなみに、村野を宇部の「委員会」に紹介したという松尾岩雄が主宰する「松尾橋梁鉄工」の主要な仕事の一つは、各種鉄骨クレーンの設計と施工であったことも、「記念会館」と「造船所」との深い関わりを暗示するものとして一応記憶しておく必要があるかもしれない。（7-22、7-23）

分節的なデザインの目的は

竣工時に雑誌発表された写真などから判断すると、この「記念会館」の会堂の北東側と西南側のエレヴェーションは、正面玄関側に負けず劣らず、《構成主義》、もしくは《デ・スティール》といったグループのアーティストやデザイナーや建築家たちが主張してきた造形表現に近い内容を見せている。視覚的エレメントの単純化と、そのエレメント間の分節化、さらにそれらのエレメントを幾何学的な抽象性の中で統合する、といった造形的な傾向をこの両側面ははっきりと見せている。たとえば先の柱・梁の列の間には、非常時の避難口が設けられているが、この出入口の上に差し掛けられた小屋根はいずれも方形の陸屋根で、しかも板状の壁柱からはスリットで切り離されており、その上の正面と同色のタイルを貼った、おそらく主にインシュレーションのために内部に中空を持つ縦長の壁も、柱に直結させず両端に縦のスリットを入れて明確に分節している。さらにステージ棟の出隅部には、フランク・ロイド・ライトの影響下の近代オランダ建築を想起させる構成の部分があり、そこでは陸屋根と、その下に片持梁で持出されたバルコニー風のキューブ（内部は照明用ブース）が中空にあり、その屋根スラブに向かって地表から垂直に上る合せ柱と、その分節された壁の間にやはりライト

風の凹凸の強い装飾タイルがあり、ここでも視覚的要素の独立性が強調された後の、幾何学的抽象性を強調した〈コンポジション〉が見られる。(7-24、7-25)

最も重要と思われる考察が最後になってしまったが、村野藤吾はなぜ、そのような執拗さで、《構成主義》の造形の中の、〈エレメンタリズム〉や、そうして得られた各エレメント間の〈分節と統合〉という手法に、自分の設計の上でこだわったのであろうか。結論を先にすれば、一九二〇年代のル・コルビュジエが《モダニズム》を目指す建築家たちに要請(むしろ強要)したような、近代建築はとにかくシンプルな初原的《プライマリー》形態を採用すべきだ、といった西欧の古典主義美学に直結する建築的《立体主義《キュビスム》》への、村野の無意識的な反感、反撥がそこにあったからだ、ということができるように思われる。わかりやすくいえば村野は、そうした建築的「立体《キュブ》」に、《構成主義》に特有の〈エレメンタリズム〉という造形的〝刃物〟を用いて〝包丁〟を入れ、それを徹底して切り刻もうとしたのである。

7-24
壁の外に飛び出した形の照明用ブース部分

7-25 「記念会館」、側壁の構成(竣工時)

すでにこの「記念会館」を正面から眺めた時に、村野がそのファサード部分に執拗に試みた切り刻みについては、スライス状態の何枚もの〈壁体〉の重層的表現として先に見た通りだが、その奥に位置するオーディトリアムの立体も、露出した〈冂〉形の柱梁によって、何層にも切り刻まれ、鮮烈な〈立体崩《キュブ》し〉を村野によって受けていたのである。だからこそ、機能的な理由とは別に、刃物《ブレード》としての柱・梁、特に水平梁は、屋根スラブの下に隠されてしまうことはこの場合許されず、建物を見る人の視線に、かたまりに刃を当てたかのような、梁が露出した状態で見えていなければならなかったのである。

一階ロビー空間の重厚な洞窟性

再び前庭広場を歩いて、最初期の計画では自動車が入って来ることを想定していたためか大きな屋根を持つ車寄の下に入り、玄関扉の方に近づいて行く。玄関脇の左右の側壁には、向かって左手には炭鉱で働く炭鉱夫たち、反対側には工場で働く労働者たちが、鶴嘴《つるはし》などの工具を肩にしたりして、列をなして仕事場に向かって歩いている様子を模造石にレリーフで彫った具象的な装飾帯(安島久七原案)があり、来館者たちをさりげなく出迎えていると同時に、この会館が建てられた由来をそれとなく告げている。この装飾的なレリーフの配置は、おそらく村野が、ベルリン・オリンピックの施設の一つ、「ドイツ体育館」入口前の柱に彫られたレリーフ(彫刻家、ウィリー・メラー作)などからアイディアを得たものであろう(7−26、7−27)。厚く透明な板ガラスが入った玄関扉の一つを引いて建物の中に入ると、そのまますぐに、一階ホールの空間に足を踏み入れることになる。正面には、オーディトリアムとホールの間を仕切る壁と、その中に客席に入るための六つの扉が開けられている。公会堂の「本館」部分ともいうべき南北方向に湾曲しながら長く伸びたこの棟の一階平面は、玄関を入って右手奥の北東翼部に、会館事務室や応接室、宿直室、手洗い所などの建物管理者たちが主に使う各室があ

7-26　玄関左脇の壁面のレリーフ

7-27　玄関右脇の壁面のレリーフ

り、その他に、雨天の時などに自動車を直接横付けできるようにフラットな庇が差し出された内玄関が置かれて、来館者が広場を歩かずに直接館内に入場できる動線も配慮されている。反対の左手(西南側)奥には会議室のほかに、パーティ等のための予備室と、キッチン、トイレなどの諸室が置かれている。左右にあるこれらの中小の部屋に挟まれた形の「中央ホール」は、観劇会、音楽会、講演会、映画会などの催しに来場した観客たちが、開幕前や幕間に集って挨拶したり、これから見聞きする演目について話し合ったり、また喫煙したりするための、一般に「劇場ロビー」とか「ホワイエ」といった呼び方をされている空間である。「渡辺翁記念会館」の場合のロビーは、奥行約一一m、間口三二m(約一〇〇坪)ほどの広さを持つ横長の大広間であり、床面には、俗に〝じんとぎ〟と呼ばれる「人造石研出《テラゾー》」の床が、真鍮で目地割されて大きな市松模様になって広がっていて、華やいだ場所にふさわしい床面を形成している。

しかし何といってもこの建築空間の〝主役〟は、玄関ホールの中央を東西に横切るように立っている、逆さにした円錐台形の柱頭部を頂く四本の独立した太い円柱である。直径一・三m(四尺)と太く、ロビー中央に立つ象徴的なこの四本の独立柱の周囲に、これをとり囲むようにして、他の八本の円柱と、ロビーとオーディの間を仕切る壁に半身をうずめた形の

7-28　1階ロビーと無梁版構造の柱と天井スラブ

六本の半円柱が立ち、これらが一緒になって円柱が本来内蔵しているヴォリューム感を、室内空間に発散しそこを充満させている。天井を低く抑えたために、なおさらにヴォリューム感にあふれる玄関ホールの空間は、劇場建築に限らず、明治以来のさまざまな様式建築のホールにも、いわんや戦後日本の近代建築のホールにも見出すことのできない、ほとんど宇部の「記念会館」でしか経験できないような、充実した特別な空間を村野は現出させている。(7−28)

フラット・スラブの選択の的確さ

ロビーの円柱や半円柱の柱身はそのまわりを山口県長門産の白色縞大理石で化粧されており、さらにロビーの中心部に立つ四本の独立円柱の柱頭部分には、当時の建築雑誌の記述では「柱頭は銀・バーミリオン・コバルト等の雲模様彩色」と書かれているような装飾的彩色リングが顔料で描かれ、この四本の独立円柱が、ロビー空間の柱の中でも特別の存在であることを強調しているように見える(7−29)。いうまでもないことだが、この円柱の頂部の柱頭風の膨らみは、様式建築の、たとえばドーリック・キャピタルを模して出てきた形態ではもちろんなくて、あくまで構造的な形態としてその位置に出現したものである。実は、これらの鉄筋コンクリートの円柱と二階の床スラブは、いわゆる「無梁版(flat slab)構造」

7-29　1階ロビーに立つ独立柱

7-30　「無梁版構造」のインテリア図。イヴァン・S・ニコラエフ設計、「モスクワの学生用寄宿舎」計画案（1930）

とか、「マッシュルーム(mushroom)構造」といった呼び方の構造が採用されており、柱上部にマッシュルーム状の膨らみがあることによって、床スラブの下に梁・桁等の通常の水平方向への構造的支持部分を突出させる必要がなく、鉛直荷重が大きくて天井高をあまり高く取れないRC構造の建物、たとえば工場、倉庫などに採用されるケースが多い構造であった。ここでのフラット・スラブ構造の採用は、先のインタヴューの中で村野が話していたように、大学卒業とともにすぐに村野の設計事務所に入った伴野三千良[12]の構造計算によるところが大きかったとし、「これは伴野君をほめてやりたい」とその当時を思い出しながら語っている[13]。村野や伴野がこのフラット・スラブの採用を考えた時に、その発想の契機になったと思われるのは、当時のル・コルビュジエが盛んに発表していた一連の建築計画案や、さらにはロシアの近代建築家の計画案[14]などがあったと考えられるが、日本でそれを採用する場合、耐震性の問題もあって、柱断面ははるかに太くなり、その分モニュメンタルな効果もより大きく増幅されることになった。その結果低い天井のロビー空間に、あたかも〝洞窟〟を思わせるような、あるいは古代エジプトの地下神殿の内部空間を彷彿とさせるような濃密な雰囲気を生み出したといえるだろう。(7-30)

　この会館が竣工した頃の宇部では、前述のように着物姿に下駄・草履履きの来場者が少なくなく、そのような客は玄関を入ると、この会館での唯一の地下室である「下足預室」へ、玄関の両サイドにある階段で下りていき、下足を預けスリッパなどの上履きに履き替えた。人々はこの階段を地下の下足室へと下りる時にその側壁に、非常に興味深い壁面装飾があることに気付いたはずである。東西の階段で図柄が異なるが、色の異なる何色かのテラゾーと大理石を組み合わせたモザイクで制作された、ロシア・アヴァンギャルド風のグラ

7-32　階段側壁の壁画

7-33　階段側壁の壁画

7-31　下足室への階段の下り口

フィックな図像がそこに描き出されている。これらの図像はいずれも「将来の工場建築やそれに関連した事務所建築などは、いずれこのような形態と空間を備えたものになるだろう」といった内容を示しており、当時の炭坑や工場の労働環境の決して好ましいものではなかった状態を前提にしながら、近い将来の変革を予告しようとする意図のもとに制作された壁画であった。つまり現代建築は、この公会堂のデザインがそうであるだけでなく、渡辺祐策が事業の出発点としたようなさまざまな近代工業に直接関わる諸建築は特に美しく清潔なものに変貌させていかなければならない、といった意志を、《構成派》とか《未来派》風の形態と構成を借りて示そうとした装飾的壁画であったと考えられる。(7−31、7−32、7−33)

なおこのような装飾目的の壁面を、インテリア・デザインに取り入れようとする手法は、村野が一九三〇年代前半から「大阪商船」を通じて密接に関わりはじめていた、大型客船内の艤装デザインの実際例からの応用であったように思われる。たとえばこれに似た艤装の壁画としては、一九三七年就航の「高砂丸」の「スモーキング・ルーム」の《構成主義》風の壁画などがすぐに想起されるだろう。[15] このことは、村野が自分の設計した建築で試みていたデザインを、今度は逆に客船の艤装においてさらに展開させる、というケースも少なくなかったことも教えている。たとえば先の下足室に下りるための階段

7-34　手摺下の鉄鋳物装飾

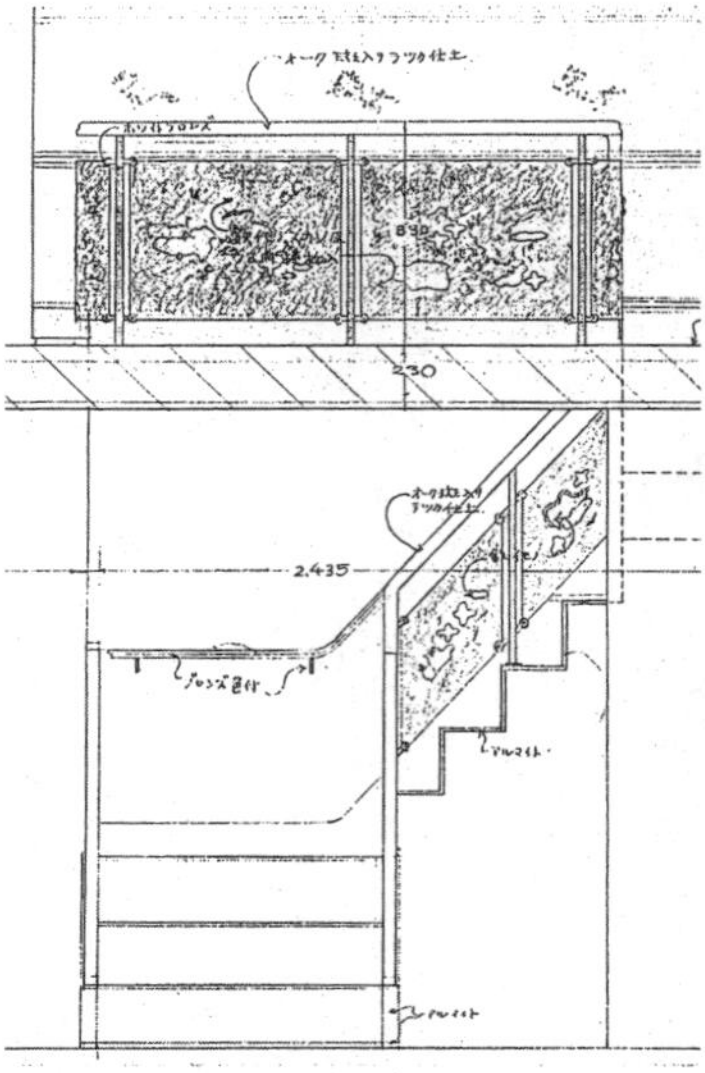

7-35　護国丸のインテリア図面での鉄鋳物による装飾的ディテール

の反対側に立つ、ロビーの床と階段の間を仕切っている手摺の腰板の位置に、鋳物による装飾板が嵌め込まれているが、この海の波涛を鮮やかに模様化したデザインは、ちょうどその頃、村野が図面を引いていた「護国丸」の「前後エントランス階段室展開図」と書き込まれた図面の中の階段のディテールと、非常によく似た詳細を示していることからも、そうした関係が窺えるように思われる。[16]（7−34、7−35）

階段を上り二階のホワイエへ

一階のロビーを後に、二階ホワイエの様子を知るために、主玄関の両脇、ロビーの南端に左右対称形に位置する「大階段」の一つを選んで上りはじめる。外から見た時には、二枚の外壁の分節用スリットと見えた、二階分の高さにガラス・ブロックを詰めた縦長の光壁が陽光をあびて輝いている。そこから内に零《こぼ》れ落ちる外光が、階段室を昼間は明るく照らし、夜間は屋内の電気光が暗い前庭に柔らかな明かりを落として、前壁の両側を背後から照らして浮かび上がらせる。このテラゾーの大階段は、後に〝階段デザインの名手〟としての名声をほしいままにする村野藤吾の、理知的な明晰さが、情念的な躍動感にどちらかといえば勝《まさ》っていた時期の階段デザインを代表する仕事といえるだろう。いずれにせよこの大階段の成功の最大の原因は、玄関周りに立つ前面障壁と、その後方の建物本体の壁とを分節するために、内部でそこに左右対称の大階段をいわば嵌め込んだという、村野の大胆な計画上の決断にあったことはいうまでもない。さらには、このスリット部分に、おそらく日本では前例のないほどに大きく大量に国産のガラス・ブロックを使い効果を上げたことも、この階段

7-37　ロビーのガラス・ブロック壁

7-36　2階への階段とガラス・ブロックによる光壁

の空間のバロック的な高揚を増幅させている。（7−36、7−37）

南側で緩く湾曲する大きな前面壁と北側の手摺下の白大理石の腰壁とに誘導され、踊場を一つ置いて直進で上昇している大階段を上り切ると、その二階の上り端にも、二階ホワイエに外光を取り込むための横長の開口部が作られている。この窓が、先ほど広場から、車寄の屋根の上の連窓として見えたあの横に大きく開いた開口部である。透明な板ガラス入りの横長窓を前にして外を眺めると、玄関上の水平な屋根スラブの向こうに、朝倉文雄作の「渡辺翁記念像」がその中に立っているはずの「記念公園」を一望にでき、まさしくその眺めは、大型旅客船の船橋《ブリッジ》に立つ船長の視界に似ているようにも思われる。またその種の船を操舵するような立場に対して建築家として憧れつづけていたように思われる建築家ル・コルビュジエの、あの「サヴォア邸」の窓からの光景にも似ているところがあるかもしれない。村野藤吾と、ル・コルビュジエ。二人の建築家が、自分の作品の各所に秘かに塗

7-38　2階の船の船橋を思わせる連窓

り込めた〈客船〉からの種々の隠喩を見つけ出す面白さがここにもある。（7－38）

一階ロビーに立っている合計十二本の円柱が、二階ホワイエの空間の中に、床スラブを突き抜けた形で同じように林立しているのはやはり一階とは違った意味でなかなかの壮観である。こちらの柱には「長州オニックス」と呼ばれる、山口県産の鍾乳石に含まれる、赤橙色の石灰岩が柱身の上に巻かれている。二階の床も、白と黒の市松模様に眞鍮で目地割されたテラゾー仕上げである。この広いホワイエの床面の中央部を横切って、二階は六本の円柱が一列に立ち並び、いずれもその上端部で、三階観客席の最後列までに到る登梁の終端部を支持して立っている。この客席下の傾斜天井は、一面に縦溝が入れられた天井面が登梁で区切られており、天井面全体は清潔な白色に塗りあげられ、その下の壁色は「コバルトグリーン・淡黄色、淡桃色・銀色を交えた配色」であったというから、パステル色の強い華やかな色彩で仕上げられていたと思われる。また梁間にはユニークな円筒形の照明具が吊り下げられているが、これらはつい先頃までほとんどがオリジ

7-39　2階ホワイエ

7-40　2階ホワイエ、客席下の空間

7-41　2階貴賓室の照明具

7-42　2階ホワイエの照明具

ナルの照明具であった。ちなみにこの「記念会館」の照明具は、ペンダント型の照明具に限らず、壁直付け照明、ブラケット照明なども含めて、いずれも意匠に注力したすぐれた仕上がりを見せており、戦後占領軍が持ち去ったという一階ロビー周りの照明具以外の大部分は、オーディトリアム内部も含めて、幸いにもかなりの点数のオリジナルのものが最近まで残されていたが、なぜか今は取りかえられている。(7−39、7−40、7−41、7−42)

二階から三階のテラスへ

この柱列に並行して、建物の外壁にあわせて同じように湾曲しながら立ち並ぶ六本の円柱があり、この南北の二列の円柱に挟まれた間は吹抜けの天井で、この空間の中にも、ペンダント照明が一定間隔で吊り下げられている。ホワイエの東端には、最初は一五〇人ほどを想定した「集会」用の空間が用意され、反対の西側には、今もよく原形を残している来賓接待専用の「貴賓室」が設えられている。また大階段を見下ろす位置の腰壁に背面を付けて、村野の設計事務所の所員であった杉浦巴のデザインによる、薄いプライウッドで座面や背もたれを一体加工した、どこか古代エジプト風の座り心地の良い木製長椅子が並べられている。一階ロビーのやや閉鎖的で、ときに陰鬱な感じを与えかねないような洞窟的な空間とは対照的に、二階ホワイエはむしろ開放的な明るさを目指して設えられているように見える。二階のインテリアで印象的なのは、二階ホワイエの、緩やかに曲面を描く南側外壁の内側の空間が、村野が「ぶらじる丸」の一等船客用に描かせた、ラウンジと遊歩廊を兼ねた「ベランダ」と呼ばれる部屋のパースに酷似している点である。これもまた、「記念会館」の本館部分が、巨大客船の「ハウス」の形態から発想されたことの傍証となるであろう。(7−43、7−44)

二階ホワイエの北側両端にある階段を三階に上り、狭い階段室から引戸を開けて外に出ると、建物の東西の両端の位置に同じ形式で造られている、「屋上テラス」に出る。ここは、コルの「新建築の五つの要点」の中でいう「屋上庭園」とい

7-43　2階ホワイエ

7-44　「ぶらじる丸」、ベランダ部分のパース

7-45　屋上テラスとペントハウス

7-46　ペントハウス部分

7-47
屋上テラス
（改修前）

うポイントを、誰でもすぐに想起するような、コルの住宅建築の中によく見かけることのできそうな空間である。隅でRC造のキャンチレヴァーのラセン階段があり、それを上がると、タイルの縦縞の曲面を見せる屋上階のペントハウスである映写室へ行くギャラリーに出ることができる。この屋上テラスを囲むコンクリート壁に開けられた、建具が入らない吹き抜きの横に長い連窓風の開口部は、明らかにパリ郊外の「サヴォア邸」の二階テラスにある開口部の写しであることがわかる。村野は生前、実際に自分の目でコルの「サヴォア邸」を見たことはなかったはずだが、「記念会館」のこの屋上テラスは、ある意味では、合理主義時代のル・コルビュジエの建築への、村野藤吾の密かなオマージュとしてデザインされたものであったかもしれない。竣工当初の昭和戦前のこの屋上に登れば、今現在ではとてもそのような眺望は期待できないが、宇部市の中心部の低く密集した街並はもとより、その先の工業地帯の活気に満ちた様子や、近隣の農漁村の緑に包まれた遠望や、さらには周防灘を越えて九州の山脈さえ遠望できたという。ここは一種の展望台として、四囲の景観を楽しむ場所でもあったらしい。「此のバルコニーに立てば、宇部の天地全幅の光景を一眸の中に収む、何処にか此の絶大なる眺あらん」と書かれたほどの、周辺風景への絶妙のヴューポイントでもあったのである。（7-45、7-46、7-47）

やはりここでもまた、〈海〉の上の〈船〉というイメージが、この「会館」全体の上に暗喩としてつきまとっていることを感じさせる。つまりこの屋上テラスは、宇部という〈海〉に浮かぶ「渡辺翁記念会館丸」という豪華旅客船の、いわば〝プロムナード・デッキ〟のようなものだ。大洋を旅する者たちが、横に長く連続的に開けられたデッキの窓手摺に身を凭《もた》れて、海原の果てしない広がりを退屈せずに眺めたり、近づく陸地や都市を見上げて驚き楽しんだりしたように、公演や講演の幕間にここに出た観客たちもまた、吹き抜きの横長の窓からはるか遠くの山や間近の町を眺めたり、さらにラセン階段を屋上階へ登って瀬戸の海や四国の山々を見たりして、宇部の〈海〉、つまり公会堂を取り巻く都市環境や自然環境の上に浮かんで、息抜きをすることが、この場所に立つことによってできたのではないか。

オーディトリアムの中へ

　大階段を今度は下へ降りて一階へ戻り、最後に「大会堂《オーディトリアム》」の内部に入ってみることにする。扉を開けて中に入り、床面がステージに向かってわずかに傾斜している観客席の最後方から、上の二階席下の天井が途切れて、オーディトリアム全体を包む高い天井が見える位置まで歩を進める(7−48)。その位置に立ち、正面にあるステージと、舞台と客席を仕切るプロセニアム・アーチや、客席上の天井や、壁面などの様子を、一九三七年の完成時に、雑誌発表されている写真や図面などを思い出しつつ、どこがオリジナルで、どこが変えられているかをとりあえず検討する(7−49、7−50)。戦後行われた数度にわたる改修工事により、内部空間の様相は細かな部分でかなり変化しているのは確かだが、しかし全体的な「大会堂」内部の印象は、創建時の写真などから受けるものとは、さほど差異がないように思えるのはなぜだろうか。かなり変化した部分もありながら、空間はあまり変わっていないような印象を私たちに与える最大の理由は、オーディの天井中央部で、照明具や投光器などをその中に内蔵しながら、プロセニアム・アーチの中央部から二階席の奥まで南北に、あたかも逆転した船の〈竜骨〉かなにかのように飛んでいる登桁が、完成時のままにほとんど変わっていないからに違いない。桁の間を梁で区切られてできた箱形の凹部の連続が、創建時とほとんど変わらない状態で今も天井面の真ん中を舞台前から二階席の奥まで飛んでいる。凹形の箱の連続は、単調なものに堕しかねない逆スラブの天井の広がりを縦断しつつ、客席からステージへ、ステージから客席へと、弧を描いて往復する視覚的な動きをもたらし、二つの異なる空間を緊密に結びつける役割を負わされた、村野が考え出した絶妙のデザインであったことが次第に理解されてくる。

　完成時のプロセニアム・アーチは、村野は伝統的な劇場に

7-48　オーディトリアムの内部(現在)

7-49　竣工時のステージ周り

7-50　ステージから客席方向を見る

ある〈額縁〉臭を極力回避しようとして、桜材の合板を使って濃い色のラッカー仕上げにした、直線的で非常にすっきりしたデザインにまとめている。ただし現在のプロセニアムは、上部にはスピーカーなどの音響機器が入る湾曲した面が取り付けられ、さらに舞台両袖に、ミキサー室や照明ブースなどが戦後に増設されて、オリジナルのプロセニアムを奥に隠し、よりダイナミックな舞台まわりのデザインになっているが、当初の簡潔な枠組みの魅力は残念ながら消えている。この他では、創建時のプロセニアムに付属する部分の名残として、プロセニアム・アーチの両脇に立つ、魅力的な木製の装飾壁《スクリーン》が幸いにも残っている。おそらく家具職人の仕事と思われる仕上げの細い柱状のエレメントを縦に六列並べ、その間を沢山の真鍮製の小さな装飾金物で止めて袖壁としたものが舞台の両脇に立てられている。その袖壁の中間の高さの位置には、横長の金属製の箱型ブラケット照明具が袖壁と平行に突き出されていて、壁と下の床を明るくしている。舞台上の吊物《つりもの》では、ホリゾント前のアーケード型の木製の吊物が完成時のものとして今も残っている。(7-51)

「記念会館」のオーディトリアムは、今の言葉でいう「多目的ホール」であり、地方都市のさまざまな目的のために使われてきたが、音楽ホールとして使った時の音響の良さについては一部で定評があったといわれ、たとえば戦後まもなく初来日したアメリカの著名なバイオリニスト、Y・メニューインがこの会場で演奏した際に、ホールの音を絶賛した、といった話が、一種の伝説として今も語り継がれている。村野はこのホールを設計した時のことを回顧して、音響面ではとにかく「宇部の中は硬くしようと思った」と、次のような自らの経験をもとにした考えを語っている。

「村野　[音響が良いのは]一言でいえば中を硬く仕上げたということです。これにはわけがある。たしか昭和八年でしたか、ブルーノ・タウトが日本へ来て、大阪の朝日新聞の講堂で講演会があった。私もその時の講演者の一人として頼まれましたが、マイクも何もない、一、〇〇〇人以上も入るホールですが、どういうわけか非常に話しよかった。どんどん話が出てくる。どうしてこんなに話しよいか考えてみた。ホールの天井がかき落としなんですね。それに壁は新聞の紙型《しけい》が張ってある。紙型は非常に硬いものです。それが話しやすい理由です。（後略）」

「村野　声を出すのに労力を使ったら、いい話はできませんよ（笑）そんなことがあって宇部の中は硬くしようと思った。私は音響学は学校で習ったことなんかなかった。その方面は早稲田の佐藤（武夫）君[17]が日本で最初に始めたのですが、その佐藤君に私の事務所にいた伴野君が大学で習っていた。[18]（後略）」

村野の個人的な経験と、佐藤↓伴野の音響学的な理論が文字通り共鳴して、宇部のホールの音響として実ったのである。「壁天井共特製リソイド荒目仕上げ水性ペンキ塗り」という仕様書上の仕上げで、村野のいう「硬い」壁と天井が、滑らかで平らに連続する面として仕上げられて、音響を艶のある音色にして撥ね返したのだと思われる。

7-51　舞台脇の箱型ブラケット照明具

7-52　ランプ・シェードから漏れた光が壁面に模様をつくる

照明の手法に見る艤装の経験

この「大会堂」のインテリアにも、村野のオリジナルの照明具のデザインが行われており、また、その頃彼がさかんに試みはじめていた、発光源を隠して、その光源からの光が反射板に反射するその光によって室内を明るくする方法、いわゆる〈間接照明〉の技法なども投入されている。その他にたとえば、オーディトリアムの両サイドの一階席から二階席に続く壁面の近くで、それに並行して吊り下げられたペンダント・ライトがあるが、会場の照明度が落とされた時などの壁面には、球形のランプ・シェードの上に開けられた穴から漏れ出た光が、井桁に似た和風の模様を壁面に浮かび上がらせていて非常に面白い投影効果を生んでいる（7–52）。また天井を縦断する先の大桁に梁が交叉して作る凹型の窪みの間接照明の列に連続する形で、二階席の最奥部でも、客席を圧迫しないように天井高を一段高くし、その周縁部の壁に光源を隠して仕込み間接的に照明した部分がある。これらのインテリア・デザインのテクニックもまた、天井高を取りづらい旅客船の室内艤装での村野の経験と、その解決のための手法と多分に交錯するものがあったことは、もはやいうまでもないことだろう。外に閉じたものの中での、内に開く空間の広さ。船舶のインテリアに内蔵された空間の特質とは、まさにそういった内容のものであったはずだが、その特質をいいかえれば、それはまさしく、〈洞窟の空間〉と呼ぶべき内容のものであったということができる。

　一九三七年完成の「渡辺翁記念会館」のオーディトリアムは、村野藤吾という一人の建築家が、近代的な建築的架構の中に胚胎させた最初の本格的な〈洞窟的な内部空間〉であったということができようが、ここに植えつけられた種子がやがて、第二次世界大戦後の日本において彼が設計した、各地のさまざまなすぐれたオーディトリアムの空間へと連続して展開していき、その一つの結論として、たとえば東京日比谷「日生ビル」の中にうみつけられた巨大な〃卵〃のような「日生劇場」(1963)の劇場空間として、さらに熟成された姿で結実していくことになったのだが、そうした戦後の建築については、いずれ別の機会に詳しく触れるはずである。

［註］

1 「村野藤吾氏に聞く／宇部市民館のことなど」聞き手・長谷川堯、『SPACE MODULATOR』No. 52（一九七八年十二月号）。

2 前掲「村野藤吾氏に聞く」、四二頁。

3 前掲「村野藤吾氏に聞く」、五六頁。「ルーバーに風があたってそこが真空になる、そうすると風がうめるからエジェクトして、自然に換気してファンを使わなくてもいい。」(村野談)。この換気設計には、所員の伴野三千良が中心になったとも語っている。

4 現在京都工芸繊維大学所蔵のこの図面は、『村野藤吾建築図面集』Ⅲ、「地域と建築・宇部」四二―四八頁所収。この「A案」に対して「B案」「C案」といった設計図書が存在するかどうかは不明。

5 前掲「村野藤吾氏に聞く」、四三頁。

6 ヴェルナー・マルヒ(Werner March, 1894–1976)。

7 前掲「村野藤吾氏に聞く」、五三頁。

8 前掲「村野藤吾氏に聞く」、五三頁。フリッツ・ヘーゲル（Fritz Höger, 1877–1949)

9 中村順平(一八八七―一九七七)。

10 和辻春樹。終戦直後、造船技師の仕事をやめて京都市長となったが公職追放によってそれも辞めた。

11 前掲「村野藤吾氏に聞く」、四四頁。

12 伴野三千良(一九〇七―一九九九)。伴野は一九三三年早稲田大学建築科を卒業と同時に村野建築事務所へ入る。戦後、竹中工務店に入り、「日活国際会館」「文藝春秋ビル」などの作品を担当し活躍した。

13 前掲「村野藤吾氏に聞く」、四六頁。「この建物のもう一つの特色であるフラット・スラブは学校出たての伴野君の仕事ですよ。フラット・スラブは今でもきれいですよ。構造計算は伴野君です。これは伴野君をほめてあげたい。」

14 たとえばイヴァン・S・ニコラエフ設計「モスクワの学生用宿舎」(1930)計画案(7–30)など。

15 『村野藤吾建築図面集』Ⅷ、同朋舎出版、三〇―三一頁所収。

16 前掲『図面集』、二一〇―二一三頁。

17 佐藤武夫(一八九九―一九七二)。当時、早稲田大学教授。建築家として活躍すると同時に、建築音響学で初の学位を取得した研究者としても知られる。

18 前掲「村野藤吾氏に聞く」、四五―四六頁。

第八章

講演「日本に於ける折衷主義建築の功禍」が投げかけた波紋

タウト来日時の講演会に招かれて

一九三三年五月三日にウラジオストクから船で敦賀港につき、彼を日本に招いた形の「日本インターナショナル建築会」[1]のメンバーの建築家たち、上野伊三郎、中西六郎、中尾保の三人に出迎えられ、はじめて日本の土を踏んだブルーノ・タウトは、[2]その日の夜、京都にある大丸百貨店社長、下村正太郎邸[3](ヴォーリズ設計)へゲストとして入り、そこに宿泊した。タウトはその翌日の五月四日、彼の五三歳の誕生日に、あらかじめ拝観の予約が取ってあった京都西郊の「桂離宮」を訪問し、その建築と庭園に言葉に尽くせないほどの感動を覚えた、とその日の彼の「日記」に綴っている。[4]同じ「日記」の五月十日、つまり日本到着からちょうど一週間が過ぎた日の「日記」には、冒頭に「上野[伊三郎]氏と大阪へ講演に赴く」という記述があり、タウトの来日に合わせて「日本インターナショナル建築会」が中心になって企画し、日本建築協会主催で周到な準備が行われていた、大阪中之島の朝日会館[5]内の講堂での「新興建築講演会」と題した講演会にタウトは出席し、メインの講演者として「幻燈付き」(つまりスライド映写付き)のレクチャーを、「聴衆は約二千名ぐらい」という超満員の入場者の前で行って、講演会を成功裏に締めくくった。

この日の講演会の主催者側の趣旨としては、タウトの来日を歓迎するための講演会という表向きの目的の他に、タウトに、「新興建築」、つまりは《モダニズム》建築、あるいは《合理主義》、《国際主義》といった呼び方もされる、いわゆる「新建築」の歴史的な意味や必然性はどこにあるかといった点について語ってもらおうという趣旨があった。二十世紀の第1四半期のドイツ建築界で、《表現主義》から《合理主義》への転身の過程で目覚ましい〝戦い〟を続けていたように日本からも見えたブルーノ・タウトに、その経験を通して日本の聴衆に向けて直接語りかけてもらい、自分たち(「インターナショナル建築会」)の今後の言動に、〝お墨付き〟を得たい、とするような密かな目論見があったのだ。そのような目的もあって、その日の講演会には、いわば〝前座〟的な立場での講演者として、四人の日本の建築家が集められていた。「インターナショナル建築会」のメンバーの中西六郎、中尾保の二人の他に、外部から、一九二〇(大正九)年に、日本で最初に前衛的な建築運動として旗揚げした「分離派建築会」[6]の創立時の中心メンバーの一人で、激しい論客としても広く知られ、神戸高等工業学校の教授であった滝沢真弓と、完成していた先述の「大阪パンション」や、工事中であった「そごう百貨店」などの設計を通して、関西の近代建築運動における突出したリーダーとさえ目されていた村野藤吾がこの「新興建築講演会」に招かれて、タウトの新建築についてのレクチャーにいわば

〝花を添える〟形での発言がひそかに期待されていた。

この時に村野が提出した自分の講演のタイトルは、「日本に於ける折衷主義建築の功禍」[7]というものであり、実際に講演内容も、主催者たちの前述のような思惑とはかなり大きく外れて、主催した「新興建築家」たちの意気込みや、彼らの《様式建築》への否定的態度といったものを、逆に厳しく咎《とが》めるかのような発言に終始し、結果的に、日本における最初期の《モダニズム》批判、とでも呼ぶべき内容のレクチャーとなってしまったのは皮肉であった。この日本の《モダニズム》の草創期における村野の、いわば〝場所柄をわきまえぬ〟かのような、やや唐突とも思える《モダニズム》批判は、戦後になっても、日本の近代建築史の展開をたどる作業が行われる際に、しばしば問題発言として取り上げられて、そこに述べられている村野の意見の正否が、くり返し問い直されることにもなっていった。[8] 以下、この時の村野の講演の概要を追跡しながら、彼の発言の意図するところが、はたしてどこにあり、会場の〝空気が読めない〟振りをして、村野が本当は何を訴えたかったかを、ここで改めて整理してみよう。

8-1　朝日会館講堂でのタウトの講演風景

新興建築と折衷主義建築

「・・・私が折衷主義の建築と申しますのは、過去二十年間、即ち大正中頃から今日まで引続いて建てられ、或いは建てられつゝある所の各国の様式を採った建築或いは其の後日本に於て次第に転化しつゝある所の主としてスタイリツシユ[様式的]な建築に付てゞあります。[9]」

村野は自分がここで「折衷主義の建築」と呼んでいるものの時間尺の先端を、講演会が行われている一九三三年から約二十年遡った時点、つまり一九一三(大正二)年頃に置き、そこから「今」にいたるまでの期間に盛んに造られてきた一連の建築を指すものだと規定している。村野が、「折衷主義の建築」と呼んでいるものをここで簡単に整理してみると、大正初頭から昭和初期の約二十年の間に、当時新しい建築のタイプとして登場し、「ビルヂング」などと呼ばれた、中高層の都市建築に対して主に用いられた建築デザインのことを指す言葉であり、その建築の物理的内容は、大体次のようなものだったと考えられる。先ず〈構造〉としては、それ以前の組積造あるいは木造等に代わって、明治四十年代以降、大都市内の事務所建築や商業用建築などを中心に次第に一般化しつつあった〈鉄骨・軸組構造〉を採用したものが大勢を占め、この他は、大正初頭の日本の一部で使われはじめた「アンネビク式」[10]の〈鉄筋コンクリート構造〉という、十九世紀から二十世紀初めにフランスで発達した近代的な構造体を骨格として備えている建築なども出現しはじめていた。さらに建築〈設備〉の面では、電力を利用する、照明機器をはじめ、エレベーター等の昇降機器、冷暖房機器などが主にオフィスビル用に設置されはじめていた。他に水洗便所などのための上下水道の給排水設備や、暖房や手洗い用等への給湯用のボイラーなどの燃焼機器の設置など、二十世紀の建築で初めて可能になった近代的な設備システムを備えた建築も次第に多くなっていった。先に見たように、村野が「動きつつ見る」という例の欧米旅行の中で、日本の近代建築の中に強く「アメリカ」的なものを感取した根源にあったものが、まさしくこの種の近代的な〈構造体〉や〈設備システム〉であり、ヨーロッパよりも日本の方がどちらかといえば進んでいる、つまり日本はその面で先進的なアメリカに近い、と村野に感じさせる原因となった要素に他ならなかった。特に村野が所員として働いていた渡辺節の設計事務所がまさにそうであったように、大都市に建つかなり規模の大きなオフィスビルや商業ビルを扱う設計事務所の作品では、この二つの近代的な性格は、いずれも欠くことのできない内容として、すでに大正から昭和初期にかけて日本の建築界で常識化しつつあったのである。

「・・・・日本の折衷主義なるものは日本独特の方法、日本独特の変化の仕方に依つて今日まで変化し、或は建てられつゝあるのではないかと私は想像して居るのであります。然るに日本の折衷主義の建築なるものは、今日まで新興建築家諸君及び新興的精神に燃えて居る人々から非常な非難を受けて居つたやうに考へます。[11]」

「私は曾《かつ》て佐藤功一先生に向つて、日本の折衷主義の建築は、世界無比であると云ふことを申上げたことがあります。（中略）。欧羅巴に於ける如何なる国の建築に対比しても、その功利的方面の点に於ては日本の建築は決して欠けて居ない。少しも遜色は無いのでありまして、是等の点に於ては、今後と雖《いえど》も一層発展するのではないかと云ふ様な、私は考えを有つて居るのであります。[12]」

村野がここで取り上げて論じようとした問題点は、これらの日本の「折衷主義の建築」においては、〈構造〉的な合理性や〈設備〉的な機能性といった面での欠陥や後進性はまったくなく、近代建築としての「功利的」働きを十分に果たしている。

それにもかかわらず、この近代技術の最先端ともいうべき〈構造体〉と〈設備〉の上に着せた衣装（つまりデザイン）が、過去の建築様式の影響下にあることのみを取り上げて、はたしてそこまで「非常な批判」を蒙らなければならないものだろうか、という点に集約されていた。たしかに村野が渡辺節の事務所にいた時代に、渡辺から「売れる図面を書け」と厳しく求められる中で、アメリカの大きな設計事務所「マッキム、ミード&ホワイト」の作品集などを下敷きにしながら線を引いた、様式的な細部意匠を持つこれらの「折衷主義建築」は、《モダニズム》建築家たちが主唱するような、幾何学的な単純性や抽象性を目指して設計されたものではなかった。ルネサンスだとかバロック、ロココといった過去の様式建築をベースにして、それを現代風に簡略化したりアレンジした装飾的な陰影に満ちたデザインではあったが、村野に言わせれば、そうした意匠によって、近代的な構造や設備を覆うことが、〈モダニスト〉たちが喧《やかま》しく主張するように、はたして〝悪い〟ことなのかどうか、よく考えてみて欲しい、というよりも村野ははっきり、〝悪いことではない〟どころか、むしろ設計者としてはこちらの方が〝正しい〟選択であり、間違っているのは「新興建築家」たちの側なのだ、と主張しようとしていたのだ。

日本に於ける折衷主義建築の功禍

村野藤吾

唯今司會者から私が曾てロシヤに參りました時にロシヤの建築を研究して來て、さうした建物が今度御堂筋に出來ると云ふやうなお話がありましたが、御承知の如く日本とロシヤとは經濟其の他社會機構を異にして居りまして、それ等の條件を異にして居る國から我々が何を採つて可いかと云ふことは頗る疑問でありますし、又大に研究すべきことであらうと思ひます。併ながら私が今晩お話し申上げたいと思ひますことは、それ等の問題ではありませぬ　過去二十年間我々の同僚及び先輩達が日本に於てなされた所の其の努力に對

8-2　タウトの前に講演した村野の写真と速記録による講演内容の記事（『建築と社会』）

「例えば茲《ここ》に非常に装飾をされた建築があるとして、我々は建築は装飾するものではない、裸で可いものだと考へて居ると仮定し、また別に装飾のあつた方が可《よ》い、装飾を施すことに依つて、それ等の建物の価値を増し、所謂《いわゆる》大衆に対して其の関心を喚び起すことが出来ると云ふ風に考へるもの[者]があると致します。其の場合に装飾が無くしてそれ等の価値が多くなれば、それは我々［「新興建築」側］の理論が正当であります。併しながら若し装飾が無い為に、それ等の価値が大衆の関心を喚び起すに足りないとするならば、それ等の建物は果たして価値があるや否や、今日考えて、疑問であらうと思ひます。[13]」

同時に村野は言外に、「新興建築家」たちは誤って私（村野）を、非装飾を主張する《モダニズム》の側の人間だと単純に認識しているように思えるが、実は私はそれとはむしろ反対側の、つまり彼らが猛烈に非難している「折衷主義建築」の側での設計活動を通して成長してきた人間の一人であり、今仮に、モダンな非装飾的建築デザインを熱心に手掛けている設計者に自分が見えたとしても、自分自身の建築家としての立場は、基本的には以前と少しも変わっておらず、ほとんど同じ立脚点に立った状態で、《モダニズム》風のデザインの設計を行っているのだ、と自分の基本的なスタンスを明かしていたのである。さらにそれに加えて、自分は「折衷主義」の立場の中で、《モダニズム》風のデザインさえも、多くの《様式》の中での、選択可能な一つの《新しい様式》として採用しているに過ぎないのだ、と言おうとしてもいたのだ。村野は、そのような立場を直接的に表明するために、先の引用部分に続けて、次のような一見建築の歴史の流れに逆行するかのようでもありまた保守的な発言に思えるが、しかし同時にその「講演」の中では最も過激ともいえる発言をあえて試みて、聴衆に強烈なアピールを行っている。実はこの発言は、会場に詰めかけていた「新興建築家」、つまり〈モダニスト〉たちを少なからず困惑させたばかりでなく、戦前から戦後にかけての《モダニズム》の側からの、村野の建築家としてのスタンスに対する、ある種の不信感といったものを生み出す一つの源泉となって、長く尾を引くことになったのであった。

ローマを一日にして建てることもできる

「例へば茲にコンクリートに石を貼り付けた建物があり、それがローマのスタイルを真似て居るとして、新しい建築家はそれに対して、今日鉄筋コンクリート或は鉄骨の芯を持つた所の構造に石を貼り付けると云ふことは誤つて居ると申したと致します。然るに之を建てた人［施主］は其の建築をすることに依つて自分の富を世間に現はし、これに依つて利潤を得ることが出来たとするならば、果して其の建築はローマ風の建築なるが故に悪いと云ふことが言へるかどうか、今日非常に問題であらうと思ひます。さう云ふ風に考えて見ますと、経済価値、所謂大衆を対象としての考へ方と云ふものは、無限に発展すると思ひます。若し其の利潤の対象となるならば、我々［建築家］はローマを一日にして建てることも出来るし、ギリシャから現代の建築に至るまで、何を建てても差支へないと云ふ結論に達しはしないかと思ひます。そこで是等の傾向を有つて居る所の日本の建築に対して、セセッション以後の今日まで養われた所の考へを以て之を批難することが出来るや否や、非常な疑問ではなからうかと思ひます。私の考へではそれ等の思想は、決して日本の是等の建築的傾向の中心を突いた批評にはならないと思ひます。日本の新しい建築家諸君は屡々《しばしば》日本の折衷主義建築に対して批難をされ、それを攻撃されたと私は存じて居りますが、私自身の感じでは、世人の考へがどうであらうとも、兎《と》に角それ等の批難は決して中心を突かない、又それ等の批評の如何に拘《かかわ》らず、日本の建築と云ふものはその欲する儘に、社会機構の命ずる儘に発展したのではないかとも私は考へて居ります。(中略)我々の新しい思想なり、我々の同僚諸君が有つて居られる所の新しい思想なるものは、今少しくその方向を転換する必要はないかと思ひます。それは余り[に]直写的ではないか、或は余り[に]多く外国の思想を受入れ過ぎて居るのではないか、と云ふことを熟々《つらつら》考へるのであります」(14)

引用が長くなったが、しかし改めて読み返してみても、村野藤吾のこの夜の講演は、聴衆たちにとってかなりドラスティックな、逆の意味ではやや奇矯《エキセントリック》な内容を持ち、また《モダニズム》の建築家たちに対して、ある意味では理不尽に思えるほど厳しい注文を付けていたことが明確に浮かび上がってくる。事実、講演速記録の中に「(拍手)」という語句で端的に記されている、当時の演説会などで通例の、講演者の意見に賛意を示すフロアからの好意的なもしくは儀礼的な反応の記録にしても、村野の講演全体の三分の二を過ぎるあたりまでは、彼の話の区切り、区切りに「(拍手)」が起こり、講演者である村野と二千人といわれた聴衆たちとの間に、きわめて親和的な緊密な対応関係が築かれていたことが推測できるのだが、上に引用した部分以降の、講演時間の最後の三分の一に入ったあたりから後の講演記録の中には、終了時のそれ以外には、「(拍手)」の文字が一度も記入されていないのはなかなか興味深いものがある。この「(拍手)」の消失は、上記のような村野の講演内容に対して、《モダニズム》を支援する熱心な聴衆たちから強い反発を引き出したために起こった現象と考えるのが一般的な解釈かも知れないが、その一方で、かなり微妙な判断の必要な話を、最後に近づくにつれてまさしく畳み掛けるような激しい口調で語りかけてくる村野に、聴衆たちは思わず拍手も忘れるほど聴き入って圧倒されていた結果であったようにも思われなくもない。おそらくその両方の理由が重なって、「(拍手)」が鳴らなくなっていたに違いないし、そのどちらの側に割合が多かったかは、今となって知る由もないが、いずれにせよいえることは、そこで村野が語った内容は、反対の場合はもとより、たとえ賛成の立場にある人たちにとっても、安易に拍手やブーイングをもって応じることのできるほど簡単に賛否を表明できるような問題ではなかったことは確かであったのだ。いずれにせよ彼らは、固唾《かたず》を飲んで、つまり強い緊張感に包まれながら村野の話に聴き入り、それに立ち向かおうとしていたのである。

強い確信と密かな怒り

この講演会における、先に引用した部分における村野の「折衷主義の建築」を巡る主張には、集まっていた人たちが心からの拍手で応じるべきか否かを迷わせるような、二つの大きな〈問題点〉が提出されていた。その一つは、村野がいみじくも語るような、「ローマを一日にして建てる」ことさえ建築家たちに要求しかねない、〈社会的・経済的な勢力〉への言及であった。建築の企画に一定の資本を用意し、完成した建物から一定の利潤を上げようと目論む人たち、一般に資本家とか、企業家あるいは経営者といった立場によってさまざまな呼び方をされている人たちが、建築設計、特に近代建築の設計活動に非常に深く関わりを持っている、という村野の指摘が呼び起こした〈問題点〉がその一つである。もう一つの〈問題点〉は、建築の歴史に関する認識の問題であり、特に〈モダニスト〉を自認するような人たちの多くが確信していたような、新しい特殊な、ある意味で革新的な歴史観についての、村野が抱いた深い〈疑問点〉の提示にあったといえる。

まず村野は、建築家に対する設計の発注者である資本家や経営者の存在について、もし彼らが「自分の富を世間に現はし、それによって利潤を得ることが出来」る、と判断した場合、彼らが鉄筋コンクリートの「芯」(構造体)を持つ建築の柱の上に、ローマ風のオーダー(柱構成)でデザインした石材を巻きつけて、《古典主義》系の列柱のデザインを行って欲しいと要求してきたとすれば、建築家はその要求に素直に応えるべきだし、設計者がそうしたデザインを、《モダニズム》の論理的・美学的立場に立脚して、たとえば〈虚偽構造《シャム・コンストラクション》〉だ、と判断してその種のデザインを避けようとしたり拒否したりするのは許されない、と村野は明言するのである。さらに、「経済価値、所謂大衆を対象としての考え方と云ふものは無限に発展すると思います」とまで述べて、それまでの近代建築家たちがほとんど言及することのなかった、消費者の購買心理といったものにさえ強い関心を村野はそこで表明している。たしかに当日の主催者や、集まっていた大部分の聴衆たちには、こうした村野発言に安易に賛意を示すことができない事情が少なからずあったのだ。その一つは、日本の「新興建築」への動きつまり《モダニズム》の、インターナショナルな動きに呼応した建築運動には、昭和の初めから、《社会主義》の〈革命〉に関するインターナショナルな運動が微妙にオーヴァーラップしていたという事情があり——事実、この講演会の主役というべきブルーノ・タウトが来日した事情にしても、ヒットラー政権下のドイツの《ナショナリズム》の高揚の中で、社会主義政権下のモスクワで設計の仕事に携わり、ある意味でインターナショナルな視野の中で設計活動を行ってきたタウトがナチスの官憲の取締まりの対象とされたからであった――村野がそうした参集者たちの〈革命〉的とまではいえないにせよ多分に革新的な気分の高揚を、まるで無視しようとするかのように、正面から《資本主義》の論理に則り、「利潤のためには手段《デザイン》を選ばない」、とも聞こえなくもないような発言によって、主催者や聴衆たちが凍りついてしまったのも無理からぬところがあったといえよう。

村野のこのような会場の空気を無視した、やや無謀とも思われる断言にいたる彼の〈確信〉は、一体どこから来ていたのだろうか。一つはいうまでもなく、当時の日本経済の誰もが認める中心地であった大阪の、活力に満ち溢れていた経済界の中に全身を浸しながら、彼が二七歳から三八歳までの十一年間、渡辺節建築事務所で働いた時の数々の経験から得た〈確信〉からくるものであったことは間違いない。さらにもう一つ上げるとすれば、先に詳しく見た一九三〇年の欧米旅行の中で彼が確実に得たと思われる別の〈確信〉、つまり革命後のロシアの新しい社会体制と建築に、将来における可能性が決して見出せないわけではないが、しかし少なくともスターリンが政権と党を掌握した一九三〇年代初め頃のソ連には、それを自力で切り拓いて実現していくだけの経済力はないことは明白であったし、その意味で《資本主義》経済の体制は、少なくとも先進工業国の間では、当分は揺らぐことなく継続していくことになるだろう、という〈確信〉も村野にはあったからである。特にアメリカの近代建築――村野に言わせればそれもまた多くは「折衷主義建築」であったが――はまだ若々しく文字通り成長途上期にあり、その経済的背景となっているアメリカの《資本主義》経済もまた、「大恐慌」直後のきわめて難しい局面に直面し喘《あえ》いでいる最中であったとしても、それを克服できるだけの十分な底力を備えているはずだという、村野が自分自身の身体を動かしつつ摑んできた〈確信〉もまたそこに投影していたと思われる。そうした村野藤吾には、おそらく〈革命〉といった過激な政治的変動が将来的にも起こるとは考えにくい日本の社会において、これまで順調に成長し、当分はこの体制が続いていくであろうと彼が読んでいた日本の《資本主義》経済への信頼があり、他方で日本の《資本主義》経済の成長に歩調を合わせるようにして着実に充実してきた「折衷主義の建築」についても、その内容と現実性に、設計者としてそれ以上の自信を持っていたのだ。社会的経済的経験と予測力において劣る「新興建築家」のような、いわば〝革命幻想〟を淡く懐いているような若い《国際主義》の建築家たちに、むやみやたらに「前近代的」だと「批難」され、経済的な現実性を否定し侮蔑されるような謂《いわ》れは「折衷主義の建築」には全くない、という村野の体の奥の方から湧き起るような〝怒り〟が、それらの言葉の中には塗り込められていたかもしれない。その夜の聴衆たちは、おそらく村野のその気迫と自信に圧倒されたかたちで、拍手も忘れて、聴き入るしかなかったのだ。

それと同時に、この講演会における村野の発言は、第二次世界大戦後の《モダニズム》が大勢を占めるようになった日本の建築界に対して、彼がくり返し行った数々の提言や警告の〝原点〟を形成するものとしても、注目しておかなければならないだろう。詳しくは戦後の村野の仕事について書く時に触れることになるはずだが、たとえば村野は晩年になって、建築家の筆一本に、数十億、数百億円の金が委託されているのだから、建築家は建築の施主、発注者たちの注文に対してあくまでも謙虚であるべきであり[15]、常に彼らの多様で複雑な注文を冷静に対応しなければならないとし、こうした要求の「九九パーセント」を設計者として受入れつつ、最後の「一パーセント」としての村野で、残りのすべてを最終的に包み込むだけのデザイン力を常に養っていなければならないと話して、私たちに少なからぬ驚きと感銘を与えた[16]。これは敗戦を契機に勝利をおさめた形となった《モダニズム》の建築家たちが、建築の発注者に対してさまざまな機会に見せてきたかなり居丈高な態度、つまり《モダニズム》の理想的デザインは、斯く斯くしかじかであるから、何が何でもこの建築理念や形態や空間を実現すべきであるし、あなたたちは建築家が提示したものを基本的に変更することなくそのまま受け入れて付き従ってこなければならないとでも言わんばかりの、建築の発注者や利用者たちへの高飛車な態度を厳しく諫めた言葉であった。村野のそのような基本的な姿勢は、「タウト講演会」の主催者や、詰めかけた聴衆たちに向けたその夜の言葉と、表現はかなり異なっていたとしても、内容はほとんど変わるところはなかったといえるだろう。建築はいわば社会的な表現芸術であり、アーチストたちが純粋な自己表現として提示する芸術作品とは根本的に異なる、施主、設計者、建設業者、利用者などがそれぞれの立場での要求を突きつけながら協同して作り上げる「社会的な芸術」である[17]、と語る時の村野の言葉にも、実に半世紀も前に彼が行った講演の中に散りばめられていた話の内容に時間を超えて直結していたのである。そのことを裏返していえば、《モダニズム》の建築観は、その発言があった時から半世紀以上の長い時間にわたって、村野の警告を無視し続けてきたということでもあり、村野が擁護したような曖昧模糊とした「折衷主義の建築」などは徹底的に排除して、この世界を《モダニズム》建築一色に塗りつぶすという野望を、少なくとも日本においてはがむしゃらに主張し続け、彼らはその種の建築環境を実現することにほぼ成功を収めた、という背景があったのである。

《モダニズム》は果たして最終到達点なのか

村野が通称「タウト講演会」において「新興建築」の支持者たちに提示しようとしていたもう一つの重要な問題点は、《モダニズム》がそれまでの建築史観に対して新たに提示した〝革新的〟な〈近代建築史観〉の正否に関する問題であった。村野が自分の講演の中で、ここでいう《モダニズム》といったものの原点として置いていたのは、私たちがル・コルビュジエなどを頭に描いて一般的に考えている一九二〇年代よりはもう少し古く、二十世紀初頭の「セセッション（Secession）」、つまりウィーンを中心としたオーストリー版の《アール・ヌーヴォー》である《分離派《ゼツェシオン》（Sezession）》(18)の活動あたりに置いていたことがわかる。「惟《おも》ふに是等［モダニズム］の考へ方は、過去十三、四年前、私共の学生時代の頃から勃興して来た所の、所謂建築革命の思想、セセツシヨンの思想なるものが学校教育の一般的方針となつて、その歴史学の教程の上に非常な変化を与えつつ、それらの学生を教育して来た為であらうかと思ひます」、とこの講演の中では述べている。いうまでもなくこの時の村野は、自分が早稲田の建築科の学生であった頃のことを脳裏に描いており、一定の〈様式〉を指定して出題された設計課題――たとえば「銀行建築」を「ルネッサンス様式」で設計せよ――に対して、自分（村野）はそうした様式の指定を最初から無視し、代わりに最新の脱《様式》の「セセッション」のスタイルで提出して、主任教授の佐藤功一をいつも困らせ、佐藤が私の製図板の前をいつも素通りが常だった、と彼が後に回顧したような場面を思い浮かべながら話していたのである。

その起点が、「ゼツェシォン（分離派）」の一九〇〇年代にあったにせよ、あるいはまた国際的な合理主義建築運動としての《モダニズム》が起こる一九二〇年代にそれを置くにせよ、〈近代建築史観〉と呼ばれるものに共通している基本的な考えは、二十世紀において出現した新しい建築デザインは、十九世紀に至るまで連綿として続いてきたさまざまな〈様式〉の連鎖を最終的に断ち切って登場したものであり、一切の《様式主義》建築からの「分離・離脱《セセッション》」を宣言した時点から始まっていた、という認識であった。

かつて私たちが、たとえば西洋建築史の中で習ったような、諸〈様式〉の連鎖の図式では、古代エジプト・メソポタミアなどに最も初期の《建築様式》が始まり、ギリシャ・ローマの《古典様式》へと続き、中世に入ると《ビザンチン》、《ロマネスク》、《ゴシック》などへとそれが展開していく。さらにこうした中世の《様式》は否定され、《ルネサンス》、《バロック》、《ロココ》などへと細かく〈様式〉を連鎖させつつ、ついに十九世紀に至る。しかしこの十九世紀では、それまで着実にくり返されていた強力な時代精神や建築家たちの創造力による〈様式〉の〝発明〟作業が行き詰り、建築デザインが沈滞と混迷の度を深めるなかで、結局、過去の建築様式の《再現主義(revivalism)》や《折衷主義(eclecticism)》で取り繕うかのようにして建築のデザイン作業は続けられたが、あきらかにこれらの現象は、《様式主義》による建築デザインが十九世紀にいたって行き詰り、最終的な局面を迎えていた証拠と呼べるものであった、と多くの場合解説されたのである。西欧世界以外にも同じような建築の〈様式〉連鎖は当然設定されており、たとえば日本でいえば、法隆寺の《飛鳥様式》あたりに始まり、平安時代に入って《寝殿造》へ、さらに中世の《書院造》、近世の《数寄屋造》といった様式的連鎖が建築史家によって解説され、最終的に明治に入って、西洋の十九世紀の多様な《様式主義》建築が入り込んで、日本建築史は世界建築史の中に次第に組み込まれていったと同時に、西洋の〈様式〉的建築の閉塞状況をも引き継ぎ、大正から昭和にかけての建築の革新運動を引き起こす引き金になった、と記述されたのである。

　しかしその一方で、十九世紀の《様式主義》の閉塞状況が生まれたのには、別の重要な原因があったとも説明された。たとえば十九世紀には、鉄や鋼、セメント、ガラスなどといった、近代的な工業生産によって社会に大量に供給されるようになった〈新材料〉の登場があり、さらにそれらの新材料を使って〈新しい建築構造や設備機械〉が考案され、それまでの組積造や木造とは根本的に異なる、新しい技術と動力を使って組み上げていく〈新工法〉が同時に考え出されていく。やがてそれが二十世紀において、十九世紀までのいかなる建築〈様式〉とも根本的に異なる、《新建築様式》を生み出していき、それがいわゆる近代建築の誕生への決定的な道を拓いた、と近代建築史家たちは誇らしげに説明するのが常であった。その新しい建築〈様式〉を生み出した運動母体は、村野がこの講演会で示した判断では、オットー・ワグナーの影響下で始まる「ゼツェシオン」であるとし、彼らのグループの名称通りの、過去の全ての建築〈様式〉からの「分離・離脱《ゼツェシオン》」が出発点として用意されたというのである。あるいはまた「新興建築講演会」に集まった人たちの多くが頭に描いていたであろうような、ル・コルビュジエが「現代建築国際会議(CIAM)」や、W・グロピュウスの「バウハウス」などが活動を開始した一九二〇年代後半からの多面的で、より先鋭的な「新(興)建築」運動が、《モダニズム》の真の出発点を構成したと考えることもできるだろう。ただここで重要なのは、《モダニズム》の真のスタート時点はどの時点にあったか、を探し求めることではなくて、その出発点がどこにあったとしても、そうした新しい建築の理念には必ず、〈新様式〉は過去の一切の建築〈様式〉からの「分離・離脱」が、少なくとも絶対的な条件であったという点だけは共通していたのである。こうして新しい建築は、いわば様式的にまっさらな状態で、形としては抽象的で幾何学的な形態と空間を持って登場することによって、過去の〈様式〉の連鎖から完全に切り離されて独立した、自立した絶対的な〈様式〉として、近代世界に華々しく出現することになったのだ。

このようにして《モダニズム》の建築は、新しい技術や材料を使って建設され、過去のいかなる建築とも別次元のものとなり、それまでの無益な様式連鎖の綱を切り放ち、それらを歴史の闇の中に放り捨て去った後は、ほとんど不動の、究極的〈スタイル〉として世の中に送り出されることになった。別ないいかたをすれば、近代建築の設計においては、過去の一切の〈様式〉はすべて無視して構わないものであり、否、むしろ積極的に廃棄しなければ成立しないものだ、という論理的な帰結がいつの間にか導き出されていた、ということでもあった。こうして将来の絶対的な〝王位〟を約束された〝プリンス〟として、四角く、平坦で、白く無装飾の《モダニズム》建築のデザインが、アール・ヌーヴォーや表現主義といった軟弱な皇太子たちを押しのけて、二十世紀も第1四半期から第2四半期に移行するちょうどその節目の頃に登場したのである。

実は村野が心底〝怒っていた〟のも、その点、つまり将来の絶対的な〝王位〟を約束された〝プリンス〟としての《モダニズム》建築が背負っていた専政的な歴史的背景、つまり《モダニズム》建築は、過去のいかなる〈様式〉とも無縁であるという、西洋世界のみならず、一九二〇年代後半から一九三〇年代の前半にかけての極東の日本の建築界でも次第に固められつつあった建築史観を、彼としては「絶対に許せない」ものだと考えていたからに他ならなかった。村野の立場からすれば、その苛立ちの最大の理由は、ル・コルビュジエや、ミース・v・d・ローエや、ワルター・グロピュウスなどが提示した先駆的な《モダニズム》の建築デザインは、古今東西のあらゆる建築の歴史をすべていったんそこで停止させ、それに代わって地球上をインターナショナルに統括する〈最終的な結論〉といったものでは決してないという明確な認識を持っていたからである。村野から見れば、《モダニズム》のデザインは、たしかにそれまでの建築表現にはなかった革新的な新しさを持っていたとしても、あえていえば、これまでの建築〈様式〉の歴史的連鎖に加えられた最新の一つの鎖の輪として登場したものに過ぎないのであって、歴史の連鎖から自由でもないし、いわんやそれらを最終的に統括するような特別の存在でもない、あくまでも建築史上の相対的な〈一様式〉にすぎない、と言いたかったのだ。

「様式の上にあれ」との関連

村野は、一九一九(大正八)年、先に詳しく見たように「様式の上にあれ」と題した長編の注目すべき論文をある建築雑誌に発表していたが、彼はその「序論」の冒頭の部分で、当時二八歳であった自分が構築した、〈様式〉についての基本的な立場を明らかにして、次のような言葉で論文を書きはじめた。

「様式の上にあれ!。

様式に関する一切の因習から超然たれ!。

吾等は様式の上に只感省の能力しか持たないものである。だから、既に過ぎ去つた様式でも亦現代の様式でも、様式と云ふ様式の、一切の既定事実の模写や、再現や、復活など云ふ、とらわれたる行為を止せ!。

それは全く無意義である。無益である。否罪悪である。それよりも自分自らの思惟の発達と、観念のモーラリゼーシヨンに、自らの自由意思に拠れ!、と云ふのが私の結論である。私のマトウである。[19]」

このような二十代後半の村野の言葉を格別に注意もせずに読むと、ル・コルビュジエが、村野がこの文章を書いた数年後にフランスで出版して評判を呼んだ、あの『建築へ』(1923)と題した本の中でくり返し書いている、「建築は『様式』とは関係がない。ルイ十五世、十六世、十四世様式やゴチック様式は、建築には、婦人の頭の羽根飾りのようなもので、時には美しいが、常にというわけでなく、それ以上のものではない[20]」などという合理主義的な切れ味のよい発言に、思わずオーヴァーラップさせて考えてしまうかもしれない。その結果として、村野が、ヨーロッパから遠く離れた極東の一島国で、コル以上に尖鋭な《モダニズム》宣言を、コルよりも数年早く行っていることに、思わず感嘆して、村野に高い歴史的評価を与える、などといったことも起きかねない。しかしここでの村野の、「様式の上にあれ!」という宣言は、その後の西欧の〈モダニスト〉たちの、近代建築の将来像を明確に予測し固定した発言とは、大いに異なる立脚点があったことを、やはり見逃すわけにはいかないのだ。先の文章でいえば後段の部分、つまりどのようなものにせよ〈様式〉に依存して設計を行うよりは、「自分自らの思惟の発達と、観念のモーラリゼーションに、自らの自由意思」によってデザインを遂行していかなければならないという、モットー(マトウ motto)を彼が持っていた部分に、より強く力点が置かれて書かれていることを見逃してはならないのだ。いい換えれば、コルたちの〈様式〉否定は〈未来〉主義的な建築観の結果であり、村野のそれは〈現在〉主義者としての決意表明であった、という点に基本的な差異があったといえる。〈未来〉の建築にとって過去の〈様式〉はもはや不要だと村野は言っているのではなく、〈現在〉に立脚した建築デザインにとって、「様式といふ様式の、一切の既定事実の模写や、再現や、復活」などの行為はほとんど無意味だと言っているのである。コルのように、単純に、〈様式〉は不要だ、すべて棄却すべきだ、と彼は言っていたのではなかったのである。

前の章でもすでに触れておいたように、この論文の中で村野は、「私は厳格なるプレゼンチストである。現在に生の享楽を実感する現在主義者吾等に、過去と未来の建築様式を与へんとすることは不必要である。寧ろ罪悪である」と前提しながら、自分がなぜ「現在主義者」を標榜するかと自問して、現代社会に生きる人間には、明確な目標とすべき〈価値〉、つまりそこに到達すれば物事がすべて解決されるような「目的(点)」といったものが、どこにも見いだせない状況があり、そうした「目的」もなしに、ただ「念々刹那」(瞬間々々)としての〈現在〉に自分自身を投企して生きていく(実存する)以外に道は残されていないという(まさしく《ニヒリズム》に特有の)覚めた認識があるからだ、と書いている。そうした《ニヒリズム》に体の奥底まで冷やされている「現在主義者」村野藤吾にとっては、過去に実現したいかに美しく素晴らしい内容を備えた〈様式〉に出会ったとしても、その様式の中へ潜り込んで耽溺《たんでき》し、それによって設計者としての自分の根源的不安から逃れ、存在証明が得られるかのように錯覚して、我を忘れることなどは所詮できない、というのである。それとは反対に、明確な〈未来〉の「到達点」など見出せるはずもないのに、科学技術の発達の究極の到達点を、いわば失われた「価値」つまり〈神〉の存在に変わるものとして無批判に〝信仰〟することで、如何にも明確な「目標」を発見できたかのように自ら思い込み、そうした未来の建築〈様式〉の構想とその実現に我を忘れる、つまり実現すべき未来の〈様式〉の中に潜りこんで、自分自身の存在証明を得たように錯覚することも、やはり自分には決してできないことだ、と村野は告白しているのである。だからこそ彼は、自分自身の存在を保証してくれるような、〈過去〉や〈未来〉の一切の〈様式〉を信じるな、それらの様式の中にいようとせずに、「様式の上にあれ!」、その外に出よと叫び、自分の実存的な状況を引受けて、「念々刹那」、〈現在〉を、そのまま〈様式〉としてデザインし固定することに専念する、と書いている。同じ論文の別の部分には、村野自身がすべての言葉に傍点を打った、次のような言葉もある。

「私は先に、今日の文化現象が、科学に其の根拠を有することを主要なる要素とする以上、而して吾等が科学の上に立脚して建築上の画策をなす以上、過去、現在、未来における一切の決定せる建築様式に依拠することの出来ない、否、其の必要なきことを述べた。それは全様式の撥無ではなくて、ネグレクトである。かかる思想の当然の結果として、様式上の現象は無常であらねばならぬ。而しそれは、現代日本に於ける様式上の昨是今非の浮動ではなくて、必要夫れ自身を科学と人道とを以て人生に即して整頓する所の常に新しき様式の創造である。それは一貫せる真理の随時なる『アダプテーション』であり、現実の全充であらねばならぬ。(21)」(原文の傍点略)

「折衷主義」の中の自由さ

村野としては、過去の〈様式〉はもとより、それらの過去の〈様式〉をすべて断ち切って登場したと自称する未来の〈様式〉(つまりは《モダニズム》)も、設計者自身の〈現在〉(実存)を放《ほう》擲《てき》して逃げた〝逃亡者〟の幻想として同罪であり、そこで彼は、自分自身は「全様式の撥無《はつむ》ではなくて、ネグレクト」するのだと、自分の立場を明確にした。この部分の解釈は必ずしも容易ではないが、〝neglect〟という英単語が、人が何かを軽視したり、十分な注意を払わず、構わずに放っておく、といった緩やかな無視といった意味合いがあることから判断すれば、それに対比させられた「撥無」という仏教用語の「払いのけて信じないこと。排斥すること」という強い否定的意味合いの英単語で探せば、おそらく常に〝neglect〟と対になっている単語、〝ignore〟、「イグノー」、つまり物事を不注意とか、うっかりした状態で軽視するのではなく意図的に徹底して無視する状態の言葉として解釈することができるだろう。ここまでの話の流れに即して、この村野の言葉を改めて解釈し直すとすれば、古今東西の〈様式〉を、少し後で〈モダニスト〉たちが主張したように全面的に無視し、破棄(「撥無」、「イグノー」)するのは彼の本意ではなく、「ネグレクト」する、つまりあまり注意を払わず放っておくような状態に置くのだ、と言っていたのだと解釈できるように思われる。さらに彼は、古今東西の〈様式〉の存在は認めつつ、安易に〈様式〉の中に逃げ込むことは自分に禁じた後で、「必要夫れ自身を科学と人道とを以て人生に即して整頓する所の常に新しき様式の創造」を目指すことが必要だという。これを建築設計に即して、あえて大胆に〝意訳〟するとすれば、〈建築的機能を科学技術と人間的尺度に照らし、建築利用者に即してまとめ上げた、常に新しい様式〉の創造こそが必要だ、といった意味になるのではないか。さらにその後段の、「それは一貫せる真理の随時なる『アダプテーション』であり、現実の全充であらねばならぬ」とは、〈過程の真という真理に即して、刻一刻の状況の変化に適応して設計し、人が現に直面している現実(実存)を全面的に反映させていかなければならない〉といったところに落ち着くのではないか。つまりこのことこそが、後に村野が言うところの「折衷主義建築」を社会に生み出していく根源的な理由となったともいえるのだ。つまりすべての〈様式〉を「イグノー」するのではなく「ネグレクト」するというのは、別ないい方をすれば、〈過去〉から〈未来〉にかけてのすべての〈様式〉を、「ネグレクト」しつつ、つまり否定せずに常に自分の脇に置きつつ、自分自身の〈現在〉に特別な接触面で出会う〈様式〉、いいかえれば設計者のその時々の〈現在〉に鋭く顔を突き出してくる〈様式〉があれば、それを自分の〈現在〉に照らして取り上げて使う、ということになるのである。

村野が渡辺節の設計事務所に入ったばかりの頃、「三貫目ぐらいやせた」、今なら十キロ前後も体重を減らした原因が、渡辺の「売れる図面を書け」という注文に対して、大学時代に「セセッション」ばかりに熱中していて、お定まりの過去の時代の〈様式〉演習などを、セセッショニストとして「イグノー」あるいは「ネグレクト」してきた村野が、「売れる」(〈様式〉的な)デザインをして渡辺節の期待に十分に応えることができずに、日々心を悩ませていたのが原因であったことは、いろいろな場所で彼は回想している。[22] そのため彼は一念発起して、当時ニューヨークを中心に大活躍していた「マッキム、ミード&ホワイト」の設計事務所の『建築作品集』などをくり返し見て参考《ネタ》にしながら、近代社会において近代的な構造や設備を備えて建設される建築でありながら、〈様式〉的意匠を内外に現した近代建築(村野の言葉で言う「折衷主義の建築」)の、まさにその様式的な意匠の可能性を必死に探し求めはじめたことについては、すでにくり返し触れた通りである。彼が大学を出てから初めて〈様式〉の演習に必死になったのは、彼自身が「様式の上にあれ」の中でも言っているように、自分の建築デザインを「過去、現在、未来に於ける一切の決定せる建築様式に依拠する」ためでは決してなく、いい換えれば既存の〈様式〉を単純になぞって覚え、それを直接的に図面に写すためでは決してなく、それらの〈様式〉を学ぶことによって、それを単なる〈過去〉の遺物ではなしに、それを〈現在〉に顔を出しているもの、自分自身の内面に何かしら働きかけるものを持っているという意味で、〈現在化〉することができるからに他ならなかった。だからこそ村野が、晩年になって若い建築家たちに向かってくり返し語っていたのは、《様式建築》の形式や形態を習得することに、ただ闇雲《やみくも》に励んでいるだけではあまり意味がない、その意味では「様式というものは、フィクション」であり、「虚構」であって、そうした現象の奥にあるものを〈抽象化〉して抽き出してこない限りは勉強してもあまり意味がない、という点であったのだ。[23]

「様式建築というのは形ではなくて、(中略)、線とか、面とか、影とか、それからマテリアルの組合わせ、それが様式建築で、その微妙さに[面白さが]あります。それを知る事が私は様式建築に対する一番大切な問題だと思います。(中略)。それだから[様式は勉強したが]様式にとらわれずに、私は自分で[設計]事務所を持つようになっても、[様式から]全く自由な作品[を造るように]になって来ている。それは、そこで学んだことが、私には非常に影響力をもってきていると思います。これは建築一般に当てはまることです。あえて近代建築を[様式建築で]論じるわけではないですが。(中略)これが様式建築について私が学んだことです。あえて様式と言わなくても、それは様式の上にある問題だと思います。

私は[ある]論文で『様式の上にあれ』という問題を取り上げた。あれは観点がヒューマニズムですけれども・・・。実際は[様式]建築の上にある[も]のは、様式建築を学んで、初めてそれがわかるのです。私は、その良さ、ここは、微妙だという点を考えられるようになったのは、様式建築を学んだおかげではないかと考えます[24]。」

「歴史というものはフィクションだ」と言う村野は次のようにも話している。

「どういうことかと言うと、抽象的に様式をとらえようという努力と同じで、自分なりに自由に[様式的意匠を]開拓することができる。自主的に自分が様式を理解することができる。例えば、こういう形でなけりゃならんというものを、いやその時代はこうだったと自分では言えるということです。それは、その時代を無視しているかというと、そうではなくて、自分で抽象的にものを解釈しているからです。というのは根本に、自由があるからです。フリーダム、とらわれないということです[25]。」

ともあれ「折衷主義建築」は、このようにして日本の近代建築の〈現在〉を、経済的なあるいは技術的な現実を文字通り現実的に体現しつつ日本の社会に出現した一連の建築であり、その上に被せられたかたちの〈様式〉的な意匠は、設計者の実存的な自由(「フリーダム」)の中で、抽象的に主体的に抽出されて採用された、まさしく現代の〈様式〉デザインであった。その「折衷」的デザインは、資本家と消費者の間をリアリスティックに結びつける重要な契機となるものとして生き、したがって、〈現在〉(現実)放棄の「新興建築家」たちなどから安易に攻撃を受け、その〈様式〉的デザインを非難されるいわれなどはどこにもない、と村野はここで主張することに、彼自身としてはとりあえずは成功した。反対に、単に目覚ましい発展を遂げる近代の科学技術の将来が描きだす建築的な《未来像》に、村野の言葉でいう「ヒューマニズム」の観点から、すなわち人間や環境の側からの検証も制動《ブレーキ》もほとんど掛けることなく、唐突に「目的地」を提示しそこへ向かって無条件に突進しようとしている楽天的な《モダニズム》の側にこそ、糾弾されなければならない多くの問題や虚偽が潜んでいるのではないか、と彼は言うのである。この村野の講演の本来最も伝えたかった主旨が、その講演会に集まった聴衆たちや、その速記録を雑誌で読んだ多くの建築雑誌の読者に、どれほど的確に伝えられていたか否かという点については、その後の日本、特に戦後日本の建築界の動向――あの《モダニズム》をめぐる能天気な熱狂ぶり――を見る限りは、実はほとんど伝達できていなかったのではないか、と考えずにはいられないものがある。

[註]

1 「日本インターナショナル建築会」。本書第六章、註21を参照。

2 ブルーノ・タウト(Bruno Taut, 1880–1938)。本書第四章、註16を参照。

3 「下村正太郎邸」(現「大丸ヴィラ」)は、一九三二年、京都御所の西南部、京都市上京区春日町に、設計ヴォーリズ建築事務所により完成した。

4 『日本　タウトの日記』I(篠田英雄訳)岩波書店、一九五七年、六―十一頁。

5 「朝日会館」一九三六年、設計竹中工務店(担当 松下甚三郎)。

6 「分離派建築会」。一九二〇(大正九)年に東大建築科を卒業したばかりの、石本喜久治、堀口捨己、山田守、矢田茂、滝沢真弓、森田慶一の六人が結成した建築家集団。展覧会や出版物を通して、近代建築のデザインの可能性を多様に追求した。

7 村野藤吾「日本に於ける折衷主義建築の功禍」『建築と社会』、一九三三年六月号、四四頁。この時の講演会の速記録を、他の講演者の発言とともに雑誌掲載した時のもの。『村野藤吾著作集』鹿島出版会、二〇〇八年、一七三―一八〇頁。

8 村野自身が取り上げているその種のケースの一つとして、『近代日本建築学発達史』(日本建築学会編、丸善刊、一九七二年)にこの文章が収録された時に、「編者は後記として、私の講演が『禍』については書いていない」と書いている事について、『禍』については、講演をよく読んでもらえばわかります」と注釈を付けている。前掲『著作集』、一七九頁、脚注参照。

この場合村野が言う「功禍」のうちの「禍」の側面とは、村野が渡辺節のもとを離れざるを得なかった最大の理由でもあった、「折衷主義建築」が、社会の変化のなかでの建築デザインへの現代的要素に柔軟に対応できなくなってしまった点にあったと思われる。村野はそのために渡辺節のもとを離れて、〈未来〉指向型のデザインも《現在主義》の立場で自由に手掛けることになったが、《過去主義》の色彩の強い「折衷主義建築」は、その結果建築史の流れの中で「禍」となった側面もやはり否定できない、と村野は考えたのだが、その「禍」より「功」の方がはるかに大きいと考えあえてそれに触れなかったのである。

9 前掲「日本に於ける折衷主義建築の功禍」『建築と社会』。前掲『著作集』、一七三―一八〇頁所収。

10 アンネビック(François Hennébique, 1842–1921)が考案した鉄筋コンクリート工法。日本では大正期はじめ頃から建築構造として使われはじめた。

11 前掲『建築と社会』、四五頁。

12 前掲『建築と社会』、四六頁。

13 前掲『建築と社会』、四七頁。

14 前掲『建築と社会』、四七―四八頁。

15 たとえば村野藤吾「建築教育考」『建築雑誌』、一九七九年七月号において、「逃げることのできない[建築家の]条件として申せば、何十億、ときとして百億以上の資本の処理の仕方の最終段階を、私自身の鉛筆一本に任された最後のギリギリのところに置かれているという自覚」こそが必要だと書いている。前掲『著作集』、三一九—三二六頁。

16 村野藤吾「社会的芸術としての建築をつくるために」(聞き手 長谷川堯)、『新建築』、一九八〇年一月号所収。前掲『著作集』、三二七—三三五頁。

17 前掲「社会的芸術としての建築をつくるために」(聞き手 長谷川堯)、『新建築』。前掲『著作集』、三二七—三三五頁。

18 一八九七年、グスタフ・クリムトを会長として結成された「オーストリア造形芸術家協会——分離派」(Vereinigung Bildender Künstler Österreichs—Secession)のこと。この時「分離」(Sezession)の単語を独語で綴らず、当時のデザイン先進国であった英国に敬意を表してか、"Secession"と英単語で綴ったため、明治大正期の日本では独語の「ゼツェシオン」ではなく英語の「セセッション」と読まれ、さらにこれが「アール・ヌーヴォー」全体を指す言葉として使われた経緯があった。

19 村野藤吾「様式の上にあれ」(上)『日本建築協会雑誌』(その後、『建築と社会』と改題)、一九一九年五月号、十八頁。前掲『著作集』、八頁所収。

20 ル・コルビュジエ-ソーニエ『建築へ』(樋口清 訳)中央公論美術出版、十七頁。

21 村野藤吾「様式の上にあれ」(下)『日本建築協会雑誌』、一九一九年七月号、七十—七一頁。前掲『著作集』、二三頁。

22 たとえば、村野藤吾「現在に生きる」『建築をめぐる回想と思索』新建築社、一九七六年、七七頁など。

23 前掲「現在に生きる」『建築をめぐる回想と思索』、七九頁。

24 村野藤吾『建築をつくる者の心』なにわ塾叢書4、一九八一年、二八頁。

25 前掲『建築をつくる者の心』、七三頁。

第九章

大阪「そごう百貨店」と神戸「大丸百貨店」の差異

当時の心斎橋から難波の都市風景

村野藤吾が設計した第二次世界大戦前の建築作品には、秀作、佳作、数多いが、単に建築界のみならず、一般社会の、特に村野のいう「大衆」から強い関心を寄せられて世間の話題をさらった建築といえば、やはり「そごう百貨店」[1]につきるだろう。大阪市の「北」と「南」を結ぶ〈ブールヴァール〉として拡張整備され、一九三三(昭和八)年からは、その地下を梅田から心斎橋までの地下鉄が開通した「御堂筋」と、昔から買い物客で賑わってきた繁華街、「心斎橋筋」との間に挟まれた一、〇〇〇坪余りの広さの敷地に、一九三五年、ようやく全体的輪郭を定めて白いアメリカ風のデパートメント・ストア「そごう百貨店」が姿を現した。この建築が巷《ちまた》で広く話題になった直接の理由は、いうまでもなく村野がそこで行った日本の百貨店建築としては前例のないユニークなデザイン、特にあの御堂筋側のファサード・デザインの、上昇感を強調した明るい細い柱がびっしりと並んでいるように見える、当時の百貨店としては際立って〈モダン〉な容姿を大阪市民に見せたからである。それまでの日本の百貨店建築のデザインが、西洋建築のスタイルをかりてどちらかといえば重厚で装飾的な感じのする意匠が中心であったのに対して、「そごう」の建物の上には軽快な〈モダン昭和〉の時代的雰囲気を周りに撒き散らすかのような陽気な姿が具象化されていた。

しかしそれと同時に、人々の「そごう百貨店」のデザインへの関心は、単にその建物自体が持つデザインに向けられていたというだけではなく、実はちょうどその頃定まりつつあった心斎橋から難波にかけての、昭和初期の大阪の都市デザイン上の〈文脈〉の中での評価という側面も少なからずあったことは、やはりここでは最初に注意を払っておかなければならない点であろう。

当時の大阪は、新生「そごう」が旧店舗に代わって心斎橋に出現した一九三五年という時点では、それまで梅田から心斎橋までしか届いていなかった今の「御堂筋線」の地下鉄が、ついに難波まで開通して南海電車に連絡するようになっていた。そうした地下鉄の伸延を見込んでの、いわゆる「ミナミ」から心斎橋にかけての、次々と続く百貨店の新装開店によるビル・ラッシュという事態もその背景としてあったのだ。たとえば「そごう」から一キロほど南に下った難波では、南海電車のターミナル・ビルとして建設された地上七階建の「南海ビルディング」(SRC造、設計 久野節建築事務所)の工事が一九三二(昭和七)年に終了し、第一期工事が終わった一九三〇(昭和五)年の時点ですでにテナントとして進出していた「高島屋」が、約三三、〇〇〇㎡のフロアを使って大規模に営業を展開することになり、いわばミナミの〝顔〟となっていた。

さらに「そごう」のすぐ南隣の位置の、同じ御堂筋と心斎橋筋に挟まれた土地には、江戸時代以来の歴史を持つ心斎橋の老舗であった「大丸百貨店」が、「高島屋」の約一年後、「そごう」より二年ほど早く新館・旧館を統合し、新たにオープンして本格的に営業活動を開始していた。特に「大丸」は、心斎橋筋の商店街に面して、いち早く大正末にRC造の六階建のビル(設計 ヴォーリズ建築事務所)を建て順調に営業していたが、地下鉄開通に合わせる形で、御堂筋側に敷地を拡張し、そこに新館を建設した。全体としてすっきりした建物の輪郭を持ちながらも、外観は《ネオ・ゴシック》のデザインで、細部を豊かな中世系の装飾で飾り、内部は一転してモダンな《アール・デコ》風の装飾で飾った建築(設計は同じヴォーリズ建築事務所、SRC造)を造り、一九三四(昭和九)年に全館オープンさせ、心斎橋を代表する大規模百貨店としての地歩を固めつつあった。

そして「高島屋」「大丸」の後を追うようにして新築工事をすすめ、いわば最後に登場する〝主役〟といった形で完成したのが、村野が設計した「そごう百貨店」の建築であったのだ。一九三五年の時点で、この大丸とそごうの二つのビルが、特に御堂筋に面して見せるファサード・デザインが、きわめて対照的、対比的なものであったことから、一つの〝縄張り〟(商圏)に後から登場してきた「そごう」と、それを受けて立つ形の「大丸」との間には、お互いのデザインを認めあいながらも、他方ではまさに角突き合わさんばかりの緊張関係が生まれたともいえ、そこから挑戦者として登場した「そごう」のデザインへの、大阪市民の関心がいやがうえにも高まったといえるかもしれない。二つの新築の百貨店建築は、〝御商売〟という大阪人にお馴染みの〝土俵〟の上に立つ、二人の新進気鋭の力士といった風情もあり、真正面から堂々と取り組み合って勝敗を決しようとする力士を応援するのと似て、どちらが贔屓《ひいき》か、どちらのデザインが良いか、どっちの店で買いものするかといった評定の前に、いわば「どっちも頑張れ!」といった熱い声援に包まれていたように思われる。

ところで「大丸百貨店」の建築は、関西を中心にして、大正期から昭和初期にかけて大活躍していたアメリカ人の建築家で、宣教師として来日した経歴を持つウィリアム・メレル・ヴォーリズ[2]によって設計された建築であった。「そごう」の一年前に完成したヴォーリズの「大丸」が、やや古風な感じのする《コロニアル》系の《ネオ・ゴシック》の意匠を外部デザインとして〝着て〟いたにもかかわらず、主に内部では、一九二〇年代のフランスを起点に世界的に流行していった《アール・デコ》系の魅力的な装飾的細部をふんだんに取り入れたデザインで買物客を強く惹きつけていた。これに対して村野藤吾の「そごう」は対照的に、昭和初期の〈モボ〉〈モガ〉と呼ばれたような若者たちの衣服に見られたような、明るく軽快で、現代的と映る意匠を建物の外部に施し、内部にはむしろ〈アール・ヌーヴォー〉系のデザインに近い装飾を用意して客を迎えようとする、といった具合に、それぞれに独自の工夫と、異なる商売上の路線が示されていた。

晩年になって村野は、「そごう百貨店」の新館を設計者として選ばれてその設計を手掛けた前後の頃を回顧して、次のように語っている。

「村野 （前略）〝そごう〟の時は心斎橋という、なかなか良い所在地の店です。（中略）それが、〝大丸〟も帰ってきたから、〝そごう〟もすぐやらにゃいかんと言うので、［私は］すぐ〝そごう〟の設計にかかった。〝大丸〟はああいう立派な建築ができている。それに対して〝そごう〟が後からやる。そうするとね、依頼者［そごう側］の心構えとか、経営方針というものが反映するんです。（中略）

〝そごう〟の場合は、重役が『私は、建築家に対し六割依存しているんだ』とおっしゃるわけです。六割ということは、自分［経営者側］は四割になる。その時私はこう言った。『それは逆でしょう。四割が建築家で、六割が経営者側にあるのではございませんか』（中略）

その時私は、これで建築［家］的生命がなくなるかもしれないが、構わないと思った。依頼者［そごう］がそれだけ一生懸命なら、それで［一緒に］討ち死にしよう。それ位の建築家の心構え［が必要だったこと］を、今日は特別だから皆さんに申し上げる。(3)」

一九三一年に出版された、『近代建築画譜』の中では、「大丸百貨店」が「様式」として「近世ゴシック式」とされているのに対して、「そごう百貨店」の場合は、なぜか「様式」という項目自体が省略されているため、様式名が確定できない。あえて今この「そごう」のデザインに様式名を付けるとするならば、当時の呼び方でいう「新興建築様式」になるだろうか。今の時点で判断して、村野の「そごう」の外観のデザインは、純粋な《モダニズム様式》の建築と呼ぶよりは、どちらかといえば後期《表現主義》とか、あるいは革命後のロシアで盛んであった《構成主義》のデザインに近いところもあり、これに《モダニズム》が一部加味されたもの、といったあたりが妥当なところであったかもしれない。しかしこの二棟の建物はともに、表面的な〈様式〉では、かなり対照的なデザインを採用していたとしても、ともに村野のいう「折衷主義建築」の近代的な内容を備えた建築であったことに変わりがなかった。つまり大正末から昭和初期の、いわゆる「ビルヂング」と呼ばれた様な高層建築のほとんどが備えていた、ビル機能に素直に従った平面計画だとか、合理的な構造計画や、先進的な設備計画、

9-1　1935年完成の「そごう百貨店」(手前)と、その前年完成の「大丸百貨店」(奥)の御堂筋側のファサード

といった近代建築としての十分な内容をともに備えていた建築であったことは確かである。「大丸」は、外観は「そごう」にくらべてやや古風な表情を見せてはいたが、百貨店建築の構造や設備といった面では非常に近代的な内容を備えていたし、逆に近代的な相貌の「そごう」もまた、後で詳しく見るように主にインテリアの随所に「折衷主義の建築」としての相貌を色濃く持っていたからである。どちらにせよ、この二つの百貨店建築は、ライバルにふさわしい、まさしく〝いい勝負〟をしていたといえる。(9-1)

「大丸百貨店」の建築概要は次の通りである。(4)

設計　ヴォーリズ建築事務所
施工　竹中工務店
起工　一九三〇(昭和五)年五月二十一日
竣工　第一期　一九三一(昭和六)年八月(御堂筋側に新館の一部、完成)／第二期　一九三三(昭和八)年五月(御堂筋側全館の完成)／第三期　一九三四(昭和九)年五月(心斎橋筋旧館と御堂筋新館との統合オープン)
敷地　一六九〇坪
建坪　一三五〇坪
延坪　一一七〇〇坪
高さ　一〇二尺(軒高)

階数　地上七階、地下三階、塔屋三階
構造　鉄骨鉄筋コンクリート造
（旧館　ヴォーリズ建築事務所、竹中工務店施工、一九二五年竣工、鉄筋コンクリート造、六階建。新館に組込み）

＊　＊

続いて「そごう百貨店」の建築概要[5]は次の通り。

設計　村野建築事務所
施工　大倉土木（第三期のみ島藤）
起工　一九三一（昭和六）年十月
竣工　第一期　一九三三（昭和八）年八月（御堂筋に面した北側の敷地に新館完成）／第二期　一九三五（昭和十）年十月（御堂筋に面した南側と心斎橋筋を繋ぐ新館完成オープン）／第三期　一九三七（昭和十二）年十一月（心斎橋筋の間口拡大に伴う増築と売り場面積の増床）
敷地　一一六六坪（第二期完工時）
建坪　九九二坪
延坪　九〇三〇坪（第二期完工時）
高さ　一〇五尺（軒高）
階数　地上八階、地下三階
構造　鉄骨鉄筋コンクリート造
（旧館　竹中工務店設計・施工、一九一八年完成の鉄筋コンクリート造、四階建。この部分は新築時に取壊し）

「そごう」第一期工事中の鉄骨軸組の写真から考える

村野藤吾設計の「そごう百貨店」の建築的内容についての建築雑誌等への公表は、一九三五年、第二期工事が完了し、新しい建物の全体としての輪郭がほぼ確定した後の段階で行われ、翌一九三六（昭和十一）年の各誌で、その内容が詳しくリポートされている。[6]「そごう百貨店」はその前に、一九三三年八月、一九三一（昭和六）年に始まった第一期工事が完了しており、「新築仮オープン」といった形式で、新築のビル内での営業を開始し、同時にそれまでの旧館部分の取壊しに入っている。この第一期工事による完成部分は、全体がT字形をしている「そごう」の敷地の中で、御堂筋に面した、「⊥」の下部の「一」の、左側（北側）に突出した部分であった。間口三二m×奥行き二五m、計八〇〇㎡ほどの建築面積に、鉄骨の軸組にコンクリートを打ったSRC造で、地下三階、地上八階の躯体として建ち上げられていた（地下工事は当時最新の「潜函工法」を採用）。第一期の平面計画で注目されるのは、後に第二期工事の終了後も百貨店全体で使われることになる大量の物品の搬入搬出や従業員の出退社などに使われるサーヴィス・エントランスが、一階北（鰻谷通）側の二五mある東西の間口のすべてを使い用意されていた点にあった。（9-2）

また御堂筋側正面のファサードと北側外壁部分には、後に第二期工事の完了後、百貨店の御堂筋に面したほぼ全面を覆うことになる、あのイタリア産の石灰岩《トラバーチン》を貼って立ちあがる縦繁の「柱列状ルーバー」が、北側(奥行き)二五m、御堂筋側三二mにわたって付け終えられており、その瀟洒な外観が、工事の騒音に包まれた第二期の現場の隣で、市民から注目されはじめていた。この「そごう」の商業用建築としての性格を決定づけたともいえる縦繁の、日除けとしての機能を帯びた

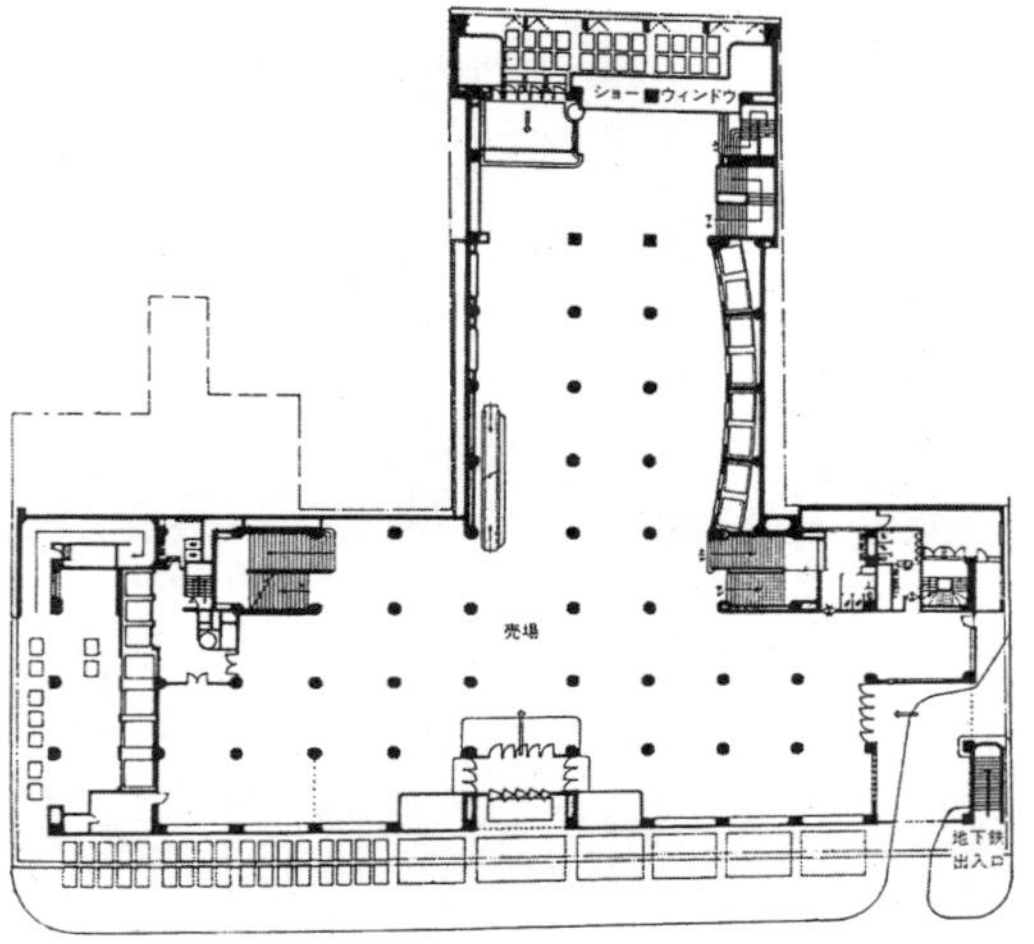

9-2 「そごう百貨店」1階平面図。図の下辺左端突出部が1933年完成の第一期工事部分。残りが1935年に完成

長方形断面をもつ鉄筋コンクリートの竪型ルーバーは、第一期工事では、御堂筋側に立つ六本のSRCによる構造柱の間の五柱間《スパン》を、二階から八階に向け一定間隔で埋めつつ垂直に立ちあがってファサードを構成している。この特徴的な鉄筋コンクリート製の柱列は、見付一八cm、見込み五四cmというかなり薄いが奥行きのあるシャープな長方形断面を持ち、高さ(長さ)は実に二七mにも及んで連続している。現場打ちRCの柱列は、表面に明るい色のイタリア産トラヴァーチンを貼って仕上げ、柱間を六九・五センチというピッチで連続させ、その縦の列の間に、高さ三・八五m、幅六七・七cmの縦長の開口部を置き、腰壁に十五cm角のガラスブロックを積み上げ、その上はスティール・サッシュの滑出し窓、さらにその上部にはハンドル操作付き回転窓が入れられていた。

　施工者である大倉土木が第二期工事終了時に作ったと思われる、工事中と完成後をともに記録した「そごう建築写真集」と題した写真集が残されているが、この第一期工事中に、八階まで建ち上げられた鉄骨軸組の構造体が、ほとんど裸の状態で撮影された写真と、さらに同じ角度から、この構造体の二階以上の外壁部分を、縦繁の柱列が覆った竣工写真が、二枚並べて収録されているページがある(9―3、9―4)。それを見ると、村野藤吾が「そごう百貨店」の外部デザインにおいて目指していた方向性といったものを明快に理解することが

9-3　第一期、鉄骨工事

9-4　第一期終了後の、御堂筋側の立面（1933）

9-5　第二期、鉄骨工事

9-6　第二期完成後の、御堂筋側のファサード（1935）

できるように思われる。特に「松尾鉄骨橋梁」が工事を担当した鉄骨軸組の建上げ直後と思われる、コンクリート打設前の鉄骨造の裸の骨組だけの写真を眺めていると、昭和初期の日本の建築業界での、中高層ビルにおけるＳＲＣ剛接架構《ラーメン》の工法が、耐震性の問題の解決策を含めて、技術的にはほとんど確立されていた状態にあったことがわかってくる。つまり村野が先の「折衷主義の功禍」の講演の中で力説していたように、日本の建築家や建築業者たちが、一九三〇年前後の時点で、少なくともプラニングや、構造や、設備などの建物の物理的側面に関してだけは、近代建築の基本的な手法をすでに十分にマスターしていたことがはっきりとわかるのだ。

いい換えれば、欧米の旅を通して《モダニズム》のデザインの動向をよく承知していたはずの村野が、このビルの外壁として、先に概略を見たような、どこかでドイツ《表現主義》建築の面影を残すようなルーバーの細い柱列で覆うのではなく、たとえばなぜこのＳＲＣのスケルトンの上に、ミース・ｖ・ｄ・ローエが一九二〇年代の中頃に、未来のオフィスビルの「構想案」としていくつか提案し、村野も「動きつつ見る」の冒頭に写真で取り上げて注目していたような、全面ガラスのカーテン・ウォールを建物の外皮として被せるようなデザインを考えようとしなかったのだろうか。そこまで過激でなくとも、軸組構造体の外壁部の垂直・水平の構造的格子模様をそのまま露出させ、そのグリッドの中の全面を、透明なガラスをスチール・サッシュで固定して埋めるとか、当時ドイツでE・メンデルゾーンがやっていたような、あるいは同じ大阪京橋で、「分離派」出身の石本(喜久治)建築事務所が三階建の「京阪デパート」(1933)のファサードで二層分だけ小規模に実現していたような、各階のスパンドレルとスパンドレルの間を、どこまでも水平に連続するガラスの横長窓とし、その水平線の連続によっていわゆる流線形を表出する、といったデザインを大規模に実現することを村野はここでなぜ考えなかったのだろうかと思わずにいられない。もしその方向で村野がデザインしそれを実現していたとすれば、日本における《モダニズム》建築の最初の完璧な作品として、若い建築家たちから「森五商店」や「大阪パンション」よりはるかに多くの注目を集め、また評論家や歴史家たちからも絶賛されていたに違いなかったのに・・・、と考えてしまうのである。しかし結果として村野はそうした選択を決してしなかった。では、その理由はどこにあったのか。(9-5、9-6)

村野の〈全面ガラス壁〉嫌い

全面ガラスのカーテン・ウォールや、軸組《フレーム》を露出した開口部の全面ガラス壁、あるいは流線形の連窓のストライプといった、一九二〇年代に始まり三〇年代におよぶ革新的なファサード・デザインを、「そごう百貨店」を舞台にして展開しよう、などとは村野が考えなかった理由は、バウハウスの外壁がそうであったように、その種の外壁が遮光・断熱といった点で大いに問題があり、百貨店建築には基本的にそれが不向きである、という機能的な判断が第一番に働いていたということはここでは一応別に置くとしても、そのような近代的な表現から生まれ出る空間の絶妙な効果を村野が設計者として知らなかったからではなかったし、またカーテン・ウォールやガラス壁の収まりといった新しい技術についての日本の建築業者の経験不足を単純に恐れた結果でもなかったのはいうまでもなかった。村野は、先の欧米旅行でそうしたガラス壁を主役にしたカーテン・ウォールを各所で実際に見て、その空間的効果や、ディテールの技術的な解決法を自分の目で十分学んできていたはずだし、日本の建築業界も、カーテン・ウォールを実現する技術的経験の蓄積はまださほどなかったとしても、それを克服するだけの技術力も研究心も持ち合せていないわけではなかったからである。村野が、仮にそれを実現しようとする意欲を持ってさえいれば十分に実現できたにも関わらず、そうした方向に決して動こうとしなかったのは、《モダニズム》が絶賛する開口の大きな横長ガラス壁や全面ガラスのカーテン・ウォールなどによる建築表現に、彼はさほど興味がわかず、はっきり言えば、一人の建築設計者として、それが〝嫌い〟——むしろ〝大嫌い〟——であったからとしか考えられない。

私たちは先に、「動きつつ見る」と題した村野の欧米近代建築見聞録のなかで、グロピュウスが設計した「デッサウ・バウハウス校舎」(1926)の広大なガラス壁面を、ある意味では不思議に思えるほどに強く批判していたことについては詳しく検討した。その意味で、ガラス壁への村野の類似の不信感の表明として興味深いのは、「動きつつ見る」旅(一九三〇年)に出かける一年ほど前に村野が書いた、近代建築におけるガラス、特にその頃の近代的な商業ビルなどに見られるようになった「ショー・ウインドウ」等の、透明で大型のプレート・ガラスなどのデザイン的処理を取り上げて論じたあるエッセイの内容である。それは、「『グラス』に語る」と題してある建築雑誌に彼が寄稿した、短くややくだけた調子ではあったが、しかしガラスという素材に向けた彼の本音を吐露した、意外に攻撃的な調子の文章であった。

村野はその冒頭で「グラース!」と、近代の工業ガラスを擬人化して呼び掛けながら、自分がその近代的な素材について抱く感想を、かなり赤裸々に語っている。

「だが、近代の建築家は勿論、近代の企業家も、生産者も、その建築も、君[ガラス]をあまりに信じ過ぎて居るし、又君の魅力に陶酔し過ぎている様だ。おそらく君自身、君の運命を恐ろしいものと思わぬ事はあるまい。そこで僕は、君を科学の力を以てする近代的ペテン師のうち、最高の役目をする者の一つだと断言するに憚らない。而も、君は臆面もなく衆人環視のうちにつつ立つてマネキン的作用をする。路と家、いや欲望と財宝に透しの垣《かきね》を作って人を誘惑する。建築家たちは争つて君の姿に追従《ついしょう》する。企業家は君の魅力をあのづるそうな手段で以て利用する。もういい加減そんな罪な役目を縮小してもらふ意志はないのかねー。而も君は確かに人の生活を活発にし、人の生活を明るくし、又人の生活を愉快にした。だがその代り、君は生産者の為に散兵線を敷いて、人間の弱点、謂わば人の罪悪を徴発して、資本家的二重搾取手段のお先棒をつとめてゐるのではないか。見ろ!デパートの窓と云う窓を、その誘惑を、それを眺める人の目を、その醜悪な顔を。」「僕は敢へて君に忠告する。君は今、建築家は企業家に、企業家は建築家によって、あまりに利用され過ぎてゐないのか、一考を要する問題なんだ。君は今、その明るい科学的な美しさと、この広々とした姿を、もつと人間が切りつめた生活、企業家のギマンと搾取からさけて、たとえば中世紀の様な生活をする為に、君の広さを縮める意志はないのか、くだらない事を言つていると笑つちゃいけない、本気になつて君の行き過ぎた道を引きもどそうと思ってこんな事を言っているのだから。[7]」

村野は、近代的な生産工場から送りだされてくる大型の透明なガラスは、一種の「ペテン師」のごとき建築材料だ、とここで断言する。ガラスは消費者と企業家の間で透明に姿を隠して立ち、「人の生活を明るくし、又人の生活を愉快」にしているその一方で、企業家の側に立ち、「人間の弱点、謂わば人の罪悪を徴発して、資本家的二重搾取のお先棒」を担ごうとする、いわば〝詐欺師〟のような存在だ、と。そして近代の企業家たちが、そうしたガラスの性格を自分たちの利潤追求の手段として利用したいと考えているのはまだしも、近代の「建築家たちは争つて君の姿に追従」しているように見えるのは、はたして如何《いかが》なものか、と嘆くのだ。その開口部の視界の広さや、大きな窓から入ってくる外光の明るさといったものに良識ある建築家たちまで騙され翻弄され、ガラスという素材の持つ虚偽や、陰湿な野望を見逃してしまっているのではないか、と。堅実な「中世紀の様な生活」、つまり人間本来の素朴で土着的《ヴァナキュラー》生活がもつ〈節度のある開口部〉といったものの魅力と意味を、近代建築家たちは〈モダン〉な表現を慌ただしく追い求めているが故に、見失いつつあるのではないか、と村野は嘆いているのだ。

村野としては、大型の板ガラスが造り出すカーテン・ウォールのような開口部は、たとえそれが新しい機能と近代的な表現を建築家に約束するものであったとしても、許せない、好きになれない、危険な方向だと、かなり根源的なところからくる自らの選択と嗜好をここで曝け出して、それを明確に拒絶しようとしている。工業生産ガラスという、大型で、歪みのない均質な透明性と適度の強度を持つまさしく近代的な性格は、ほとんど姿を見せず、中立的な立場を主張する所にその本性があり、また人を寄せつけないような冷たい質感の故もあって、村野はほとんど生理的な反応としてそれを忌避する。たしかに彼が設計者として自立した昭和初期における出発点から、彼の最晩年期の仕事にいたるまでの半世紀以上にわたって、ここで改めてふり返って考えてみても、村野の設計の中では一貫して、大きなガラス壁がファサードなどで人の目に表立って現れ、建築の上でのその姿が直接何かを人の目に訴えるような場面は、常に強い意志のもとで村野が排除してきた跡を見出すことができる。そうした場面にガラスという材質がどうしても必要な場合には、彼は板ガラスではなく、多くの場合、ガラス・ブロックを用いてそれに替えようとした痕跡もある。工業生産された板ガラスが、たとえばミース・v・d・ローエの建築の場合のように、カーテン・ウォールの広い連続的な広がりとしてデザインされて、積極的に人目に触れさせながらもその姿を消しているような例は、ごく一部のわずかな例外を除いて村野の作品群の中ではほとんど見出せず、いわんやそれが設計上の〈主題〉としてデザインされることなどは、皆無に近かったと断言してもいいだろう。

「大衆にアピールする形」

そのような〈ガラス壁嫌い〉の村野が考案した、「そごう」の外壁のほとんどの立面を、ルーバーを兼ねた縦繁の薄い柱列の広大な連続で覆うという手法は、まさに絶妙な着想であったといえる。この縦縞型のファサードデザインは、たとえば村野の知人のドイツの建築家で「そごう」の図面をハングルクへ送って意見をもらったりしたというフリッツ・ヘーゲル設計のハノーファーの「アンツァイガー・ビル」(1928)や、村野が一九三〇年の旅行で格別に感銘を受けたと書いているレーモンド・フッドのニューヨークの「デイリー・ニューズ・ビル」(1930)などの建築における、垂直方向へのデザイン的な指向性を強調した立面構成が、直接間接に村野に影響を与えていた結果であったと考えられることについてはすでに前の章で触れた通りである。

しかし村野自身の晩年の回想によれば、この垂直に上昇しながら横に連続する柱列によってファサードを構成するというアイディアは、六割を建築家に依存するという「そごう」の施主側の熱い期待に応えるために、「何か大衆にアピールする形というものがないか」、と必死で思案しているうちに、ふと頭に浮かんできたアイディアであったという。「そうすると、その時、蓄音機かラジオのデザインで、横縞を主にしているのがあった」のを見て、「これだ！」と叫んで飛びついて、「縦縞で行くんだ。それで大衆にアピールさえすればいいんだ」、「大衆にアピールして大丸を圧倒しようというのが私の狙いだった」と晩年になって打ち明けている。(8) この彼の言葉をいいかえれば、設計者である村野の立場としては、透明で大きなガラス壁が持つような性格、つまり中立的な立場を主張して姿を消していながら、実は生産者や資本家の側に立って消費者を煽《あお》りだます、その意味で「ペテン師」のごとき外壁のデザインは、自分が設計者として目指すデザインの方向では決してなく、「大衆にアピールする形」、つまり消費者をだますのではなく、彼らの消費者としての潜在的な欲求に真摯に立ち向かい、彼ら自身でさえ無意識な状態に置いている心理的志向性を先取りするようなファサード・デザインを思案するうちに、このデザインについに出会った、と語っているのである。(9-7)

このことはまた、「森五商店」の外壁の窓の見込みをできるだけ浅くして、その前を通る市民や、あるいはそこへ毎日やってくるビルの利用者に、当時の日本橋としては異例といえるこの高層のビルが、仮に窓面が壁面より深く後退してい

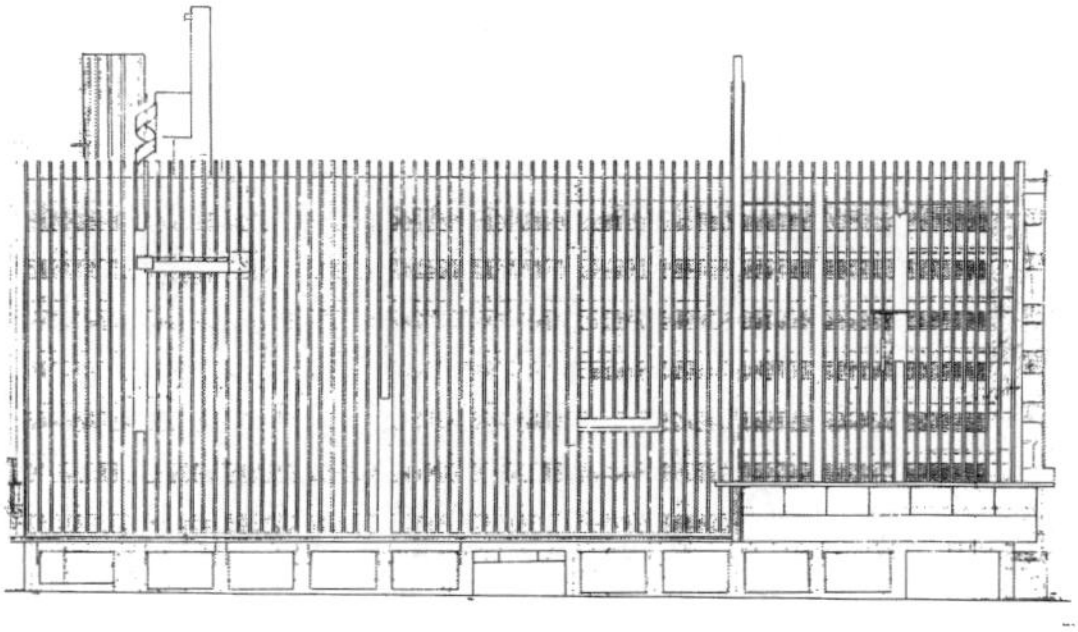

9-7　御堂筋側の立面図（完成形とは異なる部分がある）

る場合に齎《もたら》すに違いない意味のない威圧感や圧迫感などを、できるだけ与えないようにと心掛けていた、設計者としての村野の姿勢と通じるものがあったことが自ずとわかるはずである。同時に村野のこの姿勢は、第二次世界大戦後の彼の作品群の設計においても、変わることなく継続していく。その結果、たとえば同じ百貨店建築では、名古屋の「丸栄百貨店」(1953)の、絣《かすり》の着物の縞模様を見る人に連想させるようなあの繊細なファサード・デザインを筆頭に、テッセラ・タイルの柔らかな肌触りの壁面が広がる東京有楽町の「読売会館（そごう東京店）」(1957)の外壁がそれに続き、さらにこの建物では駅側の外壁には、一面に透明性を消去されたガラス・ブロックの壁が採用されもしたのだ。さらには百貨店ではないが、石貼りの彫刻的な露台《バルコニー》周りの深い陰影が美しい「日比谷日生会館（日生劇場）」(1963)や、アルキャストのルーバーの広がりがいかにも新鮮で斬新であった「千代田生命本社」(1966)などがこれに続いている。晩年には、磨いた赤い花崗岩のつやのある肌の大きな柱型の列柱のある「日本興業銀行本店」(1979)や、実に千個のバルコニーが広大な外壁面を装飾する「新高輪プリンスホテル」(1982)なども出現している。さまざまな材料を複雑に構成し、その結果、それぞれの場面の中で調和したきわめて多様な表情を湛《たた》えた魅力的なファサードが、彼が手がけたほとんどすべての作品の中に実現していくことになったのである。

《モダニズム》建築の指針の中でも、たとえばル・コルビュジエの「新建築の五つの要点《ポイント》」[9]はよく知られているが、この最後の一つの「ポイント(ポワン)」として、「自由なファサード」という項目をたしかに挙げてはいる。しかしなぜかコルの後を素朴に追いかけた日本の〈モダニスト〉たちの基本的な判断としては、設計者がファサード・デザインに強くこだわるのは、その設計者が悪しき《様式建築》の手法、特に〈ファサーディズム〉といった誤った美学にいつまでも拘泥《こうでい》している証拠だとして、実は端《はな》からその種のデザインを否定的に考える傾向が強かったように思われる。村野の場合のようなファサード・デザインの装飾的(!)手法は、近代建築のデザイン手法としてむしろ〈罪悪〉である、といわんばかりの判断が建築界に罷《まか》り通っていたのだ。しかし村野の場合は、彼のデザインの中で最も重要なもの、とまでは言わないまでも、少なくともその種のファサード・デザインは、他の要点と切り離してでも建築家が必死に思案して設計に臨むべき、きわめて重要な課題の一つであると考えていたことは明らかであり、そうした村野の態度が、特に戦後において、彼の建築への非難や中傷が企てられる時の、一つの標的とされた経緯と可否については、いずれ改めて詳しく取り上げて論じることになるはずである。

「大丸」のファサードとの対比

T字形の敷地のうちの残りの部分で行われる「そごう」の第二期工事は、第一期が完工した後の、一九三四(昭和九)年一月に始まり、一年九ヵ月後の一九三五(昭和十)年十月に竣工し、新装「そごう百貨店」の基本的なプランと形態がここにようやく定まった。(これに続く一九三七年十一月竣工の第三期工事は、「T」字形平面の縦線「I」の部分、つまり御堂筋と心斎橋筋を連結している「心斎橋(側)棟」部分の北側を、二スパン分、約一三m拡張し、それによって心斎橋筋棟の間口と売場を、約一・五倍に拡張したが、建物の全体の機能と輪郭には大きな変化はなかった。)

その結果、「そごう百貨店」と「大丸百貨店」は、大阪のメインストリートである御堂筋の東側に位置して、地下鉄出口を挟んだ形で、結果的にこの二棟のビルは北側に「そごう」、南側に「大丸」と、ほぼ同じ軒高で文字通りに軒を連ねることになった(9-1参照)。かなり味わいの異なるそれぞれの外壁面を一続きに連続させつつ、しゃれた欧米風の街並を想起させる都市空間を形成して、大阪の中での心斎橋界隈の〝株〟をさらに高めることに成功した。このうち「大丸百貨店」のファサードは、中間階の外壁として、煉瓦色のスクラッチ・タイルを一面に貼り、構造上のグリッドを素直に外壁に現して、比較的すっきりした印象を客に与えている。それと同時に、その外壁の上下を帯状に、白色の石の表面に装飾を施して貼った壁面層が、表情を押えた中間階の広がりとは対照的に、かなり賑やかな表情に演出されている。特に御堂筋側には、二階分の高さを持つ白い外壁が建物の裾(足元)を抑えて広がっており、玄関周りでは中世の城砦などに見られる跳出し狭間《マチコレーション》風の装飾や、後期《ゴシック》の教会堂風のトレーサリーで覆われた窓列など、いずれも熟練した石工の細かな工作の痕を窺うことができるデザインである。他方では、最上階の床レヴェルに回された胴縁飾り《ストリング・コース》から上の部分の外壁と、屋上から飛び出している《ゴシック》風の柱型で豊かな凹凸をみせる塔屋も含めて、下階と同じような白い石の装飾模様で壁面に複雑な陰影を生み出しており、少し離れた位置から全

体として眺めると、かなり賑やかな、また装飾的ファサード・デザインであることがわかる。(9-8)

9-8 「大丸百貨店大阪店」、御堂筋側のファサード

ちなみにタウトが来日直後の五月十日、大阪の朝日会館で講演するために大阪を初めて訪れた時、当日が偶然にも新築開店日に当たっていたこの「大丸百貨店」を、タウトが京都の邸宅に投宿させてもらっていた大丸社長下村正太郎の関係で見学した時の印象を、その日の「日記」に端的に次のように書いている。

「下村氏の大丸大阪店の開店日、設備はいい。しかしこれが建築なのだろうか。屋上庭園、食堂は半分が日本食部で半分が洋食部である。陳列品の照明、キモノを着せた人形、『質』の高さが見られる。地下が三階になっている。建築家は階上の百貨店と同じ人、いかものだ。劇場めいたゴシック風、だが明るい。(10)」

幸か不幸か、もう一方の村野の「そごう」については、まだ第一期工事が最後の追込み中であったため、タウトのこの日の「日記」にはまったく言及がないし、タウトが離日する一九三六年までの間にも村野や彼の建築についての断片的な言及はあっても詳細な論評といったものは見出せない。あるいはタウトが、この日の村野の「折衷主義の建築」に関する講演の要旨を後で誰かに教えられて、村野という建築家に対して何かしら警戒心を抱くようになっていたからかもしれない。先述したようにタウトがその数ヵ月後に東京で、村野の「森五商店」の建物に出会って素直に褒めたのも、最初はそれが村野の作品と知らずに自分から近づいて行き、作品から直接感銘を受けて絶賛した結果であって、村野の作品を求めて最初から近づいて行ったのではなかった、ということなども思い起こされる。

トラヴァーチンを貼った細い柱列

「そごう百貨店」の非常に訴求力のある御堂筋側のファサードは、一九三五(昭和十)年十月に第二期工事を完了した段階で、第一期分と合わせて、道路に接する壁面線が実に七二mにも及ぶ長大な間口を持って広がることになった(9-7参照)。御堂筋側のエントランスの中心となる「正面玄関」として、ショー・ウインドウが並ぶ一階中央部の外壁面を内側に深く抉《えぐ》る形で、建物の壁面線から約三m奥まった位置に、間口七m弱の比較的地味で控え目な感じの中央玄関入口が造られている(9–9)。玄関の両サイドの一階外壁には大きなショー・ウインドウが穿《うが》たれており、主に自動車に乗ってやって来る買物客たちをこの玄関は出迎えている。この正面玄関の左右の一階の外壁部分には、地面から五〇cmほどの高さで、間口約五m×高さ約三mほどの大きな開口部を持つ、かつて村野が「グラース!」と呼びかけて、警戒感を露わにしていたような、大型ガラス入りの窓や飾窓が、額縁であるドイツ産トラヴァーチン貼の壁面にがっちりと四方を抑え込まれた状態で制御され、南側に四個、北側に五個の合計九個、大きな魅力的な〝目〟を開いて、道行く人に特定の商品やデパート内部の華やいだ世界を伝え、店内へどうぞ、と道行く人を誘っている。

9-9 「そごう百貨店」、御堂筋側入口。玄関扉前の天井にガラスモザイク装飾がある

9-10 御堂筋側正面入口上の天井のガラスモザイク装飾

この中央玄関部の外観のデザインとしては、隣の「大丸百貨店」の場合とは正反対に、装飾らしい装飾は歩道上からはほとんど何も見えず、エントランスの左右の壁に濃い縞模様に特徴のあるドイツ産トラヴァーチンを貼り巡らした簡潔で飾り気のない姿で来客に対している。ただこの中央玄関には、装飾的な試みが決して行われていなかったわけではなく、歩道から奥へ凹形に刳り込まれた玄関扉前の客溜りの空間の中へ客が足を踏み入れさえすれば、そこにいかにも村野らしい控え目なやり方ではあるが、しかしある意味で心のこもった出迎えの装飾的儀式を見出したと思われる。半屋外である玄関扉の前の客溜りの場所に立ち、その真上の天井部分に眼をやると、そこには歩道からはほとんど見えなかった小さなヴォールト天井が、中心部を半円形の断面で見せながら楕円形のドーム状に上に膨らんでおり、吊下げた船形の照明具や、ヴォールト下の周囲に光源を隠している間接照明に照らし出された、非常に美しいガラスモザイクによる天井画があることにすぐに気づくからである。多彩な天空の様子を何層にも重なる異なる色の揺れる楕円の輪で象ったと思われる非常に素晴らしい色調の装飾模様が、村野が「森五商店」のエントランス・ホール以来、好んで各所に使ってきたガラスモザイクの艶のある色とりどりの細片の構成によって浮かび上がって、

来店客の頭上を一瞬包み込んでいる。なおこの天井モザイク装飾の制作者は、大阪谷町でガラスモザイク、ステンドグラスなどを手掛けていた「ベニス工房」の主催者で画家の、鶴丸梅太郎の制作によると伝えられているが、デザイン自体が鶴丸本人によるものかどうかは不明である。(9-10)

客溜りから玄関扉を引き開けて、その奥にある、九×三mほどの広さの風除室に入っていくと、その天井は断面が台形で、斜めに立ち上がる四側面と、天井面にガラスが入れられ、その奥に照明源を隠した一種の光天井になっている。その天井面の磨ガラスの上に、切りつけるような鋭い線とグラフィックな平面性を強調しつつ、さまざまな草花模様や昆虫などの小動物をあしらったエッチングによる装飾模様が描き出されている。装飾様式としては同時代の《アール・デコ》というより、むしろその前のウイーンの《セセッション》に近く、これに日本の着物柄などに見られる伝統的な模様が加味されたデザインのように感じられる。さらに百貨店の売り場と風除室との間を仕切るガラス壁や欄間にも、同じような草花模様が浮き出ている。(9-11、9-12)

9-11　御堂筋側の正面入口上の天井

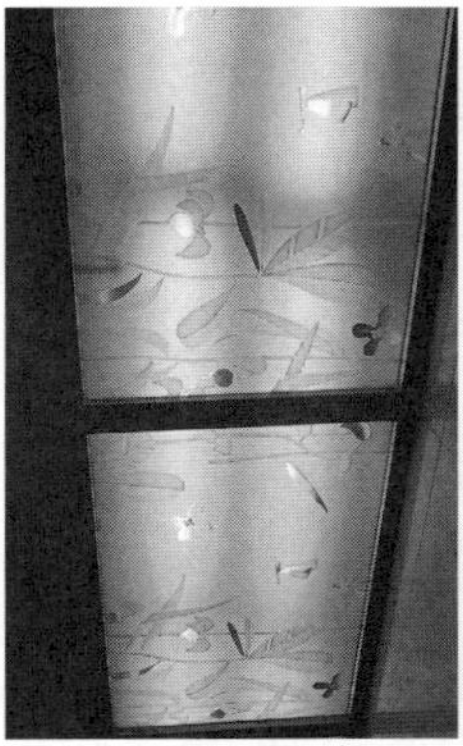

9-12　天井の装飾ガラス

これらの草花装飾を実際に見ているうちに次第に、この装飾は村野や村野のスタッフたちによるデザインではなく、建築家ではない誰か専門のデザイナーの仕事ではないか、と誰でも考えるようになるだろう。とすればここに見られる鋭利な線と面を持つ図像の特性から判断して、リチ上野、つまり上野伊三郎夫人、オーストリア出身のデザイナー、フェリース・リックス[11](リチ上野)以外には考えられないではないか。この「そごう」の内部には、さまざまな場所に効果的な装飾模様が宝石をちりばめるように配されているが、これらのすべてのデザインがそうだとは決して言わないが、かなりの数の図像の実現に、何らかの形でリチが関係し、その原案や原図を村野に提供したのではないか。もし仮にそうであるならば、それらの装飾模様のデザイナーとして彼女の名前が、竣工時に一切表へ出なかったのはなぜだろうか。村野がそれを拒んだのか(考えにくい)、リチが拒んだのか(その可能性の方が高い)、そのあたりの微妙な経緯は今となってははっきりしたことはわからない。想像を逞しくすれば、もしリチがこれらの装飾の原案・原図の提供者であったとすれば、村野が自分の設計段階で思うままにリチのデザインを処理して、形や構成を自由に変更して実現していくことに、リチのデザイナーとしての自尊心が許さず、原作者としての自分の名前を外に一切出して欲しくない、と村野に告げたのかもしれない。村野もそのことをどこかで長く心苦しく思っていたところがあったとも思われ、そうした点を考慮してか、村野は彼の戦後の代表作となるべき「日生劇場」の設計を手掛けていた時に、地下の劇場用レストラン「アクトレス」の、壁面装飾のデザイナー及び制作者として最晩年のリチ上野を指名して、建築家とデザイナーとしての相互の対等な関係を、実に三十年近い歳月を超えて実現している。ここでの室内空間と見事に融合した壁面装飾を、今度はまさに「リチ上野の作品」として一切手を出すことをせず村野がそれを広く公表したことは、一部ではよく知られた逸話である。結果としてそれはデザイナー、リチの最晩年を飾る佳作として記念すべき遺作となったのだ。

南西隅部の、〈構成派〉風の外壁デザイン

正面玄関の他に、御堂筋側の出入口としては、地下鉄を利用してくる客のための地下一階の出入口の真上の位置に、もう一ヵ所一階に別なエントランスが用意されている。それは御堂筋側の西南部、大宝寺通との角にあり、地下鉄へ下りる階段を取り囲むような形で、出隅の一スパン分を鉤型に内側に切り込んで造られ、そこを車寄として車道を入れ、一般の買物客用の「玄関」として供すると同時に、雨天の場合にタクシーなどの自動車でくる客が、雨に濡れずにそこで乗り降りできるように備えていた。(9-13)

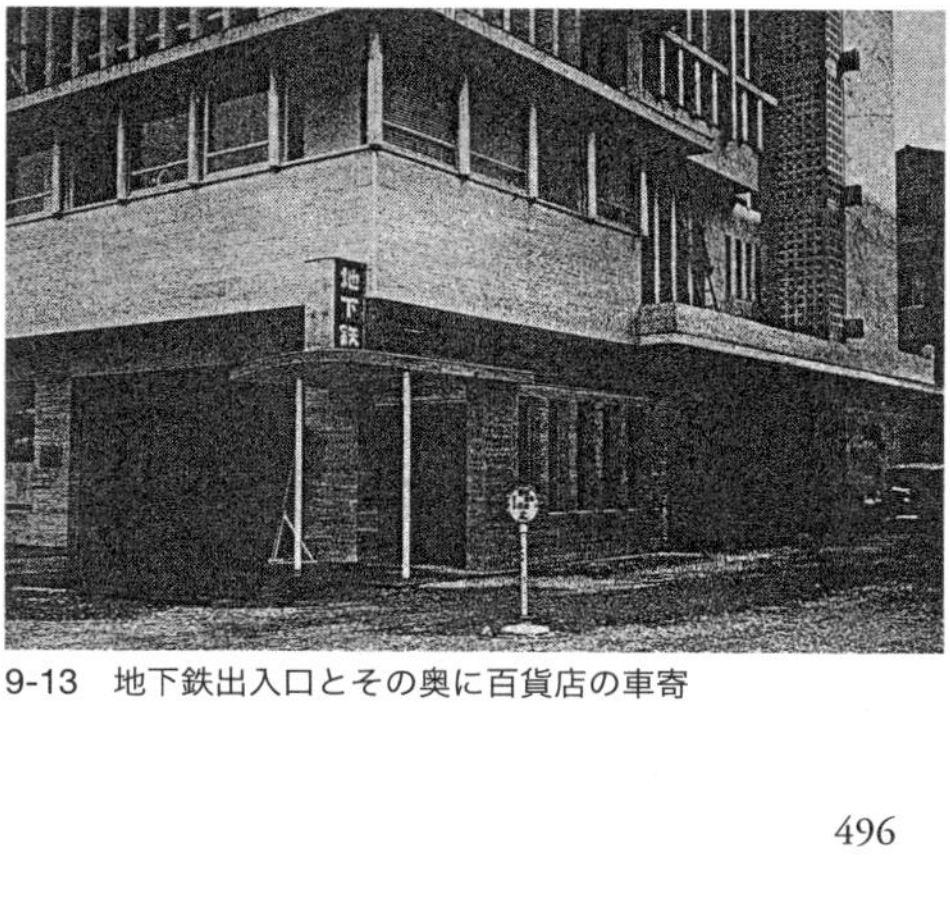

9-13　地下鉄出入口とその奥に百貨店の車寄

「そごう」の外壁を特徴づけるもう一つの要素として、地表から高さ三・六mほどの位置で、ビルの北面(鰻谷通側)から西面(御堂筋側)を通って南面(大宝寺通側)へと一続きに、建物の足元に水平方向への視覚的な動きを強調するために巡らされた、半間ほどの軒の出を持つ「陸庇」が取り付けられている。

御堂筋棟の南西隅の三スパン分の位置では、この同じ陸庇が、鉤型に折れて上昇し、二階の軒庇に転じてまた水平に移動し、最後に大宝寺通側の方へ直角に回り込んで、そこでようやく止まっている。この南西隅部の二階の陸庇下には、これと並行する連窓があり、これも大宝寺通に回り込んで終

わっているが、その終端の斜め上方に位置する、出窓上の庇が、なぜかテーブル状の陸屋根のキャノピーになっており、このあたりのデザインには、金沢の「中島商店」の外壁ですでに見たような《ロシア構成派》や、オランダのW・M・デュドックなどの、村野が実際にその地で見て歩いた同世代の建築家たちのデザインの直接間接の影響を想起させている。

先の一、二階の間の陸庇から上の、「そごう」の西側前面のほとんど全体に、例の見付一八cm×見込み六三cmという扁平な長方形断面を持つ竪型ルーバーが、約七〇cmの間隔《ピッチ》で垂直に並べ立てられ、それが実に間口七〇mにも及ぶ南北の幅で整列して〝林立〟し、平面的《フラット》な縞模様で、御堂筋棟の立面を覆っており、完工当初のその外壁の表情は、眩しいほどに壮観であったと伝えられている。特に、創建時から、敗戦後の百貨店の再開前後の時期までは、このコンクリート製のルーバーの表面を、村野が一九三〇年の旅の折にイタリアで採用を決めて買付けてきたといわれる、明るい縞模様の入ったイタリア産トラヴァーチンが、表面をマットな状態で覆っていて、それが午後の陽光に照らされて白く輝き、平行するすべての直線が天空に向かって上昇する様子には、周りの建物を圧倒するような視覚効果があった。しかしこの瀟洒なトラヴァーチン貼のルーバーは、戦時中の繰り返す空襲による部分的な被災や人手不足によるメンテナンスの不行届きなどが重なり各所で比較的柔らかい石の表面部分の剥落が起こるようになり、戦後の店舗再開にともなう大改修時に、石片をすべて除去して、替りに白い小型タイルで貼り替えられてしまった。このために、竣工時の輝いているような石肌の晴れがましい印象や、同時に艶のない仕上げのトラヴァーチンの柔らかい肌理といったものが消えた状態で戦後「そごう」が御堂筋にその姿を見せることになったのには、村野としては幾分かは複雑な思いがあったのではないかと考えられる。（9-14）

9-14　トラヴァーチン貼の竣工時のルーバーの柱列

抽象絵画風のコンポジション

竪型ルーバーの行列による御堂筋側の外壁面の冗長な印象を与えがちな広大な広がりを、途中でいったん断ち切って、ファサードに緊張感を与えようとするかのように、御堂筋側の前面全体の、南寄りの三分の一ほどの位置に、ルーバーの平板な広がりから凸形に二m近くも道路側に突出した「板

9-15　御堂筋側の外壁

9-16　パラペットのルーバーの列(左)と、大付柱の屋上への突出部分(右)

状柱」(付柱)を村野はデザインしている。その垂直な大付柱の中心部には凹型にスリットが入れられ、夜間にそこが垂直に光る線をなすように、ネオン管を何本か仕込んでいるのは、「森五商店」のパラペット部分の夜間に光る水平線の処理や「キャバレー赤玉」のネオンの線を思い起こさせる。この大きな板状柱は、さらに上昇して軒線の上へ六mほど煙突状に突き抜けた後、その先端部が屋上で扇状に弧を描いて割れて開き、そこでやっと動きを止めている。こうした上昇性の表現は《表現主義》建築のそれに近いものであるとともに、村野がすでに大阪道頓堀の「キャバレー赤玉」(1933)でさかんに用いて成功していた《ロシア構成派》に特有の〈エレメンタリズム〉の応用であったとも考えることができる。いずれにせよこの巨大な刃物《ブレード》状の付柱が一本、無数の細かなルーバーの柱列の間を割って立つことで、単調に陥りかねない大壁面の広がりに適切な締まりと緊張感を与えることに成功している。(9-15、9-16)

他方で村野は、「そごう」の外壁の圧倒的な〈垂直〉方向への視覚的な〝流れ〟を実現しながら、いわばその〝流れ〟に何かを逆らわせる形で、逆にその方向性を強調しようとする、効果的な視覚的要素もここで用意していた。それが、川の水の緩やかな流れを所々で堰き止めて川面に表情を与えている〝流れの中の石〟のごときいくつかの造形的エレメントであり、それらの要素は、垂直に立ち上がる壁面から道路側にやや突出して、その垂直線の方向性を効果的に〝堰き止め〟、街路を歩く人たちの視線を大付柱とともに引きつけている。大付柱の北側には、壁面の八階と、四階には、人が出ることはできない飾りのバルコニー風の突出が、ルーバーの列を真横に切るような形で取り付けられ、ある時は宣伝用の旗掛けとして、あるいは夜間の照明用の機器を隠す幕板としての本来の機能を果たして固定されている。またそれぞれのバルコニーの端から、ルーバーの間をそこだけ埋めるやり方で、垂直に細長い帯状の壁面が上下に伸び、同じような垂直の細帯がもう一本、二つの突出部の中間で、二階から四階の高さにまで昇っている。村野は、建物の北端から大付柱までのルーバーで埋め尽くした壁面を、あたかも一枚のキャンバスに見立てて、そこに《ロシア構成主義》風、もしくは《デ・スティール》風の抽象絵画を描き上げるようにデザインしたのである。それはまさに、ル・コルビュジエが「新建築の五つの要点」の中で最後に上げたポイント、「自由なるファサード」の手法そのものが適用されていたということもできるだろう。

さらに大付柱の南側の壁面にも、もう一つの〝流水中の石〟ともいうべきバルコニーの突出があり、ここに〈抽象〉的表現で統一したはずの御堂筋側の外壁面の中での唯一〈具象〉的な形象を持つ、引き締まった青年の身体を象った人像彫刻が立てられている。五階部分の外壁に、幅の狭い縦長のバルコニーが造られ、その少し上にこれを覆う陸屋根の庇が突き出している。彫像はその二つの間で、露台上に片足を乗せ、頭上の〈モダン〉なキャノピーに両手を挙げて軽く当てながら、背中にある大きな羽を一杯に広げ、強靭な体に貯めた力を一気に解き放って、今にも空中に飛び立とうとする姿で立っている。この優れたブロンズ像を創った彫刻家は、藤川勇造[12]。明治末にパリでロダンに弟子入りし、病を得て帰国後、日本で活躍していた彫刻家藤川は、「そごう」の竣工年である一九三五年、惜しくも五二歳の若さで亡くなっている。彫像はおそらく、ローマ神話の中に登場する「マーキュリー」（メルクリオス）、つまり「商売の神様」の像だと思われ、これは商売の成功のための「六割」を依託された形の村野藤吾が、「そごう」の経営者たちの「御商売」の飛翔を祈ってそこに定位した、心からの餞《はなむけ》の立像であったと思われる。（9-17）

9-17　藤川勇造作のブロンズ像

ルネサンス美術を中心とした美術史家としても広く認められ、同時に昭和戦前期を代表する建築評論家の一人としても活躍していた板垣鷹穂[13]は、一九三七年、「そごう百貨店」が第三期工事を終えて完全にその姿を整えた頃に東京から関西を訪れ、当時の最新の建築をいくつか見て回る中でこの建物を訪れ、「そごう」のファサードを眺めて、自分の率直な感想を次のように書き留めている。

「『そごう』百貨店を御堂筋側から見ると、イタリア産トラヴァーティンの柱型を過剰に使ひながら、巨大な長方形の壁面効果を恐ろしく派手に見せている。幅員大きく真直ぐに延びる御堂筋からこのファサードを望むと、遠望にも近望にも著しく目立つばかりでなく、隣接する大阪大丸の陳腐で古風な外観を気の毒なほどに圧倒してしまってゐる」(14)。

「そごう」の心斎橋筋側の玄関周り

いよいよ、一九三五年に竣工した当時の、「そごう百貨店」の玄関から内部に足を運び、インテリア・デザインの様子を見なければならないが、そのためにはまず御堂筋から離れて、大宝寺通を通って東へ回り込んで歩き、徒歩で訪れる一般的な買い物客にとっての主要な出入口となる心斎橋筋の方から建物に近づいて行くことにする。なぜなら村野は「そごうのメイン・エントランスを、「東の銀座、西の心斎橋」と呼ばれ今も昔も買物客で昼夜賑わい混雑している「心斎橋筋」の通りに面して置くことを、最初から予定して設計を行っていたからである。まず心斎橋筋の路上に立ち、一九三五年に完成したばかりの「そごう百貨店」の東側立面をやや斜めの位置から見上げると、「T」字形の輪郭の敷地の縦線部分である心斎橋筋棟の東端では、間口がわずかに二六m(一九三七年、一・五倍の三九mに拡張)の幅で、そこに地上八階(地下三階)の建物が、道路斜線に沿ってセットバックしながら立ちあがっているのが見えたはずである。心斎橋筋に面した建物の壁面は二階上の軒線まで垂直に立ちあがり、この部分の壁は最初期には無窓で、イタリア産のトラヴァーチン貼の四角い面が、柱梁の格子面より薄く浮き出した形で連続している。斜線に従い三、四階と五階の壁が道路から奥に後退し、五階から八階までの壁は再び直立して、西側と同じあの立繁の垂直ルーバーが覆っている。

心斎橋筋に面した街路側の一階の道路レヴェルでは、ショー・ウインドウのある壁面が敷地境界線から奥(西)へ七mほど後退しており、玄関扉や飾窓などに囲まれた広い客溜まりの空間になっている。これにより雨天の日でも濡れずにショー・ウインドウを覗き込んだり、人と待ち合わせることもできるピロティ下のスペースとなり、建物の内でもなく、外でもない、内部空間と外部空間の間の、ほどよい緩衝域《バッファー・ゾーン》を形成している。先の板垣鷹穂は文章の中で、「幅の非常に狭い上に、人通りの著しく多い商店街」に面して、「十合の設計はこのコンディションを極度に利用している」と書いているが、これはこの玄関前の客溜りの空間を指したものであったと考えられる(9-18、9-19、9-20)。道路と建物の境界線に沿って、多分に村野好みの「板状壁柱」が四本、本磨きの黒御影を両側面に貼り、列柱のように並んで立って客を威圧感なしに出迎えている。その列柱の奥の南・西の壁面に沿ってL字形に連続するショー・ウインドウのガラス壁《ケース》があり、西

9-18　心斎橋筋側の出入口周りの外観

9-19　心斎橋筋側の玄関

9-20　心斎橋筋側の客溜とショー・ウインドウと玄関

北隅の飾窓とともに、玄関を両側で挟んでいる。床面には、O・ワグナー[15]が「ウイーン郵便貯金銀行」(1906)の営業室で大規模にやったように、二列に合計二四枚のガラス・ブロック板（一三三×一〇七㎝）をSRC枠で止めて床面とし、直下にある地下一階の喫茶室だけでなく、地下二階のオフィスにまで昼間の自然光が届くようにし、同時に暗い冬の夕方から夜間にかけては、逆に地階に灯った明るい電気光が床と足元をほのかに照らし出すようにも工夫されている。二階床スラブ下の天井面は、ドイツ産トラヴァーチンとガラスモザイクで東西と南北それぞれを囲まれた、大きな長方形のイタリア産大理石の天井板があり、その天井板の中央に、ホワイト・ブロンズの鋳物による楕円形の中心飾りと、特注の照明具が五本吊り下げられ、夜間の客溜りと飾窓の前を柔らかな光でつつむようにしている。

　この心斎橋筋の玄関前の空間を、訪れる買物客の視点で眺めてみると、見付けが四〇㎝と薄く、奥行きが一二〇㎝の四本の平たい板状の壁柱の列の、スレンダーな視覚的誘導効果と、その奥にある横長に連続した透明なショー・ウインドウのガラス面の流動性と店内を見せる透過性も手伝って、買い物客たちが心斎橋筋の人の流れの中から、いつの間にか自然にピロティの客溜りの空間に引き込まれ、つい扉を開いて店内に足を向けてしまうというような、歩行者の心理的な流れを巧みに処理した空間になっている。ここでも旧館の出入口のデザインをそのまま継承した「大丸百貨店」の心斎橋筋側の出入口の、大きな半円形アーチ《アーキトレーブ》の下のタンパンと呼ばれる部分の、雄孔雀《ピーコック》が羽を広げた姿で客を出迎えるレリーフの、華麗で豪華だが、やや大仰な感じもする玄関周りのデザインと、「そごう」の、クールで機能的な配慮が先行する玄関周りの出迎え空間とは好対照をみせていて非常に興味深いものがある。

玄関から一階ホールや売場へ

客溜りの北西側に、前面に立つ列柱と同じ黒御影本磨きの額縁の中に玄関扉があり、板ガラスにススキとツバメをエッチングであしらった欄間下に、透明な厚いプレート・ガラス入りの六枚の扉が立て込まれている。そのうちの一枚を開いて館内に入り、ごく緩やかな傾斜の斜路の上をそのまま前に進むと、いわゆる「エントランス・ホール」の吹抜けの空間の下に出る。仮にその前方に続いている中央廊下《コリドール》をそのまま真っ直ぐ進めば、一番奥の突き当たりで、先ほど夜空の星のガラス・モザイクの天井画を見た御堂筋側の正面玄関へと出ることになる。この「ホール」の今自分が立っている位置からでも、昼間なら六〇mほど先で、御堂筋の明るい昼光を受け、出入口のガラス扉が明るく光っているのを見ることができる。この東西を動線として結ぶ中央廊下《コリドール》の中ほどの右(北)

9-21　エレヴェーター周りの装飾デザイン

9-22　ドア・パネルの装飾

9-23　ドア・パネルの漆仕上げによる装飾

側に、二階へ昇るエスカレーターが見え、その裏側には地下一階への下りのエスカレーターも設置されている。ただし、一九三〇年の開店時には、エスカレーターはこの二台しか設置されていなかったので、一般的な来店客が上下階に移動するには、東西に伸びる心斎橋棟の南側の壁の中ほどに設置されたエレヴェーターを使うか、御堂筋棟と心斎橋筋棟が「T」字形に接続する地点の南北両脇にある大階段を利用しなければならない。ちなみに「そごう」のエレヴェーター・ホールは、八台もの顧客用エレヴェーターが、珍しく緩い曲面を描いて弓形に整列して客の上下階への移動に備えており、制服と丸帽に身を包んだエレヴェーター嬢がその前に立って客が集まるのを待っている写真が残っている(9-21、9-22、9-23)。近づいて見るとわかるが、エレヴェーターの左右上下の壁面には華麗な色彩と模様のあるイタリア産大理石が一面に貼り巡らされており、またエレヴェーターの周りには、表面を細かい手描きの線で草模様を引掻くように描いたホワイト・ブロンズ合金のパネルが額縁状に囲んでいる。エレヴェーターのドア・パネルはさらに一段と工芸的な色彩の強いデザインで仕上げられており、黒漆を地とした極彩色の漆蒔絵模様で、樹木や鳥や草や花で構成した、島野三秋作によるきわめて日本的な装飾パネルが取り付けられている。

9-24　心斎橋筋側1階のホール。1階中央奥に玄関、2階には喫茶室(竣工時)

「玄関ホール」の空間の考察に入ろう。一階フロアはすべてテラゾーの現場磨き仕上げ。そのフロアの東側の一画に、一九三五年の竣工段階で、一〇m×一七mの長方形の平面を、三階分、一三mの高さで吹抜けにした「ホール」の空間がある。村野がこの百貨店の内部のさまざまなインテリア・デザインの中でもおそらく最も心を注ぎ、同時にその出来具合に、密かに自信を持っていたと思われる空間がそのホール内に広がっている。あるいは彼はまた、この吹抜けの空間を設計している時に、隣の「大丸旧館」(1925)にあったホールでヴォーリズが実現していた、六階分吹抜けで天窓から昼間光が落ちる、こちらもやや芝居がかった《ネオ・バロック》風のアトリューム(どこかであのライトの「ラーキン・ビル」[16](1904)の吹抜け空間を思い出させる)への対抗意識が潜んでいたかもしれない。

それはともかく、この吹抜け空間を取り囲む周囲の様子をぐるりと見回していけば、人々の視線は吹抜けの中を自然に天井方向へと昇っていくことになるだろう。天井面は、合板に四五cm幅で溝を付けて凹凸のある縞模様にし、こうしてできた梁状パネルの上に薄いアルミ箔を張って全面を仕上げている。その天井面から本体の長さが優に三m以上はありそうな巨大な吊下げ型照明具《ペンダント・ライト》を三本吊り下ろしているが、このユニークな照明具が村野自身によるオリジナル・デザインか輸入物かどうかは不明である。電球を中に入れたガラス製のシェード部分と、鋼板を加工して研磨した金属部分を交互に組み合わせて、各エレメントを明確に分節したダイナミックな構成のすばらしい照明具。昭和の初めに流行した《機械美学》《マシン・エセティク》が謳《うた》いあげた〈機械時代〉《マシーン・エイジ》を象徴する、発動機《エンジン》の外形などを見る者に連想させるこのダイナミックな照明具は、

9-25　2階喫茶室

9-26
3階バルコニーから吹抜け越しに2階の喫茶室と1階玄関を見下ろす

村野のオリジナル・デザインか否かは別にして、いずれにせよ、この吹抜けの空間にはまさに無くてはならない点景としてそれを彩っているのと同時に、その空間の存在そのものを充実させている。(9-24、9-25、9-26)

二階の喫茶室の〈モダン〉な明るさ

玄関を入ってすぐ右手、つまりホール北側に広がる開口部のない大きな壁面は、オークとサクラの合板を寄木風に貼ってホワイト・ブロンズの金物で押さえた、なかなか味のある大壁面である。村野はこのような練付けの壁はこの当時非常に好んで得意としており、たとえば先に見た金沢の「中島商店」二階の応接室の壁の処理などをすぐに思い出させる。同じような仕上げの大きな壁面が反対側の南側にもあり、こちらでは二階部分に小さな開口部が並び、これによって南北両サイドを空間的に柔らかに仕切っている。南側の壁面の一階部分は、南東隅に二階への階段の上り口と、その西側には地下の食品売場へ行く幅の広い階段の降り口がある。さらにこの階段の西側、心斎橋筋棟の南側には、先に見たエレヴェーター・ホールが一列に並んで続いている。

この南北二枚の壁の間の東側、つまり心斎橋筋側一階の玄関や外部の客溜りの真上で、ショー・ウインドウの天井の先端からバルコニー風に立ち上げた幕板の背後に二階フロアが

あり、そこにきわめて〈モダン〉な「喫茶室」が造られていて、コーヒーの香りや軽い音楽の調べなどがそこからホールに流れ出している。喫茶室のホール側は、腰壁から上に大きく高い開口部を持ち、そこからホール一階の人の動きや、床の一部を占めるその時々の商品展示の様子などを見下ろすこともでき、ホール空間とほとんど一体化している。喫茶室の街路側壁面は無窓で、当時の大きな現代絵画が何枚か掛けられている。喫茶室の広さは、外壁までの一スパン分の奥行きと、南北に三スパン分で、一五〇㎡ほどの広さがある。

この喫茶室へは、先に見たホール一階の南東隅にある階段を上がって行く。その「冂」形、つまり「ク型折れ階段」を上るために、ホールの側から始まる取付けの階段を数段昇り始めると、正面の柱と柱の間に渡した目隠用と思われる装飾的な金属板——羽ばたく鳥を描いた大きな鉄鋳物装飾——があり、見事な工芸的な仕上がりで客の目を楽しませている。(9–27)

9-27　階段室の壁柱装飾

階段を昇り切って右に折れて進むと喫茶室の中に入り、明るく軽快な雰囲気の空間に包み込まれる。この部屋の明るい雰囲気を決定づけているのは、高さが八m近くもある天井面の東端一列の、ガラス・ブロック板を通して落ちてくる外からの明るい透過光であるに違いない。このトップライトは、斜線によって壁面を後退させたその帯状のスラブの屋根部分に、一階の玄関客溜部の床と同じように、ガラス・ブロックのパネルを梁の間に一列に並べて入れることで実現した文字通り自然な明るさである。喫茶室のインテリア・デザインは、基本的には《アール・デコ》。しかし隣の「大丸」の《デコ》の装飾とはかなり異なり、全体的に図像は非常にシンプルで、ストライプ、チェッカー、市松《ペイン》といった、直線・直角による平面的で幾何学的なパターンが多用されている。これに軽快な籐椅子やテーブルが加わり、その頃日本でも流行し始めていたジャズの軽いリズムが似合いそうな、しゃれた雰囲気の一郭に設えられている。溝口健二の「浪華悲歌」にも実写《ロケ》で登場するこの「そごう」の喫茶室の空間が、やがて戦後、同じ心斎橋筋に面した場所で村野が設計した、喫茶店建築の名作「プランタン」(1956)の、あの吹抜けのある空間としてやがて甦った、と考えることができるかもしれない。(9–28)

喫茶室と二階売場を繋ぐ渡り廊下に戻り、喫茶室の方とは反対の西の売場の方へ向かう。廊下のホール側は小窓があるだけでほとんど塞がれているが、通路が二階の売場と鉤型に接する西南隅の位置で、「キャバレー赤玉」のホールの中空に

9-28　心斎橋筋側ホールと1、2階売場を2階喫茶室から見る（戦後撮影）

9-29　吊り下げ型照明と右手に2階喫茶室（竣工時）

も見たような、村野が好んでいたと思われる半円形平面に沿って円弧を描いて突き出すバルコニーが作られている。そこからと、すぐ上の階の同形のバルコニーから、先ほど下から見上げた、巨大な吊下げ照明具《ペンダント・ライト》を目近に横から眺めたりして、ホールの空間の様子を楽しむことができるようになっている(9−29)。このようにホールを見下ろし、あるいは天井方向へと眼を走らせたりする多角的な視線の自由さは、ホールの西側の二階、三階の商品売場の側からも確保されており、六mスパンで二本立っている大理石貼りの構造的な角柱の間の横長の開口部が、ホール側の腰壁に多彩華麗な模様を浮き立たせているイタリア産大理石を貼った二層分のスパンドレルに彩られて、ホールの吹抜け空間に口を開け、売場の空間と連続して一体化している。

ある既視感の源について

竣工オープン時の玄関ホール周りの空間を写した写真をしばらく眺めていると、ある種の既視感《デジャ・ヴュ》、つまりこの空間を前にどこかで見たことがある、といった感覚に襲われずにはいられないが、いったい前に見た何にこのホールは似ているのだろうか、と考え込む。欧米のどこかの百貨店のホールにそのような空間を見たのか、と思案してもすぐには頭に浮んでこない。あえていえば、村野が金沢に一九三二年に完成させた「加能合同銀行本店」(1932)の営業室の吹抜け空間だが、ここと比べて来店客に約束された視覚の多角性についての配慮が不足しており、仮にそれが楽しめるにしても金沢では一部の行員のみの楽しみに限られている。

ふと、これは一九三〇年の村野の欧州旅行で、彼が実際に見たはずのある建築の「玄関ホール」にどこか似ている、と思いつく。「動きつつ見る」の中で、村野に「彼の有つところの優秀なる作風を認めずにはいられない[17]」とまで書かせた、ル・コルビュジエの一九二〇年代中頃のある建築の玄関ホール。コルが、いわば《モダニズム》の最先端の設計と自負してパリに完成させた住宅、「ラ・ロシュ＝ジャンヌレ邸[18]」(1925)の、玄関を入ってすぐの場所に展開する「ホール」を、かなり前に実際に自分の目で見た時の空間のシルエットに、「そごう」のホールが似ているのではないかと気付いたのだ。もちろんこの二つの建築の、スケールも、構成も、あるいはディテールの処理の面でも、直接的な因果関係を示すようなものはほとんど見出せないが、ただ二つの建築のホールに、ある種の共通性といったものを意識させるのは、中心となる吹抜け空間への、〈視覚的な多角性〉の実現といったものに他ならない。

9-30　「ラ・ロシュ邸」の玄関ホール

「ラ・ロシュ邸」の玄関ホールは、その吹抜けを取り囲む内壁に装飾など一切ない三階分の高い空間を、居住者は一階から見上げるだけでなく、二、三階のさまざまな位置にあるバルコニー、渡り廊下、階段上がり端などの多様な位置と角度から見回し、あるいは見下ろす楽しみが与えられている。それはあたかも施主のラ・ロシュ氏がコレクターとして熱心に集めていた《キュビスム》の絵画空間のように、残像を何重にもモンタージュして、それを一つの空間体験として自分の身体に統合する楽しみ、といったものがこの家の大きな魅力となっている。「そごう」のホールの吹抜けの空間にも、同じような楽しみがあった。つまりいろいろな位置や視角からの視覚的体験を、一つの〈モダン〉な空間体験として自分の身体の中にまとめ上げる楽しみ、といったものがそこに用意されていたように思われるし、そのことは竣工時の写真や図面からも十分に追体験することができる。ただ村野が、戦後、宝塚カトリック教会堂や、西宮の「トラピスチヌ修道院」の設計のための構想を練っていた時には、自分の机のすぐ脇に、コルの「ロンシャン」(1955)や「ラ・トゥーレット」(1959)の図面や写真が入った本などの資料を置きながら作業を行っていた[19]と伝えられているように、「そごう」の設計時に「ラ・ロシュ邸」での体験や資料を、自分の直接的な発想源として参考にしていたかどうかは、今となっては残念だがわからない。(9-30)

あくまでも、もしそうであったなら、という仮定のもとでのことだが、村野は「ラ・ロシュ邸」の空間を自分自身の想像力によって消化し、まさしく自家薬籠中のものとして、大阪の新しい百貨店のエントランス・ホールの、一九m(d

×一二m(w)×一三m(h)の大きな空間に拡大し、現実的な(つまりソロバンに乗る)商業空間として投射することに鮮やかに成功したことになる。したがって村野のこの「そごう」のホールは、コルの住宅のホールを単に写した(模写した)ものではなく、村野が使っていた言葉に直していうならば、ル・コルビュジエが、〈未来〉の建築の《様式》——将来の建築《様式》は必ずこうあるべき——として提出したデザインを、村野は、自分自身の《現存在(実存)》において、あくまでも〈現在〉の建築の《様式》として自分に引き寄せ、摑み取った結果を「そごう」のホールの吹抜け空間として投企《プロジェクト》したのである。その意味では村野は、過去の建築《様式》を扱う場合とまったく同じように、まさしく「様式の上」にあってコルの空間を把握し、自らの〈現在〉を設計していたことになる。

インテリアにおける多彩な装飾的手法

「ホール」から西の方向には、「T」字形の「そごう」の一階プランのうちの「I」字形部分である「心斎橋筋棟」の空間が、南北に伸びる「御堂筋棟」に向かって一階売場が展開しているのを見ることができる。この心斎橋筋棟と御堂筋棟が「T」字形に出会った南側袖脇に「冂」形の折れ階段があり、地下三階から屋上まで連続し、さらにもう一つ、この階段に正対して北側最奥部に、地下一階から地上六階までをつなぐ同型の階段が用意されている。テラゾー仕上げで随所に装飾を取り入れた階段室のデザインは、すでに村野がこの頃から、建築表現における階段のデザインの特別な重要性を強く意識し始めていたことを教えている。さて、心斎橋筋棟の一階売場の中に立つ、二列のSRC造に大理石貼の多角柱が、西の「御堂筋棟」の柱割に同調して六m間隔のグリッドを形成して続き、その柱列の二階床スラブ下を、ブラケット付きの梁・桁が直角に交差して飛んでいる。床スラブも梁・桁も、すべてプラスターにペンキ塗仕上げのままで天井は張らず、「大丸」の一階の場合とは異なりそれらは隠さずに露出され、天井下の構造がほとんど裸のままの状態で客の視線を受け止めている。いかにも即物的《ザッハリッヒ》だが、そのかわり低い天井高が客に与える押しつけがましい圧迫感といったものから買物客を解放して明るくすがすがしい(9-31、9-32)。そうした天井面の空白感を解消する一つの工夫というべきだろうか、売場の天井から吊り下げられた照明具用の被覆電線《コード》の天井面への付根の周りに、本来なら円形の「中心飾り」が置かれるような場所に、ボーダーなど一切なしに、石膏を天井面に貼り付けて出した長短、太細さまざまな〈線〉の交錯を主題とした、一見刺繍模様か何かを連想させる抽象的な装飾が付けられており、その図像は非常にユニークで魅力的なものになっている(9-33)。隣の「大丸」の一階が、天井高をある程度犠牲にして、天井下

9-31　御堂筋側から店内へ入る。最奥に心斎橋筋側出入口

9-32　心斎橋筋側から店内へ入ると右手奥にエスカレーター

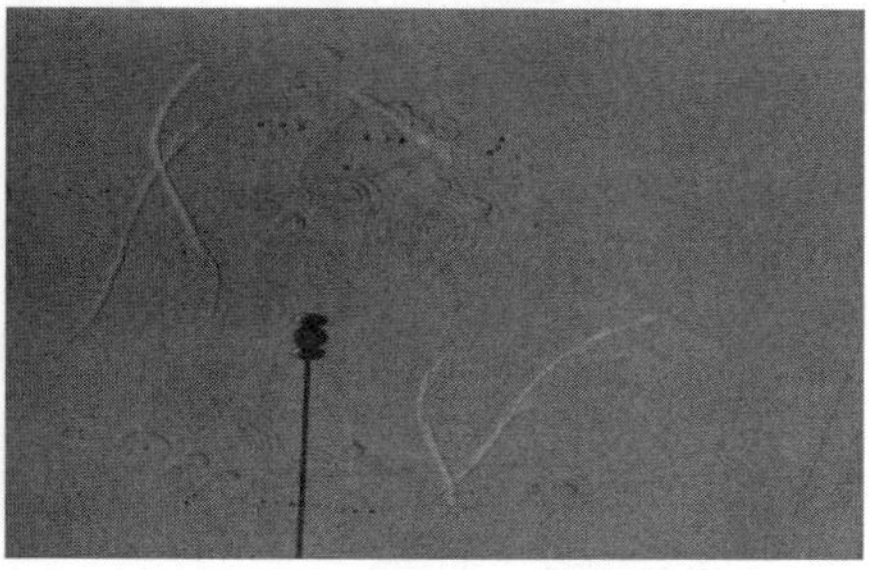

9-33　1階の天井装飾。石膏による線状模様に特徴がある

9-34　心斎橋筋側1階ホールから御堂筋方向に売場を見る

に多くの照明具などを仕込んだ後、その下に磨ガラスを入れて隠し、それを装飾模様を切り抜いた金属板で支持させて、行燈風の明りと影絵風の装飾模様で天井面を満たすという独特の手法を採用し、結果的に非常に華やいだ一階売場の空間を演出しているが、「そごう」の一階には、その種の強い〝芝居っ気〟は感じられず、その意味ではより日常的というべきか、普段着の空間の雰囲気が支配していたといえるかもしれない。（9-34）

村野藤吾設計の「そごう百貨店」のインテリア・デザインについては、このような一階の店舗空間以外にも、地下三階、地上八階、さらに屋上の空間と、それぞれに〝目玉〟となるポイントがいろいろ用意されており、取り上げて論じるべき魅力的な売場や、接客施設や、飲食関係の諸施設、遊戯施設など数多く残されているが、残念ながらここでは十分に触れる余裕がない。たとえば、地下鉄に続く階段から専用入口で直接入ることのできる地下一階の食品売場（9-35）。そのモザイクタイルによる市松貼の床に、テラコッタの凸凹模様に強い特徴のある柱と壁の存在。また村野のいう「アメリカ風」とおぼしき地下一階の理髪店のインテリア。さらに七、八階を抜いた、講演等のための七〇〇人収容のホール（ステージ・楽屋付き）の空間。また「南フランス料理」を売り物にした六階の「特別食堂」の、藤田嗣治[20]の油絵の大作が置かれていた周囲の空間(9−39、9−41参照)。さらには七階の一部に吹抜けのある一般向けの「大食堂」の天井や吹抜けの側壁や柱に施された、南画風の輪郭を持つとぼけた味の山川の装飾模様(9−36)。装飾模様という点で話題になったのは、八階への階段を昇りきった正面に、床レヴェルより一段高くした舞台のような場所を設定し、そこに小さな池と噴水を造り、さらにその池を取り囲む壁に、椰子の木などの南洋の樹木や草花や鳥などをあしらった、鮮やかな色彩の大理石モザイクによる壁画を実現した場所である(9−40)。この大胆で見事な図柄は、村野の意匠とは考えにくく、おそらく先のリチ上野の意匠原案があったと思われる。また各階を結ぶ二つの大きな階段室の腰壁部分にも、細い線の茎と平面的な花や葉を組み合わせた独特の草花模様がやはりテラゾーで描かれているが、これなどはまさしくリチ上野のパターンそのもののデザインであ

9-35　地下食品売場

9-36　7階大食堂

9-37　7階ホール

9-38　地下1階の理髪店

9-39　6階特別食堂。奥の壁に藤田嗣治の絵(9-41)

9-40　8階階段室の装飾群

9-41　6階特別食堂にあった藤田嗣治の油絵

るように見える。（9－37、9－38、9－39、9－40）

日本を意識させる室内空間

ところでこれまで詳しく見てきたような、村野が施主の意を受けて、まさに心血を注ぐような形で設計してきた結果としての「そごう」の内外の全体的輪郭の現代的な性格にしても、あるいは装飾的な細部にせよ、基本的に欧米の〈近代〉が投影されて実現したものであったし、また先の外壁の藤川勇造作の彫像や、六階特別食堂の藤田の大きな油絵などの、内外装に関わる美術作品も、彼らがフランスで学んで帰国して来た美術家であったことからもわかるように、西洋〈近代〉美術の流れを汲む作品として採用されたものであった。しかし他方で村野は、この百貨店のインテリアのさまざまな場所において、彼自身が生きて活躍している「日本」の、それも伝統的な建築や工芸や絵画に深く関連を持つ、きわめて多彩で、また密度の高いインテリア・デザインを展開してもいたことについては、最後にここで触れておく必要があるだろう。（9－41）

たとえば御堂筋棟の二階の北西隅に「貴賓室」と呼ばれた、前室付きの工芸的な造作が随所に施された素晴らしい迎賓用の部屋があったことについては、今では誰にも語られることがなくほとんど忘れ去られてしまっている。皇室や華族、政治家、財界人などの特別な来客の際の他に、百貨店にとっての重要な取引先が来店した折などにそこへ通し、商取引の前後のしばらくの間を歓談し、またもてなすために作られた、格別に贅沢なインテリア・デザインの部屋。もちろん建物全体の設計者である村野藤吾自身が手掛けたものであったが、村野は設計の最初からそれを靴を履いてそのまま入る洋室として考えはしていても、その空間の〈設《しつら》え〉の基本的主題として、伝統的な「日本」の建築の室内をイメージし、そこに収められた美術や工芸を生み出した表現技法をそこに全面的に活用することを自分のデザインの目標として据えていたように思われる。欧米中心に展開されつつあった〈未来〉の建築的表

9-42　貴賓室とその装飾

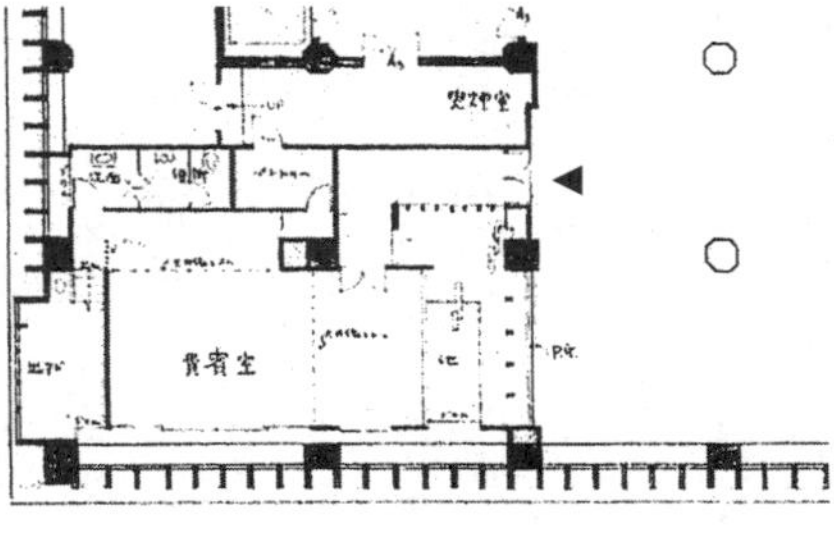

9-43　2階貴賓室周りの平面図（左側が北、下方が西）

9-44　2階貴賓室の前室にある小池と列柱

9-45　貴賓室の主室(この写真の背後に前室(9-44)がある)

現を、「そごう」の全体的な骨格と皮膚を構成するために活用してきた村野が、この「貴賓室」のインテリア・デザインの場合では一転して、日本の〈過去〉のスタイルと技術を自分自身に引つけて〈現在〉化し、それを近代建築の表現の一部として具体化しようとしていたのだ。

　二階の御堂筋側の北端の出隅部の、奥行(南北)一四m×間口(東西)九m、一二六㎡ほどの広さのスペースがその部屋の広さであった(9-42、9-43)。その東南隅に置かれた入口から中へ進むと、左手に厚い欅板を巻いた縦格子風の太い柱列があり、その縦格子を透かして「前室」らしい部屋の設えが左手奥に垣間見える。左へ折れてすぐ、もとの方向に戻るように折り返し、先の太い格子を左に見て前へ進む。正面に透かし模様入りの大きな二枚の鋳物板を見て「前室」に入り、次に右を見遣ると、「前室」というより「前庭」といったお膳立てで、磨いた大理石の床に同じ大理石で四角く囲った水盤池と小噴水が床《ゆか》の一角を占めているのが目に入る(9-44)。その奥に装飾的な鋳物の衝立と壁が立ち、その左手に、表面に植物模様入りの大国寿郎制作の鉄鋳物の柱が四本立っている。右手には、奥の「貴賓室」との間を仕切る大理石の低い障壁があるが、壁の上部は吹き抜いていて何もなく、そこから隣の貴賓室の空間に連続している。いずれにせよ、鉄鋳物に溢れた、どこか密教寺院のような不思議な「前室」の設えである。

　この不思議な前室からもとに戻り、奥(北側)にある本来の迎賓用の主室である「貴賓室」に入ると、そこは一〇mほどの奥行きで八〇㎡ほどの広さの、椅子とテーブルが置かれただけの洋間で、内装はほとんど和室仕様に近いもので調えられている(9-45)。造作は、壁面、天井面ともに直線的で非常にすっきりした平面的構成だが、細かく観察すると、たとえば壁面でいえば、杉材の合板の杢目の上に、「松林」の樹木などの伝統的なモティーフによる日本画が直に描かれており、その上には雲形の彫物のある透かし模様の欄間板が入っている。格天井の格縁部分は春慶塗で、格間の鏡板は銀モミ紙貼。

部屋の南側には、先ほど前室で見た低い大理石貼の仕切壁が床と天井との間の三分の二ほどの高さに立ち上がり、その壁の向こう側に、「前室」に立っていた柱列の上部が見え、小噴水の水音などもそこを通ってこちらに聞こえてくる。その壁の横手の貴賓室への入口の両開きの扉には、春慶塗の黒の下地に金蒔絵で、森の樹列とその上を飛ぶ数羽の鳥が描き出されている。さらに村野のデザインによると思われる低く流麗な姿を持つ椅子やテーブルは、檜材の下地に黒漆に蒔絵が施されている。これらの一連の工芸的な仕上げは、おそらく京都を中心とした関西の腕利きの職人たちによる仕事であったに違いない。このような和風の工芸的なインテリアの空間からは、村野が最晩年の作品、「松寿荘」のインテリアにおいて、その種の工芸的な表現が、かつて盛んに建築設計の中に使われていた事実を、若い世代の建築家たちにぜひ伝えたいと願って作ったという、美しい数々のディテールのことがすぐに想い起こされる。[21] なお写真等が残されていないので詳細が分からないが、貴賓室の奥(北東隅)には、カーテンをかけた出口があり、そこから専用の化粧室《トイレット》に行けるのと同時に、それと反対の方に数段階段を上ると、例の垂直の柱列《ルーバー》で仕切られた内側に、御堂筋を下に、遠く北方の京都方面を見晴らすことのできる展望用のテラスが、床タイル敷き、壁トラヴァーチンの仕上げで来賓用に用意されていた。

数寄屋の茶室造作

このような和風、洋風が綯《な》い交ぜになったインテリア・デザインに、近代建築家、村野藤吾が意外とも思えるほど〝手練手管〟に長けていた理由は、彼が渡辺節の設計事務所に勤めていた時代に数多く手掛けた、阪神間や京都近辺の富裕層から注文を受けて設計していた、きわめて豪壮な邸宅建築の、特にインテリア・デザインにゴージャスさを表すためのさまざまな工夫、経験の中で、彼がいつしか設計者として獲得したテクニックに由来するものであったにちがいない。たとえば、この「貴賓室」の室内は、渡辺節の所で村野が関わっていたと思われる、たとえば御影の「市川浅次郎邸」(1926)の応接室の扱いなどと共通するものがあるように思える。いずれにせよ、村野がこの貴賓室でみせたような、茶道の中心である京都をはじめとする関西の大工棟梁や工芸関係の親方たちや、さらには日本美術家たちが当然備えていたような技能や表現を、自分の設計の中へと的確に引き出せるような能力は、他の当時の日本の近代建築家たち、とくにそうした〈様式〉的修練を端《はな》から否定しようとしていた「新興建築家」たちなどには、真似のできない芸当であったことは確かである。村野がこの「貴賓室」の中で示したインテリア・デザイナーとしての特別な資質は、その後の彼の戦前から戦中にかけての仕事のうち、非常に重要なテーマとなった一連の「ホテル建築」の室内設計や、その種のデザインの活力の〝源泉〟になっていたともいえる「豪華旅客船」の、工作費に糸目をつけないような船内「艤装」の仕事において存分に発揮されることになったが、そうした彼の豊かな意匠の系譜の萌芽といったものを、この「貴賓室」のインテリアの中には見出すことができるのである。

この他にも、「貴賓室」の造作の場合と同じように、「そごう百貨店」の内部において、その後の村野藤吾の長い設計活動における萌芽となるようなデザインをさらに探し求めていけば、私たちはどうしても、五階北西隅の空間で彼が行った、近代建築家村野にとっては特殊なインテリア・デザインについての考察に向かわずにはいられない。具体的にいえば、先の二階の「貴賓室」と全く同じ平面《プラン》上の位置で三階層分上のフロアに当たる五階の北西出隅部分で、村野が設えたいわゆる〈数寄屋〉の空間である。つまりそれは伝統的な茶道で使われる、大小二つの茶室と、それに付随する「水屋」などの施設とともに、これに和風仕立ての洋間である「待合」などで構成された、屋根の下の小屋組を省略しただけで、後は本格的な木造柱梁の構造を備えた和風造作部分のことを指している。この空間は、「そごう」が、各流派の「御茶会」などに使いたい顧客に時間貸しするために実現した空間であったが、これは同じような目的でその後村野に設計が依頼されることになった一連の設計の最初の、記念すべき作品であったといえるだろう。その種の作品の——ここでは仮に〈ビル内茶室〉と名付けておくが——戦後の一連の作品を挙げると、たとえば「読売会館茶室」(1957)に始まり、「千代田生命本社茶室」(1966)、「帝国ホテル茶室」(1970)、「日本橋高島屋茶室」(1973)などへと展開していった優れた一連の茶室建築の系譜である。それらは大地の上に直接建てられた茶室ではなく、他の目的で建てられた大きなビルの中の一郭に、茶室として設計されたインテリア・デザインであり、ある意味では特殊な数寄屋建築であるといえるが、その原点を成すものが、まさに「そごう茶室」であったのだ。

一九三五年の「そごう百貨店」オープン時のこの茶室の様子を知るための資料としては、一九三三年十月の日付のある「そごう」全体の二百分の一の図面(『村野藤吾建築図面集』I所収)の中での茶室部分の平面図や、竣工時に「露地」や「寄付」などを撮影して印刷した、「そごう写真集」や各建築雑誌に掲載された写真しか残されておらず、茶室内部の造作の詳細を写した写真も、当時の詳細図も残されておらず、詳しい内容を知ることが難しい(9-46)。ただ戦後、占領軍による接収を解かれて、「そごう」が営業を再開する折に、他の売場部分とともに、村野が直接指揮して内外を改修し、内部も大幅に手直しした時に、茶室も一部改修工事が行われたといわれており、その改修後に撮影された数葉の鮮明な写真が、『村野藤吾和風建築集』[22]などに掲載されていて、それによって茶室内部の様子を窺い知ることができる。村野はその『和風建築集』の中の「大阪そごう茶室」を紹介する簡単な解説文に、「昭和十年そごう新築の時に作ったものである。名工北村氏の仕事で、茶趣は、官休庵愈好斎《ゆうこうさい》宗匠の指導による。広間には中板を配し、茶道口と給仕口を共用できるようにした。戦後西川氏の手を煩わして改装した」、と書いている。これから判断すれば、一九三五年の茶室部分は、当時の茶道界で新進スター的な存在であり、村野自身もその下でお茶を習っていたという、武者小路千家の宗匠、官休庵愈好斎の「指導」のもとに村野は図面を引き、名工として広く名を知られていた京都の大工棟梁、北村捨次郎の手によって完成したものであったことがわかる。ということは、この茶室が百貨店のインテリアの単なる〝飾りもの〟ではなく本格的な、つまり茶道の伝統的な建築〈様式〉に則ったものであったということを示している。また戦後における部分的改修は、同じ京都の棟梁「西川[富太郎]氏」が仕切り、広間の一部の手直しを、村野の指示で行っていた。

茶室関係の概要

以下の茶室部分の内容についての記述は、わずかに残されている一九三五年竣工時の雑誌等の写真説明などを参考にしながら、概要をまとめたものである。

御堂筋北西角から東と南へ二スパン分をほぼ占める茶会用の区画は、三つの空間に分かれている。売場に近い南側が、履物のまま入る絨緞敷で洋間仕立ての「待合」。その北側の「露地」と大小二つの「茶室」。そしてこの二つの空間をサービス用で結びつけるものとしての「水屋」が、東側にある業務用のエレヴェーター・ホールに接して置かれている。「待合」は、大小の「茶室」での茶会への出席者たちが、それぞれの茶席へ招じ入れられる前の時間を、客同士で挨拶などを交わし、衣服や心を整えて待つための寄付《よりつき》に当たる部屋である。室内

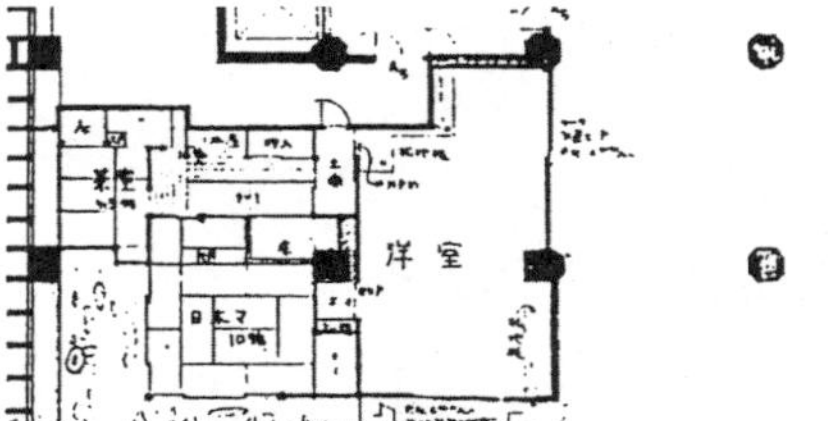

9-46　5階茶室の平面図

9-47　茶室の待合

の壁面は京風の土壁で、下部を模様のある和紙を張って保護している。天井はラワン・ベニヤの生地仕上げ。竣工時の写真では、室内にいくつかのテーブルとかなりの数の椅子が配されている(9-47)。この待合の室内で最も注目されるデザインは、部屋の南西及び北東の入隅部に造られている二つの「飾棚」である。部屋の南西隅には、踏込みの「床《とこ》」に松の地板を入れ、上部は、落掛の上に透かし文様を入れた幕板を天井面からやや離して渡した、「床の間」風のコーナーがある。注目すべきはここに造られた「飾棚」と、これとは反対側にあるもう一つの「飾棚」のそれぞれが、部屋全体の比較的シンプルで、時には単調な感じを与えかねない雰囲気を、活気づける絶妙の点景となっているところである。「床の間」の方の棚(位置的にはまさに「違棚」だ)は、床柱を思わせる真直ぐな竹柱が一本、地板と天井の間を繋いで立ち、これに添えるように並行に、さらに二本の細竹がわずかに間を置いて立っている。面白いのは、この細い竹の列に向かって壁面から三枚の漆塗りの棚板が水平に突き出すように渡されていて、その先端をそれぞれの竹柱に捉えられて固定された、その風情のよさである(9-48)。細い三本の〈垂直線〉と、薄い三枚の〈水平面〉が、空間の中で軽快に交錯し静止している。その姿形は、あたかも《ロシア構成派》の空間構成が、伝統的な和風の床脇の違棚の組立てに姿を代えて現れたかのような印象が生まれ、どこか〈近代的〉な、しかし同時に〈過去〉をも〈現在〉に引き寄せたかのような、印象的なデザインに昇華している。さらに入口正面の飾棚は、不定形な皮付丸太を主軸にし、他に細竹

9-48　茶室待合の南西入隅部の飾棚と床

9-49　待合の北東隅部の飾棚

が二本、ここでも床と天井の間を繋ぎ、この他にも三本の竹が天井から吊り降ろされて、これに大小さまざまな六枚の漆塗りの棚が壁から差し出されていたり、あるいは中空に浮かぶなどして構成されている。これらの飾棚の注目点は、その後の村野和風の重要な表現手法の一つとして、和洋を問わず彼の建築の各所で使用されることになった「浮棚」とか「吊棚」のデザインが、早くもここに見られる点である。本来は伝統的な数寄屋の小間の茶室などに固有の表現が、村野の《構成主義》的感覚と結合して、近代建築の室内の魅力的な装飾的ディテールへとここに結晶している。(9-49)

9-50　茶室の露地(竣工時)

9-51　小間の茶室の躙口

9-52　広間の茶室

　続いて、小間と広間の茶室の詳細について、戦後改修された後のこれらの茶室の内容に触れながら、手短にしかし的確に解説している『数寄屋図解事典』の中の「そごうのちゃしつ(十合の茶室)」の項目の中の記述[23]を参考にしながら、纏《まと》めておく。

　北側奥にある「小間の茶室」での茶会に招かれた客たちは、待合からいったん売場に戻って西側に回り、例のルーバーが立ち並ぶ外壁沿いに西端に設けられた、幅二・二mほどの、竹などの植木と石灯籠などが置かれた露地を、右手に広間の壁や障子を見ながら奥(北)へ五間あまり進み、突当たりの手前で飛石に従って右に折れる(9-50)。もう少し進むと小間の茶室の躙口が見え、その躙戸を引いて茶室内に入る(9-51)。小間は、四畳半と一畳の点前座で「五畳半」の広さ。正面の台目の幅の「床の間」は、なぐりの床柱で、「床」の右手床柱の下に向切逆勝手に炉が切られた一畳の手前座があり、その奥に亭主が出入する茶道口とその奥の水屋へと続いている。戦後の改修後の写真でみると、天井は細い竹の棹縁天井で、室内は非常にすっきりと直線的、平面的な構成で纏め上げられていて、「小間」全体にさわやかな近代の気が満ちている。

一方、「広間の茶室」の招客たちは、西側の壁面中央の格子戸を開いて待合から直に、土間で履物を脱いで座敷に上がり茶室に入る。「十一畳台目中板の広間」。東側の正面右手に「床の間」があり、間口一間、奥行き台目幅の大ぶりな「床」は、床框が省略された、畳面と床面がフラットなレヴェルで続く、村野茶室特有の「踏込床」である(9-52)。その「床の間」の右奥に、いわば〈床の間の中の床〉といった形で「洞床」、つまり床の内壁や天井を塗りまわして「洞」のようにした小型の「床」が造られている。この構成も村野の戦後の茶室にしばしば採用された構成である。「洞床」は蹴込の「床」だが蹴込板はほとんど前から見えない高さで、その結果、床板下の水平なスリットの細さが強調されている。床柱は赤松。この柱の背後の床脇の壁は、上が下地窓を四角く大きく開けた土壁で、下部は吹抜きになっている。この吹抜きに向かって点前畳があり、その右に長さ一間の中板と、中間に炉が切られている。点前座の斜め背後の壁の通口《かよいぐち》から、「小間」と同じく背後の水屋に通じている。広間の全体の構成は、柱梁はほぼ直線直角だが、柱などさまざまな出隅部分で丁寧に面《めん》が取られていることで、〝手が切れそうな〟鋭いエッヂが消えて柔らかな手触りの隅になっている。また壁面や床面や開口部などもできるだけ平面的に構成されており、たとえば壁の、柱面と壁面との間と「散《ちり》」と呼ばれる寸法もできるだけ浅く取り、構造体とその充填物という〈主従関係〉の表現を薄めて、できるだけフラットな連続面として繋がるように心がけているのはまさに〈村野流〉特有の手法である。また、村野が「踏込み床」にしばしばこだわったのも「床の間」のレヴェルと座敷の床面との間にある日本建築に特有の〈主従〉関係の解消を狙ったものであり、両者を平等なものとして表現したかったから、とも考えられる。この他にも村野はかねがね、和風・洋風の区別なく、異なる要素と要素、あるいは異なる材料と材料が出会い、時に〝衝突〟するような場面では、それらが争い競わないように、注意深くディテールを考えなければならない、と言ってきたが、そういったディテールもここには見出される。その結果として「小間」も「広間」もともに、基本的に茶道の伝統に則った茶室でありながら、〈過去〉の様式通りの空間ではおさまらず、どこか〈モダン〉な内部空間となっており、しかも近代風であるが故に、妙に厳格にまたよそよそしくなるようなこともなく、やわらかくてやさしい馴染みやすい室内、「村野の和風」になっているのはさすがという他はない。

ただ一応注意しておくべきなのは、ここで説明した「小間」

や「広間」の構成についての記述も、戦後村野が行ったという改修後の姿をもとにしたものであり、特に村野が戦後好んで使った地板の「踏込床」や「洞床」などのデザインが、一九三五年の「そごう」竣工時の「広間」において、すでに実現していたか、それとも戦後の改修時に初めてそれが出て来たものかなど、最初の茶室の写真や図面が見あたらないので、明確な判断がここではできない。現在残っている、一九三三年十月付の二百分の一の図面を細かく見ると、広間の床まわりには、床框らしき二重線が書き込まれていて、踏込み床ではなかった、と思わせるところもあるが、しかし現場での設計変更などは、村野の場合、戦前戦後を通してほとんど日常茶飯のことであったとも伝えられているので、これも俄《にわ》かに決め手になる証拠とは考えにくいのもたしかである。

なぜそのような細かなことに拘《こだ》わっているのかと、あるいは訝《いぶか》る向きもあるかもしれないが、先に「そごう」の茶室に特徴的なものとして捉えた、「村野和風」に特有の空間効果や、それを裏付けるそれぞれの技法は、これまでしばしば触れて来た、村野藤吾の設計活動における《現在主義》の手法、つまり〈過去〉や〈未来〉をいかに〈現在〉へと引き寄せて、それを〈現在化〉することが可能かという、いい換えれば〈過去や未来〉の〈様式〉を、現代建築の〈様式〉としていかに〈現在化〉して蘇らせることができるかという、実に果てしのない企てを、村野が日本の過去の建築〈様式〉に向かって試みた貴重な成果がそのあたりにあったと考えるからである。そうした試みが、仮に一九三五年の時点で、すでに始められていたとする証拠があるとすれば、ある意味で驚嘆すべき設計者としての活力であったと思える。あるいは村野のこの「和風様式の上にあれ」という企ては、まだ緒についたばかりで、戦前の「そごうの茶室」では、まだ暗中模索の最中であったのであろうか。

「そごう」についての考察の最後に、先に短い引用をした板垣鷹穂による「百貨店」と題したエッセイの、その先の部分を紹介しておくことにしよう。彼は「そごう百貨店」の内外が、建築の「専門学生の演習などに面白い課題として役立つ」かもしれないと、次のように書いている。

「学生の演習用に『そごう』を使ふ場合には、この建物の内部の到るところに窺はれる派手な意匠と贅沢な材料との組み合はせ方からエレヴェーターの如き付帯設備に至るまで、一種の『教材』に役立つディテールを豊富に求めることができる。典型的に所謂豪華なこの建物の芸術的価値と実用的価値との関係を百貨店建築の特殊性と結び付けて論題にすることも、抽象的な『美学』を教へるよりは遥かに実質的な効果があるに相違ない。けれども建築学生の指導教授用として更に有益なのは、大阪の十合と神戸の元町通りに新築された大丸との比較考察であらう。この二つは、関西系の百貨店建築として最も代表的な作例であるが、何れもM[村野]建築事務所の設計であり、地域的環境を充分に考慮してある。而かも、この二つは経営者側の意向も異なつてゐるらしく、それらの諸条件全体を反映して意匠や構想も非常に変わつてゐるのである」[24]

「大丸神戸店」の設計に際して、経営者に言われたこと

板垣がここで書いている「二つの」百貨店のうちのもう一方の「大丸百貨店」の「神戸店」は、「そごう」の第二期工事が終わった約二年後の一九三七(昭和十二)年に建築雑誌等で建築界に発表された、その当時村野が関西で設計したもう一つ別の百貨店建築のことである。板垣はこの建築が完成した頃に、関西の近代建築の取材旅行を行っているが、実際にその建築を訪ね、また村野にも直接会って聞いた話をもとにして先の文章を書いている。ここで引用した文章の末尾に板垣は「大阪の十合と神戸の・・・大丸」という、村野が設計した百貨店建築の、「この二つは経営者側の意向」が異なっており、その結果同じ百貨店建築でありながら、全く異なる性格の建物にそれぞれが仕上がっていて面白い、と書いている。板垣の文章にあるこのあたりの経緯については、村野自身も晩年まででよくそれを記憶していて、たとえば、次のように語って、その事情を自ら明らかにしている。

「村野　もう一つ、〝神戸大丸〟が、一部改装と増築、あるいは新築可能という時ですが、里見[仁吉]さんという人格者が[大丸の]専務でおられた。

その専務が言われたことがこうです。『村野君、商売は自分がやるから、建築は箱でいい。箱をこしらえてくれ。』

これはね、私には名言ですね。箱をこしらえてくれということは、合理的な建築をこしらえてくれと言うことだと私はうけとった。そうすると、壁をこしらえて窓を開けさえすれば良いという、一番簡単で一番金が掛からない。そうするとそんな建築はそこらにゴロゴロしている。

そこで狙いは何かというと、『窓をねらえ！』です。私の狙いはそこだった。私は旧森五ビル以来、窓にはいささか自信がある。狙うところは窓だ。窓の凹凸、深み。窓に集中したわけです。

日本建築史の大家で東大教授の藤島(亥治郎)さんの目にとまり中央公論に書かれた。[山陽線を]汽車で通りながら大丸が見える。それをね、『あの建築は作家の人生観が出ている』と。認めてもらって、よかったなと思いました。

窓を狙う。窓を狙う以外になんにもない。商売は向こうでやるんだ。〝そごう〟では[経営者と]一緒に討ち死にしようという気持になったが、片一方[の大丸]は、もう神戸で[商売を]やっている〝大丸〟のことですから、商売は自分の

所でやる、建物は合理的にやってくれ、箱でよい、という注文はなかなか経営者としておもしろい。[25]」

村野藤吾は、大阪の「そごう百貨店」の第二期工事が進捗する中で、その「そごう」がはっきりとライバル視し、設計者である村野自身もまた大阪店の設計で終始その存在を強く意識してきた心斎橋の「大丸大阪店」と同じ経営下にある「大丸神戸店」の設計に取り掛かり、一九三五(昭和十)年の七月から、その増床新築工事と、既存の店舗ビルの改修に伴う新築部分への一体化工事を大林組の施工で始め、一九三六年の秋に工事は一応の完了をみている。たとえ別の都市の支店であったとはいえ、かつてはライバル視していた百貨店のこの増改築工事を村野がほぼ同時期に引き受けることになった経緯は次のようなものであったと思われる。

京都店、大阪店、神戸店の関西の「大丸」三店舗は、古くから「店」を「てん」とは読まず、「みせ」と呼ぶ習わしがあり、したがって「大丸神戸《こうべ》店《みせ》」と呼ばれたこの百貨店は、一九二七(昭和二)年に開業し、場所は、元町駅で降りて北長狭通を南に歩き、神戸一の繁華街と言われた元町通との交差点を左(東)折して進んだ右手、西町の角地にあった。村野が増改築する前のこの建物は、鉄筋コンクリート構造による、地下一階、地上七階建で、建築面積が七六九㎡、延床面積約六、二九七㎡という規模の貸ビルで、設計は竹中工務店であり、施工が大林組という請負同士の連携による建物であった。ところで村野が「大丸」から設計者として依頼された仕事の具体的内容は、この営業中の建物の西側に用意された敷地に、七階建の建物を新築した後で旧館部分に連結させ、同時に旧館部分の部屋の仕様なども一部変更してリニューアルし、さらには旧館部分と新館部分の街路に面した外観を、同じひと続きの新しいファサードによって包みこむ、といった内容のものであったと思われる。

ところで、村野と「大丸」の間の、設計者と施主としての関係の最初は、村野自身が語ったところによれば、彼の処女作である「森五商店」の経営者であった人物が、「大丸」の「重役」でもあった関係から、村野は「大丸」の経営陣とも繋がりができたのが最初の接点であったという。[26]おそらくその最初の接触の後、村野は、「森五商店」とともに独立後に最初に発表する作品となる「大丸舎監の家」(1931)を含む「大丸神戸店員寄宿舎」の設計に入っていたと思われ、同時にその設計の時期(一九二九〜三〇年頃)が、心斎橋「そごう」(第一期)の設計に相前後していたか、ほとんど並行していたのかもしれない。ちなみに一九二七(昭和二)年にオープンしていた「大丸神戸店」は、西町の角地に建っていたが、この建物の前の明石町通を港の方(南)へ二ブロックほど歩いて行けば、村野が渡辺節の事務所で手がけた初期のRC造のオフィスビルで、一九二二年完成の「大阪商船神戸支店(現商船三井ビル)」(構造設計 内藤多仲)が左手に見えてくるはずである。あるいは「大丸」関係者が、設計者村野藤吾という存在に最初に注目したのは、「大丸神戸店」の開業より六年ほど前に完成し、耐震構造の先駆者である内藤多仲の堅実な構造設計によって先の大地震にも耐え、今なお竣工時の凛々しい姿をそのまま見せて海岸通りに立っているこの建物の竣工当時の建物のデザインを目のあたりにした、そのあたりの時点にまで遡ることができるかもしれない。

これもやはり推測だが、「大丸」側としては、「店員寄宿舎」の設計を村野に頼んだ時に、この設計の結果を通して、「神戸店」の増築部分の設計者としての能力を見極めたい、といった密かな目論見があったとも考えられる。だから「そごう」の全体的な設計がほぼ一段落して二期工事が実際に始まった頃、つまり昭和九年前後に、「大丸」の首脳たちは、自分たちの会社をあきらかにライバル視している「そごう」側に立って設計を行ってきた村野に、新しい「神戸店」の設計を正式に発注して契約を結ぶことにそれほど躊躇はなかったはずだし、一方村野としても同業で「ライバル同士」の二社からの設計依頼は受けないことを前提としながらも、建物の所在地が大阪と神戸という別の都市であったこともあり、また「大丸」とのつながりが「そごう」と同じくらい早くからあったこともあって、最終的に設計を「やる気になった[27]」、のはある意味で当然の帰結であったのだ。

心斎橋の「そごう」の設計を依頼された時は、「建築家に対し六割依存している」と言われて、ほとんど「討ち死に」覚悟の厳粛な気持で設計を引き受けたという村野であったが、「大丸神戸店」の場合は逆に経営陣から、「建築は箱でいい、箱をこしらえてくれ」と最初に告げられたことに、設計者としてはやや気落ちしたと同時に、逆に内心ほっとするところもあったに違いない。「商売(経営)」の良し悪しは建築のデザインの良し悪しとは必ずしも直結するわけではない、それはまた別のものだ、といったある意味で設計者を突き放したような経営者の判断が、「箱を作ってくれ」という言葉になって村野にやってきた時に、「そごう」の仕事で設計者として背負っていた十字架のような肩の上の重みが一気に取れて、まさに彼の言葉でいう「合理的」な、また機能的な判断を前提にして設計を進めることができるという、解放された気分を十分に味わうことができたはずだからである。その結果として、その「箱」としての建物を、どこにでもあるようなありふれた建物にしないために、つまりそれを他ならぬ村野の建築とするには、「狙うところは窓だ」という明快な結論へと、直ちに到達していったのである。

「大丸神戸店」の新しい相貌

「大丸」がテナントとして入っていた昭和二年開業の「神戸店」のビルは、開業後わずか七、八年しか経過しておらず、村野がその増改築の設計を依頼された時に、建物自体の老朽化の問題や機能面での不具合が格別あったわけではなく、「大丸神戸店」の経営拡大策の中で、単純に売場面積の拡張の必要に迫られた結果であったと思われる。したがって村野に与えられた課題は、新築の増築部分をどのようなデザインで設計するかという点とともに、いかに既存ビルをその中に取り込んで調和的に一体化した建築として仕上げるか、という点に大きな比重が掛けられていた。一九二七(昭和二)年竣工の既存の「神戸店」の建物は、角地を曲面で構成した北東出隅部の壁面から、街路に沿って流れる東と北側の二面のファサードに、鉄筋コンクリート軸組構造の柱・梁の格子模様を、デザインの基本形として表出するような、ある意味でモダンな構成によって造り出されていた(9-53)。この構造的な格子模様の中を、各階の開口部の水平な列に上下を抑えられたスパンドレルが、建物の北壁面から出隅部へ、さらには東側壁面へと水平に連続して伸びており、ある意味ではE・メンデルゾーン風の流線形デザインを想起させるものもあった。この柱型とスパンドレルによる構造的格子の間の、広く大きな開口部の中央に方立てが一本入り、その二分割された開口部に透明なガラスが入れられていて、先のスパンドレルの水平で連続的な帯とともに〈近代〉を感じさせていたといえるが、二階窓下の軒庇や、五、六階部分の胴蛇腹、軒蛇腹などの細かな陰影を湛《たた》えた装飾帯が、そうした〈近代〉風の建物の性格をやや隠し気味にして、従来の様式的な百貨店建築のファサード・デザインとの調整をはかっているような趣もなくはなかった。一言でいえば、商業建築のファサード・デザインに求められる、冴えとか切れ味といったものが旧館のデザインには欠けていたといえる。

9-53 「大丸神戸店」旧館。写真右後ろに村野による新館が工事中(設計施工 竹中工務店)

村野は旧館の西側の元町通に面した敷地に、鉄筋コンクリート造で、建築面積一、四八一㎡の新館棟を建て、旧館の一・五倍、四六mほどの間口に七スパンの柱間を取り、地下一階、地上七階、屋階付の高さで、延床面積で約一四、八〇〇㎡を新築し、旧館部と合わせて、総延床面積を二一、二〇〇㎡の規模にまで「神戸店」を拡張した。エントランスは、旧館部分にあった北と東の二つに加えて、新館の北側中央部にもう一つを加えて合計三か所とし、売場のインテリア・デザインは、基本的に「箱でよい」という大丸側の意向を受けて、柱梁ラーメンの構造体をそのまま室内に剥き出しにし、壁・天井はともに例のプラスターにペンキ仕上げ、一階床をトラヴァーチンとした。「箱でよい」という施主の意向を反映させて、心斎橋の「そごう」の各所で行われていたような、装飾的なアイ・キャッチャーなどは徹底して排除されており、大理石貼のエレヴェーター・ホールも含めて、新装開店時の一時的な売出し用の飾付け以外にはほとんど何も見出すことができず、店内は全体にシンプルで清楚な仕上げで統一されている。（9―54）

9-54　改修後の「大丸神戸店」の旧館部分の外壁デザイン

さて村野がこの増改築の設計で「狙い」と考えた「窓」、つまり外壁のデザインであるが、そこでの基本的なコンセプトは、建物の立面をどこまでも〈面〉として捉え、〈量塊〉としては見せない、という点にあったと要約することができよう。いいかえれば、新旧合わせた建物の北側道路面から東側へと、あたかも一枚の大きな〈皮膜〉を、建物の外郭に沿って、切れ目なく連続して張り巡らす、といった方向でデザインが試みられたのだ。RC造の旧館の持つ構造的な格子模様の開口部の寸法（高さ三m×間口五m）はそのまま維持し、新館部分もその構成を同じ寸法と位置で継承展開しつつ、他方で旧館の開口部にあった方立てをすべて取り去り、上部三分の二のガラス面を固定し、その下部を引違い窓に統一している。その結果、壁面と窓面の見込みはほとんどなくなり、「森五商店」の場合などよりさらに「面一《つらいち》」の状態に近づけて、両者の一体化と、全体の外壁部の〈皮膜化〉がさらに徹底して推進されることになった。一階の各ショー・ウインドウの間の柱型は磨き上げた万成石貼で、柱型の柱頭の位置に、夜間に上部壁面を照明する光源を目隠しして仕込んだブラケット装飾が、街路側で唯一の装飾物らしい装飾として取り付けられている。二階窓下のスパンドレルには穴あきのテラコッタ板が取り付けられ、さらにその上の、二階から七階のパラペットまでの外壁面は、黄白色の小型硬質タイルで一面に貼られて、平滑で

9-57 「大丸神戸店」の新旧館を連続させたファサード（手前新館、後方旧館）

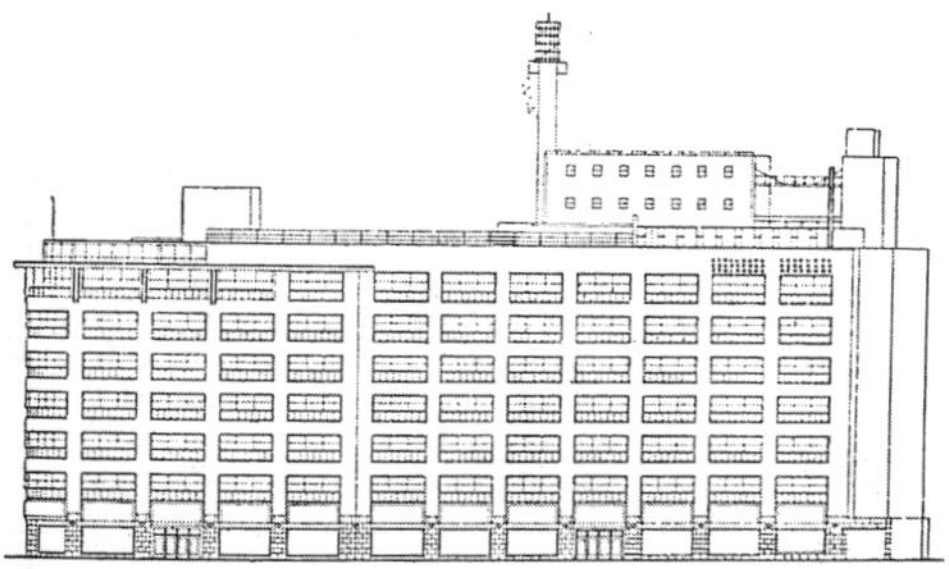

9-55 北側立面図

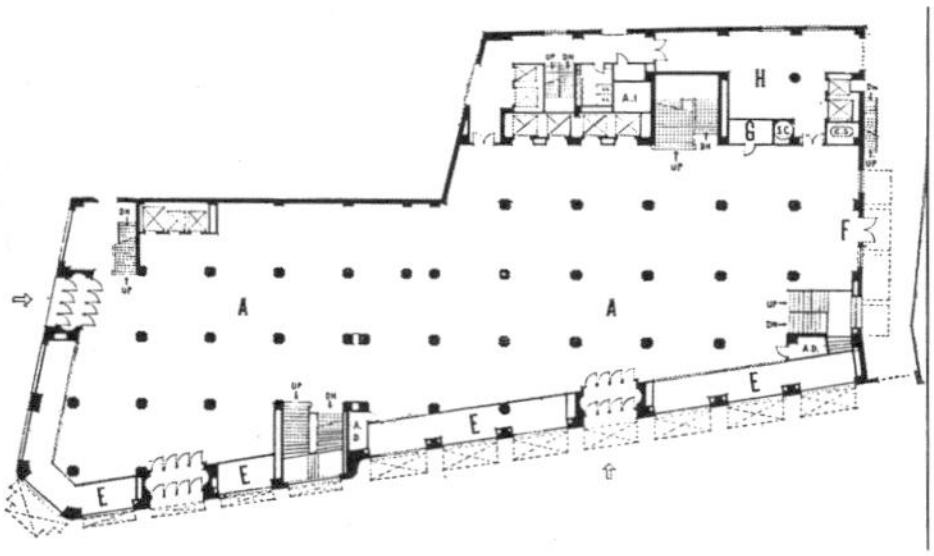

9-56 1階平面図

つややかに仕上げられている。いずれにせよ村野がこの「神戸店」のファサードで目指したのは、この建物を、買物客として訪れ、あるいは単なる通行者として歩きながらそれを見上げた時に、当時の街並みの中では高層であるこのビルが、市民を睥睨《へいげい》して、圧迫感や威圧感といったものを与えないようにしたいという一点に尽きており、これは「森五商店」以来の村野の建築家としての特別のこだわりであり、あきらかに渡辺節の下にいて村野がデザインした、「大丸神戸店」の目と鼻の先に位置する「大阪商船神戸支店」のファサードで目指されていたものとは、根底において異なる内容を持つものであったということができる。ここにあるのも外観における古典主義的な〈量塊性《マッシヴネス》〉の拒絶である。（9–55、9–56、9–57）

村野が行った「神戸店」の増改築におけるファサード・デザインにおいて、私たちが特別な注意を払って注視すべき部分は、彼の設計者としての稀有な能力を垣間見せている、旧館と新館との接合部分の外壁処理ではないだろうか。彼は自分が設計した新館棟の元町通に面した壁面線を、旧館よりおよそ二m南側に後退させ、その後退によって地下室へのトップライトを取るとともに、新しい正面玄関と新館のショー・ウインドウ前の道路幅に余裕をもたせるようにした。さらに後退した新館棟の西端隅部の二階から上の部分の外壁を、道路境界線の近くまで湾曲させて北西に突きださせ、柱型状に七

9-58　旧館と新館の接合部分における曲面で連続した壁体

階まで垂直に上昇させている。「そごう」の外壁の大付柱を思い出させるような、この突出した西端隅の柱型《ピラスター》の二階から七階にいたる二七mほどの高さで、窓面と壁面が構成する〈皮膜の如き外壁面〉が、巻き取っておいた幅広の敷物を垂直に立てて繰り延べていくかのように、西から東へと展開していくことになったのだ。この〈皮膜的外壁〉は新築部分の東端で旧館部の側壁にいたり、そこを引き延ばしたS字形の、ゆったりとうねるように湾曲した壁として乗り越え、そのまま旧館部分の外壁となって東へ進み、さらには曲面を描く東北端を滑らかに回り込んで、最終的に東側の外壁の南端で止まっている。

「さすが村野！」と思わず唸らされてしまうのは、東面から北面へ、全体で一〇〇mを超える長さのこのように単調な外壁の展開の中で、新館棟と旧館棟が、壁面線で約二mのズレを持って接続している部分を、いかにもさりげない様子で処理したデザインの内容である。引き延ばしたS字形の平面で浅く湾曲した、薄い黄色のタイル貼で、開口部のない垂直な壁面。この部分を仮に一般的な近代建築家が考えるように、新旧二つの壁面を鉤型に、つまり直角に連結した場合を考えればすぐにわかるが、村野はいかにも滑らかなこのS字湾曲の壁をそこに置くことによって、他でもない、彼がどうしても欲しかった外壁面上の〝流れ〟、それも垂直の「そごう」の場合とは逆方向である、壁面上の水平方向への視覚的な〝流れ〟を生み出すことに成功しているのである。たとえていえば、このS字湾曲の壁は外壁面上を水平に流れる平面的な川に仕掛けられた〝堰〟のようなものとして考えればわかりやすいかもしれない。旧館北東部の突端で円弧を描く出隅部から、元町通に沿って南へ向かって流れ出した視覚的な〝流れ〟が、この〝堰〟を滑り降りるように流れ落ちていくことによって、その〝流れ〟そのものが初めて顕在化されて、それを眺める者の視界に決定的な方向性を指示していくのである。このさりげない仕掛けの巧みさは絶妙である。(9－58、9－59)

この〝堰〟と類似の視覚的な流動性を生み出すために、村野が「神戸店」のファサード改築で行ったもう一つのポイントは、先のS字形の湾曲壁の最上端のパラペットの部分から始まり、旧館最上階の窓上に約一m近く差し出されたフラット・スラブの軒庇の存在である。この軒スラブは、旧館七階の開口部のデザインを変えた上に、屋根形として村野が新たに付け足したものだが、これが付けられたことによって、先ほどの外壁上の北から南への〝流れ〟がさらに強調されることになり、村野がこの建物で密かに、またかなり用心深く試みていたと思われる、ストリーム・ライン（流線形）のデザインを、軽快なフェルト帽の鍔の輪郭のような軒庇のシルエットを通して、道行く人たちに軽い飛翔感といったものを建物の上に感じさせることに成功している。この軒庇の存在もまた、建物の重厚感や威圧感を消去するための隠れた技法であったのだ。

　村野は、この「大丸神戸店」の設計の前に、「狙うところは窓だ」と定めて、結果として〈皮膜〉としての壁を、自分の近代建築の表現上の重要なポイントとしてここでもまた日本の建築界に提出した。先にもすでにたびたび触れてきたように、村野は組積造建築の伝統の中で培われたような、荷重を受けながらも雄々しく立ちあがっていくような建築の壁体と、その中に遠慮がちに、しかし強い主張を持って刳り抜かれた開口部という、〈過去〉の建築に特有の外壁の権威主義的なドラマ構成を、一人の建築家として心底嫌っていたといえる。また逆に、そうした荷重の上下関係を完全に消去して、いわば〝カーテン〟に近い状態で外壁として取り付けられた、全面ガラス壁などの、〈未来〉の建築が提唱する中立的な開口部と壁の構成も、自分の〈現在〉の建築デザインの手法としては選択したいとは考えていなかった。その結果、彼が一九三〇年代中頃という設計時点で、他ならぬ自分の〈現在〉の手法として発見し摑み取ってきたのが、〈皮膜として展開する壁と窓の構成〉という独自のデザイン手法であったのである。これこそが《現在主義者》を自称する村野藤吾が表明した、一つの独創的な建築〈美学〉であり、また彼の《現存在》そのものを提示するものとしての〈哲学〉の表白であったともいうことができよう。その意味ではその当時の新進気鋭の建築史学者として売出し中であったと同時にすぐれた建築論者でもあった藤島亥次郎が、元町駅を通過する列車の窓から、港の方向にいわば立ちふさがるように横に続いている「大丸」の北側の壁面を遠望しつつ、「あの建築は作家の人生観が出ている」、と書いたのは卓見であったし、それを読んだ村野が、いかにその言葉に内心快哉を叫んだかも十分に察することができる。村野としては、自分はただ闇雲に壁

9-59　「大丸神戸店」の１階売場

と窓を平たく見せようとしている偏執的な設計者というわけでは決してなく、そこには自分の〈哲学〉があることを、よくぞ貴方《あなた》は気づいてくれた、と礼を言いたい気持であったに違いない。

［註］

1 「そごう百貨店」の名称は、もともと「十合呉服店」から来たものだが、一九三五年の新館オープン時には、「そごう」の仮名文字のうち「う」の字のみ小文字で表示する「そごぅ」というロゴで看板等で表示されていたが、ここではすべて「そごう」に統一した。

2 ヴォーリズ(William Merrell Vories, 1880–1964)。アメリカ生まれ。近江八幡の「県立滋賀商業学校」の英語教師として一九〇五年来日。キリスト教の宣教師でありながら、後に「近江兄弟社」を設立し、またその布教活動の一環として建築設計をはじめ、戦前期の関西地区で非常に多くの建築を設計して残した建築家として広く知られる。後に日本女性と結婚して帰化し、一柳米来留となった。

3 村野藤吾『建築をつくる者の心』なにわ塾叢書4、大阪なにわ塾編、一九八一年、一二五—一二六頁。この時村野が接していた「そごう」の「重役」とは、木水栄太郎であった。

4 「大丸百貨店」の「概要」は、『近代建築画譜』(近代建築画譜刊行会編、一九三六年)、三三三—三三四頁、山形政昭『ヴォーリズの建築』(創元社、一九八九年)、二七〇—二七六頁、などによった。

5 「そごう百貨店」の「概要」は、前掲『近代建築画譜』の他、『国際建築』、一九三六年八月号、竣工写真集『そごう建築写真集』、一九三五年、等を参考にした。

6 『国際建築』一九三六年八月号。

7 村野藤吾「『グラス』に語る」『建築と社会』、一九二九年九月号所収。『村野藤吾著作集』鹿島出版会、二〇〇八年、一〇五—一一〇頁所収。

8 前掲『建築をつくる者の心』、一二五—一二六頁。

9 ル・コルビュジエ「新建築の五つの要点」(Les 5 Points d'une architecture nouvelle)に、「一 ピロティ、二 屋上庭園、三 自由なプラン、四 横長の窓、五 自由なファサード」という五つのポイントが挙げられている。

10 ブルーノ・タウト『日本 タウトの日記』岩波書店、一九五〇年。

11 フェリース・リックス(Felice Rix, 1893–1967)。リチ上野。

12 藤川勇造(一八八三—一九三五)。一九〇八年東京美術学校卒。ロダンに師事し、一九一五年に帰国後は二科会に所属し活躍。

13 板垣鷹穂(一八九四—一九六六)。美学・美術史研究者。昭和初期から美術史の他に近代建築・写真・映画等の盛んな評論活動を行った。

14 板垣鷹穂『建築』育成社弘道閣、一九四二年。最近同書が同じタイトルで復刻された。板垣鷹穂『建築』武蔵野美術大学出版局、二〇〇八年。

15 オットー・ワグナー(Otto Wagner, 1841–1918)。オーストリア近代建築の〝父〟と目された建築家。「郵便貯金銀行」は彼の代表作。

16 「ラーキン・ビル」は、フランク・ロイド・ライト(Frank Lloyd Wright, 1867–1959)設計による、ニューヨーク州バッファローに一九〇四年に建てられたオフィスビル。高く幅の狭い吹抜空間に特色を持つ。

17 村野藤吾「動きつつ見る」『建築と社会』、一九三一年一月号、二二頁所収。

18 「ラ・ロシュ=ジャンヌレ邸」(La Maison La Roche-Albert Jeanneret)、二戸一棟のL字形平面の分棟住宅。現「ル・コルビュジエ財団」の同博物館として「ラ・ロシュ邸」を一般公開。「ジャンヌレ邸」はル・コルビュジエの兄、音楽家ピエール・ジャンヌレの自邸であったが、現在は財団のオフィスとして使われ、非公開。

19 村野藤吾の長男、村野漾氏から直接、その話を聞くことができた。

20 藤田嗣治(一八八六—一九六八)。一九一〇年東京美術学校卒。一九一三年フランスへ渡り、一九二〇年代のパリで人気画家として大活躍をし、一九三三年帰国。二科会に所属して制作。「そごう」六階特別食堂の藤田の油彩画は、その後一九三九年に起きた失火によって大きく損傷し、食堂の壁から取り払われた。

21 村野藤吾「松寿荘の語るもの」(聞き手　槇文彦、長谷川堯)、『新建築』、一九八二年三月号。

22 「私が松寿荘を設計するときにね、こういう感じがありました。若い人たちが見たときに先輩の手法はこうだったのかとわかるように、良し悪しは別問題として、知っている限りは残しておきたかったんです。これは先輩の建築家としての[私の]義務だと思うんです。」一六八頁。

23 『村野藤吾和風建築集』新建築社、一九七八年、一〇六―一〇九頁。

24 北尾春道編『数寄屋図解事典』彰国社、一九五九年、一八九頁「そごうのちゃしつ(十合の茶室)」の項、参照。

25 前掲、板垣鷹穂「百貨店」『建築』、八三頁。

26 前掲『建築をつくる者の心』、一二八―一二九頁。

27 前掲『建築をつくる者の心』、一二四頁。

註26に同じ。

第十章
「ドイツ文化研究所」への特別な想い

京都吉田に建つことになった「ドイツ文化研究所」

　村野藤吾が、彼の初期の代表作となる「そごう百貨店」の、一九三三年の第一期工事の完了と、一九三五年の第二期工事の竣工との間に挟まれた、一九三四(昭和九)年に、京都に完成させた「ドイツ文化研究所」[1]の建築は、巨大な「そごう」とは比較にもならない小規模な建物ではあったが、内容的に非常に高い完成度を示した初期の佳作として、決して見過ごすことのできない作品となった。「ドイツ文化研究所」という研究組織は、その場所を日本におけるドイツ文化研究の一つの拠点とするのと同時に、昭和初期の日本の社会に、ドイツの歴史や文化を研究し伝達する目的で、あの大正末の「超然内閣」の首相として知られる清浦奎吾[2]と、ヒトラー政権が成立した年にその職を辞すまでの四年間、駐日ドイツ大使であったE・A・フォレッチ[3]などの働きかけにより、時の文部大臣鳩山一郎の認可のもとに社団法人として発足した組織であった。一九三四(昭和九)年十一月、京大(吉田)キャンパスの西側に隣接する、左京区吉田牛之宮の約二、〇〇〇㎡の敷地に「研究所」の建物は完成し、活動を開始している。村野がこの新しい研究機関の本部となるべき建物の設計を依頼されることになった経緯は、ドイツのライプツィヒ大学卒業という経歴を持ち、この「研究所」の創立時にその運営や資金集めに関わっていたとされる当時の「都ホテル」の重役、西彦太郎[4]との繋がりからであったと、村野自身は後に回想し語っている。[5]

　残された図面などから判断して、[6]平面や外観や細部が、後に完成した「研究所」の建物にほぼ重像するような設計内容の図面のうちの最も早い日付のものは、一九三三年四月十四日付の図面である。それ以前のものと思われる図面には、例のごとく日付がなく、それらは最初期の、設計者としてはっきり指名される前に施主にプレゼンテーションするための図面であったと推測されるから、村野が正式な設計者としての指名を受けて設計を開始したのは、早くて一九三二年の終わり頃、おそらく一九三三年のはじめ以降のことではなかったかと考えられる。一九三三年の中頃から翌三四年初頭の間は、財団法人としての認可待ちと、建設・運営等のための資金集めの期間であったと思われ、一九三四(昭和九)年はじめに認可が下りると、四月に起工し、約七ヵ月の工事期間の後、同年十一月には竣工し、開所している。鉄筋コンクリート造二階建(一部地下室付)。一階四四二㎡、二階二九六㎡、地下室三五㎡、付属屋九二㎡、延床面積八六五㎡の規模の建物で、総工費四二、〇〇〇円であった。[7](10-1)

　この「研究所」が企画された段階では、その種の関連はいまだ生じていなかったと考えられるが、一九三四年に建物が完成し、「研究所」が発足した時点においては、ドイツでは

10-1 「ドイツ文化研究所」、模型(竣工した建物とは一部異なる)

「第三帝国」の総統《フューラー》を自ら名乗る、あのアドルフ・ヒトラーがすでに政権を握った後であり、その独裁的で強権的な統治の余波が、遠い極東の日本にも少しずつ及び始めた時節のことでもあり、やや不穏な雰囲気につつまれた「研究所」の船出であったといえる。このような政治的情勢下でのその後の日本とドイツの国際関係はといえば、一九三六(昭和十一)年の「日独防共協定」の締結、一九四〇年の「日独伊三国同盟」の結成へと、〈帝国主義〉に特有の連携強化が積極的に推進されていくことになったが、おそらくそれらの動きとはどこかで一線を画しながら、「ドイツ文化研究所」は、京大教授成瀬清(無極)[8]を中心に、地道に文化的な研究・交流活動を展開していったのではないかと思われる。たとえば戦時下で京大理学部の学生であった吉田光邦は、「戦時中、灯火管制で暗くされたあの[研究所の]ホールで、豊増昇氏がえんえんと、ベートーベンのピアノソナタの連続演奏会を開いていた。聞く人は少なかった。明日の日も知れぬあの時代に、ホールに鳴っていたワルドシュタインや、八番、十四番。それは沈鬱な時代に生きていたあの建物の歴史のひとこまである。」[9]と回想している。

しかしこうした活動も、第二次世界大戦の一九四五年におけるドイツと日本の相次ぐ降伏宣言により、ついに「研究所」は組織としての命脈を断たれることとなり、敗戦直後の一時期、「西洋文化研究所」と衣替えして存続したものの、一九四六年にそれも解散し、土地、建物、蔵書等は京大に移管されることになった。間もなく建物は占領軍に接収されて、一時期米軍が使用していたが、一九五二年に接収解除。この年以降、旧「ドイツ文化研究所」の建物は、「京大人文科学研究所」が北白川の「人文研」の支所として使うことになり、通称「東一条の分館」となったが、二十年後の、一九七二(昭和四七)年、ついに老朽化と研究室等の不足などを理由に京都大学が建て替えを決定し、村野への確たる事前の相談もない状態で取り壊しが開始され、この時点で村野の戦前期を代表する貴重な作品が一つ完全に姿を消すことになった。その後一九七五年、新館が同じ敷地内に完成して「人文研」の研究施設として使われはじめたが、この建物が、現在「人文科学研究所図書室」として使われているいかにも無粋な建物に他ならない。ちなみに、敷地がほぼ同じ広さを持つ隣接地には、「ドイツ文化研究所」に二年ほど遅れて完成した「関西日仏学館」の建物（設計 レイモン・メストラレ、一九三六年）があり、こちらは「日仏友好」の拠点となったが、この建築の場合は戦後しばらく経ってから、設計者の師であるオーギュスト・ペレをどこかで思わせるクラシシズム系の外観だけを保存した後、内部を完全にリニューアルして、ともかく創建時の建物の面影だけは今に伝える形で残っており、取り壊して記憶を完全に切断し無化してしまった「ドイツ文化研究所」の建物の場合と好対照をなしている。

「研究所」の取り壊しと「人文研」の新築に際して

この「人文研」の新しい建物の完成を記念した特別号として編まれた同研究所の機関誌『人文』（第十二号）の中に、当時人文研の教授であり、哲学者としての多くの著作を通して広く知られた上山春平[10]が、「建物物語」と題して、村野藤吾の「ドイツ文化研究所」の建築に関するいわば〝追悼文〟のような短い文章を書いている。同時に上山は、同じ「人文研」の助教授（当時）で旧「研究所」の建物の中に研究室を持っていた近代技術史専攻の吉田光邦を伴い、村野藤吾の大阪阿倍野の設計事務所を訪ね、設計者に直接この建築についてインタヴューした時の、今読むと大変に興味深い記事が同じ号に掲載されている。その冒頭の「まえがき」の中で上山は、「このたび、この敷地に新館を建てるはこびになって、その建物は取りこわされることになったのですが、実は、そのことによって、私たちは一人のすぐれた建築家の初期の作風を代表する貴重な作品を心ならずも破壊する結果になってしまった」と、正直に自分の胸の内の苦渋を打ち明けた後、続けて次のように書いている。

「あの建物が有名な建築家の作品だということはかねてからきいていたのですが、その方がどのような作風の方であり、あの建物がどのような意義や価値を持つのかという点については、ほとんど何も知らず、また知ろうともしなかったのです。

まことにはずかしい話ですが、その建築家が村野藤吾という方であり、今日の建築界の主流をなす機能主義的な傾向にたいして、ロマン主義的ともいうべきムードをたたえた独自の境地をきりひらき、建築の世界ではきわめてユニークな存在として高い評価を得ておられる、ということを知ったのは、この特集号の編集に当たってからのことでした。

［一九七五年］三月十一日の午後、私は吉田光邦さんと一緒に、大阪の阿倍野筋にある村野さんの事務所を訪れました。（中略）

村野さんは八十歳近い御老齢ですが［註・実際にはこの時八四歳］、みずみずしい感じのただよう、清らかな、衒《てら》いのないお人柄で、・・・一時間あまりも私たちのために貴重なお時間をさいて下さいました。
　お話のはしばしから、あの建物にたいする深い愛着のお気持と、その心ない使いざまにたいする遺憾のお気持を伺い知るにつけて、あの建物をたんなる研究活動のための施設としてのみとらえ、それにふさわしい用い方をしなかったばかりでなく、その破壊に加担する結果になってしまったことを居たたまれぬほどはずかしく思いました。[11]」

　この上山の「まえがき」は、破壊されるにいたった「ドイツ文化研究所」に対する、図らずもそれを取り壊す側に立たされてしまった研究者の一人としての、その建物への惜別と悔悟と鎮魂の入り混じった言葉として、読む者の胸に迫る何かを持っている。それと同時に、「ドイツ文化研究所」の建築の設計者である村野藤吾が、その建物に対して格別に「深い愛着」を抱いていた事実と、彼が「その心ない使いざまにたいする遺憾」の意、つまり京大の施設管理者やそこを使ってきた研究者たちの扱いに、実は内心非常に激しい怒りを抱いていたことが、同時に伝わってくる思いがして、言葉はあまり適切ではないが、慄然《りつぜん》とせずにはいられない。村野はそうした点をも含めて、上山、吉田の質問に忌憚なく答えて、次のように語っている。

「――［ドイツ文化研究所は］非常に初期のお仕事なんですね。

村野　そうです。私の仕事としては、あれは記念すべき建物のように思っているし、人からもそういうように評せられているんです。あそこに、おそらく当時としては初めてのことでしょうが、［玄関脇に］コンクリートの打ちはなしの列柱がありますね。コンクリートの肌をそのまま出して、そういうので日本的な調子を出したいと思ったのです。そんなのが此の頃はやりますけども、当時はなかったのです。ああいうところに、私としては、自分のやりたいことをやったなという感じがあるわけです。

――あの列柱のあたりには篠竹が植えこんでありましたね。

村野　ええ、そうですね。何かしきりに日本的なものをさがそうという気持から出たんですかね。

――あの傾斜のゆるい軽やかな感じの銅板葺きの屋根なんかには、そういうお気持ちがはたらいていたわけでしょうか。

村野　ええ、あまりうまくないでしょうが・・・とにかくお隣の日仏会館なんかといい対照でしょう。（後略）

――玄関あたりや列柱のあたりなどに、なかなかいい石がありましたが、あれは初めからのものですか。

村野　そうです。貴船まで取りに行ったのですよ。それから楠《くす》がありましたでしょう。あれもそのとき植えたのです。

――玄関から入ってすぐのホールの天井に、丸いくぼみ［小天蓋］があって、そこにおおきな木の彫刻がありましたね。

村野　あれは鷲《わし》でしょう。ドイツのシンボルのつもりだったのです。そして、あの丸いくぼみのところに赤い灯をともして、日の丸のかっこうにしたわけです。

――なるほど、日独友好のシンボルだったというわけですか。ホールの奥が舞台風になっていましたが、あれは・・・。

村野　あのニッチェ［niche、ニッチ、壁龕《へきがん》、壁の凹部］のとこね。あそこに使うために、ドイツからモザイクを取りよせたんです。ドイツ大使が寄付したんですよ。ところが、荷物がついたときには、貼るお金がなくなって、そのまま置いといても仕方がないというので、ドイツへ送り返しました。

（中略）

村野　私としては、会談室［一階談話室、図面上の「クラブ室」のことか］が気に入っていた。コンクリートにじかに色つけなんかしましてね。今ではよくやっていますが、あのころとしてはめずらしかった。腰掛け［椅子］なども良かったし、ともかく会談室は良かった。しかし京都大学に移ってからの取扱いはね。まあアメリカの人はわけがわからんから仕方ないにしても、京大の先生方の建物尊重の仕方というものはひどかった。まあ一般に作品に対する、建物一般に対する認識はそんなものでしょうがね。あれに対する認識は、こんなこと言って申し訳ないですが、［大学の］先生方だからご理解あるだろうと思っていたところが惨憺《さんたん》たるもんでしたね。まあ手狭だったからでしょうが、もうちょっと取扱いを良くしてくれればよかったなあと思いますね。(12)」

竣工時の「研究所」を訪ねる

武田五一が中心になって設計した、印象的な文字盤を頂きに載せた京大のいわばシンボルといえるあの時計台が立つ「本部本館」(1925)。その「本館」前から「正門」を抜けて構外に出ると、前を「東一条通」が東西方向に走っており、この道を西へ二〇〇mほど歩くと、「京大・吉田キャンパス」の西端を仕切って南北に通り抜ける「東大路通」と交差する四つ辻に出る(現在の「東山東一条」の交差点)。この交差点を西に渡り、今度は右(北)に折れて「東大路通」を少し北へ進むと左手に、目指す「ドイツ文化研究所」の建物と前庭が左手前にもう見えてくる。「研究所」の敷地へと入っていく自動車用のアプローチに続く「門」から入り、構内に直接足を踏み入れることはここではせずに、工事費が無くなり村野が「なけなしの金」で、自腹を切って作ったと回想している、[13]「研究所」の敷地と歩道の間を仕切る、高さ一mほどの低い煉瓦積の外塀に導かれてもう少し先へ歩を進める。すぐに、南北に長い敷地の中央部に、こちらは歩行者専用と思しき、塀と同じ高さの門と木製の門扉が現れる。この門の前にしばらく立って完成したての「研究所」の建築と前庭を改めて眺め直して観察することにする。この敷地は、もともとこの場所にあった「京都高等工芸学校(現・京都工織大)が、松ヶ崎の地に校舎を移転した跡地の一部、約二、〇〇〇㎡の土地を譲り受けたものであった。

東大路通の歩道と建物の間に、一七mほどの奥行きで「前庭」が眼前に広がっている(10-3)。その前庭の左手(南側)半分ほどを占め、南東隅にある先ほどの門からの接近路《アプローチ》を入ってきた車が、客を車寄《ポーチ》の屋根の下で降ろし(まさにそのシーンが溝口健二の「浪華悲歌」の中に登場する)、その後、自動車をUターンさせてもと来た道に戻るための砂利敷きの転回路が円弧を描いて造られている。その右手に、転回路の外周を示す幾何学的な円弧を南端にした、芝生敷きの比較的平坦な庭園が、前庭の北側半分を占めて広がっている。庭の中には村野が先のインタヴューで京都郊外の貴船あたりで見つけて来たと語っていた庭石や、ツツジ、サツキなどの植込みの他に、若くまだ背も低く幹の細い松や楠などの庭木が点々と植えられており、全体的な印象として、京都という街に似つかわしい和風の庭園に仕立てられている。ただこの和風の庭には、ポーチ脇で少し離して立てた二本の白く塗った鉄製の旗竿と、庭の中央に立つ《構成派》風のしゃれたデザインの、後方の建物の軒高くらいはありそうな高さのコンクリート製のモニュメント(この柱の途中に清浦奎吾以下松井元興までの九人の設立功労者の名を入れたブロンズの銘板が付けられている)があり、そこには、その種の〈和〉の匂いは全く与えられていないが、しかし違和感といったものはさほどなく、

10-2　モニュメント

10-3 「ドイツ文化研究所」、東側を通る東大路通から見た全景

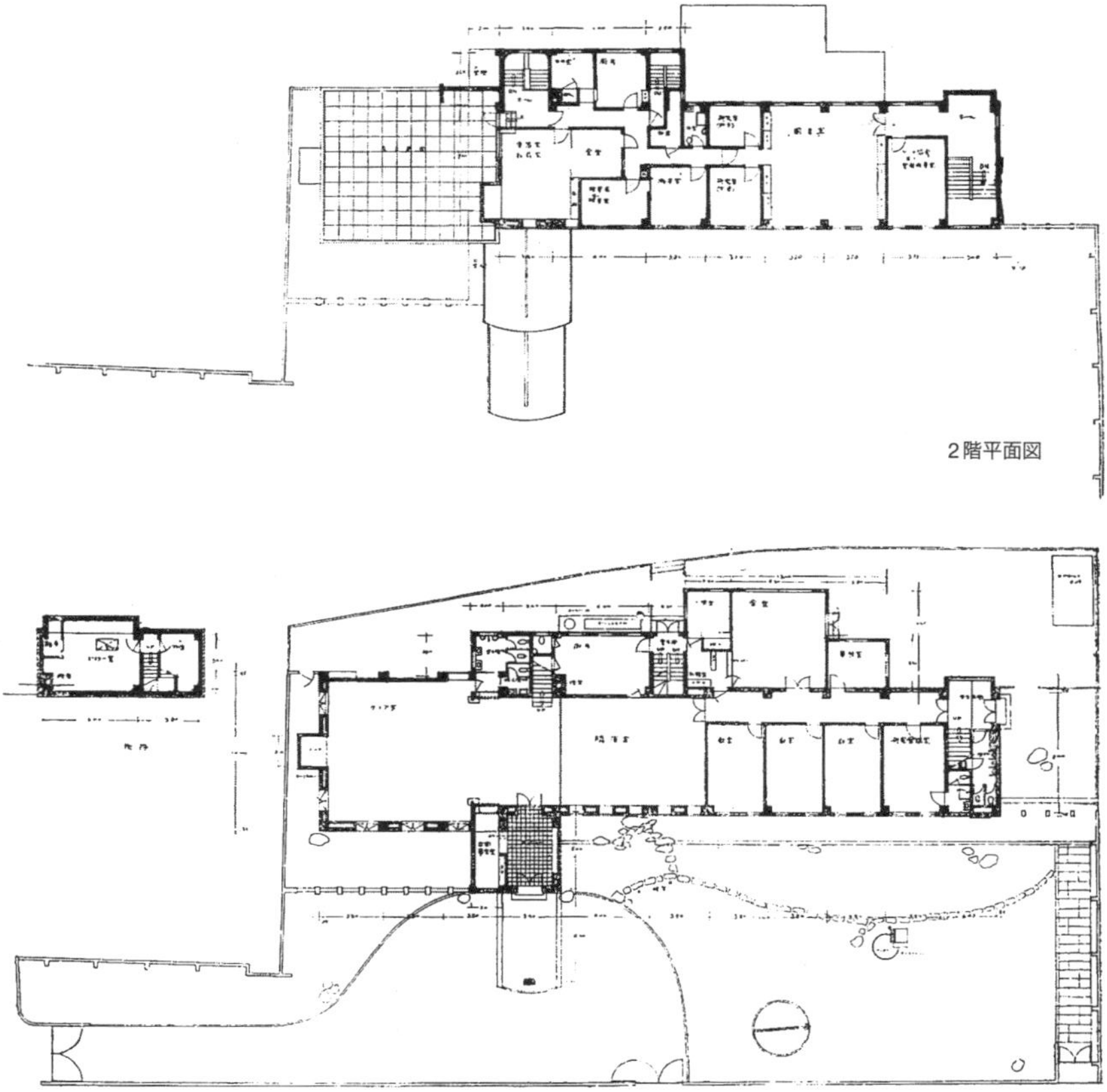

10-4 「ドイツ文化研究所」、平面図

むしろ〈和〉の庭の日常性から来る停滞を刺激して引き締める、といった効果を持つほどよい点景物となっている。(10-2)

その前庭の奥に、全体で南北に四三mほどの連なりを見せる「ドイツ文化研究所」のファサードが、東大路通の東側に広がっている煉瓦造やタイル貼の洋風建築が主体の京大キャンパスに向かい、何事かもの申さんとするかのような表情で、まさに対峙するように建っている。研究所全体の建物は、東側から見ると、大きく三つのブロックに分かれているように見える。北側に、勾配のごく浅い屋根が架けられた二階建の「本館棟」があり、その南側には、平屋でフラットな陸屋根で、本館の下屋のような形で寄り添っている「談話室棟」があり、その「本館棟」と「談話室棟」が出会う位置に「玄関棟」が置かれて、その前に車寄、という構成。(雑誌発表されたプランを見ると、この三つのブロックの他に、「本館棟」の背後(西側)に付属し突き出した「厨房」などサーヴィス関係の部分があることがわかる。)(10-4)

東大路に面した横長の敷地の、北側の三分の二ほどを占めて建っているのがRC造二階建の「本館棟」であり、この棟は間口二八m×奥行き八mの長方形を基本とする平面を持ち、二列の柱の桁行き三・八m(心々)の柱間を基準とし、その間の八mの梁間《スパン》に陸梁を架けて、内部平面には構造的な独立柱をすべてなくしている。「本館棟」は、軒高七・八mの位置でフラット・スラブの屋根を載せ、長方形のキューブとしての輪郭を完結させているが、実はさらにこの陸屋根の上に、鉄骨ではなく木造の小屋を架け、その小屋組の上の屋根面を銅板瓦棒葺きで被せている。つまり「本館棟」全体を伝統的な屋根形で上から軽く抑えた形にまとめ、幾何学的な直方体の輪郭を、離れた位置から人が見た時にストレートに表出しないようにしているのだ。

あらかじめプランを参照しておくと、本館棟の一階は、広めの「講演室」(「厨房」に近いのでおそらく実際には「食堂」としても使われたか)や、いくつかのゼミ用とおぼしき小さな「教室」や、研究者用の「会議室」などで占められており、それらの本館棟の北側を占める主要な各部屋の西側を通る中廊下の北端に、学生用の玄関と、それに続く二階への階段と、トイレ等が置かれている。本館棟の西側の一部に、サーヴィス関係の諸室があり、順に「厨房」、「階段」、「小使室」、「食堂」、「事務室」などが並んで、本館棟の長方形の平面からははみ出した形で中廊下に面している。本館棟の二階は、一番南側のテラスに面した場所に「貴賓室」兼「総裁室」のやや大きめの部屋と、これに付属の「食堂」がある。ここから北の方向に順に、「理事室」、「領事室」、「研究室」などの主に運営関係者のための部屋が続き、さらに大きな「図書室」と、その脇に「ゲーテ協会室」が北端にあって、いずれの部屋も東側に

10-5　本館棟

10-6　外壁

前庭を見下ろす形で並んでいる。二階中廊下を挟んだ西側には、小さな「厨房」と、「浴室」、「女中室」、「物置」などの他に、「助手用研究室」などがある。

これまで見てきたように、屋根を別にすれば、道路に沿って直方体を横に寝かせたような形のこの本館棟は、非常に簡潔な姿、ある意味でモダンな初原的形態《プライマリー・フォーム》を基本的な特徴としている。この横に寝かせた直方体の、街路に面した外壁《ファサード》には、一、二階、二列に、高さと窓割りが上階と下階でやや異なるが、どちらも縦長の似たような窓が、規則正しく一定の間隔を置いて並んでいる。一階の窓は、九〇(w)×一九七cm(h)の木製の額縁の中に、同じ木製の両開き窓に縦長一枚の透明なガラスを入れ、その上の欄間には突上げの透明なガラス窓が入り、この窓と隣の窓の間隔として約一mの壁幅が取られている。二階は、九〇×一五〇cmの両開き窓で、縦寸法が下階の窓よりやや短く欄間がなく、上下同じ間隔で整列している。窓枠はすべて杉材の白ペンキ塗仕上げ。二階の窓の下端と、一階の窓の上端の間の壁帯《スパンドレル》は高さ一・七m。これらの窓を取り囲んでいる、石貼の布石部分から軒下までの広い壁面は、全てモルタル掻き落としの一種と思われる「リソイド塗、色セメント刷毛塗」の指定が残されている。色彩は不明だがかなり灰色がかった白色と思われ、近づいていけば表面は平滑ではなく、細かな陰影のある、ザラッとした肌面に仕上がっていた。(10-5、10-6)

問題の外壁面と、窓のガラス面との間の差は、一階がやや深く、二階はそれより浅いが、一階の窓台の奥行で一二cm前後であったと思われる(この部分の詳細図がない)。これらのディテールは、この時期の村野が設計者として心掛けていた〈見込みの浅い窓〉、つまり壁面と窓のガラス面が、外から見た時にできるだけ同一平面に近い位置で連続しているように見せるための配慮がここでも払われた結果であったといえ、こうして村野は外壁全体を、「大丸神戸店」で先に見たような、外壁として皮膜をピンと張り巡らしたような、グラフィックでずっきりした表情に仕立て上げることに成功している。このグラフィックで清楚な〈平面性〉という特質が、日本の伝統的な建築には本来ほとんどなかった「外壁面」という〈垂直遮蔽体〉の中に、なぜか日本的というか、いわゆる〈和〉の雰囲気を漂わせる源となり、見る者の心に、ある種の馴染みの感覚というか、懐かしさの感情を呼び覚ましているようにも思える。

と同時に、この皮膜的外壁のヨーロッパにおける先駆的な建築的表現者として考えられる、G・アスプルンド[14]の一九二〇年前後の諸作品が村野に与えた影響についても、やはり無視することはできないであろう。一九三〇年の旅で、村野も自分の目で見たはずの「ストックホルム市立図書館」(1928)の外壁デザインをはじめ、「リスター郡裁判所」(1921)の立面や、この「研究所」の本館棟のファサードに佇《たたず》まいがよく似ている、ストックホルム近郊にある清廉な「スネルマン邸」(1918)などの、〈グラフィックな壁と窓の構成〉から、村野が間接的な影響を受けていたのは間違いのないところだろう。しかし考えてみれば、アスプルンドのこのような建築的《グラフィシズム(版画的な平面主義)》には、十九世紀から二十世紀にかけてヨーロッパの表現世界を席巻した感のあった《ジャポニスム》の中で特に強い関心が払われていた、日本の美術や工芸などに独特の〈平面性〉の表出への西洋の芸術家たちの興味が影響していたとすれば、村野の作品の中の表現を通して、〈和〉が、地球をひと廻りして再び日本に里帰りした、と考えるのが妥当かもしれない。(10-7、10-8)

10-7　アスプルンド設計、「スネルマン邸」

10-8　アスプルンド設計、「リスター郡裁判所」側壁面

この他に村野が、〈和〉の雰囲気を「研究所」の本館棟のファサードに引き出すためのキーワードとして、伝統的な日本建築の"用語"の中から特に見つけ出してきてここで活用しているのは、「武者窓」とか、「連子格子窓」とか、京都の町家などで「虫籠窓」などのさまざまな呼称で呼ばれてきた、日本建築の中の、特に防御性を顧慮した土壁部分に開けられた開口部のディテールである。「本館棟」の外壁でいえば、一階と二階の北端部分にこの種の開口部があり、一階レヴェルで

10-10　武者窓と右下に村野の名が刻まれた竣工年を示す銘板

10-9　本館棟の外壁。前に貴船石を使った庭石

は「一九三四」という竣工年と、T. MURANOの名前を刻んで壁に貼り付けたコンクリート製銘板の左側の、教員会議室用のトイレの窓部分と、同じ位置で真上にあたる二階階段室の壁面にある窓が、武家の「武者窓」、あるいは「虫籠窓」というべきか、いずれにせよ開口部の中に、プレキャスト・コンクリート製の太い縦格子を立て込んだ開口部がデザインされている。この「武者(虫籠)窓」風の開口部は、「本館棟」だけを見ても、他所にもかなりの数で取り付けられており、たとえば本館棟の北壁面の一階の玄関脇の学生用トイレの窓や、西側立面の北端にある玄関脇の一階の出窓と、二階の出窓。反対側の南側では、二階のテラスに面した「貴賓室」の出窓部分が同じ形を採っており、ここでは内側に障子を入れられている。さらには最も人の目につきやすい「玄関棟」の三面の壁にも、この武者窓が一個ずつ使われている、といった多さであり、京都風なこの開口部のデザインを、村野がかなり好んで執着してデザインしていたことがわかる。つまり伝統建築に特有なものと思われていた意匠が、近代建築の幾何学性あるいは抽象性を重視する傾向の中に、さほど違和感なく、重像させ得るという点で、村野にとって「武者窓」「虫籠窓」は、格好のディテールであったのである。(10-9、10-10)

さらにもう一つ、この「研究所」のスカイライン形成の上で見逃せないのは、水平方向への伸びやかさを強く意識している「研究所」全体の構成の中で、ほとんど庭の中のモニュメントを別にすれば唯一の例外という形で、垂直性を強調するエレメントである一本の煙突の存在である。調理場から本館西側の外壁に沿い、さらに屋根庇を突き抜けて、先端で実に地上一六mの高さにまで、その大部分を独立して立ち上がら

せている四角い鉄筋コンクリート製の煙突。大屋根のスカイラインを破り高く天空に向かって抜けながら、この煙突は、機能的にはおそらく必要以上と思わせるほどの高さで、いったい何を訴えようとしているのだろうかと、考えずにはいられない。あるいはすぐ近くの武田五一デザインの京大本館のあの印象的な時計台に、この煙突を対峙させようとしていたのだろうか。

直方体を覆う大屋根と深い庇が秘めた力

しかし平滑でシンプルな壁の魅力に無縁な人からすれば、本館棟の外壁は簡潔であるとは見えても、逆の意味では、単調で素っ気ないファサード・デザインに映る恐れがないわけではなかった。そのような退屈な印象に陥らないように、さりげなく救っているのが、連続する外壁の上に載せられた大きいが、しかし屋根面のきわめて立ち上がりの低い、緩やかな勾配の「大屋根」の存在である。屋根伏図上の軒先までの寸法で、奥行き一三m×間口三七mというスケールの寄棟造で銅板葺きのこの大屋根は、RC造本来の陸屋根《フラット・ルーフ》の上に、低い木造の小屋組を架構して、二寸二分という、いかにも村野好みの緩い勾配に、さらにわずかな〈照り〉(反り)のラインを加えて載せた、それはいわば置き屋根であった。スカイラインを一番高いところで形成する大棟の両端には、寺院の屋根の「鴟尾《しび》」を思わせる、しゃれた金属製の「大棟飾り」を載せている。いずれにせよ、江戸期における数寄屋建築を別にすれば、ほとんどの日本の伝統的な建築の屋根勾配が非常に深いのに対して、それにあえて対抗しようとするかのように、極端に浅い勾配の屋根を村野はこの「研究所」に架けて、傾斜のある屋根への自分の強い愛着を表明するのと同時に、屋根の重さ

10-11　立面図
および断面図

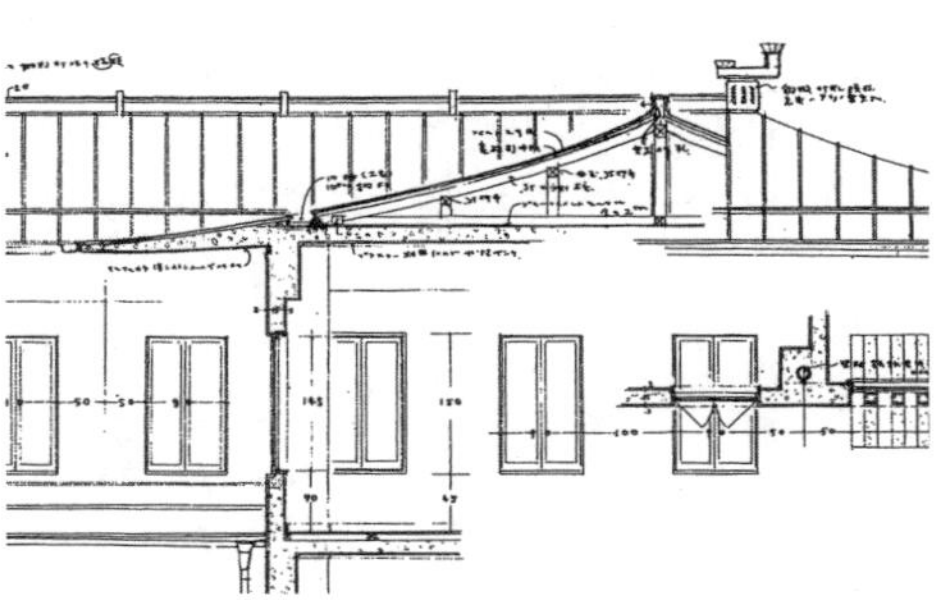

10-12
屋根と庇まわりの
詳細図

をできるだけ消し去ろうとしていることに、ここでは特に注意を払っておく必要があるだろう。(10-11)

屋根面は、この大棟からそのまま直方体の建物本体の外縁部分まで緩やかに、わずかな照り(反り)を見せながら下りて行くが、木造の小屋組は屋上外縁部までで止まり、その先に外壁から飛び出す形の屋根庇は、今度はRC造の建物本体から、それに一体化した形でキャンチレヴァーで差し出されている。しかもこのコンクリート・スラブ(陸庇)は、大棟から下りてきた屋根の傾斜と照りに従い、先端に近づくにつれて断面を次第に薄くしていき、中間に内樋を隠して、軒端の樋の位置まで連続している(10-12)。このような伝統的な表現と近代的な技術の、いかにも屈託のない融合のさせ方から思い出すのは、たとえば村野が戦後に試みた木造の数寄屋風の茶室などの軒出を深く保つために、木材だけの場合だと棰などの断面が太くなってしまうのを嫌って、鋼鉄などの金属板を木材の間に挟んで補強し、細く見せると同時に深い軒先を楽々と実現するといった、いわゆる〝村野流〟の手法の萌芽をここに見出すような思いがする。(10-13)

10-13　屋根庇の深い軒出が作り出す水平線と樋の垂直線

本館棟のパラペット部分の四囲を、深く大きくキャンチレヴァーで差し出して水平に連続するこの陸庇は、伝統的な日本建築の庇の下が、斗栱《ときょう》や棰や軒桁などが複雑に入り組んでいるのとは違い、モルタル掻き落としのまま無装飾で、すっきりした板状の上裏《あげうら》を見せているに過ぎないが、しかしこの「研究所」の場合のように、壁面から水平に実に二m二〇cmも片持梁で突き出されていたりすると、上裏やその下の外壁面が、自然に柔らかな〈影〉を抱えるようになる。その結果建物本体が持っている幾何学的な輪郭の鋭利さや冷徹さを、その淡い影が柔らかく包んで和らいだ印象を齎している。ちょうどこの頃に雑誌発表され、後に名エッセイとして広く読まれるようになった谷崎潤一郎の「陰翳礼讃」(15)の中で、日本の文化や空間の〈本質〉と呼ぶべきものとして彼が書いた「陰翳」に似た何かが、真っ新《さら》な近代建築の軒下に生みつけられた、といえるのではないか。村野は、谷崎が注目したような、日本の伝統的な家屋の軒下や濡縁《ぬれえん》周りに常に纏《まと》わりついていた独特の「かげり」を、自分が設計した建築の軒下まわりに、計ってか計らずにか、ともかく現出させ、その微妙な「陰翳」が呼び出す〈和〉の〝霧〟の中に包み込んだのである。それはあたかも、昔の大和絵の絵師などが、神殿や神社仏閣などを絵として描く時に、街や建物の一部に雲や霧を描き込むことによって包み隠したように、「陰翳」という〝霧〟を使って、基本的には幾何学的な輪郭を持つ自らの作品を包み込んで、その輪郭を和らげたのである。

村野の怒りの理由

しかしそれ等の表現上の面だけでなく、今更いうまでもないが、この大胆な軒の出の庇は、その〝深さ〟によって、その下の掻き落とし仕上げの外壁面と、その中に開けられた窓を、日常的な風雨の襲来からしっかりと護って汚れを防ぐという屋根本来の機能をも十分に果たしている。これを逆にいえば、村野がこだわったような壁と窓を〈面一〉に収める手法の中で、それぞれの開口部に壁面から外に突出した形で付いてしまう「小庇」や「雨押え」などを取り付けないで済ませるには、壁全体を覆い包むこの位に深く大きな屋根庇が必要不可欠であったともいうことができる。最後に、こうしてできたやや異様ともいえる庇の深さを、さらに効果的に強調しているのは、大屋根の四隅近い位置の軒端から地表に向かう、八mほどの高さの縦樋の、空間を垂直に切り裂くような細い線の存在であろう(10-13)。村野がこの「研究所」の建物に向けた設計者としての神経は、ほとんどあらゆる細部にいたるまで行き届いていたということであり、その意味で、村野がこの作品が戦後躊躇も顧慮もなく、大学によって取り壊されてしまったことに深い憤りを持っていたのは当然のことであった気がする。一言でいえば自分の〝分身〟を何の予告もなく抹殺されたような思いが、彼の胸の内にあったのではないだろうか。

大屋根のデザインの見事な点は、このように日本的なシルエットを本館棟に与える一方で、人が建物に近づけば近づくほど、勾配の少ない大屋根の銅板葺きの面は隠れて見えなくなり、建築の外観を、近代的な幾何学的抽象性を帯びたものとして認識させている点であろう。伝統的な寺院建築や、同じ時代に流行し始めていたいわゆる「帝冠式」の建築の屋根などで見られるように、大きく重い屋根が、最終的にはその建物の下の空間を押しつぶしてしまうのではないか、と思わせるほどの威圧感を、建物に近づいて行っても、いつまでも拭いきれないでいるのとそれは好対照をなしている。「ドイツ文化研究所」の場合、その勾配の浅い、軒の出の深い屋根のおかげで、本館棟に近づいて目近にその外壁や軒庇を見上げることになった人たちは、そのフラットな外壁や、上裏のシンプルで軽快な広がりを前にして、それに圧倒されるような威圧感を建物から受けることは決してなく、そこはかとない〈和〉の安らぎと、それを支える〈近代〉のしなやかな構造的強靭さをともに感取して、親しみを感じ、むしろその形と空間に対して、こちらから積極的に参加して、一体化(身体化)しようとするようになっていったのではないか。

村野を後年、「日本ルーテル神学大学」(1969)の設計者として選ぶ時に推薦者となった一人のアメリカ人の建築家[16]が、日本のすぐれた過去の建築——たとえば桂離宮など——には、『私はここに、あなたに直面して立っている』と言わずに、むしろ『さあ、おいで。一緒に住もう』とでも言うような[17]親しみに満ちた呼びかけが感じ取れると前置きし、村野藤吾の建築には、それと同じような美しい特質が感取できたと自分の報告書の中に書き、これに対して、戦後日本でめざましい活躍をしていた他の日本の建築家たち、たとえば丹下健三や、前川国男などの作品からは、そうした声を聴くことができなかったと付け加えて、最終的に村野を同大学の設計者として推薦している。まさしくその「さあ、おいで。一緒に住もう」というような特質が、教会建築ではない一九三四(昭和九)年の「ドイツ文化研究所」のファサードには早くも現れていたのではないかとふと考えずにはいられない。一九三六年の「森五商店」の、建物へと向かう者への、〈押付け型〉ではない〈自己抑制型〉の外壁デザインの形成という段階を、村野はここでさらに一歩前進させ、〈伝統〉と〈科学技術〉を、つまり〈過去〉と〈未来〉を、村野自身の〈現(存)在〉において止揚して、それ以前の日本の近代建築にはなかったような、独自の外部デザインをここに結晶させていたのだ。

「談話室棟」とその周辺のデザイン

本館棟の南端と玄関ポーチの南側には、本館棟より一層分低い平屋で、いわば本館の下屋のような形でそれに取り付いている、南北の間口一五m、東西の奥行き一〇mという広さを持つ「談話室棟」があり、本館棟と同じ三・八mの桁行きを基本とし、そこに一〇mの梁を飛ばして、室内を無柱の〈箱〉としている。この談話室(「クラブ室」)棟の空間に、本館棟一階の南端部の「講演室」が直接接続している。その中間にある可動間仕切りを折りたたむと、雑誌等の発表時でいう「クラブ室」と「講演室」を一続きの、奥行きが二五mにも及ぶ、長方形の大きなワンルームになるように設計されている。談話室棟のほとんどは「クラブ室」と図面に書き込まれた「談話室」であり、研究者、組織の運営者、外来客などによって、いわばホテルのロビーのような交流・接客用の部屋として主に使われ、講演会などの大きな催しの時には、隣の「講演室」

とも一体化して使われていたと思われる。その「談話室」の北東隅には、玄関へと直結する両開きのドアがあり、反対側の北西隅には、二階への階段と、その横(南)に男女のトイレが設置されている(10-21参照)。談話室の南壁中央には、奥行き一・六m、間口二mほどの「ニッチ」と呼ばれる「アルコーブ」があり、その内壁を、この「研究所」の設立に尽力していた前ドイツ大使フォレッチから贈られたガラス・モザイクで仕上げる予定であったが、前出の村野の回想にあったように、予算不足で実現できず、モザイク材料もドイツへ送り返されたという。これはあくまで推測に過ぎないが、このモザイク用の材料がドイツにわざわざ送り返された理由は、実は予算不足が理由ではなかったかもしれない。その贈り主が前任のドイツ共和国大使、フォレッチであったことから考え合わせると、その施工の中止に、ヒットラーのナチス政権の成立が関係していた、と推測すべきではなかろうか。わざわざそれを送り返したのは、ナチス・ドイツ政府関係者の〝拒絶〟の意向が、そこに働いたからであったと思うが、いずれにせよそのような際どい歴史の狭間に、この「研究所」は完成し、一つの組織として動き出したのである。

この「談話室棟」の外観は、ル・コルビュジェが「屋上庭園」にすることができると、「新建築の五つの要点」の二番目に挙げてモダニストたちに推奨した、「平らなテラス状の屋根」、つまり陸屋根の状態のままに置かれていて、本館棟の場合のような屋根は架けられておらず、周囲にパラペットを六五㎝立ち上げて屋上テラスにされている。村野がこの部分に本館と同じような傾斜屋根を載せなかった理由としては、設計のかなり早い段階ですでに陸屋根テラス案が採用されていることから考えても、建設費の不足からではないのは明白で、村野のデザイン上のポリシーとして最初からこの下屋は陸屋根とすることが考えられていた結果であろう。村野が仮に、この計画の最初から建物全体に本館棟のような屋根を架けた場合を考えてみれば、すぐにその理由が納得できるはずである。その場合は、建物自体の内容はまさしく近代建築でありながら、外観はどこか「新日本様式」風の〝擬古調〟の佇まいになってしまい、近代建築が伝統様式を屋根に載せた、一種の〝猫かぶり〟状態になってしまう。そうした状態は、近代的な設計者としての村野には到底耐えられないものであったはずであり、村野としては、この「研究所」の建築は、あくまでも〈近代〉の、正確にいえば〈同時代の建築《コンテンポラリー》〉であって、懐古趣味に毒された、〈過去〉への卑俗な憧憬の産物ではないことをここでどうしても示しておきたかったのである。だからこそ彼は、玄関棟より南側に位置する談話室棟の屋根をわざとフラット・ルーフにして、見る者に同時代性、もしくはある種の〈未来〉性をそこに確認させようとしたのではなかったか。

玄関脇の列柱壁の意味

しかし村野にとってそれ以上に重要であったのは、このキューブ状の「談話室棟」部分が、村野がこの「研究所」で秘かに試みていたと思われる、近代建築を最終的に〈和〉に結び付ける、という彼の全体的な構図を台無しにしてしまわないか、という点についての心配であり、そこから彼は、一つのデザイン的な工夫を編み出している。その工夫の跡とは、この談話室棟の東側で、「玄関棟」正面の壁面に連続させた〈外構柵〉の構築にあった。玄関部から敷地の南側の境界線のある塀までの間に、あたかも楣石を載せた古代遺跡の列柱か何かを思わせるような柵というべきか、あるいはまた先の連子格子を巨大化したような太い格子状の柵を立てて村野は談話室前を仕切ったのである。この「列柱柵」とでも仮に呼ぶべき障壁《バリアー》は、三・三mの高さで、南北約一二mにわたる間口で仕切っているが、この七本の角柱(見付三〇cm、見込四五cm)と袖壁の上には、梁成五十×梁幅三五cmの鉄筋コンクリートの「楣石」形の水平梁を乗せて組立てられている。ただしこの格子状の障壁は、柱間を人が楽に一人通り抜けられるような間隔(一m五五cm心々)からすると、防御的な目的と云うよりも、視覚的な効果を重視した列柱型バリアーであったことは明らかである。(10-14、10-15)

村野が先に紹介したインタヴューの中で、当時としてはまだ珍しかった打放しコンクリート仕上げの堰板の粗い起伏が移されている表面の肌理に〈和〉の表出を狙った、と答えていたこの列柱は、その奥に位置する三つのフランス窓を開けた「談話室棟」の外壁との間に、四mほどの奥行きの〈中庭〉を結果として生み出しており、この庭はさらにL字形に南側の外塀の下に回り込んで、最後は西の裏木戸にまで達している。

この柱と梁の幾何学的な構成物は、村野がこの「研究所」の設計を始めた早い段階から、かなり執着してデザインしていた部分であり、最初は「談話室」周りだけではなく、「本館棟」の北側にもスクリーン状の列柱が考えられており、学生たちはその列柱の間を潜りぬけて通用門から建物に入るように最初は計画されていたが、工事費の関係からか、北側の列柱は最終的には消えてなくなっている。この列柱のデザインはあきらかに、その当時のドイツやイタリアの建築家たちが一九二〇年代の終わりごろから次第に具体的にデザインし始めていた、強力な国家主義を誇示する新しい「擬古典主義」デザインが見せる、装飾を除去した直線的で幾何学的な構成を持つ列柱——日本でいえば丸の内の「第一生命館」など——への村野の関心の中から生まれたものではないか、という指摘が研究者からしばしば行われているが、欧米の新しい建築デザインの動向に決して鈍感とはいえなかった村野のことであるから、おそらくその指摘はさほど的外れではないといえるだろう。しかし他方で村野は、この「研究所」の他のさまざまな部分に用いている、日本建築の語彙の中の自分好みの建築的な〝単語〟、「武者窓」とか、「連子格子」といった呼び方をされる〈格子組〉を、ここでは一気に極大化し、それを中庭と前庭の間の仕切り壁として立てた、といった気持ちも少なからず働いていたかもしれない。というのも村野のこの列柱スクリーンには、一九三〇年代の「擬古典主義」系建築が本来備えているべき特有の「厳めしさ」とか、「権力誇示」といった性格が、柱の間隔の広さもあってほとんど消去されており、《古典主義》の〈洋〉から、どちらかといえば〈和〉の表現にそれが転化してしまっているようにさえ思えるからである。

10-14　談話室前の列柱柵

10-15　RC打放し仕上げの列柱細部

村野は、この中庭に白砂を敷き、列柱の前後に、貴船で探してきたと彼が回想していた庭石を打ち、さらに植木を何本か配した後、これもたしかに日本的な植物だが、日本庭園ではあまり主要な素材としては扱われてこなかった篠竹を列柱まわりに植えて、〈洋〉の中に〈和〉の佇まいを持つ、すっきりした中庭に仕立て上げている。この中庭は、談話室の内部の方から窓越しに眺めた時に、庭の向こうに透視できない厚い塀で視線を塞がれた場合とは異なり、列柱の間の大きく透けた部分から玄関周辺の人の動きなどが垣間見えたりして、狭い庭に往々にして付き纏う陰鬱な閉塞感から庭園空間を救っている。他方で逆に、「研究所」の玄関に近づいてくる人の目からは、柱間が広く開いたRC造の太い格子が、頑な拒絶的姿勢を部外者に対して表すものではないことを示して、その意味で開放的な玄関周りに感じさせていたはずだし、同時に、(実は村野がここに列柱壁を立てた最も大きな理由がそこにあったと思われるが)、奥の「談話室棟」の外壁の、簡潔ではあるものの、ややそっけなく無愛想な感じのする箱状の立面に人が直面して一瞬戸惑わずに済むように配慮したのである。したがってこの列柱格子は、単純な《擬古典主義》的バリアーではなく、一種のスクリーンのようなものとして、柱の間に透けて見える庭や建物のまわりに、先の本館棟の軒庇下の場合とはまた異なる、「陰翳」を齎らすことになったのである。

低い開放的な外塀と門から玄関へ

「研究所」の敷地内へ、教員ではない研究員や学生が入退出するための「通用門」は、東大路通に面した敷地の東北隅に置かれ、学生たちは、後にできた北側の「関西日仏学館」との敷地境界線に沿って立てたブロック積の外塀に導かれるようにして、真っ直ぐに西へ進み、その先で左に折れて、学生用玄関から建物の中に入って行くことになっていた。この接近路《アプローチ》には、どこか「大阪パンション」のアプローチを思い出させるようなコンクリート板の敷石が敷設されている。この他のアプローチとしては、敷地の裏側を通る道路に面した通用門から「研究所」に直接入るための、事務員や従業員用の内玄関が、西側中央部に用意されており、ここから直接、「厨房」や「職員控室」、「小使室」などに入ることができ、研究者や来客に顔を合わせずに、自分たちの仕事場に直接着けるようになっている。またこの入口は地下の「ボイラー室」と二階各室に通じる裏階段にも通じていて、搬入される物資を直接収納できるように計画されている。

さてこれらの「門」からではなく、東大路通に面して敷地と道路を区切る長く伸びた低い煉瓦塀の中央の、塀の高さと同じように低く、一般的な大学や研究所の門の周りにあるような〝厳めしさ〟といったものを微塵も感じさせない、非常に開放的な、逆の意味ではややそっけない感じさえもする、「正門」の、黒く塗った木製扉を押し開けて構内に入っていくことにする。この「正門」や、通行者が歩道上からも見える「前庭」や、その奥の建物のファサードがすでに〝予告〟していたことであったが、村野はこの「ドイツ文化研究所」の建物と周辺環境を、その当時の一般的な大学などの教育研究施設が通例としていた、どこまでも厳粛で、近づく者に、むしろ怖そうな感じを強調するような門や門扉に象徴されているような、その施設の空間を都市の日常的な市民生活のための空間から完全に切り離し、〈象牙の塔〉といった言葉がもつ、排他的で閉鎖的な空間として造り出すことを極度に警戒し、そうした手法を忌み嫌っていたことがわかるはずである。彼はそうした閉鎖性を少なくともデザインの上だけでも解体したいという隠れた意図を持っていた、といい直すべきかもしれない。その結果としてこの「研究所」では、残された図面が全くないので詳細は不明だが、高さ約一mほどの煉瓦積の侵入者に対する警備という意味では、何の役に立ちそうもない低い外塀を立て、その開放性の結果として、昭和初めの京都の都市空間の中に「研究所」周辺の空間を積極的に参入させ、さらにここで重要な点は、その都市空間が長い間保ち続けてきた歴史的、空間的な〈文脈〉に調和させることを目指して見事にそれを達成している点である。なぜこの都市の〈文脈〉への参加という点がここで重要かといえば、村野の建築設計に強い関心を抱いてきた、日本の「新興建築家」たち、つまりここでいう〈モダニスト〉の建築家たちの多くが、そうした既存の都市の〈文脈〉を、すでに時代遅れの〈過去〉の因習を引き摺るだけのものだと判断して、結果としてそれを全面的に否定して掛かり、一切の顧慮を及ぼさないで、従来の都市の中に自分たちの《モダニズム》建築を、ある種の〝爆発物〟のようなものとして投げ込もうとしていたからに他ならない。村野の「ドイツ文化研究所」が壊されたのはまさしく、そうした考えによってであったが、村野はこのような〈モダニスト〉たちが行うような単純な〈過去〉の切り捨て行為に与《くみ》する気持ちは、もちろん最初から持っていなかったことは、これまでも繰返し見てきた通りである。

村野が敷地の外周を仕切る門や塀の威圧感を減圧し、その代りに明るく開放的な表情をそこに与えたいと考えていた、という点ですぐに思い出すのは、村野藤吾が、一九七〇年代はじめに、東京四谷にある旧「赤坂離宮」を、国の新しい「迎賓館」(1973)に変更する工事の設計・監修者としての仕事を建設省から依頼された時行ったある変更についてである。そこで村野は、後に誰もが目にして納得することになる、小さな変更だが、しかしある意味では劇的ともいえる〈変更〉をオリジナルの宮殿に対して加えたのだ。具体的にいえば、「赤坂離宮」へと向かう正門の左右で、一般道路と離宮の前庭とを仕切っている長大なフェンスを巡り、彼が企てたある意匠的な施術である。「赤坂離宮」は大正天皇の皇太子時代の住居として造営された宮殿《パレス》であるから、その外塀である鉄柵《フェンス》は、ヴェルサイユ宮殿のそれを直接模して、柵を構成している格子状の鉄棒全体を、真黒にペンキ塗りし、上端の矢形の部分だけを高貴さを表す金色に塗って仕上げていた。村野は「明治」ではなく「昭和」の、しかも戦後の日本国の「迎賓館」にそれを変身させる以上、「宮殿のイメージからもっと一般的に親しみのある表現にしなければ」ならないとまず考えたと言い、「たとえば外観のうちの一番外の鉄サク、これは黒と金になっていました。これを白と金の組み合わせに変えてはどうか。金と黒は宮殿の威厳を表わす象徴でしたからこれを変えるのは大きいことです」[18]と、その変更を加えた自分の真意をその工事の完了直後に語っている。村野の発案によって、穂先部分の金色をそのまま残し、残りを一転して明るい白色に塗装された鉄柵《フェンス》が旧「赤坂離宮」の構内を前面や側面を包み込んで出現した途端に、フェンスがそれまで帯びていた明らかに排他的で、また威嚇的な表情が一気に消失して、フェンスそのものの表情が柔和でニュートラルなものになり、極端にいえば、その鉄柵を両手に握って中を市民に覗きこまれるのをむしろ歓迎するかのような、親和的な雰囲気が生まれたのは、ある意味で画期的な転換であったといえよう。建築家としての同じような視点が、すでに「ドイツ文化研究所」の外塀に現れていたと思えば、村野が「なけなしの金」で自腹を切ってまで、この塀とも呼べぬほど背の低い煉瓦塀を、わざわざ「研究所」の正面に立てた理由も、自ずと理解できるように思われる。

車寄から玄関の中へ

歩行者用の門から、特徴のある鉄筋コンクリート製の屋根が二重に重なって見える、正面玄関前の「車寄《ポーチ》」の方へ、斜めにほんの一〇mほど歩いて近づいて行き、車寄の正面の位置に立って、一九三三年のものとしては大変ユニークな玄関の外周りのデザインをじっくりと観察する(10-16)。この車寄の正面奥の部分には、来訪者たちが玄関ドアを開けて最初に入る、図面には「ロッビー」と書き込まれている部屋で、長方形の床面を持ち天井の高い「玄関ホール」がある。これに付属した形でその南側に、ホールより天井高が低い「事務室」が置かれ、この「ホール」と「事務室」の空間を仕切るように、守衛が受付をしたり、クロークへの衣服の受渡しなどに使うカウンターが置かれている。この「ホール」と「事務室」からなる「玄関棟」は、先に見たように「研究所」全体を構成する第三番目のブロックとして、ほぼ正方形に近い、間口五・三m×奥行き五mの平面上の輪郭が与えられ、「本館棟」の壁面線と連続させるために、「談話室棟」の北東隅部に一mほど、喰い込む形になっている。

「玄関棟」内のホール部分の天井は、五mほどの高さの吹抜けで(事務室の天井高は約三m)、この上に、緩やかな円弧を描くシェル状のコンクリート板《スラブ》を銅板葺にした屋根が、「談話室棟」の壁から東へ五m、南北に六mの幅で覆っている。この一五cmほどの厚さ(構造自体は一二cm厚)の曲面板《セグメンタル》の屋根は、上部の棟桁から玄関ホールの側壁に降り、壁面から一mほど庇を伸ばして、ホールの上を軽快に覆っている。さらに注目すべきなのは、このホール上の屋根の一mほど下方に、同じ方向と、ほぼ同じ曲率の円弧状断面を見せながら、幅が五mと上の屋根より一mほど狭くなった同じセグメンタル・スラブが、「車寄」の屋根として玄関棟の外壁から、東に七mほどの長さで差し出されたデザインである。少し離れて東側正面からこの屋根を断面図を見るように眺めると、一本の柱の上でまるで〝ヤジロベー人形の両腕〟のように、左右に、キャンチレヴァーで軽快だが緊張感に富んだ円弧を描き、軒庇を南北方向に対称形に深く差しのばしている魅力的な車寄

10-16　車寄を前庭側から見る

10-17　屋根を２段に重ねるように差し出されたポーチ

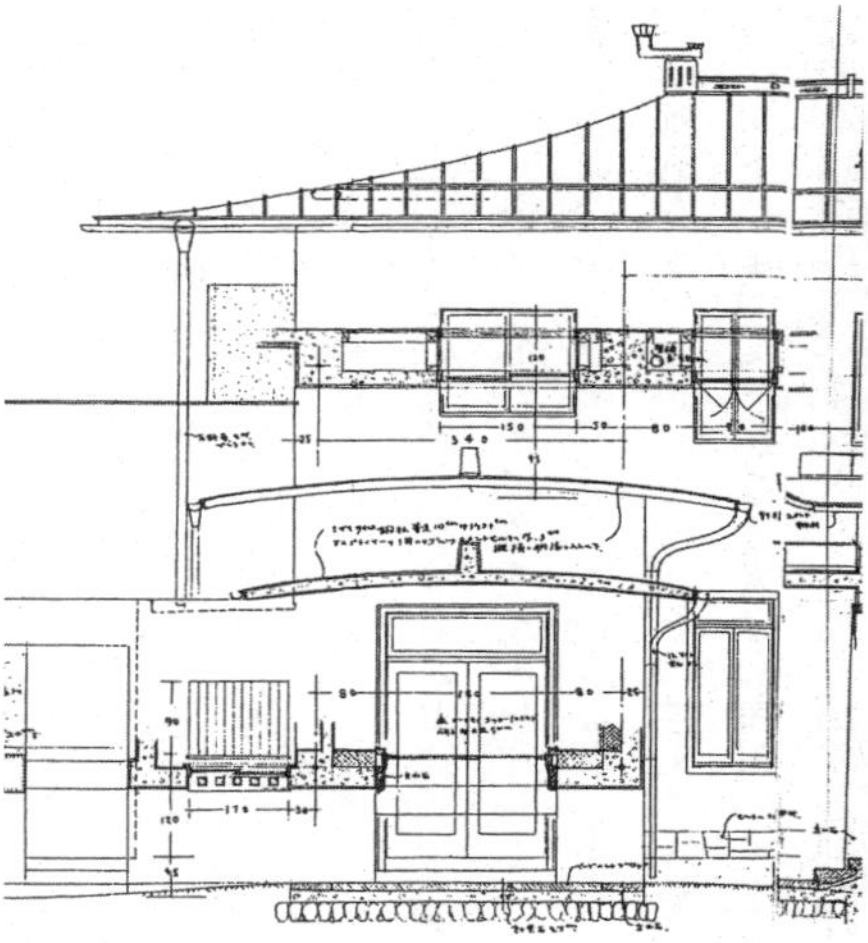

10-18　車寄まわりの断面図

の屋根の姿を見ることができる。

いかにも村野のデザインらしく味のあるこの車寄の屋根の上を、ホール上の屋根と同じく台形断面の「棟桁」が、屋根面と一体化して三〇cmほどの桁成で渡されており、この棟桁が、玄関棟の壁から約六m東の位置に独立して立っている高さ三mのRCの角柱に架けられている(10-17)。柱は長方形の断面(六五×三五cm)で立山石を上に貼って化粧しており、その上に載っている棟桁は、この柱からさらに五〇cmほど水平に片持梁で前庭側へ突き出しているが、その下に抱えられた屋根面はさらに五〇cmほど先(東)に伸びている。この車寄へ車が接近するように横方向(南)から近づいて行くと、そのシェル風の薄い屋根面に立ち上って銅板で覆われている先の「棟桁」が妙に目についてしまうが、実はこの棟桁こそが、一種の構造的な〝黒子〟のような重要な役割を演じている。つまりこれが車寄の空間を覆うRCの曲面屋根を、この一本の棟桁から両サイドにキャンチレヴァーで、左右に吊り下ろしている形式が取られていたのだった。考えてみれば、これは一種の〈逆スラブ〉の手法であり、本来はスラブ下に渡すべき桁を、逆にスラブ上に渡し、その桁が、緩く下向きに湾曲した屋根面をキャンチレヴァーで引っ張るようにしており、その結果、人の目に触れやすい屋根スラブの下面を、凹凸のない平滑な美しい連続面として見せている。(10-18)

村野は、「ドイツ文化研究所」のわずか三年後に完成した、宇部の「渡辺翁記念会館」のオーディトリアムの上部で、この〈逆スラブ〉構造を大々的に実施してみせたことは先に詳しくふれた通りだが、形状はかなり異なるとしても、「逆転の発想」からきているという点で、アイディアの原点は同じであったといえるだろう。いずれにせよこの「研究所」の場合は、わずか一本の、しかも断面をやや扁平にして、真横から接近する者にはかなり細く見える独立柱が一本立つだけで、これに伝統的な棟形を装った棟桁との控えめに見える構造的なエレメントによって、かなり大きな屋根の下を、広々として機能的な車寄のスペースとして造り出すと同時に、訪れる人たちに車寄の屋根がいつも与え続けてきた、重くのしかかるような感じから救っている。いい換えれば、やって来るものを〝脅し〟にかかるかのような威圧的印象から、車寄そのものを、救い出すことに村野は成功したのである。と同時に、この「研究所」の車寄を一つの起点として、戦中から戦後にかけての村野作品の中での、数々の華麗で軽快な玄関用キャノピーのデザインの模索追求のスタートが切られたことにも注目すべきである。戦後の、たとえば「千代田生命本社」(1966)の玄関前の、前例を見ないほど流麗に連続し、その流水のような〝流れ〟に乗せて人を玄関ホールへと招き入れるような、軽快で自在なキャノピーに到達してひとまず一段落する、村野の長い車寄を巡る試行錯誤の旅の出発点が、実はこの「ドイツ文化研究所」のキャノピーにあったのである。

車寄の〝透き〟にひそむ軽さ

この車寄の長さと幅が異なる二層の屋根の軸線上での重なりは、これを前や横から見上げる者に、日本の伝統的な建築が見せるある光景を思い起こさせるかもしれない。多くの塔頭《たっちゅう》や別社が集まる境内などで、レヴェルの異なる建物間を連絡する透廊《すいろう》(壁のない渡り廊下)にしばしば見掛けるような、上下に屋根を差し違えながら、軒先を部分的に重ね合わす形式の屋根が生み出す、独特の〝透き〟の構成がそれである。この曲板屋根が、近代的でまた独創的な鉄筋コンクリート構造の技術を駆使した革新的デザインでありながら、なぜかその奥に、〈和〉の気分、つまり木造の伝説的建築の中に潜んでいる、〝軽み〟とか〝洒脱さ〟といったものを前面に押し出し、人に親しみを感じさせている遠因になっている。書院造の建築が玄関上に繰り広げる重厚な唐破風の屋根や、西洋古典主義建築の重量感にあふれる石の列柱が造り出す車寄まわりの、重々しくいかにも勿体ぶった雰囲気などを、ここで対比的に想起するならば、村野がこの「研究所」のポーチで目指していたものが、それらの表現から、いかに遠いものであったかを自ずと了解できるに違いない。この車寄は、人に対して無意味な虚仮威《こけおど》しを掛けるようなことは一切せず、例のごとく「さあ、いらっしゃい、一緒に・・・」というあの懐かしいメッセージを、その軽快な「数寄」の姿の中で鮮明に発して、訪れる者を迎えているのだ。

　正面玄関の玄関ドアの位置は、事務室の外壁の右(北)側、先に見たほぼ正方形平面の「玄関棟」の北側を占める「玄関ホール」の東側、つまり円弧状断面の車寄の屋根の真下に位置している。玄関扉の左横には、おそらく守衛が常に詰めていた事務室の外壁が、壁の半分ほどを屋根の下から外へはみ出して広がり、このモルタル掻落としの壁面の中に、単なる幾何学的な縦縞模様にさえみえる、何本かの細いスリットが縦に連続する窓が開けられている(10-19)。これは例の「武者窓」タイプの連子窓であるが、この窓と壁面との組み合わせは、見方によっては《構成派》の画家、たとえばマーレヴィッチなどの抽象絵画のようにも見えて、村野のデザイン力をこうした細部にも端なくも示して印象的である。いうまでもないが、この窓の内側から守衛たちが、外の人の出入りを、昔の見張番の〝武者〟のように窺っていたはずだが、もちろんその様子は外からはほとんど見ることはできない。

10-19　玄関脇の武者窓がある壁面

　玄関扉の周囲には、車寄下の柱と同じ立山石の薄い石板を周囲に貼った額縁があり、その前の階段を二段上がるとそこにドアが立っている。透明なガラス入りの欄間の下のドアは、オーク材にペンキ仕上げの細めの建具に五ミリ厚の板ガラスを入れた両開きドアで、これを奥に押すと扉が開いて玄関ホールの中に入る。ホールの天井には、村野がその後好んで、主に木造建築の部屋の天井で、合板を両側から圧迫してその種の曲面を作ったりした、張りのあるしかし緩やかな〈円弧の筒形天井《セグメンタル・ヴォールト》〉で、これは先に外から見えた円弧の屋根スラブの内側である。天井面から照明具が吊り降ろされて室内を照らしているが、その他には北側壁面に幅三mほどの武者窓が唯一の開口部としてあるだけなので、ややうす暗い感じは拭えない。外来者の場合は、この玄関ホールで帽子やコートを脱ぎ、事務室との間にある受付カウンター越しにそれを渡してクロークに預け、その奥の部屋との間を仕切るもう一つの両開戸を開け、いよいよ「談話室」の中へ足を踏み入れて行く。

「談話室」につながる食堂と階段前の表徴

玄関ホールからドアを開けてこの談話室に入ると、すぐ右手に、合板の板を折畳む可動間仕切りの壁が立っており、この間仕切りを壁際に畳んで、仕切りを完全に仕舞うと、その向こうに雑誌発表時の図面では「講演室」と書かれている小さめの部屋が現れる。竣工前の別の図面では、はっきりと「食堂」、と書かれているこの部屋は、天井高三・六m、広さは間口七m×奥行き一〇mの二十畳ほどの広さがあり、奥にはその向こう側にある「教室」との間の固定壁が立っている。ある程度の人数の講義がある時には「講義室」としても使うが、大勢の招待客などがある場合には、客とともに、この会館の研究者や運営責任者たちがここで昼餐あるいは晩餐をとることのできるような部屋であったと思われる。なぜならこの部屋には西側の壁に唯一のドアがあり、この扉の向こうにある厨房に直結しており、もともとが厨房から直接料理が運び込めるように、動線上の配慮がされたプランであったことは一目瞭然だからである。この部屋が「講演室」と名付けて公表されたのは、おそらく一九三三(昭和九)年という、戦雲が間近に迫る日本の社会において、「食堂」とはっきりと定めた部屋が、資金に乏しい「研究所」の中のかなり大きなスペースを占めた状態で公表するには、何かしら憚《はばか》られるものがあっての苦肉の策であったと考えられる。またこのことに関連して、一階西側にある「食堂」の方は、主に研究員や学生たちが毎日の昼食や休憩等に日常的に使用する部屋であったこともわかる。

さて「談話室」の内部に入る前に、玄関ホールから内扉を開けて入ったばかりの場所に戻って、改めて前方(西)を見ることにする。部屋の正面の奥には、構造壁に囲まれて、幅が一・二mほどの、二階へ上って行くかなり控えめな階段が目に入る。いわゆる西洋建築の一般的なケースでは、玄関間《ヴェスティビュール》に続いて入って行く「ホール」と呼ばれる部屋は、多くの場合高い吹抜けの空間が定番であり、その中を階段が芝居がかった姿で上って行ったりするが、ここでの村野はこれとは全く逆に、隣の食堂と同じ高さの低い天井のままで、劇的とは程遠いごく普通の中産階級の住宅にあるようなホールと階段室に設えて、客や研究者を迎えるようにあえてデザインしている。そうはいっても玄関間から入ったすぐの場所が、ある種の記念性や象徴性を帯びた場所として認識される

10-20　談話室の入口上の小円蓋と鷲のレリーフ板

点は、やはり村野も無視するわけにはいかなかったとみえて、この階段前の天井の一部を、直径一七〇㎝という大きな円形に切り取って、そこにベレー帽の内側のような、高さが低く平べったい円蓋天井を造り、円周の縁を内側に折り曲げた形で光源を隠した間接照明で、そのドームの内側を赤く照明するようにしている。この円蓋の下へ、「鷲」を象った木製のレリーフ板を取り付け、「鷲」の頭部だけをその赤い円のドームの下に覗かせて、シルエットでその部分が浮かび上がるように工夫している(10-20、10-21)。村野の先の回想では、この赤い円蓋の内側は、「日の丸」の中心にある太陽を象徴したものだといい、これに「鷲」つまりドイツ帝国を象徴する鳥が頭部を出して絡むことで、日・独両国の友好交流関係を表現しようとした、と語っている。後の両国の国際社会の中での結びつきと行動を考えれば、先に見た玄関脇の列柱柵と同じように、いささか不気味なものがあり、やや不穏当にも思えるデザインといえそうだが、しかし当時の日本とドイツの国家レヴェルでの交流を表象するという意味では、デザインとしてよくまとまっていることは認めないわけにはいかない。もちろんこれがデザインされた一九三三年という時点での村野が、後に残虐な悪業を繰り広げることになるヒトラーの将来を予感できたはずもなかったのはいうまでもないことである。(今思い出したのだが、村野の生前に宝塚の「自邸」を訪ねた時に、彼の書斎の一隅に、この「ドイツ文化研究所」の設計の業績に対して、時のドイツ政府から贈られた感謝状とメダルが、格別それを誇ろうとするでもなく、また特にそれを人に見られるのを嫌がる風でもなく、いつも同じ棚の上に、さりげなく置かれたままになっていた。)

10-21　階段とその左に装飾壁

10-22　壁面の照明具

10-23　玄関側から見た装飾壁と天井の円蓋

「談話室」そのものの空間

玄関に続く部屋の奥の階段の左手にトイレがあり、階段脇でその空間を囲んでいる壁面に、明らかに村野がデザインしたと思われる壁に直付けの照明具が、光源を覆う幕板に、ここでも何か意味ありげな独特の透かし模様が浮んでいる一

10-24　トイレへの通路脇の装飾的な障壁

10-25　談話室。前庭に面した窓と装飾壁が並ぶ室内

方で、その壁付照明具の発する光がコンクリート壁を「リソイド」仕上げにした細かな凹凸のザラッとした表面の陰影を浮き立たせるように照らしている(10−22)。さらに南側にこの壁に連続させる形で、トイレへ向かう人たちの出入りする様子を隠すスクリーンの役目をしている白い〈造形的な構成物〉とでも呼ぶべき「装飾的壁面」にどうしても目が行かずにはいられない(10−23、10−24)。この装飾壁の形状には、F・L・ライトの同時代の装飾的なディテールの影響があるようにも思われるが、内容はこの「研究所」の外壁部分ですでに御馴染みの、〈太い縦格子の直線的な列〉、つまりあの武者格子の形式を、ここでもベースにした構成になっている。この構成物全体の高さが三・二五mで階段前から食堂へと続いている天井高に合致させられ、幅が一・七五mというかなり大きな障壁である。コンクリートの基台の上に立てられた太い格子の中に入れられた光源が、直線的な縦縞模様をシルエットでくっきりと浮き立たせている。縦格子をのせた基台板の端は、低い腰掛状に四角く室内側に張り出しており、植木鉢などを置く台板となるようにしている。また格子の南端部に同じ高さの装飾的浮彫の付いた板状柱が立ち、その頂部には平らな楣石風のコンクリート板が載り、下の基台と同じく南端部で一部が張り出していて、やはりそこが観葉植物などの置台になっている。この楣石《まぐさ》の表面には、単純な円形や波形などがレリーフで抽象彫刻風の装飾として施されている。少し離れた位置から、縦格子を含めたこの「装飾壁」を全体として眺めると、ライトの《アール・デコ》装飾の影響や、《構成派》もしくは《デ・スティール》風の抽象造形物に近いものとして、村野がそれをデザインしたことがわかるだろう。

　この武者格子の装飾壁のちょうど反対側(東側)に視線を回すと、まさしくこれと正対する位置で、内側に一mほど飛び出した「玄関事務室」の壁面の前に、西側の障壁と同じ寸法

10-26　談話室の全景。南側から部屋の北側を見る

の太さ、間隔、高さを持つ武者格子が、玄関間への内扉の周りの白い壁面に連続して、基台の上に立って設置されている。この装飾壁も、一番下の基台から、上部の楣石の上にのせたレリーフのある擬石の彫刻にいたるまで、各エレメントを明確に分節した同じような構成を見せ、背後の光源から強い光が当てられて太い縦縞模様を強調している点もまた同じである。つまり、この東西二枚の装飾壁が、いわば〈一対《ペア》〉の装飾壁として組み合わされて設置されているということであり、いずれも明るい色に塗られ、背後からの照明で際立ち、結果的に一段高い天井高を持つ「談話室の空間」へ人々が本館棟から足を踏み入れる前の、部屋の東西を占める〝門〟もしくは〝結界〟のような役割を東西の両側で果たしている。村野がこれによって具体的に何を表現しようとしていたかは、今となっては残念ながら聞く術《すべ》もないが、村野は空間境界点を示すこの造形物を東西の壁際に左右対称に置くことによって、この「研究所」のデザインにおいて、「外部」だけでなく「内部」においても、〈武者窓〉風の〈連子格子〉が、装飾的主題になっていることを念押しするのと同時に、このよう形であえて仕切ってみせた「談話室の空間」への、自分自身の特別な思い入れを示そうとしていた、ということだけは明らかであるように思われる。しかしそれにしてもこうした〈連子格子〉への村野のこだわりは、はたして何を意味していたかは、今後解明していく必要があるだろう。

　村野が先のインタヴューに応えて、「会談室」と呼び、「ともかく会談室は良かった」と自分が「気に入っていた」ことを話して自画自賛していた部屋は、おそらくこの「談話室」のことであったにちがいない。食事の後の休み時間などには、ここに所属する研究者や組織の運営者たちが集まって肘掛椅子に深く腰をおろして談笑し、食後のお茶を飲んだり、煙草や葉巻をくゆらして休息する場所でもあり、また研究者たちが朝に夕に三々五々に集まってきて、情報を交換したり、また自分の意見を披瀝して、そこから激しい議論を闘わせたりする、陽気で開放的だが、時に緊迫感も漂う一郭であったと思われる。また戦時中に吉田光邦が、寒々とした灯火管制下の暗い夜に、ベートーベンの「ワルドシュタイン」のピアノ演奏を、しずかに暗い気持ちで聴いていたのも、おそらくこの部屋でのことであっただろう。(10－25、10－26)

アルコーブのことなど

食堂(講演室)から談話室にいたる二五mにおよぶ奥行きをもつ一階の床面は、鮮やかな白と黒の市松模様に敷き詰めた「セメント・タイル」の床であり、二つの部屋の空間の一体感、連続感を強調している。同じ一体感を出すために、床は段差なく同じレヴェルでフラットに連続しているが、東西に置かれた先の〝ゲート〟の北端の位置から南側、つまり談話室本体の空間が始まると、それまで二・六mだった天井高が三・三mへと、七〇cmほど高く持ち上げられ、九七㎡(約六十畳)ほどの広さのこの場所が、この建築の中でも特別な空間であることをそれとなく告げている。談話室の天井面を横切るように、水平に二本の大梁が、九mの柱間《スパン》を飛んで上の屋根スラブを支え、五〇cmほどの梁成を見せているが、この梁の側面には、鮮やかな杢目を浮かべた松材の厚板が、コンクリートの梁を両側から挟んでいて、ここもまた〈和〉風に化粧されている。梁と梁の間の天井面は、壁と同じプラスターの粗面仕上げで、四角いペンダント・ライトが、四隅をワイヤーで懸垂されて、合計六個、天井面から吊り降ろされて、夜には部屋全体を柔らかな光で包み込んでいる。

この天井面からさらに南へ視線を移していくと、談話室の南端の、左右(東西)一〇m、高さ約三mの壁面が広がっており、東西に一つずつ、談話室の他の窓と同じように、例のアスプルンドの「スネルマン邸」の開口部を思わせるような、フランス窓仕様の掃出しの縦長窓があり、そこに掛けられたレース・カーテンが昼間は南からの陽光を窓一杯に受けて明るく光っている。その左右対称に位置する二個の窓のちょうど真ん中に、床面から四〇cmほどの高さの位置で、間口二m×高さ三・八m×奥行き二mという縦長の凹所《アルコーブ》が作られ、この背面(外側)は南側外壁面から外へ突き出してアプス風の壁と屋根で包まれている。室内の正面中央に造り出された、戦前の小学校の講堂の「御真影」を納めた場所を連想させるような、ややシンボリックな感じのする「ニッチ」は、位置といいスケールといい、また天井から落掛《おとしがけ》のように幕板を下ろしたところも含めて、日本建築の大広間などに設えられた「床の間」と似たような雰囲気を周りに漂わせている。(最晩年の作品「松寿荘」の洋室の大広間で、村野がやはり同じような椅子席での洋風「床の間」を設えていたことを思い出す)

村野の先の回想によれば、この内壁には、前ドイツ大使から寄贈されたガラス・モザイクを貼り、「森五」のホールの天井と同じような壁画をそこに作る予定が当初あった、と語っていたが、実際には先に触れたような事情があって実現しないままに終わった経緯があった。しかしここは、たとえば聚楽壁を凹所に塗り廻して村野好みの「洞床」にし、そこに「軸」を掛けたり「花」を活けたりする、〈和〉風の「床」に近い解決を与えるのが、もともとの村野の設計意図ではなかったかとも思われるが、実際にこの部分が図面通りに造作されたかどうか、どのような最終的な仕上げで収まったかなど不明である。談話室全体の壁面が外部と同じRC壁の上に「リソイド」のペンキ塗り仕上げの壁には、この他、西側のトイレに近い位置の壁に窓が一つと、東側には、例の列柱壁で囲まれた中庭に面した三個のフランス窓が並び、縦長のガラス戸越しに、庭の白い砂や庭石、その向こうで外部との間を仕切る列柱の太い柵などが見え、またこの窓からは夏季には涼しい外の風なども流れ込んできたと思われる。

竣工時の写真で見ると、以上のような談話室の壁面に囲まれた室内に置かれていた椅子などの家具類は、村野自身のオリジナル・デザインではないかと思われるが、ビロードかベロアの肌触りの良さそうな棒縞模様の生地で張り包みにした長椅子《ソファ》一脚と、同じ形式の重厚な肘掛椅子二脚が、低い一個の小テーブルを囲むという組み合わせで三セット、部屋の中央部を南から北へ並べて置かれている。その両側(東西)には、それより簡略な肘掛椅子が何脚かずつ、こちらは円卓を囲む形で置かれている。空間の全体的な印象としては、細部のあちこちに〈和〉風が顔をのぞかせる、どこかしら古風な感じの、いかにも〈京都〉の研究施設の談話室らしい落ち着いた雰囲気の、気持ちの良さそうなインテリアが創りだされている。

以上のような、談話室(「クラブ室」)から食堂(「講演室」)、さらには研究室や、教室にいたる、「研究所」一階部分の、村野が実際に実現した空間構成からは、その後の近代計画学が示す「研究教育施設」に見られるような、研究室、会議室、応接室、食堂、台所などの部屋の機能を個別に分析し、それらを合理的で即物的《ザッハリッヒ》にプランにまとめる、といったようなプラニングや、ディテールを見出すことはやはり困難である。なぜなら日本の近代建築のパイオニアと目されていたにもかかわらず、戦前の村野藤吾は、「ドイツ文化研究所」の場合であっても、そのような「計画学」的な方向では設計を行おうとしていなかったからである。いい換えれば、先駆者が出した「解答」を誰もが自分の設計に応用していくことができるような、「研究所施設」の「模範解答」を、いち早く建築界に提出する、というような方向では、村野は最初から設計活動を行わない。その意味ではまさに村野の建築は依然として〝一品生産〟的な、(芸術)〝作品〟と呼ぶべきものであり、設計の〈モデル(祖型)〉となるものではなかったが、しかしだからといって、村野が明治・大正期の建築家たちの多くがそうであったように、単なる〈過去〉の《様式》からの引用に現《うつ》を抜かす古風な建築家であった、ということもまたできないであろう。なぜなら彼が設計する建築には、単なる《様式主義》者、もしくは「センチメンタルな」《過去主義者》たちには、真似することができないような、彼が後に使った言葉でいう〝なにかしら新しいもの《サムシング・ニュー》〟(19)が、常に設計する建築のどこかに盛り込まれようとていたし、彼は常にそれを実際にやり遂げてきたからである。

何か新しいもの

「ドイツ文化研究所」の室内設計において、村野が取り入れた〝なにかしら新しいもの〟は、これまで見てきたようなさまざまな場面でも見出すことができるが、さらにもう一つ、これまで言及してこなかった、きわめて特徴的だと思われる〈近代的視点〉がそこには隠されていたことも、最後に触れておかなければならない。先ほどまで詳細に見て来た、「玄関」から「談話室」や「食堂」、さらには「厨房」へと連続的に、また一体的にプランを把握して展開しようとするここでの村野が採った方法は、誰でもすぐに気付くはずだが、近代住宅の平面構成にどこか酷似している。歴史的には、一九〇〇年前後の《アーツ・アンド・クラフツ》や《アール・ヌーヴォー》などの住宅建築の設計者たちの試みから始まり、やがて一九二〇年代の《モダニズム》の住宅建築の設計に到達して一つの帰結を見た、近代住宅のプラニングにおけるある種の〈変革〉といったものが、実は村野のこの「研究所」のプラニングに投影していたようにも思える。「ドイツ文化研究所」の場合における、「玄関ホール」から「階段室のある中間域」を間に挟んで南側に「談話室」、北側に「食堂」と「厨房」が直結し、動かせない構造的な壁体による区画をほとんどなくして、これらを空間的に連続させる、というプラン上の設定。これは、十九世紀末から一九二〇年代にかけて徐々に進められてきた、住宅内部で、主に社会的な要請の中で押し進められてきたある改革に、どこかでオーヴァー・ラップしているように思われる。

十九世紀の中ごろ以降の社会的変化の中で、住宅に現れてきた一つの顕著な変化は、家庭の中で、それ以前のように、召使《メイド》やコック、執事などといったいわゆる「使用人《サーヴァント》」を数多く使って生活することがごく限られた上層階級以外では徐々に難しくなってきたという現象が起こり、それまでサーヴァントが行ってきた家事労働が、次第にその家の「主婦」の仕事に依存するようになってくる。その結果として、そのような主婦たちの労働をできるだけ軽減し、サーヴァントに必ずしも頼らないでも快適に生活することができるようにすることが、いわば近代住宅の設計者の最重要課題として課せられることになった。そのため建築家たちは、さまざまな試行錯誤を重ねながら平面計画を新たに組み替える作業に取り掛かり、「台所」から「食事室」、さらには「居間」へという生活の基本となる機能的な動線を少しずつ整理して短縮し、その間にあった部屋を仕切る組積造の壁を、近代的な構造に変えるなどして可能なだけ取りはらっていき、それらを一体化して主婦と家族が動きやすいようにしていった。このようにして、それらを連続的な空間として設計するという、近代住宅の基本的なプランを見出したのである。その究極的な結果として、たとえばル・コルビュジエのいう「自由なプラン」や、ミース・v・d・ローエが後にいう「ユニヴァーサル・スペース」といった、仕切りの少ない連続的な内部空間が、まず〈近代住宅〉の基本的な空間特性として具体化されていった。

村野の目論見

村野藤吾は「ドイツ文化研究所」の設計を依頼された時に、教室や、研究室や、図書室といった、壁による区画がどうしても必要とされる諸室は別にして、「研究所」を構成する研究者や法人の運営者や従業員たちが、共同で使用しまた働くような空間については、近代住宅が実現したような、玄関↑↓居間↑↓食堂↑↓台所という形で一続きに連続し、しかもそれらが空間的に緊密に一体化した状態において実現したいと考え、鉄筋コンクリート構造が可能にした、八〜一〇mというような大きなスパンを水平梁で柱間に渡すことによって「研究所」の一部の空間の連続性を実現していった。つまり彼はこのようにして自分の設計する建築を〈現在化〉することに成功した訳であったが、ここで注意をしなければならないのは、村野がこの「研究所」のプランに、空間の連続性と機能性の問題を持ち込んだのは、彼が「研究所」の談話室や食堂や厨房などの構成を通して、コルやミースが彼らの作品の中で見せたように、《モダニズム》の建築空間、つまり〈未来〉において実現すべき建築空間の可能性や有効性をそこに提示したいと考えたり、広く社会にその空間の〈革新性〉を印象づけたいと考えたからでは決してなかった、という点なのである。先

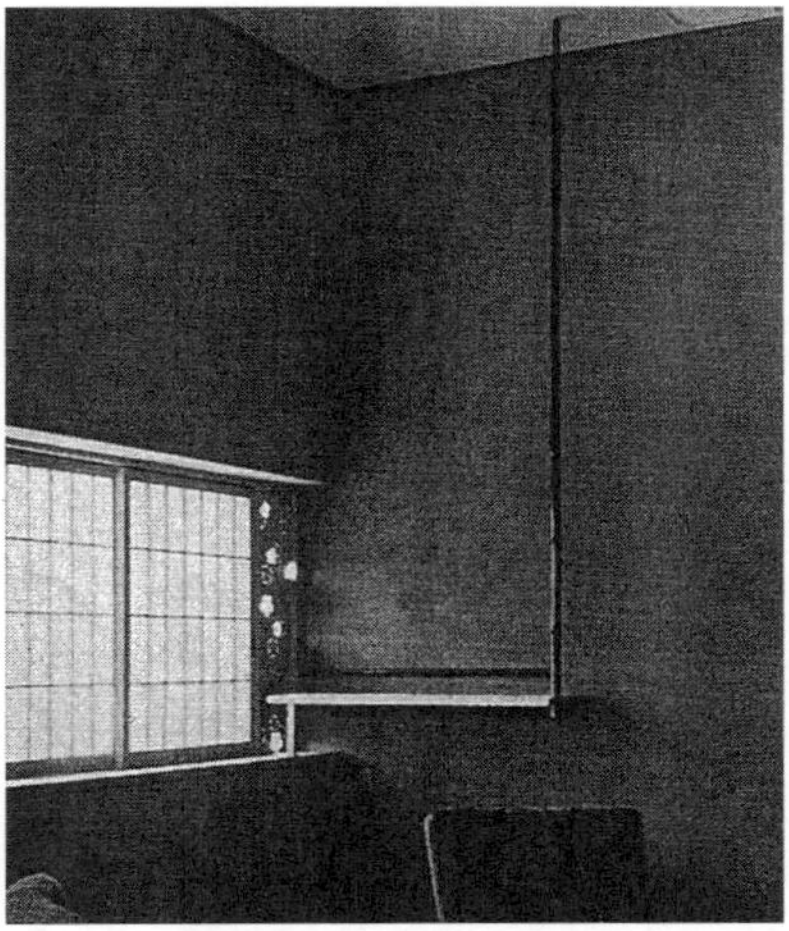

10-27　2階貴賓室の障子の入った和風の窓と吊棚

にこの「研究所」のインテリアを歩いて見た時にも、すでに明らかなように、村野はこの建築の室内において、どの構造的な場面でも、またどのように小さなディテールにおいても、《モダニズム》が好んでするような、前衛的で戦闘的な顔をそれに与え、それを見せて人々を啓蒙するようなことを望んではいなかった。むしろ逆に、そうした表現を極力回避しようとした形跡さえあったのだ。この「研究所」の室内でいえば、たとえば談話室の上を飛ぶ構造的な鉄筋コンクリートの梁には、それが本来持っているはずの近代の軸組構造の中の梁や桁の力学的な躍動感や緊張感をわざわざ隠そうとするかのように、杢目を鮮明に浮き立たせた松材の厚板をそこに挟んで化粧していた。また装飾的なディテールにしても、アール・デコ風にきりりとした幾何学的構成のクールで鋭利な感覚を装飾を通して訴えるというよりも、さまざまなエレメントの複雑な交錯が織りなす陰影の多様さや、各エレメントの上に載せた装飾的な図像の面白さ、といったものをより重視して強調していたのである。(10-27)

そこでの彼は、〈未来〉の建築を予告していると《モダニズム》の側の設計者たちが盛んに喧伝している、建築の新しい構造体や新しい機能性を自分自身のものとした上で、〈過去〉の建築の多くが備えている、〃懐かしさ〃とか、あるいは〃くつろぎ〃や、さらには〃和《なご》み〃といった、計量化することの難しい空間的性格を、どのような形で〈現在〉のものとして抽き出して来て、自分の建築空間の中に実現するか、をしきりに模索していたのだ。したがって完成された建築は、単なる合理的で機能的な、新しい「研究所」施設といった理解で収まるわけはなく、「研究所」という姿を借りながら、何か別のものを、つまり村野が追いかけた「サムシング・ニュー」を、いかにそこに取り込んだかという結果の報告となったのである。

居心地の良さ、というもの

結論としていえば、村野はこの「研究所」の設計を通して、近代住宅が獲得したような連続的で統一的な空間把握という空間構成上で新たに獲得された近代的な〃住み心地の良さ〃を、L／D／Kの一体化という手法を「研究所」の主要部分のプラニングへと投影しつつ、住宅に限らずあらゆる近代建築の中で可能な、〃住み心地の良さ〃、〃居心地の良さ〃、として流し込めないかという重要な課題を、実は密かに追求し始めていたのだ。その視点をさらに拡大し深く透視するとすれば、村野藤吾が、戦前から戦後にかけて設計した数多くの、あらゆる種類、さまざまな機能を持つ建築のほとんどのものには、それが、たとえ熾烈な販売競争に曝されている「商業建築」であろうと、あるいはそこでの業務《ビジネス》が常に経済的な切迫感に包まれている「オフィスビル」であろうと、また税金が無神経に造り出してしまうような「公共建築」や、あるいはまた「工場建築」のような、生産性の向上が至上命令として明確に提示されているような建築であろうと、彼が手掛けたあらゆる種類の建築の中には、何らかの形で、〈住まい〉とか〈住宅〉といった種類の建築が持っているようなある特有の感覚――住み心地とか、居心地の良さといった――を、設計に投影《プロジェクト》し、作品に注入《インジェクト》しようとする、執拗な試みが一貫して見出せるのではないか、という仮説が成り立つように思われる。

この一見奇妙なものに感じられるはずの仮説については、後章で触れる村野の諸作品の中において、逐次検証していくことになるはずだが、そうした村野の設計者としての活動を貫いている独特の設計上の観点の、最初の明確な結実といえる作品こそが、他ならぬ「ドイツ文化研究所」の建築であったのは疑いのないところである。おそらく村野にとって、この建築を世に送り出すについては、何らかの期するものがあったに違いない。彼がこの建築の中に秘かに塗り込めたものを、使う側の人たちにしっかり読み取って欲しいとおそらく期待して、発注者たちにこの建築を引き渡していたのである。しかしその後まもなく不幸な世界大戦へと日本は突入し、十余年後に曲がりなりにも平和な戦後を迎えたとしても、この建築を戦いに勝利してまさに占領した「アメリカ軍」や、その撤退後に進駐してきた「京大（人文研）」といった、設計者が予期しなかった戦後の新しい〝居住者〟たちの理解力、読解力のなさは、村野の言葉を借りれば、まさしく「惨憺たるもん」、であったのはすでに先に触れた通りである。

彼らはこの建築の一番大切な部分を、戦後の混乱と貧困の中で残念ながら全く読み取ることができなかった。彼らはそのあげくには、「さあ、おいで、一緒に住もう」という、その後のすべての村野建築から何らかの形で聞くことのできたひそかな言葉を、おそらく村野の長い作品歴の中で最初にはっきりと内蔵させた建築であり、初期の設計作品の中でも出色の出来であった「ドイツ文化研究所」の息の根を止め、躊躇なく破壊したのである。完成当初から「ドイツ文化研究所」に比較してあきらかに劣ると評されていた[20]、隣地の「関西日仏学館」が、わずかに外形だけではあっても、その創建当初の面影を伝えて今も静かに同じ場所に立ち、その建物に纏《まつ》わるさまざまなエピソードを市民に伝えているのに、と惜しまずにはいられない。

［註］

1　「ドイツ文化研究所」は当時の建築雑誌等の表記では「独逸文化研究所」と表記されていたが、ここではカタカナ表記で「ドイツ」と統一した。

2 清浦奎吾(一八五〇—一九四二)。

3 フォレッチ(E.A.Voretzsch)。駐日ドイツ大使として一九二九—一九三三年に在任し、ナチス政権成立とともに帰国した。

4 西彦太郎。戦前、戦後を通じてホテル業界で活躍し、晩年はＮＨＫの放送審議委員会委員なども務めた。

5 村野設計の「ドイツ文化研究所」が取り壊されて、新しい「人文研」が建てられた時の特集で、なぜ「ドイツ文化研究所」の設計者に指名されたかと経緯を尋ねられて、村野は「それは西彦太郎さんと私が非常に懇意だったものですから、それでお前がやれということになったんだと思います」と答えている。「建物物語、旧分館設計者村野藤吾氏に聞く」『人文』第十二号(新館落成記念号)京大人文科学研究所、一九七五年、所収。

6 『村野藤吾建築図面集Ⅳ』(同朋舎出版、一九九一年)による。

7 『近代建築図譜』近代建築画譜刊行会編、一九三六年、三三二頁による。

8 成瀬 清(一八八四—一九五九)。号、無極(むきょく)。東京帝大独文科卒。三高から京大に転じてドイツ文学を教え、戦前から戦後かけての屈指のドイツ文学者として活躍。トオマス・マンなどの翻訳者としても知られ、一九三五年に「日本ゲーテ協会」の会長となる。ドイツ近代史研究者、成瀬治の父。

9 吉田光邦「旧分館とわたくし」『人文』第十二号、十九—二十頁。一九四五年京大理学部宇宙物理学科卒。四九年京大人文科学研究所の助手になり、助教授(一九六〇)、教授(一九七七)となる。主に近代技術史の研究者で、特に万国博覧会史の研究などで広く一般にも知られる。

10 上山《かみやま》春平(一九二一—)。一九四三年、京都大学哲学科卒。一九五四年、京大人文科学研究所助教授となり、六八年から教授。近代哲学と、日本近代史との関連の解明や、仏教思想の研究のほか「照葉樹林文化論」でも広く知られる。

11 前掲「建物物語」の「まえがき」(上山春平)、『人文』十二号、二八—二九頁。

12 前掲「建物物語」、二九—三二頁。

13 前掲「建物物語」、三二頁。「それでもお金がないから塀がつけられなかった。併し塀がないとまとまりませんから、それで仕方なしに私のなけなしのお金で、あの煉瓦塀をつくったんですよ」。

14 アスプルンド(Erik Gunnar Asplund, 1885–1940)スウェーデンを代表する近代建築家の一人。ストックホルム郊外「森の葬祭場」の中の諸作品は特によく知られている。近代建築のデザインを伝統的な古典主義を継承する中で見事に発展させていった建築家の一人。

15 谷崎潤一郎「陰翳礼讃」。初出は『経済往来』一九三三年十二月号、一九三四年一月号からの連載。現在は岩波文庫、中公文庫などで刊行されている。

16 E・A・ソビック。日本ルーテル神学大学が三鷹に移転する際に、アメリカから招かれて、その設計者を選定すべく、当時の日本の近代建築を行脚し、その結果村野を設計者として推薦した建築家。

17 ソビック『神の民の家——教会建築の理念について』(徳善義和訳)日本ルーテル神学大学発行、聖文社、一九六九年、二二頁。

18 村野藤吾(インタヴュー)「建築的遺産の継承」(聞き手 水谷頴介、長谷川堯)『建築雑誌』、一九七四年一月号。『村野藤吾著作集』鹿島出版会、二〇〇八年、三九五頁所収。

19 「つまりね、こだわらないで絶えずサムシング・ニューでやっていく。社会的条件は非常に変わっていくでしょう。それに対応してやっていくには、ひとつのことだけいったり理屈だけいってたってダメですよ。絶えずサムシング・ニュー、これをやらないと」。村野藤吾(インタヴュー)「社会的芸術としての建築をつくるために」『新建築』一九八〇年一月号。前掲『村野藤吾著作集』、三三七頁所収。

20 板垣鷹穂「古都」『建築』育成社弘道閣、一九四二年、二三九頁所収。同復刻版『建築』、武蔵野美術大学出版会、二〇〇八年。
「・・・現代日本らしい建物では、京都帝大に近い独逸文化研究所の外観が相当に良くまとまってゐる。(中略)エレヴェーションの総体的な効果が何処となく京都の建物らしく、このあたりに古くから残ってゐる雰囲気の中に溶け合ってゐるのである。面白い事に、この研究所の直ぐ隣には、似たやうな目的から企画されたフランスの建物がある。(中略)何となくフランス植民地の建物を京都に移築したやうな感じで、此処の環境には少しも調和しない。この二つの建物を並べてみると面白い対比が味はれる。」と板垣は書いている。

第十一章

「都ホテル新館」における〈和洋〉の組み立て

「都ホテル」の歴史

前章の「ドイツ文化研究所」の最後で、やや曖昧な形で指摘しておいたように、独立直後の村野藤吾が、意識的にか、ほとんど無意識にというべきか、設計者としての自分が取組むべき一つの重要課題として考えはじめていたように思えるのが、近代建築における「居住性」という問題であった。もう少し平たく言えば、建築の中において居心地が良いか悪いかとか、あるいはやすらぎ感といったものがあるかないかといったことに関する思惟であるが、この計量化しにくく、したがって「計画」化することも難しい問題が、村野の前にぼんやりとした焦点を結んで投げだされていたように思える。そうした問題に最も直接的な影響がある建築とはいうまでもなく、村野が戦前期において、必死に取り組んでいた主題の一つ、「ホテル建築」であった。

村野が独立後、最初に手掛けたホテル建築の設計は、一九三二年に大阪南郊に完成した「大阪パンション」であったことはすでに以前の章で詳しく見た通りである。しかしこの「ホテル」が、その名称が示していたように、「ペンション」(仏語の発音で「パンション」)、わかりやすくいえば「長期滞在型下宿旅館」といった内容の洋風宿泊施設であり、純粋な都市(中心部)型ホテル、今の一般的な呼称でいう「シティホテル」ではなかったことについても、やはり前に触れておいた。その意味で、村野が手がけた本格的なホテル建築の最初の設計として記録されるのは、一九三六(昭和十一)年四月、京都蹴上の急な崖地の上に完成した「都ホテル」の新館、「五号館」(当時)である。

「都ホテル」は、もともとは「吉水園」と呼ばれており、一八八〇(明治一三)年以来営業してきた和風遊苑地内の飲食宿泊施設であったが、明治三十年代の初めに寝台《ベッド》を備えた洋間を貸室とし、西欧風の料理や酒を提供する外国人旅行者向けの宿泊施設として生まれかわり、一九〇〇(明治三三)年に再出発した。『日本ホテル略史』と題した本の中の、「明治三一年(一八九八)」の項を紐解くと、「都ホテル」発足の事情についての、次のような記述を見出すことができる。

「三月、京都の西村仁兵衛、東山華頂山麓に、二万一千坪の敷地を擁せる吉水園を京都市会議員、梶原伊三郎の説得によりホテル式に改築し、名を都ホテルと改む。改名案として平安ホテル・洛陽ホテル等種々の案ありたるも、結局都ホテルが採用された。洋室二十三室——本館五室、八景館十室、御城八室、支配人に永井精郎、料理長に高木米次郎就任す。[1]」

このような経緯の後に、現在の東山区粟田口華頂町に「都ホテル」は開業したが、場所は「吉水園」以来の三条通に面し、東山三十六峰の一つ「華頂山」の北端の山麓の、かなり急な傾斜面を背後にしていた。ホテルのその後背地には華頂山の深い緑があり、北東には南禅寺の広大な境内を置き、南西に知恩院の境内がある、周囲の環境や眺望にも優れた緑多い景勝の地であった。続いて、同じ『日本ホテル略史』の「明治四十年(一九〇七)」の項にも、「都ホテル」についての記述があり、次のように書かれている。

「京都都ホテルは、有馬の有馬ホテル(略)、宇治山田の五二会ホテル(略)、及当時建築中の奈良市高畑町の奈良ホテルを合併し、大日本ホテル株式会社を設立す(社長西村仁兵衛、資本金二百万円、[以下略])」(2)

一八八〇(明治一三)年に西村仁作が「吉水園」と名付けてはじめた遊苑地の施設を、息子の西村仁兵衛が後に「都ホテル」に改編して事業として一応成功を収めたが、さらにその後あまり間を置かず、その西村仁兵衛は自分の「都ホテル」を軸にして、関西各地の著名な観光行楽地にあるいくつかのホテルを一つに纏め、ホテル・チェーンとして展開しようとし、そこから「大日本ホテル株式会社」を設立し、自ら社長に就任した経緯を、この短い記述は伝えている。しかし西村はこの事業拡大によって結果的には経営に躓《つまず》き、その責任をとって、ホテル経営の実権を他に譲り渡して引退を余儀なくされたのが、一九一五(大正四)年のことであった。先の『日本ホテル略史』の「大正四年(一九一五)」の項には、次のように記されている。

「四月四日、日本生命、大日本ホテル株式会社を競落し、資本金五十万円の都ホテル株式会社を設立し、大食堂を新築す。
(社長片岡直温)」(3)

「日本生命」が所有者となる

「都ホテル」は、ここで創業者である西村家の手から離れ、代わって一八八九(明治二二)年に創設されて以来、関西を中心に社業を着実に拡大していた「日本生命」が筆頭株主となった。この時「都ホテル株式会社」が新たに資本金五十万円で発足し、その結果として、大正から昭和戦前・戦後にかけて、京都を代表する国際的なホテルへと脱皮していく。この新しい「都ホテル」の社長として経営に実業家らしい采配を振るったのが、「日生」の保険会社としての創設に直接関与して副社長となり、この後一九〇三(明治三六)年以来、一九一九(大正八)年までの、十六年間の長きにわたって「日生」の社長を務めた、片岡直温《なおはる》(4)であった。この片岡直温の兄は、明治、大正期の大阪で、ガス事業、私鉄経営、銀行業などの経営を手広く手掛け、関西財界の大立者となった片岡直輝(5)であり、兄弟で関西実業界の重鎮として活躍するのと同時に、二人とも後に政界入りし、政治家としても精力的に活動した。弟の片岡直温は、一八九三年から衆議院議員となり、後に大臣にも任じられたが、「若槻内閣」の大蔵大臣時代の有名な逸話として、一九二七(昭和二)年、片岡直温が議会で、東京のある銀行が「とうとう破綻しました」と誤って発言した結果、たちまち取付け騒ぎが起こり、その不注意な発言がもとで、昭和史に残るあの「金融恐慌」を引き起こし、若槻内閣が総辞職に追い込まれたという、まさにその渦中の人物としても知られている。この片岡直温は嫡子に恵まれず、一八九九(明治三二)年、娘に婿養子を取ったが、その時に養子縁組したのが、金沢の前田藩士族の次男、細野安《やすし》であった。細野は、東京帝国大学工科大学で造家学(建築学)を学び、一八九七(明治三十)年に造家科を卒業した後日本銀行に入り、恩師にあたる建築家、辰野金吾設計の「日本銀行大阪支店」(1903)の現場監督として赴任していた時に縁があり、一八九九(明治三二)年に片岡家の養子となって、以後「片岡安」を名乗ることとなった。

片岡安[6]は、彼の同級生で、同じ一八九七年に東大の造家科を卒業し、一九〇三(明治三六)年以来、京都高等工芸学校の教授として建築教育に携わっていた武田五一とともに、大正期から昭和戦前期にかけての関西建築界において、指導的役割を果たす人物としてめざましい活躍をすることになる。特に片岡安は、一九一七(大正六)年、関西圏を中心とする建築家の統合組織として「関西建築協会」(後に「日本建築協会」)を設立して初代理事長となり、同時に、大学卒業間もない村野藤吾が、あの「様式の上にあれ」などをはじめとする一連の好論文を寄稿した、『関西建築協会雑誌』(後に『建築と社会』と改称)という機関誌を発行するなど、関西建築界のリーダーとして目覚ましい指導力を発揮しはじめる。建築設計者としては、一九〇五(明治三八)年、辰野金吾が関西に進出し、設計事務所を大阪に開設する際には、「辰野片岡建築事務所」という共同名義で組織を立ち上げ、辰野の名の下で実質的な設計面の指揮を彼が執り、九州を含む関西以西の地域の公共建築、オフィスビル、住宅建築などに、優れた作品を数多く残している。一九一九(大正八)年に辰野金吾が他界した後は、一九二二(大正十一)年「片岡建築事務所」を設立。建築の設計活動を手広く続けるとともに、当時の日本では未開拓な分野であった「都市計画」の方面でも積極的な研究と提言を行い、一九二〇(大正九)年には、その研究によって工学博士号を得ている。なお一九四〇(昭和十五)年には大阪商工会議所会頭に推されたことからもわかるように、早い時期から義父の命に従う形で関西財界人としての仕事もこなしており、その地位を築き、敗戦直後の混乱の中、一九四六(昭和二一)年、七十歳でこの世を去っている。

片岡安が設計した「都ホテル」の新本館

この片岡安が村野藤吾を、自分の後の「都ホテル」の建築設計者として指名したと考えられているが、そのことに触れる前に、建築家としての片岡安が、義父である片岡直温が社長を務めていた「都ホテル」における、ホテル建築施設の設計者として、どのような内容の仕事を残したかについて、簡単に整理しておかなければならないだろう。片岡安が細かな増改築の仕事は別にして、「都ホテル」で本格的に携わった最初の設計は、彼が「片岡建築事務所」を設立した直後に設計し、翌年の一九二三年に起工し、一九二四(大正十三)年に大半が完成し、最終的には鉄筋コンクリート造、四階建、建築面積九九〇㎡、延床面積約三、八四〇㎡、という規模を持つ新しい「本館」の設計であった[7](11-1)。かなり傾斜のある山の北側斜面に縋《すが》り付くように建っているそれまでの木造入母屋瓦葺の「葵殿」などの旧館建築を東西に従える形で、その中央部に、四階建の鉄筋コンクリート造の建物が「日本趣味を加味せる近世式」と当時名付けられたようなスタイルにまとめられて建てられた。三条通に面した一番低い位置の玄関を一階とし、新築部分の四層分を三〜六階、ホテルの主要階であるフロントやロビーを、新本館の最下層、つまり三階に置いている。その後、年号が昭和に入るとすぐに本館の東側に増築が行われ、一九二八(昭和三)年、先の本館の軒高にほぼ合わせて三階分(四〜六階)を新築して客室数をさらに増やすとともに、その六階に平安朝風、五階に桃山期風といった歴史様式を主題としたインテリアを持つ「ロイヤル・スイート・ルーム」を置き、外に広いバルコニーを付けて、外国の王室などの賓客にも備えて、新本館の全容を整え終えている。つまり室内に過去の日本建築の装飾的意匠を取り入れ、外観は、RC造の外壁にスクラッチタイルを貼り、軒庇に瓦を葺き、ファサードの中にある片持梁のルーフ・テラスやバルコニーの手摺として「朱塗りの高欄」などを持つ、いわゆる和洋折衷のスタイルでまとめ、これに近代的な電気給排水等の最新設備を備えたホテル建築を完成させている。この年、「都ホテル」は、新たに社長として、やはり政財界で知られた男爵、藤村義朗[8]を迎え、ホテルとしての格式のさらなるグレードアップを目指したが、藤村は五年後の、

11-1　昭和初期の「都ホテル」。中央に位置するRC造の建物が片岡安による新本館

11-2　片岡安設計、「都ホテル」本館のロビー

11-3　片岡安設計、本館の平安朝風のロイヤル・スイート

一九三三(昭和八)年、六三歳で他界している。(11-2、11-3)

村野藤吾が、片岡に続く「都ホテル」の営繕責任者という立場で登場してくるのは、ちょうど藤村義朗が亡くなる一九三三年か、あるいはそれより少し前の時点であったと思われる。というのも先の村野の「ドイツ文化研究所」についての回顧の中でも、彼がその「ドイツ文化研究所」の設計者に選定された一九三三年の初めという時点では、すでに村野は「都ホテル」の支配人の西彦太郎と「非常に懇意」[9]な関係にあったと語っていることからもわかる通り、村野が新館「五号館」の設計をはじめたと考えられる一九三四年のかなり前から、村野と「都ホテル」との間に接触や交流があったことも窺わせているからである。しかしそうした強い接触も、一九三二(昭和七)年以前にまで遡ることもないのではないかとも考えられる。村野をそれまでになかったような新しいタイプのホテル建築の設計者として最初に広く世間に知らしめたのはいうまでもなく「大阪パンション」であり、これが大阪に竣工したのが一九三二年十月で、片岡安を含めて、「都ホテル」関係者たちが、次世代のホテル建築の有望な設計者として、村野藤吾という建築家に注目し、正式にコンタクトを取るようになるのは、完成した「大阪パンション」の評判を聞き、また実際に自分たちの目で見て確認した後のことではなかったかと考えるからだが、しかし「都ホテル」の関係者が村野を、関西の新進の建築家として、その時点よりもさらに前から目を付けていたということも考えられないでもない。

片岡安と石本喜久治

ともかく村野は、それまでの「都ホテル」の建築関係の責任者であった片岡安の後を継ぐような形で、「都ホテル」新館(五号館)の設計者に選ばれた時の、片岡安の側の事情についても、やはりここで考えておく必要があるだろう。というのも、四一歳の若さで村野藤吾が「大阪パンション」を完成させた年に、片岡安はすでに五六歳という年齢を迎えており、たとえば彼が三三歳の時に、九州の博多に辰野金吾と連名で完成させた佳作、「日本生命九州支店」(現「福岡市文学館」)(1909)などで見せていたような、様式的な意匠には珍しく柔らかで膨らみを感じさせる形態のデザインや装飾的な細部の着実さといった、この設計者に特有の持ち味が、昭和初頭の近代建築のデザイン感覚としてはすでに通用しない状況になっていることを、彼自身もおそらく痛感していたはずだからである。そのような危惧をすでに大正の終わり頃には感じはじめていたと思われる片岡安は、一九二七(昭和二)年から四年間、かつて片岡自身が辰野金吾のパートナーとなったのと同じような形で、例の「分離派建築会」の中心で、若くしてそのデザイン力の豊かさをいくつかの建築作品の中に示していた石本喜久治[10]を協働者に選び、大阪で「片岡・石本建築事務所」を開いた。しかし片岡は石本の若いセンスを積極的に活用しようとしたけれども、あまりよい結果が伴わなかったためか、あるいは石本のデザインに片岡が共感できなかったためか、一九三一(昭和六)年、まさに村野藤吾の独立後の最初期の作品が、雑誌等に次々と発表されはじめたその年に、石本喜久治との連携を解いている。片岡は石本を独立させて「石本建築事務所」を開設させ、「日本生命」関係の設計の仕事なども分け与えた後、片岡自身は設計活動から事実上引退した。もちろん片岡安がこの時点で設計活動の第一線から身を引いたのは、近代的な建築設計者としての自分の能力の限界を感じたという理由からだけではなく、彼の義父の関係から、もう一方での彼の重要な仕事であった商都大阪の産業経済界のリーダーとしての活動が繁忙を極めていた事実も忘れてはならない点であろう。彼は一九二二(大正十一)年、片岡直輝(大阪瓦斯社長)の後を継いで「社団法人大阪工業会」の三代目の会長となり、自らの死の年まで実に二四年間、その役職を務め上げたし、同じく一九二三年から「大阪信用組合」(後の「同金庫」)の組合長となりこれも終生その役職を果たした。そうした経歴でもわかるように、建築設計に頭と体を使う時間的な余裕がその頃ほとんど無くなっていたことも関係していたと思われる。

このようにして片岡は、事業を着実に展開しつつあった「都ホテル」の新・増築時、あるいは改修時の設計の中心的な設計責任者としての立場を降り、まもなく四十代半ばの村野藤吾がその立場を引き継いだ。その後村野は、昭和戦前期から戦後期にかけ、さらには彼が亡くなる一九八〇年代初めにいたる実に半世紀近くの時間を、「都ホテル」の設計責任者の立場を続けることになったのである。しかしこの時片岡安が、たとえ四年間という短い期間であったとしても、自分のパートナーとして選び、しかも関西圏の出身者であった石本喜久治を、なぜ自分の後を任せるべき建築家として「都ホテル」に推挙しなかったか、という疑問はやはり残っている。石本は、出発点である「分離派」時代に、ヨーロッパの《表現主義》系の建築デザインを熱心に追い求めることから設計活動を開始し、やがて一九三〇年代に入ると、〈未来〉志向型の国際的な《モダニズム》建築のデザインへ積極的に方向転換していった設計者であった。ただ石本の、設計者として独立して活動をはじめた段階での一つの不運は、彼がその《モダニズム》のデザインの日本における先駆的な作品として自信を持って世に問うた東京日本橋の「白木屋百貨店」(1931)が、一九三二(昭和七)年暮れに思わぬ火災を引き起こし、多数の死傷者を出した事件に見舞われたことであった。そのような不幸な出来事がどこかで反映していたか否かは不明だが、結局片岡は石本を「都ホテル」での自分の後の設計者として選ぶことはなく、代わりに、二十代後半から〈現在主義者〉の立場を広く標榜して憚《はばか》らず、「ドイツ文化研究所」の場合のように、〈和〉の伝統表現へも強い関心を持ち、他方で「大阪パンション」が示すような〈未来〉志向系のデザインも十分にこなし、〈過去〉にも〈未来〉にも何れにも門を閉ざすことなく、まさに〈現在〉を生きている村野藤吾を迷わず選定したのだ。そうしたところに、金沢出身である建築家片岡安の、関西圏特有の〝旦那衆〟たちが育む文化や、京都・大阪の実業界の商業優先的雰囲気を敏感に察知した〝読み〟の深さがあったと思えるのだが、はたして事実はどうだったのだろうか。

「都ホテル」の新館（「五号館」）を遠望する

村野が、「都ホテル」の建築設計の新たな責任者として最初に手掛けた新館である「五号館」は、京都三条と大津市の間を結ぶ路面電車が走る三条通から見上げたとしても、傾斜地の斜面に建つ本館建築やその左右の瓦屋根を載せた日本建築棟などに視界を妨げられて見ることができなかったはずである。というのも山の北斜面を道路面のレヴェルから上方へと埋めていくように建てられた「都ホテル」の一連の建築の、「五号館」はさらにその上の方に新築された宿泊専用棟であったからである。崖地の急な斜面がようやく終わりを告げて一つのピークに達し、そこから奥(南)には華頂山の杜の深い緑が続いている場所の少し手前(北側)にこの新館はあって、いわば崖の頂部に〝腰掛け〟ているような形で建っていた。手元に、戦前の昭和十年代中頃の「都ホテル」の外国人向けの英文パンフレットの中の一頁に、多分その頃完成したばかりの「大礼記念京都美術館(現・京都市立美術館)」(1931)の屋上あたりからの光景だと思われるが、かなり高い位置から撮影した、当時の「都ホテル」の全景を展望した着色写真が印刷されている。(11-4)

それを見ると、片岡安設計の陸屋根の「本館」を囲むようにして、その周囲に、「葵殿」と呼ばれる宴会場をはじめとする瓦屋根を載せたさまざまな形や雑多な規模の木造の日本建築が崖地を埋めるようにして建っている。そうした明治大正の建築群のさらに上の一番高い所に、あたかも、どこかの王族の集合写真の中で、王と王妃(これは片岡が設計した大正末・昭和初頭完成の二棟の「新本館」だろう)を囲んで立つ一族の、一番後ろの方にひっそり立っている、可憐な冠《ティアラ》を頭に載せた年若い王女といった風情で、村野が設計した「五号館」が、まさしく〝ヒル・トップ〟と言える位置に、甍《いらか》の波の中から一段突き抜けるような姿で立っている。基本的には簡潔な箱型に見える「五号館」には、「ドイツ文化研究所」の場合のように、その陸屋根を全体として覆う大屋根のようなものは用意されていない替わりに、レヴェルを変えて重ねられた大小の断片的な小屋根が、屋上各所にランダムに載せられており、特にペントハウス上に架けられた何枚かの小屋根を重ねた瓦屋根には、水墨画の中の〝竜〟の姿態か何かのように、今にも空中に飛翔せんばかりの〈動き〉が感じられる。こうした屋根の気まぐれな重なりが、「王女の頭に載せられた可憐なティアラ」を思わず連想させたりする。後でもっと近づいて観察、検討しなければならないが、遠目に見ただけでも、「五号館」上で小屋根があたかも蝶のように舞い戯れる姿は、設計者である村野が、既存の建物の瓦屋根が重なり合って連続する「都ホテル」全体のシルエットと、周囲の古都京都の瓦屋根の連続する街並という緊密な〝文脈〟を意識した結果として生まれたものであった。しかしそうはいっても結果的にかなり意表を突くデザインであり、村野自身にとってもなにか特別な意図を負わせたデザインであったのは間違いのないところである。

11-4　昭和戦前期の「都ホテル」の全容。右手後方の最上部に村野が設計した「五号館」が見える

近くから見る「五号館」の外観

「五号館」の起工は、一九三五(昭和十)年五月、竣工は翌年の一九三六年三月であった。構造は鉄筋コンクリート造、地上二階、地下二階で、客室は「地上」と呼ばれている上二層分だけで、客室数は合計十六室。「地下」といわれている部分

は、必ずしも地中に隠れているわけではなく、上の一四m×二五mの東西に長い長方形の平面と、横に寝かせた〈直方体〉の輪郭を持つ客室部分を支持している脚部を指している。つまり斜面の上で基壇となる部分が東西両端にあり、大部分が斜面上に露出し、あたかも二本脚で〝踏んばる〟ような姿で上の客室部分を支えていた(11-5)。東側の端には、機能的には宿泊客用の地下一階の階段室である東側の基壇部が、地盤としては良好といわれた斜面を均《なら》した基礎の上に乗っている。この地下一階の階段室へは、本館の方からやって来る宿泊客用の「渡り廊下」が、一二mほどの長さで斜めに入りこんでいて、そこから上階へ昇る階段とエレヴェーターに連絡している。(11-6)

一方、反対側の西端にある、もう片方の〝脚〟にあたる基壇部は、客室の西側の「地下一、二階」を、五m×一四mの平

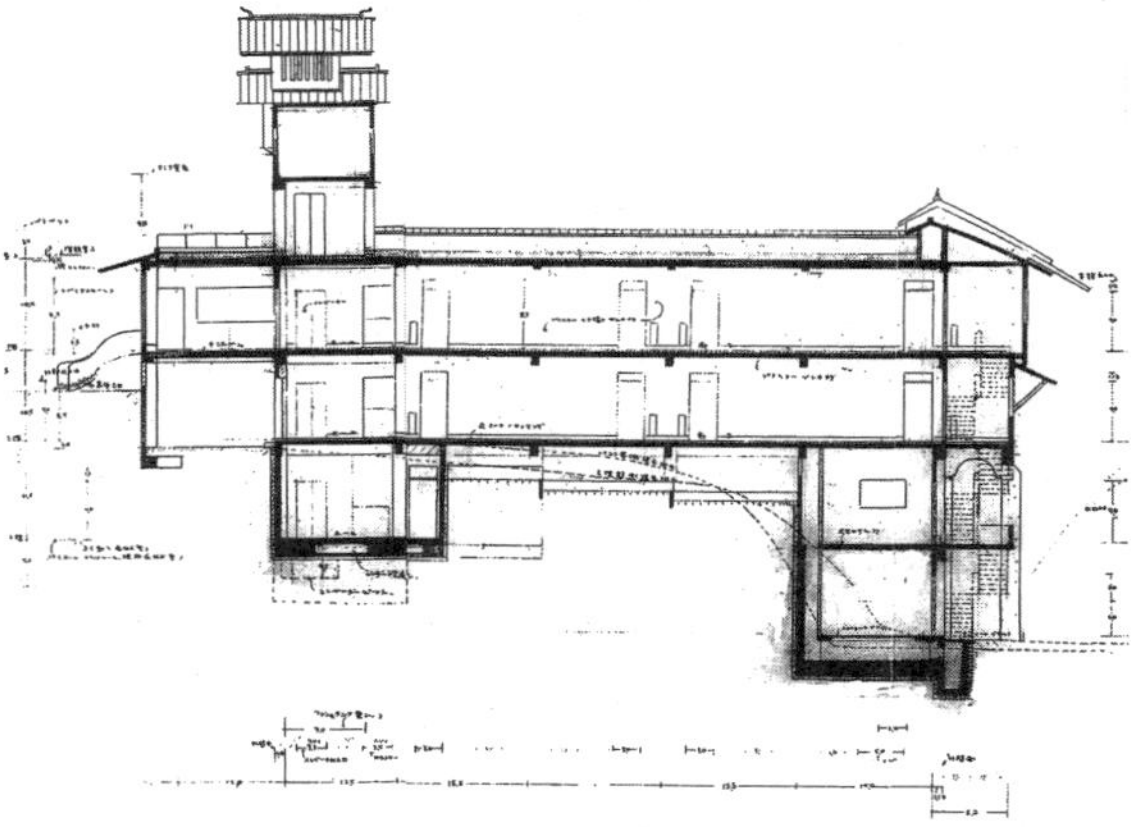

11-5　断面図(東西方向)。建物がかなり急な斜面に建てられていたことがわかる

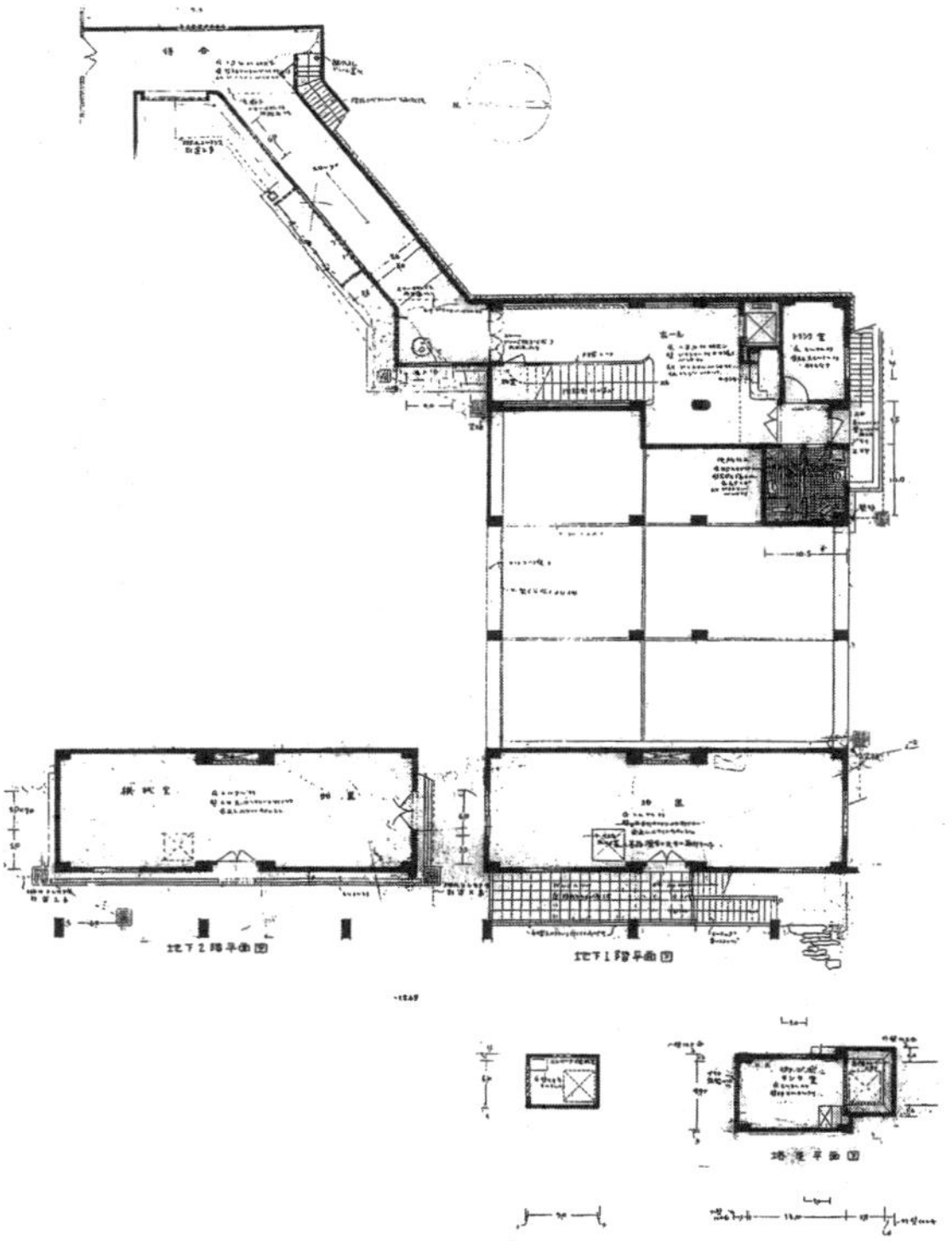

11-6　地下2階(左下隅)と地下1階(右)と渡り廊下(左上)、平面図

面で、鉄筋コンクリートの一種の〈コア〉状の形で構造的に固めている(壁の多い内部は機械室や倉庫)。さらにこの橋脚上にのる客室用の〝RC箱〟の西側には、「地下二階」から、三本のピロティを妻側に沿って並べて立て、この柱と壁の間に、北側の地下一階部分には、ピロティで支えられたバルコニーをつくり、その真上の地上一、二階では「特別室」の室内に一部を取り込み、南側には、最上階の客室から外の斜面にまで連続する内階段(地上一、二階)と非常階段(地下一、二階)を設けている。

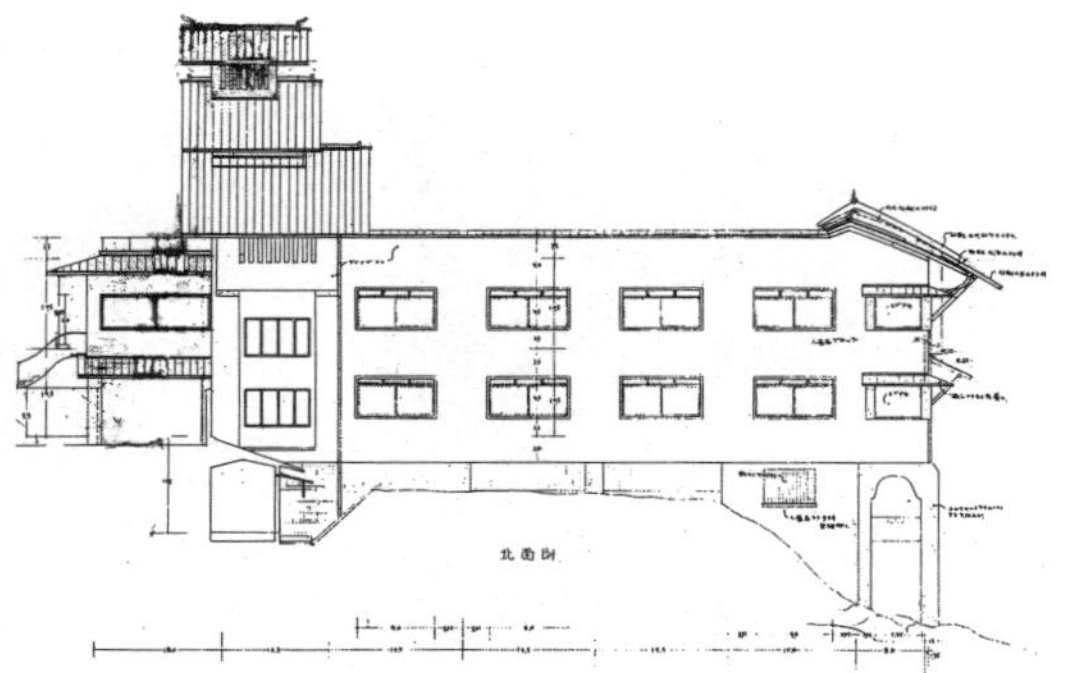

11-7　北側立面図

以上のような東西の橋脚状の基壇部が、その間の遮蔽板で奥に隠されている柱脚《ピロティ》とともに、横に倒した〈直方体〉形の二層の客室部分を支えるという構成を持つ「五号館」は、建築面積三七六㎡、延床面積約一二〇〇㎡、軒高一八m。施工は、「都ホテル」とは古くからのつながりを持っていた藤木工務店で、工費十二万五〇〇〇円[11]。村野は原案となる設計を、一九三四(昭和九)年秋頃にはすでに着手していたと思われ、一九三五(昭和十)年の初頭には、後に完成する「五号館」の全体的な輪郭をほぼ決定していたことは残された平面図の日付などからも知ることができる[12]。(11-7)

「五号館」が建てられた敷地は、三条通の道路面から三六mほどの高さの位置にあり、古来の日本建築でいえば清水寺の舞台のような「懸造り」にも似て、ピロティ状の脚部に支持されて、旧館の側からは、仰ぎ見るような高さで屹立して見えて、なかなか壮観であったはずなのだが、その種の撮影ポイントにできる足場が当時全くなかったのか、竣工時に雑誌発表された写真の中にはこのアングルからの写真は残念ながら見い出せない。この北側のエレヴェーションを、真下ではなく、ほぼ軒高と同じ高さから真正面の位置で撮影した写真が雑誌などで紹介されるようになったのは大分後の、戦後の一九六〇年代以後のことであるが、この写真のおかげで、村野がこの「五号館」に与えたエレヴェーションを、画像を通してかなり詳しく知ることができるようになった(11-8)。このようなアングルの写真が撮影できるようになったのには理《わ》由《け》があり、戦後の一九五〇年代後半から「都ホテル」の大規模な増・新築工事に携わっていた村野が、片岡安が戦前に建て

11-8　戦後に撮影されたと思われる「五号館」の北側

11-9　戦後、増築後の「都ホテル」を北側から見た鳥瞰図

ていた「本館」棟に接して「客室棟」を西側に延長し、この地上八階建の新「客室棟」を、さらに鉤型に折り廻し、背後の中庭を囲む〈コ〉の字形にして、その南西隅の最終端で、一九三六年に自分が完成させた「五号館」に連結させ、最終的に客室棟のクァドラングル（中庭付き凹型配置）を形成したからである（11－9）。この時、新築された本館の西側に続く客室棟の部屋や屋上から、中庭越しに、ほぼ同じレヴェルで「旧五号館」の北側立面を全体として眺める写真を写すことがようやくできるようになったのである。

　この写真に写っている「五号館」のエレヴェーションと、工事前に村野が起こした立面図との間の、最も大きな違いは、一九三六年の時点にはなかった、もう一つ別の「渡り廊下」が、「五号館」との間に細長い中庭を造って、建物の北側の地下一階レヴェルを、東から西へ横切り、地下一階西側にあったバルコニー部分に架け渡されている点である（11－8）。この「渡り廊下」は本館から来る客を、新たに完成させた〈コ〉の字形の「新宿泊棟」の南西隅部の客室へ短絡させるために造られた渡り廊下であったと思われ、その結果、三六年の「五号館」竣工時には下方から見えたはずの、「地上」の客室部分を支える、橋脚状の「地階」の基壇部分を隠してしまっている。ともあれ新しい渡り廊下のことはここでは忘れ、また一九三六年の竣工以来すでに二十数年が経過したために、完成時には濃いグレイに着色されていたという「リソイド仕上」の平坦だが陰影のある簡潔な外壁の、ほとんど全面に這いまわる夏蔦――これはこれでなかなか魅力的な状態だが――をも忘れて、完成したばかりの真新《まっさら》な「五号館」の北側立面を、当時の図面などの助けを借りてしばらく考えてみることにしよう。

階段室上の奇妙な小屋根の重なり

　一九六〇年前後に写された写真には、その頃架けられた

11-10　階段室棟と屋上塔屋部分の瓦屋根の重なり

新しい「渡り廊下」の向こう側に、一九三六年の竣工時、本館側五階のレヴェルから斜めに、「五号館」に客室を取った宿泊客専用の「渡り廊下」が、「地下」一階に達したその部分を覆う瓦屋根も、わずかではあるが写っている。もともとは一本だけであったこの一九三六年当時の渡り廊下は、後で詳述するように、インテリア・デザインにも素晴らしい空間的演出があった。宿泊客は案内されてここを渡ると「五号館」地下一階の階段室に達し、そこから上の二階と屋上階へ、階段かエレヴェーターを使って昇って導かれる。前述のように、地下一階から屋上階までの四層分の床を連絡する階段室は、四囲のRC壁の面積を多く取って構造的に固めているが、ただ光を入れるために北斜面側の壁面だけは、縦に長い壁面一杯に、〈T〉字形の輪郭を持つ張出し窓《オリエル・ウインドウ》を付け、その中に各階の開口部を開けて、階段室の壁に巧みな変化を与えている。地階から一階、一階から二階へ昇る途中の踊り場の位置には大きな開口部が取られ、それぞれの窓が三本の縦桟で四分割され、そこにいずれも片開きの透明なガラス戸が入っている。この窓には内側にも同じ仕様のガラス戸が付けられ、間に中板を挟んで二重窓になっている。さらにその上の、二階から屋上階へと昇る階段室の壁には、「ドイツ文化研究所」ですでにおなじみの、あの縦格子を密に並べた「虫籠窓」があり、連子の丈は低いがかなり横に長く連続している。(11―10)

　写真には、この階段室の左手(東側)の後方に、「プール」に付設した施設でもある「サンルーム」の勾配の浅い寄棟の瓦屋根の一部と、その軒下にある大きな窓が写っている。ここには写っていないが、このサンルームは実はRC造二階建の二階部分であり、一階部分はピロティの屋外通路となっていて、本館方向から「五号館」東側のサンルームや、新館南側に新たに造られた「日本庭園」に行くための「入口門《ゲート》」の役柄を担っている(11―11)。この函型トンネル状のピロティ・ゲートに向かって、北東にある本館の方から、歩いて近づいて来る客を誘導するために、「五号館」への渡り廊下の北東側の外壁でもある鉄筋コンクリートの連続的な壁を、土塀に瓦を何層にも差し込んだ、あの日本の伝統的な「瓦塀」に仕立てておにり、同じ壁仕様を「五号館」の一階の外壁にまで続けてゲートに繋げている。瓦塀の途中では、「五号館」の階段室の踊場にある武者窓の上に瓦葺の庇を付けたりして、一見「中門」風に見せて横の流れに変化を与えている。その誘導路の最後に、サンルームの北壁に付けた瓦屋根の庇が、玄関車寄風に出迎え、客は暗いトンネルを抜けると明るい日本庭園に出る、といった演出がさりげなく凝らされている(11-12)。これらの種々の要素が発する風情が、まさしく〈和〉の佇まいを生み出しており、後の村野の接近路《アプローチ》造りという面で発揮した、ほとんど〝名人〟級と呼べるほどの腕前の片鱗を、はやくもここでも垣間見ることができる。

11-11　日本庭園への誘導路とピロティ・ゲート。右側の塀は「五号館」への渡り廊下の外壁でもある

11-12　ピロティ・ゲート

　再び戻って階段室の北側の姿に視線を戻すと、その縦長の壁面の全体を覆い保護しようとして、階段室の上に桟瓦を載せ緩やかな起《むく》りを付けた三寸五分勾配の薄いコンクリート・スラブの屋根がさし出されて外壁部分を覆っている。この屋根は軒先で幅七m、棟から軒先までが二五mという屋根面積を持ち、それが北側壁面からキャンチレヴァーで一・五mほど、東西の妻壁からは一・二mの軒出を造って張り出しており、軒下の虫籠窓の周りに、淡い陰影の濃淡を作り出している。この屋根は横から見ると切妻屋根ではなく、片方(南側)が短いいわゆる「招き屋根」である。この屋根の上に同じ「招き」だがこちらは四寸勾配で、軒幅五m×奥行き八mほどの大きさの屋根が、あたかも〝親亀の背中に子亀〟が乗ったかのように、わずかに小壁を立ち上げて間にスリットを取って重なっており、この上に乗った方の小屋根の〈へ〉の字形の「招き」の部分は、先の写真では見えないが、壁から一・八mも南へ庇を伸ばし、下から二本の方杖で支えられている。(11-16参照)

　さらには、この上に乗っている方の屋根面の棟に近い位置を突き破るかのように、エレヴェーター機械室を囲む塔屋が最後に立ち上がり、その小さな北側の壁にも換気用の虫籠

窓が開けられ、東西の同じ壁には「猪目」窓が開けられている。この機械室の上、つまり階段室の最頂部には、さらに小型な三枚目の屋根が載り、より勾配が急な「大神宮」風の切妻屋根が架けられ、その屋根面には「越屋根」状のもう一枚の小さな屋根面が、立ち上げる小壁なしに、ぴたりと密着する形で付けられている。屋上の床面から、一番上の屋根の棟の位置までが、約八・五mの高さがあり、この部分だけはかなり遠い場所からも「都ホテル」の一種の〝広告塔〟のようなものとして見えていたに違いない。

「秩序を無視する者の姿」

この三枚の薄く軽快な感じのするRC板の瓦葺屋根の重層は、屋根の東側の破風だけは、壁面から一・二m差し出た位置できれいに切揃えてあるが、西側の破風と北側の軒先は、平面上で次第に後退していく形であるために、瓦の屋根面が一番高い棟の位置から手前(北側)へ斜めに滝のごとく滑り落ちて広がっていくようにも見えるし、逆に先の遠望の中で、空中に飛び立とうとする〝竜〟のように見える、と書いたような、ある種の浮揚上昇感をも生み出していて面白い効果を上げている。別な喩《たとえ》でいえば、階段室からペントハウスへと上昇していくこの部分の外形には、キノコが地中から頭を出して立ちあがり、笠を広げて不安定に成長していったかのような、どこか歪んだ、また垂直水平の軸線からずれてしまったような、奇妙な印象を視る者に与えているが、しかしそのよじれ感が逆に、日本の伝統的な家屋の、〈重厚さ一辺倒〉ともいえそうな〈屋根美学〉からはほとんど感じることのできなかった、屋根(面)の〝軽快な動き〟とか、予想もしない〝身の捌き〟といったものを人の目の中に印象づけたという意味では、非常に新鮮な、また独創的な、村野にしかできないようなデザインであったということもできるだろう。一言でいえば、静的な秩序の体系への鋭い〈反逆〉といった意志がそこに読み取れるのだ。

この独特の屋根の重なりの表現のルーツとして考えられるものとして、人によっては、京都の西本願寺「飛雲閣」の屋根の、あの日本的《バロック》ともいわれる屋根の重なりと躍動性に、この場合の村野の手の動きの原点があったのではないかと推測する。あるいはまた、戦国時代が終わって以降の平城の多層の城郭建築の屋根の重なりにそのイメージの源泉があるという人もおり、まさに諸説紛々の状態である。いずれの説もそれなりの説得力をもっているが、しかしその他にも、村野がちょうどこの「ホテル」の設計をはじめる頃に、京都の武者小路千家の宗匠愈好斎[13]に師事しはじめていた〈茶道〉に関連した、「茶室」などの数寄屋建築の屋根の中にあるものを抽出してきて、これを《ロシア構成主義》に特有な、視覚的エレメントの〈分節〉の明瞭化と、その再〈構築〉という手法を使って、近代的に翻案し構成したもの、と考えることもできるかもしれない。いずれにせよ、日本の歴史の中で最も自由で躍動的であった桃山時代に起源をもつような建築の意匠が、いい換えれば信長のような破天荒な武者たちが生きていた時代の精神が、〈現在〉に生きる村野の身体の上に投射された結果のデザインであったといえるようにも思われる。

ではなぜ村野が「五号館」の屋上塔屋に、このようなある意味で奇妙な、少なくとも《モダニズム》的視点からは明らかに〝破調〟、もしくは〝破戒〟とも映る、いっぷう変わった屋根をあえてここで架けて見せたか、という点については、先にふれた、「京都」という都市や、「都ホテル」の苑内の持つ空間的な〈文脈〉との関連は、きわめて有力な理由であったことはいうまでもないが、それとはまた別な原因をもう少し慎重に探りだしてみる必要があるようにも思われる。しかしいずれにせよこの階段室のペントハウス部分の屋根の重なりは、全体から見れば小さな部分であったとしても、「ドイツ文化研究所」の本館の大屋根や車寄の屋根の重なりが持っていたと同じような意味合いで、村野という建築家の持つ、当時の日本の建築界の中では卓越していたデザイン力と想像力を見せつける貴重な〈部分〉であったことは間違いのないところである。あえて再び持ち出すなら、村野が一九三〇年のニューヨークで見て感動したという、あの「クライスラー・ビルディング」の最頂部の、ある意味でダダイスティックでもあるような、《アール・デコ》風のアーチの重なりにそれは匹敵するデザインであったといえるものがあるし、そこには何か特別な意志や意向、つまり村野の、時代と社会へのメッセージがそこに込められていた、ともいえなくはない。村野は「クライスラー・ビル」について、「動きつつ見る」の中で端的に次のように書いていたではないか。「ナンセンス的、恐らく、行詰まつた唯理思想の窮屈さを蹴飛ばして、何かしら、高らかに歌ひ、且つおどるところの闊達にして、秩序を無視する者の姿[がそこにあるの]ではないか。世間はあまり[に]窮屈であり、きよぎであり、時代の新しい自然主義が、モダーニズムの形を採つて現われた姿を、クライスラーの白銀の塔に見るのである。」と。村野はまさに、一九三〇年という時点で、六年後の自分の「都ホテル五号館」の「秩序を無視する」ペントハウスの出現をひそかに予告していたともいえるのである。

北側の壁面と窓の構成の簡潔さの理由

奇妙な塔屋部分を載せている東側階段室棟と、パラペットに笠瓦を載せてその西側に広がる「地上一、二階」の客室の、北側(斜面側)の外壁面の基本的な構成は、一九六〇年代まではほとんど一九三六年当時のままに残されており、その当時の写真から、村野の立面デザインにおける優れたプロポーション感覚と、開口部や庇などの的確なディテール処理の手法を見出すことができる。「ドイツ文化研究所」の本館棟においてすでに詳しく見たように、ここでも外壁の構成上の村野の関心は、いかに開口部をふくめた壁の〈皮膜〉的性格を視覚的に表現できるか、という点に集中されていた。そのための開口部周りの処理——具体的にいえば彼が初期作品で徹底してこだわってきた窓の見込みをいかに浅くして、壁面との間でフラットな連続面を構成できるか、という細部の処理——に一段と進歩があったことが窺える。「都ホテル」の窓面と壁面との間のギャップは、「森五商店」や「ドイツ文化研究所」などよりさらに狭められ、遠見にはほとんど面一にしか見えないほどに、平坦で滑らかな壁面の流れを創りだしているが、逆にこの庇のない窓まわりの雨仕舞がむしろ心配になるほどである。

北側立面には、一、二階の二列、十個の窓があり、このうち一、二階の西北の「特別室」の出隅部(ピロティの上)にある上下二つの窓を別にすると、残りの八個の窓は、すべて同じ大きさ、同じ窓割が施されて規則正しく並んでいる。これらの窓は、一・三六m(h)×二・七三m(w)という横長の広い開口面を持ち、北西隅に位置する三つの窓を持つ「特別室」以外の客室は、一室に一つの窓を原則としている。この大きさの開口部の上部に、高さ三〇cm×幅八〇cmほどの大きさの換気用の引倒し窓が全体を三分割している、水平に細い「窓欄間」があり、その下の、高さ一m×幅二・七mの枠の中に、二枚の透明ガラス入りの引違戸が入っている。北側の客室内からは、眼前の京都の都市景観や、周辺の北は比叡山に続く東山の山並など、遠く広く見渡すことができた。図面の指定では、一九三六年の竣工時の窓枠《サッシュ》は、台湾檜に白いペンキ塗装をした木製の窓枠が使われていたようだが、戦後の一九六一年の新館増築に合わせて、村野は新館と同じように、この創建時の木製の建具を、「スチール・サッシュ」に取り替えたと思われ、結果的に窓と壁の連続感と一体感はなおさら強化されている。

このフラットでほとんど陰影のない北側の外壁面は、先に指摘したような、東西の「地下」の基壇部の上に乗った〈横にねかせた直方体〉である二層の客室部分の初原的《プライマリー》な形態を、視覚的に鮮明に浮び上がらせるための重要な要件であった。いい換えれば、村野藤吾は、このホテルの設計に当たって、ル・コルビュジエが一九二〇年代の中頃に広く世界に公言した《モダニズム》建築における《美学》的な基本コンセプトである、「光の中ではっきり見える形態は美しい」[14]という命題を、「森五商店」や「ドイツ文化研究所」の場合に引き続き、村野なりに受け入れたことの、より鮮明な表明であったともいえるだろう。ただし村野は、近代社会における新しいホテル建築を設計する上で、《合理主義》的な手法や美学を主にその経済的理由によって受容はするが、しかしだからといってそれを全面的に受け入れて、その熱心な信奉者、もしくは布教者となることを表明しようなどとは決して思わなかったこともまたたしかである。したがって《合理主義》が必然的に生み出していく、文字通り「四角四面《スクエア》」な表情のままに、自分が設計した建築形態を日本の社会に投げ出して、いかにも指導者気取りでいることは、真摯に「現在主義」を標榜しつつ行動しようとする村野としては、決して許せるものではなかったのだ。そこから、この種の《モダニズム》建築の「スクエア(square)」な安定を突き崩していくべき、何らかのデザイン上の〝凶器〟となるべき視覚的装置が、彼にはどうしても必要であったのであり、この「都ホテル五号館」の建築の場合には、あの奇妙な「屋根」こそがその〝凶器〟であり、その「塔屋」が〝凶行現場〟であったのである。屋根の不安定な動きは、「スクエア」な安定性を揺り動かし、突き崩そうとする村野の〈意志〉の表現に他ならなかったのだ。別ないい方をすれば、村野は客室部分の〈プライマリー〉な形態に、当時日本の建築界へ欧米から流れ込んで来ていた《インターナショナリズム》を表現すると同時に、他方で、階段室部分の屋根の上昇感に、当時体制の側から意識的に鼓舞されつつあった《ナショナリズム》に対応させていたとも考えることができる。村野がしばしば好んで使う言葉で言うならば、この「矛盾」を明確にしつつ、自らの〈作品〉として高める中でその対立を「止揚」し、昇華するという独自の「弁証法」をここで彼は示そうとしていた、ということになるかもしれない。

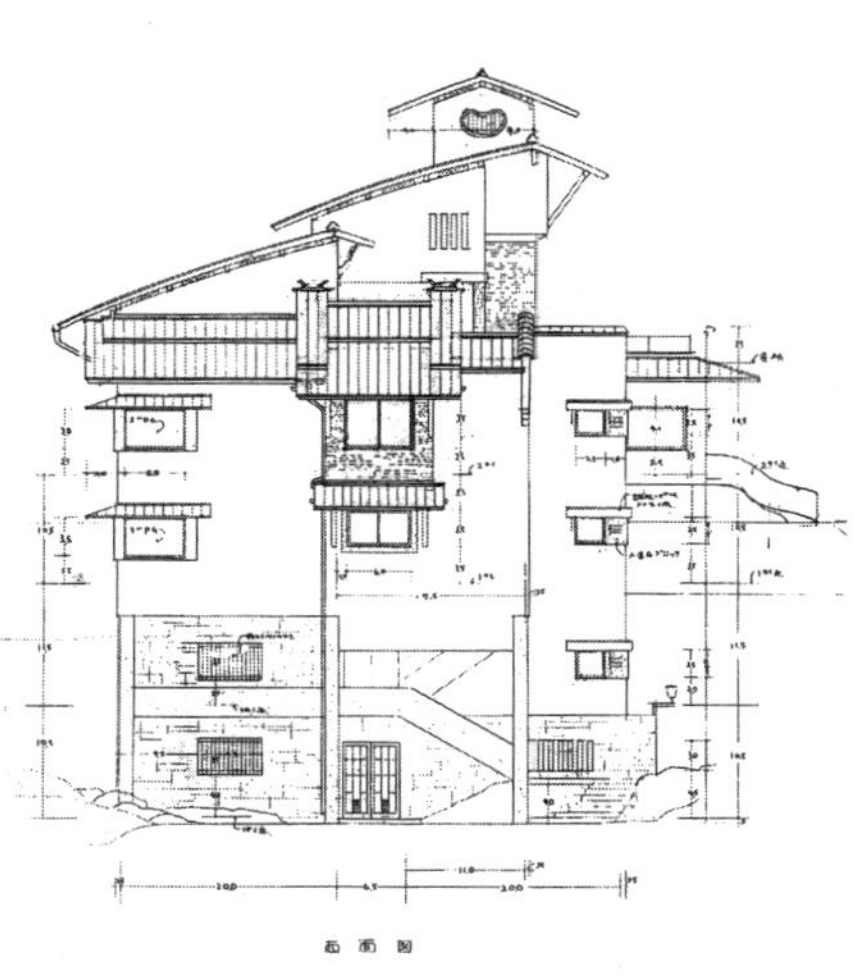

11-13　西側立面図

反対の西側のパラペット上の小屋根群

「五号館」における〈スクエア〉崩しのための、注目すべきもうひとつの〝現場〟となったのが、「五号館」の客室の「西妻壁」の最上部のパラペットである。ここでも東側の場合と同じように、起りのあるコンクリート・スラブの屋根が複雑な重なりをみせている(11-13、11-14)。この部分のデザインは、明らかに先に詳しく見た東側の、高く中空に突出した「ペントハウス」の屋根との釣り合い《バランス》を考えたデザインであったと思われ、屹立する高さといった東のいわば〝雄〟的な表現はこちらでは見送られ、反対に屋根の重層は相対的に低く、〝雄〟の前で、あえて〝雌〟伏させようとするかのような姿が与えられている。結果的にやや不安定な姿を持つ東の塔(屋)に立ち向かわせ、結果として東にはない強さと安定感を持つデザインにまとめられている。西側の屋根群も、東側のペントハウスの場合と同じ、起りのある「招き屋根」が主役として採用されているが、こちらは明らかに奈良京都に分布する民家の「大和棟」をデザインのベースとしたものである。竣工前後の図面や写真をみると、例の平らな越屋根付きの招き屋根が、西側のパラペット上にあたかも引っ掛けたかのような姿で、客室部分西端を上から抑えているのがわかる。この招き屋根の下にある「特別室」の居間部分の、北と西の壁面が出会う出隅部に、直角に突きつけた窓があり、その部分にだけ、窓上に瓦葺の短い窓庇が角を廻って付けられている。

11-14 「五号館」の屋根(11-4の部分)

「五号館」の西側の立面図を参考にしてその屋根の重なり具合を再現してみると、次のようになる(11-13)。まず西側で、和風の屋根が架かっている部分だが、これは西の妻壁頂部の全体にではなく、その四分の三ほどの階段室などがある平面《プラン》の突出部だけである。先ほど「五号館」の西側「地下」部分を見た時に、地下二階分が、基壇部となって「倉庫・機械室」が置かれていたが、同時にそのさらに西側に、そのコンクリート打放しの外壁に並行して、地下二階から客室一階床下まで立ち上がる三本の柱脚《ピロティ》と、基壇部の四分の三ほどの壁の間に、帯状平面のスペースが造られていたことについても触れた。地下二階部分の西端はピロティだけで、その上の地下一階レヴェルの北側半分が展望バルコニーになり、残りの平面は、上の二階客室から地下二階へと緊急時に外に客を誘導する避難用階段として使われている。さらにバルコニーの真上の床スラブ上は、先に触れた「特別室」の室内の一部として取り込まれ、出隅部分の二面に見晴らしのきく窓がある居間風のコーナーの床面としてそこが使われている。つまり、一階の南北に四室ずつ、上下二階に計十六室の客室が入った、例の〈横に寝かせたキューブ〉の、地上一、二階から西側に飛び出したように付けられた部分(二階の特別室の一角と階段室の上)に、先の「大和棟」風の、起《むく》りのある傾斜屋根が架けられているのだ。

「西側立面図」によれば、ピロティに支持された約二〇m幅の〈突出部分〉のパラペットの北側半分を、四寸勾配に例の密着した越屋根付きの起りのある瓦屋根が覆い、壁から一・五mほど先へ軒先を伸ばしている。〈突出部〉の最上階の残り北半分が階段室であることはすでに述べたが、そこは南北両側に並ぶ客室の列に挟まれた中廊下の最西端でもある。この廊下が突当たる壁の部分は、一、二階ともに五〇cmほど床が張り出した「出窓《オリエル》」になっており、外壁部で、上階が大きく、下階がやや小さな窓の、それぞれの上に形の異なる深い窓庇が付けられて、ともに左右の方杖で直線的に支持されている。二階の出窓の周囲は、先に渡り廊下の外壁の細部で見た、瓦片をモルタルに埋め込んだ瓦壁に仕上げられている。

面白いのは、五寸勾配に起《むく》りつきという、西側の屋根の中では一番急傾斜で、その西側先端部がそのまま軒庇として連続し、壁から斜めに二・四mもの深さで外に差し出されて二階出窓部分の屋根庇になっている、「大和棟」形式の大きな瓦葺の屋根スラブ上の構成である。この屋根の棟に近い場所はやはり越屋根が付き、南北に長さが五mほどある棟も、先の客室部分の屋根の棟より高い位置に設定され、妻の一部がその上に重なっているように見える。一番高い位置にあるこの屋根の、両端の上半分ほどの場所に、関西地方の古い町家などでよく見かける「卯立《うだつ》」風の立上がりが、あまり高さがないかわりに横幅がある瓦葺の小屋根を載せて降っている。西側のすべての屋根の重なりの中で、最も高い位置にある東西二つの脇小屋根の最頂部(棟)には、一組二羽ずつの、大和地方の民家によく見掛ける「鳥衾《とりぶすま》」(雀瓦)が南北を向いて背中合わせに置かれている。この西側の屋根のデザインは、村野がその頃好んで歩いていたといわれる大阪南郊の河内から大和一帯の町や村で彼が目撃したはずの「大和棟」の民家の屋根の記憶が投影されたものとも考えることができるし、近代建築などはほとんど目立たなかったその頃の京都の市中の家並の様子を、村野がそこに写したものとも考えられる。(11-15)

11-15　昭和10年代の奈良市内の街並に見る大和棟の連なり

〈城と町〉という対立軸

また、この鳥衾のある屋根が終わった、さらに南側の階段室上には、再び小さな招き屋根がパラペット上に載り、その屋根の南端部には、先ほどのものよりも、普通の民家にあるそれにより近い形の「卯立」壁が、階段室の南壁面に連続して立ち上げられて屋根面の北から南への連鎖は、ここで終わりを告げている。以上のような、「五号館」の客室西側部分の、やや複雑な屋根の重なりから私たちが受け取る印象は、同じ設計者により、同じように多層に屋根を重ねて構成する手法であったとしても、東側の塔屋の上に私たちが見たものとはかなり異なる内容のものであるとやはりいわざるを得ないものがある。前にも述べたが、西側の屋根の連なりには、東側のそれのように、〈高さへの希求〉、つまり空に向かって飛び立とうとするかのような、意欲的な〝動き〟はほとんど見当たらない。その代りに西側の屋根の重なりには、低く抑えた屋根の連なりがあり、古い伝統を持つ民家や、瓦屋根の続く街並みのように、水平にどこまでも伸び広がっていくかのような自由で豊かなスカイラインの表情を、鳥衾を乗せた「卯立」風の壁などを通して読み取ることができる。

11-16　東側から見た塔屋とサンルームとプール

　いろいろな人が指摘しているように、東の塔屋の屋根の重なりには、重層する日本の城郭建築の屋根からの〈引用〉があったのはおそらく確かであり、塔屋そのものの形態も、（「五号館」を庭園のある南側やプールがある東側から見るとすぐにわかるが）日本の〈城〉の「本丸」というよりも「城楼」、つまり物見などに使われる「櫓（矢倉）」を念頭に置いてデザインされたものであったことは容易に想像がつく（11-16）。もし仮に、東側のペントハウスの屋根の重なりが、村野が日本の城郭建築をどこかで模した結果としてデザインされたもの、という推側が正しいとするならば、もはや自ずと明らかなように、これに対峙させられている西側の屋根の重なりは、村野が「城郭」ではなく「城下」の世界、つまり町衆たちが活発に商いや物づくりに励む〈都市〉の家並、つまり武家に対する町衆の世界がその屋根の重なりの中に表出されようとしていたことに、誰でもすぐに気付くはずである。だからこそ「城」の高さを極力避けて、切妻屋根の棟を延々と続ける「町」の家並が西側では表現され、そうした町並の中で、一本立ちする幸運をつかんだ商人や職人たちの〈自立〉を象徴する「卯立」のような小壁が、屋根の最頂部に掲げられることになったのではないか。

〈城と街〉、〈武士と町人〉という対立軸、つまりは「支配し、制御する側の者」と、「支配されつつ、制御を脱出しようとする側の者」との間にある対立と「矛盾」を、ここで村野は奇しくも、おそらくは無意識に提示していたともいえるかもしれない。東側のペントハウスに表象されていたものが、村野が言う、「何かしら、高らかに歌ひ、且つおどるところの闊達にして、秩序を無視する者の姿」をデザインしたものであったとすれば、それはまさに安土城を建てた「信長」に代表される戦国の武将の、荒ぶる男たちの世界であっただろう。とすれば、客室棟西側の瓦屋根の重なりは、「利休」に代表されるような〈数寄〉の芸術家たちを支持した、京都や大阪や堺の町衆たちの、密かに雌伏しつつ経済と文化を充実させていた者たちの世界の表徴であったと喩えることもできるだろう。もちろん、村野がそこまでの隠喩をもって「五号館」のスカイラインの設計を行っていたかどうかは定かではないが、いずれにせよ、「五号館」の屋上を飾る、コンクリート屋根の断片的な重なりを、建築家村野藤吾の、単なる気まぐれな〈装飾的な戯れ事〉に過ぎないものとして呑気に見過ごしてしまうとすれば、そこに隠された村野からの重要なメッセージを、私たちは見逃してしまうことになるに違いない。

〈和〉の風味を随所に取り入れた内部

いよいよ「五号館」の内部を訪れて、村野がその中に施したインテリア・デザインを詳細に見て歩かなければならないが、まずその〈序章〉として待ち受けているのが、あの「渡り廊下」の空間である。この「廊下」の存在については、すでに「五号館」を北側から眺めた時に簡単に示しておいたが、本館の五階レヴェルから宿泊客を導いてきた廊下と、エレヴェーターのある新館地下一階の階段室との間を結ぶ、それは斜めに掛けられた渡り廊下である。村野藤吾がしばしば見せる、主要空間へ接近していく過程での〈アプローチ・デザイン〉へ向けた格別の配慮と意匠は、彼の戦前から戦後にかけての数多くの作品の中に、建物の内外を問わず、さまざまな形で見出されるが、この「都ホテル」の渡り廊下の内部空間も、そうした彼の気配りを余すところなく具体化した充実したアプローチ・デザインになっている。

「五号館」への渡り廊下の空間を、客室がある領域への「接近路」としてユニークなものにしている最も基本的な特徴は、あらゆる細部デザインの洗練に先立つ、平面計画《プランニング》上でのその通路の位置の設定にあったということができる。具体的にいえば、本館と新館を連絡する廊下を、そうしようと考えさえすればできたはずの廊下の取り方――本館の方から来る廊下をさらに南へ伸ばし、その位置で廊下を直角に折り、新館の東側から直線的に地下一階の階段室に連結すること――をあえてせずに、能楽堂で能役者が舞台の斜め後方から登場するあの「橋掛り」をふと想起させるように、渡り廊下を新館の北東の手前から、斜めに架けたという点にあったのだ。村野はこのような「斜め方向にずれて行くような通路」をこの後もいろいろな機会に多用したが、その手法について自ら説明して、日本画で描かれる、菖蒲池などの中に架けられた「小橋」がその種のズレを持って配列されていることを頭に置いて、「あやめ」(の配置)という言葉でいつも説明していたことについてはすでに何度も触れた通りである。⑮

この「あやめ」の手法は村野の場合は、日常の空間から、非日常へというべきか、村野が特別に貴重な空間として考える場所へ、路地や通路や廊下などで人を移動させる時によく使っている手法である。たとえば戦前では、後章で述べる「中山央邸」の洋館から和館へ入って行く時の廊下とか、さらには戦後住宅の秀作、「指月亭」(1959)の玄関から客間へ導く廊下や、東京四谷の「なだ万本店」(1976)の玄関から客室への廊下などに、この「あやめ」の手法が使われていることなどをすぐに思い浮かべることができる。直線と直角、つまり鉤型に屈折する道路や廊下は、人の理性的な、つまり〈合理性〉的な思惟において認識されやすい特徴を持つが、斜めに抜けて

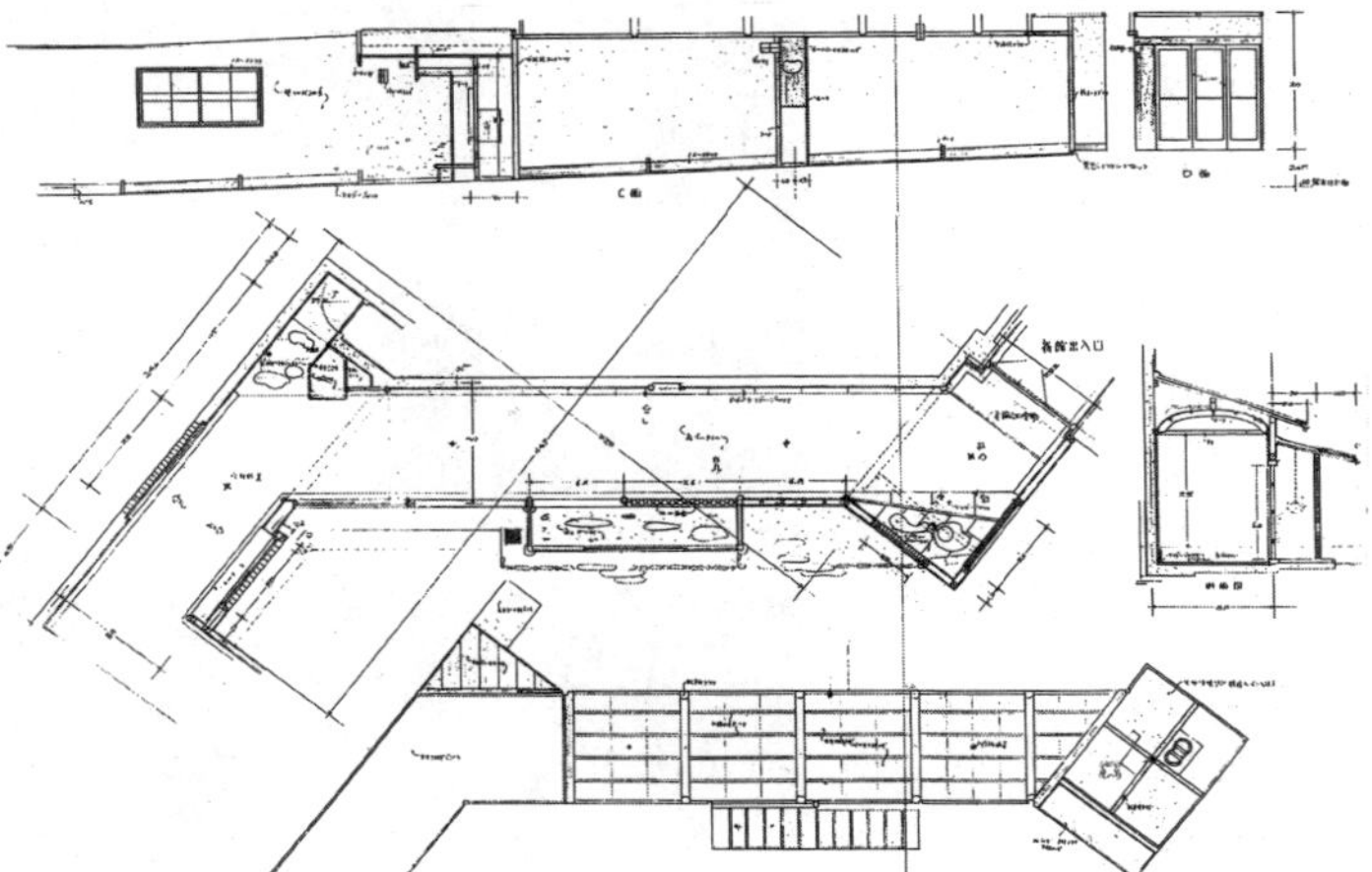

11-17　渡り廊下の平面図(中)と断面図(上中・右)と天井伏図(下)

いる通路や道は、明確な四五度の角度の表示がない限り、こうした認識を免れて、人を一つの世界から別の世界へと論理を超えて滑り込ませる、つまりある意味で「合理性を超えた不思議な移行体験」をさせるための有力な手段であり得ることを、村野はすでにこの時期から熟知していたのである。彼のこうした手法の会得には、多分茶道に関連した「数寄屋」の露地の構成や茶室内のプランなどで、彼が実際に見聞したり、研究したりした成果が関連していたかもしれない。(11-17)

チェックインをすませ本館ロビーからボーイに案内されてきた客は、この空間に入ってすぐの廊下の突当たりに、畳敷きの「床《とこ》」の隅を一本の短い支柱で支え、背後の壁には掛軸、右手の脇棚には生花が活けられた、一種の「付け床」風のコーナーが自分たちを出迎えているのに、まず目が留まる。畳敷きの「床」と見えた部分が、実はそこに座布団などが置かれる「腰掛け《ベンチ》」が本来の機能らしく、歩くのに疲れた客などがそこに腰を下ろしてひと休みできるためのものらしい(11-18)。その手前の、廊下入口の右手の壁面には幅広の出窓が付けられており、三分の二を占める開口部の内側に、花や葉を《セセッション》風にパターン化した透かし板が入れられていて、日本の伝統的な装飾文様をシルエットで浮かび上がらせ、残りの出窓部分には盆栽などの鉢物がのせられている。この地点を通過する宿泊客は、モダンな鉄筋コンクリート造の「新館」の中に入る前に、その室内の設えの主題が、あくまで〈和〉にあるらしいことを、この段階で悟らされる。なお、この「床の間」のように掛軸が掛ったコーナーの壁の背後には、避難階段が隠されており、ドアを開けて上に上がると、先の南側の庭園へ抜ける地上のアプローチ路の脇の瓦塀の横に出ることができる。

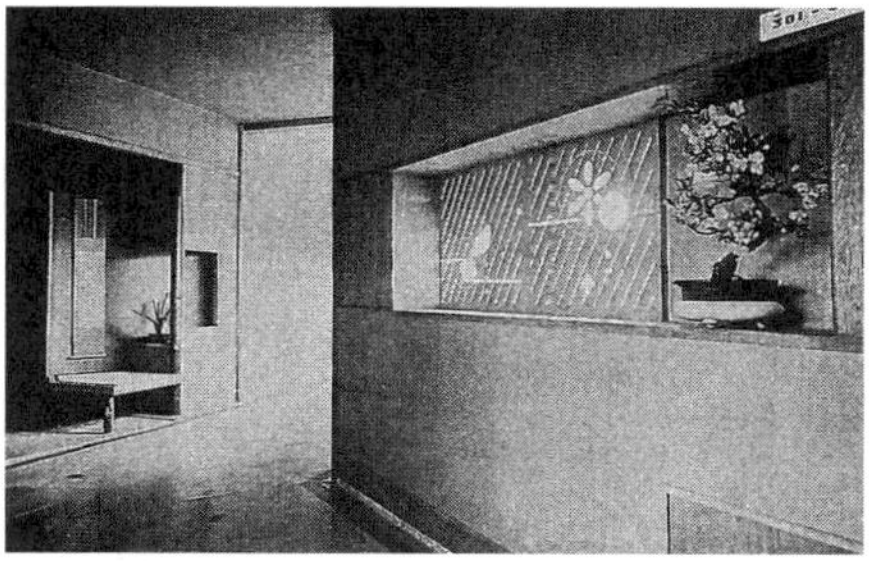
11-18 「五号館」へのアプローチの取付き

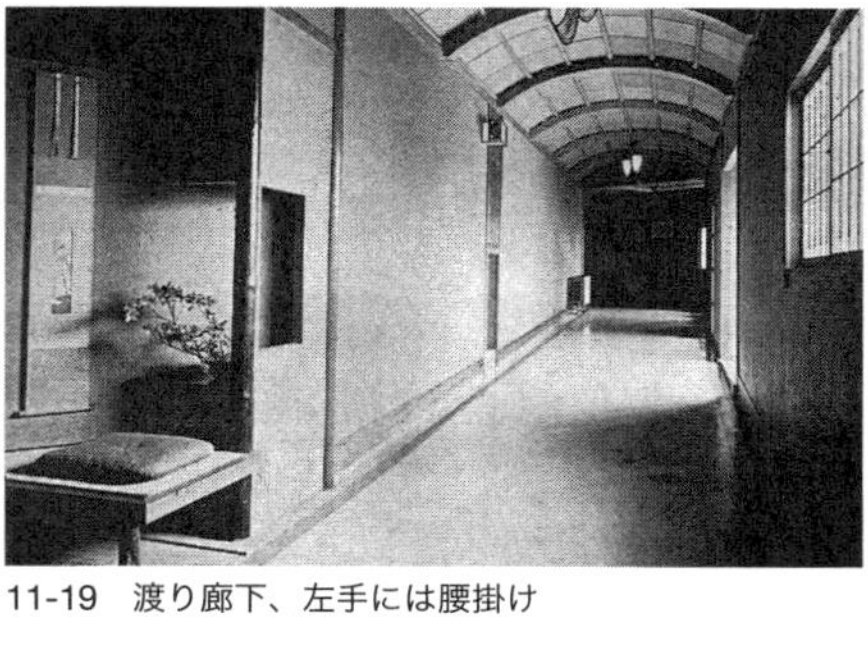
11-19 渡り廊下、左手には腰掛け

コンクリート・スラブの上に「ゴムタイル」を敷いた廊下をそのまま前に進むと、廊下は右へ一三〇度ほどの角度で斜めに右(西南方向)へ折れる。そこから先は、幅二・五m、奥行き一二mほどの、向こうに進むにしたがってわずかに上っていく緩やかなスロープになった廊下が続いている(11-19)。

11-20　渡り廊下の中ほどにある中庭への出入口

左右の壁下の、「オーク」材の巾木の上に、丸太の柱型に挟まれながら、「リソイド」塗の長い土壁風の壁面が続いている。天井は、村野が終生好んで使っていた円弧状《セグメンタル》天井であり、一定間隔でアーチ型の木梁が連続して円筒形《ヴォールト》天井を構成している。横断梁材は松、棹縁がオークで、その上を柾目のモミジの合板が円弧状に張られ、〈和〉風でありながらどこかに〈洋〉風の雰囲気も漂わせて、廊下の上を柔らかく包んでいる。天井から大きな花のつぼみを並べたようなガラスの照明具が下ろされている。(11-20)

渡り廊下の中間点には、北西側にバルコニー状に張り出した床スラブがあり、そこに日本建築でいう「軒内《のきうち》」の空間が作りだされている。細長い漆喰の土間の中に、いくつかの飛石が配されて、庭に出る縁先《えんさき》のように造られているがあくまでここは室内であり、外の庭園との間に大きなガラス戸が入れられ、内と外を仕切ると同時に結びつけている。さらに軒内と廊下の間を、太い杉の組子が入った幅広の格子戸が一枚、固定して入れられている。この骨太な建具が、古風な商家の店先の格子戸といったものを人に連想させつつ、風情のある和風のシルエットを作り出し、客を奥へと誘うと同時に、戸外の庭園空間と廊下空間の繋がりを結びつける契機となっている。いずれにせよ、〝トンネル〟状の廊下の中間点にこのような大きな開口部があって、それが外の庭園空間を室内に呼び込んでいるという連続感と開放感は、半幽閉状態で筒状空間を歩く宿泊客にとっては貴重な息抜きであり、ここにもまた、村野が導入路を設計する時の細部への心配りの細《こま》やかさを感じさせる。

歩を進め、右手(庭側)の格子戸の、さらにその先にある塗壁が終わり、ごく緩いスロープもほぼ昇りきったあたりに皮付きの丸太柱が立っており、この場所で上を覆っていた弓形天井も終りを告げる。この場所のすぐ先の右側に、三角形平面を持つアルコーブ状の一角があり、西北側の壁に窓が空けられていて障子越しにそこに光が落ちている。ここにはイタリア産トラヴァーチンで作った三角形の基台の上に季節の花が活けられており、その横に御影石による背の低い円筒形

11-21　手水鉢

11-22　渡り廊下西端のアルコーブ状の一割

の手水鉢があって——「大阪パンション」の玄関前にあったそれを思い起こさせる——、同じ円形の水鉢に柄杓《ひしゃく》が掛け渡され、また濯《すす》いだ水を捨てるための双葉形の切込みも付けられている(11-21)。それらを右に見遣りながら今度は逆の左側に身体の向きを変えると、正面に「新館出入口」である三枚のガラス扉が立てられていて、開いたドア越しに、正面奥の小さなエレヴェーターの扉と右にボーイの待機カウンター、さらに右側の壁沿いには、上って行く階段の一部が見える。ここが「五号館」の〝玄関〟部分にあたる、地下一階の階段室の空間である。

　その階段室へ入る前に、目前のガラス扉を一度背にして、今歩いて来た廊下の方を振り返って見ると、先ほどの三角形の凹所の壁が真正面の左手に見え、それが「五号館」階段室から真直ぐ続く廊下の突当たりの壁であったことがわかる(11-22)。この壁の中には、短冊形の小さな縦長の開口部が八個、高低を交互に変えて開けられており、下の手水鉢などと一緒になって、この部分が「五号館」から出てくる宿泊客の視線を留める〝アイ・キャッチャー〟となっていたことが判明する。先の渡り廊下の上の弓形天井が終わった後に続くこの部分の天井構成も面白く、桜材の梁と桁が一本ずつ十字形に交差し、上のスサ入り漆喰天井を支えているが、梁の片方の先端にはそれを受ける柱はなく、逆に天井裏の小屋から吊木が降り、先端を引っ張りで固定していたり、天井面には埋め込みで、村野好みの「猪目《いのめ》」の照明具が仕込まれている、といった具合にここでも〈和〉の細部が各所にちりばめられている。

階段室から上へ

「五号館」地下一階の入口の扉を開いて、渡り廊下から屋内へ入って行く。まだ少し傾斜のある磨き出したテラゾーの床の廊下を上がって行った先の、「階段」と「エレヴェーター」がある「ホール」には、他に、ベル・ボーイが待機しているためのカウンターと、その背後に滞在客などから預かった荷物を収納する「トランク室」や、またその反対側には男女別の「トイレ」があり、その二つの部屋の間の通路を南に進むと、ここにも地上階へ出るための別の避難階段が隠れている。さほど広くないこの「五号館」のエレヴェーター・ホールで、他の建築的エレメントをすべて圧倒するかのような存在感を発揮して立っているのが、階段前の柱である。この柱は長方形断面の標準的な構造柱の上に、二本の円柱を一部で重ねたような断面をもつ柱に見えるように下地を作り、その上にチーク・ベニヤをかぶせて、いわゆる「輪違い」の形にした円柱である。柱のブラケット照明具や天井のかまぼこ形のガラス管を十字形に合わせたペンダント照明具はともに村野のオリジナルと思われる。（11－23）

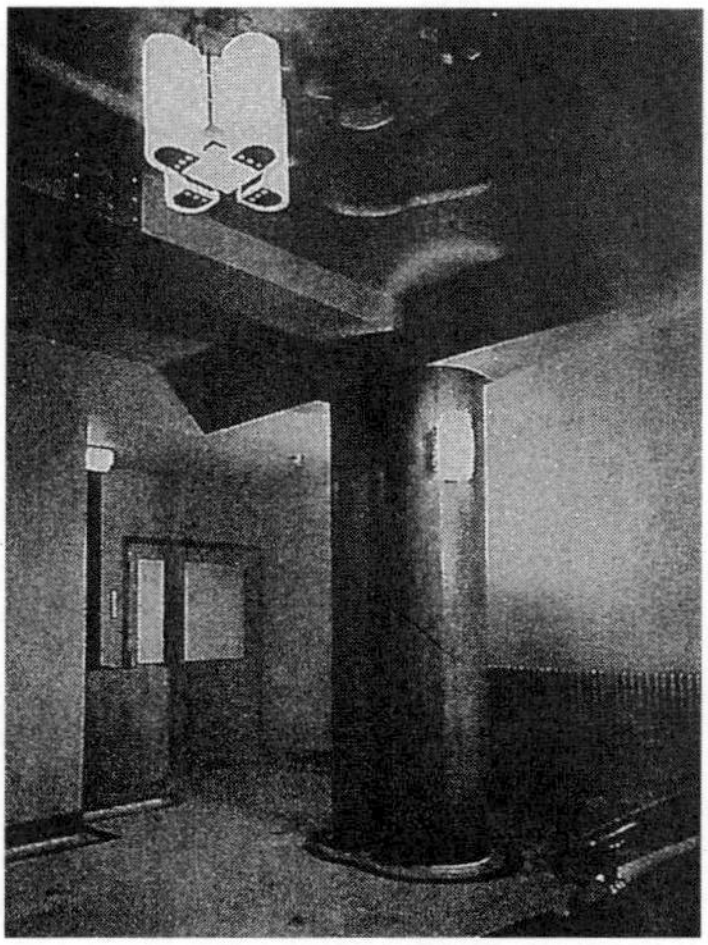

11-23　「五号館」のエレヴェーター・ホール

エレヴェーターを使わず階段を使うことにして上りはじめると、踊り場の位置の壁面に、北側からの写真で見えた下の段の出窓の内側が見えてくる。踊場で折り返して上ると一階のエレヴェーター・ホールに出て、ここの東側のドアを開けて外に出ると例の通り抜け通路用にピロティになっている一階部分に出ることができる。客室の内部を見る前に、再び階段を上がり、二階の「サンルーム」のインテリアを覗くために、再び階段を上がると、二階の階段室ホールに出る。エレヴェーターの乗降扉に向かって右横にカウンターがあり、その奥にはボーイたちの「休憩室」と、サンルームに出す飲み物や軽食程度は用意できる広さの、小さな「キッチン」が用意されている。

エレヴェーターの扉のすぐ左手東側の外壁にドアがあり、その扉を開けて向こうに足を踏み出すと、そこがまさしく「サンルーム」の内部である。この部屋は「五号館」東側の壁面に、一〇m×四・四mの平面を持って接している下屋の二階部分であり（一階は前述の外部通路）、二六畳ほどの広さを持ち、北・東・南の三面に大きなガラス戸の開口があり、プールに面した東面の開口は特に大きく取られている。サンルームの一部は「五号館」の南側の二階壁面から南へ二mほど突き出しており、その南面にあるドアを開けて外へ出ると、そこからプールへ降りて行くための、太さの違う鉄棒を手摺や手摺子に用いた、実に軽快で流麗な感じの廻り階段形式の外部階段が付けられている。この階段は、その後の村野の華麗な〈階段デザイン個人史〉展開へのひとつの原点を成すものとして注目される。（11－24）

ガラス屋根が定番といえる「サンルーム」だが、この「五号館」の二枚の鉄筋コンクリート・スラブの間に造られたこの「サンルーム」の場合は、インテリア・デザインの中心となっているのは逆に天井のデザインで、天井の中心部に磨き杉丸太の棟木を一本通し、その両側の壁沿いの縁桁を同じ磨き丸太とし、その間に杉中杢の天井板を両側から立て架け、その杉板の間に二本の細竹を配した、数寄屋建築でいう「船底(屋形)天井」になっており、先の渡り廊下でも見た「吊束」が四隅に据えられ、〈数寄〉の気分がなおさら強調されている(11-25)。エレヴェーターの背後の給仕室に続くキッチンから、サンルームに飲物や簡単な料理を出すために開けられているる「バー・カウンター」があるが、その開口部の上の幕板にも、日本の文様から取ったと思われる装飾模様が切り抜かれており、またカウンターの奥を客の目から隠すためのカウンター横の袖壁にも、茶室の手前畳の前の「中柱」を思わせるような、野趣のあるひねくれた曲柱《ゆがみ》が立てられ、壁と柱の間に塗壁が入り、上下が吹抜きになっている。オーク材のフローリングの床に、かなりの数の肘掛椅子やテーブルの他に、新聞閲覧用のスタンドなどが見られ、このサンルームと呼ばれる部屋が、単に日光浴のためだけの部屋ではなく、「五号館」の宿泊客にはおそらく「モーニング・ルーム」として朝食などにも使われ、また昼間は、プールへ泳ぎにきた客なども一緒

11-24 サンルームからプールへ下りる階段

11-25 「五号館」のサンルーム

に使う「喫茶室」としての機能も担っていたと思われる。

客室のインテリア

サンルームから再びエレヴェーター・ホールに戻り、今度は肝心の客室のまわりを見学するために、南北に二列に並んでいる二階客室の間を真直ぐ西に向かっている中廊下に入って行く(11-26)。「五号館」の客室構成は比較的単純で、基本的にはツイン・ベッド(一部ダブルベッド)が入った標準的な一般「客室」(二八㎡)と、スイート・タイプの貴賓室である「特別室」(四二㎡)の二つのタイプで構成されている。当時の写真などから推測すると、日当りのいい南側一、二階の庭に面した部屋は、近代的な〈洋間〉仕立のインテリアで部屋が造作され、反対の北側の客室は、開口部に障子が入れられ、随所に日本風の装飾的細部が配された〈和〉の気配の強い設えになっている。このうち一般「客室」が各階に七室ずつ、計十四室あり、これに一、二階の西北端部の「特別室」を一室ずつ合わせて、合計十六室の部屋数であったことはすでに触れた通りである。また村野の最初のホテル建築の設計であった「大阪パンション」が、いかにも「ペンション」らしく、ほとんどの客室にバス・トイレの設備がなかったが、その四年後に彼が手掛けた本格ホテルであるこの「都ホテル五号館」の場合は、バス・トイレはもちろん各室内にもれなく完備されていた。

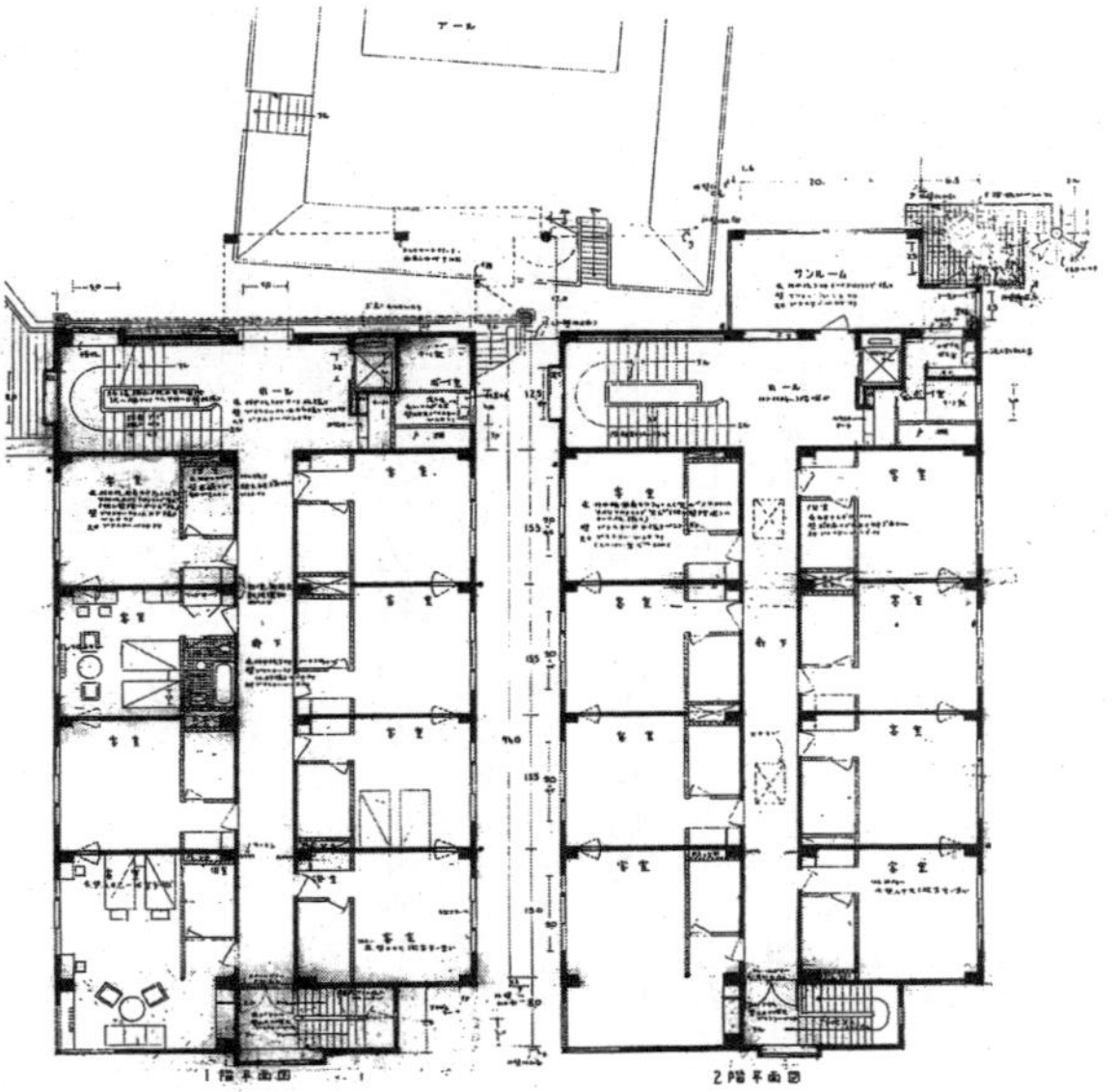

11-26 「五号館」、平面図(左1階、右2階)、各階の西北隅(図面左下)に特別室がある

一、二階客室の廊下は、廊下幅が約二m、天井高が約三mあり、廊下を横断する五本の大梁が、四・七m間隔で天井面の下に梁成を突出させて横切っているのが廊下を歩く宿泊客の目に入る。天井は全体に漆喰にペンキ塗だが、横断する梁廻りだけは化粧され、梁の三面を、杢目擦出しの米松で囲み、さらには梁の両サイドの天井面には、和風文様の透かしを入

れた同じ米松の飾板を嵌めて梁元を両側から挟み、木肌の味で本来無機的な感じのつきまとう梁廻りを和らげている。一方、廊下の床は、オークのフローリングで、側壁は漆喰の上に「蚊帳」織地を貼った後にペンキを塗って仕上げている。この廊下を奥(西)へ進むと、桁行方向に構造的な柱梁の一スパン分に一室をはめ込んだ形の客室群が、南北両サイドに四室ずつ、一列に並べられている。客室と廊下の関係におけるプラン面での村野の工夫の一つは、廊下の南側は各部屋の東端に出入用のドアを置き、北側の部屋は西端にと、南北客室の扉位置を三mほどずらした点にあり、こうすることによって両方の客室から同時に出てきた客が、ドア前で顔を見合せて気まずい思いをせずにすむようにしている。またドア脇の壁の低い位置に、上下に大小の開口部が用意されているが、これは新聞、郵便物などの差入れ口と、洗濯物、靴などの取出口としてデザインされたものだという。村野は、最晩年に設計したホテルの客室(たとえば一九八二年の「新高輪プリンスホテル」)にいたるまで、ほとんどの日本のホテルがいまだにそうしているように、その日の新聞をドアの下端と床とのわずかな隙間に差し込むやり方を、新聞に不潔感が伴うという理由で嫌い、「新聞受け」を造るように心がけてきたが、このような考えに基づく手法が、すでにこの時点でも始まっていたことに気づかされる。

まず標準的なツイン・ルームの中に入ってみる。ドアを開ける前に、まずドアまわりに目を遣ると、ドアの上の欄間に、透かしの文様が入ったオーク・ベニヤの幕板が取り付けられ、さらにその上には、レリーフ模様が入った漆喰細工の小壁があるが、この装飾模様は各室でそれぞれ異なっている。ドア・パネルもただのフラッシュではなく、オーク材のラッカー仕上げの鏡板の部分を、桜材にラッカーで色付けされた〈L〉字形(もしくは逆〈L〉字形)の額縁が取り囲むパターンが付けられている。ドアを押して部屋の中に入ると、左手にワードローブ、右手には「バス/トイレ/洗面所」を一体化して、その間に仕切りのないタイル貼りのバスルームへ入るためのドアがある。部屋全体の広さは、奥行き六m×幅四・七mという広さだが、その三分の一弱の面積をバス・トイレとワードローブが占め、残りの約二〇㎡(十二畳)ほどのスペースが、ベッド・ルームの空間となっている。この部分の床には、米松のフローリングの上に大柄の植物文様や幾何模様を配した絨毯を敷いている。壁は、廊下の壁と同じく、漆喰の上に「蚊帳」織の粗い目の布を貼り、その上にペンキを塗ってマットな肌理に仕上げ、天井はプラスターにペンキ仕上げである。

隣室との間を仕切るＲＣ壁に、寝台のヘッド・ボードを向けて配置したベッドが二台あり、その足元に二脚の肘掛椅子と小円卓がある他に、通路を挟んで反対側の壁際に、姿見を兼ねた背の高い三面鏡の鏡台が置かれており、さらに窓際に電話機と電気スタンドを乗せた小さな書物机と椅子などがあり、やはりやや狭いという感じは拭えない。しかしそうした部屋の狭さを救っているのが、先に外部からも見ることができた、幅二・七三m、高さ一・三六mの大きさで、左右に大きく視界が開けた横広の窓の存在である。上の換気用の欄間の引倒し窓の下にある、二枚の引違いの透明なガラス戸を通して、南側の広い庭園や東山を見晴らすことができる。同時に、高い樹木の緑葉の間を抜けてやってくる陽光が部屋一杯に差し込む様子を、遮光用の厚い織物のカーテンの奥に掛けた、白く薄いレース・カーテン越しに楽しむことができる。このように大きな横長のプロポーションの開口部からの眺望を楽しむことは、鉄筋コンクリート造などの近代的な構造を採用した建築で初めて可能になったことであり、村野はこの部分で、旧館とは異なるこの新館のモダンな明るさをそれとなく客たちに印象づけようとしている。窓下の壁沿いに設置されている暖房用放熱器《ラジエーター》はデザインされた収納ボックスの中にうまく隠されており、その上がちょっとした小物などを置ける棚になっている。なお「五号館」の客室は全室、隣室と一体で使用できるように、欧米のホテルで一般的な、二重の連結用ドアが付けられている。このタイプの部屋は、全体にシンプルだが、清潔感のある近代〈洋間〉として設えられている。(11-27)

11-27　一般客室

11-28　一般客室

再び廊下へ出て、さらに西の方向へ進み、今度は右(北)側の一般「客室」の、先に見たような〈近代洋風〉仕様ではなく、いわば〈近代和風〉とでもいえるようなデザインのベッド・ルームを覗いてみる。このタイプの客室は、寝台のヘッド・ボードは、隣室との構造壁ではなく、浴室と寝室を仕切る間仕切壁に接しており、そのベッドの足元、つまり窓際に、肘掛椅子と小円卓がかなり余裕を持って置かれ、さらに窓脇の壁とのコーナーにライティング・テーブルと椅子が置かれるという配置《レイアウト》に変わっている(11-28)。このタイプの部屋の一番の特徴は、広い窓の開口部の手前、厚地の遮光カーテンの向こう側に、先に見た部屋の場合のような薄物のレース・カーテンではなく、その代わりに京風な、細く繊細な組子が入った引違いの障子が二枚入っている点である。この日本人なら誰でも知っている〈和〉〝言葉〟に合わせようとするように、その手前のラジエーター・ボックスの前には、北山杉の磨丸太の細い柱が立ち上がり、その柱から側壁にかけて鴨居というより「落掛け」が渡されて、その上に小壁を入れ、この一角を簡略化した「床の間」のように見せている。さらに丸柱と右手の壁との間には、《構成派》の立体彫刻を思わせる形で、細竹を縦横に交錯させ、その中に例の村野好みの「吊棚」や、「猪目」の形に抜いた装飾的な欄間板などをそれぞれ固定して、こちらの方は床脇の「違棚」風に見せている点が興味深い。一方、隣室との間にある壁にも数寄屋風の処理が見られ、煤《すす》竹の柱と鴨居が交差する壁の一部が、アルコーブ状に後退し、その凹部に鏡台が納められ、壁には絵入りの額が飾られている。また入口ドアから浴室脇の通路を抜けて寝室へ入る所の上の、合板でできた欄間にも、大小の円の切り抜きなどのアール・デコ風の装飾的な処理が見られる。照明具は、ガラス製の逆放物線形のランプ・シェードを、同じ形の竹編みの籠で包みこみ、点灯しない時のガラスの冷たい触感を見る者に気付かせないようにしている。これまでさまざまな村野の建築の中に見てきたような、数寄屋を中心とした〈和〉の意匠と、ロシア近代の《構成主義》の手法との巧みな融合状態をここでも見出すことができる。

「特別室」のインテリア

「特別室」と呼ばれている二部屋の賓客用のスイートは、地下一階のバルコニーの上の、西側二・四mのイクステンション分が加えられて、一般客室より一三㎡ほど広い床面積が確保されている。前述したように、一般客室と同じ二八㎡の部分を浴室および寝室として特化して使い、拡張分の一三㎡を、「床の間」を壁面の一部に造作し、これに椅子とテーブルを置いた洋式の「居間《リヴィング》」の空間を組み合わせて設え、その二つの空間の間に、夜間の間仕切り用のカーテン以外には壁を一切立てずに、居間と寝室の空間を連続させて広く見せている。二つの特別室のプランはほとんど同じであり、居間・寝室部分の家具の配置などもほぼ同じ形式であるが、しかし部屋の壁面や天井伏の構成や、その仕上げ材料、細部の意匠などは、かなり異なったデザイン手法が使われており、結果的にはそれぞれが異なる方向性と統一感を持つインテリア・デザインとしてでき上がっている。

かつて片岡安が、昭和初年に「都ホテル本館」の増築部分の設計を行った時に、その「貴賓室」として、〈平安王朝〉風と、〈安土桃山〉風のスイートを、上下階の同じ位置に、インテリア・デザインとして完成させたことについては先に触れたが、その伝でいけば、村野はこの「五号館」の上下階の同じ位置にある二部屋の特別室を、ともに数寄屋の〈和〉風を基調としながらも、一方は戦乱期であった〈桃山〉風に、他方は安定期に入った〈江戸〉風に、といった区分けを自分の胸の内でしながらデザインしていた。いずれ後で具体的にその違いについて見ることになるはずだが、〈桃山〉風と仮にここで名づけた方の部屋のデザインでは、全体の構成や、あるいは装飾的なディテールに、どことなく破格な、おおげさにいえばやや野放図なところが認められ、明治以後の建築界に定着してきた一般的な数寄屋建築の定型的な意匠法からすれば、かなり暴れているように見える部分がそこかしこに見受けられる。しかしとはいってもそこには下卑《げび》た、あるいは媚びた態のデザインはなく、逆に凡庸なインテリア・デザインにはない動きとか、また設計者の意気込みといったものが窺えるのも確かである。他方で仮にここで〈江戸〉風とした方の室内デザインはといえば、前者のデザインにあるような、ある意味でどこか危なげで不安定と感じさせるような意匠や細部は影をひそめ、全体が直線的、また平面的で、その分〈和〉風であると同時に、そのシンプルさに〈近代〉的な印象の強い構成を持ち、ディテールもこの全体的な秩序を突如乱して戸惑わせるようなこともない、誰もが安心して受け入れられるデザインに仕上がっている。どちらのデザインが好ましいものとして考えるかは、人の〝好み〟の問題に落着するだろうが、いずれにせよこれは、先に見たような、屋上部分での東と西の屋根形態の対比、対立、の場合と同じように、村野藤吾という建築家の設計における、文字通りに表裏一体の両側面、つまりは〈矛盾〉として、その両方にそれぞれ違った魅力を見出さずにはいられない。

〈桃山〉風の特別室の室内

ここではまず仮に〈桃山風〉と名付けた「特別室」に入って見ることにしよう。ドアを開けて入ると片側に浴室があるのは一般客室の場合と同じだが、反対側にワードローブはなく、またそのまま真っ直ぐに進んで寝室内に入って行くのではなく、正面に立つ、壁に照明具を切り込んで入れた間仕切壁の前で鉤型に左に折れて室内へと入って行く。入ったところはスイートの居間部分の西南端の一角であり、廊下側の壁際にはワードローブが置かれて、その左に例の「新聞受け」用などのためのボックスがある。また真正面には、初めてこの部屋に入った人は、しばらく立ち止まって見入ってしまうかもしれないような、人の目を奪うような色彩の壁の、日本建築にお馴染みの「床の間」が設えられていて、客を出迎えている。

11-29　特別室の床構え

この床の間の床柱は、図面では「チーク丸太」と書き込まれている野趣味のある皮付きらしい丸太柱が、床板よりも部屋側に少し飛び出した位置で立っている。床《とこ》板の材料は「クワ」と書かれているが合板と思われ、床《ゆか》面に敷かれたゴムタイルの敷物のレヴェルと面一の、この後の村野の和風建築でお馴染みのいわゆる「踏込床」の形式で、その上方の幅の狭い小壁の下にはかなり成《せい》のある落掛けが渡されている。（11-29）

この「床《とこ》」が人の視線を奪って離さないのは、洋間の中に和室の手法が大胆に用いられているという理由からだけでなく、床の壁の色彩の鮮やかさや模様の繊細さによるものである。「床《とこ》」の壁には、鮮やかな紫色に染め上げられた裂地が貼られ、その中に点々と散りばめられた花模様が銀糸の刺繍でくっきりと浮かび上っている。外国人の宿泊客は喜んで受け入れるだろうが、一般的な日本人客には、色そのものは高貴な色だが、かなり色街風のやや〝無頼〟の気に満ちたもののように受け取られたかもしれない。この壁の前に、一本の掛軸が、壁の中心ではなく、落掛《おとしが》けのかなり右の方に寄った場所に掛けられているのは、床の間の中心ではなく、部屋そのものの中心軸に合わせて掛けた結果であったに違いない。床の間の右手には、部屋の北西部の出隅で直角に出会う壁があり、角にコンクリートの隅柱を置いて、北面と西面に引違いの透明なガラス窓が入れられ、L字型に折れた〈ピクチャー・ウインドウ〉になっている。この二面の窓からの眺めは、素晴らしい見晴らしが得られたに違いない。逆に外から室内を覗かれるようなおそれは当時は全くなかったはずだが、やはりここでも、薄いレースと厚い織物の二重のカーテンが用意されて早朝時の遮光に備えている。この窓の外のすぐ上には、先に見た瓦葺の小庇の上裏《あげうら》が見え、日本的な軒下の翳りを作って窓への雨滴を防いでいる。

居間部分の空間は、床面の上に方形の緞通のカーペットを敷き、小円卓を囲んで一台の布張りの長椅子と、二脚の布張りの肘掛椅子が置かれ、家具はこの他に、北側の壁際にライティング・デスクと小椅子があるだけである。居間にあたる部分と、ツイン・ベッドのある睡眠用の空間とを分けてい

11-30　特別室。鴨居上の幕板が東山の山並みを象ったような装飾となっている点に特徴がある

るのは、部屋の天井を南北に横断している大梁である。この桜材に漆塗りの板ですっかり被覆されて隠されている大梁が、西側がリヴィング・ルーム的な使われ方をする場所で、東側が寝室部分であると、暗黙のうちに告げている。また居間部分と寝室部分の天井のデザインの対比も面白く、居間部分では、出隅部の上方には、聚楽風の土塗の天井面の中に、同じ土壁の猪目形の小天蓋が刳り抜かれ、その中に一般客室にもあった竹籠入りの照明具が吊り下ろされており、さらにその南側の床前の天井面は、広くフラットな裂地貼りで、〈和〉風の仕上げが行われている。

　横断する大梁の東側、つまり寝室空間の天井は、また一転して〈洋〉風を狙ってデザインされた形跡があり、棹縁《さおぶち》が交錯して天井面をモンドリアンの抽象絵画の画面のように分割しており、その中心部に反射板を利用する間接照明の照明具が固定されて降りている。さらに寝室部分の壁面は、居間部分が全体に裂地貼り仕上げが中心であったのとは違って、ベッドのまわりの壁は、北・東・南の三面の大部分が、細い桜材の格縁に固定された「桐」の合板の鏡板に変わり、「桐箪笥」の表面の風合いとして日頃知っているような、やわらかな触感の〈和〉の肌ざわりを感じさせている。この桐合板によるインテリアという点では、このホテルの完成の一年前に、大阪の御堂筋に完成した「そごう百貨店」の、あの「貴賓室」の室内デザインとの関連をやはり思い起こす。また寝室の北側の壁面には、あの横長の大きな開口部があるが、ここにも引違いの繊細な京風障子が入れられ、遮光用カーテンは、外壁のガラス窓と内側の障子の間に入れて、開閉するようにしている。障子の上の小壁状の幕板には、日本的な装飾文様が入れられているが、しかし何といってもこのベッドのまわりで、それこそ〈桃山〉風というか、〈信長〉風というべきか、ある種のデザイン的な〝無頼〟を私たちに感じさせるのは、その小壁の上、鴨居の上部で、銀紙を揉んで陰影を付けてから貼った壁をバックに、その前の位置で、独特の波形曲線のランダムな上下のうねりをシルエットで見せて天井下の三方を廻り、背後に間接照明用の光源を隠して仕込んでいる、一種の「欄間」の形式の桐合板の形象である(11-30)。この不規則な波形のような上下の揺れは、あくまでも推測ではあるが波の形を写したものではなくて、「都ホテル」を囲む夜明け前の「東山三十六峰」のシルエットを象《かたど》ったものであったと推測される。このような装飾的なデザインは、先ほどの濃い紫色の布を貼った床の間の場合と同じように、それこそやわな〈モダニスト〉の設計者たちには、とても思いつかない意匠であったはずだし、またやろうにも《モダニズム》の倫理とかで到底手を出せないデザインであったはずである。逆に、日本建築の伝統様式や、その中にある装飾的形象に厳密に拘《こだわ》る建築家たちにとっても、これは同じように手の出せないデザインであったに違いない。そのデザインが最終的に成功を納めているかどうかの判断は別に置くとして、このあたりの自在で無頼な振る舞いは、《現在主義》を奉ずる村野の真骨頂であったことは間違いないところだろう。

〈江戸〉風の特別室

階を違えて同じ平面上の位置に、ほぼ同じプランで造作された、もう一つの特別室の、先に仮に〈江戸〉風と呼んでおいたインテリア・デザインについて簡単に触れてこの章を締めくくることにしよう。前出の〈桃山〉風のスイートとこの特別室が大きく違うところは、まず壁面の構成材料であり、前者が桐材の合板を壁に貼り巡らしていたのに対して、後者は部屋のほとんどの壁を「裂地貼り」、つまり織物を紙で裏打ちして貼った、マットな手触りの落ち着いた感じの壁面に代わっている。特にベッド脇の、バスルームとの間に立てられた壁面の構成は見事である(11-31)。バスルームの灯りを寝室で確認するための「猪目」形の開口や、部屋の出入口と寝室の間を仕切っている袖壁の開口部に、ともに障子を入れ、さらに壁の障子のまわりは、オークの吊束、敷居、鴨居や、源氏香の模様を透しで入れた脇板などが囲んでいる。壁の流れを一方の端で止めているチークの丸太柱とともに、近代的なホテルの壁面というよりは、聚楽のような土壁塗りの茶室の内部を思わせるしっとりとした土壁色の、数寄屋風の壁面を村野は現出している。北側の壁に向けて据えたライティング・デスクの前の壁に、壁に半分埋め込んだ竹の吊束が降りて先端に三角形の飾棚が造られ、棚板の上に花が活けられているのが見える(11-32)。他に机の横に非常に繊細な細い直線で構成された行燈風の背の高い電気スタンドは、間違いなく村野のオリジナルである。また、居間の「床の間」の壁もこの部屋では同じ色の裂地貼り仕上げであり、これに「雑木」の床柱が立ち、その左手に、床の間の間口の三分の二ほどの幅で、織部床に倣《なら》って杉柾の雲板を鴨居下に貼り、そこに竹釘を打って掛軸を下ろすようにしている。先の別の階の特別室の濃い紫色の壁布の床の間が持っていたような衝撃性はここでは消えて、逆に侘びた風情に床の間まわりが収められている。

11-31　特別室。客室と浴室の間の間仕切壁の構成

　床《ゆか》面は前者がゴムタイル敷であったのに対して、ここでは「籐」敷であり、その上にところどころに厚手の絨毯を置き、その上に家具を載せている。天井は居間側の出隅部分は瓢箪形の天蓋が、土壁仕上げで造られている点は似ているが、床の真ん前の天井は船底天井で、棟桁と縁桁は北山杉の丸太、棰が丸竹で、その上にいわゆる大和天井風に「蒲《がま》」(つまり葭《よし》)を乗せて葺いて固定している。またベッドに横になって見上げる寝室部分の天井は、漆塗り檜材の格縁と銀モミ貼の鏡板による格天井であり、大梁から格間で二つ分束の位置に、寝台の足元の位置で引くカーテンを吊下げるレールを下端につけた、大梁と平行に渡された欄間が天井面に接して付けられている(11-33)。この装飾的な欄間も吊束や格子に竹などを使い、欄間板に幾何模様を入れるなど、《構成派》的な遊びの手法が見られるが、ここは人の目を驚かせるような意匠ではない。この欄間下にカーテンが引かれて寝室が向こう側に締め切られた時に、この欄間と大梁の間の空間が、いわば「次の間」的な空間として〈緩衝域〉となって、居間部分と寝室部分を穏やかに区分けしているところも巧みである。

　すでに述べたように、この〈江戸〉数寄屋風の部屋には、先の〈桃山〉風の特別室で見たような、ある意味で「けれん」と取られかねない、かなり思いきって暴れた、というか動きの

11-32　特別室。居間から寝室方向を見る

11-33　特別室。寝室から居間方向を見る

ある意匠は、ほとんど影を潜めて、どちらかといえば大人しい、落ち着いた設えになっているところは、この部屋が外国人宿泊者向けというよりは、日本人の貴賓客用の宿泊室としてデザインされていたかもしれない。先に「そごう百貨店」の章で紹介した、当時かなり辛口の建築評論家として健筆を振るっていた板垣鷹穂は、ホテルの「浴室」という観点から書いたあるエッセイの中で、この「都ホテル五号館」の「特別室」の一室に宿泊した時の印象を含めて次のように書いている。

「個人の家に宿ることの出来ないのが私の性分であるが、つきつめてみると、問題は浴室にありさうに思はれる。旅行の宿にしても同様であるが、極端な例になると比叡山ホテルなど、山岳観光ホテルの模範的な優秀作であり、環境の素晴らしさも最上級でありながら、用水が豊富でなく客室ごとに浴室を置いてないため、私には長期の滞在がむずかしいのである。それに対して同じ[村野藤吾という]設計者の手になる都ホテルの最新館は、いつまでも住んでゐたい欲望を誘はれた。私のゐた東山寄りの角の室は、環境、室内意匠、家具、など申し分なかつたうへに、ゆとりのある浴室の設計が棚の配置まで注意深く扱はれてゐて、それが殊更に気に入つたのである。[16]」（傍点引用者）

板垣鷹穂がここでいみじくも書いているように、彼が「いつまでも住んでゐたい欲望」に思わず駆られてしまったものこそが、ホテルの、あるいはまた建築というもの自体が備えているべき、〈居住性〉もしくは〈住家性〉といったことに関わる問題に他ならない。板垣は、日本の明治以降に建てられた数多くのホテルの中にはついぞ見出すことのできなかったものを、つまりホテルの〝居心地の良さ〟とか、〝家にいるような安心感〟といったものを、「都ホテル五号館」の中に感じ取って感動していたのである。逆の目でみれば、あたかも自分が住んでいる家の中にいるように「いつまでも住んでゐたい」と思わせるようなホテルを設計すること、それこそが、村野藤吾が近代建築家として目指していた本来の目標、〝狙い〟であったともいえ、彼自身としては自分の建築が、《モダニズム》のコンセプトをどれだけ体現し、またそれに先駆けているか、といったことなどは、ほとんど最初から眼中になかったのである。同時に、その事実を読み切っていた板垣鷹穂の建築を見る〈眼力〉もまた、並大抵のものではなかったことは言うまでもないことであろう。板垣による同時代人としての村野建築評は、この後に続く章、つまり先の引用文にもその名称が出ていた、同じ京都で、「都ホテル五号館」の完成の翌年に竣工した、「叡山ホテル」において、さらに鮮やかに展開されることになったのだ。

［註］

1 『日本ホテル略史』、一九四六年、四九頁。『日本ホテル略史』正・続、運輸省鉄道総局観光課編、日本ホテル協会、一九四六年、一九四九年。
2 前掲、『日本ホテル略史』、八六頁。
3 前掲、『日本ホテル略史』、一一八頁。
4 片岡直温（一八五九―一九三四）
5 片岡直輝（一八五六―一九二七）
6 片岡安（一八七六―一九四六）
7 建物の規模は『近代建築画譜』、三四〇頁による。
8 藤村義朗（一八七〇―一九三三）
9 前章「ドイツ文化研究所」の註5、参照のこと。
10 石本喜久治（一八九四―一九六三）
11 前掲、『近代建築画譜』、三四〇頁、及び『新建築』、一九三六年九月号参照。
12 『村野藤吾図面集』Ⅵ、「ホテル」編、同朋舎出版、一九九二年、六二―六三頁。
13 愈好斎（一八八九―一九五三）。武者小路千家の第十二代宗匠。東京帝大国史科の出身で、村野は、昭和の初めから彼に茶道の手ほどきを受け、「そごう百貨店」の茶室は彼の指導を仰いでデザインしたと述べている。
14 『建築へ』（Ver une Architecture）、一九二三年。
15 「あやめ」という言葉については、筆者自身が村野から直接教えられた言葉であり、一般的な建築用語として事典等にはこの言葉はほとんど見出せない。
16 板垣鷹穂『建築』育生社弘道閣、一九四二年、二七九―二八〇頁。復刊『建築』武蔵野美術大学出版局、二〇〇八年、三一九頁。

第十二章

「叡山ホテル」と大和の民家を繋ぐもの

比叡山の山腹の「注目に値する優秀作」

「夏の夕陽を陰に沈ませた連峰の姿が、食堂の二方をめぐる大型のガラス窓を壁画のやうに飾つてゐる。明るい燈光を受けた白い卓布越しに窓の外を眺めると、山城の山々は墨絵のやうに美しい。窓ぎはの食卓について外の景色をふりむかうともせず豊かな生活を楽しい団欒のうちに味つてゐる家族や、大陸の新庁に赴任する前の幾日かを和やかな旅に費さうとしてゐる夫妻などが、静かに晩餐をとつてゐる。その中にただ一人、酒に親しみながら食事を終つた私がロビーを通つてテラスに出る頃には、連峰をかこむ空も暗くなり、はるか眼の下に俯瞰する京都市も精巧な模型のやうに、無数の豆電球を輝かしはじめた。八月初旬であるが、台風の余波が過ぎて行つた後の山気は寒いほどに透明である。室に入りベッドの縁に腰をおろして広い窓ガラス越しに外を見ると、左に大津市の一部、中央に京都市の全部、遥か遠くに大阪市と、暗《くらがり》の中に三つの都市を燈光の地図に指摘することが出来る。おのずから燈火管制の問題など思ひ出したが、海抜二千五百尺ほど[の]比叡山の頂上に近く建つてゐるこのホテルからは、都会を俯瞰した撮影もスケッチも厳重に禁止されてゐるのである。(12-1、12-2)

比叡山ホテルの客室は二十に足りない。地階と一階テラスとを鉄筋コンクリートに築き、其他の部分は木造になってゐるが、外観も内部も木造らしい特徴をみせ、木材の持味を程良く活かしてゐる。一般に日本の山岳観光地のホテルでは、故意に山小屋の気分を出すため下手物《げてもの》らしい意匠を使ふのが常であるし、歴史に関係の深い土地では安っぽい擬古主義を発揮しやすいのであるが、この二つの危険な条件に禍ひされやすいに拘らず、比叡山ホテルは巧妙にこの危険を避けて、観光ホテルらしい嫌味を少しも感じさせないところ、注目に値する優秀作と云へる。[1]」

12-1 「叡山ホテル」の位置を示す「都ホテル」のパンフレットの中の写真

12-2 テラスから京都方面を見る

板垣鷹穂は、その頃、岩波書店発行の『思想』誌上に連載していた、古今東西の建築および都市に関するエッセイ(「建築随筆」)のシリーズの一篇として、「観光地区」と後に題して発表することになるこの文章を書くために、一九三九(昭和十四)年八月二日と翌三日の二晩、比叡山の四明ケ嶽(標高八三八m)の山腹に約二年前に完成していた、村野藤吾設計の「叡山ホテル」に一人で投宿した[2]。前掲の文章は、夕食時にホテルのダイニング・ルームで過ごす人々の様子や、ロビーに続く屋外の展望用テラスから眺める素晴らしい夜景、そしてホテル館内の柱梁を露出したままの木造建築の、「安っぽい」〈日本趣味〉に決して堕すことのない独自の室内空間などについて、読者がそのような情景を自分で目の当たりにしているかのような的確さで活写している。その描写は、多彩な活動を繰り広げていた戦前期の板垣が、新しい表現分野として自らいち早く評論も手掛けていた「映画」の一場面を思わせるような、陰影に満ち、透明感のある〝映像〟を私たちの脳裏に浮かび上がらせてくれる。その板垣が「注目に値する優秀作」と、辛口で知られた彼には珍しくはっきりと高評価を下し、またその他の原稿や、講演や講義の中で、ことあるごとにこのホテルへの賛辞を惜しまなかったことは、生前の板垣を知る人たちの間では周知のことである[3]。

12-3 「叡山ホテル」を見下ろす庭園からの眺め

12-4 サン・ルームから大津方向に開けたテラスを見る

「山の地形に従って曲線を描く洋風のプランに、純日本風のエレベーションをおさめた手際の鮮かさをまず感じるホテルであるが、コンクリート造のテラスをこれに配合し、テラスの下をホテルの入口に結び付けたあたりも極く素直にまとまってゐる。この建物は背後の高い斜面に庭をもつため、下の景色ごと裏庭から見る場合にも自然の環境と程良く調和するやうに工夫してあり、ケーブルカーの終点から高くホテルを仰ぐ者にもまとまつた側面を見せるのである。何処から観ても山の地勢にピッタリ合うところ、隙のないのが如何にも快い。」[4]（12―3、12―4）

村野が「叡山ホテル」を設計した経緯

先に引用した『日本ホテル略史』の、一九三七（昭和十二）年の項を参照すると、この年開業した「叡山ホテル」についての次のような記述を見出すことができる。

「叡山ホテル　六月三十日、京都電灯により昨年十一月着工せる叡山ホテル落成、七月十日経営者都ホテルにより開業す。

総工事費　二二万円　　建物構造　鉄筋コンクリート及び木造　地階共三階

建物様式　近代日本民家風　紅殻、クレオソート吹付けの木部、色モルタル吹付けの小壁の間に木組を見せてゐる。（以下略）」[5]

設計者村野藤吾の名も記されていないような、このごく簡潔な記述からでも知ることのできるいくつかの興味深い点の一つは、「叡山ホテル」の建設・開業のための、総工費二二万円という大きな工事費の大部分を出したのが、「京都電灯」という、今でいう「電力会社」であったという点である。「京都電灯会社（創設後にすぐに株式会社に改組）」は、一八八八（明治二一）年、全国で四番目の電力会社として発足した会社であり、創業間もなく京都市の事業であった琵琶湖疏水を利用した「蹴上発電所」で発電された〈高圧交流〉の電力供給を受けて電力の供給範囲を拡充していった。やがて大正期に入り、自社の電力の安定した供給先を確保する目的で、電気鉄道事業の方面に事業を拡大していったが、そうした方針の一環として、一九二五（大正十四）年、京都出町柳から八瀬までの電鉄「叡山線」を開業し、これとともに同年十二月、「叡山鋼索線」として、西塔橋（現在の叡山鉄道「ケーブル八瀬」）から四明ケ嶽（「ケーブル比叡」）間のケーブルカーの運転を開始し、その後開設された「ロープウェイ」とともに、延暦寺などの比叡山頂部に向かう参拝行楽客の利便を図った。こうした経緯からも明らかであるように、「叡山ホテル」は、京都市内から、比叡山の山頂近くまでの鉄道事業を展開する「京都電灯」の鉄道部門が、ケーブルカーのターミナル近くに新たに展開する観光事業の一環として発案、企画された事業であり、宿泊及び行楽の日本人客とともに、一九三六年のベルリンに続いて、一九四〇年に東京での開催が決まっていたオリンピックなどで東京、京都をはじめ日本各地を訪れるはずの外国人観光客の誘致を強く意識したホテルであった。

しかし「京都電灯」はあくまでも電力、電鉄事業が本業であり、ホテル経営のノウハウは持ち合わせていなかったから、当時京都市内における外国人観光客向けのホテルとしての中心的な位置を次第に固めつつあった「都ホテル」に経営が委託されることになった。「都ホテル」へのホテル経営を全面的に委託する話が進行する中で、当時「都ホテル」の「五号館」の設計者としてホテルに頻繁に出入りし、さらには現場を訪れて工事の進捗状況を逐次監理し、同時に「都ホテル」の経営者たちとの間で、近代的なホテル建築のあり方などについての討議を重ねて強い絆を築きつつあった村野藤吾が、新しく企画されたリゾート・ホテルの設計者として「京都電灯」から、ごく自然な形で白羽の矢が立てられることになったのが、彼が設計者として選ばれた経緯と理由であったと思われる。

先の『日本ホテル略史』の短い記述の中で、もう一点の非常に興味深い記述は、「建築様式　近代日本民家風」という様式名の表記である。この「様式」名は、ホテル側が勝手に名付けて公表したものか、設計者の村野と相談した結果つけられたものなのかは不明だが、それまでの一般的な建築《様式》名としても、また近代建築のデザインの表記に限っても、それ以前にはあまり使われることのなかった《様式》名称として、大変注目すべきものだと考えられる。「近代」世界における伝統的な「日本民家風」様式という意味か、あるいは「近代日本」における新しく開拓された「民家風」様式の意か、この様式名が伝統と革新のそのどちらに重点を置いたものか、迷うところだが、ここでかなり曖昧にいわれている《様式》が、後で詳しく検証するように、この「叡山ホテル」の建築の内外のデザインを性格づけているきわめて重要な特徴の一つであったことは間違いのないところである。こうした《様式》名によって提示されている内容は、当時はほとんど使われることがなかった言葉だが、現在はしばしば使われている建築用語に直していえば、《ヴァナキュラー建築様式》といった名称で表わされるようなスタイルを指したものであったにちがいない。

「近代日本民家風」の意味

ここでいう「ヴァナキュラー建築(vernacular architecture)」とは、どんなものを指すかといえば、最も手っ取り早く、わかりやすくいうとすれば世界各国、各地域に独自な形式や表現を持つ、「民家」のようなその地域だけに土着する建築を指す、ということができるだろう。私たちが一般的な建築の歴史を考える時には、たとえば十五、六世紀の《ルネッサンス》、十七世紀の《バロック》、十八世紀の《ロココ》といった様式名を上げ、あるいは二十世紀では、《アール・ヌーヴォー》とか、《表現主義》などといった《様式》名を上げて、建築の歴史的進展を語ろうとする。この種の建築史では、それぞれの時代を象徴するような《様式》が次々と新しく登場し、それがすでにあるものを、〈過去〉へと押しやることによって連鎖を成して繋がり、最終的に〈現在〉に達して一段落している、と考える。しかしこのような《様式》連鎖的な歴史理解は、建築史のいわば〝表通り〟の理解であり、建築の歴史は、このような〈時間軸〉上の展開の中でのみ形成されものではなく、それとは別に、〈空間軸〉の中でも展開しており、その軸線上にさまざまな《様式》が、様式の時間系列の連鎖とはまた違った形で存在しているのではないかという考え方があり、こうした思索のなかで、「ヴァナキュラー建築」という概念が、次第に重要な意味を持ってくるようになったのである。今日のような情報や技術、材料や資本等の国際化、もしくはグローバル化といった状況など全く知らなかった時代の地球上には、さまざまな地域、あらゆる地点で、そのような〝表通り〟の様式的な変遷や連鎖の過程を全く知らぬままに、ある限られた地域、地方、コミュニティで、近隣で集めることのできる建築材料を用い、その地域において伝承された技術や工法を使って、古い過去の時代からあまり変化することなく建て続けられてきた建築が存在した。その意味で「民家」、あるいは「民俗建築」といった近代になって造られた用語が似つかわしいような、「地域に固有の、方言的な」(vernacularという英・形容詞の意味)建築様式が、先の派手な様式連鎖の〝表通り〟、つまり「標準語」あるいは「共通語」の建築世界の背後に、細いがしかし活気にあふれた〝裏通り〟もしくは〝路地〟のようなものとして、建築の歴史の重要な側面を確実に構成してきたことが、十九世紀以降の世界が次第に国際化し、グローバル化の方向を目指して少しずつ進んでいくにつれて、逆比例するように注目され脚光を浴びていくことになったのだ。

　実は二十世紀の近代建築の歴史においても、同じような現象を指摘することができる。たとえば一九二〇年代のル・コルビュジエがまさに体現していたといえるような、《モダニズム》という革新的な〝表通り〟の《様式》が提唱され、「国際建築様式」といった言葉で、「新建築」の文字通りの「国際化」、つまり「標準語」化が強力に推進されようとした、そのことと表裏をなすような形で、すでに一九三〇年代初めには、その「標準語」「共通語」の世界とはある意味で逆の、「地域語」的、「方言的」な建築デザイン、つまり「ヴァナキュラー建築」への関心が近代建築家の間で急速に高まりを見せるようになっていく。たとえば一九二〇年代において、「新建築の五つの要点《ポイント》」などを発表して《モダニズム》のリーダーを自他ともに任じていたル・コルビュジエ自身が、それとは別にそれと並行する形で、「ピロティ」もなく、建物が地表面に直接腰を据え、また「陸屋根」ではなく傾斜屋根を備え、フラットなコンクリートの打放しではなく、乱石積の粗くごつごつした外壁を見せるような、文字通り「ヴァナキュラー」志向の、「方言的」な建築を、主に住宅作品を舞台にして造りはじめていたのである。こうした傾向は、ル・コルビュジエだけに限ったこととはいえず、戦雲が立ち込める一九三〇年代から四〇年代の、世界中の建築家たちに同じように見られた歴史的現象であったともいえ、同時にこの傾向はまた、素朴で原理的な《モダニズム》の側の《国際主義》に向けられた、権力的な《国粋主義》の側から吹いてくる強い風からの設計者にとっての一種の〝避難場所《シェルター》〟であったことも、やはり考慮に入れておかなければならないだろう。

「動きつつ見る」の旅から帰った後も、欧米の建築界の動きに敏感に反応していた村野藤吾が、《モダニズム》建築の国際的な広がりと表裏をなすような、この《ヴァナキュラリズム》のデザインへの世界的な傾斜を見逃さずに、同時に何らかの〈異郷〉性が常に求められるリゾート・ホテルという課題の特殊性を的確に把握してデザインした結果が、この「叡山ホテル」に他ならなかった。しかし村野の設計者としての冷静な判断と矜持《きょうじ》の中で、「叡山ホテル」は板垣のいう「下手物らしい意匠」や、また「安っぽい擬古主義」の片鱗さえも窺わせずに——つまり歴史的《様式》主義へは一顧だにすることなく——、《ヴァナキュラリズム》の視点からこのホテル建築のデザインを全体として纏めきったことは、称賛に値する成果であったといわねばならないだろう。ところで、村野がこのホテル建築の上に表現しようとした建築的「方言」とは、具体的にはどんな内容をもつものであったのだろうか。とりあえず結論を先にすれば、その地域性の領域は、《国粋主義》の立場からは歓迎されたであろう、欧米列強諸国に向けた〈日本国〉という範囲を広く設定した地域性(つまり国家性)に置かれていたのではなく、さらに日本国内を限定して、〝日本の古里〟とも時に呼ばれる、近畿の〈大和〉地方に深く関連したヴァナキュラーな建築的表現が繰り返し引用されていたことに注目しなければならない。このことは非常に興味深い点であり、私たちはその種のデザインの痕跡を、しばらく「叡山ホテル」の内外に具体的に探して歩き、そこに村野が込めた〝想い〟といったものを、少しずつ明らかにしていくことにしよう。

大空に飛び立つ鳥のように

「叡山ホテル」の宿泊客は、京都電灯叡山線の「八瀬駅」(現在の叡山電鉄「八瀬比叡山口駅」)か、山下の「西塔橋」(現在のケーブル八瀬)駅で、ホテルのポーターに迎えられ[6]、預けたトランクなどの荷物とともにケーブルカーに乗って「四明ケ嶽」(現在の「ケーブル比叡」)駅で降りる。駅前のわずかに平坦な広場から、山の斜面を南東方向に見上げると、虚空の中に山稜が生み出しているくっきりとした輪郭線を、刃物で鋭く切り裂いたかのようなスカイラインを描き、どこか〈城砦〉

12-5　ケーブルカーの駅周辺からホテルを見上げる。土塁の上の本館棟とその右に伸びる鉄筋コンクリートのテラスがスカイラインを切っている

を思わせるようなピクチャレスクなホテルの姿が現われて、これからそこを訪れようとする客たちの視線を、しばし捉えて離さない。ホテルの足元には、土盛りをした急な斜面が突き固められて立ち上がり、その頂部の平らな地面から南西方向へ、鉄筋コンクリートの床スラブが、ピロティに支えられて円弧を描いて扇形に張り出し、背後の青空を切り裂いており、それが思わず「刃物のような」といった視覚的な爽快感を見る者に齎《もたら》している(12-5)。このスラブ下に何本かのピロティが立っているのも見えるが、この地下一階の空間の中のどこかに、ホテルの正面玄関が置かれているはずである。玄関先のキャノピーを兼ね、その上は展望テラスであるコンクリート・スラブの、その上を覆う屋根は一切なく、天気さえよければその場所が絶好の見晴らしを約束する展望台となることが、離れた下のこの位置からでも十分に見て取ることができる。

展望テラスの円弧状の白い擁護壁《スパンドレル》が付けられたコンクリート・スラブの左手には、土塁の頂部に背の低い小さな樹木が何本か立っており、その前の崖との間に、丸太を粗く井桁に組んだ垣柵が設けられている。ホテルの一階平面図から判断すると、ここは「パーラー」と呼ばれているホテルのロビーが面した屋上庭園風の庭だと思われる。この庭の背後に建つ二階建の大きな木造の建物が、ホテルの「本館棟」である。この「本館」部分には客室はなく、そのほとんどが、ロビー(「パーラー」)、大食堂、小食堂、バー、サンルームなどといった客用のパブリック部分《スペース》が入っており、構造的には架構はすべて木構造である。したがって地階の、鉄筋コンクリート造で固められた一部の部屋の廻りを硬く土盛して平らに均《なら》し、これに地下のピロティで支持した一階テラスになるRC造の床スラブを組み合わせて、一階の基盤とし、そこに基礎を打って本館全体を木造架構で建て上げた形になっている。(この地下のRC造の部屋の屋根スラブとテラス用床スラブは、廃墟化した状態ではあるが今も山腹に残されており、特にテラスの出隅部分は、今も鋭く突出していて、営業時のホテルの様子をわずかに偲ばせている。)

駅前の広場周辺からは、南に面した「宿泊棟」の部分は、テラスや本館棟に遮られて見ることはできない。駅前の位置から仰ぎ見ることのできる、先に「砦」を思わせると書いた「本館棟」の西側の側面では、勾配が浅いためと見上げている位置が低いため、屋根面もほとんどこの位置からは見えない。資料を参照しながら改めて見れば、銅板葺の大屋根が一番上に載り、その周囲には、瓦葺らしい深く外に差し出された軒庇のようなものが大屋根の下に廻らされているのがわかる。その軒庇下に帯状に、明るい真壁仕上げの小壁が水平に伸びており、南から落ちてくる明るい陽光を反射して白く光っている。瓦屋根と、真壁の柱梁の格子と、その間を埋める漆喰壁、といった組み合わせは、すでにそれだけで、伝統的な和風の民家の佇まいを偲ばせるに十分なものがある。また一階と二階の間の外壁に、同じ瓦葺の深い土庇《つちびさし》が廻されているのも下から見える。つまり本館内のロビーの客は、軒先の土庇越しに庭とさらにその先の遠い山並などを眺めて楽しむことができるのだろう。視線を「本館棟」の左(北)の端に移すと、板壁に囲まれた「箱《キュービック》」状の外観を見せる建物の一角があり、板壁の中央に一個だけ大きな開口部が開けられているが、そこは先に引用した板垣鷹穂がこのホテルに宿泊して、夕食前に一人で酒を楽しみながら、周りの何組かの幸せそうな家族たちの食事の様子を見るともなく眺めていた「大食堂」の外壁部分であることが平面図から推測できる。この大食堂の奥、東南に後退した位置には片流れの屋根が見え、その下は、「厨房」などのホテル・サービスの部門が入った下屋であることもわかる。

駅の方から見上げたホテルの立面は、たとえて言えば、戦陣の中でどっかりと床几に腰を降ろして指揮を執る、鎧兜姿の武者の姿、といったものを連想させる。それほどに凛々しい姿で山容の中に腰を落ち着けており、そうした連想からも、中世の日本各地でつくられたという攻撃的であるよりも防御的であることを本来の役割とする〈山城《やまじろ》〉の姿にオーヴァーラップする雰囲気がある。これとはまた別の喩《たとえ》を考えるとすれば、コンクリート製のテラスのウイングや、厨房の入った下屋の屋根の深さなども手伝って、このホテルを仰角に見上げた図には、風を迎えてこれから大空へと飛び立とうと、翼を広げて待っている大きな鳥の姿のようにも見えなくはない。いずれにせよ、ケーブルカーの終点駅周辺から見上げるホテルの形象は、高い位置にあるにもかかわらず、それを見上げる者を、睥睨《へいげい》して威圧するような姿はあまり感じさせず、むしろ周囲の自然環境や地形の中に沈み込んで隠れようとしているようにも映る。木造の本館部分の外観にある〈過去〉の民家の心安らぐ佇まいと、ピロティが軽快に支持している展望テラスが指し示す建築の〈未来〉がやがて実現するであろう幾何学性との、二つの〈時制〉を両手にしっかりと摑んだ、村野藤吾という〈現(存)在〉が周囲の自然環境と一体化しながら創り出した、建築形態のまさに「優秀作」であるのは、離れた斜面の下から見上げただけでも、実感することができる。

ホテルの外観を近くで見てまわる

標高六八〇mほどの地点に立つケーブル駅の駅前から、足元に「どうぞお気をつけて」、と注意を促すホテルのボーイに誘導されつつ、歩行者のための比較的なだらかな山道を、等高線に逆らわず左右に何度も屈折しつつ、標高にしてせいぜい六mか七mほど高い位置にあるホテルの玄関を目指して六、七分かけてゆっくりと歩く。七、〇〇〇㎡ほどの借地の敷地に、建築面積が約一、〇〇〇㎡、延べ床面積二、〇〇〇㎡の規模に、客室数わずか十七室という比較的こぢんまりしたホテルである。弧を描くテラスの下方の道を迂回するように進んだ後、北西の方向へ逆に折り返すと、地階レヴェルにあるホテルの正面入口へと向かう幅広のアプローチ路があり、道の両側には、門柱替りとおぼしき太い樹木の丸太が何本も並べ立ててある。(12-6、12-7)

一定間隔で小石を横に並べて段を切った接近路の先にある玄関の上に、谷側の側面を湾曲させたスラブが大きく平らに覆い被さっており、その下の一部(右側)が玄関ポーチとなっているピロティの空間が見えてくる。テラス下の空間を二分する形で間仕切壁がこちらに半ば迫出していて、壁の左手の斜面側は吹通しで、上階と同じように、地階レヴェルでの展望テラスとなっている他方で、仕切壁の右側が、ホテルの正面玄関前の客溜りの空間となり、右手奥に両開きの玄関扉が見えている。この玄関前のポーチ状の陸屋根は、その上が、先にケーブル駅からもスパンドレルの鮮やかな線を遠望できた、ホテル一階の外部に取り付けられた例の「展望テラ

12-6 ホテルの正面玄関とファサード

12-7 玄関へと向かうアプローチ路

ス」である。ところどころに直線的な構成を見せるしゃれた鉄製の照明柱が立っているテラスの奥には、本館棟の一、二階の南立面がホテル前面《ファサード》として立ち上がり、二階の真壁（つまりはハーフ・ティンバー）の妻上の屋根は切妻屋根で、さらにその上に小さな越屋根が載せられてファサードの天辺を締めている。見方によってはヨーロッパ風ともいえなくはないハーフ・ティンバーの外壁面を持つこのホテルのファサード・デザインは、しかしやはりそれ以上に、まわりのデザインと一緒になって〈和〉風の気配を強く漂わせている。

12-8　客室棟は地形に沿って緩やかに湾曲し、東に伸びている

このファサードに直結しながら、板状に立つ鉄筋コンクリート製の「防火壁」を一枚挟み、等高線にほぼ沿った形でさらに東の方向へ、木造二階建の「客室棟」が約四〇m余りの長さで翼部として伸びており、ここでもまたテラスの輪郭と同じように、外壁は張りのある円弧を描きつつ山腹の自然環境の中に巧に沈み込んでのびのびと展開している。

宿泊棟の外壁の構成や風合も非常に味のあるものである。外壁面から一・三六mも差出されている瓦葺の屋根の軒出を杉丸太の棰の列が支えている上裏《あげうら》の下で、この深い軒庇に護られて、ハーフ・ティンバーの小壁の帯が、同じ四〇mの長さで格子模様を連続させ、その二階部分の壁のなかに一室に一個という一定間隔で、大きな透明ガラス入りの引違い窓が開けられている。ハーフ・ティンバーを形成する木材には、紅殻とクレオソートが塗られ、その柱・梁の格子模様が、その間の白い漆喰にペンキ仕上げの小壁によってくっきりと浮かび上がって、日本のどこかの地方の民家の壁を想起させている。（12-8）

窓台の位置で下端が終わっている真壁の帯の下の、一階の客室の窓まわりの外壁は、雑誌発表時の仕様によれば「杉板二重竪張」で、やはり「紅殻《べんがら》クレオソート吹付」の仕上げとなっている。注目すべきは「二重竪張」の内容であり、おそらくここで「二重張」とされているものは、板を裏と表から互い違いに打ち付け合わせ、表面に凹凸のある縞模様を作り出す板壁、いわゆる「大和打」とか、「大和張」といった呼び方をされる板壁、板天井などを張る時の手法が用いられていたに違いない。これはその名前が示す通り、「大和地方」の民家などで板壁や屋根葺や軒天井などにしばしば使われた工法であったが、村野は「叡山ホテル」のヴァナキュラーな表現の一つとして、この「大和張」の横貫を用いない直付けのやり方をここで意識的に使っている。いずれにせよ、私たちはこのホテルの内外において、この後も繰り返し「大和」というヴァナキュラーな意味を帯びた言葉《ターム》に出会うことになるはずだが、まずその〝第一弾〟として、この外壁部分にそれを目撃することができたのである。

山腹の庭園からホテルの屋根を見下ろす

「叡山ホテル」の実際の宿泊客の一人として、その空間を堪能していた板垣鷹穂は、先に引用した部分に続けて次のようにも書いている。

「山の地形に従って曲線を描く洋風のプランに純日本風のエレベーションをおさめた手際の鮮かさを先ず感じるホテルであるが、コンクリート造のテラスをこれに配合し、テラスの下をホテルの入口に結び付けたあたりも極く素直にまとまつてゐる。この建物は背後の高い斜面に庭を持つため、下の景色ごと裏庭からみる場合にも自然の環境と程良く調和するやうに工夫してあり、[逆に]ケーブルカーの終点から高くホテルを仰ぐものにも、まとまった側面を見せるのである。何処から観ても山の地勢にピッタリ合ふところ、隙のないのが如何にも快い。(7)」

ホテルの玄関はまさに目前だが、館内に足を踏み入れるのはしばらく後廻しにして、先の板垣の記述にしたがって、「背後の高い斜面」の「庭」からホテル全体を一望のもとに収めるために、建物の南側を迂回して、その北側に出てみることにしよう。ホテルの背後には、一階の階段脇の位置にある玄関から直接出ることのできる、明るい玉砂利敷きの庭面を囲んで芝生と樹木が植え込まれた、平坦でシンプルな裏庭があり、それに続く北側の山の傾斜面の方へ、その周辺の景観を展望させるために整えられたと思われる散策路が登っている。息を切らしてホテルの背後をかなり高い場所にまで上り、その位置から、ホテルを含めた周囲の自然景観を眺めまわした時に見る風景は、文字通りに、絶景、の一言に尽きるだろう。ホテルを真下の正面に置いて、晴れていれば右手つまり西側には京都市街をほとんど手に取るような近さで下方に見ることができるし、反対の左手、東側には大津の街の塊や琵琶湖の南端部が見え、さらに南の方向の遠い地点に大阪市などを望むことができる。もちろん今眼前にしている文字通りパノラミックな風景は、視点はもう少し下がることになるが、ホテルの展望テラスからも同じように眺めることができるはずだし、特に南面している宿泊棟からは、窓を通して居ながらに東の琵琶湖と京都の奥の西山にわたる眺めを楽しむことができる。板垣が先に引用した部分でさりげなく触れていたように、このようなパノラミックで鳥瞰的な視界は、いわゆる「支那事変」(日中戦争)の勃発直後の時点でのホテルの開業という事情もあって、宿泊者や来館者のそうした視点での写真撮影が硬く禁止されていたという。その種の写真が、特に外国人の旅行者に撮影されると、敵国の空軍が京都などの都市への空爆を行うような事態が起きた時に、重要な資料として使われる恐れがあると当局が考えたからである。

さて美しい周辺の風景から、すぐ目の前に位置する「叡山ホテル」の建築に視線を戻して、その屋根の構成を中心に観察することにする。山の北側の傾斜面の一部の山肌を平坦に均《なら》して造ったと思われる一〇〇坪余の広さをもつ裏庭を囲むようにして二棟の建物が建てられている(12-3参照)。一棟は裏庭の西側にあり、これが母屋の周囲を平屋の大小さまざまな付属屋の屋根や差掛屋根などで固められており、見下ろすとややずんぐりした印象のある「本館棟」である。さらにもう一棟はその本館棟に接し、あたかも鳥の大きく伸ばした羽根のような姿で東方に、等高線に沿って湾曲しつつ延びている「宿泊棟」である。本館棟の上には、村野の多くの作品がそうであるように、比較的勾配の緩い大屋根が載っており、さらには「都ホテル」の新館などで村野が好んで使っていた、一見越屋根風の瓦屋根が、大棟の代わりを務めるかのような形で長さ二〇m余にわたって最頂部を構成しており、其の両サイドの広く大きな切妻屋根の屋根面には一面に銅板が葺かれている。さらにこの大屋根の妻側と下辺の周囲には、軒庇を思わせるような瓦葺の屋根が取り巻いていて、屋根が銅板葺と瓦葺の二枚で重ねられているかのように見える。

この屋根の形状は、関西地方の民家の屋根の形に詳しい人なら、すぐにその類似を想起できるかもしれないが、近代建築家としての独自の大胆な変形《デフォルメ》がそこに加えてあるために、その屋根の形の〝本歌〟といったものに、誰でもすぐに気付くというのは難しいかもしれない。結論を先に言えば、ここでも私たちは「叡山ホテル」の中に塗り込めた、村野の「大和」という〝鍵となる言葉《キーワード》〟を再び見つけ出したことになる。

大屋根の中の「大和」

このホテルの本館棟の屋根における「大和《やまと》」とは、最初に民俗学の世界で大正期に使われはじめ、後に一般にも広まった「大和棟」という言葉で知られている、奈良県大和地方や、京都府南部、あるいは生駒山地を西に越えた大阪府平野・八尾地域などに伝わる伝統的な民家の屋根の特殊な形状と構成に関連したものである。建築史の分野ではこうした「大和棟」の形式を持つ民家を、「高塀《たかへ》造」といった呼び方をしている。村野は、日本の中でもきわめて地域的で、その意味でまさしく方言的《ヴァナキュラー》なこの《スタイル》を、彼なりの方法で解釈して応用

し、近代建築のデザインへの変容《ヴァージョン》に成功している。(8)

この「大和棟」を持つ民家は、一つの特徴として、田の字型プランの母屋の上に、茅などの草葺きで、非常に強い勾配を持つ切妻の大屋根を高く独立して立ち上がらせたスカイラインにある(12-9)。その切妻型

12-9　大和棟の民家の一例。中家母屋(奈良県生駒郡安堵町)

の大屋根の屋根面の両妻側に、瓦葺きの幅の狭い帯状の小屋根を切妻屋根の縁飾りのように立てているが、町家でいえば「宇立《うだつ》」に似たこの部分を、地元では一般に「高塀《たかへ》」と呼び、そこから「高塀造《たかへづくり》」という様式名も生まれている。通常の大和棟の場合には、この大屋根の下の台所などの土間部分の上に、同じ切妻で大棟の方向に合わせた低い棟(落棟)があり、屋根勾配も大屋根より緩くした低い「落屋根《おちやね》」が瓦葺で架けられ、平の側の瓦葺の軒庇に重なって大屋根の下廻りを取り囲んでいる。切妻の落屋根が低く緩い勾配で付けられたことによって、大壁に漆喰で仕上げられた妻壁が、白い三角形の面を見せて立ちあがり、大屋根の高さをさらに強調することになる。実は村野が設計した「叡山ホテル」の本館棟の屋根は、大和棟の原形をかなり大胆に突き崩したものであり、その結果村野が屋根に企てた隠れた試みを、多くの場合見過ごしてきたといえるだろう。逆にいえば、村野がここで行った大和棟の〝変奏〟は、本来の大和棟からすれば、一種の〝換骨奪胎〟といえそうな加工を加えたものであった。その最大の加工部分は、大和棟において最も目立つ、「大屋根」が急勾配で屋根面を立ち上がらせ、急角度の二等辺三角形の妻壁を直立させる様を、村野はなぜか自分が設計するこのホテル建築の屋根には取り入れることを徹底して拒絶して、緩勾配の大屋根と落屋根の間の妻壁は、ほとんど見えないまでに、上下の屋根を接近させている。いい換えれば本来急勾配であるはずの大屋根を、落屋根の勾配とほとんど変わらぬくらいに緩やかな勾配にして、その結果二つの屋根の間の妻壁の存在を消去するような構成を通して、村野は自分の(大和棟風の)屋根デザインの独創性を強調しようとしていたのである。

したがって先ほど「叡山ホテル」の本館棟の屋根に触れた時に、上の銅板葺の大屋根と下の瓦葺きの屋根が、二枚ほとんど並行に重なっているように見える、と書いたのは、大和棟の形式に本来あるべき三角形の妻壁が、皮肉にも村野によって意図的に消去された結果を、そのまま叙述したものに他ならない。しかも村野のここでの屋根デザインの場合、卯立風の「高塀」に当たるものが付けられておらず、これでは

「高塀造」を〝本歌取り〟した、とは呼べないのではないか、という指摘も当然予測される。しかし「叡山ホテル」の屋根の場合、高塀と妻壁以外の要素は、たとえば大棟の棟瓦葺とか、落屋根への瓦葺の採用や、大屋根の部分への草ぶきではないが瓦ではない屋根葺材料（ここでは銅板葺）の使用や、（本来は土間上の煙出のための）小さな越屋根だとか、いわゆる大和棟を構成する特徴的なエレメントがほとんど顔を揃えている以上は、これを〈大和棟〉ヴァージョンと呼ぶことは、一向に差し支えないように思われる。この本館棟の北側には庭園に出るポーチとなっている瓦屋根の下屋があり、西側には、その下にホテル全体の飲食を賄う大きな厨房を収めた、平屋で切妻屋根の付属屋が、本館に直接接して建てられているのを先の山腹の見晴らし所からも見下ろすことができる。

他方で、本館棟に直接連結し、東の方向へゆるく円弧を描いて伸びている「宿泊棟」の上に架けられた屋根もまた、大和棟風の性格を与えられていることがわかる。宿泊棟の屋根の部分は、本館棟よりもさらに勾配が浅く、この勾配に合わせた屋根庇風の瓦葺の落屋根を周囲に巡らせている。さらに本館棟と客室棟の境界を形成しているコンクリート製の防火壁の棟上にも、これに跨る形で、小さな越屋根が載り、さらに宿泊棟の中央部に、もう一つの越屋根が載っている。

ここで考えておくべき点は、村野藤吾という近代建築家が、自分の設計上の重要なキーワードとして、大和棟というある地域に土着的な屋根の建築的構成を借りてデザインしていながら、その様式の最も特徴的な部分である急勾配の大屋根や高塀といった肝心なエレメントをここでは使わず、むしろ逆にそれを意図的に排除しようとしているのはなぜか、という素朴な疑問である。いうまでもないが、村野は大和地方を中心に近畿に実在する伝統的民家を特徴づける「大屋根」やそれを修飾する「高塀」の姿が嫌いなわけではなかったはずである。彼はそのすがすがしく立ち上がる白い妻壁の上の柔らかい草葺の屋根の姿に魅入られ、ある種の懐かしさや親しみといったものをそこに感じていたからこそ自分のデザインにその構成を借りてきたはずである。とすれば、急な勾配を特徴とする大屋根の表現を、彼はなぜ弱め、消そうとする必要性があったのだろうか。

村野がそのような選択を行ったのは、比較的単純な理由からであったと思われる。村野藤吾は、自分が設計する建築の中では、勾配の強い急傾斜の屋根は使いたくないと、独立して設計活動をはじめた最初の段階から自分の心に決めていたように思われるからだ。たとえば彼の独立後の一連の作品を見ても、陸屋根の建築の場合は別にして、京都のような伝統的な文脈が強い都市のなかで、ＲＣ造の本体の上に屋根を架ける必要を感じたような作品――たとえば「ドイツ文化研究所」や、「都ホテル五号館」など——をデザインする際にも、彼が採用した屋根勾配は常に極端に緩く浅く、よほど離れて屋根を見なければ、その屋根面を見ることが難しいような勾配が与えられていることが多かった。当時の建築界の一部で流行していた、「日本趣味」を前面に押し出した、いわゆる《帝冠式》の建築が常に誇示しようとしたような、急勾配の屋根面を人の目にはっきりと見せ、結果として屋根が、物々しく建物本体の上に覆い被さった状態に見える建築などに比べると、比較にならないほど屋根は軽快で、立面においては目立たない存在であるように抑えられている。

吉田五十八の大和棟

その種の緩勾配の屋根に村野が拘《こだわ》った理由については、すでに以前にも触れてきたが、彼は自分が設計した建物が、建築形態が持つ圧倒的なヴォリューム感や、厳めしい立面の構成や、あるいはそれとは別の度肝を抜くような奇抜さや意図的な滑稽さなどによって、建物の利用者や、建物の持主(施主)、あるいは単にその前を日頃歩くだけの人たちをも含めて、脅したり圧倒したりすることがないようにと、いささか神経質に過ぎるほどに心掛けてきたことが深く関係していたことはもはやいうまでもない。実際にこの目的のために、エレヴェーションの重要な要素である〈壁面〉の、視覚上の軽快化のために、さまざまな工夫——たとえば先に見た「皮膜化」の手法もその一つ——を彼は凝らしてきたのである。設計上での彼のそのような意向は、当然のこととして、立面を構成する重要な建築的要素である、〈屋根〉というエレメントを処理する場合にも、同じように差し向けられることになる。このような観点からすれば、大和棟の大屋根と落棟や軒庇の組み合わせによって、狭い特定の地域に生み出した抑揚に富んだスカイラインが、村野にとって大和という風土の中で非常に魅力的で美しいものに見えたとしても、そうした伝統的な民家が誇る〈急勾配で立ち上がる屋根〉という特性だけは、自分の建築デザインにそのまま取り込むわけにはいかない、という設計者としての判断、矜持が働いたとしても、不思議なことではなかったのだ。その結果として、この「叡山ホテル」の屋根の構成が見せるような、本来空中に高く〈鋭角〉的に突き抜けて白い妻壁を見せてこそ魅力があるはずの大屋根を、上から下へ強い力を掛けたかのように平たく押し伸ばして〈鈍角〉にし、緩勾配の屋根にあえて変移させ、下の落屋根の傾斜とほとんど並行の、いわば大型の「越屋根」といった風情で重層させる、あの村野に独特の屋根の構成法と意匠が生みだされたのである。

たとえばここに「叡山ホテル」の完成の一年前に、同じ大和棟の民家を〝本歌〟として取り、高塀こそ省略しているが、茅葺の急傾斜の大屋根と棟飾りの輪郭を正しくそのまま写した、吉田五十八[9]設計の熱海の「杵屋別邸」がある(12–10)。この場合の屋根は、村野のような極端な変形を加えられることはなく、当然のこととして、大屋根はまさしく大屋根らしく立ち上がり、熱海の海を睥睨するように雄々しく空を突き上げている。村野藤吾と吉田五十八という、かつては日本の東西を代表したこの二人の近代建築の設計者は、ともに一八九〇年代生まれで同じ世代に属しており、また同じ大正の後半期に設計者としての仕事を開始し、しかも昭和戦前のほぼ同じ時点において、たがいに同じ地域(大和)のヴァナキュラー建築に関心を抱いて建物を設計していたという点から、この二つの建築作品を並べて論じるのは、大変興味深いものがあるように思われる。この二つの建築には、〈屋根〉に対する設計者としての対照的な考え方が示されている点が特に興味深い。一言でいえば、村野とは逆に、吉田五十八は〈屋根(面)〉を建築表現上の重要な視覚的要素として、人々の目に直接曝し、その形態や材質感を、はっきりと印象づけることに、何の躊躇《ためら》いも迷いも感じてはいない。その点では、大和棟の場合に限らず、村野の徹底した〝臆病〟さを逆説的な原動力とするような表現とは逆に、吉田五十八の設計はその種の〝ためらい〟などつゆ知らずといった風情《ふぜい》で、どこまでも大胆であり、その分〝本歌〟に忠実であったのだ。

12-10　吉田五十八設計、「杵屋別邸」(熱海)

橿原神宮前駅の駅舎と村野の関係

本題の「叡山ホテル」の屋根の話から、少し脇道に逸れるかもしれないが、村野藤吾が自らの近代建築のデザインを遂行する上で行った大和棟(高塀造)の解釈を、伝統的な本来の大和棟との関係において、別な視点からもう少し深く考えてみようとするならば、太平洋戦争が勃発する前年、一九四〇(昭和十五)年に完成した建築で、奈良県の橿原《かしはら》市に今も健在な、ある私鉄の駅舎の大屋根について触れないわけにはいかないだろう。その駅舎とは、当時の「大阪電気軌道」(略して「大軌」、現在の「近鉄」)が、一九四〇(昭和十五)年、「皇紀二六〇〇年祭」の前年に完成させた「橿原神宮駅」という名の駅舎のことである。[10](12–11)

この駅舎は、その設計に村野が関与した建築であることは巷間に広く知られているが、しかし戦後公表されてきた村野の設計事務所が設計依頼者向けに制作したと思われる「作品リスト」の中には最後までこの建築はリストアップされておらず、村野自身も晩年になってからも、それを自分の設計した作品として格別主張することがなかった、いわば〝隠し子〟的な作品であったといえる。しかし村野と「大軌」の間では、一九三〇年前後の時点で設計者と施主としての間柄がすでに形成されており、両者に強い繋がりあったことは事実であり[11]、また、現に今でも原形をよく保って残されている駅舎の建築形態の、隙のない見事な構成や、構造体の表現、なかでも細部の装飾的なデザインの独特の味わいなども、村野がこの駅舎の設計に深く関わっていた事実をはっきりと示している。くり返すが、しかしなぜか村野は、この駅舎を自分が設計した建築作品であることを戦後になって認知するどころか、自分がそのデザインに関わった事実さえも、最後まで表立って言及しようとしないままに他界した。それは一体何故であったか。

12-11　「橿原神宮駅」、駅舎のシルエットはまさしく大和棟のそれである

一つの大きな理由として考えられるのは、この駅舎が立てられるにいたった経緯に隠されていたかもしれない。この「大軌」の新駅舎は、「皇紀二六〇〇年」を前にした「橿原神宮」が、従来の神域を、周辺に拡張することによって、一九二三（大正十二）年の開設以来使われてきた大軌の「畝傍《うねび》線」の終点駅である「橿原神宮前」駅が廃止になることにより、この駅の代わりに、南大阪線と橿原線が出会う「久米寺駅」の位置に、参詣客を中心とした乗降駅舎を新築しようと考えたことから始まっている。これに、「皇紀二六〇〇年」を契機に、昭和天皇が「神宮参拝」のために行幸する、という配慮すべき出来事が重なったため、新駅舎は鉄筋コンクリート造によって本格的に建設する必要が生じたのだ。このため、大軌沿線の行楽地「あやめ池温泉場」の建設時に「設計顧問」を務めていた関係から村野藤吾が大軌に呼ばれ、新駅舎の実質的な設計を依頼されることになったものと推測される。そういった経緯からもわかるように、新駅舎の設計には、「橿原神宮」への主要参拝駅として、一般的な駅舎とは異なるある種の記念性や、それなりの〝風格〟といったものが求められていたと思われる。と同時に、当時非常に先鋭化しつつあった《ナショナリズム》の側からのさまざまな要請や圧力が、設計者のもとに直接間接に届いていたはずであり、村野は設計担当者として、自分の意のままにデザインできなかったことを仕事が終わった後

で後悔し、そのためこの建物を自分の〈作品〉と表立って主張しようとする意欲を失ったのかもしれない。また戦後の日本の建築界には、主に左翼思想の側からの、戦前の帝国専制期の国粋的な精神の高揚に加担した設計者を探し出して糾弾しようとする動きがどこかにあり、その種の建築の設計者として建築界で指弾され、戦争協力者として非難されるような事態を、村野自身としても避けたいと考えていた結果であったかもしれない。あるいはまたもっと直接的な理由として、村野と「大軌」の交渉のなかで、あくまでも表向きは「設計顧問」であった村野が実際は提供した設計を、「大軌」の設計部の仕事として公表するという、両者の間の暗黙の了解、もしくは契約があったと推測することもできるだろう。

ある駅舎の建築的迫力

いずれにせよ今となっては、本当の理由がどこにあったのか知るべくもないが、ここでの私たちの考察にとって重要なのは、この駅舎が、本来の大和棟の民家などに近い、あの高く切り立つような「大屋根」を少しも隠すことなく備えており、非常に鮮やかなその形姿は、この駅の乗降客に限らず、この駅舎をたまたま前を通りすがるような人たちの目を捉えて離さないほどに、強い建築的な力を周囲に発揮している事実なのである。結論を先にすれば、村野が、この建築の設計者として、村野藤吾、という自分の名前を冠することを頑《かたくな》に拒みつづけた最大の理由が、その「大屋根」と、それを囲む駅舎の形態にあったのではなかったか、と考えられるのだ。(12-12、12-13)

この「橿原神宮駅」の駅舎は、現在は「中央口」の駅舎と呼ばれているが、駅舎に北側から正対する者には、ほぼシンメトリーの形姿を見せている。そこで何よりも先に目につくのは、正面中央に、空に向かって高く上昇していく大きな屋根の広がりであり、その屋根が〈主〉人であるとすれば、〈従〉者としてそれを取り囲む中小の屋根との、抑揚を巧に利かせた屋根群のアンサンブルが続いて視界に入り込んでくる。駅舎

12-12　「橿原神宮駅」の大屋根を正面から見る

12-13　大和棟風の鋭角の切妻と落屋根を見せる駅側面

12-14　駅の待合室ホール

の最下層のエレメントを構成しているのは、乗降客が駅に出入りする、左右に非常に幅広い間口を持つ瓦葺の軒庇であり、点々と立つ円柱の列が庇を下で支えて並び、庇下の空間が、祭礼日などに訪れる多数の参詣客たちを迎え溜まらせるポーチとなっている（このポーチの形状には、「箱根プリンスホテル」(1978)の玄関前の車寄の空間をどこかで想起させるものがある）。ポーチの瓦屋根は、北側正面だけでなく、東西両側にも回り込んでいる。このポーチの軒庇上に、駅舎内の高い吹抜のホール（コンコース）を下に包み込んでいる先述の大屋根が架けられており、大きな屋根面は、最初は天然スレート葺であったが、戦時中のメンテナンスに問題があったせいか、戦後の一時期は瓦葺に葺き替えられ、さらに銅板葺に換えられて今にいたっている。広い銅板葺の屋根面の最頂部には、大棟のすぐ下で、横に細い帯状の瓦葺屋根に変わり、さらに大棟に棟瓦が乗せられ、その両端には、屋根面の大きさに比べると、やや小さく感じる焼物の鳥衾《とりぶすま》が、棟飾りとして置かれている。

駅舎の上に架けられた、建築表現の中心となっているこの大きな主屋根の、急角度で上昇する広大な屋根面には、神明造の平入りの大きな神社を参拝する時に感じるような、ある種の「荘厳さ」といったものを感じて、圧倒されるような思いを人は懐くかもしれない。正面から少し横の位置に移動して、斜めに側面から大屋根を眺めると、鉄筋コンクリートの傾斜した屋根スラブがあり、列柱のある玄関庇のすぐ上の軒の位置から始まったその屋根面が急勾配で上昇し、大棟の位置で向こう（南）側へ折れ込んで、再び急傾斜で屋根面を落とし、鋭角に空を切る切妻屋根を形成しているのが見える。その下の妻壁に、これも民家にあるような形状で二つの円形の小さな空気孔と、その下に庇付きの虫籠窓《むしこまど》がある。この大屋根の両側面の妻壁の、少し下がった低い位置に、同じ切妻屋根ながら大屋根に比べて勾配がはるかに浅い「落屋根」が架けられており、そこに皇室用の「貴賓室」などの部屋が取られている。立ちあがる大屋根の下は先述のように「中央コンコース」と呼ばれる駅の吹抜けホールであり、電車からプラットホームに降りて、橿原神宮へと向かう参拝客をこの下から送り出し、また逆に、駅へ戻ってきた参詣帰りの人々を迎え入れて、電車の出発時間までの待合室をも兼ねるようにしている(12–14)。その下に入ると、天井の高い傾斜屋根下の吹抜けの空間の中には、登梁と水平梁で構成された横断梁や、これに直交する大桁などを見上げることができる。構造を露出させた吹抜けの空間から、この地域の民家の天井を張らない土間上に架けられている、いかにもダイナミックな小屋組の様子を思い出す人も少なくないだろう。側壁面のところどころには、あの「そごう百貨店」の大食堂などをすぐに思い起こさせる、コンクリート壁の一部を凹型に刳り込んだ(ここでは奈良盆地の山々を描いたと思われる)レリーフや、梁の中には日本の伝統的な文様を拡大した装飾が所々に施されていて、旅の記憶の一部を象《かたど》ろうとしている。

村野の建築美学に合わない

さて駅舎を一周して駅前広場の奥の、最初の駅正面の場所に戻り、もう一度「橿原神宮駅」に正面から対することにする。正面の中心で立ち上がっている大屋根の面と、その周囲を固める瓦葺きの小屋根や軒庇などがシンメトリカルに位置する構成の安定感は、まさしく「鉄筋コンクリート造の大和棟」と呼ぶにふさわしい堂々とした構成である。建築形態が本来持つべき、視覚的迫力といったものが、そこには厳然として存在する。ヴァナキュラー(土着的)で、まさしく「方言的」で、本来はマイナーな一つの建築様式を、例の擬古趣味で虚仮威《こけおど》しの「帝冠式」などといった「国家共通語」ではなく、このようなすがすがしい建築形態へと纏め上げる構成力の見事さは、やはり設計者としての村野藤吾の構想力と実行力なくしては、決して実現することのなかったものであることも、同時に確認できるにちがいない。しかしなぜこれほどまでに完成度の高い建築形態を自分の力で実現していながら、村野藤吾はこの作品を自分の作品として認知することに躊躇し拒否したのであろうか。

すでにこれまで述べてきたことからもある程度予測できるように、設計者である村野にとって、この駅舎がそれを前にする者に対して発揮している前述のような迫力のある建築的な魅力や迫力が、実は村野藤吾の建築的《哲学》や《美学》にとっては、いささかあられもない、というべきか、似つかわしくないというべきか、望ましくない無用の建築的威力や迫力と村野には思えたのではなかったか。先に使った言葉でいえば、建築形態の各要素が、特に〈屋根〉が、それを日頃使用したりあるいは時たま利用したりする人たちを圧倒し、それを前にした彼らを、畏怖させ委縮させてしまうかのような事態になるのを、村野は実は建築家として最も恐れていたためではなかったか。本当は村野としては、この駅舎に実現した

12-15
「桜井寺」本堂への正面からのアプローチと軽快な屋根面の上昇

12-16　照りの強い「桜井寺」の流造風の大屋根を妻側から見る

ような、文字通り圧倒的な急傾斜の大屋根などデザインしたくなかったのだが、「紀元二六〇〇年」といった国粋的な気分の高揚の中にあって、他から要求された結果であったかどうかは不明だが、村野が心掛けてきたように、屋根面を目立たないように緩い勾配で視覚的に隠すような手法はここでは許されない雰囲気、つまり時代が持つ気配が彼の回りに立ちこめていたことは容易に推測できるところである。たとえば「大和棟」ではなく、「唯一神明造」だという、若き設計者丹下健三が設計した「大東亜記念営造」と題した一九四二年の建築学会主催のコンペの当選案の中に示されていたような、あるいは一九四三年の「在盤谷《バンコック》日本文化会館」コンペの一等当選案にあるような、平入りの切妻屋根の屋根面の広大な立ち上がりが周囲にまき散らす強烈な建築形態の効力を、少なくとも自分が設計した建築だけには持たせたくない、と村野は考えていたと理解すれば、実際に実現した駅舎を前にした時の村野の動揺がどの程度のものであったかを容易に理解できるように思えるが、はたしてどうだろうか。そういった隠れた理由があったからこそ村野は、この作品の上から、村野藤吾という設計者名を、あえて最初から意図的に消し去ろうと図ったのではあるまいか。もちろんこのことに私がようやく思い至ったのは、村野が他界してしばらく経ってからのことであり、生前の村野に直接それを確認する機会は、残念ながら一度もなかった。

　ちなみにこれは村野の大戦後の作品だが、宗教建築などの場合《ケース》で、どうしても平入りの大きな切妻屋根を架ける必要に迫られた時に、実に見事な解決策を彼が与えた作品例として、一九六七年、奈良県五條市に完成した「桜井寺」という名の寺院の「本堂」を挙げておきたい。村野はこの建築の設計で、切妻の大屋根に非常に強い照《てり》を与え、大棟の位置から下へ急角度で屋根面を降下させ、その屋根面が反り返る形で勾配を緩くした先で「流造《ながれづくり》」の形式を採って、そのまま屋根の先端を同じ幅で向拝状に連続させ、屋根庇としての役目を負わせて、見上げる者の目前にまで流したのである(12–15、12–16)。こうした工夫を屋根に加えることによって、寺院の大屋根の銅板葺の屋根面が、真正面から本堂に近づく参詣者たちの目には、最頂部の大棟周りの屋根面しかほとんど見えない状態になり、本来は重々しく威圧的な力を発揮するはずの切妻平入りの屋根面の迫力を一挙に減圧し、逆に、全く重さを知らず、軽快流麗で、上昇感のある大屋根に昇華させることに鮮やかに成功している。これなら参詣者は大屋根から無用な威圧感を感じないで済むだろうという村野の設計者としてのこだわり、もしくは執念や恐るべし、というほかない。

ホテルの館内へ入る

すっかり脇道にそれていたが、話を再び「叡山ホテル」に戻そう。いよいよ一階展望テラスの下のホテル正面玄関のドアから玄関広間《ヴェスティビュール》へ入って行く。左手にはチェックイン(チェックアウト)用のカウンターと、その奥に小さなオフィスがある。そのカウンターで宿泊に必要な書類に名前などを書き込んだ後、その背後にある両開きのドアを抑えて待っているボーイに促されて、「広間」と呼ばれているホールへ足を踏み入れる。そこは南側の壁面が半円形に張出した壁と窓《ボウ・ウィンドウ》になっており、やや高い位置の窓と、その下の床には少し艶のある角型タイルが敷かれ、小円卓を囲む籐椅子などが数脚置かれている。玄関間からここに入り、すぐに左(北)に折れると階段室で、壁から壁にいたる幅広の数段の階段が待っている。それを六段ほど上がると最初の踊り場があり、その先に、今度は先の階段の半分ほどの幅の、焼過ぎ煉瓦を踏面などに貼り、手摺と手摺子を木製にした、鉤型の急折れ階段が始まっている。壁は漆喰にペンキ塗の仕上げ。(12–17、12–18、12–19)

その階段を上り切ったレヴェルが、ホテルの主要階である一階の床であり、左に行けば、小食堂、バー、ロビー、大食堂などのホテルの心臓部とでもいうべき共用スペース《パブリック》に出て行くが、そちらの探訪は後にまわして、じっくり見学する

12-17　玄関ホールから1階への階段

12-18　玄関ホールを階段から見下ろす

ことにして、ひとまずここは部屋、それも最上級の貴賓室に導かれて行くのをとりあえず優先させることにする。そこで正面に裏庭への玄関がある階段の上がり端を、逆の右に折れ、すぐに突当たる壁の前を、右に行けば二階の客室へ階段を上ることになり、逆に左へ行けば、一階客室が合計八室、南側に並んでいる奥行きのある湾曲した廊下に入って行くことになる(12-20)。廊下の右手に各宿泊室へのドアが並び、左手すぐに男女別の「トイレ」と、その隣に共同使用の「浴室」が二室あり、その先の廊下には裏庭が見える窓が並んでいる。板垣も触れていたように、比叡山の山腹という位置での水不足の問題から、このホテルの客室は、バス・トイレ付きの部屋はごく一部に限られていて、大部分の一般客室には、当時の欧米の一流ホテルでさえそうであったように、バスどころか、トイレも部屋の外の共同使用になっていた。

客室棟の廊下の壁と、半分が庭側に傾斜している天井は、合板に押縁で縦縞模様を付けてペンキ塗で仕上げられ、床は

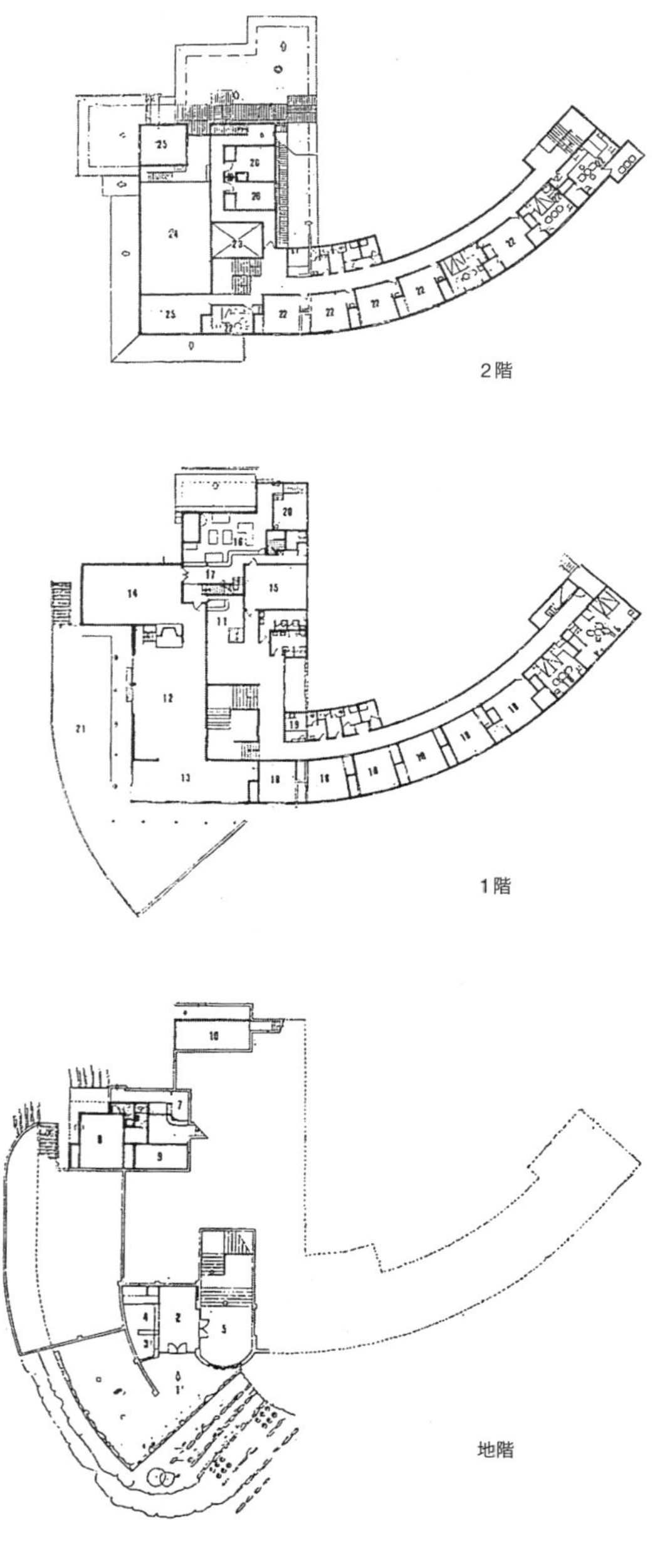

12-19 「叡山ホテル」、平面図

オーク材の板張りにカーペット敷である。廊下は先に外から観察した通り、左方向へ緩やかにカーブを描いて湾曲して奥に進んでおり、手前からその一番先まで見通すことはもちろんできない。

　二階に部屋を予約した宿泊客の場合は、ボーイの後についてさらに階段を上がり、階段ホールから、共同使用のトイレ・浴室と一階と同じプランで並ぶ客室の前を、同じく左に湾曲した廊下を奥(東)へと歩いて進んでいく。二階には客室が一階より一室多く、計九室あり、ほとんど洋室仕様の部屋であった様子だが、下の一階には畳敷きの和室仕様の部屋が何室か用意され、特にその部屋では天井を杉磨丸太と竹の格天井にするなど〈和〉の工夫を凝らしていた。一、二階の廊下の一番奥まった位置の、客室棟の最東端部にある階段室前に、上下階ともに「貴賓室」と呼ばれる「続き部屋《スウィート》」が置かれていた。このホテルのなかで宿泊料が最も高く設定されていたと考えられる二階の「スウィート」に案内されて泊まる宿泊客は、最初に、円テーブルに何脚かの肘掛椅子などが囲む「居間」風の空間へ入ることになる。この居間部分を中心にして、南の窓際側に縁側状の場所があり、天井には吹寄せの細竹が十字形に天井面に付けられている(12-21)。縁側の西側は浴室・トイレが占め、反対の東側は、「サンルーム」に通じている。居間に連続してベッドの置かれた寝室用のスペースがあり、固定壁なしで連続し、寝室のいちばん奥の山側に、小さな窓が開けられて風と光を通している。居間と寝室の間の天井下には欄間が取り付けられ、「都ホテル五号館」の寝室の場合と同じように、欄間下にカーテンレールを取り付け、就寝時にはカーテンを引いて外光を遮断できるようにしている。欄間を支える柱は、ベッド側が竹、居間側が杉面皮の合わせ柱で、壁面は栓《せん》の練付け。他方でこの欄間の上の漆喰塗の天井面を、面皮付きの磨き丸太を三本並べた化粧桁として、居間と寝室の天井面を一直線に貫くように通されていて、二つの空間の連続性を上から強調させている。

12-20　左手に客室のある廊下と中庭に面した窓(東側から西方向を振り返る)

　この二階の「貴賓室」が、真下の一階の「貴賓室」に比べて特別な点は、部屋の南東出隅部にもう一部屋、「サンルーム」があり、外部の張出し部の底部を、挟み梁で強化された方杖で支持されたバルコニーをつけ、その張出し部分を室内空間として取り込む形で付設されている点にある。ここへは寝室

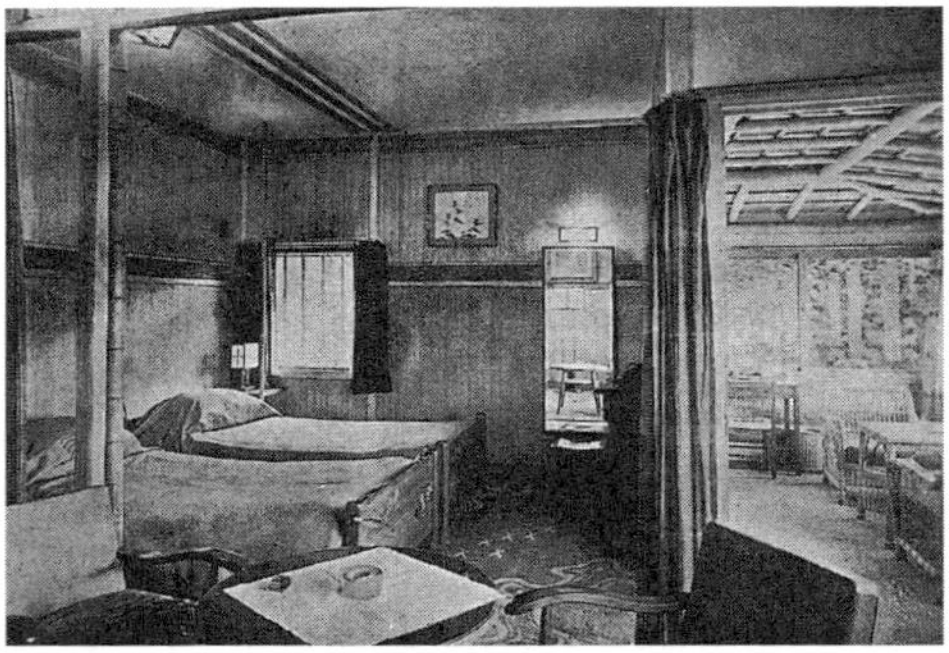

12-21　貴賓室のインテリア

からも引違い戸を開けて入ることができるが、居間の方からドアを開けてその部屋の中へ入ることもできる。四畳間ほどの広さで、窓際にテーブルと二脚の肘掛椅子があり、眺めの広い谷側(南)と緑の崖の山側(東)に大きな引違いのガラス戸が入り、昼夜ともに、東の琵琶湖方向から西の京都市街の方向への部屋からの眺望を満喫できるように配慮されている。杉板張りの壁に囲まれたこの部屋で一番興味深いインテリア・デザインの部分は天井面の意匠で、サンルームだから〈洋〉風で、というわけではなく、ここでは逆に〈和〉を強く意識した数寄屋風の「亭式天井」(化粧屋根裏天井)になっていて、太さの異なる丸太の桁や棰や母屋を組んだ後、その上を杉板張りで纏めている。

〈大和〉の味溢れるロビーを楽しむ

部屋を出て、今度は本館一階にあるロビーへと向かう。階段で一階へ降り、右に中庭へ出るための玄関があり、逆の左手には先ほど地下の玄関から登ってきた階段があるあたりを過ぎた所で、左(南)へ鉤型に曲がると、右手奥には短いカウンターが見え、椅子や卓子が置かれた床の手前に、大きな長方形の囲炉裏風の平炉が設置され、その上の煙突が大屋根にまで抜けている小さな「酒場」がある。そのバー・コーナーの右手の通路を奥に入って行くと、「小食堂」と呼ばれる、三六㎡ほどの広さの、裏庭に面したレストランがあり、そこで宿泊客でない日帰り客用にランチやディナーが供される。

正面に「パーラー」と呼ばれるメイン・ロビーがあり、その間を仕切る透明なガラス入りの引違い戸を横に引いて、いよいよロビーの中へ入り込む。初めてロビーに足を踏み入れた客は誰でも、ほーっと低く嘆声をあげて最初にとるのは、首を後に反らせてロビー上方を仰ぎ見る姿勢であろう。天井部分で豪快に交錯している、屋根裏の構成や材料を剥き出しにした、いわゆる「化粧屋根裏天井」の小屋組の豪快な構成。栂《つが》だろうか、粗い樹皮をそのまま残した太い丸太がわずかに傾斜しながら登梁として部屋の西壁から東側の壁に向かって緩く昇っており、その上で母屋がこれに何本も交差している様子が、最初に客たちの目に飛び込んでくる。庭(西)側の壁の柱からは皮を剥いだ杉材の方杖が、反対の東側の壁からは挟み方杖が、急角度に上昇して梁を固定し、面白いのはさら

12-22　メイン・ロビー

にその先に伸びて屋根裏にまで突き抜けている。梁の上の小屋束に棟桁と母屋が乗り、さらにその上の棰といった、ほとんどが製材されていない丸太の状態の大小の部材が、剥き出しの状態で組まれ、客たちはそれを下から直接目撃することができる。いかにも山岳ホテルにふさわしい荒々しい組立てを最初に仰ぎ見た客たちは、思わず呻《うめ》かずにはいられない。棰の上には竹の小舞が渡され、図面には、その上に葦簀《よしず》を「三枚重ね」にして張る、と指定されているが、これもまた大和の民家によく見かける天井の処理で、俗にいう「大和天井」の葦簀張りの手法を応用したものである。一般的な大和天井の葦簀張りの場合では、葦簀と葦簀の間に漆喰や練り土などを挟んで両側から強く押しつけて目を埋め、目の間からはみ出した漆喰や練り土の凹凸の侘びた風情を効果として楽しんだりするが、ここでは間には何も挟まずに、むしろ逆に、下から上昇した室内の空気を天井裏に抜く通気性の方を、より大切に考えたデザインのように見える。(12-22、12-23)

南北方向に長辺を持つ長方形の平面で、一二〇㎡弱の広さを持つロビーの空間へ入る客室側からの入口が置かれた東側の壁面線から、ロビー内へ二mほどの位置に、こちらは磨いた二本の杉丸太を並べた間に細いスリットを入れた束柱《たばねばしら》風の柱が、周囲から独立して立っており、ロビーの空間全体への一種の「結界柱」として、あるいは伝統的な民家でいえば

12-23 ロビーに立つ束柱と照明具

「大黒柱」といった風情で、その場を空間的に引き締める効果を上げている。「結界」としては、この束柱の西側が、椅子・テーブルなどの家具が置かれた本来のラウンジの空間であり、その東側が、右手(北)奥にある「大食堂」と、左手(南)奥の「サンルーム」を直線的に繋ぐ、「通路」用の空間であることを、この柱がそれとなく示している。この大黒柱風の束柱は、上で登梁の一本を固定し、さらに最頂部で棟桁を支えている。一方でこの柱の中間部には、X形に組んだ腕木《ブラケット》を挟んで固定しており、その先端に球状のガラス・シェードの照明具を乗せている。この柱は威圧的とはいえないまでも、それでもある種の象徴性を帯び、周囲の空間をそれとない姿で柔らかく支配している。

二階バルコニーからロビーを見下ろす

ロビー北側の壁沿いには大きなマントルピースのある暖炉があり、束柱とは別にロビーの空間のもう一つの〈焦点〉となっているが、このホテルは、冷え込みの厳しい冬季は原則的に休業していたので、炉床で実際に火が燃やされるような夜があったかどうかは定かではない。この暖炉を跨ぐような形でその上部を斜めに、南側から北側へ、壁に沿って二階へ上がる木製階段があり、壁の反対側を手摺だけでオープンにし、そこからロビーを見渡しながら上り切ると、暖炉の真上の位置へと出ることになる。さらに奥へは、ロビーの北側と東側の二階レヴェルを鉤型に巡るバルコニーが続き、ロビーの様子を二階のレヴェルから見下ろすことができるようになっている。階段を上り切った北東側の隅に図面には「音楽室」と書かれた一二㎡ほどの広さの幅広の廊下がバルコニーから奥へ短く伸びているが、室内楽か軽音楽の演奏をここで奏でさせたのだろうか。この二階の「音楽室」の位置からロビーを見下ろすと、ロビー全体を下方に見渡すことができる(12-24)。一五m×八mほどの広さの床が、オーク材でフローリングされており、先の独立柱の西側の床面のほとんどを覆うような大きなカーペットが敷かれている。その上に、小テーブルを囲む肘掛椅子や長椅子などが、床面一杯に四、五

12-24　2階バルコニーからロビーを見下ろす

組配されており、これらの椅子に腰掛けて新聞を読んだり、広い西側の開口部から庭園を見るともなく眺めたりする人や、家族で団欒している人たちの姿がちらほら見える。床面積に対しての椅子の数の多さは、ロビーが「パーラー」と呼ばれていたことからもある程度推測できるように、この場所が宿泊客用のロビーとしての機能を帯びていただけではなく、昼間には、山頂近くの延暦寺などへの行楽客たちがここへ立ち寄り、飲み物や軽い食事を摂ったりする、多くの日帰り客用の喫茶室としての利用を想定していたためであったと思われる。ロビーの東側の壁面には、大きな絵画が掛けられ、その絵の前の空間に、天井から吊り下ろされた、和船の船型を模したものと思われる、木製のペンダント・ライトが明るく輝き、静かな夜のロビーに、やや赤みを帯びた光を投げかけている。

独立柱の東側の、幅二・四mほどのスペースは、前述のように南北を結ぶ通路になっていて、その床には細長く続くカーペットが敷かれ、北側の「大食堂」と南の「サンルーム」の間を連絡する廊下の役割を果たしているが、ロビーとの間に固定した仕切り壁とかはなく、わずかに低い衝立や植木などが置かれて区別されているだけである。一方、廊下部分を別にした、ロビーと南側にある「サンルーム」と呼ばれている部屋との間は、間口の二分の一ほどを、太い格子の固定した障壁が占め、外から来る強い光で鮮やかな陰影模様を見せている。残り半分の間口は、明るいサンルームのコンクリートの三和土《たたき》の床にそのまま入っていけるように開放されている。サンルームにもかなりの数の籐椅子が用意され、また外の広いテラスの面した東側と南側に大きなガラスの引戸が入れられている。夏季などにはこれを大きく引き開けて風を通し、日が落ちた後などには、ロビーの西側の庭面からサンルームの南面にまで鉤型に回してある、捨柱まで二m弱、軒先まで三mもある深い軒の出の土庇《つちびさし》の下を通って、そのまま展望テラスへ出られるようにもなっている。またロビーに一時的に客があふれた時などには、サンルームをパーラーの一部として補助的に使えるようにも考慮されていた。このサンルームは東西に細長い、六〇㎡ほどの広さを持つ部屋だが、この部屋の同じ梁間（四・六m）が、そのまま客室の南北の間口と同調して、東に伸びる客室棟の壁に連結し、特徴のある円弧形のプランの輪郭の一部分を構成している。この平面上の展開は見事なものであり、「本館棟」と「宿泊棟」のプランの輪郭そのものが非常に美しく、設計者としての村野の美意識が直截に投影された部分として注目される。

先にケーブルカーの駅のあたりからも見えたコンクリートの展望テラスは、北から南へ円弧を描いて伸び、先端で鉤型に折れて出隅部を鋭く突き出している、地下にあるホテルの玄関上のポーチとなっている部分は、鉄筋コンクリート造の水平スラブだが、ロビー西側の庭園部分は、盛土がされているだけで下にスラブはない。展望テラスのコンクリート打放し仕上げの床の上を、パラペットのところまで歩いて行き、標高七〇〇mの高さから周囲の山並や、はるか下方の京都、大津などの都市や、琵琶湖の湖水をふくむ風景を眺め下ろすことができる。防空上の配慮から、ホテルから俯瞰写真を撮影することも、同じアングルでスケッチすることも一切禁止されていたというのも、ある意味で止むをえないと考えてしまうほど見事な鳥瞰的な景観が眼下に広がっており、その光景を脳裏に焼き付けることで、多くのホテル客は満足して帰ることができたのではないだろうか。その光景の素晴らしさは、先の板垣鷹穂の簡潔だが見事な記述においてすでに見た通りである。

ロビー上の小屋組の構造的な特徴

かなり急峻な山岳地の斜面でのかなりの困難を予想されるこの工事を請負ったのは清水組であったが、先に見たロビーの天井部分の小屋組は、当時まだ若い京都の大工棟梁であった中村外二[12]が、設計者の村野の大体の指示にしたがって自分で組み立てたものであったと伝えられている。中村も後に、大きな戦乱の接近が予感される中、建築資材が不足しがちな状況でどうにか集めた材料を下で刻んで、現場に上げて苦労しながら組み上げ、その結果を村野に褒められてとてもうれしかった、と回顧している。その苦心の結果として、ロビー上の架構は、非常にダイナミックな印象を見る者に与えており、また日本の伝統的な民家の天井を張らない小屋裏の空間等を想起させて、どこか懐かしい気持ちを抱かせている。しかし冷静に考えてみると、この架構は、当時の《モダニズム》の建築家が追い求めていたような〈合理的な構造表現〉とはかなり異なる内容を持つものであったことに、ここで一応注意を払っておかねばならないだろう。逆にいえば、このロビーの空間的魅力は、次に述べるような、〈合理的〉とはいえそうにないような組立ての中で実現されたものであり、またその天井部分に横溢している奔放なダイナミズムといった印象も、むしろある意味で逆の、〈非合理性〉の中で醸成されたものであったかもしれないからである。

　というのもホテルのロビーの上に組み立てられている小屋組——大和地方の大きな民家の〈厨《くりや》〉の土間の上で飛んでいるようなこの木造架構体——は、わずかに残された「叡山ホテル」建設時の断面図等から推測すると、「本館棟」の構造的な小屋組とは、あまり「合理的」に結合していないようにも考えられるからである(12-25)。極端にいえば、この架構体の上には、本館の大屋根を支えているおそらく洋小屋による本来の小屋組があったと思われ、この大屋根の荷重を、先の柱が一部分は受けていたとしても、ロビーを覆っていた、先に見たような丸太の太い梁や母屋や、さらには棟桁を受けていた大黒柱風の束柱などは、本館全体の構造的組成からは、かなりの部分で切り離されたものではなかったかと考えられるからである。村野が残した、一九三六年四月三十日付の「断面図」の中では、理由がわからないが、本館棟、客室棟ともに、肝心の小屋組部分が、斜線で埋められており、わずかに「屋根木造」という短い書き込みがあるだけである。それが和小屋なのか洋小屋なのか、あるいはまた一部にせよ鋼材が使われていたのか否か、といった点について知ることができないと同時に、本来の「本館」の構造的な小屋組と、若い棟梁中村外二が苦心して組み上げたという化粧屋根裏天井の小屋との間の構造的な結合や分離がどうなっていたかも詳しく知ることがなぜか難しくされている(12-26)。壁に一定間隔で立つ真壁の中の「柱」や、屋根裏まで突き抜けて本来の大屋根の小屋に連結しているように見える「方杖」などを別にすれば、極端にいえば、中村外二が直接手掛けて村野に褒められたという架構体の部分は、俗にいう〝屋下に屋を架した〟ものに近い、ある意味では見えがかりの、当時良く使われていた言葉でいえば、〈虚偽構造《シャム・コンストラクション》〉に近い表現であったといえるかもしれない。こうした内部空間の中でのみえがかりの部分と本来の小屋組の分離という表現法は、日本建築の「数寄造」の建築などでは、決して珍しい手法ではなかった。また西欧の伝統的な《様式》建築においても、本来の小屋の下に一見構造的に見える部材を見せて表現をすることも無いわけではなかったし、またその種の伝統的な建築手法が実現する空間を無闇に拒絶しようなどとは、村野自身も毛頭考えてはいなかったはずである。彼はそうしたみえがかりの、つまり建築の世界でよく使われる言葉での、〈化粧〉の材料や骨組を、自分が設

12-25　大和地方の民家、台所土間上の梁架構

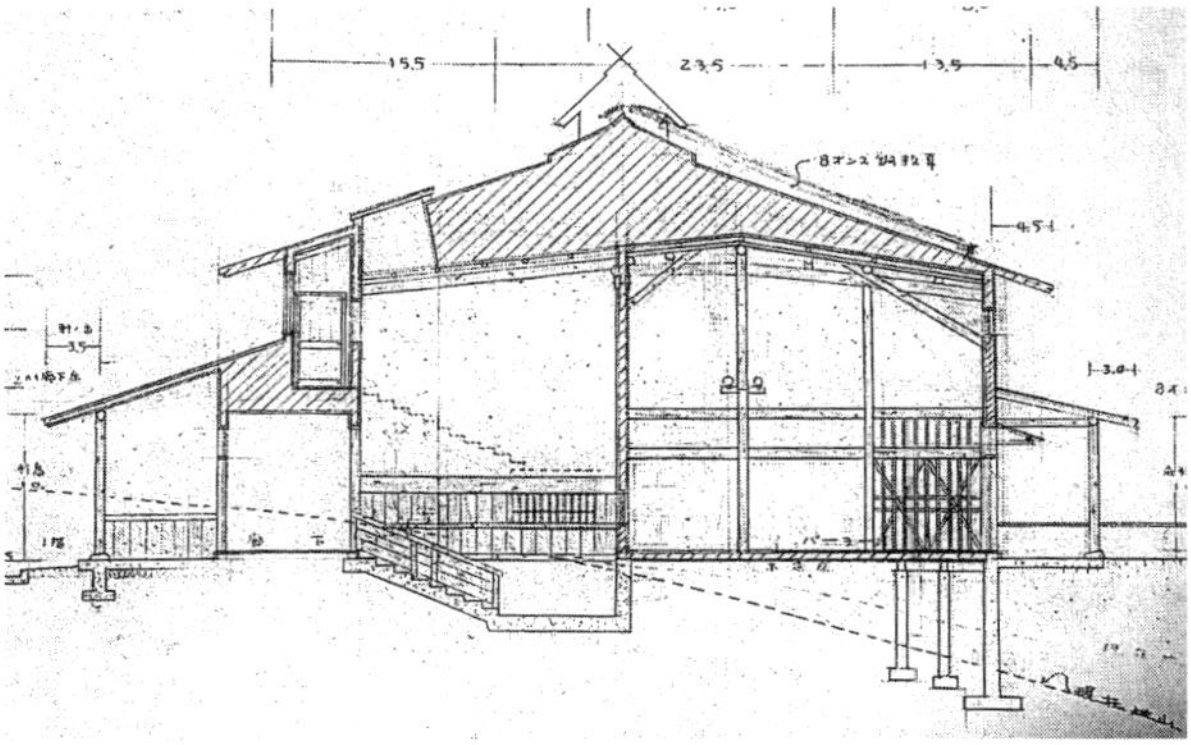

12-26　断面図(階段室とロビー部分)

計する建築においてデザインすることに、おそらく何の屈託もなかったと思われる。ただいわゆる合理主義を標榜する《モダニズム》の側の、現実の構造体を隠すことなく露出して、その力学的な表現を生々しく目に訴えようとするような、リアルで〝真面目〟な構造表現法とは、自ずと一線を画す手法であったことも確かであった。戦後建築界を主導してきた〈モダニスト〉を自負する建築家の多くには、村野のこうした手法を素直に理解することが、彼の最晩年である一九八〇年前後の時点に至ってさえもなお、まだ十分にできていなかったのである。この点については、村野の戦後作品についての考察において詳述することになるだろう。

食堂の天井にも〈大和〉が見える

テラスを後にして、今度は逆に、サンルームを通り抜け、ロビー内の通路部分を北の方向へ歩く。暖炉を右手に見て、突き当たりの壁を左へ折れると、そこは「大食堂」と呼ばれる、宿泊客しか利用できないと板垣が書いていたメイン・ダイニングの入口である。入口に立って室内を眺めると、広さは八〇㎡弱(七×一一m)ほどの、細長く西の崖の方に伸びている長方形の部屋で、その一番奥の壁には、先ほどロープウェイの駅から見上げた時にも確認できた大きなやや横長の窓が、透明ガラス入りの引違いの建具を入れて、夏の夕食時などには、なかなか沈まない夕陽の最後の明かりを受けて白く光っている。同じような大きさの窓が、同じく遠い山並に望む北側と、ホテルの庭園が見える南側の壁にも一つずつ開けられており、すべての窓は、換気用の欄間を開口部の上部に付け、両脇にカーテンを備えている。板垣が、「夏の夕陽を陰に沈ませた連峰の姿が、食堂の二方をめぐる大型のガラス窓を壁画のやうに飾つてゐる。・・・山城の山々は墨絵のやうに美しい」、とその文章の冒頭に書いている「二方」の「ガラス窓」とは、この食堂の西と北側の窓のことであり、これらの窓が一種の〈ピクチャー・ウインドウ〉となって、外の世界を「墨絵」のように見せていたことを教えている。(12–27)

ちなみにこのレストランの地下部分は、ＲＣ造の壁構造で箱状に造られた「女子従業員宿舎」用のスペースで、木造平屋である大食堂は、このコンクリートの箱の真上に出桁で乗り、本館西側の外壁線からも五ｍほど谷側に飛び出した形で建てられ、西側の崖下の方角から見上げると、本館の大屋根の下で片流れの屋根を持つ下屋として本館に一体化しているのが見える。

12-27　大食堂の室内

白いテーブルクロスが掛けられた三人掛けと四人掛けのテーブルが九卓ほど、テーブル・セッティングされた状態の竣工時の写真から判断すると、ホテルの満室時に、すべての宿泊客が夕食を終えるためには、少なくとも客席が二回転はする必要があったように思われる。実はこの「大食堂」の名称にやや反した面積的な狭さは、ホテル側にもやはり最初から問題であったらしく、それを解消するために、竣工の翌年（一九三八年五月）に、既存の大食堂の北側に、倍以上の面積で食堂を増築する設計図が、村野のもとで纏められたものが残っている。先の板垣がこのホテルに泊まったのは一九三九（昭和十四）年の八月だが、この時はまだ増築部のことを書いていないので、その翌年の一九四〇年以降に、ＲＣ造の地下一階）と、木造の地上の食堂増築部分の建物が完成し、「大食堂」がその名に恥じぬ規模のものとなり、地下一階にも従業員専用の厨房や食堂などが増設されたことになる。

したがって竣工後三年ほどは、決して広いとはいえなかったとはいえ、このメイン・ダイニングは、リゾート・ホテルらしい田園的《ラスティック》な雰囲気にあふれた居心地の良いレストランであったことは、板垣の言葉を借りるまでもなく、当時のわずかな写真などを通しても十分に理解することができる。レストランへ料理を運び、また食事が終わった後の皿や器などを下げるための「厨房」とレストランを繋ぐ出入口は、東側の壁の、投宿客用の出入口がある位置の反対側に取られており、そこを通り抜けると、すぐに「パントリー」、さらに「厨房」の空間へと直結している。またこのキッチンの向こう（東）側からは、山の斜面を背景にした裏庭に面した日帰り客用の「小食堂」にも直結し、またロビー脇の「バー」にも連絡しており、村野が設定したサービス動線には、ここでも抜かりがなかったことがわかる。

しかし何といっても、このメイン・ダイニングのインテリア・デザインで出色なのは、ロビーの場合と同じように、食事のための空間を覆う天井面のデザインであろう。ここの天井は、ロビーと同じく小屋が現しになった化粧屋根裏であるが、ロビーとは異なり片流れの屋根の本来の構造にも直結した表現になっている。食堂への入口のある部分が一番高い棟桁の真下の位置で、ここから食堂内を眺めると、窓がある食堂の最奥(西)の壁に向かって天井が傾斜しながら降りている。部屋の約七mの間口の上に、奥の壁の上では磨いた太い杉丸太を軒桁として渡し、順次両側の壁面が高くなるにつれて同じ丸太の母屋を渡して行き、その三本の母屋の列の上に、同じ杉丸太を棰として交差させて丸太の格子に組み、さらにその上に煤竹の小舞を同じく格子状に渡した後、最上層には、ここでも三枚の葦簀《よしず》を重ねたものを天井材として乗せている。この田舎家風の化粧屋根裏天井は、この場合も漆喰を葦簀の間に挟むようなことはしていないが、いわゆる〈大和天井〉の手法を応用したデザインであることは明らかである。

「山小屋の気分を出すため下手物らしい意匠」がない理由

いずれにせよこの「叡山ホテル」のロビーや、大食堂に使われている化粧屋根裏天井の手法は、村野が自分の目で見た、大和地方を中心とした地域の、大屋根の高い棟を持つ民家の落棟の下の暗がりの中にある、竈《くど》や井戸や神棚などがある炊事場の上を飛ぶ、太く豪快な部材を組んだ小屋組についての記憶や、また母屋の部屋の天井を形作る材料の納まりなどを自分の脳裏に思い浮かべながら、それを近代的なホテルのロビー空間に応用したところに出現した、きわめて注目すべきヴァナキュラー・デザインの一例といえるだろう。村野が自ら手掛けた最初の、と同時におそらく日本の近代建築家が意識して手掛けたおそらく最も初期の、本格的な〈ヴァナキュラー建築〉を念頭においた大規模な近代建築のデザインこそが、他ならぬこの「叡山ホテル」であったということもできるのではないか。その意味で、田舎家風のどこか煤けたような印象を伴うこのホテルは、特別に注意を払って向かうべき建築であることを、特にこのロビーの空間が物語っているといえる。先にも少し触れておいたように、村野が常に注目を怠らなかった、一九二〇年代の《モダニズム》の喧伝者、ル・コルビュジエの場合にしても、一九三〇年代に入るか入らないかといった時点で、急速に工業化していく社会への、近代合理主義に基づく《モダニズム》のデザインを浸透させていく作業と並行させる形で、《ヴァナキュラリズム》への傾斜をはっきりと窺わせる一連のデザインを、主に住宅建築の設計において次々と発表するようになっていた。また日本ではそのコルに間接的な影響を受けて、A・レーモンド[13]が、コルの計画案「エラズリス邸」を直接的に模写し、軽井沢にあの「夏の家」(1933)を設計して建て、さらに同じ軽井沢に「聖パウロ教会堂」(1935)などの一連の作品を次々と雑誌発表して、注目されていた。しかしレーモンドの作品は何れも小品であり、またその〈土着性《ヴァナキュラー》〉が、はたしてどこの建築的〝方言〟を意識してデザインされたものなのかが、あまり鮮明に示されていなかった点でも、村野とは異なるデザインであったといえよう。

日本では、大規模で、しかもそれが商業関係の建築の場合には、「叡山ホテル」の場合のように明確に〈地域性〉を建築の内容に取り入れたデザインである場合《ケース》よりも、むしろより通俗的なイメージへの配慮、具体的にいえば欧米の山岳地に立っているロッヂとかヒュッテといった西欧の単語で想起されるような〝山小屋〟のイメージを、かなり安易に応用したデザインが中心であり、その種の建築は、「叡山」以前にも、必ずしも前例がないというわけではなかった。たとえば同じホテルでその種のデザインを採用した建築としては、「叡山」の五年前の「上高地帝国ホテル」(1933)とか、一年前の河口湖の「富士ビュー・ホテル」(1936)などのケースがすぐに思い起こされるが、先に引用した文章の中で板垣鷹穂が、「一般に日本の山岳観光地のホテルでは、故意に山小屋的な気分を出すため下手物《げてもの》らしい太い木組の意匠などを使うのが常であるし、歴史に関係の深い土地では安っぽい擬古主義を発揮しやすい」と的確に難点を指摘して批判していた内容がそれらのホテルに少なからず見受けられたのもたしかである。外観や内部に、無国籍な田舎家風のデザインを施した山岳型ホテルや、日本の過去の建築意匠を安易に再現した「擬古」的なリゾートホテルの類のことを板垣は指して批判している。だからこそ板垣は、「比叡山ホテルは巧妙にこの危険を避けて、観光ホテルらしい嫌味を少しも感じさせないところ、注目に値する優秀作」だと、称賛してやまなかったのだ。「観光ホテル」につきものの「嫌味」が、この「叡山ホテル」にはないと板垣が直感したのは、村野が〈大和棟の民家〉という文字通りに〈ヴァナキュラー〉な、まさに地域に〝土着した方言的〟な建築を、〈本歌〉つまり原典として、しっかりと据えた上、建築的単語をただ寄せ集めて並べただけではない、自分自身の〈現在〉の表現に昇華してデザインしているのを的確に見抜いていたからに他ならない。板垣は、村野が〈ヴァナキュラー建築〉から抽出したエッセンスをひとつの形にまとめ上げながら大胆に展開させたデザインに、いわゆる〝まがいもの《キッチュ》〟を少しでも見出していたとしたら、「注目に値する優秀作」などという折り紙を付けることに躊躇《ためら》ったに違いない。

叡山ホテルの解体後

一九三七年七月十日に開業した「叡山ホテル」は、標高七〇〇mという高地にあったため、厳冬期には上水道の凍結などが当然考えられ、年間を通しての営業は実際には不可能であり、営業開始が六月末から七月初旬で、九月中旬までにはその年の営業を終えて閉鎖する(開業年度のみ十一月まで)という、夏季中心の営業を原則としていた。通算七シーズンの営業を終えた、一九四三(昭和十八)年九月十日、すべての営業を終え、ホテルは完全に閉館した。閉館の理由は、日米間の太平洋戦争がますます激化していくなかで、出資者である「京都電灯」が前年の一九四二年(昭和十七)に、戦時下統制のもとで鉄道事業の分離を求められた結果、新たに「京福電気鉄道」が発足して鉄道事業を引き継いだが、ホテル経営が本来の事業内容にふさわしくなくなったことと、また外国人を含めて利用者の激減や、ホテル経営に欠かせない食品飲料等の物資不足といった経済的理由とともに、贅沢禁止や、欧米風の生活慣習の排斥、などといった戦時下の社会風潮が重なっての必然的な帰結としての閉館であった。その翌年の一九四四(昭和十九)年、建物自体も解体され、木材を中心とした建築材料は、山から降ろされて、跡地には、わずかに鉄筋コンクリート造によるもとの地下部分と一階テラスを残すのみで、地上部分の建物は比叡山からすべて姿を消した。

同じ一九四四年には、砲弾等の不足を補う目的で、当時鋼鉄をはじめとする金属類の軍事のための「供出」要求がますます強まっていた時でもあり、そうした中で、全国の遊覧用のケーブルカーの、主にその鋼索《ケーブル》や鉄路《レール》の「供出」を理由とした路線の整理撤廃が進められる中で、「比叡山鋼索鉄道線」もついに廃線となって、鉄道による延暦寺への観光ルートそのものが、戦後しばらくして再開されるまで、一時期完全にストップした。

ところでこの時に山を降りた「叡山ホテル」の大量の木材は、物資不足の当時の社会の中では、そのまま廃棄、または焼却されてしまうことは到底考えられなかったので、はたしてそれがどこへ行き、またどのように再利用されたかということについて、かなり以前から村野研究者の一部で話題になり、その行き先探しが行われていた。その行き先について、先に「ホテル」の主要な木工事部分を担当した大工棟梁として触れた中村外二が、最晩年に、ある建築雑誌で企画された、草創期の村野事務所の有力メンバーの一人であった石原季夫と対談した時に、その対談を企画した編集長(吉田龍彦)に対して、一連の対話の中で、きわめて注目すべき発言をし、それを石原も認めたという話を、後に私は吉田から直接聞かされて驚いた。中村はその席で、「叡山ホテル」についての回想の一つとして、ホテルが解体された後、その木材の一部は終戦前に三重県鈴鹿の地に運ばれ、やはり同じ村野藤吾が設計した「鈴鹿海軍航空隊将校集会所」と呼ばれた建築の建設に利用された、と語ったというのである。[14] この「海軍航空隊将校集会所」なる建築は、一般的な村野の「作品歴」の中にはリストアップされることのない作品であり、またその建物のデザインの内容についても、いまだに誰も具体的に説明できない、いわば「幻の村野建築」の一つとなっている建築である。しかしこの建物は、日本が無条件降伏を受諾して敗戦を認めた、一九四五(昭和二十)年八月以前に、実際に鈴鹿に完成して海軍に引渡されていたといわれ、村野自身も戦後も三十数年が経った時点でようやく、この建築を設計することになった経緯と建物の大体の輪郭について、あるエッセイの中に簡潔に触れ、次のように書いている。

鈴鹿の航空隊からの村野への呼出し状

それによれば、「昭和十九年早春の頃某日、突然、鈴鹿の海軍航空隊から私宛に出頭の通知がきたので、何事かと思って行ってみると、若い技術将校が出てきて、航空隊の将校集会所を建てるから設計してもらいたい、ついては建物の表現や内容は比叡山ホテルのようにしてもらいたい」と、直接に村野は依頼を受けたという。そうしてできた将校クラブは、「木造平屋建て一部二階つきで延べ七百から千坪程度の規模のものであったと思う」と回顧している所からすると、敗色濃厚な当時の日本の社会情勢では考えられないような、大規模で贅沢な建築であったことがわかる。[15] 海軍の営繕を担当していた蔵前の東京高等工業学校の建築出身の若い技術将校(天野俊一)から、「叡山ホテル」の建築を大変気に入ったので、これに似たような雰囲気を持つ木造の建物を、「海軍航空隊将校集会所」、つまり将校クラブとして鈴鹿に建てるために設計を引き受けてもらいたい、と頼まれた時、村野自身としては、比叡山のような丘陵地に建つ建築と、鈴鹿のような平坦地に建てる建物を同じような形に設計することには問題があると内心思いつつも、ともかく木造による大スパンのクラブ建築の設計を、彼自身の言葉でいえば「美術建築」として、つまり戦時下だといっても仮設物としてではなく、本格的にデザインされた建築として設計して図面を渡したと語っている。工事の請負業者も決定して、いざ着工という段階を迎えたが、設計をはじめた一九四四年頃といえば戦況はますます厳しく、「果せるかな、建築材料はしだいに不自由さが加わり、ことに大空間を支える大木は底をついて入手が困難で、海軍の力をもってしても入手があやぶまれ」るような状況になった。そのような局面になった時、地元の実業家でありました資産家で、同時に芸術表現の世界、たとえば陶芸作家としても広く知られた人物であった川喜多半泥子[16]が、この困難を救うために一肌脱ぐことを申し出て、自分が所有する山の樹木を無償で大量に伐り出して工事用に提供したことで、このクラブの建設はどうにか順調に進み完成に漕ぎつけることができたらしい。

実はこの話にはさらに続きがあり、戦後発注者である海軍が日本の武力放棄の中で解体されてしまうと、鈴鹿の地に打ち捨てられたかたちになったこの建築が、一九五一(昭和二六)年、村野藤吾の設計によって竣工し、開業することになる同じ三重県の「志摩観光ホテル」の建築のための主軸となる木材として目を付けられ、それが実行に移されることになった。先に紹介した村野のエッセイの中には、鈴鹿へ彼がその木材を選定に行った時のことを、短い文章の最後の方で、簡潔な文章であるが、きわめて感動的に綴っている。興味深いのは、村野はなぜか、中村外二が語ったように、それらの木材が「半泥子」の山から切りだされたものだとは書いているが、その中に「叡山ホテル」から移送された材木も含まれていた、とは実は一言も書いてはいないのである。村野が長い歳月の間に、その事実をすっかり失念していたために書かなかったのか、実際にそうした事実は何もなかったためなのか、どちらが真実なのか判断に迷うところであるが、しかしもしこれが、当事者である大工棟梁中村外二が晩年に漏らした話の通りであったと仮に考えるならば、(つまり「叡山ホテル」で使われていた材料が、「海軍将校集会所」の建設に使われたとしたら)、「叡山ホテル」の材料は、「海軍将校集会所」から奇異な運命をたどり、まさに廻り廻って、戦後の「志摩観光ホテル」に運び込まれて、再々利用されて今もそこに建っているかもしれない・・・、といった推測を、二〇〇〇年に筆者が書いた、戦前から戦後にかけての村野の一連のホテル建築に関するある文章の中で、木造建築の骨格材のある意味で運命的といえるような巡回として紹介した。その拙文中で次のように書いている。

「その[対談]の席で、中村、石原両氏がともに確認したということは驚くべきことだが、終戦直前に完成した『海軍航空隊将校集会所』の、丸太を組み上げた木造架構の部材の一部には、川喜多半泥子の山から切り出された材木だけでなく、実は、比叡山にあった先のホテルが一九四三年に営業を中止し、解体された直後、その主要な部材が鈴鹿に運ばれて使われた、というのである。このことについては生前の村野は、・・・どこにも一言も言及していないが、建設現場にいたと思われる石原や中村がそれを記憶していたとすれば、がぜん信憑性が増してくる話である。資材不足であった当時の状況の中で、解体されたホテルの木材があり、さらにそれを京都から鈴鹿へ山越えで運ぶトラックなどの運送手段は、十分に持ち合わせていたはずの海軍の組織力のことを考えれば、これは大いにあり得る話ではないか、と思えてくる。むしろ逆に、比叡山のホテルが解体された、という現実から、鈴鹿に「将校集会所」をこれを利用して建てよう、というアイディアが、村野を呼び出した側の「若い技術将校」(略)の彼の頭の中に生まれ、そこからこの構想のすべてが始まった、と考えた方が、終戦直前の話としては、素直に理解できるのではないだろうか[17]」

ホテルの木材の再利用についての新たな情報

その数年後の、二〇〇四年七月、上記のような拙文を読んだという、京都府城陽市に在住の郷土史家、杉浦喜代一[18]という方から大きな封書が、当時勤務していた私の大学宛てに届き、その中に「叡山ホテル」の解体後の落ち着き先について、これまでの村野研究者のほとんど誰も知らなかったと思われる新たな情報が、以下に簡単に紹介するような内容で、記されていた。杉浦の便りには、「叡山ホテル」は解体された後、中村が話していたように鈴鹿へ向かったのではなく、実際には京都市南郊の、現在の「城陽市寺田」、旧「京都府久世郡寺田村」に運び込まれ、その地で、比叡山にあった時とほぼ同じ形に復元され、戦中から戦後にかけて、建物の用途はいろいろと変えながら、一九五〇年代半ば近くまで実際に使われて存続していた、という耳慣れない情報が書かれていた。封書の中にはこの他にも、戦後撮られた同地での写真のコピーや、移築後の簡単な役所への届出用の平面図の写しなども同封されており、「叡山ホテル」が寺田の地に再構築されたことは、ほとんど間違いない事実と思われたので、その旨を書いて、すぐに礼状を認《したた》めて送ったが、折り返しさらなる資料を入れた返信が届いた。

この時に送られてきた二度の手紙やさまざまな資料をもとに整理すれば、この移築には以下のような経緯があったことがわかった。大戦末期の寺田村に「島津製作所寺田工場」という軍需工場が急遽建設されることになり、そこで「特攻」用の飛行機の部品を作ることになり、この工場で働く人たちが寝起きをする宿舎が必要になり、その寄宿施設として、(払い下げ前後の経緯はわからないが)京都に本社がある「島津製作所」がもらい受ける形で、解体された「叡山ホテル」の建築材料のほとんどをそのまま寺田に運び、それを移築復元する形で「宿舎」として再生利用した、ということであったらしい。このことは、戦後この建物が老朽化を理由に最終的に解体されて無くなった後も、地元では住民に語り継がれていた話でもあり、それを証明するかなりの文献、記録などとともに、旧ホテルの木材が鈴鹿の将校クラブの現場に運ばれて使われたかもしれないという、私の前述のような記述には、基本的に無理があるのではないかという、正当な指摘が手紙の中でされていた。さらに興味深かったのはその手紙には、そうした事実の生証人の一人として、ある人物の回想記も同封されていて、寺田に移築当初の旧「ホテル」の建物の利用状況なども明らかにされていた点であった。太平洋戦争の最終年である一九四五年に、この年の春の京都の「第三高等学校」の「文科」の新入生であり、寺田のこの工場に学徒動員された四十数名の学生の一人として、実際にこの「寄宿舎」に一ケ月近く寝泊まりし、またその場所であの「八月十五日」の日を迎えたという、薗田香融[19](関西大学名誉教授)の、「三高同窓会」誌の中に書いた、興味深いエッセイがそれである。

この薗田の回想記には、工場で働くために、一九四五年春に三高に入学した新入生たちが、夏になって寺田に呼び出され、周囲が竹藪であったことから別称で「竹工場」と呼ばれていた「島津製作所」の新工場で働く用意をするかたわら、「瀟洒なロッジ風の建物」である「寄宿舎」での合宿や、同じ建物のなかでの講義や、畑での農作業などの当時の学生生活の様子が活写されている。新入生たちは自分たちが入った寄宿舎を、いつからか誰言うともなく、「叡山ホテル」と呼ぶようになっていた事実や、薗田が戦後しばらく経ってから、その寄宿舎が写っている米空軍撮影の航空写真を探し出し、そこに写っている建物の特徴的な輪郭などから判断して、「寺田の寄宿舎は、もと比叡山四明岳に建っていたホテルを移築した正真正銘の『叡山ホテル』である」ことを確信したことなども綴られている。薗田によるその入寮記には、彼らが寝起きしていた居室の様子も書かれており、「建物の内部には、十畳間の和室が上下階とも各五～六室あり」、それぞれ学生が一室を数人ずつの相部屋で入って使用したことや、かつての本館棟と思われる「別棟の食堂兼集会室に集まって会食した」り、講義を受けたりしたことなども書かれているが、あの特徴的なロビーの豪快な小屋組についての記述は、なぜか薗田の回想の中には、どこにも見出すことができないのは不思議といえば不思議である。

最初に送られてきた杉浦の手紙にあった「寺田工場配置図」の一部にある「寄宿舎」の輪郭や、その後続いて送られてきた米軍撮影の「航空写真」の拡大コピーの寄宿舎の屋根などを見ると、その建物が紛れもなく比叡山から運ばれて、それも原形にかなり忠実に再築されたものであることは誰もが認めざるを得ない事実と思えた。航空写真には、当時の「奈良電寺田駅」(現近鉄)から東へ進んだところを南北に切っている「省線奈良線」(現JR線)のあたりから東に向かって始まる、見事な並木が続く「水度神社」への参道がくっきりと写っており、その参道の北側に、「島津」の工場の建物があり、参道の反対側の南の、神社に近い田畑の中に、「寄宿舎」の建物も、ポツンと孤立して建っているのが、小さな屋根伏図のような形で見える。「寄宿舎」はまさしく在りし日の「叡山ホテル」を、先に裏山から見下ろした時の輪郭そのままで、大食堂を北側に下屋として増築した後の本館棟と、そこから湾曲しながら伸びる宿泊棟というあの独特の平面構成がしっかりと写っており、地下一階以外の一、二階部分が、ほとんどそのまま移築されたことを確認することができる。杉浦によれば、この建物は戦後になって、「寺田工場」から名称を「城南農工場」と呼び替えられ、「寄宿舎」もまた「城南荘」と名付けられて、敗戦直後は海外の植民地から、着のみ着のままの状態で帰って来た引揚者を収容するための宿舎として使われて、その人たちから久しぶりに本格的な屋根の下で安心して眠ることができると感謝されたり、さらにその後には、建物の一部が町立の保育園の施設として使われたりもしたという、その後の様子も書かれていた。戦後撮影された、もとのホテルでいえば裏庭側から撮った写真に写っている旧宿泊棟部分には、屋根はもとの上下二重の変形の大和棟風の形式ではなくなり、一般的な瓦葺の切妻屋根に変わっているようだが、かつての本館棟と宿泊棟の基本的な構成と、厨房用の下屋部分と、後に増築された大食堂の増床部分なども含めて、ほとんど原形のままに残して忠実に復元されていたことがわかるし、また当時の青焼の平面図などからもそれを確認することができる。この「城南荘」も、一九五九(昭和三四)に競売にかけられ、間もなく解体されて敷地から運びだされ、現地はもとの更地に戻され、この時本当に「叡山ホテル」は地上から姿を消した。(20)

鈴鹿へ送られた叡山ホテルの木材は全くなかったか

以上のような、寺田地域の郷土史研究者からの貴重な情報から判断すると、中村外二が生前に行ったという発言は、中村が私たちに誤った証言を残したか、もしくは彼の他意のない単なる記憶違いによるもの、というところに決着しそうに思われるが、しかし杉浦自身も手紙の中で、「必要な部材が一部は鈴鹿へ、一部は城陽・寺田へと運ばれたと考えることも出来ると思います」と親切に書き添えていたように、私個人としては、中村の発言を、単純な記憶違いからきた発言として片づけるのは、必ずしも適切な判断ではないように思えてならない。基本的な認識としては、「叡山ホテル」の平面計画と、建物の骨格(構造体)が、一部ではなくほとんど全体にわたって、そのまま寺田に移されたことは、あきらかな事実として最初に認めなければならないが、問題は、寺田に運ばれた「叡山ホテル」の骨格(構造)や皮膚(壁や屋根)に使われた基本的な材料のほかにも、あえてわざわざ鈴鹿山脈を越えて将校クラブの現場にまで運び込むべき材料(木材)がはたしてあったか否か、という点の詮索がここでは重要ではないかと思われる。もし中村外二の言葉の信憑性を信じるならば、間違いなくそうした「ホテル」の部分があったはずだと考えられるからである。それこそが、あのロビー周りの空間をダイナミックに構成していたにもかかわらず、基本的に「化粧材」であったかもしれないと先に指摘しておいた、非常に骨太な梁や桁や母屋などの木材群ではなかったか。

先に「叡山ホテル」のロビーの「化粧屋根裏天井」について詳しく触れた時に、この天井部分に交錯し、見上げる者の目をしばし捉えて離さないあの大梁や棟桁や母屋などは、おそらく「本館棟」の大屋根の荷重を全面的に受けてはいなかったのではないか、仮に一部で受けていたとしても、大屋根の本来の小屋組は、私たちが直接目にするような、ロビー上の「化粧屋根裏天井」の太い梁や桁がなくても十分に機能するように、断面図の斜線部分の奥に、本来の構造上の小屋組が隠されていたのではなかったか、と指摘しておいた。極端な想像をするならば、ロビー周りの、梁、桁、母屋などの野太い水平材は、「大黒柱」風と書いた独立柱も含めて、ロビー空間の視覚的〝主役〟をたしかに演じてはいたが、しかし実は部材《メンバー》がごっそり抜けてどこかへ〝逃走〟したとしても、本館棟の〝屋台骨〟そのものは、びくともせずに建っているように造られていたのではなかったか。もしそうだとすれば、大空間を架構するための大きな木材の不足に悩んでいた戦時下の鈴鹿の現場関係者は、これらの木材は、まさに格好の建築材料として大歓迎して受け入れたことは想像に難くないところだろう。

村野が、海軍の若い技術将校に呼びだされた時に、彼から聞いたのは、「建物の表現や内容は比叡山ホテルのようにしてもらいたい」と言われたと書いているが、この場合、「建物の表現や内容」が、最も如実に直截的に表出されていた場所こそ、本館棟のロビーや大食堂の吹抜けの空間であったのは言うまでもないことだ。若い海軍将校がそうした注文を出す時に、自分の脳裏に浮かべていたのが、あの化粧屋根裏天井の豪快な木組の構成であったことは明らかである。とすれば、今となっては確認する術《すべ》はすべて失われ、あくまでも推測の域を出ない話であるが、こうした注文を発注者である海軍から受けた村野藤吾と、若い棟梁中村外二が、ホテルの空間の中で一式「化粧材」として収められていた形のこの場所の、梁や桁や母屋などの水平材や、独立柱などの垂直材を、新しい「海軍将校集会所」の、おそらく吹抜けになっていたはずの「ホール」の大空間の中に、再び大胆に架構して、施主の期待に応えたことも容易に想像することができるだろう。もしこうした推測が事実だとすれば、戦中から戦後にかけて、寺田の地に「寄宿舎」として再築されたホテルの建物を利用した時のことをさまざまな形で回想する人たちが、宿泊棟部分の内外についてはさまざまな角度から言及してその様子を伝えているにもかかわらず、「集会室」とその頃呼ばれていたらしい、かつてのホテル本館棟のロビー部分と、そこにあったはずの、あの特異な天井構成についての印象記が、ほとんど見当たらない理由も自ずとわかってくるような気がする。なぜなら、学徒動員生や引揚者たちが、ホテル時代と変わらずやはり吹抜けの空間であったらしい「集会室」の高い天井を見上げても、比叡山の中腹にあったホテルのロビーを覆っていた豪快な梁・桁・柱の立体構成を、そこに見ることはなかったかもしれないからである。彼らがそこに見たものはそれらが抜き取られた後、いわば、〝蛻《もぬけ》の殻〟、といった状態であり、もしそうなら、その場所は、ホテル時代の野趣味あふれたヴァナキュラーな空間ではなく、村野の建築的〈表現〉とはほとんど無縁ともいえる、小さな体育館か講堂のような佇まいの、天井の高いガランとした構築的骨組があるのみの場所であったに違いない。というのも、「建物の表現や内容は比叡山ホテルのように」という海軍将校の要望で、梁や桁や母屋や束柱といった、かつての芝居小屋《ロビー》を華やかに彩っていた花形の役者たち《メンバーズ》は、〝一座〟を組んで鈴鹿へ移動し、B29の空襲下で、村野の新しい出し物《デザイン》を演じて奮闘公演中であったのであり、残っていた役者たちは、本物の屋台を支える、堅実だがその分地味な演技しか見せない、構造上の柱や小屋組たちであったはずだからである。

村野は、先の「志摩観光ホテル」の建設時を回顧したエッセイの中で、解体された「将校集会所」の建物の材料を、終戦直後の材料不足の時代を背景に、新しいホテルの用材に再利用する目的で、もう一度使えそうな木材を選定するために、再び鈴鹿の地を訪れ、変わり果てた姿の将校クラブの用材に再会していたかもしれない。そのことの真否はともかくこの時の印象を彼は、後に次のような清冽な文章にまとめて私たちに残している。

あるホテルのエピローグと、別のホテルのプロローグ

「戦後は長い間、建築は不急不要の烙印が押されて困難な時代が続いた。ましてや戦後間もない頃である。古い建物を活用するしか方法がなかったのは当然である。大林組の請負で工事が始められてから間もない頃現地に行ってみた。かつての帝国海軍航空隊の鈴鹿集会所である。その集会所の大空間を権威づけていた、大きな柱、大きな梁、天野海軍技術将校の熱意と川喜多半泥子翁の義挙によってできた梁も柱も、ばらばらになって残骸のように野天にさらされていた。私は、暗然とした気持ちになって、一本一本洗ってやった。この柱もこの梁も生きものだと思った。そして、彼らが、再び、ありし日の権威を取り戻すようにと祈る気持ちで、新しい場所のためにしるしをつけてやった。いくらかの材料を加え、ともかく第一期のホテルができあがったのである。創建当時のことを思えば、今日の繁栄など予

12-28 「志摩観光ホテル」

12-29 同ホテルの大食堂。叡山ホテルの食堂の雰囲気を強く伝えている

想もつかないことである。」[21](12-28、12-29)

あえなく解体され野曝しにされ、地面にゴロリと横たえられたり、手荒に積みあげられたりしている、かつての「鈴鹿集会所」の「大きな柱」や「大きな梁」を前にして、それらが一つの建物を構成するために欠くことのできない貴重な部材《メンバー》、つまり構成員《メンバー》として、つい最近まで一つの建築(将校クラブ)の中で生きていたこと、つまりその建物が単なる物質のかたまり、集成体であるだけでなく、それ以上の、「生きもの」であったこと改めて思い知らされて、村野は荒涼とした材料置き場で立ち尽くし、おそらく内心涙していたのである。村野はこの時、建築家という〈職能〉が、単にものとしての建築部材を組み建て上げる、つまり〈たてもの〉を設計する者というだけでなく、そのものにいわば〈命〉を吹き込み与えて、まさに〈生かす〉こともできる立場の者であること、いい換えれば単なる物質の構成体である〈建物〉を真の意味での《建築》へともたらす者になり得ることを、戦火の余燼もまだ収まり切らない敗戦直後の建築界において、ひとり改めて確認しながらそこに立ち、かつて柱や梁であった木材を「一本一本洗ってやった」のである。

ル・コルビュジエに代表されるような欧米の、いわゆる《モダニズム》の主導者といわれた人たちの多くは、そのことを十分に弁《わきま》えて発言していたと思われるにもかかわらず、そうしたリーダーに託された御旗を、極東の島国にも立てて動きはじめた戦後日本の〈モダニスト〉を自負する設計者たちの多くは、その分岐点、つまり〈建物〉を〈もの〉のままにして設計者として進む道を選ぶか、同じ〈もの〉を最後は《建築》に昇華させる建築家への道を選ぶかの二筋道の重要な分岐点において、意識的にか無意識にか不幸にも選択を誤り、結局は〈もの〉の間の〈空間〉を、いかに経済的に、合理的に、また大量に迅速に社会に提供するかという、生産上の合理性の追求だけが設計者の本分であるかのように理解、曲解してしまったのだ。その結果、村野が戦後再び歩み出そうとしたような建築家としての道、いい換えれば本来は〈もの〉の集成体に過ぎないものを、ひとつの有機的なまとまりを持つ〈いきもの〉、つまり《建築》へと昇華させようとする、困難で曲折に富んだ道を選ぶことをせずにあっさり放擲してしまったのである。しかし《モダニズム》全盛の感のあった一九五〇年代から七〇年代にかけての戦後建築界において、戦前と同じように〈建物〉を〈建築〉にもたらそうとさまざまな努力を繰り返す村野に対する、〈モダニスト〉の側からの抗議、非難の風は、村野自身にとっても想像以上のものがあったことは、今ではよく知られている事実だが、そうした謂《いわ》れのない誹謗中傷がどのようにして彼に浴びせられたかという点については、本書の後編で詳述することになるだろう。

ところで村野が鈴鹿の地で、自分が過酷な戦乱の中でどうにか《建築》へと仕上げた「将校集会所」の解体された部材を、「暗然とした気持ちになって、一本一本洗って」やり、新たに生まれ変わって再び《建築》の貴重なメンバーとして甦らせるために「祈る気持ちで、新しい場所のためにしるしをつけてやった」と書いているのだが、川喜多半泥子の山から切り出されたというたくさんの材木の中に混じって、数はそれほど多くはなかったとしても、かつてはそこで〝主役〟を張っていたような、遠く比叡山から運ばれてきた部材が、実際に混じっていたかどうか、村野も中村もいない今となっては確かめるすべもないが、村野のものづくり、つまり〈もの〉に〈生〉を与える者の建築に特有な濃厚な〈遺伝子〉のようなものとして、多くの部材の中に混じってほんの何本かでも、志摩のホテルの中に継承されて甦った、と信じたい気持ちは、依然として、強く筆者の胸の内に残っている。

[註]

1 板垣鷹穂『建築』育成社弘道閣、一九四二年、一五七頁。復刊された同『建築』(武蔵野美術大学出版局、二〇〇七年)では一七九頁。なお板垣は、設計者の村野藤吾が雑誌発表時に名付け、その後もその名称を使い続けたのにならって、このホテルを「比叡山ホテル」と表記しているが、実は正式なホテル名は創業当初から「叡山ホテル」であった。村野は「叡山ホテル」という「比叡山」の略称を採用した〈商号〉が気に入らなかったのか、自分の「作品名」としては、「比叡山ホテル」という呼称を最初から使い、その後もその名称を一度も変えなかった。板垣も、また関東の建築ジャーナリズムも、それに倣って戦後も「比叡山ホテル」と呼び習わしてきた。本論では、関西において一般に広く認知されてきた、本来の「叡山ホテル」という呼称を使用することにした。経営者側が「比叡山ホテル」としなかった最大の理由は、“HIEIZAN”という表記では、Hという子音の各国語間の発音上の違いの問題と、母音が三個並び、外国人に「ヒエイザン」と読ませ難いという問題への、国際的なホテルらしい配慮があったためと思われる。

2 「観光地区」の初出は、『思想』、昭和十四年九月号。

3 板垣によって書かれ発表された「叡山ホテル」についての別な文章とし

ては、「新京阪記」(一九三九年)が残されている。『造形文化と現代』育成社弘道閣、一九四二年、三三九頁。こちらの文章は日記風に、村野に無理に頼んで、予約でいっぱいの部屋をひとつ取ってもらったことなど、「叡山ホテル」への宿泊記の部分と、そこを拠点に関西の近代建築の訪問記との二部に分けて書かれている。また筆者(長谷川)自身も、大学での講義等で、板垣が再三、「比叡山ホテル」への賛辞を述べるのを直接聞いた記憶が、今も鮮明に残っている。

4 前掲『建築』、一五八頁。

5 『日本ホテル略史』、二二一―二二二頁。

6 板垣鷹穂「新京阪記」(『造形文化と現代』一九三九年)には「八瀬では比叡山ホテルのポーターが迎へに来てゐる」とある。

7 前掲『建築』、一五八頁。

8 「叡山ホテル」の屋根の原型は大和棟にある、という指摘は、和風建築社の吉田龍彦氏の教示によるところが多い。

9 吉田五十八(一八九五―一九七四)。一九二三(大正十二)年、東京美術学校卒業。すぐに欧州旅行に出て、帰国後は数寄屋建築を中心とした伝統的な日本建築の内容を、近代的表現として転換させる可能性を追求し続け、すぐれた和風住宅を数多く発表した。一九四一年から母校で教鞭を取り、一九六二年の定年まで教えて、数多くのすぐれた建築家を育て世に送り出した。熱海の「杵屋別邸」は吉田の初期代表作の一つとして知られる。

10 「橿原神宮駅」駅。「駅」が二つ連続する奇異な駅名は、戦後になってもしばらく使われ、一九七〇年、ようやく駅名改称されて現在の近鉄「橿原神宮前駅」となった。

11 村野と「大軌」の関係については、『近代建築画譜』に収められている「あやめ池温泉場」(1929)などの作品で、「設計　大阪電気軌道株式会社工務課設計部」の後に、「設計顧問　村野藤吾」といった記述が見られて、両者の間にあった、村野の独立前後の早い時期からの密接な関係を知ることができる。ただし「あやめ池温泉場」の場合も、彼は自分自身の作品として決して認めようとはしなかった。

12 中村外二(一九〇六―一九九七)、京都の大工棟梁。主に数寄屋建築の施工を行い、後に自ら中村外二工務店を主宰。村野とは、「叡山」の後も、京都の「中林仁一郎」邸をはじめとする住宅建築や、戦後の村野の和風建築にも協力し、主にその木工事部分の施工を担当した。

13 レーモンド(Antonin Raymond, 1888-1976)

14 中村外二、石原季夫の対談記事「偲ばれる日々と和風建築」は、『現代の数寄屋住宅』学芸出版社刊、一九八九年、所収。しかしこの発言は、編集の都合で、この対談中では残念ながら活字化されなかったと編集長吉田龍彦から直接聞いた。

15 村野藤吾「志摩観光ホテル創建の頃、前後」『浜木綿』、一九七九年十二月号所収。『村野藤吾著作集』鹿島出版会、二〇〇八年、三五二―三五四頁。

16 川喜多半泥子(一八七八―一九六三)本名川喜多久太夫政令。百五銀行頭取なども務めた地域の有力経済人であったと同時に、アーティストとして広く知られ、茶の湯、書画、俳句等の多彩な活動の中でも、特に優れた陶芸家として認められた人物。海軍技術将校天野俊一と半泥子の間の親交があって木材を提供する話が実現した、と村野は書いている。

17 長谷川堯「〈いつまでも住んでいたい〉ホテルの出現」村野藤吾デザイン・エッセンス五、『装飾の躍動』建築資料研究社、二〇〇〇年、十三頁、所収。

18 杉浦喜代一からいただいた手紙には、城陽市の「緑と教育と文化財を守る会」会員、城陽市役所職員、と記されている。

19 薗田香融。関西大学で長く教鞭を取り、日本古代史研究において広く知られる研究者。薗田香融「寺田懐旧記――付『神武竹工場』と『叡山ホテル』のこと」『三高同窓会会報九八』、二〇〇三年十二月。

20 杉浦喜代一「東部丘陵開発前史――城南農工場と人々の生活」『和訶羅河――緑・教育・文化財』第三巻、緑と教育と文化財を守る会・編集発行、一九八三年

21 註15に同じ。

第十三章

「中山悦治邸」から「中山半邸」への展開

村野にとって住宅の設計とは

「森五商店」が完成した一九三六年以降の戦前期に完成した主要な村野作品を考察してきたが、ここからは、村野の戦後の仕事との関連性を考慮しつつ、一九三〇年代後半から一九四〇年代初頭にかけての、〈住宅建築〉という設計分野における彼の独自の活動を中心に触れていく。村野が実現させたこの時期の住宅は、京阪神地域に集中し、しかもこの地域で活躍する指導的な財界人のための、かなり広壮な個人住宅がほとんどであった。この時期の作品をとりあえず列挙してみれば、まず一九三四(昭和九)年の「中山悦治邸」を嚆矢《こうし》とし、一九四〇年完成の「中山半邸」、さらに一九四一年の「中林仁一郎邸」、「中橋武一邸」、「御影の某氏邸」(雑誌発表時の名称)などが続き、そして戦前期における最後の住宅作品として、一九四二年、自身のための、「村野藤吾邸」を完成させている。最も早い「中山悦治邸」と、最も遅い「村野自邸」を別にすれば、その他の住宅はいずれも「村野自邸」が竣工する前の一、二年の間に完成が集中しており、それらはいずれも、日米間に繰り広げられたあの激烈な太平洋戦争の勃発を目前にして、際どく完成させられた作品群であった。

村野が独立する一九二九年前後から、次々と切れ目なく彼のもとへやってきていた大規模な建築設計の仕事の波が、一九三七年に日中間の戦争状態が顕在化(「支那事変」)したことを一つの契機として、村野のまわりから急速に後退していった。その直前の一九三〇年代前半から中頃にかけて、大規模な商業建築やオフィスビルなどの、いわゆる「ビルディング」建築の設計に追われ、繁忙を極めていた村野建築事務所も、昭和の十年代中頃になると、そのような切迫した日本の社会・経済状況を直接反映して、大きな設計案件が急速に影を潜めていったのだ。そうした中で、村野は以前から注文を受けていたが、手が回らないほどの忙しさのもとでなかなか本格的に取り組めなかった設計、特に京阪神地域に住む富豪たちのための住宅建築の設計に、ようやく精力を注げる余裕が生まれ、前記の一連の住宅作品は、そうした結果として実現した。しかしそのような状況下にあったとはいえ、村野のこの時期の住宅は、同じ戦前期のビルディング建築に彼がかけた精力と想像力に負けないほどの、文字通りの全力投球の設計であったことは、現在に伝え残されているその時期の設計図書の量や内容からもわかるし、またわずかではあるが今も実際に京阪神間の各地に残って建っている当時の大邸宅で見ることのできる具体的な内容からも、十分にうかがい知ることができる。

いうまでもないが、村野にとっての住宅建築の設計という課題は、大規模なビル設計の片手間にこなす、副次的な設計活動では決してなかった。というのも、先に村野が「都ホテル五号館」を設計した時に触れておいたように、建築の施主や利用者が「いつまでもここに住んでいたい」と思わず洩すような場所や空間を、自分が設計するあらゆる種類の建築の中に、さまざまな形で実現して植え込んでいこうとする村野の〈建築哲学〉にとって、その最も深い根幹に触れる〝本丸〟とでも呼ぶべき主題《テーマ》こそが、他でもないこの住宅建築の設計であると、彼はかねがね考えてきた節があったからである。しかし同時にその村野は、住宅設計という設計上の主題には、いつも頭を悩まされ、特に発注者との間の折衝や交渉に身を削るような苦労を重ねていたことも確かであったが、しかしそれにもかかわらず、彼はそれを耐えられないほどの〝苦痛〟とは必ずしも感じてはいなかったし、彼自身も日頃洩らしていたように、住宅の設計そのものは決して嫌いな部類の仕事ではなかったのだ。住宅設計というものに感じる、一人の建築家としての奇妙なこだわりと悩み、といったものについて、村野はあるエッセイの中で次のように自分の本心をさらりと書いて教えている。

「実をいえば、私は住宅の設計は苦手である。だからたくさんやったことはないが、それならいやかといえば、そうでもないと思う。ただ住宅というものは、そうやすやすとできないし、どんな小住宅でも、かなりなビルディングの設計に匹敵するぐらい気をつかうものである。つかうのは当然だとしても、満足のいくようなのがなかなかできないことが多い。それなら万金《まんきん》をかけたからといって、良いものができるとは限らない。ある場合はその逆の「金に余裕のない」方が、心を引き締めて良くなることもありうると思う。（中略）

ほめられたり、傑作をつくるなど思いもよらぬことだとしても、せめて先方の気に入ってもらいさえすれば、それでやれやれというところである。それくらい、住宅の設計はむずかしいものであると思う。だが住宅の設計というものは、あるときはお互いに身近なところまで立ち入って話し合わないとできかねるところがあるので、われわれ「建築家」としては職能を通じて双方が深く知りあい、また知ってもらうことになって非常に親しくなるということは、人間としてこれほどの喜びはないと思う。これは建築家のみに許された幸福だと思う。だから万一失敗でもしようものなら、とりかえしのつかないことになるので、私などたんに「建築家としての」職業意識だけでは、やれない気になって慎重になるのである。

今は故人で、大阪にN製鋼所を創立した人だが同郷の関係もあって私の仕事には格別の関心を持っておられ、どうしても、自分の家を君に設計してもらいたいといわれた。

かなりの[規模の]建築で、そのころとしては大邸宅であった。三十数年前[昭和の初め]のことである。私は、N社長の知遇に感激しているので、自分の作品として恥ずかしくないものにしたいと意気込んで仕事をしたが、工事が九分どおり進んだころ、解体船のサロンに良いのがあるから、それをはずして二階につけたいといい出されたので、私は断った。どうしてもやるなら、手を引くとまでいった。今度は[N]社長自身が来られて、君の思うとおりにやらせるからといわれた。建築家として、思うとおりにやれるというくらい弱くなることはない。すると、また解体船[の話]がはじまった。そんなことを繰り返しているうちに、家はできあがってしまった。建築家は自分で手がけるものは、自己の作品として大切に考えるものである。これは古今にわたる通念である。しかるに住宅に限って[は]、そうでないことがあると思う。

　キミ、よろしく頼む、僕はしろうとだから万事専門家[の君]にお任せするよ。——これは住宅の場合、ほとんどうそである。[(1)]」

「中山悦治邸」を設計するまでの経緯

右記の村野のエッセイの中の、「N製鋼所」の「N社長」とは、「中山製鋼所」の創業者、「中山悦治」のことであったと思われる。村野が先のエッセイで、廃船になったオランダ商船の「サロン」部分の艤装をそっくり取り外して持ってきて、それを新築の家の二階に入れるか入れないかでもめた施主、と書いているその住宅の主、中山悦治が、非常に大規模な住宅を、四十代初めの村野藤吾の設計によって芦屋に新築しようとしていた時の話がここに書かれている。村野は渡辺節の事務所のデザイン上のチーフを務めていた一九二〇年代において、関西圏の、主に富豪と呼ばれたような人たちのための広壮な住宅、たとえば御影の「市川浅次郎邸」(1926)などの設計を、すでに数多く手掛けて経験を積んでおり、しかもでき上がった住宅は常に評判を呼んで好評であった。その彼が渡辺節のもとから一九二九年に独立した後、おそらく最初に手掛けた本格的な住宅の設計こそが、この「中山悦治邸」であり、その建物は、一九三四(昭和九)年、当時はまだ兵庫県武庫郡精道村芦屋と呼ばれていた、現在の芦屋市山芦屋町の地に竣工している。

「中山悦治邸」は、阪急宝塚線の「芦屋川駅」を降り、川に沿って鷹尾山の方向に向かい、川が支流と合流するあたりから坂道を幾度か折れ曲がりながら登った先にある「滴翠美術館」の道をはさんだ隣地に、一部は戦後増改築されているが、創建時の建物のかなりの部分を残し、代々つづく中山家の住宅として今も大切に使われ存続している。村野は、同じ一九三四年に、先に詳しく見た京都の「ドイツ文化研究所」を完成させているが、二階建の「同研究所」の延床面積が、七〇〇㎡強であったのに対して、この「中山悦治邸」は、個人住宅にもかかわらず、建築面積で五二八㎡、延床で一、二六一㎡（三八二坪）という規模の、村野の言葉を借りれば「かなりの建築」であり、全館鉄筋コンクリート造、地下一階（一部）、地上二階・ペントハウス付きの家であった。施工、鹿島組。（13―1、13―2）

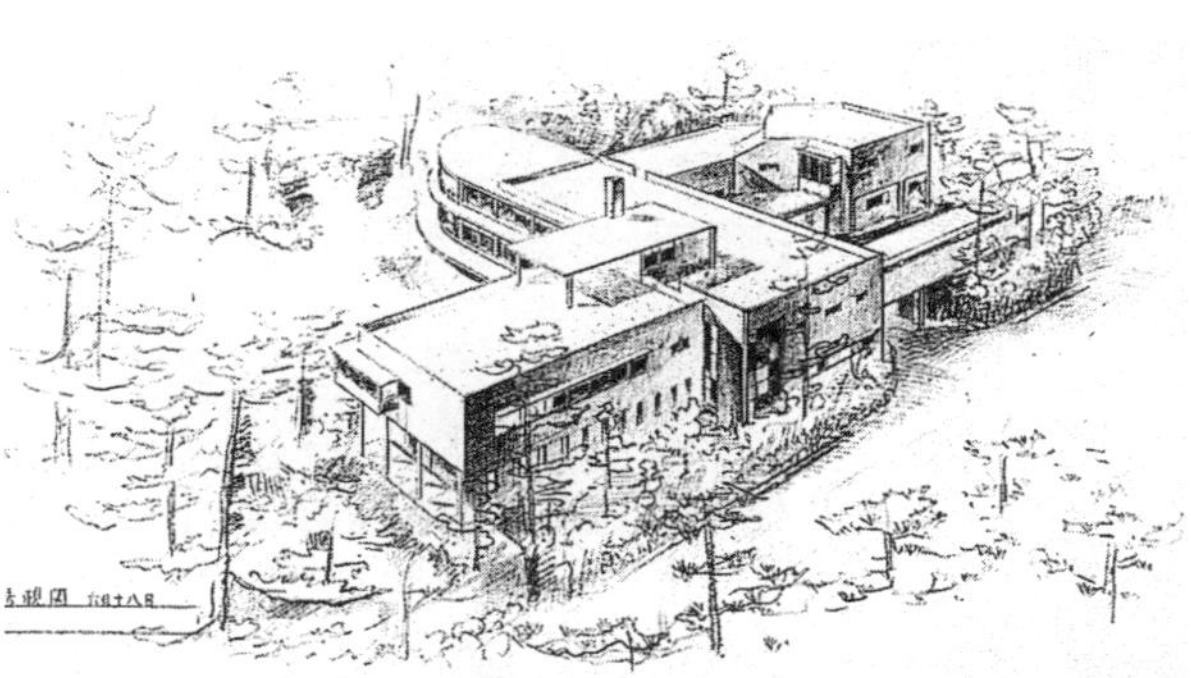

13-1 「中山悦治邸」、透視図（完成時とは細部で異なる）

13-2 「中山悦治邸」ファサード、客室棟（手前）とホール棟（奥）

この住宅の発注者であった中山悦治[2]は、村野の八歳年上の当時新進気鋭の実業家であり、彼はまず一九一九（大正八）年に尼崎で、亜鉛メッキした鉄板（いわゆるトタン板）を製造販売する「中山亜鉛鍍金工業所」を個人経営ではじめた後、四年後の一九二三年には、資本金五十万円の株式会社「中山悦治商店」を設立し、大阪に本社を置いた。昭和に入り、三八歳の村野が大阪で独立したのと同じ一九二九（昭和四）年、四六歳の中山は、大阪市の南西部にあたる港湾地区、大正区船町に薄板工場を新設した。さらに一九三三（昭和八）年には、平炉を新設して粗鋼生産をはじめ、順調に鉄鋼生産・加工事業を拡充していく。彼の自邸が完成した一九三四年には、「中山悦治商店」の商号を、今日に続く株式会社「中山製鋼所」と改称して、彼の念願である高炉建設を目指して準備をはじめていた頃であり、やがて世界大戦直前の頃の軍需をもとに、銑鉄・鋼鉄の一貫メーカーとして一段の飛躍を遂げることになる。したがって隣地に建つ大邸宅、つまり旧三和銀行の前身である山口銀行頭取も務め、関西圏のいわば毛並みのいい金融資本家の家に育って大成した山口吉郎兵衛[3]が、中山悦治の家の完成の前年に落成させていた、「山口吉郎兵衛邸」（戦後「滴翠美術館」）の設計に際して、建築家安井武雄[4]に求めていたものとはかなり違った方向の設計を、中山悦治は村野に

13-3　安井武雄設計、「山口吉郎兵衛邸」（庭園側）

13-4　「山口吉郎兵衛邸」、玄関車寄

求めていたと考えられる。中山が自分一代で築きあげてきた新興実業家としての自負とか意気込みといったものを、自分の家の上に表現して欲しいというような、特別な思いを村野に託していたことは、想像に難くないところである。（13−3、13−4）

パトロンとしての申し出

村野藤吾が「中山悦治邸」の設計者に選ばれた経緯については、八幡で少年期から青年期までを送った村野を、福岡県出身者で同じ八幡にいた中山が村野の実家とも知りあいで、それもあって村野に特別に目を掛け、かねがね注目し支援していたからであったことは、先の村野の回想の中にも語られている通りである。この他に、中山についての思い出として、村野から私が直接聞いた話の一つには、村野が渡辺節建築事務所に十数年間所員として勤め、チーフ・ドラフトマンとして、主にデザイン面を担当して活躍しつつ、渡辺節の設計事務所からの独立のタイミングを計りはじめていた昭和初期の頃、先述のように同じ大阪で本格的な鉄鋼事業を展開しはじめていた中山がそれを察し、村野に対して、渡辺節の所から早々に独立して、自分の設計事務所を大阪で開設するようにと積極的に勧め、一支援者の立場で、村野の独立後の一年間にとりあえず必要と思われる設計事務所の運営費として、当時の金で「千円」を出そうと申し出て、村野を恐縮させたが、村野はその申し出を丁重に辞退した・・・、というエピソードである。[5] 一九三一（昭和六）年には、すでに具体的な図面が造られていたことから考えても、中山が自邸を村野にわざわざ発注した経緯には、独立資金の申し出を断った新進の建築家を、別な形でも経済的に支援しようとする、パトロン的な配慮からであったことが窺われる。他方では、独立後間もないにもかかわらず新進建築家としての業績を着々と上げはじめていた村野を起用して、関西建築界で設計者としての地歩をすでに固めていた建築家、安井武雄の「山口邸」に対抗させようという思惑も、中山の心の内のどこかにあったにちがいない。

そのことの正否はともかく、中山と村野の間には、単に施主と設計者の間での契約関係というだけでは割り切れない何かがあったと思われ、いわば〈富裕な後援者《パトロン》と売り出し中の表現者《アーチスト》〉といった、ある意味では、古典的ともいえるような支援関係の持続を、少なくとも中山の側は考えていたと思われる。そうしたパトロンとしての気軽さから中山は、もとはオランダ商船のラウンジだったという「解体船のサロン」を、新築中の「二階」の客室部分にはめ込みたいと考え、〝旦那《パトロン》〟的な立場から、設計者である村野に命じたのは、ある意味で自然な成り行きであったといえよう。しかしこうした要求は逆に、無償でくれるという千円もの大金の受取りを断ってまで、自立した設計者としての立場を守って船出しようと考えていた新進建築家、村野藤吾からすれば、やはり受け入れ難い要求であったらしく、近代的な設計者の立場に配慮のない、古風なパトロン的なごり押しに思えて、若い村野が内心鼻白んだのも無理のないことであったといえる。結局この厄介な「解体船のサロン」は、二階ではなく屋上の小さなペントハウスの中に圧縮して収めることで、両者はどうにか折り合いをつけたが、このやり取りがその後二人の間の交流に何らかのしこりのようなものを残したかどうかは、定かではない。

しかしそうしたやり取りはあったとしても、隣地にすでに完成していた安井武雄設計による「山口邸」の、どこか大陸風の趣を持つ瓦屋根を高く架けた、建築面積約一、二〇〇㎡、延床面積約三、〇〇〇㎡、工事費も六十万円という、当時の富貴層の住宅としても破格の規模と費用をかけた大邸宅[6]のデザインとは、村野が設計した「中山悦治邸」は、延床面積で三分の一弱の規模であっても、質と内容において異なる趣のデザインに仕上げられることによって、村野は中山悦治の期待に応え、中山も十分に満足する結果を得たといえるだろう。傾斜を持つ屋根はほとんどなく、建物の大部分に陸屋根を載せた、〈モダン〉で躍動感のある近代的な住宅建築、「中山悦治邸」は、こうして「山口邸」にいわば軒を連ねる形で「山口邸」の道を挟んだ南側の敷地に姿を現すことになった。

その後も中山家と村野の関係はさらに続き、長男であった中山悦治が経営する会社の経営陣の一人であった悦治の末弟が、完成した兄の家を実際に見て、自分も同じ設計者に頼んで家を造りたいと希望し、村野に設計を依頼した結果、兄の家の完成に遅れること六年、七回ほどの設計変更を繰り返した末に、一九四〇(昭和十五)年、芦屋のすぐ近くの「岡本」の金鳥山の山裾に完成したのが、人によっては「中山悦治邸」以上の秀作といわれながらも、今ではその内容を、残された大量の図面と、ごくわずかな写真でしか知ることができない、いわば〝幻〟となった観のある「中山半(央)邸[7]」であった。

建築形態が〝見えを切る〟ことへのためらいと嫌悪感

「中山悦治邸」の内容は、たしかに豪快で躍動感のある住宅建築として纏め上げられたが、しかし村野が設計する建築である以上、すでに「ドイツ文化研究所」での彼の「門」や「外塀」の扱い方においてつぶさに観察してきたように、でき上がった建築がその所有者、出資者だけでなく、その建物のさまざまな利用者をも含めて、その建築へと向かう者を、建物のもつ形姿や空間によって圧倒したり、むやみに威嚇したりすることは、許されるはずがなかった。またその逆も同様で、建物が硬く門や塀を閉ざして孤絶し、その奥に不気味に姿を隠して存在する、といったネガティヴな立ち現われ方をすることも、村野建築の場合には考えられないことであった。後に詳述するように、村野はこの「中山悦治邸」の場合では、巧みなデザイン的処理を駆使して、いわゆる豪邸と呼ばれるような大住宅の外観に付き纏う、前述のようなある種の胡散臭さを解消することに成功している。その意味で、すぐ近くにある村野の住宅と対照的な性格を持つ住宅の例としてここで上げることができそうなのは、「山口吉郎兵衛邸」(現 滴翠美術館)や「中山悦治邸」がある丘の斜面と、「芦屋川」を挟んだ反対側の丘の斜面に建つ、ライト設計の旧「山邑邸」の外観であろう。(13-5)

「山邑邸」は、芦屋川と高座川が合流するあたりまでの川縁を歩き、川越しに東側の丘の斜面に目をやった時に、小高い丘の斜面に建っており、その堂々とした迫力のある形態を下から見上げることができる。大正期に建てられた洋風建造物としては、史上初めて国の「重要文化財」の指定を受けたその建物は、アメリカの建築家、フランク・ロイド・ライトが「帝国ホテル」の仕事のために滞日中にラフなスケッチを描いて計画し、日本人の弟子たちが彼の帰国後に建物を完成させた住宅である、旧「山邑《やまむら》太左衛門邸」(現「淀鋼記念館」)(1924)である。この建物は、芦屋川の河辺から、建物が崖の斜面から海の方に向かって今にも飛び出すのではないかと思わせるような指向性を見せており、その鉄筋コンクリート造の建物の輪郭は、見る者に、さすがライト、と思わず唸らせるに十分な説得力を持っている。このように建築形態をストレートに人の目に訴えるやり方は、設計者にとってはいつでも魅力的な表現法であり、古今東西の建築家たちの多くは、さまざまなヴァリエーションのもとに、自分の設計意図を最も的確に展開できる場面としてそれを捉え、そうした表現にいかに鋭い切れ味と新鮮味、あるいは奇抜さを打ち出すことができるかを競ってきたともいえる。「山邑邸」には、その種の建築家の想像力の強靭さといったものを直接人の目に焼き付けるという点で、きわめて印象深い作品に仕上がっている。

しかし理由がはっきりわからないが、村野藤吾は、渡辺節の下でチーフ・ドラフトマンとして働いていた時期は別にして、独立後もかなり早い時期から、建築形態を練り上げる作業を決して疎かにしたわけではなかったにもかかわらず、その練りに練った建築形態に対して、ライトが「山邑邸」で行ったような、華麗に〝見え〟を切らせることに、ほとんど臆病といえるほどに用心深かったことについては、これまでもさまざまな場所で繰り返し言及してきた通りである。もう少し正確にいうとすれば、彼は自分が造形した建築形態が、あからさまに人の目に曝されることに対して、臆病というよりも、むしろはっきりと忌避しようとしていたのだ。

13-5　ライト設計、「山邑邸」

そうした村野の考えが、晩年になってきわめて顕著に示された事例の一つとしてすぐに思い出されるのは、彼が責任者となり、旧「赤坂離宮」を国の新「迎賓館」に改装していた時に、四ツ谷駅側の正門を入ると、すぐに前方に広がっている広大な前庭に、新たに無数の松の木を植えさせたことである。村野はこれによって、片山東熊がデザインした、非常にダイナミックな《ネオ・バロック様式》のファサードを、正門から正面玄関へ近づいてくる国賓たちの目から、玄関前の広場に出るまでできるだけ隠そうと企てた。片山東熊が、ヴェルサイユ宮殿を脳裏に描きながら勇壮に仕上げた正面《ファサード》は、この建築にアプローチする者に対して、あたかも舞台上で役者が〝見え〟を切るかのような姿でデザインされていたといえるが、このような建築形態のいわばあけすけな振る舞い、つまり帝国皇太子の住居としての〈権威〉や〈権力〉をまるだしにしたような立ち現れ方は、〈国家経営のホテル〉への変貌、として捉えて改修を進めていた、村野の〈建築美学〉には、最初からしっくりとこないものがあったのである。

「・・・[離宮]前の庭が今までは広い庭に広い道があったのです。・・・それをできるだけ細い道にする。真ん中の正面の通りを狭くして、あとは[松を]植え込む。(中略)植込みが非常に多くなって、道が狭くなる。私のイメージからいえば木を通して建物を見るという形、いまは建物は丸見えになっておりますが、［やがて枝葉が茂り］今度は木を通してなるべく建物を見る。（中略）十年もたてば樹も大きくなります。そうすると建物がやわらかくなるし、それと外側［のフェンス］が白くなれば、それだけで表現はぐっとやわらかくなるんじゃないか。そういうことを考えてやっているのです。」(8)

「中山悦治邸」の内容

「山邑邸」の見える芦屋川の川辺から道を戻って再び坂を上り、前年の「山口邸」（現滴翠美術館）の完成を追いかけるように一九三四（昭和九）年に竣工した当時の「中山悦治邸」を訪ねて、完成時の建築内容を詳細に検討することにしよう。坂を上り現在の市立西山幼稚園の先の四辻を右に折れてさらに坂道を上った先に、道が左右に二股に分かれている場所があるが、この二股道の間に挟まれた形で造成された宅地が、目指す「中山悦治邸」の敷地である（13-6）。この周辺の戦前の宅地のほとんどがそうであったように、この敷地も大きな御影石を野石積みにした高い擁壁によって造成され、その上に大谷石の石塀が立てられており、中山家の三角《おむすび》形をした敷地は、周囲すべてが公道によって囲まれて、まさしく一つのブロックになっている。広さは二、六〇〇㎡（八〇〇坪）位。先端部で急角度の曲面を成しているこの二叉路で、下から登ってきて右（北）側の方の道を選び、擁壁に沿ってさらにその坂を緩く左へ曲がりながら進むと、右前方に、「山口吉郎兵衛邸」の敷地を囲む塀と、その門から玄関へと入っていく路地が見えてくる。この時、道を挟んだ反対（南）側に、庭の立木越しに姿を見せはじめているのが、目指す竣工直後の「中山悦治邸」である。

13-6　北と南の二叉路の間に位置する中山悦治邸の敷地の東端部

さらに歩を進めると、光沢を抑えてソフトなベージュ色の小型タイルを一面に貼り廻らせた建物の外壁が、東端の妻壁の右奥に、長い連なりを見せて道に沿って続いている（現在のタイルは一九八〇年代の改築時に貼替えたものでオリジナルのタイルではない）。潰したおむすびのような形をしている「中山悦治邸」の敷地は、その三角形の一辺を北側の道路に一〇〇mほどの長さで接しているが、その内の四〇mほどを、この家の外壁が道路に面して続いている。もちろんこの外壁は、道に面して並行に同じ軒高で建っているわけではなく、建物が大きく三つの塊に分けられ、その塊ごとの各壁面

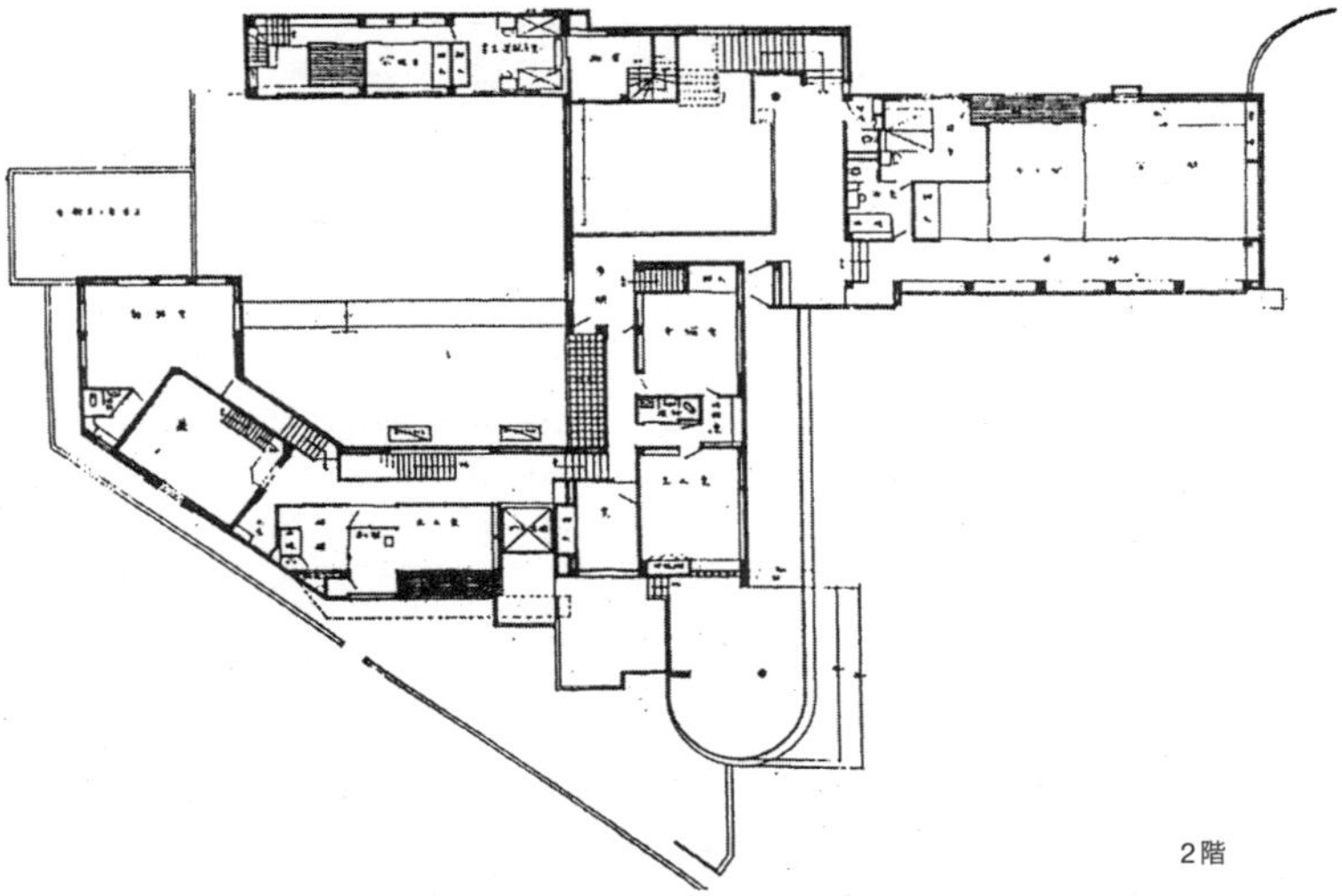

2階

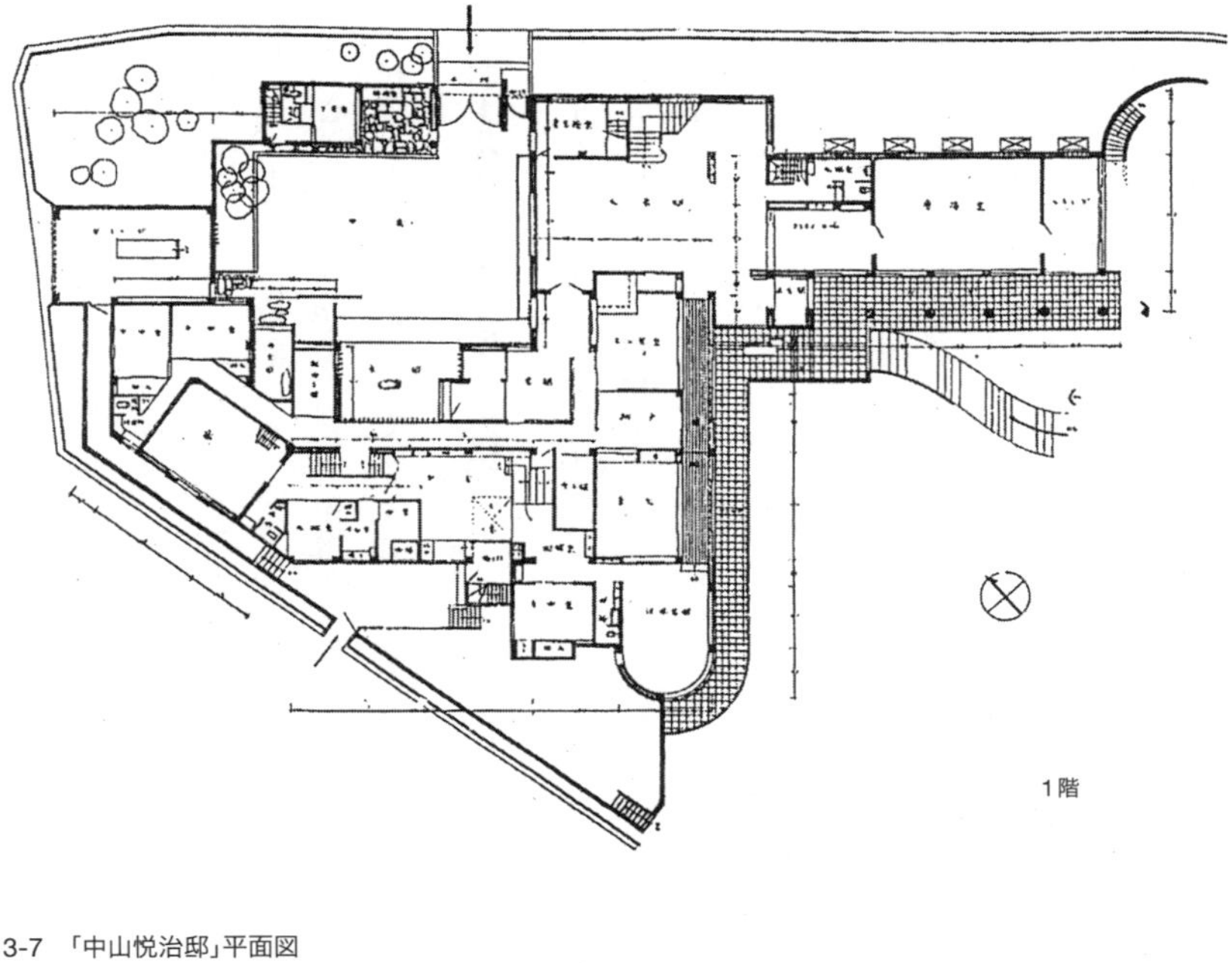

1階

13-7　「中山悦治邸」平面図

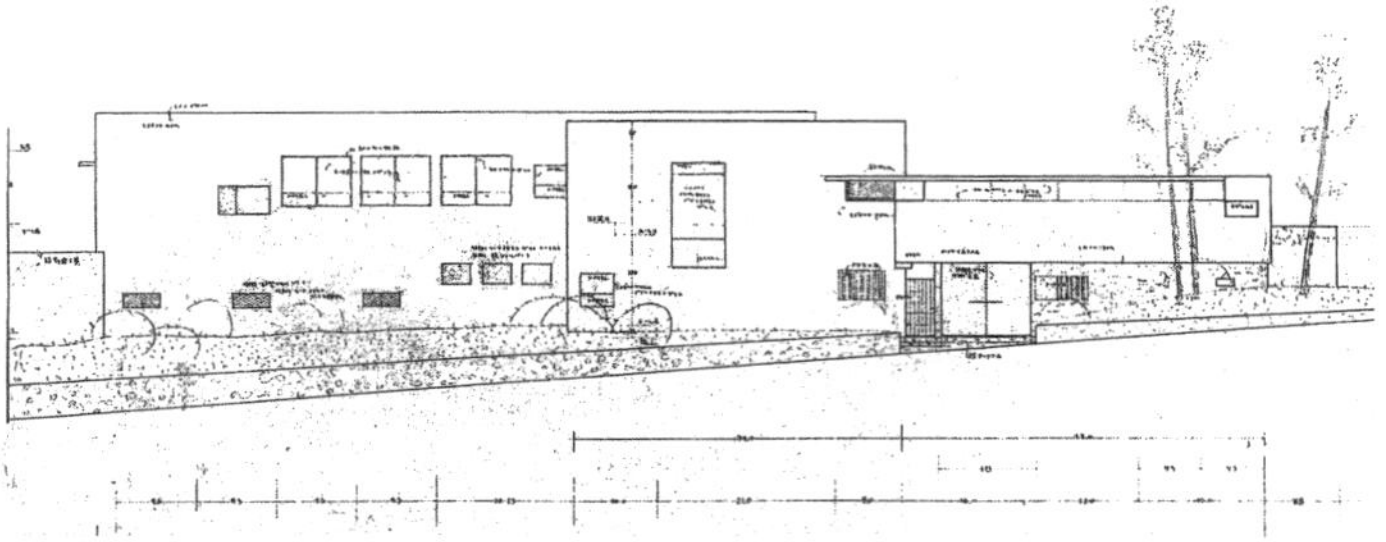

13-8　北側立面図、左（東）から右（西）へ客室棟、ホール棟、正門棟と連続する

が道に対して次第に前に迫出す形で屈折面を見せており、また建物の軒高も一律ではなく、高さを坂下から坂上にかけて次第に低く変化させている。（13－2参照、13－7、13－8）

プランをここで参照すると、坂下から「中山悦治邸」に近づいて行った時にまず見えてきた最初の建物ブロックは、長方形の箱型《キューブ》の「客室棟」の翼部《ウイング》であり、約一六・五m（間口）×九m（奥行き）の平面に、軒高九m弱の大きさを持つ北側で最も大きな棟である。ここには物置用の「地下室」があり、その真上に、一階は来客用の広大な「ホール」、二階には畳敷きの「大広間」などがその中に入っている。この「客室棟」の街路側の壁面は、非常に平坦で、二階の壁の中央部に、透明ガラス入りの三個の大きな窓が並び、その左横に装飾的な「出窓」の突出部分が見える。高い石塀でほとんどみえないが、一階には、ガラリ入りの小さな開口部がいくつかある他にはなにもなく、壁全体を覆う柔らかな感じのモザイク・タイル貼の平坦な広がりが強調されている。村野はここでも道路に直接面している石垣（塀）と建物の間のわずかなスペースに、松、杉、あるいは棕櫚《しゅろ》などの樹木を竣工当初からかなり密に植えこんでおり、「木を通して建物を見るという形」に、すでに村野がこの頃から拘《こだわ》っていたことを教えている。（13－9）

「ホール棟」の外壁の抽象絵画

坂下から来た人が最初に出会うこの「客室棟」のキューブの壁面に続く、次の建物のキューブは、「客室棟」に連続しているが、その壁面線から三mほど道路側に壁を突き出して建っている「ホール棟」の壁面である。道路から見ると、足元に御影石の石垣の上に土盛りして、大きな庭石を配した小庭があり、その奥で平坦に立ち上がっている外壁もまた、「客室棟」と同じ小型タイルで覆われている。幅一二m、高さ八mほどの大きさの四角い壁面が、大きな絵画のカンバスのように広がっており、その壁面の中央にある縦長で大きな開口部（約二m×三・六m）が、開口部の中を、細く繊細な菱組子の防犯用鉄グリルで塞いでいる。辺りを払うといった風情でこの窓が、ロシア構成派の絵画の中の形態《ゲシュタルト》のように壁面全体を支配している。それ以外の開口部としては、一階部分の壁の右(西)側に、武者窓風の格子が入った目立たない開口部があり、一方左(東)端には上げ下げ窓が開けられ、それ以外の壁面上の視覚要素としては、屋上からの雨水を落とすための縦樋が左右で二本、垂直に〝画面〟を切っているだけである。(13-10)

〈壁〉と〈窓〉の、フラットな連続面を形成することで、外壁にグラフィックな抽象性と軽快性を与えようとしていた、この時期の村野の外壁デザインの特色を、ここでもはっきりと見出すことができる。と同時に、この時期のル・コルビュジエがしばしば用いていた、四角い建築の外壁面を一つのカンバスに見立て、〈幾何学的抽象絵画〉のようにそれを仕立て上げる手法に村野は刺激を受けており、それに倣っていたことにも気付くはずである。この二階分の高さを持つ〈キューブ〉の内側は、後で内部に入った時に詳述するように、この家の〈核心〉部分ともいうべき、高い吹抜けの空間と、大階段が組み合わされた「ホール」である。この家にとって、きわめてモニュメンタルなインテリアに対応するエクステリア・デザインとして、一見クールなこの〝顔〟を、ファサード・デザインとした村野のしたたかな造形力は、さすがと思わせるさりげなさをその特徴として打ち出している。

13-9　客室棟とその前の植木と石組(現在)

13-10　ホール棟の大階段に光を取るための大きな窓

ただこの「ホール棟」のファサードの日常性、あるいは〝平静さ〟といったものを、無遠慮に破るようなエレメントが、この〝画面〟の中には一つだけあり、それが、右上隅に右手(西)の方角から突然に飛び出して来たといった表情で、平坦な壁面の上に切り込んできている水平な屋根庇の存在である。安定した「ホール棟」の壁面構成を壊すような唐突さの中で、実はなおさらその壁面構成を緊張感のあるものにしているその屋根庇の正体を見るためには、「ホール棟」の前を離れて、坂道をさらにもう少し前へ進み、次に現れてくる第三番目の建築的ブロックを、正面から、あるいは上手の西側から坂下の東方向へという視点で観察して見なければなければならないだろう。ここに現れた建築的な〈キューブ〉は、軒高が八m

13-11　正門

13-12　正門脇の通用門

もあった「ホール棟」の軒より二mほど下がった位置に水平な軒庇を見せている、間口が一三mほどの二階建の建物、「正門棟」である。この建物の一階部分は、西側三分の一ほどが、竜山石を乱積みにしてその表面を仕上げた壁面に占められている（その裏側には運転手などの「待機所」や、「使用人室」などがある）。この石貼壁と反対側の東端に立つ、同じ仕上げの石貼りの壁柱との間に、両開きの木製扉が入ったいわば「屋敷門」風の門扉があり、ここから屋敷内へ主人や正式な招待客などがアプローチして行く「正門」となっている。これに対して夫人や子供などの家人が日常的に使う通用門としては、壁柱の左（東）側に、透かし模様入りの鉄格子の扉が入った小さな出入口があり、これが「通用門」となっている。（13-11、13-12）

水平線を強調した〈流線形〉のデザイン

門の上の二階の壁面は、一階の壁面からはやや前方道路側に出して分節化されており、ここは石貼でなく、他の部分の外壁と同じモザイク・タイルが貼られている。高さ二・三mもある太い帯状小壁《スパンドレル》は横に長く展開し、やはりこれも平坦な壁の左右方向への面の流れを視覚的に印象づけている。この壁のすぐ上には、高さ一m弱の細帯状連窓《リボン・ウインドウ》が、透明ガラス入りの引違い戸をスチール・サッシュで止めて連続している。さらにその窓上には、下の壁や窓の水平指向性をさらに念押ししようとするかのようなコンクリート・スラブが、小壁なしに窓に直付けの状態で載り、その鋭い軒端も同じく水平線を強調している。道路から見えないが屋根は陸屋根ではなく浅い銅板瓦棒の勾配屋根が載せられている。水平に伸びる屋根庇の東端が、〝勢い余って〟といった調子で二・五mほど、「ホール棟」の壁の上にまでキャンチレヴァーで飛び出しており、先に「ホール棟」側から〝乱入〟と見たのが、この部分である。（13-13）

当時欧米で流行の〈流線形《ストリーム・ライン》〉のデザインにあったような、建物全体の諸要素が、水平方向への動きを強調したこの「正門棟」の内部には、二階部分に書生・運転手用の「洋室」と、小使の居室としての「和室」が入っている。道路に面した「中山悦治邸」の三つのキューブの中では、軒高も一番低く規模も小さいが、ファサード・デザインとしては最も変化があり、またよくまとまった姿を見せている。この「正門棟」は、昔の武家屋敷の長屋門に似ているが、しかし厳めしく排他的といった雰囲気はそこにはなく、ライトもしくはメンデルゾーンなどの建築家の近代住宅などに似た、モダンで軽快感があり、また、どこか愛嬌のあるデザインになっている。つまり〝虚仮威《こけおど》し〟のファサード・デザインではなく、水平方向への切れ味のある動きのなかに、親しみやすさを感じさせるスケールでこの正門棟はまとめられているのだ。

結論としていえば、村野は、一軒の家の中に納めるべき種々の機能を、できるだけ単純な建築的〈量塊〉の中に包み込み、その家の所有者の、社会的地位や経済力（財力）、あるいは政治的立場などといったものを、その正面《ファサード》や、その家が持つ〝構え〟といったものとして刻印して表出する、という形の表現法を選択せず、この住宅の場合でも、他のほとんどの村野作品の場合と同じく、プライマリーな〈量塊〉が発揮するはずの統一感や、ヴォリューム感といったものを、あえて視覚的に突き崩し解体しようとしているように見える。後で詳しく検証するように、ここでは錯綜した住宅内部の機能をいくつかの〈キューブ〉に分割し整理した後で、再びそれを緩く組み立て上げている。特に道路に面した外壁では、約四〇mにも及ぶ屈折した壁面をファサードとして展開することを通して、街路に対して、いわば短い《街並》のような形姿を構成し、毎日その坂道を往来する人たちに、近くの「宝塚少女歌劇」の娘たちが〝欧風小唄《シャンソン》〟のひと節を観客に歌って聞かせるかのように、建物を流れるような小節の連鎖に構成して、人々の目を楽しませようとしているのである。いい換えれば、心斎橋の「そごう百貨店」や、神戸元町の「大丸百貨店」のファサードで村野が展開していたのと同じような手法やファサード〈美学〉がここにも適用されていたということになる。

13-13　正門棟の屋根庇の東端部を見る

「ラ・ロシュ＝ジャンヌレ邸」の外壁

「中山悦治邸」の、道路に面した立面を、屈折させながら連続的に展開していく手法は、もしかしたら、あのル・コルビュジエがパリに一九二五年に完成させ、村野も一九三〇年の欧米旅行の折にそこに立ち寄って自分の目で見たはずの、「ラ・ロシュ＝ジャンヌレ邸」の、行き止まり《クル・ド・サック》の路地をL字形に囲む長い外壁面の連続的構成にデザイン上のヒントを村野は得ていたのではないのだろうか。たしかにこの「ラ・ロシュ＝ジャンヌレ邸」には、コル自身も説明しているように、「サヴォア邸」に代表されるような、単一の〈キューブ〉に建築形態を収斂させていくような手法とはまた別の形態構成上の原理、〈美学〉が働いている(13-14、13-37参照)。そうした点から、「サヴォア邸」にあるようなプライマリーな幾何学形態を、住宅建築の最も良い外形として考えるコルの追随者である多くの〈モダニスト〉の側からは、この「中山悦治邸」の立面は、ファサード・デザインとしてのまとまりに欠ける、という批判が出てくることは当然予想されるところである。つまりライトの「山邑邸」のように、建築をある角度から眺めた時に、設計者の決定的な構成力や造形力といったものを見出すことが、この「中山悦治邸」の場合にはかなり難しい、という批判がそれであるが、実はそのまとまりのない平板さこそが、村野がこの坂道に面したきわめて規模の大きな住宅の形態を推敲《すいこう》した時の、重要な"狙い"所でもあったのだ。そういう意味では、戦前期に建てられた大邸宅という点では共通していても、ごく近くに建つ「山口邸」とも、また少し離れた「山邑邸」とも、かなり異ったエクスリア・デザインの美学が、この「中山悦治邸」には働いていたことがわかるだろう。建築の〈量塊性《ソリディティ》〉の解除、という戦前期の村野につきまとって離れなかった設計上の通奏低音は、ここでもやはり低く着実に鳴り響いていたのだ。

13-14　ル・コルビュジエ設計、「ラ・ロシュ＝ジャンヌレ邸」

中山邸の屋敷内へ入る

「中山邸」の「正門」の扉は、日常的には閉じている厚い木製の開き戸であるが、この門の一方の端を固める壁柱を挟んでその左にある「通用門」は、突然にやってきた来訪者などを家人が内側から確認できるように、透かし模様が一面に入った鉄製の「格子戸」になっている。正門の門扉を開いてもらい、一階の一部がピロティになった「門」を通り抜け(「都ホテル」のサンルーム下のピロティ空間に似ている)、屋敷内に足を踏み入れると、眼前に、約九〇㎡(幅一三×奥行七m)ほど

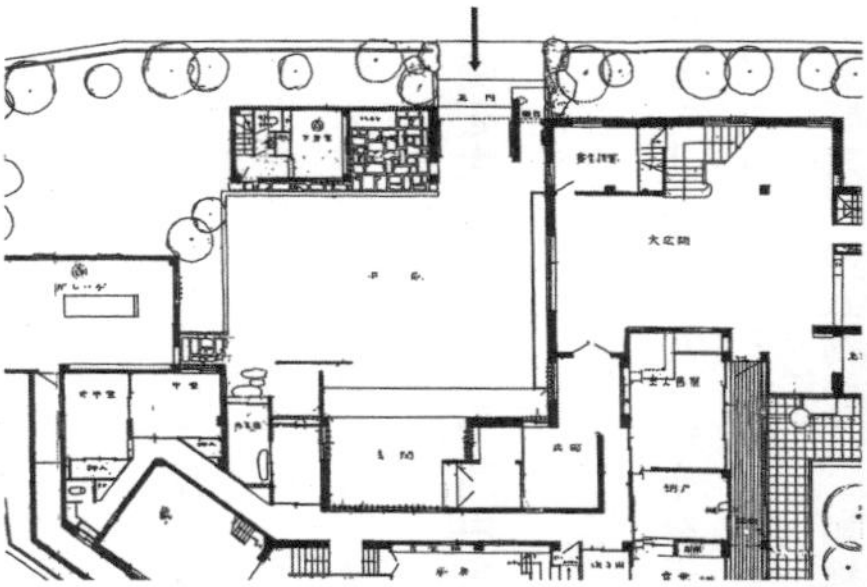

13-16　正門から中庭、さらに玄関からホールへの空間展開

13-17　玄関前のポーチ下の空間

13-15　玄関前中庭の氷割敷きの敷石路とその奥の車寄

の広さの玄関前の「中庭」に出会う(13-15、13-16)。この中庭の周りの建物は、右手正門脇に「供待室」という、家の下僕や訪ねてきた客を送ってきた運転手などが、ベンチに腰かけて待機するための凹形控え所《アルコーブ》などがある。「正門」を背に、左手(東)には先ほど道路から見た「ホール棟」、右手(西)には、黒塀が立ち、その奥の「ガレージ棟」を隠している。正面(南)には、一階が「厨房」、二階に「夫人室」がある二階建の「厨房棟」と、その右横の二階建の「蔵」や「女中室」などによって、後背部をぐるりと囲まれた形の「車寄《ポーチ》」がある。中庭には、随所に配された庭石の間に、松、杉、槙などの樹木や、椿、ツツジ等の低木の花木などが植えこまれ、この植栽の間を、S字形に緩く蛇行しながら奥へ向かう、氷割敷きの敷石路がアプローチとして付けられ、この上を前に進むと、玄関前の車寄《ポーチ》の前に出る。平屋の陸屋根の先に付けたごく浅い勾配の屋根庇の下を潜ると、間口六m、奥行き四mほどの広さのイタリア産トラヴァーチンを壁と床に貼り、その三方の壁に武者窓を開けた玄関扉前の軒下空間が続いて現れる(13-17)。屋根庇の右端には一枚の壁柱が立っており、隠れて見えないがその壁の向こう側の隅には、日常的に家人が使う「内玄関」が設けられ、そこからは厨房や女中室にも直接入って行くことができる。低い陸屋根の下に淡い陰翳を湛えるように造り出された「ポーチ」下の空間は、いわゆる〈豪邸〉の玄関前の空間と

してはやうす暗く、華やいだ感じはないが、しかし外でも内でもない、〈グレイ・ゾーン〉という言葉そのままのこの一郭は、この家の主人にも来客にも、家の中に入る前に〝世俗の塵〟を払う場所としては格好の広さと明るさを持ち、心の準備をさせるいい前段空間になっている。

玄関を大きくするな。門戸を張るな。

村野は自分の独立時に大阪阿倍野で、二階を設計事務所にして使っていた一軒家を借りていたが、その家の大家であり、この他にも多くの不動産を所有していた資産家であったある好事家の人物(9)から、和風建築の極意《コツ》といったものを教えられたと、晩年になって出した自分の和風建築を集めた作品集の「あとがき」の中に書いている(10)。その泉岡宗助という人物は、単に分限者であったというだけでなく同時にすぐれた趣味人でもあり、借家を自分の考える意匠で何軒も建ててひとに貸して喜んでいたような人物であったという。村野が後年に明らかにした泉岡の和風建築に関するいくつかの注意点、いわゆる「泉岡語録」が残されているが、村野はその冒頭に、「一、玄関を大きくするな。門戸を張るな。一、外からは小さく低く、内に這入る程広く、高くすること。・・・」という二項目が、その「語録」の中の最重要な項目としてあったと書いている。

「中山悦治邸」の「正門棟」の外観から、中庭を通って玄関ポーチに到達するまでの過程などは、その「泉岡語録」と呼ばれているものの、第一条、つまり「玄関を大きくするな。門戸を張るな。」という注意書きを、村野が設計に取りかかる前に自分の念頭に置き、それをできるだけ忠実に実践しようとした結果であった、と考えることができるだろう。街路に面した邸宅全体のファサードの面的な構成から、さりげなくあまり目立たない様子の正門をその一部とする「正門棟」。その長屋門風の門下を潜って出てくる中庭の向こうに、樹木に隠すようにして置かれた玄関ポーチという組み立て。このような展開は、もちろん泉岡が脳裏に描いていたはずの、大阪の市中の大きな商家の、街路に面した地味で控えめな佇まいと同じに考えるわけにはいかない大邸宅用のアプローチだったかもしれないが、少なくとも「門戸を張る」ような素振りは、自分が設計する建物に限っては、できるだけ訪れる人たちに与えまいとする、村野流の配慮は、十分に察することができるデザインになっている。

ポーチから玄関内部へ、さらにホールへと続く空間

ポーチの下に立つと、正面と左右両側の壁面の武者格子は、主人の帰館や訪問客の到来、出立の様子などを、家人や使用人が、屋内の廊下に立ってそれとなく窺って備えること

13-20　玄関間の照明具と吊棚

13-18　玄関扉とその脇の武者窓風格子

13-19　取次から見た玄関と玄関扉

ができるようにするための工夫であったことがわかる。村野は例のごとく、ポーチの正面に玄関扉を置いてアプローチ上の軸線を強調するようなことはせず、ポーチ奥の壁に向かって左手の入隅部を、玄関の一部として箱型に壁を突出させ、そこに木製両開きの玄関扉を入れて、この家の「本玄関」としている(13-18)。ここでも一般的に考えられるような富豪の家の本玄関らしい仰々しい構えや装飾性などは見出せず、わずかに木製の額縁に入った透明なガラス扉に、主に防犯上の理由から、錬鉄製のグリルに、装飾らしい装飾の処理が見出せるだけであり、それ以外ではやはり鉄製の、細かな格子模様で覆った玄関燈が、玄関脇の壁の上端部に取り付けられて飾りになっているのが目につくくらいのものである。

扉を開けて中に招じ入れられ、外とは違うドイツ産のトラヴァーチンを周囲に貼ったソフトな感じの壁に囲まれた、さほど広くもない(一〇㎡弱)鉤形平面の玄関土間の上に立ち、靴を脱ぎ、土間と同じくらいの広さの「玄関間(取次)」に上がる。取次から振り返ってガラス戸越しに出入口の扉を見遣ると、外の明るさで、玄関扉の鉄製グリルのシルエットがきれいな影絵模様を浮き立たせており、室内から見ても玄関周りの装飾はそこだけにしか無いことがわかる(13-19)。取次に入った客が今立っている玄関間を囲んでいる、正面から右にL字形に折れた壁面は、例のごとく練付けベニヤ板張りであ

13-21　ホールの空間(竣工時)

13-22　ホールを2階バルコニーから見下ろす(現在)

る。壁の入隅の一部が切り取られ、その開口部に曲面を持つ掛行燈《かけあんどん》式の照明具が仕込まれ、壁の向こうに隠れている廊下と玄関間の両方を同時に照らし出すようにしている(13-20)。この照明具の手前には、これもまた村野インテリアの定番の一つとも言える「吊棚」が、天井から細竹で吊られて壁に固定され、棚上に花活けなどの装飾物が置けるようになっている。正面の壁の前には、肘掛椅子が二脚と、真中に小さな円卓があり、奥まった位置にある来客用の「ホール」にまで通す必要のない来客などとの面談用に当てられている。天井に美しい椀形のガラス・シェードの吊り下げ照明具。

玄関上がり端の壁を前にして左に折れて進み、短い廊下の奥にある両開きの扉を押して、そのまま次の部屋に入っていく。訪問客は、そこまでの低い天井と、ややうす暗い照明に照らし出された玄関内の少し陰鬱な感じのする空間から、ここで一気に解放され、一瞬別世界に迷い込んだかのような思いを味わうことになるだろう。ここは天井も二階分吹抜けていて高く、この空間に昼間なら西(中庭)側と北(道路)側の壁に大きく開けられた開口部から入ってくる光で明るく、夜間には高い天井から吊り下ろされた、ペンダント・ライトの柔らかな光が降って来る。径の大きな深いお椀形に打ち出された金属板のまわりに、八個の電球入りの大きなガラス・シェードを廻らせた、アール・デコ風のデザインの照明具。

「ホール」である。ゆったりとした広大な空間の北側奥に、先ほど道路から見上げた時に印象に残った、大きな縦長の窓があり、それを背にした形で、その窓下に、幅広の「大階段」を、数段上った所にある踊場で鉤型に折れ、外壁の内側に沿う形で、二階の方へ上っているのが見える。(13-21、13-22、13-23、13-24)

ホールの空間のユニークさ

さらにこの階段の上がり端に立つ構造的な円柱の円周に合わせるように、吹抜けの空間の方に半円形平面で張り出し

13-23　ホール(竣工時)

13-24　天井から吊されたペンダント・ライト

た曲面壁のバルコニーは、E・メンデルゾーンの一連の建築や、村野がこの住宅の一年前に大阪に完成させていた「キャバレー赤玉」のホールの大胆なバルコニーのデザインなどを思いださせる。この表現派風の曲面で張り出した特徴のある突出部分にそのまま連続して、二階のバルコニー全体を帯状に護っている腰壁が、東から南へ水平に、吹抜けの空間の周囲をL字形に連続して廻っているのが一階のホールからも見え、ホールと大階段の上の、住宅にしては異例のスケールの吹抜け空間のヴォリュームと高さのそれぞれを強調している。壁面は、大部分がチークの練付けベニヤにラック塗装して深みのある色調に仕上げられており、天井は漆喰塗の下に、「そごう」のホールでも後に試みた、銀箔を揉み貼りにしている。大階段部分を別にして、一階ホールの床面は、約一二m×六mの長方形であり、床はすべて寄木張り。ホールの吹抜け部分の天井までの高さが約六m。この吹抜けの空間からすぐに想起されるのは、ちょうどこの頃第二期工事が完成に近づいていた「そごう百貨店」の心斎橋筋側のエントランス・ホールや、「キャバレー赤玉」の営業ホールなどだが、いずれもそれらは商業建築の空間であり、日本近代の住宅建築の中の「ホール」としては、例外的なスケールと独創的なデザインを実現した空間であったことはたしかである。

ホール北側の西半分を占めている、一階の「書生控室」と

13-25　日本座敷の2階大広間と広縁

その上の二階の物置と内階段などをその背後に隠しているチーク貼の大壁面には、それに見合う大きさの油絵が高く掲げられている。その壁面の横の凹部にある「大階段」は、この住宅のすぐ近くのあのタカラヅカの少女歌劇の華やかなステージを思わずその上に連想させてしまうほどに、ホール空間の揺るがぬ〃主役〃であることを任じて、堂々とした姿で上がっており、最下段の数段の踏板の隅が角をとって丸められている形が流麗で、階段とホール全体に文字通り〃ドラマチック〃な雰囲気を醸《かも》し出している。とりあえずこの階段を、〃ヅカ・スター〃の気分で足下に踏みしめながら二階へ上がり、そこからホール周りの空間を見て回ることにしよう。

先ほど下から見えた、ホールの東と南をL字形に折れて巻いている二階バルコニーを、階段から南に向かって進んで行くと、突当たりの壁の右側の壁に、見事な石貼りのマントルピースを持つ暖炉があり、その炉口を覆う金属板の和風装飾が面白い。暖炉と反対側、東方向に「客室棟」の二階各室へ導く「広縁」と図面には書かれている廊下が伸びている。廊下の左(北)側に一列に、まずベッドと浴室のある「来客用洋風寝室」への入口となるドアがあり、続いて、廊下と部屋の間を壁ではなく、すべて障子で仕切った本格的な座敷が二部屋その先に続いている。一番奥に、慶弔の時などに、家族や社員などが集まっての儀式や宴会などを開くために用意されたと思われる十七畳余りの「客間」と、その手前には十畳の「次の間」。「客間」の北側の壁に、松の床柱に間口二間の黒漆塗りの床框を持つ、ゆったりとした床の間と、その左横にいかにも姿の良い違棚が設えられている。床脇(東側)には障子の向こうに猪目の窓がある付書院と、その隣に飾棚がある。廊下の南側は、外から見ると、深く軽快な軒庇の下に、連窓にガラス戸が入り、その内側一面に障子が立て込まれていて、南側から差し込む陽光の直射光を遮り、明るさだけはそのまま廊下と内側の障子を超えて座敷の中にまで届くようになっている。村野はこの時点で、日本建築のさまざまな意匠や構成を、設計者として十分に手の内に入れ、自在に扱うことができるようになっていたことがわかるだけの座敷の設えの出

来映えであったといえる。(13–25)

抑えた後の空間の放射

さらに今度は、ホールを囲むバルコニーの南側を西に進んで、バルコニーの突当たりの壁の前で左に折れ、先(南)へ向かう。片廊下の左手には、「令嬢室」、次に「主人室」という洋間の寝室が並び、この二室の東側には、幅三m以上もあるコンクリートのテラスが広がっており、テラスはそのまま一階部分の陸屋根として南に伸びて、先端部を半径三mの半円形状に丸めている(13–7参照)。「主人室」の横に「納戸部屋」があり、この前で右に折れて西へ進むと、ここから一階に調理場のある「台所棟」の二階部分に入る。廊下の左手に、六畳敷きの「夫人室」と、三畳の「茶の間」、さらに三畳の「仏間」が並ぶ。階下への階段脇の廊下をそのまま進むと、その奥に「蔵」へ入る二階の入口があり、その横の階段を上って行くと「勉強室」があって、ここでようやく部屋の連鎖が終わっている。

もう一度歩いてきた廊下をもとに戻り、再びホール二階のバルコニーに立ち、このレヴェルから眼下に見下ろす形で、ボーダーの中を矢筈敷にした寄木貼りの豊かな床面や、大きな窓を背にした大階段の屈折して上昇する様子などを見下ろす。明治大正期に造られた、皇族や華族、あるいは民間の富豪たちのための大規模な《様式主義》による西洋館の「ホール」が持つような儀式ばった性格の、オペラの中にでも登場してきそうな重厚な空間とは、今眼下に見ているホール空間はかなり異なった性格のものである。たとえていえばオペラではなく、あえて喩えるとすればミュージカルの中の、一場面のセットのような明るく軽快な空間が、鉄筋コンクリート造の近代建築の中に生みつけられている。しかし冷静に考えてみると、ホールの床面積の七二㎡、畳で四十畳余りという広さにしても、また二階分、約六mという吹抜け部分の天井高にしても、数字だけで考えると、異常に大きなスケール、というほどの大きさでもない。それにもかかわらず、そこを最初に訪れた人たちの多くが、その空間をなにか特別に広壮な空間と印象づけられてしまうのは、写真でそれを見てきたための先入観によるものだろうか。あるいは、英国の伝統的な〈カントリー・ハウス〉には必ずあるような、「玄関の間《ヴェスティビュール》」に続いて登場する、躍動的に上昇していく大階段を伴った巨大な吹抜けの「ホール」といった空間構成のドラマに、木造建築の中で暮らしてきた一般的な日本人はもともと不慣れなため、その種の劇的な空間を意外にも近代住宅の中に発見したために実際よりよけいに大きく感じるのかもしれない。

しかしこの場合の本当の理由は、もう少し別なところにあったはずで、それには村野が設計者として考え出した独自の〝演出法〟が関係していたと考えられる。村野がその時に使った〝演出〟術こそが、先に簡単に触れておいたあの「泉岡語録」と呼ばれているものの中に書かれていた〝筋書き〟によるものであり、なかでも、泉岡宗助が村野に与えたという和風建築の極意の中の、「玄関を大きくするな、門戸を張るな」という最初に掲げた要諦に続く、第二条、「外からは小さく低く、内に這入る程広く、高くすること」という、本来は和風の建築空間の展開過程を指示した部分の手法を、巧に応用して生まれた絶妙な効果によるものではなかったかと思われる。もちろん「中山悦治邸」の場合は、泉岡が考えたような、和風建築ではなかったし、したがって、「語録」の第三条、「天井の高さは七尺五寸を限度と思え、それ以上は料理屋か、功なり名をとげた人の表現になるので、普通ではない。」、という項目が発する警告は、「中山邸」にはそのままあて嵌めるわけにはいかないだろう。「中山悦治邸」は、近代的構造を備えた新住宅であり、また「功なり名をとげた人の表現」が少なからず求められていた建築でもあったから、ホールの天井高は、二・二七m(「七尺五寸」)という泉岡の天井高の限度を倍以上に超えたものであっても、この場合はもちろん妥当な寸法であったといえるだろう。重要なのは村野が「中山悦治邸」で、「門戸を張るな」に始まって、「外からは小さく低く」、つまり抑えに抑えて圧縮してきた空間と形態のエネルギーを、屋内のどこかで(この場合はホールで)、一気に爆発させて天井に吹抜ける、という〝筋書き〟を自分なりに翻案して〝演出〟し、実践していたという点であり、特にその〝起・承・転・結〟の〝起〟と〝承〟の部分のデザイン、つまり外観を見せることから中庭に引き込み→車寄から玄関へ、そして玄関間(取次)へといたる展開過程が、非常に抑制の効いた空間性を凝結させていた効果に大きな理由があったのは間違いない。この抑えの部分が絶大な効果を発揮して、ホールの空間へと〝転〟じた時、見る者に、その空間を実際のスケール以上のもの、より高く、広く、豊かな空間に感じさせることに成功したのだと思われる。

ホールを〈核〉にした、客室棟への空間展開

「中山悦治邸」の建築の〝起承転結〟という空間的な流れの中での〝転〟が、この住宅全体の〈核心〉部分である「ホール」空間であったとすれば、〝結〟の部分は、ホールから各方向に流れ出るように展開していく、「客室棟」、「居住棟」、「厨房棟」などの各棟の水平方向に放射、伸長する動線上の各部屋の構成とその空間であったといえるだろう。すでに二階部分で繰り広げられていた〝結〟の様子、つまり長い「廊下」の展開にしたがって、それに実《な》る果実か何かのように付属してきた、さまざまな機能を帯びた各「部屋」の構成について見たが、今度は、同じ屋内探索を、一階部分でも試みる必要があるだろう。そ

のためにはもう一度大階段を、吹抜けの空間の変化を楽しみながら下にゆっくりと降りて行き、一階ホールの床の上に再び立って廻りを見回すことからはじめよう。まずホールの東側の方向を眺める。「客室棟」とこれまで呼んできた翼部《ウイング》が、ホールとほぼ同じ間口(六m)で、いちばん奥の東端の外壁まで、一六・五mの奥行きを持って伸びている(13-26)。このウイングが、先ほど坂道を下から登って来た時に、北側の道路に沿って伸びていた建物の内、一番最初に見ることができた東側のブロックで、これから探ろうとしているのはそのインテリアということになる。

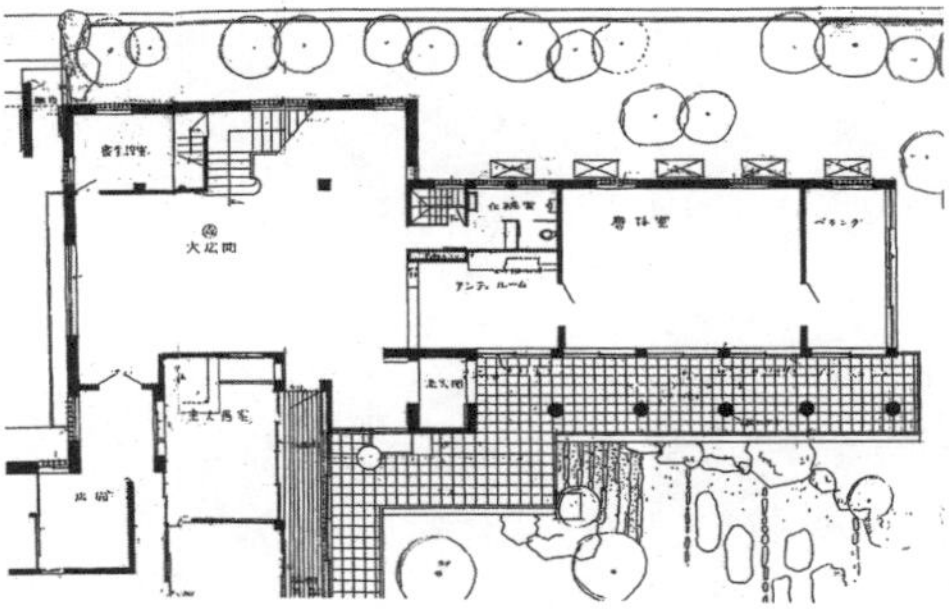

13-26　1階平面図、ホールに続く東側客室棟ウイング

この客室棟の二階の部屋はすでに見たとおり和室の大広間だが、その下の一階には、各室が奥に向かって廊下なしに直列に配置されている。ホールに続いて「アンティルーム」と呼ばれる小部屋があり、その部屋と地下へ降りて行くための階段室との間に、来客用のトイレの入口がある(13-27)。「前室《アンティルーム》」の側壁にはタイルに金目地の暖炉が設けられ、その奥には桧材をはぎ合わせた市松の中に桐材で模様を象嵌した両開きの扉がある(13-28)。この扉を押して入って行くと、そこは広さ五〇㎡余り、つまり三十畳ほどの広さと、四mほどの高さの天井を持つ、大きな「応接室」の空間が広がっていて、長椅子や、肘掛椅子が小テーブルを囲んでいくつかにかたまって配置されている。さらにこの部屋の奥には構造壁が広がっており、そこにあるドアを開いてむこう側へ出ると、大きなガラス戸で外との間が仕切られた「ベランダ」と呼ばれるサンルームが連続し、その部屋から東側の庭の眺めを楽しめるようにしている。(13-29)

13-27　アンティルーム

13-28　応接室への扉

13-29　客室棟東側外観。1階のサンルームと2階の和室部分の窓

13-30　客室棟南側外観と1階の列柱廊

この三室が連続して並んでいる南側外壁の庭側には、二階床スラブ下に幅が三mほどあるテラスが列柱廊として組み込まれており、このテラスの軒下に、小型タイルを貼った構造的な円柱が一列に並んで、ピロティ状の通路になっている(13-30)。このテラスには、椅子などの屋外用の家具なども置かれている。このテラスへ屋内から出るためには、ホールの南東の入隅にある大きなドアを開け、その先の「庭玄関」から直接外へ出ることができるし、屋外階段で庭に下りて行くこともできるようになっている。

南の居住棟へ

もう一度ホールへ戻り、「ホール」の中心部に立ち、そこからバルコニー下の南側一階の内壁を眺める。右には玄関方向へ戻る両開き扉、左に「居住棟」へ入って行くドアがあり、正面中央には、他と同じようにチーク材の練付けの平坦な壁面が見える。その壁の中に、〈地平線から上りはじめた満月〉といった表現をあえてしたくなるような馬蹄形の開口部がひとつあり、両側の戸袋に引込めるように真中で割った薄い板戸が入り、それを開くと奥に障子の白い紙の面が出てくる。この開口は、壁の向こう側にある「主人室」の和室の付書院の障子である。さてこの奇妙だが優雅で愛すべき開口部のある壁面の左(東側)にあるドアを開けて、その向こうの家族中心の「居住棟」の方へ入って行こう。(13-31)

ドアを開けた先に真っ直ぐに通っている細長い筒状の空間は、家族が生活する「居住棟」東側の縁側風の廊下である。この縁側の外には、二階にある寝室前のテラスの軒下が、明るい石で舗装してテラスになっており、この「居住棟」の軒下テラスから「客室棟」のピロティ下のテラスへと、建物の外壁に沿ってL字形に、同じ舗石で続いている(13-32、13-33)。ちなみに、この二つのテラスが出会う角の「客室棟」側に、村野がデザインした、形のいい低い石の蹲《つくばい》が置かれていて、「大阪パンション」の玄関前のそれを思い起こさせる。こうした蹲は、村野の和風建築に欠かせない点景として戦後も彼の建築にしばしば登場してくるが、そうした系列の最も初期の例のひとつといえよう。

さて、「縁側廊下」に接して、右手一列に各部屋が並んでいるが、ホールに直接に接する最も北側の位置に、まず「主人居室」があり、次に「納戸室」、さらに「食堂」、そして最後に「家族用居間」と並んでいる。最初の「主人居室」は、十二畳、畳敷きの純粋な和室で、村野が生涯を通して好んだ、例の表千家の「残月亭」の広間の形式を模した和室の最も早い例の一つと言えるが、興味深いのはこの部屋の「残月」風の蹴込床の地板が、欅のムクではなくなんと練付けであった点である。床脇に型通りに置かれた付書院の障子をあけると、馬蹄形アーチのその向こうに、突然ホールと大階段が現れるという、意外な仕掛けも隠されている。なるほど床《とこ》が「残月」写しの部屋だとするならば、このアーチは、地平から昇る月ではなく、今まさに地平線に沈もうとする満月のアーチであったかとようやく納得させられる。若き茶人、村野藤吾の微笑ましき遊び心か。

「主人居室」の南隣の「納戸室」を挟んで、その隣に「食堂」が続いている(13-34)。縁側はここまでで、縁側の先端のドアを開いて奥の洋間へ入ると、弓型張出窓《ボウ・ウィンドウ》がある家族団欒用に用意された「洋風居間《リヴィング・ルーム》」となり、「居住棟」はここで終わっている。「居間」の床は桜の寄木、壁はカンバス地にペンキ塗り仕上げ、天井は杉柾板の市松貼りという図面上の指定が残されている。この部屋の真上の二階部分には部屋はなく、遠くに海を望む開放的な展望用テラスになっており、そのテラスの

13-31　2階からホール東側の壁面と居住棟へのドア(左)を見る

13-32　居住棟の庭園側外観

13-33
テラスに置かれた蹲のデザイン

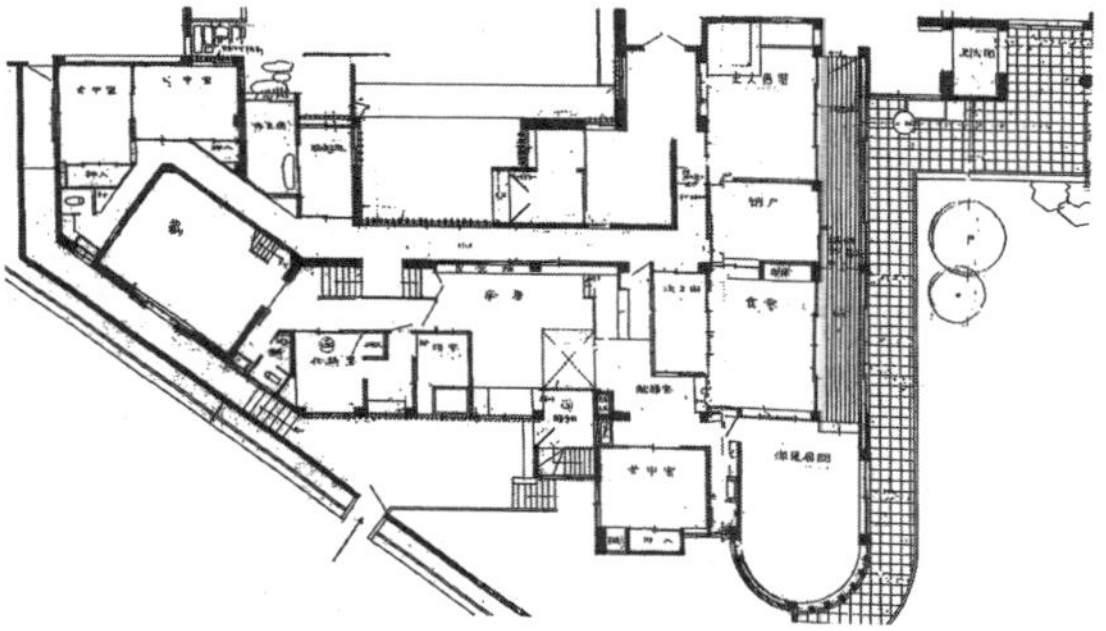

13-34　居住棟(右側)と厨房棟(左側)、1階平面図(部分)

13-35
2階テラスと屋根

床の先端も、一階の張出窓のそれより大きな径の偏心円で弧を描き、さらにその上の屋根スラブもキャンチレヴァーで壁柱の上で先端を円弧に丸めてスラブを中空に突き出している。その何層にも円弧を重ねる姿は、庭から見上げるといかにもさわやかで、モダンであるが、もちろんこうした粋な立姿、例の〝見え〟を切ったような目覚ましい建物の姿は、あくまでも内(居住者)向きのデザインであり、外の道路からは樹木などに隠れて直接見ることができないように、村野は十分に配慮している。この「居住棟」の南端部のデザインにも、やはり船舶などの形態からくる当時流行の〈流線形《ストリーム・ライン》〉の建築形態への投影が見出されるとともに、E・メンデルゾーンのようなドイツ表現派系の建築家たちのデザインからの、直接、間接の影響を感取することができる。(13－35)

なお「居住棟」の南半分は、一階の「主人居室」までを原形のまま残して、一九八〇年代に、その南側に大幅な増改築が行われた結果、円弧を描く一階の「居間」と二階の「屋上テラス」はともに現在は失われている。続いて、「居住棟」の一階の「食堂」部分から西方向へ鉤型に、二階建の「厨房棟」が南方へ突き出している。その一階部分には「厨房」と、台所で働く女性たち用の「女中室」の他、使用人用の「浴室・便所・化粧室」が設備され、その西端で同じRC造で棟続きに建てられた「土蔵」に斜めに接続している。さらに蔵の北側を巡る廊下に接して「女中室」が二部屋用意され、同じ棟の二階部分は、すでに触れたように、厨房の真上に「夫人室」と「仏間」、更に「蔵」の奥に「勉強室」があり、「玄関」と玄関前の「車寄」と「玄関」および「内玄関」などを、この「厨房棟」が北側に抱き抱えるような形で取り囲んでいる。以上で「中山悦治邸」の〝結〟の部分のすべてを歩いたことになる。

ル・コルビュジエの住宅のプラニングと建築形態

ル・コルビュジエが、一九三一年に「サヴォア邸」が完成した頃に簡潔な線で描いた、住宅建築の平面と形態に関するいくつかのタイプを示し、その中で「サヴォア邸」が、近代住宅として、いかに理想的な解決を実現した作品であるかを自ら明らかにした一枚の〈スケッチ〉は広く知られている（13－36）。コルはこのスケッチの中に、彼が一九二〇年代に設計した、〈1〉から〈4〉までの、それぞれ異なる住宅を並べて描き、最後の第四番目に「サヴォア邸」を置いているが、第一番目に彼が取り上げた自分の作品は、「ラ・ロシュ＝ジャンヌレ邸」であったことにここでは注目しなければならない。建物内部の機能や動線等の内容にしたがって、自由に展開していく「ラ・ロシュ＝ジャンヌレ邸」の平面計画と、その結果として生まれる、街路や中庭などに対して複雑な凹凸を見せる外壁面を持つこの建物は、コルにいわせると、このやり方は纏めるのに楽で、また機能的な配慮の点でもいいのだが、建築形態に凸凹があり形が複雑すぎる点に、大きな難があるという。第二番目に挙げられているのは、パリ郊外にある「ガルシュにある家」で、「ラ・ロシュ邸」とは対照的に、機能やそれに伴う動線も、すべて単純《プライマリー》な幾何形態（直方体）の中に閉じ込めて、〈箱《キュービック》〉状の古典的形態に集約した作品で、形はきわめてすっきりしているが、やはりすべてを無理に箱に閉じ込めた分、内部機能に無理が出やすいという問題があった。第三番目の住宅は、「カルタゴに建つ家」と題した計画案で、彼が一九一四年に「ドミノ住宅」という革新的なコンセプトの中に示していた、何本かの垂直な柱と、何枚かの水平な床や屋根スラブで構成する〈籠〉状の構造体の中に、内部機能にしたがってプランを伸び伸びと自由にレイアウトして、〈籠〉状の透けすけの躯体と、内部機能の生む凹凸のある壁面に囲まれた内部空間を、そのまま対比的に併置させる、という内容のものである。つまり先に〈1〉と〈2〉で示された二つの対照的なタイプの処理策が、一軒の近代住宅の中にそのまま併置して組み込まれた状態が、〈3〉の作品である。そして最後に〈1〉～〈3〉までの作品に

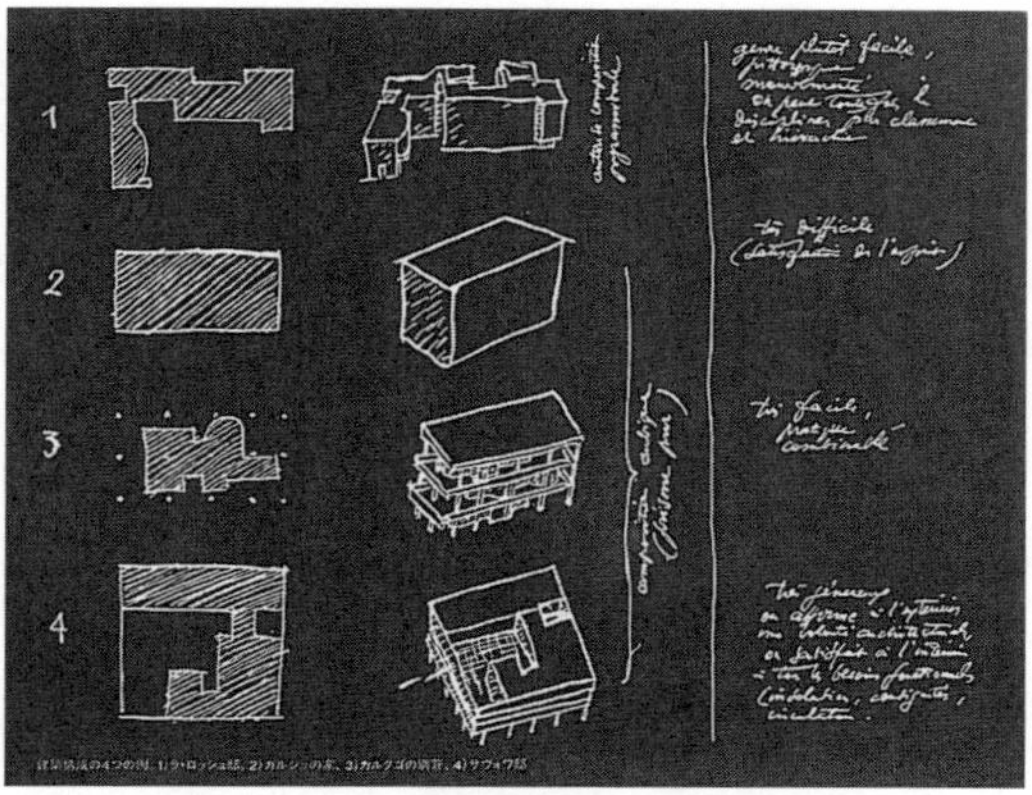

13-36　ル・コルビュジエ、建築構成の四つの例の図示

示されたそれぞれの特性と欠点と、その間にあるすべての対立や矛盾を統合し、止揚した住宅として、パリ郊外ポワッシーに彼が完成させた、彼のいわゆる「白の時代」の総決算ともいうべき「サヴォア邸」を彼は置いている。この「解説図」は、彼が〈1〉の「ラ・ロシュ＝ジャンヌレ邸」から、〈4〉の「サヴォア邸」にいたる過程を、《モダニズム》住宅の建築的表現の明確な進化の航跡として主張しようとして描いたものであったことは明白である。いい換えれば、彼がパリへ出た後の最初の本、『建築へ（VER UNE ARCHITECTURE）』[11]の中で主張していた、光の中ではっきりと見える形は美しい、という《古典主義》系の〈建築美学〉と、「家は住むための機械である」という〈機械的機能〉への彼の称賛との、近代建築の設計における対立と統合の過程を図示し、確認したものであったということができる。

コルとは逆の解釈

ただしこのスケッチは、コルが説明する本来の意図とは別に、種々考えさせるものがあり、思考をさらに別な局面へと展開させるための、きわめて興味深い内容を含んでいるようにも思えてくる。というのも、たとえば〈1〉の「ラ・ロシュ邸」と、〈4〉の「サヴォア邸」という両極的な配置を、〈複雑で陰影のある形態〉〈建築的機能の放埒、無秩序な状態〉↔〈単純でプライマリーな形態〉〈機能の合理的集約〉、という単純な建築美学上の対立的図式として捉えるだけでなく、いい換えれば後者が前者を克服し制御するという単純なストーリーとしてではなく、《機能主義》↔《合理主義》という、建築設計の根幹に触れる〈対立軸〉として考え、両者に対等な価値を与えることができるのではないかと考えられるからである。建築(設計)への《機能主義》と《合理主義》の立場の違いを、最も単純化して対比的に示すとすれば、先述しておいたように次のようになるだろう。建築(設計)を、建物をさまざまなかたちで使用する個々の人間の立場から考える、いい換えれば、建物の内側にある人間の〈身体〉に視座を置いて、すべてをその身体的機能の外延として思惟するのが《機能主義》的立場の基本であり、それとは逆に、建築についての思考や実践を、狭い閉所的視界しか約束しないその種の内側からの思惟から解き放ち、逆に外からあるいは上からの視座によって、平面計画や立面デザインを客観的に理性的に立て、そうした管理者的立場からすべてに対してバランスよく公平に思惟して、建築を過不足なく統御しつつ実現しようとする立場が《合理主義》の基本的なスタンスである。そのどちらを取るか、あるいはそのどちらに重心を置いて考えるか、という、設計上の〝天秤〟のような座標軸として、このコルの図を考えることができるのではないか。

「ラ・ロシュ＝ジャンヌレ邸」の場合は、コルが前衛美術のコレクターであったラ・ロシュと、コルの兄で音楽家のアルベール・ジャンヌレの二人の施主が要求した、近代住宅がもつべき種々の〈機能〉的な側面を第一に考えてプランを練り、パリの高級住宅街の、表通りから奥へかなり引き込んだ行き止まり《クル・ド・サック》の路地の最奥部で、棟割の二戸連続住宅としてL字形に近い輪郭で建てた住宅であった(13-37)。輪郭が簡潔でなく、外壁が複雑に凹凸する平面にすんなりとまとめた、ここでの座標軸に照らして言えば、コルが《機能主義》的立場に重心を置いて立脚し、プラニングを練った結果がこの住宅の形態に現れていたといえよう。その意味では、コルがその当時理想としていた《古典主義》美学直系の〈プライマリー〉な形態とは、結果的にかなり離れた形態を持つ建築になってしまったと設計者自身が反省していたとしても、本来の《機能主義》の立場からすればこれは正当な設計手法であり、その結果としてこの作品が出現したことは当然の結果であったということになる。

13-37　ル・コルビュジエ設計、「ラ・ロシュ＝ジャンヌレ邸」

13-38　ル・コルビュジエ設計、「サヴォア邸」(ポワッシィ)

　コルがプライマリーな幾何形態にこだわった最大の理由は、建築を外から思惟し、あるいは眺めた時に、設計者が全体に与えた理知的な計画性や、安定した平面計画の〈バランス〉や、動かし難い形態の〈プロポーション〉など、つまり良き〈レシオ(ratio比率)〉が、一目瞭然といった形で、光の下で人の目に見えると考えたからである。しかしそのような古典主義特有の理念を振りかざして近代建築の世界に登場したル・コルビュジエは、近代住宅における《機能主義》的な視点の重要性を必ずしも軽視していたわけではなかったことはよく知られている。「家は住むための機械である」、というあまりにも有名な彼の箴言《しんげん》にも含まれているように、特に工業化社会が生み出した機械的〈機能〉が、近代住宅の設計において無視できないと、彼もはっきりと認識し、それに備えている。そこから彼は、そうした新しい〈機能〉を、新しい工業材料や、それを応用した新しい構造法が可能にする《合理主義》的な骨格——RC造の軸組構造や壁構造——によって保障し、その上に《古典主義》系の衣装である〈プライマリーな箱〉を着せてパッケージすることを考案し、ついに彼の一九二〇年代のそうした建築理念を集約する「サヴォア邸」へと到達することに成功したのだ(13-38)。事実「サヴォア邸」は、今もポワッシィの急な坂道の上の広大な敷地の中で、個人の邸宅から建築博物館に姿を変えたために、彼が内部に用意した《機能主義》的な配慮の側面はやや色あせて見えはするが、その分逆に、ピロティに乗り中空に浮遊するかのような典雅な姿で、設計者、ル・コルビュジエがその内外に与えた絶妙の〈プロポーション〉、あるいは〈比率《レシオ》〉を誇示しながらすがすがしく立っている。近代における《合理主義》の建築的理想の正しさと有効性を訴えて、完成後すでに八十年近く経った今も、それに立ち向かう者の心を惹きつけて離さない。

村野藤吾の住宅設計における《機能主義》

ここで再び、村野藤吾の「中山悦治邸」に話を戻さなければならない。一言でいえば、村野は、ル・コルビュジエが「サヴォア邸」で決定的な形で誇示したような建築的な表現に関しては、少なくとも住宅建築という主題に限っては、ほとんど興味を示さなかったといえる。前にもふれたように、むしろその種の建築表現の方向性を、村野の場合は明らかに忌避しようとする傾向があったと断言できる。そこでの村野は、《合理主義》を主張するル・コルビュジエの側ではなく、《機能主義》への愛着を強く表明しつつ設計していた、《表現主義》系の建築家たちの立場により近い立場の設計者であったといえよう。

いうまでもないが、村野が大学を卒業直後にやってきて、設計者としての基礎を叩き込まれた都市は〈大阪〉であり、また独立し、新しいタイプの建築家として華々しく登場した“舞台”もまた〈大阪〉であった。都市としての大阪は、古くは江戸時代における世界初ともいわれる米の為替相場に始まる、日本の経済上の《合理主義》の発祥地であり、またそうした考え方の常に醸成地であったことはよく知られている。日本経済の中心地としての地歩を固めていたその大阪に、大正初年に設計事務所を開設した渡辺節は、当時の建築界には稀な徹底した〈合理主義者〉と呼べる建築家であったが、その渡辺節から村野は、その設計事務所の所員であった時に、その種の設計手法を仕込まれていた。村野はその修業の後で、商業資本の潤沢な資金力を誇る一部の関西財界人たちの熱い支持を受けながら独立し、彼らが求める「商業用ビル」あるいは「業務用事務所ビル」などを設計する時に、民間資本ではなく役所の金で建築が造られることの多かった東京の建築家の場合とは違って、経済的《合理主義》の思惟を基盤として設計を進めないわけにはいかなかったのもまた当然であった。

経済的な側面での《合理主義》の基本となる、良き〈比率《レシオ》〉の追求とは、たとえば建物への投資資金とそこから上がる収益との間の〈比率《レシオ》〉であったり、あるいはまた、床面積の大きさに対する売上高の〈均衡《バランス》〉といった具体的な問題の中でさまざまな形で追い求められていく。大正末ごろから「建築経済学」の分野に強い関心を抱きはじめていた村野が、こうした〈合理《レシオ》〉的判断抜きに設計を行うことなど、考えることもできなかったのは当然であったといえる。そうした設計依頼者(施主)たちが備えていた経済的な〈バランス〉感覚や、〈ratio=プロポーション〉感覚が、自然に彼の建築設計に直接間接に投影され、建築デザイン上の〈バランス〉や〈プロポーション〉の感覚に反映されていったことについては、たとえば同じ時期に設計された大阪「そごう」と、神戸「大丸」のデザイン上の明らかな違いといった問題として、村野の証言を頼りに先に詳しく検証した通りである。その意味では、〝師〟である渡辺節に負けず劣らずに、同じ大阪を舞台に、村野は《合理主義》に忠実な建築家であったことは誰も否定できない。(村野のそうした近代〈合理主義者〉としての側面が、最も直接的に投影されて、しかも最も成功裏に結実した作品を一つだけ挙げるとしたら、先に詳しく検証した「都ホテル五号館」ではないだろうか。)

しかし村野藤吾の、一九三〇年代における設計者としての軌跡の中で非常に興味深いところは、一九二〇年代のル・コルビュジエが、自分自身の建築家としての思惟と志向性を、最初は自らの〈身体的機能〉を設計の原点とする《機能主義》的な思惟に重点を置いて出発したように見えながらも、次第に〈身体機能〉から〈機械機能〉に重点を移し替えることを通して、《合理主義》の持つ思惟や表現に重きを置く方向に、自らの思考を次第に整理し、統一していったのに対して、一九三〇年代の村野藤吾は、近代的な《合理主義》の思惟を設計活動の重要な出発点とし、また前提としながらも、その歩みの中で、彼自身の〈身体性〉に基づく《機能主義》的な思惟を、常に隠れたもう一つの拠り所として決して手放さなかったように思われるところであり、それが彼の設計者としての隠れた魅力となっている点である。経済性に厳しい査定のあるビジネス関連の建物の設計を手掛ける場合ではなく、日常生活上の〈機能〉が強く反映され、基本的にプライベートな身体性が強く反映する住宅建築の設計を彼が依頼された時には、二〇年代のコルとは逆に、《機能主義》的判断を、《合理主義》のそれに優先させ、コルとは逆に、《機能主義》的な結果を自らの到達点に設定して、設計活動を展開させていったのである。いい換えれば、先にコルが図示した「ラ・ロシュ=ジャンヌレ邸」の〈1〉から「サヴォア邸」の〈4〉へと進化させていく展開過程を、村野は逆に、〈4〉から〈1〉へという反転された過程と価値観を持ちながら、設計活動を繰り広げていたようにも考えられるのだ。

安井武雄自邸の合理性

その点を「中山悦治邸」の場合で具体的に見るとすれば、先にこの住宅を道路側から眺めた時に指摘しておいたように、建物の外観の〈レシオ〉、つまり合理的な〈プロポーション〉が簡単に判断できるような、単一のキューブに纏めて見せることを村野があえてしなかったことの中に、よく彼の意図があらわれている。彼は、単一ではなくいくつかの比較的小さなキューブに内部の機能を分割して並べ、街並のようにも見える屈折のあるファサードの連続を創り出す過程で、外形に明快な〈レシオ〉を提示するといった、コルが「サヴォア邸」で徹底してやり遂げてみせたような試みは、あっさり放擲してみせたのである。その結果として、そのファサードが、「ラ・ロシュ＝ジャンヌレ邸」のファサードに似たような外観と壁面を持たされたのは当然であったといえる。そのような意味で、村野と対照的な手法、つまり《合理主義》の手法で纏め上げられた、同じ時期の日本の住宅建築として注目されるのは、「中山悦治邸」と道をはさんでむこう側に建つ建築として先に紹介した「山口邸」の設計者であった安井武雄が、同じ阪神間の夙川の傾斜地に、「中山邸」の三年前に完成させていた「安井武雄自邸」(1931)である。(13-39)

13-39 「安井武雄自邸」

地下室部分はRC造だが、地上部分は意外にも木造二階建で、RC造風の陸屋根を備えた、きわめてキュービックなシルエットを持つこの「安井自邸」は、プランもほぼ正方形に近い輪郭に纏められており、それぞれの立面には、出窓などの凸型の種々の突出部と、軒下などで壁面が一部後退してできた凹部があり、あたかも《デ・スティール》の彫刻や建築が見せるような抽象的な形態を外観として見せている住宅である。この住宅は、「サヴォア邸」などに比較して外観にはかなり凹凸と陰影が多いが、しかしそれにもかかわらず、建物の全体的な〈キューブ〉としての輪郭はしっかりと確保されている。そのためエレヴェーションの各視覚要素《エレメント》間の〈比率〉や、〈均衡〉を、それを見上げる者が容易に把握できるような、理知的なデザインに仕上がっている。「安井自邸」は、ほぼ同じ時期の関東の堀口捨己の一連の住宅とともに、日本の近代建築史における《合理主義》美学に基づく住宅建築の先駆的な作品の一つと呼ぶべき住宅であり、その意味では、「安井自邸」が完成したのとちょうど同じころに村野が設計に着手しはじめていた「中山悦治邸」の、《機能主義》的色彩の強い手法による建築形態とは、好対照を成していたといえる。

村野住宅のプラニング

　村野が「中山悦治邸」で行った、ここでいう《機能主義》的な建築形態の構成は、機能的な〈平面計画《プラニング》〉にしたがって、空間を立体的に構成し、形態を連結させて行った結果として出現したものであり、最初に初原形態ありきという、いわば前衛彫刻作家的な設計者の美学の所産であったわけではもちろんなかった。村野が住宅を設計する際に心掛けていた一番基本的な点としては、プランを、正方形、長方形、円形といった単純で明確な輪郭に最終的にまとめ上げることをあらかじめ設定しておき、その輪郭の中に、一軒の住宅に纏《まつ》わるさまざまな機能を、どのように組み立て、どのように無理なくその輪郭の中に嵌め込んでいくか、といった、コルが四つの設計手法の内の〈2〉で示したような方法――《合理主義》の古典的な手法――を、決して取ろうとしなかった点に、最も大きな特徴があったといえる。

　村野が住宅建築の設計を依頼された場合を勝手に推測してみると、施主の求めるその家に対するさまざまな要求、たとえば美学的な希望（どんな形の家が好きか、どんな感じの家の中に住みたいか、どんな材料が好みか）や、物理的な要求（家族構成による部屋の種類、数、大きさ等の他にも、構造、設備等）や、経済的な枠組（建設資金、建設費、設計料等）や、建設作業上の予定（建設業者の決定、工事期間、引渡し期限、等々）などを十分に把握した後、いよいよ設計に取り掛っていくのだが、村野が手掛けた住宅作品の設計を細かく検討してみると、先ほども述べたように、〈全体〉的輪郭から〈部分〉的要素へ降りて行くという一般的な《合理主義》手法の常道にあまり拘《こだわ》らず、むしろ村野は逆に住み手の〈身体〉に直接関わる〈部分〉を思考することからまずはじめて、そうした〈部分〉の積み重ねの挙句に、最終的に〈全体〉へと設計を展開させていく手法を得意としていたことがわかってくる。この場合、建築の〈部分〉に直接的に触れ、関わっているのは、他でもない居住者であり、仮想的居住者の位置にあるはずの設計者自身の〈身体〉である。その〈身体〉が居住という行為の中で日常的に繰り広げるさまざまな行動の軌跡、つまり広い意味での〈動線〉を把握するところへとやがて設計は展開し、その動線を重要な設計上の〈軸〉として据えながら、その周りに、それまで手探りの状態で模索していた〈部分〉に纏わる種々の空間（部屋）を定着させていく過程で、ようやく住宅の〈全体〉像が次第に明確な輪郭を持って見えてくる・・・、というような段階と過程が踏まれている。

村野がかなり富裕な階層のための住宅の動線を考える時の、ある顕著な特徴と考えられるのは、その家の将来の住人である主人(他に、夫人や子供たち)と、時々にそこを訪れて来るであろう外来の客などが、その家に戻って来る、もしくは訪ねて来る、といった場面から、プラニングについての思惟が展開されていくそのプロセスである。いい換えれば、一つの家が構想されはじめようとする時、村野が設計する場合には、その家の主人や家族たちは自分の部屋や集まり場所や仕事場を持っていて、建築家はそれぞれのスペース間に折り合いをつけながら、最終的に正方形や長方形などの大まかな平面の輪郭の中に嵌め込むようなことはせずに、彼(等)のスペースは、まだその時点ではばらばらで、将来自分の家のどの場所に位置するかは、不確定なまま浮遊している状態なのである。まず建築家の脳裏において、彼(等)が、敷地に近づき、いよいよ門のような場所を通り、屋敷内のアプローチから玄関に向かう動きといったものが、頭の中の無数の線の錯綜の中で次第に空間化されて行き、やがて玄関に入り、ホールを過ぎ、彼(等)が最終的に落ち着く先、その家の主人なら居間や書斎や寝室へ、主婦ならば厨房や自分の部屋へ、あるいは外からの訪問客ならば玄関から応接間へ、といった種々な形で彼らの〈身体〉を動かし、また同じ過程を今度は逆に動かして、会社などへ行くために家を出て行く過程を考えてみたりする。あるところでは細く、別な場所では太く広く拡大しながら、連鎖し交錯して展開するこの動線のネット・ワークづくりは、一篇の小説を作家が構想する時の〝筋書き《ストーリー》〟作りに似た作業であるといっていいかもしれない。時には重なり、時には分離し、また行き止まる、それらの〝筋道〟を、建築家は整理し組み立てていく作業の中で、アプローチ、玄関、廊下、階段などが連続して展開する、いわば〈管態《チューブ》〉状に連鎖する具体的な空間として定着させて行き、加えてこの〈チューブ〉状空間が相互に交錯し接触するような場所に、「ホール」などの〈結節的な空間〉が確定されていく。こうした〈チューブ〉のネット・ワークを、一軒の住宅設計上の〝循環器官〟の経路のようなものとして実体的に捉え、それから栄養を受け取る各〝臓器〟のような存在として、それぞれに機能を帯びた各部屋を、房室《クラスター》もしくは個室《セル》としてその経路に接続させ、そこを居住者の最終的な落着き場所とする・・・。設計者の頭の中や、それを表すスケッチなどによって、そのような思考過程が続けられた後で、その模糊とした有機的な全体を、近代的な構造体である軸組もしくは壁体で囲い込んでいくことで、設計はさらに一段と具体化され、外形も固まり、複雑なシルエットも次第に明らかになっていく。こうした過程を示す具体的な資料、証拠が残されているわけではないので、あくまでもこれは推測の域を出るものではないが、「中山悦治邸」の設計の時に、あの八〇〇坪ほどのおむすび形の敷地を前にして、設計者である村野藤吾の脳裏を駆け巡った思考の回路は、おそらくこのようなものではなかったか、と推理されるのである。

村野の筋書きづくり

このような《管態《チューブ》》から《形態《キューブ》》へという過程を踏むことにより、前出したような、いい意味でも悪い意味でも文字通りに〈スクエア〉な《合理主義》的なプラニング手法――《形態》から《管態》へ――が回避され、結果的には非「サヴォア邸」的というべきか、輪郭がそれぞれの方向に手足を伸ばして屈折していく、「ラ・ロシュ＝ジャンヌレ邸」型とでも呼べるような輪郭のプラニングと建築形態に収束していったのである。「中山悦治邸」の設計では、すでにこれまで詳しく追跡していたように、「正門」から始って「中庭」へ、そこから「車寄《ポーチ》」↓「玄関」↓「玄関間」↓「ホール」へといたる、何度も折れ曲がる動線を基本的な〝筋書き〟とすることから村野は進め、その後は、「ホール」をこの大きな住宅という身体のいわば〈心臓〉として把握して中心に置き、すべての「廊下」、「階段」、「縁側」、「通路」等を、この心臓であるホールを起点として放射状に展開する〈循環路〉として、建物の隅々まで〈チューブ〉状に巡らせたのである。やや唐突の誹《そし》りを免れないだろうが、「中山悦治邸」を別の喩えで考えるなら、仮にそれを西欧や中東あたりの《中世都市》などをイメージするとわかりやすいかもしれない。「中山悦治邸」の長屋門風の「正門」は、さしずめ都市壁に囲まれた中世都市の都市門にあたり、「車寄」から「玄関」へは、都市門から町の中心へ屈折しながら向う街路である。そして「ホール」は、この場合では都市全体の核心となるべき広場ということになるだろう。この広場から各方向に迷路のような街路が、無数の狭い路地、小路などに接続しつつ展開して行き、街路に面してさまざまな建物が建てられていくことでさらに増殖し、最終的にまとまった一つの街が、ある意味で自然発生的に、都市壁の内側にでき上がっていくのである。

同じように「中山悦治邸」も、屋内の廊下や広間や階段や通路が、あたかも《合理主義》者の視点からは批判的にいう）迷路のように屈折し錯綜して展開しており、これに、居間、食堂、寝室、応接室といった種々の機能を帯びた部屋が付着して行って、住居としての全貌を、一気にというわけでなく、断片的に積み重ねながら現してくる。いい換えれば、「中山悦治邸」の場合は、「サヴォア邸」のように、その建築にとっての主役（標的）が、プランや立面が創出する、良き〈比率《レシオ》〉を体現する〈フォルム（形態）〉にあるのではなく、あくまでも主役は〈チューブ（管態）〉であり、〈チューブ〉が〈クラスター〉や〈セル〉に接続しながら形成するさまざまな内部空間を、いかに居住者や来訪者たちの〈身体〉の外延とさせ得るか、つまり建築の〈身体化〉という点にこそ、村野の設計上の究極のターゲットがあったのである。その結果として、建築の外部形態が、それに向かう建築の所有者や利用者を圧倒しようとしたり、プライマリーな形態を見せて無意味に人を魅了し幻惑するような危険も、自ずと回避されていく。

ところで、村野が「中山悦治邸」の竣工の六、七年後、世界大戦開戦直前に、京阪神地区に完成させた一連の邸宅、たとえば神戸岡本の「中山半《ばん》邸」、京都の「中林仁一郎《にいちろう》邸」、大阪阿部野近くの「中橋武一邸」などの、関西圏で当時成功していた財界人たちのための大規模な住宅建築が、この時期に集中して完成したのは、おそらく一九三八年公布、三九年十一月に施行された「木造建物建築統制規則」が関係していたと思われる。三十坪以上の住宅建築の新築が禁止されたこの法令に触れないために、施行以前にすでに着工していた形を取ってその規制の網を掻《か》い潜り、その後で実際に施工して完成にこぎつけたために、これらの住宅の完成が同じ時期に集中したのだ。

それはともかく、これらの住宅建築の場合も、すでに「中山悦治邸」において詳細に検討してきたような、村野の設計手法がそのまま応用され、より洗練された状態で空間化されていったものであったといえるだろう。特に村野が得意とした〈管態《チューブ》〉型プランニングと、先に見たような平面計画はそのまままこれらの住宅でも踏襲され、その〈チューブ〉の延長線上において、RC造の近代的な洋館仕上げで、しかも陸屋根のみで統一されていた「中山悦治邸」には見られなかった、「本館棟」に瓦屋根が架けられ、加えて別棟として大規模で本格的な日本家屋棟が登場したり（「中山半邸」）、あるいは邸宅全体が終始日本家屋として設計されたりした。「中山悦治邸」とは反対に、屋内の一部に洋館風のインテリア・デザインが造り出されたり（「中林仁一郎邸」）、さらには壊さずに残した別の建築家（長谷部鋭吉）の住宅の居間などの中核部分に、新たに大きな日本家屋棟を継ぎ足したり（「中橋武一邸」）もしている。いずれにせよ、この時期の村野の住宅建築は、日本の社会でますます強められていく軍国色の中での《国粋主義《ナショナリズム》》にどこかで同調しようとしたためか否かは定かではないが、和風建築の色合いの濃いデザインに、傾いていったことは確かであった。

ただそうした「和」への傾向がこの時期の村野のデザインに顕著に見られたとしても、村野の言葉でいう「和風建築」(12)は、その当時流行していた、軍事体制に合わせた〈国粋的《ナショナル》〉なデザインを主張する一群の建築家たちが熱心にデザインしようとしていた、《擬古主義》、もしくは〈懐古趣味〉といった言葉がふさわしい、〈過去〉を向いた建築デザインとはほとんど無縁のところでデザインされたものであったことは明白である。いわゆる「帝冠式」などのデザインの、過去の日本建築の《様式》を現代の建築に復興させようとするような、村野のかつての論文（「様式の上にあれ」）の用語をあえて再びここで使うならば、《過去主義》の建築設計とは根本的に対立する、その意味ではまさに《現在主義》の立場で設計する建築家の、「和風の」現代建築（contemporary architecture）に他ならなかったのである。だからこそ村野は、自分が設計するその種の建築について、〈過去〉色の強い「日本（建築）」という形容を慎重に避けて、あえて「和風（建築）」という言葉に彼が強くこだわっていた理由も、同じところにあったことはもはやいうまでもないことであろう。

「中山半邸」という大邸宅の跡

「中山悦治邸」の最寄駅である阪急電車神戸線の芦屋川駅から、神戸方面への一駅目が、「岡本駅」である。この駅の北東方向に金取山（山頂四二五m）という山があり、この山の南側の山腹にある「保久良《ほくら》神社」一帯は、「本山町田辺」という地名を持ち、神社の周囲を古代の巨石群が取り巻いていることでも知られている。その神社から南と西側に下っている山の斜面を、古くから「サフクゲ原」と呼んできたというが、「原」といっても実際には、楓をはじめとする種々の落葉樹が立ち繁る鬱蒼とした樹林によってその斜面は覆われている。このあたりが紅葉に染まる時節などにはハイキングや行楽客などで賑わうらしく、そうした行楽客用のスポットとして、先の神社から名を取った「保久良夢広場」なる空き地が、その樹林の一部を切り取って拓いたかのように、ポッカリと林の中に口を開けているのが、衛星写真などによって真上から見てもはっきりと認められる。この「夢広場」へ山の下から登って行くには、金鳥山西麓からサフクゲ原を回り込むようにして流れている天上川の、その西岸に位置する「岡本八幡神社」の境内前に架けられている禊橋《みぞぎ》を東へ渡った所にある、子供用の

13-40　「中山半邸」へのアプローチと敷地内の建物配置図

遊具などが置かれている小公園から上へ、うねるようにして何度も折り返して登る道路が用意されている。

実は、この「夢広場」という、なんとも奇妙な響きを持つ名前で今呼ばれている山腹の空地こそが、第二次世界大戦勃発の前年に戻って、竣工当初の建物の様子を探るために訪ねようとしている、かつて「中山半邸」が建っていた敷地であったのだ。先の「夢広場」へ登る今は舗装されている道路が、その「中山半邸」の敷地内へ入って行くために中山家によって造成された取付け道路であったのだが、しかし一部の研究者や好事家以外には、そのことをあらかじめ知っていてこの「広場」を訪れる人はほとんどいないにちがいない。村野藤吾建築事務所で書かれた、一九三九(昭和年十四)年七月三一日付の「配置図」[13]には、図面の他にメモ書きとして、フリー・ハンドで種々のデータが記入されている(13-40)。この配置図には、「本家(「本館棟」)」の他に、別棟の「離レ家」や、名称のない家屋など数棟が描き入れられ、「本館棟」の所在地として、「本山村田辺字ザフクゲ原二三五番地」と記し、敷地面積として、「一五二一坪(五反二一歩)」となっている。本館のある敷地の端に「新敷地境界線」があり、その西側に、新たに取得されたと思われる土地が、「本山村田辺字サバ尾二七九番地ノ二」、敷地面積、四、〇四二坪(一町三反四畝二二歩)と書かれ、邸宅で働く使用人用の宿舎と思われる数棟がその中に配置されている。この他にも、「離レ家」用の土地、二〇二坪などを加えて単純に足し算してみれば、「中山半邸」の敷地面積の合計は、一九、〇二四㎡(五、七六五坪)にも上り、広大で鬱蒼とした山林傾斜地の中に建てられた、都市住宅というよりも郊外の別荘建築といった趣の強い大邸宅であったことがわかる。

先に見た実兄の「中山悦治邸」よりも、さらに完成度の高い住宅であったのではないかともいわれる「中山半邸」は、一九四〇(昭和十五)年という竣工時があの「大東亜戦争」の開戦間際の年であり、おそらく施主の強い要望もあって、建築雑誌等に発表するといった、人の耳目を集めるような、表立った紹介などは全く行われないままに完成して、戦時の混乱の中にそのまま突入していったと思われる。しかも不幸なことに、施主である中山半が、戦時中に死亡して、家そのものが、肝心の当主を失ってしまうという事態が重なったと伝えられ、敗戦に続く戦後日本の社会の混乱の中で、周りの樹木の茂りに抗しきれずにその中に埋もれてしまったかのように、その存在さえもがほとんど忘れ去られていったのである。戦後、設計活動を再開した村野が、ようやく一九六〇年代に入って、日本の経済的社会的情勢も曲がりなりにも少しずつ安定に向かいはじめるなかで、はじめて自分自身の戦前から戦後にかけての仕事を集めた「建築作品集」[14]を編んで出した時

13-41　「中山半邸」の各立面図

に、ほんの数葉の写真、しかも玄関周りを写した写真だけを掲載して、「中山半邸」という住宅が自分の戦前期の作品としてあったことと、そのすぐれた建築内容についての情報の断片を読者に公にした。この作品集以前には、戦前から村野のごく近くにいた関係者や研究者たちは別にして、その作品の詳しい内容が、ほとんど知られないままに見過ごされていたと言っても過言ではないだろう。

建物そのものは、一九八〇年代までは「サフクゲ原」の林の中に、住む人もなく締め切られたままの状態で立っていたようだが、その後いつのまにか解体撤去され、今はその建物に関する記憶は、まさしく〝夢〟のごとく消え失せて、〝夢の跡地〟という皮肉な名前の「広場」になっている。一方で、村野が他界した後に、彼が事務所に遺していた膨大な量の設計図の一部を整理して『村野藤吾建築図面集』[15]が編まれた時、その住宅編である第七巻「数奇とモダニズム」の中に、それまでほとんどが未公開であった「中山半邸」の、一九三七年八月から一九四〇年二月にかけての、施主と設計者間で、足掛け四年の歳月をかけて繰り返された設計変更の過程を示す、かなりの枚数の図面が公表されて、初めてその住宅の内容を詳細に知ることができるようになった(13-41)。しかしその一方では、「中山半邸」の竣工時に撮影された写真として、今印刷物などを通して見ることのできるのは、アプローチの道路上から見上げた南西側の外観写真と、バルコニーの写真、さらに先の玄関車寄部分の細部を写した写真の他は、廻り階段の一部が写っている吹抜けのある「ホール」の室内写真ぐらいのものである。その他には、ほとんど写真がなく、竣工時の建物の具体的なイメージという面では、依然として、〃幻〃の段階を脱し切れないのが実情である。[16]

手元にある資料が限られているが、ともかく完成時の「中山半邸」を、図面とわずかな写真を頼りに訪ねて、その内容を概略にせよ推測を交えて検討してみることにしよう。竣工図といった図面は、他の多くの村野の作品の場合と同じくこの「中山半邸」にも残っていないが、工事開始前後に描かれたと思われる一九四〇年二月三日という日付けのある平面図から面積を割り出して見ると、この住宅の規模は次のようになる。[17]

建築面積　六五七㎡（一九九坪）
一階床面積　五五二㎡（一六七坪）
二階床面積　二四四㎡（七四坪）
延床面積　七九六㎡（二四一坪）

ちなみに、「中山悦治邸」の数値を再録しておくと、建築面積四八〇㎡（一六〇坪）、延床面積一、二六〇㎡（三八二坪）であった。「半邸」は平屋の部分が多いために、建築面積では「悦治邸」を上回っているが、二階建部分が大部分を占める「悦治邸」が「半邸」より、延床面積で、一・六倍ほど大きかったことがわかる。

竣工時の中山半邸を訪ねる

禊橋の西袂に出入口がある自動車用の取付け道路《アプローチ》に入り、ヘア・ピン形の急カーブを二度、三度、四度と折返しながら、山腹でもかなり高い位置にある「中山半邸」を目指して登って行く。激しく屈曲する最初の道路をとりあえず曲り終えると、その先に、今度は西へ向かうまっすぐな登り道が現れ、そうしたジグザグの折り返しを何度も繰り返して登った先に、ようやく少し平坦な場所があるが、そこからさらに上に上ると、「中山半邸」の真下に位置する、やや大きな平坦な広場に出る。今でいえば駐車場といった感じのこの場所から、斜め上方を仰ぐようにして見上げると、雑木林の向こうに、「中山半邸」の「本家」の南西方向に向いた外観の一部を木の間ごしに垣間見ることができる。（13－42）

この配置図上で「本家」となっている建物の主要部分は、大きく分けて二つの棟に分かれており、一棟は二階建の「本館棟」であり、これに平屋の「日本家屋棟」があり、この他に車寄や台所などの平屋の棟が付属している。今この下の広場の位置から見ることのできる建物は、そのうちの「本館棟」であり、平屋の「日本家屋」の部分は、その奥（東側）に隠れていてここからはまだ見えない。「本館棟」のエレヴェーションの内、一番手前の西端が下屋になっており、母屋の妻壁に差し掛けた片流れの屋根が手前に降りている。その屋根の下には、粗く高い石積みの基礎から、斜めに立てた角材の方杖によって、張出し部分の床を支えた、山小屋風の木造テラス《バルコニー》が見える。このテラスと、その奥にあるらしい部屋の壁を覆っている片流れの屋根のさらに上には、木造二階建の「本館棟」の建物全体を覆っている、二つの越屋根と、二本の暖炉用煙突が屋根面から上に飛び出している、大きく軽快な、瓦葺三寸勾配の切妻屋根が架けられている。（13−41、南側立面図参照）

13-42　「中山半邸」南西方向から見上げる

　その「本館棟」の大屋根の下の、一番手前（南西側）には、傾斜地から立ち上がる石積の上に続く、二階分の高さの、広く大きなリソイド塗仕上げの塗壁を見ることができる。この壁の真中には、嵌殺しの透明ガラスを入れたと思われる、方立てなどが見られない大きな開口部が一つ開けられており、その窓の内側にあるはずの、高い吹抜けのある「ホール」に、広い眺望と溢れる陽光をそこから取り込んでいるらしいことが、プランと立面の両方から推測することができる。この窓のある壁の東端の一、二階には、これとは別の窓が上下に並んであり、さらにその向こうの一、二階部分では、先の大壁からやや後退した位置に壁や窓があり、二階バルコニーの軒下がテラスになっていて、二階の床を支える独立柱も見える。その先で壁面線は再びもとの位置に戻り、東西の壁が両側から中央の凹部を挟み込む形で南側の立面が纏められているのがわかる。

　先の位置から見ることのできる母屋の南西側の外観から受ける第一印象としては、切れ味のいい《モダニズム》建築といった相貌はほとんどどこにもなく、といって純粋な和風建築ともいえず、あえて名付けるとすれば、《ヴァナキュラー》を意識した〈近代住宅〉といった、「叡山ホテル」の「本館棟」にどこか似た趣を持つ立面である。全体としては簡潔な印象だが、しかし単調に陥らないだけの変化と陰影を持つ魅力的な立面に仕上がっているが、前面は崖地なので、図面上で見るような、壁と開口部の取り合わせなどの、村野らしい〈プロポーション〉の確かさを確認できるような視点は残念ながらこの下の広場から以外にはどこにも見出せない。

ファサードへいたる道の演出

「本館棟(母屋)」を見上げた位置を離れて、さらに上へと造成された道路にしたがって登りながらそこで最後のコーナーを廻り込み、西側前面のさほど広くない広場に面して置かれている「中山半邸」の「車寄《ポーチ》」に近づいて行く。運転手付きの自動車に乗っていたはずのこの家の主人や、招かれてこの家を訪れる客たちは、こうしていよいよ本館玄関の車寄前に車を乗り着けて帰館、または来館することになる(13－41、西側立面図参照)。車を降りた人たちは、はたしてそのことを知るや知らずやだが、実は彼らがここまでアプローチしてくる過程、つまり、彼らが家の前に出るまでの間に、村野の〈チューブ〉状の空間潜りのドラマの〝序章〟を、崖地を埋める樹林を潜りながら、すでに体験していたのである。

話がしばらく「中山半邸」から離れるが、「半邸」にあるような、山や丘の傾斜面を登って行って、大きな邸宅の玄関へと最終的にいたるという、一軒の住宅に達するまでのアプローチ道路に纏わるドラマティックな展開過程の設定という点で、ここでどうしても思い出してしまうのは、「中山半邸」が竣工する五年ほど前、一九三五(昭和十)年、伊豆の熱海に完成した、「岩崎男爵熱海別邸」のアプローチのことである。この熱海には、中山半の兄の中山悦治が、「熱海岩崎別邸」の完成の二年後に、大工棟梁平田雅哉の手を借りて「大観荘」という、横山大観の名前をとって名付けられた「熱海別邸」を竣工させていたから、中山兄弟も村野も、この「岩崎別邸」の建築やアプローチのことを、よく知っていたにちがいない。

「岩崎別邸」のアプローチは、海岸に近い場所から丘の斜面を登りはじめてしばらくすると、孟宗竹がびっしりと両側に立ち並ぶ素晴らしい竹薮の中に車は飛び込んで行き、わずかな木漏れ日が落ちている竹林の間の道を緩く曲折しつつ進むと、小さな穴の向こうに明るい日溜まりが見えるような、とても短いトンネルが見えてくる。そのトンネルの暗闇を潜って、向こう側に抜けると、突然眼前に、コミックなら「ガガーン!!」といった吹き出しを必ず入れるような突然さで、小山かと思わせるほどの高さと大きさで聳え、しかももの凄く急勾配の瓦葺きの屋根面が出現して、その場所を初めて訪れた者を文字通り仰天させ、文句なしに圧倒する。その後、急勾配の屋根の軒下の、薄暗がりの中にある石貼りの壁の中に、アーチ形の玄関の前で待つ執事に迎えられていよいよ建物の中に招じ入れられる・・・といったアプローチのドラマがある。関東を代表する巨大な財閥の一族の住む別邸に、いかにもふさわしいと思える、こうした劇的なアプローチの過程を建築家として演出したのは、「曾彌中條建築事務所」であり、その設計の指揮を執ったのが、この家を亡くなる直前

に完成させた建築家、中條精一郎であったといわれている。(18)

(13-43、13-44)

この「岩崎別邸」のアプローチにおいて、トンネルを抜けて、建物の前面に立った瞬間の印象を、仮に音楽に喩えるなら、最初は低く静かに始まった曲の導入部が、ある所に来た時、打楽器や管楽器や弦楽器などが一斉に打ち、吹き鳴らされて大音響に転じ、シンフォニーが聴衆たちの全身を包み込んだ瞬間、といったことになるかもしれない。あえてその種の喩えをそのまま使うなら、村野が設計した建築のファサードに人が最終的に出会うまでの間に感じる音楽は、中條精一郎のアプローチの場合にあるような交響曲《シンフォニー》の盛り上がりといったものではおそらくなくて、やや突拍子もない喩えかもしれないが、歌舞伎で、柝の音とともに定式幕が開くと同時に聴こえてくる、細く澄んだ音色で人の心を一気に摑んでしまうような三味線や、太鼓や、長唄などが奏でる、ゆったりとした和風の音楽に似ているといえなくもない。というのも村野は、これまでの考察のさまざまな局面で指摘してきたように、聴く者(建築に向かう人)を大きな音量(量塊)であえて捩じ伏せようなどとは決して思わないかわりに、音楽でいえば和楽器の合奏が奏でる音曲のように、それに向かう人を、いつのまにか建築の世界に引き込んで、それに溶け込ませてしまう、そういった建築と人の出会いを、ファサードに限らず、建築デザインの極意として追求してきたように思われるからである。

13-43　熱海の「岩崎別邸」へのアプローチ

13-44　曾禰中條建築事務所設計、「岩崎男爵熱海別邸」

実際、「中山半邸」の場合でも、紆余曲折のあるアプローチが「岩崎別邸」とよく似た過程を持つものであったとしても、それを抜けて出た時のファサードから受ける印象は、「岩崎別邸」とは逆に、きわめて穏やかな、例のごとく「さあ来なさい、一緒に住もう」といった、親しさとやさしさに溢れたものであった。「中山半邸」の玄関前の広場を西の端まで歩き、そこからファサードを、立面図で見るように眺めるとすれば、正面に平屋の「車寄《ポーチ》」があり、小さな中庭を挟んでその奥に、同じ平屋で、台所などが入った「厨房棟」の壁と屋根の一

13-45　「中山半邸」、西側立面図

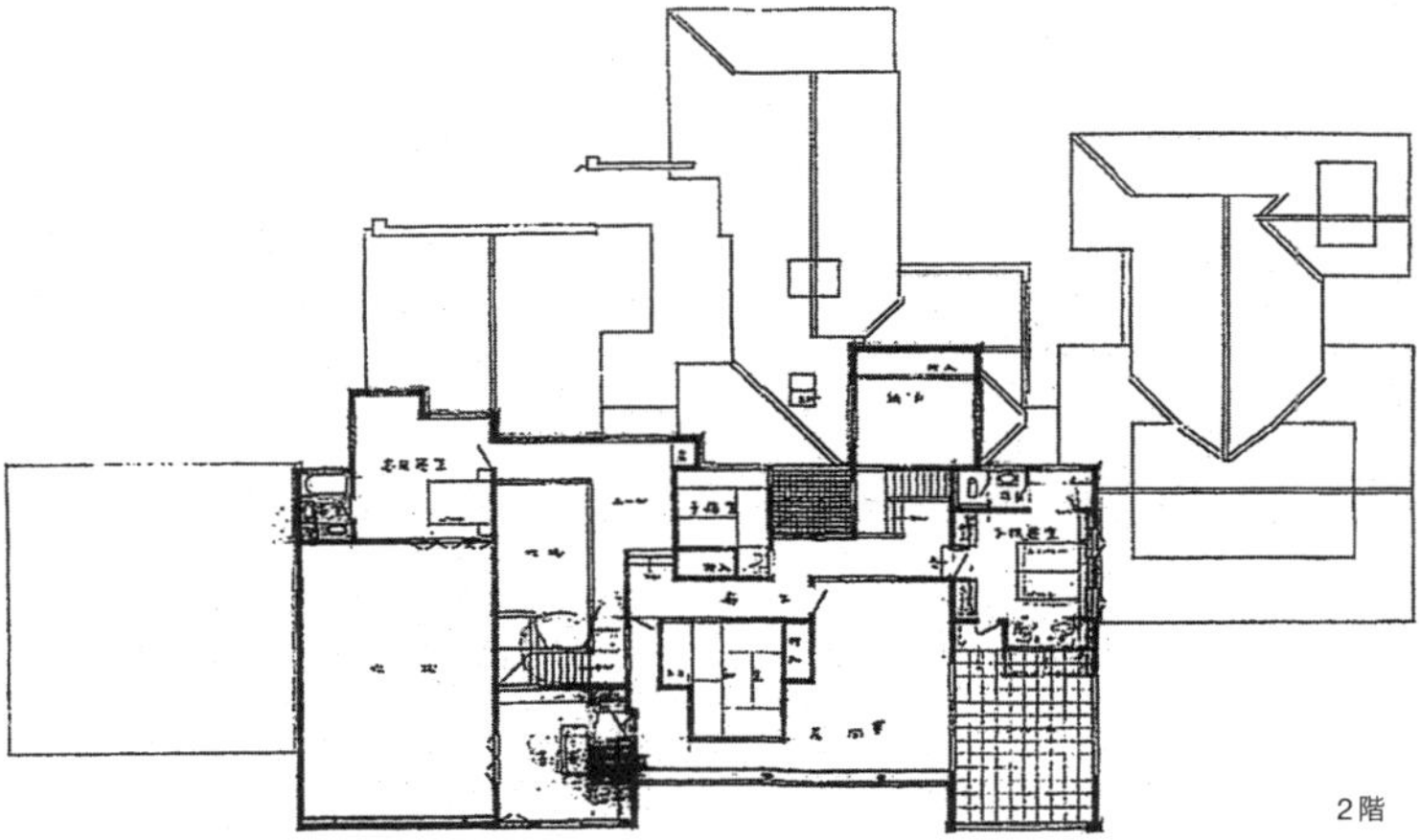

2階

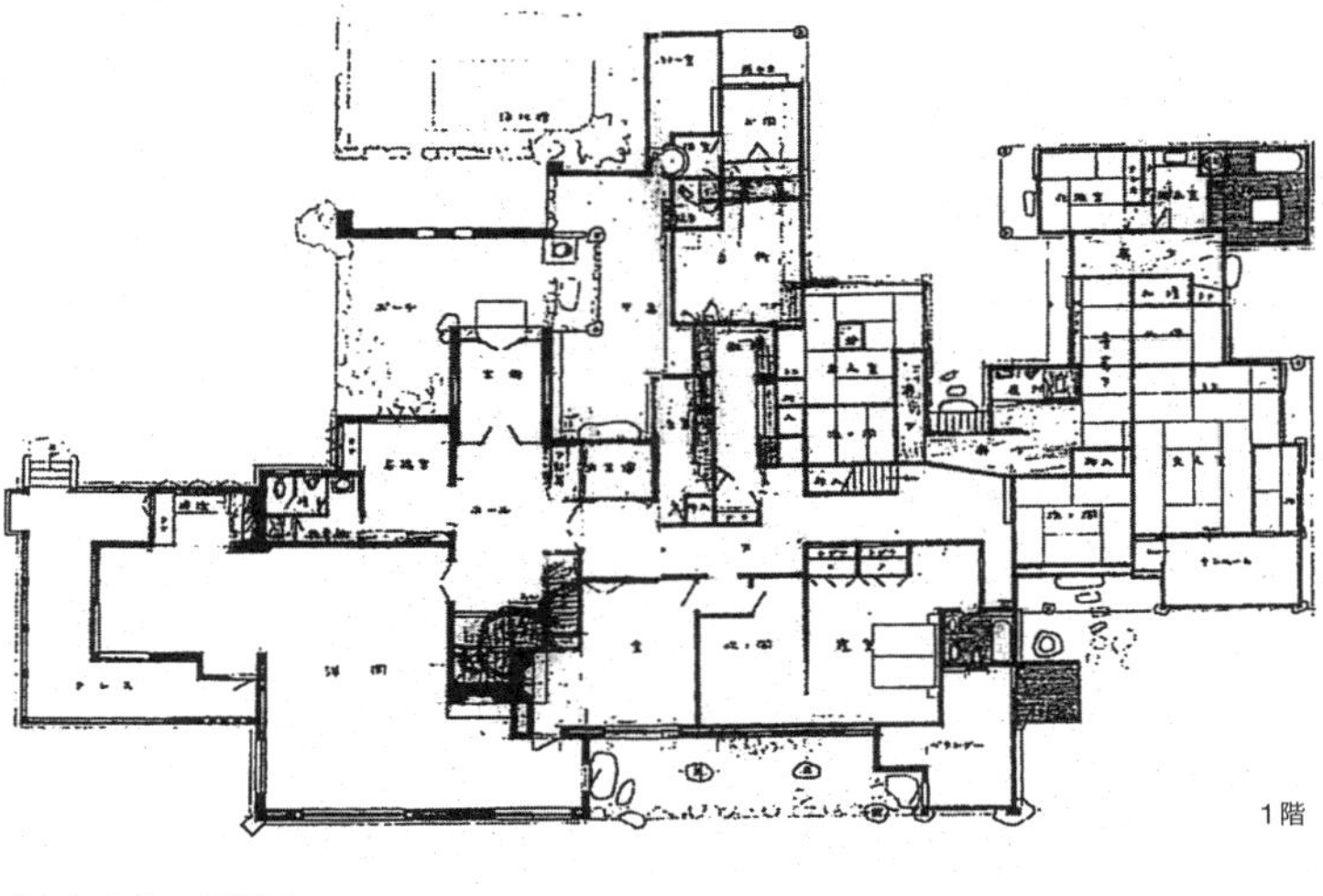

1階

13-46　「中山半邸」、平面図

部が見える。車寄《ポーチ》の右手（南側）には、先ほど下の広場からも見えた「本館棟」が二階建の高さで建っていて、切妻の屋根とその北側の方杖が支える下屋根や、さらに妻壁と、その手前に取り付いた下屋の、三・八寸勾配の、村野にしてはやや急な片流れの瓦屋根の屋根面が見える。その下屋の軒下に、太い角柱を六本並べ、列柱を形成している奥にバルコニー風の「テラス」があるが、地下室の石貼の壁面から方杖などを使って大きく張り出したそのテラスの床が、奥にある部屋の外壁面を三方から包み込むようにしている（13-45、13-46、13-47）。その「テラス」の、ガランとして何もない半屋外の空間が、英国や米国の世紀末から世紀初頭のアーツ・アンド・クラフツ系の鄙びた田園住宅《カントリー・コテージ》などに似て、ファサードに田舎家風《コテージ》の親しみを加味している。そう考えてくるとここのテラスは、アメリカのロード・アイランドにある、マッキム、ミード&ホワイト事務所[19]の設計した「Ｗ・Ｇ・ロウ邸」(1887)の一階ヴェランダの影響が、どこかにあったといえるかもしれない。

13-47　西側バルコニー

車寄廻りのデザインの工夫

デザインとして魅力的な特徴を持つバルコニー、つまり図面上の「テラス」の左手に、蹲《うずくま》るように低く建っている、母屋への入口部分である「車寄《ポーチ》」は、本館棟の北側の壁に一方を接し、北の方向へ八ｍほどの棟の長さで切妻の瓦屋根を伸ばしており、その先端を、五〇㎝近い厚さのどっしりとした長方形の輪郭の石積みの壁体で支えられている。近づいて行きポーチの下に入って屋根裏を見上げると、棟桁や母屋、軒桁や棰などをそのまま現しにした数寄屋風の化粧上裏になっており、その屋根の先端が、そのまま奥の中庭の上にまで二ｍ近く庇を伸ばし、土庇の形で二本の捨柱に軒先を支えられている。中庭の軒下まで歩いて、右（南）に折れて中庭と玄関棟の間を奥に進むと、そこには引違いのガラス戸の「内玄関」がひっそりと置かれていて、この家の家人たちの日常的な出入りに供されている。（13-48）

この和風の車寄の瓦屋根の下の、右側（南）半分余りを、「玄関」が本館から箱状に突き出て占めており、石積壁との間

13-48　車寄の屋根下の空間。奥の中庭と玄関前のステップ

におよそ三mの幅の空間を残して止まっている。車寄の屋根下の土間は、敷石の間の目地をかなり太く取った一種の氷割《ひわれ》敷である。玄関と石積壁と、深く差し下ろした軒庇と氷割敷の土間とが、左右天地を遮蔽して、訪れる客人や帰宅した家人に、その奥にある中庭をまさに〝額縁〟に入れた〝絵〟のように見せている。

　村野が「中山半邸」の外部デザインで最も苦心し、また最も成功したのは、おそらくこの玄関前の車寄の空間の処理だったのではないか、と考えさせるほどにそこには洗練された空間がある。それまで一般的な大邸宅の車寄のデザインとして採用されてきたような、車寄が、建物本体から突出した形で付けられ、その結果あたかも融通の利かない執事が玄関前に立ち開《はだか》って待ちかまえているかのような、妙にものものしくて、それこそ「門戸を張る」ような、客を格式張って出迎えるような形式は取りたくないと村野はかねがね考えていた。彼が強く抱いていたそうした思いから、「中山半邸」では、明治以後のいわゆる洋館に定番であったポーチへ近づく車や人を、〈U〉字形に転回通路を付けてその上に屋根を掛け、場合によってはその屋上をテラスにするという、一般的な車寄の形式を止め、ポーチをアプローチに対してあえて横を向かせ、屋根の側面に車を着けて平入りにし、その前で車に乗降りする形式を選んだ。その結果、車を降り玄関扉をめざして歩く人の視線の先には、屋根の向こう側へと抜ける空間ができるが、村野はその時の視線を受け止める〝仕掛け〟の一つとして、先に見たような視界の周りを区切る〈額縁〉を用意し、その枠の中にきわめてピクチャレスクな「中庭」を創り出して見せたのだ。この家の主人や家人、あるいは訪問客たちは、正面にこの中庭を必ず見ながら前に数歩歩んで、棟の真下あたりで右に折れて、玄関扉下に敷石面からわずかに浮かせて差し出されている、御影石の踏段石《ステップ》に足をかけて玄関内部へと入って行く、というように、村野はこの家へのアプローチの最後の部分の〝筋書き〟を整えたのである。

この〝筋書き〟の一つの見せ場は、先に触れたように、車寄と、厨房棟と、その横の書生部屋などに囲まれた、間口約九m×奥行き五m、十四坪ほどの広さの中庭のデザインのピクチャレスクな内容である。おそらく村野自身が直接手掛けたと思われるこの庭造りは、庭一面に白砂を敷き、ゆったりと寝そべったような形状の鞍馬石の見事な「景石」を正面前に据え、そのまわりに竹笹を配し、さらに右奥の「内玄関」に近い位置に、室町期のものといわれる「西の屋形」の石灯籠を立て、その背後に、これもまたいかにも美形の台杉が二株、古く低い株から大小の幹が、水墨画の勢いよく引かれた線のような状態で上方に伸びている(この二株の台杉は、鞍馬石とともに驚いたことに「夢広場」の中で生き延びて今も立っている！)(13-49、13-50)。一方に起伏のない白砂の広がりと、それに合わせるような景石の石肌の水平方向への動きがあり、他方に台杉や石灯篭などの垂直方向への伸長があって、この水平と垂直の異なる方向への指向性の対立が、さほど広いとはいえない中庭に、次元の異なる空間的な深みと、同時に視覚的な緊迫感を創り出している。この中庭の持つ特別な緊迫感は、戦後の住宅作品の中では、たとえば東京の「指月亭」(1959)の厳しさが際立つ中で優しさが感じられる中庭のデザインなどにやがて引き継がれていくことになる。先にも触れたように、村野が戦後初めて出した自分の「作品集」の中で、わずかにこの玄関ポーチの奥の中庭の写真のみを、見開き二頁のスペースに掲載して、あえて「中山半邸」に自分が盛り込んだすべてを物語らせようとしたことなどから推測しても、やはり設計者としての深い思い入れが、この玄関周りの空間として結実していたのは間違いのないところである。[20]

13-49　台杉と景石(竣工時)

13-50　残された台杉と景石の現在の姿

玄関の内側の空間と廻り階段の出現

例のごとく、玄関に近づいて来る者に対して、最初から玄関扉に正対させまいとする村野の基本的考えにしたがって、「半邸」の玄関扉も、ポーチを支える北側の石積壁側に正面を向け、玄関へアプローチする者は、その真ん中に立つまでは、木枠に入れられた六ミリ厚の板ガラス入りの玄関扉面を直接見ることはできない。やや唐突な感じがしないでもないが、玄関扉前に床面から少し浮かせた形で差し出された、どこかモダンな感じのする切石の踏段石《ステップ》がある。まずこの上に足をかけ、ドアを開いてもらって、明るいイタリア産トラヴァーチンを床一面に貼った「玄関前室《ヴェスティビュール》」に入る。両サイドの壁に例のごとく武者窓が一つずつ付けられており、家の者が外の様子をそれとなく窺うことができるようにしている。客はそのまま前に歩いて、同じようなガラス戸の内扉をもう一度開き、二階分が吹抜けになった「玄関広間《エントランス・ホール》」に立つ。この玄関広間の床は前室に続いてトラヴァーチンが敷かれ、壁も同じ漆喰下地におが屑を撒いて付着させた上を、ペンキ仕上げにしたマットな感じの壁面である。高い天井には化粧梁を渡し、これに檜板を載せてラッカー仕上げとしている。玄関のこの二つの部屋の間に段差はなく、招待客などは、靴を脱がず土足のままで「応接室」や、さらに奥の「ホール」などの客用の部屋に入って行く形式が取られていたことがわかる。ただし玄関広間の東に隣接する「内玄関」には、下駄箱らしきものが設置されていたことからも、家人は日常的には普通に、外で履いていた履物を脱いで室内に上っていたと思われる。玄関広間の右手には六畳間ほどの広さの「応接室」が置かれ、そこが化粧梁を格子に組んだ格天井を持つ簡単な面談室になっており、またこの部屋の奥にトイレが設置され、来客用に備えていた。(13-51)

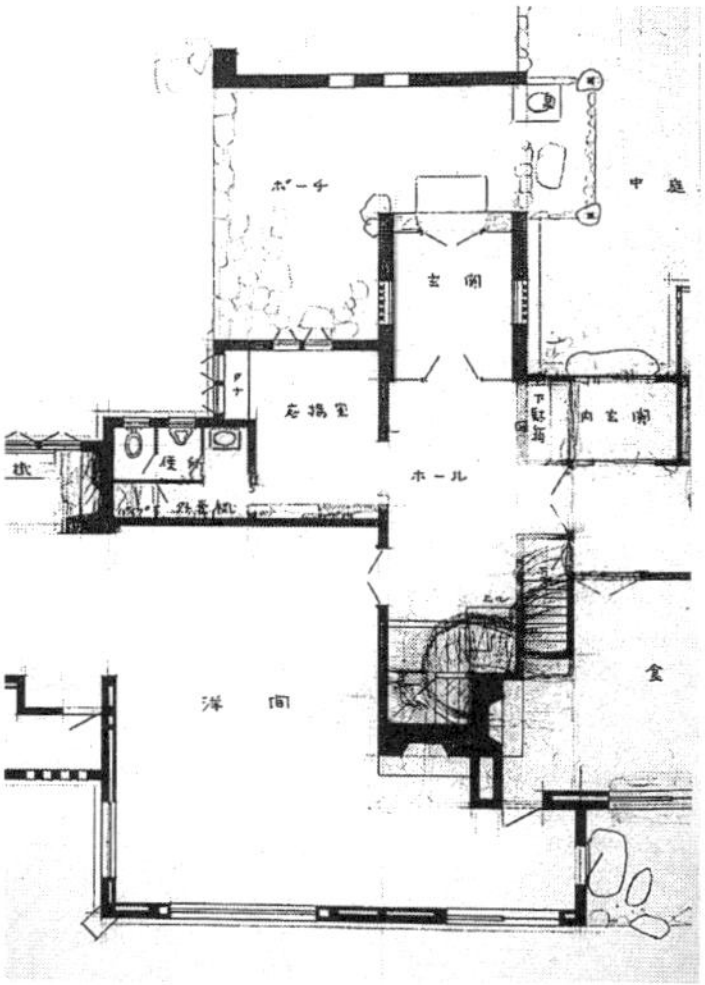

13-51　廻り階段への変更が示された図面。まだ周囲の壁は残っている

　玄関広間の正面(南側)には、この家の建設工事もかなり進んだ段階で具体化が決断されたと思われる、玄関広間から二階各室へと登って行くための、ラセン形を描く印象的な「廻り階段」があったことが、残されている一枚の写真によって確認することができる(13-52)。この写真には廻り階段の手摺子のある部分で曲面を見せている階段側板とごく一部の踏段だけが写っており、その向こう側に、吹抜けになったホールの様子も一緒に写し出されている。工事着工前後の図面と考えられる、一九四〇年二月の日付のある五〇分の一の平面図の中には、木造の「折れ階段」が設計図として引かれたその上に、村野の直筆と思われる鉛筆書きで、何重にも線を重ねたラセン階段らしきものが描き込まれている。この他に

も、そうした変更を所員に具体的に指示するための、フリーハンドによる立面や平面を示す何枚かのスケッチや、その後に所員によって製図されたと思われる、一九四〇年八月の日付入りの、どこか官能的な感じのラセン状曲線をみせる平面図や立面図などが残されている[21](13-53、13-57参照)。この階段は、四〇年二月の図面では、ホールと玄関広間の間を仕切る壁で、ホールから分離されているが、村野が折れ階段に代えて、廻り階段をここに登場させたことにともなって、この壁や扉があっさりと取り払われることになったらしく、最終的には写真にあるように、玄関広間からホールへの空間が、廻り階段の曲面を介して、ひと続きの〈流動する連続空間〉として繋がるように変化したと考えられる。興味深いのは、外観的には木造製作にも見えなくはないこの廻り階段の、構造的な処理がどのように行われていたか、という点についての資料がほとんど残されていない点で、鉄鋼などの建築資材の使用が厳しい統制下にあった時代とはいえ、中山(製鋼所)一族の建物であったことを考えれば、鋼鉄がこの階段の構造材として用いられていたことは、充分に考え得るが、それについては後でもう少し詳しく触れることにする。また設計者の村野の側にしても、「あるぜんちな丸」、「ぶらじる丸」などの豪華旅客船のインテリア・デザイン(艤装)において、鉄鋼などの金属を主な構造材料として使う、室内階段等のデザインについての十分な知識と経験を蓄えていたから、この推測はなおさら現実味を帯びてくるだろう。

13-52　廻り階段とホール

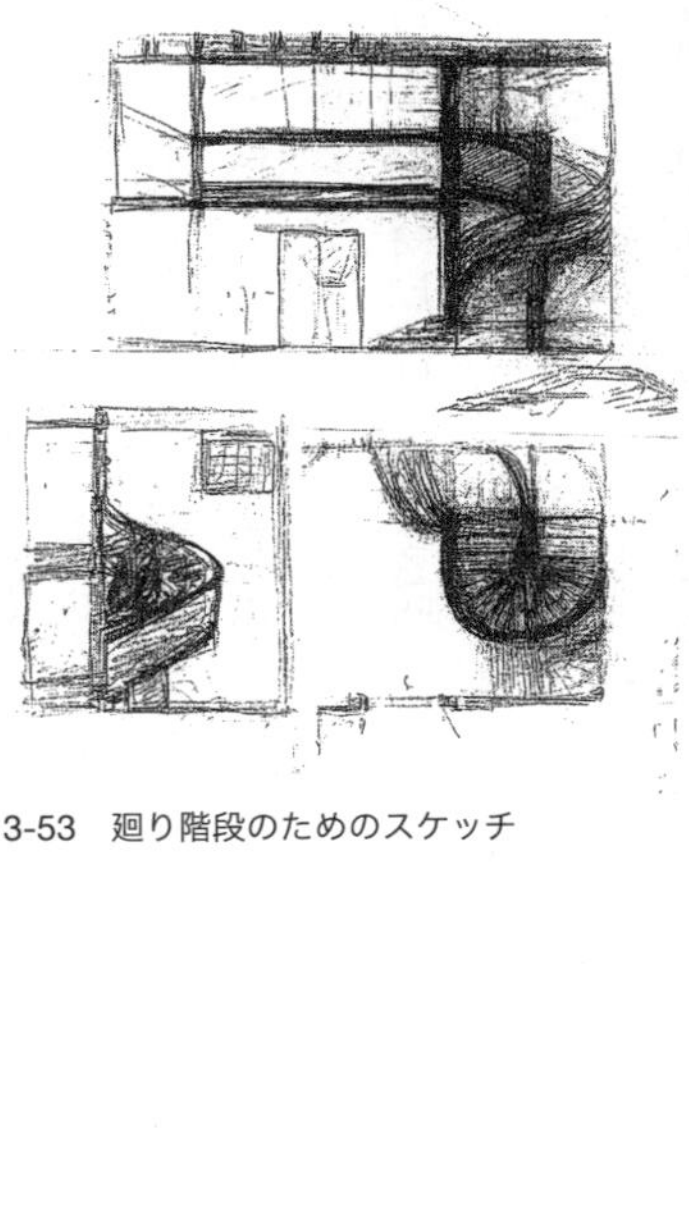

13-53　廻り階段のためのスケッチ

13-54　「プランタン」の階段

13-55　「千代田生命」の階段

廻り階段が新たに設置され、階段室を取り囲んでいた壁の一部が撤去された結果、この家を訪れた客は、玄関広間から、何の障壁もなしに、そのまま斜めに滑り込むような自然さで、洋風「ホール」の空間の中に吸い込まれていくことになる。人の流れと、それに伴う空間的な変化という点で、この解決の方が格段に空間効果を上げたことは明白である。

またこの「中山半邸」の廻り階段は、戦後の一九五〇年代から六〇年代にかけての作品の中に本格的に展開されていくことになる、村野の「廻り階段」遍歴の嚆矢《こうし》となる記念すべき階段であったともいえ、ここでいわば〝種〟として植えつけられたものが、戦後の心斎橋の喫茶店「プランタン」(1956)のラセン階段や、同じ大阪の「輸出繊維会館」(1960)の堂本印象のモザイク壁画がある前の階段や、「日生劇場」(1963)のホワイエの階段、あるいは「千代田生命本社」(1966)のホール奥の吹抜けの階段など、枚挙に暇《いとま》のないほどの数の、鋼鉄を構造材として使った、華麗で変化に富んだ廻り階段群という鮮やかな〝花〟として咲き誇り、豊かに〝実〟を結ぶことになったのである。この階段の歴史的な意味については、後でもう少し詳しく触れることにして、先へ進んで「ホール」の空間に入っていくことにする(13–54、13–55)。

洋風のホールのインテリアと大窓

もちろんこの「ホール」は、家族が日常的に使う「居間」のような場所ではなく、時々外から大勢やってくる仕事相手や友人の客たちを、パーティなどの特別な催しで迎え、もてなすために用意されたスペースであった。欧米の大邸宅で、一般に「ホール」と呼ばれている、「階段室《ステアケース》」と一体化もしくは隣接した、かなり儀式的な色彩の強い空間に類似した性格を与えられた部屋であった。この「中山半邸」の「ホール」は、吹抜けになった部分の平面上の広さが、九・四m×六・四m、天井高が、五・六m、というスケールで、「中山悦治邸」のホールより少し小振りとはいえ、ほぼ同程度の規模を持っている。ただ活気に満ちた新興鉄鋼会社の創業者で、中山家の嫡男のための家という「悦治邸」の場合には、その立場を反映してか、ホールがプランの中心的な場所に位置して、そこから全ての廊下通路が出て行くといった〈核〉的な立場を担っていたのに対して、同じ会社の重役を務めていたとはいえ、中山家の末弟であった「半」の家のホールは、大正から昭和戦前期の中小住宅によく見かけるような、玄関脇の応接間の規模をきわめて大きく拡大した、といった性格が濃厚であり、その分室内空間には、兄の家の豪快剛直な気風はない代わりに、部屋が南向きということもあって、明るく、軽快で、近代的な空間に仕上がっていたように思われる。(13-56)

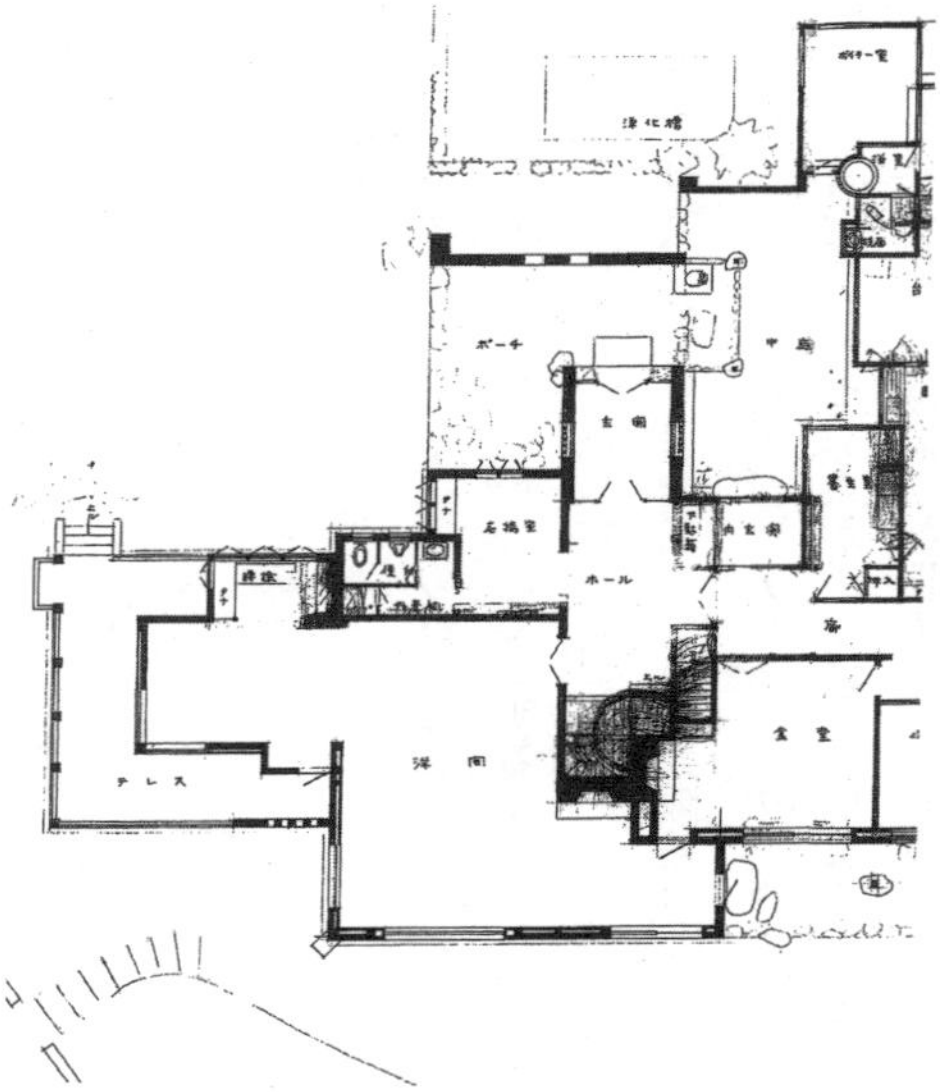

13-56　ホール東側の食堂周りと西側の小部屋・テラス等の平面上の構成

「ホール」の天井の中央には、長さが四mもあろうかという、笠の表面に細かな装飾模様が散らされている金属製の半円筒形断面を持つ「照明具」が、天井面からワイヤで吊り下げられている。その円筒形の笠の内側に隠された多くの電球が天井を明るく照らし出し、その反射光が間接照明として部屋全体をごく柔らかな光で照らし出すように考慮されている。こうした間接照明方式は、村野が一九三〇年代中頃から、大部分が大阪商船の発注で数多く手掛けて成功していた、外国航路の大型旅客船の、上等船室の艤装で集中的に身につけたインテリア・デザインの手法の一つであり、そこでこのような照明具のデザインも行っていたから、まさしくお手のものであったといえる。シェードには中山製鋼で作っていた薄板鋼板が用いられていたと思われるが、明るい照明に照らし出された天井面には、織物による、金魚(?)か何かの魚が二匹ずつ並んだユーモラスな装飾模様が浮かびあがっている。夜間はこの天井照明からの光線だけではおそらく明るさが足りなかったはずで、各壁面にはブラケット型の照明具の用意があり、床には村野がデザインした照明スタンドなども置かれていた。

「悦治邸」の場合と同じ寄木貼の床の上の一部に絨毯を敷いた、吹抜けになったこのホールの中に入った人の目に、まず最初に飛び込んでくるのは、吹抜けの下の南側の壁面(幅六m×高さ五m)の真中に、ただ一つ、大きく開けられている

「窓」の存在であろう。床から七〇㎝ほどの高さで、三・三m(w)×二・六m(h)という、壁面全体の四分の一ほどの面積を占めているこのやや横長の大きな開口部は、窓の上部に換気用の回転欄間を持ち、その下に厚さ六ミリほどのプレートガラスを嵌殺しにして入れた、まさしくこれは〈ピクチャー・ウインドウ〉であった。冬の昼間などにはその大きな窓から陽光がホールの奥まで差し込んで明るく、また窓に寄れば眼下に見える岡本と、その右手(西)の神戸の中心街の方へと続く街や村や、その後方で光っている大阪湾の海の光景を望むことができる。この窓は、先ほど崖下の道路から見上げた時にもなぜか目立っていたが、やはり室内に立ってこれらの風景を眺めると、このような眺望を、この窓に〝絵〟として取り込んで、貴方に見せたかったのだというような、施主や、設計者から客への、隠れたメッセージのようなものを、ここを訪れた者はおそらく感取したはずである。

二つのアルコーブ部分を置いた意図

さて今度は、窓に向かって右手、西側の壁の方に目を転じると、壁面の左端(南西)部にかなり大きな窓が一つあり、さらに興味深いのは、西側の壁面の右端(北西)部の一階部分が、奥の方にかなり深く後退し、三方を壁で囲まれ、残り一面でホールに連続している「小部屋」の存在である(13-56参照)。間口四m弱、高さ約三m、奥行き五m余のその小部屋は、十二畳ほどの広さがあり、ホールから凸型に突き出た、箱型で〝洞穴〟状の部屋だが、しかし部屋の周囲の三面を、先に車寄前の外から見たバルコニー・テラスに囲まれているので、暗い穴倉といった感じはどこにもなく、開口部からの適度の眺めと明るさが齎されている部屋である。天井は格天井で、ホールとの間は間仕切り用カーテンで仕切ることもできる。部屋の中に入って見回すと、北側の壁の三分の二ほどが、奥行き一・八m、高さ二m、間口三・六mの大きさで凹型に後退《リセス》しているのに気付く。そのリセスの右側の壁部に造られた、実際に薪などをくべて火を焚くことのできる本格的な暖炉と、壁に沿ってそれをL字形に囲む長椅子を造り付けた、英国風にいえば〈イングルヌック〉(火所を囲む凹型の壁龕《へきがん》室)である。家全体の空間を暖房するのが難しかった時代の西欧の民家で、居住者が必要な暖を手早く取るための便利な方法として考案された〈部屋の中の部屋〉、イングルヌック、直訳すれば〈炉《イングル》のある隅部《ヌック》〉、いわゆるチムニー・コーナーのいかにも親しげ《インティメート》で寛げそうなスケール感がここにも実現されている。

さらにこの部屋の西南の出隅部には、西と南それぞれの壁面に大きな板ガラスの入った引戸があり、部屋の中から外にある緑の木立を眺めることができると同時に、南側の引戸と網戸を引いて、外の広いバルコニーに出て、季節のいい時にはデッキチェアに腰をかけ、外気や陽光を体一杯に浴びる、別荘地にあるような楽しみが住人に約束されている。「炉隅部屋《イングルヌック》」や、外にバルコニーを持つこの小部屋は、《アーツ・アンド・クラフツ》運動の根幹にあった《ヴァナキュラリズム》の香り豊かな〈田園住宅《カントリー・コテージ》〉の系譜につながるような、親密な〈田園的時空〉をその内外に醸成しているのだ。「悦治邸」の空間ではあまり見かけなかったような、押さえを効かせたスケールとプロポーションが齎す、寛ぎ感のある居心地のいい一郭が、ホールの大空間の奥に秘かに生みつけられている。

再び吹抜けのホールに戻って、今度はホールの東側の壁面に向かって、例の「廻り階段」とは反対側の南の崖側の方に目を移す。先ほどまで居た小部屋と、ホールの対角線上で反対(南東)側の隅に、ほぼ同じくらいの間口と天井高で、ホール平面から鉤型に東へ凸型に突出している九畳ほどの広さの小部屋がある。ホールを横切って、凹型に後退しているこの空間の中に入ると、すぐ左手の壁に、やはり同じような本格的な石貼の「暖炉」が設えられている。村野は、このホールをデザインする時に、ホールの長方形平面に付属させる形で、対角線上の両端に二つの〈凹型小部屋《アルコーヴ》〉を造り、これによって、基本的に非日常的スケールを帯びて広がっているホールの空間に対して、住宅が本来備えているべき日常的な規模の居住空間を対比的に創り出し、この家で毎日の生活を送る家人や、親しい親戚などの来訪者と親密に会話することのできるような区域を、意図して用意していたのである。つまりこうした小部屋のデザインは、彼のこの家の設計上の重要なポイントの一つであったはずであり、だからこそこの二つの〈アルコーヴ〉には、人間の初原的な〈シェルター〉には付きものといえる洋風の〈火焚場〉、つまり「暖炉」が置かれていた。

暖炉の右脇の壁面に、一つのドアがあり、そこから隣室の「食堂」に連絡しているが、この間取から自ずとわかるのは、このアルコーヴが家族が隣室の食堂で食事した後で、ここへ出てきて、この部屋の南の壁に開けたもう一つの窓の下で、食後の酒やお茶などを楽しみながら、しばし夫婦もしくは親子、あるいは客などを交えて団欒のひと時を過ごすためのスペースとして造られていたことである。ちなみに「食堂」の方の内装として図面で指定されていたのは、床はホールと同じ寄木貼り、壁はオーク・ベニヤの練付け、天井はプラスター等比較的シンプルなものである。おそらくこのインテリアは、一年後に京都に完成することになる「中林仁一郎邸」の「食堂」のインテリアに繋がる内容があったのではないかと推測される。この部屋にももちろん、本館棟内の各室と同じように、暖房用ラジエーターが設備され、その他に、先のアルコーヴのそれと背中合わせに、屋根にまで抜けている煙突を共有しながら「暖炉」が設置されていた。食堂の広さは食卓を置いた部分が二四㎡、十四畳ほどの広さで、これに暖炉周りのスペース(八㎡ほど)が付いている。さらにこの「食堂」の奥の部屋の並びとして、「前室」を挟んで、浴室付きの洋間の「主寝室」があり、さらに「主寝室」の東南隅に接して、「ベランダー」と書かれている、サンルームが続いている。ちなみにこのサンルームの東側には、桂離宮の月見台に似た四角い「露台」が、おそらく村野の建築では初めてと考えられるが、庭の方に突き出した形で設置されていた。これらの寝室まわりの部屋や食堂へは、母屋を東西に貫いている「中廊下」に取られた一つのドアからも出入りすることができた。

ホールにある渦巻き状の階段の秘密

再び大広間の入口脇の廻り階段のある場所に戻り、そこから今度は、二階居室部分の様子を覗くために、「広間階段変更図」と書かれた図面上の線がしなやかで、どこか蠱惑的にさえ思える渦巻き形を描く「廻り階段」の前に立つ(13-57)。「中山悦治邸」の場合のホールの大階段は、当主の性格を映したためか、剛直で〝男性的〟な表情を持っていたのとは対照的に、ここでの階段は柔軟で〝女性的〟な表情を特徴としている。

玄関広間の正面(南)には、先に見た「南側小部屋」の「暖炉」の背中に立つ、この一郭だけはRC造と推測される、幅が二・三mほどの構造的な壁があり、その壁と直角に交わって東側に、こちらの方は先の「食堂」の「暖炉」の裏壁が同じように立っている。この屏風状に立っている壁の東側の壁から、「変更図」によれば、内法で一・二mほど離した位置に、直径三〇㎝程度の中空の鋼管が立ち上がって二階の梁に固定されている。この独立鋼円柱とRC壁との間に、階段を上へ登る際の第一段目の踏板が固定されている。手前と後方が柔らかな円弧の輪郭を描いており、奥行きが一・八mほどもあるこの一段目の踏板に上り、目の前で弧を描く側板に促されて、今度は体の向きを右へ向けると、そこから二段目以降の踏板が続き、これをさらに数段登ると、強い曲面を見せて上昇する両側の側板の内側で、踏板が渦巻き状に回転しはじめ、これを踏みながらさらに登ると、円周の四分の三ほどを廻ったところの第十七段目の踏段で、二階レヴェルの踊場に達するように設計されている。鋼管柱はラセンの中心に位置しているわけではないので、いわゆる「ラセン階段」とは呼べないが、構造壁と鋼管柱の二点で階段両脇の側板を固定して支持する「廻り階段」である。この階段の表面は木材や合板でカヴァーされており、具体的な資料は残されていないために判然としないが、階段自体の形状から判断して、階段本体の構造材として鋼板などが溶接されて全面的に使用されていたと考えないわけにはいかないだろう。おそらく村野が渡した設計図をもとに、「中山製鋼所」の工場か、関連の鉄工所で階段そのもののの製作が行われたはずで、鉄板の側板の間に、やはり鉄板を切った踏板、蹴上板などを渡してリベットや溶接で組み立てて、一個の完結した構造物として形づくられていたのではないだろうか。その後、それを現場に運び込み、例の暖炉裏の屏風形の壁体と、すでに立てられていた鋼管柱に接続し、表面を木で加工して建築に組み込んだのである。あらゆる物資が軍需用に調達されて民間には回らなかった時代であったために、こうした鉄鋼による構築物が、一民間人の住宅の中に使用されることを世間に公表するのは、おそらく最初から憚《はばか》られていたはずであり、この注目すべき階段廻りのデザインが関係者以外にはほとんど知られないままに、戦中戦後、忘れ去られたままになってしまう運命を背負っていたのである。もしかしたら戦時中に、この鉄鋼構築物は、完成後まもなく取り外されて供出させられたのかもしれない。

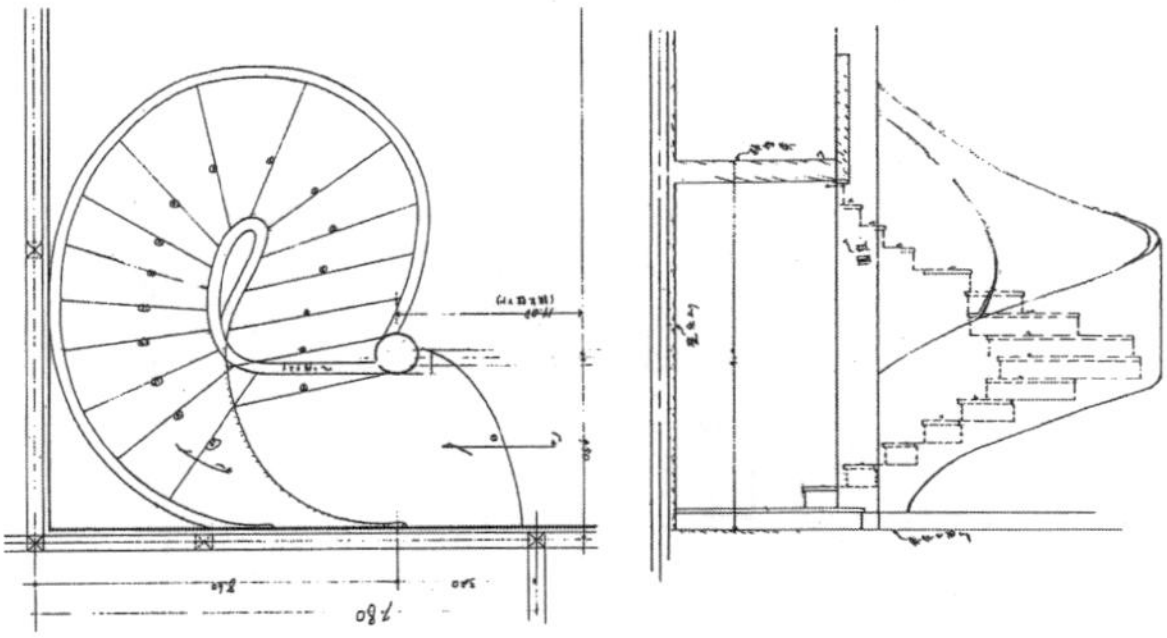

13-57　廻り階段の詳細図

　いずれにせよ、もしこうした推測が正しければ、村野が工事の始まるその前後の頃まで、図面にこの階段を、廻り階段として所員に書き入れさせなかった理由も自ずとはっきりとしてくるだろう。つまり図面上に書き込まれた「木造折れ階段」は、役所などへの届出上のデザインとしてとりあえず書きこむ必要があったものであり、それが受理された後で、いわば施主と設計者と建設業者の間の秘かな合意の下での、内緒の工事によって、この魅力的な鋼鉄製の「廻り階段」が「中山半邸」実現した・・・という仕掛けがわかってくる。そうした隠れた経緯を、計らずも、廻り階段を描いた、鉛筆書きの、曖昧模糊としたあの無数の村野の線が物語っているのではないか。

〈時=空〉体験の場としての廻り階段

　ホールの吹抜けの空間の中に露出した形のこの種の廻り階段の上を人が昇り降りすれば、その人は、ホールの空間を通して、あらゆる方向に視線を向け、視界を滑らかに移動させながら、ちょうど長廻しの映画フィルムで撮影した映像のように、ラセン状に連続する視覚経験をもつことにな

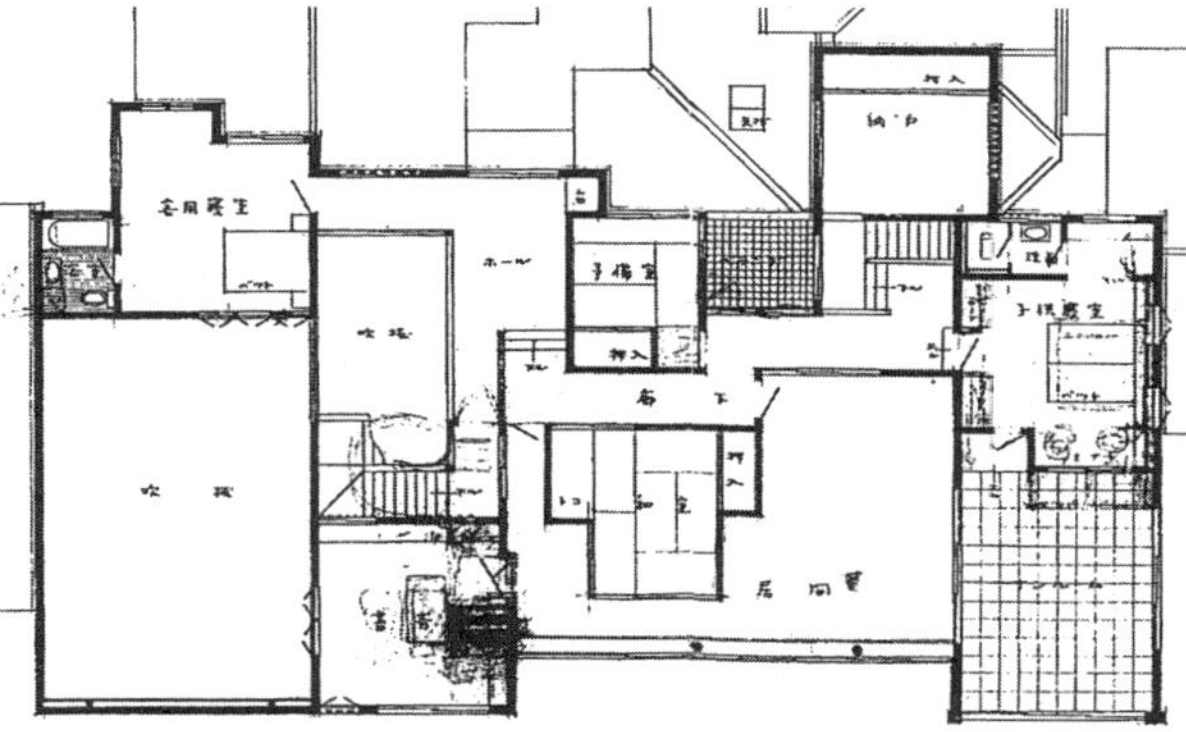

13-58 「中山半邸」、2階平面図と村野による書き込み部分

るはずである。この種のこれまで人があまり持つことのなかったような体験は、二十世紀初頭のアインシュタインの〈相対性理論〉でいう「時＝空(space-time) 概念」のいわば建築空間化の結果だ、といった魅力的な理論を、二十世紀の第2四半期に展開して注目されたのが、《モダニズム》建築論の重要な構築者で、また強力な喧伝者の一人であった、建築史家のS・ギーディオン[22]であった。そのような「時＝空」的な視覚体験の新しさに、《キュビスム》絵画の多重画像などが示す革新性に思いを馳せながら、建築家として自分自身の作品の中で、種々の階段を駆使して実験的な建築空間を実現し、世界中から注目されていたのが、他でもない建築家、ル・コルビュジエであったのだ。村野は、コルの一九二〇年代から三〇年代初めにかけての《合理主義》に基づく作品の中での、そのようなラセン形の廻り階段をはじめとする、種々のオープン型階段が生み出す、いわば《機能主義》的な空間効果、つまり身体に深く関わる空間的視覚的な効果について早くから注目し続けていた節《ふし》があり、そうした関心を自分自身の廻り階段として試す格好の機会を、ようやく「中山半邸」のホール脇の階段において摑んだといえたが、それを広く建築界に伝えて、その空間的成果を誇ることのできるような平穏な時代ではすでに日本がなくなっていたのは、建築家としての彼の不運であった。

そうした鬱憤を晴らすかのように、戦後になってから村野は、後に〝階段の魔術師〟とまで渾名されるほどの、数多くの魅力的な階段をデザインし、それが彼の建築に無くてはならない要素《エレメント》となったが、このような鋼鉄を構造材とする階段の設計で発揮する村野デザインの切れ味の良さは、実は「中山半邸」の階段もまたまさにそうであったように、戦前期の村野が携わっていた大型鋼鉄船の〈船内艤装〉での、数多くの鉄や鋼を使ったインテリア構成物の設計を手掛ける中で、いつのまにか身に着けたものであったことは忘れてはならない点だろう。この種の階段のデザインは、「半邸」が完成した一九四〇年前後において、村野にとってはすでに〝お手のもの〟になっていたのだ。

二階レヴェルの階段の上がり端に立つと、目の前に、玄関広間の吹抜けの周囲を巡るバルコニー状の廊下があり、さらに廊下を鉤型に左(西)に折れると、その先に一枚のドアが見える。このドアは、ホールの吹抜け北側の、車寄の上にある、バス・トイレが付いた「客用寝室」へ入るための扉である。廊下を少し前に進んだ後、バルコニーの中間で折返すようにすると、バルコニーの横に逆方向へ進む低い階段と廊下があり、そこへ入って行くと左に、東方向へ鉤の手に向かう廊下が現れる。その廊下の右手(南側)にあるのは、家族用のかなり広い「居間《リヴィング・ルーム》」。廊下を途中で一度折れた後、さらに一番奥にまで進んだ左手に「内階段」があり、その階段横の突き当たりの部屋が「子供寝室」である。崖に面して広い連窓がある南側の「居間」へ当時の図面をたよりに入って見ると、興味深いことに、「床の間」付きの六畳の「和室」が、洋室の中に〝島《アイランド》〟のような形で造作されており、当時の村野の頭の中では最初から、〈和〉と〈洋〉の次元的な差異がなかったこと、つまり〈和〉と〈洋〉は、彼の《現(存)在》において、同じ掌上で扱われていたことを証明した形になっている。和室の奥に主人用の「書斎」があり、南の窓外には海岸線の広大な風景を眺めることができ、また屋内の一階吹抜けの「ホール」の様子を、漏らさずこの部屋から見下ろせる開口部も用意されている。(13－58)

〈管態《チューブ》〉空間としての廊下

二階からさきほど登ってきた廻り階段を逆回りで下に降り、玄関ホールに再び出て、今度は東側の壁面にある両開きのドアを押し開けて、本館棟一階の「中廊下」の端に立ち、そこから奥の方へ向かって歩いて行く。興味深いのは、二階の廊下と同じように一階の廊下も、本館の一番奥まで真直ぐ突き抜けているような直線的な廊下ではなく、途中所々で、左右の部屋の壁が飛び出してきたり、あるいは逆に後退したり、さらには正面に部屋の壁が立ちはだかって突き当る、などといった形で廊下がジグザグに屈折をくり返し、そうした状態のまま、さらに奥にある日本家屋棟にまで続いている。廊下のストレートな伸びを、あえて邪魔するようにしている、北側と南側にある「部屋」とはどんな部屋かといえば、南側には、先ほど室内に入った「食堂」、「次の間」、「主寝室」などの諸室であり、廊下の反対の北側では、西端の「内玄関」→「書生室」→「厨房棟への入口」と東へ順に並んでいて、それぞれがいわば廊下という〈チューブ〉にぶら下っているが、それと同時に、「部屋」の「廊下」からの独立といったものを、「廊下」の直線的な空間を所々で乱す形で主張していると見ることもできよう。

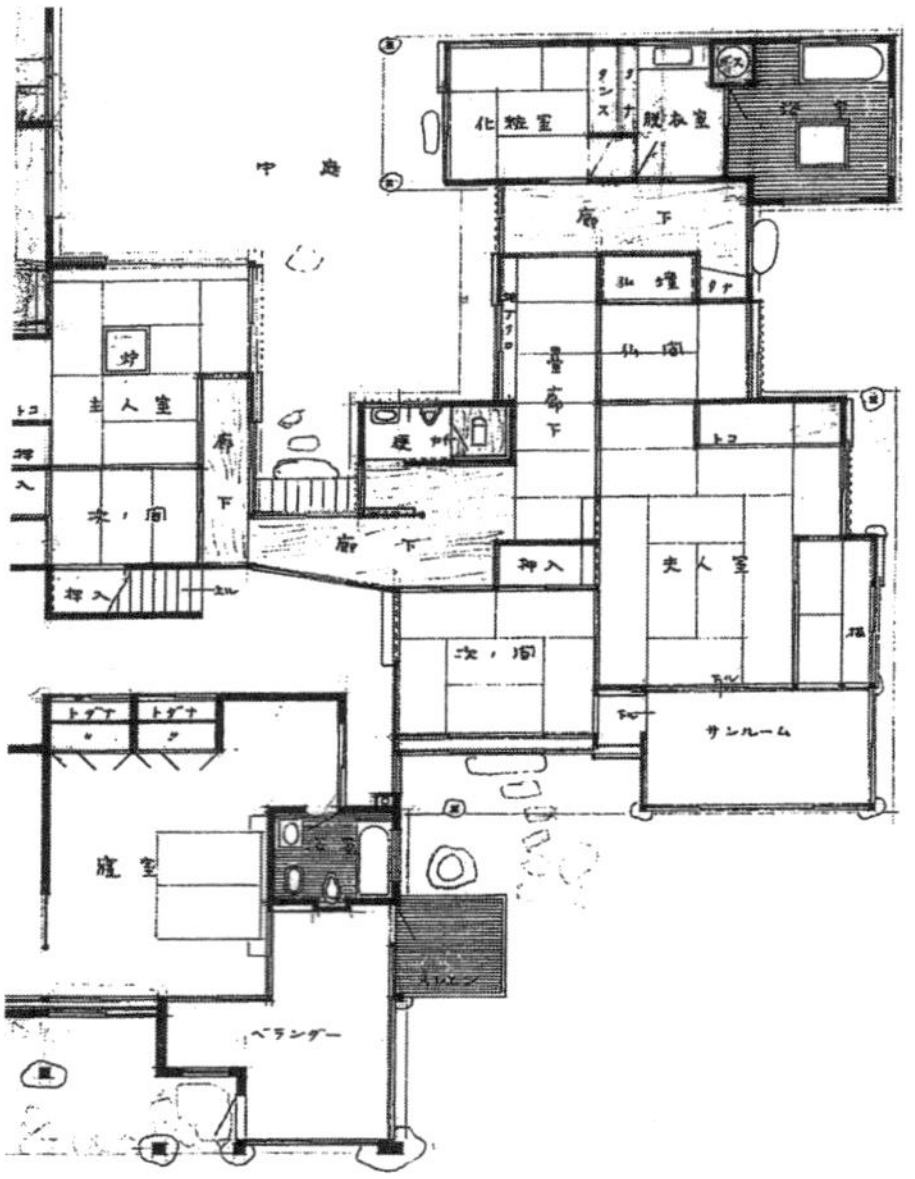

13-59　「中山半邸」、1階平面図（日本家屋部分と本館の連結部）

この列の最後には、「床の間」付きで、切り炬燵がある「主人室」(詳細図面では「茶の間」とある)と「次の間」、という平屋の日本家屋が、本館棟の廊下の東端に接して置かれている。この「茶の間」は、中庭を挟んでその東側に同じ平屋で展開している、洋館部に集中している主人用の各部屋に対して、主にこの家の夫人のために設えられた一群の日本家屋群の、いわば〝前ぶれ〟を成すような形で建っている。(13-59)

本館棟の廊下は、「洋風主寝室」と「茶の間」の先の日本館の「次の間」の壁に突きあたっていったんは止まり、そこから「便所」前の板敷きの廊下を、斜めに横滑りしていく形で、「日本家屋棟」の方に入り込んでいる。日本家屋棟の中心となる「夫人室」は、東と南に広がる大きな庭園に面した十二畳の広い和室で、北側に一間半間口の本格的な「床の間」を据え、反対の東南隅には夫人専用の「化粧室《パウダー・ルーム》」とおぼしき二畳の小部屋も用意されている。本間の西側に鉤型に、六畳の「次の間」があり、本間の南側の障子を開けると、一段床が低くサンルームが造られている。「夫人室」の北には三畳の「仏間」があり仏壇が置かれているのは、「悦治邸」と同じ配置である。夫人室の部屋の真上に架けられている屋根は、村野好みのあの「大和棟」で、これを矩勾配を持つ大棟と、三寸勾配の瓦葺の下屋根で構成し、東側の庭園に妻壁を見せて、本館棟の手前で、引き締まった美しい立面を表庭に見せている。(13-60、13-61)

和室群の西側の、中庭に面した部分を南北に通した「畳廊下」をさらに北に進むと、箪笥などが置かれ、着物の着換え用とおぼしき最奥の「化粧室」、「脱衣室」、「浴室」が西方向に一列に並べられている。それらの小部屋の前は板廊下で、夫人室脇の畳廊下が鉤型に接続して、玄関から始まった長い廊下の〝旅〟は、ようやくここで終わりを告げている。内玄関の扉の位置から、最奥の浴室前の廊下までの間に、鉤型に折れること五度、距離にしておそらく三〇m近くを歩いたことになる。村野の散開型プラン、つまり〈非集中〉型のプランニングの、戦前における一つの極みがここにあるといえるが、当時喧伝されていた《モダニズム》の設計理論の〈柱〉と目されていた、最短の動線で部屋と部屋を結び、同時にできるだけ単純な輪郭に形を纏めるという《合理主義》建築とは、真っ向から対立するものであったことに注目しておかねばならない。その手法は、「悦治」、「半」兄弟の住宅が、経済的な制約を受けないいわゆる〝大豪邸〟の部類に属する規模の住宅であったから、村野が採用した手法だと考えられなくもないが、それ以前に、村野の住宅設計における、あるいはあらゆる種類の設計における、基本的な選択に関わるものであったと考えるべきではなかろうか。その傾向は村野の戦後の諸作品をつぶさに考察していく過程で、いずれより鮮明に浮かび上がってくるはずである。

13-60　東側立面図。背後の本館棟とその手前に平屋の日本家屋群

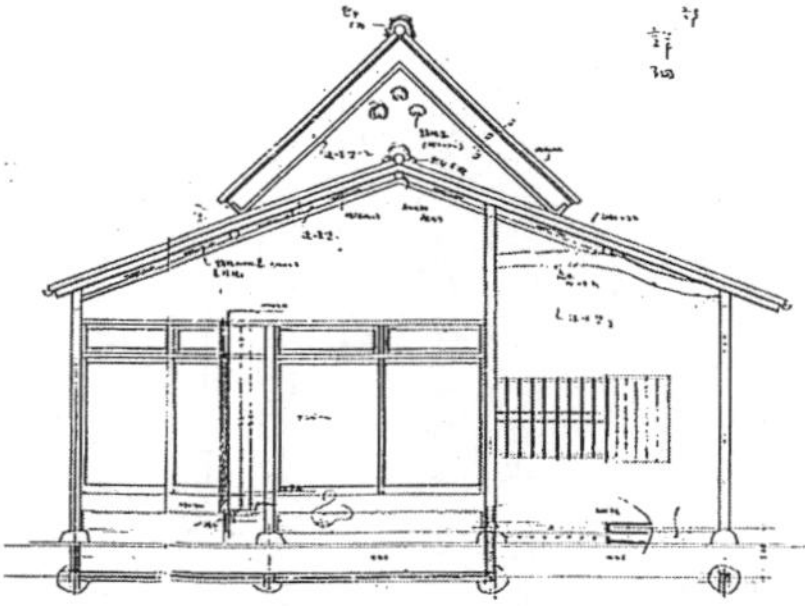

13-61　夫人室、大和棟の屋根を持つ部分の立面図

日本家屋部分の戦後への展開

村野の平面計画を貫いている、こうした〈チューブ〉状の動線の伸び伸びとした展開は、ここ「中山半邸」の場合には、兄の「中山悦治邸」の場合のように、ホールを〈核〉として直線的に各方向に放射し、さらにその先をやや強引に引回したともいえるような、ある意味ではダイナミックな平面展開は見られないが、その代りに「玄関広間」から日本家屋の最奥の「浴室」にいたるまでの、ここでのひと続きの〈チューブ〉は、より柔軟性を持ち、喩えていえば谷間を流れるせせらぎか何かのように無理なく滑らかに展開している。屋内の中心を貫く動線空間として、〈合理〉的に考えればストレートに流れても構わないはずの「中廊下」が、微妙に壁がズレたり、あるいは凹凸に富んだジグザグした筒状の空間としてあえて造り出されたことによって、その廊下の内部空間が、〝流れ〟に対する〝淀み〟を巧みに按配した形の《機能主義》的な、つまりは居住者の〈身体性〉を考慮した空間になっている。いい換えれば住まいとの間に居住者たちが、さまざまな想いを通わすため

の多くの接点を持った空間へと昇華されているのである。先にも繰り返し述べたように、建ものに人の想いが通うとは、まさに建物が建築になることであるのを、村野は自分の身体の最も深いところで、設計者としての活動を開始した最初期の段階から十分によく理解していたのである。

その意味で「中山半邸」の廊下は、「悦治邸」で見たような、〈書〉に喩えれば、楷書体のように太く真直ぐで、また角々とした線ではなく、所々で緩く曲がり、時には掠《かす》れるかのような、いわば行書体の墨跡に似ている。「悦治邸」に見られたような空間の強張《こわば》りのようなものが、ここでは随分と抜け落ちて、柔軟な〈管態《チューブ》〉状空間の形成の方向へと一段と明確に踏みだして平面計画が纏められている。村野が、このようにして実現した《機能主義》的な〈管態《チューブ》〉状空間の独自性を考える上で、これは住宅ではないが、村野が設計を巡る諸条件の中で、とりあえず《合理主義》を前面に掲げることで設計を進めた、「都ホテル五号館」の、「中廊下」の、幾何学的で直線的な筒形〈チューブ〉の貫通と比較してみれば、違いは一目瞭然である。ただ村野はホテルの中廊下のような一般的に味気なく放置されるような場所であっても、天井や壁や扉の素材に深く配慮するとか、ドアの位置をずらすとか、いろいろな和風装飾を細部に施すとか、種々の努力をして、宿泊客が建物を身体化する契機とし、そこから独自な〈管態《チューブ》〉状空間にしようとしていたことについては、すでに見た通りである。またそれ以前を思い起こせば、村野が、こうした変化に富んだ「中廊下」の空間を追及する、その原点となった作品が、「中山半邸」の十年近く前の作品、「大阪パンション」(1932)の中廊下にあり、さらにその背景として、ハンネス・マイヤーのあの「学校」の廊下があったことも、ついでにここで思い返しておく必要があるだろう。

いずれにせよ、村野藤吾が戦後設計した、住宅建築を中心にしたいわゆる「村野和風」の粋を窺《うかが》わせる一連の作品の系譜の、その原点となった作品こそが、「中山半邸」の日本家屋の部分であったのだ。そういう視点で、「中山半邸」の日本家屋部分の平面図をしばらく凝視していると、その木造平屋の諸棟が、表の庭や、中庭などに面して、複雑に凹凸を繰り返しつつ展開している平面の中に、ふと、戦後の村野和風の秀作との呼び声が高い、東京高輪に、一九五九年に完成した木造住宅、「指月亭」の、建物の配置やプラニングを見出せるように思えてくるのはなかなか興味深いことである。たとえば「中山半邸」の、切炬燵のある(「主人室」と書かれてはいるが実際には)「茶の間」と、その脇から始まる板廊下に続く日本館への同じ板張りの「渡り廊下」。さらにその先で鉤型に続く「夫人室」の畳敷きの縁側廊下があり、そして再び鉤型に折れて板廊下と、それに面した「化粧室」などがある「浴室棟」など

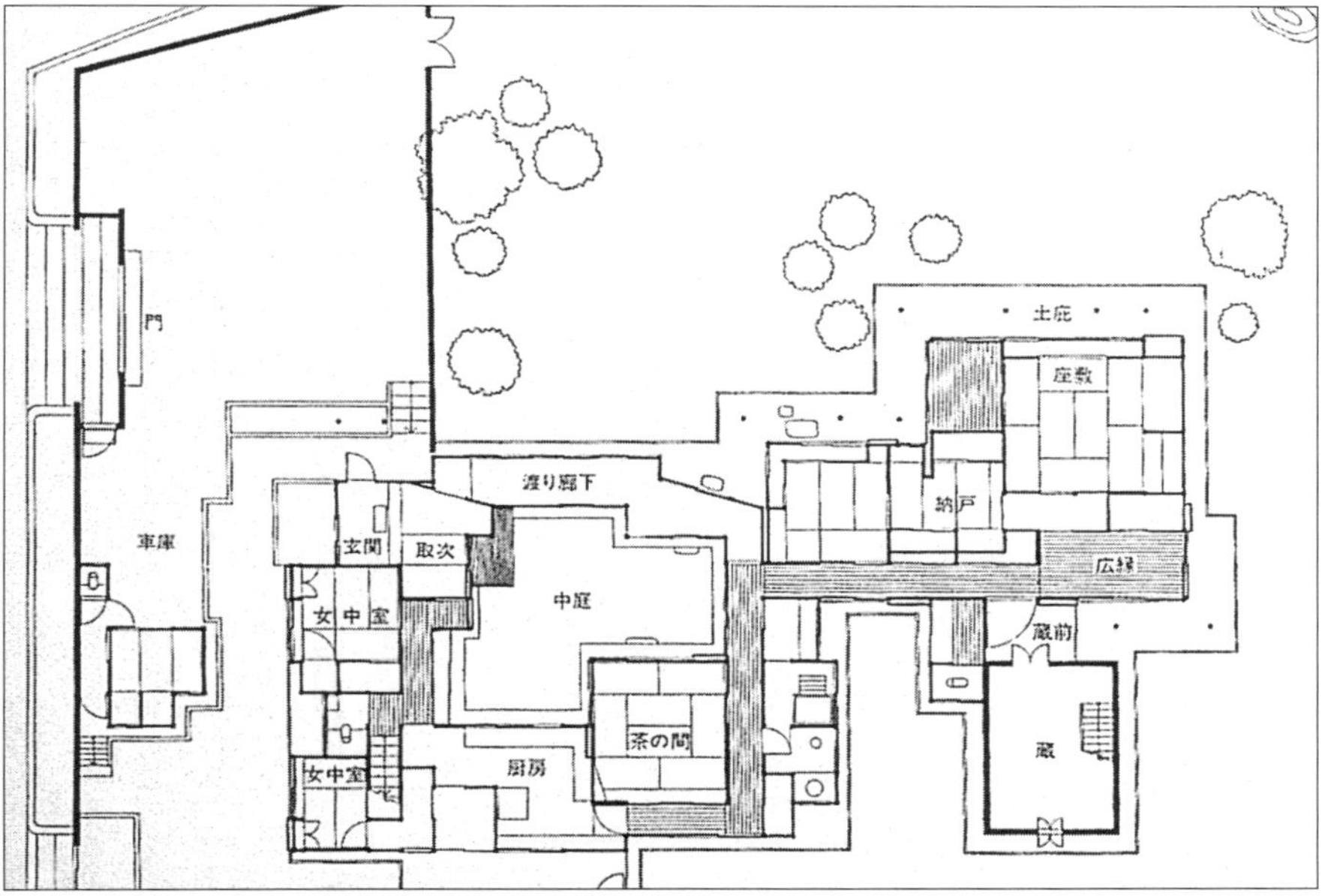

13-62 「指月亭」、1階平面図。中庭を囲む部屋と廊下の構成

で一つの小さな「中庭」を取り囲むという、「半邸」の和館部分のプラニング。これらが「中庭」を囲む様子は、ある資産家の女性を施主として、村野が戦後まもなく設計して完成させた、「指月亭」と名付けられた和風住宅のプランに、ほとんどそのまま重像させることができるように思われる。「指月亭」の場合は、「茶の間」から眺めた時に最も美しい「中庭」を中心としてまず置き、この「茶の間」を起点として、隣室の「厨房」→「女中室」→「玄関取次」→「玄関」へと各部屋が巡っている。玄関に帰って来た主人や客たちは、同じ時計まわりで「取次」から「渡り廊下」を通って表庭に面した「主人室」へと向かうか、もしくは「渡り廊下」からそのまま中庭脇の廊下を通って、最初の「茶の間」へ戻り、「中庭」をひと巡りするかの、見事な〈管態《チューブ》〉空間の回路が設定されている。(13-62)

こうして見れば、「中山半邸」がいわばその〈プロトタイプ〉となって、二十年近い歳月を超えてその空間意想が村野の中で再び甦り、さらに洗練され研ぎ澄まされた形で、あの「指月亭」として結実したことがはっきりする。中でも「半邸」の「夫人室棟」と、「指月亭」のプランの関係性を明らかにしている、この二軒の家に共通している非常に注目すべき一つのポイントは、横に滑るかのような、あの「渡り廊下」の存在である。村野が、一つの空間から、別の性格を与えたもう一つの空間へ人を導く際にしばしば用いる、あの〈あやめ〉の手法が、

「半邸」の洋館部分から和館部分への空間移行の結節点に使われているが、同じような空間が、「指月亭」の玄関取次から「主人室」の方へ向かう時に設定されている。斜めにずらしたチューブ状の「渡り廊下」の中を人が潜る時に、家の外にある仕事中心の世界から、家の内のプライヴェートな生活的空間へ移行するが、その際のいわば〈結界〉的空間装置として〈あやめ〉の廊下はデザインされているのである。

[註]

1 村野藤吾「建築家十話　三、住宅設計心得帳」『毎日新聞』、昭和三九年三月二四日。『村野藤吾著作集』鹿島出版会、二〇〇八年、五三三頁。

2 中山悦治(一八八三—一九五一)。

3 山口吉郎兵衛(四代)(一八八三—一九五一)。山口銀行の創設者で、関西銀行業界の重鎮の一人。陶磁器、人形などの美術品の収集家としても知られた人物で、氏のコレクションをもとに、戦後その邸宅が「滴翠美術館」として改装され、一般に公開されている。

4 安井武雄(一八八四—一九五五)。一九一〇年東大建築科卒業後、満鉄工務課に入る。その後大阪で片岡安の設計事務所に入り、一九二四(大正十三)年独立して、安井建築事務所を開設し、昭和戦前期の関西建築界を代表する設計者の一人として活躍した。御堂筋に面した「大阪ガスビル」(1933)などの代表作のほか、京阪神間を中心に住宅作品も数多い。

5 村野藤吾『建築をつくる者の心』なにわ塾叢書、八二頁。

6 数値は、『近代建築画譜』(一九三六年)五一六頁に掲載された、「中山悦治氏邸」による。

7 「中山半(央)邸」。村野は戦後に出した最初の自らの『村野藤吾作品集一九二八—一九六三』(新建築社、一九六四年)において、この建物名を「中山央氏邸」と題して紹介した。その後ほとんどの印刷物でこの作品を扱う時は、これにしたがって「(なかやま)ばん」という読み方で「央」の字を使ってきたが、『村野藤吾建築図面集Ⅶ』・「数寄とモダニズム解説篇」では、鈴木博之が、「中山央」と記されている人物の実名は「中山半」であると指摘し、「央」は誤植か何かによる字の間違いが、そのまま引き継がれたものだとして「中山半邸」と直して記している。村野が中山の戸籍名「半」を、なぜ「央」と記したか、その理由は依然不明のままだが、中山兄弟の父親(「半蔵」)から取った「半」の名前に、中山半自身が、長じて何かそぐわないもの、つまり「半端」とか「半人前」といった意味がつきまとうのを嫌い、一種の「雅号」として、「央」の字を「半」に代えて使い、村野がそうした半の意向に従ったとも考えられる。誤植といった単純なミスとは考えにくいが、「央」の文字が使われた実際の経緯が判らないので、ここでは以下を、実名の「中山半邸」とした。

8 村野藤吾「建築的遺産の継承」(聞き手、水谷頴介、長谷川堯)、『建築雑誌』一九七四(昭和四九)年一月号。前掲『著作集』、三九五頁所収。

9 泉岡宗助(いずおか　そうすけ)。

10 村野藤吾「あとがき」『村野藤吾和風建築集』新建築社、一九七八年、二一三頁。それによれば次のような項目が挙げられている。

一、玄関を大きくするな。門戸を張るな。
一、外から小さく低く、内に這入る程広く、高くすること。
一、天井の高さは七尺五寸を限度と思え、それ以上は料理屋か、功成り名とげた人の表現になるので普通でない。
一、柱の太さは三寸角、それ以上になると面取で加減したり、ごひら(長方形)にする。
一、窓の高さは二尺四寸、風炉先屏風の高さが標準。
一、縁側の柱は一間まに建て、桁に無理させぬこと、これで充分日本風になる筈である。
一、人の目につかぬところ、人に気付かれぬところ程仕事を大切にして金をかけること。
一、腕の良さを見せようとするな、技を殺せ。

11 ル・コルビュジエ、『建築へ』あるいは『建築をめざして』などの邦題で昭和戦前から戦後にかけて日本でも出版された初期の代表的著作。

12 村野は、日本の伝統的な木造建築を指す一般的な用語である、「日本建築」という言葉を使うのをなぜか嫌い、自分が設計したその種の建築を、あえて「和風建築」と呼んで、それが「日本建築様式」とは無縁のものであることをいろいろな場所で強調している。

13 村野・森建築事務所、「数寄とモダニズム」、『村野藤吾建築図面集』Ⅶ、同朋舎出版、一九九二年、八四―八五頁、所収。

14 前掲『村野藤吾一九二八―一九六三』、三四―三五頁。

15 『村野藤吾設計図面集』（全八巻）同朋舎出版、一九九一―一九九二年。住宅建築を集めたものが、第七巻「数寄とモダニズム」であった。

16 前掲『図面集』「第六巻 数寄とモダニズム 解説篇」の中の「中山半邸」の章に掲載されている写真の、前記のもの以外の大部分の写真は、「中山半邸」ではなく、『新建築』一九四二年四月号で村野藤吾設計「某氏邸」として紹介されている「御影の住宅」の内外の写真である。

17 雑誌等に発表の数字が見出せなかったので『村野藤吾図面集』、八七―八九頁の平面図に基づき、「村野・森建築設計事務所」にいた佐藤健治に依頼して求積計算した結果の数値である。

18 「曾禰中條建築事務所」。曾禰達蔵（一八五二―一九三七）。中條精一郎（一八六八―一九三六）。曾禰と中條は、一九〇八年共同の設計事務所を開設し、その後「慶応大学三田図書館」、「東京海上火災ビル」など数多くの建築を明治から昭和戦前にかけて設計し注目された。

19 Mckim, Mead, and White. マッキム（C. F. Mckim, 1847-1909）、ミード（W. R. Mead, 1846-1928）、ホワイト（S. White, 1853-1906）の三人による共同設計事務所。ニューヨークを本拠地とし、世紀末から世紀初頭に「ニューヨーク市庁舎」や「同ペンシルヴァニア駅」など、数多くの公共建築や、大学、美術館などの設計の他、富豪の住宅も多く手掛けた代表的な設計事務所。村野が在籍した頃の渡辺節建築事務所がこのアメリカの設計事務所の設計図集を、デザインの参考《トラ》にしていたことは今ではよく知られている。

20 前掲『村野藤吾一九二八―一九六三』の中に、「中山央邸」の建物内外の写真等が他に全く見られないのは、実際には、竣工時の良い写真が村野の手元に残されていなかったためと、新たに撮り直すには、一九七〇年代後半において、建物がすでにかなり傷み、新規の撮影には思わしくない状態に置かれていたためであったと推測される。

21 『村野藤吾建築図面集』、八七―八九頁、九六―九九頁に所収。

22 S・ギーディオン（Sigfried Giedion, 1894-1968）。Space-Time and Architecture, 1941. 邦訳としては、太田實訳『時間・空間・建築』、丸善、一九五九年。後に復刊されSD選書、鹿島出版会。

第十四章

関西建築界の先輩たちの仕事を追って

安井武雄への追悼文

戦前の関西の建築界を代表する設計者の一人であった安井武雄が、一九五五(昭和三十)年、七一歳で他界した時、村野は「安井先生」と題して、安井の人柄と仕事につての種々の思い出を綴った追悼文を『建築と社会』誌に寄せている。[1]

村野は自分が最初に「安井武雄」という建築家の名前を知ったのは学生時代であったといい、村野が大学二年の時、「同級生」であった東大の建築科教授「中村達太郎先生の長男」の家を訪ねたとき、「当時満鉄に安井ありとまでいわれるくらいな新人」として売出し中の安井武雄が、一九一〇(明治四三)年、大学に提出した卒業設計《ディプロマ》を見せてもらって、非常に強い印象を受けたと次のように書いている。

「デプロマはマンション[大邸宅]とも言えるくらいの住宅だったと思う。誰のデプロマを見ても美術館や公会堂ばかりなのに、安井さんのだけが住宅だったことも、私にはこの人が何か自信を持った普通の人ではない天才的な人だというふうに考えられた。そしてその作風はどこか丸味を持った非常に美しいものであった。安井さんのその後の作品のどこか丸味をもち、鋭角をすりへらしたようなところのある作風はすでにこのときからの持ち味だったと思う。」[2]

(14-1、14-2)

14-1　安井武雄の卒業設計

14-2　安井武雄設計、「大連税関長宿舎」

村野がここで書いている、安井の「デプロマ」についての記憶にはやや混乱が見られるかもしれず、もしかしたら安井の卒業設計である数寄屋風の「和風住宅」のデザインと、その翌年(一九一一年)に安井が雑誌等に発表した「大連税関長宿舎」のイメージとが、長い歳月の経過の中でミックスされた結果出てきた記述であったかもしれない。しかしこの場合重要なのはその点ではなく、安井が「どこか丸味を持ち、鋭角をすりへらしたような・・・作風」を特徴としていたという部分にあったことはいうまでもない。それについては後で詳しく触れるが、村野はこの追悼記の中ではともかく、安井が片岡安の設計事務所にいた時に直接に手掛けた事実上の彼の処女作ともいえる、「大阪倶楽部」(1924)に始まり、独立後の「野村銀行京都支店」(1926)などを経て、東京の「日本橋野村ビル」(1930)へと進み、さらにそれらのデザインが最終的に、非常に近代的な「大阪瓦斯《ガス》ビル」(1933)に帰結して行った過程を正確に追い、安井の仕事の内容を冷静に検証しながら論を展開している。村野は、初期の「大阪倶楽部」や「野村銀行京都支店」については、安井の〈様式〉的な意匠の付け方を「つくづく巧い」と思ったと述べ、こうしたデザインは、「様式的によほどの訓練をしなければできないもの」だと感心したと書いている。しかしそうした装飾性も時代の変化につれて消えてゆき、安井のデザインはシンプルで〈合理〉的な方向にむかって着実な進展を見せて行ったとし、ファサードの「縦と横と面と線との取り扱いなどはじつに見事であるし、その手堅さにいたっては完壁に近い」とし、その結果として、「ガスビルを安井さんの代表作中の随一とすることに何人も躊躇すまい」と書いて自分もそう考える一人であるとし、それが御堂筋に建っている姿は、「まさに都市建築の美の極致」だと、村野は誉めている。(14-3)

14-3　安井武雄設計、「大阪瓦斯ビル」

この文中で、村野についての私たちの論考に関連して興味深く思われるのは、安井が一九二七(昭和二)年に、大阪堺筋に完成させた「高麗橋野村ビル」に触れて、村野が次のように書いている部分である。(14-4)

「事実、この建物[高麗橋野村ビル]は安井さんのものとしては代表的なものの一つに数えられると思うが、安井一流の丸味を帯びたところは変わっていない。しかしそれ以前につくられた京都の野村銀行(四条通)や、大阪クラブの東洋風のものから一歩進んで、さらに近代的に変わってゆかれた最初のものとして興味深く、その量感の取扱いなど当時われわれには感銘深い建物であった。ことにあの建築には市街地のものとして、天地を軽くし中ほどを重くした点など、まことに安井さんとして手慣れた作風であった。その後こうした作風は東京野村ビルに顕れ、その後しだいに

14-4　安井武雄設計、「高麗橋野村ビル」

同じような傾向は消えていったと思う。丸味の点で安井さんとおよそ対照的なのは長谷部［鋭吉］さんの作風である。どこかに鋭いところのある長谷部さんの作風は、多分にゴシック的な影響だろうと思われる。安井さんの丸いところはどこかに複雑なものがしのばれるのに反し、長谷部さんの鋭さの奥には省略と厳しさがあるように思う。私はいつもこの二人の関西における偉大な建築［家］の作風を比較して、非常に興味深く面白いものだと思う。もちろんわれわれはこの二つの作風には影響をうけ、私の初期作品森五ビルなど安井さんの作風からうけた影響などが残っているように思う。[3]」

「天地を軽くし中ほどを重くした」

こうした村野の文脈から考えると、彼の処女作、「森五商店」の建物の角を丸めて連続させたあの皮膜的なファサード・デザインに影響を与えた安井の作品とは、「高麗橋野村ビル」であったことを教えられる。しかしこのビルが、安井のその後の、「日本橋野村ビル」→「大阪瓦斯ビル」への、つまり「近代的」な建築デザインの方向への〈転換点〉を成す作品であったことは確かだったとはいえ、その建築的表現は、「森五商店」とはかなり異なる内容を見せていたのも否定できない事実である。特にその外観は、E・メンデルゾーンの建築に見出せるような、かなり《表現主義》的な形態表現をいまだに引きずっており、またかなり豊富な装飾的細部も特徴としていて、「森五商店」が、非装飾的でシンプルな外観を基本的な特徴としていたことから考えると、やや意外な因果関係の証言だといえなくもない。しかしこの文章の流れの中で、村野が特に強調しようとしている点が、「あの建築［野村ビル］には市街地のものとして、天地を軽くし中ほどを重くした点」（傍点引用者）に特色があったという一節にあったと思われ、村野としてはこの点にこそ、「森五商店」が「野村ビル」に倣った最も肝心なところであり、その意味で「野村ビル」は「森五」の〝先輩〟もしくは〝兄貴〟分的な立場のビルとしての栄誉が与えられるべきだ、と考えていたと読めば、この二つのビルの因果関係も、どうにか納得できるように思えてくる。

「高麗橋野村ビル」が、高層の建物が立て込んでくる近代の都市中心部に建つ建物として、特にファサード・デザインにおいて、「天地を軽くする」ことを心掛けていた建物であった、という村野の言説をもう少しわかりやすく解説するとすれば、建物の「天」、すなわち〈スカイライン〉を形成する部分のデザインと、建物の「地」、地上の歩行者レヴェルにおけるデザインが、ともに「軽く」、つまり軽快に爽やかに受け入れやすいものとしてデザインされていた点に、特に見るべきところがあった、と村野は指摘しようとしているのである。「天地」が軽快で颯爽としたものになった結果、建築がどうなったかといえば、人(々)にとって建物への親近感が生まれ、身近で友好的《フレンドリー》なものとしてそれが立ち現れるようになる、と村野は考える。これまで私たちがしばしば用いてきた言葉をここで再度持ち出してくるとすれば、建物を実際に利用する人や、建物の前の道路や広場を種々の用事や遊びで往来する人たちに対して、建築が彼らに立ち開《はだか》って、その眼前の量感《ヴォリューム》や建築の天辺《てっぺん》までの高さや重さで彼らを圧倒したり、心理的に押し潰しそうにしたり、威嚇したりしないようにしなければならない、と村野は常に考えて設計上配慮していた。このためには、特に近代都市の、特に市街地中心部《ミッドタウン》に建つビルの場合は、デザインする上で何よりも「天地を軽くする」心掛けが設計者にとって欠かせないと村野は考えていたのだ。こうした主張は、当時の建築界においては決して一般的な発想であったわけでなく、むしろ逆に少数意見に近いものであったかもしれないが、それは独立後の村野個人に特有の信念であったと同時に、近代における都市と建築の将来像への彼の先駆的な予見でもあり、戦後の日本の都心部の景観などを考えあわせると、見事な先見力であったということができる。同時に、この村野の指摘によって、明治・大正期において、日本の都市の中心部において建築家が設計して建てられたビル建築の多くが抱えていた、それ以前にはあまり気づかれることのなかった、大きな問題点が鋭く抉《えぐ》り出されもしたのである。

〈様式〉的な建築の足元の異様な重さ

たとえば明治・大正期の都市中心部に建てられた〈様式〉的な意匠に身を包んだオフィスビルや商業ビルなどのファサードを、ここで思い描いてみるといいだろう。全国規模で展開しているような〈様式〉的な「銀行建築」などにおいてしばしば見掛けられるデザインだが、街路に面した建物の一階部分の外壁を、厚い石積や石貼にして廻らし、その石壁も時には割った石の表面をきっ甲切りやこぶ出しなどでわざと突出させ、時には触るとざらざらとして痛いといった表情を与えたりする。またそのような重い石(貼)壁の中に、外からの視線を拒絶するように位置も高く小さな窓を刳り抜くように開け、逆にそこから街路の人の動きを監視しているようにも見せたりしている。あるいはまた街路側の外壁に、厳めしい姿の儀仗兵が立ち並ぶような姿で、古典的オーダーに則《のっと》った円柱《コラム》や柱型《ピラスター》で列柱を形成し、建物を不審な部外者の侵入から護り固めているかのように見せ、同時にその企業の組織力や資金力の強固さや安定性などといったものを表現させようとしたりした。またそのような閉鎖的な〈壁〉や〈柱〉の間には、本当に内部に用事がある者以外は、ここで厳しくチェックし検問を行うといわんばかりの、陰気で大げさな石の楣や石や煉瓦のアーチで飾られた〈玄関〉が設けられている・・・等々。明治大正期の都市中心部の、街路に向かって建っていたこの種の建築の姿こそが、村野のいう「地」の部分があまりにも「重い」建築特有の表情であり、ただのんびりと楽しく街路を歩こうとしている一般市民に対しては、結果的に、どこか威嚇的で、攻撃的な表情を差し向けていたのはたしかであったのである。逆にいえば、そうした恐ろしげな表情を建築に与えることが、建築を設計する者の本来の仕事だといった奇妙な認識が、明治・大正期の建築家の中には一般的な考えとして広がっていたといえるのだが、村野によれば、そうした中で安井武雄の「高麗橋野村ビル」には、その種の考えを改めようとする萌芽のような試みが見出せていて、村野をはじめ、少し後に続く自分たちの世代の建築家には大いに参考にすべきものがあったというのである。

先に見たように村野は、「日本に於ける折衷主義建築の功禍」と題した講演の最後の部分で、「新興建築家」たちは「鉄筋コンクリート或は鉄骨の芯を持つた所の構造に石を貼り付ける」[4]ような設計は、まさしく〈虚偽構造〉だとして厳しく非難しようとしているが、しかし必ずしもこうしたデザインが悪いとはいえず、それにはそれなりの社会的経済的な要請があった結果であるから、一概にその種のデザインを否定するのは当たらないと《折衷主義》建築を擁護していた。しかしそうした立場を表明していた村野にしても、建築は社会や都市の構造的変化に合わせて柔軟に変化していくべきだ、という考えには変わりがなかった。事実村野は、「折衷主義の功禍」の「禍」の部分こそ、そうした〈過去〉に拘泥《こうでい》し〈現在〉や〈未来〉を無視した点にあったと彼に解説している。だから「昭和」という新しい時代にふさわしい、新しい構造や表現を持つ建築には、先に見たような様式的な建築の、一階レヴェルの外壁廻りの閉鎖性や、虚仮威《こけおど》しに近い意匠は、すでに時代的にそぐわなくなったものであるから、より軽く親しみ易いものに変化させていかなければならないと主張した。同じようなことは建物の「天」の部分にもいえ、たとえばビルの最上階やアティックのパラペットまわりの意匠などを、その下の一般階のデザインとは異なる、より複雑で派手な装飾で重々しく飾って、ファサード全体に〈様式〉的な重石《おもし》を置こうとするような行為も、ビルの使用者や通行者に対して無用な圧迫感を与えるから控えるだけでなく、極力その部分を「軽く」処理すべきだ、というのである。

そういった視点で「高麗橋野村ビル」をもう一度見直してみると、中間階を上下で挟んでいる、一階の外壁部分と、最上階の六階部分のデザインは、たしかに中間階の外壁よりすっきりと「軽く」仕上げられていることがわかってくる(現存するこのビルは戦後七階部分が増築されているため、「天」の部分の印象は原形とは異なりやや重い感じがあるかもしれない)。建物の〈スカイライン〉は、パラペットが水平線を強調していて、どこかであの「森五商店」の、下から見えないように照明具を仕込んだパラペットまわりの水平線への影響を思い起こさせるところもあるし、また地上階部分の軒庇下の外壁には(装飾的な正面玄関周りだけは別だが)、壁柱のタイル貼も平滑で、その間には大型ガラス入りのショー・ウインドウがあり、道を歩く人から見てすっきりした軽快なデザインにたしかに纏められている。またこの軽快な「上下」に挟まれた形の、中間の貸オフィス階部分の外壁は、以前の《様式主義》建築の場合ほどではないにしても、たしかに「中ほどを重く」という形で処理されており、壁柱風の小壁の垂直方向への連続と、上端に笠木として丸瓦が乗ったスパンドレルの水平方向へ伸びる線との交錯が造り出す格子模様で、重厚感のある壁面を持つエレヴェーションが堺筋に面して実現されているのがわかる。

安井武雄と長谷部鋭吉の二人

当時三十代後半で、渡辺節の下から離れようとしていた村野藤吾は、一九二七(昭和二)年竣工のこの高麗橋二丁目(現一丁目)の一棟の真新しいビルのファサードを見上げて観察しつつ、自分が依頼されている、東京日本橋に建てるべき同じような貸事務所ビルのファサード・デザインを、安井がやったように単に「天地を軽くする」だけでなく、加えて「中ほどを重く」もせずに、いい換えれば、建物全体の外壁を、軽快でフラットに、皮膜状に仕上げるとすればどのようになるか考えながらと、密かに想を練っていたと思われる。それと同時に、当然のことだが、村野は自分がまだ渡辺節の下にいた時にデザイン面の総指揮を執って大正末に完成させた、当時としては画期的なオフィスビルであった「大阪ビルディング(大ビル)」(1924)のファサードをも思い起こして比較していたに違いない。このビルに関しては、「天」も「中」も非常にシンプルですっきりした近代的な立面を持っていたが、ただ地上階の街路面には《ロマネスク》系の彫刻的な装飾が非常に豊かで、見方によっては「重い」ところがあったのもたしかである。ただ、この「大ビル」の「地」の部分の装飾的細部は、決して排他的であったり、威嚇的であったりするようなものではなく、逆に街を歩く人たちを、そうした可愛いらし

14-5 「大阪ビルディング」、柱型装飾

い装飾群を通して引き込み、心理的に一体化させる、つまり〈身体化〉させようとする試みとして施されたものであるという点に、過去の《様式主義》建築のそれとはかなり違うものがあったことを見逃してはならない。（14-5）

ところで、村野がなぜ「森五商店」の外壁を、安井のように「中程を重くする」デザインにせず、そのレヴェルを超えて、ブルーノ・タウトも絶賛したほどの、平滑で軽快な皮膜的壁面に仕上げることを考えついたか、という疑問に対する、間接的な答えのようなものが、実はこの安井武雄の追悼記の中に含まれていたように思われる。そうした意味で注目すべき部分は、安井についての回顧の中に「長谷部鋭吉」[5]という、まだこの追悼記が書かれたころ健在であった一人の建築家の名前が突然に登場してくるところである。村野がはっきりとそう書いているわけではないのであくまでも推測に過ぎないが、村野の「森五商店」のファサードにおける、安井の建築からの「天地」部分への影響と同じように、「中程」つまり建物の〝胴〟の部分に、この長谷部のデザインした建築の立面が間接的に、ある種の〝反面教師〟といった形で、影響していたのではなかったかとも考えられる。

村野が新鋭の建築家として華々しく登場する以前の関西建築界には、明治末に米国からやって来て近江八幡に住み、大正から昭和にかけての関西で盛んに設計活動を繰り広げていたW・M・ヴォーリズを別にすれば、建築デザインの面では、「安井武雄」と「長谷部鋭吉」という東京帝大卒の二人の建築家が、いわば〝機関車〟の両輪として、関西圏の建築家たちを強力に牽引する存在であったことは、村野に限らず、多くの関西の設計者たちが認めるところであった。ちなみに、安井と長谷部は、生年で安井が一八八四(明治十七)年生まれ、長谷部が翌年の一八八五年と、安井が一つ違いで上であったが、同じ東京帝国大学建築科の卒業年次としては、長谷部が一九〇九(明治四二)年、安井が一九一〇(明治四三)年となぜか逆転しており、長谷部が一年先輩という形で大学を後にしている。村野藤吾の戦前の設計活動に少なからず影響を与え、また私的な交流という側面でも強いつながりのあった長谷部鋭吉の建築家としての足跡を、ここで以下改めて粗描しておくことにしよう。

長谷部鋭吉と同じ年の大学の卒業生としては、後藤慶二、山崎静太郎、薬師寺主計、西村慥爾、奥村精一郎など、まさに多士済々のクラスであり、彼らはいずれも大正期から昭和戦前の建築界において特にデザイン面や建築論の分野で重要な役割を果たした建築家たちであった。長谷部は卒業設計に、《古典主義》系の意匠が圧倒的に多かった時代には珍しく《ゴシック》様式を採用して、壮大な大学校舎を《チューダー様式》をもとにした見事な〈ネオ・ゴシック〉のスタイルでまとめて注目された(14-6)。彼は東大卒業と同時に大阪に来て、

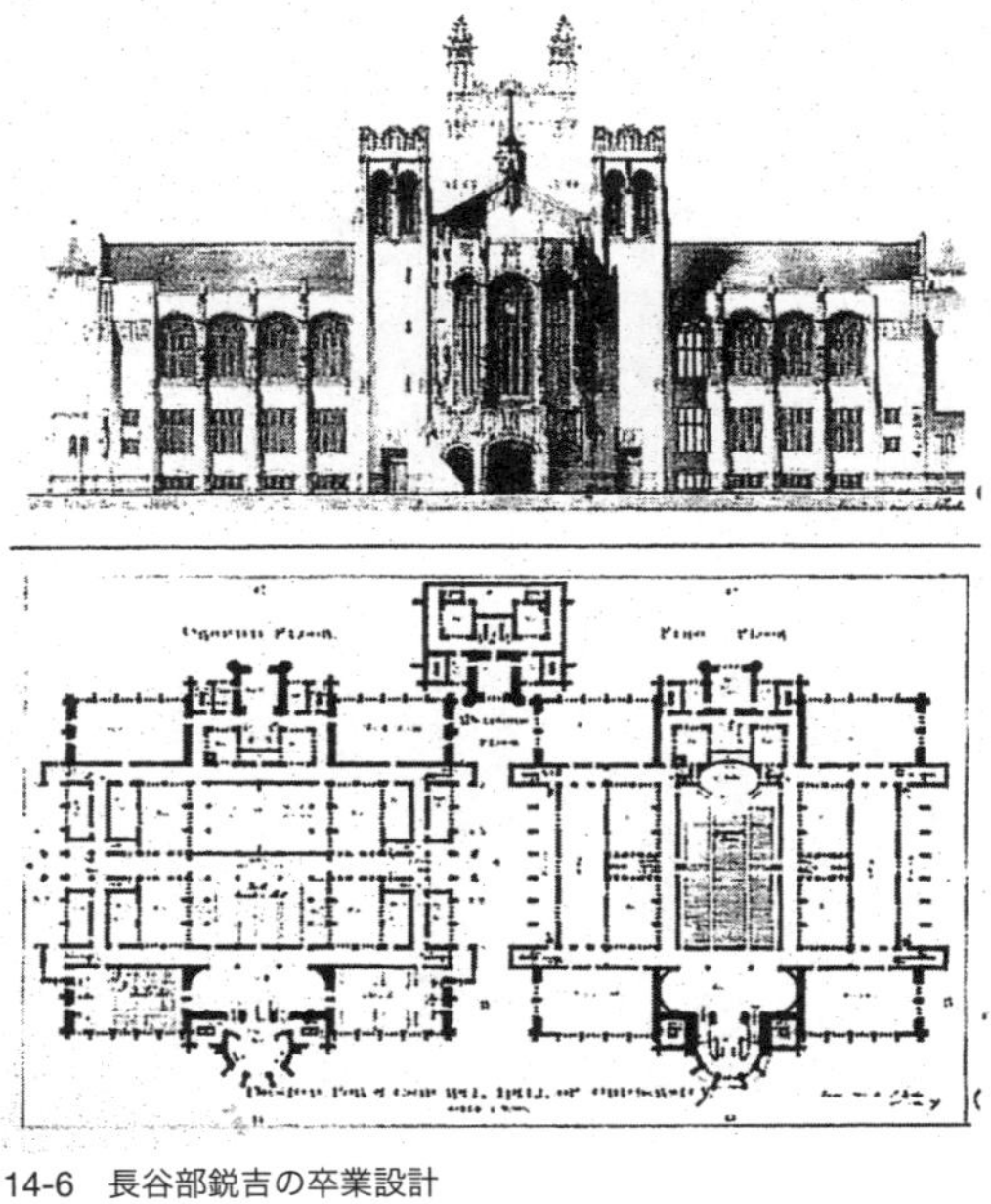

14-6　長谷部鋭吉の卒業設計

「住友本店臨時建築部」に入る。ここでの「臨時」とは、「その場限りの」という今の一般的な意味合いとはやや異なり、関西を代表する大財閥に成長していた住友家の事業活動の中心施設となるような恒久的なオフィスビルを、本拠地である大阪に建設するという構想の、まさにその「時」に「臨《のぞ》」んだ設計組織、といった意味が込められた「臨時」であった。

長谷部鋭吉が入った「臨時建築部」は、長谷部より東大卒業で十五年も先輩にあたる、「野口孫市[6]」という非常に優れたデザイン力と組織力を備えた建築家が、一九〇〇(明治三三)年に住友家に入店して、すぐさま造り上げた設計組織である。野口は、一八九四(明治二七)年、東大建築科を卒業して大学院に進み、その後逓信省を経た後に住友家に入ったが、この「臨時建築部」を立ち上げて技師長となった。その後に東大建築科を卒業して入社してきた五年後輩の日高胖[7]を片腕として、住友銀行の各地の支店建築をはじめとした、住友財閥に関連するあらゆる建築の設計に従事し、また工事を監督していくことになる。長谷部は、その「臨時建築部」が創設されてから九年目に入社したが、彼の入社の六年後の、一九一五(大正四)年、その組織の中心であった野口孫市が四七歳の若さで病死したため、急遽《きゅうきょ》その野口の立場を日高胖が引き継いだ。日高はかつて、一九〇〇年代の日本で、欧米の同時代建築ともいうべき《アール・ヌーヴォー》のデザインを原典として、

大阪の「神本理髪店」(1904)などの前衛的なデザインを、住友内部にいて積極的に行った設計者として知られた人であったが、この頃から後は、次第に設計現場から離れ、設計組織のマネージメントの方に重点を移行させていくのに伴って、長谷部はその下で、設計活動の具体的な遂行者としての役割を果たしはじめた。同時に、一九一七(大正六)年に東大建築科を出て、英国留学を終えて帰ってきた後、住友に入ってきた竹腰健造[8](一九一二年卒)を、自分の下で設計者として鍛え育てていく役目も担っていた。一九三一(昭和六)年、日高が定年退職すると、今度は長谷部が住友の工作部の総責任者の立場に立ち、その下の建築課長に、竹腰が就くことになった。

十年近くかかった「住友ビルディング」の建設

長谷部鋭吉は、明治から大正期にかけて、長い間の財閥の懸案であった、「住友総本店」(後に「住友合資会社」)と「住友銀行本店」などがその中に入る、コンツェルンの「本社屋」に当たる大規模なオフィスビルの設計準備に入るため、第一次世界大戦直後の、一九一九(大正八)年から翌一九二〇年にかけて、上司である日高の命を受けて欧米建築の視察旅行に出かけている。帰国後、日高の指揮下で、プラニングを担当した竹腰とともに、この「住友ビルディング」の外観や室内等の意匠全般の設計を担当して、第一期工事用の設計図書を仕上げ、一九二二(大正十一)年起工、一九二六(大正十五)年、全体計画の北側半分にあたる第一期工事をまず完成させた。続いて一九二七(昭和二)年に第二期工事が始まり、世界大恐慌の余震がまだ治まらない一九三〇(昭和五)年、一階に広大なコリンシャンの円柱が林立する、住友銀行本店営業室が一階に入った、敷地の南側半分を占める第二期工事分の建物が完工したことによって、設計開始から竣工までの、十年に近い歳月をかけたビル工事のすべてを無事に完了させた。

土佐堀川と並行して走る土佐堀通りに面した、現在の北浜四丁目(当時五丁目)の一ブロックのすべてを占め、住友財閥の〝総本山〟として完成した「住友ビルディング」。このファサードは、正面玄関に二本のアイオニック・オーダーの円柱を立て、その上にシンプルな楣などを渡した構成以外には、銀行建築につきものの〈様式〉に基づくデザインの複雑で陰気な表情などはどこにもない。中央玄関の周囲のベージュ色の「竜山石人造石貼」の大きな壁面は、どこまでも平坦に広がっており、そこにも〈様式的〉な装飾などは一切無く、その壁の中に無数に開けられた、見込みがきわめて深い縦長窓の五層の列とともに、シンプルだがどこか柔らか味のある、しかし他方で重厚で安定感のあるファサードを長谷部は実現している。

村野の早稲田卒業の四年前に同じ建築科を出た先輩だが、年齢はわずか一歳違いで、村野が大阪に来た頃には一緒に下宿暮らしをしていたこともあったという建築家で、同時にきわめて的確で辛辣な建築評論を建築雑誌等に数多く書いてきた中村鎮[9]は、第一期工事が終わって、そのファサードが端正な〝顔〟を現した頃に建物をつぶさに見学し、ある美術雑誌上で、彼の日頃の辛口に似合わず、「我《わが》長谷部鋭吉の傑作、否我《いなわが》現代日本が持ち得たる傑作、住友ビルヂング」と絶賛を惜しまない文章を書いている。特にそのファサードについて中村は次のように書いてその質の高さを褒めちぎっている。

「窓の深い凹みによつて調子づけられて居る厚い石張のコンクリート壁体は頗《すこぶ》る重厚の感を与へるが、決して鈍重の感に陥つて居ない。之は余りに感《かんじ》の硬すぎる花崗岩に代ふるに凝灰岩を以てしたからであらう。程よき荒さに叩かれた石面は微妙なる肌の味を出し、其の帯黄灰色の温雅な色彩と共に、言はう様もない魅力を以て微笑して居るのである。入口の柱の希臘《ギリシヤ》イオニア式の姿は実によくこの柔らかさ高雅さと調和して居るのである。窓縁に付けられた僅《わずか》の面[取り]、それと感を等しうする薄い窓台、軒下の[バルコニーの手摺にある]窓様の小さい透し、入口上の一対の旗竿、縦樋及び蛇口の獅子頭、一点一画の末に到る迄、いやしくも[模]してあるものを見ないのである。」[10]

この中村鎮の「住友ビル」に対する感想は、おそらく親友であった村野藤吾のこのビルに対する設計者としての感想と、ほぼ同じであったに違いない。もちろんその細部についての意見は、中村と村野が完全に一致していたとは決していえないが、中村が書く長谷部のこの作品の、「一見豪放粗笨《そほん》なるが如くして、其実一点の末までもいやしくも[模]せざる細心の注意が加へられて居る事」から受ける全体的な印象については、村野としても異論はなかったと思われる。そういえば、先に引用した「安井先生」と題した追悼文の中でも、村野が影響を受けたという「高麗橋野村ビル」を、いち早く中村鎮が雑誌上で「激賞」していたことに村野はまず触れてから、このビルについての、中村とはやや異なった視点からの自分自身の論を起こしている。

この巨大な箱型の「住友ビルディング」が完成したことによって、野口孫市と日高胖の二人による一九〇〇(明治三三)年における「臨時建築部」創設以来の宿年の課題が、三十年の歳月を費やして遂に果たされた。その完成によって一つの大きな目的を遂げた「住友合資工作部」の組織は、世界的な不況が続く中での住友自体の社内の組織改編により解散されることになった。その結果一九三三年、長谷部と竹腰は、部下の二十数人の設計者たちを引連れていったん住友を離れ、「長谷部竹腰建築事務所」を開設して設計監理会社として独立し、同時に住友以外からの設計依頼にも応じるようになった。その後は、「大阪株式取引所」(1935)をはじめ、「東京手形交換

14-7 「住友ビルディング」

14-8 「大阪株式取引所」

所」(1937)などに代表されるような金融関係の大規模な建物や、住友系を主とした数多くのオフィスビルや、その他に、主に長谷部の私的な趣味を強く反映した形で、政財界人たちのための優れた住宅建築などの設計を行い、関西圏の設計業務の中心的組織として、一九三〇年代から四〇年代初めにかけて、数々の注目される設計を実現していくことになった。もちろん村野の事務所もそうした設計組織の一つであり、彼の場合は、常にいかにして長谷部の設計チームが生みだすようなデザインの〈枠〉と〈質〉を乗り越えて、その先へ進むかを、一九三〇年代の初めから常に念頭に置いて設計活動を行うことになったのである。(14-7、14-8)

安井が大阪に来るまで

他方の安井武雄の、関西を中心とした建築作品については、簡単ではあったがすでに触れたので、彼が大阪にやって来るまでの経歴を、概略ここで紹介しておくことにしよう。安井の大学時代の同級生の中には、日本における耐震構造学の確立者として後に知られることになった内藤多仲や、曾禰中條建築事務所に入り、建築雑誌等での論客としても鳴らした高松政雄や、後に関西で建築家として活躍することになる波江悌夫や置塩章などがいた。安井は前述のように、卒業設計として、当時はほとんど前例がなかった木造和風住宅の設計をテーマとして選び、数寄屋風の真壁と起《むく》り屋根を持ち、平面計画に中廊下式を採用した、かなり完成度の高い作品を大学に提出している(14-1参照)。木造の〈和風住宅〉という、当時の卒業設計としてはほとんど前例のないような設計のテーマを、教授たちの反対を押し切った形で提出したために、彼らの不興を買ったためか、安井は一九一〇(明治四三)年の卒業とともに、就職先を国内ではなく植民地に求めた。こうして彼の卒業のわずか四年前の一九〇六(明治三九)年に設立されたばかりの国策会社、「南満州鉄道株式会社」、つまり「満鉄」の「工務課」に就職した。安井は、歴史や美学などの拘束の少ない植民地でこそ可能であったような、かなり斬新奇抜なデザインの作品を設計し、たとえば「大連税関長宿舎」などの作品をその地からすぐさま発表して、村野が書いていたように、やがて「満鉄に安井あり」と言われるまでに、その名を内地の建築界にも広めていった。しかし彼は、一九一九(大正八)年、九年間勤めた満鉄を辞して帰国し、大学時代の同級生(波江悌夫)が勤めていた大阪の「片岡安建築事務所」に入った後、五年後の一九二四(大正十三)年、同じ大阪で独立して設計事務所を開設し、その後の大活躍へ向けての順調なスタートを切った。

　ところで先に引用した文中で村野は、安井武雄の建築は「どこか丸味を持ち、鋭角をすりへらすようなところ」に特徴があると書いていた。たしかに安井の設計した主要な建築には、「高麗橋野村ビル」や、「大阪瓦斯ビル」などに見られるような、交差する街路に面した建物の出隅部が、壁面を直角に鋭く遭遇させずに、代りに角を丸く曲面《アール》に取り、二つの壁面を屈折させることなく滑らかに水平に連続するようにしている。形態の全体的なまとめ方だけでなく、建物のさまざまな場面で大小の曲線や曲面をできるだけ採用して、「鋭角をすりへらし」、建物を見る者にできるだけ角々《かくかく》した印象を与えないように「丸味」のある細部を持たせることを彼は心がけている、と村野は指摘する。さらに村野の観察で面白いのは、「安井さんの丸いところはどこかに複雑なものがしのばれる」としている点であり、村野自身はその「複雑なもの」がどんな内容と意味を持つのか、はっきりとは自分の考えを書いていないが、その「複雑なもの」の中に、良くも悪くも安井武雄という建築家の内奥、現存在(実存)に関わる何かが潜んでいる、ということを彼としては言いたかったのかもしれない。

　この「丸味」があり「複雑なもの」のある安井武雄のデザインに対して、村野は、「どこか鋭いところのある」長谷部鋭吉の建築デザインを対峙させ、「長谷部さんの鋭さの奥には、省略と厳しさがある」と解説している点もまた、非常に興味深いところである。長谷部のデザインの「鋭さ」や切れ味の良さといったものが目立つのは、おそらく長谷部の卒業設計を思い出しながら「多分にゴシック的な影響」から来たものではないかと村野は書いているが、実際には、長谷部のデザインの「鋭さ」は、《ゴシック》からというより、むしろ《クラシック》系の建築デザインが本来持っていたある種の〝切れ味〟に由来するものであったようにも思われる。安井にとっての「大阪瓦斯ビル」がそうであると同じ意味で、長谷部の代表作中の代表作といえば当然、土佐堀川に面したファサードがきわめて印象的な「住友ビル」である。この建物の外観を眺めていると、遠くは十八世紀後半のフランス革命期の、E-L・ブレやC-N・ルドー[11]のような、当時は非常にラディカルであった一連の《新古典主義》の建築内容を思い起こすし、二十世紀では、それからの強い影響下で設計したと思われる、イタリアのラショナリズムや、スウェーデンのG・アスプルンドなどの影響もあったように思われる。特にアスプルンドでは「ストックホルム市立図書館」の、コンペの時の「応募案」の立面のデザインなどを想起させられる。やはり住友財閥という大阪を代表する巨大な経済組織を自分の背景として設計を進めざるを得なかった長谷部鋭吉にとって、オフィスビルのデザインは基本的に《合理主義》を前提に設計を展開させないわけにはいかなかったはずであり、古代ギリシャ以来、そうした《合理主義》——〈比率《レシオ》主義〉とも〈プロポーション主義〉ともいえる——を育てた土壌としての《古典主義》の美学が、ごまかしや「複雑なところ」を許さない、切り詰めた「どこかに鋭いところのある長谷部」のデザインを生み出したとしても不思議はなかったのだ。

住友ビルのファサードの難点

村野が、大阪の建築界の一方の雄として安井武雄を置き、他方に長谷部鋭吉を置いて、この二人の優れた建築家のデザインを対峙させて書いているのは、少し穿《うが》った読み方を許されるならば、村野がよく使う言葉を借りると、この二人の建築家のデザイン間にある〈対立〉、もしくは〈矛盾〉を乗り越えるのは、自分(村野)以外にはいなかった、ということを実は言いたかったのかもしれないと思えてくる。そうした事実を具体的に証明したのは、村野の独立後の最初の作品であった「森五商店」のデザインであった。村野自身の証言によれば、「森五」の「天地」のデザインが、「高麗橋野村ビル」から何かを感じ取ってきた結果として生まれたものだという例の説明から考えて、「天地」の中間、つまり「胴」の部分は、おそらく長谷部の建築から、何かを掴んできた結果ではなかったかと推測されるからである。この場合、その「胴」に最も関係のありそうな長谷部の作品とは、村野の独立前にともかく第一期工事が完成して、土佐堀通りにその真新しいファサードを披露していた「住友ビル」の、《新古典主義》特有の「省略と厳しさがある」ファサード・デザインであったのだ。もちろん村野は、それを単に模倣したのではなく、そこから何かを読み取り、自分の設計のヒントにしたのである。この前後の言説から考えて、村野にとって、この「住友ビル」の立面の素晴らしさを中村鎮と同じように認めてはいても、ただどうしても彼が我慢できない箇所が一つだけあったはずであり、それが他でもない、石貼の壁の中に無数の小さな〝洞穴〟のように開けられている窓の扱いであった。この縦長の開口部は、外壁面と上げ下げ《サッシュ》窓のガラス面との間の距離があまりにも大きく、窓ガラスが極端に奥まった位置に取られていたことにあった。別の見方をすれば、土佐堀川に面した「住友ビル」のすぐ近くの、その一年足らず前に自分たちが完成させていた堂島川に面した「大ビル」のファサードにおいて、かなりの程度に達成していた平坦で軽快な広がりを持つエレヴェーション・デザインに比べて、窓の処理という点では「住友ビル」は後退したデザインではないか、という思いも正直なところ村野にはあったにちがいない。

　要するに「住友ビル」の窓の見込み(抱き)の深さは、逆にいえば、長谷部が、「住友」という経済組織の権威や安定性を表徴するための装飾的な細部を、玄関の列柱の廻り以外からは、ほとんど完全に排除した代わりに、巨大財閥の総本山の建物としての、企業の堅牢性や永遠性といったものの表現を、その壁体の厚さや重さに求めた結果であったに違いない。その種の建築的特性は、会社組織に所属する設計者ではなく、自由で独立した建築家の立場にあった村野の視点からすれば、建築の利用者や歩行者に対して、かなり中立的であるとはいえ、やはりまだどこかで企業防御的であり、その意味でラショナリズム系のデザインに特有の排他的に映る表情だと思えてならなかったのだ。その点では、そうした重厚で、ある部分で同時代のイタリア・ラショナリズムのそれにも通じる壁の表情を、〈是〉として全面的に受容した中村鎮の感想とは、親友の間柄だったとはいえ村野は明らかに立場を異にしていたといえる。同時にその点にこそ中村にはなかった、やがて来る新しい時代の建築の空気を読み切っていた村野の感性の鋭敏さを観取できる。これはあくまでも推測にすぎないが、渡辺節の事務所からいよいよ独立しようかと思案していた頃の村野が、自分が常日頃尊敬してやまない先輩建築家である長谷部鋭吉が完成させた第一期の「住友ビル」のファサードを眺めているうちに、自分に再びアメリカや、いまだ見ぬヨーロッパへの旅に出る機会が訪れた時には、「住友ビル」の壁と窓の解決法を超えるような特質を持つ外部デザイン、なかでもビルの外壁面での〈窓〉の収まりを中心に見て来ようと考えたのは、ごく自然な帰結であったといえるだろう。事実村野は、先にも見たように、「住友ビル」が実現していたシンプルで平坦な壁の持つ、見事な〈量塊〉性の表現とは逆の、軽く、〈皮膜〉的な壁の可能性を探る旅にしよう、とおそらく発つ前に心に決めていたのである。こうして彼は独立直後の一九三〇年、欧米建築行脚の旅に出かけて行き、そこで得たさまざまな研究成果の内から、「森五商店」という建築的な〝報告書〟において、軽くフラットな壁と、見込みの浅い窓、というそれまでの日本のオフィスビルにはほとんど見かけることのなかった魅力的な〝一章〟にまとめて、日本の建築界に発表したのだ。この時点において、あきらかに村野は、長谷部と安井の建築的地平を飛び越えて、新しい可能性を湛《たた》えた別の建築的地平を切り拓きはじめたということができる。要するに、大阪の建築界のデザイン的な動向は、〈片岡安の時代〉から〈長谷部、安井、渡辺節の時代〉を経て、一九三〇年代以降の、〈村野の時代〉へと大きく舵を切って行ったことになるのである。

常盤通の借家に住む

村野は大学を卒業して大阪に来て以来、二十数年間、自分の家を持つことなく、その間をすべて下宿や借家住まいで通してきた。草創期からの村野事務所の所員であった石原季夫によれば、「村野先生の住まいは・・・［現東大阪市］高井田から大軌［近鉄］の小坂へ、そして独立して事務所を開くことになった時には、阿部野の常盤通の泉岡宗助さんの貸家に移って[12]」住み、そこの二階を事務所として使って設計活動を行っていた。この常盤通の借家と、その周辺の環境や住人たちについて、村野自身が回顧した文章には、次のように書かれている。

「私が以前住んでいたところは阿部野の常盤通り、現在の私の事務所のある近くにあった。戦後はすっかり様子が変ってしまったが、その頃、この辺一帯には、宇治電［現関西電力］や大阪商船［現商船三井］に関係のある人たちが住んでおられた。山岡［順太郎］さんのお邸も近くにあって、この辺のことを中橋王国という人もいたくらいに有名で、市内でも屈指の高級住宅地（昔、四天王寺の境内）であった。私の家はその片隅にあったわけである。悲田院の中橋［武一］さんのお宅とは天王寺駅をはさんで、歩いて十分とかからぬくらいな近さであった。

かれこれ五十年にもなるかと思う。当時私は渡辺節先生のところで修業中、大阪商船や大ビルの設計にたずさわっていた関係から、自然、中橋さんにもお目にかかる機会があり、近所のせいもあってか、ときどきお宅に呼ばれたりして、たまには話に興が出ると長時間お邪魔することもあった。

その頃の［中橋氏の］お宅は長谷部鋭吉先生の設計で、渋い洋風の建物であった。[13]」

ここに名前が登場する「中橋武一[14]」は、村野が一九四一年、戦前期の最後の住宅作品の一つとして、長谷部が設計した家屋の主要部分を残して、自分が設計した新しい家屋を増築する形で完成させた木造和風で、天王寺駅の北側の悲伝院町にあった「中橋武一邸」の施主であり、また先の「大ビル」の社長を務めた人物であった。一九九〇年代の初めに取壊されて今はないこの邸宅は、南側に長谷部が設計した「玄関」と「応接間」などが入った平屋の「洋館棟」があり、その奥（北）側に「中庭」を置き、その西側に「食堂」などの入る「厨房棟」が建てられた。さらに中庭の東側の渡り廊下を伝って行った先の東側に、大きな瓦葺の錣《しころ》屋根を頂いた新築の「日本家屋棟」が建ち、床の間を備えた二つの主室と次の間が、中に廊下を挟んで南北に東から西へ並んでいるという構成であった（14-9）。この厨房棟と中庭と日本家屋棟が村野の設計によるもので、和室の設えは「中山半邸」、「中林仁一郎邸」などの同じ時期の住宅と同じく、書院風を加味した数寄屋造でデザインされている。特にこの日本家屋部分の屋根は美しい形を持っており、高く立ち上げた屋根窓のある大棟よりもその周囲の下屋根である錣部分の屋根面積が大きく深く軒を伸ばして安定した形を南の庭側に見せていている。

14-9　村野藤吾が設計した「中橋武一邸」の新築部分（1941）

阿倍野あたりの地主であり、多くの家作持ちであった泉岡宗助が名付けたという「常盤通」に面した一軒の借家の住人としての村野が、「高級住宅地」であった天王寺地区に住んでいた大阪の著名な財界人たちとの交友を広めていたことを、こうした回想記を通して知ることができる。まさに働き盛りであった村野は、彼らから最新の経済情報などを受け取り、同時に建築の設計も受注しつつ、関西での建築家としての地歩を着実に固めている中で、戦前期に村野が設計料として受取った金額も相当な額に上っていたと推測される。しかしまもなく日米戦争が勃発したため以前に比べれば仕事量もめっきり落ちてきたところで、彼自身の回想によれば、「そのうち戦争も激しくなるし、娘の婚期も近づいたので、いつまでも借家住まいもどうかと思って、五十歳過ぎてからあわてて[自宅を]建てる気持ちになった。」[15]と、「自邸」の建設をようやく思い立った動機について述べている。「五十歳過ぎて」といえば、それは一九四一年以後のことであり、その前後に彼は土地を手当し、住宅への木材使用が厳しい統制を受ける中で、「自邸」建設のための木材などの確保のための、手だてを講じはじめていたのである。

長谷部鋭吉の清荒神の住まいと「村野自邸」の構想

村野は、阪急宝塚線の清荒神《きよしこうじん》駅から歩いて六、七分の位置にある主に田圃や畑地が広がり、その間に杉林が点在しているような土地にかなり広大な敷地を手に入れ、初めてそこに自分の持家として、「母屋」と「別棟」の二棟に分かれた木造平屋、「村野自邸」を建て、日米間の太平洋戦争が勃発した年の翌年、一九四二年に、夫婦と、長女、長男の四人の家族の他に、家事手伝いの人たちを含めてそこで暮らしはじめた。その新しい住まいでの暮らしはのどかな〈田園〉生活であったには違いなかったが、電気はどうにか引かれていて使えたがガス・水道・下水等の基本的な都市施設はいまだなく、閑静ではあっても、住宅地としてはかなり不便であったことには変わりがなかった。村野が、何事も手近で便利な、また近隣に親しい友人知人も多くいた大阪の阿部野から、仕事場から遠い宝塚の、すぐ近くに「清澄寺清荒神」があり、駅前からすぐに寺への上り坂の参詣路が始まるような、田園的な光景が広がっている場所にわざわざ移り住んできたのには、もちろんそれなりの理由や動機があったのはいうまでもなかった。今ではその理由《わけ》は広く知られているが、村野が清荒神の近くに買った土地が面していた、東西に伸びる細い道を挟んだすぐ南側の敷地には、彼が大阪へやって来て以来深く私淑し、また尊敬して止まなかった建築家、長谷部鋭吉が、一九二三(大正十二)年以来住んで暮らしていた家屋敷がそこにあったからであった。いうまでもないが、村野はおそらく事前に長谷部から何らかの了解を得た上でこの土地を手に入れたと思われる。というよりも、もしかしたらその近辺の土地の地主などに顔のきく長谷部の紹介や手配に助けを借りて、長谷部の屋敷の上手《かみて》、北隣の土地を手に入れることができた、という方があるいはより事実に近かったかもしれない。いずれにせよ、そこに自分の家を建てようとする村野の心の中には、長谷部の傍近くに住みたいという単純な想いと同時に、長谷部が自分で設計し建てて住んでいた住宅と、その家の周りに長谷部が自分の手で展開させていた庭の様子などを、常に自分の頭のどこかに置きながら、いわば長谷部の〝本歌〟に対して、同じ建築家として自分の家と屋敷内の空間を、〝返歌〟として贈って、そこに〈芸術的な応答〉を実現させようとするような、そんな密かな思いがあったかもしれない。だからこそ村野は、自分の屋敷全体を、戦時中から戦後への長い時間をかけて、文字通りに手塩にかけるようにして磨き上げていったのだ。

したがって「村野自邸」について、私たちがこれから詳細に観察し分析していく前に、村野がその家屋と造園の設計について強く意識し、内心、それに張り合おうとする気持ちもなくはなかったはずの「長谷部鋭吉自邸」の、最初期の姿から、その後のたび重なる増改築によって、その空間が新しい展開を見せていく過程を、概略にせよここで見ておく必要がある。

長谷部は、大正末のある建築雑誌の中で、その数年前に完成していたこの住宅を紹介するために、「訪問記」を書こうと訪れた雑誌編集者に対して、この家をこの場所に建てることになった動機やその結果について、次のように語っている。

「私は明治四十四年頃からこちらへ移るまで阪急の岡本に居りました。それは勿論普通の住宅でしたけれども、やはり藁葺でした。しかし追々家族がふへるに従つて、その家では不便になつて、蜜柑畑だつた此の土地を買つて、どうにか住めるだけのものを新築しました。それは大正十二年の秋でした。

出来るだけ安価に仕上げたいと云ふ希望のもとに、この村の田舎大工に見積をさせました。最初の見積は坪百五十円でしたが、結局仕上つた処では、坪百五十円位のものになつて居ます。工事の監督は、私が朝夕の出勤[前]、帰宅後の僅かな時間を利用してやりました。その間は今の処から少し山手の方に借家生活をして居つたのです。」

「出来上つた処は大体に於て日本の、普通の田舎家作に過ぎませんが、只居室食堂等に椅子を用ふるやうにしたため、多少西洋の田舎家臭い所があります。便所も台所も文化的に改良した点は余りありません。只私は住んでみてのんびりした気持になり、周囲の田舎の情趣とぴったり溶け合つた住宅を建てたいと思つて居ましたが、出来上つた処はまづ希望の半分位までは実現せられたやうに思ひます。しかし何を言ふにも安物のことですから、気に入らぬ処も沢山にあります。金がないのですから今の処それも仕方がないと諦めて居ります。」(16)

外観と玄関までのアプローチ

長谷部が東京から大阪に来て、住友に入ったばかりの明治末年に「岡本」で住んでいた「藁葺」の住宅というのは、現在の住所でいえば神戸氏東灘区本山町北畑であったが、この「本山町」といえば、例の「中山半邸」が一九四〇(昭和十五)年に建てられた「本山町田辺ザフクゲ原」と同じ町内であり、金鳥山の南麓で、保久良神社を挟んで東の北畑、西の田辺という位置関係にある場所であった。ここではまだ全くの推測にすぎないが、中山半がこの土地を見つけるのに、もしかして長谷部がかねてこのあたりに持っていた〝土地勘〟といったものが関係していたのではないかと考えてみたくなるところがある。というのもこの「中山半邸」が完成した翌年に、村野は清荒神の「長谷部自邸」の北隣の土地を、(おそらくこれも長谷部の手配で)、入手しているのも単なる偶然とは考えにくいものがあるように感じられるからだ。

そのことはここではとりあえず置くとして、「普通の田舎家作」と述べて謙遜している大正末年の二番目の「自邸」の外観は、家の北東方向の、今もある当時の水田用の溜池のあたりから撮影したと思われる、雑誌掲載の写真の中にその大体の輪郭を知ることができる(14-10)。田植えの終わったばかりの田圃の水面に影を映しているその一見百姓家風の家は、やや黄色味を付けたという白漆喰の妻壁をくっきりと浮かび上がらせ、妻壁の上に藁葺の切妻屋根を載せ、周囲を杉などの高い樹木に囲まれて、たった一軒だけ建っているのが写っ

14-10　「長谷部自邸」(第一期)

14-11
「長谷部自邸」の玄関とポーチ

ている。周りの田園風景にピッタリと収まった文字通りの田舎家風の〈近代住宅〉は、大屋根の棟覆いの上に、設計者自身の説明によれば、兵庫県北部の「丹波地方」の民家にあるような、横に渡した細い丸太で連結させた多くの置千木を棟押えとして載せている。藁は軒付けで一尺ほどの厚みを持たせてあり、真新しい藁の上には「防腐剤を塗つて古び」を付けるとともに、藁の中への防水防虫にも役立てたと、長谷部は記者に語っている。ここで「防腐剤を塗」ったというのはおそらく、英国をはじめヨーロッパの伝統的な草葺屋根などによく使われているコールタールを屋根面に塗ったということだろう。長谷部が「住友ビルディング」の設計のために欧米旅行から帰って来たのは、一九一九(大正八)年のことである。その頃から長谷部は、自分の家を自分の設計によって建てたいと考えはじめていたと思われるが、そのデザインを、彼が日本へ帰国した頃から日本の建築界でも盛んになってくる近代的で先進的な、いわゆるモダンなデザインで設計しようとは考えずに、むしろそれに逆行するかのような「民家」風のデザインで纏めようと考えたのは、長谷部がヨーロッパ旅行中に実際に自分の目で見て非常に印象が深かったと思われるその他、多く残っている民家の残像の他に、イギリスの《アーツ・アンド・クラフツ》系の建築デザインの影響が大きかったと思われる。特にその運動の中に最初から色濃く浸み渡っていた、イギリスの風土に土着して造り続けられてきた、伝統的な民家が持っている建築デザインの継承、いわゆる《ヴァナキュラリズム》のデザインから、直接的な影響があったのは、おそらく間違いはないところだろう。実際に長谷部がディプロマに、《クラシシズム》のスタイルを採用せずに、《ネオ・ゴシック》を採用したのも、ピュージン、ラスキン、さらにモリスを通じて《アーツ・アンド・クラフツ》の中に流れていた《中世主義》への共感があったからだとも考えられる。

一九二三年にこの住宅が竣工した時の敷地の広さはまだ九二四㎡(二八〇坪)ほどで、後に南側の林地に大きく敷地が拡張されていくことになるが、その最初期の敷地の中での、建物の建築面積は、一一七㎡(三五・五坪)の平屋という、当時としては比較的こぢんまりとした規模の住宅であった。このうち、曲《かね》勾配の切妻屋根が架けられた部分の平面は、棟行六間半×梁行四間で、この屋根の下に、「玄関」、「居間」、「寝室」、「食堂」、「台所」、「浴室」などが収められていた。またこの大屋根の下から南側の庭方向に、六畳の夫婦用「寝室」が瓦屋根で飛び出しており、他に東北隅の「女中室」と家族用「便所」、「内玄関」、「物置小屋」、それに玄関脇の「客用便所」などが、大屋根の下から外へはみ出した下屋の形で別の屋根を架けられていた。

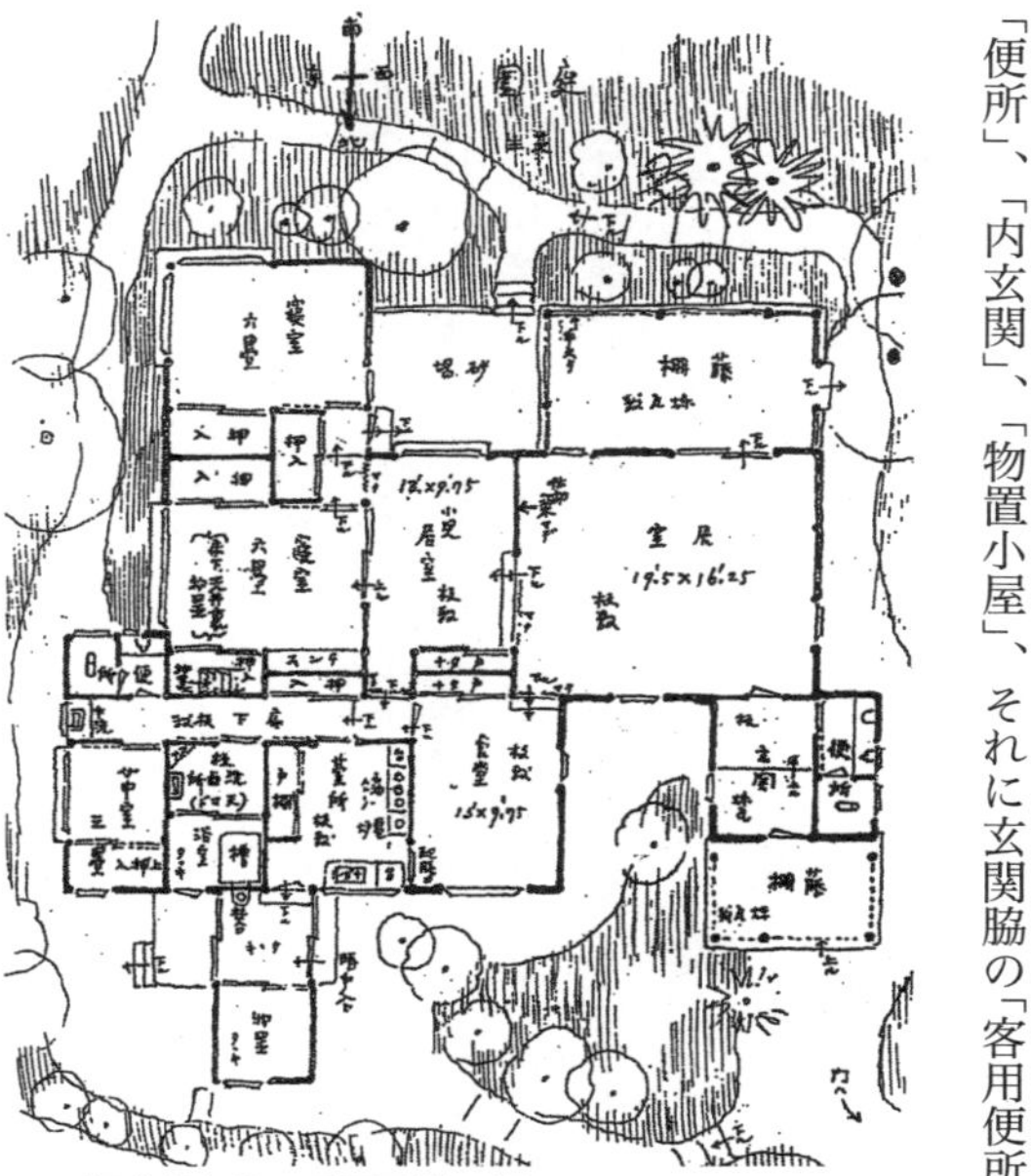

14-12 「長谷部自邸」、平面図(第一期)

「長谷部自邸」のアプローチから玄関へ、さらに玄関から室内までの行程を、大正末に取材した雑誌編集者の「訪問記」を頼りに、ここで整理しておくことにしよう。

敷地の西側の幅の狭い路地のような道路に面して「二本の丸太を突立てた簡素な門」がある。ここから入って、芝生の前庭の間の緩く蛇行する細いアプローチ路を東に二〇mほど歩いて行くと、右手に藤棚が上に乗ったテラスがあり、これがいわば「ポーチ」となって、外から帰ってきた主人や、やってきた客たちを出迎える(14−11、14−12)。この下を潜って家に近づいて行くと、藁葺屋根の下の白い外壁の一部を長方形に切り開いただけの、シンプルで、ある意味でこの家では例外的にモダンな感じのする玄関が出迎える。そこに弁柄《べんがら》に墨汁を混ぜて塗り、その上をラック仕上げにして艶出しした、落ち着いた色調の玄関扉がある。扉を向こうに開いて玄関内に入ると、土間の左(東)手の壁に、太い竪格子の内側に無双戸を組み入れた、弁柄塗りの「大和格子」の窓がある。これは長谷部が好んでいろいろな場所で使っている開口部のデザインであったという。土間で靴を脱いで狭い「取次」にあがると、すぐ右(西)手には主に客用に作られたと思われる「便所」へ入る引戸があり、汲取式の時代らしく臭気を避けるためだろう、大屋根の外にはみ出す形で設置されている。

室内もまた民家風の空間

「取次」からドアを開けてさらに奥へ入ると、そこは「居間《リヴィング・ルーム》」で、床は厚い楢材を板貼りにして暗い色のラック塗になっている。ここは桁行三間に梁行二間の十二畳ほどの広さを持つ、来客時の「応接間」を兼ねた部屋で、この家の核心部分ともいえる空間である。見上げると、南北に黒く塗られた松材の丸太の梁が何本か飛んでおり、その上に立てた束《つか》に支えられて、高さ十八尺(五・四五m)という棟桁が東西方向に飛んでいる。棟と母屋と桁の上を急傾斜で下りてくる竹棰の列と、その上に載せた葭簀《よしず》などが生み出す、大和風の化粧屋根裏天井が、囲炉裏の煙を抜くために天井を張らない農家の小屋裏にあるような吹抜け空間を作りだして田舎家風《コテージ》の雰囲気を強調している。「長谷部自邸」の室内の壁はすべて真壁で、また「居間」だけでなくすべての部屋の柱や、梁、桁、鴨居、胴長押、天井廻縁、棹縁などの部材の上には、例の墨を混ぜた弁柄を塗り、その上をラック塗で仕上げ、一見すると長年囲炉裏から上がる煙を浴びて煤けたかのような暗い古色の色付けがされている。大きくゆったりしたソファや肘掛椅子の他に、厚板を使って組立てたと思われる、素朴なテーブルや小卓などが所狭しと置かれており、他に絵画、彫刻、飾り小物なども数多く壁や棚に飾られている。またカーテンなどもヨーロッパで長谷部が買い集めてきたという生地を、おそらく夫人の手作りで仕立てたものが掛けられている。《アーツ・アンド・クラフツ》の建築家たちが、ヴァナキュラーな建物や家具を強く意識しながらデザインした住宅《コテージ》の、いかにも田舎風《ラスティック》な室内デザインの影響が、「長谷部自邸」には、外部にかぎらず内部にも強く投影されている。やや雑然としてはいるが、この家の主人である長谷部にとっては、自分の趣味をふんだんに盛り込んだ、いかにも居心地の良さそうなリヴィング・ルームのインテリアである。この部屋も南側の窓の外には、玄関前と同じように、テラスの上に藤棚があり、

14-13　居間(第一期)

14-14　居間(第一期)

その横には子供用の砂場も設けられている。（14-13、14-14）

「居間」の隣には、その砂場に面して、六畳ほどの広さの同じく吹抜けの「子供（遊戯）室」があり、「居間」との間の一間分を壁で仕切り、残りはカーテンで仕切るようにして続き部屋としている。「子供室」は、土地の傾斜に合わせて、床面が「居間」より一段下って続いており、壁沿いにスタンド型ピアノなどが置かれているのが写真でわかる。さらにその奥に直結して六畳の畳敷の「和室」があるが、おそらくここは子供用の「寝室」として使われたと思われる。「子供室」の東南の隅から、さらに一段下がって夫婦の「主寝室」へ入って行くようになっている。この部分は南側の庭園から見ると、外観が瓦葺の洋館風に見えるが、室内は畳敷で、床の間を省略した六畳の和室であり、ここでも飾られた絵画や飾棚などが多く、ここに夫婦二人の布団を敷いて寝るのはかなり狭苦しかったのではないかと思われる。（14-15）

14-15　母屋、主寝室の庭側の外観

「居間」の北東隅部の壁が半間分開けられており、そこにカーテンが掛けられ、ここでもまた床面が一段下がった板貼りの部屋に入って行くと、そこは「食堂」である。質素なテーブルを椅子が囲み、玄関前の裏庭に北西の二面の壁を接している北側に大きな窓がある。食堂の東南隅から中廊下が東に向かって三間ほど伸びており、左手（北側）一列に、「台所」、「浴室・洗面室」、「女中室」と続き、「女中室」の廊下を挟んだ反対側に「便所」が、やはりここも母屋からはみ出した形で置かれている。先の記者への談話で長谷部は、「便所も、台所も文化的に改良した点はありません」と語っていたが、四畳半ほどの板貼りの台所には、ガスがまだない頃なので、「米国製オイル、ストゥヴ」を使って調理したらしく、浴室は薪を燃やして沸かす「普通の箱風呂式」であったという。

「長谷部自邸」の増築棟に見る数奇好み

「長谷部自邸」は、一九二三（大正十二）年の新築の後、子供の成長につれて家が次第に手狭になり、「昭和のはじめにかけて」、別棟を新築し、同時に旧家屋の改築を行って拡張されていく。第二次世界大戦の終戦後十年ほど経ってから、ある建築雑誌が企画した「建築家の自邸」特集号の中に発表された「長谷部鋭吉氏邸」のプランを見ると、最初の家の他に、さらに二棟が庭の中に建増しされており、建築面積も二倍以上に大きく拡張されているのがわかる[17]（14-16）。最初の増築と思われるのは、一九二三（大正十二）年の建物の後、十年余り経ってから、おそらく彼が住友を退社して「長谷部竹腰建築事務所」を立ち上げた後だと推測されるが、最初の家の南側にあった庭園をさらに南に大きく広げて敷地を拡張し、例の藁葺切妻屋根の旧母屋から南西方向の位置に、別棟で、木造平屋の住宅を新築していた。この「新館棟」を訪ねるには、旧

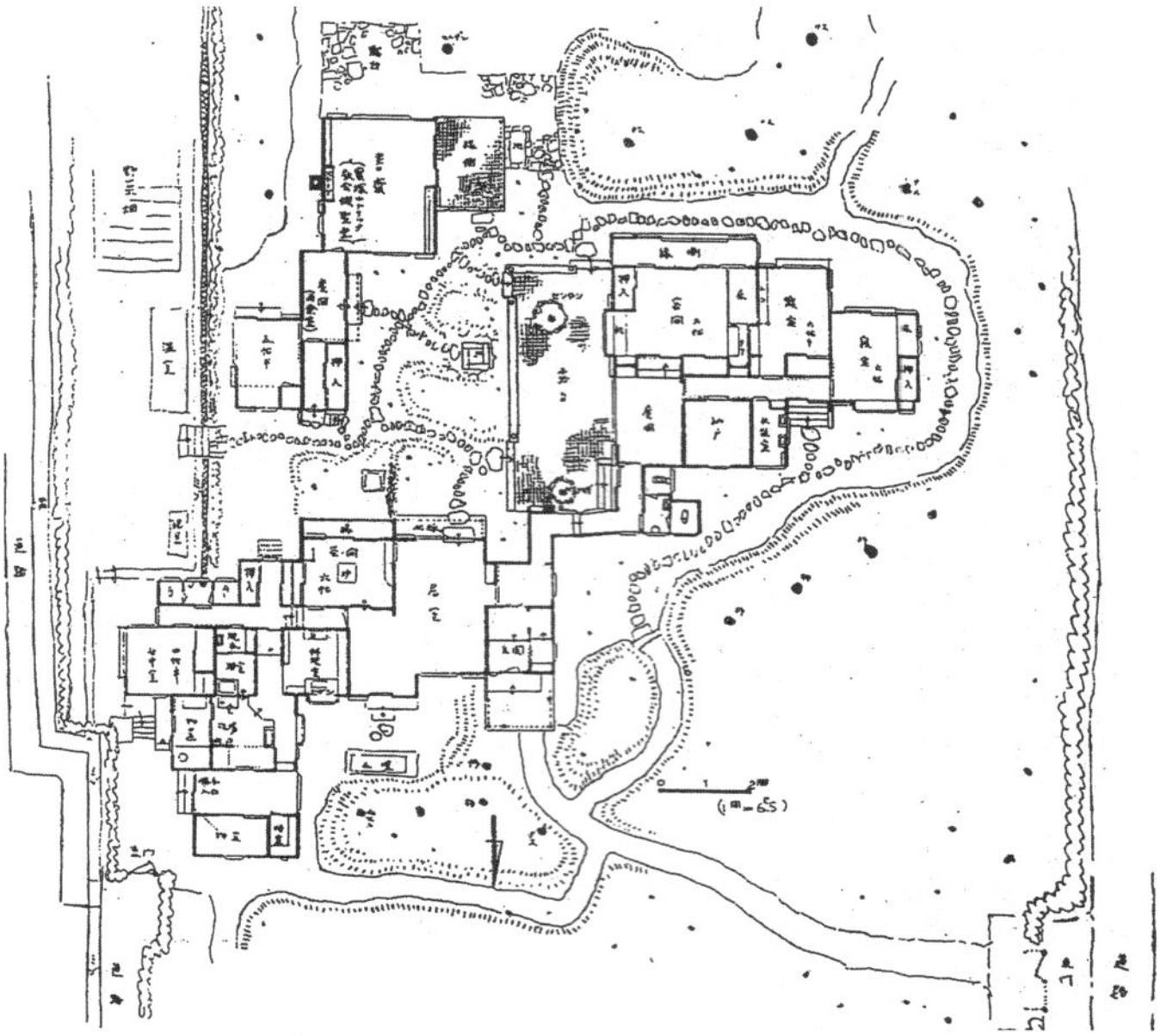

14-16　戦後増築後の「長谷部自邸」、平面図

母屋の玄関にまず入り、取次から始まる廊下を奥(南)へ進み、新築棟の東側に新設されたタイル敷きの広い「露台《テラス》」の北端を鉤型に折れ曲がって伸びている渡り廊下を伝って歩き、突き当たりの「便所」の前を左折して、入って行くように計画されている。(14−17、14−18)

14-17　テラスから新築棟の居間と客間の東側外観とテラスを見る

14-18　増築後の居間の室内

新築棟に向かう客が最初に入った部屋の左手には、長さ一〇m×幅四mほどの広さの、平瓦《タイル》を敷いたスパニッシュ風のテラスを、菱格子《クオレル》入りの広いガラス窓越しに見ることができる。平面図には「居間」と書かれているこの部屋は、板敷のシンプルな六畳ほどの広さの洋間である。部屋の西隣の「納

戸部屋」との間を仕切っている塩地材の横羽目板壁は、南西隅部で、奥の寝室へ向かう廊下の入口になっているが、その入口部分の古色を付けた金泥塗の袖壁の端に皮付桜の曲木柱が、あたかも茶室の中柱か何かのような、艶《あで》やかな数寄の姿で立っているのが印象的である。これとは反対のテラスのある庭側には菱組の太い組子のガラス戸が四枚入った開口部があり、また天井には化粧梁の下面をなぐり仕上げにして渡し、天井板は金古味《きんふるみ》仕上げの表面を見せる合板を貼っている。また奥の「客室」との間にある南側の壁面には、カソリック教徒であった長谷部が、生前そこに聖像を安置していた時もあったと伝えられる半間間口の棚があり、これに並んでその横に、長押に丸竹を使い、その上には金泥塗の小壁がある。下には二段分の間口一間の踏段があり、奥にある「客間」と呼ばれいる日本座敷への、それがいわば「式台」と呼べるような踏板であることを暗示している。ここの襖を開けると茶室の火灯口状に形取られた入口があり、それを潜って部屋に上る。座敷は八畳間で、南側の庭園に面した部分に幅広の縁側があり、その間に障子が入って仕切られており、部屋の東端にはテラスを見下ろす出窓もある。出窓の反対側の西側に、間口一間余の床と同じ幅の床脇を持つ、数寄屋風の床構えの「床の間」が設えられている。（14－19）

14-19　客間の床の間

長谷部は京阪神間に住む住友系の要人たちの私邸を設計する機会も少なくなかったから、そうした経験を通して日本建築の構成と意匠についての知識を蓄え、また現場の経験を重ねていたと思われ、次第に和風のデザインの面でも独自の才能を発揮していったと思われるが、この新築棟には、彼のそうした和風の意匠についての技能の蓄積と才能の煌《きら》めきといったものを、各所に窺わせていて大変興味深い。この「客間」で最も目を引かれる部分は、やはり「床の間」の意匠である。座敷の畳と床の中間に、間口二間の漆塗りの松地板が床框の前に入れられ、その板材がそのまま床脇の床の方にも回り込んでいる。この地板の奥に面皮付の花梨《かりん》を漆塗りにした床框が入り畳床としている。その真上に同じ二間間口で落掛が渡され、その落掛とは離して後方に、北山杉の磨丸太の床柱を立てている。床脇飾りは簡潔な一枚の黒漆塗りの通棚で、隅に小さく吊棚も見え、通棚の右端下に、棚とは鉤型に、壁に沿わせた地袋がある。この床の構えの内で、見る者の意表を突いているのは、床の外脇壁に大胆に開けられた床窓の形であり、火灯形を横に寝かせたとでもいうべきか、あるいは英字の〈B〉の字に似た輪郭を持つといえばいいのか、独特の形状の黒漆塗の額縁の中に、上下二段に割って、菱格子の組子の引違い障子が外側に入れられた、異形の「花明り窓」の存在である。長谷部が床脇壁に開ける床窓や付書院のデザインには、この自邸に限らず独特の大胆さと美しさがあったことは、一部ではよく知られているが、たとえば京都郊外の「虎山荘(旧近衛文麿別邸)」(1943)の付書院の組子のシルエット模様などは、ほとんど抽象絵画といった趣さえある華麗な組子の構成を見出すことができる。

長谷部の細部意匠のユニークさ

長谷部が和風建築の細部で時々見せる、〝型破り〟ともいえるほど大胆でやや唐突にも思える意匠は、後に隣人として懇意な間柄になった村野藤吾の想像力や創造力を大いに刺激していたに違いない。ただ長谷部の和風は、村野のそれに比べると、この客間の床構えからもある程度は推測できるように、全体的な骨太の構成を前提にし、それに負けないような大ぶりで大胆な装飾的細部をこれにぶつけるように投げつけていく、俗ないい方をすれば〈男性的〉な性格を示すデザインが多い。たとえばこの「客間」の他の部分でいえば、床の間の反対側の、東側の壁に作られている、正座して膝を折って脚を下に入れることのできる本来の付書院の文棚を持つ「書院窓」の、その欄間に入れられている大きな雲形の透板《すきいた》の装飾などは、どちらかといえば〈男性的〉的な性格が強く、大振りで、細やかでたおやかな村野の数寄屋の細部には見られない、思いきった図像だといえる。後で触れるが、村野の和風建築、否、彼の建築全体にいつでも付きまとって離れない、建物の形姿のある種のためらいとか、もしくは、はにかみの表情といったものは、長谷部の和風の場合にはほとんど無縁であったように思われ、ある意味ではだからこそ村野が、性格の違う長谷部のデザインにいつも惹かれ、注目せずにいられなかったとも考えることができるだろう。

「長谷部自邸」の「増築棟」には、この「客間」の他に、和室があと二部屋あり、「客間」のすぐ西側には、「寝室」とだけ記された夫人用らしき和室と、その西隣には同じ和室のおそらく主人用「寝室」が、それぞれ六畳間の広さで雁行して配置され、ともに南側の庭園に面している。理由はわからないが、西端に位置していた主人用と思われる和室は、その後取り壊されたので詳細がわからないが、ほとんどそのまま残されている夫人用「寝室」の設えも、なかなかにユニークで魅力に富んだものである。六畳という長谷部が好んでいた部屋の狭さを考慮してか、これもまた大胆に東側の聚楽の土壁の前に取付けられている「吊床」は、一方の端で、床柱に見える太い真竹の吊竹が、反対側の壁から差し出された床板風の棚板を、中空に浮かんだ状態で擱んで吊り下ろしており、床棚の上に一本の束を立て、この上に短い棚板を乗せた、一見霞棚《かすみだな》風の構成を見せている。南側の窓の、櫛形《くしがた》欄間の下の、雪見障子入りのガラス窓が入った開口部と、その肘掛窓の向こう側にある濡縁の勾欄下の手摺子の素朴でユーモラスな形、さらに北側押入れ横の北山杉に銀色ペンキを塗って磨き上げた仕上げや、襖に張られた銀古味《ぎんふるみ》の唐紙などは、おそらく村野には真似のできない、もしくは村野が使う気を起こし難いような、長谷部の和風の意匠に特有の大振りで意表を衝くような手法である。これらの装飾的な細部の切れ味には独特のものがあり、鋭いというよりは、刃物でいえば鉈を振り下ろした時の切れ味といったものを見る者に感じさせ楽しませている。しかしいずれにせよ、こうした長谷部のデザインは、それに直接、間接に接する機会の多かったと思われる村野の、数寄屋をめぐる想像力や創造力を大いに刺激し、さまざまな可能性についての建築的想念を揺き立てるものであったことは間違いのないところであり、村野にとって「長谷部自邸」が、長谷部のすぐ傍にいて、学び取りたいものが一杯に詰まった、〝宝箱〟のような、眩しいものに見えたとしても不思議のないところであったといえよう。

14-20　居間兼仕事部屋(増築改修後)

　なお戦後になってから、長谷部は建築雑誌の編集者のインタヴューに答えて、旧母屋のあの切妻の藁葺屋根の部分が終戦後、「残念ですが焼失してしまい、現在この部分は改築して瓦葺です。」と語っている。その結果、かつて梁や棟を現した化粧屋根裏であった「居間」の部分は、より勾配の緩い瓦屋根の下で数寄屋風の船底天井に変わり、化粧棰の上に葭簀を乗せて白漆喰で上から抑えて目を潰した、いわゆる「大和天井」に変更されている。それと同時にかつての「食堂」と「玄関」の間の中庭部分に増築してそこを室内化し、「居間」ともとの「食堂」を一続きの部屋として一体化してリヴィング・ダイニングとし、ここを長谷部の「居間兼仕事部屋」にしたとも話している(14-20)。さらに子供遊戯室だった部分の南半分を、真中に「炉」(切炬燵か)を切った六畳の「茶の間」とし、おそらく長谷部と家人は日常的にはここで朝晩の食事をとっていたと思われる。

　村野が清荒神に家を建て、家族と引っ越して来た時点では、「長谷部鋭吉邸」の二棟(他に南東の庭に書屋棟もあった)の建物は、旧棟の方ではまだ英国風の田園住宅《カントリー・コテージ》としての香りを十分に残した状態であったはずであり、また新築棟の方は、外部はスパニッシュ風で、内部には日本の伝統的な数寄屋建築の意匠をふんだんに取り入れて、これに装飾的細部を大胆に加えて展開しており、家屋と庭園の全容をほぼ整え終えていた。かくして長谷部は、おそらく自分がいろいろ手配した結果、清荒神へやってくることになった〝新参者〟である村野藤吾の到来を、巌流島で待ちわびる小次郎といった面持ちで、今や遅しと待ち侘びていた、のかもしれない。このような「長谷部自邸」の状態を前にして村野は一九四二年、清荒神に自邸を完成させ、本来の建築設計の仕事が、軍需産業を主とした工場建築などの他には、ほとんど期待できなくなってしまった社会情勢の中で、いまだに住友の翼下とはいえ、設計者としての似たような境遇にあったはずの長谷部と、俗にいう近所付合いの度合いを深め、互いの家を行き来しつつ、二人一緒に習い事などをはじめたりしている。長谷部は先の雑誌記者のインタヴューの中で、次のように語っている。

「私は昔、南画を本野精吾氏［京大建築科教授］の紹介で、京都の若い南画家大橋錬堂にならいました。その時、村野君もすこしやっていました。(18)」

長谷部がここでいう意味とはいささか離れるかもしれないが、清荒神下の「長谷部自邸」と「村野自邸」という二つのユニークな家屋敷は、たしかに《狩野派》系の造形が持つ古典的なものではなく、恐らく無意識のうちに《南画》系の、すなわち蕪村、大雅といった《文人画》系の空間の美学の中で形成された空間でもあったという事実に、私たちはここでふと気付かされるのである。

世界戦争へ向かって、けたたましい軍靴の足音が高まり鳴り響いている時代の下で、彼らはいわば清荒神の地面に向かって、建築的な《南画》を競って描き、たがいに比べあっていたのである。

［註］

1　安井武雄（一八八四―一九五五）。村野藤吾「安井先生」『建築と社会』、一九五五年八月号。『村野藤吾著作集』鹿島出版会、二〇〇八年、四三〇―四三三頁所収。

2　註1に同じ。

3　註1に同じ。

4　村野藤吾「日本における折衷主義建築の功禍」『建築と社会』、一九三三年六月号。前掲『著作集』、一七三―一八〇頁。

5　長谷部鋭吉（一八八五―一九六〇）。一九三三年、竹腰健造とともに「住友」を離れて立ち上げた「長谷部竹腰建築事務所」は、戦後、その設計事務所が次第に拡大して行き、やがて日本最大の設計事務所「日建設計」へと展開していったことはよく知られている。

6　野口孫市（一八六九―一九一五）。住友家の寄贈によって完成した「大阪府立図書館」の設計者として広く知られる。なお同図書館の左右両翼の増築部は日高胖による。

7 日高胖(一八七五—一九五二)

8 竹腰健造(一八八八—一九八一)

9 中村鎮(一八九〇—一九三三)

10 中村鎮「住友ビルヂング」、初出、『中央美術』、一九二六年九月号。『中村鎮遺稿』中村鎮遺稿刊行会発行、一九三六年、一〇一—一〇四頁所収。

11 ブレ(Etienne Louis Boullée, 1728-1779)。ルドー (Claude Nicolas Ledoux, 1736-1806)

12 石原季夫「中林邸の回顧」『村野藤吾和風建築詳細図集』

13 村野藤吾「最後の椅子—中橋武一さん—」『村野藤吾著作集』、五四八頁。

14 中橋武一(一八九〇—一九六三)、関西で活躍した財界人。一九一二年神戸高等商業学校卒業後ロンドンへ留学。帰国後、武一の父親、中橋徳五郎が一八九八年から社長を務めていた縁で大阪商船に入り、後に武一も社長、会長を務めた。戦後、関西経済連合会の会長のほか各社の取締役などを歴任。なお文中の山岡順太郎(一八六六—一九二八)は、中橋徳五郎の下で働き、一九一四年、大阪商船の社長となり、続いて一九一九年、大阪商業会議所の会頭をつとめた。

15 村野藤吾「建築家十話」『毎日新聞』、一九六四年三月二一日~四月二日。前掲『著作集』、五三三—五五一頁。

16 「建築家と其の住宅(其三)　長谷部鋭吉氏の住宅」『新建築』、一九二六(大正十五)年八月号所収。

17 長谷部鋭吉(談)「長谷部鋭吉邸——家のこと画のことなど」『建築と社会』、一九五四年十一月号所収。

18 註17に同じ。

第十五章

「村野自邸」に塗り込められたもの

河内国分の民家を買う

「戦中のことだから、[新築]住宅のようなものは建てられなくなってきたので、その頃は、いなかの家を買って［その材料を使って］建てるのが流行のようになっていた。私もそんなことでもしないととても建てられないので、大和や河内のいなかを歩いて、売り家を見て回った。ことに道明寺から大保の奥にかけ、あのへんの古い民家には出来のいいのが多く、そのへん一帯にかけて[の]富裕な過去がしのばれた。しかし、いざ買おうという段になると、大きすぎたり、そうでなければ、なにか、いわくがついていたりした。いつもはひとかどの科学者ぶったりしていても、自分のものとなれば、家相だの、わずかなところにも気になったり、故事来歴などを詮索したりして、買いたいと思うのは案外に少なかった。(中略)

そのうちに、私の友人が河内の国分に手ごろなのがあるから見ないかと知らせてきたので、見ることにした。村の名家の隠居家だった。老人が先年なくなり、そのままにして置いても、子供たちが東京に行ったので、家に残る者も少なくなるし、いい買い手があれば放してもと思ってみるが、いざとなれば売る気になれないということであった。建物は国分の町はずれの小高いところにあった。坂下から見上げた格好は、全く典型的な河内民家の姿をしていて、さすがに百年の風雪に耐えた土色の妻壁にはかおりがあった。

母屋は厚い茅葺で、お寺にあるような大黒柱が薄暗い天井をささえていた。私は広い土間を通りぬけて、裏庭に出た。白壁塗りの土蔵がいくつも並んでいるところは、この家の過去を物語るようではあったが、ところどころ壁が落ちたところがあったりして、時流に押し流されていく姿がありありと感じられた。[1]」

河内国分の築後一〇〇年といわれている「建坪三五坪」の民家一棟を、できれば譲ってもらえないかと懇望する村野に対して、その家の「主人」は、「あなたに引き取ってもらうのだから喜んで[手]放しましょう」と快く受け入れ、これに対して村野は、「一金千二百円也」という代金を支払い、その家を手に入れたと書いている。文中に「私の友人が河内の国分に手頃なのがあるから見ないかと知らせてきた」とある「友人」というのは、京都大学の建築科を出て、フランス政府給費留学生として渡仏し、パリのエコール・デ・ボーザールに一九三二年から二年間学んで帰国し、一九三五(昭和十)年に村野事務所に入ったという華やかな経歴の持主で、やはり河内の素封家の出身であった森忠一[2]のことであり、森はこの民家を見に行く村野に同行して立ちあっていたという。村野が買い入れたのは、その「主人」たち家族が住んでいたと思われる「厚い茅葺」屋根と「お寺にあるような大黒柱」を持つ「母屋」、つまり蔵が何棟も並んで建っているようなかつての豪農一族の屋敷の中心となる大きな家屋の方ではなく、家督を息子(「主人」)に譲った後隠居した、前の主であった夫婦が住み、かつては老後を静かに暮らしていたと思われる、三五坪という比較的小規模な別棟で、瓦屋根葺の「隠居家」の方であった。村野としては、将来の自分の住まいとするには、「ともかく手ごろの広さだし、第一、どこか気品があったので、買う気になった」と、その家に決めた直接の動機について言及している。というのも村野はこの家に決めたのは、その前にたくさんの河内地方の「売り家を見て回った」が、さほど古くはない家も何らかの事情で結構売りに出されており、それら売り家のほとんどがきまって、といえるほどに、施主や大工の山気や成金趣味などを丸出しにした意匠のもので、明らかに「デザインの点で難点」があった。そのためか、自然に家勢も傾いて売りに出されるケースが多いことに気付き、建築デザインに日頃携わっている「私に関係でもあるかのように思えて、慄然とした気持ち」になっていた、その矢先であったからである。村野がこの「隠居家」に見出したものは、それまでの多くの売り家の、無理に〝見え〟を張った姑息な意匠などとは一切無縁の、「気品」、つまり衒《てら》いや媚《こび》のない、真正なヴァナキュラー建築が自然に備えている、すっきりと背筋が伸びたような、すがすがしい相貌に他ならなかった。この「隠居家」の五寸勾配の大きな瓦屋根の下には、土を入れて固めた床面を持つ「人が住めるほどの［広さの］小屋裏」があり、そこに今はともに亡くなって居ない「老夫婦結婚記念の駕籠《かご》が残されてあった」という。木材も「格別、上等の材料」というわけではなかったが、「小屋組や台所あたりにかけては、かなりぜいたくな材料が使ってあった」とも村野は記している。特に村野がこの家で一番気に入ったのは、台所の土間の上に飛んでいた一本の太い「梁」であった。

「私は座敷から土間に降りて見た。どこの民家にもあるような大きな梁が、かすかな『そり』を打って広い台所の天井を二分している形で、その空間は素晴らしい構成となっていた。私は、家内に、僕はこの梁が欲しさにこの家を買ったようなものだね、といって笑った。(3)」

「普請往来」のこと

村野による、自分が手に入れることができた、河内の国分の美しい「隠居家」についての、二十数年の時間が経った後で書かれたこの回想記には、先に紹介したような、この家との出会いの場面に続いて、宝塚清荒神《きよしこうじん》へその部材を運んで自邸を建てるためには、どうしても通らなければならない次の段階《ステップ》としての、築百年という気品に満ちた民家の〈解体〉に自ら立ち合い、その作業を傍らで見守りながら、考えたことについての回想へとさらに展開していく。

「間もなく[隠居家の]解体がはじまった。百年の風雪に耐えてきた妻壁は、土煙をたてて落ちて行った。あたかも解剖するときの医者にも似た冷静さで、ついさっきまでの私とは別人のようになって、このすぐれた民家の末路を見守っていた。多分私は、[素《す》の]私とは別な一人の建築家として、これから建てようとする私の家に立ち向かっているのであろう。長い[屋根部材の]母屋《もや》は二つにぶち切られ、柱や梁が天日にさらされて残骸のように散乱し、あの魅力的な[土間の上の]大梁も無残な格好をしてころがっていた。典型的な『河内造り』は、わずか数日にして、土煙と共に百年の寿命を閉じて行った。すると美しい建物の映像が、たとえば人の一生にも似た追憶と哀惜とに包まれて、建築家村野とは別に、私の心のなかで葛藤をはじめた。しかし私はこの建物を本当に自分のものにするには、この家にまつわる長い間の挿話と美しい追憶をたち切るほかはないと思った。[世間一般の一個]人および一人の建築家としての私は、このような心の桎梏《しっこく》の上に、自らの『家』を建てることになった。[4]」

村野がここで読者に告げようとしていることを、これまで村野論を展開するために用いてきたキーワードに一度置き換えて解釈し直してみるならば、次のように整理することができるだろう。建物が壊される様子を目前にしている「村野」には、際立って異なる二つの立場がオーヴァーラップし、その二つが、彼の心中でたがいに戦っている。その一つは、家屋そのものの上に重積している長い時間が齎《もたら》した建物の風貌や風格と、その中に一杯に詰まっているであろう老夫婦や、彼らの家族の思い出や記憶に対して深い敬意と愛着を感じている村野であり、彼はそれを他人事《ひとごと》ならずいとおしみ、そうした家の取壊しを命じている自分に、ある種の罪悪感さえ感じている。しかしもう一方には、単なる〈過去〉の追慕者ではなく、一人の職能人として、つまり〈建築家〉として、それらの材料をどう捌いて自分の家にするために、どう料理して行こうかと考え、「解剖する時の医者にも似た冷静さで」その解体作業を凝視している村野がいる。この二面性を、村野が一九一九(大正八)年に書いたあの「様式の上にあれ」の用語をここで再び借りて整理するならば、古い由緒ある民家をいとおしみ、それを壊すことを命じている自分をどこか心の隅で責めている、一般的な生活者としての村野は、いわば〈過去〉の歴史や文化を大切に思い、それに憧憬さえ感じ、その貴重な価値の存続や再生をいささか感傷的《センチメンタル》に主張する、《過去主義者》の立場、ということになるだろう。それに対して、その家の中に詰まった〈過去〉を一度断ち切って解きほぐし、彼が現に生きている〈現在《プレゼント》〉を構成する建築部材として、それを再び甦らせようとしている建築家としての村野は、彼自身が強く主張して止まなかった《現在主義者》の立場に立っているということができる。つまり村野は自分自身の身体の中の、〈過去〉へのそこはかとない愛情や哀惜を持つ一方で、その感情にのめり込むことなく、建築家として、もしくは一人の〈現在〉を生きる〈実存者〉としての「厳格なるプレゼンチスト」の冷徹な目をそこで光らせていたのであり、この二つの異なる立場の間の相剋や矛盾を、悩む、というよりも、むしろ密《ひそ》かに楽しんでいたのかもしれない。

村野は解体を見届けてやがて自分の設計室へ戻り図面を引く段になり、「結局、外郭はなるべく残すようにして、内部を洋風に改造し、狭いながら茶の間と寝室を藁葺にして新しく建て増すことにした」。つまり旧家屋の骨組や屋根や土壁などの外観の形状はあまり変えないでできるだけ残して再生させることにし、内部は近代的な生活ができるように洋風に思いきった模様替えをすることにしたのである。こうして宝塚清荒神の地に、河内から移した旧家屋を、大きな木造の骨組はほとんどそのまま残した状態で建て、屋根面には元通りに粗土を被せ、その上に瓦を葺いて主屋を建て上げ、この屋根の下に、(戦後になってから建築雑誌上に初めて公開されたプランを参照すると)「玄関」と、その両脇(南北)に「広間」と「小間」の「茶室」を設け、その広間の奥(西)に洋室の「居間」と「食堂」を置き、食堂に接した北側に「台所」と、「女中室」、その並びに「書斎」などを構成して入れたのであった。また旧家屋にあった屋根裏部屋の空間も再現し、そこを主に美術工芸品などの収蔵を目的とした場所にした。さらにこの主屋の他に、主屋の西南隅に接続した形で、移築ではなくこの部分だけは新築で、例の「長谷部自邸」の藁葺屋根をどこかで意識しつつ、同じ藁葺の別棟を建て、そこに家族が日常的に集まるためと思われる小さな「茶の間」と「四畳半」の他に、「サンルーム」付きの「主寝室」と「家族用寝室」などを造った。

延々と続く手直し工事

このようにして一つは移築、一つは新築の、計二棟からなる「村野自邸」は、一九四二年、「長谷部自邸」と道を隔てた北隣の、三、六三〇㎡(一、一〇〇坪)余りの広さを持つ敷地の中に姿を現した(15-1)。劇画風にいえば「長谷部自邸」の目前に、いよいよ二棟(刀)流の「武蔵」登場(!)、というわけである。しかし「普請往来」の記述では、「自邸」をともかく完成させ、村野一家は大阪阿倍野から移り住んだことによって、村野の設計者としての作業は、とりあえず一段落したものの、しかし住い手の村野としては、決してそこですべてが完了し

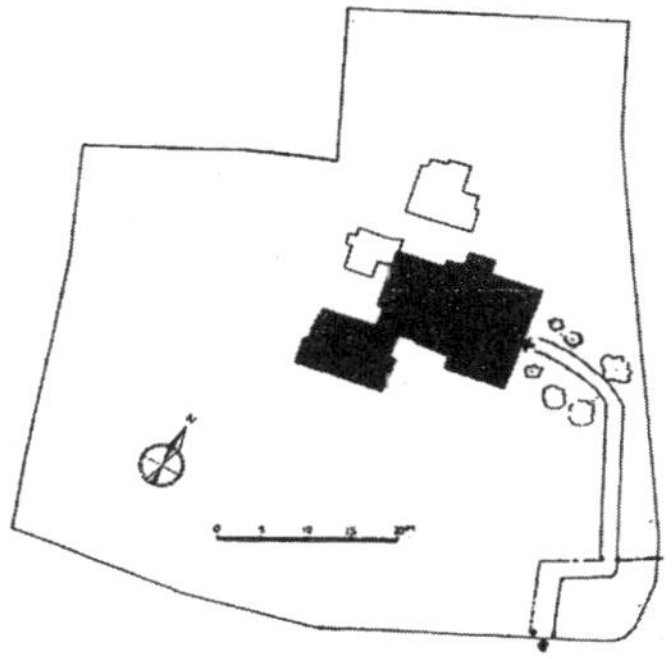

15-1 「村野自邸」、配置図

たという気持にはとてもなれなかったとも書いている。「少し住みなれていくにつれ、[最初は]経済のことで[改築も]控え目であったが、それも長くは続かなかった[5]」と。これ以後の「自邸」をめぐる作業は、プロの建築家としての仕事というよりも、どちらかといえば素《す》の村野の、家を買った人がそれを自分にとってできるだけ住みやすくまた居心地の良いものにして行こうするのと同じような、手直し作業、と呼ぶべきものであったかもしれない。つまり村野は住みはじめた後、自分の家の細かな造作などのいろいろな点で、気に入らないところが目につきはじめ、これを放置したままにしてはいられない気持に襲われて、そこで自分のいうとおりに直してくれる腕のいい一人の大工を見つけてきて、「不満なところから直し」はじめていくことになったのだ。「少し[改修用の]費用がたまるとまたその職人を雇ってはとぎれとぎれに普請を続け」、戦後の混乱期のなかでそのお気に入りの大工がなぜか姿を見せなくなってしまった後も、それでもまた「二、三人の大工を雇っては手直しを続け」るといった具合に、部分的な改装、改築を休まずに続けていったという。村野のエッセイ、「普請往来」の項の最後の部分は、次のような印象的な言葉で綴られて美しく締め括られている。

「妻壁に大きな穴をあけて入口を作り、柱も壁も天井もさんざんに切り開き、手直しを加えて昔日の面影は残さなかった。このようにして長い時間と労力とが『私の作品』となるために費やされた。しかし、あの魅力的な美しい大きな梁は、まだ昔のままの姿で私たちの居間に残されて、私はついに、この大梁には一指も加えることができなかった。もしかすると、私はこの美しい梁の陰にかくれて、卑怯にも建築家としての虚構を築こうとしていたのではないか。

十数年にわたる私の普請も、そろそろ終わりにしたいと思う。[6]」

村野がこの文章を『毎日新聞』紙上に連載したのは、一九六四(昭和三九)年春のことであるが、この七年前の一九五七(昭和三二)年には、一九四二年に完成させた最初の「村野自邸」の内の、藁葺屋根の「別棟」部分を、同じ敷地内の別の場所に移築し、結婚した娘夫婦の家にした後に、これに代えて主屋(河内からの移築部分)の西側に直結して伸ばす形で、新しい自分たち夫婦用の「居間・寝室・書斎棟」を、実に姿のいい外観と屋根とをもつ木造平屋の建物として新築して使いはじめている。そしてその増築の約四半世紀後の一九八四(昭和五九)年、村野はその寝室のベッドの中で、九三歳の建築家としての華麗なしかし波瀾に満ちた生涯を静かに終えている。また村野の死の十年後、一九九五(平成七)年一月十七日の未明に阪神地方を襲った大震災の時には、移築して手を入れ、一部間引いたりしたと思われる主屋の一階部分の柱が、激しい地震の揺れによって倍加した屋根の重さに耐えきれない形で崩壊したが、この時にも、戦後に増築した寝室棟は、部分的な損傷以外には無事にそのまま残り、中で就寝中であった未亡人もおかげで難を免れて無事であったという。いずれにせよ河内から来て甦ったこの住宅は、突然の、思いがけない終末を迎えて、この地上から永遠に姿を消すことになったのである。

さて、前出の文中で、「十数年にわたる私の普請」といわれているものは、おそらく戦後になってからの、村野が『私の作品』とするために行った一連の改造作業を指していると思われるが、ただ、一つだけここで注意を向けておきたいのは、「妻壁に大きな穴を開けて入口を作り」という件《くだり》の文章についてである。この「妻壁に大きな穴を開けて入口を作」ったというのが、明らかに私たちがよく知っている、村野自邸の東端の妻壁の中央部に開けられている「本玄関」のことを指しているに違いないが、おそらくこれは、戦前(昭和十七年)の創建時の記憶としてあったものが、戦後のたび重なる改築改装の記憶と重なった状態で、書かれた言葉ではなかったかと思われる。というのも、もしこの「妻壁に大きな穴を開けて入口を作」ったという「本玄関」が、創建時ではなく戦後に行った改築時のものであったとすれば、それ以前の「村野自邸」の玄関は一体何処に、どのような状態で作られていたかが当然問題になってくるし、その玄関へと到るアプローチは、戦後私たちが見てきたあの素晴らしい進入路の構成が何時形成されたか、といった疑問も当然生じてくるからである。なお、村野が他界した後、長男故村野漾《よう》にこの点を直接質問した時には、「戦前からそれ[アプローチと玄関]はあった」と記憶しているという、はっきりした答えが返ってきた。氏が十代初めの少年期の記憶であったとしても、やはり当事者のものとして貴重な証言と考える。

建築雑誌へ初めて登場した頃の村野自邸

いずれにしても「村野自邸」の竣工時期が、一九四二(昭和十七)年という、まさに戦争の真最中にあったため、竣工時に恒例の建築雑誌への発表などは、憚《はばか》られるような世相であったためか一切行われず、またこの時点での竣工図面なども、現在に残っているものもほとんどなく、村野が長い年月をかけてさまざまに手を入れていく以前の、いわば〈原型〉にあたる「村野自邸」、つまり一九四二(昭和十七)年の創建時の「村野自邸」の建物と庭園の内容を、明確に把握することが今では非常に難しくなってしまっている。このため、はたして村野は、その〈原型〉となる形態や構成から、より強く自分自身の私的『作品』として仕上げるために、具体的にどこをどのように変えて行ったかという、村野のデザイン上の意図と性向を探る上で、きわめて興味深い過程の把握が困難になってしまっている。これまで、戦前期の主要な村野作品を訪ね歩き、そこに繰り広げられていた建築的な内容を観察する時に、原則として、現存する建物も失われてしまった建物も、それらの建築が竣工後まもなく、施主によって使用されはじめたり、商業建築などの場合にはそのオープン時点に、一度立ち戻り、村野がその時点で自分が設計した建築にいわば塗り込めていた〈コンセプト〉や、そこに繰りだしていた特殊な〈技法〉などについて、できるだけ詳細に論じることを原則としてきたが、前述したような事情によって「村野自邸」の場合だけは、それが事実上できないのである。理由は前述のような創建時の資料不足という理由の他にもまだあり、村野が、他人や法人などから仕事として依頼された場合の設計とは違い、この場合が「自邸」というきわめて私的なデザイン対象であったことから、竣工時が必ずしも建物の〈引渡し時〉と考えず、文学でいえば私小説的にその後長い時間をかけ、まさに手塩にかけて造り上げた建築であったからである。そのことも考慮して、ここでは、一九四二(昭和十七)年の竣工の時の状態には、あまり拘《こだわ》らずに論を先に進めていきたい。

　そこで、現在知られている建築雑誌上での最も古い「村野自邸」についての報告として、一九五四(昭和二九)年十二月号の『建築と社会』誌の特集、「建築家の住宅」の中に掲載されている、「村野自邸」のデータを、この建築についての初期の情報の一つとして参考とすることにしよう。[7] この特集には、先に紹介した増築後の「長谷部鋭吉邸」なども一緒に掲載されているが、その家屋の中の美術品などについては、長谷部自身の談話によって纏められていたように、他の建築家の自邸の場合にも、建築家自身が直接自分が設計した自分の家を語る形式が採られている。しかしなぜか「村野自邸」の場合だけは例外的に、リポーター役を一人立ててその家について報告する形式が採られていた。このリポーター役を、おそらく自分から買って出たと思われるのが、戦前期から同じ関西で仕事をする建築家として村野に深く傾倒し私淑していた浦辺鎮太郎[8]であった。浦辺は「村野自邸」を実際に訪問し、そのリポートである「村野藤吾先生の家」という短い文章を、写真説明風に書いているが、「プラン[を公表するの」は勘弁して戴きたい」という村野を、浦辺が「無理に御願いして発表」することができたと書いている。その当時の様子を示す、簡略な二棟の建物の「平面図」と、「配置図」(15-1)が掲載されていて、今となっては貴重な資料となっている。特にここでは小さな「配置図」の方にも大きな価値があり、敷地全体の輪郭の横にスケールが入れられているおかげで、大体の敷地面積がわかると同時に、特に敷地内での建物の位置とそこへいたるアプローチが示されているのが貴重である。この他に当時の「村野自邸」の内外の様子を示す数枚の掲載写真などをとりあえず参考にし、これに加えて、一九七〇年代中頃以降、かなりの回数にわたって「村野自邸」を訪問する機会を得た時の私的な記憶や記録を重ね合わせながら、村野作品としての特種な内容と、そこに秘められた設計上の〈理念〉といったものを、これから少しずつ探り出していくことにしたいと考える。

「村野自邸」とその屋敷は、先に触れたように阪神大震災によって主屋が倒壊し、その数年後の村野スギ夫人の逝去に伴って、道路に面した庭園のほとんどの土地が、遺族の手を離れて国や自治体に税として納付され、その後に払い下げを受けた民間の不動産業者による、ミニ住宅地が開発されたことによって、一九五七(昭和三二)年に増築された「茶の間・寝室棟」をかつての敷地の中央部にわずかに残すのみで、もともとそこにあった家屋敷の形状は完全に失われてしまっている。いまや浦辺鎮太郎が一九五四(昭和年二九)年の雑誌にリポートしていたような屋敷林も、また魅力的な建物群も消え、そこにそのような家屋敷があった事実そのものが、文字通り〝幻〟と化してしまった。たとえば「中山半邸」は、たしかに建物は地上から完全に姿を消してしまっているが、少なくともその失われた建物を取り囲んでいた「ザフクゲ原」と呼ばれる斜面のすばらしい自然環境は今も奇跡的に残っていて、往時に建物があった環境を偲ばせているが、しかしかつて「村野自邸」があった敷地については、そうした往時を偲ぶ縁《よすが》となるようなものは、少なくとも道路上からは、ほとんど何も見出せない。したがってこれから、浦辺鎮太郎が戦後すぐに見たはずのものを、その後に「村野自邸」を自分の目で見る機会を幸いにも得ることができた時の記憶と照らし合わせながら、〝幻〟から再び眼前へ、言葉と写真よって再現していく作業をここで試みることにする。

屋敷林の中に隠れた村野自邸

浦辺鎮太郎は先のリポートの中で、「敷地内は杉とモミジと竹が自然のままの景観を造って閑静である」と屋敷内の植生について簡潔に書き、「村野自邸」を取り囲んでいた環境の様子をさりげなく、おそらく村野の意向もあって、かなり控えめな言葉を選んで読者に伝えている。しかしこの文章を読む限りでも、私たちがよく知っている後の「村野自邸」の家屋の周りの、あの鬱蒼としたといった形容が必ずしも過大と

15-2　屋敷内への入口と「村野自邸」の敷地を南側で仕切る生籬

15-3　右手(北)に「村野自邸」の敷地。道をはさんだ左手の生籬の内に「長谷部自邸」

は思えないほどに茂った「村野自邸」の周りの屋敷林の姿が、一九五四(昭和二九)年という、この家の建設からまだわずか十二年後という時点においても、ほぼ定着した風景として存在していたことを知ることができる。ということは、先に紹介した一九二三(大正十二)年竣工の「長谷部鋭吉邸」が写っている大正期の写真の背景からもある程度推測できるように、清荒神清澄寺下の、当時の地名で「米谷」と呼ばれた、八坂神社の支社などもあるこの一帯には、近所の農家が耕していた水田や畑や果樹園などの他に、これらを取り囲むように、杉や檜あるいは松や竹などが生い茂る雑木林が、ある程度塊になって昔から点々としてあったと考えられる。したがって浦辺がこの時に目撃した「村野自邸」の屋敷周りの樹木が茂った様子も、楓や椿などの、こちらの方は村野が好みで後から植えたと思われる植木は別にして、「自然のままの景観」を造っていたのは、新築時に植樹された幼木が成長して繁茂しただけではなく、もともとあった杉檜などの高木を中心とした林地が「村野自邸」の敷地の中に一部にせよもともと存在し、その緑塊が庭造りに積極的に残され、取り込まれて、「村野自邸」をその奥に隠すようにしていた、と理解した方が正しいかもしれない。

すでに五十歳代に入っていた村野藤吾は、清荒神に住むようになって以後、大阪阿倍野にある自分の設計事務所へ通うために、阪急宝塚線の「清荒神駅」までの坂道を、毎朝杉木立に囲まれた自分の家から歩いて出て通勤していたのである。そこで今、「清荒神駅」から「村野自邸」への道程を駅からの復路で、初めてその家を訪問する客の視点に立って、竣工当時のその家に向かって歩いてみることにしよう。清荒神駅を出て、清澄寺への参詣道に面した商店街とは反対の東の方向に歩き、八坂神社へ登って行く路地のような坂道を屈折しながら上がっていく。やがて背の高い樹木が周りに立ち並び、神社へ登って行く石段もそこから始まっている三叉路に出るが、そのうちのさらに東に続いている道を行くと、その先に再びT字路がある。その道の左側の、道に囲まれた一ブロックを占める形で、低い石垣の上に、ほぼ人の目の高さほどで水平に切り揃えられた木犀や山茶花などを密植した生籬《いけがき》の長い列が続いている。その生籬の上には、杉、竹などの常緑の植物や、楓や桜などの落葉樹が、こちらの方もひしめくよう立ち並んでいて、それらが差し出している枝葉の緑の塊が、低い生籬の上にのしかかるように被さりながら、その奥にあるはずの建物を目隠ししている。この生籬の向こう側に、「村野藤吾自邸」の、家屋と庭園があるはずだが、もちろんこの道路上からはその片鱗さえも窺うことはできない。(15-2)

　生籬を左手にして同じ道をさらに前へ歩むと、緩く弓なりになった全体で七〇mも続く長い垣根の中ほどの位置で、右手(南)へ降りて行く道が分かれており、この方向にわずかに

15-4　「村野自邸」の屋敷林とその東側にある溜池

下るとすぐ左に、先に詳しく触れた「長谷部鋭吉邸」の屋敷門がある。しかし今はそちらへは降りて行かず、同じ道に戻ってさらに東に向かう。今度は道の右側にも、ほぼ同じような高さに刈り込まれた「長谷部自邸」の生籬が現れてくる。この左右両側の垣根に導かれて、両家の敷地の東端にいたると、前方の視界が開けて、正面に溜池や田畑や家屋が見える四辻に出る。それまで左側にずっと続いていた「村野自邸」の生籬が、この四辻の角で円弧を描いて回り込み、今度は北の方に向かい、「村野自邸」の広大な敷地の東縁に沿って山手の方へ、さらに七〇mほども続いているのが見え、ここでも生籬の上には、杉や松や椎などの高い木立が並んで立っている(15-3)。四辻の一角を、かつて農業用の用水池だったと思われる三角形の澱んだ水を溜めた灌漑《かんがい》池があり、そのさらに奥にある住宅には大和棟風の急勾配の屋根が生垣の背後に一段高く立ち上がっている。

　この溜池のほとりあたりまで歩き、そこでこれまで自分が歩いてきた方を振り返り、「村野自邸」を包み込んでいる背の高い杉を主体にした屋敷林の緑の塊を眺めるが、やはりこの角度からも建物の姿は、屏風のように立ち並ぶ並木に遮られ、うっすらとしたシルエットでそれらしい輪郭を垣間見ることしかできない(15-4)。戦後もしばらく経って、一般の住宅がこの周辺にも立ち並ぶようになった後では、そのような光景はなくなったと思えるが、少なくとも戦前と戦後すぐの時点では、この溜池の位置に立って西南方向を見ると、正面に「村野自邸」、その左手坂下に「長谷部自邸」がそれぞれ位置していて、たがいの屋敷林の緑塊が、先ほど歩いてきた細い道路を挟んで、南下りの斜面の上下に呼応するように連続

しているのが見えたはずである。長谷部と村野は、日本版の田園的郊外住宅地《ガーデン・サバーブ》を、他の阪神間の住宅地などに倣って秘かにこの地に実現しようとしていたと見ることができる。

アプローチの美学

村野が建築設計上で見せる一つの重要な傾向として、これまでの論考の中でくり返し注目してきたのは、彼が自分の設計する建物が、人の目に直接曝《さら》されて、しかもその姿や形が、建物の所有者もしくは利用者としてこれに向かう人々を図らずも委縮させたり圧倒《オーヴァウェルム》したりすることを、設計者としていつも畏《おそ》れ、そうした事態が自分の作品に生起しないように、さまざまな手立てを講じてきた形跡がある、という点であった。ところで村野は、河内の在から移築していた一棟の民家を、「私の作品」とするために、さまざまな苦労を重ねたことについては自ら書いていたが、彼は自邸の外部形態において最も畏れていた事態もまた、同じ問題であったように見受けられるのは非常に興味深いところである。というのも譲り受けてきた河内の隠居家が、豪農の屋敷の中の別棟として建っていた時にはさほどでもなかったが、周囲にあまり大きな建物もない宝塚郊外の田園地帯に建つ建物として再構築されたとなると、かなり大きく目立つ存在になってしまうのは、当然予想されることであったからだ。そこで村野が取った直接的な解決策は、建物を敷地の中央部に、つまりこの家へのアクセスである南側の前面道路からできるだけ奥まった位置に、建物の方向をわずかに東に振って建て、その周囲を庭で囲み、敷地の全体の輪郭を、高木の樹木の列で隠してぼかす、という単純だが効果的な方法であった。

しかしたとえそのような方法を取ったとしても、江戸時代の武家屋敷の場合のように、正門や長屋門から、軸線上をまっすぐに突き進んだ先に唐破風を掛けた玄関がある、といった《様式》的には定番といえるアプローチを採用することは、村野の《美学》からは決して許される方法とはいえなかった。そこで村野は、泉岡宗助流の、「門戸を張るな」、「玄関を大きくするな」という、町人の町家や屋敷の構成法に流れを酌む《美学》をここでも参照することになる。村野は「自邸」のアプローチをデザインする際にも、彼が大正中期に大阪に来て以来、関西の、特に京都あたりで実際に目にしてきた建築の中の、江戸期以来の数寄屋建築の伝統の中で育まれてきた、茶室へと客を誘導する〈露地庭〉の構成と空間をいわば〝本歌〟として取り、自分の家の、道路から玄関へといたるアプローチ空間としてそれを組みかえて構成したのである。

「自然の環境に恵まれた広い敷地の南に道路があり、東南よりまことに簡素な門を入って玄関に達する。このアプローチの間に小さい流れがある」と浦辺鎮太郎は、「村野自邸」の玄関へのアプローチについて、雑誌上で短く端的に描出しているが、これからしばらくはもう少し詳細に「村野自邸」の前面道路から「玄関」へと向かうこのアプローチ空間の展開を再現し、その上をゆっくりと観察しながら歩き、そこに村野が繰り広げていた、「村野自邸」への建築的〝前奏曲〟の構成を、楽譜を音符で辿るように精査していこうと考える。なぜなら、そこには村野が建築家として、その生涯をかけて追及してきたともいえる、人間と建築と、そのまわりの自然的環境との〝出会い〟の理想的なあり方についての、一つの提案、もしくは究極的な演出が見出せるように思われるからである。

玄関へと向かう

先ほど駅がある西の方から歩いて来た時に、東西に走る狭い道路に並行する「村野自邸」の生籬が、敷地の境界線に沿って上端と道側をきれいに切り揃えて伸びているのを見たが、その東端にある例の四辻(15-3参照)から、一〇mほどもと(西)に戻った所に、その連続する生籬とその下の石垣を、内法で一・五m(五尺)ほどの間口で切り開き、その両端の石垣と生籬の列を、奥の方へ直角に折り込むようにしている場所があり、その垣根を切った後の奥へ向かう空間が、「村野自邸」の敷地内への南側公道からの唯一の導入路のはじまりとなっている。この導入路では、道路と同じレヴェルで〇・五mほど奥へ引込まれ、そこから三段の低い石段を上がったところで、両側に黒い庭土を残したまま、その真ん中に明るい川砂敷きの道が奥の方へと向かっている(15-5)。この周辺には表札のようなものもなく、また門構えといったものも一切見られず、ただ単に生籬の列を幅狭く切り開いただけの凹所として見える。しかしこの凹所こそ、外からやってきた訪問者たちが、「村野自邸」の屋敷に最初に足を踏み入れた、記念すべき最初のエントランス部分なのであるが、このなんとも言えぬほど散文的なさりげなさは一体なぜなのかと、そこに足を踏み入れるたびに客は考えずにはいられない。

道路に連続して半ば公に開かれているようにも見えなくもないこのアルコーブ風の小道を、奥へほんの数歩、距離にして五mも歩くと、前方には左側の垣根が再び鉤型に折れてそのまま前へ進むのを塞いでおり、行止まりになっているように見える。この角で体を回し、今自分が来た背後の方向へ振り返って見ると、両サイドの生籬に左右の視界を区切

15-5　公道からの「村野自邸」へのアプローチのはじまり

15-6　道路からの導入部分を15-7の地点から振り返る

15-7　最初の鉤形の屈折点

られた間に、明るい陽差しに照らされた道路が横切り、その奥に「長谷部自邸」の低い生籬が見える(15-6、15-7)。この短い引込路の上には、モミジなどの木の枝葉がアーチ状に覆って小道に影を落とし、地面を薄暗くしている。自動車での送り迎えがまだなかった戦後すぐのころの村野が、毎朝家を出て駅に向かう時に、このアーチ状の樹葉の下のフレームの中に、村野がここに住む直接の動機になったという「長谷部先生」の家の庭木や屋根などが、まぶしい朝の光に浮かぶ様子を目撃していたに違いないが、村野はそうした光景に毎日力づけられるようにして、元気に阿倍野の事務所へ出かけて行ったのだろうか。

さて、「村野自邸」への訪問者はこの位置から、前の垣根に導かれて右に直角に折れてさらに進むことになるが、再び五mほど歩いた先の正面には、植木を絡ませている背の低い竹の格子垣があり、表の道路から一〇mほどの奥行きを持つ砂敷きのアプローチは、ここでとりあえず行止まりになっている。この導入路を仕切る左右前後の生籬の様子をよく見ると、街路面ほど植物が稠密に植え込まれてはおらず、また植木も直線的平面的にきっちりと刈り込まれているわけでもない。ここでの植木は、竹格子の前後に絡ませるように植えたコウヤマキやサザンカ、あるいはアオキなどに代わっており、垣の表面の当りもやや透けた柔らかなものになり、その奥にある庭の木立や植木などを、訪問者に垣根越しにそれとなく見せようとするような配慮が感じられる。つまり、「今あなたがいるこの場所は、過酷な現実が支配する外部(街路)空間でも、また純粋に家庭的な内部(屋敷内)空間でもない」、いわばその間の「中間的な領域《グレイ・ゾーン》」で、街路に面している生垣が持つ植物にしてはやや硬質な肌理の世界から、ここにあるようなより和らげられた垣根が囲む空間に変換させて迎えているのだ、と客に告げているような気がする。いい換えれば屋敷内にあるごく私的な空間に招き入れる前に、このさりげない短いチューブ状の空間を人が潜りぬけることによって、外の日常的な塵を洗い流すための、いわば心理的〝シャワー〟を浴びせようとする路地だ、という設定だとも言えるだろう。逆にいえば村野をはじめ村野家の人々が出て行く時には、ここを通り抜けて一歩外に出れば、そこは公の、楽しいこともあれば、時には過酷な試練を齎す世界でもあり、いずれにせよ十分心して出て行けよ、と気を引締めさせるような緩衝帯《バッファー・ゾーン》でもあった。

鉤型に曲がったところから先(東)の路地は、両側の垣の間口が三m近くに広がっているが、植木がその前に植え込まれているせいか、空間的な弛緩《しかん》はあまり感じさせない。突当たりにある垣根の左手入隅のわずかな手前、つまりは左(北)側にある垣根の先端部に、半ば垣に隠れるような姿をして置かれた、「村野自邸」の「門」を〝発見〟する(15-8)。しかし「門」ではあるものの、敷地が千坪を優に超えるような、普通にいえば〝大邸宅〟であるはずの家の正門と呼ぶのは、いささか憚られるような、やや失礼な言い方を許されるなら、「裏木戸」とか「通用門」といった呼び方が似つかわしいような、驚くほど質素で簡略な門構えである。傍《そば》に寄り、右側の門柱の上部に、「村野」と直筆らしい筆跡で墨書された、これもまた素朴な木の表札が打ちつけられているのを見て、初めて訪れる者は、ここが間違いなく「村野自邸」への「正(式な)門」であることをようやく確認して安堵する。その右側の門柱の中ほどの右には、木箱で何の変哲もない黒塗の郵便受けが取り付けられている。家人や使用人がここまで新聞や郵便を取りに出てくるのだろう。

15-8　門と枝折戸

15-9　門柱と邸内への延段

「門」の構成としては、雨水を溜めないように天辺を尖らせた細い丸太の門柱が、左右四尺ほどの間隔で二本立ち、掘立柱と思しき脚元には礎石風に石が周りに巻かれて柱を固定している。門柱に支持されて、吹寄せの細竹を粗く格子に組んだ両開きの簀戸《すど》が取付けられていて、来客の予定がない時はいつも閉じられているが、警備上の効果はおそらく全く期待できない種類の門である(15-9)。ひと言でいえば、「村野自邸」の〈内〉と〈外〉の間を仕切る〈結界〉装置だと考えた方がわかりがいい。この「門」の風情は、まさに〈侘び〉の風趣そのものといってよく、どこかの茶席へと誘《いざな》う内露地の前に立つ「中門」のデザインとして似合いそうな雰囲気に包まれており、その意味では泉岡宗助がいう「門戸を張るな」という和風建築のデザインにおける、あの第一番目の戒めへの、村野の究極的な返答であったといえるだろう。また隣家の「長谷部自邸」について書いた大正末期の雑誌記者のいう、その家の「二本の丸太を突き立てた簡素な門」が、「村野自邸」の門に少なからず影響した結果としてこの門がデザインされたとも考えることができよう。

「ルーズベルト」の家の門標

ただこの「村野自邸」の門構えの由来については、珍しく村野自身による次のような解説が残されている。

「私のうち[家]の入口の所、何もやってない木の棒を二つ立てて、竹格子の門ね、これにはいわれがある。昔若いころ、私[は]アメリカに行って、ニューヨーク郊外のロングアイランドに、[セオドール・]ルーズベルトのうちを見に行ったことがある。日露戦争の時のポーツマス条約の仲介をした[方の]ルーズベルト、そのうちを見に行ったことがある。その時にね、とにかく大統領ともある人の――まだ未亡人が住んでいる――うちならば、さぞかし立派なうちだろうと私は考えた。ところがね、門のところに棒がひとつ立ててあって、そこに牛乳びんの箱がひとつ下げてあった。実にもう私は驚きましたよ。これが印象に残って、拙宅の門は爾来《じらい》棒が二つ立って、竹格子にしてるのはそこに[由来が]あるのです。元はルーズベルトの家を見てから印象を受けてね。ああ、これで結構だという、本当に私は非常な感銘を受けた・・・」(9)

村野がここでいう、「昔若い頃」の訪米とは、当然戦前の旅行のことだが、渡辺節の事務所時代の一九二二(大正十一)年の時の渡米か、独立直後の一九三〇(昭和五)年の欧米旅行の時のことか、聞きそびれてしまったが、この話の中の「ルーズベルト」が、第二次世界大戦中の米国大統領として日本と戦い、また例の「ニューディール政策」を打ち出したことでも知られるフランクリン・ローズベルト(1882-1945)のことではなく、日露戦争を調停したことで日本人にも当時親しまれていたセオドール・ローズベルト(1858-1919)のことであり、ちょうど彼がまだ亡くなったばかりの頃で、世間で話題になっていたという意味では、おそらく最初のアメリカ旅行(大正十年)の時ではなかったかと推測される。この時の広い敷地の邸宅の、道路に近い位置に、棒を一本立てて、その上に牛乳瓶用の木箱を打ち付けただけのローズベルト邸の門標は、関西の財界人を中心とした資産家たちの住宅なども渡辺節の下で手掛けはじめていた、当時三一歳の若き村野藤吾の目には、その簡素さ故に、強烈な刺激と印象を与えるに十分なものがあったと彼自身回顧しているのである。いい換えれば、その門標の姿から、彼は〈建築〉というものの、都市や田園に対する基本的なあり方といったものを悟ったということができるかもしれない。

さて私たちは、村野自身が「枝折戸《しおりど》」とあえて呼び、その鄙《ひな》びた言葉の響きを自分で楽しんでいた様子のうかがえる、竹格子の簀戸《すど》を二枚つけた二本の「木の棒」の間を抜けて、いよいよ「村野自邸」の屋敷の内側へ入っていく。木戸門の向こう側の地面には、細い帯状の氷割れ敷の石畳の道、いわゆる「延段《のべだん》」が、まっすぐに五m(一五尺)ほど奥に伸びており、そこで再びL字形に右(東)に折れて、さらに三m(一〇尺)ほどそれが続いたところで延段の石敷道は終わっている(15-10)。延段のすぐ両脇には、ほとんど地面すれすれの低さで、杭に棕櫚縄で括りつけられた丸竹が、向こう側の庭と延段の間を縁取り仕切っている。門を過ぎ、延段がL字に折れている入隅部の地点まで歩を進めて、周りを見回すと、周囲に立っている背の高い杉や松などの太かったり細かったりする幹の上昇線が文字通り林立して、シルエット状に縞模様を生み出し、来訪者を控え目な衛兵たちのように取り巻いている。ていねいに枝打ちされて真直ぐに伸びた木々が、かなり高い位置でようやく枝葉を広げて厚く重なっており、そのために地面近くに植え込まれた椿などの低木には、少しの木漏れ日しか落ちてこず、深い森の中に迷い込んだようなうす暗さがこのあたりには漂っている。初めてそこを訪れた人なら、その内奥的な空間に包まれて、その奥にある住世界に期待を抱くと同時に、心せよ、と促されているような気がして、軽い不安を感じるかもしれない。これもまた村野が仕掛けた、一種の〝通過儀礼〟のための区域であったといえるだろう。ここでも先にしたように後方を振り返り、木戸門の方を見返すと、門の奥の突き当たりの樹木の塊が、南からの光を逆光で受けて明るく葉を輝かせており、村野や村野家の家人に対して、まだ見えないがこれから出て行こうとする外の世界の気分を、その明るさの中に陽気に予告していたようにも思えてくる。(15-11、15-12)

15-10　鉤形に折れる延段

のどかな野の道から険しい山の道へ

石敷きの延段の先端から、その先にある庭土の上に足を踏み出し、再び体を、玄関があると思える北の方向に向け直すと、目の前の左右には、二本の赤松が門柱に見立てられたかのような姿で立ち、その間を幅が半間ほどの、細長く明るい色合いの敷物のように、粗い川砂を踏み固めて敷き、苔が覆っている左右の庭土との間に、不規則に小石を並べて縁取った細い道が、奥に向かって伸びている(15-13)。ここでも杉や檜の幹の列に両側を挟まれてはいるが、道そのものは先ほどまでのように直線的ではなく、緩く柔らかで自然な曲線を描いており、高木の列が切れた先で、モミジなど雑木の葉が、斜め上(南)からの陽光に照らされて明るく輝いているのが見えて、なぜか救われる思いがする。表の道路からこの位置まで、角を鉤型に曲がることを四回くり返してきたこれまでの道程は、歩いた距離が約二〇m。実際に移動した平面上の位置は、公道に面した垣根の切れ口を起点として、北へ一二m、東へ六mほど移動したに過ぎないが、しかし実際に

15-11　庭の内側から門の方向を見返す

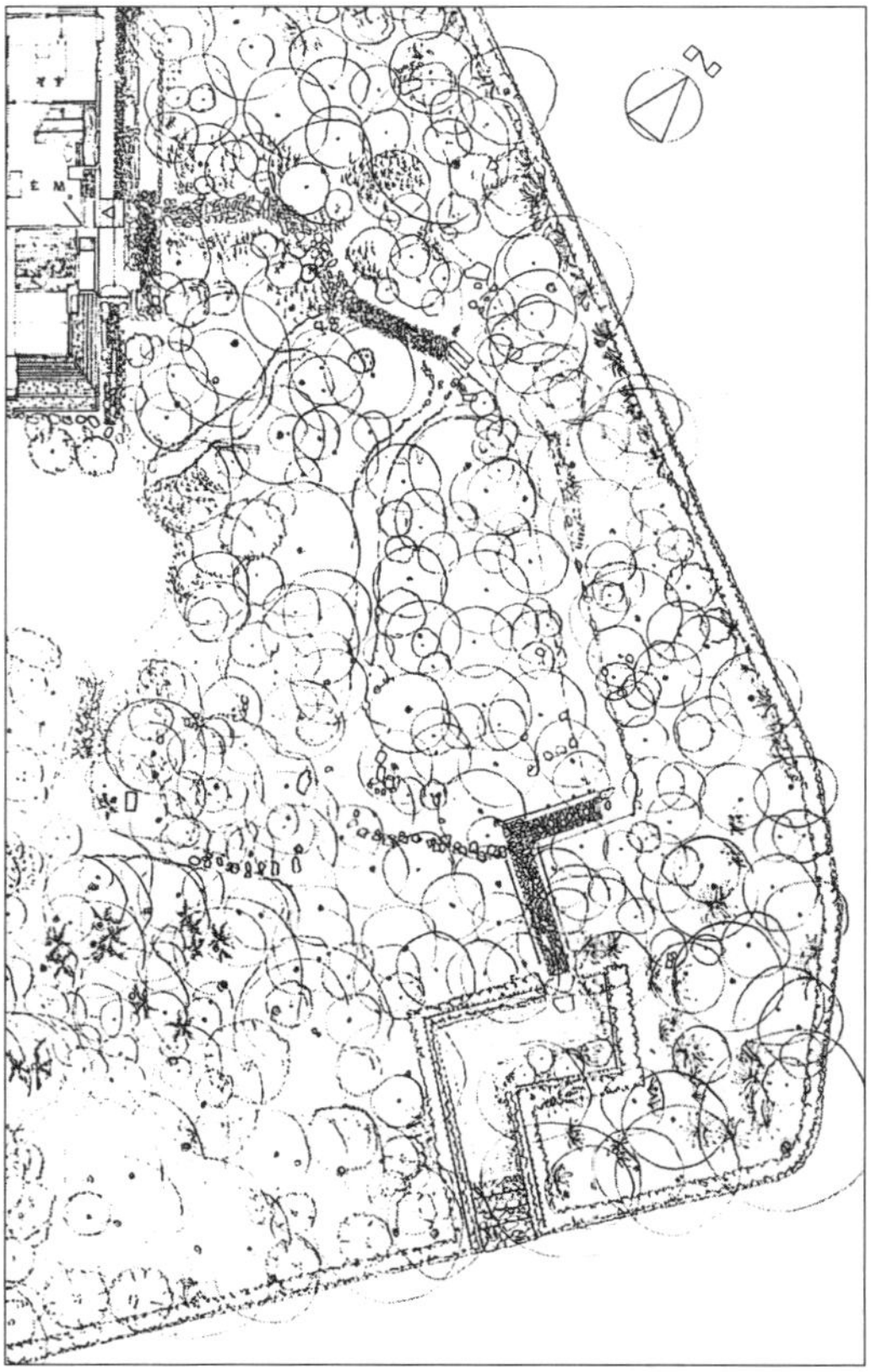

15-12　「村野自邸」、門から玄関へのアプローチの実測図面(部分)

ここへ歩いてきた訪問客の気持からすると、前進や屈折をくり返した末に、ずいぶん遠く深いところにまで入ってきたというような感慨に思わず襲われずにはいられないはずである。今自分はようやく平らな野の中の、林の間を抜ける道を見つけ出してほっとしている、というような想いに一瞬とりつかれるのだ。表の道からここまでは、生垣や路面の構成も、基本的には〈直線と直角〉を原則として組み立てられた路地であり、どこかに硬く険《けわ》しいものを秘めていた道であったが、この位置に立って前にしている道は、周りを杉木立に囲まれているのは同じだが、先ほどまでの幾何学的な規矩から完全に解放され、一転して、文字通りに自然な〈野山の道〉である。そこを歩く者の身体を長い縛めから徐々に解き放っていって周りの環境に馴染ませ溶け込ませ、それと一体化させていく。優しい表情を常に見せながらも、どこか防御的で頑に見えた「村野自邸」も、ここまで入ってくると、まさしく「貴方の身体は内側に入った」と告げられているような、ある種の感動を体験するのである。(15-14)

15-13　玄関へ向かう〈野山の道〉

15-14　〈道〉を逆に振り返る

　この〈野山の道〉を一五mほども奥へ進んだところで、道は左に緩く湾曲しはじめており、そこに細いせせらぎ風の枯流れの小川が、少し高い築山がある右手奥の植え込みの中から、左後方の庭の奥へと流れており、その空堀《からぼり》の上に、あやめに置いた四本の短い切石を渡した「石橋」が架けられている。この石橋がこの位置に置かれているのは、庭に雨が降った時にこのアプローチが水浸しになったりして歩きにくくならないための排水上の工夫としてや、あるいは単に修景上のエレメントとしてあるだけではなく、村野が演出する、見事なシークエンスを構成して玄関へと向かう〈管《チューブ》〉状空間の中に差し込まれた、一つの〈結界〉標識としての意味があったと思われる。ここまでの、しばらくのどかで柔和で伸びやかであった〈野山の中の道〉がこの地点で終わって、橋を挟んだその先には、また別な、やや激しく険しい空間的〝楽章〟が始まろうとしていることを、あらかじめ告げようとする役目も、この小さな「石橋」には与えられている。(15-15、15-16)

　石橋の手前で柔らかな砂敷の道は終わりを告げ、橋を超え

15-15　空堀に架かる石橋とその奥の〈山の道〉

15-16　玄関への〈道〉を登る

たすぐ先から大小さまざまな平らな自然石を乱敷にした、これまでのものとはまた違った風合いの延段が始まっている。両側にあるクマザサ、ツツジ、アオキなどといった下草や植木に半分埋もれたようなかなりワイルドな感じの道が、緩く上昇する築山の斜面を奥の方へと上昇しはじめている。三mほど歩いた先で低い段を成している場所を上ると、そこからはさらに粗く大きな丸石を組んだ延段に変わり、最も高い位置の先端で道が左(西)へ大きく曲り、正面に姿を現した「村野自邸」の玄関の方へ向かって今度はわずかに下っている(15-12参照)。玄関に近づくための〝最終楽章〟としてのこの〈山の道〉は、さほど急ではないにしても基本的に登り坂で、どこかに荒々しさといったものを漂わせている小道である。この細く短い坂道は、自然の丸石の荒い石肌が足下で感じさせる、デコボコし、またゴツゴツした路面の生みだす感触と、両側から遠慮なく突きだすように差し出したままにした庭木の枝葉や下草や、さらにはまた真上で空を軽く覆うようにしているモミジなどの落葉樹の重なりの中で、来訪者や帰宅者の心を試し、ちょっとした試練を与える中で、逆に期待感を高めるように仕組まれているようにも見える。先の平坦で、平和な〈野山の道〉と比べれば、まさに険しい山岳地帯にある〈岩山の道〉といった風情がそこにはあり、「村野自邸」へといたるための多彩な〝序曲〟の、最終節を飾るにふさわしい転換の激しさを感じ取らせるように〈チューブ〉の内側が構成されている。

「村野自邸」のすぐ近くに、「清荒神清澄寺」があることはこれまでたびたび触れてきたが、そこに戦後附設された明治大正期を代表する文人画家、冨岡鉄斎の美術館があることは一部ではよく知られている。また村野自身も長谷部とともに、一時京都の文人画家から、「南画」、つまり文人画を習っていたという事実などから連想するとすれば、私たちがこれまで詳しく見てきた村野自邸のアプローチ空間の構成には、鉄斎などの文人画家たちが描いてきた、山水画の空間からの影響があったかもしれないなどとも考える。山水画の登場人物、たとえば一人の仙人が、規矩《きく》準縄《じゅんじょう》の支配する巷や里を離れ、野を抜け、山にいたり、やがて険しく細い道を辿《たど》って上に登り続け、ついに山腹の岩塊に隠れるように建っている鄙びた棲み家にいたり、そこで孤独に生き修行に励む・・・、というような掛軸の中に展開されている濃密な物語の時空の流れを、村野は、そのアプローチの変転し屈折する〈チューブ〉状空間の展開の中で、私たちに体験させようとして、このような構成を用意したということであったかもしれない。いずれにせよ「村野自邸」への入口である、公道に面した生垣の切れ目から、奥の玄関にいたるまでの直線距離にして約三六mを、村野は、屈折をくり返す一種の露地として演出することによって、約四五mの距離に引きのばし、山水画の世界が、人でざわめく巷の世界から雲海のかなたの隠棲の場所への経路を描き出しているように、「村野自邸」という一つの別世界へと導入し転換していく見事な道筋を実現して見せたのである。

玄関前を延段が横切る

「村野自邸」の、白漆喰を塗った妻側の壁面と、その下に村野が「大きな穴を開けて」作ったと書いていた「入口」、つまりこの家の「玄関」が、ここまでくると木の間越しにではあるがようやく訪問者の目に姿を現しはじめている(15-17)。玄関に入る前に、〝村野自邸序曲〟のいわば最終の楽節である〈山岳の道〉の頂部にしばし立ち止まり、河内から運ばれてきた民家の原形の輪郭を比較的よく残していると思われるこの大きな妻壁を見上げてみることにしよう(15-18)。大屋根の軒下にわずかに突き出ている棟桁や母屋《もや》なども含めて、全体を白い漆喰で塗込めた切妻面からわかるのは、たしかに建物は平屋であるが、棟高は一般の住宅の優に三階分ほどの高さがある。上を覆う大屋根の真下あたりに、横一文字に付けた軒庇の下に、ガラリの雨戸付きの間口一間ほどのガラス戸入りの開口部が開けられている。この窓の奥には、村野が河内で老夫婦の婚礼時の「駕籠」が置いてあったと書いていた、大きな「屋根裏部屋」が小屋組をむき出しにした状態で再現されており、その室内へ東からの明かりを取るため、この開口部が切られていることを教えている。広い東側妻壁の一階部分に

15-17　玄関に近づく〈山の道〉の終端

15-18　切妻屋根と妻壁の中の2階(屋根裏)窓を仰ぐ

15-19　玄関前の階段とその上の玄関扉。階段前に建物と並行して茶席への延段

は全面に下屋が付けられ、差掛けの片流れの瓦屋根が降りていて、その軒下の白い漆喰壁の一部が間口二間余り切り開かれ、そこが「玄関」部分のアルコーヴと、他に玄関脇の開口部となっている。(15-19)

〈山の道〉を抜けて玄関前の飛石の上に立つと、玄関扉の前に、切石を横に二本ずつ並べて段にした石段があり、玄関扉前の最上段には、長さが一間もある一本石が使われて玄関テラスの舗石としている。この石段を前にして、自分が今立っている足下を見下ろすと、短冊敷と氷割敷を合わせ、侘びた美しい石模様を浮かべた延段が、左右(南北)方向に続いており、左(南)側の先端には、細竹を透かし格子に組んだ袖垣があり、人の視線をそこでいったん仕切って止めている。この小道を右手に「村野自邸」東側の下屋の漆喰塗の壁を見ながら袖垣の方に歩き、垣を回り込んでさらに南の方へ進んで行くと、村野自邸にある二つの茶室のうちの一つである「広間」の方の座敷が面している、南側の広く明るい庭園の中に出ることになる(15-20)。とりあえず庭の南端まで歩いて行き、振り返って北側にある主屋の方を見上げると、切妻の大屋根がかなり急な勾配でこちらへ下ってきており、その大棟の西側には、煉瓦積の暖炉用煙突が棟を跨ぐように立ち上がり(後に煙突は棟の西端に移動)、また屋根の軒先周りを錣庇《しころびさし》風に下屋根が取り巻いていて、全体として、村野がかつて河内で見たはずの、解体前の民家の大方のアウトラインや、風格といったものを的確に伝えている。さらに竣工時から一九五〇年代後半までは、主屋の西南部の庭の中に、西にずらした状態で出隅を連結し、「別棟」で藁葺の「寝室棟」が建てられており、いわば庭園の点景物として、屋根の材質感などから鄙びた風情が醸し出され、隣の「長谷部自邸」の主屋の田舎家風の屋根にそれを呼応させていた(15-21)。しかしこの「別棟」は、主屋の座敷

15-20　主屋を南側の庭園から見上げる

の方からの西側方向への庭の眺めと、西からの午後の陽光を冬期などに早々と塞いで、庭をやや狭苦しく、うす暗いものに感じさせる嫌いがあったと村野はいい、戦後の一九五七年に大きく増改築した際に、先述のように、この「別棟」を撤去して同じ敷地内の別の場所に移し、自分たちのための新たな「寝室棟」を、主屋の西側に直結して新築したことによって、主屋の座敷や居間・食堂から見る庭園の広がりは前より倍増し、これらの諸室が一日中差し込む明るい陽光を受け取ることができるようになったという。(15-22)

もとに戻り、主屋の南東隅に目をやると、「座敷」の外の出隅の庇下に合わせた、広い濡縁が取り付けられており、とくに東側では、南側より一段低く、竹の簀縁になっており、このあたりの軒下の構成は、金沢兼六園の「夕顔亭」の写したものともいわれている(15-23)。この濡縁は茶会時には「腰掛待合」として使うためのものらしく、ここで待機していた客は、茶席から呼ばれて席を立ち、一列に並んで玄関前を横切り、さらに北に伸びている延段の上を歩いて、主屋の東南の角まで進み、そこを回り込んで内露地に入った後、主屋の北東隅にある土庇下の式台に上がり、外付片引の躙戸《にじり》と紙張障子を開けて「躙口《にじりぐち》」から茶室内に参入する・・・というように、茶事の時の動線が見事に整えられている。この主屋の北東隅に位置する「小間」の茶室と、反対側の南東隅に位置する

15-21　戦後取り壊された別棟の寝室棟（取り壊し前）

15-22　増築後の庭の広がりと主屋の手前の新寝室棟

15-23　兼六園夕顔亭を模したという「村野自邸」広間の濡れ縁

「広間」の茶室については、家の中に入ってから、それぞれ詳細に観察することにしよう。

玄関の中

さて、これから玄関前の石段を上がり、テラスの脇壁に付けられた呼鈴のボタンを押して、「村野自邸」の屋内に入れてもらうことにしよう(15-24)。ドア前の平面で凹形に後退している玄関テラスの一番左側の位置に、木製の扉框を茶のラック仕上げにした玄関扉がある。この枠の中に中桟なしで一枚の厚板ガラスが入れられているが、この玄関扉として、透明なガラスを入れた理由は、村野によれば外から突然訪ねてきた客などを、家人が内側からしっかりと確認した後で開錠するのに都合が良いと考えたからだと説明をしていたはずだが、後にこのドアには、半分ほどの高さの腰板が入り、ガラス窓は上部だけに縮小されたのは、やはり実際の使用上もしくは警備上の、安全性や安心感を考慮した結果であったかもしれない。玄関ドアの横の壁には、どこかで〈和〉を意識させる漆黒に塗られた印象的な板壁が占めており、右上に埋込型の縦型の照明具が付けられている。テラスの右に迫出した形の外壁面には、低い窓台の上を軒下近くまで大きく開けた開口部があり、二本の角柱を入れ、その間に同じ太さの二本の間柱を立て、中間に幅の広い横桟を渡して全体を六分割し、

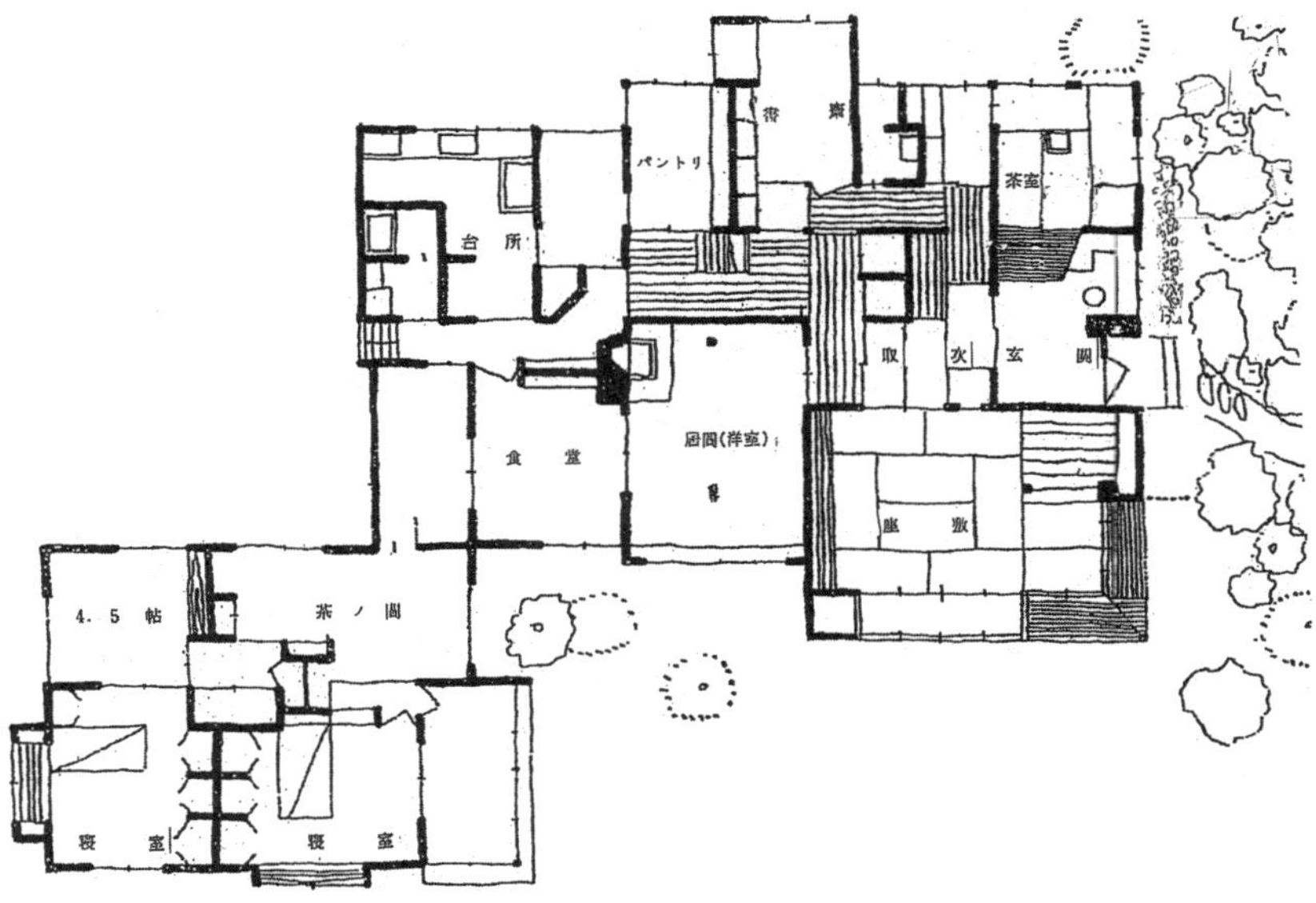

15-24　「村野自邸」、(初期)平面図。北側(上)の棟が主屋で河内より移築された部分。南側(下)の別棟は寝室棟として「茶ノ間」とともに新築された

その格子の間に透明な板ガラスを入れた野太い構成の窓があり、この窓の北側には、白い漆喰塗の簡潔な壁面が続いている。

玄関扉は、一九五四(昭和二九)年の雑誌に掲載されているプランでは、外開きになっているが、その後の五七年の新しい「寝室棟」の増築以後に公表されている図面では、玄関扉は内開きになっており、一九七〇年代前半に初めて「村野自邸」を訪ねた時には、たしか内開きになっていたと記憶している。ドアを開けてもらい招じ入れられた玄関の土間は、一面に細長い短冊型のタイルを明るい茶色と黒褐色のものを混ぜて貼り、目地を比較的太くとって緩やかな矢筈敷模様で貼り、意外に華やいだ調子に仕上げてある(15-25)。ドアを閉め、正面に向くと、すぐ前の土間に、御影石を研ぎ出し角を大きく面取りした、見付け半間ほどの低い靴脱石が埋め込まれている。それを前にして、両側を漆喰塗の袖壁の向こう側に引き込める二枚の引き違い障子が入った、間口一間の上り口が設けられ、奥に取次が続いている。この障子は、一見モンドリアンの幾何学的な抽象絵画を思い出させるようなパターンを表面に備えていることでよく知られており、そのパターンは、障子の桟の上に両側から紙を張って、いわば変形の太鼓張りにし、普通には紙を貼った側からは見えない、桟が交差したり横断したりする様子の一部を、張り紙側からも見えるように工夫したものである。この障子で村野は、吹寄格子の組子をもつ障子の中の、縦横一組の組子は裏側から紙を張り、十字形にクロスした細いスリットを玄関土間側に見せ、いつも

15-25　玄関内部のタイル貼

15-26　玄関、両面貼りの障子と靴脱石

15-27　玄関天井と装飾のある欄間風幕板

は平坦で無表情なものに見える紙を貼った外側の障子面に溝を彫り込んだような形にして、意外な立体感と表現性を与えることに成功している(15－26)。この玄関上がり口の鴨居や、両側の脇壁の上には、通しで杉柾目板の欄間が渡されており、欄間板の所々に松の模様の小さな透かしが入れられ、板面の単調さを救っていると同時に、客の心を和ます装飾となっている(15－27)。さらにこの欄間の上、つまり玄関土間と取次の間を吹き抜いた天井には、いかにもこの建物が、民家を移築することによってできたものであること教えようとするかのように、入隅にある火打梁などの他に、弁柄に墨汁を混ぜて黒く塗って漆仕上げにした梁と根太が見え、その上は白い天井板を乗せた上裏天井になっている。これにより奥行き一間、間口一・五間ほどの広さの玄関土間の空間を、障子の向こうの「取次」方向へのより奥行きのある空間に感じさせている。

「小間」の茶室

モンドリアン風の障子を前にした状態から、体を右へ回して前に目をやると、正面中央に、両側に黒く塗られた化粧梁を受けた一本の通柱が立っている。その柱の右側には、やはりこれもかつての民家の古材を利用した、味のある厚く幅広の肥松《やにまつ》の床《ゆか》板が張られ、その間に細い竹を挟んで並べ、透明な漆で艶やかに仕上げた「式台」がある(15－28)。その右(東)側には、先ほど外からも見た、角柱を格子に構成した大きな窓があり、その太い格子模様と、その間の吹寄の細い竪桟と、その下部に掛けられた、繊細で美しい松葉模様を描き出している腰障子が、外の光を受けてそれぞれ心地よいシルエットを生み出している(15－29)。この窓の手前の明るい色の三和土《たたき》の中に、靴脱石にも見えるが、おそらく茶事の際にそこに「内蹲踞《つくばい》」を置くためとも考えられる、上面を平に磨いた石が据えられている。式台がなぜこの位置に隠れているかといえば、正面奥の二枚の襖の向こう側に作られている「小間」の茶席へ招かれた客の位が、茶席に入る時に躙口を潜らせるのが憚られるような、「貴人」の上がり口として設定されていたと考えられる。「貴人」と目された客はこの式台に上がり、続いて一段高い畳敷(創建時は板敷か)の「取次」へと進み、そこで右に向いて引違いで立てた「貴人口《きにんぐち》」の襖を引いて、茶席に入って貴人畳に座すという、躙口とは別の、もう一つの茶席への動線がここに設定されていたのだろう。そこでこの貴人口を通り、「小間」の茶室の内部を拝見することにする。

茶席は、「四畳半」の広さがあるが、ここからは浦辺リポートの平面図ではなく、後に実際に見た「四畳半」の記憶に基づいて書くことにする。貴人口の襖を背にしてすぐの畳に座り、全体にうす暗い四囲の壁をまず見まわしていく。左手の壁に「床《とこ》」があり、その前に「貴人座」と思しき畳が敷かれている。この反対側の東の壁には、一間の連子窓に二枚の引違障子が入れられている。左手に見える「村野自邸」四畳半の小間の茶室の「床《とこ》」は、実は西側に立つ部屋の壁そのものであり、「織部床」などと呼ばれる〈壁床〉形式に倣った簡易な床である。壁とその上の天井との間に北山杉磨丸太の廻り縁があり、その丸太の下部に軸掛釘が一本打ってあるのは、そこに軸をかけるか、あるいは聚楽の壁の真中に打ってある花釘に花を活けるかの、見るからに簡素な侘びた床構えである。また客座の正面、北側の壁には、部屋の右隅の障子の向こう側に先ほど外側から近付いた「躙口」が穿たれ、普通客たちはここを潜って茶席の人となる。躙口の左手に、亭主が客のために点前をする「点前座」の畳一枚があり、その点前座の後方(西側)には、亭主が出入する「給仕口」が設けられている(15-30)。給仕口は、壁床の右端を、壁に埋め込んだ丸竹で縦に仕切り、残りの幅半間の壁に、間口二尺の櫛形火頭の出入口を切り、水屋側に引襖が入れられて開け閉めさせている。この給仕口を出ると畳敷の廊下の向こう正面に水場があり、その上に構成派風の立体彫刻を思わせる、垂直・水平な線と面で構成された棚がある。茶室に戻ると、点前座と躙口側の畳との間の、壁から一尺ほど内の位置に、粗くなぐりをかけられ、たくさんの節目をもつ档《あて》の、侘びてはいるがどこか華のある姿に味がある「中柱」が立っている。この中柱は点前座の上で、点前座と客座を仕切る目的で渡された一間半の釿《ちょうな》仕上げの化粧桁を支持しており、その桁の上に、茶室の厚い天

15-28　玄関の北側にある茶室の式台

15-29　玄関の東側にある窓と装飾

15-30　小間の茶室の中柱と右隅の障子の向こうに躙口

井板（と同時に屋根裏の床《ゆか》）の下に野太い梁を思わせる「根太」が乗っていて、この中柱が茶室全体の構造の意匠上の要として、空間を引締め集約する象徴的な役割を果たしていたことがわかる。

　この中柱と北側の壁の上部の間に、織田有楽の「如庵」の点前座の前の円弧《アーチ》に抜いた板壁に倣ったか、板の下端が円弧を描いている屋久杉の幕板が飛ばされ、下部の同じ杉の腰板とともに風呂先の開放的な開口を構成しつつ、躙口との間を間仕切っている。その仕切りの手前隅には、いかにも村野好みと思われる、落天井から吊り下げて構成した白竹と赤杉板を組み合わせた華奢な吊棚が付けられ、また点前座の右勝手に出炉が切られている。北側の壁自体の構成は、中柱を前方に置いたその背後に、躙口と点前座の壁を通して、上側に連子窓が開けられ内側に二枚の引違障子が入り、またその下の躙口とその戸袋の内側にも、上と同じように中桟を一本入れたほぼ正方形の片引障子が入り、さらに点前座の真横の壁には掛障子で隠した明り取りの下地窓がある。これらの障子は、点前座脇のいわゆる「色紙窓」を形成し、茶室の北側の壁を抽象的で平面的な障子の組子や枠の格子模様が覆う形になっていて軽快で心地よい。

　村野が自分の数寄屋の手法の粋を尽くしてデザインしたと思われる、こうした茶席を囲む壁面の軽快で華奢な構成がこの茶室を支配している一方で、茶室に集い、そこに座して周りを見回す人たちが、薄闇に次第に慣れてきた目の中で発見して一様に驚くのが、茶席の上を覆っている天井面の様子ではなかっただろうか。ここの天井面には普通一般の小間の茶室によく見られるような、繊細な棹縁天井も、掛込天井も見いだすことができない。そこにあるのは、なんとも豪快というべきか唐突というべきか、古い杉丸太の梁にも見えるような文字通りに野太い「根太」が、貴人口のある壁の上から、中柱の上の化粧桁へ、畳面から八尺たらずの高さで渡されており、特にこの内の中柱に近い桁上にある、面皮付の丸太は、わずか一間ほどの梁間を渡すには明らかに場違いとも言えるほどの断面の大きさを持ちながらも、悪びれることもなく堂々と頭上を飛んでいる(15-31)。おそらく日本中の数寄屋の茶室を探しても、これほどごつい天井の構成を持つ茶席には、多分滅多にお目にかかれないだろう。村野はこれによって、この茶室が造作された部分もまた、かつては河内の民家の一部として機能していた場所(牛などの家畜を繋いでいた場所だったとも伝えられる)であり、そのヴァナキュラーな空間を支えるために、これほども太く逞しい部材が使われていたのだ、という事実を、自分が設えた茶室に集う平和な時代の客人たちに、ひと飛びに想い到らせようとしていたともいえる。同時にこの場所が、近代の構造学的な〈美学〉を身に備えた設計者がデザインした茶室であることも、村野は問わず語りに告げようとしていたのかもしれない。村野藤吾という建築家の身体の中に潜む、日頃あまり人に気付かれることのない、心の中の荒々しさとか、雄々しさとか、あるいはある種のふてぶてしさといったものを、その露出させた丸太の梁のなかに、見出すことができるような気がしてならない。

15-31　茶室の天井と梁

取次からの居間、水屋への動線の魔術

再び玄関土間の上に戻り、今度はこの住宅の中心部分を成す「居間」や「食堂」がある主屋の中心部を訪ねるために、例の〝モンドリアン障子〟を開けて、続く「取次の間」に上がらせてもらうことにする(15-32)。障子の向こう側にある「取次」の間は、畳敷で三畳半。この畳の上を進んでその先の障子を引くと、半間幅の板廊下に出る。その板廊下を横切って前の透明なガラス入りのドアを開けて入っていけば、そこは「居間」の空間である。正面の壁にマントルピース風に、煉瓦で平面的に縁取りをしただけのシンプルな暖炉があり、実際に火を焚くこともできる。この居間の内容についてはいずれ後で詳しく見るが、「村野自邸」を訪ねて居間に招き入れられた後で、いつも奇妙な戸惑いに似た気持ちに襲われたのは、タイル貼りの玄関土間から畳敷の取次へ上がり、さらに今度は板敷きの廊下を横切って、フローリングの居間の空間の中に包まれるという過程である。屋内に入った客がその動線の中で味わう自分の足下の材料の感触の変化と展開が、一般的な住宅で玄関から居間や応接間に通される時の、直截的な導入の感じとは何か違うものがあると感じるからである。特に畳敷きの

部分を間におき、最後に板敷の廊下を超えて居間へ入るという組み立ては、最短で直線的に、しかも単一の素材で廊下の動線や構成を考える習性が日頃身についた者には、ここで村野が考えた妙にがたがたしたような、奇妙な足下の感蝕の変化の〝仕掛け〟は、一体何を目的としたものだったかといつも考えさせられてしまうのだ。

このことについての直截的な答えにはならないかもしれないが、先に戦後すぐの「村野自邸」を、おそらく初めて訪ねた時の印象を雑誌にリポートをしている浦辺鎮太郎が、この居間へ入る動線ではないが、取次から、先ほど触れて置いた小間の茶室の給仕口前の水屋がある方向(北)への動線について書いている短いコメントが、ここでの理解を助ける重要なヒントになるかもしれない。浦辺は、取次に立ち、茶室の給仕口を一番奥に見て水屋へといたる廊下の空間について、感に堪えない、といった調子で次のように書いている。(15-33)

15-32　玄関から取次、その奥の居間と火の入った暖炉

15-33　取次から水屋への廊下

「『村野』先生の作品にある『距離感』がこの小空間において最もよく感取されるであろう。・・・写真とプランとを見ても玄関ホール［取次の間］から小室(これは水屋として使用される)までの数歩の間が、無限の距離を持っている点を吟味して戴きたい。そこには一つの技術というよりも魔術がある。先生は無造作に『タタミで続くと狭く感じるので間に板を入れました』と語られたに過ぎないが。」(10)(傍点引用者)

浦辺がこの家を見学した当時のプランを見ると、取次の三畳の畳の他に半畳分の畳が北側に突き出ており、その先に畳二畳分の広さの板敷の廊下がある。これは例の〝あやめ〟に、

つまり前後に板をずらした状態で並べられて奥の水屋の方に向かい、再び水屋の前で畳敷に替っている。取次の奥行きが畳の一間半、畳敷と板敷が半々で幅一間になり、さらにその先で板敷と畳敷の半間幅の廊下になって狭まっていく、その先窄《すぼ》まりの空間を捉えて、当時まだ四五歳であった浦辺は、取次から水屋の位置「までの数歩が、無限の距離を持っている点を吟味」せよと、読者に促しているのである。ここでは一つの空間から、別のもう一つの空間に人を誘う時の、村野の「魔術」について浦辺は言及していると思われるが、この村野のマジックの一つの〝種〟こそが、これまで何度も触れてきた、ここでは一畳分の板を二枚、あの〝あやめ〟の手法でずらしたところにあったことはもはやいうまでもないだろう。それから考えると、居間の方向への人の移動にもこの〝あやめ〟の手法がやや変形された形で使われていたことに気付くはずで、取次の中に敷かれた畳の上を斜めに移行しながら板の間の廊下に到り、そこから居間に入るという動線にも、床の素材から受ける感触の違いを微妙にミックスしながら、同じようなマジックが使われていたことがわかってくるのである。ただこちらは、水屋の方向ほど成功していたかどうかの判断はむずかしいが、次元の異なる空間に出た、という実感はやはりあることは確かである。

浦辺が「数歩の間が無限の距離を持つ」と正しく看取した中の「無限の距離」とは、一つの空間的な次元から別の次元に移行した時の、二つの次元の間の数値で表せない「無限の距離」として理解することができるだろう。たしかに村野は、この種の空間転換における、魔術師《マジシャン》にも優るテクニックを持つ建築家であったことは間違いのない事実である。そうした巧まざる技法が、「村野自邸」の玄関周りの小さな空間の中でも、広大な「中山半邸」の廊下のそれに負けず劣らずの効果を、村野が上げていたことに驚かされると同時に、それを戦後すぐの時点で正確に見抜いていた、浦辺の炯眼《けいがん》にもやはり敬意を表せずにはいられない。

広間の茶室

靴を脱いで上がった「取次の間」の床面が、板敷ではなく畳敷にされている最も大きな理由は、プランを見るとすぐわかるように、取次のすぐ南に、「小間」のことを「小座敷」と呼ぶのと同じで、「村野自邸」では「座敷」と呼ばれてきた「広間」の茶席が、隣接して設けられていたからである。取次はいわば「座敷」の「前室」を兼ねていた。先ほど庭の方からその濡縁などを観察したこの「広間」の茶席は、今では広く知られているように、京都市上京区にある「表千家」の屋敷内を代表する茶席の一つ、「残月亭」の座敷を、武者小路千家官休庵の愈好斎[11]に就《つ》いて茶を習っていた村野が、きわめて意欲的に写して

15-34　「村野自邸」の広間「残月」の床

15-35　表千家、「残月亭」

造った茶席であり、その意味では戦後において村野が数多く手掛けることになったいわゆる「残月写し」の一連の茶席の、貴重な〈原点〉となった座敷でもあった。座敷全体の広さは、「残月亭」と同じ一二畳を守り、このうちの「床の間」が二畳で、残りの十畳が座敷という比率の他にも、東西南北の部屋の向き、部屋の中での「床の間」の位置、畳の敷き方、「書院」その他開口部の位置や構成など、〝本歌〟としての「残月亭」の構成にかなり忠実に従ってデザインされている。(15-34、15-35)

取次の南側の、吹寄せの組子の入った二枚立の腰高障子を引いて座敷に入り、とりあえずそのあたりの位置に座って部屋全体を見渡してその設えを拝見する。部屋の東側入隅の位置に、いわゆる「残月の床」と呼ばれる、二畳分ほどの広さを持つ「床の間」が占め、その南の床《とこ》正面に当たる部分に二畳の畳が敷かれている。ここまでの構成は〝本歌〟と同じだが、「残月亭」の場合のような「付書院」の天板(書見台)やその下の地袋は「村野自邸」にはなく、いわゆる「平書院」で、床脇の壁の一部に杉板張り、その部分の外側に戸袋を置き、そこにすべて引込むこともできる書院障子が二枚入っている。東側の書院窓と同じ鴨居の高さで、南側にも二枚の障子が立ち、床前をほの白く囲んでいるが、その外側にはもちろんガラス戸が入って風雨を防いでいると同時に、障子を開け放てば外の庭の緑を室内から視界いっぱいに見ることができるようになっている。この床前二畳分の空間の上方は、「残月亭」のように掛込天井ではなく平天井である。床の間の西側の落掛に連続させる形で、床柱と南の壁柱の間を無目なしの小壁が降りていて、残り八畳分の竿縁《さおぶち》天井との間の天井面を仕切って、部屋の空間を二つに分けているのも〝本歌〟と同じである。やはりこれも同じく、八畳の方の北東隅に床の間に向かって点《て》前座《まえざ》があり、本勝手で出炉が切られている。八畳部分の南側の庭に面して、残月亭にはない西隅に押入がある板張りの縁側が付けられており、縁側の外の東半分に、濡縁が東側から南へ回って止まっている。縁桁の下に欄間を取り、その下に四枚の透明なガラス戸を入れ、このガラス越しに庭園の奥の緑を、縁側からだけでなく座敷の中からも眺めることができるようになっている。縁側と座敷の間に、四枚の引違障子が入れられていて、その横、部屋の西側は、隣室の「居間」との間を仕切る聚楽塗の壁で、壁と畳との間に畳寄せが入れられていて、この板の上に飾戸棚などの主に装飾用の家具が置かれている。

しかし村野藤吾という一人の近代建築家が、この座敷において「残月写し」を試みる際に、最も力を注いだ部分はといえば、いうまでもなく「床の間」のデザインであった。村野は、独立後のかなり早い段階から、いわゆる「残月床」には特別に強い関心を寄せていたらしく、自分が設計する建築の中に最も早くその種の〈床形式〉を採用したのは、一九三四(昭和九)年完成の「中山悦治邸」の、一階の大広間脇にある「主人居間」と図面には書き込まれていた和風の「書斎」の床の間であったと思われる。ここでは十畳の和室の中に二畳分ほどの床の間が、部屋の西北隅に栂の角柱に赤松の皮付丸太の床框《とこがまち》を回し欅の練付の板床が付けられていた。続いて一九四一年の京都にできた「中林仁一郎邸」では、二階の「客間」でも、檜の角柱に黒漆塗りの床框の二畳の「残月」風の床の間が実現している。村野が、これらの床《とこ》をデザインした経験を踏まえながら、自邸の座敷に採用した「残月床」のデザインは、これらの先例や、その設計時に参考にした〝本歌〟である「残月亭」そのものの床の間とも異なる、ある意味では「自邸」であったからこそ可能であったと思われる、大胆な変更をそこに加えていた。というのも「自邸」の前に村野が手掛けていた「残月床」はすべて、〝本歌〟に倣《なら》って、蹴込板や床框を持つ「上段の床」の形式を守っていたのに対して、村野は「自邸」の床を、なんと踏込《ふみこみ》床《どこ》としていたのである。

「残月亭」を写した「村野自邸」の床は、蹴込板や床框を省略した踏込の板床で、節のある脂松《やにまつ》の幅広板を四枚合わせて木楔で止めて地板としており、正面(南側)一枚目の板と次の板との間に細い煤竹が一本だけ挟み込まれている。この床板は、先の浦辺リポートによれば「[もとの家の]台所の古い板を[再]利用したものです」と村野自身が語っていたと書かれている。この踏込床については、一九三〇年の「そごうの茶室」の広間ですでに試みられていたものである。一方の床柱は、座敷や玄関など、この家のほとんどの柱や梁と同じように、弁柄《べんがら》に墨を混ぜて黒く色付けした漆で仕上げられており、松四方柾の五平《ごひら》(長方形)の断面を持つ柱である。床柱の位置は、床正面にある一枚目の床板のかなり内(北)寄りに立っており、〝本歌〟のように床の間の出隅に立てないで、角から少し後退させた「原叟床《げんそうどこ》」様の扱いがされている。細かく見ると、この床柱の位置は、「村野自邸」の創建の後、小さな〝移動〟がたびたび繰り返されていたことが、地板の上に残されたいくつもの柱穴の埋跡によって知ることができる。村野がここだと思う位置に最終的に決めるまで、出入りの大工を使って、何度も動かしてやり直しをさせていたことがこのことから判明する。このいわば〝さまよう〟床柱が、最終的な定位置を遂に見出して、その位置で安住する幸運を得たかどうかは、今となっては知る由もない。いずれにせよこれは村野が、建物の諸要素の〈構成〉や〈プロポーション〉といったものについて常に疎かにせず、執拗なまでの拘りと模索と、また責任を感じ続けていたことを如実に示す、その痕跡であり軌跡であったのは疑いのないところだろう。

床内の北側の壁面は、全体を聚楽の塗壁とし、上部の壁前に丈の短い小壁を下ろし、先端を落掛《おとしがけ》なしに塗廻し、正面の壁であることを示すと同時に、軸掛の釘の目隠しとしている。同じ塗壁とした床脇東側の壁下部の中心よりやや北寄りに、一本の短い束を立て、床脇の壁柱との間に蹴込板を入れ、その上に北山杉の磨丸太を床框として渡したその上方に、壁龕《ニッチ》風に、框の長さの三分の二ほどの間口で、「龕割床《がんわりどこ》」を開いて、そこに花を活け、あるいは小幅の軸を飾ることができるようにしているが、〝本歌〟のこの位置には、二枚障子の中敷居窓が入っているだけであり、これも〝村野ヴァージョン〟の「残月崩し」である。ある茶会の時に訪ねたら、村野は、この畳敷きの龕割床の中に小振りの花瓶を置き、そこに何本かの雪柳の花を、枝先が下の板床にほとんど届かんばかりに柔らかな弧を描かせて活けており、その見事さに強い感銘を味わった。このような床の間の中の、もう一つの小さな床としての「龕割床」を村野が最初に意図的に構えたのは、これも一九三五(昭和十)年の「そごうの茶室」であったはずだが、戦後この形式は、村野和風の一つの焦点となった「残月」写しの床のほとんどのものに付けられて、村野の床空間に独特の変化と奥行きを実現するための重要な手立てとなった。

押し下げられた「上段床」の意味

この龕割床を付設したことを別にすれば、〝村野ヴァージョン〟とでも呼ぶべき「残月床」の最大の特徴は、床の間が〝本歌〟の場合と異なり、「踏込床」、つまり床《とこ》板を座敷の畳の平面と同一のレヴェルに置き、畳面と床を水平に、今風にいえばバリアフリー(?)に連続させた点にあったといえる。二十世紀初頭に火事で失われた江戸期の建物を、一九〇九(明治四二)年に再建した今の表千家の「残月亭」は、もともとは天正年間に京都の利休屋敷にあったという、「色付書院」、つまり弁柄に煤を混ぜて黒く色付けした茶席が原点であり、伝えでは太閤秀吉が遊びに来て、その床柱に寄掛かり、床前の駆込天井の突上窓から残月(明けがたの月)を眺めたという逸話から、この茶席が「残月亭」と呼ばれるようになったという。そうしたエピソードからもわかるように、この二畳の「残月床」は、今では数多い数寄屋の床の間のカテゴリーの中の、一つの特殊なスタイルを指すものに過ぎなくなっているが、しかしもとを糺《ただ》せば、秀吉がそこに座して茶を喫したかもしれないような、《書院造》様式でいう、「上段の間」であったのは間違いのないところであり、一軒の家屋の中での最上位の部屋としての本来の格式と機能を持った場所であったのである。したがってこの「残月床」には、それが周りの座敷空間との関係において、一段上のレヴェルの「上段」であったことを明確に表示するための意匠が不可欠であり、そこから二畳分の床の壁に接していない残り二辺に蹴込板を入れ、その上に北山杉の磨丸太の床框を乗せて回し、床内の壁には桐紋の唐紙を貼巡らしているのである。この床の出隅角に立つ、松の四方柾、五平《ごひら》の床柱(いわゆる「太閤柱」)の権威を添えることによって、「上段」のレヴェルの格式と威厳と風格が、明確に表示されているである。

これに対して村野が「自邸」の座敷で企てたのは、「残月床」から上段床としての性格を消去し、「残月亭」の中には厳然としてあった、支配者(秀吉)のものとしてのレヴェル、それに仕える者たちが見上げるレヴェルという、目には見えないがたしかに存在した空間的な上下《ヒエラルヒー》の位階性を解体しようという、ある意味では〈伝統〉に対する大胆不敵と言うべきか、別な意味では、不敬な企てを試みていたのである。いわば村野は、残月床の上に自分の全身の重みを両手に乗せて伸《の》しかかり、どこから得たかもしれぬ怪力で、つまり強靭な〈想像力〉を通して、ぐいっと畳床《たたみどこ》の面を、周りの座敷の畳のレヴェルにまで押し下げた上に、さらにその上で偉い人が座しているイメージが残っているような畳床を、冷やりと硬い板床《いたどこ》に取り替えてしまったのだ。何という見事な換骨奪胎！その結果、「残月床」にこれまで付き纏って離れなかった、なんともいえない堅苦しさや重苦しさ、あるいはどこか威嚇的でまた差別的な性格が見事に消去され、その周りを囲んでいた座敷の空間が、それまで敵地であった場所に兵士たちが雪崩《なだれ》込んでいくように、一気にそこへ流れ込んで、いわば空間を平準化し、一体化して、部屋の中の空間的な伸びやかさを増幅させることに村野は成功したのである。と同時に村野は、〝本歌〟の「上段」の出隅角に立つ、「太閤柱」と呼ばれたような柱の象徴性を、板床の角部という定位置から外して後退させることによって弱め、しかもその柱に決定的な居場所が見つからないかのように床板の上を彷徨《さまよ》わせて、いまや座敷空間の展開に奉仕する単なる一エレメント、サーヴァントに過ぎないことを、床柱に思い知らせようとした形跡まであるのだ。

一九四二(昭和十七)年の「村野自邸」以前に、「残月」風の二畳の広さを持つ踏込の板床が、江戸期のどこかの茶席に先例としてあったかどうか、あるいは村野の試み以前に、明治期以降にそうした床の実現例があったかどうかの知識も資料も筆者は持ち合わせていない。おそらく無いと思うが、仮にそうした例があったとしても、しかし、村野がこの「残月」型の床の間をめぐって、新しい〈表現形式〉を考え出したその時期が特別の時代であったこと、つまり日本の社会が軍部権力を軸にして独裁的な体制下にあった時代であり、「大日本帝国」という強固なヒエラルヒーを社会の隅々にまで浸透させつつ、無謀な戦争に突入していったまさにその陰鬱な時代であったことを思えば、それが茶道史上初めての試みであったかどうかといった問題の前に、その時期になぜ村野はそうした点に拘ってデザインしていたか、という点を考える方が、より重要な意味を持つに違いない。実は村野は生前において、一言もそうした見解を自分自身の口から述べていたわけではなかったが、あえてここで勝手に深読みをするとすれば、彼は残月床を座敷のレヴェルに平準化することを通して、陰鬱なヒエラルヒーを無理矢理に押しつけて来る当時の社会体制や、それを司る権力への、自邸でのデザインを通して、極私的に拒絶《ノン》の意志をこのデザインの中に密かに表明しようとしていた、と考えてみたいがはたしてどうだろうか。

堀口捨己による八勝館の残月写し

とすれば村野は「自邸」の座敷と床の間において、戦場では現実に砲弾が飛び交うような社会情勢の中で、彼が極私的に実現していた、空間的な〈平等〉や〈自由〉を通して、村野が一人の建築家として、あるいは一人の社会人として胸の内に抱いていた当時の状況に対する、非常に激しい怒りの表現を、そこに読み取ることもできるのではないか。と同時に、おそらく彼はその怒りと同じくらいの強さで、戦争が終わった後の日本への、期待感とか展望といったものを、座敷の中のこの小さな設えの中に見出そうとしていたともいえなくはないだろう。しかし、こうした村野の試みやそこにこっそりと隠されていた意味や意図が、戦時中はもとより、戦後の〈民主化〉されたはずの日本の建築界で、はたしてどれだけ正当に理解され、評価されていたかは、村野が戦後建築界から受けたかなり手酷い仕打ちの数々に思い及ぶと、大いに疑わしい気がしてくる。はっきりと言ってしまえば、村野のこうした意匠的な試みは、伝統的な《様式》や手法に対する、〈商業主義〉に駆られた単に奇抜で奇矯な伝統建築への解釈や変形に過ぎないものだといった、表面的な現象面でのみ理解されるに終わり、そこに村野が隠していたある種の〈哲学〉的な立場の表明、つまり村野の《現在主義》の視点からの〈批判〉がその中に塗り込められていた事実を見抜く人は、村野の傍《かたわ》らにいた人たち以外には、ごくわずかに限られていたように思われる。

15-36　堀口捨己設計、「八勝館」の「残月の間」の床構え

15-37　「村野自邸」、上段の間のない床構え

たとえば村野と同じ世代の日本の近代建築家であり、伝統的な日本建築の研究者としてもよく知られていた堀口捨己[12]が、敗戦後まもなく、第一回の「国体」出席のために名古屋を訪れる昭和天皇の宿泊所とするために、「八勝館・御幸の間」と後に呼ぶことになる部屋を中心とした一棟の木造建築の設計を引き受け、彼の代表作の一つと数えられるほどの華麗な内容を持つ近代的な数寄屋建築を一九五〇(昭和二五)年に実現している。堀口は、よく知られたその「御幸の間」に隣接する「別室」の形で、先に見た表千家の「残月亭」を写した十二畳の「座敷」を造っていたことは、それがかなり正確な〝写し〟であったためか、彼の丹精込めた仕事ぶりの割にはそれほど広く知られていないかもしれない。この座敷は、天皇の宿泊の後も、料亭旅館の「広間」の茶室として使えるように当初からデザインされたと考えられるが、完成したその部屋の内容は、堀口が、尖鋭な近代建築の設計者としての名声の他に、戦前・戦後を通じての桃山・江戸期の数寄屋建築、特に〈利休の茶室〉に関する種々の論文を書き発表してきた建築史の研究者であったもう一つの側面での活動を反映した密度の高い空間になっている。歴史的事実への謙虚さを示しつつ誠実に〝本歌〟を写したものとなっていた。ここでの堀口は、いわば当然のこととして「上段床」の原形を忠実に再現しており、先に見た、〝本歌〟が本来持ってきた茶室全体を支配する

空間的秩序《ヒエラルヒー》に、村野が試みたような大きな変更を加えるようなことをしようとはしていなかった。それは村野の自邸の踏込床の茶席ができたと思われる年から、八年後のことであった。(15–36、15–37)

堀口と村野という、同じ世代の二人の建築家によってほぼ同じ時期に設計されたこの二つの「残月床」写しは、〝本歌〟である「残月床」に対する設計者としての接し方も、またそれについての解釈や評価の仕方も、際立って異なったものがあって、大変に興味深い対照を示している。簡潔にその違いを、これまでにこの論考でしばしば用いてきたコンセプトに従って書くとすれば、次のように整理することができるだろう。村野と堀口という日本近代を代表する二人の建築家の間には、〈過去〉の建築への接し方に大きな姿勢の違いがあったと思われる。堀口は、昭和戦前から戦後にかけて、日本の〈未来〉において実現すべきすぐれた近代建築とはどのようなものか、という問題に対する先駆的な解答を自分の作品を通して提示した数少ない設計者の一人であったが、それと同時に、先にも述べたように、克明に史料にあたり、それに基づいて実際の古建築についての種々の学説を立てて〈過去〉をより鮮明に抉り出すという、建築史学者としての側面を持ち合わせていたことでも知られている。つまり堀口は、村野の提示した分類でいえば、ある時は《未来主義》を奉じる近代的な設計者であり、別な時には歴史的世界に身を委ねる《過去主義》者として研究活動を行うといった具合に、その時々でデザイン上の時制を使い分けることができた人であったといえよう。そのような堀口は、〈過去〉の建築の価値とか、それが歴史的に実在することの重みといったものに対して、基本的に敬虔に率直な態度で立ち向かっていたはずであり、その本来の価値を現代に伝達するために、もとの形にできるだけ誠実であろうとする側面も強かったように見える。だからこそ「八勝館」では、庭に面した開口部の障子の立て方などに、〝本歌〟と違う、桂離宮の古書院のそれを思い浮かべるようなユニークなデザインを採用して見せながらも、「残月床」は、たとえ〈民主主義〉の時代といわれる戦後になったとしても、彼にとっては踏込床とするような企て、つまり〝暴挙〟は許されず、あくまでも原形に則って「上段の床」でなければならなかったのだ。そこで彼は〝本歌〟通りに床框を回して床《とこ》を一段高く上段の間の形とし、そこに畳二枚を敷き、その場所を周りの座敷の空間とは異なる〈聖なる空間〉に仕立てて、行幸する昭和天皇に捧げたのである。

〈過去を手摑みにする〉と〈過去へ投げ込む〉の違い

これに対して、戦前戦後を通じて、自らの《現在主義》の立場を決して曲げようとはしなかった村野は、堀口が取ったような〈過去〉を〈過去〉として、そのままに尊重する態度を取る代わりに、設計者として、〈過去〉に向かって自分自身の〝腕〟を、つまり自分の強靭な〈想像力〉を、整然と整理した状態の〈過去〉ではなく、暗い闇の中で魑魅魍魎《ちみもうりょう》がうごめいているような〈過去〉に向かって突き出して行き、そこで摑んだ何かを〈現在〉へ、つまり自分自身（「自己」）の存在へと引きよせて身体化した上で、改めてそれを現実の空間として投企《プロジェクト》し現前《プレゼント》させようとしたのだ。この作業のためには、村野は時に歴史的な《様式》や《装飾》の原形に対して、傍《はた》から見ればかなりの〝荒療治〟もしくは〝暴挙〟と見えるような大胆な工作も辞さない、といった独特の腹の括り方もしていたのである。畳面に水平な踏込板床としての「残月床」も、彼のそうした手法の中から自然に実現していったものの一つであったといえる。こうした意味では、この二人の建築家の「残月床」には、まさしく設計者の〈過去〉への基本的なスタンスが、そのまま表れた結果であり、まさに好対照を成しているといえるが、村野の〈現在主義者〉としての強靭な想像力はまさしく筋金入りといった趣があり、言葉には表し難いほどのものつくりとしての気迫と執念があったことは誰も否定できないところである。

ところで堀口捨己より四歳年上であっても、同じ〈一八九〇年代〉生まれで、その意味では同世代であった村野藤吾が、一人の建築家として、一人の人間として尊敬して止まなかったがために、遂に〝隣組〟に入れてもらった、村野より六歳年上（一八八五年生まれ）であった長谷部鋭吉の、設計者としての〈過去〉へのスタンスが、はたしてどのようなものであったかも、興味深いところである。長谷部は、堀口のように大学教育などに携わる研究者としての経歴には一切無関係で、現実に活動している大きな設計組織の、それも中心的な立場を背負う設計者として生涯を送ったが、当時の銀行建築などのオフィスビルには欠くことのできない、たとえば《古典主義》系の意匠の中にある建築意匠上の〈過去〉や、長谷部自身が特に好んだと思われる《中世主義》系の空間や意匠への設計者としての関与は、決して浅いものではなかったといえる。それとともに、住友家を中心とした関西の資産家のための住宅設計をはじめとする、種々の日本建築の設計を依頼される機会も少なくなく、その種の和風の〈過去〉に関する彼の関心も低くはなく、むしろ彼はその種のデザインを楽しんで手掛けていたように見える。また長谷部や村野が住んでいた関西という地域には、今でもそうだが、〈過去〉の建築が、必ずしも貴重な文化財として〈過去〉の中におとなしく沈み込んでいるような状態にはなく、それが〈現在〉に常に顔を出し、自分の存在を常に主張して止まないような状況があり、堀口のように〈過去〉の建築に対するアカデミックな接し方だけでは、設計者としての自分の仕事が果たせないという事情も、長谷部の場合にはあったかもしれない。

その意味では長谷部もまた、村野の《現在主義》の立場に近い設計者としての構えを取らざるを得ない事情があったはずだが、ただ、長谷部と村野の間にも、堀口と村野ほどの鮮明な差異は見出せないにしても、デザイン上の〈現在〉の捉え方にかなりの差異があったことも見過ごすわけにはいかないだろう。長谷部は自分の和風建築の設計の中で、「残月床」を取り入れた座敷を設計したことはなかったはずだが、先に見た「長谷部自邸」の内容などを思い出しながら考えてみると、民家建築風のヴァナキュラー・デザインの最初の家を設計してそこに住むという彼の行動や、あるいは伝統的な数寄屋造や書院造の建築を数々設計し、その中に、彼が後に増築した方の家の「客間」の床の間の「床脇窓」に具体的に見せていたような、非常に大胆な装飾的細部を持ち込んで、伝統的な空間構成を強く揺さぶる、といった彼独自のデザイン手法が見えてくる。彼もまた《現在主義》、つまり自分自身の〈実存〉を軸にデザインを展開する設計手法を取っていたことは事実であったが、ただ村野との違いにあえて拘っていえば、村野の《現在主義》は、「残月床」の引降ろしや、床内への「龕割床」の組み込みや、さらには権威権力を象徴するような床柱を彷徨《さまよ》わせる、といった試みの中に如実に示されているように、建物の空間や細部の〈構成〉そのものの組換えや改変と、その後の〈再構成〉を常に考慮しつつデザインを進めていたのに対して、長谷部の場合には、〈構成〉そのものは基本的に従来の伝統的〈構成〉に従いながら、その〈過去の構成〉の中に、自分の〈現在〉を、主に新しい《装飾物》という形で持ち込むことによって、〈過去の構成〉の中に大きな波紋と衝撃を呼び起こしていくような手法が取られていたことがわかる。いい換えれば、村野が自分の想像力という〝手と腕〟を、〈過去〉の闇に強引に突っ込んで行き、そこで何かを掴み取って自分の所へ引き寄せ、新たにそれを組み立て直して〈再構成〉しようとしたのに対して、長谷部は、〈過去〉の建築的な〈構成〉には基本的には手を付けずにそのまま残して遵守しつつも、自分自身の〈現在〉を映したデザインを、逆に〈過去〉の方へ異物として投げつける形を取ることによって、そこに空間的な、また〈構成〉上の大きな波紋を引き起こし、その波紋を〈現在〉にまで及ぼして、ささやかな変革を実現する・・といったことを目論む、村野とはやや異なるスタンスの取り方があった、と要約することができるのではないか。

喩《たと》えて言えば、長谷部〝小次郎〟の、こうした人の目を引き華麗には見えるが、しかしやや斜に構えたところもある《現在主義》者としての、デザインという〝剣〟の構え方は、遅れて清荒神という〝巌流島〟へ駆けつけてきた村野〝武蔵〟には、自分が手にする粗削りだが長く重い櫂《かい》を一気に打ち込んで行きたくなるようなある種の脇の甘さがあり、長谷部の構えに隙として見えるところがあったかもしれない。特に和風建築に関しては、村野のデザイン手法の切っ先は鋭くシャープであり、長谷部のそれほどには華麗ではなくとも、新たな組立て直しによって長谷部以上に、整合性と安定性が、村野の意匠にはあったのではないか。それからすれば、(このやや不謹慎な喩えをもう少し敷衍《ふえん》するなら)、腕は立つが荒っぽい浪人(村野)のなぐり込みで、道場をがたがたにされた後で、伝統的な剣術の道、つまり〈日本建築〉の正統性《オーソドクシー》の立直しに努めている、こちらもかつては「分離派」というグループを結成して〝脱藩〟した経験を持つ〝師範〟の先生が、他ならぬ堀口捨己の立場であった、となるかもしれない。おそらく堀口の目からすれば、村野の和風は自分のそれに比べて、どこか〝無頼〟で〝下品〟な、その点ではついて行けないと思わせるものが少なからずあったに違いない。

村野自邸の廊下を奥へ歩く

「残月床」のある座敷を離れ、再び玄関取次の間に戻り、そこから西へ進んで、「居間・食堂」の空間に直接入って行くことはせず、一九五四年に雑誌に掲載されたプランを見ながら、村野が設定した居間や台所そのほかの諸室へ向かう基本的な動線である中廊下を、村野家の家人が日頃歩いていたのと同じように歩いて、奥の部屋の方へ進んで行くことにしよう。取次の間から、先に浦辺が感心して眺めたという〝あやめ〟に置いた一間幅の板廊下を北へ数歩進み、水屋前に敷かれた一畳分の畳には乗らず、その前で廻り込むようにして左(西)に折れると、二間ほど先で壁に突当たる短い半間幅の板廊下が続いている。この突当りの壁の右手に「書斎」への入口のドアがあり、この部屋には創建時からの設えかどうかは不明だが、薄い合板を両側から押し付けるようにして円弧状(アーチ状)にし、このヴォールトを連続させて作った軽快だがダイナミックな動きを持つ天井がある(15-38)。書斎の前を左へ折れると、南へさらに二間ほど廊下が続き、その先端の右手に、取次からも直接見ることのできた居間・食堂の入口であるガラスの引戸がある。この廊下に入るとすぐに、右へ鉤型に折れて西へ向かう幅一間、奥行二間半ほどの広い板敷の廊下というべきか、階段ホール風の空間があり、その廊下の中ほど

15-38　書斎の天井と照明具

15-39　民家移築部分である主屋の屋根裏の小屋組

から、上にある「屋根裏部屋」へ上がって行く半間幅の簡単な木製の「階段」が、奥(西)から手前(東)側へ向かって昇っている(一九五七年の増築時に、逆に東から西へ上昇する方向に付け替えられた)。階段の上の屋根裏部屋は、村野の生前には茶道具や掛け軸などの道具類を主に納める収蔵庫のような場所として使われていたらしく、弧を描く曲り木の横断梁の上に束を立て棟木や母屋を載せ、棰の下に板を張った、いかにも民家の小屋裏らしいヴァナキュラーな空間であったが、この空間が客の目に触れるようなことは一切なかったことはいうまでもない(15-39)。村野は客を招いた時には、朝この屋根裏に入り、その日に使う自分の好きな道具や名物の茶碗を探し出し、他に花を活ける花瓶や、床《とこ》に掛ける掛軸の何幅かを選んで自ら下へ運び、人の手を借りずにすべて自分でそれらを最終的に選択をして設え、その他にもアプローチや庭の草木に鋏で手を入れた後で、何事もなかったかのようにさりげなく客を迎えていたという。村野はよく、茶会に客を招くことは、ほんとうは七分が亭主の方の楽しみで、客の楽しみは残りの三分かもしれない、とよく笑いながら話していたことを思い出す。また茶碗なども、「氏より育ち」だといい、どこで誰によって作られ焼かれたものかということより、その器が、どれだけ人々に大切に愛情を持って使われ育てられてきたか、によって、良い器にも悪い器にもなる、「氏」(生まれ)ではなく「育ち」なのだし、人の子育ても結局はそれと同じことだ、とくり返し語っていたことを今も忘れられない。

　さて再び一階に降りて、ホールのようなこの板廊下の上に立つと、右手(北側)には「パントリー」や「女中室」などがあり、これらの部屋はその西側にある「台所」にも通じていることがわかる。奥行き二間ほどのホール風廊下が西側で終ったところで、さらにその奥に続く半間幅の廊下があり、廊下の取り付きの部分が例によって斜め四五度にずれる形で始まっている。このずれた廊下の奥は、客たちの目の届かない完全にプライヴェートな空間であり、その後、この廊下は再び真直ぐに西へ向かって行くが、この細い廊下の右(北)側に「台所」と、同じ並びでその奥に、「浴室」が置かれている。また北側の「厨房」から、この廊下を横切って、直接南側の「食堂」に入っていくことができる直線的で最短のサーヴィス動線も用意されている。この廊下を二間ほど前に進むと、浴室前で壁に突きあたり、ここで再び左(南)へ直角に折れると、別棟になっている藁葺屋根の「寝室・茶の間棟」の「茶の間」へ直接に入って行く、幅一間の連絡廊下《ギャラリー》になっている。この廊下の窓から西側にある広い庭が眺められ、また逆の東側に引違のガラス戸があるのは、食事の用意ができたと呼ばれた家族が、別棟から直接食堂へ入るための出入口とするためである。

草葺屋根の別棟の内容

ここまで、道路に面して続く長い生垣の切れ目から入り、門を過ぎ、野山を思わすアプローチの道を歩いて玄関へと到達し、今度は屋内に入って、取次から始まり別棟の茶の間で終わる、外と内の「村野自邸」の〈チューブ〉潜りの旅をしてきた。屋内の廊下では、一間幅と半間幅の広狭を、交互にくり返しながら四度か五度、矩折《かねお》れに屈折を重ねて進んだ末に、「別棟」にある村野家の最もプライヴェートな空間(茶の間)にいたって、遂に探訪も終わりを告げたことになる。〈チューブ〉の屋内側の終点《ターミナル》となっているのが、建築面積がわずか五二㎡(十六坪)ほどの広さのこの別棟にある、家族だけのための八畳ほどの広さの「茶の間」である。この茶の間から、南の広い庭に面し、開口部として折畳みのガラリの雨戸が入った洋風の出窓が一つあるだけの「主寝室」と、これに続く東側の四畳余の「サンルーム」へ入って行くか、他方では、子供用の西側の小さな床の間付きの「四畳半」(子供室の前室の勉強部屋か)と、これに続く南側の「寝室」へと入って行くかの二つに分かれている。これを逆にして考えてみれば、「村野自邸」の「主屋」の部分の大部分の空間の本来の機能は、食堂や台所、書斎などの日常生活に使われる部分は別にして、一般的な〈住宅〉の形式を取りつつも、基本的には茶会などの時の来客用空間として整えられたものであったことに気付かされる。大小二つの茶室はもとより、特に主屋の「居間」の空間は、家族団欒用のリヴィング・ルームなどといったイメージよりは、実際にはどちらかといえば二つの訪問客用の茶席に続く「応接間」の空間として用意されたものであったのだ。建物が完成してやがて戦後になってもしばらくの間は、村野家の家人たちにとって、毎日集まって寛いだり会話を交わしたりする本当の意味での居住空間と呼べたのは、この十六坪ほどの平屋藁葺の別棟の方であったはずであり、おそらく村野の気持としては、この藁葺の「苫屋《とまや》」を、隣家の長谷部の最初の同じ藁葺の主屋の佇まいに秘かに返歌として献じようとする想いがあったのではないかと思われる。したがって、村野家の人々にとっての本当の意味でのリヴィング・ルームは、主屋の方の「居間」ではなく、この別棟の方にあった八畳ほどの広さの洋間の「茶の間」であったにちがいない。この茶の間には、東側の中庭越しに主屋の南面の連なりを横から眺める一間間口の大きな窓があり、またこの部屋の北側にも、同じ大きさの開口部があって、奥行きの深い北庭に面していた。要するにここには、長谷部の家の近くに住みたいと考えたもう一つの動機につながる、村野のいわば「方丈記」的な侘びた〝住まい観〟が、主屋とはまた別次元の創作意欲の対象として、投影されていたということができるだろう。

同じようなことは一九五七(昭和三二)年に完成した、庭園の西側へ新しく「居間・寝室棟」を増築した後の場合にも当てはまったかもしれず、子供たちが同じ敷地内で家を構えて独立した後の、六十代後半の村野夫妻にとって、家で寛げる場所としての「居間」は、全体として非常に切れ味のいい構造と形態を見せてモダンな感じのする新築された増築棟の、南側の庭に面した、図面にやはり「茶の間」と書かれている部屋であったと思われる。この新しい「茶の間」は、戦後の村野和風を彩る重要な和風建築上の〝単語〟の一つになった、もっとも初期のアーチ形の開口を持つ「龕割床」にわずかに特色をみせるだけの、きわめてシンプルな六畳の和室であった。村野自身が使用するこのような〝内向き〟の部屋の、衒《てら》いのない佇まいや、非常に控え目なスケールなどは、いったい何を意味しているのであろうか。彼が他界するその日の午前中まで働いて、膨大な量の華麗な建築空間を設計して世に遺し、さらにはいわゆる豪邸と呼ばれるような住宅を少なからぬ数で手掛けてきた、村野藤吾という一人の建築家の、いわば究極の〝居場所〟がそこにあったのではなかったか。彼が独立してまだ借家住まいをしていた頃からほとんど変わることのなかった、〈対他〉的ではなく〈対自〉的な部分での〈住まい〉と、自分の身の回りを日常的にとり囲む〈部屋〉についての、いかにも控えめでささやかな、文字通り《侘び》、また《寂び》た心根や、そうした心から出てきた空間の組み立て方を垣間見る思いがして、なにか胸に迫るものを感じないではいられない。村野は自分が少年の頃に乳母夫婦とともに住んでいた、唐津の浜辺の漁師の〈家〉を、晩年にいたるまで心のどこかに背負い、依然として心の奥では〝孤児〟として、ここで生きていたのではなかったか。

居間から食堂へ

もう一度最初の玄関のところまで戻ることにしよう。初めてこの家を訪れた客のように案内されて取次を過ぎ、直接、居間とそれに続いている食堂の空間へ足を踏み入れる。ここでも「浦辺リポート」の中のプランや記述に従うのではなく

（なぜか居間についての記述はほとんどない）、草葺の別棟を同じ敷地内のさらに西側に曳家し、新たにその機能を持つ部分を西側の庭に増築して主屋に直結させた後の「村野自邸」の「居間」を、一九七〇年代に実際に自分の目で見た記憶と写真に力を借りてここで再現してみることにする。廊下に立って大きな透明ガラス入りの扉を手前に開き（創建時は引違い戸）、居間に足を踏み入れると、西へ奥行き二間（三・六m）×南北の間口三間（五・五m）の、先に見た「座敷」とほぼ同じ、十二畳分ほどの広さの洋間の空間が広がっている。出入口の真正面に、先ほど障子を開けた玄関からも、取次を通して、視覚集約点《アイ・ストップ》のような形で見えていた小振りの「暖炉」が位置しており、掻落しらしい白い壁面の一部を、長い間に炉から漏れ出した煤が薄く汚している。炉のすぐ上のこの煤跡が、暖炉が単なる飾り物でなく、客がある冬期には、いつも薪が焚かれて暖かな炎を上げる、見せかけではない本物の暖炉であることをそれとなく教えている。炉床の周囲を囲んでいる耐火煉瓦と、その同じ煉瓦が、長手や小口を見せてわずか一枚分だけ、焚口の周りの壁に埋め込まれて縁取るだけに止めて、もっともらしいマントルピースなどは廃して壁の中にフラットに収めている。建築の内外のどんな場所のデザインであっても、あまり大袈裟な形態は避けようと常に心掛けてきた、いかにも村野好みの納まりで、この暖炉はシンプルだが機能的、また人の心を懐かしい気持に誘うような装飾的な役割も十分に果たしている。家ができたかなり早い時期から、この部屋には、村野がデザインしたと思われる鞣皮《なめし》貼りの背と座を備えた、木製の肘掛の付いた椅子が数脚あったことが、写真などからもわかるが、このうちの暖炉脇に置いた一脚の椅子が、来客時にそこに掛けて村野が客と応対するための専用の椅子であったと記憶する。（15-40）

15-40　暖炉の前に置かれた村野愛用の椅子と奥に暖炉

　暖炉が納められた塗壁の左端に杉磨丸太を埋め込んだ柱が立ち、この柱に呼応するような壁が部屋の反対側の南端にもあり、この二つの支持体の間を、かつての河内の民家の梁材の一本と思える弁柄塗の黒い梁が、居間空間の西端を仕切る形で渡されている。この梁間の南端から四尺ほど内側の位置に柱が立って上の梁を支えているが、その柱と南の壁の間を仕切るために、高い腰壁と、上の板欄間との間に、障子一枚を嵌め込んだ袖壁が立ち、むこう側の居間と食堂の空間の一部を間仕切っている(15-41)。居間の中を観察するのは後に回し、知らず知らず導かれるようにして暖炉の前を通り、応接セットの後を回り込みながら、南北の袖壁と小壁の間に掛けられた厚い織地の間仕切用カーテンを完全に開けて壁際にしまい込んだあと、「食堂」の中に入って行く。食堂のインテリアは、ダイナミックな民家風の居間の賑やかな空間とは一転して、平坦な壁と天井ですべてを囲まれた〝箱〟型の部屋で、モダンでシンプルな静謐さに包まれ、すがすがしくひと言でいえば、北欧風のインテリア空間になっている。

　北側の廊下との間を仕切っている壁にぴったりと沿わせて、

15-41　太梁が渡る居間から奥に食堂を見る

かなり高い天井面に届くまで一杯に、主に食器用戸棚である扉付き収納家具が、幅一間ほどに造り付けられており、前年完成の京都の「中林邸」の食堂の壁面収納部の壁に見られる徹底した〈平坦さ〉に近いものをここでも感じさせている。この食器棚の西端を北の方向へ回り込むとドアがあり、中廊下を横切りそのまま北側の庭に面した広い「厨房」に入ることができるようになっている。食器棚の反対の南側の壁面には、壁の下部の西側半分を占めて、上に花や装飾的な皿などを飾る低い飾戸棚《ドレッサー》が置かれ、その上の壁面に、絵画などが掛けられるようにフックが打ってある。他方で、壁の東寄りの一部には出窓が明けられ、ここの引違のガラス窓から、食事をしながら南の庭の緑を眺めて楽しむことができる。

　畳の部屋でいえば四畳半余の広さのフローリングの床上に、模様の無いやや小さな厚めの絨毯を敷き、その上に天板の隅を丸く取った横長の食卓が置かれ、これを四脚の椅子が囲んでいる。その上には竹籠を伏せた形を思わせる、籐編みの形の良い扁平なランプシェードを持つペンダント型の照明具が天井面から吊り降ろされているが、天井から降りている二本の電気コードと吊線《ワイヤ》を、竹の釣竿でカヴァーし隠しているところなど、いかにも村野の考えた照明具らしくきめ細かい配慮が見られて面白い。この食堂には、村野が戦後のアメリカ旅行で見たはずの、クランブルック校構内の、エリエル・

サーリネン[13]の自邸(1929)のインテリアを思い起こさせるような、そんな雰囲気があることに、ふと気付く。

なお、食堂の西側の、かつての藁葺の別棟との連絡通路だった廊下部分は、西側新棟の完成とともに、軽食用のモーニング・ルームを兼ねた「サンルーム」に変っている。

居間の壁を巡る

さて、食堂からもう一度居間の方に戻り、今度は居間のインテリア、四方の壁面の構成を展開図的に見ていくことにする。食堂を出て、先ほどの障子の入った袖壁を右に見て、居間の南の壁の方へ回り込んでいくと、頭上には部屋の中ほどに立つ独立柱から袖壁の柱に向かって化粧梁が渡されており、この下を過ぎると南の庭に面して、腰壁の上に全体で、二・七m(九尺)ほどの横長の窓が開けられている。その上には丈の低い欄間があり、西端の部分は柱と間柱に挟まれて嵌殺になっている。この開口部には、欄間も含めて内側全てに障子が入れられており、それを引き分けると、一間ほどの間口でガラス戸越しに、変化する季節毎の庭と樹木と草花の様子を楽しむことができる。窓下の小壁に直付けして、〈付書院〉に見られるような、長さ一・八m(一間)と横に長い低い棚が固定されており、そこに装飾的な工芸品を置いたり、〈書院〉の場合のように、時に庭の緑に目をやって休みながら、棚板下に脚を入れて書見台として本を読むなり、読み差しの本を何冊もそこに積み上げておくこともできる。かつて村野の生前に、神戸で大規模な「村野藤吾展」が企画された際に、村野は自分の書斎との間を何度も往復して、長年集めてきた『資本論』などの主に経済学関係のたくさんの本をここまで運んできて置き、展示すべき本とそうでないものを、この台の上に屈み込みながら自ら熱心に選り分けていた姿をなつかしく思い出す(15-42)。この長机から左(東側)へ一間ほど先の、部屋の東南の入隅部に、床柱風の丸柱と南側の壁に両端を支えられた、四角や三角などの形に切った平らな板を、例のごとく《構成派》の立体彫刻のように組み立てた飾棚が作り付けられている。この飾棚の背後に立つのは、先に見た「広間」の茶室との間を仕切る壁であるが、この壁には飾棚の左手で、ほ

15-42　「村野藤吾展」のために書見台で自らの蔵書を選ぶ村野藤吾

15-43　居間の壁に明けた開口部の詳細

ぼ棚板の上板の高さに揃えて障子敷居が入れられ、そこに障子が二枚立てられていて、これを引くと隣室の座敷（広間の茶室）の様子が居間から見えて両室の一体感を生み出すと同時に、夏季の風通しを良くしている。

こうして居間の壁面を、南から東へ順に見て廻り、先ほど正面に暖炉を見た居間への入口の位置にまで再び戻ってきた。入口の右（北）脇の下には、酒類などを納めるためと思われる。背の低い収納家具が置かれているが、面白いのはその家具のすぐ後の壁の開口部の様子である（15-43）。向こう側の中廊下との間を仕切るために、居間の北側の立面いっぱいを占めて立てられた大きな白い塗壁の中に、たった一つ明けたこの開口部は、幅一m×高さ〇・八mほどの大きさで、廊下側に磨ガラスが入れられているところから判断すると、暗い中廊下に居間からの明かりを呼び込むという機能があったとも考えられる。ただこの窓がここで興味深いのは、そうした機能面のことではなくて、開口の中に、アルファベットの「Y」という文字に見える形と、その字の真中で横に「一」という線を引いたように見える、白く塗られた図像が浮かび上がっているところである。言うまでもなくこの奇妙なロゴ模様は、木造の壁の中の平筋交《ひらすじかい》と通貫《とおしぬき》の構造的な交錯を、壁の一部を切り開いて見せた、一種の下地窓風の飾窓である。

とすれば、村野はこの筋交と貫を居間にいる客に見せることで、単調な壁面の白い広がりに刺激を与えて活性化するような一種の点景を作り出し、視覚的な刺激を壁に生み出したかっただけのことであったのだろうか。村野自身は、この部分についても格別理由を生前に話していないので、ここから後は推測の域を出ないが、村野としては、この大きく白い無表情な壁面が、単なる塗壁の間仕切壁ではなく、間違いなくそれが「村野自邸」という木造建築の骨組の一部を構成する構造的な壁体であることを示したかったのではないかと思う。いい換えれば、この塗壁には何らかの〈虚偽《シャム》〉を覆い隠そうとするような意図はなく、その意味で決して不誠実な化粧としての〈面〉の広がりではない、ということを明示しておきたかった、そのための仕掛けがこの開口部であったのではないか。その壁が恣意的なまやかしに見られるのが彼はおそらく厭だったのだ。

そうした設計者としての衝動が、村野の最晩年にいたって、非常にダイレクトな形で提示されたものとして、すぐに思い出される一つの鮮烈な例《ケース》がある。こちらの場合は壁ではなく、天井であったが、あの「新高輪プリンスホテル」の大宴会場のエントランス・ホールである「渦潮」の場合がそれである。緩やかな曲面が上昇するあの華やかな天井面の頂点の一部を、村野が工事の最終段階まで考えに考えた末に決断し、あえて天井面の一部を切り開き、インテリアの壁面から天井に向かって流麗に展開する皮膜のような連続面の中に、結果として突然ぽっかりと大きな穴をあけたのだ。その上に隠れていた、銅板葺の大きな屋根を支持している太い裸の鉄骨の骨組を、盛装して宴会へとやってきた客たちが、着飾った自分たちの姿と対照的なその無骨な鉄骨の姿を見上げて覗き見ることができるようにして、多くの人を驚かせた（15-44）。結局村野はそこで、この華麗な室内を陰で支えているものは実はこれだ、といわば〈構造的真実〉を示したかったからこそ、一見無謀とも思える開口部を、きらびやかな天井面の流れをあえて切断しても付けたのだが、そうした手法の、いわば原点に当たるものが、「村野自邸」のこの小さな開口部に示されていると考えると、なおさら興味深いものを感じる。あまり知られていないかもしれないが、村野は、自分のデザインが、単純にハデでチャラチャラした表面的な処理として受け取られてしまうことに、つまり〈真実〉から離れた〈虚偽〉のデザインとして自分の仕事が見られることに、同時代の他の建築家と同じように、否それ以上に、実は常に強い警戒心を抱いてきた節がある。その点について村野は自分が認《したた》める文章の中では、よく建築家が弁《わきま》えるべき〈倫理〉、といった言葉を使って表していたように思う。

15-44 「新高輪プリンスホテル」の宴会場用エントランス「渦潮」の天井に露出する鉄骨

太梁とそれを支える柱

さて居間のインテリアを観察する中で、これまであえてほとんど触れないできたが、この「村野自邸」の居間の空間を決定的な形で支配し、そこを訪れた人たちの目を何よりも先に捉えて離さないものがこの居間にはあったことについて、最後に触れないわけにはいかないだろう。居間の天井を、東側で高く西側で低くするというように、空間を二分する形で渡されている、暗褐色の弁柄を塗られた大きく太い〈梁〉の存在である。この梁は、部屋そのもののスケールや、部屋を構成しているその他の部材《エレメント》や細部《ディテール》などに比べると、異様に太くまた重く映る部材であり、そのヴォリューム感によって、周り

15-45　居間の太梁と桁の構成

15-46　太梁とそれを支える束ね柱。障子入りの間仕切の向こうは食堂

のあらゆるエレメントを従えている、造語風にいえば、大黒柱ならぬ〝大黒梁〟といった風格のある趣を持つ太梁である。この太梁の荷重を受けるために、北側では、先ほどの廊下と居間の間を仕切る塗壁の中に隠れている柱が支持しており、また反対の南側では、居間の南側の外壁面から内に一間ほど入った位置に立つ、主柱と添柱といった関係で南北に寄り添っている二本の束ね柱が、間に細いスリットを入れて緊結され、独立柱として、二間ほどの梁間の梁端を載せてそれを支持している。この二本の緊結された束ね柱は、この部屋では格別に象徴的な存在に見えるこの太梁を、梁の南端部で支えているとともに、さらにその梁上の白い漆喰塗の天井面の奥に隠れている桁（もとの家の軒桁か）をも支持して立っている。（15-45、15-46）

村野がここで柱に添柱を付け加えて束ね柱としたのは、この大きな梁と隠れた軒桁から掛る荷重が非常に大きいため、普通の柱一本では支えきれないと判断した結果であったに違いないが、その部分をもっと太く頑丈な一本柱で支持させなかったのは、適当な太さの断面を持つ柱を手に入れにくい時代であったから、という理由だけでは必ずしもなかったように思われる。仮に、大和河内の民家の土間でよく見かけるように、大きく重い梁を、同じように太い柱で受けさせた場合、二つの部材がそれぞれに持っている力をたがいに衝突させ、相殺させてしまうことを村野は避けたかったに違いない。この場合〝主役〟はあくまでも太梁の方であり、柱は〝脇役〟として、できるだけ梁の下で控えめに立たせたいと考えたはずで、そこで村野は束ね柱にしても密着させずわざわざ間にスリットを入れて、荷重に耐える実力の割にはほどよく透けた目立たない姿に変身させたのだ。さらには本来は力強くすっきりした姿に見えたはずの角柱に、その角を釿《ちょうな》はつりにして大きく面を取るように粗く削って、たくみに視覚的な力を弱めて人の目に見せたのである。こうすることで大梁は〝主役〟としての輝きをさらに増すことになった。

梁の反対側の北端では、壁の中の隠れた構造的な柱の他に、

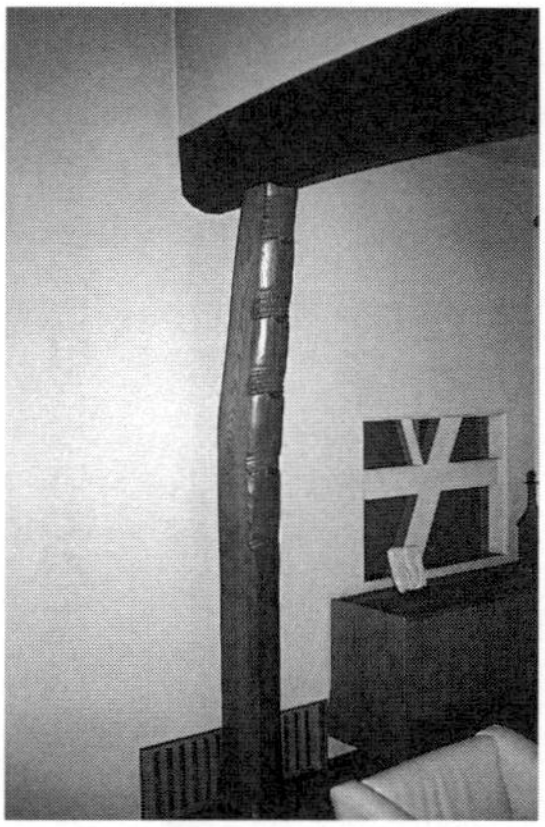

15-47　居間にある醤油搾り用の木を使ったという飾柱

それを補助するような形で、大壁から少し室内側に寄った位置に一本の異形《いぎょう》の独立柱が、いわば〈飾柱〉として立ち、上の重みをそれなりに分担して支持しているように見える（15-47）。この化粧柱は、村野がどこかの醸造所の庭先に転がっていたものを見つけてきて運んだものと伝えられ、もともとは醤油を作るためにもろみを絞る時に使う横棒として長年使われてきたものが、要らなくなって放置された状態にあったものを譲り受けて家に持ち帰り、ある時、太梁の一方の端を支える化粧柱として組み込み、明るい漆を塗って変身させたという逸話をこの柱は持っている。この柱の中ほどには掛釘が打たれており、来客時にはそこに額入りの油絵や、時には活花などが飾られることもあった。この化粧柱の表面には、もろみを絞り上げる時に縄を掛けたとされる、何条もの縄目が刻み込まれており、また重みに耐えかねたためではないはずだが、背骨が少し曲がっているかのように見えるその形姿には、どこかで《表現主義》などの彫刻作品を思わせるところもないではない。

見る人によってはそこに、長い設計活動の間で、幾度となく敵対する勢力、特に《モダニズム》の側からの故なき攻撃――あたかも村野の体に言論の縄を掛け、絞り上げて苦しめようとするかのような攻撃――に対して、身を屈めるようにして耐え、時には鋭く反発して来た戦後の村野の、建築家としての〝彫像〟をそこに見る思いがする、という人もいる。それはともかくとして、このような柱や壁にその両端を支えられながら、天井を重々しく飛んでいるこの大梁には、その中間で逆さに跨がせるような形で、天井から照明具が吊り下ろされている。こちらは食堂のそれと違って籐ではなく紙貼の笠で、シンプルな直方体の中に収めた照明源が、その下の応接用の小卓子を挟む長椅子と肘掛椅子を、上から淡く柔らかな光で照らし出している（15-46）。南端の束ね柱の間から、食堂の袖壁の柱に繋虹梁《つなぎこうりょう》風の桁が飛んでおり、その下の机周りの空間を区劃していたことはすでに先に見たが、緊結した束ね柱の間に端を挟まれて固定された形のこの化粧桁が、束ね柱を交点として太梁とともに、天井下でL字形に居間の空間を切り取り、一つの空間としての纏まりと統一性をあえて分断して、天井高の高低の変化を生みだし、空間のヴォリュームに強弱を付けて多様化している。

〈過去〉を肩に担ぎ歩いてきた

先の太いこの梁こそ、河内へ移築を前提に古民家を見に行った時の話として村野が先に書いていた、「僕はこの梁がほしさにこの家を買ったようなものだね」と夫人に呟いて苦笑した、まさにその「この梁」であったのだ。土間上の空間のなかで「広い台所の空間を二分し」、「素晴らしい構成」を実現していた、と後に村野が懐かしく回想した「大梁」。村野はその文章の中で自分が買い取った民家の「柱も壁もさんざんに切り開き、手直しを加えて昔日の面影を残さなかった」と書いた一方で、それに続けて次のように述べているのは、やはり注目すべきところである。

「しかし、あの魅力的な美しい大きな梁は、まだ昔のままの姿で私たちの居間に残されて、私はついに、この大梁には一指も加えることができなかった。もしかすると、私はこの美しい梁の陰にかくれて、卑怯にも建築家としての虚構を築こうとしていたのではないか。[14]」

ここには、これまでさまざまな場所でくり返し触れてきた、村野藤吾の《現在主義》という基本的な立場にもとづいた、建築史的な〈過去〉に対する非常に明快な視座が表明されている。同時に村野が、「私はついに、この大梁には一指も加えることができなかった」という意味を、もう少し言葉を足して言い直せば、河内の一軒の民家の、他のほとんどの部分には徹底して手を入れて、その〈過去〉の建築部材を、自分が建てるべき〈現在〉の建築を構成する部材へと新たに甦らせたのだが、この「大梁」だけは、「一指も加え」ずに、つまり〈過去〉を〈過去〉のままにして全く手をつけず、〝未知との遭遇〟ならぬ〝過去との遭遇〟よろしく、〈現在〉の居間の空間へと一気に〈過去〉の闇を突き抜けさせて現前させたというのである。村野はさらに続けて「もしかすると、私はこの美しい梁の陰にかくれて、卑怯にも建築家としての虚構を築こうとしていたのではないか」と書いて、その「普請往来」の顛末を締め括っている。この場合の「建築家としての虚構」、つまり自分の建築的表現の体系を、その梁に象徴されているような〈過去〉に寄り掛かり、「梁の陰に隠れて」構築してしまったのは「卑怯」だったという、ある意味では、現代に生きる表現者としての自省の弁に聞こえるが、しかしこの言葉も、やはりここでは裏を返して読む必要があるのかもしれない。なぜなら、この「一指」も付けなかったこの大梁を、自分が設計した建築の核心部である居間の空間の中に、唐突に乱入させているように仮に見えたとしても、実は自分の〈現在化〉への強靭な想像力の下では、それは十分に制御できているし、それを現代建築の中の一エレメントとして、十分に全体(〈現在〉)の中に組み敷くことができているのだという、自分の《現在主義》の手法に対する自信のほどを示した言葉とも読めるからである。事実、この梁はそれほど見事に、この居間の空間の〝主役〟として現存し、その本来の役割を果たしているし、またそれほどの違和感も感じさせないで納まっている。

〈過去〉も、〈未来〉と同じように、〈現在〉へと生々しく、また生き生きと、〝顔〟を出しているようにすべきだ！ これこそが村野の建築的《現在主義》の最も基本的なコンセプトであったことはすでにくり返し見た通りであり、〈現在〉以外の、〈未来〉や〈過去〉をバッサリと切り捨てることが、村野のいう《現在主義》の本旨では決してなかったことも、もはや改めて念を押すまでもないだろう。村野はこの「大梁」を、自分が設計した居間の、あの白い大きな壁の中から、突如として出現させ、突出させる、という意外な表現法を通して、「大梁」が運んできた〈過去〉を、自分自身の体で受け止め、〈現在〉へと繋ぎ留めることに成功した。しかし実際には、それは簡単そうに見えて大変な力技《ちからわざ》であったはずであり、そうした企て自体が、村野の建築家としての身体に、単なる喜びだけでなく、時には激しい苦痛を呼び起こすこともあったに違いない。そういったことを考えると、先にこの「大梁」を壁際で支持している縄目の付いた「飾柱」に、村野の彫像化した姿を幻視したという人は、まんざら筋違いの想像に襲われたというわけでもなかったように思えてくる。というのも、村野は晩年にカソリックの洗礼を受け、キリスト者として永眠したが、古くからの絵画や彫刻の中でキリストが重い十字架を肩に担いでゴルゴタの丘に登る姿がくり返し表現されてきたように、「村野自邸」の居間の「大梁」とその下の「醤油絞りの柱」の一見奇妙に思える組み合わせは、それに似た一人の建築家の〈パッション（受難）〉の、激しい苦悩の像として見ることもできるように思えるからである。村野が、建築家として燃やした情熱と、それとともに受けた種々の苦難の数々が、彼がどこかでそれを意図していたかどうかは別にして、無意識にそこに表現されていたのではなかったか。建築設計において、〈過去〉は決して無視することができない、いわば理念《アイディア》や思想の宝庫であるとはいえ、多くの現代の設計者にとっては、いかにも不可解で重苦しく、自分の設計の足手纏いにも感じられ、多くの場合切り捨ててしまいたくなるような代物であったことも確かである。そのような重く暗い〈過去〉を、「一指も加え」ずに、自分自身の肩に担いで受けとめて、設計者としての長い道程を重い足を引きずるようにして歩んできた村野藤吾の、苦闘するいわば受難者としての密かな姿が、そこに具現化されている・・・と見ることは、必ずしも血迷った見者の怪しげな白日夢とはいえない気もするが、はたしてどうだろうか。（口絵viii頁参照）

「ひとりの侍」

村野は、一九八四(昭和五九)年十一月二六日、清荒神の一九五七年に新築した自宅の寝室で、九三歳の天寿を全うして眠るように天に召されたが、その翌年の一九八五年二月号の『建築雑誌』に寄せた、村野藤吾追悼の拙文をここに再録して、村野藤吾の戦前の仕事を追い求めてきたここまでの論考を締め括らせてもらいたいと考える。

「今から十年ほど前になろうか、ある建築家のお供をして、村野邸でのお茶会に陪席させていただく機会があった。四畳半の茶室に数人の客が坐し、官休庵宗匠の介添えで、村野先生ご自身のお点前による貴重なお茶をいただいた。その時に私がうけた衝撃をいまもありありと思い出す。先生のお点前のなんと無骨で剛直なこと。日頃、村野先生の建築からうけとる一般的な印象、やわらかく繊細で女性的な風姿、といったものとは、およそかけはなれた何かがそこにはあった。戦場の戦いにあけくれる武人の茶、といったものを私は勝手に幻視していたのかもしれない。そういえば先生のあの目もそうだった。相手を真向から切り据えるような鋭い視線。その前で私は初めの頃はよく身を固くしたものである。

大正七年の大学卒業後、実に六六年間におよぶ建築家村野藤吾の足跡を考える時に、私はどうしても、ひとりの創造者が、その無骨さと剛直さをたよりに、孤独に戦いをいどんできた軌跡といったものに目をむけずにはいられない。実際のところ村野先生の建築家としての生涯をふりかえると、学閥はもとより、財閥、門閥、閨閥といった一切の閥や組織や権力とは無縁のところで、常にひとりで仕事を続けてこられたことがわかる。決して徒党を組まず、また不毛な扇動といった行為を極力避け、自分の仕事や行動は、自らひとりの力を恃《たの》むことによって完結させようと心がけてこられたようにみえる。大正八年に発表された論文のなかで、先生は自らを「プレゼンチスト」、現在主義者と規定して、「念々刹那」すなわち「現在」に身を投じながら、「此の転成の上にわれらの知力の全幅を挙げて物の本質に対する究極と交渉し様とする」(「様式の上にあれ」)と高らかに宣言しておられる。まさにそれは、自らの将来を、ひとりの侍として、自分の力で切りひらいていくのだ、という決意の表明であったとも読める。そこから先生は、一九三〇年代における建築界の未来主義、つまり「新興建築」への盲目的な傾斜を、まさに現在主義者として鋭くたしなめ、さらに戦後においても同じように硬直した未来主義に支配されたジャーナリストや建築家たちのいわれのない攻撃に対して、自分の作品を通して正面から反撃したりされたのだ。

村野先生は、幼少年期を回想して、子供の頃両親のもとをはなれて漁師の夫婦に育てられた頃の話をよくされた。親はどんな事情があるにせよ自分の子供を手ばなすようなことがあってはならない、と強い口調で話されるのも何度か聞いた。たしかに村野先生の体のなかには、ある種の「孤児性」といったものがいつも脈うち、やがてそれが後に、戦う武人村野藤吾へと昇華して行ったのではなかったか。

晩年の村野先生は若い世代の建築家たちに何かをしきりに伝えたがっておられた。現代は技術の時代であり、組織の時代であるという。ひとりでは何もできない。たしかに

15-48　神戸で開かれた「村野藤吾展」における村野所蔵の経済学関連の本の展示

そうかもしれないが、きみたちはひとりの侍として、ひとりの建築家として、そうした状況を人間的なものへとつくりかえるために、どう戦い、どう腕をふるえばいいかについて、真剣に考え、模索したことがありますか、そうしたわずかな可能性をひろげるために、どれだけの修錬や努力を積み重ねてきましたか、もしそうしたことを本気でやったならば、いま建築家としてやれることはまだまだあるのではないですか・・・、村野先生はそうおっしゃりたかったにちがいないと思う。

数年前、神戸で「村野藤吾展」が開かれた。その会場を訪れた村野先生は、ご自分の建築スケッチや写真パネルをひとわたりご覧になったあとで、先生の書斎からお借りしてきて展示した、各頁の余白にびっしりと書き込みのあるマルクスの「資本論」やその他の経済書やノート類を展示したコーナーの前に進まれ、そこで思わず絶句して立ちつくされてしまった。体の奥からこみあげるものを押さえようと固く瞑目し、しばらく体をふるわせたまま先生は動かれない。戦中から戦後の苦しい時期に懸命に勉強していた頃のことが思い出されて、そうした自分がいまなぜかとてもかわいそうに思えてしまって、思わずはずかしいところをお見せしたと、あとではにかみながらそのわけを話されるのを聞きながら、村野建築のはなやかさ、かろやかさの背後に潜む、厳しい身の刻み具合をふと垣間見たような気がして、私は慄然とせずにはいられなかった」[15]。（15-48）

［註］

1 村野藤吾「建築家十話」の中の「一、売り家」、『毎日新聞』一九六四年三月二一日掲載。『村野藤吾著作集』鹿島出版会、二〇〇八年、五三三—五三四頁所収。引用は『著作集』に拠る。

2 森忠一（一九〇八—一九九九）。一九三一年京都帝国大学建築科を卒業し、三二年、第一回のフランス政府給費留学生として渡仏し、三四年までエコール・デ・ボーザールで建築を学ぶ。帰国後一九三五年に村野建築事務所に入所。戦後すぐの一九四九年、村野藤吾の設計事務所のパートナーとなり（「村野・森建築事務所」）、村野の他界まで、同事務所の主に経営面で尽力した。

3 前掲「建築家十話」の「二、普請往来」『著作集』、五三五頁。

4 前掲「普請往来」『著作集』、五三六頁。

5 前掲「普請往来」『著作集』、五三六頁。

6 前掲「普請往来」『著作集』、五三六頁。

7 特集「建築家の住宅」の中の「村野藤吾氏邸」『建築と社会』、一九五四（昭和二九）年十二月号、十—十三頁。

8 浦辺鎮太郎（一九〇九—一九九一）。「村野藤吾先生の家」『建築と社会』、一九五四年十二月号所収。

9 村野藤吾対談（聞き手長谷川堯）「芸と建築・職人芸の視点から」『現代建築の再構築』彰国社、一九七八年、一七四頁。

10 註7に同じ。

11 愈好斎（一八八九—一九五三）。聴松宗守。三高から東京帝大国史科卒。久しく途絶えていた武者小路千家を再興し、大正昭和前半期を通じて茶道界のみならず異彩を放った。村野は「そごう百貨店」の茶室を手掛けた時、すでに愈好斎の指導を受け、知己を得ていた。

12 堀口捨己（一八九五—一九八四）

13 エリエル・サーリネン（ELIEL SAARINEN, 1873–1950）の渡米後の自邸兼設計室。

14 前掲「普請往来」『著作集』、五三六頁。

15 長谷川堯「ひとりの侍」『建築雑誌』日本建築学会、一九八五年二月号所収。

文中冒頭にある、村野自邸のお茶会に正客として招かれた建築家は大江宏であり、この集いには他に浦辺鎮太郎、小川正などの関西在住の建築家も招かれ、東京からは当時『新建築』誌編集長であった馬場璋造と筆者が招かれていた。

第十六章

村野藤吉の出自と、「藤吾」への転進

出生地は唐津、出身地は八幡

一九八〇年四月二二日、佐賀県唐津市の「虹の松原」の名で知られる、密植された黒松が造り出す美しい松林の西の外れに立つ、名前もそのままの「海辺《シーサイド》のホテル」から、ホテルと海の間に広がる砂浜の上へ、私たち一行は降りて行った。晩春の午前の明るく清新な陽射しと、いっぱいにそれを浴びて輝いている唐津湾の青い海と、それを抱え込むようにしている白い砂浜の線。玄界灘に続く湾内の、低い波頭を立てる海水を弓形に受け止めて、西の唐津から東の浜崎町へと伸びている白砂と、これに寄り添い、同じくゆるやかな円弧を描く松の緑の帯。私たちはホテルを後にして西に向かって歩き出し、松浦川の河口の向こう岸の小高い丘、満島《まんとう》山の上に聳える唐津城の姿を前方に望みながら、そちらの方角へとゆっくり近づいて行った。この私たちを先導する形で、軽いコートを身に羽織り、その裾を海から来る微風にはためかせながら、しっかりした歩調で歩くのは、ひと月足らず先の五月十五日での、満八九歳の誕生日を目前にしていた建築家、村野藤吾その人であった。

今歩いている北側の東の浜から、その南側の、河口を目前にしている松浦川の右岸までの、南北がわずか四〇〇m足らずの幅で、これに虹の松原の西側にある、東西で一、〇〇〇m余の長さの砂地の上に築かれたこの集落に、村野藤吉（後の藤吾）は、一八九一（明治二四）年、村野文吉、広永チヨの間の、姉二人に続く第三子、長男として生まれている。彼はこの地で、十二歳までの幼少年期を送り、その後、隣県である福岡県の八幡に移り住むことになるが、訳あって、唐津にいた頃は実父母の住んでいた家で育てられずに、実家のすぐ近くの、漁師の家の娘で、離婚して一人身であった乳母（シメ）の下で育てられ、さらに十歳の頃に両親が八幡に移った後も、二年ほどはその乳母の下で暮らし、その後初めて八幡の実家に引き取られたという、ある意味では奇妙な幼少年期を村野藤吉は送っている。村野は、後年になって自分の出自について問われた時には、「出生地は唐津、出身地は八幡」、と話すのが常であり、幼少年期を送った唐津と、その後、大学を目指して東京へ出るまで、両親と暮らしていた福岡県八幡をいつも区別して語り、自らの人格を形成する上で、この二つの対照的な環境からの、それぞれ異なる影響を受けて成長したといつも話していた。

その意味では、今私たちが歩きはじめたこの場所、旧佐賀県東松浦郡満島村は、急速に工業都市としての開発が進められ、新都市に特有な未完成で人工的な町であった八幡の都市環境とは好対照を成していたことは確かであり、ここは江戸時代以来ほとんど変わることのない自然的な環境に包まれた、文字通り村野の「生まれ故郷」であった。このような美しい環境の中で自分が育ちながらも、一般の家庭にあるような両親からの直接の庇護を受けて育ったわけではなかった特殊な事情について、村野は、終戦から十五年ほど経った一九六〇(昭和三五)年に、当時の「日本短波放送」で毎週放送されていた「建築夜話」と題した、日本の代表的な近代建築家へのインタビュー・シリーズの中のゲストとして招かれて登場し、文学者の幸田文と建築家の武基雄を相手に、おそらくはじめて彼の特殊な幼少年期について公に語って聞かせている。その放送時の録音を後に文字に起こし、同じ『建築夜話』というタイトルをつけて纏めた一冊の本が残されているが、その中で、村野は自分が幼少年期を過ごしたこの生まれ故郷のことを、質問者の問いに答えて、次のように話している。

「村野　ところがね、私の母が弱かったものですから、生れると直ぐ両親は私を乳母にあずけ、私の十歳の頃、［私を残して］先に八幡に移りました。それまではずっと乳母に育てられたんですよ。乳母のうちは漁師なんです。だから、漁師の悪童どもといっしょに網を引くことだとか、そういう漁師のやることばかりして暮らしたんです。(中略)

幸田　先生、そのお宅は、大きい漁師さんでしたか。

村野　いやあまり大きくないし、裕福でもないんですよ。だから最初、乳母にすれば、やはりお金欲しさでやったことでしょう。併し最後には実家から［子供を］返せという話が来ても、なかなか手放しかねて、うんと言わないほど可愛がってくれたもんです。

幸田　その漁師さんのお宅、どんなふうなものでございましたか。

村野　だいたい漁師のうちというものは、みな同じようなもんですよ。風が入るようにというんでしょう。切妻が道路に面して立っていて、通り庭が［家を抜けて］、裏の小高い砂丘につづいていました。それに［家には］年寄りがいましたから、仏間だとか年寄りの室などがありました。私は年寄りといっしょに寝たもんです。

武　そういう所、いまもなつかしいとお思いになりますか。

村野　なつかしいですね。子守をして遊んだ砂丘だとか、榎の大木とか。それでこの間、私、博多から車で行ってみたんです。ところがその家はもうあとかたもなく、近くの小学校だけが残っていました。私はしばらく眺めて［から帰って］来ました。[1]」

「虹の松原」の西端の、その先に位置する一帯は、少年村野藤吉がいた当時は「満島村《みつしま》」と呼ばれており、これは現在の

「唐津市東唐津町」のことだが、その場所は、北側に広がる「唐津湾」の海水と、南側の「松浦川」の清流に挟まれた、東から西へ砂嘴が細く鋭く突き出た場所に造られた集落であった。この地域全体を一望するためには、戦後ＲＣ造で建てられた唐津城の模擬天守から見下ろすのがよく、松浦川の河口の東岸に、現在の唐津市の東端にある鏡山と、その西に続く「虹の松原」の松並木を後方に従えた前景として、ホテルなどのいくつかのビルを省けば、ほとんどが低い瓦屋根の家並で今も占められている一塊の集落として眺めることができる。

16-1　旧満島村、現東唐津町を、唐津城から見下ろす。後方に鏡山

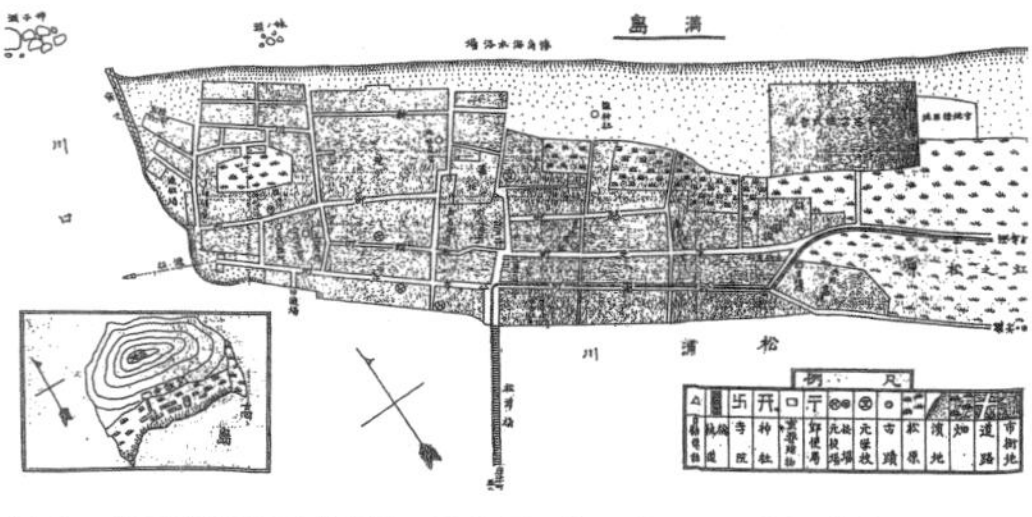

16-2　大正後半期の満島村の略地図。虹の松原の西側に集落があった

（16-1、16-2）

満島における村野の少年時代

村野に歩調をあわせながら、その時汀に近い硬く締まった砂の上を一緒に歩いていたのは、私の他に、戦前から村野の建築作品に関する書籍や雑誌の出版を、ほとんど一手に引き受ける形で出してきた「新建築社」の吉田義男社長(当時)と私の、東京から駆けつけた二人をふくむ数人であった。戦後二冊の大部の村野藤吾の建築作品集[2]を出していた新建築社から、これに続いて、一九七五年以降のまだ纏められていなかった村野の最新作を収めた第三冊目となる作品集[3]を出版する計画がすでにその頃始まっており、第二巻目の作品集の巻末に、かなり長い「解説」を書いたことから、この第三巻の「解説」もやはり担当する予定になっていた筆者に対して、新建築社を通して四月のはじめに村野からの連絡が入った。自分の生まれ故郷を一度一緒に歩き、遠い昔のことを思い出しながらそこで自分が少年時代にどんな暮らしをしていたか、どんな気持で過ごしていたか、などといった点について直接話しておきたいと思うが、唐津まで出向いてもらえないか、という村野からの打診であった。こちらとしては願ってもない機会を与えられたと喜び勇んで唐津に飛び、やはり大阪から唐津へやってくる村野夫妻を、吉田社長とホテルで待ち受けていた

という経緯がその前にあったのである。[4]（16－3、16－4）

その時に村野から聞いた話を、後日三冊目の作品集の「解説」の中に纏めて収めた拙文があるので、その日のことを思い出すために、以下に一部を引用することにする。

「[唐津湾とその北の]玄界灘に面した美しい『虹の松原』を東に遠望しながら、陽光を受けて青く輝いている松浦潟の海面と、その中にポツンと浮かぶ高島を北の方角に見、さらに西方に唐津城を仰いで、八十年も昔に、村野『藤吉』少年が、仲間たちと遊び戯れたはずの白い砂浜の上を、東から西へゆっくりと歩いて行った。夏には赤い褌をしめて、ここで毎日のように海で泳ぎ、また泳ぎは人に負けないくらいに達者だった、と[砂浜の上に]しばし立ち止って話し、また泳ぎ疲れると砂浜に身を横たえて休んだものだが、その時に体を包む砂の温かさを今もよく覚えている、と老建築家は、海風を受ける度に乱れる美しい銀髪に、時々手をやって押さえながら、問わず語りに話しはじめた。

16-3　唐津湾の中の高島を背景にして幼少年期を語る後姿の村野藤吾

漁師が地引網をする浜で、網からこぼれおちた魚を拾ってきて、それを売って小遣いや学費の足しにしたことや、浜には今はみられないが、その頃はびっしり笹竹が[波打ち際と集落の間に]生えていて、それを切って先を尖らせ、砂浜に突き立てて遊んだりしたものだが、ある時それを削るのに誤って手を滑らせて刃物で怪我をしたと、自分の眉間の古い傷にそっと触れたりもした。時には[この浜の東へ]二里[約八キロ]も先にある浜崎まで、近所の子たちが連れ立って〝遠征〟に出かけ、すっかり[帰りが]遅くなって親たちを心配させたりしたこと。さらに虹の松原のはるか東、福岡県の方角を指差して、ここから六、七里先の、福岡県糸島市波多江に、早稲田の先輩、[建築家の]中村鎮[5]の生[誕]地があって、その『鎮さん』とは大学を出てすぐの大阪時代に、一時同じ下宿で寝起きを共にしていたことがあって、とても親しい間柄であったことなどを、私たちに断片的に、しかし熱心に話した。

虹の松原から続く砂浜の西端、[唐津城真下にある]松浦川河口の方に近づいていくと、岸からすぐ近く[の海の中]

16-4　海岸を歩く村野と話を聞く筆者

に『妹ノ瀬』と、川の出口に『姉子ノ瀬』と呼ばれる岩礁が［岩の先端部を］波間に見え隠れさせているが、村野はこれを見ながら、ここらでよく友達と釣りをして遊んだことや、そういえば、と思い出したらしく、ある時浜に突然、海豚《いるか》の大群が近づいて来て、それを村人総出で引き上げて大変な騒ぎだったと、話した。[6]

昔は［江戸期に］唐津城があった［川向うにある城下］町の中心部と満島の間の［松浦川］河口を［直接］連絡する現在のような橋（舞鶴橋）はなく、ここは渡し船が連絡していた、だから明治建築界の大御所である辰野金吾などが幕末に育った城下町［の唐津］と、漁村だった満島とは、今でこそ同じ唐津市内だが、環境としては随分［大きな］違いがあったことも、私たちに理解させた。

さらに私たちは河口を南側に廻りこんで、［現在の］松浦橋のある川端の方に移動していき、もと村野家があったと思われる［大まかな］位置や、自分が預けられていた漁師の家の［唐津湾側の］場所などを、［小さな川船の］船着き場所になっているらしい木製の桟橋の辺りに立って、村野の意外に骨太な手の指先で［その方向を］教えられた。当時は近くに［たくさんの］炭鉱があり、乳母の父親は漁師の傍ら人夫頭の様な立場で、［炭鉱から船で送られてくる］石炭を運んでおり、おかげで石炭はふんだんに使えたが、電気はもちろんなく、日常の［夜の］照明はランプで、ガス灯が街を照らしていたという。自分の足にやけどの痕が残っているのは、これは石炭を燃やした七輪の火によってできたものだ。

ある時には、［乳母の］小島［シメ］の母方の実家が伊万里にあった関係で、彼女の里帰りにつれていかれて、伊万里までの六里［二四キロ］ほどの道程を歩いて往復したこともあった。また三学年まで通っていたという［尋常］小学校が現在も同じ位置にあるのを前にして、このままもし自分が［ここに］居続けたら、きっとほんとの「ゴンゾ」（悪童の意か）になってしまうのではと、子供心にも恐れ、その頃から実の両親のもとに戻って勉強したいと思う気持が芽生えた、とも語った。かつて花街［旧新地町］があった「中町」の古い町家［洋々閣］の前では、自分の母親チヨが、『新築のノスにも稀な、と人に言われるほどの評判の美人だった』と、微笑しながらなつかしそうに述懐した。厚いレンズを入れた眼鏡の奥の目を細めて、はにかみにつつまれた柔和な笑顔を浮かべていた[村野]先生の表情が、昨日のことのように鮮明に思い出される。[7]」

村野がこの時伝えたかったもの

村野に案内されて東唐津の浜や街並の中を歩いてから、さらに三十年余りの歳月が過ぎた今、その時のことを思い出して見て、私を含めたその日の同行者たちに、村野は一体何をそこで伝えようとしていたのだろうか、と改めて考えずにはいられない。「出生地、唐津。出身地、八幡」と、あえて区別して語ろうとしていた村野は、自分が近代的な建築家を目指すことになる、いわばその〝原動力〟となった生活環境、その意味ではまさに「出身地」であった八幡の、明治期後半から大正期にかけて、日々ダイナミックな成長を遂げる「官営八幡製鉄所」を核としたこの工業都市の活力について語ることは比較的多かったといえるかもしれない。たとえば一九六五(昭和四十)年に、『建築年鑑』に発表された「わたくしの建築観」と題した、村野の談話を後で編集部が纏めた文章の冒頭部分で、八幡について次のように語っている。

「御承知かと思いますが、私は工業学校出で機械を勉強していました。兵隊にゆく[前]までは、それでしばらく八幡製鉄所につとめていたのです。[8]この八幡の影響というのは人にも言われ、自分でもそう思うのですが、かなり強かったようです。生れは唐津です。しかし物心ついてからは八幡に移り、そこでずっと暮らしました。製鉄所に[勤めて]いたこと自体もいまではプラスになっていますが、もう一つは感覚的な面への影響ですね。私の作品のシルバー・グレイというか、ちょっとブライトではない色調。これはやはり八幡の煙の多い空、それから鉄、あの感じです。これをもっと洗練すれば『渋い』ということになる。森五に象徴される一つの感覚。これは一生私に影響したのです。ですから[モダニズムの]白という色には、私は容易になじめなかった。白と赤のコントラストなどというのはごく最近の[私の]傾向です。少し明るくなってきたのは、少し幸せになってきたからかもわかりません。[9]」

このような八幡の環境と自分の作品との間の密接な関連という面で考えれば、最晩年の村野が、唐津へ私たちをわざわざ呼び寄せて、その〝原風景〟を見せた理由も、自ずと明らかなようにも思われる。村野は、どこまでも人工的で、工業的な、今なら「汚染」といった言葉が使われずには済みそうにないような環境下にあった八幡に対して、青く輝く玄界灘の海を前にして、まさしく白砂青松の満島村の美しい自然的環境が、村野の建築を彩ってきたもう一つの別の側面の原点であったことを、私たちに見せようとしていたのではないかと思われたからである。村野は、建築と自然との親密な結びつきを常に重視してきた建築家として広く知られているが、彼は建物を取り囲む造園に深い気配りをすると同時に、建物の〈内・外〉のしっくりとした繋がりにいつも配慮し、その結果として、建築が自然への〝敵対物〟となるような事態をできるだけ回避しようとし、またいかに建物を自然の中にうまく溶け込ませ、あたかもそこに消え入っているかのように見せるためにはどうすればよいか、等々に苦心を重ねてきたことでも注目された設計者であった。村野が設計を通して実現する、硬く直線的でやや暗いといった傾向があると村野自身が言う、彼の場合に名付けるとすれば、〝八幡感覚〟といったものとは対照的な、〝唐津感覚〟といったものがあったことを、その地で私たちに確認させようとしていたのではないか。この場合の〝唐津感覚〟とは、満島の環境の中に今もその大部分が伝えられ残されている、文字通り自然な曲線や細やかな陰影を持つ形態や色彩に溢れた自然的な環境の中で醸成されてくるものであり、そうしたデザインの〝源泉〟に触れさせたかったのだと、ここへ呼びだされた理由としてとりあえず私は考えたのである。

　しかし今思い出して見ても、村野に案内された季節が、明るく穏やかな晩春であったこともあり、そうしたおだやかな自然環境の特性をたしかに私たちも十分に満喫できたのだが、しかし実際に満島の中を歩いていた時に、断片的なものでありながらも、村野の口を衝いて出てくる言葉が私たちに直接イメージさせたのは、必ずしも目の当たりにしている現実の光景のように、静かでおだやかな世界といったものではなく、また少年村野藤吉が、その中で格別に悩みもなく、無心に一日中遊びまわっていたことを彷彿とさせるような、邪気のないほのぼのとした逸話ばかり、という訳でもなかったのも確かである。たとえばその時に村野から聞いた彼の子供時代の話の一つで、同じ漁師の一家に同居していた、自分の乳母の義姉夫婦の話が出て、学校から帰ると毎日のようにその夫婦の子供の子守を押しつけられ、何時もその子をおんぶした状態で友達たちと遊ばなければならないのが、子供心にも嫌で辛かったことを今も忘れられない、という話もその中にはあった。この話が如実に物語っているように、村野がこの時唐津で私たちに話して聞かせた話の大部分は、彼に深い愛情を注いで育ててくれた、と村野が常に感謝の気持を添えて語るその漁師の一家が、実は生活には全く余裕がない状態にあり、質屋通いが欠かせないほど貧しく、尋常小学校に入学するのは当時は数えで八歳がふつうだが、村野の場合は、彼らが学費としてもらっていた金を他に使い込んでいたためか、九歳になって初めて行けるようになったとも話していた。そうした貧困の中で育っていく中で、最後には自分も「ゴンゾ」になってしまうのではないか、と子供心にも考えずにはいられないような、経済的に厳しい状態の家庭環境の中で育てられた、と言うのである。「ゴンゾ」、あるいは〝権太〟とよばれるような悪ガキが、やがてゴロツキと呼ばれるような大人になっていくのではないかと、惨めな自分の将来が予見できるように感じられるほどの不安を胸に抱えて送った少年時代でもあったことが、村野の言葉の端々から、私たちにもはっきりと感じ取れたのだ。目の前に展開するかつての満島村、現在の東唐津町の自然のどこまでも澄んだ空気と、明るく輝いているその日の風景の一方で、それとは逆に、村野が語る八十数年前の満島村は、何かしら暗い、強い不安に彩られた風景としてなぜか私にはその時に感じられた。

送られてきた一通の便り

この時に受けた私の中でのある種の軽い違和感、というかやや意外な印象は、その後まもなく受け取った、村野からの一通の礼状の中に書かれた内容によって、ほとんど氷解したように思えた。村野藤吾の作品集第三巻(新建築社刊)の中にもこの私信を紹介したが、ここでも改めてその内容を再録しておくことにしよう。

「先般は遠路わざわざ[唐津まで]御足労下され、私如き者のために貴重な御時間を費やされましたことを恐縮千万と存じ、御高配のことを忝《かたじけな》く厚く御礼申上げます。自然と人生、幼時の影響力は消すことが出来ません。殊にあの自然の中にあって、病母に代わって漁村の人達や、乳母一家の私に対する愛情は忘れることが出来ません。

あれから東京に戻り、翌日北海道に飛び、[その]翌日[に]は有島記念館[10]を見学しました。札幌から山越えで[車で西へ]二時間半位の一寸した町[現ニセコ町]で、その記念館は、有島農場の入り口付近にありました。・・・内部に入りますと、若い頃読んだ[有島の]小説があり、殆んど読んだものばかりで、そのなかに『小さき者へ』[11]といふのがあり、[有島が]奥さんを亡くして、幼い三人の子供への愛情を綴ったものだと思ひますが、あの頃友人にその本を贈りましたところ、涙なくして読めなかったと、返事が来たことを未だに覚えています。その『小さき者へ』のなかに、多分有名句[故《ゆえ》に]御承知かと思いますが、『惜しみなく愛は奪う』[という]言葉があり、[12]・・・[私が]幼い頃の病母の手から乳母一家に引き取られて、どうにか今日あることを得ましたのも、全く[有島]氏の言葉通りであると思ひます。

愛はどん欲でなく、これこそ神が許した生きとし生ける者[が]生きる為に許した恩寵のようなものではないかと、有島記念館で、この小説を読んだ頃のことを思い出したので御座います。［大学から社会へ出た頃］今後おこるであろう近代建築を考へ、やがてヒュウマニズムの問題が［大きな］問題となるであろうといふ予感が［あり］、大正七年の［私の］卒業論文［「都市建築論[13]」］と、翌八年発表の『様式の上にあれ[14]』の論旨の深底を貫く思想は、多分此の幼時に於ける漁民たちや、乳母一家の私に対する愛情から来たのではないかと思います。

聊か意のあるところを御掬み取り下されば、幸甚の至りに存じます。海辺の波の音が、まだ耳底に残っているようです。

（後略）」[15]（16−5）

この手紙に書かれている村野の行動の背景を少し説明しておくと、唐津から東京に戻って自分の東京の設計事務所へ向かった村野が、その翌日、日中は事務所の仕事を済ませて、午後遅く今度は北海道へ飛び札幌に泊り、文中にあるようにその翌日、小樽市の西方にあるニセコ町の「有島記念館」を車で訪れている。この突然とも思える村野の行動には実ははっきりした理由があったと思われ、唐津で私たちとの間で交わしたある会話が、その突然の北海道行きにどこかで関係していたと思われる。というのも唐津で私が発した、「お若い頃、先生が最も強い関心を持たれ、また影響を受けたとお考えの文学者は誰《どなた》でしたか」、という問いに対して、ほとんど即座に村野は「有島武郎《たけお》ですね」と、大正期の日本の文学界をまさしく代表する一人の小説家の名前を挙げた。村野が早稲田の学生時代から社会へと巣立とうとするちょうどその頃に、自分の文学活動のピークを迎えていたといえる有島武郎。その有島は、村野が渡辺節事務所に入って五年ほど経った、一九二三（大正十二）年に、突然軽井沢で自害してこの世を去ったが、学生時代からこの作家の小説やエッセイは、ほとんどすべて、雑誌に発表されると同時に読み、さらにはそ

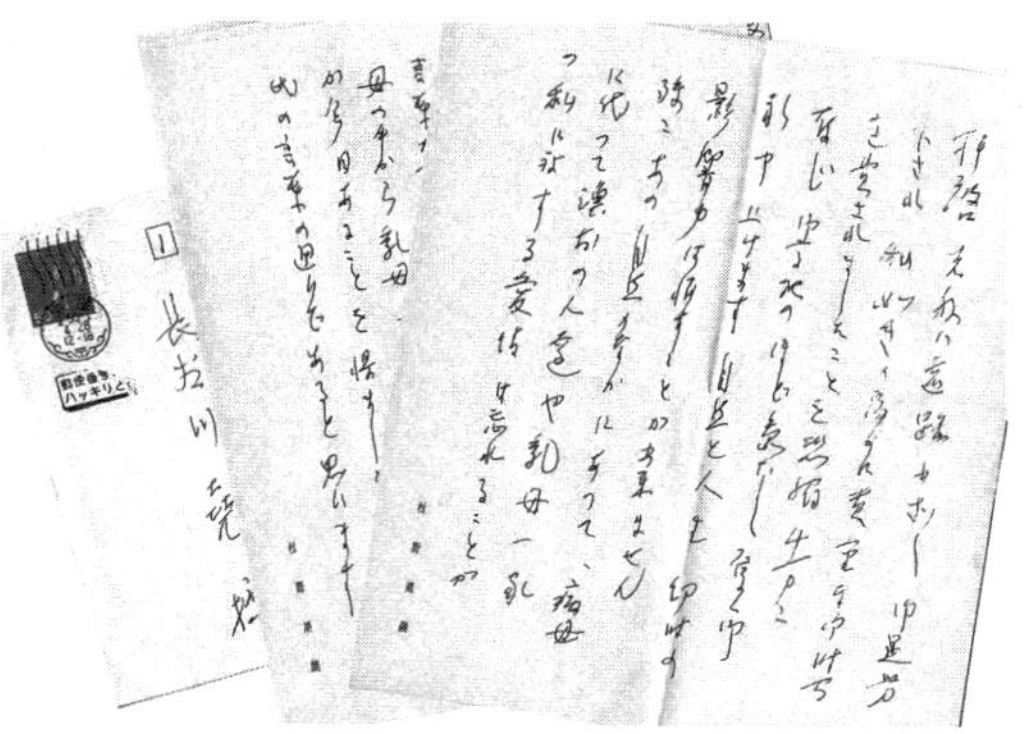

16-5　村野から筆者への手紙

れらが『全集』本などに纏められた時には、それらの本を買って改めて読み直したと村野は話し、その中で有島が熱く語っていた独自の人生観や世界観に、非常に強い感銘を受け影響されたと、その時に語っていたからである。その話を私たちにするうちに、村野は当時の有島への熱い想いをもう一度どうしても確認したくなり、急遽《きゅうきょ》北海道へ飛んだ、という経緯があったように考えられた。

村野が主に学生時代に有島武郎の文学に魅かれた理由は、後段で述べるように、村野が自分の生い立ちの中で経験したさまざまなことに、有島が彼の小説やエッセイの中で述べている内容が、少なからずオーヴァーラップするものがあることに気付いたのが、おそらく最初の切っ掛けであったと考えられる。しかし実はそれ以上に、村野は有島武郎の〈表現者〉としての内的な構え、精神的な基本姿勢、つまり彼独自の《哲学》や《美学》に、非常に強く共鳴するものを感じていたからであったことが、先のような村野の言動の中から明らかになってくるように思われる。

ところでそうした問題点の解明の前に、有島武郎を含めた日本の近代文学に対して、村野が特別に強い関心を抱くようになった、ある重要なエピソードについても、ぜひここで触れておく必要があるだろう。

電気から建築への転科

村野は、一九一〇(明治四三)年、「小倉工業学校」の「機械科」を卒業し、おそらくこの学校の成績優秀な卒業生しか入社することができなかったはずの「八幡製鉄所」へ、彼の両親の希望通りに入社し、同所内の鉄道のレールと、その関連の鉄鋼部品の製造工場の作業現場で、一年半ほど働いている。その後志願して彼は陸軍に入隊し、砲兵隊があった対馬に赴任。一年目に試験を受けて軍曹に昇格、そのまま下士官から将校に進む形で軍に残るようにと上官から強く求められたが、それを振り切るように断って二年で除隊し、「製鉄所」にも再び戻ろうとはしなかった。軍にいた時に、東京帝大法科出身のある尉官から、ゲーテだとかショーペンハウエルといったドイツの文学者や思想家の話を聞かされ、大学で高等教育を受けることの意義を教えられたといい、村野は大学を目指す決意を固め、その後間もなく九州を離れて上京し、一九一四(大正三)年、早稲田大学理工科大学高等予科へ、最初は「電気」専攻で入学した。電気のエンジニアを目指して予科に入ったものの、村野には「電気科」で学ぶために必要とされる「数学」のレヴェルがかなり高く難しいものに思えたことと、地方都市から上京してきてみて、大正期初頭の東京市内で次々と建てられていく、最新の種々の西洋建築の華麗で人目を惹くその外観や内部などに初めて触れて、そうした建物を造り出すことを専門にする人々がいることに初めて気付き、それに関心を寄せはじめ、やがて「建築科」への転科を希望するようになっていった、と彼は語っている。村野自身は言わなかったが、彼のこの転科志望には、彼の生まれ故郷である唐津藩の士族の子として生まれ、やがて今の東京大学の建築科の前身にあたる工部大学校造家科を卒業し、明治末から大正初めの東京の建築界を、〈官〉と〈民〉のそれぞれの分野で二分して率いていた観のあった、辰野金吾と曾禰達蔵という、二人の建築家の存在が、直接あるいは間接に影響していたと思われる。そのことの詮索はここではともかく措くとして、その頃の早稲田の予科では、転科を希望しても安易に認める雰囲気はなく、仕方なく村野は、当時予科長であった安部磯雄教授(16)に直接会って相談したところ、一年間しっかり「自在画」、つまりデッサンやスケッチを練習して、それが十分に熟《こな》せるようになったことが認められたならば転科を許可してもよい、と言われて本気になってその訓練に励んだという(17)。

また村野は、早稲田の理工科大学建築科の第一期の卒業生で、同じ福岡県の福岡工業学校の出身であった同郷の徳永庸(18)の名前を卒業生名簿の中に見つけ、建築科を目指すには何を勉強したらよいか、という質問を認《したた》めた手紙を、東大を退官した辰野金吾が当時主宰していた辰野葛西建築事務所に就職していた徳永のもとへ送ったところ、もし建築を専攻しようと志すならば、〈数学〉はもちろんだが、特に〈文学〉を勉強しておくようにという返事が返ってきたと村野は語っている。〈文学〉に親しめという忠告は、設計する者にとって、施主のことを考えるような「感受性」の重要性を指摘した忠告だと村野はその時理解して、設計には人の心の機微に触れるような側面が多々あり、そうした部分での感性を〈文学〉を通して磨いておくように、というアドヴァイスをもらったと理解して強い感銘を受けたという。こうして村野は、それまであまり意識して積極的に読むことはしなかったさまざまな文学作品を読み漁るようになり、一年後の、一九一五(大正四)年九月、「電気科」ではなく、「建築科」に入るという彼の念願を果たして、本科へ首尾よく入学した。

有島文学との出会い

こうした助言の下で文学に親しむようになった村野は、おそらく建築科の学生となってしばらく経った頃に、その当時の流行作家としていわば〝売り出し中〟の有島武郎という一人の作家の、小説ではなく一篇のエッセイに、ある意味で〝運命的〟ともいえる形で遭遇した。当時の有島武郎は、一九一〇(明治四三)年に創刊された同人誌『白樺』の創立メンバーの一人としても知られ、後に彼の代表作として万人が認めることになる小説、『或る女』の前半部分を、当初は「或る女のグリンプス」と題して、同人誌である『白樺』誌の一九一一(明治四四)年一月号から、一九一三(大正二)年三月号まで書いて、とりあえず連載を終えていた。しかしこの小説は、すぐには単行本としては纏められず、その後数年経ってから後半部分を書き足して、タイトルも『或る女』と短く改題し、ようやく一冊の本として纏められたのが、一九一九(大正八)年のことであった。したがって村野が早稲田へ入学したばかりの頃には、有島の文壇内での評価もまださほど高いものであったとはいえず、村野が有島の文学的な創作を、はっきりと意識して読むようになっていったのは、おそらく彼が大学二年の時に有島が発表した、先の村野の手紙の中にもあった、「惜しみなく愛は奪ふ」と題されたエッセイを、一九一七年六月号の『新潮』誌上で、彼が読んだあたりから後のことではなかったかと推測される。

いうまでもないことだが、有島の文学が、設計者を目指して学んでいた村野に強い影響を与えたとはいっても、二人の間には十三歳という大きな年齢差があったことや、また有島が四五歳という若さで、一九二三(大正十二)年、村野がまだ三二歳の時に、自ら命を絶ったことなどもあり、有島の文学や評論が、建築家たらんとして勉学を重ねていた若い村野の思考に、直接的な影響を与えていた期間も十年にも満たない短いものであった。しかしそれにもかかわらず、もしそのまま有島が生き続けて、その後の村野の建築界での仕事振りを見届けることができたとすれば、表現分野は異なるとしても、村野が有島の芸術的思惟の見事な継承者であり、また遂行者であったことを、彼は認めたはずだ、と思わせるだけの内容があったことはたしかである。というのも、有島が自ら死を招くことによって放擲してしまった形の、文学という分野で着実に固めつつあったある独自の〝構え《スタンス》〟と、また、この〝構え〟の中から彼が放ちつつあった、彼が使う「個性」とか「本能」といった言葉の持っていた原動力が実現するきわめて〈大正〉的な〈表現世界〉を、村野は建築設計という異なる分野に移し替えてそのまま引き継ぎ、それを正しく展開させて行き、長い設計者としての生涯を通じて、具体的な〈建築空間〉として実らせ続けて行ったと考えられるからである。しかも村野は、比較的短い生涯を終えて、自分が主張した思惟を自ら体現して見せるという芸術家特有の作業をあえなく終息させてしまった有島とは対照的に、そうした特別な空間、その意味では有島の場合と同じく、まさしく〈大正〉的とも言えるような建築空間の追求を、時代が〈昭和〉に入ってもそのまま続行し、さまざまな方向から彼に向かってやってくる攻撃や非難の無数の矢をしぶとく潜り抜けながら生き延びて、大正期末から、昭和期の戦前、さらには戦後を通じて自分の立場を堅持し、建築設計を独自に進展させていくことに成功したのである。

〈プレゼンチスト〉宣言

村野藤吾が大阪の渡辺節建築事務所に入所し、これからいよいよ本格的な設計活動を行うための具体的な訓練を開始しようとしていた矢先の、一九一九(大正八)年、大阪で発行されていたある建築雑誌に、村野が発表した「様式の上にあれ[19]」と題した論文については、これまでも本論のなかでたびたび参照し、その内容をそのつど検討してきたが、村野はその長編の論文の冒頭部分で、設計者としての自分は、《現在主義》の立場にあくまでも拘って筆を握る設計者であると宣言し、そのことは同時に、建築の《過去主義》、つまり《様式主義》に殉ずることでも、また逆に《未来主義》、つまり《モダニズム》に身を奉じようとする者でもないと明言していた。この《現在主義》という〈立脚点〉が、その後の全ての村野の行動を律して来たことについては、さまざまな箇所で、種々の角度から分析してきた通りであるが、その「様式の上にあれ」の「序論」の最後の部分で、次のように結論づけている村野の言葉を、もう一度ここに引き出しておくことにする。

「私は厳格なプレゼンチストである。現在に生の享楽を実感する現在主義者我等に、過去と未来の建築様式を与へんとすることは不必要である、寧《むし》ろ罪悪である。（中略）

およそ吾等に取りて最も必要なものは、総て完全なる今日である。之に依りて吾等は生の満足を実感し、理想への躍進を生命づけられるのである。過去はすべて骨董であり、将来は総て眩影に過ぎない。共に私に取りては、そは、感情の浪費であり、空虚なる必要に過ぎない。[20]」

いうまでもなくここでの村野の発言は、自分自身に付き纏って離れない〈過去〉や〈未来〉を全て放棄してそれを全否定するという意味ではもちろんなく、それを〈事実〉として〈現在〉に受け入れながらも、なお〈過去〉や〈未来〉の中に、自分の存在の支えとなる外なる《価値》を認めて、〈現在〉つまり自分の〈現存在〉を、軽視したり遺棄するようなことは絶対にしない、という覚悟の表明であったのは明白である。

改めてここで確認しておきたいのは、九三歳で天寿を全うするその瞬間まで、六十数年間を設計者として実際に活動した村野は、彼のいう「プレゼンチスト」というこの基本的な〝構え〟《スタンス》を、一度として崩すことなく設計活動を続けてきたが故に、つまり彼が堅固に守り続けてきたこの立ち位置の故に、〈未来主義者〉、つまり過激で偏狭な〈モダニスト〉たちや、あるいは時には〈過去主義者〉、つまり頑迷で固陋な〈様式主義者〉たちから、くり返し起こってくる執拗な批判の矢面《やおもて》に曝されることにもなった、という事実についてである。そのことに関連して、今ここで具体的に指摘しておきたい重要な点は、村野のこのような〈現在主義者《プレゼンチスト》〉としての立場の表明は、この論文の発表当時二八歳であった村野自身の体の中で突然閃いて、それこそ〝零〟から組立て上げられて堅固に構築された思想であったというわけではなく、こうした立場の有効性について、彼の内面で思い当たらせるような、外からの〝啓示〟があったことも考え合わせておかなければならない。実はその一つの〝啓示〟こそが、先の村野の手紙の文面にもあった、文学者、有島武郎の言語表現の中にあったのだ。

三つの〈イズム〉について

16-6　有島武郎

村野に強い影響を与えたと思われるその作品こそ、有島武郎の数多くの仕事の中でも、小説という形式ではなく試論《エッセイ》という形式で書き、自分がどこに文学的なまた哲学的な〈立脚点〉を築こうとしているかを、一人の表現者としてきわめて率直に、また非常に赤裸々に綴った、「惜しみなく愛は奪ふ」、と題された長編の論文であった。一九一七年、ちょうど村野が早稲田大学建築科の第二年次の終わり頃に、ある文芸誌上に発表されたこの有島のエッセイを、学生時代の村野は早速読んだと考えられる。その結果、この文中で述べられている、明治期以降の日本の近代文学史上、それ以前にはほとんど誰も明確に言及し、論理化しようとはしていなかった「愛」を巡る鮮烈な〈発想《コンセプト》〉や、充実した〈理念《アイディア》〉に村野は強く触発されることになったのだ。村野が先の筆者への手紙の中にもわざわざ書き込んでいたように、彼が卒業論文として書いた「都市建築論」や、それに続く卒業後のその続編ともいうべき「様式の上にあれ」などの、いずれも長編で力作の〈建築および都市デザイン〉に関する論文の骨格部分を、彼はその有島のエッセイから直接的に影響を受けながら組み立て、ユニークな論文に纏めることに成功していたのだ。

一九一九(大正八)年、〈現在主義者〉たらんことを宣言した村野藤吾が、自らの試論の参考にし、それを正しく翻案したと思われる、「惜しみなく愛は奪ふ」という有島のエッセイを改めて紐解いていくと、その第「九」節で、村野の言説に強い関連を持つ、次のような有島の記述に出会うことになる。その「九」節の冒頭で有島は、人の生き方や人の行動形式を分類していくと、そこには大きくわけて三つのタイプがあるとし、有島はそれぞれの思惟形式に対して、「センティメンタリズム」、「リアリズム」、「ロマンティシズム」という三つの「イズム」をあて、それぞれの「イズム」が持っている特徴的な内容

や、思惟の傾向について解き明かすことからその論を進めはじめている。(16-6)

「センティメンタリズム、リアリズム、ロマンティシズム――この三つのイズムは、その何れかを抱く人の資質によつて決定せられる。或る人は過去に現はれたもの、もしくは現はれべかりしものに対して愛着を繋ぐ。而《そ》して現在をも未来をも能《あた》ふべくんば過去といふ基調によつて導かうとする。凡ての美しい夢は、経験の結果から生れ出る。経験そのものからではない。さういふ見方によつて生きる人はセンティメンタリストだ。

また或る人は未来に現はれるもの、若しくは現はるべきものに対して憧憬を繋ぐ。すでに現はれつゝあるものは、凡て醜く歪んでゐる。やむ時なき人の欲求を満たし得るものは、現はれ出ないものの中にのみ潜んでゐなければならない。さういう見方によつて生きる人はロマンティストだ。

更に又或る人は現在に最上の価値をおく。既に現はれ終つたものはどれほど優れたものであらうとも、それを現在にも未来にも再現することは出来ない。未来にいかなるよいものが隠れてあらうとも、それは今私達の手の中にはない。現在には過去に在るやうな美しいものはないかも知れない。又未来に夢見られるやうな輝かしいものはないかも知れない。然しここには具体的に把持さるべき私達自身の生活がある。全力を尽してそれを活きよう。さういふ見方によつて生きる人はリアリストだ。

第一の人は伝説に、第二の人は理想に、第三の人は人間に。[21]」

いうまでもなく有島は、自分がこの三つの思惟の類型の中で、「伝説」に生きる「センティメンタリスト」ではもちろんなく、また「理想」に生きる「ロマンティスト」でもないとして、「私はリアリスト」であることを明確に公言しているが、自分がなぜ「リアリスト」であろうとするかという点について、「何故かといへば、私は今、私自身の外に依頼すべき何者も持たないから。而してこの私なるものは現在にその存在を持つているものだから」と、言葉の正確な意味でいう、《ニヒリズム》に特有な見解を吐露している。つまり有島は、自分自身の外に、たとえば〈神〉といった、自分が全身全霊を擲《なげう》って帰依し従属すべき絶対的な《価値》といったものを見出すことがどうしてもできず、自らが自分自身の〈現在〉に捕らえられ、いわば常にそこに幽閉されながら生きているという、後にいう《実存(主義)》に特有の認識をここに示しており、さらにこれに続けて、ただし自分(有島)は「過去」や「未来」を単純に切り捨て去って、その後の拘束のない自由な「現在」を満喫している、などといった楽天的な考えはもちろん毛頭持っていないということを、次のような言葉で的確に現わしている。

「私にも私の過去と未来とはある。然し私が一番頼らねばならぬ私は、過去と未来に挟まれたこの私だ。現在のこの瞬間の私だ。私は私の過去や未来を蔑《ないがし》ろにするものではない。従令《たとえ》蔑ろにした所が、実際に於て過去は私の中に浸み通り、未来は私の現在を未知の世界に導いて行く。それをどうすることも出来ない。唯私は、過去未来によって私の現在を見ようとはせずに、現在の私の中に、過去と未来とを摂取しようとするものだ。私の現在が、私の過去であり、同時に未来であらせようとするものだ。即ち過去に対しては感情の自由を獲得し、未来に対しては、意志の自由を主張し、現在の中にのみ必然の規範を立てようとするものだ。」[22]（傍点引用者）

このような有島の文章を、当時の大学の修学年限である三年間の内の第二年次の終わり頃か、あるいは三年次の初め頃に村野が読んでいたとすれば、大学を卒業して一年足らずの内に書いた「様式の上にあれ」の中で村野藤吾が提示した、建築設計上の「過去主義」、「現在主義」、「未来主義」という例の分類が、有島武郎の、「センティメンタリズム」、「リアリズム」、「ロマンティシズム」という分類を、そのまま自分自身の言説の上にオーヴァーラップさせて構築したものであったことは、誰でも容易に理解できるだろう。有島が「私はリアリストの群れに属する者だ」と立場を明らかにしたことに倣い、そこから村野は「私は厳格なるプレゼンチストである」と宣言することに帰結していったのである。

なぜ「リアリズム」の立場を取るか

有島は、誰かに「何故お前はその立場に立つのだ」と聞かれたならば、と前置きして次のように書いている。

「私には生命に対する生命自身の把握と云ふことが一番尊く思われる。即ち生命の緊張が一番好ましいものに思はれる。而して生命の緊張はいつでも過去と未来とを現在に引きよせるではないか。その時［過去の］伝説によつて私は判断されずに、私が伝説を判断する。又私の［未来の］理想は近々と現在の私に這入りこんで来て、このまゝの私の中にそれを実現しようとする。かくて私は現在の中に、三つのイズムを統合する。委《くわ》しくいふと、そこにはもう、三つのイズムはなくして私のみがある。かうした個性の状態を私は一番私に親しいものと思はずにはいられない。」[23]

有島は、このエッセイの全編を通して、生きている人間の「生命」や「個性」の確立――この場合の「個性」は、「パーソナリティ」(personarity)というよりも、むしろ「アイデンティティ」(identity)つまり〈自己同一性〉、もしくは〈自己自律性〉といった意味に近いだろう――、いい換えれば、表現的主体としての「自己」の確立、ということを最終的に目指していたと理解すべきだし、彼はこの目標に向かって、いかにも文学者らしい熱い言葉をこのエッセイの中で書き連ねている。したがってこの「個性」は、有島が使う言葉での、また二十世紀前半のフランスを代表する哲学者、アンリ・ベルグソン(24)の哲学に根源を持つと思われる、「生命」や、内在的で根源的な生命力としての、「本能」、などといった言葉に深い関わりを持ち、そこから、「個性の緊張は私を拉《らっ》して外界に突貫せしめる。外界が個性に向かって働きかけない中《うち》に、個性が進んで外界に働きかける。即ち個性は外界の刺激によらず、自己必然の衝動によって自分の生活を開始する。私はこれを本能的生活(impulsive life)」と呼びたいと書いている。有島が「本能」という言葉を使う時には、彼が参照したベルグソンに代表される《生の哲学》の影響があったのは間違いないが、「本能として自己の表現を欲求する個性」こそが、まさに「過去」と「未来」との間に挟まれた「現在」を逞しく生きる「リアリスト」としての表現者の本性であるという立場こそが、作家、有島武郎自身の〈立脚点《スタンス》〉に他ならなかったのである。

　有島は、「自己」の確立の原動力となるものとして、このような「本能」の力に注目したが、彼によれば、「本能とは大自然の持つてゐる意志を指すもの」であるとし、「野獣にはこの力が野獣なりに赤裸々に現はれてゐる」としても、しかし「人間は人間だ。野獣ではない。天使でもない。人間には大自然から分与された[人間に特有の]本能がある」として、「人間によつて切り取られた本能――それを人は一般に愛と呼ばないだらうか」、と読者に問いかけている。人間の「本能」の真の姿こそ「愛」なのだと彼はいう。ただ有島によれば、「愛は人間に現はれた純粋な本能の働き」であることは確かだが、たとえば『新約聖書』の中のパウロの「書簡」で説かれているように、「愛は『惜しみなく与へ』云々といった」言葉に示されているような「与へる」ものではなく、こうした愛の特性はむしろ「外面的」な現れに過ぎず、むしろ逆に、「愛」というものの本質は「奪ふもの」として定位すべきではないか、と主張しようとした点に重要な特色があり、自分のエッセイを「惜しみなく愛は奪ふ」と題した理由に触れている。「愛の表現は惜しみなく与へるだろう。然し愛の本体は惜しみなく奪ふものだ」(傍点引用者)という有島が目指していたところは、「惜しみなく奪ふ愛」が持っている、それ本来の能動性によって、人間存在が、彼を取り囲む「外界」や他者からの影響を唯々諸々として受け入れ続ける〈受動〉的な存在であるのではなく、むしろ逆に「奪ふ」という形でそれらに積極的に働きかけ、その〈能動〉性によってますます「自己」が充実するように努め、その結果として「愛は自己への獲得である。愛は惜しみなく奪ふものだ。愛せられるものは奪はれてゐるが、不思議なことに何物も奪はれてはゐない。然し愛するものは必ず奪つてゐる」のであり、「愛は個性の成長と自由」を促すものだと結論付け、「見よ、愛がいかに奪ふかを。愛は個性の飽満と自由とを成就することにのみ、全力を尽しているのだ」という彼独自の結論を披瀝している。

このように有島武郎が表明した「個性」、「本能」、「愛」といった言葉が示しているものの充実の中から引き出されてくる、「過去」と「未来」とを両手にしっかりと摑みながら、〈実存する主体〉として、「現在」をまさしく強靭な「個性」として生きぬく、〈自己性〉の確立という主題は、ある意味では〈大正〉期のあらゆる表現分野において聴くことができる、〝通奏低音〟の響きのようなものであったともいえようが、こうした指向性は〈大正〉期の建築界においても例外ではなく、たとえば〈大正建築〉の象徴的な建築家の一人であった後藤慶二[25]がいう、「自己の拡充」こそが、設計に携わる建築家の急務であり、将来の建築が進むべき方向はどこかといった議論には、自分はあまり関心が湧かない・・・、などといった発言にも深く関連していたのは、いうまでもないところである。[26]

「真四角な建築物」への発言

有島はこのエッセイの中で、「個性」や「愛」が直接関わりをもつ創造的作業の結果としての、〈芸術〉と一般に呼ばれているような種々の〈表現活動〉についても、たとえば文学、音楽、美術などの分野にわたって具体的に言及しているが、建築についても短く触れた部分があり、非常に的確な観察眼を彼は発揮している。現代の建築デザインの根幹に関わる問題点をそこで鋭く予測して、次のように書いているのを見出す時には、それが一九一七年に初出の文章であったことを考えれば、やはり驚かされずにはいられない。

「全く実用のためにのみ造られた真四角な建築物一つにも、そこに個性の表現が全然ないといふことは出来ない。然しながらその中から個性即ち愛を捜し出すといふことは極めて困難なことだ。個性は無意味な[建設]用材の為に遺憾なく押しひしがれて、おまけに用材との有機的な関係から危く断たれようとしてゐる。然し個性が全く押しひしがれ、関係が全く断たれてしまつたなら、その醜い建築といへども、そこに存在することは出来ないだらう。それは何といつても、かすかにせよ、個性の働きによつてのみその存在をつなぎ得るのだ。けれども若し私達の生活がかくの如きもののみによつて囲繞《いじょう》されることを想像するのは寂しいことではないか。この時私達の個性は、必ずかゝる物質的な材料に対して反逆を企てるであらう。[27]」

有島は建物を建て上げることに関係する「用材」、つまりここでは「建設材料」といった狭い範囲に限らず、それを組み立てるための工法や構造や機能等の、建物を構築するための諸々の客観的あるいは物理的要求のことを指していると考えるべきだと思われるが、こうした要求があまりに強いために、「個性」、つまり建築へと向かう「愛」としての建築家の〈創造力〉や〈デザイン力〉が「押しひしがれ」、弱められてしまった状態で手も足も出ず、こうした物理的条件と、それに立ち向かう人間との間の「有機的な関係が危く断たれ」てしまった結果、生まれ出た「醜い建築」がこの世のすべてを覆ってしまうような事態が、将来起こらないとはいえないことを、ここでの有島は本気で恐れ、憂えている。たしかに実用のみを目指して設計されたような、その意味では「愛」つまり想像力の感じられないような「真四角な建築物」にも「個性の表現が全然ない」わけではないとはいえ、「けれども若し私達の生活がかくの如き[醜い]もののみによつて囲繞されることを想像するのは寂しいことではないか」と有島が控え目な調子ながらも書いている。こうした記述が、一九一七(大正六)年と言う時点で行われていたことを思えば、それがまだル・コルビュジエの真っ白な「真四角な建築物」がパリ近辺に実際に姿を現して、世界中の耳目を惹きつけはじめるようになる五年以上も前のことであり、また実際にさまざまな「真四角」でまさしく「スクエア」な、ル・コルビュジエの独特の美意識などからもいつのまにか遠く離れて日常化した、「醜い」としか言いようもない建築が、世界中の都市や田園を現実に侵し覆いはじめるようになる、実に約半世紀も前に、有島がそうした状況の到来が起こりうることを、ある意味で予感し予言していたと考えれば、この一人の「リアリスト」を自称する芸術家の的確な予見力への畏敬の念を改めて抑えきれない。

評論家唐木順三は、有島の「惜しみなく愛は奪ふ」について書いた「解説」の中で、次のように分析して、このエッセイへの客観的な評価を下している。

「有島は種々な評論において近代の合理主義、科学的世界観、その文芸へのあらわれとしての自然主義に対して不満と懐疑と否定を述べ、それは結局、認識主観と対象客観を区別し、理知の万能を主張したデカルト以来の合理主義哲学に由来する欠陥であるとして、理知主義と対立したベルグソンの直観哲学に頼った。『創造的進化』や『時間と自由意志』の影響はこの書に明らかである。彼の生命の哲学もそこからきている。その『個性』や『本能』についての特徴ある考え方も根源はそこにある。」[28]

唐木がここで述べている、有島武郎が拠って立つ基本的な立脚点についての言及、特に「近代の合理主義、科学的世界観、その文芸へのあらわれとしての自然主義への不満と懐疑と否定」という件《くだり》は、その後段を、「その建築へのあらわれとしての近代主義への不満と懐疑と否定」として仮に読み替えてみれば、村野藤吾が長い生涯にわたって立ち、守り続けてきた彼の基本的な立脚点《スタンス》を、的確に表す言葉としてそのまま読むことができるはずである。

つまり村野藤吾は、有島を通して、ベルグソンに一つの原点を持つような、「理知主義と対立した」《反合理主義》としての「生の哲学」の系譜を自分なりに受けとめ、同時に有島の上記のような分析を理解することを通して、「理知の万能」を常に強調する《合理主義》特有の押し付けがましい〈決定論〉を脱しようとしていたのだ。そこから有島のいう「物質的な材料」やそれを使った工法が専横を極めるような、「未来」指向型の《モダニズム》の建築「に対して反逆を企て」ていくという、自らの設計者としての原理的な方向性を、おそらく彼の学生時代に、早くも明瞭に定めることができたのである。いい換えれば、村野は建築設計に関わるさまざまな与条件を一方的に受け止め、それに導かれて唯々諾々と設計していくだけでは決して満足できず、それらを自らの「現在」という〈身体〉の上に引き受ける、晩年の彼の言葉を使うならば、「九九パーセント」受け容れながらも、同時にそれに向かって最後の「一パーセント」、つまり彼の〈現(存)在〉から「九九パーセント」に向かって果敢に働きかけ、有島流にいえば「愛し」、また同時に「奪ふ」ことに没頭する、つまり村野流にいえば、必死になって設計し、デザインする、ことに熱中するようになっていったのだ。村野は、〈建物〉という物理的で物質的な総体に対して、最後まで怖じけることなく立ち向かっていく者、つまりは「奪ふ」者であり、彼は設計にあくまでも主体的に能動的に取り組んで、最終的には設計者の「愛」によって、すなわち建築家の根源的な〈想像力〉や〈創造力〉によって、物理的で合理的な総体としての〈建物〉を「奪い尽す」、いい換えれば設計すべき〈建物〉を、あらゆる角度から練りに練って、最後の「一パーセント」――建築家の「現在」――を通して、残りの「九九パーセント」を最終的にうっちゃり返そうとしたのである。単なる〈建てられたもの〉を、他でもない設計者の心(「愛」)が通った特別な〈もの〉、すなわち〈建築〉へと齎《もたら》す、という基本的な行動規範を彼は確立するようになって行ったのである。しかも有島のように自ら招いた死によってその作業を中断させることなく、村野はその後の、実に半世紀を超える自らの設計活動の中で、その作業を一度も中断させることなく、果敢に実行し実現し続けて行ったのだ。[29]

「科学をヒューマナイズする」こと

村野は「様式の上にあれ」と題した一九一九年に発表した先の論文の最終章において、「現代は目的に真理を認めんとするの時代か、過程に真理を認めんとするの時代か」(傍点引用者)と自問した後、「新しい思想が先に生れて而《そ》して後、新しい事実が生ずるとするならば、過程より目的が力強い影響を建築現象の上に寄与するであろうが、それと全く反対な順序を以って、新しい思想が生ずるとせば、目的に真理を認めるより、寧ろ過程に真理を認めるのが自然ではあるまいか」(傍点引用者)と書いていたことについては、これまでも何度か触れてきた通りである。村野はそれに関連して、ベルグソンの『創造的進化』の一節を引き、「ベルグソンが謂ふ処の創造的進化には何らの目的がない」という点が肝要点だとした上で、「強いて謂う可《べ》くんば、転成は転成が目的であり、変化は変化が目的であらねばならぬ。念々刹那《ねんねんせつな》が真でもあれば目的でもある。刹那の転成と変化とを撥無《はつむ》して、終《つい》に何らの目的をも捻出することは出来ない。吾らが現代建築に対する煩悶は、実に此処に胚胎するのである。」と、《実存哲学》の根底となる《ニヒリズム》を、自らの建築論の中核部分へと見事に引き込み翻案してみせている。

ところが村野からすれば、多くの「現代建築」の設計者たちは、彼らが実際にはそうした〈ニヒリスティック〉な状況を止むを得ず背負い、追い込まれているにもかかわらず、依然として自分たちの設計に明確な「目的」、つまり建築の〈未来〉や、建築の〈過去〉のなかに、彼らが突き進んで行き、そこで捕捉すべき明確な目標、到達点があると信じて、その「目的」に向かって設計を行えばよいと楽観的に考えたがっており、その結果として、彼らはいつの間にか「邪道」に踏み込んで、奇妙な、また醜悪な建築を生みだしてしまっていると、若い村野は警告を発している。そうした「邪道」の実例として村野が取り上げて論じたのは、一九一〇年代後半において、超高層が林立する様相をすでに見せはじめていたニューヨーク市の中心部《マンハッタン》に建つ建築群であり、「多くの人間の血と肉とを下積みとして、只一人の資本家は微笑み、冷酷なる科学者は、己《おの》が計算に誤りなしと誇つて居る、かの『マンハッタン』の奇観こそ、将《まさ》に現代建築様式の産める邪道である」と決め付けた。それとともに、「つまり現代建築様式の邪道に陥りし原因は、将に破綻せる科学に対する無批判なる全信頼に存するのである」(傍点引用者)と、村野は鋭くその根源を明らかにしている。この文章を書いた時、まだ二八歳の若さであった村野は、この「邪道」から現代建築の設計者たちが脱出して、正常な道を歩み出すために最初にやるべきことは、「之れが為には即ち、科学をヒューマナイズする以外に、吾等に残されたる何等の方法もない」と、近代建築の設計者にとっての核心となる問題点をはっきりと指摘していたのだ。

しかし村野のこうした断言の直後ともいえる、一九二〇年代前半における、村野に言わせれば「科学に対する無批判なる全信頼」から生まれ出たともいえるような、たとえばル・コルビュジエが発して世界中の識者や建築家たちを震撼させた、「家は住むための機械である」といった箴言に代表されるような、近代の《工業主義》もしくは《合理主義》建築論の登場に対して、そうした事態が現実に起こり得ることを素早く予感していたかのような警鐘として、つまりは一九一九年という時点での発言として、非常に注目すべき内容を内蔵していた発言であったということができるだろう。人類史上、初めて国家間の戦争が、〈機械力〉対〈機械力〉の激闘という様相を呈しはじめ、大きな戦禍をヨーロッパに齎した第一次世界大戦であったが、その直後の、〈科学技術〉を国家間の戦いにおける殺戮の道具に直接活用するといった、新しくまたおぞましい現実への深い反省に村野は自分の発言の根底を置いていたのだ。その時点における村野の、この種の提言が改めて注目されるのは、その直後の一九二〇年代前半のヨーロッパで登場してくる《モダニズム》の建築理念の中には、「科学をヒューマナイズする」といった視点を、表立って主張するような雰囲気はきわめて希薄であり、むしろ逆に、〈科学技術〉に対する期待感や信頼感が一方的に膨らんでいき、その〈未来〉の可能性に対して常に楽天的であると同時に、そうした動きに従順であろうとする傾向が非常に顕著になっていくような状況があったからである。

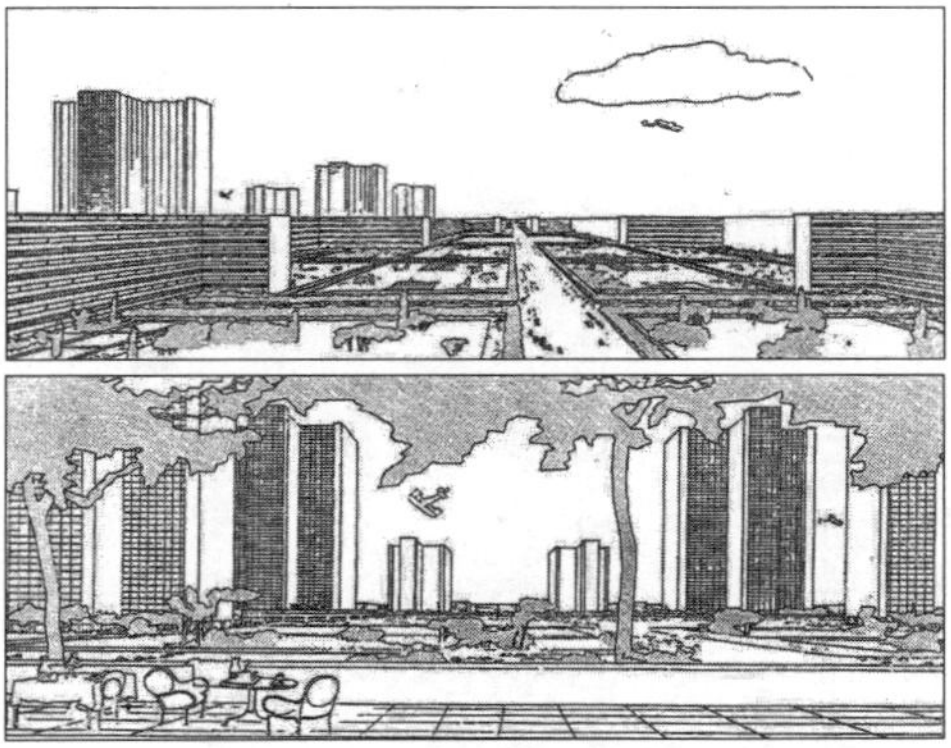
16-7　ル・コルビュジエの「300万人の都市」の未来都市図

たとえばこの時期にル・コルビュジエが具体的に提出したいくつかの〈未来都市案〉[30]などを眺めると、巨大な都市の中に高さが数十階にも及ぶ超高層ビルが点々と立ち並び、その間に広い緑地があり、ビルの下を高速道路が走り、また飛行場があって複葉機が翼を休めている、といった全く新しい都市イメージが鮮烈に示されているが、これらの図像が典型的に示しているように、人類がそれまでの歴史の中で培ってきた生活の持つ一定のリズムや、あるいは具体的な空間のスケールなどを、一気に飛び超えた別次元の世界へと建築家は誘おうとし、〈科学技術〉を最大限に活用して、人類をそこへ一刻も早く到達させようとするような、いい換えれば〈過去〉や〈現在〉を切り離して捨てて身軽にし、とにかく〈未来〉を目指して突進しようとするかのような、いわば〝前のめり〟の姿勢や意欲だけが際立って主張され、また喧伝されるようになっていたのである（16-7）。日本におけるそうした転換は、大正から昭和へと年号が変わる頃に次第に顕著になり、やがて村野が独立して活動をはじめた一九三〇年代に入っていよいよその動きが本格化していく。

〈科学技術〉の専横への怖れ

村野が行った「科学をヒューマナイズする」という、言葉は素朴だが注目すべき提言は、この種の〈科学技術〉が切り拓いていく「未来」を、建築家が目指すべき「目的」地として捉え、建築家はその進歩や複雑化や強大化を無条件に受け入れて、それをただ賛美し利用したりするだけではなく、「現在」、すなわち地球上に生息するさまざまな生き物の中の一生物としての〈人間存在〉の下に、強く〝手綱〟を引き絞ってその〈科学技術〉を制御し、その自己増殖的な力《パワー》の膨張と拡大を、いつでも「現在」から吟味して必要ならば抑制する形で、その利用、活用を慎重に取捨選択する観点が、これからますます必要になってくる、という重要な提言であったと思われる。いい換えれば、村野藤吾という一人の若いが冷静慎重な建築家は、このような視座から、科学技術の進展に歩調を合わせてまさに邁進しようと待ち構えているような、当時世界中にいた「新興」の設計者たちの目覚ましい意欲を予感し十分に理解しながらも、そうした動きに無闇に同調する危険に対して警鐘を打ち鳴らそうとしていたともいえるのだ。この種の〈科学技術〉信奉がそのまま続けば、やがて「原子爆弾」といった核兵器の開発と、あまりにも無謀な戦争への使用に展開して行き、さらには「水爆」などといった、とてつもなく凶悪な殺戮兵器を生み出していくことになるのは明らかで、事実二十世紀はその筋書き通りに進んで行ったことは周知のことである。こうした核分裂のエネルギーを兵器として追い求めて止まる所を知らなかった二十世紀の歴史に如実に示されていたような、〈科学技術〉の暴走、といった事態が実際に起こり得ることを、さほど明瞭にというわけでもなかったにせよ、一九一〇年代の終わり頃に村野はどこかで予感していたとも考えられ、彼自身がまさにその中で生きることになった二十世紀の行く末を憂え、そうした地球の決定的な破綻を、心から心配して「科学をヒューマナイズする」という、短く簡明だが、非常に重い発言に帰結していったのだ。

それとともに村野は、一人の建築設計者としては、摩天楼《スカイスクレーパー》が林立するニューヨークの都市景観に示されていると彼が判断した、〈科学技術〉の専横の一つの象徴としての「マンハッタンの奇観」については、その後現地を訪れて、その「奇観」の中味を精査して、そこには必ずしも単純に忌避すべき内容ばかりではないと、その発言の一部を修正していくようにもなっていった。これについてはすでに本論「第三章」において詳しく論じた通りだが、村野は一九二一年と、一九三〇年との二度にわたるニューヨーク訪問の結果として、マンハッタンの景観や建築デザインの中に大きな変化が起こっていることを自分の目で確認し、見る前には「奇観」と呼んで一方的に非難した景観の中や、またそれを構成する個々の超高層ビルのデザインや、あるいはそのディテールなどに、ヨーロッパではついぞ見出すことのできなかったような、アメリカ特有の社会的、経済的活力の表現が隠されていた事実を、おそらく日本の建築界の中で誰よりも早く認知し、その部分については非常に高く評価すべきだと、広く公言するように変わっていった。

　しかし重要な点は、それにもかかわらず村野は、だからといってマンハッタンにあるスカイスクレーパーが林立するような様相が、将来の日本の都市像としてふさわしいものであり、日本もそれにいち早く追随すべきだ、などといった主張にすぐさま傾いていったかといえば、決してそうではなかったし、戦前から、さらに戦後にかけても、村野がその種の提言を日本の建築界に向けて行ったことは一度もなかったことに注意を払う必要があるだろう。その後も、スケールがあまりにも巨大であるが故に、そこで消費されるエネルギーも巨大化し、結果として環境破壊に向かわざるを得ないような〈超高層ビル〉を、日本の大都市の中に建てようとする構想には、村野が常に懐疑的であったことは終生変わらなかった。一九七〇年代以降に、超高層ビルに関する新たな法規が整備され、容積率の採用によって、かつての一〇〇尺という高さ制限が取り払われ、超高層の建設への動きが日本でいよいよ本格化しはじめるようになっても、村野は一度として、その種の超高層ビルの設計の方向へ自ら動き、それに手を染めるようなことはしなかった。結論からいえば、村野は彼の長い設計者としての活動の中で、超高層ビルをデザインすることに興味を持ったことは一度もなかったが、彼がそれを嫌った最大の理由は、その種の建物が否応なく発揮する、それを見上げる人々を威嚇し睥睨《へいげい》するようなスケールや量感といったものが、人間的スケールを重視する村野の設計者としての〝好み〟に合わない、という単純な一点にあったことは、すでに本論のいろいろな場所で触れてきた通りである。

　超高層ビルについては、戦後日本の建築界のさまざまな動きの中心となるリーダーと目されてきた建築家、前川國男は、丸の内の「東京海上火災本社ビル」(1974)を、日本における先駆的な超高層ビルの一つとして設計して、その計画から竣工にいたるまでの過程で、建築界全体を巻き込んでさまざまな形で議論を呼び起こしたが、それが丸の内に完成した暁に、彼は自分が設計したビルのその屹立する姿を下から見上げて、思わず「胸につかえる」、と周りに呟いて自分の作品の容姿を嘆いたことは、いまではあまりにもよく知られた逸話となっている(16-8)。耐震性などの点で、戦後日本の〈科学技術〉、特に耐震構造学の華々しい成果だと喧伝されて次々と

16-8　前川國男設計、「東京海上火災本社ビル」（東京・丸の内）

建設されることになった超高層ビルが、日本の都市空間の中に現実に建ち上がり、その聳え立つ姿を、それまでの三〇ｍ（一〇〇尺）という高さ制限下で続いてきた日本の都市空間に実際に見せるようになった時に、それを見上げる者が、その種の「胸につかえる」ような感覚に襲われるのはおそらく不可避であることを、村野は、当然どこかで予感しており、その結果として彼は、長い設計者としての活動の中で、唯一本のスカイスクレーパーさえ、自分の手で設計し実現したことはなかった。また同じような理由から村野は、「人類の進歩と調和」というテーマを掲げて、〈科学技術〉の進歩と、その無限の可能性といったものを、多分に楽天的に謳歌するために開催されたあの「大阪万博」(1970)の時も、日本中の主だった建築家たちが挙《こぞ》ってその企画に積極的に参加し、会場施設や展示館等の設計を喜々として行っていたにもかかわらず、そうした狂騒的な〝渦〟に巻き込まれまいとして、村野はあえてそれに近づこうとはしなかったし、実際に一棟のパヴィリオンの設計にも手を染めなかったのはやはり特筆されるべき選択だったといえるだろう。

「都市建築論」と題した卒業論文

なお村野が「様式の上にあれ」の中で書いていた「科学をヒューマナイズする」という短い言葉と、その中に表明しようとしていた重要な理念は、「様式の上にあれ」が書かれた一年前の、一九一八年四月二八日に、彼が早稲田大学建築科に提出した卒業論文、「都市建築論」[31]の中でも、すでにほぼ同じ趣旨のもとに明瞭に主張されていた。「都市建築論」の「緒論」において、「私は一個のBuilderであるよりも、一個の社会改良家でありたい。／私は一個の実際家であるよりも、一個の理想家であることにより多くの名誉を感ずるものである。」と述べ、自分が大学卒業後も、単なる〈建築技術者〉として生き、またそのレヴェルで満足して終わるつもりはなく、「社会改良家」、「理想家」として、つまり建築設計の単なる実務を超えた行動者、いわば社会的〈表現者〉たらんとする者であると宣言していたのだ。そして論文冒頭部分の「小序」において、次のような語句をリフレインして記し、四〇〇字詰原稿用紙で実に約二〇〇枚にも及ぶ量の「都市建築論」を、書きはじめている。

「噫々《ああ》mastabaの昔よりwoolworth迄で！

星霜幾千年、人生悠々の歩みの内に、建築の歴史はそも吾等に何を物語らんとして居るのか。

己が刻々の歩みの内に、歩一歩、変転窮《きわま》りなき跟跡《こんせき》の上に、何を建築は提称《ていしょう》せんとして居るか。（中略）

かくて杳《よう》たる小屋mastabaは、遂に現代に於て五四層のskyscraperを産し、人は空中生活の奇観を呈するに至つたのである。（中略）

今や彼れ、『足、地を離るることを得て、しかもよく宇宙の大を包む、将《まさ》に今、人更に一段の偉大を加えたるもの』と云うふべきか？

然《しか》り、偉大は更に偉大となり、光彩は更に陸離たらんとす。然れども、順逆は到底調和の道なきか。宇宙及び人類の運命は、凡《あら》ゆる生の存在に、而も不可抗の否定を以て席巻し、現代は又まさにそが猛塵の中に渦を巻く。

かくて建築界は、為に吾人の前に煩悶を展開して、人類懊悩の一面と、建築界の反面を示して居るのである。

科学と芸術とは、既に己が創造使命を擲《なげう》ちて、暴虐なる資本の為に併呑せられ、建築は為に其の本来の使命を棄てて彼等に追従す。かくて人の一面に於て、其の生存の特権と生命の貴重を略奪せられて、機械と化し去つた。之れ実に人類の為に死を意味するのである。（中略）

彼れ[建築]を産したるものは人である。而も彼[の方]より人類生活の自由を支配す。

彼れを育てたるものは時[代]である。而も彼[の方]より時代生活の方式を定む。

人彼れを創りて、而して人彼[建築]の前に伏す。[32]」

〈過去〉の《様式》への気配り

この卒業論文の冒頭部分で繰り返《リフレイン》されている、「かくて杳《よう》たる墓mastabaは、終《つい》に現代に於て五四層のskyscraperを産し、人は空中生活の奇観を呈するに至つた」というフレーズは、後に「様式の上にあれ」の中で述べられることになる、「只一人の資本家は微笑み、冷酷なる科学者は己が計算に誤りなしと誇って居る、かの『マンハッタン』の奇観こそ、まさに煩悶せる現代建築様式の産める邪道である」、という村野の現代建築観の原形を示しており、当時世界一であった高さ二四一mを誇る五四階建の超高層ビル、C・ギルバート[33]設計による「ウールワース・ビル」(1913)の持つ未曾有の偉観を、一見感嘆し、絶賛しているかのように見せかけながら、実は若き村野は、超高層ビルの持つ通常のヒューマン・スケールを逸脱したその〈巨大性〉に如実に表れている、〈科学技術〉の、例えていえば、あたりを睥睨《へいげい》し見下すかのような、現代社会での横行闊歩振りをどこか胡散《うさん》臭いと警戒し、はっきりとそ

16-9　C・ギルバート設計、「ウールワース・ビル」（ニューヨーク）

れを批判しようとしていたのだ(16-9)。その種のめざましい建築を創造したはずの人間が、その建築によって逆に「人類生活の自由を支配」され、同時に「時代生活の方式を定」められてしまっている、つまり生活様式を強制され、さらには人間がそうした建築の「前にひれ伏」し、機械の奴隷のように従属するような事態、まさしく「疎外」が起ころうとしている、と若き村野は警告しているのだ。

このため村野は、この卒業論文の「第四章」、「都市建築の科学的観察」の章中に、わざわざ「Humanization of Science」、と題した小項目を立て、「科学を生活に関連［付］するとしても、便利とか実用とかよりも、もつと尚一層、［人間の］内部的精神上の欲求と言ふことに結びつけて考へなければならない。科学と実利との関係に於て人道主義(人本主義)が科学中心主義を痛撃するは、それ［科学と実利］が唯《ただ》、唯物的、功利的思想に導くが故である」と分析している。「どう考えても人間［に］は唯一つの目的しかない。それは生きることである。善く生きること。幸福を確保するように生きること。惟《おも》うに如何なる時代に於ても、如何なる機関［組織］を用いても、人間は太古から今日に至るまで、これ以外のものを目的としたことは一度もなかった」と村野は前提した上で、「科学と産業の存体［状態］は、吾等が無条件で是認し、歎美するのには余りに欠陥の多いものである。人間のあらゆる作為、あらゆる努力は、善く生きること、幸福を保持する様に生きること、との一事に限られて居る。して見ると此の目的を達するに、科学と産業が如何なる方便［手段］を用いるも、それは勝手であるが、是等のもの［科学と産業］の最高級の目的は、［人間が］幸福を獲得するの方便［手段］たることでなければならぬ。」とし、このためには「知識を知恵化し、科学と産業とをHumanizeする他に策はない」という先の結論に導いている。

一方この「都市建築論」の中では、上記のようないわば〈未来〉での科学技術の暴走への警告のみに終わっているわけではなく、逆の〈過去〉の方へ向けた視点、特に古代エジプトの墳墓である「マスタバ」以来の歴史が醸成してきた建築の、特に《美》に関わるとされる《様式》表現についての言及もしっかりと行われている。先に見た有島の「生命の緊張はいつでも過去と未来とを現在に引きよせる」というその言葉のままに、村野も〈過去〉を〈現在〉へと引き寄せた場合に建築家が持つべき思惟や手法について、「第三章　都市建築の美的観察」の中で、「様式論」と題した小項目を立てて、以下のように論じている。

「而《しか》し吾々の生活に於て、新しい意義と要求とを以て、古いものを取り入れ、そして其れを利用して居る時に、その生活は決して回顧の生活でもない擬古の生活でもなく、改造の生活、応用の生活である。無より有を生じない如く、過去の衝動は新しき要求の作用に依つて、現在に其の反響を伝へるのである。・・・・此の旧いものを無下《むげ》に失ふといふことが、吾人に取つて損害となるならば、吾人現在の生活の当の要求と矛盾しない様に其れの様式を変化し、其れの意義を醇化した上に、保存し様と努力することとなり、又、現在の根本[的]要求から過去の内的勢力の遺伝を、実際に型《かたち》の上に表さんとすることになる。而《しか》し其の立場として、常に只現在にのみ立脚しなければならないことは勿論である。」[34]（16－10）

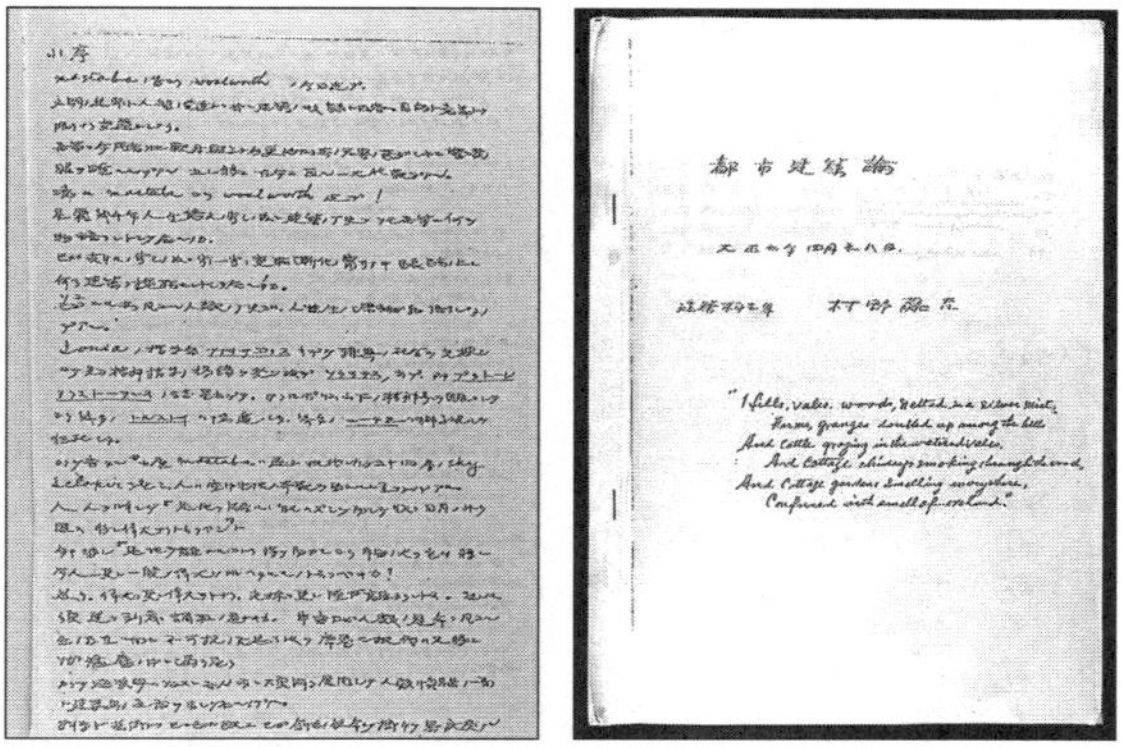

16-10　村野藤吉の卒業論文「都市建築論」

すでに本論の「第一章」および「第二章」で詳細に論じてきたように、村野藤吾が渡辺節の下でさまざまな困難を乗り越えて体験してきた、〈過去〉の《様式建築》をめぐっての設計者としての習練や修業、つまり〈過去〉において積み上げられてきたさまざまな《様式》の蓄積を、いかにして現代建築の表現として〈現在化〉することができるか、という課題を解決するための種々の労苦への、いわば村野自身による積極的な参加の予告として、上記の「卒論」の中にあるような記述を読むこともできなくはないだろう。というのも村野は、こうした文章から推測する限り、やがて渡辺節の設計事務所で現実に彼が味わうことになった、《様式》に関する一連のデザインに取り組む時の、まさに〝辛酸を嘗める〟修練や悪戦苦闘への、いわばけなげな〝覚悟〟のごとき心的な構えが、すでに学生時代のこの時点において、心の中で定っていたことが、これらの言葉の端々から窺うことができるからである。いい換えれば村野は、「只現在にのみ立脚する」〈現在主義者〉として、後の〈モダニスト〉たちが強引に要求したような「旧い物を無下に失ふ」ような方法や、そうした方向へのさまざまな要求を、当然ながら受け入れるつもりはなく、代わりに「現在の生活の当の要求と矛盾しない様に其の［過去の］様式を変化」させ、その上でそれを「実際の型《かたち》の上に表さんとする」作業を行うことになったのである。つまりそれは、村野が好んで使った語句でいう《折衷主義》の建築を設計することもできる柔軟な心理状態が、《セセッション》かぶれであったと自ら明かした学生時代においてさえも、十分に整えられていたということを意味している。

「小さき者へ」

さてここで再び、先に紹介した村野からの私信の内容に立ち戻って、あの日村野がなぜ、私たちを「満島村」（現在の「唐津市東唐津町」）に呼び出して、自らが幼少年期を過ごした場所を一緒に見て回ることにしたのかという、その後で筆者が考えずにはいられなかった素朴な疑問についての、個人的な考えを明らかにして、この最終章を終えることにしよう。先にも書いたように、美しくまたのんびりとした明るい晩春の「虹の松原」の西端の集落や浜が織りなす風景の中を歩くことで、村野は自分の少年時代を回顧しつつ、懐かしい少年時代の記憶を今の平和な東唐津町の風景の上に重ね合わせて焼きつけて、自分の作品の中に実現した自然と建築の平和的な交流といった関係のいわば原点となった場所として満島を私たちに紹介し、それを確認させせようとした、などといった単純な動機から出たことでは必ずしもなかったように、後になるほど思えてきたのである。先にも書いておいたように、その答えは、あの村野から私への手紙の中に書かれていた、彼が唐津での散歩のすぐ後に、北海道へ飛び、〝有島行脚〟をしたという記述によってすべてが暗示されていたのではないかと思えてくる。先の手紙の中で、唐津で私たちと別れたすぐ後、おそらく急に思い立って、村野は北海道のニセコ町の羊蹄山西麓の、もとの有島農場の一郭に建っている「有島武郎文学館」を訪れているが、彼はそこに展示されていたたくさんの有島作品の中に、自分の青春時代の記憶に一気に立ち戻らせるようなある一冊の本を見つけた。その「小さき者へ」と題した有島の一編の作品から受けた特別な感動について先の手紙にも書いていたが、この記述の中に、その数日前の私たちの満島散策の理由を解く鍵が隠されているように思えてきたのである。

村野は手紙の中で、「『小さき者へ』というのがあり、［有島が］奥さんを亡くして［遺された］幼い三人の子供への愛情を綴ったものだと思いますが、あの頃友人にその本を贈りましたところ、涙なくして読めなかったと返事が来たことを未だに覚えています。」と認《したた》めていた。このエッセイを読んで、涙を流さずには読めなかったという村野の大学時代の友人のことを含めて、「有島記念館」の中で、それを読んだ時のある種の衝撃には、特別のものがあったことを、半世紀を超える時間をまたいで、彼に一気に思い出させたこのエッセイの内容を、私たちも改めて読み返しておく必要があるのではないか。

〈有島文学〉の流れの中で、有島の作家活動の重要な転機となった作品ともいわれる、「小さき者へ」と題したこの珠玉のエッセイは、最初、雑誌『新潮』の一九一八(大正七)年一月号に発表され、同じ年の十一月に、他の数編の作品と合わせて有島武郎全集の一冊として、『小さき者へ』(「著作集」第七輯)という標題《タイトル》がつけられ、一冊の本に上梓されて出版されている。村野がこの文章を、最初に発表された文芸雑誌上で早速読んでいたとすれば、彼が大学の最終学年である第三学年の、七月の卒業を半年後に控えた、一月か二月頃のことであったと考えられる。有島武郎はこのエッセイを雑誌発表するその一年半ほど前の、一九一六(大正五)年八月、妻である有島安子を肺結核のために失っていたが、母親を亡くして取り遺された、当時(満)五歳を頭にして、四歳、三歳と年子《としご》で生まれたまだ幼い三人の子供たちに、彼らの父親として、頑是《がんぜ》ない子供たちへの切々たる思いを、ただ単に悲嘆に暮れ、憐憫の情に溺れているだけの状態からは一歩脱して、むしろ冷静で厳格な調子で書いている。母親を不意に失ってしまった子供たちが逆境にめげず、やがて逞しく育っていくようにと心から願って、いつか彼等が成長してこの一文を読む時に、彼らの励ましになるようにと認めた文章であった。彼がその文章の末尾の部分を、次のような言葉で結んでいるのは、このエッセイを彼が書いた本来の目的を集約的に表している。

「小さき者よ。不幸な而《そ》して同時に幸福なお前たちの父と母との祝福を胸にしめて人の世の旅に登れ。前途は遠い。而して暗い。然《しか》し恐れてはならぬ。恐れない者の前に道は開ける。

行け。勇んで。小さき者よ。」[35]

有島の妻の死と、有島の自立

胸を病んでいた妻安子の様子についても、有島は彼の幼い子供たちのために書き留めており、彼女が死を迎える前の何年かを、「血の涙を泣きながら、死んでもお前たちに会わない決心を翻さなかつた」が、その理由は、子供に不治といわれたその病気が伝染することを恐れたり、子供たちの顔を見ることで、死を覚悟している自分の心が未練で乱れるのを恐れたためばかりではなく、「お前たちの清い心に残酷な死の姿を見せて、お前たちの一生をいやが上に暗くする事を恐れ」たためであったと書いている。それとともに、母親の遺した、『子を思ふ親の心は日の光世より世を照る大きさに似て』、という素朴だが心のこもった短歌を子供たちに披露して、彼らへの母の愛がいかに大きくて深いものであったかを、彼らに伝えようとしていた。これとは別に、父親として子供たちのことを思う有島自身も、親としてのそれに劣らぬ深く大きな悲しみがあったといい、「雨のふりくらして悒鬱な気分が家の中に漲《みなぎ》る日などに、どうかするとお前たちの一人が黙つて私の書斎に這入つて来る。而して一言パパといつたぎりで、私の膝によりかゝつたまゝしくしくと泣き出してしまふ。ああ何がお前たちの頑是ない眼に涙を要求するのだ。(中略)またお前たちが[私に]元気よく朝の挨拶をしてから、母上の写真の前に駆けて行つて、『マヽちやん御機嫌よう』と快活に叫ぶ瞬間ほど、私の心の底までぐざと刳《えぐ》り通す瞬間はない。私はその時、ぎよつとして無劫の世界を眼前にみる。」と、悲しく辛い日々があったことを明かしている。

有島が書く「小さき者へ」の文章の素晴らしさが、親と子供たちとの間の、愛情に満ちたこうした交流の描写の中にあったことは確かだし、「涙なくして読めなかった」という村野の友人は、そうした親子間の情景描写に触れたためではなかったかと思われるが、しかし実は、それらの情景は、有島が意図したこのエッセイの真意からすれば、むしろどちらかといえば〝背景〟に過ぎないものだったといえるかもしれない。というのも、有島は自分の妻の死という厳然とした事実を前にして、実は自分自身の生き方、考え方にも大きな転機が訪れたこと、そうした〝転回〟を経験せずにはいられなかった事実についてここで告白しており、そこから彼自身の存在の〝脱皮〟、つまり〈超越〉ともいえるような特別な経験へと導かれたことを、次のように書いて説明しているからである。

「お前たちの母上の死によつて、私は自分の生きて行くべき大道にさまよひでた。私は自分を愛護してその道を踏み迷はずに通つて行けばいゝのを知るやうになつた。(中略)事実に於てお前たちの母上は私の為に犠牲になつてくれた。私のやうに持ち合はした力の使ひやうを知らなかつた人間はない。私の周囲のものは私を一個の小心な、魯鈍《ろどん》な、仕事の出来ない、憐れむべき男と見る外を知らなかつた。私の小心と魯鈍と無能力とを徹底させて見やうとしてくれるものはなかつた。それをお前たちの母上は成就してくれた。私は自分の弱さに力を感じ始めた。私は仕事の出来ない所に仕事を見出した。大胆になれない所に大胆を見出した。鋭敏でないところに鋭敏を見出した。言葉を換へていへば、私は鋭敏に自分の魯鈍を見貫き、大胆に自分の小心を認め、労役して自分の無能力を体験した。私はこの力を以て己を鞭打ち他を生きる事が出来るやうに思ふ。」[36](傍点引用者)

有島はここで、妻の死という悲しい出来事に直面したことによって、初めて自分の「小心と魯鈍と無能力とを徹底」することの意味を知り、それを徹底することによって、自分自身の〈現(存)在〉を〈実現・実感〉《リアライズ》することができた、つまり彼が言ってきた「愛」や「本能」が宿る主体としての〈自己〉を、ようやく自分自身で摑み取ることができるようになった、とここで告白しているのだ。このことは有島のいう「リアリズム」(あるいは村野のいう「現在主義」)が拠って立つ〝根幹〟が確立されたことを意味し、有島が彼の〈実存〉を明確に意識した瞬間であったということもできる。それと同時に有島は、そうして新たに獲得した自分自身の立場から子供たちへも言葉をかけて、次のように書いている。

「何しろお前たちは見るに痛ましい人生の芽生えだ。泣くにつけ、笑ふにつけ、面白がるにつけ、淋しがるにつけ、お前たちを見守る父の心は痛ましく傷つく。
　然しこの悲しみがお前たちと私とにどれ程の強みであるかをお前たちはまだ知るまい。私たちはこの損失のお蔭で生活に一段と深入りしたのだ。私共の根はいくらかでも大地に延びたのだ。人生を生きる以上人生に深入りしないものは災ひである。」(37)(傍点引用者)

村野藤吉から「村野藤吾」への踏み出し

このエッセイに最初に出会った当時、二六歳でまだ大学生であったはずの村野が、このような「小さき者へ」の中の一字一句をほとんど貪るように読んでいる光景を思い浮べる時、はたして青年村野は、有島の文章からどのようなメッセージを読み取って、彼自身も、時には涙を流さずにはいられないほどの衝撃を味わっていたのだろうかと、考える。結論を先にすれば、村野が有島から啓発された二つの側面があって、その一つは村野という〈現存在〉の〈未来〉に関わるものであり、もう一つは彼自身の〈過去〉に関わるものであったといえる。

その一つである〈未来〉に関わる側面とは、次のようなものである。村野が彼の卒業論文の中にはっきりと書き記していたように、「一個のBuilderであるよりも、一個の社会改良家」として、つまりは建築設計という仕事を通して社会へと向かう〈表現者〉でありたいという目標を抱いて、大学といういわば外部から護られた世界から、外の世界へ踏み出して行こうとしている時に、やがてその外の世界で直面するだろうさまざまな困難な事態に、どのような心構えで立ち向かっていけばよいか、といった点に関する有島の助言であったと思われる。有島はこのエッセイの中で、妻の死に直面した後で、自分に大きな転機が訪れたと告白し、その転換は他でもない「お前たちの母上が成就」させてくれたものであり、そのおかげで、「私は自分の弱さに力を感じ始めた。私は仕事の出来ない所に仕事を見出した。大胆になれない所に大胆を見出した。鋭敏でない所に鋭敏を見出した。」と書いていた。

それまで自分自身の弱点だと考えて、その弱みを抱えているから行動に移れないと、いつもそれを〝引け目〟に感じていた部分を率直に自ら認め、その弱点を弱点として認めることの上に立って、自分の全ての行動を開始する、というような大きな心の転換があったと有島はいう。それに続けて有島は、「言葉を換えていへば、私は鋭敏に自分の魯鈍を見貫き、大胆に自分の小心を認め、労役して自分の無能力を体験した。私はこの力を以て己を鞭打ち他を生きる事が出来るやうに思ふ。」とも書き、自分が妻の死を契機として、思惟の大きな転換を経験するとともに、それまでの〈表現者〉としての自分の腰の座らなさを克服することもできたという。こうした有島の言葉は、「一個のBuilderであるよりも」と、建築界の荒海の只中にまさに一人の〈表現者〉として漕ぎ出そうと緊張し、また同時にそうした目標を達成するための自分の能力に、自信以上の不安を強く感じていたに違いない村野を、大いに力付け、また鼓舞するものであったことは容易に推測することができる。というのも大学の最終学年にあった村野にとって、当然のことながら自分が建築の世界で、将来設計者として一端《いっぱし》の仕事ができるかどうかについての、確固とした自信といったものはまだはっきりとは摑めてはいなかったはずだし、そうした目標を達成するための十分な自分の能力についても、自分自身が考えているほど、社会がそれを認めてくれるかどうかもわからない、といった不安に苛《さいな》まれる毎日であったはずだからである。そうした心理状態にあった村野が、「鋭敏に自分の魯鈍を見貫き、大胆に自分の小心を認め」るところから再出発する、と謙虚に宣言する有島に出会って、その言葉に大いに励まされ、また勇気づけられたのは当然であり、彼自身の内面の「魯鈍さ」や「小心さ」をいわば梃子《てこ》のようなものとして使い、新たな自己としての「他を生きる」勇気を、しっかりとそこから受け取り、自分の体の中に取り込むことができたからである。

そのように考えて来ると、一九一八(大正七)年七月、早稲田大学の創設者であった最晩年の大隈重信を中心にした教授陣を囲んで、村野がその年の卒業生たちとともに写っている「卒業写真」に写し出されているような、〝詰襟服に角帽〟というお決まりの出立ちに身を包んでいた身から〝脱皮〟して、まさにこれから社会へと出て行こうとしていた彼のある決断の重さや意味が、自ずと判ってくるように思われて非常に興味深いものがある。

村野「藤吾」が登場した

村野のその決断とは、彼が大学を卒業して社会に出て行くことを、自分自身の経歴上の重要な〝節目〟として捉え、その節目を形成する出来事として、それまでの自分とは異なる、有島の言葉でいう「他を生きる」ことの一つの印《しるし》もしくは証《あかし》として、自分の名前を、戸籍名であるそれまでの「藤吉」から、「藤吾」へと改名することにした、その決心のことを指している。

　ちなみにそれまでの「村野藤吉」を、新たに「村野藤吾」と変え、その新名を初めて建築界において彼が公にしたのは、彼が大学を七月に卒業した直後に発行された、一九一八年九月号の『建築世界』誌上であったと思われるが、そのことの中にも彼のそうした意図と、「藤吾」という名前に彼が賭け、託した気持に並々ならぬものがあったことを教えている。というのも、『建築世界』誌の口絵頁には、その年度の大学と高等工業学校の建築科の卒業生の卒業設計《ディプロマ》の中から、各校の最優秀

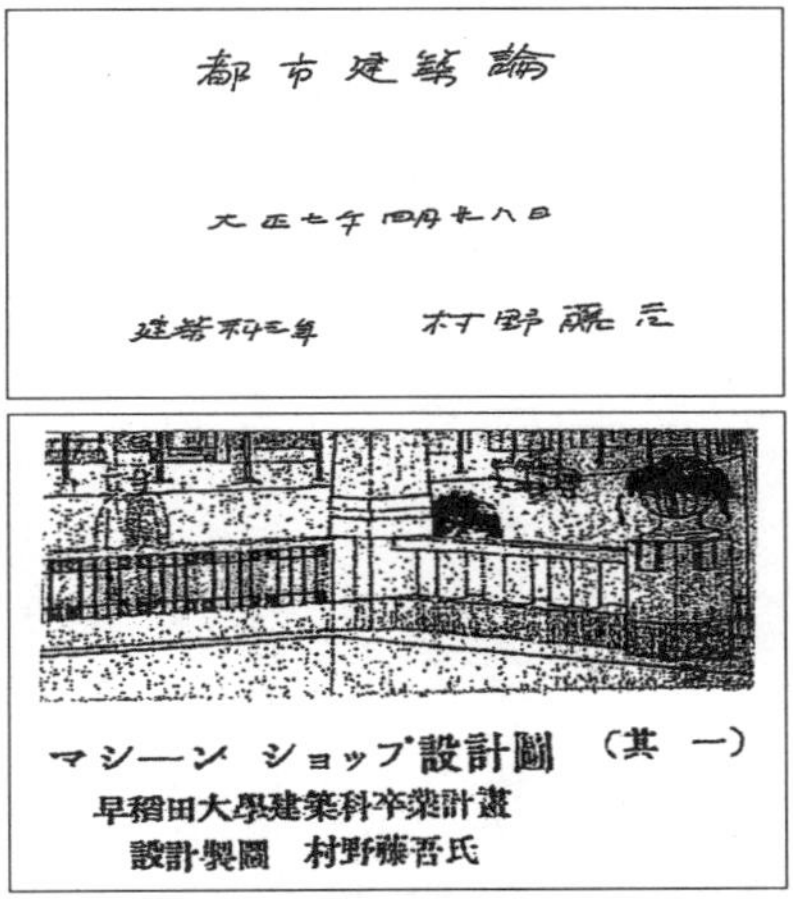

16-11　卒業論文「都市建築論」の扉頁の「村野藤吉」という本名と、『建築世界』誌の口絵写真のキャプションの「村野藤吾」の筆名。いずれも同じ1918年における記名である

作品を紹介する数頁が何号かにわたって取られており、同誌九月号の口絵頁には、例外的に一人の学生の作品に三頁を使って、村野のディプロマである例の「マシーンショップ」の計画が紹介され、パース、平面図、立面図が各頁にそれぞれ掲載されていたからである。実はこの雑誌こそが、日本の建築界において初めて村野を一人の設計者として紹介した印刷物であり、まさしくここが彼の〝デビュー〟の場となったわけだが、村野はここでは、彼が大学に提出した卒業論文「都市建築論」の扉頁に署名していた、「建築科三年／村野藤吉」という本名ではなく、編集部が誌面の各図面下に付けたキャプションには、「早稲田大学建築科卒業計画／設計製図　村野藤吾氏」と活字で組まれている(16-11)。このことからも明らかなように、村野自身が、「村野藤吉」は学生時代までの姓名として考えて取りあえず終わりにし、一人前とはとてもいえないまでも、ともかく一人の建築設計者としてスタートを切ることになった建築界では、今後自分を「村野藤吾」と呼んでもらいたい、と自ら強くアピールしようとしていたのである。

　こうして田舎出の学生の「魯鈍さ」もおそらくどこかに見え隠れし、また少なからず「小心」でもあったはずの青年、「村野藤吉」は、自分の名前の末尾の、「吉」という、幸運(吉)を期待しながらも天運任せといった、主体性を欠くような漢字をここであっさりと捨て、〈現在〉を生きる「吾《われ》」という、まさ

しく主体的で能動的な漢字にそれを取り変えることによって、同郷の建築家であり、当時の建築界の頂点に立っていた「辰野金吾」という名前の響きにもどこか似たところのある、「村野藤吾」という姓名とともに建築界に第一歩を印し、「己を鞭打ち」、「他を生きる」べく動き出したのである。やや話が脇道に逸れて余談になるが、面白いのは村野が、一九一八年、一種のペンネームのような形で「村野藤吾」を名乗って建築界に登場し、その後亡くなるまでその名を使い続けたのをあたかも追いかけるかのように、その二年後の一九二〇年のパリで、村野より五歳年上であった一人のスイス人の若い建築家、シャルル・E・ジャンヌレ(Charles-Édouard Jeanneret)が、彼の本名を捨てる形で、自分の遠い親戚の名を捩《もじ》ってル・コルビュジエ(Le Corbusier)というペンネームを自ら付け、これを使ってさかんに文章を書きはじめている。彼はそれによってその後絶大な人気を呼び、同時にその名を名乗ってフランスの建築界に彗星のように登場して受け入れられ、それ以降一貫してこの筆名を使い続け、世界の隅々にまでその名を轟かせて大成功をおさめたことをふと思い起こさせる。ル・コルビュジエもまた、村野の場合とはかなり違う形であったにせよ、自分の名前を変えることによって、スイス時計の街、ラ・ショー・ド・フォン育ちの若い地元建築家というレヴェルから一皮むけて、見事に「他を生きる」ことをやり遂げたのだ。

藤吉が〈過去〉を振り返る

村野が自分の〈未来〉に臨もうとした時に、有島の文章から得た啓示とは逆に、彼が自分の〈過去〉の方向へと視線を向けた時に、有島から得ていたもう一つの啓示についてもまた見逃すわけにはいかないだろう。というのも村野は、自分自身が幼く、まさに「小さき者」であった頃を、つまり二十数年前の、あの満島村での楽しくも貧しい暮らしであった〈過去〉のことを、有島の文学作品を読むことを通して、彼の脳裏に思い出していたはずだからである。夏の陽を受けて真っ黒に日焼けして、サメを恐れたためからか赤い褌を少年の細い腰に締め、細い裸の体をしなやかに捻りながら唐津湾の波に乗って達者な泳ぎを披露していた少年時代の日々のことを。彼はそうした楽しい日々を、乳母一家の温かい愛情に包まれて送ってはいたけれども、しかし彼がこの世に生を享けたまさにその時から、自分を生んだその親から離されて他人に育てられ、そのあまりにも貧しい暮らしの中に埋没して余裕もなく生きていたことも、なんとなく苦い思い出として回想していたのである。彼が夏の海で泳ぎ回るほどに自在には、日常の暮らしで思うままに身動きすることができない自分の状況に、子供心にも歯がゆい思いをして悩んでいた自分の〈過去〉。

その時のそうしたもどかしさから、自分が本当にこのまま乳母たちの下にいて成長したならば、おそらくグレて「ゴンゾ」になってしまうかもしれないという不安と、いっそそれなら手のつけられない一匹狼《ジゴロ》になってやろうかなどといろいろ考えを巡らしては思い悩み、ふと自分が親からも、また社会からも、見捨てられている〈孤児〉のような存在ではないかというような、寂しい孤独な心に時には襲われないではいられなかったのではないか。幼い時からそういった感覚をどこかに持っていた村野は、当然ながら、「小さき者へ」と語りかける有島の言葉を、先の場合のように、子供たちに向かって〈語りかける親〉の視点からの文章としてそれを読むだけではなく、自らがまだ「小さき者」であった時の視点で、いわば〈語りかけられる〉立場でも、そのエッセイに接していたと思われる。

　有島は「小さき者へ」の中でこうも書いていた。「私といはず、お前たちも行く行くは母上の死を何物にも代へがたく悲しく口惜しいものに思ふ時が来るのだ。世の中の人がそれ[親の死]に無頓着だといってそれ[自分の深い悲しみ]を恥じてはならない。私たちは其のありがちな事柄の中からも、人生の淋しさに深くぶつかつて見ることが出来る。小さなことが小さなことでない。大きなことが大きなことでない。それは心一つだ。」とした上で、先にも引用した感動的な結論に入って行くのである。「しかしこの悲しみがお前たちと私とにどれ程の強みであるかをお前たちはまだ知るまい。私たちはこの損失のお蔭で生活に一段と深入りしたのだ。私共の根はいくらかでも大地に延びたのだ。人生を生きる以上人生に深入りしないものは災ひである」。

　晩年の村野は、幼少年期を過ごした乳母シメの両親である漁師一家の深い愛情に包まれて自分が育ったことを、いつも強い感謝の気持を込め、私たちに語って聞かせるのを常としていたが、しかしそれと同時に村野は、「今にして思えば、どこかで[実の]親の愛情に飢えていたことが、思われる」と、両親と自分との間の薄弱な幼少年期の繋がりへの正直な気持を、私たちに吐露するようにもなっていた。実際に村野親子にどのような事情があり、なぜ彼がそのような疎遠な関係になってしまったかという理由について、実母は体が弱く母乳が出なかったことに一因があり、それに加えて乳母一家の家族ぐるみの少年村野への強い愛情と引き留めがあったため、と彼はくり返し語るだけで、それ以上の何らかの隠された事情があったかどうかについて、村野は自分の口からは最後まで語ろうとはしなかったし、それについて執拗に尋ねることをどこか憚れるような雰囲気もなくはなかった。しかし今になって考えて見ると、少年藤吉に対して彼の両親が取った一連の行動は、一般的な肉親の情からすれば、常識に外れた、とまではいわないにしても、かなり奇異なものであったことは、やはり否定しがたいし、おそらくそのことへの疑問は少年期の村野自身が、一番強く感じていたところであったはずである。

藤吉少年の〈孤児感覚〉

その点に立ち入って考える前に、村野藤吾の生前にはほとんど公に語られることのなかった、藤吉少年の両親について、村野自身が最晩年に自分の家族のために書き残した簡単な「手記《メモ》」(38)を参考にして、ここで簡単に触れておくことにする。村野は、「おやじがそこ［満島村］で船問屋をしていた(39)」と話したり書いたりしているが、その両親が、もともと彼らが住んでいた馬関《ばかん》(下関の別称)から満島村へと移り住み、実際にどのような心積もりで、松浦川の河口にある港で、「船問屋」の経営者として商いをしていたかといった点についても、いまだにほとんど明らかになっていない。また村野の「手記」によれば、村野藤吉が生まれた当時は、なぜか戸籍上の婚姻関係にはまだ入っておらず内縁関係にあったという、福岡県新宮村出身の、藤吉の父、「村野文吉」と、山口県下関で船問屋を営んでいた代々庄屋の家に生まれた娘で、村野文吉と出会う前の明治十年代半ばには、一時東京にも数年間いたことがあるという藤吉の母、「広永チヨ」との、二人の当時の具体的な関係や、その長男である藤吉との関係も、藤吉が生まれてから十二歳までの間を外に出されていたことなどを含めて、不明の部分が少なくないままに今日にいたっている。それらの詳細な事情については、村野が他界した後は、ほとんど手がかりが失われてしまった状態だし、村野藤吾の戦前の建築作品を詳細に探ろうとする本論の主題からは、やや逸脱した問題であるので、ここではこれ以上の詮索は控えることにしよう。

ただ、乳母の家がある同じ集落のすぐ近くで、歩いてもおそらく五〇〇m以下の所に実父母の家がありながら、その子供がやがて乳離れしてある程度成長した後も、藤吉少年の父と母は、なぜかそのまま乳母に子育てを任せたままにしており、その間藤吉少年が、頻繁にではなくとも両親の家に出入りし、親子として一時的にせよ親密な交流をしていたといった話は、晩年の村野の口からも一切聞くことができなかったのは、やはり奇妙といえば奇妙である。村野の話からは、親子としての親密な交流は実に十二年間にわたってほとんどなくその歳月が流れた、というように言葉の端々からどうしても聞こえたのである。その間に、乳母一家が非常に貧しく、入学のための支度金を使い込んだためか、藤吉は一年遅れで尋常小学校に入学したといった事情があったこともあり、村野が小学校三年生の時、もっと安定した家庭環境の中で勉強したいという村野の気持がどうにか両親に通じたためか、あるいは逆に実父母が、貧困にあえぐ乳母の下にそのまま藤吉を預けておくことの危険性にようやく気付いて、その将来を危惧するようになったためか、そのあたりの細かな経緯や事情は定かではないが、すでに二年ほど前に八幡に引っ越していた両親のもとへ、藤吉少年はようやく引き取られることになったのである。

これはあくまでも推測であり、事実関係の確認がすんでいるわけではないが、預けていた息子藤吉を、実の父母が十二年間にもわたって自分たちが暮らしている家へ連れ戻そうとしなかったことには、単に藤吉を生んだ母親が病弱で、母乳が出なかった、あるいは乳母一家がなかなか藤吉少年を手放そうとはしなかったという理由だけではない、何か別の隠れた理由があったのではないかと考えずにはいられない。というのも村野文吉、広永チヨの二人の間には、長男藤吉の下には、次男莞爾、三男米蔵の二人の弟がいたが、彼らは両親の下で育てられ、また両親とともに一緒に唐津から八幡に移って行ったように見えるからである。藤吉少年の場合だけ、簡単には親のもとへ連れ戻せない事情があったのではないかとも考えられ、これには父親である村野文吉の側の事情とともに、「ノス[遊郭]にも稀な」と言われたほどの美貌がその界隈で評判であったと、村野自身がしばしば口にしていた、彼の実母である広永チヨの方にも、藤吉を自分の下に引き取って育てられない拠《よんどころな》無い事情があったのではなかったかと推測することもできるが、はたしてそのあたりは実際にはどうであったかはまだ明らかでない。だからこそ、というべきか、藤吉が「十歳のころ」に、村野文吉と広永チヨという、今風にいうとすれば、入籍はしていないが〝事実婚〟の関係にあった両親[40]と、その子である彼の姉弟たちが、新興工業都市八幡に新たな商機を求めて転居した時にも、藤吉少年は一緒に引っ越すために呼ばれることはなく、結局彼は一人、そのまま唐津の乳母一家の下に、いわば置き去りにされた形で残されてしまったのである。ただ村野自身は、先の短い「手記」[41]の中では、「満島を引き払って一家は八幡に移ったが、私はもとより小島家をあげて乳母の『おしめ』や、ことに祖母[シメの母]がどうしても私を手放さない。私もいかないので、そのまま満島に残ることになった。」と、八幡に行かなかった事情が、乳母の一家の側の強い引き留めに原因があり、自分も残留を希望した結果として、唐津に残ったのだとも回想して書いている。

しかしそうはいっても、少なくとも藤吉は、村野家の将来を背負って立つべき長男であったはずであったから、このような藤吉少年に対する両親の、かなりぞんざいにも思える扱い方が、まだ幼い少年であったとしても、かなり奇異なものに映っていたはずである。自分に対する両親のこうした一見投げやりにも見えるやり方に、いつのまにか不満を募らせ、貧乏ではあったが、実の家族同様に、分け隔てなく溢れるほどの愛情を注いでくれた乳母一家への感謝の気持の高まりとは逆に、彼の心の中に、ある時期から、両親から自分は見放され、見捨てられているというような寂しい確信と、〈孤児感覚〉といった言葉で仮に示すような歪《いびつ》な心理状態を、自分の心の奥に固めるようになっていったと思われる。

村野の「個性」を創り上げた満島

そうした少年期の記憶を心の奥の方に留めたまま、すでに大学の最上級生になっていた村野藤吉が、有島武郎が「小さき者へ」の中に書いていたような言葉の数々に触れた時に、自分が有島の子供たちと同じ年齢の頃に、彼を育て、彼に愛情を注いでくれた乳母一家のことをなによりも最初に思い出すと同時に、その一方で、少年であった彼に〈孤児感覚〉といったものをいつの間にか植え付けたさまざまな記憶、つまり彼の零歳から十二歳にいたるまでの、実の両親の〝喪失〟の時間のことを考えずにはいられなかったのは当然であった。つまり村野は、母親を病気で喪った有島の子供たちとはかなり異なった形であったとしても、同じように〝親を喪い〟〈孤児〉として生きてきた、その自分の少年期のことを想起すると同時に、彼が長い間どこかで不満に思っていた、満島村での彼の少年時代への実の両親の接し方に対してもまた、有島の言葉でいう、「人生の淋しさに深くぶつかって見ることができる」きわめて貴重な経験であったことを、そこで初めてはっきりと気づき、その意味を能動的に主体的に確認することができたのである。いい換えれば村野藤吉青年は、有島の言葉を追うことによって、それまで彼の両足を、強い力で〈過去〉の暗闇の方へと引っ張っていた力を、逆に彼の〈現在〉の方からその暗闇の中に手を突っ込んで、自分の〈現在〉へと引き摺り出して〈対象化〉することができたのだ。その時彼は、〈過去〉へと引きよせ、そこへ戻ろうとする目に見えない力を断ち切り、一気にそれを彼の〈現在〉に編み込むことに成功したのである。こうしてかつて〈孤児〉であったはずの藤吉は、それを乗り越え、自立した〈自己〉として、まさしく成人、つまり確立した〈人格〉、つまり「吾《われ》」、「藤吾」となったのである。

いい換えれば、〈孤児〉である「この悲しみが・・・[逆に]どれほどの強み」であるかを彼は知り、また「この[親の愛を失った]損失のお蔭で生活に一段と深入り」することができたのだと有島が言うように、「根はいくらかでも大地に延びた」ことを、村野もまたこの時になってはっきりと実感することができたのだ。したがって「人生を生きる以上、人生に深入りしないものは災いである」と言う有島らしい逆説的断言も、村野には素直に受け入れることができたはずであり、さらに村野は、藤吉少年の満島時代に纏《まつ》わるさまざまなもやもやとした想いが、それらの言葉によって一気に吹き払われたようにも感じていたはずである。村野藤吉はこの時、彼に〈孤児〉の苦渋を味わせたと怨んでいた実の親を彼自身の主体性によって乗り越え、彼らを理解しまた赦すことができたのであり、だとすれば、それらの有島の言葉は、村野が「藤吉」から「藤吾」へと一歩踏み出そうとする、その村野の背中をどんと、「行け。勇んで。小さき者よ。」と、押し出したともいうことができるだろう。

逆にいえば、かつての満島村における「村野藤吉」少年の貧しい生活と〈孤児〉としての環境は、他でもない「村野藤吾」という新たに自立した「個性」へと変身、成長させるために、かつての藤吉という「根」が張りめぐらした豊かな土壌であったのであり、その土壌こそが、彼の「個性」を創り上げる原動力であったことを、彼はこの時自分で確認したのである。

16-12　生まれ故郷・満島の船着場に立つ当時88歳であった村野藤吾とスギ夫人

村野は、自分は十二歳の時、八幡の両親の家にいったんは返されたが、どうしても唐津が忘れられなかったのか、八幡の実家の居心地がよほど馴染み難いものに感じられたためなのか、夜、両親に黙って一人で汽車に乗って西へ向かい、鳥栖あたりまで行ったところで、訝《いぶか》った親切な同乗の客に話しかけられて助けられ、乳母の家から迎えに来てもらって再び満島村へ舞い戻ることができた、という話を私たちに懐かしそうに語って聞かせたが、これについては先の「手記」の中でも彼は短くこう書いている。

「松原やお城や海岸や、どこを見ても風光明媚な満島のことが忘れがたいのは当然で、途中［八幡へ親が］つれて帰ったが、又満島に帰ったという。幼い時の事は忘れ難い。この話は当時の満島の［人たちの］誇りとして、私を知る人間の、愛情の侵すべからざる力の話として、当時［満島の］人達の語り草であった。」[42]（16−12）

再び、「多数派になるな」、のこと

村野が晩年に書いたこの文章は、彼の乳母一家に対する強い愛着と感謝の念を表明したものであったのと同時に、いったん彼が実家に戻されながら、すぐに家出して、八幡の家を無断で立ち去るという、子供にしては大胆なというか向う見ずな行動を取ったことの中には、それまで睦まじく暮らしてきた唐津の家へもう一度帰りたいという子供心の直截な想いの他に、長い間自分を放り出したままにしてきた、実の両親に対する無言の抗議がそこに含まれていたことは、誰の目にも明らかであろう。そうである以上は、はからずも村野が書いているように、「松原やお城や海岸や、どこを見ても風光明媚な満島」を前にして育った藤吉少年の目が、「私を知る人間の、愛情の侵すべからざる力」が漲るような、ともかく明るい世界としてのみそこを眺めていただけではなく、その背後で、いわば〝喪失〟の世界として、暗く濁った色彩に彩られて見えていたことをも同時にそれは教えている。村野があの四月末の、初夏を思わせるような陽光が海原や松林や白砂を照らし出していた東唐津に私たちを呼び出して、そこで見せようとしたものも、私たちの目の前に展開していた眩しい光に満ちた光景だけではなく、他方ではその同じ場所が、十一月から三月にかけての冬の季節において容赦なく住人たちに見せるような、吹き荒れる季節風の下で雌伏し蹲《うずくま》って過ごさねばならない暗くさびしい景色があったことをも、村野は併せて私たちに読み取らせようとしていたのである。乳母一家の直截的な「愛情」と、実の両親の事実上の「排斥」との、その二つの目に見えない力の動きが、まさしく満島という一つの世界の表裏を成して、彼の幼い心を舞台に戦いを交わしていたこと、そのことこそが、かなり年老いていながらも、砂浜の上や集落の中をかくしゃくとして歩いていた村野が、私たちを唐津に呼びよせて告げようとしていた本当の理由であったのだ。その意味では満島こそは、村野藤吾という「個性」、彼の「自己」の、いわば〝原型〟もしくはその〝原動力〟を創りだした場所であり、その場所とそこでの生活が、彼の建築家としての生涯をまさしく捏ね上げたのであり、いわば唐津焼の粘土のような後の村野の〝原材料〟となった世界であったのだ。

先の私信の最後尾に、村野は、わざわざ「聊か意のあるところを御掬み取り下されば幸甚の至り」と書き加え、そのすぐ後に続けて、「海辺の波の音がまだ耳底に残っているようです」と書いて手紙を締め括っていたが、その「波の音」にかき消されて私の耳に届いていなかったかもしれない、村野の「聊か意のあるところ」とは、上記のような彼の満島時代の〈孤児性〉の意識に纏わるさまざまな思惟にあったことを、今にしてはっきりと理解できた気がする。要するに村野は、後に彼が「藤吾」となった時に決然と表明したあの《現在主義》、つまり「自己」という〈現(存)在〉を、世界のすべての原点として置き、そこへ責任のすべてを引き受けるという基本的な立脚点《スタンス》を、またそれと同時に、絶対的な《価値》、つまり明確な「目的」といったものがどこにも見出せない現代において唯一意味を持つこの最も原理的なスタンスを、彼の少年時代そのものを秘かに塗り固めていたともいうべきこの満島におけるあの彼の〈孤児性〉の中から発芽させ、それをやがて〈自立性〉という太く逞しい幹へと育て上げて行ったのだ。つまり両親がいて子供がいる〈核家族〉の持つような、一般的な〈家庭の完結性〉からはじき出された者の中に宿るような意識を、「他を生きる」意志を鍛えるための決定的な鉄槌として使い、そうした自然的・社会的環境の中で、彼の「自己」、有島の言葉を使えば「個性」、あるいは表現者としての「本能」を捏ねあげ、やがてそれを「藤吾」となった彼自身の身体において血肉化させたのである。九十歳を間近にして、さほど遠いものとは思えない自らの〈死〉をどこかで意識しつつ、村野藤吾はこのような〈原風景〉を私たちに披露しつつ、八十年前の村野「藤吉」少年の胸の中の鼓動と同じように、玄界灘から「虹の松原」の白砂へと打ち寄せる波の鼓動を聴きながら、それこそ彼の「聊か意のあるところ」であったにちがいない、その波音の奥にかすかに聴こえる何かを、彼は私たちにもぜひ聴き取って欲しかったのだ。

　私たちはこうして、ようやく本論の冒頭の「まえがき」の中で紹介した、村野藤吾が「日本建築学会大賞」を受賞した時に建築雑誌の中に書いていた、「受賞有感」と題した、短いがしかしかなり過激な発言内容について再び考える場所へと戻って来た。

「**時流に乗るな、多数派になるな、多数派に巻き込まれたら脱皮して必ず少数派になれ、少数派とは孤独に耐えて自分をまもる努力がなければ純潔は守れないだろうし、そのようにしなければ芸と名のつく仕事は出来ないのではないか。**」

　もはやいうまでもないことだが、ここでの「少数派」とは、少人数の反体制派グループ、などといった直接的な意味ではもちろんない。「孤独に耐えて自分をまもる努力」を欠かさない建築家の「自己」、つまり村野の半世紀前の言葉を借りていえば、《現在主義》を唯一の立脚点とする建築家の存在、そのもの、をこの「少数派」という言葉は指している。あえてくり返して付け加えるとすれば、村野藤吾はこうした立脚点を、孤児であった彼の「藤吉」少年時代において、すでに固めはじめていたのである。さらに、「またそのようにしなければ芸と名のつく仕事はできないのではないか」と彼が書いたその意は、そのような「自己性」という立脚点に設計者が立たない限りは、たとえば「芸」術性といった、何らかの〈表現〉に関わる仕事を、建築家が〈表現者〉として成し遂げることは決してできないだろう、との意でもあった。

村野が、一九七二年の時点の日本の建築界で、自分の長年にわたる業績に対して「大賞」を授賞した日本建築学会の会員と、建築界の多くの設計者たちに対して、その機関誌を通して、「時流に乗るな、多数派になるな」と言わずにはいられなかった理由については、すでに「まえがき」の中で触れた通りだが、いずれにせよ二十世紀後半期の日本の建築界において、自ら「建築家」を名乗る人々の中で、村野がいうような「孤独に耐えて自分を守る努力」、いい換えれば自らの〈孤児性〉に耐えて生きる努力を不断に持ち続けていたような設計者は、この当時も、また現在においても、数の上ではまさしく少数派に陥っていたのは確かであり、この言葉はそうした状況を前にした村野のほとんど絶叫であり、あるいは悲鳴であったともいうことができるだろう。

村野藤吾による第二次世界大戦後における、上記のような「多数派」との戦いの中で生み出されて行った、数々の珠玉のような建築群についての論考については、いずれ別に、稿を改めて試みることになるはずである。

［註］

1 村野藤吾(聞き手：幸田文、武基雄)「明暗と孤独を好む建築家」『建築夜話』日刊建設通信社出版部編、日刊建設通信社発行、一九六二年、一九八—二〇〇頁。

2 村野藤吾『村野藤吾一九二八→一九六三』新建築社、一九六五年(同改訂版、一九八三年)。および、村野藤吾『村野藤吾一九六四→一九七四』新建築社、一九八四年。第二巻目の巻末に、長谷川堯「解説—村野藤吾の〈現在主義〉について」

3 村野藤吾『村野藤吾一九七五→一九八八』新建築社、一九九一年、長谷川堯「解説—惜しみなく奪う、建築への愛」。この第三巻については、村野の生前には残念ながら実現せず、村野の他界から七年後にようやく出版された。

4 この日の村野の午前中の散策に同行したのは、新建築社の吉田義男社長と長谷川堯の二人であったと記憶しており、他に村野事務所の所員も同行していたかもしれない。午後には、地元の唐津焼の窯元の、十三代中里太郎右衛門が加わり、いつも村野と行動をともにしていた村野スギ夫人も一緒に、満島の他に、浜玉町にある村野の実弟である菊池寛治の墓がある菊池家の墓所へ詣でたりした。

5 中村鎮(一八九〇—一九三三)。中村は一九一三(大正二)年、早稲田大学理工科大学建築科卒業で、村野とは卒業年次で五年離れていたが、年齢ではわずか一歳しか違わなかった。中村は大正七年から翌年にかけて「東洋コンクリート株式会社」の技師として大阪に赴任し、この時、村野は中村の下宿に同宿していたと思われる。中村は、東大の野田俊彦との間で、いわゆる《俊鎮論争》を戦わせたことでも知られ、「建築非芸術論」を掲げた野田に対して、早稲田の中村は「建築芸術論」をもってそれに応じた。

6 満島村が松浦川左岸の唐津町に合併する直前に編まれた『満島村誌』(一九二三年)の年誌によれば、このイルカの大漁は、一九〇二(明治三五)年、村野が十一歳の時のことであったと思われる。「九月二三日、唐津湾内に久し振りに海豚の大群襲来し、全村総出にて、数百頭を捕獲」したという記述が見出せる。

7 前掲『村野藤吾一九七五↓一九八八』、二五一頁。

8 村野は、一九〇二年開校した県立小倉工業学校へ、一九〇五(明治三九)年入学し、機械科に進む、一九一〇年、同校卒業と同時に、八幡製鉄所に入社。最初はスパイク(鉄道用犬釘)工場の現場からはじめ、やがてレールなどの大型鋼材の生産現場で働いた。一年半後の、一九一一年、志願して軍隊に入り対馬の砲兵隊に赴任。一年後に軍曹、計二年間軍にいて、このまま昇官して軍に残ることを強く薦められたが、一九一三(大正二年)除隊。この時東京帝大卒業の上官がいて、彼から勉学の重要さを教えられ、間もなく大学を目指して上京したという経緯が、村野自身によって語られている。

9 村野藤吾「わたくしの建築観」『建築年鑑』巻頭言、一九六五年。『村野藤吾著作集』鹿島出版会、二〇〇八年、五五二頁。

10 「有島記念館」とは、文学者、有島武郎《たけお》(一八七八—一九二三)の業績を記念するための文学館で、北海道ニセコ町字有島五七番地にある。札幌から函館本線に乗って、ニセコ駅で下車、駅から二、五〇〇mほどの、羊蹄山の西南の山裾に位置して建っている。

11 有島武郎「小さき者へ」。初出は、雑誌『新潮』、一九一八年一月号。後に、有島武郎『小さき者へ』(有島武郎著作集第七輯)、叢文社、一九一八年。

12 「惜しみなく愛は奪ふ」が、「小さき者へ」の中の一フレーズであるという記述は、村野の記憶違いであり、これは独立した有島のエッセイのタイトルである。初出は、一九一七年六月号の『新潮』誌上。単行本としては後に、この文章は『惜しみなく愛は奪ふ』(同著作集第十一輯、叢文社、一九二〇年)と題した単行本の中に収められた。

13 村野藤吉「都市建築論」。早稲田大学建築科に提出された「大正七年四月二八日」の日付のある卒業論文。この論文の全文は最近、『村野藤吾著作集』(鹿島出版会、二〇〇八年)の「付録」として巻末に収録されている。当時は卒業時に論文と設計を提出する必要があり、村野は卒業制作として「マシーンショップ」と題した設計を提出した。この設計はその年の最優秀作品として、早稲田の同年の卒業生を代表する形で建築雑誌上に発表されており、同時にこの卒業設計の制作者名として、初めて「村野藤吾」の名前が公に使用された。

14 村野藤吾「様式の上にあれ」、『日本建築協会雑誌』(後の『建築と社会』誌)、一九一九年五月~八月号。卒業論文「都市建築論」の内容を踏まえながら、建築設計の上で《様式》をどのように捉えて設計するかを具体的に論じた長編の論文。この中で村野は自分の設計者としての基本的なスタンスを《現在主義》に置き、《過去主義》でも《未来主義》でもない、独自の設計者としての立場を宣言した。「様式の上にあれ」、「都市建築論」ともに、前掲『著作集』、所収。

15 村野藤吾から長谷川堯に宛てた、一九八〇(昭和五五)年四月二七日の日付が書き込まれている私信より。

16 安部磯雄(一八六五—一九四九)。一般には幸徳秋水等と「社会主義協会」を設立したことなどから、日本における社会主義運動の先駆者の一人として知られている安部は、一八九九(明治三二)年以来、東京専門学校(後の早稲田大学)で教鞭を取り、一九〇七(明治四十)に教授になった。一九〇一(明治三四)年、彼は早稲田に野球部を創設し初代野球部長となる。こうしたことから、日本の野球史にも彼の名前はしばしば登場する。村野が早稲田に入った頃は大学予科の予科長であり、村野は安部の社会思想を中心とした授業に強い感銘を受け、またそれに思想面で少なからず影響されたと語っている。

17 前掲「わたくしの建築観」などの中で、こうした大学入学前後の経緯について村野は語っている。前掲『著作集』、五五二—五五三頁。

18 徳永庸(一八八七—一九六五)。徳永は早稲田大学建築科第一回卒業生として、一九一三(大正二)年七月に卒業後、辰野・葛西建築事務所に入所したが、一九一七(大正六)年、村野が大学二年の時に、同建築科助教授として大学に戻った。

19 註14に同じ。

20 註14に同じ。

21 有島武郎「惜しみなく愛は奪ふ」『新潮』、一九一七年六月号初出。『惜しみなく愛は奪ふ』(有島武郎著作集第十一輯)、叢文閣、一九二〇年、所収。引用箇所はすべて、『有島武郎集』(現代日本文学全集二二)、筑摩書房、一九五四年、に拠る。

22 註21に同じ。

23 註21に同じ。

24 アンリ・ベルグソン(Henri L. Bergson, 1859–1941) 正確には「ベルクソン」と読む。フランス二十世紀を代表する哲学者であり、「生の哲学」の系譜に属し、やがてこの流れの中から、ヤスパース、ハイデッガーなどの「実存哲学」が生まれ出たといわれる。

25 後藤慶二(一八八三—一九一九)の「過去とも将来とも付かぬ対話」『後藤慶二遺稿』、一九二五年、一一八頁参照。

26 この点については拙著『神殿か獄舎か』相模書房、一九七二年、三一—三二頁。復刻版、『神殿か獄舎か』(SD選書)、鹿島出版会、二〇〇七年、三六—三七頁参照のこと。

27 註21に同じ。

28 唐木順三「解説」『有島武郎集』(現代日本文学全集二一)、筑摩書房、一九五四年、四三五頁。

29 村野の「九九パーセントと一パーセント」の比喩については、たとえば、村野藤吾「社会的芸術として建築をつくるために」『新建築』(一九八〇年一月号)、前掲『著作集』、三三四頁参照。

30 たとえば、一九二二年発表の「三〇〇万人の現代都市」や、一九二五年の「ヴォワザン計画」などが提示した〈未来都市〉像。

31 村野藤吾「都市建築論」、一九一八年。この村野が大学に提出した卒業論文は、自然環境と都市環境との対比の中でのそれぞれの建築との関係を論じている。前掲『著作集』の巻末に再録されて、初めて公になった。

32 前掲「都市建築論」。前掲『著作集』、巻末付録、五頁。

33 キャス・ギルバート (Cass Gilbert, 1859–1934)。一九一三年、マンハッタンに完成した「ウールワース・ビル」は、ウールワース社(F.W. Woolworth Co.)の本社ビルで、所謂《ネオ・ゴシック・スタイル》のデザインの代表的な超高層ビルとして知られ、一九二〇年代まで世界一の高さを誇っていた。

34 註31に同じ。前掲『著作集』、巻末付録、五三—五四頁参照。

35 有島武郎「小さき者へ」『新潮』一月号、一九一八年。後に『小さき者へ』(著作集第七輯)、一九一八年、所収。引用箇所は、『有島武郎集』筑摩書房、一九五四年による。

36 註35に同じ。

37 註35に同じ。

38 村野漾「村野家の人々」(私家本)、一九八七年。筆者が村野漾から贈られたこの村野藤吾のルーツを探ったエッセイの冒頭に、村野藤吾自身が最晩年に綴った村野のいわゆる「手記」が収められており、そこに彼の実父母の出自などについて、初めて詳しく触れている。村野の長男村野漾は、父親のこの「手記」をもとに、さらに詳しく村野家と広永家のルーツをこの私家本の中で探って明らかにした。

39 前掲『建築夜話』、一九七頁参照

40 村野漾「村野家の人々」。村野漾によれば、村野、広永の二人が正式に入籍したのは明治四四年のことであり、彼等が内縁関係を持つようになってから実に二十余年後のことで、村野藤吉が二十歳になった時であったという。しかもこの両者は、その後、一九一七年離婚、その翌年に再入籍したが、すぐに一九二〇年再び離縁し、翌一九二一年、村野文吉は六八歳で他界した。母親のチヨは、村野が独立したのと同じ一九二九年、戸籍を村野チヨからもとの広永チヨに戻して、同年七二歳で亡くなっている。こうした事実から推測すれば、村野藤吾の実家には、家族としてのまとまりを持つ今日的な意味での〈家庭〉らしい環境は、ほとんどなかったことを教えているようにも思える。

41 註38の「手記」による。

42 註41に同じ「手記」。

あとがき

改めて日付をファイルで検索してみると、本書に収めた原稿の最初の部分を書き終えた日付は、二〇〇八年の春にまで遡ることがわかる。今から三年足らず前といえば、永年勤めてきた大学の定年退職を目前に控え、それを契機に、今回と同じ鹿島出版会から、『建築の出自』、『建築の多感』と題した二冊の「建築家論集」を、これもまた今回と同じ編集者チームの力を借りて纏めて、その出版を直前にしている、ちょうどその頃であったことを思い出す。

今回ようやく上梓の運びになったこの『村野藤吾の建築　昭和・戦前』のそもそもの発端は、前記の『出自』、『多感』という、昭和戦前・戦後を通して、近代日本建築界を動かしてきた設計者たちを取り上げて論じた二冊の「論集」の続編、いわば第三巻目として企画されたのが始まりであった。これまで三十数年間の間に執筆を依頼され、発表してきた、〈建築家村野藤吾の言説と建築作品〉という点を主題にして書いてきた私の文章を、先の二冊の「建築家論集」の続きとして一冊に纏めてはどうか、という話が出版社との間で持ち上がっていたのである。この目的に沿って、これまでに書いてきた拙文をとりあえず集めて整理して見ると、一冊分の本とするのにほぼ十分な分量があることはわかったが、しかしそれぞれの文章の長短や、その時々に扱った主題の微妙な違いなどもあって、村野藤吾という建築家の半世紀を超える長い期間の仕事の全容に迫っているとはとてもいえず、論考から抜け落ちた作品群や言説がかなりあるのを、やはり気にしないではいられなかった。そうした自分の気持もあり、また編集者側からの当然の要求もあって、その欠落した部分を補填するための文章を書き始めたのが、先のファイルの記録によれば、すでに三年弱前のことだったのだ。

そうした欠落部分の補填作業として最初に取り掛かった部分の一つが、以前に書いた文章の中ではほとんど触れていなかった、村野が大学卒業直後に就職し十年あまり在籍した、いわゆる渡辺節建築事務所時代の、村野が事務所の一員として設計活動に従事していた時期のことであった。所長である渡辺節の、同時代の他の建築設計者とはかなり異なった、近代的な設計事務所の主宰者としての稀有な能力と、その渡辺の下で彼を援けて、デザイン面の中心的な責任者として、精力的に働いた村野藤吾の活躍について書き進むにつれて、もともと《序章》に過ぎないと考えて書き始めた原稿の分量が、本書の「第一章」、および「第二章」の頁数に結果として如実に現れているように、いつの間にか、やや異様と思えるほどの分量に膨らんでしまった。ここまで書き込んでいくと、それに続いて展開させる章である、村野が渡辺の下を離れ、独立して極めて活発な自分自身の設計活動を開始した直後の部分についても、それ以上に細かく検証していく必要が当然生じてきたため、全く新たに書き下ろすことになり、さらにその後に続く章も順次書き改めていくことになって、このために結果として、出版元や編集事務所の当初の企画と、そこで考えられていた構成や内容とは全く異なるものになってしまった。こうした結果は、全編を新たに書き下ろそう、などといった悲壮な決意の結果だというわけでは必ずしもなく、はっきり言えばいわば成り行きであり、そのままその後の二年ほどを掛け、書き上げた部分をその都度編集サイドに渡して意見を聞きながら進め、ともかく最終章まで書き終えたのが、たしか二〇〇九年の秋であったように記憶する。

以上のような経緯とは別に、本書が結果として今回のような大部の本になってしまった最も大きな理由を自分で考えてみるともう一つあり、私がこれまで村野藤吾について数多くの文章を書く機会を与えられてきたにもかかわらず、その内の長編の論文のほとんどは、村野の建築作品を直接論じたものであったというよりは、どちらかといえば、村野がさまざまな機会に書いて活字にして発表したり、あるいは聴衆を前にして語ったりした、かなりの量の論文や発言についての、分析と解釈として論じた文章がほとんどであったことに起因していたといえるだろう。このことは逆に、渡辺節時代も含めて、主に戦前期において村野が設計者として関わった多くの建築作品の、個々の設計内容について、詳細な解明を試みるという作業は、ほとんどやってこなかった事実に、この本を書き始めると同時に筆者が気付かされずにはいられなかったことを意味している。この事実をいい換えれば、私は村野が戦前から戦後にかけて行ってきた建築家としての言論、主張を読み、そこから彼が実際に設計した作品を参照して論じたことはあったとしても、彼の作品自体を最初に客観的に観察し、その設計内容から逆に彼の論説へと参照していくという本来の作業はあまり熱心にやってこなかったということを示している。

建築家村野の作品そのものについての論述なしに、はたして村野藤吾論が成り立つものなのかどうか。それでも村野の戦後作品の場合では、一九七〇年代以降に村野が設計した建築については、それらが完成するたびに、建築評論家として実際に現地を訪れて書く機会も少なくなかったから、具体的な作品評として書く機会はあったが、これに比べて戦前の村野作品については、専門としてきた日本の近代建築史研究の上で、それらの建築を歴史的に位置付けする作業の中で村野の仕事を参照することは常にあっても、彼の戦前の作品全体を分析し、その内容を味わい、楽しみ、また評価するというような仕事の機会はほとんどなかったように思う。

本書の原稿を書き進める中で、村野の戦前作品について、小田実風に多分に〝虫瞰図〟的な凝視作業を始めてみると、古い街の路地の奥を徘徊する時に味わう快楽にも似た、細かく見て回れば疲れるのはわかっていても、なお面白くてその作業を止められないといった状態で、すっかりその作業の虜となってしまった感があった。おそらくこの本を読まれた読者が感じるかもしれない、瑣末なことに拘りすぎた結果としての行間に漂うある種の冗漫さといったものは、こうした作品歩きに私が没頭するあまり、読者の側の苦痛を忘れてしまった筆者の、独りよがりな徒事《むだごと》の結果だと指摘されたとしても弁解の余地はないし、その謗りは甘んじて受ける他はない。

　ただ私としては、自分の記述が読者に明らかに煩雑で瑣末なものとして感じられてしまう危険をあえて冒してでも、今ここで具体的に、また詳細に書き留めておかなければ、すでに失われてしまった村野藤吾や渡辺節の戦前の作品はもとより、今現在も日々失われつつあるような状態に置かれている、彼等が懸命に設計して完成させた珠玉のような建築作品の持つ稀有な内容や魅力と、掛け替えのないその歴史的価値についての認識が、おそらく永遠に喪われてしまうのではないか、という切羽詰まった気持が胸のうちにあったためであったこともたしかである。それと同時に、今七三歳の半ばをすでに過ぎている筆者が、建築家村野藤吾の戦前期の仕事について、これほど纏まった文章を書く機会は、おそらく生きているうちにもう二度とは訪れて来ないだろう、という思いが強く私に付き纏っており、日頃親しかった自分の周囲の友人や知人たちの訃報を、ほとんど日常的に聞くようになっている今の自分の年齢に特有の切迫感もそれに加わっていたはずである。校正のために自分が書いた文章を読み返していても、自分が常日頃考え伝えておきたいと考えていることを、洗いざらいここに盛り込んでおこうとしているような、ある種のはしたなさは覆い隠しようがないし、それがこの本の冗長さや煩雑さの原因だとすれば、すべては筆者の不徳の至りであり、ただ読者の寛恕を乞うだけである。

　七三歳という自分の年齢から今ふと考えて、村野藤吾の七三歳前後にははたしてどんな作品があったかと気になって調べてみたら、なんと一年前、つまり彼が七二歳の時に、「日生日比谷ビル」(1963)、つまり「日生劇場」が入ったあの名作が完成していることがわかった。一方二年後の、彼が七五歳の時には、あの「千代田生命本社」が完成している。仮に「日生劇場」を戦前から戦後にかけての村野作品を築き上げるために働いてきた、職人たちの〈手と身体〉の動きの美しい結晶、いわばその集大成であったとするならば、「日生」の三年後の「千代田生命」は、その種の〈手や身体〉にもはや期待できなっていく時代の建築デザインへの、村野のはっきりした対応についての回答書となった建築であったといえるだろう。要するに村野にとっての七三歳という年齢は、彼自身の戦後の一つのエポックを終え、それに代わる、最晩年の約二十年間にわたる何度目かの黄金期へとこれから昇っていくことを知らせる、〈前奏曲〉が奏でられ始めていた時期であったのだ。

　村野の最晩年の身体に漲っていたこうした恐るべき創造力と、それに伴う明晰な頭脳と、的確な手の動きといったものは、私自身の晩年にはとても期待できそうにないが、少なくとも本書の後半部分というべき、『村野藤吾の建築　昭和・戦後』篇には、いずれせよ、生きていて仕事ができる限りは取り掛からねばならないし、それにはまた二、三年以上の歳月は掛るだろう。はたしてそれまで自分の体が持つか、頭が村野の晩年ほどでなくとも、それなりの明晰さと洞察力を保つことができるかどうか自信がないが、そんなことを一人くよくよ思案しつつ新年を迎えた私のところへ、この本を中心となって纏めてくれた編集者氏からもらった年賀状の中に、今年はいよいよ戦後篇の執筆ですね、などとさらりと書き込んであるのを見出して、手にしたお屠蘇を思わず零しそうになった。

　申しわけ《イクスキュース》、が大変長くなってしまったため遅くなったが、この本がこのような形で無事に上梓されるに至った経緯について最後に触れて、関係者の方々への私の深い感謝の意を表しておかなければならない。前述のような理由で、本書は、最初に出版元の意向としてあった、「建築家論集」の第三冊目としての性格を早くから逸脱してしまい、結果として、今日の前例のない出版不況の最中では、商業出版物としての範疇を超える分量と内容のものになっている、と当然の指摘を受ける始末となり、結果として出版の目処が立たず、一昨年の秋、原稿の一応の完成とともに一頓挫を来すことになった。その折出版関係者から、「日本学術振興会」による科研費の出版助成を受ける申請を出して、審査を受けてみてはどうかという助言をもらったことから、約三十年勤務し、今は名誉教授の立場を与えられている武蔵野美術大学から、完成した本論文を添えて申請し、幸いにも平成二二年度の交付が決定し、鹿島出版会から今年度内の出版に向けてようやく作業に入ることができた。本論文を採択された関係者の方々に、この場所を借りて心より感謝の意を表したい。

　この他にも、この本の実現のためにさまざまな形で筆者が助力を仰いだ方々がおられるが、やはり最初にお礼を言わなければならないのは、建築家村野藤吾と私を、一九七〇年代中頃に初めて引き合わせていただいた、当時の『新建築』誌の編集長であった、「建築情報システム研究所」代表、馬場璋造氏である。馬場氏のおかげで村野の最晩年の約十年間に、この卓抜した老建築家の謦咳に直接触れることができただけでなく、村野が講演会に招かれた折などにはほとんどの場合に私が呼び出されて「聞き役」を命じられ、数十回にわたってそれに陪席し、そこでさまざまな貴重な話を村野から直接うかがうという稀有な機会に恵まれた。また馬場氏を通して、村野の作品や言説に関する文章を、新建築社が刊行する種々の印刷物の中に発表する機会を得ることもできた。馬場氏にはこの他にも、筆者がどうにか一人前の建築批評家としての仕事を熟《こな》していけるところまで忍耐強く育ててもらい、そのためか同誌上での多くの執筆機会を与えられたのは本当にありがたかった。「箱根プリンスホテル」の工事中の現場にまで氏の車で一緒に連れていかれたことなども、氏の私へのトレーニングの一環であったか、と今頃になって気づき、当時のことを懐かしくまた有難く思い起こしている。

また村野藤吾の一九八四年の長逝の後、令息(故)村野漾氏による、村野藤吾の作品の背景やその出自等に関するさまざまな教示を受けたことや、それらに関する多くの村野資料の提供をいただいたことについても、心よりの御礼とともにここで報告しておかなければならない。本書の冒頭の口絵頁を飾っている、渡辺節事務所時代の主宰者であった渡辺節に、設計者として認められる契機になった仕事であったと村野藤吾が生前機会ある毎に話していた、神戸の「海洋気象台」のコンペの際の当選案は、漾氏が亡くなられる数年前、清荒神のご自宅に呼ばれた時に、最近これが村野の所蔵品の中から出てきたので見せましょう、と披露された貴重な遺品の中の一枚であった。かねがね当時のコンペの内容がわかる図面があれば見たいと願っていた矢先、その応募案の一部が、村野自身によって大切に仕舞われ残されていたなどとは思ってもみないことであったから、色鮮やかな色調を残したままのそのコンペの「姿図」を目前に並べられた時には、嘆声を上げて驚かずにはいられなかった。今回、村野美千子夫人のご好意により、わざわざその姿図を探し出していただき、掲載許可とともに本書の中で初めて公開することができたことに感謝すると同時に、深く御礼を申し上げる。

さらに、村野没後十年近く経ってから大阪で村野漾氏に紹介されて知合い、その後、村野藤吾に関するさまざまな原稿を書く機会を与えられることになった、「和風建築社」の主宰者、吉田龍彦氏には、村野藤吾の作品の内の主に〈和風建築〉に対する特殊な手法や姿勢の解釈の仕方について、さまざまな重要な教示を受けることができた。吉田氏はベテランの建築雑誌編集者であり、和風建築の写真撮影者としても活躍しているが、同時に村野藤吾の和風建築に関する研究者としても一部ではよく知られており、なかでも村野和風が設計される上でのその〈イメージ・ソース〉、氏の言葉を借りれば「本歌取り」の手法のその〈源泉探し〉の作業ではきわめてユニークな実績を上げている。本書を書く上では、特に「大和民家」と村野の設計との関連の記述には、吉田氏の先駆的研究からの示唆に拠るところが少なくなかったし、氏が撮影した写真や実測を指揮した図面を本書の各所で使わせていただくことができた。

前回の『建築の出自』、『建築の多感』の時と同じく、本書の出版に大きな力を直接貸していただいた編集関係者の方々に感謝の気持ちをここで申し上げる。この数年間、数冊の拙著の実現や復刻にいろいろと骨を折っていただき、また多大な気苦労をかけたと思われる、出版元である鹿島出版会の川嶋勝氏。また最近、建設工業新聞社を定年退職し、これまで行ってきた建築家論の執筆活動にいよいよ本格的に取り組んでおられる神子久忠氏。さらに編集事務所「南風舎」を永年主宰し、この数年間の筆者の著作の編集およびレイアウト等のすべての実務の監督をお願いしてきた小川格氏。改めて言うまでもないが、この三方の真摯な助力なくしては、本書はおそらく今も筆者のパソコンの中で、膨大な文字データとしてデジタル状態のまま眠っていたに違いない。川嶋氏からは科研費の出版助成を受ける件に関して適切な助言を与えられ、おかげで同社での一冊の出版物として実らせることができた。神子氏からは、一章毎に纏まる度に、拙稿をその都度克明に読んで的確な読後評を逐一もらうことができた。神子氏は数年前、編者として鹿島出版会から復刻改訂版『村野藤吾著作集』(2008)を出したが、そこでの村野が残した多数の「文献」の克明な収集作業の素晴らしさの他に、氏が生前の村野との直接的な遣り取りの中で得た種々の蓄積を踏まえながら、その「文献」に則って書いた「文献解題」もまた出色の出来映えであった。今回の本書が『著作集』の中に一堂に集められた膨大な「文献」と、その「解題」からのさまざまな教示を参考にした部分も決して小さくなかったのはいうまでもないことである。また私は本書の原稿を書きながら、この本は『著作集』の中に神子氏が書いた「文献解題」の、ある意味で、さらにそのまた「解題」としての役割もいくらかはあるのではないか、などと考えたのも事実である。つまり神子氏が編んだ『村野藤吾著作集』と本書とは、旧い映画のタイトルではないが「いとこ同志」といった関係に似た、ある種の〝血縁関係〟があるかもしれないとふと考えたのだ。

南風舎の小川氏は、これまでの拙著の場合と同じく本書の場合においても、必ずしも老化のせいだけではない筆者の原稿上の混乱や誤謬や勘違いなどを、全編にわたる実に精査な校閲作業を通して、筆者に的確に指摘し注意を促してもらったし、文章が緩慢、冗長に陥らないようにというそれとない忠告をしばしば受けたのはまことにありがたかった。その彼の忠告に、はたしてどれだけ応えることができたかは、前述したような理由もあって、いささか心許ないところであるが、いずれにせよ氏の編集者としての絶妙の手綱さばきがなければ、『著作集』の「いとこ」としてのこの本は、まさにそのような装丁上の工夫を凝らして、今あるような形で無事ゴールに到達することは難しかったに違いない。格さんからの年賀状の指示に従って、一頭の高齢馬が次走である、『村野藤吾の建築　昭和・戦後』篇のスタートに向かって、ともかくもトレーニングを開始するところまではきたのである。

末尾になったが、「南風舎」の最も年若い所員として、最初は助成申請用の論文と図版の構成や冊子化の作成作業に始まり、その後は具体化した出版に向けての文字校正後の処理や、文字や挿図の構成とレイアウトなどといった、最も煩雑な作業を一貫して担当して冷静に処理してもらった大野聡子さんには、言葉に表せないほど感謝している。一校、二校、三校と、私が赤字を入れて返す膨大な量の原稿《ゲラ》を、嫌な顔ひとつせずに(と思う)、いつもしなやかに受け止めて修正して再びこちらへ投げ戻すという、そうしたことのくり返しの期間が半年近くも続いた。さらに文章の内容に沿わせて必要な位置に写真・図版を割付け、文章を追う読者がその空間やディテールをできるだけ理解し易いようにするレイアウト上の工夫などを、彼女は、南風舎の諸先輩の協力を得ながら、あたかも渡辺節の下にいた村野藤吾の仕事振りよろしく、着実に的確に処理し、ここにあるような見事な本に仕上げてもらったことに、改めてありがとうを申したい。

二〇一一年二月

ミシュランの三ツ星効果てきめん、今や老若男女の山女山男で年中混雑する高尾山の麓の、

日々老朽化のすすむ我家の小さな仕事部屋で。

長谷川　堯

『稲門建築年誌』(№4、1960年)　1-1
『西村好時作品譜』(城南書院、1950年)　2-46
『日本倶楽部写真集』(洪洋社)　4-28
『長谷部竹腰作品集』(城南書院、1943年)　14-8
『ひろば』(1966年5月号)　1-8
『婦人の友』(1933年11月号)　4-27
『満島村誌』(1923年)　16-2
『村野藤吾建築図面集』(同朋舎出版、1992年)　4-14, 6-32, 6-34, 6-35, 6-39, 6-42, 6-44, 6-47, 9-52, 10-1, 10-2, 10-5, 10-13, 10-17, 10-21, 10-24, 10-26, 11-8
『明治大正建築写真聚覧』(建築学会、1936年)　1-4, 2-1, 2-3, 2-8上, 2-12, 2-37, 2-38
『安井武雄作品譜』(城南書院、1940年)　13-3, 13-4, 13-39, 14-2, 14-3, 14-4
『渡辺節作品集』(波紋社、1932年)　1-3, 2-2, 2-4, 2-5, 2-17, 2-21, 2-28, 2-31, 2-32, 2-33, 2-35, 2-39, 2-41, 2-42, 2-43, 2-44, 2-48, 2-55, 2-60, 2-68, 2-69, 2-72, 2-73
『Miyako Hotel Album』
11-2, 11-3, 11-4, 11-14, 11-16, 11-25, 11-32, 12-1, 12-22
Anatole Kopp, *Constructivist Architecture in the USSR,* Academy Editions
6-1
J. Burchard & A. Bush-Brown, *The Architecture of America,* An Atlantic Monthly Press Book, Little, Brown and Company
3-23
Schnaidt Claude, *Hannes Meyer: Bauten, Projekte und Schriften.,* Tenfen
3-8, 5-26, 5-27, 5-28, 5-29, 5-30, 5-31, 5-32, 5-33, 5-34
G. E. Kidder Smith, *Source Book of American Architecture,* Princeton Architectural Press
16-9
Walter Muller-Wulckow, *Deutsche Baukunst der Gegenwart*
4-12, 4-13

撮影者・出典不明
3-20, 3-25, 6-27, 6-28, 6-37, 7-22, 7-30, 9-26, 10-8, 11-9
※写真版権所有者をご存じの方は鹿島出版会までご連絡下さい

上記以外のすべての写真　長谷川 堯

写真撮影・図版提供

秋山実
　4-16
岩波書店
　4-25, 4-26
佐藤健治
　3-15
多比良敏雄
　カバー，口絵ii, 口絵vii, 2-9, 4-11, 9-28, 10-10, 10-15, 10-16, 10-19, 10-22, 10-23, 11-10, 11-22, 11-24, 12-12, 12-29, 13-20, 13-21, 13-42, 13-47, 13-48, 13-49, 13-52, 15-9, 15-21
東京大学建築教室
　1-2, 14-1, 14-6
吉田龍彦（和風建築社）
　口絵iii, 口絵v, 口絵vi, 口絵viii, 2-7, 4-1, 6-13, 6-23, 9-20, 9-22, 9-23, 9-24, 9-31, 9-48, 11-30, 14-9, 15-35
MURANO design
　口絵i, 口絵iv, 1-13, 1-16, 1-17, 1-20, 1-21, 4-2, 4-3, 4-4, 4-5, 4-6, 4-9, 4-15, 4-18, 4-19, 4-22, 5-1, 5-2, 5-10, 5-11, 5-12, 5-13, 5-16, 5-17, 5-18, 5-20, 5-21, 5-22, 5-23, 5-24, 5-25, 5-38, 6-3, 6-4, 6-5, 6-9, 6-17, 6-18, 6-19, 6-24, 6-29, 6-30, 6-31, 6-33, 6-40, 6-41, 6-45, 6-46, 6-48, 7-1, 7-23, 7-35, 9-2, 9-7, 9-43, 9-46, 9-56, 7-19, 7-44, 9-55, 10-11, 10-12, 10-18, 11-5, 11-6, 11-7, 11-13, 11-17, 11-26, 12-19, 12-26, 13-1, 13-7, 13-8, 13-16, 13-26, 13-34, 13-40, 13-41, 13-45, 13-46, 13-51, 13-53, 13-56, 13-57, 13-58, 13-59, 13-60, 13-61, 13-62, 15-1, 15-12, 16-11下
Foundation Le Corbusier/©FLC/ADAGP, Paris & SPDA, Tokyo, 2011
　9-30, 16-7, 13-36, 13-37, 7-21

図版出典

『有島武郎集』（筑摩書房、1954年）　16-6
『大阪建物株式会社五十年史』（大阪建物、1977年）　2-11, 2-20, 2-25, 2-26, 2-27, 2-56, 2-57
『近代建築画譜』（近代建築画譜刊行会、1936年）　1-5, 1-9, 4-10, 5-8, 5-15, 5-19, 6-26, 6-43, 9-8, 9-53
『現代日本建築家全集』（三一書房、1971年）　10-6
『建築家 渡辺節』（大阪府建築士会渡辺節追悼誌刊行実行委員会、1969年）　1-6, 1-7, 1-10, 1-11, 1-14, 2-10, 2-29, 2-30, 2-34, 2-40, 2-45, 2-58
『建築世界』（建築世界社）　10-3, 10-4, 10-9, 10-25, 10-27
『建築と社会』（日本建築協会）　3-1, 5-3, 5-4, 5-5, 5-6, 5-7, 5-9, 5-14, 8-1, 8-2, 10-14, 10-20, 11-1, 11-11, 11-12, 11-15, 11-18, 11-19, 11-20, 11-21, 11-23, 11-27, 11-28, 11-29, 11-31, 11-33, 12-2, 12-3, 12-4, 12-6, 12-7, 12-8, 12-17, 12-18, 12-20, 12-21, 12-23, 12-24, 12-27, 13-2, 13-18, 13-23, 13-27, 13-28, 13-29, 13-31, 13-32, 13-35, 14-16, 14-17, 14-18, 14-19, 14-20, 15-24
『国際建築』（国際建築協会）　7-2, 7-3, 7-4, 7-15, 7-18, 7-49, 7-50, 9-1, 9-25, 9-29, 9-32, 9-40, 9-41, 9-42, 9-45, 9-54, 9-57, 9-58, 9-59, 12-5
『新建築 建築20世紀1』（新建築社、1991年）　12-10
『新建築』（1926年8月号）　14-10, 14-11, 14-12, 14-13, 14-14, 14-15
『新建築別冊 村野藤吾』（新建築社、1984年）　4-20, 4-21, 13-62
『そごう建築写真集』（1935年）　9-3, 9-4, 9-5, 9-6, 9-9, 9-10, 9-13, 9-14, 9-18, 9-19, 9-21, 9-27, 9-33, 9-34, 9-35, 9-36, 9-37, 9-38, 9-39, 9-44, 9-47, 9-49, 9-50, 9-51

村野 藤吾　略歴と主要作品

1891年	(明治24)	0歳	佐賀県東松浦郡満島村(現唐津市東唐津町)に生まれる
1903年	(明治36)	12歳	この頃、福岡県遠賀郡八幡町(現北九州市八幡東区)に移る
1910年	(明治43)	19歳	福岡県立小倉工業学校卒業、八幡製鉄所入社
1911年	(明治44)	20歳	志願して陸軍に入隊、対馬の砲兵隊に入営(1913年除隊)
1914年	(大正3)	23歳	早稲田大学理工科大学高等予科入学
1915年	(大正4)	24歳	早稲田大学理工科大学建築科入学
1918年	(大正7)	27歳	同大学建築科卒業、渡辺節建築事務所(大阪)に入社
1929年	(昭和4)	38歳	渡辺節建築事務所を辞して独立、村野建築事務所設立
1930年	(昭和5)	39歳	ヨーロッパから、北アメリカを巡る旅行に出て、帰国
1931年	(昭和6)	40歳	●森五商店東京支店　●近江帆布三瓶工場　●大丸舎監の家
1932年	(昭和7)	41歳	●大阪パンション　●加能合同銀行本店　●中島商店
1933年	(昭和8)	42歳	●キャバレー赤玉　●そごう百貨店(第一期)
1934年	(昭和9)	43歳	●ドイツ文化研究所　●中山悦治邸
1935年	(昭和10)	44歳	●そごう百貨店(第二期)
1936年	(昭和11)	45歳	●都ホテル五号館　●大丸神戸店
1937年	(昭和12)	46歳	●渡辺翁記念会館　●叡山ホテル
1938年	(昭和13)	47歳	●大庄村役場
1939年	(昭和14)	48歳	●宇部銀行本店　●大阪商船あるぜんちな丸、ぶらじる丸(船室艤装)
1940年	(昭和15)	49歳	●中山半邸
1941年	(昭和16)	50歳	●石原産業海運本社　●宇部窒素工業事務所　●中林仁一郎邸
1942年	(昭和17)	51歳	●村野自邸
1949年	(昭和24)	58歳	村野・森建築事務所と改称
1950年	(昭和25)	59歳	●名古屋丸栄ホテル・付属劇場
1951年	(昭和26)	60歳	●志摩観光ホテル(1960年増築、1969年増築、1983年宴会場増築)
1952年	(昭和27)	61歳	●関西大学大学院 大学ホール(1955年 図書館、1962年 特別講堂)
1954年	(昭和29)	63歳	●世界平和記念聖堂
1955年	(昭和30)	64歳	日本芸術院会員に推挙される
1957年	(昭和32)	66歳	●読売会館 そごう東京店
1958年	(昭和33)	67歳	●大阪新歌舞伎座　●米子市公会堂　●八幡市民会館
1959年	(昭和34)	68歳	●都ホテル 佳水園　●横浜市庁舎　●指月亭　●中川邸
1960年	(昭和35)	69歳	●早稲田大学文学部　●輸出繊維会館
1963年	(昭和38)	72歳	●日本生命日比谷ビル(日生劇場)　●名古屋都ホテル
1965年	(昭和40)	74歳	●宝塚カトリック教会　●佐伯勇邸
1966年	(昭和41)	75歳	●千代田生命本社ビル
1967年	(昭和42)	76歳	文化勲章受章　●大阪ビル(東京八重洲)　●桜井寺
1969年	(昭和44)	78歳	●日本ルーテル神学大学　●西宮トラピスチヌ修道院
1971年	(昭和46)	80歳	●箱根樹木園休息所　●北九州八幡信用金庫本店
1972年	(昭和47)	81歳	日本建築学会建築大賞受賞
1974年	(昭和49)	83歳	●日本興業銀行本店　●迎賓館 改修
1975年	(昭和50)	84歳	●小山敬三美術館　●西山記念会館
1978年	(昭和53)	87歳	●箱根プリンスホテル
1979年	(昭和54)	88歳	●八ヶ岳美術館　●松寿荘　●宇部市文化会館
1980年	(昭和55)	89歳	●宝塚市庁舎
1982年	(昭和57)	91歳	●新高輪プリンスホテル
1983年	(昭和58)	92歳	●谷村美術館　●宇部興産ビル(宇部全日空ホテル)
1984年	(昭和59)	93歳	宝塚市清荒神の自宅にて永眠

〈著者略歴〉

長谷川　堯（はせがわ　たかし）

一九三七年　島根県生まれ
一九六〇年　早稲田大学第一文学部卒業
一九七七年　武蔵野美術大学助教授
一九八二年　武蔵野美術大学教授
二〇〇八年　武蔵野美術大学名誉教授

主な著作

『神殿か獄舎か』（相模書房、鹿島出版会・SD選書）
『建築―雌の視角』（相模書房）
『都市廻廊』（相模書房、中央公論社・中公文庫、毎日出版文化賞）
『建築の現在』（鹿島出版会・SD選書）
『建築有情』（中央公論社・中公新書、サントリー学芸賞）
『建築の生と死』（新建築社）
『生きものの建築学』（平凡社、講談社・講談社文庫）
『建築逍遥』（平凡社）
『ロンドン縦断』（丸善）
『田園住宅』（学芸出版社）
『建築の出自　長谷川堯 建築家論考集』（鹿島出版会）
『建築の多感　長谷川堯 建築家論考集』（鹿島出版会）

一連の建築評論活動に対して、日本建築学会業績賞（一九八五年）

村《むら》野《の》藤《とう》吾《ご》の建築　昭和・戦前

発行　　二〇一一年二月二八日　第一刷

著者　　長谷川　堯
発行者　鹿島光一
発行所　鹿島出版会
〒一〇四―〇〇二八
東京都中央区八重洲二―五―一四
電話 〇三―六二〇二―五二〇〇
振替 〇〇一六〇―二―一八〇八八三

編集制作　南風舎
印刷　三美印刷
製本　牧製本

ISBN978-4-306-04553-8 C3052
Printed in Japan

本書の内容に関するご意見・ご感想は下記までお寄せ下さい。
URL: http://www.kajima-publishing.co.jp
e-mail: info@kajima-publishing.co.jp